ŒUVRES COMPLÈTES

DE

CHATEAUBRIAND

TOME XII

PARIS — IMPRIMERIE DE J. CLAYE
RUE SAINT-BENOIT, 7

ŒUVRES COMPLÈTES

DE

CHATEAUBRIAND

NOUVELLE ÉDITION

REVUE AVEC SOIN SUR LES ÉDITIONS ORIGINALES

PRÉCÉDÉE D'UNE

ÉTUDE LITTÉRAIRE SUR CHATEAUBRIAND

PAR

M. SAINTE-BEUVE

DE L'ACADÉMIE FRANÇAISE

Vignettes dessinées par G. Staal, Racinet, etc., et gravées par F. Delannoy,
G. Thibault, Outhwaitte, Massard, etc.

LE CONGRÈS DE VÉRONE — GUERRE D'ESPAGNE
TABLE GÉNÉRALE ET ANALYTIQUE

PARIS

GARNIER FRÈRES, ÉDITEURS

6 RUE DES SAINTS-PÈRES 6

CONGRÈS
DE VÉRONE

AVERTISSEMENT.

On paroît avoir, mal à propos, confondu avec les *Mémoires* qui ne doivent paroître qu'après ma mort, ce récit du *congrès de Vérone* et de la *guerre d'Espagne;* je ne dis aujourd'hui que ce que je puis dire de mon vivant : à la tombe le reste.

Mon ouvrage actuel porte en soi sa préface. Ma vie littéraire est assez connue; je n'ai jamais fait mention de ma vie politique; j'en parle ici pour la première et la dernière fois : elle se trouve résumée dans mon ministère.

En racontant comme homme *public* le plus grand événement de la restauration, j'ai été obligé d'amener sur la scène les hommes *publics* qui furent en relation avec moi. Mais qu'on soit tranquille : je me suis sacrifié seul. Si j'ai laissé dans les documents les éloges qu'on me donnoit et que je ne méritois pas, j'ai raconté de même, sans l'atténuer, le mal qu'on a dit de moi : j'ai usé pour ma personne, puisque j'écrivois l'histoire, de l'impartialité de l'historien. En dernier résultat, je n'attache aucun prix à quoi que ce soit.

Cet ouvrage réussissant amèneroit une révolution dans les jugements portés sur une époque mémorable de nos annales. La tâche est rude. Dois-je compter sur le succès? Je me trouve en face des amours-propres : notre vanité avoue rarement qu'elle s'est trompée. Il faudra croire que le congrès de Vérone n'a jamais voulu la guerre; que l'entreprise d'Espagne a été une entreprise commandée par les intérêts de la France; que l'ordonnance d'Andujar, toute belle qu'elle étoit philosophiquement parlant, étoit une faute politique; en un mot, il faudra croire le contraire de ce qu'on a cru. Qu'y faire? Les preuves sont là; on ne peut nier les pièces authentiques. Je ne me défends point d'être le principal auteur de la guerre d'Espagne. Si par hasard j'ai eu une fois raison contre le grand nombre, condamnez-moi : vous condamnerez les faits.

Vaut-il la peine que je dise qu'en parlant de moi je me suis tour à tour servi des pronoms *nous* et *je* : *nous* comme représentant d'une opinion, *je* quand il m'arrive d'être personnellement en scène ou d'exprimer un sentiment individuel. Le *moi* choque par son orgueil ; le *nous* est un peu janséniste et royal. Il suffit qu'on soit prévenu de ce mélange de pronoms : ils se corrigeront peut-être l'un par l'autre.

CONGRÈS
DE VÉRONE

PRÉLIMINAIRES.

Ambassadeur à Londres en 1822, nous étions prêt à nous rendre au congrès de Vérone en qualité d'un des représentants de la France. Mais avant d'entrer dans le détail de ce congrès, des affaires qui s'y traitèrent et des événements qui le suivirent, nous sommes obligé de jeter un coup d'œil en arrière. M. de Martignac, s'occupant de la guerre d'Espagne dont nous allons parler, avoit compris la nécessité d'établir les antécédents. Impartial et modéré, il admiroit l'entreprise de 1823, si mal jugée; et cependant il n'en apercevoit pas lui-même toute la portée. Le seul volume qu'il ait publié mérite d'être lu : ouvrage plein d'intérêt et de sagesse, le style en est correct, élégant, doux et un peu triste; l'auteur va mourir : son récit vous touche et vous attache, comme les derniers accents d'une voix qu'on n'entendra plus.

I.

L'ESPAGNE.

Traité entre Bonaparte et Charles IV. — Godoï. — Les princes à Bayonne. — Murat à Madrid. — Son portrait. — Insurrection. — Murat et Joseph changent de couronne.

Depuis la dernière moitié du xve siècle jusqu'au commencement du xviie, l'Espagne fut la première nation de l'Europe; elle dota l'univers d'un Nouveau Monde; ses aventuriers furent de grands hommes, ses capitaines devinrent les premiers généraux de la terre; elle imposa ses manières et jusqu'à ses vêtements aux diverses cours ; elle régnoit dans les Pays-Bas par mariage, en Italie et en Portugal par conquête, en Allemagne par élection, en France par nos guerres civiles ; elle menaça l'existence de l'Angleterre après avoir épousé la fille de Henri VIII. Elle vit nos rois dans ses prisons et ses soldats à Paris ; sa langue et son génie nous donnèrent Corneille. Enfin elle tomba ; sa fameuse infanterie mourut à Rocroi, de la main du grand Condé ; mais l'Espagne n'expira point avant qu'Anne d'Autriche n'eût mis au jour Louis XIV, qui fut l'Espagne même transportée sur le trône de France, alors que le soleil ne se couchoit pas sur les terres de Charles Quint.

Il est triste de rappeler ce que furent ces deux monarchies en présence de leurs débris. Ces paroles du grand Bossuet reviennent douloureusement à la mémoire : « Ile pacifique où se doivent terminer les différends de deux grands empires à qui tu sers de limites ; île éternellement mémorable ; auguste journée, ou deux fières nations, longtemps ennemies et alors réconciliées, s'avancent sur leurs confins, leurs rois à leur tête, non plus pour se combattre ; fêtes sacrées, mariage fortuné, voile nuptial, bénédiction, sacrifice, puis-je mêler aujourd'hui vos cérémonies et vos pompes avec ces pompes funèbres, et le comble des grandeurs avec leurs ruines ! »

L'Espagne sous la famille de Louis le Grand s'ensevelit dans la Péninsule jusqu'au commencement de la révolution. Son ambassadeur voulut sauver Louis XVI, et ne le put ; Dieu attiroit à lui le martyr : on ne change point les desseins de la Providence à l'heure de la transformation des peuples.

Charles IV fut appelé à la couronne en 1778 : alors se rencontra Godoï, inconnu que nous avons vu cultiver des melons après avoir jeté un royaume par la fenêtre. Favori de la reine Marie-Louise, Godoï passa au roi Charles : celui-ci ne sentoit pas ce qu'il étoit, celui-là ce qu'il avoit fait ; ils étoient donc naturellement unis. Il y a deux manières de mépriser les empires : par grandeur ou misère : le soleil éclairoit également Dioclétien à Salonte, Charles IV à Compiègne.

L'Espagne déclara d'abord la guerre à la république, puis fit la paix à Bâle. Dès lors Godoï entra dans les intérêts de la France : les Espagnols le détestèrent ; ils s'attachèrent au prince des Asturies, qui ne valoit pas mieux.

En 1807 nous nous promenions au bord du Tage, dans les jardins d'Aranjuez ; Ferdinand parut à cheval, accompagné de don Carlos. Il ne se doutoit guère que ce pèlerin de Terre Sainte qui le regardoit passer contribueroit un jour à lui rendre sa couronne.

Bonaparte, après des succès au nord, se tourna vers le midi : **pour** envahir le Portugal, que protégeoit l'Angleterre, il s'entendit avec Godoï. Un traité signé à Fontainebleau, le 29 octobre 1806, régla la marche des troupes françoises à travers l'Espagne ; ce traité déclara la déchéance de la maison de Bragance, jeta une partie de la Lusitanie septentrionale au roi d'Étrurie, une autre partie à Charles IV, et le royaume des Algarves à Godoï. Junot entra en Portugal le 19 novembre 1807 : la famille de Bragance s'embarqua le 27 ; l'aigle de Napoléon cria au bord des flots, du haut de ces tours qui virent couronner le cadavre d'Inès, appareiller la flotte de Gama, et qui entendirent la voix de Camoëns.

« Ia no largo Oceano navegavam.

L'occupation du Portugal masquoit l'invasion de l'Espagne. Dès le 24 décembre de la même année le second corps de l'armée françoise entra dans Irun. La haine publique s'accrut contre le prince de la Paix ; on vouloit placer le prince des Asturies sur le trône de son père. Le prince, arrêté, fit de lâches aveux. Murat, général en chef, s'avança vers Madrid.

La population de Madrid se soulève en criant : « Vive le prince des Asturies ! meure Godoï ! » Charles IV abdique ; le prince de la Paix est pris ; Ferdinand VII, le nouveau roi, le sauve. Napoléon feignit d'être indigné de la violence exercée envers le vieux roi, et finit par offrir sa médiation entre le père et le fils. Charles fut appelé à Bayonne, et Godoï sortit d'Espagne sous la protection de Murat. Ferdinand à son tour vint à la réunion, malgré sa défiance et l'opposition de son peuple.

Cette scène de l'Italie du moyen âge sembloit inspirée par Machiavel ; rare génie qui, comme tous les hommes élevés d'esprit et bas de cœur, disoit de grandes choses et en faisoit de petites.

La pièce eût été prodigieuse si elle en eût valu la peine ; mais de quoi et de qui s'agissoit-il ? D'un royaume à moitié envahi, de Charles et de Ferdinand. Que Charles reprît la couronne à son fils, afin de l'abdiquer de nouveau en faveur du souverain qu'il plairoit au conquérant de nommer, c'est du drame pour le plaisir de jouer le drame. Il n'est pas besoin de monter sur des tréteaux et de se déguiser en histrion lorsqu'on est tout-puissant et qu'on n'a pas de parterre à tromper : rien ne sied moins à la force que l'intrigue. Napoléon n'étoit point en péril, il pouvoit être franchement injuste ; il ne lui en auroit pas plus coûté de prendre l'Espagne que de la voler.

Charles IV, la reine et le favori cheminèrent vers Marseille avec une pension promise et quelques musiciens déguenillés; les infants s'en allèrent à Valençai.

Ferdinand, s'étant encore rapetissé pour tenir moins de place dans sa prison, avoit en vain demandé la main d'une parente de Napoléon. Les Espagnols, privés de monarque, restèrent libres; Bonaparte ayant fait la faute d'enlever un roi rencontra un peuple.

Deux partis dominèrent alors dans la Péninsule : le premier emportoit presque tout le peuple des campagnes, entr'excité des prêtres et fondu en bronze par la foi religieuse et politique; le second comprenoit les *liberalès*, gent dite plus éclairée, mais à cause de cela moins pétrifiée par les préjugés ou consolidée par la vertu : le contact des étrangers, dans les villes maritimes, l'avoit rendue accessible à nos vices et aux principes de notre révolution.

Entre ces deux partis se distinguoit une opinion isolée: l'égoïsme avoit enchaîné des admirateurs esclaves au char de Napoléon; nous les avons vus exilés sous le nom d'*afrancesados* : jadis les Espagnols appeloient *angevinès* les Napolitains attachés à la France.

Les massacres accomplis dans Madrid le 2 mai commencèrent l'insurrection générale. Murat eut le malheur de voir ces troubles. Ce chef des braves avoit de l'allure du roi Agraman, et voloit à la charge avec un délire de joie et de courage comme s'il eût été porté sur l'Hippogriffe.

Toute sa vaillance lui fut inutile : les forêts s'armèrent, les buissons devinrent ennemis. Les représailles n'arrêtèrent rien, parce que dans ce pays les représailles sont naturelles. Les batailles de Baylen,. la défense de Girone et de Ciudad-Rodrigo annoncent la résurrection d'un peuple là où l'on n'avoit vu qu'un tas de mendiants. La Romana, du fond de la Baltique, ramène ses régiments en Espagne, comme autrefois les Francs, échappés de la mer Noire, débarquèrent triomphants aux bouches du Rhin. Vainqueurs des meilleurs soldats de l'Europe, nous versions le sang des moines avec cette rage impie que la France tenoit des bouffonneries de Voltaire et de la démence athée de la terreur. Ce furent pourtant ces milices du cloître qui mirent un terme aux succès de nos vieux soldats; ils ne s'attendoient guère à rencontrer ces enfroqués, à cheval comme des dragons de feu sur les poutres embrasées des édifices de Saragosse, chargeant leurs escopettes parmi les flammes, au son des mandolines, au chant des *Boleros,* et au *Requiem* de la messe des morts. Les ruines de Sagonte applaudirent.

Napoléon rappela le grand-duc de Berg : entre Joseph, son frère, et Joachim, son beau-frère, il lui plut d'opérer une légère transmutation :

il prit la couronne de Naples sur la tête du premier et la posa sur la tête du second ; celui-ci céda à celui-là la couronne d'Espagne. Bonaparte enfonça d'un coup de main ces coiffures sur le front des deux nouveaux rois, et ils s'en allèrent, chacun de son côté, comme deux conscrits qui ont changé de schako par ordre du caporal d'équipement.

II.

Caractère des Espagnols.

Quand on raisonne sur l'Espagne aujourd'hui, on tombe dans une grande erreur, on s'obstine à juger ses peuples d'après les idées que l'on a des autres peuples civilisés. Napoléon partagea cette déception commune ; il crut qu'il vaincroit l'Ibérie, comme la Germanie, par violence et séduction ; il se trompa.

Les Espagnols sont des Arabes chrétiens ; ils ont quelque chose de sauvage et d'imprévu. Le sang mélangé du Cantabre, du Carthaginois, du Romain, du Vandale et du Maure, qui coule dans leurs veines, ne coule point comme un autre sang. Ils sont à la fois actifs, paresseux et graves. « Toute nation paresseuse, dit l'auteur de l'*Esprit des Lois* en parlant d'eux, est grave, car ceux qui ne travaillent pas se regardent comme souverains de ceux qui travaillent. »

Les Espagnols, ayant la plus haute idée d'eux-mêmes, ne se forment point du juste et de l'injuste les mêmes notions que nous. Un pâtre trans-pyrénéen, à la tête de ses troupeaux, jouit de l'individualité la plus absolue.

Dans ce pays, l'indépendance nuit à la liberté. Que font les droits politiques à un homme qui ne s'en soucie point, qui renferme sa vie dans son proverbe : *Oueja de casta, pasto de gracia, hijo de casa* (Brebis de race, repas gratis, enfant de la maison) ; à un homme qui, comme le Bédouin, armé de son escopette et suivi de ses moutons, n'a besoin pour vivre que d'un gland, d'une figue, d'une olive ? Il ne lui faut qu'un voyageur ennemi pour l'envoyer à Dieu, qu'une chevrière pauvre et fille d'un vieux père pour l'aimer. « Père vieil et manche déchirée n'est pas déshonneur. » *Padre viejo y manga rota no es deshonrra.* Le *majo* (berger) en soie du Guadalquivir, lance en houlette, chevelure retenue par une résille, ne distingue jamais la chose de la personne, et réduit toute dissidence d'opinion à ce dilemme : *Tue ou meurs.*

Ce caractère est si profondément gravé dans le moule ibérien, que la partie modernisée de la population, en adoptant les idées nouvelles, garde à travers ces idées son génie primitif. Auroit-on pu croire que des Espagnols égorgeassent des moines? C'est ce que font sans remords et sans pitié les *liberalès.* Cependant l'autorité des religieux datoit de loin dans la Péninsule; cette autorité n'étoit pas uniquement fondée sur la foi des peuples, elle avoit encore une source politique. Dès l'an 852 les martyrs de Cordoue, Aurelius, Jean, Félix, Georges, Martial, Roger, frappés du glaive ou jetés dans le Bétis, se sacrifièrent autant à la liberté nationale qu'au triomphe de la religion chrétienne.

Les moines combattirent avec le Cid et entrèrent avec Ferdinand dans Grenade. On les massacre nonobstant. Pourquoi? Parce que dans un certain parti une haine empruntée d'ailleurs, ingrate et non motivée, s'est élevée contre eux. Or, en Espagne, que l'on aime ou que l'on haïsse, tuer est naturel; par la mort on se flatte d'atteindre à tout. Les aventuriers qui l'épée à la main s'avançoient dans les flots jusqu'à la ceinture pour prendre possession de l'Océan Pacifique avoient entrepris de rendre l'Amérique à ses déserts; l'Espagnol convoitoit la domination de l'univers, mais de l'univers dépeuplé; il aspiroit à régner sur le monde vide, comme son Dieu assis en paix dans la solitude de l'éternité.

A cet indomptable despotisme de caractère se trouve réunie, par un contraste étonnant, une nature apathique et comique, molle et vantarde. Dans la guerre civile, quand une bande a obtenu un succès, vous croyez qu'elle le va poursuivre? Point; elle s'arrête, reste sur les lieux à publier des rodomontades, à chanter sa victoire, à jouer de la guitare, à se chauffer au soleil. Le battu se retire paisiblement, et agit comme l'autre quand il triomphe. Ainsi vont une suite de rencontres sans résultats. Si les combattants ne prennent pas une ville aujourd'hui, ils la prendront demain, après-demain, dans dix ans, ou ne la prendront pas du tout; qu'importe? Les Hidalgos disent qu'ils ont mis six cents ans à chasser les Maures.

Ils admirent trop leur longanimité : la patience transmise de génération en génération finit par n'être plus qu'un bouclier de famille qui ne protège rien, et qui sert seulement d'antique parure à des malheurs héréditaires. L'Espagne décrépite se croit toujours invulnérable, comme l'ancien solitaire du couvent de Saint-Martin, entre Sagonte et Carthagène : au dire de Grégoire de Tours, les soldats du roi Leuvielde trouvèrent le monastère abandonné, excepté de l'abbé, tout *courbé* de vieillesse et néanmoins *fort droit* en vertu et en sainteté. Un soldat voulut lui couper la tête ; mais ce soldat tomba à la renverse, et expira sur la place.

Les hommes politiques de cette nation partagent les défauts du guerrier : dans les circonstances les plus urgentes, ils s'occupent d'insignifiantes mesures, prononcent des oraisons puériles, mettent tout en pièces dans leurs harangues et ne les font suivre d'aucune action. Est-ce donc qu'ils sont stupides ou lâches ? Non ; ils sont Espagnols : ils ne sont point frappés des choses comme vous l'êtes ; ils ne les voient pas sous le même jour ; ils laissent le temps dénouer l'événement qu'ils ne sont point pressés de voir finir ; ils transmettent leur vie à leurs fils sans pusillanimité et sans regrets. Le fils, à son tour, se conduit de même que le père : dans quelques centaines d'années se terminera, à la satisfaction des vivants, l'événement que les morts leur ont légué et qui chez un autre peuple auroit été décidé dans huit jours.

Que si, dans les troubles qui continuent aujourd'hui, les masses semblent agir d'après des principes moins individuels, cela prouve seulement que l'esprit général du siècle commence à ronger le caractère particulier ; il est loin de l'avoir dommageablement entamé. L'indifférence de la foule est derrière ces événements qui de loin font tant de bruit. Quand l'émeute ou la *faction* arrive, on ferme sa porte, et on la laisse passer comme une nuée de sauterelles. On n'est guère pour personne : don Carlos ne peut prendre une ville, Christine ne peut réunir les campagnes. Les Espagnols d'ailleurs se sont guerroyés de tous temps pour des rois compétiteurs. La guerre finie, chacun, sans être changé, retourne à l'obéissance ou plutôt à sa vie habituelle : celle-ci se conserve entière plus que dans d'autres pays, à cause de l'isolement des populations champêtres et d'un commerce vagabond fait par des espèces de caravanes à travers les plaines nues et les montagnes inhabitées.

III.

Anciennes lois politiques de l'Espagne.

On pourroit croire que les Espagnols, d'après cette peinture, n'ont jamais connu la liberté politique ; ce seroit une méprise : cette liberté est tombée seulement en désuétude parce qu'un élément supérieur a prédominé.

De Recared à Roderic, seize conciles nationaux formoient le corps des Établissements : les lois de ces conciles recevoient la sanction des juges des villes et du consentement du peuple. Le roi, électif dans la race pure des Goths, juroit de remplir ses devoirs. Le jugement par *pairs* ou jurés étoit de droit fondamental : les actes du concile de Tolède furent la base des *Institutes*.

Le Visigoth avoit laissé à ses sujets romans-espagnols la faculté de vivre sous leurs anciennes lois civiles et municipales, de sorte qu'ils conservèrent l'organisation de la commune romaine. Les guerres intestines qui privoient le vaincu du droit des gens de ce temps-là étant moins fréquentes qu'ailleurs, les servitudes devinrent moins générales : les seigneurs n'eurent pas les priviléges qu'ils acquirent par le fer en France et en Italie; la féodalité ne fut point ou presque point connue; c'est la belle observation de Montesquieu. En effet, le peuple devint pâtre, laboureur, fermier, non vassal; les lois de police des Maures se trouvèrent en harmonie avec les lois de police des Romains; les compagnons de Muza introduisirent, en vertu des mœurs, dans le pays cette indépendance sauvage de l'Arabe, laquelle est restée dans le cœur de l'Espagne chrétienne.

Les entraves mises successivement au pouvoir des rois d'Espagne étoient immenses. Les états généraux d'Aragon sont bien connus; Philippe II leur ôta leurs plus grands priviléges, mais il n'osa toucher au règlement qui défendoit de lever l'impôt sans le consentement des états. La Navarre, les Biscayes, la Catalogne et le royaume de Valence jouissoient de franchises; la Castille se défendoit d'une autre manière, elle avoit son impérieux conseil et s'étoit emparée de l'autorité. L'Aragonais, tout protégé qu'il étoit de ses chartes, ne pouvoit cependant parvenir à rien s'il ne possédoit des biens sous la couronne de Castille. Le marquis de Denia fut obligé de prendre le nom castillan de duc de Lerme; le marquis de Castel Rodrigo se vit forcé de faire passer son crédit et sa faveur au comte d'Olivarez, son ami.

Les premières cortès auxquelles les députés du tiers assistèrent furent celles de Léon, en 1188; cette date prouve que les Espagnols marchoient à la tête des peuples émancipés.

Peu à peu les bourgeois, fatigués, laissèrent le souverain payer leurs mandataires et désigner les villes aptes à la députation. Douze cités seulement en obtinrent le droit. Charles Quint, tyran naturellement lié avec son collègue, cet autre tyran, le peuple, éleva les villes représentées au nombre de vingt; mais en même temps, dans la réunion de Tolède, en 1538, il retrancha pour toujours des cortès le clergé et la noblesse.

Les rois, débarrassés du joug des cortès, furent contraints de s'en imposer d'autres : des conseils ou des consultes dirigèrent la monarchie. Les places y étoient si recherchées que les vice-rois de Naples et de Sicile, les gouverneurs de Flandre et de Milan les sollicitèrent ; les favoris, Olivarez lui-même, étoient obligés de flatter les consultes.

On voit donc que l'Espagne avoit connu la forme représentative : si l'indépendance individuelle l'emporta sur la liberté commune, bien que celle-ci servît à fortifier celle-là, si le génie arabe prévalut, que pouvoient produire les efforts que l'on a tentés pour amener l'Espagne à la liberté loquace d'une assemblée délibérante? D'un autre côté, n'est-il pas inouï, puisqu'on prétendoit rétablir des cortès, qu'au lieu de se rapprocher de l'usage national, on soit allé déterrer un modèle étranger, rejeté même aujourd'hui par la France? C'est pourtant ce qui est arrivé.

Si cette anomalie pouvoit s'expliquer, ce seroit la longue paix qui suivit le traité de Bâle et qui mit la Péninsule en rapport étroit avec la république, quand tous les autres Européens étoient exclus de Paris. A cette époque on compte plusieurs sujets de Charles IV parmi nos plus ardents jacobins. L'Espagnol aime les spectacles sanglants, et les rayons de nos victoires extérieures se reflétoient dans la vantance et la pompe de leur esprit.

IV.

La régence constitutionnelle convoque les cortès générales à Cadix. — Cortès de Cadix. — Constitution : ses défauts; elle mécontente tous les partis.

Après l'insurrection de Madrid et l'installation de Joseph, il se forma des juntes dans les provinces, mues par un intérêt commun, mais agissant avec des moyens divers. Le besoin d'un gouvernement central ne tarda pas à se faire sentir. Trente-quatre députés s'installèrent en régence à Aranjuez. L'Espagne, souvent ravagée, a toujours été funeste aux conquérants : César y combattit pour sa vie, et Napoléon, estafette du monde, fut obligé d'en revenir à cheval comme un obscur courrier. Après des luttes diverses, les députés se retirèrent, en 1808, à Séville, où Las-Casas commença sa miséricordieuse vie. La régence convoqua des cortès générales; elles n'eurent pas le temps de se réunir. Du haut de la montagne de la Sierra-Morena, les soldats françois en apercevant la vallée du Guadalquivir présentèrent spontanément les armes; rien ne donne une plus vive idée de la beauté de l'Andalousie; c'étoit ainsi qu'en Égypte nos bataillons s'arrêtèrent et saluèrent de leurs applaudissements les muets monuments de Thèbes oubliée. Le secret des palais des Maures, changés en cloîtres, fut pénétré; les églises, dépouillées, perdirent les chefs-d'œuvre de Velasquez et de Murillo; une partie même des os de Rodrigue fut enlevée : on avoit tant de gloire, qu'on ne craignoit pas de soulever contre soi les mânes du Cid et l'ombre de Condé. La régence abandonna Séville, et se réfugia dans l'île de Léon. Le 24 septembre 1810, les cortès générales, convoquées sans condition d'éligibilité, s'assemblèrent, et peu après s'établirent à Cadix.

Cadix, *imporio del orbe*, marché de l'univers, où tout se vend, où tout s'achète, convenoit, par son isolement, à la méditation des plus hauts desseins. Tarsis y régna, et les songes y devenoient prophétiques; César y rêva qu'il abusoit de sa mère, c'est-à-dire, selon Suétone, qu'il violoit sa patrie. La liberté venoit se reposer à Cadix auprès du premier Hercule. Nous avons vu sur la chaussée de cette ville réputée miraculeuse, une de *ses six merveilles*, l'astre du jour, *trois fois plus grand que de coutume,* se plonger au milieu de l'Océan dont il augmentoit la paix, la splendeur et l'immensité. Mais ces contes brillants du passé et la magnificence de la nature n'inspirent que des sentiments et ne sont plus du siècle. Le souvenir des galions, l'ancien rendez-vous des piastres, les idées mercantiles, nos passions politiques animoient les factions emprisonnées dans l'île de Léon; cette terre, que l'on appela les *Champs Élysées*, se métamorphosa en Tartare. Les cortès n'offrirent point la majesté d'une assemblée chargée du sort de l'espèce humaine, resserrée entre les deux plus puissantes barrières du monde : Bonaparte et les flots.

Les séances des cortès furent une parodie de nos assemblées révolutionnaires; le grand parti national n'y dominoit pas. Les cortès fourmilloient de *liberalès*. On y proposa tout : proscriptions, destructions, meurtres. Des prêtres renégats s'offrirent pour bourreaux; c'étoit la même vocation dans le ciel et sur la terre. Jamais cause plus belle ne fut moins traitée selon sa beauté. En vain la voix modérée d'Arguelles se fit entendre; on n'écoutoit pas son éloquence, tout en l'appelant divine. « A Cadix, dit le père Jérôme, on parle avec grâce, gravité, énergie et sans accent. »

L'acte de la constitution de Cadix parut le 19 mars 1812; il proclama le principe de la souveraineté du peuple : le roi est déclaré inviolable, la religion catholique seule religion de l'État; la constitution ne peut être révisée que par le concours de trois législatures successives, en vertu d'un décret non sujet à la sanction royale. Le reste des articles est déplorable : il n'y a qu'une seule chambre ; les militaires ont le droit d'examiner leur for intérieur ; le roi n'a pas la sanction absolue ; les fonctionnaires publics sont nommés par les cortès, etc.

La base du pacte étoit fausse : la souveraineté absolue ne réside ni dans le peuple, ni dans le roi, qui pareillement en abusent ; elle n'appartient qu'à Dieu et au génie, délégué de Dieu. Les Espagnols auroient dû étudier l'art de Gonzalve, à Cordoue, de préférence aux principes de Mariana, dans sa crypte à Tolède.

Tous les peuples, frappés de la mobilité des choses humaines, ont cherché un point d'appui hors du monde pour rendre stables leurs institutions ; tous, royalistes ou républicains, les ont appuyées à l'autel ; tous se sont hâtés de donner à leur *principe* le nom de *sacré*. Mais que leur a servi de déclarer la couronne ou la liberté inviolable, lorsque chaque jour cette couronne et cette liberté sont violées ? C'est à cause de cette fragilité que le législateur, chez les modernes comme chez les anciens, a eu recours au *droit divin*, lequel excuse s'il ne justifie pas l'abus qu'on en a fait, en versant le pouvoir de Dieu dans la tête infirme et le cœur passionné de l'homme.

La constitution de Cadix mécontenta tout le monde : on s'y soumit cependant par nécessité, de même que l'armée du duc de Wellington servoit de centre aux guerilas d'Ibérie. Les Espagnols n'ont déployé leurs qualités admirables que quand ils ont été mêlés à l'étranger, bien qu'ils le détestent ; ils n'imposèrent leur joug à l'Europe qu'en formant un seul et même peuple avec les peuples de la Franche-Comté, d'une partie de la Bourgogne et des Pays-Bas.

La foule consentit d'abord aux cortès générales, afin de se mettre à l'abri de la France ; les moines se battirent au nom des hommes qui les méprisoient, les dépouilloient et les égorgeoient : les moines sont presque toujours du côté de la liberté, même quand on les proscrit, parce qu'ils sont l'ancien peuple coiffé d'un froc. Les royalistes versèrent leur sang par ordre des jacobins. En dernier résultat, tout ce qu'on avoit fait pour l'indépendance nationale se trouva avoir été fait pour la liberté, réputée politique. Quand l'Espagne eut été délivrée, il ne resta de ses merveilleux efforts qu'une constitution déboîtée : chacun stupéfait la regarda ; on se disoit, en contemplant le menaçant édifice : « Quoi ! j'ai élevé cela ? »

V.

Bonaparte rend la liberté à Ferdinand. — Décret de Valence. — Les cortès constituantes sont chassées. — Ferdinand manque de parole. — Exécutions. — L'armée de l'île de Léon s'insurge. — Riego. — Insurrection à Madrid. — Décret de Ferdinand qui rétablit la constitution de Cadix.

L'heure étoit venue : Bonaparte, d'une main à qui Dieu avoit retiré sa force, ouvrit les geôles dans lesquelles il alloit replacer la terre, et rendit Ferdinand à la liberté. Celui-ci rentra dans les Espagnes, au milieu des bénédictions et des fêtes. Un décret émané des cortès de Cadix lui enjoignoit d'accepter la constitution de 1812 et de lui prêter serment; on traçoit au roi libéré non de la couronne, mais de la prison, son itinéraire ; on lui marquoit les étapes où il devoit coucher ; on lui dictoit les paroles qu'il devoit prononcer. Ferdinand ne tint compte de cette insolence; vingt-quatre heures plus tôt, elle eût été un ordre : chaque minute a sa force ou sa foiblesse. Le monarque s'avança jusqu'à Valence. La nouvelle armée et le pays tout entier l'invitèrent de régner comme avoient régné ses aïeux; une minorité des cortès, composée de soixante-neuf députés, le supplia de détruire l'acte constitutionnel : cette protestation s'appela la *protestation des Perses*.

Le 4 mars 1814 Ferdinand VII publia le décret de Valence. Ce décret rappelle les faits historiques et les impossibilités de la constitution ; après cette énumération, il fait cette déclaration solennelle :

« J'abhorre le despotisme : il ne peut se concilier ni avec les lumières ni avec la civilisation des nations de l'Europe. Les rois ne furent jamais despotes en Espagne : ni les lois, ni la constitution de ce royaume n'ont jamais autorisé le despotisme...

« Cependant, pour prévenir des abus, je traiterai avec les députés de l'Espagne et des Indes ; et dans des cortès légitimement assemblées, composées des uns et des autres, on réglera solidement et légitimement tout ce qui pourra convenir au bien de mes royaumes...

« On s'occupera des meilleures mesures à prendre pour la réunion des cortès... La liberté et la sûreté individuelles seront garanties par des lois qui, en assurant l'ordre et la tranquillité publics, laisseront à tous mes sujets la jouissance d'une sage liberté, qui distingue un gouvernement despotique. Tous auront la faculté de communiquer par la voie de la presse leurs idées et leurs pensées, en se renfermant dans les bornes que la saine raison prescrit à tous. »

Les cortès constituantes résistèrent ; elles en appelèrent à la force : la force, mère et fille du succès, leur rit au visage ; elles fuirent : Ferdinand entra dans Madrid roi *netto*.

Le roi *netto* manqua sur-le-champ à sa parole. Il condamna les conservateurs de son trône à l'exil, au cachot, aux présides. L'armée ne fut pas payée. Les colonies achevèrent de s'émanciper. Une camarilla rajusta et repeintura le vieux sceptre ; elle crut pouvoir servir d'abri à un trône que les nefs de Burgos, de Tolède et de Cordoue ne cachoient plus. Des conspirations se formèrent : Porlier, en Galice, Lacy, en Catalogne, prirent les armes : ils avoient, dans la guerre de l'indépendance, versé leur sang pour le roi ; ils moururent par sa volonté sur l'échafaud. Nous négligeons les gibets de Madrid et de Valence : on y pendit quelques plébéiens fidèles, mais *libres*.

Dans l'île de Léon se rassembloit l'armée qui devoit reconquérir les colonies. Des officiers se racontoient leurs anciens périls et l'inutilité de leurs sacrifices. La plainte est la voix du complot : O'Donell, comte de l'Abisbal, chef de l'expédition projetée, fut mis à la tête des conspirateurs ; il les trahit, ou laissa s'échapper le secret.

Le projet avorté se renoua. Lopez Baños, Arco Aguerro, San-Miguel, Quiroga et Riego jurent de faire revivre la constitution de Cadix. Le 1er janvier 1820, Riego prit les armes ; il enlève le général Calderon, successeur d'Abisbal ; il se joint à Quiroga, chef d'un autre bataillon, et tous les deux viennent échouer devant Cadix.

Le trouble s'était répandu dans Madrid. Le général Freyre accourut, menant 13,000 hommes pour combattre les 10,000 insurgés : on pourparla. Riego, avec San-Miguel, sortit de l'île de Léon, accompagné d'une colonne de 15,000 hommes ; il parcourut l'Andalousie, entra dans Algesiras, Malaga, Ronda, Cordoue, fut partout bien reçu, partout aussi vite oublié. Abandonné de ses troupes, il se cacha dans les montagnes célèbres par la pénitence du chevalier que la moquerie d'un beau génie fait vivre ; héros plus grand et plus fou que Riego. Capitaine malheureux, Riego ne trouva point la société nouvelle qu'il cherchoit au travers des tempêtes : Christophe Colomb, après avoir découvert un monde, dort en paix à Séville, dans la chapelle des rois.

Le mouvement de l'île de Léon, loin de s'arrêter, se propagea : la Corogne fut soulevée par Agar, Saragosse par Garay, la Navarre par Mina.

L'Abisbal, suspect, retiré à Madrid, envoyé pour rétablir l'ordre parmi les troupes mutinées, se réunit, près d'Ocana, à son frère, qui proclama la constitution. Aussitôt des régiments tumultuèrent à la *puerta del Sol.* Le roi s'humilie. Le 6, un décret, contresigné marquis de Mataflorida, annonce que le pacte de Cadix est écarté, mais que des *cortès* vont s'assembler. La cédule royale est déchirée, la pierre de la constitution, renversée en 1814, est relevée. Le 7 parut ce décret définitif de Ferdinand :

« *La volonté du peuple s'étant prononcée,* je me suis décidé à jurer la constitution promulguée par les cortès générales et extrordinaires en l'an 1812. »

Ainsi fut couronnée la tyrannie par la couardise, le manque de foi par le parjure.

La prison rouverte envoya au palais des ministres : Argüelles fut placé à l'intérieur, Garcias Herreros à la justice, Canga Argüelles aux finances; Perez de Castro, don Antonio Porcel furent appelés : tous appartenoient plus ou moins aux cortès de Cadix; mais, comme nos anciens révolutionnaires, instruits par le temps, ils voulurent arrêter les idées et ne le purent : illusion dans laquelle s'égarent tous les hommes.

Auprès de ce ministère étoit la junte suprême, en attendant les cortès, de même que la Commune de Paris auprès de la Convention. Des clubs s'ouvrirent. L'armée de l'île de Léon, en faveur de qui la bataille étoit gagnée, non contente de grades et de dotations, prétendit influer sur les affaires de l'État.

L'Europe s'étoit partagée : l'Angleterre félicita Ferdinand d'avoir accepté la constitution; la Russie déclara la royauté perdue; la Prusse et l'Autriche s'expliquèrent d'une manière ambiguë; la France invita le gouvernement, par la bouche de M. le duc de Laval, à s'arranger avec les pouvoirs. M. de la Tour-du-Pin, envoyé à Madrid, intervint entre le roi et les principaux Espagnols, afin d'obtenir des modifications à l'acte constituant. La Grande-Bretagne, qui ne songe qu'à ses intérêts matériels et à qui le bonheur d'un peuple n'importe guère, se figura que nous allions obtenir une influence considérable sur le cabinet de Madrid, et s'opposa à nos salutaires conseils.

La France fit son devoir; elle ne félicita point le roi d'Epagne, et ne repoussa point les communications officielles; elle laissa percer des inquiétudes qu'elle se hâta de couvrir d'espérances. Nos efforts bienveillants pour calmer le mal de nos voisins furent inutiles. Les orateurs s'établirent contre nous en permanence au café de Lorenzini.

VI.

**Première session des cortès. — Deux principes de révolution.
Riego. — La Tragala.**

L'ouverture de la première session des cortès étoit fixée au 9 juillet 1820. Le roi y devoit renouveler son serment : il y eut une petite émeute au château pendant la nuit. Le roi parla ; l'archevêque élu de Séville répondit : modération d'étiquette, qui dans notre révolution précédoit de quelques heures les excès.

La majorité de la chambre appartenoit aux anciens révolutionnaires de Cadix ; leurs chefs étoient Calatrava et Toreno. M. de Toreno n'avoit pas été élevé dans la grotte de Gavagonda avec Favilla et Hermezinde, mais il étoit compatriote de Jovellannos et de Campomanes. On le jugeait écrivain remarquable, orateur clair et concis, *breviloquentia :* il avoit voyagé. « Les Espagnols qui voyoient le monde, dit messire Duval, en profitent beaucoup, et se font pour la plupart fort honnêtes gens et capables de servir. » Avec Toreno des Asturies marchoit Martinez de la Rosa du Xenil ; génie heureux de cette Vega qui ressemble à la vallée de Lacédémone.

La minorité se composoit de nouveaux enrôlés dans les abstractions des théories conventionnelles ; parti plus violent, parce que, plus jeune, il étoit moins désabusé. Cassée aux gages, et pour un moment mise sur le pavé, la révolution, nue et les bras croisés, assistoit aux séances dans les tribunes.

Les *Afrancesados* et les *Perses* furent, tant bien que mal, amnistiés, excepté le marquis de Mataflorida, réfugié en France. L'arriéré fut séparé des dépenses courantes, auxquelles on appliqua les revenus de l'État. Banqueroute accomplie et emprunt fait, on rétablit quelques impôts de la création de Joseph : la dîme ecclésiastique se transforma en taxe civile ; mais ce que l'on consentoit à payer à Dieu, on refusa de le payer à l'homme. Des lois de circonstance renversèrent le reste de la vieille monarchie. Pour couronner l'œuvre, une loi établit comme un devoir la désobéissance du soldat, toutes les fois qu'il recevroit des ordres contraires à la constitution.

Jadis les révolutions ont été réprimées, parce qu'en général elles procédoient des passions, non des idées : la passion meurt comme le corps, l'idée vit comme l'intelligence ; ainsi on retient une passion, on n'arrête pas une idée. L'idée révolutionnaire émise par nous en 1789, après avoir parcouru l'Europe et l'Amérique, nous revenoit d'Espagne. Dans cette contrée, on reconnoissoit la copie servile de nos anciennes actions : clubs, motions, assassinats, renversements. Une différence capitale distinguoit cependant les deux pays : en France, tout s'étoit fait par le peuple ; en Espagne, tout se faisoit par l'armée ; vice qui seul empêcheroit la liberté politique de s'établir solidement dans cette contrée. La Péninsule est une espèce d'empire romain ; les révolutions s'y réduisent à des troubles prétoriens et à des élections légionnaires. Si ces postiches pouvoient être enlevées, on verroit dessous la véritable Espagne.

L'armée de l'île de Léon existoit toujours ; le gouvernement en prononça la dissolution ; elle se sépara après quelques symptômes de résistance. Riego, nommé commandant général de la Galice, vint à Madrid. D'un banquet il se rend au théâtre ; il est reçu avec des acclamations ; il se lève et entonne la *Tragala* : il est destitué et le club Lorenzini fermé : les jacobins firent halte entre la Grève et la place de la Révolution. Les ministres, effrayés de leurs succès, reculèrent.

Une mesure relative aux communautés troubla le reste de la session. Ferdinand sanctionna la loi anti-religieuse et se repentit, seule ressemblance qu'il ait eue jamais avec Louis XVI. Il se retira à l'Escurial ; il en revint un moment le 9 novembre 1820 pour clore en personne la première session des cortès, et se retira de nouveau dans sa communauté menaçante.

VII.

L'Escurial. — Victor Saez. — Procession révolutionnaire sous les fenêtres de Ferdinand à Madrid. — Les *communeros* propagandistes. — La constitution de Cadix à Naples.

L'Escurial est un monument sérieux, une vaste caserne de cénobites, bâti par Philippe dans la forme d'un gril de martyre et en mémoire de l'un de nos désastres ; il s'élève sur un sol concret à mousse et à sphaigne, entre des mornes noirs ; il renferme des tombes royales remplies ou à remplir, une bibliothèque sans lecteurs, des chefs-d'œuvre de Raphael moisissants dans une sacristie vide ; ses onze cent quarante fenêtres, aux trois quarts brisées, s'ouvrent sur les espaces muets du ciel et de la terre. Deux cents moines et la cour y rassembloient autrefois la solitude et le monde. Auprès du redoutable édifice à face d'inquisition chassée au désert est un parc embarrassé de genêts et un village abandonné : le Versailles des steppes n'avoit jadis d'habitants qu'au passage intermittent des rois : nous avons vu perché sur sa toiture à jour le mauvis de bruyère.

Ferdinand se retrancha dans cette retraite des Hiéronymites pour essayer de là une sortie sur la société ; mais caché parmi ces architectures saintes et sombres, il n'avoit point la hauteur, la mine, la sévérité, la taciturne expérience, la croyance invincible de ces dosserets rigides, de ces pilastres sacrés ; ermites de pierre qui portoient la religion sur leurs têtes. Il ne pouvoit, lui, mort ressuscité, étendre, assis dans son cercueil, ses bras de poussière à l'encontre de l'avenir. L'impuissante camarilla dont il étoit entouré ne lui étoit d'aucun secours ; le temps étoit arrivé aux pieds des vieilles institutions : les eunuques d'Honorius l'environnoient de leur néant, lorsque Alaric campoit sous les murailles de Ravenne. Au lieu de prendre une de ces mesures tragiques, laquelle annonce tout à coup un caractère à part, Ferdinand, homme d'ancien désir, mais de mœurs nouvelles, donne au général Caravajal l'ordre de remplacer Don Gaspard Vigodet, commandant de la province de Madrid : Marius, arrêté aux portes de Rome, ne rêvoit pas de destitutions. Le remède insipide, jugé héroïque à l'Escurial, empire les maux : la députation permanente prend feu ; les clubs se rouvrent ; on parle de déchéance ; on ordonne au roi de revenir à Madrid. Il obéit ; il renvoie le grand-maître de sa maison, le comte de Miranda ; il éloigne son directeur, don Victor Saez. Saez étoit habile, mais il avoit parlé bas à la grille du tribunal de la pénitence, oubliant que le Forum est aujourd'hui le confessionnal des nations. Don Victor eut encore le malheur de travailler à la régénération du culte par les moyens qui le firent éclore. Il se trompa de Thébaïde : il confondit celle où la religion avoit déjà passé, avec celle où la religion n'étoit point encore arrivée : la première est une solitude adultère devenue stérile, improductive, impénétrable à la rosée ; la plante se flétrit à sa surface, le grain meurt dans ses entrailles ; la seconde est une solitude virginale et féconde, dont le sable et l'oiseau portent la fleur et le pain du ciel. Le désert après la foi n'est pas le désert avant la foi.

Revenu à Madrid, Ferdinand, accompagné de ses frères, de ses belles-sœurs et de la reine malade, est forcé de se montrer aux fenêtres de son palais. La foule est réunie ; un cortége va défiler. On a vu Louis XVI entrant dans Paris entouré de furies et précédé des têtes coupées de ses gardes : ici même scène avec des décorations castillanes. Un homme, une femme, un prêtre, portés sur les épaules de ceux qui les entourent, se dressent; ils avancent vers le roi l'acte de la constitution, le retirent, le baisent, le représentent. Un enfant est soulevé dans l'air à son tour; il tient à la main le même livre : c'est le fils de Lacy, vengeur encore faible, mais larve vivante et implacable.

Tandis que le cortége passe, derrière le roi sont des serviteurs terrifiés, une famille au désespoir, une reine évanouie; malheur si commun qu'on n'y regarde plus. Ferdinand s'étoit cru un de ces despotes invincibles de la haire et de la dure, il ne l'étoit pas. Le marquis de Las Amarillas, ministre de la guerre, donna sa démission; Valdès le remplaça. Les évêques s'enfuirent ; les grands furent condamnés à l'exil, en particulier le duc de l'Infantado, honnête inutilité.

Auprès des vieux francs-maçons, auxquels Argüelles et Valdès étoient affiliés, s'élevèrent alors les *communeros :* remontant de souvenir et de nom au siècle de Charles Quint, ils s'appellent *chevaliers communeros,* se déclarent champions de l'égalité et de la liberté. Par un serment, ils s'engageoient à juger, condamner, exécuter tout individu, sans en excepter le roi et ses successeurs, s'il s'éloignoit de certains principes; serment redoutable dans un pays où l'homicide est de droit commun. Protégées par les lois, ces sociétés secrètes sont appuyées des clubs publics.

Tous les jours le conseil et le roi étoient traînés dans la boue. Un peuple qui s'est battu pour son indépendance méconnoît souvent le joug de la liberté et n'accepte plus que des fers. Les ministres firent un acte de vigueur : ils fermèrent le café de la Croix-de-Malte, afin de se réhabiliter dans l'opinion. En France on n'auroit pas pris tant de peine; parmi nous le mépris ne fait pas mourir. Il n'en est pas des hommes comme du serpent; on ne les tue pas en crachant dessus : *Serpens, hominis contacta saliva, disperit* (Lucrèce).

Le roi, passant dans sa voiture, fut insulté; ses gardes dispersent la foule. Les révolutions tiennent celui qui se défend pour l'agresseur : le monarque abandonna, comme de coutume, les militaires fidèles. Un jour toutefois, perdant patience, il entra dans le conseil d'État, accusa ses ministres, énuméra les offenses qu'il en avoit reçues et demanda l'arrestation des offenseurs ; mauvaise réminiscence : Charles Ier voulut faire saisir devant lui quelques membres du parlement. La famille de Ferdinand s'épouvante. La mesure avorte.

Les propagandistes de l'intérieur de l'Espagne s'étoient réjouis en voyant leur œuvre s'étendre au dehors; la constitution de Cadix avoit été imposée à Naples : Naples en fut pour son caprice; il lui fallut retourner à son soleil et à ses fleurs.

VIII.

Seconde session des cortès. — Insurrections du Piémont et du Portugal. — Mouvements à Grenoble et à Lyon. — Réfugiés en Espagne. — Régime de terreur. — Venuenza jugé et exécuté par le peuple. — Morillo arrive de l'Amérique. — Fin de la seconde session des cortès.

Le 1ᵉʳ mars 1821 marque la seconde session des cortès. Après s'être montré révolutionnaire dans son discours, le roi apprit aux députés qu'il renvoyoit ses ministres : la première partie de son allocution devoit racheter la seconde.

Felin et Bardaxi formèrent le noyau d'un nouveau conseil ; les chambres le repoussèrent aussitôt.

Le Piémont et le Portugal, imitant Naples, proclamèrent la constitution de Cadix. Grenoble et Lyon s'émurent ; les cortès applaudirent. Toreno nous attaque en termes violents ; Alpuente propose d'intervenir dans les affaires d'Italie ; Moreno Guerra veut rompre avec l'Europe et chasser de Madrid les ministres de l'Alliance. Les vaincus de tous les pays se réfugient en Espagne ; ils y reçoivent encouragement et secours. Ferdinand exprima la douleur qu'il ressentoit de la défaite des Napolitains.

Le parti exalté pousse à un régime de terreur : on dépouille, on emprisonne, on bannit, on déporte, sans jugement et sans empêchement. Barcelone, Valence, La Corogne, Carthagène voient dominer, en dehors du pouvoir légal, un pouvoir sans forme et sans nom. Alors on essaye de guérir le mal par le mal. Le 17 avril deux lois sont portées aux cortès : la première, confondant à dessein la religion et la constitution, prononce la peine de mort contre ceux qui tenteroient de renverser l'une et l'autre ; la seconde, empruntée de Danton, prive les citoyens accusés de toute garantie ; elle les envoie devant un conseil de guerre choisi dans le corps par qui l'arrestation a été faite : jugement prononcé dans six jours, exécuté dans quarante-huit heures, sans appel, sans exercice du droit de grâce.

Un chapelain du roi, Don Mathias Venuenza, accusé en vertu des nouvelles lois, est gratifié de dix ans de galères. La plèbe, qui prend la souveraineté pour la force des bras, trouva l'arrêt trop indulgent. Le 4 mai elle s'assemble à la porte *del Sol*, revise le procès, sentencie le prêtre à mort et l'exécute, après l'avoir arraché de prison et frappé à la tête d'un marteau. On court ensuite chez le juge coupable de n'avoir condamné l'ecclésiastique qu'à dix ans de présides; cinq hommes souverains, l'épée haute, devancent les bourreaux; le juge s'échappe; les révolutionnaires se répandent dans la ville; les clubs retentissent de chansons en l'honneur de la justice populaire. Le roi, réfugié au milieu de ses gardes, les supplie de le sauver. Martinez de la Rosa éleva seul dans les cortès une voix généreuse : le courage et l'éloquence furent du côté des muses. La presse célébra ce jour mémorable ; les meurtriers fondèrent l'ordre du *Marteau ;* chacun porta sur son cœur les insignes de cet ordre, comme on porta un moment en France de petites guillotines à la boutonnière. A l'époque des révolutions on s'étonne des crimes : on a tort. Quand une société nouvelle se forme, une ancienne société en même temps se détruit ; alors les crimes entrent dans le tout comme dissolvant, pour hâter la décomposition de la partie qui doit périr. C'est aussi pourquoi, lorsque les crimes sont trop odieux et trop multipliés, il ne reste presque rien de la société nouvelle, parce que le bien est dévoré par la contagion du mal.

Morillo venoit d'arriver d'Amérique ; il avoit eu la gloire d'être vaincu par Bolivar : on l'investit du commandement de Madrid. Les membres des cortès dérivoient vers la république ; ils se dépouillèrent de la loi qui donnoit le droit au monarque de fermer les clubs ; Ferdinand refusa sa sanction : n'étant pas appuyé du vote d'une seconde chambre, il ne fit qu'exposer sa tête : la monarchie souillée et expirante avoit encore raison. La fin de l'année parlementaire se passa en discussion sur les droits prétendus seigneuriaux, et l'on s'obstina à retenir les colonies. Arrivé au terme des cortès ordinaires de la seconde session, le roi fut obligé de convoquer des cortès extraordinaires.

Dans l'intervalle, la députation permanente fut établie.

IX.

Lois des *communeros.* — Fontana de Oro. — Prisonniers dans les couvents. — Riego se lie avec Cugnet. — Soulèvement à Madrid.

Les sociétés secrètes prenoient de jour en jour plus d'accroissement. Les chrétiens ne furent d'abord qu'une société secrète, et ils ont conquis le monde : leurs deux grands mystères étoient Dieu et la morale ;

avec ces deux mystères peu à peu révélés, ils fondèrent la nouvelle communauté humaine.

Les *comuneros* tenoient à Madrid leur assemblée suprême; auprès d'eux étoit une junte directrice; chaque province avoit sa *merindad* provinciale, chaque *merindad* sa *tour*. Des subventions volontaires satisfaisoient aux besoins urgents. Les *comuneros*, ou les fils de *Padilla*, s'élevèrent bientôt à plus de soixante-dix mille. Cette société fut établie pour la mort, comme la chrétienté l'avoit été pour la vie; son origine venoit des carbonari; elle avoit des affiliations en France, comme nous le reconnoîtrons en signalant d'autres sociétés-sœurs, Charbonnerie d'autant plus funeste, qu'ayant pris naissance dans les camps, elle pervertissoit le glaive et armoit le dessein :

« Je jure devant Dieu et devant cette assemblée de chevaliers *comuneros*, disoit le récipiendaire, de maintenir les libertés et les franchises de tous les peuples...; de me soumettre sans réserve aux décrets de la confédération; de mettre à mort tout chevalier qui manqueroit à son serment; si je viens moi-même à y manquer, je me déclare traître : que je sois condamné à une mort infâme, que je sois brûlé et que l'on jette mes cendres au vent. »

La révolution espagnole comptoit un élément de plus que la révolution françoise : la dernière avoit des *clubs*, la première des *clubs* et des *sociétés secrètes*, c'est-à-dire le pouvoir législatif et le pouvoir exécutif du mal.

Ceci explique comment à volonté paroissoit à la surface de l'Espagne une anarchie organisée; ce fantôme frappoit un coup, et rentroit dans le sein de sa mère, les ténèbres. Lorsque tout sembloit tranquille, un tremblement de terre agitoit soudain la société. Un calme dangereux aux conjurés règne-t-il dans Madrid, vite on le trouble. On décrète à la *fontana de Oro* que tel peintre en bâtiment sera pendu. Morillo écarte les assassins. Alors, en désespoir de cause, on se rue sur quelques gardes du corps emprisonnés dans les couvents : on ne retrouvoit qu'en Espagne le contraste des mœurs anciennes et des idées nouvelles.

Parmi nous, lorsqu'un homme est condamné, on l'ensevelit au fond d'une geôle : en deçà et au delà de l'Èbre, des novateurs sans croyance vous jettent dans un monastère, au vallon d'une montagne, à la grève d'une mer. Là, aux sons rares d'une cloche qui ne tintera bientôt plus et qui ne rassemble personne, sous des arcades tombantes, parmi des laures sans ermites, parmi des religieux sans successeurs, parmi des sépulcres sans voix et des morts sans mânes; dans des réfectoires vides, dans des cloîtres abandonnés, au sanctuaire où

Bruno laissa son silence, François ses sandales, Dominique sa torche, Charles sa couronne, Ignace son épée, Rancé son cilice; à l'autel d'une foi qui s'éteint, on s'accoutume à mépriser le temps et la vie, ou si l'on rêve encore des passions, cette solitude leur prête quelque chose qui va bien à la vanité des songes.

Morillo, toujours aux dépens de sa vie, sauva les gardes proscrits : dénoncé à *la puerta del Sol*, il demande à être jugé, et les cris cessent.

Riego, qui commandoit en Aragon, se lie avec un officier françois, Cugnet de Montarlot, poursuivi en France, et rédacteur, en qualité de lieutenant général de Napoléon, de proclamations à nos soldats. Cugnet ayant noué des intrigues dans nos garnisons, sur la frontière des Pyrénées, avoit autour de lui quelques déserteurs. Riego et Cugnet nourrissent le projet d'une double république : tous deux sont arrêtés. Madrid se soulève pour la millième fois : on veut faire revenir le roi de Saint-Ildephonse, comme on l'avoit fait revenir de l'Escurial. Vive Riego! vive le peuple! vive le poignard! vive le marteau! s'écrie-t-on. Un tableau est préparé ; il représente Riego tenant le livre de la constitution et renversant le despotisme. Le chef politique San-Martin défend l'inauguration du tableau : dans ce pays il faut des fêtes pour enivrer le désordre, des plaisirs pour rendre la foi corporelle, pour la dégrader jusqu'à la voluptueuse et sacrilége transsubstantiation de la *muy gitana*.

Malgré la défense, les insurgés se décident à exécuter leur projet. La garde flotte incertaine; le régiment de Sagonte est prêt à se réunir aux factieux; Morillo et San-Martin, à la tête des bourgeois, remportent la victoire. Cette journée fut appelée des *Orfèvreries*, quartier où la sédition fut vaincue.

X.

Session extraordinaire. — La fièvre jaune. — Les *descamisados*. — Société des Amis de la Constitution.

Session extraordinaire le 28 septembre 1821 : on traite des matières soumises à la délibération par la couronne : division territoriale du royaume, pacification essayée des colonies, amélioration des finances, rédaction des codes civil et criminel.

La fièvre jaune survient : la France envoie des médecins et des sœurs hospitalières à Barcelone ; elle établit un cordon sanitaire ; mesure nécessaire, prétexte d'une accusation absurde. Qu'avoit besoin la France de mentir ? Elle défendoit d'un fléau ses populations en exposant ses soldats à la double contagion de la peste américaine et de la révolution espagnole.

Cette réunion du cordon sanitaire excita l'humeur du gouvernement espagnol : il nous outragea ; il crut qu'on boiroit l'outrage : il nous prenoit pour ces gens qui, usant l'insulte et fatigant le châtiment, se laissent frapper sans que le cœur remonte. Le parti exalté se distinguoit par l'indécence de son langage : Alpuente publia un libelle dans lequel il prétendoit développer un complot ourdi contre la liberté à l'étranger et en Espagne. Ferdinand VII et don Carlos n'étoient pas nommés, mais ils étoient clairement désignés. On demandoit le sang de 15,000 habitants de Madrid : Alpuente étoit le buste en plâtre de Marat.

De toutes parts fut requise la réintégration de Riego. Un complot échoua, le 29 octobre 1821, à Saragosse ; à Cadix il réussit. On refuse de recevoir dans cette ville les gouverneurs envoyés ; Jauréguy, commandant conservé, déclara qu'il n'obéiroit point aux ordres de Ferdinand. Séville et Murcie imitèrent Cadix. La révolte succéda moins à Cordoue, à Grenade, à Valence ; à La Corogne, Mina fut obligé de se retirer.

La presse, qui, favorable à toutes les mauvaises causes, semble solliciter partout la destruction de sa liberté, enflamme à Madrid les anarchistes ; elle accepte pour eux le titre de *descamisados,* titre encore volé à nos annales ; elle outrageoit les souverains ; elle offroit le *salut et la fraternité* aux agitateurs de l'Europe.

Le roi adresse aux cortès, le 25 novembre 1821, un message pour leur demander des conseils et pour se plaindre. Martinez de la Rosa présidoit les cortès ; il chargea Calatrava du rapport. Calatrava blâme la révolte de Cadix et de Séville, mais il accuse l'incurie des ministres : ceux-ci tombent au moment où Séville et Cadix se soumettent. En opposition aux sociétés secrètes, s'établit une société publique, dite société des *Amis de la Constitution,* comme on vit autrefois à Paris la Société Monarchique : elle examina les violences de la presse, les outrages des pétitions, le dévergondage des réunions démagogiques. Trois projets de loi étoient aux commissions sur ces sujets lorsque le roi, avec une inopportunité qui tenoit de la fausseté ou de la démence, vient proposer d'admettre au partage du pouvoir des hommes impopulaires. Calatrava, embauché par l'ambition, vote aussitôt le rejet des projets de lois ; Martinez de la Rosa s'oppose au rejet ; la foule court chez les opposants, dans le dessein de les massacrer ; Morillo dissipe la foule, et la première législature des cortès finit. Cette terre de misère avoit pourtant été foulée par Annibal ; elle avoit vu la pudique aventure de Scipion et donné naissance à Trajan : *Tibi sæcula debent Trajanum* (Claudien).

XI.

Martinez de la Rosa ministre des affaires étrangères. — *Serviles*-royalistes. — Le trappiste : son portrait. — La Saint-Ferdinand à Aranjuez. — Don Carlos menacé. Landaburu. — Troubles. — La garde royale en vient aux mains avec la ligne et la milice : elle est vaincue. — L'Espagne plagiaire de la république et de l'empire. — Martinez de la Rosa refuse de rester au ministère. — Triomphe des royalistes en Navarre. — Émigrations. — L'auteur quitte Londres pour le congrès de Vérone.

Ces secondes cortès furent aux premières ce que notre Assemblée législative fut à l'Assemblée constituante. Parmi les nouveaux nommés étoient des curés anti-romains, des légistes à discours, des clubistes, enfin Riego, jeune parleur de l'armée, et le duc del Parque, vieux radoteur de la cour : la vie a deux enfances, elle n'a pas deux printemps. Riego monte à la présidence. Le roi, afin de balancer l'esprit des cortès, nomme Martinez de la Rosa ministre des affaires étrangères.

Trois poëtes, M. Martinez de la Rosa, M. Canning et l'auteur de ce récit, se sont trouvés ministres des affaires étrangères presqu'en même temps. « Il est peu d'hommes, dit Montaigne, abandonnés à la poésie qui ne se gratifiassent plus d'être pères de l'*Énéide* que du plus beau garçon de Rome... Je me jette aux affaires d'État et à l'univers plus volontiers quand je suis seul. Je suis fait à me porter allègrement aux grandes compagnies, pourvu que ce soit par intervalles et à mon point. »

Qu'en pense Martinez de la Rosa, resté comme nous dans le monde, et notre illustre ami Canning, détrompé aujourd'hui dans l'éternité ?

La session s'ouvrit à Madrid, le 1er mars 1822, alors qu'ambassadeur nous assistions aux séances du parlement britannique, ou que nous racontions dans la première partie de nos *Mémoires* nos courses chez les sauvages.

Des travaux furent entamés relativement aux finances ; mais il n'y avoit plus rien de possible. La presse, les sociétés secrètes, les clubs, avoient tout décomposé. Barcelone, Valence, Pampelune s'agitèrent.

D'un côté on crioit : *Vive Dieu !* de l'autre : *Vive Riego !* On se tuoit au nom de ce qui ne meurt point et de ce qui meurt. A Madrid, des régiments se battirent contre des grenadiers royaux ; des jeunes gens se promenèrent dans les rues implorant un monarque absolu : Dieu et le roi, en Espagne, c'est même chose, *las ambas magestades.* Au sein des cortès, des députés disoient que le refus d'accueillir les plaintes du peuple autorisoit la justice du poignard. Riego, président, étoit impuissant ; on le voyoit toujours prêt à chanter la *Tragala.* Un couplet peut donner un moment la couronne ; mais, s'il n'est bon, il passe, et vous restez au carrefour avec votre trône changé en tréteaux.

Les *serviles,* qui se paroient de leur nom comme de la pourpre, profitoient d'une heure de repos et de la réaction contre les sociétés secrètes pour ressaisir le pouvoir. Des émeutes royalistes remplacèrent des insurrections révolutionnaires. Les *descamisados,* matadors de *serviles,* furent abattus à leur tour ; ils renouveloient les sacrifices humains de leurs ancêtres les Carthaginois. Des partis monarchiques, à l'ancienne guise, parurent. Govostidi, Misas, Merino, fabuleux héros de presbytère, se levèrent en Biscaye, en Catalogne, en Castille. Ces insurrections s'étendirent ; on y vit briller Quesada, Juanito, Santo-Ladron, Truxillo, Schafaudino, Hierro. Enfin le baron d'Eroles se montra dans la Catalogne ; auprès de lui étoit Antonio Maranon. Antonio, dit le Trappiste, fut d'abord soldat ; jeté par des passions dans les cloîtres, il portoit avec le même enthousiasme la croix et l'épée. Son habit militaire étoit une robe de franciscain, sur laquelle pendoit un crucifix ; à sa ceinture étoient un sabre, des pistolets et un chapelet ; il galopoit sur un cheval, un fouet à la main. La paix et la guerre, la religion et la licence, la vie et la mort se trouvoient ensemble dans un seul homme, bénissoient et exterminoient. Croisades et massacres civils, cantiques et chants de gloire, *Stabat mater* et *Tragala,* génuflexions et *ota aragonese,* triomphe du martyr et du soldat, âmes montant au ciel dans l'encens du *Veni Creator,* rebelles fusillés au son de la musique militaire : telle étoit l'existence dans ce coin retiré du monde.

Ferdinand, sur les bords du Tage, *rio qui cria oro e piedras preciosas,* avoit juré la constitution pour la trahir. Des amis sincères l'invitoient à modifier les institutions, d'accord avec les cortès ; des amis aveugles le pressoient de les renverser. Le succès des royalistes flattoit en secret le monarque ; l'espoir de la souveraineté sans contrôle le chatouilloit : moins on est capable du pouvoir, plus on l'aime.

La fête du roi se chômoit le 30 mai ; elle fut célébrée par les paysans de la Manche, réunis dans Aranjuez. On auroit pu se croire aux beaux jours de la Bétique. « Ce pays semble avoir conservé les délices de l'âge d'or, dit l'archevêque de Cambrai. Les femmes filent cette belle laine, et en font des étoffes fines d'une merveilleuse blancheur. En ce doux climat, on ne porte qu'une pièce d'étoffe fine et légère, qui n'est point taillée, et que chacun met à longs plis autour de son corps pour la modestie, lui donnant les formes qu'il veut. »

Ces rêves de Fénelon alloient disparoître devant la vérité. En vain les militaires répétèrent à Aranjuez le cri d'amour des paysans, comme les gardes du corps chantèrent à Versailles : « O Richard ! ô mon roi ! » Si la France bientôt après ne s'en étoit pas mêlée, Ferdinand alloit où Richard conduisit Louis XVI. La milice marcha sur le peuple ; un bourgeois menaça de son sabre don Carlos, ce dernier des rois qu'attend une si pesante couronne. A Valence, un détachement d'artillerie voulut délivrer le général Ellio, renfermé dans la citadelle. Les insurgés de Catalogne, régularisés, avoient pris le nom de l'*Armée de la foi*. Le Seu d'Urgel fut emporté d'assaut.

Le roi quitta sa résidence ; il mit fin à la session le 30 juin 1822. Au sortir de la séance, les soldats et la milice en vinrent aux mains. Landaburu, officier d'opinion constitutionnelle de la garde, fut tué, et Morillo nommé colonel des gardes.

Pendant six jours le trouble alla croissant. D'un côté les troupes royales, de l'autre la milice et des régiments de la ligne étoient campés en face les uns des autres, à l'ardeur de la canicule, sabre nu, mèche allumée. Cependant on paroissoit enclin à s'arranger dans le château ; il étoit question de l'établissement de deux chambres. Le corps diplomatique entouroit S. M. : M. le comte de la Garde poussoit à des mesures conciliantes. Le malheur agissoit enfin sur la raison. Soudain un régiment de carabiniers se révolte en Andalousie ; quelques bataillons de milice provinciale se joignent à ce régiment, et tous ensemble s'avancent sur Madrid en proclamant le roi *netto*. A cette nouvelle, les têtes royales s'enivrent ; Ferdinand retourne à sa nature, et rompt les négociations qui l'auroient sauvé.

Le 7 juillet arriva : deux bataillons de la garde étoient demeurés au château ; quatre autres allèrent camper hors de Madrid ; ils entrèrent de nuit dans la ville. Suivant les dispositions d'un complot prévoyant, ils se partagent en trois colonnes ; l'une marche au parc d'artillerie, l'autre à la porte *del Sol*, la troisième à la place de la Constitution. La fortune n'appartenoit plus à la monarchie : la première division se débanda ; quelques coups de fusil tirés du *bataillon sacré des officiers* la dispersèrent ; la seconde et la troisième division sont successivement culbutées ; les deux bataillons du château demeurèrent sans ordres : à six heures du matin la milice l'emportoit. Un *Te Deum* est chanté sur la place de la Constitution. En Espagne on louoit Dieu de tout, même du mal ; en France on ne le remercie de rien. Monvel appeloit sur lui la foudre, comme si Dieu s'embarrassoit du bruissement d'un insecte.

La garde étant vaincue fut cassée : ce qui en restoit se voulut défendre, on le mitrailla. Ces exécutions sembloient alors des événements d'impérissable mémoire ; les lieux qui en furent les témoins devoient à jamais subsister pour en transmettre le souvenir ! Et où sont *Aletua, Urso,* dans lesquelles les fils de Pompée furent défaits, *in quibus Pompei filii debellati sunt?* On l'ignore. Strabon estropie, en l'écrivant, jusqu'au nom de Pompée. Vivez donc, triomphateurs de rues, déjà oubliés ! vivez avec les pavés sanglants déjà séchés que vous foulez dans votre cité d'un jour, quand vous allez baller à Santa-Catalina ! Des milliers de soldats gagnèrent au prix de leur vie les batailles d'Arbelles, de Pharsale et d'Austerlitz ; de tant de morts combien de noms reste-t-il ? Trois : Alexandre, César et Napoléon.

Ferdinand et sa famille se montrent à travers les ténèbres de ces désastres ; on y reconnoît la passion du despote et la fureur des femmes. Un tyran craintif pousse à la catastrophe et tremble quand elle est venue ; il descend de l'intrépidité de sa tête dans la lâcheté de son cœur. Il y a des monarques de faux aloi, qui sont sur le trône par méprise : la plupart des événements de nos jours s'expliquent par la peur ; le poltron est au fond de ces événements énormes, comme la momie d'un roi étoit au centre de la pyramide de Cheops.

Plagiaires aussi de l'empire, les Espagnols empruntèrent le nom de *bataillon sacré* à la retraite de Moscou, ainsi qu'ils étoient bouffonesques de *la Marseillaise,* des *sanculotides,* des propos de Marat, des diatribes du *Vieux Cordelier,* toujours rendant les actions plus viles, le langage plus bas. Ils ne produisoient rien, parce qu'ils n'agissoient point par l'impulsion du génie national : ils traduisoient et jouoient perpétuellement notre révolution sur le théâtre espagnol. Nos têtes sans corps et nos carcasses sans têtes, vues à distance, lorsqu'on ne pouvoit plus distinguer leur horreur, offroient du moins, par l'arrangement symétrique de l'immense ossuaire, de l'effrayant et du gigantesque ; il n'en étoit pas ainsi dans la Péninsule dépouillée de son caractère : les hommes de cette Péninsule avoient franchi deux de leurs siècles d'un plein saut, pour rejoindre notre histoire, d'un côté à Voltaire, de l'autre à la Convention ; mais ces siècles supprimés revenoient, reprenoient leur empire et troubloient l'ordre violemment établi. Les Espagnols étoient vraiment grands, alors que le peuple étoit indépendant et le roi maître, que la nation disoit : *Sinon, non ;* que le monarque absolu signoit : *Moi, le roi.* Les deux libertés complètes de la démocratie de *tous* et de la démocratie *d'un seul* se rencontroient sans se renverser et se parloient leur fier langage ; spectacle qui ne s'est jamais vu que dans les Espagnes.

Après l'affaire du 7 juillet 1822, le ministère se retira; on fit d'infructueux efforts pour retenir Martinez de la Rosa : qui chante est libre. Columelle de Cadix regretta courageusement dans ses vers la république, sous le règne de Claude. Au reste, le nom de Martinez de la Rosa afflige lorsque, sortant des ruines de Grenade, il brille sur la scène publique : Lope de Vega avoit tort d'écrire à sa fille, en lui dédiant sa comédie du *Remède dans le Malheur :* « Puissiez-vous être heureuse, quoique vous ne me sembliez pas née pour l'être, si vous héritez de ma destinée. » Il ne devoit pas gémir « de la perte d'un temps précieux et de l'arrivée de la vieillesse ». La vieillesse est un mal inévitable ; mais le cœur noble et le talent consolateur sont moins bien dans le monde que dans la retraite, où l'on conserve l'honneur d'avoir une âme immortelle.

Lopez Baños est nommé à la guerre, San-Miguel aux affaires étrangères, Gasco à l'intérieur, Navarro à la justice. Le marquis de Las Amarillas, le marquis de Castellare; le comte de Casaserria, le général Longa, le brigadier Cisneros furent exilés, Castro-Torreno, le duc de Belgide, le duc de Montemar, grand, majordome, renvoyés. Rentra dans le château une créature expiatoire, le général Palafox. San-Martin, homme de cœur, et Morillo, guerrier illustre, se virent écartés. Morillo s'étoit pourtant déclaré pour le vainqueur avant le succès : affoibli par les emplois, les honneurs sembloient le vouloir destituer de la gloire.

On demandoit des victimes, prenant soin de les cacher sous le nom des assassins de Landaburu. Goiffieux, particulièrement désigné, quitta Madrid. Bientôt arrêté, il pouvoit se taire ou tromper : on lui demanda son nom ; il répondit : « Goiffieux, premier lieutenant dans la garde. » Il dédaigna de se sauver par un mensonge : il étoit François.

Ellio fut juridiquement exécuté à Valence sur une place qu'il avoit ornée d'arbres. Valence *la belle* est trompeuse : fille des Maures, elle a donné sa beauté à Venozza et à Lucrèce, ses intrigues et ses cruautés à Alexandre VI et à Borgia.

Dans la Navarre et dans la Catalogne les royalistes triomphèrent : un gouvernement politique s'établit sous le nom de *régence suprême de l'Espagne pendant la captivité du roi.* Le marquis de Mataflorida, l'archevêque de Tarragone, le baron d'Eroles composoient cette régence, installée le 14 septembre à la Seu ou cathédrale d'Urgel : les édifices mozarabiques prennent ce nom sur les montagnes de la Catabaunie.

Ferdinand fut solennellement inauguré à Urgel, comme Charles VII l'avoit été au château d'Espally ; aux créneaux de ce château la bannière, semée de fleurs de lys d'or, étoit déployée; quelques paysans et un petit nombre de gentilshommes vêtus de leur blason proclamèrent le souverain de France, en criant : Vive le roi! Ce mot renfermoit toute la constitution ; il créoit le monarque que Jeanne d'Arc devoit faire sacrer à Reims : Charles VI étoit mort, Ferdinand étoit captif.

Cependant, à Madrid on méditoit d'enfoncer les portes des prisons pour en finir avec les détenus ; les émigrations commençoient ; la Méditerranée se couvroit de proscrits embarqués sous les orangers de Carthagène ; l'Océan emportoit les voiles des pèlerins qui désertoient les montagnes de Saint-Jacques ; les fugitifs étoient poursuivis sur la mer par ces *lampons* des Euménides, que redisoit le rivage espagnol, et que leur portoit, au milieu des vents, le refrain des vagues :

Tragala, tragala,	Avale-la, avale-la,
Tu servilon,	Toi grand servile,
Tu que no quieres	Toi qui n'aimes pas
Constitucion.	La constitution.
Dicen que el rey no quiere	On dit que le roi n'aime pas
Los hombres libres ;	Les hommes libres ;
Qui se vaya a la.....	Qu'il s'en aille à la.....
A mandar serviles.	Commander les serviles.
Tragala, tragala.	Avale-la, avale-la.

Ferdinand s'en alloit où l'appeloit la ronde infernale; le congrès des rois s'assembloit en Italie ; lord Londonderry s'étoit coupé la gorge à Londres, et nous, nous partions pour Vérone.

XII.

Congrès de Vérone. — Personnages. — Partie familière du congrès.

Nous quittâmes Londres à la fin de septembre 1822, nous traversâmes Paris, la France, les Alpes, le Milanois, et nous descendîmes à Vérone à *Casa-Lorenzi* : il n'y avoit encore presque personne d'arrivé. Peu à peu la ville se remplit ; on vit paroître successivement l'empereur, l'impératrice d'Autriche et leur suite; le prince de Metternich, accompagné des conseillers auliques Gentz, du chevalier de Floret, de quatre barons, d'un comte, d'un concipiste aulique et de deux officiaux; le prince d'Esterhazy, notre collègue d'ambassade à Londres; le comte de Zichy, notre ancien collègue plénipotentiaire à la cour de Prusse; le baron de Lebzeltern, accrédité près la cour de Russie; l'empereur de Russie avec cinq adjudants généraux, Menzikoff, Trubetzkoy, Oscharowski, Czernitscheff, Michaud ; le prince Wolkonsky, général et chef d'état-major; le comte de Nesselrode, secrétaire d'État ; le comte de Lieven, ambassadeur à Londres; le comte Pozzo di Borgo, ambassadeur à Paris ; puis le duc de Wellington et lord Clamwillam, le marquis de Londonderry, frère de feu lord Castelreagh, le vicomte Strangford et lord Burghersh ; puis vinrent les puissances de la Prusse, S. M. le roi, LL. AA. RR. le prince Guillaume et le prince Charles, le comte Bernstorf, le baron Humboldt.

L'archiduc et l'archiduchesse, vice-roi et vice-reine d'Italie, débarquèrent avec leur cour.

Parme envoya l'archiduchesse d'Autriche duchesse de Parme, dite veuve de Napoléon, avec le comte de Nieperg, dit chambellan et chevalier d'honneur de l'archiduchesse.

Le grand-duc et la grande-duchesse de Toscane, S. A. I. et R. le prince héréditaire accoururent de la patrie du Dante et de Michel-Ange, de cette ville si belle, disoit l'archiduc Albert, qu'on ne devroit la faire voir que les dimanches et fêtes.

L'archiduc duc de Modène et l'archiduchesse duchesse de Modène descendirent du Cataïo.

Sa Majesté le roi des Deux-Siciles quitta Naples pour Vérone, avec la duchesse de Floridia, le confesseur Porta, et le prince de Salerne, que suivoient deux gentilshommes de la chambre.

La Sardaigne députa son roi et sa reine et le comte de Latour, ministre secrétaire d'État aux affaires étrangères.

Nous autres François, nous étions de même assez nombreux : M. le vicomte de Montmorency, notre chef, était accompagné de M. Bourjot et de M. Pontois, pour le secrétariat, et de M. Damour, pour le chiffre. Le marquis de Caraman, M. de La Ferronnays, M. de Rayneval et nous, nous représentions nos missions de Vienne, de Pétersbourg, de Berlin et de Londres. Dans la mission de Londres, on comptoit le duc de Rauzan, M. le comte de Boissy et M. le comte d'Aspremont.

M. de Serre, ambassadeur à Naples, et M. de La Maisonfort, envoyé à Florence, assistèrent au spectacle en simples curieux.

M. de Serre étoit fort négligé au congrès, à cause de ses opinions libérales; nous n'étions guère plus aimé, mais nous étions plus craint. Nous allâmes voir M. de Serre, quoique nous eussions été dans des rangs opposés. Nous trouvâmes un homme au-dessus de l'idée que nous nous en étions faite ; nous nous liâmes avec lui, et il nous a donné en mourant des preuves de son souvenir.

Voilà toutes les grandeurs modernes venues se mesurer à Vérone aux arènes laissées par les Romains.

Auprès de ces débris se plaçoient d'autres ruines, qu'on n'écoutoit pas, les députés de la malheureuse Grèce. Le vieux monument de la ville éternelle leur eût plutôt répondu que ces souverains d'un jour, parce qu'Athènes levoit vers le ciel ses mains suppliantes au nom de la liberté.

Nous avions déjà vu Vérone ; nous nous présentâmes de nouveau à ses antiquités et au casino Gazola, retraite de ce Louis XVIII, que nous avions maintenant l'honneur de représenter à l'assemblée des rois. Nous visitâmes le palais Canossa et le monument de *Can Grande* : ce Can Grande avoit été l'hôte de Dante, « homme très-illustre, dit l'historien de Rieggo, et qui charmoit le seigneur de la Scale par son génie. »

Ne voulant parler que d'affaires, nous avons placé dans nos *Mémoires d'outre-tombe* la partie la moins aride du congrès et les choses auxquelles le public prend ordinairement un intérêt de curiosité. On y verra les portraits des personnages qui se pressèrent à Vérone, la comtesse de Lieven, la princesse Zénaïde Wolkonsky, la comtesse Tolstoy, le prince Oscar, etc., etc.

La vicomtesse de Montmorency vint aussi en Italie. La Providence, qui priva d'héritiers le descendant des Bouchard, lui remit en échange l'enfant du trône, un Bourbon pour un Montmorency. Et comme si en lui confiant cette glorieuse paternité adoptive elle eût voulu seulement le soumettre à une dernière épuration, Dieu visita le chrétien achevé, le vendredi-saint au pied des autels, à l'heure où le Fils de l'homme avoit accompli son sacrifice.

Nous fûmes présenté aux rois : nous les connoissions presque tous.

Nous refusâmes d'abord une invitation de l'archiduchesse de Parme ; elle insista, et nous y allâmes. Nous la trouvâmes fort gaie : l'univers s'étant chargé de se souvenir de Napoléon, elle n'avoit plus la peine d'y songer. Nous lui dîmes que nous avions rencontré ses soldats à Plaisance, et qu'elle en avoit autrefois davantage ; elle répondit : « Je ne songe plus à cela. » Elle prononça quelques mots légers, et comme en passant, sur le roi de Rome : elle étoit grosse. Sa cour avoit un certain air délabré et vieilli, excepté M. Nieperg, homme de bon ton. Il n'y avoit là de singulier que nous, dînant auprès de Marie-Louise, et les bracelets faits de la pierre du sarcophage de Juliette, que portoit la veuve de Napoléon.

En traversant le Pô, à Plaisance, une seule barque nouvellement peinte, portant une espèce de pavillon impérial, frappa nos regards; deux ou trois dragons, en veste et en bonnet de police, faisoient boire leurs chevaux ; nous entrions dans les États de Marie-Louise : c'est tout ce qui restoit de la puissance de l'homme qui fendit les rochers du Simplon, planta ses drapeaux sur les capitales de l'Europe, releva l'Italie prosternée depuis tant de siècles. Bouleversez donc le monde, occupez de votre nom les quatre parties de la terre, sortez des mers de l'Europe, élancez-vous jusqu'au ciel, et allez tomber pour mourir à l'extrémité des flots de l'Atlantique : vous n'aurez pas fermé les yeux, qu'un voyageur passera le Pô et verra ce que nous avons vu.

Les princes de Toscane nous reçurent en gens lettrés, le roi de Sardaigne en roi près de sa retraite. Sur le grand chemin de Mantoue, nous rencontrions souvent le souverain septuagénaire de Naples, en longs cheveux blancs, accompagné de deux jeunes capucins, à barbe noire, les mains dans leurs manches, et marchant en silence comme leur maître. Nous suivions de loin ce monarque chenu du printemps de Sorente, qu'on alloit bientôt essayer de donner pour rival à la France, dans les Espagnes.

Des chanteurs et des comédiens étoient accourus pour amuser d'autres acteurs, les rois. Des journalistes de Londres, arrivés sans passeport, guettoient l'histoire pour l'appréhender au passage. Dans l'amphithéâtre, où se réfugient de pauvres familles, et qu'éclaire parfois le feu d'une forge au fond d'un portique, se rassembla la foule à la fin du congrès : on avoit traqué les habitants des campagnes; ceux de la ville n'auroient pas suffi pour remplir l'édifice. Cette représentation n'avoit eu lieu que deux fois auparavant; l'une pour Joseph II, l'autre pour Pie VI lorsqu'il se rendit à Vienne. Si l'on n'eût été averti du temps aux costumes, on auroit pu croire à une résurrection des Romains.

Descendue des montagnes que baigne le lac, célèbre par un vers de Virgile et par les noms de Catulle et de Lesbie, une Tyrolienne, assise sous les arcades des Arènes, attiroit les yeux. Comme Nina, *pazza per amore,* cette jolie créature, aux jupons courts, aux mules mignonnes, abandonnée du chasseur de *Monte-Baldo,* étoit si passionnée qu'elle ne vouloit rien que son amour; elle passoit les nuits à attendre, et veilloit jusqu'au chant du coq : sa parole étoit triste, parce qu'elle avoit traversé sa douleur.

Le congrès de Vérone et ses fêtes se terminèrent par une course de chevaux et par une illumination : nous fuyions, et nous allions nous éteindre.

XIII.

Ni les alliés ni M. de Villèle n'ont voulu la guerre d'Espagne. — Ce qu'on a dit sur l'origine de la guerre d'Espagne, en 1823, est une méprise. — Cinq affaires principales traitées au congrès.

La grande affaire du congrès de Vérone est la guerre d'Espagne ; on a dit, et l'on répète encore, que cette guerre fut imposée à la France : c'est précisément le contraire de la vérité. S'il y a un coupable dans cette mémorable entreprise, c'est l'auteur de cette histoire : M. de Villèle ne vouloit point les hostilités ; il est juste de laisser à son esprit de modération et de sagesse l'honneur d'avoir pensé alors comme les trois quarts de l'alliance, comme la France, comme l'Angleterre. Une phrase que M. le président du conseil n'a pas prononcée, ou qu'on a mal rendue, a pu égarer l'opinion ; nous en parlerons en son lieu.

Ainsi donc, tout ce que l'opposition a fait entendre dans les salons, à la tribune, dans les journaux, dans les pamphlets, soit à Londres, soit à Paris, est erroné. Nous sommes heureux d'avoir vécu assez longtemps pour détruire une prodigieuse méprise.

Encore une fois, la guerre d'Espagne de 1823 nous appartient en grande partie ; nous ne craignons pas d'assurer que les esprits politiques nous en feront un mérite, comme homme d'État, dans l'avenir. Nous ne croyons pas être de cette petite classe d'hommes qui, selon Sénèque, surnagent et se débattent parmi les flots des siècles ; nous ne croyons pas non plus que les choses de la terre intéressent les morts au delà de la tombe ; mais, par une illusion de notre existence actuelle, nous tenons plus à notre mémoire qu'au jour où nous vivons, notre mémoire, si elle dure, devant être plus longue que notre vie : or, comme nous ne serons pas auprès d'elle pour la protéger, il faut qu'elle porte en soi le moyen de se défendre.

Cinq affaires ont été agitées au congrès de Vérone :

1° La traite des nègres ;

2° Les pirateries dans les mers de l'Amérique ou les colonies espagnoles ;

3° Les démêlés de l'Orient entre la Russie et la Porte ;

4° La position de l'Italie ;

5° Les dangers de la révolution d'Espagne par rapport à l'Europe, et surtout par rapport à la France.

Avec ces questions générales s'en présentoient trois autres particulières : la navigation du Rhin, les troubles de la Grèce, les intérêts de la régence d'Urgel. Les députés de la Grèce et les envoyés de la régence royaliste de Catalogne (ceux-ci ayant pour interprète le comte d'Espagne) n'étoient point admis au congrès ; simples pétitionnaires, ils tâchoient d'émouvoir les potentats. La navigation du Rhin ne concernoit que les douanes de la Hollande et les puissances riveraines du fleuve.

Pour revenir aux cinq affaires principales, les démêlés de la Russie et de la Porte se controversoient en conférences par les représentants des cabinets de Londres, de Pétersbourg, de Berlin et de Vienne : M. le marquis de Caraman y assistoit pour la France, comme ambassadeur en Autriche.

La position de l'Italie s'examinoit dans une espèce de congrès en dehors du congrès général : les délégués à cette réunion étoient ceux des parties intéressées, à savoir : Naples, Rome, la Toscane, Parme, Modène, le Piémont, le Milanois et les États Lombards-Vénitiens.

Dans ces affaires croisées, la France n'eut qu'à donner son avis sur la *traite des nègres,* les *colonies espagnoles* et la question de la guerre éventuelle d'Espagne.

Ce sont donc ces trois questions qu'il faut d'abord exposer, en touchant, occasionnellement, celles où la France ne fut pas appelée à un vote spécial.

XIV.

M. le prince de Metternich. — Séances du congrès. — Deux mémoires du duc de Wellington, l'un relatif à la traite des nègres, l'autre contre les pirateries dans les mers de l'Amérique. — Trois prétentions exorbitantes renfermées dans le premier mémoire.

Occuper longtemps la première place, rester chef du cabinet sous des souverains successifs sans rien changer au système que l'on adopta de prime abord, se donner l'inviolabilité d'un roi au milieu de toutes les jalousies de cour, dénote une habileté qu'on ne sauroit révoquer en doute. L'autorité vient du génie du gouvernant ou de la médiocrité du gouverné : c'est ce qui demeureroit à démêler dans M. de Metternich. Si quelques faits, et particulièrement la méchante chicane cachée sous le nom du roi de Naples, ne découvrent pas une sincérité élevée au-dessus de la diplomatie, ce n'est pas la faute du négociateur, c'est celle de la politique. Le chancelier d'État a joué, comme

Autrichien, ce qu'il croyoit être son jeu, de même que le ministre des affaires étrangères de Louis XVIII a joué le sien, comme François. Le prince, au milieu de sa longue et constante prospérité, nous pardonnera le court et passager succès d'une année.

Les séances du congrès étoient irrégulières, selon les communications faites au nom de quelque cour. On écoutoit ces communications; copie en étoit fournie aux plénipotentiaires, lesquels y répondoient au bout de deux ou trois jours par une note annexée ensuite au procès-verbal. Ainsi, dans la séance du 24 novembre 1822, nous reçûmes deux mémoires du duc de Wellington, l'un relatif à l'abolition de la *traite des nègres*, l'autre aux mesures adoptées par S. M. B. contre les *pirateries dans les mers de l'Amérique*.

Toutes les puissances répondirent que la traite des nègres était abominable, qu'elles étoient prêtes à concourir aux mesures jugées *exécutables*, pour assurer l'abolition totale de ce commerce; quant aux mesures *particulières* proposées à cette fin par S. G., la France se réservoit d'en faire l'objet de ses réflexions.

On doit admirer ici l'esprit chrétien, ses progrès dans la civilisation qu'il a faite et qu'il augmente sans cesse; mais c'étoit une chose singulière que cette persévérance du cabinet de Saint-James à introduire dans tous les congrès, au milieu des questions les plus vives et des intérêts les plus actuels, cette question incidente et éloignée de l'abolition de la *traite des noirs*: l'Angleterre avoit peur que le commerce auquel elle avoit renoncé à regret ne tombât entre les mains d'une autre nation; elle vouloit forcer la France, l'Espagne, le Portugal, la Hollande à changer subitement le régime de leurs colonies, sans s'embarrasser si ces États étoient arrivés au degré de préparation morale où l'on pouvoit donner la liberté aux nègres, en abandonnant à la grâce de Dieu la propriété et la vie des blancs. Ce que l'Angleterre avoit fait, tout le monde devoit le faire au détriment de la navigation et de toute colonie. Il falloit, parce que l'Angleterre (qui possède l'Inde, l'Océanie, le cap de Bonne-Espérance, l'Ile-de-France, le Canada, et des îles dans la Méditerranée) n'a pas besoin de la Dominique et des Bermudes pour entretenir des flottes et des matelots, il falloit que nous eussions jeté vite dans la mer Pondichery, l'île de Bourbon, Cayenne, la Martinique et la Guadeloupe, nous qui n'occupions que ces misérables points disjoints de notre sol, sur la surface du globe. Le marquis de Londonderry et le duc de Wellington, ennemis des franchises de leur pays, M. Canning, élève de William Pitt et opposé à la réforme parlementaire, tous ces torys adverses pendant trente ans à la motion de Wilberforce, étoient devenus passionnés pour la liberté des nègres, tout en maudissant la liberté des blancs : des Anglois, des blancs ont été vendus pour esclaves en Amérique dans un temps aussi rapproché de nous que le temps de Cromwell. Le secret de ces contradictions est dans les intérêts privés et le génie mercantile de l'Angleterre ; c'est ce qu'il faut comprendre afin de n'être pas dupe d'une philanthropie si ardente et pourtant venue si tard : la philanthropie est la fausse monnoie de la charité.

Chargé du travail par M. de Montmorency, nous lûmes avec attention le mémoire du duc de Wellington, et nous y répondîmes article par article. Ce cauteleux mémoire, déplorant le malheur des noirs, cache sous des plaintes fort justes trois prétentions exorbitantes : prétention du droit de visite sur les vaisseaux ; prétention d'assimiler la traite des noirs à la piraterie, pour attaquer impunément toutes les marines du monde ; prétention d'interdire la vente des marchandises provenant des colonies européennes cultivées par les nègres, c'est-à-dire privilége exclusif de substituer à ces marchandises les produits de l'Inde et de la Grande-Bretagne. Voici notre réponse faite au nom collectif de nos collègues ; nous pensons avoir mis à l'abri l'honneur et les intérêts de la France.

XV.

Mon Mémoire sur la traite des nègres.

Réponse de Messieurs les plénipotentiaires de France au mémoire de M. le duc de Wellington relativement à la traite des nègres.

« Le mémoire dont Sa Grâce le duc de Wellington a donné connoissance au congrès dans la séance du 24 de ce mois a été pris en considération par les ministres plénipotentiaires de Sa Majesté très-chrétienne.

« Ils commencent par déclarer que le gouvernement françois partage toute la sollicitude du gouvernement britannique pour faire cesser un commerce également réprouvé de Dieu et des hommes. Le nombre des esclaves africains transportés depuis quelques années dans les colonies fût-il moindre que ne le calcule l'Angleterre, il seroit toujours beaucoup trop grand. L'accroissement de la souffrance des victimes d'une infâme cupidité inspire une profonde horreur. Les nations chrétiennes ne feront jamais trop d'efforts pour effacer la tache que la traite des nègres a imprimée à leur caractère, et on ne sauroit trop louer le zèle que l'Angleterre a mis dans la poursuite de ses desseins bienfaisants.

« Mais, si les puissances alliées sont d'accord sur la question morale et religieuse, si elles font des vœux unanimes pour l'abolition de la traite des nègres, cette abolition renferme des questions de fait qui ne sont pas d'une égale simplicité. Les ministres de Sa Majesté très-chrétienne vont les parcourir en suivant le mémoire présenté par S. G. le duc de Wellington.

« Toutes les lois des nations civilisées, le Portugal excepté, prohibent aujourd'hui la traite des nègres; il s'ensuit que ce crime, autrefois légal, est devenu un crime illégal, et qu'il est doublement condamné par la nature et par les lois.

« Selon le mémoire anglois, cette détestable contrebande d'hommes est surtout exercée sous le pavillon françois, soit que ce pavillon flotte sur des vaisseaux appartenant à la France, soit qu'il protège des bâtiments étrangers.

« Des pirates peuvent arborer des couleurs respectables; la France ignore si quelques brigands n'ont point emprunté les siennes; ce ne sera jamais qu'à son insu que le déshonneur et le crime trouveront un abri sous le pavillon françois.

« On a fait observer que les bénéfices de la traite des nègres sont si grands et les pertes si petites que le prix d'assurance en France pour chaque course ne s'élève pas au delà de 15 pour 100.

« Ceci n'est ni un cas particulier à la France ni un résultat singulier du genre de contravention dont il s'agit : en Angleterre les marchandises les plus sévèrement prohibées sont importées moyennant l'assurance de 25 pour 100. Quand le commerce est parvenu, comme de nos jours, à une précision mathématique, toute contrebande a son tarif; et plus le système prohibitif multiplie les entraves, plus il augmente la fraude en accroissant les profits.

« Le mémoire reconnoît que S. M. T. C. a rempli religieusement toutes les stipulations de son traité avec les quatre cours alliées, qu'elle a promulgué une loi contre la traite des nègres, qu'elle a fait croiser ses flottes dans les parages de l'Afrique pour maintenir l'exécution de cette loi; mais le mémoire ajoute que le public en France ne paroît pas porter le même intérêt à la cause que soutient le gouvernement, que ce public suppose au fond de la question des vues mercantiles et un dessein hostile contre le commerce françois. Il se peut que quelques classes commerçantes de la société en France nourrissent des soupçons que toute rivalité d'industrie fait naître ; cependant on ne peut croire raisonnablement que le peu de colonies que la guerre a laissé à la France soit un objet de jalousie pour une puissance européenne qui possède des îles florissantes dans toutes les mers, de vastes territoires en Afrique et en Amérique et un continent tout entier en Asie.

« Si l'opinion est moins fixée en France qu'en Angleterre sur l'objet qui nous occupe, cela tient à des causes qu'il est de notre devoir de développer : un peuple aussi humain, aussi généreux, aussi désintéressé que le peuple françois, un peuple toujours prêt à donner l'exemple des sacrifices mérite qu'on explique ce qui sembleroit une anomalie inexplicable dans son caractère.

« Le massacre des colons à Saint-Domingue et l'incendie de leurs habitations ont d'abord laissé des souvenirs douloureux parmi les familles qui ont perdu parents et fortune dans ces sanglantes révolutions. Il doit être permis de rappeler ces malheurs des blancs, quand le mémoire anglois retrace avec tant de vérité les souffrances des nègres, afin de faire comprendre comment tout ce qui excite la pitié exerce une puissance naturelle sur l'opinion. Il est évident que l'abolition de la traite des nègres eût été moins populaire en Angleterre si elle eût été précédée de la ruine et du meurtre des Anglois dans les Antilles.

« Ensuite, l'abolition de cette traite n'a point été prononcée en France par une loi nationale discutée à la tribune ; elle est le résultat de l'article d'un traité par lequel la France a expié ses victoires. Dès lors elle s'est associée dans les idées de la foule à des considérations étrangères : par cela seul qu'on l'a crue imposée, elle a été frappée de cette impopularité qui s'attache aux actes de la force ; il en fût arrivé ainsi dans tout pays où il existe un esprit public et un juste orgueil national.

« Une motion parlementaire, à jamais honorable pour son auteur, a finalement été couronnée de succès en Angleterre ; mais combien d'années ne fut-elle pas repoussée avant d'être convertie en loi, quoique soutenue par l'un des plus grands ministres que l'Angleterre ait produits ? Pendant ces longs débats, l'opinion eut le temps de se mûrir et de se fixer ; le commerce, qui prévoyoit l'événement, prit ses précautions ; un nombre de nègres surpassant le besoin des colons fut transporté dans les îles angloises, et l'on prépara des générations permanentes d'esclaves, pour remplacer le vide laissé par la servitude casuelle, lorsqu'elle viendroit à s'abolir.

« Rien de tout cela n'a existé pour la France ; la fortune et le temps lui ont manqué. La première convention entre la France et l'Angleterre, après la restauration, avoit reconnu la nécessité d'agir avec une prudente lenteur dans une affaire d'une nature si complexe; un article additionnel de cette convention accordoit un délai de cinq années pour l'entière abolition de la traite des nègres. La déclaration de Vienne du 8 février 1815, s'exprimant sur la même matière, porte « Que, « quelque honorable que soit le but des souverains, ils ne le poursui- « vront pas sans de justes ménagements pour les intérêts, les habitudes « et les privations mêmes de leurs sujets. » Un louable et vertueux empressement a fait depuis dépasser ces termes, et a peut-être multiplié les délits, en froissant trop subitement les intérêts.

« Le gouvernement françois est déterminé à poursuivre sans relâche des hommes engagés dans un négoce barbare : de nombreuses con- damnations ont eu lieu, et les tribunaux ont sévi dès qu'on a pu atteindre les coupables. « Il seroit affreux, dit le mémoire anglois, « que la nécessité de détruire des hommes ne fût que devenue la « suite de celle de cacher un trafic proscrit par les lois. » Cette démarche trop juste démontre que la loi françoise a été rigoureusement exécutée, et l'excès des précautions cruelles prises par les fauteurs de la traite pour cacher leurs victimes prouve d'une manière péremptoire la vigilance du gouvernement.

« Une loi qui porte à de tels excès pour soustraire le délinquant à l'action même de cette loi pourroit paroître assez forte; néanmoins, la résolution du gouvernement françois est de faire augmenter les pénalités légales aussitôt que les esprits seront préparés dans la nation, et par conséquent dans les chambres législatives, à revenir sur le sujet de la traite des nègres. Sous ce rapport, il est fâcheux, mais utile, de faire remarquer que toute insistance étrangère ajoute aux difficultés du gouvernement françois et va contre le but que se proposent les sentiments les plus généreux.

« Il reste à dire quelques mots sur les moyens coërcitifs que Sa Grâce le duc de Wellington propose dans son mémoire.

« Les ministres plénipotentiaires de Sa Majesté très-chrétienne sont prêts à signer toute déclaration collective des puissances tendant à flétrir un commerce odieux et à provoquer contre les coupables la vengeance des lois. Mais une déclaration qui obligeroit tous les gouvernements à appliquer à la traite des nègres les châtiments infligés à la piraterie, et qui se transformeroit en une loi générale du monde civilisé, est une chose qui ne paroît pas aux ministres plénipotentiaires de Sa Majesté très-chrétienne être de la compétence d'une réunion politique. Quand il s'agit d'établir la peine de mort, ce sont, selon la nature des gouvernements, les corps judiciaires ou les corps législatifs qui sont appelés à statuer.

« Retirer l'usage et la protection du pavillon françois aux individus étrangers qui se serviroient de ce pavillon pour couvrir le commerce des esclaves, rien n'est plus juste ; mais la France n'a pas besoin de défendre ce qu'elle n'a jamais permis.

« L'engagement de prohiber l'entrée des États des alliés aux produits des colonies appartenant à des puissances qui n'auroient pas aboli la traite des nègres est une résolution qui frapperoit uniquement le Portugal ; or, le Portugal n'a point de représentant au congrès, et il est de droit, avant de passer outre, de l'entendre dans sa cause.

« Les mesures indiquées relativement à la France sont bonnes, mais elles sont toutes matière de lois, et par conséquent elles doivent attendre cette faveur de l'opinion qui assure le succès. Le gouvernement de Sa Majesté très-chrétienne prendra conseil de lui-même, quand le temps sera venu ; il sera possible qu'il admette l'enregistrement des esclaves, cependant il ne se dissimule pas que cette intervention de l'autorité porteroit une espèce d'atteinte au droit de propriété, droit le plus sacré de tous et que les lois de la Grande-Bretagne respectent jusque dans ses écarts et ses caprices.

« Le mémoire du gouvernement britannique exprime le regret que la France soit la seule des grandes puissances maritimes de l'Europe qui n'ait pas pris part au traité conclu avec S. M. B. dans l'objet de conférer à certains bâtiments de chacune des parties contractantes un droit limié de visite et de confiscation sur les vaisseaux engagés dans la traite des nègres.

« La charte de Sa Majesté très-chrétienne abolit la confiscation ; quant au droit de visite, si le gouvernement françois pouvoit jamais y consentir, il auroit les suites les plus funestes : le caractère national des deux peuples, françois et anglois, s'y oppose ; et s'il étoit besoin de preuves à l'appui de cette opinion, il suffiroit de rappeler que cette année même, en pleine paix, le sang françois a coulé sur les rivages de l'Afrique. La France reconnoît la liberté des mers pour tous les pavillons étrangers, à quelque puissance légitime qu'ils appartiennent ; elle ne réclame pour elle que l'indépendance qu'elle respecte dans les autres, et qui convient à sa dignité. »

XVI.

Memorandum de M. le duc de Wellington sur les pirateries
à propos des colonies espagnoles.

Passons au *memorandum* relatif aux colonies espagnoles ; ce *memorandum* dit : « Les relations existant entre les sujets britanniques et les autres parties du globe ont depuis longtemps placé Sa Majesté dans la nécessité de reconnoître l'existence de fait des gouvernements formés dans les différentes provinces en autant qu'il le falloit, pour traiter avec eux ; que le relâchement de l'autorité de l'Espagne dans toute cette partie du globe a donné naissance à une foule de pirates et de flibustiers ; qu'il est impossible à l'Angleterre d'extirper ce mal insupportable sans la coopération des autorités locales qui occupent les côtes ; que la nécessité de cette coopération ne peut que mener à quelque nouvel acte de reconnoissance de l'existence de fait de l'un ou de plusieurs de ces gouvernements de propre création. »

L'Angleterre donne ici communication d'un fait : M. Canning, qui voyoit la guerre prête à éclater, se hâtoit de parler officiellement de ce fait au congrès, soit pour arrêter la France (en la menaçant de reconnoître complétement l'indépendance des colonies espagnoles, s nos troupes entroient en Espagne), soit pour intimider les alliés en leur présentant la possibilité d'une rupture entre le cabinet de Saint-James et celui des Tuileries, au cas où nous prendrions les armes contre les factions de Madrid.

A ce *memorandum* l'Autriche répondit « que l'Angleterre avoit bien fait de défendre ses intérêts commerciaux contre la piraterie ; mais que quant à l'indépendance des colonies espagnoles elle ne la reconnoîtroit jamais tant que S. M. C. n'auroit pas librement et formellement renoncé aux droits de souveraineté qu'elle avoit jusque ici exercés sur ces provinces. »

La Prusse s'exprima à peu près de la même façon ; elle fit observer que le moment le moins propre à la reconnoissance des gouvernements locaux de l'Amérique espagnole seroit celui où les événements de la guerre civile prépareroient une crise dans les affaires de l'Espagne.

La Russie déclara qu'elle ne pourroit prendre aucune détermination qui préjugeât la question de l'indépendance du sud de l'Amérique.

Il y avoit là une question grave engagée. Il ne convenoit pas à la France d'abandonner à la Grande-Bretagne et aux États-Unis le commerce exclusif du Nouveau-Monde ; la réponse étoit assez difficile :

nous en fûmes encore chargé en qualité de représentant auprès du cabinet d'où procédoit le *memorandum*. La note devoit garder les principes et faire les réserves : une pierre d'attente y fut posée ; elle servit de liaison à l'édifice quand on s'occupa de l'affaire des colonies pendant la guerre d'Espagne.

XVII.

Ma note verbale.

Note verbale en réponse au memorandum sur les colonies espagnoles en Amérique.

« Les ministres plénipotentiaires de Sa Majesté très-chrétienne au congrès de Vérone ont examiné avec une sérieuse attention le *memorandum* sur les colonies espagnoles, que Sa Grâce le duc de Wellington a communiqué aux représentants des cours alliées dans la séance du 24 novembre. Le cabinet des Tuileries souhaite vivement, comme celui de Saint-James, que l'Espagne adopte des mesures propres à rendre au continent de l'Amérique la paix et la prospérité. C'est dans ce désir sincère et dans l'espoir de voir se rétablir l'autorité de Sa Majesté catholique, que le gouvernement de Sa Majesté très-chrétienne a aussi refusé les avantages qui lui étoient offerts.

« Un motif d'une importance plus générale règle d'ailleurs la conduite de la France à l'égard des gouvernements de fait : elle pense que les principes de justice sur lesquels repose la société ne peuvent être sacrifiés légèrement à des intérêts secondaires, et il lui paroît que ces principes augmentent de gravité lorsqu'il s'agit de reconnoître un ordre de politique virtuellement ennemi de celui qui régit l'Europe ; elle pense encore que, dans cette grande question, l'Espagne doit être préalablement consultée comme souveraine de droit de ses colonies. Néanmoins la France avoue avec l'Angleterre que lorsque des troubles se prolongent et que le droit des nations ne peut plus s'exercer, pour cause d'impuissance d'une des parties belligérantes, le droit naturel reprend son empire ; elle convient qu'il y a des prescriptions inévitables, qu'un gouvernement, après avoir longtemps résisté, est quelquefois obligé de céder à la force des choses, pour mettre fin à beaucoup de maux et pour ne pas priver un État des avantages dont d'autres États pourroient exclusivement profiter.

« Pour éviter de donner naissance à des rivalités et à des émulations de commerce qui pourroient entraîner des gouvernements malgré leur volonté dans des démarches précipitées, une mesure générale, prise en commun par les divers cabinets de l'Europe, seroit la chose la plus désirable. Il seroit digne des puissances qui composent la grande alliance d'examiner un jour s'il n'y auroit pas moyen de ménager à la fois les intérêts de l'Espagne, ceux de ses colonies et ceux des nations européennes, en adoptant pour base de la négociation le principe d'une réciprocité généreuse et d'une parfaite égalité. Peut-être trouveroit-on, de concert avec Sa Majesté catholique, qu'il n'est pas tout à fait impossible, pour le bien commun des gouvernements, de concilier les droits de la légitimité et les nécessités de la politique. »

On voit germer ici l'idée de ce congrès général, au moyen duquel nous voulions terminer un jour la guerre d'Espagne, si cette guerre avoit lieu, afin de pacifier le monde par la création de nouvelles monarchies constitutionnelles et bourbonniennes en Amérique.

XVIII.

Affaires de l'Orient, de l'Italie et de la Grèce.
— Instructions de M. de Villèle. — Supplique de la régence d'Urgel.

Les affaires de l'Orient, de l'Italie et même de la Grèce furent traitées honorablement; nous obtînmes ce qu'il nous étoit possible d'obtenir dans des choses qui ne nous regardoient pas directement. Notre opposition connue, quoique nous ne fussions pas admis aux conférences particulières, empêcha l'Autriche d'envahir trop l'Italie : nous fûmes secondé par le cardinal Spina, homme d'esprit et d'indépendance, qui présidoit la légation romaine. Nous approuvâmes la modération de la Russie dans ses démêlés avec la Porte.

Au surplus, les instructions de M. de Villèle sur ces divers points étoient prévoyantes : « L'évacuation du Piémont, disoient-elles, sera réclamée par le roi de Sardaigne ; et la France doit appuyer cette demande. Il est probable que la cour de Vienne y consentira, à condition qu'elle conserveroit une garnison autrichienne à Alexandrie ; mais cette occupation auroit deux grands inconvénients : celui d'être à charge aux finances du Piémont et celui de priver le roi de Sardaigne de tout l'avantage moral qu'il peut et doit espérer d'une évacuation complète... D'autres difficultés s'élèveront sur le retour du prince de Carignan. Sans croire à toutes les vues d'ambition qu'on peut supposer à la cour de Vienne, on a lieu de penser qu'elle désireroit que le prince de Carignan restât éloigné, parce que l'espèce de vague et d'indécision qui s'attacheroit à son existence, sans détruire positivement la légitimité de la succession, laisseroit à l'Autriche un haut degré d'influence en Piémont, et pourroit dans l'avenir la mettre en état d'imposer au prince de Carignan des conditions assez dures : il est de l'intérêt de la France de s'y opposer. »

Même tempérance dans les instructions relatives au royaume des Deux-Siciles. Quant à la Grèce, M. de Villèle n'étoit pas aussi avancé que nous ; mais il dit occasionnellement, à propos de la Porte et de la Russie : « On ne peut se dissimuler qu'à tort ou à raison l'opinion générale en Europe est péniblement affectée du retour pur et simple des chrétiens grecs sous le joug de l'oppression et de la barbarie des Turcs. Les plénipotentiaires du roi au congrès devront donc appuyer de tout leur pouvoir et offrir de seconder de tous les moyens de la France les propositions qui seroient faites par la Russie dans l'intérêt des ménagements dus à son honneur et des garanties à obtenir, par la chrétienté réunie, en faveur des chrétiens soumis à la domination des Turcs. »

Les députés de la régence d'Urgel étoient auprès de nous. Ils avoient adressé au congrès une supplique signée par le *marquis de Mataflorida* et par l'*archevêque préconisé de Tarragone*. Le marquis et l'archevêque déclaroient « qu'ils avoient fixé leur attention sur les lois et les anciennes cortès d'Espagne ; qu'ils avoient vu que le plus grand nombre de ces lois furent proposées au roi par des cortès libres, principalement réunies sous les rois de l'auguste maison d'Autriche ; que le temps sans doute indique des réformes qu'ils essayeront de faire, en écoutant le vœu de la nation, en s'occupant, entre autres choses, de régler les contributions et les charges que devoit supporter le peuple, sans le concours duquel on ne pouvoit ni rien imposer ni rien exiger. »

Voilà comment s'exprimoit cette régence *qui respiroit l'absolutisme*. Pendant qu'elle professoit des sentiments si ressemblants à ceux du siècle, et qu'elle demandoit à des rois qu'on délivrât un roi prisonnier, Mina vint l'égorger.

Mais nous allions nous charger de cette cause de l'Espagne. Tout ce que la France saisit d'une volonté ferme lui reste : il n'y a que Dieu qui puisse lui faire ouvrir la main.

XIX.

Guerre d'Espagne prévue dès l'époque de notre ambassade de Londres. — Notre horreur des traités de Vienne.

Nous arrivons enfin à cette affaire de la *guerre d'Espagne,* sur laquelle l'opinion a si singulièrement erré. Il y avoit déjà longtemps que cette guerre étoit prévue, avant la réunion du congrès de Vérone. On n'indique pas ici le cordon sanitaire, établi d'abord contre la fièvre jaune, et changé tout naturellement en armée d'observation ; on fait allusion aux idées subversives, lesquelles, éclatant au delà des Pyrénées, menaçoient de ranimer en France des excès réprimés par le despotisme de Bonaparte, mais favorisés par nos institutions nouvelles, et prêts à renaître dans la liberté de la charte des Bourbons.

Dès notre ambassade de Londres, nous nous étions trouvé à même d'entretenir M. de Montmorency de la possibilité de cette guerre ; nous lui avions tracé un plan à peu près semblable à celui qu'on va nous voir développer à M. de Villèle. Deux sentiments nous avoient constamment obsédé depuis la restauration : l'horreur des traités de Vienne, le désir de donner aux Bourbons une armée capable de défendre le trône et d'émanciper la France. L'Espagne, en nous mettant en danger, à la fois par ses principes et par sa séparation du royaume de Louis XIV, paroissoit être le vrai champ de bataille où nous pouvions, avec de grands périls il est vrai, mais avec un grand honneur, restaurer à la fois notre puissance politique et notre force militaire.

Nos dispositions étoient telles lorsque nous fûmes nommé au congrès. Le président du conseil, dont les qualités mêmes gênoient le regard, n'apercevoit pas que la légitimité se mouroit faute de victoires après les triomphes de Napoléon, et surtout après la transaction diplomatique qui l'avoit déshonorée. L'idée de la liberté dans la tête des François, qui ne comprendront jamais bien cette liberté, ne compensera jamais l'idée de gloire, leur naturelle idée. Pourquoi le siècle de Louis XV descendit-il si bas dans l'estime des contemporains ? Pourquoi donna-t-il naissance à ces systèmes de philosophie exagérée, lesquels ont perdu la royauté ? Parce que, sauf la bataille de Fontenoy et quelques vaillantises à Quebec, la France fut continuellement humiliée. Or, si les lâchetés de Louis XV, si le partage de la Pologne retombèrent sur la tête de Louis XVI et l'abattirent, que ne pouvoit-on pas craindre pour Louis XVIII ou pour Charles X, après l'humiliation des traités de Vienne?

Cette pensée nous oppressa comme un cauchemar pendant les huit premières années de la restauration, et nous n'avons respiré un peu qu'après le succès de la guerre d'Espagne.

Les instructions de M. de Villèle relativement à cette guerre portent le caractère de son esprit ; elles sont adroites et fines, et ce qu'elles ont de très-remarquable, c'est que leur seul *énoncé* détruit tout d'abord l'opinion qu'on s'est formée, très-faussement, de notre rôle au congrès de Vérone. Loin que le congrès ait exigé notre entrée dans la Péninsule, les instructions prouvent sans réplique qu'à la France appartient 'initiative. Cela paroîtra plus évident quand on connoîtra mieux les trois propositions de M. le vicomte de Montmorency, propositions déposées, avec d'autres papiers, sur le bureau de la chambre des communes, en Angleterre, dans la session de 1823. Commençons par l'instruction de M. de Villèle.

XX.

Instructions de M. de Villèle.

« La situation de l'Espagne attira l'attention des souverains, et sera sans doute la question la plus délicate pour la France parmi celles qui seront traitées au congrès.

« Les plénipotentiaires de Sa Majesté doivent surtout éviter de se présenter au congrès comme rapporteurs des affaires d'Espagne. Les autres puissances peuvent les connoître aussi bien que nous, puisque comme nous elles ont conservé leurs ministres et leurs agents consulaires en Espagne. Ce rôle pouvoit convenir à l'Autriche au congrès de Laybach, parce qu'elle avoit la volonté d'envahir Naples. Il lui convenoit de le faire avec l'appui des autres puissances ; elle exposa ses motifs afin d'obtenir cet appui, dont au reste elle déclaroit qu'elle se passeroit si on le lui refusoit, sa sûreté exigeant impérieusement qu'elle occupât le royaume de Naples. *Nous ne nous sommes pas décidés à déclarer la guerre à l'Espagne ; les cortès emmeneroient plutôt Ferdinand à Cadix que de le laisser aller à Vérone.* La situation de ce pays (la France) ne nous met dans la nécessité ni de demander, comme l'Autriche à Laybach, l'appui pour envahir, puisque nous ne sommes pas dans la nécessité de déclarer la guerre, ni du secours pour la faire, puisque si l'Espagne nous la déclare, nous n'avons pas besoin de secours, et nous ne pourrions même en admettre s'il devoit en résulter le passage de troupes étrangères sur notre territoire.

« *L'opinion de nos plénipotentiaires sur la question de savoir ce qu'il convient au congrès de faire relativement à l'Espagne, sera que la France étant la seule puissance qui doive agir par ses troupes, elle sera seule juge de cette nécessité.*

« En résumé, les plénipotentiaires françois ne doivent pas consentir à ce que le congrès prescrive la conduite de la France à l'égard de l'Espagne. Ils ne doivent point admettre de secours achetés par des sacrifices pécuniaires ni par le passage de troupes étrangères sur notre territoire ; ils tendront à faire considérer la question de l'Espagne dans ses rapports généraux, et à tirer du congrès un traité éventuel, honorable et utile à la France, soit pour le cas de guerre entre elle et l'Espagne, soit pour le cas où les puissances reconnoîtroient l'indépendance de l'Amérique. »

Ce que l'employé aux affaires étrangères rédacteur de cette note dit ensuite sur la difficulté de conquérir l'Espagne, sur l'impossibilité d'y maintenir une armée d'occupation, est une assertion démentie par l'invasion de 1823. Du reste, on voit l'aversion fort naturelle du président du conseil pour les hostilités, sa crainte que les alliés ne nous proposent d'agir en Espagne et les raisons qu'il oppose d'avance à des exigences et à une ardeur présumées. On voit aussi sa préoccupation commerciale à l'égard de l'Amérique, *dont les puissances reconnoîtroient l'indépendance :* cette indépendance n'étoit selon nous qu'une question secondaire : il s'agissoit pour la monarchie restaurée d'être ou de n'être pas ; à cela près, les instructions sont correctes et toutes françoises.

Encouragé par elles, et peut-être en en dépassant un peu l'esprit, M. de Montmorency fit au congrès ses fameuses communications.

XXI.

Communications verbales de M. le vicomte de Montmorency.

Précis des communications verbales faites par M. le vicomte de Montmorency dans la réunion confidentielle de MM. les ministres d'Autriche, de la Grande-Bretagne, de Prusse et de Russie, à Vérone, le 20 octobre 1822.

« L'état d'irritation où se trouve le gouvernement qui régit actuellement l'Espagne, les provocations nombreuses qu'il adresse à la France, ne donnent que trop lieu de craindre que l'état de paix ne puisse se conserver aussi longtemps qu'elle le voudroit. Le gouvernement du roi a déjà fait des sacrifices à ce désir sincère d'éviter une rupture qui lui imposeroit la douloureuse obligation de rallumer le flambeau de la guerre et de troubler la tranquillité si chèrement achetée par tous les États de l'Europe. Il continuera de mettre tous ses soins à se préserver d'un tel malheur, et il sait qu'il a sur ce point de nobles exemples à suivre. Mais s'il a pu faire taire jusque ici le sentiment de sa dignité, s'il a supporté avec patience des attaques plutôt faites peut-être pour lui inspirer un sentiment de douleur et de compassion que pour l'irriter, il ne peut cependant se faire illusion sur le danger qui est inévitablement attaché à un tel état de choses. Un foyer révolutionnaire établi si près de lui peut lancer sur son propre sol et sur toute l'Europe de fatales étincelles et menacer le monde d'un embrasement nouveau.

« D'ailleurs le gouvernement espagnol peut se déterminer brusquement à une aggression formelle, dans laquelle il croira trouver les moyens de prolonger son existence, en la présentant à l'opinion comme un glorieux effort de la liberté contre la tyrannie. La France doit donc prévoir comme possible, peut-être comme probable, une guerre avec l'Espagne. D'après la nature des choses et dans les sentiments de modération dont elle veut faire la règle de sa conduite, elle ne peut la considérer que comme une guerre défensive. Elle ne sauroit en assigner l'époque ; mais elle est décidée à la soutenir. Pleine de confiance dans la justice de la cause qu'elle aura à défendre, s'honorant d'avoir à préserver l'Europe du fléau révolutionnaire, elle s'appuiera sans hésitation sur la force de ses armes et sur la fidélité de ses troupes, qui, souvent et vainement tentées, ont montré devant la séduction un courage plus difficile peut-être que celui des combats.

« Mais d'ici au moment où la guerre seroit devenue inévitable la France, par une chance qui est commune aux autres cours, peut être dans le cas d'adopter une mesure intermédiaire entre l'état de paix et les hostilités, et de rompre toute relation diplomatique avec la cour de Madrid. En effet, telle circonstance peut se présenter, telles démarches peuvent être faites par le gouvernement, par les cortès, qui mettroient le ministre de France dans la nécessité de demander ses passeports, et qui, malgré tout le désir d'éviter une rupture, forceroient le roi à le rappeler formellement. Dans ce cas, qu'il faut prévoir, mais que la France mettra tous ses soins à éloigner, les hautes cours ne jugeront-elles pas que ce seroit donner une preuve utile de l'uniformité des principes et des vues de l'alliance, que de prendre une mesure semblable et de rappeler, chacune de son côté, leurs légations à Madrid? On peut croire (et cette pensée a fixé dès 1820 l'attention de l'une des puissances) que si la nation espagnole voyoit cesser au même moment les rapports qui l'unissent encore aux princes, aux gouvernements de l'Europe, si elle se trouvoit comme isolée par le rappel de la plus grande partie du corps diplomatique et l'interruption des communications dont il est l'organe habituel, elle seroit amenée à réfléchir plus mûrement sur sa position et à profiter des éléments monarchiques qu'elle renferme dans son sein, et qui prennent depuis trois mois un développement remarquable, pour éteindre le feu révolutionnaire qui éloigneroit d'elle les peuples et les gouvernements.

« Cette mesure, qui auroit d'autant plus d'effet qu'elle seroit consacrée par un parfait accord des hautes puissances, pourroit, on le sent, avoir des conséquences graves. Elle irriteroit probablement les hommes qui gouvernent en ce moment l'Espagne, et pourroit les porter à faire immédiatement une déclaration de guerre à la France ; mais ils en encourroient seuls la responsabilité, et la France se trouveroit dans la ligne où elle veut se maintenir jusqu'au dernier moment : elle seroit prête à se défendre, et n'auroit point à attaquer.

« En prévoyant le cas d'une guerre avec l'Espagne, et en subordonnant aux intérêts communs de la grande alliance toutes les considérations qui se rattachent à cette grande question, la France, on le répète, a dû croire qu'elle pouvoit compter sur l'appui moral de ses alliés, et que même elle pouvoit, si les circonstances lui en faisoient la loi, réclamer d'eux un secours matériel. Elle s'est surtout pénétrée de l'idée que dans la circonstance présente le concours des hautes puissances est nécessaire, comme devant conserver cette unanimité de vues qui est le caractère fondamental de l'alliance, et qu'il est du plus grand intérêt de maintenir et de signaler pour garantir le repos de l'Europe.

« C'est sur la forme de ce concours moral et sur les mesures propres à lui assurer le secours matériel qui peut être réclamé par la suite, que la France croit, en définitive, nécessaire de fixer l'attention de ses augustes alliés.

« Résumant donc les idées qui viennent d'être exposées, et qu'ils ont désiré connoître, elle soumet à leur haute prudence les trois questions suivantes :

« 1° Dans le cas où la France se verroit forcée de rappeler de Madrid le ministre qu'elle y a accrédité et de rompre toute relation diplomatique avec l'Espagne, les hautes cours seroient-elles disposées à prendre une mesure semblable et à rappeler leurs propres légations ?

« 2° Si la guerre doit éclater entre la France et l'Espagne, sous quelle forme et par quels actes les hautes puissances prêteront-elles à la France l'appui moral qui doit donner à son action toute la force de l'alliance et inspirer un salutaire effroi aux révolutionnaires de tous les pays ?

« 3° Quelle est, enfin, l'intention des hautes puissances, quant au fond et à la forme du secours matériel qu'elles seroient disposées à donner à la France dans le cas où, sur sa demande, leur intervention active deviendroit nécessaire, en admettant une restriction que la France déclare, et qu'elles reconnoîtront elles-mêmes, être absolument exigée par la disposition générale des esprits ? »

XXII.

Examen des trois cas de guerre exposés par M. le vicomte de Montmorency. — Le congrès n'a pas poussé la France à la guerre; la Prusse et surtout l'Autriche y étoient fort opposées. — Réflexions sur les notes de M. le ministre des affaires étrangères. — Noble conduite de ce ministre. — M. Gentz.

Dans la séance du 17 novembre, les plénipotentiaires examinèrent, pour arriver à une détermination, les trois cas de guerre exposés par M. le vicomte de Montmorency, et qui pouvoient suivre les questions éventuelles de la déclaration du 20 octobre. Ces trois cas de guerre étoient :

1° Celui d'une attaque à main armée de la part de l'Espagne contre le territoire françois, ou d'un acte officiel du gouvernement espagnol provoquant directement à la rébellion les sujets de l'une ou de l'autre des puissances ;

2° Celui de la déchéance prononcée contre Sa Majesté le roi d'Espagne, d'un procès intenté contre son auguste personne, ou d'un attentat de même nature contre les membres de la famille ;

3° Celui d'un acte formel du gouvernement espagnol portant atteinte aux droits de succession légitime de la famille royale.

Ainsi donc, c'est la France elle-même qui, par l'organe de M. de Montmorency, a déclaré qu'elle seroit sans doute obligée de faire la guerre ; c'est la France qui, le cas échéant, a demandé à ses alliés ce qu'ils comptoient faire si des hostilités venoient à éclater. Non-seulement le congrès n'a pas poussé la France à la guerre, mais la Prusse et surtout l'Autriche y étoient très-opposées ; la Russie seule l'approuvoit et promettoit son appui moral et son appui matériel.

Il étoit tout simple qu'en cette périlleuse entreprise, avant de nous y jeter, nous voulussions connoître ce que nous laissions derrière nous et les dispositions de nos alliés. Nous devions surtout prévoir que l'Angleterre pourroit intervenir et se poser en face de nous auprès des Espagnes. La seule parade à ce coup étoit de lui présenter un faisceau de puissances unies, de la retenir en lui montrant qu'une guerre avec la France seroit pour le cabinet de Saint-James une guerre possible avec le continent, une guerre certaine avec la Russie. Cette précaution ne m'étoit pas d'une grande valeur, car je pense qu'une guerre de la France contre l'Angleterre seroit d'un succès facile si elle étoit conduite d'après un plan nouveau, et si l'on ne s'alarmoit pas de quelques sacrifices nécessaires ; mais dans le cas actuel il étoit toujours sage d'empêcher cette rupture, en contenant M. Canning par la possibilité d'une conflagration générale.

Voilà ce qui rend les notes de M. de Montmorency inattaquables. Cependant, s'il nous avoit fait l'honneur de nous consulter, et s'il n'eût point rédigé ces notes dans le secret de son cabinet, avec M. Bourjot, elles auroient été libellées autrement ; elles n'eussent point demandé catégoriquement à l'Europe ce qu'elle pensoit de nous et des difficultés dans lesquelles nous pourrions nous trouver engagés ; elles se fussent contentées de dire : « Nous, étant contraints à la guerre, et l'Angleterre intervenant, embrasserez-vous notre alliance? » On n'auroit point parlé de la possibilité d'un secours matériel ; car, en supposant un revers en Espagne, nous avions une révolution en France, et tous les Cosaques de la terre ne nous auroient pas sauvés.

Plein de vénération pour les vertus de M. le vicomte de Montmorency, nous sommes obligé d'avouer que nous n'avions pas le bonheur de lui agréer. Personne plus que lui n'avoit aimé et n'aimoit encore les libertés publiques ; mais les crimes de 1793 le tenoient en garde contre ses premières opinions et lui laissoient des doutes sur la valeur des principes qu'il avoit eus. Il y a aussi des sympathies et des antipathies d'humeur et de caractère : nous n'étions pas honoré de la confiance de M. de Montmorency ; il nous avoit vu venir avec regret au delà des monts ; il s'étoit opposé à notre mission : nous la devions à M. de Villèle, qui étoit bien aise d'avoir un ami à Vérone. Nous n'eûmes de véritable crédit au congrès qu'après le départ de M. de Montmorency. Nous devons rendre cette justice au duc Matthieu, les qualités supérieures de son âme l'emportèrent sur son peu de penchant pour notre personne : en nous quittant, il détruisit d'une façon toute magnanime les préventions qu'on avoit inspirées à Alexandre contre nous ; il devint ainsi la cause première de notre faveur auprès de ce prince, sans crainte de se donner un rival. Mais enfin tout se traita d'abord presque à notre insu ; si vous exceptez la *traite des noirs* et les *colonies espagnoles,* on ne nous demanda notre sentiment sur rien ; tout se passa entre les chefs des cabinets, ainsi que l'indique suffisamment l'intitulé même des *communications verbales.* Nous n'eûmes guère de rapports qu'avec M. Gentz : nous l'avons vu mourir doucement au son d'une voix qui lui fit oublier celle du temps.

XXIII.

L'empereur de Russie. — Le duc de Wellington. — Le prince de Metternich. — Le comte de Bernstorff. — Le comte Pozzo. — Réponses de la Prusse, de l'Autriche et de la Russie aux notes verbales de M. le vicomte de Montmorency. — Appui que nous donne contre l'Angleterre la note de la Russie.

L'empereur de Russie avoit l'âme forte et le caractère foible : par cette mobilité, il étoit devenu royaliste aussi ardent qu'il avoit été décidé libéral ; mais il demeuroit toujours constant ami de la France.

Le duc de Wellington avoit contre la légitimité le tort d'avoir donné Fouché à la couronne, contre la nation le crime d'avoir gagné la bataille de Waterloo. Excepté cinq ou six génies à part, tous les grands capitaines ont été de pauvres gens : il n'est point de plus brillante renommée que la renommée des armes, et qui vaille moins sa gloire.

On caressoit en vain le successeur de Marlborough pour le faire sortir de la politique de son pays : on y perdoit son temps. Sa Grâce, pour se désennuyer de nous, cherchoit à Vérone quelque des *Ursins* qui pût écrire à la marge de nos dépêches interceptées : « *Pour mariée, non.* »

Le prince de Metternich, feignant d'être russe en détestant la Russie, hâbloit sur la guerre sans la vouloir : il craignoit en Espagne nos succès pour la force qu'ils rendroient à nos armes, nos revers pour l'activité qu'ils ajouteroient à l'esprit révolutionnaire.

Le comte de Bernstorff étoit ministre des affaires étrangères à Berlin lorsque nous étions ministre plénipotentiaire de France auprès de cette cour. Sa femme, grande et belle, rappeloit cette ambassadrice de Danemark auprès d'Anne d'Autriche. « Elle prit la main de la reine, dit madame de Motteville ; l'ayant dégantée, elle la baisa et la loua de bonne grâce avec tant de familiarité, qu'il sembloit qu'elle fût sa sœur et qu'elle l'eût vue toute sa vie. Ces choses plurent à la reine, et toute la journée on ne parla que de la Danoise, de sa douce gravité et des marques qu'elle avoit données d'avoir beaucoup d'esprit et de raison. »
Le comte de Bernstorff, qui, au lieu de la Danoise, n'avoit avec lui à Vérone que la goutte, voyoit déjà la France rendue à son énergie militaire et songeoit que cette France étoit frontière de la Prusse.

Le comte Pozzo, habile à prendre les idées de son maître, avoit mis toutes voiles dehors pour les *ultra*. Mille petites haines, envies et calomnies se croisoient; on se détestoit en faisant profession de s'aimer ; on déchiroit à huis-clos le voisin dont on publioit les louanges sur l'escalier ; vieux train du monde.

Dans ces dispositions, il étoit facile de préjuger les réponses des trois grands cabinets aux communications de M. le vicomte de Montmorency.

La Prusse déclara que « si la conduite du gouvernement espagnol à l'égard de la France ou de son envoyé à Madrid étoit de nature à forcer cette dernière à rompre ses relations diplomatiques avec l'Espagne, Sa Majesté n'hésitoit pas à en faire autant de son côté.

« Que si, en dépit des soins que le gouvernement françois s'engage à prendre pour éviter la guerre avec l'Espagne, cette guerre venoit à éclater, Sa Majesté est prête à se joindre aux monarques ses alliés pour prêter à la France tout l'appui *moral* qui pourroit servir à renforcer sa position.

« Que si les événements ou les conséquences de la guerre faisoient éprouver à la France le besoin d'un secours plus actif, le roi consentiroit à ce genre de secours, *en autant que les nécessités de la position de*

Sa Majesté et les soins dus à l'intérieur de son royaume pourroient lui en laisser la faculté. »

L'Autriche fit la même déclaration; mais quant à la déclaration du secours matériel, s'il devenoit jamais nécessaire, *il faudroit une nouvelle délibération commune des cours alliées pour en régler l'étendue, la qualité et la direction.* Cette restriction, bien dans l'esprit du cabinet de Vienne, jaloux de la Russie et ami de l'Angleterre, étoit une manière honnête de répondre négativement : l'appui *moral*, tant qu'on voudra, mais quant à un seul soldat, point, s'il n'est bien payé d'avance et sans aucune sorte de responsabilité.

La Russie, plus loyale et plus hardie, reçoit chaudement les communications de M. de Montmorency. Elle fait observer que dès le mois d'avril de l'année 1820 elle avoit signalé les conséquences du triomphe de la révolution en Espagne; que plus elle s'étoit empressée de se joindre à ses alliés pour donner à cette nation des preuves d'une bienveillante sollicitude, plus elle devoit improuver un attentat qui présageoit à l'Espagne les malheurs inséparables des concessions arrachées par la violence à l'autorité légitime :

« Au dedans, continue la note, l'anarchie réduite en principe, le pouvoir devenu le prix des insultes faites au trône et à la religion, le désordre livrant à l'action d'un fléau destructeur des populations tout entières, la perte des riches possessions du Nouveau Monde presque consommée, la fortune publique dissipée, les doctrines les plus subversives ouvertement prêchées, quelques sujets fidèles s'armant pour la défense de leur souverain, et ce souverain forcé de les proscrire;

« Au dehors, le triste spectacle qui se présente dans les contrées que les artisans des troubles de l'Europe avoient destinées à être la proie des révolutions; l'année dernière les Siciles en feu et les puissances alliées contraintes à y placer le pouvoir légitime sous l'égide de leurs armes; le Piémont soulevé essayant de propager la révolte dans le nord de l'Italie, et provoquant la même intervention, la même assistance.

« Assurément, il est impossible qu'un pareil état de choses n'excite les regrets et les inquiétudes de toutes les puissances européennes; elles ne peuvent y voir, particulièrement pour la France, que les dangers auxquels les événements de Naples et de Turin avoient exposé l'Autriche, et la Russie est fermement convaincue que tous les intérêts se réunissent pour faire désirer que l'incendie révolutionnaire soit comprimé en Espagne. »

Après ce préambule, la Russie répond formellement *oui* à toutes les questions de M. de Montmorency : elle est disposée à retirer son ambassadeur, à donner à la France tout l'appui *moral* et *matériel* dont celle-ci pourroit avoir besoin, sans restriction, sans condition aucune. Cette franche note dissipoit toutes craintes extérieures relativement à la guerre d'Espagne : elle ne laissoit à cette guerre que les dangers intérieurs que nous avions à courir.

La crainte que la France avoit justement de la malveillance de l'Angleterre fut soudain justifiée par les notes du duc de Wellington. Il refusa de signer les procès-verbaux du 20 octobre et du 17 novembre ; il fit connoître les raisons de ce refus.

XXIV.

Le duc de Wellington refuse de signer les procès-verbaux du 20 octobre et du 17 novembre. — Sa note. — Observations sur cette note. — Mot de M. Canning. — Sa lettre.

« Le duc de Wellington fait observer que les communications de la France et les résolutions des cours d'Autriche, de Prusse et de Russie vont contre le but qu'elles se proposent. L'expérience a démontré, dit-il, que pendant les révolutions les opinions des hommes sont influencées par des motifs de parti et de faction, et ce qui répugne le plus à leurs sentiments, c'est l'intervention formelle et organisée (*the formed organized interference of foreign powers*). Le fait d'une pareille intervention est d'affoiblir et de mettre en danger le parti en faveur duquel elle est exercée. Ce sentiment prévaut en Espagne à un plus haut degré que dans tout autre pays, et on doit appréhender que l'existence de ces procès-verbaux ne tende à mettre en danger les augustes personnes à la sûreté desquelles ils ont l'intention de pourvoir. De plus, quelques articles de ces procès-verbaux touchent à des points qui sont, à proprement parler, l'objet de la loi civile (*municipal law*). La personne d'un souverain est inviolable ; les lois de tous les pays, l'opinion unanime et les sentiments du genre humain ont pourvu à la sûreté de la personne sacrée du monarque ; mais les lois qui déclarent la personne des souverains inviolable ne protègent pas également les personnes de leur auguste famille, et ces procès-verbaux peuvent tendre à étendre à la royale famille d'Espagne une protection que les lois d'Espagne ne leur accordent pas.

« Les ministres des cours alliées ont pensé qu'il étoit à propos de faire connoître à l'Espagne les sentiments de leurs souverains respectifs par les dépêches adressées aux représentants de leurs différentes cours résidant à Madrid. Le gouvernement de Sa Majeté britannique ne se considère pas comme suffisamment informé, soit de ce qui a déjà eu lieu entre la France et l'Espagne, soit de ce qui peut occasionner une rupture, pour être capable de répondre affirmativement aux questions soumises à la conférence par le ministère de France. Mais est-ce bien le moment d'expédier des dépêches calculées pour irriter le gouvernement d'Espagne et pour embarrasser encore davantage la position difficile du gouvernement françois? Le résultat de ces communications sera probablement de suspendre les relations diplomatiques entre les trois cours alliées et l'Espagne, quelle que soit d'ailleurs la question entre la France et l'Espagne. Ces communications sont non-seulement calculées pour embarrasser le gouvernement françois, mais aussi celui du roi d'Angleterre. Le gouvernement de Sa Majesté britannique est de l'opinion que de censurer les affaires intérieures d'un État indépendant, à moins que ces affaires n'affectent les intérêts essentiels des sujets de Sa Majesté (*unless such transactions affect the essential interests of His M's subjects*), est incompatible avec les principes d'après lesquels Sa Majesté a invariablement agi dans toutes les questions relatives aux affaires intérieures des autres pays. Ainsi, le gouvernement du roi d'Angleterre doit refuser de conseiller à Sa Majesté de tenir un commun langage avec ses alliés dans cette occasion ; il est si nécessaire pour Sa Majesté de n'être pas supposée participer à une démarche de pareille nature, que le gouvernement britannique doit également s'abstenir de conseiller au roi d'adresser au gouvernement espagnol aucune communication au sujet des relations de ce gouvernement avec la France. »

L'Angleterre rompt brusquement ici avec ses alliés. Par la forme de son gouvernement, par l'intervention de l'opinion nationale et de la publicité parlementaire, l'Angleterre était obligée, il est vrai, de mettre de la réserve dans ses réponses; elle ne pouvoit pas avoir l'allure dégagée de ces monarchies continentales qui n'ont aucun compte à rendre à leurs sujets; mais il est impossible de donner de plus mauvaises raisons que le duc de Wellington n'en donna, et de moins cacher l'animosité du cabinet de Saint-James contre la France : le plénipotentiaire anglois croyoit encore commander à Waterloo.

Ce qu'il dit d'abord contre les dangers de l'intervention a été démenti par les faits : les Espagnols, au lieu de résister à notre invasion, ont accueilli nos soldats comme libérateurs ; et puis l'Angleterre, si scrupuleuse en fait d'intervention, n'intervient-elle pas partout, tantôt en faveur du despotisme, tantôt au nom de la liberté, selon son lucre? Elle étoit pour Mahmoud contre l'indépendance des Grecs ; elle étoit pour l'indépendance des colonies espagnoles contre l'Espagne. Mais on traitera cette question de l'intervention quand le moment sera venu.

La réserve faite dans les notes en faveur des *intérêts essentiels des sujets de Sa Majesté britannique* montre le fond des choses : si l'Angleterre se croit en droit d'intervenir quand *ses intérêts essentiels* sont lésés, les puissances continentales ne peuvent-elles aussi avoir *des intérêts essentiels* compromis, bien que d'une autre nature que ceux de la Grande-Bretagne? Le duc de Wellington ne voit pas, ou feint de ne pas voir les nouveaux malheurs dont la France étoit menacée : il ne s'agissoit pas de débouchés à donner à notre commerce, de moyens de vendre à un meilleur prix nos vins et le produit de nos manufactures (*intérêts essentiels* de l'Angleterre) ; il s'agissoit d'empêcher une nouvelle révolution d'éclater parmi nous, de relever l'honneur de notre drapeau, de nous replacer au rang des nations qui tirent d'elles-mêmes leur force, leur dignité et leur puissance : certes, ce sont là des intérêts essentiels !

Le duc de Wellington se plaint de n'être pas assez informé de ce qui peut occasionner une rupture entre l'Espagne et la France. Avec un peu d'attention, il auroit aperçu des raisons qui frappoient tous les yeux. Mais quand il les auroit aperçues, l'auroient-elles persuadé? L'Angleterre ne se seroit-elle pas épouvantée de notre désir d'échapper à la tutelle de la mauvaise fortune, sous laquelle nous étions tombés à Waterloo ; tutelle outrageuse dans la dépendance de laquelle nous avions été rigoureusement maintenus par les traités.

La réclamation des notes angloises en faveur de la *loi civile* (*municipal law*) est curieuse : le souverain est inviolable, disent-elles, mais ses parents ne le sont pas.

Ainsi, on a le droit de proscrire toute une famille souveraine, de ne garder qu'un roi sur le trône, afin de rester strictement dans la loi *politique* : de manière qu'à la mort de ce roi on peut intervertir l'ordre de la succession légitime, et mettre la couronne sur la tête d'une autre branche ou d'une autre dynastie. On ne sait si M. le duc de Wellington voyoit si loin quand il rédigea ces notes ; mais il est certain qu'elles s'appliquent aujourd'hui merveilleusement à la personne de don Carlos.

Combien l'inquiétude que montre M. le plénipotentiaire pour la France est touchante quand il se récrie sur l'embarras où vont nous jeter les dépêches des trois cours alliées si ces dépêches arrivent avant la nôtre en Espagne, si le roi de Prusse et les empereurs d'Autriche et de Russie retirent leurs envoyés de Madrid avant que nous ayons retiré notre ambassadeur! Après cette diplomatie embarrassée, l'Angleterre, revenue à son caractère, déclare qu'elle ne parlera pas un langage commun avec ses alliés, qu'elle s'abstiendra même *d'adresser au gouvernement espagnol aucune communication au sujet des relations de ce gouvernement avec la France*. Cette dernière phrase laisse percer le secret du gouvernement britannique : l'Angleterre croyoit alors que si nous entrions dans la Péninsule, nous serions perdus; tout le parti libéral en France, tous les hommes d'État de l'empire en disoient autant, ne pouvant croire qu'un vieux roi infirme et sans armée réussiroit là où Napoléon avoit échoué.

L'Angleterre ne vouloit pas intervenir alors (bien qu'elle l'ait voulu peu de temps après, quand elle a eu peur), même pour empêcher l'effusion du sang : une guerre où nous devions être nécessairement battus empêcheroit tout renouvellement du *pacte de famille*.

Un mot échappé à M. Canning, lorsqu'à propos d'un discours de M. Brougham il nous crut fourvoyé dans l'affaire de la Péninsule, montre les sentiments que nous portaient nos rivaux; il s'écria dans sa joie : « Tu l'as voulu, Georges Dandin! tu l'as voulu, mon ami! » Et pourtant il ne nous croyoit pas assez stupide pour n'avoir rien compris aux notes du duc de Wellington, puisque après avoir reçu une lettre de félicitations que nous lui écrivîmes sur sa nomination de ministre des affaires étrangères, il nous adressa à Vérone la réponse suivante :

Londres, ce 28 octobre 1822.

« Je ne doute nullement, mon cher vicomte, que vous ne soyez un de ceux qui me font l'honneur de se réjouir le plus de ma nomination, et je n'aurois pas tardé à vous exprimer toute la reconnoissance que je vous dois pour vos félicitations, si la même lettre qui me les apportoit n'avoit pas notifié votre départ pour Vérone.

« Cette lettre vous y trouvera bien occupé sans doute ; mais avec tant d'occupation, je serois inexcusable si j'y ajoutois plus que ce peu de mots et les assurances du respect, de l'admiration et de l'amitié que je vous ai voués, mon cher vicomte, et que j'aurai, comme je l'espère bien, des occasions de vous prouver, tant comme ministre que comme ami.

« Tout à vous,

« Georges Canning. »

XXV.

A quoi se réduisit l'intervention du congrès de Vérone? A trois dépêches insignifiantes. — Dépêche de la Prusse.

En définitive, il n'y eut de véritablement arrêté, entre les souverains et diplomates assemblés avec tant de fracas sur l'Adige, que le projet d'envoyer des dépêches aux représentants des alliés à Madrid ; ces dépêches devoient être mises sous les yeux du gouvernement espagnol ; dans le cas où elles seroient méprisées, les envoyés des puissances alliées auroient ordre de demander leurs passeports. C'est à cette démarche inoffensive, laquelle ne pouvoit mener à rien, que se réduisit cette fameuse intervention du *congrès de Vérone*, dont on a fait tant de bruit. On va voir, pour la centième fois, en prenant connoissance de ces documents, que, loin de menacer l'Espagne d'une *guerre continentale,* on manifesta des craintes, non équivoques, d'une guerre possible entre l'Espagne et la France.

Dans sa dépêche, datée de Vérone, du 22 novembre 1822, expédiée à M. de Schepeler, à Madrid, le 27 novembre, par M. le comte Zichy, la Prusse expose :

« Qu'elle voit avec douleur le gouvernement espagnol entrer dans une route qui menace la tranquillité de l'Europe ; elle rappelle tous les titres d'admiration qui l'attachent à la noble nation espagnole, illustrée par tant de siècles de gloire et de vertu, et à jamais célèbre par l'héroïque persévérance qui l'a fait triompher des efforts ambitieux et oppressifs de l'usurpateur du trône de France. »

Ensuite, la dépêche parle de l'origine, des progrès et des résultats de la révolution militaire de l'île de Léon, en 1820 :

« L'état moral de l'Espagne est aujourd'hui tel que ses relations avec les puissances étrangères doivent nécessairement se trouver troublées ou interverties. Des doctrines subversives de tout ordre social y sont hautement prêchées et protégées ; des insultes contre les premiers souverains de l'Europe remplissent impunément les journaux. Les sectaires de l'Espagne font courir leurs émissaires pour associer à leurs travaux ténébreux tout ce qu'il y a dans les pays étrangers de conspirateurs contre l'ordre public et contre l'autorité légitime.

« L'effet inévitable de tant de désordres se fait surtout sentir dans l'altération des rapports entre l'Espagne et la France. L'irritation qui en résulte est de nature à donner les plus fortes alarmes pour la paix entre les deux royaumes. Cette considération suffiroit pour déterminer les souverains réunis à rompre le silence sur un état de choses qui, d'un jour à l'autre, peut compromettre la tranquillité de l'Europe. »

Une excellente réflexion termine cette dépêche :

« Ce n'est pas aux cours étrangères à juger quelles institutions répondent le mieux au caractère, aux mœurs, aux besoins réels de la nation espagnole ; mais il leur appartient indubitablement de juger des effets que des expériences de ce genre produisent par rapport à elles-mêmes, et d'en laisser dépendre leurs déterminations et leur position future envers l'Espagne. »

XXVI.

Dépêche de la Russie.

La dépêche russe est adressée au comte Bulgary, à Madrid, et datée de Vérone, le 26 novembre 1822. Elle remémore comment le cabinet de Saint-Pétersbourg se hâta dès l'année 1820 de signaler les malheurs dont l'Espagne étoit menacée, lorsque des *soldats parjures trahirent leur souverain et lui imposèrent des lois*. Elle dit que la prévoyance de la Russie a trop été justifiée ; que l'anarchie a marché à la suite de la révolution ; que les colonies ont achevé de se détacher de la mère patrie ; que les propriétés ont été spoliées ; que le sang a coulé sur les échafauds et dans la demeure du roi ; que le monarque et sa famille ont été réduits en un état de captivité ; que les frères du monarque, contraints de se justifier, sont journellement menacés du cachot et du glaive.

« D'autre part, affirme avec vérité la dépêche, après les révolutions de Naples et du Piémont (que les conspirateurs espagnols ne cessent de représenter comme leur ouvrage), on les entend annoncer que leurs plans de bouleversement n'ont pas de limites. Dans un pays voisin, ils s'efforcent, avec une persévérance que rien ne décourage, à faire naître les troubles et la rébellion. Dans des États plus éloignés, ils travaillent à se créer des complices ; l'activité de leur prosélytisme s'étend partout, et partout elle prépare les mêmes désastres.

« La France se voit obligée de confier à une armée la garde de ses frontières, et peut-être faudra-t-il qu'elle lui confie également le soin de faire cesser les provocations dont elle est l'objet. L'Espagne elle-même se soulève en partie contre un régime que repoussent ses mœurs, la loyauté connue de ses habitants et ses traditions toutes monarchiques.

« Il est à craindre que les dangers toujours plus réels du voisinage, ceux qui planent sur la famille royale, et les justes griefs d'une puissance limitrophe, ne finissent par amener entre elle et l'Espagne les plus graves complications.

« C'est là l'extrémité fâcheuse que Sa Majesté impériale voudroit prévenir, s'il est possible.

« Exprimer le désir de voir cesser une longue tourmente, de soustraire au même joug un monarque malheureux et un des premiers peuples de l'Europe, d'arrêter l'effusion du sang, de favoriser le rétablissement d'une administration à la fois sage et nationale, certes, ce n'est point attenter à l'indépendance d'un pays, ni établir un droit d'intervention contre lequel une puissance quelconque ait le droit de s'élever. »

XXVII.

Dépêche de l'Autriche.

La dépêche autrichienne, de la même date, est le meilleur des trois documents :

« La révolution d'Espagne a été jugée pour nous dès son origine. Selon les décrets éternels de la Providence, le bien ne peut pas plus naître pour les États que pour les individus de l'oubli des premiers devoirs imposés à l'homme dans l'ordre social. Ce n'est pas par de coupables illusions, pervertissant l'opinion, égarant la conscience des peuples, que doit commencer l'amélioration de leur sort, et la révolte militaire ne peut jamais former la base d'un gouvernement heureux et durable.

« La révolution d'Espagne considérée sous le seul rapport de l'influence funeste qu'elle a exercée sur le royaume qui l'a subie seroit un événement digne de toute l'attention et de tout l'intérêt des souverains étrangers.

« Cependant une juste répugnance à toucher aux affaires intérieures d'un État indépendant détermineroit peut-être ces souverains à ne pas se prononcer sur la situation de l'Espagne, si le mal opéré par sa révolution s'étoit concentré et pouvoit se concentrer dans son intérieur; mais tel n'est pas le cas. Cette révolution, avant même d'être parvenue à sa maturité, a provoqué déjà de grands désastres dans d'autres pays : c'est elle qui, par la contagion de ses principes et de ses exemples et par les intrigues de ses principaux artisans, a créé les révolutions de Naples et du Piémont.

« Sa Majesté impériale ne peut que soutenir dans les questions relatives à la révolution d'Espagne les mêmes principes qu'elle a toujours hautement manifestés. Dans l'absence même de tout danger direct pour les peuples confiés à ses soins, l'empereur n'hésiteroit jamais à désavouer et à réprouver ce qu'il croit faux, pernicieux et condamnable dans l'intérêt général des sociétés humaines.

« Il me seroit difficile de croire, monsieur le comte, que le jugement énoncé par Sa Majesté impériale sur les événements qui se passent en Espagne puisse être mal compris ou mal interprété dans ce pays. Aucun objet d'intérêt particulier, aucun choc de prétentions réciproques, aucun sentiment de méfiance ou de jalousie ne sauroit inspirer à notre cabinet une pensée en opposition avec le bien-être de l'Espagne. La maison d'Autriche n'a qu'à remonter à sa propre histoire pour y trouver les plus puissants motifs d'attachement, d'égards et de bienveillance pour une nation qui peut se rappeler avec un juste orgueil ces siècles de glorieuse mémoire où le *soleil n'avoit point de couchant pour elle,* pour une nation qui, forte de ses institutions respectables, de ses vertus héréditaires, de ses sentiments religieux, de son amour pour ses rois, s'est illustrée dans tous les temps par un patriotisme toujours loyal, toujours généreux et bien souvent héroïque.

« A une époque peu éloignée de nous, cette nation a encore étonné le monde par le courage, le dévouement et la persévérance qu'elle a opposés à l'ambition usurpatrice qui prétendoit la priver de ses monarques et de ses lois, et l'Autriche n'oubliera jamais combien la noble résistance du peuple espagnol lui a été utile dans un moment de grand danger pour elle-même.

« En se réunissant à Vérone à ses augustes alliés, Sa Majesté impériale a eu le bonheur de retrouver dans leurs conseils les mêmes dispositions bienveillantes et désintéressées qui ont constamment guidé les siens. Les paroles qui partiront pour Madrid constateront ce fait et ne laisseront aucun doute sur l'empressement sincère des puissances à servir la cause d'Espagne en lui démontrant la nécessité de changer de route. Il est certain que les embarras qui l'accablent se sont accrus depuis peu dans une progression effrayante. Les mesures les plus rigoureuses, les expédients les plus hasardés ne peuvent plus faire marcher son administration; la guerre civile est allumée dans plusieurs de ses provinces; ses rapports avec la plus grande partie de l'Europe sont dérangés ou suspendus; ses relations même avec la France ont pris un caractère si problématique, qu'il est permis de se livrer à des inquiétudes, sérieuses sur les complications qui peuvent en résulter.

« Tout Espagnol éclairé sur la véritable situation de sa patrie doit sentir que, pour briser les chaînes qui pèsent aujourd'hui sur le monarque et sur le peuple, il faut que l'Espagne mette un terme à cet état de séparation du reste de l'Europe dans lequel les derniers événements l'ont jetée.

« Pour arriver à ce but, il faut avant tout que le roi soit libre, non-seulement de cette liberté personnelle que tout individu a le droit de réclamer sous le règne des lois, mais de celle dont un souverain doit jouir pour remplir sa haute vocation. Le roi d'Espagne sera libre du moment où il aura le droit de substituer à un régime reconnu impraticable par ceux même que l'égoïsme ou l'orgueil y tiennent encore attachés un ordre de choses dans lequel les droits du monarque seroient heureusement combinés avec les intérêts et les vœux légitimes de toutes les classes de la nation. »

Le paragraphe (du reste fort bien écrit) sur la maison d'Autriche veut dire, en langue diplomatique : « Vous étiez si puissant et si heureux sous notre glorieuse domination ! Reprenez-nous. »

XXVIII.

Réflexions sur les trois dépêches précédentes. — Quand la France devoit-elle retirer son ambassadeur ?

Il faut pardonner à ces dépêches ce qu'elles disent contre la tribune et la liberté de la presse : les monarchies absolues ne comprendront jamais les monarchies représentatives; ce sont deux espèces de pouvoirs dont les éléments sont incompatibles. Mais les rédacteurs de ces dépêches auroient dû faire la part aux hommes, et songer que si les cortès se montroient rigoureuses outre mesure, elles avoient affaire à un monarque ingrat et sans foi, qui ne cherchoit qu'à les tromper, et dont le caractère, s'il n'autorisoit la violence des *liberalès*, l'excusoit du moins.

L'Autriche s'applaudit trop de ses succès contre les révolutionnaires de l'Italie : sa peur lui faisoit voir des conspirations là où il n'y avoit que le mouvement progressif des idées d'une nation impatiente du joug étranger, et privée de sa nationalité par la conquête. On ne pouvoit penser comme M. de Metternich quand on voyoit passer à Vérone ces cages de l'*ordre* et du *bonheur* qui emportoient au Spielberg Silvio Pellico avec ce que l'Italie renfermoit de plus éclairé et de plus distingué dans son sein. L'Autriche n'avoit pas été, comme la France, bouleversée par une révolution de quarante années, toujours prête à se ranimer au moindre souffle ; elle n'étoit pas frontière de l'Espagne ; ses peuples et ses soldats n'étoient pas en contact avec des peuples et des soldats qui proclamoient des constitutions à main armée : elle *auroit* pu se montrer moins inquiète, moins inexorable et plus habile en suspectant moins les intelligences.

Enfin ces dépêches, en donnant de grands éloges au peuple espagnol pour sa résistance à Napoléon, oublient que ce peuple obéissoit alors aux *cortès de Cadix,* que le moine qui défendit héroïquement Saragosse se battoit au nom de cette même constitution objet actuel de la réprobation des puissances continentales : il n'y avoit de justement posé dans ces débats que la France.

Du reste, le fond des dépêches est vrai ; elles établissent clairement nos périls, à nous, populations limitrophes de l'Espagne. La seule menace que les alliés fassent entendre, c'est de retirer leurs représentants d'un pays avec lequel ils n'ont plus de relations politiques.

Quand devoit la France retirer à son tour son ambassadeur? Avant, avec ou après que les envoyés des autres cours auroient demandé leurs passeports? Cette question ne pouvoit être résolue que selon les circonstances, vu notre voisinage de l'Espagne. C'est précisément sur cette question que M. le vicomte de Montmorency rendit, assure-t-on, le portefeuille des affaires étrangères.

XXIX.

Notre correspondance avec M. de Villèle. — Lettres.

Il ne nous reste plus, pour faire connoître toutes les pièces du congrès de Vérone, qu'à donner notre correspondance avec M. de Villèle. Les lettres du ministre des finances, lucides, rapides, prévoyantes, pleines d'affaires, et bien informées, prouvent qu'il étoit fait pour la haute place qu'il occupoit ; elles sont même plus vives, moins contenues et moins diplomatiques que les nôtres. On voit que le correspondant de Vérone, par la connivence naturelle de ses désirs, exagère l'envie que les souverains avoient de la guerre, excepté, comme nous l'avons dit, l'empereur de Russie. Nous cherchions à fixer les déterminations du président du conseil, car ses idées étoient moins arrêtées que les nôtres sur une entreprise à laquelle nous attachions le salut et l'honneur de la France. Nous n'étions pas ministre des affaires étrangères, il n'y avoit pas la moindre apparence qu'on nous appelât à des fonctions dignement remplies par M. de Montmorency; mais nous nous flattions, si nous faisions adopter notre plan à M. de Villèle, qu'une fois arrivé à Londres notre bonne position auprès de Georges IV et de M. Canning contribueroit à rendre l'exécution de ce plan plus facile.

Vérone, ce 31 octobre 1822.

« Je vous remercie, mon cher ami, de votre petit mot du 23. La dépêche de M. de Montmorency vous portera à peu près aujourd'hui la conclusion de l'affaire d'Espagne dans le sens de vos instructions. Vous verrez les notes verbales. Ce soir nous aurons une conférence du congrès pour aviser au moyen de faire connoître à l'Europe les dispositions de l'alliance relativement à l'Espagne. La Russie est à merveille pour nous; l'Autriche nous sert dans cette question, quoiqu'elle soit pour le reste toute angloise; la Prusse suit l'Autriche. Le vœu très-prononcé des puissances est pour la guerre avec l'Espagne. C'est à vous, mon cher ami, à voir si vous ne devez pas saisir une occasion, peut-être unique, de replacer la France au rang des puissances militaires, de réhabiliter la cocarde blanche dans une guerre courte, presque sans danger, vers laquelle l'opinion des royalistes et de l'armée vous pousse aujourd'hui fortement. Il ne s'agit pas de l'occupation de la Péninsule, mais d'un mouvement rapide qui remettroit le pouvoir aux véritables Espagnols et vous épargneroit les soucis de l'avenir. Les dernières dépêches de M. de Lagarde prouvent combien le succès seroit facile. Toute l'Europe continentale seroit pour vous, et l'Angleterre, si elle se fâchoit, n'auroit pas même le temps de se jeter sur une colonie: quant aux chambres, un succès couvre tout. Sans doute, le commerce et les finances souffriront un moment, mais il y a des inconvénients à tout. Détruire un foyer de jacobinisme, rétablir un Bourbon sur le trône par les armes d'un Bourbon sont des résultats tels, qu'ils l'emportent sur des considérations d'une nature secondaire. Enfin, comment sortirons-nous de la position où nous nous trouvons, pour peu qu'elle se prolonge? Pouvons-nous garder éternellement une armée d'observation au pied des Pyrénées? Pouvons-nous, sans nous exposer aux sifflets et à la déconsidération de tous les partis, renvoyer un matin nos soldats dans leurs garnisons? Dans les questions que vous m'aviez invité à vous poser pour en faire le fond des instructions, je vous avois déduit une partie de ces avantages de la guerre qui me frappent ici d'autant plus que je trouve l'Europe continentale prête à nous seconder de tous ses efforts. Vous connoissez ma modération politique et combien je suis éloigné des partis violents; mais je dois, pour n'avoir rien à me reprocher, vous remettre sous les yeux ce côté de la question, qui n'est pas celui dont vous vous êtes le plus occupé. C'est à vous à peser les choses dans votre sagesse, et à moi à suivre la route que vous croirez devoir prendre.

« M. de Montmorency parle de nous quitter dans une huitaine de jours. Après son départ les affaires iront vite, car elles ne sont pas compliquées, et les rois s'ennuient ici.

« Quant à moi, je suis très-impatient d'apprendre que vous avez fait pour nos amis ce qu'il est si important que vous fassiez. S'il s'agissoit de mes intérêts et non des vôtres, il y a longtemps que j'aurois cessé de vous importuner.

« Bonjour, mon cher ami, tout à vous pour la vie.

« CHATEAUBRIAND. »

Vérone, ce 1er novembre 1822.

« Vous ne doutez pas, mon cher ami, de toute la part que je prends à la perte que vous venez de faire; elle vient augmenter les difficultés du moment, en détournant tristement votre attention des affaires. Mais je connois la fermeté de votre esprit. Vous ne vous laisserez point ébranler par le bruit des diverses opinions, soit que vous vous déterminiez à la guerre ou à la paix. Une fois votre parti pris, vous suivrez franchement l'un ou l'autre système, sans en redouter les chances et sans vous en dissimuler les inconvénients. La crise des fonds sera courte. S'il y a guerre, un succès les relèvera; s'il y a paix, ils remonteront également. Quant à moi, mon cher ami, je ne séparerai point ma destinée politique de la vôtre : laissez venir les revers, et vous verrez si je suis fidèle.

« M. de Montmorency part définitivement cette semaine. Je voudrois bien en faire autant, car je suis parfaitement inutile ici : nous tripotons misérablement, et je vous serai plus utile à Paris.

« Je vous embrasse, et tout à vous.

« CHATEAUBRIAND. »

« Dans la supposition de la guerre, ce que nous avons fait ici vous servira puissamment, sans que vous soyez engagé au delà de ce qui cesseroit d'être cas d'absolue nécessité. »

Vérone, ce 20 novembre 1822.

« Je vous ai écrit hier une petite lettre, mon cher ami, par le courrier anglois, je veux vous en écrire une un peu plus longue aujourd'hui. Nous avons signé hier au soir un procès-verbal que M. de Montmorency, qui part demain, vous portera. Je crois que vous serez content de cette espèce d'acte et qu'il aura l'approbation du roi ; il est tout entier en notre faveur. Nous voilà parfaitement en sûreté contre la guerre, si elle doit éclater, en même temps que nous restons les maîtres de l'attendre et que rien dans les engagements de l'alliance ne nous oblige à la déclarer.

« Ne croyez pas, mon cher ami, qu'en vous parlant des avantages de cette guerre, dans le cas où nous serions forcés de la soutenir, je ne sente pas néanmoins les graves inconvénients qu'elle pourroit entraîner, surtout si elle n'étoit pas terminée dans une campagne. L'Angleterre se radoucit et paroît dans ce moment moins opposée aux intérêts de l'Europe continentale ; mais si nos flottes étoient longtemps en mouvement, et si des soldats russes se mettoient en marche, la double jalousie de nos voisins insulaires pourroit se réveiller. Vous avez donc bien raison de ne pas vous précipiter tête baissée dans des hostilités dont il faut bien calculer toutes les chances ; mais je crois que l'événement arrivé on feroit disparoître la plus grande partie des dangers, en adoptant un système de conduite dont je poserois ainsi les principales bases :

« 1° Déclarer par une proclamation, en entrant en Espagne, qu'on ne veut ni attaquer son indépendance, ni imposer des lois à la nation espagnole, ni lui dicter des formes de gouvernement, ni se mêler de sa politique intérieure, en quelque matière que ce soit.

« 2° Faire prendre la cocarde espagnole à nos soldats, occuper les villes et les villages au nom de Ferdinand, planter partout le pavillon espagnol à côté du drapeau blanc, ne parler jamais qu'au nom des autorités espagnoles qu'on rétabliroit partout en avançant.

« 3° Marcher jusqu'à l'Èbre, s'y établir et ne le dépasser que dans le cas d'absolue nécessité. Fournir des armes et de l'argent aux Espagnols fidèles, les laisser terminer eux-mêmes la querelle, en se contentant de les appuyer dans certaines positions pour leur assurer la victoire.

« 4° Déclarer qu'on ne veut ni occuper l'Espagne ni lui faire payer les frais de la guerre; offrir sans cesse la paix, et se retirer aussi promptement qu'on seroit entré dès que les circonstances le permettroient.

« Monseigneur le duc d'Angoulême devroit commander l'armée et avoir sous ses ordres un maréchal de France : le maréchal Macdonald est naturellement indiqué; il jouit d'une réputation qui donneroit de la confiance aux soldats, et en même temps il n'est pas, comme d'autres maréchaux, odieux à la nation espagnole.

« Ces idées, mon cher ami, vous seront sans doute venues *comme à* moi. Un pareil plan, promptement et exactement exécuté, en rendant le secours de la Russie inutile, diminueroit la jalousie de l'Angleterre, que notre modération d'ambition et de principes achèveroit de désarmer; la guerre ne seroit plus qu'une querelle de famille entre la France et l'Espagne, que la force et la bienveillance de la première auroit bientôt apaisée. Cette guerre auroit pour nous tous les avantages que je vous ai indiqués dans ma lettre du 31 octobre, sans parler de ce que nous pourrions faire pour notre commerce, de concert avec le gouvernement espagnol dans les colonies. Toutes ces considérations font que, sans désirer la guerre, je ne la crains pas, et qu'en approuvant tout ce que vous faites pour l'éviter je crois que, si vous y étiez forcé, elle consoleroit le génie militaire de la France, effaceroit chez nos soldats le souvenir de l'usurpation et seroit sous ce rapport extrêmement favorable au trône légitime.

« M. de Montmorency vous dira où nous en sommes ici : ce qui nous restera à faire après son départ est peu de chose, et, selon toutes les probabilités, le congrès sera dissous le 10 ou le 15 du mois prochain. Espérons que ce congrès sera le dernier. Je suis bien aise d'y avoir assisté, parce que cela achève mes études politiques : j'ai appris à connoître bien des choses et bien des hommes dont je n'aurois pu jamais pénétrer le secret. J'ai vu avec une extrême satisfaction que la France donnera encore des lois à l'Europe quand elle sera bien conduite, en profitant des espérances que notre force renaissante commence à inspirer de toutes parts. Nous causerons à fond de tout cela, et j'ai pris des notes qui nous seront utiles.

« Il faut vous dire, mon cher ami, une chose qui ne vous fera aucune peine : vous avez été accusé ici, auprès de l'homme qui fait tout (ou plutôt de l'homme à qui on fait tout faire), d'une extrême modération. Je me suis trouvé enveloppé, comme votre ami, dans l'accusation ; on m'a donc traité froidement parce qu'on m'a soupçonné d'y regarder à deux fois avant de précipiter mon pays dans les chances d'une guerre qui pourroit devenir européenne, si elle venoit à se compliquer d'une guerre en Orient et de l'attaque des colonies espagnoles par les Anglois. Et puis, il arrive que je suis resté constitutionnel quand on ne veut plus de constitutions. Ceux qui nous proscrivoient comme des *ultra*, qui vouloient qu'on nous chassât de toutes les administrations pour y mettre les hommes des cent jours, sont aujourd'hui des *ultra*, et nous, nous sommes des libéraux, ou tout au moins des ventrus ou des ministériels : qu'y faire ? Prendre tout cela en patience et en pitié. Cependant, mes actions vont hausser après le départ de M. de Montmorency. J'aperçois déjà les symptômes d'une faveur à venir. Je réussirai surtout si vous m'écrivez et si on sait que je suis votre *homme :* car, tout en trouvant quelque chose à redire à votre prudence, on a la plus haute idée de votre capacité. En vous priant de m'écrire, dans votre intérêt et dans le mien, je ne vous engage pas à grand'chose, car à peine aurai-je le temps de recevoir une lettre de vous. Au reste, je dois vous dire, en finissant cette longue lettre que j'écris au courant de la plume, que l'Autriche et la Prusse ne sont nullement ardentes pour la guerre, et que si vous ne pensez pas que cette guerre doive être soutenue, il sera très-facile de faire naître des obstacles de la part du cabinet de Vienne et de Berlin.

« Vos élections seront finies lorsque vous recevrez cette lettre. La crise des fonds vous aura sans doute fait perdre quelques voix ; mais il vous en restera toujours assez. N'oubliez pas MM. de Lalot, Bertin, Vitrolles, Bouville : tout cela doit être fait avant l'ouverture de la session. Souvenez-vous aussi de la pension de pair du petit Jumilhac, nouveau duc de Richelieu.

« Tout à vous, mon cher ami, et pour la vie,

« CHATEAUBRIAND »

« *P. S.* Cette lettre a retardé de vingt-quatre heures : on a retenu de Lalot et le jeune Fitz-James jusqu'à aujourd'hui 21, et M. de Montmorency ne part que demain 22. Je crains qu'il ne soit assez longtemps en route et que l'on ne veuille attendre ici des nouvelles de son arrivée, et votre réponse sur le parti que vous prendrez relativement aux notes ou dépêches à envoyer aux ambassadeurs en Espagne. Quelle que soit la résolution du conseil des Tuileries, les autres cabinets paroissent décidés à envoyer leurs notes, et à retirer leurs agents en Espagne si les notes ne produisent aucun effet. Mon opinion est que nous devons sacrifier beaucoup au maintien de l'alliance continentale, et je pense aussi contre ce qui paroît être votre opinion, que le rappel de notre ambassadeur ne seroit pas la guerre ; mais c'est chose à examiner. Dans ce moment, par exemple, la Russie n'a point d'ambassadeur à Constantinople, et ce n'est pas la guerre ; on négocie : à plus forte raison, l'Espagne pourroit faire des réflexions si les ministres d'Autriche, de Russie, de Prusse et de France se retiroient à la fois. Le roi, souverain juge et souverainement sage, décidera cette grande question. »

Paris, le 28 novembre 1822.

« Mon cher Chateaubriand, j'ai reçu votre longue et bonne lettre du 20 ; recevez-en mes bien sincères remerciements. Nous attendons Montmorency après demain ou dimanche ; son retour me vient mal, car lundi est mon jour critique pour la liquidation des opérations faites sur nos rentes dans le mois ; je suis fâché de cette coïncidence, mais nous allons faire ce que nous pourrons pour en supporter les inconvénients.

« Une autre chose fort grave nous arrive en même temps, c'est la débâcle de la régence d'Urgel et de l'armée de la foi : le baron d'Eroles a été battu par Mina, à l'entrée des gorges du côté de Talana ; une partie de son monde l'a abandonné ; il s'est rejeté sur la Seu, déposant le long de nos frontières une immense quantité de femmes, enfants, prêtres, moines et fugitifs. Tout a été accueilli par nos troupes, et il ne s'en est suivi aucun désordre. D'Eroles a encore été chassé d'Urgel, dont la ville a été incendiée par Mina. Huit ou neuf cents royalistes déterminés se sont renfermés dans le fort avec des vivres et des munitions pour trois mois ; le reste, avec le baron d'Eroles, est en fuite vers Puycerda, d'où la régence s'est déjà retirée et où aura lieu probablement la dispersion, tant chez nous qu'en Espagne, du reste de l'armée de la foi. L'évêque d'Urgel est à Dax avec tout son clergé ; le Trappiste est à Toulouse : c'est une désolation sur toute cette frontière. On va pourvoir à l'entretien de tous ces réfugiés.

« Je vois, par ce que nous dit Montmorency et par ce que vous me marquez, que c'est sur nous que va rouler tout le poids de la détermination à l'égard de l'Espagne : je le veux bien, si on nous laisse les deux boules ; mais si on ne m'en donne qu'une, je ne puis être séduit par l'apparence de tant d'honneur ; tout est dans le contenu des notes que doivent remettre les ministres de Russie, de Prusse et d'Autriche. Si leur envoi doit entraîner la rupture, il est clair que nous allons avoir immédiatement la guerre, ou un état qui lui seroit tellement semblable que nous n'avons en réalité aucun choix à faire.

« Si elles sont conçues de manière à opérer un retour à la raison de la part de l'Espagne et à nous laisser la liberté d'agir selon les circonstances et les événements, nous n'avons qu'à suivre avec sagesse et fermeté la voie que le congrès aura ouverte, et on peut compter sur nous. Il faut donc attendre et voir pour se former une opinion. L'envoi d'une copie de ces notes auroit abrégé de trois ou quatre jours la délibération, et la débâcle de l'armée de la foi nous fait voir qu'abréger les délibérations est, assez ordinairement, beaucoup avancer les affaires.

« Quant au protocole, ou procès-verbal, relatif au *casus fœderis,* s'il est ce qu'on nous a dit, c'est parfait, c'est tout ce que nous pouvions désirer, c'est de la part de nos alliés un acte de confiance pour la France que nous saurons justifier, et qui, malgré la défection de l'Angleterre, sera d'un grand poids pour contenir les révolutionnaires. Nous n'avons pas encore reçu de réponse à la note passée à M. Canning ; aussitôt que j'en aurai, je vous l'expédierai.

« Je vous envoie les dernières dépêches venues de Madrid. Les Anglois auroient tort de nous blâmer dans les précautions que nous prenons contre les Espagnols ; ils sont encore plus vifs que nous sur ce chapitre quand il touche à leurs intérêts : ils sont en ce moment à obliger le gouverneur de Cuba à reconnoître leurs droits de commerce avec toutes les colonies espagnoles, sous peine de voir immédiatement attaqués et détruits tous les établissements maritimes de l'île de Cuba dont ils pourront se rendre maîtres.

« Je reçois dans l'instant l'avis que les cortès ont expédié un M. Perreira avec des pleins pouvoirs pour reconnoître l'indépendance de leurs colonies ; il étoit à Rio-Janeiro à la fin de septembre, pour commencer son expédition par la rivière de la Plata. Je crains que le congrès n'ait eu tort de ne vouloir pas lier cette question à celle d'Espagne : il a fait beau jeu à l'Angleterre et aux révolutionnaires espagnols.

« Vous savez nos élections : c'est une merveille. Tout à l'intérieur va aussi parfaitement. J'aurai à la fin de l'année vingt-cinq millions de reste, toutes dépenses soldées. Pourquoi faut-il que ces malheureuses affaires extérieures viennent troubler une telle prospérité ?

« Adieu, mon cher, mille compliments affectueux à vos collègues. Ne m'oubliez pas auprès de de Serres. De cœur et pour la vie tout à vous.

« Joseph DE VILLÈLE.

« Entièrement occupé de l'extérieur, je n'ai encore pu voir ce que nous pourrons pour nos amis. Après l'arrivée de Montmorency, nous verrons de faire ce qui sera possible. »

Paris, ce 29 novembre, à midi.

« Le départ du courrier ayant été retardé, je peux joindre à l'envoi que je vous fais une nouvelle dépêche de M. de Lagarde, une nouvelle lettre que le roi m'a ordonné de lui écrire enfin la dépêche que je reçois à l'instant de Marcellus.

« Le roi est très-satisfait des résultats obtenus à Vérone ; il en témoignera probablement sa satisfaction par quelque grâce qu'il accordera à M. de Montmorency à son arrivée : je pense que ce sera le titre de duc.

« Nous n'avons pas encore de ses nouvelles : nous l'attendons demain ou dimanche. »

Vérone, ce 28 novembre 1822.

« Je vais, mon cher ami, vous parler à cœur ouvert : je laisse à M. de Caraman, le plus ancien ambassadeur, à vous écrire la lettre officielle.

« Le gouvernement me paroît être dans la position la plus difficile ; tout ce qu'on fait ici ne plaît à personne : la France a la main forcée, la Russie trouve qu'on ne va pas assez loin, l'Autriche n'a marché que pour ne pas rompre avec la Russie, la Prusse craint le moindre mouvement et l'Angleterre s'oppose à tout.

« Tandis que l'on croyoit être parvenu à quelque chose à Vérone, les affaires se faisoient ailleurs : l'Angleterre concluoit ses traités avec l'Espagne. Nous voyons maintenant clairement les causes des notes violentes du duc de Wellington et de la note qu'il nous a transmise tout à coup sur les colonies espagnoles. L'Angleterre se réservoit par là le droit de nous dire, quand nous viendrions à apprendre les conventions de Madrid : « Je n'ai rien caché, j'en avois averti le congrès par « ma note. » Vous verrez ci-jointe la réponse que j'ai faite à cette note, ainsi que celle relative à la traite des nègres. Je crois y avoir bien établi vos principes : elles ont eu ici un grand succès. Maintenant qu'allez-vous faire ? Ouvrard, qui connoît parfaitement l'Espagne et l'Angleterre, prétend que celle-ci donne déjà deux cents millions pour ce qu'elle veut obtenir, et qu'elle en promet quatre cents autres. Votre dernière lettre et la dernière dépêche de M. de Lagarde semblent confirmer en partie ce que dit Ouvrard. Si telle est la position, les choses ont entièrement changé de face pour nous, et ce que vous porte M. de Montmorency n'est plus qu'une vieillerie inapplicable, car l'Angleterre auroit à présent des intérêts communs avec l'Espagne ; il seroit possible qu'elle fût assez engagée pour être obligée de défendre des hommes à qui elle prête son argent et qui lui livrent en nantissement le Mexique et le Pérou. Ce n'est donc plus d'une simple guerre avec l'Espagne qu'il s'agit, mais d'une guerre possible avec l'Angleterre.

« Je vois trois moyens pour sortir de là. Je vais vous les exposer et je les classerai ainsi : le moyen évasif, le moyen de la guerre, le moyen de la paix.

« 1° Le moyen évasif : quand M. de Montmorency sera arrivé et qu'il vous aura montré ce qu'il vous porte, vous pouvez répondre ici que le gouvernement françois ne refuse point de faire la démarche collective auprès du cabinet de Madrid, mais que les choses ayant absolument changé de face et que l'Angleterre se trouvant maintenant derrière l'Espagne, la France ne peut prendre le parti qu'on lui propose avant de savoir si la Russie, l'Autriche et la Prusse veulent s'engager à soutenir la France dans une guerre contre l'Angleterre, en cas que celle-ci vînt à prendre fait et cause pour l'Espagne. L'Autriche et la Prusse reculeront à l'instant ; et vous serez dégagés. Mais que deviendrez-vous après cette évasion ? Pouvez-vous rester comme vous êtes, armés et immobiles ? Cela n'est pas possible. L'insolence de l'Espagne deviendra insupportable, et quand vous voudrez agir, vous aurez perdu l'appui de l'Europe.

« 2° Le moyen de la guerre : c'est un grand coup à jouer. Au lieu de vous amuser à envoyer des notes à Madrid, envahissez sur-le-champ l'Espagne, après avoir envoyé un ultimatum aux cortès et leur avoir demandé réponse en vingt-quatre heures. Cinquante mille hommes, portés rapidement sur l'Èbre, font tomber tous les emprunts de l'Angleterre, arrêtent les traités pour les colonies, arrachent l'Amérique à l'Angleterre et l'Espagne à la révolution. L'Angleterre surprise n'auroit pas le temps d'agir ; le but de ses négociations seroit manqué avant qu'elle pût vous déclarer la guerre, et ce but étant manqué peut-être ne voudroit-elle pas commencer une guerre infructueuse ; vous marcheriez sans l'Europe, et ce seroit un immense avantage, et pourtant vous auriez l'Europe derrière vous. Mais il faudroit agir avec promptitude et vigueur et vous servir sans scrupule de tous les moyens. Dans ce cas, le plan d'Ouvrard vous seroit très-utile, et je n'hésiterois pas à reconnoître la régence pour avoir une partie de l'Espagne pour moi. Une fois sur l'Èbre, vous pourriez-vous-même négocier et traiter avec les cortès, qui seroient sans doute retirées à Cadix, où nos flottes iroient les inquiéter. Vous pourriez même alors traiter avec l'Angleterre pour entrer en compte avec elle sur l'affaire des colonies, et vous pourriez lui offrir une part du marché afin qu'elle vous aidât à réduire les cortès : nul doute qu'elle ne vînt à composition. Ce plan réussissant élèveroit la France à un haut point de gloire et de prospérité, et peut-être est-il moins aventureux qu'il ne le semble.

« 3º Le moyen de la paix : il est bien simple ; c'est la retraite des ministres, ou du moins de toutes les personnes qui ont été employées directement ou indirectement dans les négociations avec les cours étrangères ; alors on rejettera toute la faute sur ceux qui se retireront. On dira aux alliés que rien de ce qui a été fait n'est valable, parce qu'on a outre-passé les ordres du roi. On détruiroit, sinon sans foiblesse, du moins sans honte, l'armée d'observation ; on enverroit un nouvel ambassadeur en Espagne, et, ne songeant plus aux affaires extérieures, on ne s'occuperoit que de l'intérieur de la France. Vous n'avez qu'à dire un mot, mon cher ami ; quant à moi, je suis prêt, et vous savez que j'ai toujours ma démission dans l'une de mes poches. Mais souvenez-vous bien qu'il faut prendre un parti et que vous ne pourrez pas rester comme vous êtes : les fonds dégringolant, le commerce terrifié, les esprits agités, les alliés voulant avoir des réponses et faire quelque chose, la Russie et l'Angleterre menaçant, vous obligent à une décision, sans quoi la machine s'écroulera et tombera sur vous. Prendrez-vous le parti de suivre le plan de Vérone, et enverrez-vous votre note à Madrid avec celle des alliés, cela vous donnera six semaines de répit ; au bout de ce temps, ce sera la paix ou la guerre : si c'est la paix, l'Angleterre achève ses négociations et elle s'empare de tout le commerce d'Amérique ; si c'est la guerre, c'est la guerre avec l'Angleterre, car elle aura eu le temps de conclure ses traités et il faudra bien qu'elle les soutienne. Vous vous retrouverez dans la même position, avec cette différence que l'argent anglois aura déjà créé des soldats aux cortès. L'Europe n'en sera pas mieux pour vous, car l'Autriche craint toute rupture avec l'Angleterre, et l'Autriche et la Prusse craignent également le succès de nos armées et le mouvement des troupes russes.

« J'écris tout ceci, mon cher ami, sans me relire. Ma lettre vous arrivera au milieu des délibérations du conseil ; peut-être y trouverez-vous quelque idée utile. J'aurois voulu mieux servir le roi ici ; mais, en seconde ligne, on ne peut avoir que du zèle. Tout à vous sincèrement. Écrivez-moi, et surtout dites-moi de revenir.

« Chateaubriand. »

« P. S. C'est Ouvrard qui vous porte cette lettre : lui et ses plans ont beaucoup plu ici ; il vaut la peine d'être écouté. Le duc de Wellington part après-demain ; le congrès se meurt : s'il étoit mort avant de naître, il nous auroit tirés d'un grand embarras.

« Ouvrard reste, et envoie un courrier, dont je profite pour vous faire passer cette lettre. Son plan plaît au prince de Metternich, qui hait les révolutions, et qui croit y voir un moyen de tuer celle d'Espagne. Le comte de Nesselrode trouve, de son côté, dans le plan d'Ouvrard de l'argent pour mener l'affaire. Ouvrard ne demande rien, et se contente de dire : « Reconnoissez la régence, et je me charge de tout. Mon em« prunt a déjà porté un coup terrible aux emprunts des cortès ; et « l'Angleterre sent si bien le danger de mon plan pour elle, qu'elle est « furieuse. » En effet, le duc de Wellington jette ici feu et flamme, et Gentz a conseillé à Ouvrard de ne pas se présenter chez le duc. Ouvrard va attendre qu'il soit parti ; et je ne serois pas étonné qu'il parvînt à faire adopter quelque chose de ses idées au prince de Metternich et à l'empereur Alexandre. Cependant M. de Metternich sera gêné à cause de l'Angleterre. Ouvrard dit qu'il se contenteroit de la reconnoissance de la régence par la Russie pour accomplir son plan. Il dit aussi qu'il lui importe peu que la régence soit battue et en fuite, qu'il ne lui faut que son nom de régence et qu'avec son argent il saura bien la ressusciter. Quant à nous, il est bien évident que nous ne pouvons reconnoître la régence, que si nous déclarons la guerre. J'ai fait à Ouvrard une objection frappante : je lui ai dit que si la Russie adoptoit son plan, et qu'elle reconnût la régence tandis que la France resteroit en paix, lui, Ouvrard, se trouveroit gêné en France, et gêneroit également le gouvernement ; car il est clair que les cortès nous demanderoient pourquoi nous laissons un François, agent d'une puissance en guerre avec elles, équiper, soudoyer, armer des sujets rebelles. A cela il répond que, s'il embarrasse le gouvernement, il agira de Bruxelles, ou de l'Angleterre même où il saura bien trouver ce qu'il lui faudra.

« Tout cela peut être chimérique ; mais, comme me le disoit hier le prince de Metternich : « Ce n'est pas Ouvrard qui est fabuleux, ce sont « les temps où nous vivons. »

Paris, ce jeudi 5 décembre 1822.

« Mon cher Chateaubriand, je ne sais si vous pourrez lire mon griffonnage ; car je viens de passer la nuit blanche auprès d'un de mes enfants, malade depuis quinze jours, et j'ai les nerfs dans un tel état que j'ai à peine à tenir ma plume : aussi serai-je court, et pour vous et pour moi.

« Je vous remercie de votre excellente lettre, du 28 novembre, et de la réponse parfaite que vous avez opposée en notre nom sur l'indépendance des colonies. Ce n'est qu'en traitant ainsi les questions avec force, netteté et politique, qu'on peut cesser de rester enlacé dans les filets de ces insulaires marchands. Ils jouent maintenant un nouveau rôle à Madrid ; ils veulent s'y faire croire plus mal vus et plus maltraités que tous les autres, à cause de leur armement contre l'île de Cuba ; mais n'en croyez rien : ils tireront profit de leur expédition, et ensuite profit de l'état désespéré de la Péninsule, pour se faire payer plus cher les secours qu'ils consentiront à leur donner.

« Seroit-il possible que les alliés fussent les dupes de cette politique, et qu'ils ne vissent pas combien ils la servent par l'envoi inopportun des notes qu'ils ont dressées pour le gouvernement de Madrid ?

« Nous envoyons un courrier pour essayer de leur faire sentir combien les choses sont changées depuis que ces notes ont été rédigées. L'Angleterre s'est démasquée à Cuba, à Madrid et, en dernier lieu, au congrès, par la proposition relative aux colonies espagnoles, qu'elle n'a faite évidemment que pour s'autoriser, par la suite, de cette communication et reconnoître à son aise toutes les colonies qui voudront bien lui accorder des avantages commerciaux.

« La position est changée encore par la dispersion complète de l'armée de la foi et l'établissement sur nos frontières de l'armée de Mina, ce qui fait que l'envoi des notes, le départ des ambassadeurs de Madrid et le commencement des hostilités ne font qu'un seul et même fait accompli dans huit jours.

« Enfin, la position est changée par l'expérience faite sur nos fonds, notre commerce maritime, notre industrie ; par l'expérience de l'effet désastreux qu'aura sur eux une guerre qui, je dois vous le dire, en opposition avec les déclamations soldées de quelques journaux, est repoussée par l'opinion la plus saine et la plus générale, tandis qu'elle est désirée, et vivement désirée, nous en sommes sûrs, par les meneurs libéraux, qui ont l'habileté cette fois de laisser crier par leurs subalternes qu'ils ne la veulent pas.

« Voilà, mon ami, dans quelles circonstances nous sommes appelés à faire une note qui, en vérité, n'est plus de saison, qui, dans une affaire fort difficile et fort délicate à conduire, va nous engager de la manière la plus favorable à la résistance des libéraux espagnols, à l'opposition des libéraux françois, au triomphe des libéraux de tous les pays.

« D'un autre côté, il seroit affreux pour nous, et nous ne saurions nous y résoudre, de nous séparer de l'empereur de Russie, de l'Autriche et de la Prusse, pour imiter, qui? la seule puissance dont nous avons tant de raisons de nous méfier : l'Angleterre.

« Voyez, mon cher, de faire tous vos efforts pour éviter un tel malheur; car, n'en doutez pas, si on donne suite immédiate à ces notes, on compromet la cause que nous servons; et j'ai plus d'une donnée pour pouvoir garantir qu'on ira contre le but qu'on se propose.

« Au contraire, si les alliés vouloient consentir à ce que la mesure de retirer leurs ambassadeurs d'Espagne fût remise, pour le moment de l'exécution, à la décision de la réunion, à Paris, de leurs ambassadeurs et de notre ministre des affaires étrangères, nous contiendrions l'Espagne par la crainte de cette mesure, et nous en userions au moment opportun. Obtenez cela, dont je n'ai pas le temps de vous développer tous les avantages, mais que vous saurez bien faire valoir; car ils sont évidents et immenses. Qu'on nous rende justice; qu'on se pénètre bien de la conviction que nous sommes plus intéressés que personne à la destruction de la révolution d'Espagne; qu'on se rappelle que nous n'avons reculé devant aucune des conséquences qu'amène la volonté franche de cette destruction, et qu'on ne nous impose pas des mesures qui vont directement contre le but qu'on se propose.

« Je n'ai plus qu'un mot à ajouter, mon cher. Vous me disiez dans votre lettre que ceux dont l'opinion ne seroit pas suivie dans une affaire aussi grave ne pourroient utilement la diriger; je suis tout à fait de votre avis, et ai déjà prouvé que je savois me décider. Dieu veuille, pour mon pays et pour l'Europe, qu'on ne persiste pas dans une détermination que je déclare à l'avance, avec une entière conviction, compromettre le salut de la France elle-même.

« Adieu, mon cher Chateaubriand; j'aurois voulu pouvoir entrer avec vous dans quelques détails; vous y suppléerez; qui mieux que vous le pourroit? Compliments à vos collègues. De cœur, tout à vous.

« J. DE VILLÈLE. »

Vérone, ce 3 décembre 1822.

« Voici vraisemblablement, mon cher ami, la dernière lettre que je vous écris de Vérone, à moins d'événements. Nous attendons votre courrier du 10 au 11, et je partirai immédiatement après son arrivée. Les affaires d'Italie sont finies, et aussi bien que possible pour la

France, vu les circonstances. L'évacuation du Piémont commencera le 1ᵉʳ janvier et sera complétée le 1ᵉʳ septembre ; on retirera quelques troupes de Naples, et on diminuera la contribution en argent. Il n'y aura point de tribunal commun en Italie, et le prince de Carignan ne sera point exclu de la couronne : ainsi les intentions du roi sont remplies.

« Je vous ai écrit de longues lettres sur nos affaires d'Espagne ; mais au moment où je vous écris votre parti doit être pris. Ainsi en vous parlant encore de l'Espagne, je ne ferois que rabâcher.

« A présent, mon cher ami, encore un dernier mot sur vos intérêts particuliers : mon dévouement m'a acquis le droit de vous en parler. Je vais sans doute être obligé d'aller à Londres ; je ne serai pas à Paris pour prêcher la concorde et vous réunir des voix dans la chambre. Vous y aurez sans doute une grande majorité ; mais songez bien qu'une opposition royaliste contre un ministère royaliste, si foible qu'elle puisse être, est ce qu'il y a de plus déplorable, et qu'à la longue elle réussira. Vous pouvez tout finir, tout aplanir, en plaçant quelques hommes, et vous êtes ministre pour la vie. Quand j'insiste tant, mon cher ami, qu'ai-je en vue ? Vos intérêts et ceux de la France. Que pourroit-il m'arriver à moi ? De me retirer avec vous ; et vous savez par expérience que je fais bon marché des places. Si quelque malheur arrive, mon cher Villèle, vous vous souviendrez des conseils persévérants d'une amitié aussi sincère que désintéressée.

« Tout à vous.

« Chateaubriand. »

Paris, le 10 décembre 1822, à quatre heures du soir.

Mon cher Chateaubriand, M. Rotschild m'offre encore une occasion de vous écrire ; j'en profite au dernier moment, ne l'ayant pu plus tôt. L'armée de la foi a été refoulée en France par celle de Mina : environ 3,000 soldats royalistes passent en ce moment de Bourg-Madame à quelque autre point de la frontière, par lequel ils vont rentrer en Espagne. Mina n'avoit pas plus de 6 à 7,000 hommes, qu'il a établis à Puicerda, où il ne pourra pas rester, car déjà les guerillas le tracassent sur ses derrières. Mais il résulte de ces événements, et il est avoué par tous les Espagnols que nous voyons, que jamais les royalistes espagnols, même alors que les autres gouvernements les aideroient, ne pourroient faire la contre-révolution en Espagne sans le secours d'une armée étrangère ; il paroît aussi que la direction politique indiquée comme ralliement par la régence étoit trop exclusive pour réunir des masses suffisantes et sur tous les points de la Péninsule.

« Cette débâcle, la connoissance plus ou moins exacte des dispositions du congrès, la vivacité avec laquelle la guerre a été prêchée par nos petits journaux, tout s'est réuni depuis quelques jours pour gâter notre position. Si l'on veut pour cela nous traîner à la suite de l'inopportunité des notes du congrès, je crois qu'on aura tort. Je vous l'ai écrit, et j'espère que ce que votre bon esprit avoit pressenti lui-même, vous l'avez fait valoir avec force auprès des souverains, lorsque vous aurez su qu'on l'adoptoit ici comme règle de conduite.

« Adieu. Le courrier va partir. Mille compliments affectueux à vos collègues. De cœur et pour la vie, tout à vous.

« J. DE VILLÈLE. »

« A Madrid, les clubs furibondent, les cortès se modèrent, les ex-ministres, le duc de l'Infantado même, sont en liberté. »

Vérone, ce jeudi soir 12 décembre 1822.

« J'ai reçu, mon cher ami, votre lettre du 3 de ce mois, vingt-quatre heures avant celle du 2 du mois passé. Aussitôt que la première m'est parvenue, j'ai couru chez le prince de Metternich, et j'ai eu ce matin avec lui une conversation de la dernière importance. L'empereur de Russie m'a aussi accordé une audience, et ce généreux prince m'a parlé plus d'une heure, avec un intérêt pour le roi et pour la France véritablement admirable. Le prince de Metternich est d'avis que j'aille moi-même rendre compte à Paris de ces conversations. J'avance donc, en conséquence, mon voyage de trois jours ; j'irai vite, et, sauf le retard au passage des montagnes, j'espère arriver du 18 au 20. En deux mots, les trois puissances ne retireront pas leurs notes et les feront partir pour Madrid, en nous accordant toutefois quelques jours pour agir avec elles, si nous le voulons. Mais elles conçoivent que le moment n'est peut-être pas opportun pour nous, et que nous pouvons désirer agir un peu plus tard après elles. Le prince a saisi cette idée, que j'ai suggérée, et vous voyez quel parti vous en pouvez tirer. On peut faire partir une note en même temps que celle des alliés, note à la fois comminatoire et conciliatrice. Notre ambassadeur peut rester un moment après la retraite de ceux des alliés, annonçant son départ et la ferme résolution de la France de ne se séparer jamais de l'alliance continentale, mais en même temps montrant toute la sollicitude de la France pour le salut de l'Espagne, et la suppliant d'écouter la voix de la raison avant de se précipiter dans un abîme de malheurs. Il me semble, mon cher ami, que si l'on saisit bien cette idée, une nouvelle route peut s'ouvrir devant nous ; nous pouvons arracher à l'Angleterre un rôle qu'elle se propose de jouer, celui de médiateur ; et si nous sommes repoussés, la guerre est justifiée aux yeux de tout homme raisonnable. Je vous développerai tout ceci ; et j'espère qu'aucune détermination n'aura été prise avant mon arrivée à Paris. Demain, le prince de Metternich doit me lire la dépêche qu'il va adresser à M. Vincent. Je serois trop heureux, mon cher ami, si mes dernières paroles à Vérone n'étoient pas perdues pour le bonheur de notre pays.

« Tout à vous pour la vie.

« CHATEAUBRIAND. »

Ces lettres sont assez curieuses, historiquement parlant ; elles font connoître le caractère d'esprit des deux ministres dont l'union et la division ont le plus contribué à la prospérité et à la perte de la Restauration. M. de Villèle ne voyoit guère que le présent ; nous n'étions guère occupé que de l'avenir. On trouve ici la première ébauche de notre plan pour l'entreprise d'Espagne, tel que nous l'avions à peu près tracé à Londres et envoyé à M. de Montmorency. Il est singulier que ce plan soit précisément celui que proposoit au gouvernement actuel M. Thiers, un des hommes les plus remarquables que la révolution de 1830 ait produits : l'envie a devancé ses succès ; elle n'a fait que suivre les miens.

M. de Villèle dans sa dernière lettre est agité par la perturbation des fonds publics, par les négociations angloises relatives à l'exploitation des colonies américaines, par les idées de finances et de commerce, qui ne le quittent pas et qui l'empêchent, malgré la perspicacité de son esprit, de s'élever dans ce moment à de plus hautes considérations. Il est content de nos notes sur la traite des nègres et sur les colonies espagnoles, parce que nous y défendons des intérêts matériels ; mais il ne veut pas la guerre : il craint que si les dépêches des cours arrivent à Madrid, elles n'amènent immédiatement les hostilités ; il nous prie de remédier à ce mal : les dépêches étoient parties. Attaché à notre système, nous étions bien aise, à part nous, de l'expédition des documents, lesquels après tout ne nous engageoient à quoi que ce soit, et étoient même calculés exprès pour ne rien produire.

Il résulte aussi de cette correspondance que nous et M. de Villèle avions chacun une idée fixe : nous voulions la guerre, il vouloit la paix; nous attribuions à tous les alliés les sentiments particuliers d'Alexandre, afin d'accoutumer M. de Villèle à l'idée des hostilités. M. de Villèle magnifie, de son côté, les revers des royalistes espagnols, afin de calmer l'ardeur supposée du congrès à Vérone. Nous disons au président du conseil que le vœu très-prononcé des puissances est pour la guerre, qu'il ne s'agit pas de l'occupation de la Péninsule, qu'il n'est question que d'un mouvement rapide; nous montrons un succès facile, et pourtant nous savions que le congrès de Vérone ne vouloit point la guerre; nous craignions que notre mouvement ne se prolongeât bien au delà de l'Èbre; nous pensions qu'il nous faudroit occuper longtemps l'Espagne, pour faire une bonne besogne, mais nous ne révélions pas tout, afin d'arriver à notre but, et nous nous disions secrètement : « Une fois la Bidassoa passée, il faudra bien que le président du conseil, actif, capable et décidé, aille de l'avant. »

M. de Villèle nous raconte ses succès dans l'intérieur, il calcule les millions que nous aurons de reste : « Pourquoi faut-il, s'écrie le grand financier, que ces malheureuses affaires viennent troubler une telle prospérité? »

Dans une autre lettre, nous mandons à notre habile correspondant : « La France a la main forcée; la Russie trouve qu'on ne va pas assez loin; l'Autriche n'a marché que pour ne pas rompre avec la Russie; la Prusse craint le moindre mouvement, et l'Angleterre s'oppose à tout. »

M. de Villèle n'est apparemment frappé que de cette phrase : *La France a la main forcée,* sans faire attention à la phrase qui suit et qui contredit formellement notre assertion. Toujours obsédé de son idée de paix, il nous écrit : « Seroit-il possible que les alliés fussent les dupes de cette politique (angloise), et qu'ils ne vissent pas combien ils la servent par l'envoi inopportun des notes qu'ils ont dressées pour le gouvernement de Madrid? »

M. de Montmorency étoit aussi pour la guerre; mais il avoit un but tout autre que le nôtre; son opinion étoit même très-ardente; nous, nous laissions du doute sur notre détermination; nous ne voulions pas nous rendre impossible; nous redoutions qu'en nous découvrant trop, le président du conseil ne voulût plus nous écouter. Ayant pris à Vérone l'initiative sur la question des hostilités, ne fréquentant guère que l'empereur de Russie, le duc Matthieu devoit de son côté représenter tous les princes transportés d'une fureur belliqueuse. Nous supposons qu'une de nos lettres et qu'une lettre de M. de Villèle, séparées des pièces officielles, fussent tombées dans des mains étrangères, ne se seroit-on pas écrié : « Voyez! M. de Villèle et M. de Chateaubriand disent, l'un qu'on ne lui *laisse pas les deux boules,* l'autre que *nous avons la main forcée?* » Or, cela étoit d'une fausseté palpable, témoin les documents de Vérone, témoin notre dernière conversation avec M. de Metternich (on en parlera tout à l'heure), témoin enfin les machinations de l'alliance contre notre entreprise durant la périlleuse intervention dans la Péninsule. La résolution secrète de nous laisser là étoit bien décidée dans la majorité du congrès, ce qui n'empêchoit pas les propos d'être tout farcis de *par la Pâque-Dieu!* et *de par la mort!* On craignoit Alexandre, on l'endormoit avec des discours : à entendre parler à voix haute ceux qui nous supplioient à voix basse de prévenir la rupture, ils alloient mettre l'Espagne à sac. Et cependant, pour le répéter, toute la prétendue coercition se réduisoit aux dépêches vagues des cabinets de Berlin, de Vienne et même de Pétersbourg, dans lesquelles ce qui domine est un désir immodéré de la paix.

M. de Villèle fut entraîné au combat, non par le continent, mais par la force même des choses. Lorsque le président du conseil, malgré sa sagesse, se vit engagé dans la guerre, il en dirigea merveilleusement les opérations financières, comme nous en conduisîmes avec quelque bonheur les opérations politiques. Les fonds montèrent au lieu de descendre : M. de Villèle s'en étonna ; il ignoroit la puissance d'un peuple quand on agit dans le sens de l'instinct de ce peuple. Environné de gens de bourse, dont l'agiotage étoit dérangé par le bruit du canon, il s'effarouchoit des cris du spéculateur en défaut : il avoit la bonté de regarder comme des hommes d'expérience et de fait une troupe domestique de la Convention et de l'Empire, laquelle, changée en coulissiers, se troubloit par la crainte de nos succès et se ranimoit à l'espérance de nos revers. Que pouvoit-on craindre des deux mondes du despotisme et de l'anarchie? Le premier étoit paralysé depuis que la victoire ne lui agitoit plus les bras; le second avoit senti son énergie arrêtée sous l'habit de chambellan, camisole de force que lui avoit mise le premier.

Cependant M. de Villèle, si modéré, étoit lui-même déterminé quand on l'attaquoit dans sa partie sensible. Tandis qu'il hésitoit sur l'expédition d'outre-Pyrénées, il faisoit partir pour Londres cette note. Il mit le marché à la main à l'Angleterre : l'Angleterre recula devant lui à propos d'un traité de commerce, comme elle recula devant nous au sujet de la guerre d'Espagne.

Copie de la note adressée au gouvernement anglois.

« Le soussigné, chargé d'affaires de France, a reçu de son gouvernement l'ordre exprès de présenter à son excellence le ministre des affaires étrangères de Sa Majesté britannique les communications suivantes :

« Le gouvernement de Sa Majesté très-chrétienne vient d'être informé que le 15 de ce mois le ministre espagnol a, dans une séance secrète des cortès, demandé et obtenu l'autorisation de conclure un traité de commerce avec l'Angleterre. On ajoute que pendant la discussion un orateur ministériel a présenté cette mesure comme un sacrifice au prix duquel on pourroit espérer des secours devenus indispensables.

« Le cabinet de Saint-James connoît parfaitement et il apprécie les motifs qui ont forcé la France à maintenir un corps d'observation sur les limites des provinces d'Espagne, qui sont en proie à l'anarchie et à la guerre civile. Ce cabinet n'ignore pas non plus les dangers auxquels la personne du roi d'Espagne et sa famille ont été récemment exposés.

« Sa Majesté britannique a envoyé M. le duc de Wellington au congrès de Vérone, où les souverains alliés sont en ce moment occupés à concerter les moyens les plus propres à mettre un terme aux calamités de l'Espagne.

« Dans de pareilles circonstances, une négociation séparée avec l'Angleterre auroit pour résultat infaillible de donner aux principes qui dirigent aujourd'hui le gouvernement espagnol un appui moral dont les conséquences sont faciles à apprécier.

« Le gouvernement françois se refuse à croire que telles puissent être les intentions de Sa Majesté britannique. Il se flatte que les explications loyales que le ministère anglois lui donnera ne laisseront aucun doute sur l'état actuel des relations du cabinet de Saint-James avec le cabinet espagnol. Le gouvernement françois attend ces explications avec confiance. Les ministres de Sa Majesté britannique reconnoîtront facilement que, dans la situation où se trouve la France vis-à-vis de l'Espagne, *une décision immédiate de la France doit résulter de ces explications.*

« De son côté, le gouvernement françois sera toujours disposé à donner à ses alliés, par sa conduite et par les éclaircissements qu'ils pourroient désirer, la preuve de l'intention qu'il a constamment montrée de concourir au rétablissement de l'ordre dans la Péninsule, sans renoncer, s'il est possible, aux avantages de la paix dont jouit l'Europe. »

XXX.

M. Ouvrard. — Lettre du vicomte de Montmorency. — Nos rapports personnels avec l'empereur de Russie vont commencer.

Mais qu'étoit-ce que cette apparition de M. Ouvrard dont il est question dans notre lettre du 28 novembre? Nous avions reçu de Milan, sous la date du 24 du même mois, le billet suivant de M. de Montmorency :

Milan, ce 24 novembre 1822.

« Noble vicomte, je rencontre ici M. Ouvrard, qui me cause un peu d'étonnement et même des sentiments pénibles par les dernières nouvelles de la régence. Vous sentez que c'est dans les intérêts de celle-ci et de son emprunt qu'il voyage. Il a désiré une lettre pour un de nos plénipotentiaires, et je vous donne la préférence en vous priant de l'introduire auprès de vos collègues. Je l'engage à être le moins longtemps possible à Vérone, où l'on parlera trop de son arrivée, et à revenir le plus tôt possible. Dites à M. le prince de Metternich que je l'engage à l'écouter. Le tout est en bonnes mains, noble vicomte. Écrivez encore par lui. Je suis fort content des nouvelles qu'il apporte des élections : cinq mauvaises. Que Dieu vous inspire! Parlez de moi à vos collègues et à tout le congrès.

« MONTMORENCY. »

M. Ouvrard arriva donc avec des plans pour renverser les cortès au nom de la régence d'Urgel, sans avoir besoin d'aucune puissance. Ces plans, chimériques quant aux intérêts moraux, ne l'étoient pas quant aux intérêts matériels. Le banquier à imagination amusa M. de Metternich : l'idée de faire la guerre avec de l'argent et la seule régence d'Urgel, en mettant la France hors de cause, caressoit le penchant du prince.

Maintenant, l'ordre chronologique des affaires nous conduit à parler des rapports que l'empereur de Russie voulut bien avoir avec nous.

Quel lieu habite-t-il aujourd'hui? Son sépulcre. Le czar a disparu dans un coin inhabité de son empire : un nouveau coup de vent de la fortune nous a jeté dans une autre solitude ; nous sommes bien placé, au delà du monde passé, sur le peu de terre qui nous porte encore, pour retracer la vie d'un monarque dont il étoit si utile aux intérêts de la France de conserver à Vérone la fructueuse amitié. Après Bonaparte, Alexandre est la plus grande figure historique de la période napoléonienne.

XXXI.

Alexandre. — Abrégé de sa vie.

Alexandre Ier, Paulowitsch (fils de Paul), né le 23 décembre 1777, marié le 9 octobre 1793 (date funeste) à Louise-Marie-Auguste, depuis Élisabeth Alexiowna, princesse de Baden, passa son enfance sous la tutelle de Catherine II. Il fut élevé par Laharpe, Suisse, ou, si l'on veut, François de Lausanne. Il parvint au trône le 24 mars 1801 : son père, Paul Ier, fut trouvé étranglé dans son lit. Paul étoit fou, mais ne manquoit ni d'instruction, ni d'esprit, ni de générosité ; ces qualités, surtout la dernière, se retrouvèrent dans son fils aîné. Paul étoit ce comte du Nord reçu avec éclat à Versailles et à Chantilly, où les fêtes de leurs anciens maîtres ont cessé. La fin violente d'un autocrate étoit dans les mœurs russes, comme celle d'un sultan dans les mœurs turques : l'affranchissement sous le despotisme prend la forme de l'assassinat. Les vertus d'Alexandre ne permettent pas de penser qu'il fut instruit à fond de la conjuration. Une abdication étoit devenue nécessaire ; il crut à l'abdication, non à la mort ; son élévation à l'empire fut le résultat d'un meurtre, non d'un parricide.

Les premiers actes du règne d'Alexandre annoncèrent ce qu'il étoit : différents ukases diminuent les impôts, favorisent l'industrie, améliorent le système de douanes et de finances, permettent le commerce à la noblesse, font remise des amendes judiciaires, délivrent les individus détenus pour dettes, nomment des commissions pour adoucir le sort des exilés : on en trouva jusque dans la mer d'Archangel, tout cassés de misère et de vieillesse, et qui ne savoient plus pourquoi ni à quelle époque ils avoient été enchaînés dans les cloîtres d'un couvent glacé. Alexandre abolit la confiscation, régla l'administration de la justice, prononça des peines contre les magistrats concussionnaires, exigea l'unanimité des juges dans la condamnation à mort, mit fin au tribunal secret qui connoissoit exclusivement des crimes politiques, fonda et réorganisa sept universités, créa plus de deux mille écoles primaires, leva la censure pour les écrits, borna le pouvoir des gouverneurs de province, détruisit la servitude personnelle en Esthonie, en Livonie, en Courlande, et la restreignit dans le reste de l'empire.

Il maintint d'abord la paix qu'il trouva rétablie entre la Russie et la France, après les campagnes de Suwarow et de Korsakow, sous Paul Ier. En 1802, il contracta une alliance, qui devint une amitié durable avec Frédéric-Guillaume III. Quand Napoléon, vainqueur de l'Autriche, abattit la Prusse, grand dans le combat, petit après la victoire, il répandit ces bulletins troupiers qui calomnioient une noble reine.

La paix de Tilsitt laissa au czar le loisir de jeter les fondements des institutions militaires de son empire. Forcé par les circonstances et peut-être entraîné par l'ambition de partager le monde avec un grand homme, Alexandre s'occupa à Tilsitt d'un traité secret en dix articles. Par ce traité, la Turquie européenne étoit dévolue à la Russie ainsi que les conquêtes que les armes moscovites pourroient faire en Asie. De son côté, Bonaparte devenoit maître de l'Espagne et du Portugal, réunissoit Rome et ses dépendances au royaume d'Italie, passoit en Afrique, s'emparoit de Tunis et d'Alger, possédoit Malte, envahissoit l'Égypte, ouvrant la Méditerranée aux seules voiles françoises, russes, espagnoles et italiennes.

Sincère comme homme, en ce qui concernoit l'humanité, Alexandre étoit dissimulé comme demi-Grec en ce qui touchoit à la politique : en même temps qu'il flattoit Napoléon, qu'il déclaroit la guerre aux Anglois et traitoit l'attaque contre la flotte de Copenhague *d'insigne brigandage,* un de ses officiers alloit à Londres rassurer le cabinet de Saint-James et lui témoigner son admiration. Aussi, quand les dix vaisseaux de guerre russes chargés du blocus de Lisbonne furent pris par les Anglois, l'amirauté les conserva et les rendit bientôt au czar. Bonaparte croyoit s'être joué de ce prince à Erfurth et l'avoir enivré d'éloges. Un général écrivoit : « Nous venons de faire avaler un verre d'opium à l'empereur Alexandre, et pendant qu'il dormira nous irons nous occuper ailleurs. »

Un hangar avoit été transformé en salle de spectacle; deux fauteuils à bras étoient placés devant l'orchestre pour les deux potentats; à gauche et à droite, des chaises garnies pour les monarques; derrière, des banquettes pour les princes : Talma, roi de la scène, joua devant un parterre de rois. A ce vers :

L'amitié d'un grand homme est un bienfait des dieux.

Alexandre serra la main de son *grand ami,* s'inclina, et dit : « Je ne l'ai jamais mieux senti. »

Aux yeux de Bonaparte Alexandre étoit alors un niais ; il en faisoit des risées avec ses chambellans et ses généraux ; il le méprisoit parce qu'il le croyoit sincère ; il l'admira quand il le crut fourbe. « C'est un Grec du Bas-Empire, disoit-il, il faut s'en défier. » A Erfurth Napoléon affectoit la fausseté effrontée d'un soldat vainqueur ; Alexandre dissimuloit comme un prince vaincu : la ruse luttoit contre le mensonge, la politique de l'Occident et la politique de l'Orient gardoient leurs caractères.

Le fils de Paul profita tantôt de son alliance, tantôt de ses guerres avec Bonaparte, pour réunir à la Russie la Finlande, la Géorgie, plusieurs districts de la Perse, la Bessarabie et le royaume de Pologne. En 1813 son armée étonna l'Allemagne par sa magnifique tenue ; en 1814 il entra dans Paris ; en 1815 il mit en marche une seconde armée de trois cent mille combattants, avec 2,000 pièces de canon attelées. Telle fut la puissance d'Alexandre, à qui Napoléon légua l'Europe.

Ce prince étoit aussi grand par l'âme que Napoléon l'étoit par le génie : ses paroles et ses actions ont un caractère de magnanimité qui manque à l'homme étonnant devant lequel il s'éclipsoit. Dans sa proclamation de Varsovie, 22 février 1813, il disoit : « Nous avons jugé convenable d'instruire l'Europe de nos projets ; c'est aux peuples comme aux rois que nous rappelons leurs devoirs et leurs intérêts.....

« ..... Profitant de nos victoires, nous tendons une main secourable aux peuples opprimés. Le moment est venu : jamais occasion ne se montra plus belle à la malheureuse Allemagne ; notre ennemi fuit ; il téonne par son effroi les nations accoutumées à n'être étonnées que de son orgueil et de sa barbarie..... Ce sont nos bienfaits et non les limites de notre empire que nous voulons étendre jusqu'aux nations les plus reculées. Le sort de la Guadiana et du Vésuve a été fixé sur les bords du Borysthène ; c'est de là que l'Espagne recouvrera la liberté, qu'elle défend avec héroïsme dans un siècle de foiblesse et de lâcheté. Nous adressons aux peuples, par ce manifeste, ce que nous avons chargé nos envoyés de dire aux rois.....

« Il faut que la Germanie rappelle son courage... Si le Nord imite le sublime exemple qu'offrent les Castillans, le deuil du monde est fini..... Si après tout cela une nation égarée puisoit dans des événements si extraordinaires quelques sentiments généreux ; si elle jetoit ses yeux baignés de larmes sur le bonheur dont elle a joui sous ses rois, nous lui tendrions une main secourable. L'Europe, sur le point de devenir la proie d'un monstre, recouvreroit à la fois son indépendance et sa tranquillité. Puisse enfin de ce colosse sanglant qui menaçoit le continent de sa criminelle éternité ne rester qu'un long souvenir d'horreur et de pitié ! »

Dans une autre proclamation, en date de Kalisch, 25 mars 1813, Alexandre appeloit aux armes les peuples de l'Allemagne et leur promettoit, au nom des souverains, des constitutions propres à fixer leur indépendance. Les jeunes générations germaniques entendirent cette voix dans leurs retraites studieuses; leurs professeurs devinrent leurs capitaines; elles quittèrent Homère et prirent l'épée.

Peu après la campagne de France, la plus savante et la plus admirable de toutes les campagnes de Napoléon, les maires de Paris vinrent au quartier général des Russes pour régler une capitulation ; Alexandre leur dit : « Votre empereur, qui étoit mon allié, est venu jusque dans le cœur de mes États y apporter des maux dont les traces dureront longtemps; une juste défense m'a amené jusque ici. Je suis loin de vouloir rendre à la France les maux que j'en ai reçus. Je suis juste et je sais que ce n'est pas le tort des François. Les François sont mes amis, et je viens leur prouver que je veux leur rendre le bien pour le mal. Napoléon est mon seul ennemi. Je promets ma protection spéciale à la ville de Paris; je protégerai, je conserverai tous les établissements publics; je n'y ferai séjourner que des troupes d'élite; je conserverai votre garde nationale, qui est composée de l'élite de vos citoyens. C'est à vous d'assurer votre bonheur à venir; il faut vous donner un gouvernement qui vous procure le repos et qui le procure à l'Europe. C'est à vous à émettre votre vœu : vous me trouverez toujours prêt à seconder vos efforts. »

Paroles qui furent accomplies ponctuellement. Le 31 mars 1814 des armées innombrables occupoient la France, et les boutiques fermées se rouvrirent dans Paris; six mois après, toutes ces troupes ennemies repassèrent nos frontières sans emporter un écu, tirer un coup de fusil, verser une goutte de sang depuis la rentrée des Bourbons. L'ancienne France se trouve agrandie sur quelques-unes de ses frontières; on partage avec elle les vaisseaux et les magasins d'Anvers; on lui rend trois cent mille prisonniers dispersés dans les pays où les avoit laissés la défaite ou la victoire. Après vingt-cinq années de combats, le bruit des armes cesse d'un bout de l'Europe à l'autre ; Alexandre s'en va, nous laissant les chefs-d'œuvre conquis et la liberté déposée dans la charte, liberté que nous dûmes autant à ses lumières qu'à son influence. Chef des deux autorités suprêmes, doublement autocrate par l'épée et par la religion, lui seul, de tous les souverains de l'Europe, avoit compris qu'à l'âge de civilisation auquel la France étoit arrivée elle ne pouvoit être gouvernée qu'en vertu d'une constitution libre.

Alexandre avoit quelque chose de calme et de triste : on le voyoit se promener dans Paris, à cheval ou à pied, sans suite et sans affectation. Il avoit l'air étonné de son triomphe; ses regards presque attendris se promenoient sur une population qu'il sembloit considérer comme supérieure à lui : on eût dit qu'il se trouvoit un barbare au milieu de nous, ainsi qu'un Romain se sentoit honteux dans Athènes. Peut-être aussi pensoit-il que ces mêmes François avoient paru dans sa capitale incendiée; qu'à leur tour ses soldats étoient maîtres de ce Paris où il auroit pu retrouver quelques-unes des torches éteintes par qui fut Moscou affranchi et consumé. Cette destinée, cette fortune changeante, cette misère commune des peuples et des rois devoient profondément frapper un esprit aussi religieux que le sien.

Alexandre ne se considéroit que comme un instrument de la Providence, et ne s'attribuoit rien. Madame de Staël le complimentant sur le bonheur que ses sujets, privés d'une constitution, avoient d'être gouvernés par lui, il lui fit cette réponse si connue : « Je ne suis qu'un accident heureux. »

Un jeune homme, dans les rues de Paris, lui témoignoit son admiration de l'affabilité avec laquelle il accueilloit les moindres citoyens; il lui répliqua : « Est-ce que les souverains ne sont pas faits pour cela? » Il ne voulut point habiter le château des Tuileries, se souvenant que Bonaparte s'étoit plu dans les palais de Vienne, de Berlin et de Moscou.

Regardant la statue de Napoléon sur la colonne de la place Vendôme, il dit : « Si j'étois élevé si haut, je craindrois que la tête ne me tournât. »

Comme il parcouroit le palais des Tuileries, on lui montra le salon de la Paix : « A quoi, dit-il en riant, ce salon servoit-il à Bonaparte? »

Le jour de l'entrée de Louis XVIII à Paris, Alexandre se cacha derrière une croisée, sans aucune marque de distinction, pour voir passer le cortège.

Il avoit quelquefois les manières élégamment affectueuses : visitant une maison de fous, il demanda à une femme si le nombre des *folles par amour* étoit considérable : « Jusqu'à présent il ne l'est pas, répondit-elle; mais il est à craindre qu'il n'augmente, à dater du moment de l'entrée de votre Majesté à Paris. »

Un grand dignitaire de Napoléon disoit au czar : « Il y a longtemps, sire, que votre arrivée étoit attendue et désirée ici. »—« Je serois venu plus tôt, répondit-il ; n'accusez de mon retard que la valeur françoise. » Il est certain qu'en passant le Rhin il avoit regretté de ne pouvoir se retirer en paix au milieu de sa famille.

A l'Hôtel des Invalides il trouva les soldats mutilés qui l'avoient vaincu à Austerlitz : ils étoient silencieux et sombres ; on n'entendoit que le bruit de leurs jambes de bois dans leurs cours désertes et leur église dénudée. Alexandre s'attendrit à ce bruit des braves : il ordonna qu'on leur ramenât douze canons russes.

On lui proposoit de changer le nom du pont d'Austerlitz : « Non, dit-il, il suffit que j'aie passé sur ce pont avec mon armée. »

Ce fut Alexandre qui eut l'idée du sacrifice à la place Louis XV. Un autel fut dressé où l'avoit été un échafaud. Sept prêtres moscovites célébrèrent l'office, et les troupes étrangères, au retour d'une revue, défilèrent devant l'autel. Le *Te Deum* fut chanté sur un de ces beaux airs de l'ancienne musique grecque. Les soldats et les souverains mirent genou en terre pour recevoir la bénédiction. La pensée du spectateur françois se reportoit à 1793 et à 1794, quand les bœufs refusoient de passer sur ces pavés que leur rendoit odieux l'odeur du sang. Quelle main avoit conduit à la fête des expiations ces Tartares, dont quelques-uns habitoient les tentes de peaux de brebis, au pied de la grande muraille de la Chine ? Ce sont là des spectacles que ne verront plus les foibles générations qui suivront mon siècle.

Un reproche grave s'attachera à la mémoire de Bonaparte : sur la fin de son règne il rendit son joug si pesant, que le sentiment hostile contre l'étranger s'en affoiblit et qu'une invasion, déplorable aujourd'hui en souvenir, prit au moment de son accomplissement quelque chose d'une délivrance. L'élite des esprits se trouve d'accord à cette époque dans le jugement terrible qu'ils ont porté de Napoléon : les La Fayette, les Lanjuinais, les Camille Jordan, les Ducis, les Lemercier, les Chénier, les Benjamin Constant, debout au milieu de la foule rampante, osèrent mépriser la victoire et protester contre la tyrannie. Qui ne se souvient de leurs paroles vengeresses ou de leurs écrits brûlants ? Courir sus à toute vie indépendante, se faire une joie de déshonorer les caractères, de violenter les mœurs particulières autant que les libertés publiques ; et les oppositions généreuses qui s'élevoient contre ces énormités seroient déclarées calomnieuses et blasphématrices ! Si le succès étoit réputé l'innocence ; si, débauchant jusqu'à la postérité, il la chargeoit de ses chaînes ; si, esclave future engendrée d'un passé esclave, cette postérité subornée devenoit la complice de quiconque auroit triomphé, où seroit le droit, où seroit le prix des sacrifices ? Le bien et le mal n'étant plus que relatifs, toute moralité s'effaceroit des actions humaines.

« Fiers défenseurs de la monarchie, dit Benjamin Constant dans *L'Esprit de Conquête,* supporterez-vous que l'oriflamme de saint Louis soit remplacé par un étendard sanglant de crimes et dépouillé de succès ? Et vous qui désiriez une république, que dites-vous d'un maître qui a trompé vos espérances et flétri les lauriers dont l'ombrage voiloit vos dissensions civiles et faisoit admirer jusqu'à vos erreurs ? »

Le reste de cet ouvrage est encore plus accusateur et plus énergique. Il est certain que la postérité n'est pas aussi équitable dans ses arrêts qu'on le dit : il y a des passions, des engouements, des erreurs de distance, comme il y a des passions, des engouements, des erreurs de proximité. Quand la postérité admire sans restrictions, elle est toute scandalisée que les contemporains de l'homme admiré n'eussent pas de cet homme l'idée qu'elle en a. Cela s'explique pourtant : on n'entend plus les imprécations, les cris de douleur et de détresse des victimes ; on ne voit plus couler le sang et les larmes. La gloire faite avec du malheur reste, et l'on n'a pas senti ce malheur. Les choses qui blessoient dans le grand personnage sont passées ; ses infirmités sont mortes avec sa partie mortelle ; il ne lui survit que sa renommée, impérissable.

Alexandre passa de France en Angleterre : il ne vit pas sans quelque jalousie les arsenaux de la Grande-Bretagne, la Tour de Londres, qui peut armer un peuple entier, Woolwich, où les canons verdâtres tapissent la terre de leur pelouse. A Oxford, le prince régent, promu à la dignité doctorale, reçut docteurs, en costume exigé, Alexandre et le roi de Prusse. L'orateur prononça un discours latin ; des étudiants déclamèrent des morceaux de poésie sur l'incendie de Moscou et sur la chute de Napoléon : représentation d'un autre âge au milieu des plus grands événements de l'âge moderne.

Le czar se rendit à Vienne pour le congrès, au commencement de l'année 1815 ; il avoit alors plusieurs sujets de plainte contre le souverain nouveau possesseur de la couronne de saint Louis. Louis XVIII venoit de refuser, sous prétexte de religion et par quelque motif offensant, le mariage du duc de Berry avec la sœur d'Alexandre, mariage qui eût changé le cours des choses et le sort de la légitimité : cette sorte d'éloignement et d'inimitié inexplicable avoit offensé un prince généreux. Bientôt il eut connoissance du projet d'une triple alliance entre la France, l'Autriche et l'Angleterre, alliance évidemment dirigée contre l'ambition présumée du cabinet de Pétersbourg. La Benardière, attaché à l'ambassade françoise de Vienne, s'étant revenu placer auprès de M. de Caulincourt, fit un rapport sur les griefs que la France avoit contre la famille légitime. Alexandre, déjà blessé, choqué d'ailleurs de la retraite précipitée de Louis XVIII sans que celui-ci eût essayé de se défendre, fut frappé du rapport de La Benardière, et tout à coup il demanda aux alliés s'il ne seroit pas bon de donner le duc d'Orléans pour roi à la France, quand on auroit une dernière fois vaincu Napoléon. Cette proposition jeta le congrès dans le plus grand étonnement ; elle manqua son effet par l'opposition de lord Clancarthy, lequel déclara n'avoir aucun pouvoir pour décider une question aussi grave. Une dépêche de Vienne, sous le numéro 25 ou 27, rendit compte à Louis XVIII de cette surprenante affaire, qui prouve qu'à la seconde restauration, pas plus qu'à la première, les alliés ne prétendoient rétablir la légitimité[1]. Malgré cette disposition particulière d'Alexandre, il restoit fidèle aux engagements généraux qu'il avoit pris : il apprit à Vienne, le 3 mars, à deux heures de l'après-midi, le débarquement de Napoléon ; le même jour, à cinq heures du soir, une estafette porte à Pétersbourg l'ordre de faire partir la garde. Les troupes qui se retiroient s'arrêtent ; leur longue ligne fait volte-face, et huit cent mille ennemis tournent le visage vers la France : il avoit suffi de la chaleur des ailes de la renommée de Marengo et d'Austerlitz pour faire éclore des armées dans cette France, qui n'est qu'un grand nid de soldats.

Le duc de Wellington avoit ordre d'attendre l'arrivée des Russes ; Bonaparte ne lui en laissa pas le temps : Waterloo est un nom qu'on ne peut passer sous silence.

Nous étions pendant les cent jours avec le roi : le 18 juin 1815, vers midi, nous sortîmes de Gand par la porte de Bruxelles ; nous allâmes seul nous promener sur le grand chemin : nous avions emporté les *Commentaires de César,* et nous cheminions lentement plongé dans la lecture. Nous étions déjà à plus d'une lieue de la ville, lorsque nous crûmes ouïr un roulement sourd. Nous nous arrêtâmes, nous regardâmes le ciel assez chargé de nuées, délibérant en nous-même si nous continuerions d'aller en avant, ou si nous nous rapprocherions de Gand, dans la crainte d'un orage. Nous prêtâmes l'oreille ; nous n'entendîmes plus que le cri d'une poule d'eau dans les joncs et le son d'une horloge de village : nous poursuivîmes notre route. Nous n'avions pas fait trente pas que le roulement recommença, tantôt bref, tantôt long et à intervalles inégaux : quelquefois il n'étoit sensible que par une trépidation de l'air, laquelle se communiquoit à la terre sur ces

---

1. Je touche occasionnellement ici un des points historiques les plus curieux et les plus secrets de notre temps : je m'expliquerai dans mes *Mémoires.*

plaines immenses, tant il étoit éloigné. Ces détonations moins vastes, moins onduleuses, moins liées ensemble que celles de la foudre, firent naître dans notre esprit l'idée d'un combat. Nous nous trouvions devant un peuplier planté à l'angle d'un champ de houblon ; nous traversâmes le chemin, et nous nous appuyâmes debout contre le tronc de l'arbre, le visage tourné du côté de Bruxelles. Un vent du sud s'étant levé nous apporta plus distinctement le bruit de l'artillerie. Cette grande bataille encore sans nom, dont nous écoutions les échos au pied d'un peuplier et dont une horloge de village venoit de sonner les funérailles inconnues, étoit la bataille de Waterloo !

Auditeur silencieux et solitaire du formidable arrêt des destinées, nous aurions été moins ému si nous eussions été dans la mêlée : le péril, le feu, la cohue de la mort ne nous auroient pas laissé le temps de méditer ; mais seul sous un arbre, dans la campagne de Gand, comme le berger des troupeaux qui paissoient autour de nous, le poids des réflexions nous accabloit. Quel étoit ce combat ? Étoit-il définitif ? Napoléon étoit-il là en personne ? Le monde, comme la robe du Christ, étoit-il jeté au sort ? Succès ou revers de l'une et l'autre armée, quelle seroit la conséquence de l'événement pour les peuples, liberté ou esclavage ? Mais quel sang couloit ? Chaque bruit parvenu à notre oreille n'étoit-il pas le dernier soupir d'un François ? Étoit-ce un nouveau Crécy, un nouveau Poitiers, un nouveau d'Azincourt, dont alloient jouir les plus implacables ennemis de la France ? S'ils triomphoient, notre gloire n'étoit-elle pas perdue ? Si Napoléon l'emportoit, que devenoit notre liberté ? Bien qu'un succès de Napoléon nous ouvrît un exil éternel, la patrie l'emportoit en ce moment dans notre cœur ; nos vœux étoient pour l'oppresseur de la France, s'il devoit, en sauvant notre honneur, nous arracher à la domination étrangère.

Wellington triomphoit-il ? La légitimité rentreroit donc dans Paris derrière ces uniformes rouges qui venoient de reteindre leur pourpre au sang des François ? La royauté auroit donc pour carrosses de son sacre les chariots d'ambulance remplis de nos grenadiers mutilés ? Que sera-ce qu'une restauration accomplie sous de tels auspices ? Ce n'est là qu'une bien petite partie des idées qui nous tourmentoient. Chaque coup de canon nous donnoit une secousse et doubloit le battement de notre cœur. A quelques lieues d'une catastrophe immense, nous ne la voyions pas ; nous ne pouvions toucher le vaste monument funèbre croissant de minute en minute à Waterloo, comme du rivage de Boulacq au bord du Nil, nous tendions inutilement les mains vers les Pyramides.

Aucun voyageur ne paroissoit : quelques femmes dans les champs, sarclant paisiblement des sillons de légumes, n'avoient pas l'air d'entendre le bruit que nous écoutions. Mais voici venir un courrier : nous quittons le pied de l'arbre et nous nous plaçons au milieu de la chaussée ; le courrier s'arrête : nous l'interrogeons : il appartenoit au duc de Berry et venoit d'Alost. Il nous dit : « Bonaparte est entré hier (17 juin) dans Bruxelles après un combat sanglant. La bataille a dû recommencer aujourd'hui (18 juin) ; on croit à la défaite définitive des alliés et l'ordre de la retraite est donné. » Le courrier continua sa route.

Nous le suivîmes en nous hâtant. Nous fûmes dépassé par la voiture d'un négociant qui fuyoit en poste avec sa famille : il confirma le récit du courrier.

Le 19 juin, la vérité fut connue. Les François avoient obtenu d'abord des succès à l'aile gauche ; bientôt la chance tourna : Blucher, survenu avec des troupes fraîches, isola du reste de nos troupes, déjà rompues, les carrés de la garde impériale. Autour de cette phalange immobile, le débordement des fuyards entraîne tout, parmi des flots de poussière, de fumée ardente et de mitraille, dans des ténèbres sillonnées de fusées à la congrève, au milieu des rugissements de trois cents pièces d'artillerie et du galop précipité de vingt-cinq mille chevaux : c'étoit comme le sommaire final de toutes les batailles de l'empire. Deux fois les François ont crié : Victoire ! Deux fois leurs cris sont étouffés sous la pression des colonnes ennemies. Le feu de nos lignes s'éteint ; les cartouches sont épuisées ; quelques grenadiers blessés, au milieu de quarante mille morts, de cent mille boulets sanglants, refroidis et conglobés à leurs pieds, restent debout appuyés sur leur mousquet, bayonnette brisée, canon sans charge. Non loin d'eux, l'homme des batailles, assis à l'écart, écoutoit, l'œil fixe, le dernier coup de canon qu'il devoit entendre de sa vie.

Cette catastrophe, qui fit mourir l'empire, ramena le czar à Paris : il ne trouva plus la même faveur. On avoit cru voir dans la première invasion des alliés une délivrance ; on ne vit plus dans la seconde qu'une conquête : comme cette seconde invasion n'apporta pas une liberté et imposa des charges énormes, le joug de l'étranger fut senti dans toute sa pesanteur. Ce n'étoient plus les Russes qui dominoient à Paris, c'étoient les Prussiens ; ceux-ci avoient des humiliations à venger et des défaites à cacher dans l'insolence de la victoire. Un camp anglois étoit établi au bois de Boulogne, et les François avoient sous les yeux, comme oppresseurs, les deux nations qui leur sont le plus antipathiques. La France en 1814 s'étoit trouvée délivrée du soldat ennemi en moins de six mois ; elle se voyoit maintenant occupée pour cinq années ; elle perdoit Landau en Alsace, Sarrelouis en Lorraine, Philippeville, Mariembourg dans le Hainaut, Versoix dans le pays de

Gex ; elle consentoit à la démolition de Huningue et à rendre à la Savoie et aux Pays-Bas le territoire que nous avoit assuré le traité de Paris de 1814. Elle livroit pour cinq ans seize forteresses sur la frontière, s'obligeant à y entretenir une armée d'occupation de cent quatre-vingt mille hommes. Une indemnité de cinq cents millions fut stipulée, et douze millions quarante mille francs de rentes furent créées pour l'extinction des dettes particulières contractées hors de notre territoire actuel. En ajoutant à ces sacrifices la perte causée par le passage et le séjour des troupes étrangères, on estime que chacun des cent jours a coûté à la France trente millions ; total des cent jours : trois milliards, frais d'une marche de Bonaparte.

Les objets d'art nous furent ravis. Il falloit voir la double consternation de Paris quand, d'une part, le duc de Richelieu vint présenter aux chambres les funestes traités avec une voix à demi étouffée, et quand les chambres votèrent en silence ces traités. Le même sentiment patriotique éclata lorsque les étrangers enlevèrent les manuscrits des archives publiques et dépouillèrent la galerie du Louvre : Canova lui-même indiquoit les chefs-d'œuvre appartenant à l'Italie : la victoire reprenoit ce qu'avoit pris la victoire.

Tout cela n'étoit point la faute d'Alexandre ; mais l'opinion ne fait point de distinction d'individus quand elle est aigrie. Lui-même, blessé de la légèreté d'un peuple pour la liberté duquel il avoit tant fait, ne regardoit plus les François que comme une nation brave, mais mobile, sans raison et sans reconnoissance : en 1814, elle avoit paru ravie d'être délivrée de Bonaparte ; en 1815, elle l'avoit repris et secondé : le sénat, les généraux qui avoient décrété et applaudi la déchéance de Napoléon, l'avoient rétabli, et lui avoient donné une armée. Alexandre n'étoit pas plus content de la famille restaurée : un roi s'enfuyant sans essayer de se défendre ne lui sembloit pas propre à régner et le faisoit trembler pour l'avenir. Aussi, froidement accueilli, ne conservant plus ses premières sympathies et l'enchantement d'une première victoire, Alexandre vécut à part, dans les idées mystiques qui commençoient à le dominer.

Il fut d'abord sans croyances, et commença par être athée, puis il devint déiste ; du déisme il passa à la religion grecque avec un penchant pour la religion catholique, dont les jésuites, et surtout le père Grivel, l'avoient entretenu. Il resta flottant : comme il cherchoit de bonne foi et que son imagination étoit exaltée dans les choses pures, il dériva vers l'illuminisme des sectes allemandes : madame de Krudner exerça pendant quelque temps un véritable ascendant sur lui.

Toutefois, les nouvelles circonstances des affaires et les nouvelles dispositions d'Alexandre ne lui ôtèrent rien de sa générosité. Dès son arrivée à Paris, le 11 juillet, trois jours après le retour de Louis XVIII, il fit cesser des actes de vandalisme commencés et arrêta la destruction des ponts d'Austerlitz et d'Iéna. « Le droit de représailles, dit-il, m'a toujours été odieux. » Il ne voulut pas que la division de ses troupes, arrivée sous les ordres du général Barclay de Tolly, consommât les dernières ressources des habitants, et il la nourrit des approvisionnements de ses magasins. Il passa dans la plaine de *Vertus* la fameuse revue du 10 septembre 1815, à laquelle assistèrent le roi de Prusse et l'empereur d'Autriche : l'*alliance* y prit le nom de *sainte*.

Au congrès d'Aix-la-Chapelle, il consentit à abréger l'occupation de la France, s'opposa de nouveau aux violences de ses alliés et remit au duc de Richelieu cette carte où étoit tracée la ligne qui séparoit de notre sol les provinces à démembrer de la France.

En retournant en Russie, il voyageoit comme à son ordinaire, presque sans suite ; il s'arrêta pour entendre la messe dans une église de campagne. Après la messe, il s'approcha du prêtre, et lui baisa la main, selon l'usage des Grecs ; le pauvre prêtre, selon un autre usage, le baisa au front sans le connoître ; seulement le parfum des cheveux de l'étranger l'étonna : voilà tout ce qu'il sut jamais de l'empereur.

Alexandre avoit défendu les réjouissances : le synode et le conseil d'État voulurent lui conférer le surnom de *béni* ; il le refusa : « Je ne puis, dit-il, me permettre d'accepter et de porter ce surnom ; je démentirois mes propres principes en donnant à mes fidèles sujets un exemple si contraire aux sentiments de modération que je m'efforce de leur inspirer. Que mon peuple me bénisse ainsi que je le bénis ! Que la Russie soit heureuse, et qu'avec elle et moi soit toujours la bénédiction de Dieu. »

Le czar ne fut point frappé de la beauté de la France ; il la trouva laide, et il avoit raison, car il ne la vit ni assise au bord de la Méditerranée, ni couchée parmi ses pamprées entre les Pyrénées et la Loire. Il rentra dans le *palais d'hiver* de Pétersbourg, qu'il orna de tableaux achetés à La Malmaison à la mort de Joséphine. Un jour, en Italie, se promenant avec nous le long de l'Adige, il nous fit la description de la ville de Pierre le Grand : « Le soir, en été, nous dit-il, elle est éclairée d'un crépuscule qui ne ressemble ni à la lumière du jour ni à celle de la lune. Vous verriez à Pétersbourg les plantes de la Syrie et les costumes de l'Orient à la clarté du pôle. La Newa, bleue comme le Rhône à Genève, passe entre des quais de granit rose, et elle est couverte des vaisseaux de toutes les nations. »

Vers la fin de notre dernière conversation avec Alexandre, à Vérone, la mélancolie, à laquelle il étoit sujet, le gagna : il se tut ; nous gardâmes le silence. Lorsqu'il nous prit la main et nous la serra en nous quittant, nous nous sentîmes ému, comme si quelque chose nous eût dit que nous ne le reverrions plus ; que dans trois ans nous le chercherions en vain, lui, encore si jeune, si fort, si beau, nous, si peu fait pour lui survivre. Son dégoût des affaires et des hommes publics s'augmenta quand nous fûmes jeté hors du ministère ; et il mourut dix-huit mois après notre chute. Nous lui avions annoncé notre destitution ; il nous répondit par cette lettre :

« L'estime que vous m'avez inspirée, monsieur le vicomte, étoit indépendante de la place dont vous exerciez les fonctions. Cette estime, vos principes et vos talents vous la concilieront dans quelque situation que vous vous trouviez. Je me plais donc à vous en réitérer les témoignages, et je vous remercie des sentiments que vous m'exprimez dans votre lettre. Un glorieux souvenir se rattache à l'époque de votre ministère. La bonne cause vous doit une juste reconnoissance. Peut-être même devra-t-elle de nouveaux services à cet esprit de loyauté et de sagesse qui vous distingue, et qui, planant au-dessus des considérations personnelles, ne connoît que l'intérêt du bien et du repos publics. Ce rôle est digne de vous. Vous saurez le remplir ; et c'est dans cette confiance que je vous offre, monsieur le vicomte, la nouvelle expression des sentiments distingués autant que sincères, sur lesquels je vous invite à toujours compter de ma part.

« ALEXANDRE. »

Peterhoff, le 24 juillet 1824.

La résidence favorite de l'autocrate solitaire étoit Czarskoé-Selo ; il y vivoit séparé du monde, faisant de longues excursions dans un parc de deux ou trois lieues d'étendue : on ne voyoit dans ce parc que des sentinelles. A la retraite, la musique des gardes jouoit sous les fenêtres du czar des airs mélancoliques.

L'impératrice Élisabeth, de son côté, passoit ses jours dans un profond isolement ; elle n'avoit auprès d'elle qu'une dame d'honneur et ne recevoit personne à Czarskoé-Selo. Elle étoit mince, avoit le teint et les traits délicats : une langueur étoit répandue sur son langage et ses manières ; son sourire étoit triste, sa voix douce ; en la regardant, on voyoit qu'elle alloit mourir. Elle erroit le soir, à cheval, au pas, dans les plus sombres allées du parc, accompagnée de sa dame d'honneur et d'un écuyer ; elle évitoit de se promener le matin, de peur de gêner l'empereur.

Alexandre avoit eu des foiblesses; de ces foiblesses variables sortit un attachement qui dura près de onze années. Un aide de camp de l'empereur, de confident intime devint rival préféré. Ces misères, dont sont semées les vies obscures comme les vies glorieuses, firent du prince choisi un collègue de notre ambassade à Rome, et de la princesse volage une hermitaine de notre Vallée aux Loups : la princesse, encore belle, porta le deuil d'Alexandre sous des arbres qui n'étoient plus à nous et que nous avions plantés au jour de nos illusions évanouies comme les siennes. Une fille avoit été le fruit d'une liaison tenue longtemps secrète. Alexandre chérissoit d'autant plus cette enfant naturelle, qu'il n'avoit point d'enfants légitimes. Élevée à Paris, revenue à Pétersbourg, elle touchoit à sa seizième année ; prête à se marier sous les yeux de son père, elle manqua tout à coup à l'autel : quand les parures de noces, commandées en France, arrivèrent, la jeune fiancée n'existoit plus. Alexandre apprit cette mort à la parade ; il pâlit et dit : « Je reçois ma punition. »

Comme l'empereur étoit bon, il lui avoit fallu une excuse pour se justifier à lui-même l'abandon dans lequel il avoit laissé l'impératrice : il s'étoit figuré qu'elle ne l'aimoit pas, que, froide et insensible, elle étoit incapable d'affection ; que les erreurs de son mari ne la rendoient point malheureuse : la supposant sans amour, il la supposoit sans souffrance et sans jalousie.

Il n'en étoit point ainsi : Élisabeth aimoit passionnément Alexandre ; timide et réservée, elle n'avoit point osé faire entendre de plainte ; elle ressembloit à l'Hermengarde de Manzoni ; elle disoit comme elle : « Heureuses les femmes qui ont pu couvrir leur front du bandeau sacré avant d'avoir arrêté leurs yeux sur le front d'un homme ! Tu étois à moi ; je me taisois dans la sécurité de mon bonheur ; mes chastes lèvres n'auroient jamais osé s'ouvrir pour te révéler toute l'ivresse de mon cœur. »

Averti par son heure, *jam moriente die,* par l'infidélité de la femme dont il avoit désiré mieux, par le coup qui l'avoit atteint en frappant l'enfant d'une tendresse illégitime, Alexandre se rapprocha de l'impératrice. Lorsqu'il s'aperçut qu'il étoit chéri d'elle, ses remords s'accrurent : il l'avoit revue en 1814 à Carlsruhe ; elle le rejoignit à Vienne la même année.

La religion vint achever en lui l'ouvrage des jours qui sans cesse détrompent ; mais la vie d'Élisabeth commença rapidement à décliner au moment qu'elle commença d'être heureuse. Elle aimoit alors l'empereur de tout le bonheur qu'il lui rapportoit et de toute la gloire qu'il avoit acquise : elle, qui n'étoit plus mère, le suivoit à la tombe d'une fille regrettée et elle prioit avec lui. Alexandre étoit préoccupé de sa fin ; on le surprenoit la nuit agenouillé dans les cimetières. Quand il partoit pour quelque voyage, il avoit coutume de dire : « Tous les ans on se hâte de terminer ses affaires avec moi, comme si l'on ne devoit plus me revoir. » Il répétoit souvent : « Je mourrai au coin d'un bois, dans un fossé, au bord d'un chemin, et l'on n'y pensera plus. »

Lorsqu'il sortit de sa capitale pour n'y plus rentrer vivant, les eaux de la Newa, refoulées par la mer, furent au moment d'engloutir Pétersbourg : retiré dans les combles de son palais, Alexandre contemploit avec consternation ces désastres. La croix d'un cimetière, déracinée par les vagues, se vint placer en face du château, sous les yeux de la famille impériale : on prit ce Calvaire mouvant pour un présage funeste. Au moment de quitter Pétersbourg, le czar s'attendrit outre mesure en embrassant ses parents : parvenu à quelque distance, il fit arrêter sa voiture, et regarda la ville où il étoit né.

Cependant Élisabeth ne vouloit point se séparer de son mari, ni s'exiler sous son ciel naturel, le doux ciel de l'Italie : avec le souverain de son cœur elle alla, réconciliée à l'existence, implorer la vie dans le climat de la fausse Grèce. Elle voyageoit pleine de sa joie présente et elle avoit au sein la mort que ses infélicités passées y avoient mise. Elle traversa les déserts menteurs, jadis embellis pour Catherine de villages simulés et de hameaux sans bergers ; mais tout étoit habité pour Élisabeth ; elle voyoit partout Alexandre.

Des bruits des complots militaires qui le menaçoient étoient parvenus jusqu'à l'empereur : de jeunes officiers avoient puisé dans ses propres sentiments l'amour de la liberté : auteur du mal ou du bien que l'on tournoit contre sa puissance, il s'éloignoit pour se donner à ses compassions accoutumées et pour n'être pas obligé d'agir avec trop de sévérité. En même temps ses idées le tourmentoient ; il ne savoit s'il ne devoit pas se mettre à la tête des réformes : il entendoit le siècle marcher dans les steppes de la Russie et la Grèce l'appeler d'une voix plaintive. Mais, cherchant la volonté de Dieu sans la démêler, il craignoit de s'engager dans une fausse route, de favoriser ces innovations qui déjà avoient fait tant de victimes et si peu d'heureux.

Il laissa sa femme à Taganrog, visita le Don, projeta le voyage d'Astrackhan, parcourut la côte méridionale de la Crimée, ayant l'air d'errer à l'aventure. Une fièvre causée par un froid humide la contraignit de s'arrêter dans une habitation du comte Woronzoff : se trouvant plus mal, il ordonna de la transporter à Taganrog. On croit qu'il y acquit la preuve de la conspiration ourdie contre sa vie et qui bientôt mit en danger celle de son frère. Il se contenta de dire : « Quel mal leur ai-je fait? » Il se mouroit, on a parlé de poison, de médecin suspect : rien n'est certain. L'impératrice expirante étoit à quelques pas de son mari visité des afflictions, sans pouvoir le voir. La maladie ne dura que onze jours. Alexandre rendit l'esprit le 13 décembre 1825. Près de retourner à Dieu, il commanda de lever les stores de ses fenêtres, et dit : « Quelle belle journée! » et ne parla plus. L'impératrice écrivit à Pétersbourg : « Notre ange est au ciel, j'ai l'espoir de me réunir bientôt à lui. » Espérance qui ne fut réalisée que parce que toutes les autres avoient été déçues.

Trois jours après, quand les peuples se présentèrent à Taganrog, pour baiser la main du cadavre, ils ne virent point le front de leur souverain : le visage du prince étoit couvert d'un voile.

Quelques personnes ont cru qu'Alexandre, vers la fin de sa vie, s'étoit fait catholique. Son avénement au trône lui enleva son père ; sa descente du trône pensa renverser son empire. Après tant de bruit et de gloire, il ne resta de lui que son cercueil et la bière de sa femme ; coffres scellés et silencieux passant dans les bois éclairés de torches de pin, et accompagnés d'une horde de ces Baskirs qui campèrent dans la cour du Louvre.

Là se termina l'affaire entre Alexandre et Napoléon, disparus l'un et l'autre dans un désert. Napoléon avoit déjà pris son vol : aigle, on lui avoit donné un rocher, à la pointe duquel il demeura au soleil jusqu'à son départ : on l'apercevoit de toute la terre.

L'impératrice mère, rassurée par une première lettre de Taganrog, faisoit chanter un *Te Deum* dans les églises de Pétersbourg; le peuple y prioit, car Alexandre étoit adoré. Le *Te Deum* n'étoit pas fini, qu'un second courrier apporta au grand-duc Nicolas la nouvelle de sa mort. Nicolas, sorti pour recevoir le courrier, rentra dans l'église, où tout le monde fut frappé de l'altération de son visage. Il n'osa parler ; il ne dit qu'un mot au métropolitain : l'évêque s'avança vers l'impératrice mère, portant dans ses mains une croix couverte d'un voile noir. La mère comprit son malheur, et tomba sans connoissance au verset du *Te Deum* interrompu : *In te, Domine, speravi.....*

Quelles qu'aient été les hautes qualités du czar, en dernier résultat il a été funeste à son empire : il le mit trop en contact avec l'Europe de l'occident ; il y sema des germes de civilisation qu'il voulut ensuite étouffer. Tiraillées en sens contraire, les populations ne surent ce qu'on leur demandoit, ce qu'on vouloit d'elles, pensée ou abrutissement, obéissance passive ou obéissance légale, mouvement ou immobilité. Alexandre franc Tartare retenant ses peuples dans la barbarie, Alexandre prince éclairé les menant par degrés aux lumières, eût mieux servi son pays. Il étoit trop fort pour employer le despotisme, trop foible pour établir la liberté : son hésitation ne créa point l'affranchissement national, mais elle enfanta l'indépendance individuelle, laquelle à son tour, au lieu de libérateurs, ne produisit que des assassins.

XXXII.

Changement de dispositions. — Reprise de la narration. — Alexandre : conversation avec lui.

Nous trouvons maintenant à peine le courage de représenter, causant avec nous, celui que nous venons de descendre muet dans le Saint-Denis des czars. Que lui font les congrès et les royaumes d'ici-bas? La grandeur de la tombe rapetisse tout : la mort et la vie sont deux choses d'un ordre si différent qu'après avoir parlé de la première, on croit, en retournant à la seconde, retourner aux puérilités de l'enfance.

M. de Montmorency étant parti, notre rôle, fort court, augmenta d'importance : nous estimons pourtant ces heures, car elles nous ont donné la bienveillance la plus illustre de notre carrière politique, bienveillance qui ne s'est jamais démentie.

On avoit mis l'empereur de Russie en garde contre nous; on lui avoit dit que s'il nous voyoit nous exercerions sur lui une séduction à laquelle il lui seroit difficile de résister. Nous lui avions été présenté à Paris; il nous prenoit alors pour un *ultra*, et comme il étoit *libéral*, nous ne lui convenions que sous le rapport religieux. Nous le retrouvions à Vérone : il étoit devenu *ultra*; nous étant demeuré *libéral*, la même difficulté de rapport se rencontroit en sens contraire. Au congrès, il nous avoit traité poliment, mais d'une manière réservée. Nous l'apercevions souvent dans ses promenades : nous savions trop bien vivre pour le reconnoître; nous attendions qu'il nous eût fait un signe ou jeté en passant une parole. Une fois il nous accosta, et remontant tous les deux le cours de l'Adige, il parla de Pétersbourg, afin d'éviter de parler de politique. Quoique M. de Montmorency nous fût peu favorable, il agit envers nous (nous l'avons dit) selon l'impulsion de son sang et de sa vertu : en prenant congé de l'empereur, il l'invita à moins s'effrayer de notre personne. La comtesse Tolstoy, qu'Alexandre voyoit assez souvent, nous avoit ménagé, sans succès, quelques rendez-vous avec lui : il étoit un peu sourd ; nous n'aimons pas à parler haut, et notre indifférence pour les princes est si grande, que nous ne nous étions pas même douté de la froideur de l'homme dont tout le monde mendioit un regard.

M. de Montmorency ayant quitté Vérone, Alexandre nous envoya chercher : nous ne nous fûmes pas plus tôt vus face à face un quart d'heure, que nous nous plûmes. Nous nous associons trop familièrement, nous le savons, à ce puissant de la terre, mais c'est une sorte de familiarité d'âmes : les âmes sont égales entre elles ; cela n'ôte rien au respect. L'empereur éprouva la surprise que nous avons remarquée souvent sur le visage des personnes qui nous avoient seulement connu sur un portrait de fantaisie. Préoccupé de la guerre d'Espagne, n'y voyant d'obstacle dangereux que la jalousie britannique, nous nous efforçâmes de gagner un peu Alexandre afin de l'opposer aux malignités du cabinet de Londres.

Dans nos diverses conversations, nous lui parlâmes de tout, et il écouta tout sans se souvenir de ce qu'il étoit. Nous lui témoignâmes notre opposition aux traités de Vienne ; il ne pensa pas devoir s'expliquer, il se contenta de nous répondre : « Vous vous trouviez mieux du traité de Paris. »

A propos de la Pologne, nous osâmes lui en représenter le démembrement comme la conséquence d'une des plus grandes lâchetés de l'ancienne France. Nous lui dîmes que l'iniquité de ce démembrement pèseroit à jamais sur la Russie, la Prusse et l'Autriche, et qu'Alexandre achèveroit de se rendre immortel en le réparant. Le czar eut la patience de nous entendre, lorsque nous ajoutâmes qu'un petit pays très-mal gouverné et pour lequel Rousseau avoit en vain fabriqué un projet de constitution, n'avoit pu être un danger pour les États voisins ; que les Polonais seroient toujours tentés de se révolter, non par un esprit révolutionnaire, mais parce qu'il est dans la nature humaine qu'une nation veuille conserver son nom et refuse de perdre son indépendance.

Nous n'oubliâmes pas notre chère Athènes ; nous avons plaidé longtemps sa cause en public et à la chambre des pairs, et quand le czar mourut, nous ne craignîmes pas de nous adresser à Nicolas et à Constantin.

Il se passoit dans Alexandre des conflits de nature et de position : né pour être à la tête du progrès de la société, il souffroit d'être obligé de repousser les Grecs, ses coreligionnaires, et de désavouer des peuples dont il étoit le protecteur. Mais, en aimant les libertés, il avoit cru que l'Europe demandoit sa protection contre des principes destructeurs; il étoit d'autant plus frappé de la puissance de ces principes qu'ils venoient de soulever Naples, le Piémont, l'Espagne, et que dans son armée se manifestoient des symptômes de la fièvre de France.

Ainsi, ce prince, après avoir donné une constitution aux Polonois, en suspendit le mouvement; après nous avoir fait *octroyer* la charte, il en vit avec anxiété les développements; après avoir désiré l'indépendance de la Grèce, il désapprouva l'insurrection de 1820 : il n'aperçut dans la révolution des Hellènes qu'un ordre émané du comité directeur de Paris. Aux congrès de Troppau, de Laybach, de Vérone, il s'imagina défendre la civilisation contre l'anarchie, comme il l'avoit sauvée du despotisme de Napoléon.

Nous touchâmes la réunion de l'Église grecque et latine : Alexandre y inclinoit; mais il ne se croyoit pas assez fort pour la tenter; il désiroit faire le voyage de Rome, et il restoit à la frontière de l'Italie : plus timide que César, il ne franchit pas le torrent sacré, à cause des interprétations qu'on n'eût pas manqué de donner à son voyage. Ces combats intérieurs ne se passoient pas sans syndérèse : dans les idées religieuses dont étoit dominé l'autocrate, il ne savoit s'il n'obéissoit point à la volonté cachée de Dieu, ou s'il ne cédoit point à quelque suggestion inférieure qui faisoit de lui un renégat et un sacrilége.

XXXIII.

M. de Metternich s'ouvre à nous sur la crainte que lui inspiroit la guerre d'Espagne. — Dernière conversation avec l'empereur de Russie.

Lorsque l'on sut à Vérone notre croissante faveur auprès du czar, les manières changèrent : on nous rechercha avec autant d'empressement que l'on nous avoit évité. M. de Metternich surtout se montra fort gracieux; et, dans une conversation, il s'ouvrit à nous sur la crainte que lui inspiroit la guerre d'Espagne, sur l'ardeur qu'Alexandre montroit pour cette guerre, et principalement sur le projet qu'avoit le prince de mettre ses soldats en mouvement si jamais ils nous devenoient nécessaires. Il nous pria de prêcher la paix au puissant voisin de l'Autriche : nous lui répondîmes que nous ne lui avions jamais prêché la guerre, ce qui étoit vrai, parce que nous croyions que la France n'avoit besoin de personne; que nous n'étions pas ministre;

que nous ne pourrions avoir que notre opinion particulière, laquelle on ne consulteroit pas. « Au surplus, ajoutâmes-nous, M. de Villèle est loin d'être déterminé à une prise d'armes ; ses dernières lettres montrent la peine qu'il ressent de l'envoi des lettres ostensibles à Madrid. Il pense que ces dépêches peuvent lui forcer la main, et l'obliger à retirer l'ambassadeur de France plus tôt qu'il ne l'eût voulu. »

Nous assurâmes M. de Metternich que nous ferions part de cela à Sa Majesté impériale dans la dernière audience qu'elle vouloit bien nous accorder. M. de Metternich nous remercia, et parut désirer connoître le résultat de cette conversation.

Nous nous rendîmes au palais Canossa. Nous dîmes à l'empereur ce que nous avions promis de lui dire. Il nous répondit :

« La France fera ce qu'elle voudra. M. de Montmorency m'a demandé quel parti je prendrois au cas que la guerre vînt à éclater entre la France et l'Espagne, et à se compliquer d'accidents malheureux pour la première. Je lui ai dit que mon épée étoit au service de la France ; si la France n'en veut plus ou peut s'en passer, cela la regarde : je ne prétends influer en rien sur ses démarches ; mais vous, monsieur le vicomte de Chateaubriand, que pensez-vous sur cette question ? »

Nous répliquâmes : « Sire, je pense que la France doit le plus vite possible remonter par elle-même au rang d'où l'ont fait descendre les traités de Vienne. Quand elle aura repris sa dignité, elle deviendra une alliée plus utile et plus honorable pour Votre Majesté. »

Nous ne savons si l'empereur nous comprit ; mais il sourit noblement à la réponse par laquelle nous refusions ses secours et demandions la guerre. Il fit une pose ; puis, répondant à sa pensée, il nous dit : Je suis bien aise que vous soyez venu à Vérone, afin de rendre témoignage à la vérité. Auriez-vous cru, comme le disent nos ennemis, que l'alliance est un mot qui ne sert qu'à couvrir des ambitions ? Cela peut-être eût été vrai dans l'ancien état des choses ; mais il s'agit bien aujourd'hui de quelques intérêts particuliers, quand le monde civilisé est en péril.

« Il ne peut plus y avoir de politique angloise, françoise, russe, prussienne, autrichienne ; il n'y a plus qu'une politique générale, qui doit, pour le salut de tous, être admise en commun par les peuples et par les rois. C'est à moi à me montrer le premier convaincu des principes sur lesquels j'ai fondé l'alliance. Une occasion s'est présentée : le soulèvement de la Grèce. Rien, sans doute, ne paroissoit être plus dans mes intérêts, dans ceux de mes peuples, dans l'opinion de mon pays, qu'une guerre religieuse contre la Turquie ; mais j'ai cru remarquer dans les troubles du Péloponnèse le signe révolutionnaire. Dès lors, je me suis abstenu. Que n'a-t-on point fait pour rompre l'alliance? On a cherché tour à tour à me donner des préventions et à blesser mon amour-propre; on m'a outragé ouvertement. On me connoissoit bien mal si on a cru que mes principes ne tenoient qu'à des vanités ou pouvoient céder à des ressentiments. Non, je ne me séparerai jamais des monarques auxquels je suis uni. Il doit être permis aux rois d'avoir des alliances publiques pour se défendre contre les sociétés secrètes. Qu'est-ce qui pourroit me tenter? Qu'ai-je besoin d'accroître mon empire? La Providence n'a pas mis à mes ordres huit cent mille soldats pour satisfaire mon ambition, mais pour protéger la religion, la morale et la justice, et pour faire régner ces principes d'ordre sur lesquels repose la société humaine. »

On ne peut presque plus ajouter foi à ce qu'un auteur raconte; chacun invente ou brode des faits. Nous avons du moins le foible mérite de la probité de l'écrivain : L'*Itinéraire de Paris à Jérusalem* sert aujourd'hui de guide aux voyageurs; après trente ans, quelques-uns des personnages les plus obscurs dont nous avons cité les noms se retrouvent. L'arabe Abougosh, des montagnes de Judée, vient de nous faire passer une lettre par un pèlerin.

Ce que nous révélons de nos conversations avec l'empereur de Russie est de la même exactitude. Dans notre discours à la chambre des députés, en 1823, nous citâmes une partie des paroles d'Alexandre. Les avions-nous imaginées? Non : il nous a toujours été impossible de mêler le roman à la vérité; en voici une preuve nouvelle. L'empereur de Russie nous écrivit au sujet des conversations de Vérone; il nous remercia de notre discours; il soutient seulement dans sa lettre que ses paroles retenues fidèlement par nous exprimoient l'opinion de toute l'alliance. Nous en demandons pardon à la mémoire de ce grand souverain : c'est nous dont le souvenir avoit été le plus fidèle.

Nous osons dire qu'Alexandre est devenu notre ami, si des princes ont des affections et s'il peut y avoir amitié entre des hommes que d'aussi grandes distances séparent. Ce fut par Alexandre que nous combattîmes le mauvais vouloir de l'Autriche, lorsqu'en suscitant Naples elle pensa produire une catastrophe à Madrid; ce fut lui qui retint l'Angleterre. Il nous fit adresser les lettres les plus flatteuses, et déclara qu'il signeroit les yeux fermés tout ce que nous voudrions lui envoyer. Une estafette nous apporta le cordon de Saint-André aussitôt que la délivrance de Ferdinand fut connue.

Lors de la destitution qui nous frappa, nous aurions pu nous retirer en Russie, où nous attendoient les honneurs et la fortune; mais nous ne cherchons point ce dont nous n'avons aucun souci. Alexandre est le seul prince pour qui nous ayons jamais éprouvé un sincère attachement. Et les autres souverains? C'est une nécessité de l'éducation des peuples non encore achevée ; nécessité à laquelle nous nous soumettons, respectueux et fidèle, coûte qui coûte : n'est-ce pas assez?

XXXIV.

Entretien avec le prince de Metternich. — Billet de l'archi-chancelier d'Autriche. — Lettre à M. de Montmorency. — Nous quittons Vérone.

Du palais Canossa, nous nous acheminâmes vers Casa-Castellani. Nous instruisîmes M. de Metternich de nos bons propos et des paroles d'Alexandre, en en retranchant toutefois la partie relative à la politique générale du monde : cela ne faisoit rien à l'archichancelier d'Autriche, et il nous auroit pris pour deux songe-creux. Il parut, ou fit semblant d'être content de ce que nous avions dit au czar touchant la répugnance de M. de Villèle pour l'expédition militaire. Soit que le prince n'eût pas aperçu le fond de notre pensée, soit qu'il fût conduit malgré lui à mettre au jour le fond de la sienne, il nous montra de nouveau son opposition à la guerre; il nous conjura de partir, afin d'appuyer M. de Villèle et de combattre l'ardeur de M. de Montmorency. Nous répliquâmes qu'arrivé à Paris nous nous rendrions à Londres, mais que nous instruirions M. de Villèle des idées dans lesquelles nous l'avions laissé lui, M. de Metternich ; de sorte que si les alliés le vouloient, ils avoient encore le temps d'envoyer des courriers à Madrid pour suspendre la présentation des *lettres ostensibles*. Nous nous retirâmes, ajoutant que nous eussions désiré mettre nos derniers respects aux pieds de Sa Majesté l'empereur d'Autriche. Nous reçûmes bientôt ce billet :

Vérone, ce 12 décembre 1822.

« Je viens, monsieur le vicomte, de porter à l'empereur l'expression de vos regrets de quitter Vérone sans avoir pu prendre congé de lui. Sa Majesté impériale m'a chargé de vous dire qu'elle attache trop de valeur à votre retour à Paris pour avoir pu songer à vous arrêter ici.

« Je serai charmé de voir votre excellence avant son départ, et je le désirerois surtout pour lui donner connoissance de mon expédition à M. de Vincent. Je ne dispose cependant d'aucun moment dans ma matinée de demain, laquelle se passera en audience près des souverains et en travail avec l'empereur, mon maître. Si votre excellence vouloit me faire l'honneur de venir dîner chez moi, nous passerions ainsi le temps nécessaire pour nous parler. Si elle étoit décidée à ne pas rester à Vérone jusqu'à la soirée, je tâcherai de disposer du petit intervalle entre une heure et demie et deux heures.

« Je la prie de me donner des ordres et de recevoir l'assurance de ma considération très-distinguée.

« METTERNICH. »

Nous nous conformâmes au désir du prince ; nous allâmes le trouver le 12 au matin ; il nous donna connoissance d'une dépêche qu'il écrivoit au baron Vincent ; elle ne contenoit que ces phrases diplomatiques propres à ne rien dire : il y avoit sans doute derrière une note confidentielle plus explicite. M. de Metternich nous répéta ce qu'il m'avoit déjà exprimé touchant les inconvénients de la guerre ; mais il lui échappa quelques mots sur les *aberrations* d'Alexandre ; et il nous vit nous éloigner avec joie comme un messager de paix ; notre visage et notre langage sont bien trompeurs, ou la perspicacité de l'archichancelier n'est pas telle qu'on la suppose. Nous écrivîmes en rentrant à M. de Montmorency, à Paris, cette dernière lettre :

Vérone, 12 décembre 1822.

« Monsieur le duc,

« J'ai eu ce matin une conversation très-longue avec M. le prince de Metternich et une autre avec Sa Majesté l'empereur de Russie. Le premier pense qu'il est utile que j'aille vous en rendre compte immédiatement. En conséquence, je partirai demain 13, et j'espère arriver vers le 20 à Paris. Par le courrier qui vous porte cette dépêche, je réponds à deux lettres de M. de Villèle. Ma réponse indique en général la suite des idées dont j'aurai à vous entretenir.

« Monsieur de Caraman vous aura sans doute mandé, monsieur le duc, que les affaires d'Italie se sont terminées d'une manière assez honorable pour la France. Demain, jour de mon départ, il y aura séance de clôture du congrès, et lundi prochain 16, les souverains et les ministres auront quitté Vérone.

« J'ai l'honneur de recommander à votre bonté messieurs de Rauzan et d'Aspremont, et vous prie d'agréer, avec mes félicitations sur votre nouveau titre, l'assurance de la haute considération avec laquelle j'ai l'honneur d'être, etc.

« CHATEAUBRIAND. »

Nous quittâmes Vérone le 13, jetant un œil de regret sur l'Italie, mais nous consolant dans la pensée d'aller continuer *nos Mémoires* à la pâle lumière du soleil qui avoit éclairé les misères de notre jeunesse.

FIN DU CONGRÈS DE VERONE.

GUERRE D'ESPAGNE

DE 1823

GUERRE D'ESPAGNE

DE 1823

XXXV.

Guerre d Espagne de 1823. — M. de Montmorency donne sa démission. — Nous sommes nommé ministre des affaires étrangères.

M. Canning occupoit à Londres la place laissée vacante par la mort de Londonderry : — Georges IV, pressé par lord Liverpool, avoit pris M. Canning dans son conseil, malgré sa répugnance fort naturelle pour le défenseur et l'ami de la reine. Chemin faisant, de Vérone à Paris, notre nature étoit revenue; désempestant notre esprit de la politique, nous songions avec plaisir à retourner à Londres, à faire le voyage des trois royaumes, enfin à rentrer dans notre vie intérieure, à nous enfoncer dans la solitude de nos souvenirs. Arrivé rue de l'Université, tout s'évanouit. Notre existence à scènes, à changements de décorations, est sans cesse menacée du coup de sifflet qui nous transporte d'un palais dans un désert, du cabinet des rois dans le grenier du poëte.

Le duc de Wellington, qui nous avoit devancé, s'étoit arrêté à Paris. Il avoit obtenu de M. de Villèle qu'un courrier seroit expédié aux alliés, afin de les inviter à retarder la communication des instructions qu'ils avoient envoyées à leurs chargés d'affaires, à Madrid. En même temps S. G. proposa au gouvernement de Louis XVIII la médiation de l'Angleterre. Cette médiation fut refusée, parce qu'elle n'offroit aucun remède au mal de la France. Cependant, dans un *memorandum* du cabinet de Saint-James, pour lord Fitz-Roy-Somerset, daté de Londres, le 6 janvier 1823, on recommande à Sa Seigneurie d'insister en Espagne sur quelques changements à faire à la constitution.

M. le duc de Montmorency remit au duc de Wellington, le 26 décembre 1822, une excellente note, dans laquelle il lui expose les motifs du refus de la médiation : c'est le dernier acte du ministère de M. de Montmorency.

La raison officielle de la démission de M. le duc de Montmorency est encore un mystère. M. de Montmorency avoit-il pris à Vérone des engagements que M. de Villèle ne jugea pas à propos de remplir? vouloit-il, en cas de guerre, la coopération immédiate et matérielle des alliés? Nous ne le croyons pas ; nous croyons plutôt à l'incompatibilité des caractères. M. de Montmorency conservoit le souvenir de la manière dont M. de Villèle étoit entré dans la présidence; d'autant plus que le duc Mathieu, au moment de son départ pour Vienne, avoit su par S. M. même que cette présidence étoit donnée : il n'avoit pas remis sa place; il l'avoit gardée par la conscience de l'utilité dont il pouvoit être. M. de Montmorency n'étoit point sans ambition, passion légitime dans un homme de son nom et de son mérite : il avoit de l'esprit et de l'instruction ; élevé dans la grande école d'où sortit Mirabeau, son élocution étoit naturelle et persuasive; on croyoit entendre la voix de ses bonnes actions. Noble et calme à la tribune, il appartenoit à une race qui ne se trouble point et qui, forcée seulement de changer de grandeur, étoit allée des rois à Dieu. S'il parloit avec autorité de la foi du connétable, ses convictions religieuses étoient tempérées par la douceur de son caractère et par sa bienveillance. Sa figure étoit pâle et sereine; un charme de jeunesse ne s'étoit point effacé de son front demi-chauve : une imagination caressante et vive répandoit sur ses mœurs sérieuses la gracieuseté du sourire. Il conservoit des amitiés illustres, dont il combattoit les opinions avec une austérité tolérante qui accroissoit l'attachement par l'estime. On sentoit qu'au moment du grand sacrifice, il auroit pu, comme Henri II, duc de Montmorency, écrire à ses amis : « Mon cher cœur, je vous dis le dernier adieu avec la même affection qui a toujours été entre nous. »

M. de Villèle et M. de Montmorency, placés si haut et si discordants entre eux, ne pouvoient guère aller longtemps ensemble : il ne fallut qu'un prétexte pour les séparer. On affirme qu'ils se brouillèrent sur la question du rappel immédiat de M. de Lagarde. Ce qu'il y a d'étrange, le jour même où la démission du duc Mathieu fut connue, on connut aussi la dépêche de M. de Villèle, dans laquelle il s'exprime sur le gouvernement des cortès comme l'auroient pu faire la Prusse, l'Autriche et la Russie. M. de Montmorency s'éloigna, et fut regretté de tous les hommes de bien en Europe.

Ayant quitté Vérone le 13 décembre 1822, nous arrivâmes à Paris le 17. Nous nous empressâmes de rendre compte à M. de Villèle de notre dernière conversation avec M. le prince de Metternich, du peu d'envie que celui-ci avoit de la guerre, de son désir de voir le cabinet des Tuileries suivre des voies pacifiques, tant par la crainte qu'il nourrissoit de nos succès que par celle qu'il ressentoit d'un mouvement de la Russie. Nous trouvâmes M. de Villèle extrêmement bien pour nous et très-satisfait de notre correspondance, mais inquiet sur sa position.

M. de Polignac nous vint chercher : il nous avertit qu'une division existoit entre le ministre des affaires étrangères et le président du conseil. Nous lui déclarâmes que notre sort étoit lié à celui de M. de Villèle depuis que nous avions arrangé l'affaire de son premier ministère, comme lui, M. de Polignac, le savoit, et comme les remerciements de M. de Richelieu, consignés dans un billet que nous possédons encore, l'attestoient; qu'à partir de ce moment nous avions toujours trouvé M. de Villèle loyal. M. de Polignac, nous parlant de nos travaux à Vérone, des prétentions que nous pouvions avoir, des bruits répandus d'un dissentiment entre nous et M. de Montmorency, nous lui répondîmes que nous étions si loin d'ambitionner la place du noble duc et de vouloir rester en France pour échauffer les partis, que nous allions sur-le-champ retourner à Londres.

Nous hâtâmes les préparatifs de notre départ; il ne nous restoit presque plus qu'à monter en voiture, lorsque deux mots de M. de Villèle nous apprirent la démission de M. de Montmorency. M. de Villèle nous proposoit le portefeuille par ordre du roi. Nous passâmes la nuit dans un trouble incroyable : le 26 au matin, nous écrivîmes à M. de Villèle la lettre suivante :

« Mon cher ami, la nuit porte conseil : il ne seroit bon ni pour vous ni pour moi que j'acceptasse dans ce moment le portefeuille des affaires étrangères. Vous avez été excellent pour moi, et je n'ai pas toujours eu à me louer de M. de Montmorency ; mais enfin il passe pour être mon ami : il y auroit quelque chose de déloyal à moi à prendre sa place, surtout après tous les bruits qui ont couru : on n'a cessé de dire que je voulois le renverser, que je cabalois contre lui, etc., etc. S'il étoit resté dans un coin du ministère, ou que le roi lui donnât une immense retraite, comme la place de grand-veneur, les choses changeroient de face; mais alors il resteroit encore des difficultés.

« Vous savez, mon cher ami, combien je vous suis dévoué : j'ai le bonheur de vous servir assez puissamment auprès de cette partie des royalistes qui sont opposés à votre système. Je les tempère, je les arrête et je les retiens, par la confiance qu'ils ont en moi, dans les bornes d'une juste modération; mais je perdrois à l'instant toute mon influence si j'entrois au ministère sans amener avec moi deux ou trois hommes, de ces hommes qu'il est si facile de désarmer, mais qui seront extrêmement dangereux à la session prochaine si vous ne pouvez pas vous arranger avec eux. Croyez bien, mon cher ami, que le moment est critique. Vous pouvez rester vingt ans où vous êtes et porter la France au plus haut point de prospérité, ou vous pouvez tomber avant deux mois et nous replonger tous dans le chaos. Cela dépend absolument de vous et du parti que vous allez prendre. Je vous en conjure au nom de l'amitié et de ma fidélité politique, profitez de l'occasion qui se présente pour consolider votre ouvrage. Au reste, j'approuve fort que vous preniez le portefeuille des affaires étrangères, comme vous l'aviez, *par intérim*. Cela vous donnera le temps de voir venir et d'arranger les affaires. Je dois vous dire aussi avec franchise qu'il y a tel ministre des affaires étrangères que vous pourriez choisir sous lequel je ne pourrois servir, et ma démission seroit un grand mal dans ce moment. Voilà, mon cher ami, une partie des mille choses que j'ai à vous dire. Nous nous verrons, nous causerons. Soyez persuadé, au reste, de cette vérité, c'est que mon sort politique est lié au vôtre, et que je reste ou tombe avec vous. »

En échange de cette lettre, M. de Villèle nous fit tenir ce billet :

« Je reçois votre lettre, mon cher Chateaubriand, et ne puis me décider à la porter au roi avant de vous avoir vu : pouvez-vous me recevoir un moment avant une heure?

« De cœur, tout à vous,

« J. Villèle. »

Nous vîmes M. de Villèle ; nous lui fîmes toutes les objections qui nous parurent propres à le convaincre de nous laisser partir. Il alla chez le roi ; le roi nous envoya chercher : il nous retint une heure, lui ayant la bonté de nous prêcher, nous lui résistant avec respect ; il finit par nous dire : « Acceptez, je vous l'ordonne. » Nous obéîmes, mais avec un véritable regret, car nous sentîmes à l'instant que nous péririons dans le ministère. Le mardi 1ᵉʳ janvier 1823 nous passâmes les ponts, et nous allâmes coucher dans ce lit de ministre qui n'étoit pas fait pour nous ; lit où l'on ne dort guère, où l'on reste peu.

Ainsi, il est faux que nous ayons voulu la chute de M. de Montmorency. Aux affaires étrangères, en allant prendre mes passeports pour Londres, je rencontrai M. Bourjot ; je lui dis que bien qu'on parlât de moi pour ministre, j'étois loin encore d'avoir consenti à remplacer un homme du mérite de M. de Montmorency. Tout changement dans le personnel des affaires amène des contentions : celui qui sort a des partisans qui blâment celui qui entre. Cela est tout simple et n'intéresse que les deux ministres ; le public ne s'occupe pas ou rit de ces misérables contestes. Nous ne conservons pas le moindre souvenir désagréable de tout ce qui a pu se dire alors ; nous tenions seulement à prouver que notre vénération pour M. de Montmorency avoit été aussi grande et aussi complète qu'elle pouvoit l'être. Le duc Mathieu étoit comme moi au-dessus de ces animations politiques, et il l'a prouvé. Dans un billet de 1821, en m'annonçant qu'il étoit nommé ministre des affaires étrangères, il me disoit : « Vous devez croire au sincère dévouement de celui qui vous est attaché depuis longtemps, et qui ne peut qu'être reconnoissant de la manière dont vous l'avez souvent mis en avant. » Il m'écrivoit le 27 février 1823, deux mois après mon entrée au ministère : « Je ne veux pas attendre, noble vicomte, le premier jour où je serai sûr de vous trouver, pour vous remercier de la manière trop flatteuse dont vous avez parlé de moi dans votre grand discours. Je suis malheureusement arrivé trop tard pour l'entendre : je viens de le lire avec un extrême intérêt. Vous avez été spécialement heureux surtout en ce qui regarde l'Angleterre, et c'est un point essentiel.

« Au reste, pour ménager les intérêts de ce côté comme de tous les autres, permettez-moi de vous dire ce que j'espère être aussi dans votre pensée : *Hâtons-nous* d'agir vis-à-vis de l'Espagne. »

XXXVI.

Louis XVIII. — Son peu de penchant pour nous.

M. de Villèle, en nous offrant le ministère de la part du monarque, s'étoit exprimé avec une amitié modeste, car, loin de trouver Sa Majesté disposée en notre faveur, il avoit eu toutes les peines du monde à déterminer sa volonté : les rois n'ont pas plus d'attrait pour nous que nous n'en avons pour eux ; nous les avons servis de notre mieux, mais sans intérêt et sans illusion. Louis XVIII nous détestoit ; il avoit à notre endroit de la jalousie *littéraire*. S'il n'eût été roi, il auroit été membre de l'Académie, et il étoit féru à l'esprit de l'antipathie des classiques contre les romantiques. Sa Majesté nous connoissoit peu : nous lui cédions très-volontiers la palme ; nous ne disputons rien à personne, pas même à un poëte porte-sceptre ; nous ne sachons pas un homme de lettres derrière lequel nous ne soyons très-sincèrement et très-humblement disposé à nous éclipser.

Cependant nous parvînmes à plaire au roi plus qu'on n'auroit pu le penser, et de manière à faire peur de notre crédit à nos collègues. S. M. s'endormoit souvent au conseil, et elle avoit bien raison ; si elle ne dormoit pas, elle racontoit des histoires. Elle avoit un talent de mime admirable : cela n'amusoit pas M. de Villèle, qui vouloit faire des affaires. M. de Corbière mettoit sur la table ses coudes, sa boîte à tabac et son mouchoir bleu ; les autres ministres écoutoient silencieusement. Nous, nous ne pouvions nous empêcher de nous divertir des récits de Sa Majesté ; le roi étoit visiblement charmé. Quand il s'aperçut de son succès, avant de commencer une histoire, il y cherchoit une excuse, et disoit avec sa petite voix claire : « Je vais faire rire M. de Chateaubriand ; » et en effet, nous étions dans cette occasion courtisan si naturel, que nous riions comme si nous en avions reçu l'ordre.

Au reste, M. de Villèle n'amena Sa Majesté à nous choisir que parce qu'elle n'avoit guère plus de penchant pour M. de Montmorency que pour nous. Une tradition parmi nos rois est la défiance des noms ; défiance qu'ils se transmettent de règne en règne : leur mémoire tenace se souvient des guerres des grands vassaux : ils gagent des nobles pour domestiques ; ils les veulent dans leur garde-robe, ils les craignent dans leurs conseils.

M. de Montmorency déplaisoit à Louis XVIII par sa vie ancienne et par sa vie nouvelle, par ses opinions passées et par ses vertus présentes.

XXXVII.

Histoire des sociétés secrètes en France. — Proclamation de l'armée des hommes libres. — Tous les partis ont eu des hommes sur le sol étranger.

Nous ne fûmes pas p us tôt installé au ministère que nous reprîmes les idées qui nous avoient préoccupé à Londres et à Vérone : nous résolûmes de pousser à la stabilité de la Restauration et à la grandeur de la France, puisque nous étions dans un poste d'où nous pouvions agir avec efficacité. En homme de conscience et voulant nous assurer à fond de la justice de la cause, nous nous mîmes à revoir les faits et les événements; nous nous convainquîmes plus que jamais du péril dont la monarchie étoit environnée. Les preuves de la trahison surabondoient.

Les sociétés secrètes avoient commencé en France dès la dernière chute de Bonaparte, en 1815. La police découvrit successivement les sociétés de l'*Épingle noire,* des *Patriotes de* 1816, des *Vautours de Bonaparte,* des *Chevaliers du soleil,* des *Patriotes européens réformés,* et celle de la *Régénération universelle.* Chansons, discours, brochures, charte Touquet, caricatures, éditions compactes impies et philosophiques, tout entra comme éléments empoisonnés dans ces sociétés dissolvantes. On s'y enrôloit en le sachant, ou l'on s'y trouvoit engagé sans le savoir : toutes ne se pouvant guère prouver, on en rit, et elles étoient vraies. Ceux qui n'y croyoient pas passoient en public pour des esprits judicieux et gouvernementaux; ceux qui tenoient à ces sociétés se moquoient entre eux de ces capacités fortes, et les attrapoient comme des imbéciles. De vastes conspirations en 1816 embrassèrent Paris, les départements de l'Isère, du Rhône et de la Sarthe. Ces réunions se perfectionnèrent en 1820, en s'affiliant aux *carbonari* d'Italie, qui produisirent en Espagne les *comuneros.* Les insurrections napolitaine et piémontaise firent mieux connoître ces carbonari, dont les principes, d'abord monarchiques pour repousser la domination de Bonaparte, devinrent graduellement ceux des jacobins de la France.

Les diverses sociétés sus-mentionnées se fondirent à Paris dans celle des *carbonari.* Les carbonari étoient divisés en sections, appelées cercles ou ventes; il y avoit des ventes particulières et des ventes centrales, de hautes ventes, avec une vente suprême ou comité directeur. On ne pouvoit être admis au premier degré de l'association, la vente particulière, que sur le témoignage de carbonari éprouvés; il falloit justifier de haine pour la légitimité, à moins qu'on ne fût militaire à demi-solde ou en retraite : les preuves de haine étoient alors censées faites.

La vente particulière ne dépassoit pas le nombre de vingt membres surnommés *bons cousins.* Étoit-on découvert, on étoit *dans la loi.* Les députés de vingt ventes particulières composoient une vente centrale; celle-ci communiquoit par un député avec la haute vente, laquelle à son tour, par un émissaire, recevoit l'ordre de la vente suprême ou du comité directeur. Chaque carbonaro ne connoissoit que les membres de sa vente.

Tout *carbonaro,* aux termes de l'article 55 des statuts, *doit garder le secret de l'existence de la charbonnerie, de ses signes, de son règlement et de son but envers les* PAÏENS.

Article 60, titre V : *Le parjure, toutes les fois qu'il aura pour effet de révéler le secret de la charbonnerie, sera puni de mort.* Il est jugé secrètement ; un des bons cousins est désigné au sort pour le frapper.

Les carbonari n'écrivoient point, ils ne communiquoient entre eux que par la parole ; ils se révéloient les uns aux autres, au moyen de demi-cartes découpées qui s'adaptoient à d'autres demi-cartes. Ils avoient des mots de passe et d'ordre, des signes de la main et des bras ; tantôt par la jonction des doigts ils formoient les lettres C et N doubles ; tantôt ils prononçoient les mots *speranza* et *fede* ; ils se séparoient les syllabes *ca-ri-ta*. Les Lettres C et N doubles signifioient Jésus-Christ et son Père ; la foi, l'espérance et la charité étoient leur interprétation mystérieuse. Ces athées marchoient sous l'étendard des chrétiens ; toutes les révolutions du globe viennent se ranger sous ce *labarum*, qui a donné le signal du changement de la terre. Le carbonarisme venoit de l'Italie, et la madone saluée des piferari dans les bois avoit présidé à la liberté.

Les carbonari s'engageoient d'obéir aveuglément à la vente suprême ; ils devoient être munis d'un fusil, d'une baïonnette et de vingt-cinq cartouches ; ils avoient des poignards ; ils versoient à la caisse commune cinq francs, lors de leur admission, et un franc par mois. Leur nombre s'élevoit en France à plus de soixante mille. Les membres invisibles de la vente suprême se tenoient au fond d'un sanctuaire impénétrable. De ce saint des saints, ils envoyoient à la mort les carbonari vulgaires, leur promettant des larmes bruyantes et un tombeau fréquenté.

Dans le cours de 1821, trente-cinq préfets dénoncèrent des sociétés de carbonari. Paris avoit des centaines de ventes : *la Victorieuse, la Sincère, la Réussite, la Washington, la Bélisaire, la Westermann, les Amis de la Vérité*. Elles se tenoient dans des caves sombres, dans des chambres mystérieuses, dans des greniers inconnus, comme des sabbats. Des espèces de conscrits pour les émeutes étoient payés à ciel ouvert, et les détenus recevoient des secours dans les prisons. Les troubles du mois de juin 1819 et la conspiration du 19 août 1820 commencèrent l'action des affiliés. Au mois de décembre 1820, l'évasion du colonel Duvergier eut lieu ; des carbonari françois se mirent en route, afin d'aller secourir les frères de *la Fontaine d'or*. De Madrid ils devoient revenir avec les Espagnols sur les frontières de France, sous le drapeau tricolore. Ils infestèrent en passant notre cordon sanitaire.

Ces ventes, dont les simagrées étoient puériles, afin d'enflammer l'imagination romanesque des jeunes candidats, avoient, par leur nature latente et volcanique, assez de puissance pour briser le monde : appliquées au foible trône des Bourbons, elles pouvoient le faire sauter en l'air ; heureusement le caractère françois n'est pas propre aux forces secrètes ; nous ne savons pas, comme les Allemands, nous réunir au clair de la lune, dans les murs ébréchés d'un vieux château ; nous ne nous assemblons pas dans les forêts des Apennins, dans les cavernes baignées des flots déserts de l'Adriatique, comme les Italiens, pour rêver avenir ; nous ne nous retirons pas, comme les Espagnols, dans le creux de nos complots et le silence de notre espoir, sous les palmiers de Murcie *la trois fois couronnée*. Le poignard sur lequel nous prêtons serment n'est que le brin de paille de cette féodalité bourgeoise qui nous ensaisine ou nous met en possession d'un parjure envers nos rois : pour nous dégager, il suffit de le rompre et de le jeter par-dessus notre tête : *exfestucatio*.

Du mois de décembre 1820 au 16 mars 1821, versement de fonds, comité d'action militaire, maniement d'armes, avortement des reconnoissances du général Berton ; les départements de l'ouest et du midi sont minés ; affaire de Belfort ; les soldats sont surpris descendant en armes ; tout est dissipé : le général La Fayette s'enfuit après avoir paru un moment.

A Joigny, même manœuvre. Cugnet de Montarlot et un officier de l'ancienne garde recrutent sur la frontière des Pyrénées. A Marseille et à Toulon, on se prépare à marcher sur Paris. Valléé est saisi et exécuté : il portoit sur lui un écrit déchiré en soixante-trois morceaux. A Saumur, Delon et Sirejean sont condamnés à la peine de mort. L'Est doit se soulever ; un ex-général est garant du succès ; il parcourt des provinces et des communes. A Strasbourg, des sergents et des caporaux s'agitent. Il se fonde une vente dans le 45ᵉ régiment de ligne. Ce régiment part de Paris pour La Rochelle, le 21 janvier : la conspiration se continue en route et à La Rochelle même. Au bas d'une liste des noms des jurés, on lisoit : *Le sang veut du sang* : au-dessous des noms des jurés se trouvoit écrit le mot *poignard* et le mot *mort* : Bories fut conduit à la place des sacrifices. Élevés dans les ventes de Paris, ses compagnons, muets et consternés, se rangent en haie sur son passage : sang généreux inutilement versé, inutilement déploré, et à qui la gloire promettoit son éclat sur nos frontières.

C'est grand'pitié : tous les partis ont aujourd'hui des tombeaux, et presque aucun de ces tombeaux n'attire la vénération complète des hommes. La société quelconque que l'on veut tuer tue ; représaille naturelle ; mais quand le moment de la conspiration est passé, il ne reste qu'un peu de cendres ; et comme rien ne s'est amélioré dans la société vengée, elle en est aux regrets.

L'Espagne, depuis plusieurs années, s'étoit liée à nos factions ; elle avoit, on ne sait pourquoi, pris parti contre la légitimité ; elle s'étoit hâtée d'imiter nos constitutions, qui pourtant ne lui avoient apporté que des malheurs. Chériroit-on des adversités par le seul motif qu'elles semblent nous rendre célèbres? Le bruit subjugue la raison humaine : l'illusion de la renommée nous dépouille du bon sens.

Vous avez déjà vu les députations de nos ventes aux associés de *la Fontaine d'or*, et leurs sourds travaux dans notre cordon sanitaire. *L'Observateur espagnol*, dans sa feuille du 1er octobre 1822, avant même l'ouverture du congrès de Vérone, a ces paroles :

« L'épée de Damoclès qui est suspendue sur la tête des Bourbons va bientôt les atteindre. Nos moyens de vengeance sont de toute évidence. Outre la vaillante armée espagnole, n'avons-nous pas dans cette armée sanitaire dix mille chevaliers de la liberté, prêts à se joindre à leurs anciens officiers, et à tourner leurs armes contre les oppresseurs de la France ? N'avons-nous pas plus de cent mille de ces chevaliers dans l'intérieur de ce royaume, dont vingt-cinq mille au moins dans l'armée, et plus de mille dans la garde royale ? N'avons-nous pas pour nous cette haine irascible que les neuf dixièmes de la France ont vouée à d'exécrables tyrans. »

Dans la même feuille du 9 février 1823, le gouvernement de Louis XVIII est traité d'*infâme ;* elle nous apprend qu'un général françois, en non-activité, écrit que *le premier coup de canon tiré contre les Espagnols sera le signal de la chute des Bourbons*. Louis XIV fit la guerre à la Hollande pour des injures moins menaçantes. Des lettres interceptées dévoilent le plan : il s'agit de former des corps sous le pavillon tricolore et de proclamer Napoléon II. Les ministres espagnols sont représentés comme se prêtant à ces mesures, recommandant seulement aux conjurés de ne pas aller trop vite. *L'Observateur espagnol,* journal avoué du gouvernement de Madrid, annonce positivement que l'impératrice Marie-Louise sera invitée à présider la *régence*. Si l'invasion a lieu, assure cette feuille, *nous verrons des choses étonnantes.*

Un homme fut arrêté à Perpignan ; on trouva sur lui plusieurs exemplaires d'une proclamation et d'un manifeste où le parti achève de mettre au jour sa pensée. Voici ces deux pièces, elles lèveroient seules tous les doutes s'il en pouvoit exister. Nous les transcrivons textuellement du *Moniteur,* avec quelques réflexions de ce journal.

*Au grand quartier général de l'armée des hommes libres,
sur les monts Pyrénées, le   1823.*

« François,

« L'époque est près de nous à laquelle vous fûtes appelés, par les destinées des grandes nations, à apprendre à votre tour au monde entier ce que peut sur les grandes âmes l'amour de la patrie et de l'indépendance nationale; vous combattîtes sans cesse avec succès l'hydre du despotisme armée contre vous, en un seul jour, sur tous les points de l'Europe; en vain les hordes du Nord, en vain les manœuvres machiavéliques de la superbe Albion tentèrent de lasser votre constance et votre courage : vous étonnâtes par des prodiges multipliés de valeur les pervers qui s'étoient flattés, dans leur orgueil, de n'avoir qu'à se présenter pour vous imposer le joug et vous faire entrer de nouveau sous la puissance féodale; vous ne répondîtes à leurs cris sacriléges de devoir et de soumission que par les cris sacrés de liberté et de patrie; vivre libres ou mourir fut votre devise; elle vous conduisit toujours dans les sentiers de la gloire; vous vécûtes, vos ennemis pâlirent, le fanatisme et la féodalité brisèrent leurs flambeaux et leurs chaînes dans le désespoir sanglant de la rage et de la mort.

« Ce seroit un spectacle bien étonnant pour les générations présentes et futures que de vous voir en ce jour l'instrument aveugle de la tyrannie contre une nation non moins grande que généreuse, qui, longtemps admiratrice de vos vertus, a osé marcher sur vos traces! François, nous courons à vous, non comme ennemis, mais comme frères; nous sommes en présence et en armes. Quel est celui d'entre vous, s'il s'honore du nom de François, qui ne frémira point avant de lancer le feu meurtrier qui, en quelque endroit qu'il soit dirigé, ne peut qu'atteindre un homme libre?

« Les puissances étrangères, après s'être efforcées d'effacer votre gloire, qu'elles n'ont pu seulement ternir, osent vous commander la honte et le déshonneur : vainqueurs de Fleurus, d'Iéna, d'Austerlitz et de Wagram, vous laisserez-vous aller à leurs insinuations perfides? Scellerez-vous de votre sang l'infamie dont on veut vous couvrir, et la servitude de l'Europe entière? Obéirez-vous à la voix des tyrans pour combattre contre vos droits, au lieu de les défendre; et ne viendrez-vous dans nos rangs que pour y porter la destruction et la mort, lorsqu'ils vous sont ouverts pour la liberté sainte, qui vous appelle du haut de l'enseigne tricolore qui flotte sur les monts Pyrénées, et dont elle brûle d'ombrager encore une fois vos nobles fronts, couverts de tant d'honorables cicatrices ?...

« Braves de toute arme de l'armée françoise, qui conservez encore dans votre sein l'étincelle du feu sacré! c'est à vous que nous faisons un généreux appel; embrassez avec nous la cause majestueuse des peuples contre celle d'une poignée d'oppresseurs; la patrie, l'honneur, votre propre intérêt le commandent : venez, vous trouverez dans nos rangs tout ce qui constitue la force, et des compatriotes, des compagnons d'armes, qui jurent de défendre jusqu'à la dernière goutte de leur sang leurs droits, la liberté, l'indépendance nationale.

« *Vive la liberté ! Vive Napoléon II ! Vivent les braves !* »

Au grand quartier général de l'armée des hommes libres, sur les monts Pyrénées, le   1823.

MANIFESTE A LA NATION FRANÇOISE.

« François !

« Les puissances étrangères proclamèrent en 1815, à la face de l'Europe, qu'elles ne s'étoient armées que contre Napoléon ; qu'elles vouloient respecter notre indépendance et le droit qu'a toute nation de se choisir un gouvernement conforme à ses mœurs et à ses intérêts.

« Cependant, au mépris d'une déclaration si formelle, la force armée envahit notre territoire, occupa notre capitale, et nous imposa la loi d'adopter, sans choix, le gouvernement de Louis-Xavier-Stanislas de France. Par suite d'un tel attentat à la souveraineté de la nation, un simulacre de constitution nous fut illégalement donné sous le nom de charte constitutionnelle, et la même puissance qui nous contraignit de l'accepter en a par la suite neutralisé ouvertement tous les effets.

« La haine prononcée contre Napoléon ne fut qu'un prétexte dont se servirent les souverains de l'Europe pour voiler leurs vues ambitieuses ; l'énergie de la grande nation étoit un trop grand obstacle au rétablissement du système général de despotisme discuté dans le cabinet du roi, il falloit en prolonger l'action, et le seul moyen d'y parvenir, c'étoit d'abord de la séduire, ensuite de la tromper et de la réduire : sur ces bases déjà établies reposa le grand conseil des souverains, sous le nom de *Sainte-Alliance*, qui ne peut s'expliquer autrement que par ces mots : *Coalition des tyrans contre les peuples*. L'invasion de la Pologne, celle de l'Italie et les calamités dont gémit l'Espagne depuis la rentrée de Ferdinand, menacée à son tour d'être envahie, sont une conséquence de ce principe.

« Par ces motifs, vu les derniers actes de la chambre des représentants du peuple françois du mois de juillet 1815 ;

« Vu la loi concernant les droits de la nation françoise, dudit mois, et les constitutions de l'État qui appellent au trône de France Napoléon II ;

« Vu la déclaration des mêmes représentants, dans la séance du 5 juillet, concernant les droits des François et les principes fondamentaux de leur constitution, par laquelle tous les pouvoirs émanent du peuple, attendu que la souveraineté du peuple se compose de la réunion des droits de tous les citoyens ;

« Vu également la déclaration de la chambre des représentants dudit jour, qui porte que le gouvernement françois, quel qu'en puisse être le chef, doit réunir tous les vœux de la nation légalement émis ; qu'un monarque ne peut offrir des garanties réelles s'il ne jure d'observer une constitution délibérée par la représentation nationale et acceptée par le peuple ; que tout gouvernement qui n'auroit d'autre titre que les acclamations et les volontés d'un parti, ou qui seroit imposé par la force, que tout gouvernement qui n'adopteroit pas les couleurs nationales n'auroit qu'une existence éphémère et n'assureroit point la tranquillité de la France et de l'Europe ;

« Que si les bases énoncées dans cette déclaration pouvoient être méconnues ou violées, les représentants du peuple françois, s'acquittant d'un devoir sacré, protestent d'avance, à la face du monde entier, contre la violence et l'usurpation ; ils confient le maintien des dispositions qu'ils proclament à tous les bons François, à tous les cœurs généreux, à tous les esprits éclairés, à tous les hommes jaloux de leur liberté, enfin aux générations futures ;

« Nous, soussignés, François et hommes libres, réunis sur le sommet des Pyrénées et sur le sol françois, composant le conseil de régence de Napoléon II, protestons contre la légitimité de Louis XVIII, et contre tous les actes de son gouvernement attentatoires à la liberté et à l'indépendance de la nation françoise.

« En conséquence, nous déclarons comme antinational tout attentat émané de Louis XVIII ou de son gouvernement contre l'indépendance de la nation espagnole.

« François, un homme généreux a osé faire parvenir jusqu'au trône ces paroles mémorables : *Les peuples se relèvent des grandes chutes!* Ces paroles ont retenti dans toute la France, et l'heure est enfin arrivée où la prophétie doit s'accomplir. François, obéirez-vous à la voix des tyrans qui veulent sceller de votre sang l'opprobre et l'infamie dont ils tentent de vous couvrir, pour vous punir d'avoir été assez grands que de porter dans le xviiie siècle les premiers germes de la liberté sur tous les points de l'Europe? Non, vous céderez à cette voix plus forte qui parle à vos cœurs magnanimes, et qui vous commande de vous réunir à nous sous les bannières sacrées de l'honneur, où on ne lit pour devise que *liberté, gloire et patrie*.

« François, les intentions de la Sainte-Alliance ne vous sont point méconnues ; rappelez-vous que vous apprîtes, en 1792, à l'Europe étonnée ce que peut une nation qui veut la liberté. Nous vous rapportons l'étendard tricolore, signal de votre réveil, au même instant où, du sommet des Pyrénées, des âmes fortes et des bras nerveux lancent la bombe libérale qui va faire trembler les rois absolus sur leurs trônes, déjà ébranlés par la justice de l'opinion publique. Unissez-vous à nous pour concourir à honorer de nouveau l'ordre social. C'est du grand quartier général de l'armée des hommes libres que nous vous faisons un appel unanime. Venez, vous n'y trouverez que des amis et des frères, qui jurent de ne reconnoître et ne proclamer comme le plus puissant roi de l'Europe que le souverain le plus constitutionnel. Telle est la force et la volonté des lumières du siècle.

« *Les membres du conseil de régence de Napoléon II.* »

A la suite de cette dernière pièce imprimée se trouve, écrit à la main, et en forme d'instruction la note suivante :

« *Nota.* Le présent manifeste ne sera livré au public, ainsi que la proclamation à l'armée, qu'au commencement des hostilités ; et alors seulement on connoîtra le nom des signataires. Il seroit impolitique de faire paroître ces deux pièces avant cette époque. Il convient cependant que les sociétés secrètes en aient connoissance, afin qu'elles agissent dans le même sens que nous, et qu'elles préparent dès aujourd'hui dans l'intérieur de la France les éléments pour cela. »

Après les pièces, le Moniteur ajoute :

« Est-ce clair ?

« La dernière preuve de ces complots manquoit encore, et elle a été donnée. L'action devoit suivre la parole pour rendre évidente à tous les yeux la sagesse de nos précautions et la légitimité de notre défense. Tout le monde sait qu'une troupe de transfuges attend nos soldats à l'avant-garde de l'armée de Mina ; nous savions qu'un détachement de cette troupe étoit parti de Bilbao, au cri de *vive Napoléon II!* et portant l'uniforme de la garde du ci-devant empereur. Enfin, sur qui le premier coup de canon a-t-il été tiré en Espagne ? Sur des hommes qui crioient *vive Napoléon II!* Quel est le premier signe ennemi qu'on a rencontré? L'aigle et le drapeau tricolore.

« Voilà des faits que ne détruiront jamais les sophismes révolutionnaires. Notre droit de prendre les armes contre une faction qui voudroit nous replonger dans l'abîme n'est que trop prouvé, à moins que l'on veuille qu'un gouvernement se laisse stupidement détruire, qu'il attende sa chute pour démontrer qu'il étoit en péril. »

Ce manifeste, comme jadis celui du duc de Brunswick, étoit précis; il ne laissoit plus le choix libre. Nous n'avions pas certainement besoin de cette provocation directe pour nous déterminer à la guerre; mais enfin il est utile à l'histoire de rassembler ces faits épars : si dans un temps donné on s'occupe encore de ces choses qui s'effacent, la postérité saura du moins que le trône des Bourbons avoit toutes les raisons d'avenir et tous les motifs du moment pour attaquer et se défendre. On souffre de tant de jactance si peu soutenue. Mais lorsque l'Angleterre disoit qu'elle ne voyoit pas *clairement* de quoi nous avions à nous plaindre; qu'elle seroit heureuse que nous lui exposions nos griefs, et que nous vinssions, avec l'Espagne, plaider à son tribunal paternel, nous étions tenté de lui jeter le croc de fer de Clovis à la figure.

Nous ne mentionnerons point les trois violations du territoire françois avant la déclaration de guerre : elles auroient certes suffi pour légitimer cette déclaration; elles montroient le mépris dans lequel la légitimité étoit tombée, puisque les Espagnols même ne craignoient pas de l'insulter; force nous étoit de tirer l'épée ou de mourir dans la honte.

Et pourtant comment agir? Que de périls à braver! L'armée du roi étoit travaillée en tous sens. Quand la guerre devint plus probable, les complots furent ajournés jusqu'au premier coup de fusil, persuadé qu'on étoit qu'en face des troupes constitutionnelles des cortès il seroit plus facile d'amener un mouvement parmi les soldats françois. On nous avertissoit à chaque moment; des personnes qui tenoient à la conspiration générale, mais qui nous conservoient une bienveillance exceptionnelle, ne cessoient de nous écrire; elles nous demandoient des rendez-vous; elles nous disoient : « Mais vous ne voyez donc pas ce qui se passe; que cette armée rassemblée par vous est contre vous; que nous sommes sûrs du triomphe; que nous rions de vous voir vous perdre comme un enfant; que nous nous raillons de votre candeur? Vous ne savez donc pas que tel général vous trahit, que tel autre est trompé; on le pousse à vous servir pour vous perdre. Personne ne veut plus de la restauration : les alliés sont secrètement de notre bord;

l'Angleterre est avec nous; elle se déclarera dès que vous aurez mis le pied en Espagne. Quittez vite tout cela; donnez votre démission; éloignez-vous, lorsque vous en avez encore le temps : laissez périr un vieux vaisseau qui va couler bas sous vous. »

Capitaine, non de nom, mais de fait, nous voulûmes périr avec le vaisseau et y rester le dernier : nous ne fîmes point usage de ces avis contre ceux qui nous les donnoient, persuadé qu'on ne sauve point un État par des arrestations de police. Dans tous les cas, nous aimions mieux jouer le va-tout de la restauration que de vivre dans des appréhensions perpétuelles : nous disions de la monarchie de Henri IV ce que Henri IV disoit de sa personne : « On ne meurt qu'une fois. »

Les faits contenus dans le rapport de M. de Marchangy sur les sociétés secrètes ne peuvent plus se nier; les conspirations ne peuvent plus être placées au rang des fables, aujourd'hui qu'on les avoue et qu'on s'en vante. Nous tenons d'un député estimé, lequel dans ce temps-là appartenoit aux ventes, qu'au moment où le rapport de M. de Marchangy parut, il fut trouvé si exact par les affidés, qu'ils condamnèrent le rapporteur à mort. La personne dont nous tenons ces détails s'opposa à l'exécution de l'arrêt[1]. Ce n'est pas nous qui, entendant les coups de marteau, voyant bâtir l'échafaud, dresser la machine de la mort, étions assez bonhomme pour croire les benins initiés, lorsqu'ils s'écrioient : « Des conspirations? Quelle sottise! Personne ne pense à conspirer! Personne n'en veut à la légitimité. Ce qui vous fait peur est un théâtre que l'on prépare pour une représentation de marionnettes! »

Nous n'aimions ni n'admirions les *Fantoccini* de 1793.

Mais s'il est vrai que ces conspirations existoient avant la guerre d'Espagne, il est encore certain qu'elles cessèrent avec cette guerre. Les vanteries, depuis les journées de juillet, sur la comédie de quinze ans, sont des satisfactions d'hommes en sûreté; au moment de la chute de la légitimité, personne ne conspiroit : c'est elle qui s'est précipitée de gaieté de cœur. N'a-t-elle pas pris la chambre, en 1830, pour une chambre d'ennemis? Il ne s'agissoit que de choisir trois ou quatre hommes, lesquels mouroient d'envie d'être ministres, et qui avoient pour l'être les talents nécessaires. Voilà ce que la légitimité n'a jamais voulu comprendre : la susceptibilité trop naturelle de ses malheurs

---

1. Voyez encore sur les sociétés secrètes les aveux de M. Andryane, au commencement du tome Ier de son intéressant ouvrage, intitulé : *Mémoires d'un prisonnier d'État au Spielberg.*

l'oblige aujourd'hui d'admettre l'existence des conspirations imaginaires qui la consolent et l'excusent.

Il faut distinguer les dates : autant les machinations étoient déjouées à la fin de la guerre d'Espagne, autant elles étoient menaçantes au commencement de cette guerre. Nous sommes persuadé du complot dont l'envoi de l'aigle à Bayonne indiqua la trace; il étoit faux quant aux personnes élevées auxquelles on vouloit le faire remonter, en s'étant servi de leur nom respectable; il étoit vrai quant à la réalité de son existence : on fit prudemment de ne pas l'approfondir. Le coup de canon de la Bidassoa changea les consciences : le poids d'un boulet heureux n'est pas de trop du côté de la fidélité. Au bord de la Bidassoa, les François que promettoit la proclamation se présentèrent : trompés par la fortune et par leurs amis, ils avoient espéré voir le drapeau blanc s'abaisser devant le drapeau tricolore, les siècles s'incliner devant leur jeunesse. Si ces gens pleins d'énergie, parmi lesquels nous avons trouvé depuis un ami, tombèrent dans une rencontre funeste, elle ne fut pas sans honneur, car l'honneur s'accroît de l'adversité. Ne disons donc plus que ceux que la fatalité entraîne à combattre leur patrie sont des misérables : en tout temps et en tout pays, depuis les Grecs jusqu'à nous, toutes les opinions se sont appuyées des forces qui pouvoient leur assurer le succès. On lira un jour dans nos *Mémoires* les idées de M. de Malesherbes sur l'émigration. Nous ne sachons pas en France un seul parti qui n'ait eu des hommes sur le sol étranger, parmi les ennemis, et marchant contre la France. Benjamin Constant, aide de camp de Bernadotte, servoit dans l'armée alliée, laquelle entra dans Paris, et Carrel a été pris les armes à la main dans les rangs espagnols. La *cause* ne change point la question : avec la *cause* on justifieroit tout : dire que l'on combat pour la liberté ou pour l'ordre, on a toujours tort, ou l'on a toujours raison.

XXXVIII.

Questions confondues. — Objections contre la guerre d'Espagne. — Réponse. — État de la Péninsule au moment du passage de la Bidassoa.

Les contradicteurs de l'expédition d'Espagne ont perpétuellement confondu deux choses : la question *françoise* et la question *espagnole*; quand la seconde n'auroit pas été aussi heureusement résolue que la première, des ministres *françois* n'étoient responsables à l'opinion *françoise* que de l'honneur et de la prospérité de la France. Nous reviendrons sur ce sujet.

On cherchoit à soulever nos peuples et notre armée, il falloit opter entre une guerre et une révolution ; la première sembla moins dispendieuse : par l'expérience déjà faite, la gloire aux François coûte moins que les malheurs.

La guerre n'a point été injuste ; nous avions le droit de l'entreprendre ; nos intérêts essentiels étoient en péril.

A Dieu ne plaise que nous considérions les calamités d'un État comme une chose insignifiante : reproche aux hommes qui, violant le droit des nations, obtiendroient la prospérité de leur pays aux dépens de la prospérité d'un autre pays ! Il étoit de notre devoir d'épargner aux Espagnols les maux inséparables de toute invasion militaire. Nous ne nous étions rien dissimulé ; nos succès devoient avoir pour le peuple de Charles Quint des inconvénients ainsi que nos revers ; mais, à tout prendre, en nous sauvant nous le délivrions du plus grand des fléaux, de la double tyrannie, démagogique et soldatesque. Pourroit-on douter de cette vérité ? Est-ce comme ennemis ou comme libérateurs que nous avons été reçus à Madrid ?

Quel étoit l'état de la Péninsule au moment du passage de la Bidassoa ? Étoit-ce une contrée tranquille, heureuse, dans laquelle nous allions porter le désordre, sous prétexte de nous mettre en sûreté contre un mal imaginaire ? La guerre civile ne s'étendoit-elle pas jusqu'aux portes de la capitale ? La Catalogne n'étoit-elle pas en armes ? Valence n'étoit-elle pas menacée d'un siége ? Le royaume de Murcie n'étoit-il point soulevé ? Ne se battoit-on point dans les rues de Madrid ? L'anarchie constituée, l'insurrection des camps reconnue en droit, l'héritier du trône mis en accusation, les prisons violées, les prisonniers égorgés, les propriétés envahies, les prêtres déportés ou noyés, les citoyens exilés, des clubs prêchant le massacre et la terreur, des sociétés secrètes remuant et corrompant tout, les colonies perdues, la marine détruite, la dette nationale accrue d'une manière effrayante, voilà l'Espagne sous le règne des cortès.

Dites-vous que peu importoit la mise en accusation de l'héritier du trône, les noyades des prêtres et le reste ? Selon vous, le genre humain devoit *marcher* ; tant pis pour ceux culbutés dans le fossé ou écrasés en route. Nous comprenons. Mais nous, mandataires de la France, nous voulions que la France *marchât* avant tout, et ces atrocités appelées *utiles* l'empêchoient d'aller à sa résurrection. Ensuite, ce que vous prenez pour un progrès étoit une descente dans un puits de sang ;

heureux si, remontés de ce trou des meurtres, après un siècle d'efforts, vous ne faisiez pas horreur! Qu'avons-nous gagné à 1793? Le Directoire, Bonaparte, la restauration, le meilleur de nos temps d'arrêt, si elle avoit su nous sauver en se sauvant.

Avons-nous usé de notre influence pour donner des institutions à l'Espagne?

Avant d'être si pleins d'amour pour les institutions des autres, il faudroit d'abord s'en donner de bonnes à soi-même et n'en pas changer tous les huit jours. Nous avons dit notre opinion sur le peuple espagnol, sur son peu d'estime pour nos libertés écrites et votées : convenoit-il au gouvernement françois de se faire le propagandiste de ces doctrines, bonnes aux yeux des uns, mauvaises au sentiment des autres, d'imiter la Convention ou Bonaparte, l'une qui mettoit bas des républiques, pour faire naître l'anarchie dans le cercle de ses prisons et de ses échafauds; l'autre qui engendroit des despotes, pour multiplier la tyrannie dans l'étendue de ses champs de bataille?

Nous souhaitons à l'Espagne ce que nous souhaitons à tous les peuples, une liberté mesurée sur le degré de lumière de ces peuples : l'illustre patrie de tant de grands hommes trouveroit dans le rétablissement de ses vieilles cortès d'immenses ressources. Un corps politique du passé, modifié peu à peu par les nouvelles mœurs, me paroîtroit assez puissant pour protéger les citoyens, créer l'administration, fonder un système de finances et rendre la force à cette noble nation, épuisée par son héroïsme. Toutefois, dans cette matière, la France n'étoit point appelée à prononcer : heureuse de ses propres libertés, elle ne pouvoit prêcher que d'exemple.

Avons-nous, du moins, usé du droit de conseil? Existe-t-il quelque document qui prouve la modération des principes dans laquelle le gouvernement françois s'est tenu à l'égard de la politique intérieure de l'Espagne?

La lettre de Louis XVIII à Ferdinand vous répondra. En fait de prévision et de conception indépendantes, personne ne peut nous en remontrer. Le siècle avance ; la démocratie s'accroît : si les caractères en décadence la peuvent supporter, les rois, à l'heure providentielle, abdiqueront volontairement ou seront obligés de se retirer. Si les peuples corrompus, sans laisser venir les jours, sans écouter personne, se jettent du haut en bas, loin de tomber dans la liberté, ils s'engloutiront dans le despotisme, et, pour dernière calamité, ce despotisme ne sera pas permanent.

XXXIX.

Rappel de M. le comte de Lagarde. — Ministère et journaux espagnols.

Tels furent les antécédents de la guerre d'Espagne.

En entrant au ministère, nous écrivîmes, selon l'usage, les lettres pour annoncer aux diverses cours notre nomination, et pour leur déclarer, aussi selon l'usage, que rien n'étoit changé dans le système politique de notre prédécesseur. Nous adressâmes un mot particulier à M. Gentz : nous connoissions son influence sur l'esprit de M. de Metternich, et nous savions que la principale contrariété nous viendroit du cabinet de Vienne.

Ces formalités diplomatiques remplies, nous rappelâmes M. le comte de Lagarde de Madrid. Il en partit le 30 janvier, et arriva le 3 de février à Bayonne. Les représentants des alliés avoient déjà demandé leurs passeports.

M. San-Miguel répondit par une note hautaine aux envoyés de la Russie, de la Prusse et de l'Autriche : celle-ci pourtant laissa un consul à Madrid. Le roi et les cortès s'empressèrent d'approuver la note du ministre ; *L'Universel* du 13 janvier ajouta : « Vous demandez vos passeports, messieurs : allons, bon voyage ! Ce qui nous afflige sincèrement, c'est que Son Excellence se soit crue obligée de traiter d'*impoli* le ministre de Russie ; mais, d'un autre côté, nous devons réfléchir que ce seroit être par trop exigeant de prétendre qu'un Kalmouk fût aussi bien élevé qu'un habitant des pays civilisés de l'Europe.

« Enfin, l'affaire est faite ; et bon voyage, et que Dieu accorde un beau temps et une heureuse route à la trinité diplomatique ! Ce qui doit nous consoler d'une perte aussi sensible, c'est l'arrivée de lord Somerset, qu'on attend à Madrid d'un jour à l'autre, sans compter le général anglois Roch, arrivé depuis trois jours. Un jour viendra où l'Europe, et principalement la France, pourront parler et accuseront l'inepte et criminelle conduite des gouvernements qui ont forcé l'Espagne à resserrer de plus en plus les liens qui l'unissent à l'Angleterre. »

Il faut pardonner à l'Espagne, pays de *romans* et de *romances* : la voilà qui se croit civilisée, elle qui n'a ni grands chemins, ni canaux, ni auberges ; elle qui vit dans ses solitudes. Nous la trouvâmes, en effet, fort civilisée en 1807, parce que nous y arrivions de la Barbarie ;

nous nous plûmes à entendre deux pauvres enfants nus chanter une longue complainte dans une route montagneuse entre Algesiras et Cadix; nous aimions à voir faire du beurre pour la première fois à Grenade avant d'aller nous égarer à l'Alhambra; nous aimions à nous asseoir avec des muletiers devant un large foyer à Andujar, tandis que notre domestique nous achetoit chez le boucher un morceau de mouton. Nous rêvions de Pélage, du Cid de Burgos et du Cid d'Andalousie, du chevalier de la Manche et de ses lions, de Gil Blas et de l'archevêque : tout cela nous charmoit en fumant notre cigare, en voyant des taureaux se battre dans la campagne, en écoutant les accords lointains d'une mandoline. Les Maures, qui enlevoient de belles chrétiennes et qui mouroient auprès des ruisseaux, Roland, Guillaume au court nez, les joutes de Séville et les mosquées de Cordoue nous revenoient en mémoire. Mais, Espagnol, vous êtes poëte et vous n'êtes pas plus civilisé que moi; n'en déplaise à vos institutions libérales, vous vivrez comme poëte, non comme successeur de Mirabeau. Vous et moi nous ne valons pas un Kalmouk quant à la civilisation. Parlons de nos fleuves, de nos vallées, de nos cloîtres, de nos beaux-arts d'un moment dont on voit encore des traces dans nos déserts : taisons-nous sur le reste. Rinconet et Cortadille nous apprennent que *chacun sert son Dieu dans l'état auquel il est appelé.*

Quant à l'Angleterre, dont il est parlé dans *L'Universel,* elle n'a pas besoin de l'aide des autres gouvernements pour resserrer ses liaisons et maintenir ses traités avec l'Espagne; elle sait comment il faut s'y prendre. Elle a cru dernièrement avoir quelque chose à réclamer : elle ne s'est pas arrêtée niaisement à considérer si le gouvernement espagnol avoit ou n'avoit plus de colonies, s'il avoit ou n'avoit plus de finances, si l'Espagne avoit été dévastée ou non dévastée par Bonaparte, si elle étoit de nouveau désolée ou non désolée par la guerre civile, si elle pouvoit craindre ou ne pas craindre une guerre avec l'Europe : l'Angleterre a tout amicalement demandé son argent et menacé de courir sus aux vaisseaux espagnols si elle n'étoit payée sur-le-champ. Pour mieux prouver son horreur de l'intervention, elle a reconnu dès 1821 le pavillon des colonies espagnoles, et elle se proposoit de reconnoître incessamment leur indépendance, bien que les cortès même ne voulussent pas entendre parler de cette indépendance : séparer le nouveau monde espagnol de l'ancien monde espagnol, ce n'est pas, pour l'Angleterre, *intervenir.*

Enfin, les plaisanteries de *L'Universel* étoient sans doute du meilleur goût; il n'y manquoit qu'une chose : lorsque Pichegru écrivoit à un général autrichien : « Général, cédez-moi la place, sinon je vous attaquerai et je vous battrai, » Pichegru tenoit parole; mais ne pas nous attendre à Madrid, s'en aller à Séville en nous souhaitant *bon voyage*, n'est-ce pas s'exposer à se faire renvoyer son souhait?

XL.

Journaux anglois. — Division du récit.

Tant que la question ne parut pas tout à fait décidée, les journaux anglois montrèrent plus de retenue que ceux de l'Espagne : le *New-Times* disoit, à propos de M. de Villèle : « Il a déjà fait un pas immense en s'assurant de l'appui du grand et beau nom de M. de Chateaubriand, cet écrivain célèbre dont les ouvrages attestent en même temps qu'il ne fléchira jamais devant la révolution et qu'il restera toujours attaché à la liberté constitutionnelle. » Mais bientôt ce langage changea; il est à remarquer que les principales colères se dirigèrent contre nous : nous n'étions pas pourtant le chef du cabinet; on ménageoit le président du conseil, qui parloit beaucoup et très-bien; on maltraitoit le ministre des affaires étrangères. Un certain instinct sembloit avertir les ennemis que nous étions le grand promoteur de la guerre d'Espagne.

Deux choses ont marché simultanément pendant la durée de notre ministère : pour éviter la confusion, nous les séparerons et les traiterons l'une après l'autre. Nous donnerons d'abord ce qui a rapport aux combats de la tribune, soit en France, soit en Angleterre, parce que ces combats sont sur le premier plan du tableau et qu'ils se sont livrés à la vue de mille spectateurs. Nous parlerons ensuite de nos travaux diplomatiques, travaux secrets, où tout nous étoit obstacle et péril.

Il est vrai qu'en racontant ce qui *fut* on s'ennuie et que l'on ennuie les autres : quel intérêt le genre humain peut-il trouver à ce que tel mouvement politique soit arrivé comme ceci ou comme cela, quand le résultat a tout décidé? Le roman dont on a lu la catastrophe n'a-t-il pas perdu sa valeur?

Que les antécédents d'un fait deviennent insipides à relater, le fait étant nouvellement accompli, soit : mais à distance ce fait a changé de nature; il s'est classé d'une autre manière, dans une lignée de choses héritières les unes des autres, sans être corrélatives. On a marché avec le temps, de mort en mort, de naissance en naissance;

tous les événements également écoulés ont acquis, chacun à part, une sorte d'existence individuelle. Nulle ruine n'intéresseroit, car elle n'atteste qu'un passé connu de tous; et cependant nous nous plaisons aux débris de l'histoire devenue ruine.

XLI.

Combats de tribune : Tribune françoise. — Ouverture de la session de 1823.

Le roi ouvrit la session le 28 janvier 1823 au Louvre, dans la Salle des gardes de Henri IV. Le trône étoit surmonté d'un dais de velours cramoisi : sur ses marches tapissées se rangeoient en ordre les grands dignitaires. Une salve d'artillerie annonça le moment où le souverain quittoit le palais des Tuileries pour se rendre à la solennité. M. de Villèle, président du conseil; M. Peyronnet, garde des sceaux; nous, ministre des affaires étrangères; M. le duc de Bellune, ministre de la guerre; M. le comte de Corbière, ministre de l'intérieur; M. de Clermont-Tonnerre, ministre de la marine, et M. le marquis de Lauriston, ministre de la maison de Sa Majesté, nous étions placés en avant du reposoir des monarques très-chrétiens.

Le roi entra; des acclamations s'élevèrent. Assis sur son trône, Sa Majesté se découvrit, salua l'assemblée et se recouvrit; alors commença son discours. L'étonnement, croissant de minute en minute, rendoit le silence plus profond. C'étoit la première fois que la légitimité le prenoit de si haut et parloit un tel langage. Nous nous rappelions l'époque où Louis XVIII, prêt à quitter de nouveau les Tuileries, vint faire à ses sujets un adieu peut-être éternel : maintenant nous croyions voir notre roi, se confiant à notre fidélité, prendre enfin possession de sa couronne, au nom de la France glorieuse et délivrée.

Ce passage du discours fit un effet prodigieux :

« J'ai tout tenté pour garantir la sécurité de mes peuples et préserver l'Espagne elle-même des derniers malheurs.

« L'aveuglement avec lequel ont été repoussées les représentations faites à Madrid laisse peu d'espoir de conserver la paix.

« J'ai ordonné le rappel de mon ministre; cent mille François commandés par un prince de ma famille, par celui que mon cœur se plaît à nommer mon fils, sont prêts à marcher en invoquant le Dieu de saint Louis, pour conserver le trône d'Espagne à un petit-fils de

Henri IV, préserver ce beau royaume de sa ruine et le réconcilier avec l'Europe.

« J'ai dû mettre sous vos yeux l'état de nos affaires du dehors. C'étoit à moi de délibérer, je l'ai fait avec maturité; j'ai consulté la dignité de ma couronne, l'honneur et la sûreté de la France.

« Nous sommes François, messieurs; nous serons toujours d'accord pour défendre de tels intérêts. »

L'assentiment fut bruyant, réel et complet : il suffit de parler de gloire au François pour qu'il frémisse de courage, comme le coursier au son du clairon. On sortit du Louvre plein d'enthousiasme.

Ce premier moment passé, les envies et les peurs revinrent. Quoi! c'étoit ce chétif ministère qui prétendoit faire ce que Napoléon, vainqueur du monde, n'avoit jamais pu accomplir! Quand on nous regardoit, on haussoit les épaules; les uns nous taxoient de folie; les autres nous prenoient en pitié; les ambitieux s'armoient déjà pour nous culbuter, dans l'espérance d'hériter de nos places : tous se promettoient notre prochaine défaite, suivie d'une chute obligée, ou d'une inévitable révolution.

Les esprits qui pouvoient supposer même un triomphe avoient, par ce motif encore, une raison de se prononcer contre la guerre. Les membres des ventes et des associations secrètes, ne voulant pas s'avouer qu'ils nous avoient mis dans le cas de légitime défense, croyoient l'Alliance derrière nous; notre audace, selon eux, nous venoit de la certitude d'une invasion nouvelle, sous le prétexte d'un conflit avec l'Espagne : nous n'étions à leurs yeux que les gendarmes du congrès; il nous poussoit en avant comme des poltrons, menaçant de tirer sur nous si nous reculions.

Les capables nous avoient pris, nous en particulier, pour un barbouilleur de papier sans conséquence : vers la fin de l'entreprise, ils paroissoient surpris; ils nous accusoient presque de les avoir trompés; ils avoient l'air de nous dire : « Vous ne nous aviez pas dit cela! »

XLII.

Chambre des Pairs.

Aussitôt après le discours du roi commencèrent les attaques au sujet du projet d'adresse à la couronne. Le 3 février, dans la chambre des pairs, des gymnastes, ayant à mépris *les arguments de rhéteur et les phrases sonores,* se piquèrent, en gens positifs, de nous faire rendre l'âme entre deux faits.

M. de Broglie nous honora d'un discours. Il lui est assez difficile de conclure, parce qu'il reste suspendu entre les doutes de son esprit et les scrupules de sa conscience ; indécision heureuse, qui vient de l'intégrité. Homme de savoir, de mœurs, de religion même, en tant que règle, *l'honneur* du maréchal s'est changé en *honnêteté* dans le citoyen son petit-fils : antidoté de vertu, M. de Broglie peut fréquenter des gens corrompus sans se souiller, comme il y a des tempéraments sains qui ne gagnent point les maladies. Nous nous efforçâmes de répondre au discours du noble duc. « Mon adversaire de ce côté-ci de la chambre, dis-je à leurs seigneuries, s'élève contre ce principe qu'aux rois seuls appartient le droit de donner des institutions aux peuples ; d'où il conclut que les rois peuvent changer ce qu'ils avoient donné, ou ne rien donner du tout, selon leur volonté et leur bon plaisir.

« Mais il ne voit pas qu'on peut rétorquer l'argument, et que si le peuple est souverain, il peut à son tour changer le lendemain ce qu'il a fait la veille, et même livrer sa liberté et sa souveraineté à un roi, comme cela est arrivé. Si le noble pair eût été moins préoccupé, il auroit vu que deux principes régissent tout l'ordre social : la souveraineté des rois pour les monarchies, la souveraineté des nations pour les républiques. Dites dans une monarchie que le peuple est souverain, et tout est détruit ; dites dans une république que la souveraineté réside dans la royauté, et tout est perdu. On étoit donc obligé, sous peine d'être absurde, d'affirmer qu'en Espagne les institutions devoient venir de Ferdinand, puisqu'il s'agissoit d'une monarchie. Quant à la manière dont il peut donner ces institutions, ou seul, ou d'accord avec des corps politiques reconnus par lui dans sa pleine liberté, c'est ce qu'on n'a jamais prétendu prescrire. On n'a fait qu'exprimer le principe vital de la monarchie, exposer une vérité de théorie.

« Le noble duc ne veut pas que nous allions prévoir des crimes dans l'avenir ; il ne veut pas que nous raisonnions par analogie. Ferdinand, il est vrai, n'a point encore été jugé ; on ne l'a encore menacé que de déchéance ; il est si libre qu'il voyage peut-être à présent avec ses geôliers, au milieu des soldats législateurs qui vont l'enfermer dans une forteresse. Il n'y a rien à craindre, attendons l'événement.

« Il résulteroit de la doctrine de mon adversaire que l'on peut punir le crime, mais qu'on ne doit jamais le prévenir. Selon moi, la justice est un de ces principes éternels qui ont précédé le mal dans ce monde ;

selon le noble duc, au contraire, c'est le mal qui a donné naissance à la justice. Il pose ainsi au fond de la société une cause permanente de subversion; car on n'auroit jamais le droit de venir au secours de la société que lorsqu'elle seroit détruite. »

Le discours de M. le comte Daru confirme ce que nous avons déjà dit sur les dispositions des congrès. M. Daru, laborieux et durement équitable, ne donnoit jamais une entorse à la vérité, lors même que cette vérité contrarioit ses opinions.

« En élevant ici ma voix en faveur de la paix, dit-il, je ne crains point d'offenser ceux qui se sont illustrés dans la guerre. L'embarras que j'éprouve vient de ce que je ne connois ni les arguments que j'ai à réfuter ni les promesses d'une résolution que je crois funeste.

« Cette guerre, prête à s'allumer entre la France et l'Espagne, est ou *spontanée,* ou *provoquée* ou *conseillée.*

« Nous n'avons eu connoissance ni de *provocation* ni de *conseil.*

« Nous voyons, au contraire, dans le petit nombre des documents qui ont été publiés sur cet objet, que « les puissances réunies au congrès de Vérone s'en sont remises à la France pour la suite de la conclusion des affaires d'Espagne; qu'elles se sont reposées de la solution d'une question qui les intéressoit toutes sur la puissance qui avoit dans cette question l'intérêt le plus immédiat. » Ainsi, soit comme la plus intéressée, soit comme libre apparemment dans ses résolutions, la France se trouvoit l'arbitre de la paix et de la guerre. »

Voilà donc les dispositions pacifiques de Vérone reconnues, même par un opposant à la guerre. Quand on vouloit nous rendre odieux à la nation, on soutenoit que nous étions poussés par les étrangers à la guerre; quand on cherchoit à nous ôter cette triste excuse, on prouvoit que les alliés ne vouloient pas la guerre, que nous seuls étions les véritables coupables. Souvent ces deux assertions contradictoires se rencontroient dans le discours du même orateur.

XLIII.

Chambre des Députés.

Dans la discussion de l'adresse au sein de la commission de la chambre des députés, M. de Villèle prononça la phrase qui servit de prétexte à cette accusation populaire : « La France fait la guerre par ordre du congrès. » Les dépêches des trois cours à Madrid, commençant d'être connues, mettoient en garde quelques judiciaires impartiales, mais la foule passionnée n'écoutoit pas ; elle adopta tout aveuglément : nous fûmes déclarés sans miséricorde les huissiers à verge de la Sainte-Alliance. Si maintenant il se trouve que la phrase prêtée à M. de Villèle n'est jamais sortie de sa bouche telle qu'on l'a donnée, l'échafaudage s'écroule. Il y a plusieurs exemples de ces impostures du hasard tenues encore même aujourd'hui pour authentiques : par exemple, *la mort sans phrase* n'a point été le vote de l'abbé Sieyès : il a dit *la mort;* la glose a passé dans le texte.

Nous éviterons de nous servir du *Moniteur;* on pourroit soutenir que les paroles du président du conseil y sont obligeamment altérées, nous emprunterons le rendu compte de ces curieuses séances au *Constitutionnel*, journal très-répandu de l'opposition.

Le numéro du 13 février 1823 rapporte ainsi l'opinion de M. Duvergier de Hauranne :

« Je plains sincèrement la généreuse nation espagnole d'être régie par une constitution vicieuse sous beaucoup de rapports. Mais cette circonstance, quelque déplorable qu'elle soit, ne me paroît pas un motif suffisant pour entreprendre une guerre dont les résultats peuvent devenir funestes à la France ; et pour répondre tout de suite à ce qui vient d'être dit par M. le président du conseil, « que nous sommes dans l'alternative, ou de combattre pour la révolution espagnole sur nos frontières du nord, ou de faire la guerre à cette révolution en Espagne, » je dis à mon tour que si nous étions réduits à une telle extrémité que la triple Alliance voulût nous dicter des lois, il seroit préférable et plus national de résister sur les frontières du nord que de nous laisser imposer une guerre qui va peut-être mettre en péril nos institutions et la monarchie elle-même. Ce ne seroit pas pour la révolution espagnole que nous combattrions, mais bien pour notre indépendance. »

L'orateur ajoute dans une note :

« Je dois à la vérité de dire que M. le président du conseil a prétendu que je ne l'avois pas bien compris; mais son explication ne m'a pas paru claire. »

Après l'opinion de M. Duvergier de Hauranne vient l'opinion de M. le général Foy.

« M. le président du conseil des ministres, tout en ayant commencé par déclarer que nous ferons la guerre nous seuls, a insinué ensuite que cette guerre ne dépendoit pas uniquement de notre volonté.

« Nous sommes placés dans l'alternative, a-t-il dit (car j'ai eu soin de recueillir ses paroles), nous sommes placés dans l'alternative d'attaquer la révolution espagnole aux Pyrénées ou d'aller la défendre sur nos frontières du nord.

« Voilà, messieurs, une grande et imposante révélation, une révélation féconde en incertitudes et en calamités...

« Si la France toute seule, la France livrée à elle-même, la France indépendante, étoit engagée dans un duel avec l'Espagne, je pleurerois les calamités d'une guerre absurde, d'une guerre sans justice et sans morale, d'une guerre sans profit et sans gloire, je pleurerois ces calamités, mais j'en verrois la fin possible, et dès lors il y auroit soulagement aux maux que nous éprouvons...

« Mais il n'en est pas ainsi.

« La guerre actuelle est placée hors de nous, hors de notre portée, — l'impulsion est venue du dehors, — cette colère n'est pas françoise, — elle est l'écho de la colère des Prussiens et des Cosaques. — Nous ne sommes pas les seuls à allumer l'incendie ; qui peut nous dire si nous serons jamais les maîtres de l'éteindre ?

« C'est là, messieurs, où mon amendement se dirige ; voilà l'effroyable danger sur l'existence duquel je provoque les explications des ministres de sa majesté.

« Les ministres se flatteroient-ils de nous faire accroire qu'ils agissent seuls, dans leurs propres vues et avec leur entière liberté ? — Ici les faits parlent, et ils parlent avec énergie. La guerre *occulte* et *souterraine* (*Le Constitutionnel* souligne ces mots) que notre gouvernement faisoit depuis un an à la nation espagnole a été convertie tout à coup en éclats menaçants.

« Cet éclat, ces menaces, est-ce l'Espagne qui les a provoqués ?... Mais la situation de ce pays est la même qu'en 1820 et 1821. . . .
. . . . »

« Il faut chercher ailleurs le secret de la politique des conseillers de la couronne...

« *C'est de Vérone que la guerre nous est venue.*

« Notre intervention actuelle dans les affaires intérieures de l'Espagne n'est pas un acte qui n'appartient qu'à nous.

« La triple Alliance est derrière nous, qui nous presse après avoir été pressée elle-même par la turbulence de la faction qui domine notre pays.

« La guerre d'Espagne n'est pas une guerre isolée ; elle sera bientôt une guerre européenne. Vous la commencez sur les Pyrénées ; vous ne savez pas où elle se transportera ; vous ne savez pas où elle finira.
. . . . , . . . »

Le général Foy termine en demandant aux ministres de faire connoître :

« 1° Quels arrangements ont été pris à Vérone avec les puissances étrangères relativement à l'intervention ; et si ces arrangements sont de nature à amener l'occupation permanente ou passagère d'une portion du territoire françois par les troupes de la Sainte-Alliance ;

« 2° Quelles dispositions sont prises pour empêcher cette occupation, dans le cas où les puissances étrangères seroient conduites par la marche des événements à la juger utile à l'accomplissement de leurs projets, soit sur l'Espagne, soit sur la France.

« Dans le cas où l'indépendance nationale seroit sacrifiée, ou même n'auroit pas été suffisamment garantie, ce seroit un devoir rigoureux pour moi, loyal député, de demander, en séance publique, *la mise en accusation des ministres* qui auroient signé ou promis l'humiliation de la couronne et la ruine du pays. »

Nous n'ergoterons ni sur la mise en accusation des ministres ni sur les déclamations prononcées avec talent et chaleur. Le général Foy, homme d'imagination, étoit sujet à se tromper : on se souvient encore de son fameux : « Ils n'en sortiront pas ! » Mais comment le général pouvoit-il faire cette question : « Cet éclat, ces menaces, est-ce l'Espagne qui les a provoqués ? » On a vu plus haut si nous avions été provoqués. Une provocation publique d'un État à un autre État, avec lequel il est censé en paix, ne s'est presque jamais vue. S'il n'y avoit que ce seul cas dans lequel la défense fût justifiée et devînt légitime, un gouvernement périroit avant d'avoir le droit de se sauver : quoique miné de toutes parts, il faudroit qu'il attendît la *déclaration positive de guerre* pour se secourir soi-même. Les hostilités de propagande n'étoient point connues autrefois : n'en sont-elles pas moins réelles ? Qu'on puisse abuser de ce mot propagande pour aller opprimer un peuple, c'est vrai ; mais que la propagande abuse aussi de son pouvoir caché pour détruire une nation, n'est-ce pas vrai encore ?

L'argument qu'on veut tirer de la ressemblance des années 1821 et 1822 prouve seulement la longanimité et la patience de la France. Comment le général peut-il dire : « C'est de Vérone que la guerre nous est venue ? » Les hommes mêmes du parti de l'orateur convenoient que tout étoit pacifique à Vérone. *Le Constitutionnel* du 17 janvier s'exprime de la sorte :

« ... Nous publions aujourd'hui les trois dépêches des cabinets d'Autriche, de Prusse et de Russie à leurs ambassadeurs à Madrid...

« On doit remarquer que les trois cabinets ne parlent en aucune manière d'employer la force pour imposer des lois à la nation espagnole. On n'y trouve aucune menace d'agression imminente.

« Les ministres même de la Sainte-Alliance professent un grand amour pour la paix. Ils ne peuvent manquer d'encourir à cet égard l'indignation de nos fanatiques. »

Le même journal du 1er février rapporte cet article de *L'Observateur autrichien :*

« Les cours d'Autriche, de Russie, de Prusse ont tenu à Madrid un langage que la frénésie révolutionnaire peut méconnoître, qu'une politique bornée peut désapprouver, mais qu'une politique plus profonde ne peut que respecter. Ce langage n'étoit point une déclaration de guerre, et le rappel des légations n'est pas un acte d'hostilité. La France, animée par les mêmes sentiments, a agi d'après les mêmes principes, quoique avec des formes différentes. Au moyen de son contact immédiat avec l'Espagne, les résolutions ultérieures de la France sont fondées sur des motifs dont on doit reconnoître l'importance, sans prononcer légèrement sur les résultats. La guerre n'est point encore déclarée : des événements ultérieurs peuvent l'empêcher. »

Sur cette déclaration, qui confirme tout ce que nous avons raconté des dispositions de M. de Metternich, *Le Constitutionnel* demande « comment concilier l'assertion positive et claire du journaliste autrichien, rédacteur de tous les protocoles de la Sainte-Alliance, avec le langage que les révélations du comité secret prêtent à M. le président du conseil. Après avoir rendu compte de tous les efforts qu'il a faits pour le maintien d'une paix qu'il regardoit sincèrement lui-même comme si nécessaire au repos et au maintien de la tranquillité en France, il a, dit-on, prétendu que la position hostile où l'Espagne s'étoit placée vis-à-vis des grandes puissances ne permettoit pas à la France de demeurer en paix.

« Eh bien, aujourd'hui, *L'Observateur autrichien,* à une époque où il connoissoit tout ce qui s'est passé à Madrid lors du départ des ministres des trois grandes puissances, déclare formellement que les puissances ne se considèrent point comme étant en guerre avec l'Espagne.

« Ce n'est donc pas à raison des dispositions hostiles de ces trois puissances que le ministère françois s'est décidé à la guerre; et s'il y est forcé, c'est à un autre pouvoir qu'il cède, ou plutôt par d'autres passions qu'il est entraîné. »

Mais revenons et arrêtons-nous à la phrase de M. le comte de Villèle : d'abord il n'a point dit : « Si nous ne combattons pas sur les Pyrénées, nous serons obligés d'aller combattre sur le Rhin. » Les adversaires de M. de Villèle reproduisent tout autrement les paroles de l'orateur. Selon M. Duvergier de Hauranne, ces paroles sont celles-ci : « Nous sommes dans l'alternative ou de combattre pour la révolution espagnole sur nos frontières du nord, ou de faire la guerre à cette révolution en Espagne. »

D'après M. le général Foy, qui dit avoir recueilli immédiatement la phrase de M. le président du conseil, cette phrase étoit ainsi conçue : « Nous sommes placés dans l'alternative d'attaquer la révolution espagnole aux Pyrénées, ou d'aller la défendre sur nos frontières du nord. »

Ces deux versions, quoiqu'un peu différentes l'une de l'autre, qu'impliquent-elles en réalité ? Que nous étions placés de sorte que si nous n'allions pas étouffer la révolution en Espagne, cette révolution arriveroit en France, qu'alors les puissances, effrayées, prendroient les armes, et que nous, France, nous serions obligés d'aller combattre sur nos frontières du nord.

Quoi de plus évident, de plus clairement, de mieux exprimé ? Remarquez bien ce pronom *la,* dans la leçon du général Foy ; il se rapporte au mot *révolution,* non au mot *guerre,* non au mot *Europe* ; c'est la *révolution* espagnole qui nous aura bouleversés et que nous serons appelés à *défendre* sur le Rhin ; c'est-à-dire que nous serons forcés à recommencer nos guerres révolutionnaires, à retourner à 1793. Jamais M. de Villèle n'auroit parlé, même d'après cette version, d'une manière aussi juste. Ce qu'on auroit peine à comprendre, c'est qu'il n'eût pas répété ses paroles en en prenant sur lui la responsabilité ; il se seroit contenté de nier les fausses interprétations et de soutenir qu'on altéroit et son texte et sa pensée.

Mais voici toute la vérité.

M. de Labourdonnais avoit attaqué la décision prise par le roi d'entreprendre la guerre d'Espagne avec cent mille François. Il avoit exprimé le regret que cette guerre n'eût pas été commencée plus tôt et que la France n'eût pas agi comme auxiliaire de la régence d'Urgel et des royalistes espagnols, et, prenant ensuite les choses dans leur état présent, il avoit dit que la France devoit agir maintenant de concert avec les puissances continentales et d'après la direction de la Sainte-Alliance.

M. de Villèle combattit ces attaques en déclarant que, la France étant particulièrement intéressée à rétablir l'ordre dans la monarchie espagnole, notre alliée naturelle, nous devions dans cette circonstance refuser la coopération des autres puissances, afin de conserver toute notre liberté d'action et de n'engager dans aucune complication l'intérêt qui nous déterminoit à intervenir.

D'un autre côté, les orateurs *libéraux* avoient attaqué l'intervention comme contraire à la liberté ; et le général Foy, après avoir fait un tableau éloquent des maux de la guerre, avoit fini par prêcher une croisade de tous les gouvernements constitutionnels contre les gouvernements absolus.

C'est pour faire ressortir l'inconséquence de ce discours que M. de Villèle, répondant à cet orateur, s'écria :

« Et comment l'honorable général, qui nous a fait un tableau si rembruni des maux de la guerre, n'a-t-il pas vu que son système ne l'exclut pas, puisqu'en suivant ses conseils, au lieu d'avoir à la faire sur les Pyrénées, nous aurions à la soutenir sur le Rhin. »

Nonobstant cette version authentique, la fausse interprétation a prévalu. De là tout le mal : la France fut saisie de vertiges, dupe d'une méprise qu'un examen de quelques minutes eût fait incontinent disparoître. Tel a été le pivot vermoulu sur lequel ont tourné les opinions en dehors et en dedans de la chambre. Le peu de bonne foi de celui-ci, la crédulité de celui-là, la légèreté des autres, firent croire à une coercition dont les pièces que nous avons produites (*Congrès de Vérone*) et qui furent déposées sur le bureau de la chambre des communes, démontroient la fausseté. Comment d'ailleurs supposer que le continent nous feroit la guerre au nord, si nous ne la faisions au midi ? Bon gré mal gré, nous devions nous mettre en campagne, afin d'amuser l'Europe, ennuyée de paix ! Comme au médecin de Molière, il lui falloit un malade, et elle le prendroit où elle pourroit ! Elle savoit pourtant assez bien comment nous tirions le canon.

Cette absurdité étoit plus manifeste encore quand on savoit que sur les quatre puissances de l'Alliance trois, l'Angleterre, la Prusse et l'Autriche, auroient tout donné pour nous empêcher de prendre les armes.

Nous espérons, ce point important éclairci, avoir détruit une erreur que le laps du temps auroit introduite dans l'histoire.

XLIV.

Crédits extraordinaires.

Le 21 février, M. de Martignac, rapporteur de la commission chargée de l'examen du projet de loi tendant à ouvrir des crédits extraordinaires pour l'exercice de 1823, monta à la tribune. Parmi les crédits demandés se trouvoit celui de cent millions pour la guerre d'Espagne : on avoit eu tort de le cacher ainsi : on paroissoit timide, chose détestable.

M. de Martignac lit le rapport de la commission. La lecture du rapport est interrompue par les bravos de la droite et les rires de la gauche. « *Votre guerre est un vrai complot!* s'écrie l'opposition.—*Tout cela n'est que du jésuitisme!* » Le président cherche en vain à ramener l'ordre. M. de Martignac descend de la tribune au milieu du bruit.

Grande rumeur de la part du général Foy, de M. Demarçay, de M. de Girardin, de M. Keratry, de M. de Chauvelin, de M. Dupont de l'Eure : *Quelle infamie! c'est un complot odieux! Il est impossible de se contenir!* M. de Lafayette, M. Royer-Collard, M. A. de Lameth, M. Humann, les généraux Foy et Sebastiani s'inscrivent contre le projet de loi.

M. Casimir Périer demande la parole. Il discute la demande du crédit : « Elle porte, dit-il, en partie sur un excédant de recettes que l'on n'a pas légalement constaté devant la chambre. D'ailleurs le cas n'est pas urgent ; la guerre n'est pas encore déclarée, et l'on peut espérer qu'elle n'éclatera pas, car l'*Europe semble repousser toute pensée de provocation contre la Péninsule.* »

La discussion du projet, commencée le 21 février, est reprise le 25, au milieu d'un concours extraordinaire.

M. Royer-Collard aborda le premier la tribune. Ce jour-là, dans la hauteur de ses desseins, il crut devoir flatter la gauche. Ses principes nous parurent, dans notre humble opinion, moins victorieux que ne fut conquérante sa personne infaillible : il dogmatisa contre un système qui, *foible et décrié au dedans,* étoit allé chercher au dehors l'appui du gouvernement. M. Royer-Collard tomboit dans l'erreur commune sur le congrès de Vérone ; mais il ne faut pas exiger qu'un homme si rempli de ses grandes pensées daigne quitter les sommets de son génie pour recueillir quelques renseignements vulgaires.

Lorsque nous fîmes imprimer les *Réflexions politiques,* nous allions, notre manuscrit en poche, en classe chez M. Royer. Il raturoit les phrases incongrues, nous renvoyoit avec quelques férules, nous invitant à être plus sage à l'avenir. Nous nous retirions régenté et soumis. Nous avons été, sinon le disciple, du moins l'écolier de M. Royer-Collard. L'indépendance des opinions est une des choses que les François entendent le mieux ; les royalistes au pouvoir vous bâillonnent, les libéraux suppriment vos ouvrages, les jacobins votre tête, le tout pour la plus grande liberté de parler et d'écrire.

M. Royer-Collard termina son discours par cette éloquente péroraison : « Et moi aussi je suis François, sans doute, et c'est à ce titre que je viens m'opposer à une guerre qui menace la France autant que l'Espagne, et que je m'élève contre le système que je viens de signaler. De tous les devoirs que j'ai pu remplir envers la monarchie légitime, aucun ne m'a jamais paru plus sacré, plus pressant. Puis-je me taire quand d'aveugles conseils la précipitent vers sa ruine ? Comme elle a été la pensée, le vœu, l'espérance, je pourrois presque dire l'action de toute ma vie, elle est aujourd'hui le premier de mes intérêts, si je dois donner ce nom d'intérêt aux affections les plus désintéressées, les plus nationales. Et quel autre sentiment pourroit m'arracher au silence, puisque j'ai vu la restauration s'accomplir ? Que me restoit-il à désirer pour la monarchie légitime, si ce n'est qu'elle s'enracine chaque jour davantage dans les intérêts publics, si ce n'est qu'elle aime la France pour en être aimée ? »

Touchant et noble *Nunc dimittis !* Hélas ! M. Royer-Collard a eu le malheur de voir passer ce qu'il avoit eu le bonheur de voir revenir : nous avions eu autant de joie du rétablissement de la légitimité que le député illustre et fidèle, et cependant nous n'avons pas suivi la même route.

M. de Labourdonnais parut : plein d'idées qu'il produit avec un talent approprié à ses idées, il a contre tout succès une aversion insurmontable. D'une vaste capacité, mais un peu foible de caractère comme les esprits entiers qui ne sont pas dominateurs, il ne fit que passer dans le conseil de Charles X : sous le prétexte, assez vrai, qu'il étoit environné d'imbéciles, incapables de prendre un parti, il se retira habilement des affaires au bout de trois mois. Il est resté de lui une bonne ordonnance, l'ordonnance relative à l'École des Chartes. Né pour occuper dans l'opposition la première place, M. de Labourdonnais est dans un autre genre ce qu'étoit M. de Villèle, un de ces hommes de la restauration supérieurs aux trois quarts des hommes d'aujourd'hui.

On reconnoît le penchant de son esprit aux paroles qu'il lança contre nous autres, misérables ministres : « Puis-je accorder, dit-il, de nouveaux subsides pour commencer la guerre à des hommes qui s'y sont constamment opposés (M. de Villèle), et dont l'intérêt évident est de s'y opposer encore, parce qu'il est impossible qu'ils ne voient pas ce qui n'échappe à personne, qu'ils ne peuvent, honorablement pour eux et sans danger pour le pays diriger une entreprise qu'ils travaillèrent trop longtemps à rendre impopulaire pour qu'ils puissent aujourd'hui donner à l'esprit public cet élan sans lequel une guerre ne peut devenir nationale, et par conséquent obtenir de succès dans un gouvernement représentatif?

M. de Labourdonnais, s'étant mis en règle avec son système d'opposition, vota pour le projet de loi.

M. de Laborde, après des considérations sur la nature du territoire espagnol, les mœurs de ses habitants, etc., etc., déclare la guerre impossible et folle. Les hommes qui s'y décideroient mériteroient, dit-il, bien moins d'être mis en accusation qu'en *interdiction*.

« Au surplus, ajoute-t-il, personne ne veut prendre sur soi une telle responsabilité, et je me demande quelle peut être la puissance magique qui l'emporte sur les vœux et sur l'opinion de tous. Chose étrange, messieurs! Quand on veut pénétrer ce singulier mystère, on écarte tous les rangs, on se fait jour à travers toutes les existences, pour arriver jusqu'à ce repaire belliqueux, et qu'y trouve-t-on? Rien que quelques jésuites intrigants. »

Si M. le comte de Laborde avoit pénétré davantage au fond de ce *repaire belliqueux,* au lieu d'un jésuite il auroit trouvé un ami, pourvu que quelque distraction ne l'eût pas empêché de nous reconnoître et qu'il n'eût pas mis en *interdiction* notre ancienne amitié

M. de Castelbajac parla très-bien pour le projet de loi.

M. le général Foy reparut à la tribune ; il posa cette question : La nation veut-elle la guerre? Non. Le gouvernement veut-il la guerre? Ici l'orateur représente le ministère comme divisé et dans un grand état d'angoisse. Selon lui, ce n'est pas M. de Villèle, *esprit très-positif et parfaitement libre des prestiges de l'imagination,* qui veut la guerre. — Il ne la veut pas, il autorise seulement de son nom une parade belliqueuse, il se résigne à une guerre qu'il sait injuste. — Il feroit mieux de dire hautement son opinion, sans se laisser dominer par la crainte de perdre un portefeuille.

« Quelle est donc cette puissance qui domine les ministres et leur fait mener de front depuis six mois une diplomatie conciliatrice et des hostilités souterraines?

« Il m'importe peu de savoir quelle est la *faction mystique.*

« Ce qui me suffit, c'est qu'une volonté et des passions qui n'ont rien de françois nous entraînent où nous ne voulons pas aller. »

M. de Villèle répond que quant à lui il aimeroit mieux la paix, mais qu'il veut la guerre parce qu'il la croit urgente et non pas parce qu'il tient à son portefeuille.

Tout le monde convenoit ainsi que M. de Villèle ne vouloit pas la guerre. On mettoit toujours de côté, en France, le personnage *mystique,* ou plutôt le personnage mystérieux : le ciel nous avoit alors chargé du rôle du Sort. Mais l'Angleterre, moins bienveillante et plus avisée, ne s'y trompoit pas, et c'étoit à nous qu'elle adressoit ses coups.

M. le général Foy, dont la parole étoit parlementaire, soutint qu'au fond le gouvernement ne vouloit pas les hostilités; il appela M. de Montmorency le duc de Vérone, plaisanterie entre le bon et le mauvais goût. Il prouva que nous serions battus : « La campagne sera manquée ; un moment viendra où, après des pertes douloureuses, une retraite couronnera dignement une folle et coupable entreprise. »

Le général Foy étoit au-dessus de l'opinion qu'il représentoit : il a laissé un travail d'un grand prix sur les guerres de Napoléon dans la Péninsule ; il avoit quelque chose de Cazalès.

Le génie militaire, génie particulier de notre patrie, est si fort, qu'il renferme pour nous le génie de tous les autres talents : l'art d'écrire et de parler appartient naturellement à nos hommes d'armes. *François Rabutin,* qui s'appelle lui-même *un petit soldat,* quand il s'agit de peindre le lieu d'un combat trouve dans le vieux langage françois les expressions d'Hérodote :

« Le ciel et la terre nous vouloient favoriser, étant ce jour autant beau et clair et la terre ni trop molle ni trop sèche, couverte de toute verdure et de diverses fleurs. »

Le maréchal de Montluc avoit servi dans la compagnie de Bayard :

« Retiré chez moi, dit-il, en l'âge de soixante-quinze ans, ayant passé par degrés et par tous les ordres du soldat, me voyant stropiat presque de tous mes membres, d'arquebusades, coups de pique et d'épée, sans espérance de recouvrer guérison de cette grande arquebusade que j'ai au visage, j'ai voulu employer le temps qui me reste à décrire les combats auxquels je me suis trouvé pendant cinquante-deux ans. »

Et *ce plus vieux capitaine de France* écrit d'une main mutilée, avec la verdeur de Mars, une page encore sur son premier champ de bataille. On relira les *commentaires* du général Foy.

M. de Villèle résuma ces discours; il attesta (ce qui étoit vrai à notre grand regret) que le gouvernement avoit fait tout ce qu'il avoit pu pour maintenir la paix. Il prononça ces paroles judicieuses : « Et quelle justification plus éclatante pouvions-nous attendre, que de voir tous les orateurs de l'opposition éviter avec tant de soin d'aborder la question principale, la seule question qui soit digne d'occuper vos esprits, et qui puisse être pour vous l'objet d'une sérieuse délibération. Certes, ce n'est ni le temps, ni le talent, ni l'instruction qui leur a manqué. Quel autre sentiment que celui de l'impuissance à lutter contre la vérité les a fait reculer devant la question, telle que le gouvernement l'a posée aux yeux de la France, pour se jeter dans de véritables divagations, dans des lieux communs cent fois reproduits et toujours victorieusement réfutés?

« Cette question, messieurs, la voici :
« L'état actuel de l'Espagne est-il compatible avec l'honneur de la couronne de France, avec l'honneur et la sûreté de notre pays? »

XLV.

M. Bignon. — Discours du ministre des affaires étrangères. — Exclusion de M. Manuel.

La séance du 26 vit paroître M. Bignon : il appuya son opinion de preuves historiques ; il vota contre « une guerre qui sous un prétexte de politique tendoit à allumer les mêmes passions auxquelles sous un prétexte religieux la guerre de la Ligue dut sa naissance ; contre une guerre qui pouvoit renouveler tous les maux dont la France eut alors à gémir et qui anéantirent la maison de Valois. »

Nous succédâmes à l'orateur. C'étoit la première fois que nous prenions la parole devant la Chambre élective. Nous excitâmes naturellement un mouvement de curiosité : les députés sortis rentrèrent, le silence régna dans la chambre et dans les galeries, encombrées de spectateurs. Nous montâmes à la tribune, tous les yeux se fixèrent sur nous. Nous commençâmes ainsi :

« Messieurs, j'écarterai d'abord les objections personnelles : les intérêts de mon amour-propre ne doivent trouver aucune place ici. Je n'ai rien à répondre à des pièces mutilées, imprimées par je ne sais quel moyen, dans des gazettes étrangères. J'ai commencé ma carrière ministérielle avec l'honorable préopinant, pendant les cent jours. Nous avions tous deux un portefeuille par intérim, moi à Gand, lui à Paris. Je faisois alors un *roman*, lui s'occupoit *de l'histoire :* je m'en tiens encore au roman.

« Je vais parcourir la série des objections présentées à cette tribune. Ces objections sont nombreuses et diverses : pour ne pas m'égarer dans un si vaste sujet, je les rangerai sous différents titres.

« Les orateurs qui ont obtenu la parole lors du vote de l'adresse ont fait imprimer leurs discours. Hier, en séance publique, quelques-uns des honorables députés ont référé leurs opinions à ces discours mêmes. Aujourd'hui on a rappelé une partie des arguments produits dans le comité secret. J'essayerai donc de répondre à ce qui a été dit, imprimé et redit, afin d'embrasser l'ensemble du sujet.

« Suivant, dans leurs objections, les orateurs qui siègent sur les bancs de l'opposition, j'examinerai : 1° le droit d'intervention, puisque c'est là la base de tous les raisonnements, 2° le droit de parler des institutions qui peuvent être utiles à l'Espagne, 3° le droit des alliances et les transactions de Vérone, et, enfin, quelques autres objections.

« Examinons donc d'abord la question de l'intervention

« Un gouvernement a-t-il droit d'intervenir dans les affaires intérieures d'un autre gouvernement? Cette grande question du droit des gens a été résolue en sens opposé.

« Ceux qui l'ont rattachée au droit naturel, tels que Bacon, Puffendorff et Grotius, et tous les anciens, ont pensé qu'il est permis de prendre les armes, au nom de la société humaine, contre un peuple qui viole les principes sur lesquels repose l'ordre général, de même que dans un État particulier on punit le perturbateur du repos public.

« Ceux qui voient la question dans le droit civil soutiennent, au contraire, qu'un gouvernement n'a pas le droit d'intervenir dans les affaires d'un autre gouvernement.

« Ainsi les premiers placent le droit d'intervention dans les devoirs, et les derniers dans les intérêts, etc. »

Nous renvoyons le lecteur pour le reste aux documents imprimés : on les trouve partout. Ce discours fixa l'époque de notre transformation d'écrivain et d'homme à théories en homme d'affaires et de pratique.

En relisant les journaux du temps, on voit que l'effet de notre opinion fut considérable. Plusieurs la louèrent sans réserve ; ceux qui la critiquèrent crurent devoir dire ce qu'ils y trouvoient de bien. Nous rappellerons tout à l'heure, avec la même fidélité, les injures dont on nous a accablé : on cherchera la vérité dans ce concert discordant d'outrages et de flatteries.

Au surplus, la question de l'intervention, tant débattue à cette époque, est une question oiseuse; elle peut servir de texte à des phrases d'opposition, mais elle n'arrêtera jamais un homme d'État. Non-seulement l'Angleterre intervint à la grande époque que nous citions, mais elle est intervenue de tout temps et partout, et pour toutes les causes de liberté ou de pouvoir, quand elle a cru devoir le faire. Autrefois, elle prit part à nos guerres civiles ; elle envoya de l'argent et des soldats à Henri IV; de nos jours, elle ne cesse d'intervenir en Portugal. Tandis qu'elle vouloit nous empêcher d'intervenir dans les affaires d'Espagne, n'y intervenoit-elle pas elle-même, en reconnoissant l'indépendance des colonies espagnoles? Bien plus, on voit par notre dépêche que le cabinet de Saint-James a rendue publique que ce cabinet dans un mémoire en réponse à une note de la Russie avoit énoncé l'opinion qu'on avoit le *droit de se mêler des affaires d'Espagne, si l'exaltation de ceux qui dirigeoient les affaires de ce pays les portoit à une agression contre une autre puissance.* Le libéralisme feroit-il une querelle à l'ancien gouvernement françois d'être intervenu dans la querelle de l'Angleterre et de ses colonies de l'Amérique septentrionale? Pourtant pouvions-nous dire alors que notre sûreté nationale étoit compromise, *nos intérêts essentiels blessés,* parce que le cabinet de Saint-James vouloit prélever quelques taxes nouvelles sur les habitants de Massachuset?

L'intervention ou la non-intervention, défendues tour à tour à la tribune, est donc une puérilité absolutiste ou libérale dont aucune tête puissante ne s'embarrassera : en politique, il n'y a point de principe exclusif; on intervient ou l'on n'intervient pas, selon les exigences de son pays. Dire que l'on n'ira pas éteindre le feu chez les voisins, quand il va se communiquer à notre maison ; dire que l'on doit toujours prendre pour le feu ce qui n'est pas le feu ; employer la force au gré de son caprice, c'est abuser des mots. Le premier devoir d'un ministre est de sauver sa patrie quand un danger la menace, en dépit des considérations générales et des intérêts particuliers. Quiconque ne sent pas, ne voit pas cela, n'agit pas dans cet esprit, ne sera jamais un homme d'État.

La guerre d'Espagne pouvoit sauver la légitimité; elle lui mit à la main le pain de la victoire : la légitimité a abusé de la vie que nous lui avions rendue. Il nous avoit semblé utile à son salut, d'une part de la fixer dans la liberté, de l'autre de la pousser vers la gloire : elle en a jugé autrement.

Le 26 février, la discussion fut continuée. M. Manuel nous crut prendre en faute dans notre citation, à propos du cas d'intervention que l'Angleterre jugea légal en 1793; il se trompa : c'étoit nous qui avions raison. Malheureusement il arriva à des comparaisons et à des souvenirs mal interprétés, qui soulevèrent la majorité de la chambre.

Le 28 février, M. de Labourdonnais développa la proposition qu'il avoit déjà communiquée dans les bureaux ; il demanda l'expulsion d'un député, lequel, selon lui, avoit fait publiquement l'apologie du régicide. M. Manuel, désirant se justifier, rappela cette phrase de nous: « Comme Œdipe, Louis XVI a disparu au milieu d'une tempête. » Dans la séance du 3 mars, la chambre déclara qu'elle *excluoit de son sein M. Manuel pendant la durée de la session entière.* Le parlement anglois avoit donné quelques exemples de ces exclusions, assez fréquentes dans nos corps de magistrature : c'étoit trop de violence pour trop peu de chose. M. Manuel de plus à la tribune ne m'auroit pas gêné davantage que la liberté de la presse. Il fut heureux dans son malheur; son silence mit à l'abri son talent : il en est résulté pour la mémoire de l'orateur une de ces immortalités qui s'élèvent à quelques pas des tombeaux.

Au surplus, nous n'avons jamais tant ouï de malédictions et de prophéties sinistres, tant vu de bonnes cervelles à l'envers; c'étoit un feu roulant des mêmes objections, une battologie et une tautologie perpétuelles : guerre injuste, guerre impolitique, faite dans l'intérêt du pouvoir absolu; nous n'avions pas le droit d'intervenir; nous consoliderions ce que nous prétendions renverser, etc., etc. En entendant ces discours nous éprouvions une sorte d'impatience et d'étonnement; nous ne pouvions comprendre comment parmi tous ces hommes distingués il ne s'en trouvoit pas un qui devinât notre pensée, qui découvrît le but vers lequel nous tendions. Nous étions prêt quelquefois à nous écrier : « Eh! imbéciles gens d'esprit! il s'agit bien d'intervention, de constitution espagnole, de toutes ces choses que vous nous forcez à vous dire ici; choses vraies sans doute, mais qui sont à côté de la question véritable! Mauvais François, vous nous combattez par prévention, jalousie, ambition, sans voir où nous allons, sans savoir ce que vous faites! Nous ne pouvons dire notre secret à la tribune. Nation légère et taquine, à quoi vous sert donc votre intelligence si vantée? »

XLVI.

Tribune anglaise : Discussion dans la Chambre des Communes. — M. Peel et M. Brougham.

Les premières attaques eurent lieu en Angleterre dans la séance du 4 février 1823, à la chambre des lords, par le comte Stanhope et par le marquis de Lansdown, à la chambre des communes, par MM. Childe, Wildman, Yorcke et Brougham. Les trois premiers déclarèrent que si le canon retentissoit sur la Bidassoa, il seroit impossible à l'Angleterre de demeurer neutre. M. Canning et M. Peel furent presque toujours présents aux conflits qui se succédèrent durant le mois de février avec une ardeur croissante.

Sir Robert Peel, qui nous offrit à sa table l'hospitalité diplomatique, avoit été élevé à l'école de Harrow, presque avec lord Byron, quand, pauvre émigré, nous errions inconnu autour de Harrow-Hill. La personne du ministre de l'intérieur étoit agréable ; l'harmonie de sa voix faisoit oublier l'habitude originale de l'un de ses gestes. Lady Peel, née, ce nous semble, sous le ciel de l'Inde, étoit d'une délicatesse que nous n'avons vue à aucune femme ; on eût dit qu'elle étoit transparente ; tout à coup cette Niobé d'albâtre se teignoit du pâle incarnat d'une rose du Bengale : elle avoit des enfants, véritables angelets. M. Peel puisoit dans sa richesse et son bonheur quelque chose de doux et de modéré : cet esprit de tempérance le suivoit à la tribune. Tout en approuvant l'opposition, il douta que l'Angleterre pût intervenir ; il assura que l'intervention de l'Autriche à Naples étoit impérieusement *commandée par la nécessité, et conséquemment parfaitement juste pour garantir ses propres États d'un danger réel.* Et nous, nous n'eussions pas eu le droit d'intervenir pour nous garantir d'un danger réel !

M. Brougham nous attaqua dans trois discours, et les injures du grand moqueur augmentoient d'une manière toute admirable. Il mit en train l'Angleterre, qui poussoit des *huzza* derrière lui : articles de journaux, brochures et discours pleuvoient ; les expressions n'étoient pas ménagées comme en France ; tout ce que la grossièreté la plus populacière et la crédulité la plus ignare pouvoient vomir étoit lancé sur moi, et toujours M. de Villèle étoit épargné. Des huées, des trognons de chou, des restes de pommes m'assailloient, comme si j'eusse été un candidat résigné à la fange sur les *hustings de Westminster*. Le radicalisme a fait entrer le *boxing* dans l'éloquence britannique, comme la révolution a introduit la pique et le bonnet rouge dans nos discours.

XLVII.

Suite. — Ce que répondent à M. Brougham le *Courrier* et M. Canning.

M. Brougham, à la chambre des communes, affirme qu'en France « ce n'étoit qu'un parti, et peu estimable, qui cherchoit à pousser le gouvernement à la guerre, pour satisfaire sa bigoterie ou ses intérêts pécuniaires. »

Mes intérêts pécuniaires !

Dans un autre discours, M. Brougham se surpasse lui-même : là je suis appelé un *cloggy writer* (lourd, empêtré écrivain) ; il se moque d'*Atala* ; il accable de ses lazzis *la fille du désert* ; il brocarde toute ma vie : je suis un misérable flagorneur de Bonaparte ; je suis allé bigotement à Jérusalem chercher de l'eau du Jourdain pour le roi de Rome (mon voyage à Jérusalem est de 1806, et Bonaparte n'a épousé Marie-Louise qu'en 1810 : quelle prévision de ma part!); il trouve étonnant qu'on ait appelé un pauvre diable comme moi au ministère. Son étonnement n'étoit pas fondé : étoit-il donc surprenant qu'un homme entré dans la carrière diplomatique sous Bonaparte, nommé depuis ministre à Stockholm, ministre à Berlin, ambassadeur à Londres, devînt ministre des affaires étrangères? Est-ce comme écrivain qu'il trouvoit étrange ma prise de possession d'un portefeuille? Mais pourquoi n'éprouvoit-il pas le même sentiment à l'égard de M. Canning et de M. Martinez della Rosa, tous deux poëtes, tous deux auteurs comme moi? Lui-même, M. Brougham, n'étoit-il pas entaché du même vice? N'avoit-il pas commencé par se servir de sa plume avant d'user de sa langue? *Le Courrier* anglois lui dit justement : « Nous croyons que l'élégance de langage et le ton d'urbanité et de politesse de M. Brougham en parlant du vicomte de Chateaubriand ne peuvent exciter qu'un seul sentiment.

« Nous avons pu nous convaincre jusqu'à présent que ce style énergique et d'une espèce toute particulière n'est pas familier à M. de Chateaubriand. Toutefois, s'il pouvoit vouloir répondre sur le même ton, seulement pour prouver que l'on peut faire à bon marché de ces fleurs de rhétorique, nous croyons qu'il pourroit répliquer : Brougham. cet homme d'État et de loi à la douzaine, qui écrit de mauvaises revues et prononce des discours plus mauvais encore, etc.

« Tout homme qui ne craint pas de se salir les doigts peut jeter de la boue; mais en général, dans cette espèce de guerre, un *boueur* doit avoir un avantage décidé sur un *gentleman*. Mais bien que le boueur eût couvert de boue et d'ordure son adversaire de la tête aux pieds, ce dernier n'en resteroit pas moins un gentleman, et l'autre un boueur.

« En toute occasion, M. Brougham paroît agir dans l'idée que des mots durs sont des arguments forts, que de citer des noms, c'est prouver des faits, et qu'entasser des épithètes d'horreur et de réprobation est la même chose que de démontrer qu'elles sont bien appliquées. Il tient certainement magasin d'invectives, ce qu'il faut peut-être attribuer aux habitudes de sa profession, etc. » Nous n'aurions pas demandé au *Courrier* anglois une réponse d'une telle acrimonie; mais nous ajouterons, pour la consolation de notre amour-propre, que les premiers articles de la *Revue d'Édimbourg,* si injurieux à lord Byron, étoient de M. Brougham : le critique nous a traité comme il traita *Child-Harold :* qu'il permette à notre vanité de s'emparer de cette flatteuse analogie.

M. Peel défendit Alexandre, attaqué et représenté comme l'assassin de son père : nous nous roulions dans la boue avec l'empereur de Russie, sous les poings vigoureux de l'athlète anglois. M. Canning hasarda à notre égard une petite excuse honteuse, disant que le gouvernement françois étoit coupable; mais qu'il ne falloit pas me confondre avec ce gouvernement : cela étoit vrai dans un tout autre sens que ne l'entendoit l'orateur. Le ministre des affaires étrangères de S. M. B., à propos du discours de M. Brougham, nous appliqua le mot comique de Molière que nous avons déjà cité[1] : « Tu l'as voulu, Georges Dandin! » Notre illustre ami s'étoit pourtant maintes fois exprimé sur notre compte avec indulgence et politesse, notamment dans son discours au sujet du *litterary funds* pendant notre ambassade de Londres, dans la lettre qu'il nous écrivit à Vérone, et dans les autres lettres qu'on va lire il se piquoit d'émulation, il joutoit de *memorandum* contre nous dans tout l'avantage de son talent. Lorsque nous fûmes nommé ministre, il dit à ses bureaux : « Soignons nos dépêches, messieurs! » Il les corrigeoit, les écrivoit souvent lui-même, et quand il en étoit satisfait, il ajoutoit : « Qu'en pensera Chateaubriand? » Cette lutte de deux intelligences qui s'estiment et se craignent est un fait curieux dans l'histoire de la diplomatie, ordinairement école de dissimulation et de mensonge.

XLVIII.

Lady Jersey. — Dîner à Londres en 1822 avec M. Brougham. — Nous répondons dans la Chambre des Pairs à nos adversaires anglois. — Lord Brougham vient nous voir à Paris.

Nous avions dîné à Londres avec M. Brougham, chez la belle lady Jersey, qui rappeloit la première duchesse de Devonshire, auteur du poëme sur le Saint-Gothard. Lady Jersey, duchesse angloise de Chevreuse, moins les grandes aventures et plus la régularité des mœurs, étoit de l'opposition par nature, comme on est oiseau ou poëte par la volonté des astres. Son père, le duc de Westmoreland, membre du cabinet, Breton de la vieille roche, buvoit bien, traitoit comme sa pan-

---

1. Voyez le *Congrès de Vérone.*

touffe les idées nouvelles, et avoit inventé pour monter à cheval des garde-jambes, ainsi que le chevalier Robert le Cornu eut la gloire, sous Guillaume le Roux, d'être l'auteur des *souliers à la poulaine*.

M. Brougham, au grand dîner d'opposants dont nous parlons, fut presque muet; il nous regardoit avec une sorte d'inquiétude sarcastique en souffrance : il eût été plus insolent s'il eût eu le droit de l'être. Nous l'avions entendu aux communes; sa mine nous parut assez plébéienne, quoiqu'il appartînt à une famille noble : à son geste et à sa parole, nous l'aurions pu prendre pour un orateur françois; il avoit de plus cette expression des rues inhérente à l'*humour* de John Bull.

La vomique du membre de la chambre basse n'ayant fait que souiller nos vêtements sans nous toucher au visage, nous en fûmes quitte pour faire donner notre habit au premier camarade de M. Brougham qui passa devant la porte du ministère des affaires étrangères. Nous nous rendîmes le 30 avril à la chambre des pairs : nous prîmes la parole pour répondre à nos adversaires anglois. L'opinion que nous prononçâmes est une de celles dont le succès fut le moins contesté; la voici :

« On m'a sommé, messieurs, de répondre à des questions qu'on a bien voulu m'adresser; on a accusé mon silence : je vais vous en exposer les raisons, et peut-être vous paroîtront-elles avoir quelque valeur.

« Si le gouvernement britannique n'est pas sous quelque rapport aussi circonspect que le nôtre doit l'être, il est évident que cela tient à la différence des positions politiques.

« En Angleterre, la prérogative royale ne craint point de faire les concessions les plus larges, parce qu'elle est défendue par des institutions que le temps a consacrées. Avez-vous un clergé riche et propriétaire? Avez-vous une chambre des pairs qui possède la majeure partie des terres du royaume, et dont la chambre élective n'est qu'une sorte de branche ou d'écoulement? Le droit de primogéniture, les substitutions, les lois féodales normandes perpétuent-elles dans vos familles des fortunes pour ainsi dire immortelles? En Angleterre, l'esprit aristocratique a tout pénétré; tout est priviléges, associations, corporations. Les anciens usages, comme les antiques lois et les vieux monuments, sont conservés avec une espèce de culte. Le principe démocratique n'est rien : quelques assemblées tumultueuses qui se réunissent de temps en temps, en vertu de certains droits de comté, voilà tout ce qui est accordé à la démocratie. Le peuple, comme dans l'ancienne Rome, client de la haute aristocratie, est le soutien et non le rival de la noblesse.

« On conçoit, messieurs, que dans un tel état de choses la couronne en Angleterre n'a rien à craindre du principe démocratique ; on conçoit aussi comment des pairs des trois royaumes, comment des hommes qui auroient tout à perdre à une révolution professent publiquement des doctrines qui sembleroient devoir détruire leur existence sociale ; c'est qu'au fond ils ne courent aucun danger. Les membres de l'opposition angloise prêchent en sûreté la démocratie dans l'aristocratie : rien n'est si agréable que de se donner les honneurs populaires en conservant des titres, des priviléges et quelques millions de revenu.

« En sommes-nous là, messieurs, et présentons-nous à la couronne de pareilles garanties? Où est l'aristocratie dans un pays où vous ne trouvez pas douze mille propriétaires qui payent mille francs d'imposition? Où est l'aristocratie dans un État où le partage égal anéantit la grande propriété, où l'esprit d'égalité n'avoit laissé subsister aucune distinction sociale, et souffre à peine aujourd'hui les supériorités naturelles?

« Ne nous y trompons pas ; il n'y a en France de monarchie que dans la couronne ; c'est elle qui, par son antiquité et la force des mœurs, nous sert de barrière contre les flots de la démocratie. Quelle différence de position! En France, c'est la couronne qui met à l'abri l'aristocratie; en Angleterre, c'est l'aristocratie qui sert de rempart à la couronne. Ce seul fait interdit toute comparaison entre les deux pays.

« Au reste, messieurs, les gouvernements représentatifs deviendroient impossibles si les tribunes se répondoient. Les récriminations imprudentes auroient bientôt changé l'Europe en un champ de bataille. C'est à nous à donner l'exemple de la modération parlementaire. On a fait des vœux contre nous : souhaitons la prospérité à toute puissance avec laquelle nous conservons des relations amicales. On a osé élever la voix contre le plus sage des rois et son auguste famille! Qu'avons-nous à dire du roi d'Angleterre, sinon qu'il n'y a point de prince dont la politique soit plus droite et le caractère plus généreux; point de prince qui par ses sentiments, ses manières et son langage, donne une plus juste idée du monarque et du gentilhomme? On a traité avec rigueur les ministres françois! Je connois les ministres qui gouvernent aujourd'hui l'Angleterre : ces personnages éminents sont dignes de l'estime et de la considération dont ils jouissent. J'ai été l'objet particulier des insultes : qu'importe si vous trouvez, messieurs, que je ne les ai méritées que pour avoir bien servi mon pays? Ne craignez pas que ma vanité blessée puisse me faire oublier ce que je dois à ma patrie; et quand il s'agira de maintenir la bonne harmonie entre deux nations puissantes, je ne me souviendrai jamais d'avoir été offensé. »

On trouva, même en Angleterre, que l'avantage nous étoit resté.

M. Brougham, devenu lord Brougham, oubliant ce qu'il avoit dit de nous, nous a fait l'honneur de venir deux fois nous voir à Paris. Quand on l'annonça, nous fûmes étonné un peu ; nous nous levâmes, nous nous avançâmes vers lui, et nous lui dîmes : « Mylord, je suis bien aise que vous ne m'en vouliez pas de vos anciens discours. » Sa Seigneurie s'est assise : l'éclat de son rang avoit déjà rejailli sur ses façons, et ses trivialités démocratiques avoient une certaine grâce de franchise, à travers le ton moins familier de l'aristocratie. Nous avons causé cordialement ensemble, comme si lord Brougham eût toujours été notre *admirateur* et notre *ami*. Il ne songeoit plus au Jourdain, à notre *bigoterie*, à nos *intérêts pécuniaires*; il nous honoroit comme un *gentleman* pauvre, sincère dans ses opinions et resté fidèle au malheur : nous, nous étions charmé de nous entretenir avec un *scholar* d'autant d'esprit et de savoir.

XLIX

Lettre de Cobbett.

Mais nous eûmes en dehors du parlement un étrange défenseur et un singulier ennemi : le fameux pamphlétaire Cobbett écrivoit dans ce moment des lettres contre les ministres de S. M. B. : parmi ces lettres, il nous en adressa une. Ce politique populaire se montra plus clairvoyant que les hommes d'État de la France et de l'Europe ; il ne s'en fallut guère qu'il ne mît au jour notre secret ; il ne se méprit pas, lui, sur le résultat de l'expédition d'Espagne : seulement, il ne prévit point que nous ne serions plus là pour tirer de nos succès l'avantage dont nous bercions nos espérances.

Cette lettre, inconnue en France, est un monument historique.

A M. de Chateaubriand [1].

« Kensington, 1ᵉʳ mars 1823.

« Monsieur,

« Votre discours du 25 du mois dernier a été traduit en anglois et publié en Angleterre. Quand on est sur le point de commencer une guerre dont les suites peuvent intéresser matériellement une grande partie du monde civilisé, il est très-important d'en savoir les véritables motifs. Dans votre discours, vous avez spécifié les motifs qui font agir la France. L'objet de ce discours est non-seulement de justifier la conduite de la France aux yeux du monde, mais de justifier le gouvernement françois aux yeux du peuple françois. Ce discours se divise donc naturellement en deux parties : 1° *le droit de la France* d'intervenir dans les affaires des Espagnes conformément aux lois et usages des nations ; 2° l'utilité pour la France de l'exercice de ce droit dans le moment actuel.

« Quant à la première partie, vous vous reposez très-sagement sur les principes mis en avant par le gouvernement anglois au commencement de la guerre de 1793. Le passage que vous avez cité de la déclaration du roi d'Angleterre du 19 octobre 1793 est une justification complète du gouvernement françois dans le moment actuel. Il est vrai que les François avoient alors fait mourir Louis XVI ; mais si la mort de Louis XVI donna à l'Angleterre le droit d'intervention, ce droit n'étoit fondé que sur *son propre jugement*. La mise à mort du roi de France étoit tout autant *une affaire intérieure* que tout autre acte de l'Assemblée nationale ou de la Convention. Elle ne pouvoit être regardée comme un péché impardonnable aux yeux des nations étrangères, puisque le gouvernement anglois offrit quelque temps après de traiter et de vivre en amitié avec le Directoire, dont tous les membres étoient des régicides.

« D'ailleurs, dans l'année 1800, le gouvernement anglois en répondant à une proposition de paix faite par Bonaparte base son refus non sur la personne du consul, mais sur l'état de choses existant en France. Il refuse d'entrer en négociation non parce que Bonaparte, alors premier consul, propose quelque chose d'humiliant ou d'injurieux pour l'Angleterre, mais parce que, disoit-on, il n'y avoit pas de garantie

---

1. Je dois la traduction élégante et fidèle de cette lettre à mon ami M. Frisel, auteur de l'excellent écrit sur la *Constitution de l'Angleterre*.

pour le maintien d'une paix quelconque tant que le *système politique de l'intérieur de la France continueroit d'exister*. Il déclare ne pas vouloir dicter un gouvernement à la France ; mais en même temps lord Granville mande à M. de Talleyrand que la *restauration de la famille de Bourbon* seroit le meilleur gage de l'abandonnement d'une conduite qui *mettroit en danger l'existence même de toute société civile*, qu'une telle restauration ôteroit tous les obstacles qui empêchoient de traiter avec la France ; il ajoute que l'Angleterre ne pouvoit pas traiter *avec le système actuel de la France.* Y eut-il jamais un exemple plus frappant d'intervention dans les affaires d'une nation étrangère? Cette déclaration de lord Granville est datée du 4 janvier 1800. En réponse à cette note, il reçut de M. de Talleyrand l'assurance la plus solennelle que la France étoit devenue parfaitement tranquille, qu'elle ne cherchoit plus à troubler la paix des autres nations et qu'elle désiroit surtout de vivre en amitié avec l'Angleterre. Bref, le ministre de France fit presque des supplications pour la paix. Ses supplications furent rejetées sur le seul motif de la nature du gouvernement alors existant en France.

« Tout ce qu'on dit donc maintenant sur la déclaration du gouvernement espagnol qui ne cherche pas à propager ses principes au delà de la frontière, tous les arguments que tire notre gouvernement de cette déclaration pour vous engager à ne pas envahir l'Espagne, tout cela tombe à plat, car nous avons la preuve qu'une pareille déclaration faite par Bonaparte et la nation françoise a été rejetée avec dédain par notre gouvernement. Cependant ce même gouvernement fit la paix quelque temps après avec Bonaparte, sans avoir vu le moindre changement dans les institutions françoises ou dans les dispositions de ceux qui gouvernoient la France. Lord Granville, dans la note déjà citée, dit qu'il avoit besoin de *l'évidence des faits* pour être convaincu que la France avoit renoncé à ses projets d'ambition et à cet esprit remuant qui mettoit en danger l'existence de la société : deux ans après, il reçut cette *évidence des faits,* et ces faits consistoient dans de grandes victoires obtenues sur les alliés par la France, dans d'énormes additions faites aux conquêtes françoises et dans des prétentions pour les termes de la paix beaucoup plus élevées que celles qu'avoit Bonaparte en 1800 ! Tels étoient les faits dont le gouvernement anglois avoit besoin pour *se croire en sûreté* en traitant avec la France. Et si les Espagnols pouvoient passer les Pyrénées et conquérir une ou deux provinces de la France, je crois sincèrement que vous ne trouveriez aucun danger à traiter pour la paix avec les cortès. Rien ne tend plus à pacifier les nations, comme les individus, que d'être bien battu.

Mais cette réflexion n'a pas de rapport avec la question devant nous. Dans ces deux procédés de 1800 et 1802, nous avons la preuve complète que notre gouvernement se conduisait d'après les mêmes principes que vous mettez en avant pour justifier votre invasion de l'Espagne.

« Mais, monsieur, pour ne rien dire du renouvellement de la guerre en 1803, pour ne rien dire de la déclaration du 10 mai de cette année, qui a été si parfaitement réfutée dans *Le Moniteur* du 7 juin suivant, pour ne rien dire des assertions renouvelées, alors qu'il étoit impossible à l'Angleterre de vivre en paix avec la France sous le système qui la dominoit, je m'étonne que vous ayez omis la déclaration des alliés contenue dans la minute imprimée de leurs conférences à Vienne, datée le 12 mai 1815. A cette époque Bonaparte étoit rentré en France. Il avoit fait la déclaration la plus solennelle de ses dispositions pacifiques ; il avoit entièrement aboli la traite des nègres ; il avoit assuré notre gouvernement de son désir extrême de vivre en paix avec lui ; mais en réponse à toutes ces déclarations et assurances il reçut la guerre de la part de l'Autriche, de l'Espagne, de l'*Angleterre*, du Portugal, de la Prusse, de la Russie, de la Suède, de la Bavière, du Danemark, de l'Hanovre, des Pays-Bas, de la Sardaigne, de la Saxe, des Deux-Siciles et du Wurtemberg, qui toutes signèrent la minute de la conférence, dont la publication devoit tenir lieu d'une nouvelle déclaration de guerre. Dans cette minute, vous auriez pu trouver le passage suivant : « Les puissances savent trop bien les principes qui
« doivent les guider dans leurs relations avec un État indépendant
« pour essayer (comme on tâche de les en accuser) de lui imposer des
« lois ou de se mêler de ses affaires intérieures, pour lui prescrire une
« forme de gouvernement et lui donner des maîtres selon les intérêts
« et les passions de ses voisins. Mais elles savent aussi que le droit
« qu'a une nation de changer son système de gouvernement *doit avoir*
« *ses limites*, et que si les puissances étrangères n'ont pas le droit de
« lui prescrire l'usage qu'il doit faire de cette liberté, elles ont indu-
« bitablement le droit de protester contre l'abus qu'il peut en faire à
« leur préjudice. Conformément à ce principe, les puissances ne se
« croient pas autorisées *d'imposer un gouvernement* à la France ; mais
« *elles ne renonceront jamais au droit d'empêcher l'établissement en*
« *France, sous le nom de gouvernement, d'un foyer de désordres qui*
« *tendroit à la subversion des autres États.* »

« C'est l'ancien langage ; ce n'est ni plus ni moins que le principe mis en avant pour justifier la guerre contre la France depuis 1793 jusqu'à l'époque de cette nouvelle déclaration. Dans un autre para-

graphe de cet écrit, les puissances déclarent qu'elles ne veulent *pas de paix avec Bonaparte*. Un de nos lords de l'amirauté, en l'an 1814, déclara dans le parlement que nous ne voulions pas de paix avec James Madisson (le président des États-Unis) : quelques *bonnes défaites* produisirent le même effet à l'égard des Américains qu'elles avoient eu pour Bonaparte entre les années 1800 et 1802. Cependant, l'assertion contre James Madisson ne fut pas faite d'une manière aussi officielle que la déclaration de Vienne que je viens de citer, et qui étoit signée par trois lords, Clancarty, Cathcart et Stewart. Dans un autre endroit de cette même conférence ou déclaration il est dit : « La paix avec un
« gouvernement placé en de telles mains et composé de tels éléments
« ne produiroit qu'un état perpétuel d'incertitudes, d'inquiétudes et
« de dangers. Aucune puissance ne pourroit réellement réduire son
« établissement militaire; les nations ne jouiroient d'aucun des avan-
« tages d'une véritable pacification; elles seroient écrasées par des
« charges de toutes espèces; il n'y auroit aucune stabilité dans les
« relations politiques; l'Europe, alarmée, s'attendroit à de nouvelles
« explosions : les souverains ont pensé qu'une guerre ouverte, avec
« tous ses inconvénients et ses sacrifices, seroit préférable à un état
« pareil. »

« Tel étoit le langage de l'Angleterre, ou tout au moins du gouvernement anglois, en l'année 1815. Comment donc le même gouvernement, composé à peu près des mêmes hommes, peut-il prétendre dire que leur conduite passée n'étoit pas basée sur les mêmes principes que ceux d'après lesquels vous justifiez la guerre que vous allez entreprendre ?

« Quant à moi, je ne reconnois pas ces principes; je les regarde, avec une grande partie de la nation angloise, comme des principes monstrueux. Mais tout cela ne fait rien ni à vous, monsieur, ni à votre nation. Ce qui est très-louable en moi seroit précisément le contraire de votre part, parce que vous avez à tirer parti de ces principes au profit de la France, parce que vous êtes François, tandis que moi je suis Anglois. Votre citation et vos arguments ne sont d'aucune valeur contre moi et contre quelques écrivains habiles de notre propre pays; mais ils sont excellents comme une réponse à nos ministres et à leurs partisans. Et en effet on n'a pas essayé de vous réfuter : des injures personnelles, mais point de réfutation; du verbiage sur ce que vous avez servi Bonaparte, sur ce que vous lui avez rendu des honneurs divins, sur ce que vous avez comparé la naissance de son enfant à celle du Rédempteur, sur ce que vous avez apporté de l'eau de la rivière du Jourdain pour servir au baptême de cet enfant; mais pas un seul mot en réponse à votre discours, pas un mot pour montrer que le principe dont nos ministres se sont servis pour l'invasion de la France, pour empêcher la *contagion morale* de traverser la Manche, que ce même principe ne peut servir aussi au roi de France pour le justifier d'empêcher la *contagion morale* de passer la ligne imaginaire qui sépare ses États de l'Espagne. Quand vos adversaires sont réduits à employer des injures personnelles, quand ils parlent d'eau apportée du Jourdain, au lieu de nier qu'ils ont prêché les mêmes principes que vous dans leurs manifestes et dans leurs journaux, vous pouvez rester assuré que la victoire est de votre côté.

« On pourroit dire, quoique cela ne fît rien à la chose, que cette déclaration de Vienne n'étoit pas conforme aux sentiments de la nation angloise ; qu'elle n'étoit pas conforme aux sentiments de la partie saine de la nation, car plusieurs de nous avoient en horreur les principes sur lesquels elle étoit basée ; mais, encore une fois, il n'est pas question de cela ; il est question des principes des ministres et du langage du parlement : dans ce même parlement, on a prononcé des discours pleins d'invectives contre le roi de France, pour avoir imité notre langage et notre conduite. Pendant les débats sur la guerre contre Bonaparte, plusieurs des hommes maintenant en place ou dans le parlement exprimèrent leurs sentiments ; avec leur permission, je citerai quelques-unes de leurs expressions : persuadé qu'elles seroient quelque jour d'un intérêt considérable, j'en fis un recueil que j'adressai dans une lettre à lord Castelreagh ; la lettre se terminoit avec ces paroles : « Ici, mylord, je finis mes extraits. Ce sont des *passages* « *mémorables,* on les citera *cent fois.* Ici ils sont en *sûreté;* ils ne « seront plus en danger d'être *perdus.* »

« Lors des débats sur la guerre avec la France, lord Liverpool déclara « que nous étions obligés d'avoir recours aux armes pour nous « opposer au système françois, système qui n'offroit aucune garantie « pour la paix et menaçoit de danger les autres nations ; qu'il désiroit » que la France eût un gouvernement limité, comme celui de ce pays- « ci ; mais que tant que le gouvernement françois restoit comme il « étoit il n'y avoit pas de sûreté pour nous dans un état de paix ; qu'il « ne cherchoit pas à diminuer les ressources de la France ; mais il « demandoit seulement qu'elle eût un gouvernement qui offrît des « garanties pour la paix avec le reste de l'Europe. » Après cela il ajouta : « Voici l'état de la question : premièrement, vous avez une « juste cause de guerre contre le système françois, que l'expérience a « décidément prouvé être incompatible avec la paix et l'indépendance « des nations de l'Europe ; secondement, vous avez maintenant, pour

« vous opposer à ce système, des moyens que vous ne pouvez pas
« raisonnablement espérer avoir dans un autre moment. La question
« est donc de savoir s'il n'est pas de votre devoir de profiter des cir-
« constances pour détruire ce système. » Lord Liverpool termine en
disant : « Nous avons le droit de vouloir que la France *n'ait pas un
« gouvernement* qui menace le repos des autres nations; nous ne
« devons pas refuser de nous associer à ceux qui veulent écraser un
« des plus grands maux qui aient jamais existé. »

« Ainsi parle l'homme qui étoit *alors premier ministre*, et qui est
premier ministre maintenant ; et cependant c'est le même homme que
les journaux nous représentent comme ayant dit : « Que le *roi de*
« *France* n'a dans ce moment-ci aucun motif justifiable pour l'invasion
« de l'Espagne. » Nous avons le droit de dire à la France : « Vous n'au-
« rez pas un gouvernement qui menace de troubler notre repos. » Mais
le roi de France n'a pas le droit d'en dire autant à l'Espagne. Après le
premier ministre vinrent lord Granville et lord Bathurst, qui soutinrent
les mêmes opinions. Dans l'autre chambre, M. Graham, M. Plunkett
et lord Milton soutinrent les mêmes opinions. Ces messieurs sont de
ce qu'on appelle l'*opposition*. M. J. Smith appelle le système françois
un système de *pillage*, et l'armée françoise une armée de *brigands*.
M. Grattan dit que le gouvernement françois étoit une *statocratie*, et
que la constitution françoise n'étoit que la *guerre*. Il dit que nous
n'avions pas le droit d'imposer un gouvernement à la France, mais
que nous avions le droit de lui dire : « Vous ne vous donnerez pas un
« gouvernement dont le but est de vous mettre en hostilité avec l'Eu-
« rope. » Il ajoute qu'il avoit pour son opinion *l'autorité de M. Burke*
et la *pratique de M. Fox*.

« En voilà assez sur le principe qu'on mit en avant pour justifier
l'invasion de la France en 1815. Vint ensuite l'argument du *pouvoir*.
Tous les orateurs se vantèrent du grand nombre de nos alliés et insis-
tèrent sur la politique de faire la guerre *pendant que nous avions ces
alliés*. On ne dit pas un mot alors sur les trois *gentilshommes de Vérone*
(titre d'une comédie de Shakespeare et allusion aux deux empereurs
et au roi de Prusse). On ne pensa pas alors à cette assez médiocre
plaisanterie. Nos orateurs parlementaires, au moins ceux qui soutenoient les ministres, ne déclamèrent pas contre les *despotes combinés*.
Les ministres alors se *vantèrent* de leurs *alliés*, et personne ne cria
contre les *trente-et-un* plénipotentiaires de *seize* États qui signèrent la
déclaration de Vienne. Diront-ils que les Espagnols sont *foibles*, en
comparaison de ce qu'étoient les François alors? Écoutons leurs orateurs sur cet article. Lord Liverpool déclara que la masse de la nation

françoise avoit une grande aversion pour Bonaparte. M. Grattan dit :
« Bonaparte *n'a ni cavalerie*, ni argent, ni crédit ; sa puissance est à
« présent *ébranlée jusqu'aux fondements ;* » M. Plunkett dit : « Bona-
« parte a embarqué sa fortune dans un vaisseau battu par l'orage, et
« dont le mât est courbé jusqu'au niveau de l'eau ; » lord Castelreagh :
« La force militaire de *tout le reste de l'Europe* est combinée main-
« tenant contre *la moitié* de la France. » M. Plunkett dit encore que
toutes les puissances de l'Europe étoient avec nous aussi bien qu'*une
portion considérable de la population de la France.*

« De manière que la *foiblesse,* qui étoit alors un des grands motifs
pour attaquer la France, est maintenant un des arguments *contre l'invasion* de l'Espagne. Les conseillers disent : « N'attaquez pas les Espa-
« gnols, ils sont *trop foibles* pour que leurs principes puissent vous
« faire du mal ; ils n'ont pas les moyens de vous envahir. » Ce sont
des arguments opposés qu'employoient les mêmes hommes au commencement de la courte guerre qu'ils firent *à la France,* laquelle
(chose singulière) priva sa capitale de ses musées, son royaume des
villes frontières, et son trésor d'une somme énorme d'argent ! Au lieu
de dire dans le parlement anglois : N'envahissez pas la France ; la
France est *trop foible* pour vous faire du mal, on disoit : Faites la guerre
à la France parce qu'*elle est foible,* et parce que vous êtes forts, ayant
pour vous toutes les puissances de l'Europe et la moitié de la France.

« Telle fut la mémorable scène en 1815. J'avois bien raison, en
recueillant les principaux passages des discours faits alors dans le parlement, de dire qu'on les citeroit plus d'une fois. Les doctrines émises
alors étoient si injustes et si monstrueuses, que je croyois qu'il étoit
impossible qu'elles ne fussent pas un jour appliquées contre nous.
Nous voyons maintenant la France, avec plus d'apparence de raison,
tenir le même langage que nous tenions en 1815, et il est curieux de
remarquer que personne, excepté moi, ne rappelle à la nation quelle
étoit alors la conduite de notre gouvernement. Les passages que j'ai
cités sont une réponse éternelle aux ministres et à leurs partisans,
quand ils veulent questionner le droit d'intervention pour forcer une
nation de modifier sa constitution selon la volonté des puissances voisines qui sont plus fortes.

« Encore un mot avant de quitter la déclaration de 1815. Le grand
cri en Angleterre maintenant est contre les *despotes combinés.* En 1815,
au contraire, cette combinaison des despotes étoit un sujet d'éloges ;
agir de concert avec une pareille combinaison étoit regardé comme
heureux et même glorieux. Cette combinaison dont on parle maintenant avec tant d'amertume (et avec tant de raison) étoit vantée comme

formée par l'Angleterre et projetée par Pitt ! Lord Castelreagh, en parlant du congrès de Vienne, dit : « que c'étoit une grande satisfaction « pour eux, qui révéroient la politique de *ce grand homme d'État,* « d'avoir assez vécu pour voir *réduit en pratique* ce que son grand « esprit avoit imaginé en théorie, comme le complément de tous ses « souhaits. » C'est donc le gouvernement anglois qui a inventé la Sainte-Alliance. On se vantoit de cette alliance en 1815 ; mais maintenant que cette alliance soutient la France dans un projet qui doit nuire à l'Angleterre, au lieu de soutenir l'Angleterre dans un projet nuisible à la France, les mêmes personnes qui la louoient alors l'appellent maintenant *une combinaison de despotes.*

« Vous aurez été probablement surpris, monsieur, de voir que messieurs de l'opposition aient été si portés pour les ministres, qu'ils n'aient jamais pensé de dire que votre guerre avec l'Espagne est au moins aussi juste que celle qu'ils ont faite en 1793 et 1815, qu'ils les aient même loués sur leur humanité et leur esprit indépendant, tandis qu'ils ont vomi tant d'injures contre vous et vos alliés. Mais, monsieur, un de nos membres du parlement a écrit dernièrement une brochure dans laquelle il remarque qu'il y a en Angleterre des roues dans des roues. Vous nous appelez une nation de boutiquiers, mais vous savez aussi que nous sommes de grands *manufacturiers* et sommes fameux pour nos *machines.* Vous seriez bien surpris de voir le nombre de roues que nous avons dans nos machines, et la manière singulière dont elles travaillent, étant mises en mouvement ou arrêtées par une puissance totalement invisible aux yeux du vulgaire. Dans votre chambre des députés, quelle colère, quelle indignation, quelle opposition *réelle!* Ah, monsieur de Chateaubriand ! si vous passiez un hiver ici avec nous, vous ne seriez pas embarrassé de trouver des raisons pour beaucoup de choses qui vous paroissent extrêmement singulières et totalement inexplicables.

« Il ne reste donc pas une ombre de doute sur la vérité de cette proposition : que, selon les principes proclamés par le gouvernement anglois et selon la pratique de ce gouvernement, le roi de France est parfaitement justifié de son invasion de l'Espagne. Entendez-moi : je dis que le principe est monstrueux et la pratique abominable ; mais quand tout le reste du genre humain auroit le droit de crier contre la France à cette occasion, ce droit n'appartient pas au gouvernement anglois et à ses partisans. Si j'avois été membre du parlement, la plus grande partie de ce que je vous écris, je l'aurois dit en face des ministres le premier jour de la session. Tout convaincu, comme je le suis, des vrais motifs de la conduite de la France, sachant parfaitement qu'elle *met en avant un prétexte qui est sanctionné par les principes et la pratique du gouvernement anglois, voyant parfaitement la vraie cause de la guerre qu'elle va faire et dans laquelle il y a toute raison de croire qu'elle réussira* ; j'aurois eu une belle occasion de rappeler à la chambre notre conduite en 1815 : je lui aurois montré qu'avec les mêmes prétextes sous lesquels la France s'occupe d'envahir l'Espagne, l'Angleterre envahit la France, *plaça sur le trône ces mêmes Bourbons qui nous inspirent maintenant tant de crainte, prodigua les trésors de l'Angleterre à ces mêmes alliés qui maintenant soutiennent la France, se vanta en même temps de la conquête de la France, et tint à l'égard de la France et du peuple françois cette conduite que cinquante siècles ne feront ni oublier ni pardonner à ce peuple.* Aurois-je pu voir nos ministres à leurs places dans la chambre sans rappeler à leur conduite antérieure toutes les causes non-seulement de votre guerre contre l'Espagne, mais les raisons de l'impossibilité où nous sommes de nous opposer à cette guerre, à moins de produire dans notre intérieur des dangers peut-être plus grands que ceux qui résulteront inévitablement pour nous de vos succès dans cette guerre? Aurois-je pu laisser échapper cette occasion sans montrer que cette énorme dette qui nous paralyse vient de ce que nous avons agi d'après le même principe que nous condamnons en vous, sans montrer aussi clairement que le jour que les ruineuses conséquences de notre intervention dans les affaires de la France nous ôtent à présent les moyens d'empêcher votre intervention dans les affaires intérieures de l'Espagne. En voilà assez sur la partie de votre discours qui a rapport au *droit* d'intervention. L'*utilité* de cette intervention est une autre question, et vous l'avez traitée en homme qui ne craint pas de dire la vérité ouvertement. Vous dites, et vous dites avec vérité, qu'il est utile aux intérêts de la France de placer l'Espagne sous l'influence de la France. Cela *est si évident que tout le monde doit le voir.* Il est très-certain que si l'Espagne étoit *libre de contracter des alliances sans faire attention aux souhaits de la maison de Bourbon, la position de la France seroit moins bonne qu'autrefois.* C'est un très-bon argument pour vous justifier de faire la guerre, comme il l'est pour nous de nous joindre aux Espagnols ; mais cela ne fournit aucune raison à nos orateurs et à nos journaux corrompus de vous injurier et de parler de l'eau que vous avez apportée du Jourdain. Vous êtes notre ennemi, mais nous sommes les vôtres; c'est bien connu au reste du monde, et ce n'est pas ignoré de nos partis politiques. De vous voir embarqué dans une entreprise qui vous promet tant d'avantages est une très-bonne raison pour que nous tâchions d'empêcher le succès de cette entreprise, mais nullement pour aboyer des injures contre vous et vos alliés. Il paroît qu'on a imaginé ici que des discours pleins d'invectives, que des clameurs de Bourse, des paragraphes injurieux dans les journaux vous feroient assez de peur pour vous empêcher de suivre votre projet. J'ai dit à ces faiseurs de bruit que vous ne vous souciiez que du bruit du canon, et que quant à des cris le roi de France en avoit assez entendu dans sa vie pour n'en avoir pas peur.

« Une autre partie de votre discours confirme aussi ce que j'ai dit à cette nation il y a plusieurs mois, qu'une guerre de la part de la France ayant pour but de faire tort ou d'humilier l'Angleterre seroit sûre d'être populaire en France. Je rappelois les transactions de 1814 et surtout de 1815. Je demandois aux Anglois quels sentiments ils auroient eus pour la France si la France en 1815 avoit agi envers l'Angleterre comme l'Angleterre avoit agi envers la France. Je leur rappelois le langage des journaux anglois à cette époque, et je citerai aujourd'hui des passages des deux journaux qui avoient alors le plus d'influence, le *Courier* et le *Times*. Voici un passage du *Courier* du 28 juillet 1815 : « Une nouvelle armée peut être fidèle au roi
« de France et le roi *peut* avoir des dispositions pacifiques ; mais, sup-
« posé qu'il *ne les eût pas,* supposé que *son successeur ne les eût pas,*
« supposé qu'il fût obligé de suivre l'impulsion guerrière de la na-
« tion, la *vraie,* la *sage,* la *saine* politique est de *réduire la puissance*
« *de la France :* c'est la seule manière de l'empêcher de troubler la
« paix de l'Europe. Nous devrions insister sur la *remise* ou au moins
« sur la *destruction de toutes les forteresses au nord de la France.* Nous
« devrions lui faire rendre toutes les conquêtes de Louis XIV. Pour-
« quoi ne pas donner la Lorraine à l'Autriche et l'Alsace à la Prusse ?
« Enfin, on ne devroit pas lui laisser un seul tableau ni une seule
« statue. » Ceci fut écrit après que les alliés, après que l'Angleterre, l'*alliée* de Louis XVIII, eut occupé militairement Paris. Nous savons que cet avis fut presque suivi à la lettre. Ainsi vous voyez que l'hostilité de l'écrivain d'un journal ministériel très-répandu n'étoit pas contre Bonaparte, n'étoit pas contre une forme quelconque de gouvernement, mais contre la France, contre le peuple françois, contre son bonheur et sa sûreté ! C'étoit trop encore que ce peuple conservât en tableaux et en statues les trophées de sa valeur ; ils furent enlevés par les *alliés du roi de France,* par ceux qui avoient signé la déclaration de Vienne. Nous étions ses *alliés* dans la guerre, nous entrâmes en France comme ses *alliés,* et, étant à Paris comme ses *alliés,* nous agîmes, à peu de chose près, de la manière recommandée par le *Courier.* Le journal le *Times* recommande de plus la mort de Bona-

parte, et au mois de septembre suivant il justifie le massacre des protestants à Nîmes. Tel étoit le langage de la presse angloise ; tels étoient ses égards pour le peuple françois. Si vous aviez le temps de lire des discours, je vous trouverois des discours dans lesquels on louoit Blücher d'avoir le premier enlevé des statues et des tableaux ; je vous trouverois des discours qui élevoient jusqu'au ciel tout acte qui *tendoit à opprimer ou à humilier la nation françoise* ; je vous trouverois vingt discours dans lesquels on appelle avoir *conquis la France* d'y être entré comme *allié* du roi de France ; je vous en trouverois cent où l'on se vante de cette *conquête glorieuse*, quoique la guerre eût commencé par une déclaration des ministres anglois que c'étoit un combat où il y avoit d'un côté toute l'Europe et de l'autre la moitié de la France.

« On n'a pas encore cessé de nous fatiguer les oreilles de cette glorieuse conquête. On doit ériger une colonne de Waterloo en l'honneur de cette victoire de toute l'Europe sur la *moitié* de la France. Nous avons un pont qui porte le nom de Waterloo en attendant la colonne ; nous avons dans une des promenades de Londres une grande statue nue en bronze dédiée par les *dames de l'Angleterre* aux héros de Waterloo, où, je le répète, toute l'Europe combinée triompha de la *moitié* de la France. Et devons-nous croire que les François n'ont pas les mêmes sentiments que nous ? Si une grosse figure nue étoit plantée au milieu de Paris avec une inscription insolente ; si vous aviez des ponts et des colonnes pour célébrer vos triomphes sur nous ; si vous nous aviez dépouillés seulement d'un tas de tonneaux à bière ou de vieilles statues de Gog et Magog ; si, enfin, vous nous aviez traités comme nous vous avons traités en 1815, et cela surtout après être entrés sur notre territoire comme nos alliés et avoir déclaré d'avance que la *meilleure moitié* de nous étoit d'accord avec vous ; si vous nous aviez enfin dépouillés des trophées dont nous nous enorgueillissions justement, il n'y auroit pas eu une goutte de sang anglois qui n'eût bouillonné du désir de se venger de la France. Comme ils doivent donc être stupides, combien peu ils doivent connoître la nation françoise ou le cœur de l'homme, ceux qui ignorent que tous les petits intérêts de parti disparoîtront devant la haine nationale excitée par les transactions de 1815 !

« Si j'avois été premier ministre en Angleterre, il y a longtemps que j'aurois pris des précautions contre l'effet de cette indignation générale en France contre nous. J'aurois calculé que la nation françoise forceroit enfin son gouvernement, si celui-ci n'étoit pas disposé à le faire, à porter quelque bon coup à l'Angleterre. Je me serois attendu à ce coup, et vous n'auriez pas osé maintenant parler d'envahir l'Espagne, malgré vos ressources, malgré votre désir de vengeance, et malgré vos alliés ; vous n'auriez jamais eu un *cordon sanitaire* sur la frontière de l'Espagne. J'aurois découvert que la fièvre jaune ne pourroit pas être bloquée par une masse d'hommes ayant des ceinturons et tenant dans leurs mains des cartouches à balle : en tous cas, s'il falloit ou la fièvre ou un cordon sanitaire, je vous aurois forcé à recevoir la fièvre. Car, dès le moment où vous avez placé votre cordon sur la frontière de l'Espagne, j'aurois attaqué votre commerce, vos colonies et vos ports. Néanmoins, il m'est impossible de vous blâmer, encore moins puis-je être assez bas pour vous adresser des injures personnelles. *Votre discours est celui d'un homme de bonne compagnie, d'un homme instruit, d'un homme d'État*, et, comme vous le dites vous-même, *d'un bon François*. Comme nous nous permettons d'employer l'expression *un bon Anglois,* nous serions aussi bêtes qu'injustes de trouver mauvais que vous employassiez l'expression équivalente.

« Ce n'est pas moi qui dois discuter la question de droit d'intervention : cette question est résolue il y a longtemps pour tous les hommes honnêtes et de bon sens. Il ne m'appartient pas non plus de juger du résultat de la guerre que vous allez entreprendre. Au fait, je n'ai pas assez de données pour porter un jugement. Mais ce que je sais, c'est que si vous n'êtes pas chassés de l'Espagne avec déshonneur, vous tournerez vos succès contre ces hommes en Angleterre qui ont épuisé nos trésors et nous ont mis dans l'état où nous sommes par suite des guerres entreprises pour replacer les Bourbons sur le trône de France. Je ne prétends pas que les Bourbons doivent la moindre reconnoissance ni à ces hommes ni à l'Angleterre : il étoit évident que ces hommes croyoient qu'en rétablissant les Bourbons ils rendroient *la France foible pour des siècles.* C'étoit ce qu'on appeloit *couper les ailes à la France :* c'étoit évident à tout le monde. Mais il est néanmoins vrai que nous nous sommes attaché une pierre au cou par la guerre entreprise pour rétablir les Bourbons. Il y avoit des hommes, et qui s'appeloient même des hommes d'État, qui pensoient que quand les Bourbons seroient rétablis la France seroit *si misérablement foible que nous pourrions nous bercer dans un doux repos pendant des siècles,* en nous levant seulement de temps en temps pour parler avec importance sur notre conquête de la France. J'avertis ces hommes du danger d'entretenir ces espérances. Je leur conseillai de se préparer sur-le-champ pour la guerre. Je leur rappelai la fertilité du sol de la France, ses ressources nombreuses et surtout les effets de l'industrie nouvelle, résultant du nouvel ordre de choses. Je leur dis tout cela au moment même qu'on enlevoit les statues et les tableaux. Je leur prédis les progrès rapides que la France feroit vers la prospérité et la puissance. Je les suppliai de nous soulager de ces centaines de millions de dettes que nous avoit coûtées le vain essai de couper les ailes à la France. Toutes mes représentations, toutes mes prières et supplications furent sans effet. Les ministres ont persévéré dans leur conduite, et maintenant avec la phrase *honneur national*, toujours dans leur bouche, ils restent tranquilles, les bras croisés, pendant que cette France, qu'ils *croyoient avoir mutilée pour des siècles, est sur le point de se rendre maîtresse d'un pays dont l'indépendance doit nous être aussi chère que l'indépendance de l'Angleterre. Comme une mesure de convenance, comme une mesure de politique, votre guerre contre l'Espagne, ou plutôt contre la révolution espagnole, ou en d'autres mots contre la liberté espagnole, est une mesure de sage et de vraiment profonde politique.* Vous allez prendre possession du pays, vous allez le rendre le vôtre, si ce n'est de nom, du moins en réalité. Rien n'est plus vrai que votre observation, que si vous ne changez pas le gouvernement de l'Espagne, si vous ne le liez pas à la France comme autrefois, vous aurez perdu votre ancienne force.

« Vos raisons pour subjuguer l'Espagne sont même plus fortes que ne le seroient les nôtres pour subjuguer l'Irlande, si l'Irlande ne faisoit pas déjà partie du royaume. Il y a un bras de mer entre l'Angleterre et l'Irlande, mais rien ne sépare la France de l'Espagne. Si l'*Écosse* étoit un royaume *séparé*, combien il seroit nécessaire que l'Angleterre se l'attachât! Nous nous rappelons combien de fois l'Angleterre a été envahie par les Écossois : *un ministre françois, qui regarde une carte d'Espagne, qui voit les facilités infinies qu'il y a pour débarquer dans ce royaume une armée étrangère coopérant avec les Espagnols contre la France; un ministre françois, dis-je, seroit indigne de sa place* si, voyant ce danger, il ne saisissoit pas la moindre occasion de le détourner. Vous, monsieur, vous voyez ce *danger, vous le montrez franchement, et vous paroissez résolu d'y mettre fin, si vous le pouvez.* Notre affaire est de vous empêcher d'accomplir votre objet. C'est le devoir impérieux de nos ministres; mais s'ils négligent ou ne sont pas capables de remplir ce devoir, cela ne donne nullement à leurs partisans le droit de vous dire des injures. Moi, comme Anglois, je vous remercie d'avoir franchement avoué votre objet. Vous dites franchement que la France a été envahie par la *frontière d'Espagne*. L'univers entier sait qu'une armée angloise a marché de l'Espagne à Paris, après avoir traversé un pays qui n'avoit jamais vu auparavant une armée ennemie. Eh bien ! monsieur, le seul souvenir de ce fait est

assez pour stimuler toute la France à la guerre, et c'est plus qu'assez pour stimuler toute l'Angleterre à la rencontrer dans cette guerre. Comment nous, *sous les ailes de qui les premières cortès ont été organisées*, nous, qui avons dépensé cent cinquante millions de livres sterling pour chasser les François d'Espagne, nous, qui avons implicitement promis notre protection au peuple espagnol, laisserons-nous nos armes se rouiller, et bornerons-nous nos efforts à de bruyants et impuissants discours, à des articles de journaux? Ce n'est pas à vous à répondre à cette question : c'est une question entre le gouvernement et le peuple anglois. C'est pourtant une question à laquelle il faut bientôt répondre. Si la réponse est affirmative, alors nous *pourrons* dire à ce peuple anglois, autrefois si fier et si brave : « Voilà les con-
« séquences de votre intervention dans les affaires des nations étran-
« gères, d'avoir essayé de forcer les autres nations à *se soumettre à*
« *des gouvernements choisis par vous*, d'avoir contracté des centaines
« de millions de dettes pour accomplir cet objet. »

« Pour conclure, monsieur, je vous prie d'être assuré que je ne fais qu'exprimer l'opinion de tous les hommes honnêtes et sensés dans ce pays quand je dis que j'ai un souverain mépris pour ceux qui, soit dans les chambres, soit dans la rue, soit dans des discours, soit dans des articles de journaux, ont recours à des injures contre vous et le gouvernement françois. On ne trouve rien de pareil dans les discours de vos orateurs ni dans les articles de vos journaux.

« Je suis, monsieur, votre très-humble et très-obéissant serviteur.

« Cobbett. »

Telle est la lettre du publiciste populaire : une verve qui renaît d'elle-même, une raison que n'altère jamais la passion politique, une ironie d'autant plus mordante qu'elle est tempérée par la finesse; toutes ces qualités éclatent dans ce petit chef-d'œuvre de Cobbett, supérieur aux lettres de Junius, quoique d'un langage moins pur.

Si nous nous croyions obligé de faire l'apologie de l'entreprise d'Espagne, il nous suffiroit de produire cette lettre du radical dont les États-Unis et l'Angleterre ont persécuté le caractère, les talents et les principes. Cobbétt, violent révolutionnaire, n'inclinoit vers nous par aucun sentiment; il détestoit les nobles et les royalistes, au parti desquels nous étions censé tenir; il avoit engagé Louis XVIII à les écarter de son conseil, comme incapables et oppresseurs : néanmoins, cet homme fut le seul, à cette époque, qui prit notre défense, nous rendit justice, jugea sainement et de la guerre d'Espagne, et de l'idée que nous avions de rendre à notre patrie la force dont on l'avoit privée. Heureusement, il n'aperçut point notre plan en entier ; il ne devina pas notre projet de rompre ou de faire modifier les traités de Vienne, et d'établir des monarchies bourbonniennes en Amérique : s'il eût soulevé tout le voile, il auroit mis la France en danger, car déjà l'alarme étoit dans les cabinets de l'Europe.

L.

Travaux diplomatiques.

Maintenant, nous avons fini de rappeler ces débats, comme faisant partie intégrante et néanmoins séparée de la guerre d'Espagne : après cette histoire *parlée*, nous allons continuer, ou plutôt commencer, l'histoire *écrite* de cette guerre. Pour cela, nous n'aurons qu'une chose à faire, ce sera de donner notre correspondance privée avec Londres, Pétersbourg, Vienne, Berlin et Madrid. *L'animation, l'actualité, la spontanéité*, qualités vivantes des correspondances directes, disparoîtroient dans le style *indirect* du narrateur. Si, comme la plupart des secrétaires d'État, nous avions commandé des dépêches à nos chefs de division, nous contentant de minuter la marge, de pareilles dépêches n'auroient de valeur que celle des documents de fabrique, faits à la machine des bureaux : mieux vaudroit sans doute alors compiler ces banalités politiques, pour en extraire une histoire. Mais peu de diplomates se sont trouvés dans notre position : le hasard une fois avoit placé dans un emploi éminent un homme ayant l'usage d'*écrire*. De là notre correspondance porte l'empreinte d'un caractère *individuel* : sorties de notre tête, nos lettres sont de notre main. On a vu nos ouvrages littéraires, on va voir nos œuvres diplomatiques mêlées aux lettres que nous recevions des rois, des ministres, des généraux et des ambassadeurs.

Avant d'entreprendre cette lecture, nous requérons le souvenir de notre but ; ce but, nous allons l'indiquer de nouveau : il faut ensuite qu'on lise avec attention l'exposé des empêchements de toutes les sortes dont nous étions environné. Quand vous tiendrez ce fil, vous pourrez parcourir sans vous perdre le labyrinthe des lettres ; vous comprendrez pourquoi nous mandons telle chose pour tel cabinet, en contradiction apparente à ce que nous écrivons pour tel autre ; vous n'aurez pas ou vous aurez peu besoin de notes explicatives sur un fait obscurément touché en passant dans ces lettres.

LI.

Qu'il faut distinguer les idées révolutionnaires du *temps* des idées révolutionnaires des *hommes*. — Que l'Espagne est l'alliée obligée de la France. — Pourquoi.

Loin de nous excuser de la guerre d'Espagne, nous nous en faisons honneur, vous le savez et nous le répétons. Le résultat en auroit été aussi utile qu'il a été glorieux si l'on nous eût laissé le temps de recueillir la moisson que nous avions semée.

D'abord il s'agissoit de sauver les Bourbons. Relisez plus haut les preuves, à présent non contestées, du complot des carbonari. Nous avions heureusement la conviction, contre l'opinion commune, que les obstacles étoient surmontables : notre excuse étoit notre confiance ; notre foi nous absolvoit et nous sauvoit.

Ce n'est pas que nous pensions préserver en définitive la monarchie de la trame des siècles : l'univers change ; les principes nouveaux détruisent graduellement les anciens principes ; la démocratie tend à se substituer à l'aristocratie et à la royauté. Il faut se donner garde de prendre ces idées révolutionnaires du *temps* pour les idées révolutionnaires des *hommes* ; l'essentiel est de distinguer la lente conspiration des âges de la conspiration *hâtive* des intérêts et des systèmes. Si l'on ne séparoit ces deux choses, on s'exposeroit à poursuivre le genre humain au lieu de poursuivre une faction. C'est ce que nous avons compris : nous nous sommes efforcé d'arrêter le mouvement factice qui, précipitant la société trop vite dans le sens de sa pente, l'empêcheroit de prendre son niveau quand le monde se transformera en république ou en monarchie républicaine. Lorsqu'on rompt violemment ses entraves, on est presque toujours repris et réenchaîné : il n'y a de liberté durable que pour ceux dont le temps a usé les fers.

Nous voulions donc premièrement mettre le trône, à peine rétabli, à l'abri de cette propagande de clubs et de ventes, laquelle nous arrivoit par le pire des conducteurs, la démagogie militaire, la constitution des mameloucks espagnols ; nous prétendions secondement, rendre à la France des soldats et lui ramener son alliée naturelle.

L'Espagne étoit devenue angloise : en vertu des institutions qu'elle s'étoit données et de l'influence que la Grande-Bretagne avoit acquise durant la guerre de l'Indépendance, il nous étoit évident que nos ennemis l'emporteroient sur nous dans le conseil de Madrid ; que, de changement en changement, on arriveroit, soit par la corruption législative, soit par les vices ou la foiblesse du prince, à quelque innovation désastreuse dans l'ordre de la succession au trône.

De là l'un ou l'autre de ces dangers : ou la France seroit replongée aux troubles du jacobinisme sous l'inspiration de la jacobinerie espagnole; ou la couronne catholique passeroit par mariage à quelque race *étrangère* : deux choses auxquelles le ministre d'un roi de France doit s'opposer à tout prix. Dans l'établissement de la loi salique à Madrid, il ne s'agit pas de l'hérédité des Bourbons, il s'agit du salut de la France. Jugez-vous que le temps de cette loi est passé? Alors dépêchez-vous! que la France et l'Espagne deviennent immédiatement républiques, ou préparez-vous à conquérir l'Espagne et à la réunir à la France. Si vous n'arrivez pas là, nos neveux, sur un sol affaibli, tourmenté et déchiré, vous maudiront.

A cette heure, on fait de la politique quotidienne sans prévoyance et sans maximes; toutefois, l'événement dont on a souffert la consommation, parce que l'effet n'en étoit pas instantané, accuse, en se développant, les infimes politiques qui n'ont pas su découvrir le mal dans son germe. L'Espagne, à l'état de domaine aliéné, donne une issue sur nous : n'est-ce pas par cette issue que déboucha en 1814 l'armée de Wellington? Depuis le cardinal de Richelieu jusqu'au duc de Choiseul, les hommes d'État de notre cabinet n'ont jamais perdu de vue l'adhérence obligée de la Péninsule hispanique à ce sol de France, par lequel elle se rattache à l'Europe.

Sans remonter à la reine Brunehaut, à Charlemagne et à la mère de saint Louis, n'avons-nous pas le traité du roi Jean et de Pierre, roi de Castille, en 1351, à l'occasion du mariage de Blanche de Bourbon; le traité de Charles V et d'Henri II, le Magnifique, roi de Castille, en 1368; le renouvellement de la même alliance, en 1380; le traité de Charles VI et de Jean, roi de Castille, en 1387, contre l'Angleterre, est renouvelé en 1408; le traité entre Louis XI et Jean II, roi d'Aragon, en 1462; le traité du même Louis XI et de Henri, roi de Castille et de Léon, en 1469; un autre traité avec Ferdinand et Isabelle, roi et reine de Castille et d'Aragon, en 1478. Louis XII renouvela ce traité en 1498: Germaine de Foix, nièce de Louis XII, fut promise en mariage à Ferdinand, roi d'Espagne, en 1505; autre traité d'alliance.

Le traité du 13 décembre 1640 avec Louis XIII et la principauté de Catalogne, les conditions de Barcelone du 19 septembre 1641, nous donnèrent des droits sur la Catalogne. Puis viennent le traité des Pyrénées du 7 novembre 1659, et le contrat de mariage de Louis XIV, tous les traités qui accompagnèrent et suivirent la guerre de la Succession, à partir de 1701 à 1713. Enfin, le pacte de famille en 1768, qui, par son article 18, déclare que les États respectifs devoient être regardés et agir comme s'ils ne faisoient *qu'une seule et même puissance.*

Voyez tout le mal que l'Espagne nous a fait sous François 1er, Henri II, Charles IX, Henri III, Henri IV et Louis XIII, lorsqu'elle a été séparée de nous, et que les filles de Philippe III et de Philippe IV n'étoient point encore montées sur le trône de Hugues Capet.

La preuve peut-être la plus éclatante de la nécessité de la France à mettre sa frontière des Pyrénées totalement à l'abri fut le traité signé à La Haye le 11 octobre 1698; ce traité, qui n'eut point d'exécution, à cause de la mort du prince de Bavière, portait que le prince électoral de Bavière seroit désigné roi d'Espagne; que le dauphin auroit les royaumes de Naples et de Sicile, les places dépendant de la monarchie d'Espagne sur la côte de Toscane, la *province de Guipuscoa, Fontarabie, Saint-Sébastien* et le *port du Passage.* Il est étrange seulement que dans ce projet de traité de partage il ne soit pas question des colonies espagnoles, à moins qu'elles ne fussent données secrètement au roi d'Angleterre et aux États-généraux copartageants; mais on voit le soin que la France avoit de fermer la frontière en se faisant donner le *Guipuscoa, Fontarabie, Saint-Sébastien* et le *Passage.*

Si on disoit que tout est changé et que les intérêts ne sont plus les mêmes, on se tromperoit : l'autorité des anciens traités et des anciens politiques ne doit pas sans doute être toujours reconnue, mais elle doit l'être quand tous ces traités et tous ces politiques sont d'accord sur un point, quand les petits et les grands génies ont été d'accord ; ce qui forme un esprit de raison, né d'un intérêt persistant et semblable, que ni temps, ni constitutions, ni hommes ne peuvent changer. Cet accord de tous les politiques est à l'intérêt de l'État ce qu'est le consentement universel des peuples à l'existence de Dieu.

Dès 1792 M. Burke, dans ses *Mémoires sur les affaires d'État,* disait: « L'Espagne n'est pas une puissance qui se soutienne par elle-même; il faut qu'elle s'appuie sur la France ou sur l'Angleterre. Il importe autant à la Grande-Bretagne d'empêcher la prépondérance des François en Espagne, que si ce royaume étoit une province d'Angleterre ou qu'elle en dépendît autant que le Portugal. Cette dépendance de l'Espagne est d'une bien plus grande importance ; si elle étoit détruite ou assujettie à toute autre dépendance que celle de l'Angleterre, les conséquences en seroient bien plus funestes. Si l'Espagne est contrainte par la force ou la terreur à faire un traité avec la France, il faudra qu'elle lui ouvre ses ports, qu'elle admette son commerce, et qu'elle entretienne une communication par terre pour les paysans françois.

« L'Angleterre peut, si bon lui semble, consentir à cela, et la France fera une paix triomphante, et s'asservira entièrement l'Espagne, et s'en ouvrira toutes les portes. »

Il suffit de jeter un regard sur la carte et sur l'histoire pour juger de l'intérêt que nous avons à l'union des deux royaumes. En désaccord avec l'Espagne, nos provinces du midi se trouvent sevrées d'un commerce qui fait leur richesse, et notre marine, privée, dans les deux Mondes, des secours et des ports si nécessaires dans nos conflits avec les Anglois. Pendant la guerre de 1756, les efforts de l'Espagne nous épargnèrent les honteuses conditions que nous subîmes par le traité de 1763, et en 1778 la jonction des deux marines força la flotte angloise à se réfugier dans le canal de Saint-Georges. La république, par la présence d'une armée espagnole, connut le danger de laisser ouverte notre frontière du Languedoc et du Béarn, et se hâta de conclure la paix de Bâle. Bonaparte sentit aussi la nécessité politique; mais au lieu de faire de l'Ibérie une alliée il voulut en faire une conquête : méprise énorme.

L'avénement des Bourbons au trône de Charles II ne fut point une pure affaire de testament et de legs accepté ; ce fut un acte de haute science diplomatique, lequel on ne conclut pas à un prix trop cher; au prix des malheurs de la guerre de 1701. L'Espagne est un de nos flancs : nous ne devons jamais le laisser découvert; l'Espagne est un satellite qui doit à toujours rester dans notre sphère, pour la régularité de ses mouvements et des nôtres.

Les avantages de la bonne entente des cabinets de Madrid et de Paris étoient si bien compris de l'Angleterre, qu'un article secret de ses traités, en 1815, *prescrit la destruction du pacte de famille.* L'Espagne angloise et autrichienne déroule devant nous une nouvelle frontière à défendre; nous remontons au règne de Philippe II, et nous perdons l'ouvrage de Louis le Grand. D'une autre part, le territoire de la Suisse n'étant plus respecté, nous sommes devenus sujets à blessures du côté des Alpes, comme du côté des Pyrénées.

Tel est l'état périlleux que nous avions entrepris de faire cesser, afin de nous replacer dans l'enceinte inviolable où la France reposoit depuis le xvnᵉ siècle. Grâce à Louis XIV, il ne nous restoit qu'une seule ligne à surveiller depuis Tournay jusqu'à Bâle; Vauban avoit hérissé cette ligne de forteresses; la France étoit fermée comme une boîte; on n'y pouvoit pénétrer que par une ouverture de feu au nord-est, et par deux entrées, l'une à l'ouest, l'autre au midi; entrées dont nos flottes et deux mers gardoient les portes.

LII.

Traités de Vienne. — Passage du Mémoire sur les affaires d'Orient. — Cabinet de Louis XVIII.

La démagogie étouffée, notre alliée dominée par notre attraction, une armée retrouvée, nous reprenions immédiatement notre rang politique et militaire. Alors, dans le cabinet ou sous la tente, nous étions à même de faire modifier de gré ou de force les odieux traités de Vienne, de rétablir l'équilibre rompu entre nous et les grandes puissances.

La faute immense du congrès de Vienne est d'avoir mis un pays militaire comme la France dans un état forcé d'hostilité avec les peuples riverains.

L'Angleterre a conservé presque toutes les conquêtes qu'elle a faites dans les colonies des trois parties du monde pendant la guerre de la révolution. En Europe, elle s'est nantie de Malte et des îles Ioniennes; il n'y a pas jusqu'à son électorat de Hanovre qu'elle n'ait enflé en royaume et bourré de quelques seigneuries.

L'Autriche a augmenté ses possessions d'un tiers de la Pologne, des rognures de la Bavière, d'une partie de la Dalmatie et de l'Italie. Elle n'a plus, il est vrai, les Pays-Bas; mais cette province n'a point été dévolue à la France.

La Prusse s'est agrandie du duché ou palatinat de Posen, d'un fragment de la Saxe et des principaux cercles du Rhin, son poste avancé est sur notre ancien territoire.

La Russie a recouvré la Finlande et s'est établie sur les bords de la Vistule.

Et nous, qu'avons-nous gagné à ces arrangements? Nous avons été dépouillés de nos colonies; notre vieux sol même n'a pas été respecté : Landau, détaché de la France, Huningue rasé, ouvrent une large brèche dans nos frontières. Un combat malheureux à nos armes suffiroit pour amener l'ennemi sous les murs de Paris. Paris tombé, l'expérience a prouvé que la France tombe. Ainsi, il est vrai de dire que notre indépendance nationale est livrée à la chance d'une seule bataille et à une guerre de huit jours. Le partage jaloux et imprudent du congrès de Vienne nous obligeroit, dans un temps donné, à transporter notre capitale de l'autre côté de la Loire ou à pousser notre frontière jusqu'au Rhin. Ce n'est pas une absurde moquerie : la Hollande, heureuse à Mons, pourroit venir coucher au Louvre. Nos inutiles cris seront-ils plus écoutés de la France qu'ils n'ont été entendus de la Restauration? Les autres capitales de l'Europe, enfoncées dans leurs provinces, défendues par les places et les populations qui les couvrent, sont peu de chose, et lors même qu'elles sont prises, l'État auquel elles appartiennent n'est pas détruit. Il n'en est pas de même de la France telle que les alliés l'ont faite.

Nous ne savons si dans le projet d'entourer Paris de forts détachés il n'est pas entré quelque prévision des périls auxquels nous sommes exposés. Mais le remède seroit pire que le mal : quelques forts étant pris, ils serviroient de point d'appui à l'invasion étrangère ; aucun accident n'arrivant, ces forts deviendroient le camp retranché des prétoriens.

La pensée d'obtenir des frontières préservatrices par force ou par négociations n'étoit pas chimérique : nous avons montré dans une brochure de l'année 1831 que la France perdit alors une occasion qu'elle ne retrouvera plus; elle inspiroit une terreur telle aux rois qu'elle eût tout obtenu sans coup férir. N'occupons-nous pas Ancône, à la grande gêne de l'Autriche? La Prusse n'a-t-elle pas porté respectueusement les armes à nos bombes pendant le siége d'Anvers et admiré durant la nuit les paraboles lumineuses de nos projectiles? Ne s'est-elle pas intéressée à l'effet du mortier-monstre? M. de Metternich a dit que l'arrestation de l'archevêque de Cologne étoit un grand événement ; il a raison en admettant que la France sût le voir et en profiter, qu'elle voulût conseiller et soutenir le pape dans sa résistance légitime, qu'elle connût l'esprit allemand et qu'elle entrât franchement dans l'intérêt religieux des provinces blessées. De véritables hommes d'État ménageroient la réunion à la France des cercles catholiques du Rhin, et prépareroient une transaction d'autant plus durable qu'elle auroit lieu par l'idée civilisatrice, la religion. A l'époque de la guerre d'Espagne en 1823, nous n'aurions pas manqué d'aide pour un agrandissement réclamé dans l'intérêt du nouvel équilibre européen : Alexandre avoit toujours cru qu'on nous avoit trop dépouillés; serrée entre lui et nous, l'Europe germanique ne pouvoit résister à de justes réclamations. Une fois redevenus puissants au moyen de nos succès dans la Péninsule, il eût été aisé de ramener le czar à ses anciennes notions d'équité; on pouvoit entraîner la Prusse en reprenant l'arrangement de la Saxe, abandonnée au congrès de Vienne pour un pot-de-vin de quatre millions.

Les preuves de notre aversion pour les traités de Vienne sont multipliées : on en trouve partout la trace dans nos discours et nos écrits

avant la guerre de 1823 : après cette guerre, l'idée d'accroître utilement notre patrie ne nous a point quitté. Le *Mémoire sur les affaires d'Orient* que M. le comte de La Ferronnays nous demanda lorsque nous étions ambassadeur à Rome, reproduit la même opinion ; nous y disons : « J'ai fait voir assez que l'alliance de la France avec l'Angleterre et l'Autriche contre la Russie est une alliance de dupe, où nous ne trouverions que la perte de notre sang et de nos trésors. L'alliance de la Russie, au contraire, nous mettroit à même d'obtenir des établissements dans l'Archipel, et de reculer nos frontières jusqu'aux bords du Rhin. Nous pouvons tenir ce langage à Nicolas : « Vos enne-
« mis nous sollicitent : nous préférons la paix à la guerre ; nous dési-
« rons garder la neutralité ; mais enfin si vous ne pouvez vider vos
« différends avec la Porte que par les armes, si vous voulez aller à
« Constantinople, entrez avec les puissances chrétiennes dans un par-
« tage équitable de la Turquie européenne. Celles de ces puissances
« qui ne sont pas placées de manière à s'agrandir du côté de l'Orient
« recevront ailleurs des dédommagements. Nous, nous voulons avoir la
« ligne du Rhin, depuis Strasbourg jusqu'à Cologne. Telles sont nos
« justes prétentions. La Russie a un intérêt (votre frère Alexandre l'a
« dit) à ce que la France soit forte. Si vous consentez à cet arrange-
« ment et que les autres puissances s'y refusent, nous ne souffrirons
« pas qu'elles interviennent dans votre démêlé avec la Turquie ; si elles
« vous attaquent malgré nos remontrances, nous les combattrons avec
« vous, toujours aux mêmes conditions que nous venons d'exprimer. »

« Voilà ce qu'on peut dire à Nicolas. Jamais l'Autriche, jamais l'Angleterre ne nous donneront la limite du Rhin pour prix de notre alliance avec elles : or, c'est pourtant là que, tôt ou tard la France doit placer ses frontières, tant pour son honneur que pour sa sûreté[1]. »

Cette arrière-pensée que nous chérissions secrètement comme découlant de nos succès en Espagne, nous ne la communiquions à nos collègues, assez malheureux déjà d'être embarqués dans des hostilités, qu'en forme de projets, de plaintes, de vagues espérances.

Un jour, étant allé porter au roi une dépêche, nous le trouvâmes seul, assis devant sa petite table, dans le tiroir de laquelle il s'empressa de cacher les lettres ou les notes qu'il écrivoit toujours à l'aide d'une grosse loupe. Il étoit de bonne humeur, et il nous parla sur-le-champ de littérature.

« Croiriez-vous, nous dit S. M., que j'ai été des années sans con-

---

1. On trouvera cette pièce entière au récit de mon ambassade à Rome, dans mes *Mémoires*.

noître la cantate de Circé, M. d'Avaray m'en fit honte : je l'ai apprise par cœur. » Et soudain le roi déclama tout du long la cantate.

Il passa au cantique d'Ézéchias ; quand il vint à cette strophe :

> Comme un tigre impitoyable, etc.

Nous prîmes la liberté de lui demander s'il connoissoit la correction de Rousseau :

> Comme un lion plein de rage, etc.

Le roi parut surpris, et nous fit répéter la leçon changée. La poésie lyrique le conduisit à la poésie familière, aux ponts-neufs, aux vaudevilles; il chantonna *Le Sabot perdu*. Nous osâmes alterner quelques rimes :

> On peut parler plus bas,
> Mon aimable bergère,

Le roi étoit le cardinal de Richelieu ; nous, nous étions Conrart ou Maleville aidant Armand à fagoter ce beau vers :

> La cane s'humectait de la bourbe de l'eau.

Voyant S. M. si gracieuse, nous lui présentâmes la dépêche sur notre chapeau, et nous glissâmes en même temps, à propos de nos succès, la frontière du Rhin, sous la protection de Babet. Le roi allongea les lèvres, poussa un petit souffle, leva un doigt de sa main droite à la hauteur de son œil, nous regarda, nous fit un signe amical de tête pour nous inviter à nous retirer et comme pour nous dire : « Nous nous reverrons. »

Tout chemin mène à Rome.

Quelque soin que nous prissions d'ensevelir en nous notre pensée relativement aux traités de Vienne, une dépêche de M. de Rayneval prouve que l'on nous soupçonnoit en Prusse : cette puissance s'en prenoit à l'Angleterre, qui, par son opposition, nous forceroit à redoubler d'énergie et nous rendroit dangereux au continent. D'un autre côté, M. de La Ferronnays, dans une de ses lettres, raconte les craintes que manifestoit l'Autriche de nos succès; elle disoit *que nos têtes tourneroient, que l'on avoit tout à redouter de nous* : elle nous aimoit mieux lorsqu'on pouvoit mettre en doute la fidélité de notre armée.

LIII.

Deux machines politiques à créer. — Jalousies de toutes parts. — Prétention de Naples. — La Russie. — Ordonnance d'Andujar. M. le duc d'Angoulême.

Pour mettre à exécution ces projets, nous avions besoin de deux machines capables d'enlever des poids immenses : une armée pour nous rendre maîtres du terrain, une junte espagnole pour parler à l'Espagne au nom des Espagnols mêmes, pour faire obéir les guerillas royalistes disséminées dans la Péninsule.

L'armée, au souffle de la guerre, se ranima de ses cendres : des soldats, on en trouvera toujours dans la terre de Clovis, de Charlemagne, de saint Louis, de François Ier, de Louis XIV et de Napoléon ; de l'argent, avec le vote législatif et un habile ministre comme M. de Villèle, on ne pouvoit en manquer. Il fallut tout créer, et tout fut créé. On avoit trompé le maréchal de Bellune sur des amas de vivres et de fourrages ; des magasins furent formés, il est vrai, à grands frais, mais qu'importe : la recette devoit surpasser la dépense. Nos troupes se jetèrent du haut en bas des Pyrénées à leur façon, à la façon des torrents. Le succès rallia tout : sous la tente, l'honneur et la vaillance françoise ne laissèrent aucune place à ces projets qu'enfante l'oisiveté des garnisons et des camps.

Une junte provisoire espagnole entra avec nos soldats dans la Péninsule, et fut changée à Madrid en junte de régence : M. de Martignac l'accompagna en qualité de commissaire civil, et M. le comte de Caux en qualité de chargé d'affaires, jusqu'à l'arrivée de M. le marquis de Talaru, que nous fîmes nommer ambassadeur.

Les deux machines une fois montées, l'armée et la junte, restoit à en suivre les mouvements et à prévenir au dehors ce qui pouvoit en contrarier le jeu.

A Vienne nous avions à combattre des jalousies tantôt agissant à visage découvert, tantôt cachées sous le masque de l'intérêt. Le cabinet autrichien, alarmé de nos succès, ne poussa-t-il pas le pauvre cabinet de Naples à réclamer la régence d'Espagne ? Misérable querelle que personne n'a sue, qui pensa tout perdre par l'incertitude qu'elle jeta un moment dans nos opérations. On en verra les détails à la correspondance. La conclusion eût été que nous eussions fait la guerre au profit du roi de Naples, l'agnat et l'héritier de la famille de Ferdinand ; le vieux roi ne pouvant venir à notre armée, il y eût été représenté par le prince de Castel-Cicala, sous lequel le duc d'Angoulême eût eu l'honneur de servir. L'empereur de Russie mit fin à ce spectacle de marionnettes, dont M. de Metternich étoit le Séraphin, en engageant le souverain de Naples à *retourner dans ses États afin de veiller au gouvernement de ses royaumes.*

Une autre fois, l'Autriche s'avisa d'une proposition qui devoit nous charmer ; M. de Caraman nous fit cette ouverture, à savoir : que M. de Metternich se flattoit d'amener l'Angleterre à prendre part à nos délibérations à Paris, sur les affaires d'Espagne. De sorte que nous, acceptant la conciliante mesure, nous n'avions plus à nous mêler de rien ; nous remettions le tout à la benoîte médiation de l'Autriche, de même que S. G. le duc de Wellington nous avoit proposé la médiation de l'Angleterre. La Prusse suivit d'abord le mouvement de Pétersbourg ; mais, après la délivrance de Ferdinand, lorsqu'elle crut entrevoir quelques velléités constitutionnelles à l'égard des institutions de l'Espagne, elle devint orageuse ; son envoyé à Madrid nous fit beaucoup de mal, en entrant dans les passions absolutistes du pays.

Au moindre mot de charte, les oreilles de l'alliance se dressoient ; nous, auteur de *La Monarchie selon la Charte,* nous étions véhémentement soupçonné ; on nous croyoit ennemi des insurrections militaires, des institutions libérales *délibérées* dans un camp, d'une émancipation à la façon des baïonnettes intelligentes : mais, au fond, si nous admettions des droits de peuple, valions-nous mieux que les soldats de l'île de Léon ? Ç'étoit avec cette arme que le cabinet de Vienne attaquoit notre influence à Berlin et à Pétersbourg et cherchoit à neutraliser notre action sur l'esprit d'Alexandre.

Celui-ci nous prêtoit cordialement l'appui que nous nous étions ménagé au Congrès de Vérone ; il défendoit la France à Vienne ; il donna la main pour déjouer le grotesque et dangereux complot diplomatique caché sous le manteau du roi de Naples : à Londres, il fit dire que si l'Angleterre attaquoit la France pendant notre expédition, il regarderoit cette attaque comme une déclaration de guerre aux alliés et l'accepteroit comme telle. Ce haut langage servit à retenir M. Canning. Mais si l'empereur de Russie agissoit loyalement, l'excès de sa bonne volonté étoit un embarras d'une autre sorte : il demandoit à former en Pologne une armée de réserve de 60,000 hommes. Cette armée se fût appelée l'armée de l'Alliance ; elle n'auroit marché que d'après les exigences de l'Alliance et particulièrement sur la demande du cabinet des Tuileries. Cette proposition nous alarmoit ; il étoit difficile de dire au czar : « Nous acceptons vos services tant qu'ils se réduisent à des paroles, mais sitôt qu'ils veulent se convertir en actions, nous n'en voulons plus. »

Le cabinet autrichien, à qui les mêmes communications sur cette armée étoient faites, s'affubloit d'une énorme simarre de paroles embrouillées, renvoyoit le tout à la France et nous jetoit le chat aux jambes.

Tandis que sur la Newa nous prenions toutes les précautions pour faire comprendre que nous serions *peut-être obligés* de laisser une constitution à Madrid, en Angleterre nous mettions tout notre soin à prouver que, loin d'être absolutistes, nous aimions la liberté autant qu'aucun membre du parlement. La Grande-Bretagne consentoit à intervenir pour la délivrance de Ferdinand si nous entrions dans les vues des royaumes-unis, mais alors la Russie menaçoit. Il falloit se tirer de ce labyrinthe inextricable, ne rompre avec personne, aller droit à notre but en écoutant tout. On s'écrioit qu'on ne pouvoit deviner ce que nous voulions, que nous avions deux esprits, deux pensées, que nos discours et nos dépêches se contredisoient : cela étoit vrai dans la *forme*, faux dans le *fond*.

Tout le travail consista d'abord à obliger l'Angleterre à rester neutre. Excepté sur la question de la guerre, nous étions plus près de ses idées que de celles des autres alliés. Le cabinet de Saint-James profitoit de cette sympathie constitutionnelle pour nous rendre suspects à l'Europe, en lui disant que nous voulions donner à la Péninsule un gouvernement représentatif.

Nous étions dans nos dépêches et dans nos lettres obligé de balbutier sur l'Alliance quelques mots de mauvaise grâce : elle s'y trompoit peu, et tantôt craignant nos succès, tantôt voulant s'en parer, elle se plaignoit qu'en propos nous étions aussi prodigue de dévouement, que nous en étions économe dans nos écrits. L'empereur de Russie, auteur de l'*Alliance,* ne vouloit pas qu'on en fît ostensiblement peu de cas : il inclinoit vers nous ; il tendoit à se dépêtrer de ses amis de la *plaine de Vertus,* mais il tenoit à ce qu'on ne s'en aperçût pas. Il est de même certain que notre triomphe inespéré lui donna quelque jalousie, car il s'étoit secrètement flatté que nous serions forcé de recourir à lui ; tant les natures les plus abandonnées au bien ne sont pas à l'abri d'une surprise du mal !

En Angleterre tout étoit ennemi, excepté le roi, M. Peel, le duc de Wellington, l'ancien parti Castelreagh, lesquels n'aimoient ni les principes niveleurs ni les militaires votant à la manière des soldats de Cromwell ; mais, ébranlés par leurs jalousies nationales, ils étoient charriés du flot de l'opinion. Les radicaux proposoient d'aller bombarder Pétersbourg et de marcher contre nous sur l'Èbre : ils envoyoient aux clubistes d'Espagne des secours, sur lesquels le cabinet de Saint-James fermoit les yeux. Robert Wilson se rendit lui-même dans la Péninsule avec des volontaires.

Dans une lettre étonnante pour le style, le mouvement, le dire à la fois impérieux, fascinant ou sublime, M. Canning, entraîné de génie et ne sachant pas se dominer, va jusqu'à montrer ses regrets de la victoire d'Almanza, en 1707, qui donna la couronne d'Espagne aux Bourbons. On voit la crainte que lui inspiroient les nouveaux succès possibles de la France ; le pacte de famille ne lui peut sortir de la mémoire ; il se fait, pour nous mieux menacer, l'interprète des sentiments de la Grande-Bretagne ; il lamente notre absence de l'ambassade de Londres ; il nous fait l'honneur de nous redouter au département des affaires étrangères ; il dit que lord Liverpool nous avoit vu dans d'autres opinions. Lord Liverpool avoit pris notre politesse pour notre pensée intérieure : la preuve que nos sentiments dès le principe avoient toujours été semblables, c'est qu'à cette époque même nous écrivions de la guerre d'Espagne à M. le vicomte de Montmorency.

Après la délivrance de Ferdinand, l'intrusion du ministère anglois devint fâcheuse ; arrêté par la Russie et par la rapidité de nos succès, il manqua de cœur d'abord : Cobbett le lui reprochoit justement. Notre position avoit un côté vulnérable : quand l'armée de Silveira entra sur le sol espagnol, nous en dûmes refuser l'appui, crainte de fournir un prétexte aux agressions de l'Angleterre. M. Canning eût-il, comme il le fit plus tard, débarqué quelques régiments anglois à Lisbonne, notre flanc droit se trouvant menacé, nous n'aurions pu suivre le gouvernement de Madrid à Séville. Si les cortès fussent demeurées dans le midi de l'Espagne ; si l'on ne nous eût pas rendu le roi à Cadix ; si l'on eût ou défendu cette ville ou contraint Ferdinand de s'embarquer, alors s'ouvroient des chances incalculables : ces chances, une seule démonstration du cabinet britannique nous les pouvoit faire courir. La Providence seconda la témérité de l'aventure.

Nous osons dire que nous ne voyons personne, à cette époque, qui eût pu tenir le portefeuille des affaires étrangères, du moins personne qui auroit fait la guerre dans nos idées. M. de Montmorency et ceux qui partageoient ses sentiments désiroient étouffer la révolution espagnole ; mais ils n'eussent jamais recherché ce succès dans le dessein de rompre ensuite avec l'Europe. Or, détruire l'ouvrage des cortès, sans en tirer la puissance et l'affranchissement de la France, c'étoit n'avoir fait quelque chose que pour la sécurité d'un moment : l'acte une fois accompli, notre avenir n'étant ni émancipé ni assuré, les troubles auroient bientôt recommencé en Espagne. M. de Talleyrand, qui se montra l'ennemi de cette guerre, est en dehors de la question.

A Madrid, la lutte étoit de tous les quarts d'heure, d'un côté avec la junte de régence, laquelle nous reconnoissions souveraine et auprès de qui nous avions un ambassadeur ; de l'autre, avec les ministres étrangers également accrédités auprès d'elle. Jaloux de la France, selon l'humeur de leurs différents cabinets, ces ministres tantôt menaçoient de se retirer, tantôt insistoient sur des mesures qui ne nous convenoient pas ; ou bien ils entroient dans les passions des divers membres de la junte et des différents chefs royalistes ; ou bien ils demandoient à M. de Talaru des conférences générales, comme si les alliés eussent été là eux-mêmes, avec leur argent et leurs soldats : cependant la guerre étoit uniquement françoise ; nous en portions les charges et les périls. L'envoyé désigné de l'Autriche, à propos de l'intervention de Naples, disoit d'abord qu'il n'avoit point reçu d'ordre de sa cour, qu'il ne pouvoit se rendre à Madrid pour y reconnoître la junte ; et tout cela en présence des factions espagnoles, attentives aux moindres symptômes de division.

Force nous avoit été de la former, cette junte ; elle parloit aux Espagnols au nom de leur roi ; elle amenoit les généraux des cortès à traiter avec une autorité de la patrie, laquelle autorité dissimuloit à leurs yeux ce qu'il y a de pénible dans un changement brusque de parti et d'opinion. Elle encourageoit aussi les royalistes, qui voyant auprès d'elle un corps diplomatique se croyoient soutenus par l'Europe. Au delà des Pyrénées il eût été impossible d'avancer d'une lieue à moins d'avoir la population pour soi.

Mais la junte avoit l'humeur de son pays ; les haines qui se mêloient à cette humeur la rendoient souvent intraitable. Elle fit tant de sottises, elle publia un décret si menaçant contre le parti des cortès et contre les miliciens rentrant dans leurs foyers, qu'elle força M. le duc d'Angoulême à s'éloigner de Madrid, et à publier, à Andujar, le 8 août 1823, l'ordonnance suivante :

« Nous, Louis-Antoine d'Artois, fils de France, commandant en chef l'armée des Pyrénées,

« Considérant que l'occupation de l'Espagne par l'armée françoise sous nos ordres nous met dans l'indispensable obligation de pourvoir à la tranquillité de ce royaume et à la sûreté de nos troupes,

« Avons ordonné et ordonnons ce qui suit :

« Art. 1. Les autorités espagnoles ne pourront faire aucune arrestation sans l'autorisation du commandant de nos troupes, dans l'arrondissement duquel elles se trouveront.

« 2. Les commandants en chef des corps de notre armée feront élargir tous ceux qui ont été arrêtés arbitrairement et pour des motifs politiques, notamment les miliciens rentrant chez eux.

« Sont toutefois exceptés ceux qui depuis leur rentrée dans leurs foyers ont donné de justes motifs de plainte.

« 3. Les commandants en chef de notre armée sont autorisés à faire arrêter ceux qui contreviendroient au présent ordre.

« 4. Tous les journaux et journalistes sont placés sous la surveillance des commandants de nos troupes.

« 5. La présente ordonnance sera imprimée et affichée partout.

« Fait à notre quartier général d'Andujar, le 8 août 1823.

« Louis-Antoine.

« Par S. A. R. le prince général en chef.

« Le major-général,

« Comte Guilleminot.

Nous expliquons dans une lettre à M. de La Ferronnays tout le bien qu'il y a à dire de cette ordonnance, laquelle cependant mit la presse espagnole en *état de siége*. Nos généraux, accoutumés aux guerres napoléoniennes et aux décrets du maître du monde, ne pouvoient perdre ces théâtrales et surprenantes allures : le prince généralissime se laissoit aller à une similitude qui, ne le grandissant pas, l'affoiblissoit. L'ordonnance, philosophiquement parlant, fut une mesure infiniment honorable ; politiquement parlant, une faute dangereuse. On porta le décret d'Andujar aux nues : les esprits rêvassiers y trouvoient leur philanthropie et le progrès du siècle ; les ennemis, plus madrés, y voyoient notre ruine : de là toute l'admiration.

Notre devoir étoit sans doute d'empêcher les réactions d'ouvrir sans bruit les prisons aux hommes détenus pour opinions politiques ; mais faire de cette mesure humaine un ordre ostensible, déclarer aux *reales* que l'on favorisoit les *liberales*, c'étoit armer contre nous le clergé, les moines, la population entière, cette population qui nous ouvroit les portes, qui ôtoit à notre invasion ses périls, qui nous faisoit marcher sur un sol brûlant, l'arme au bras, là où Bonaparte n'avoit pu pénétrer avec son nom, trois cents millions et trois cent mille hommes. La junte prit feu ; on vit le moment où les masses s'alloient lever, couper les communications de nos divers corps, et nous obliger à rétrograder sur l'Èbre : avec une armée chancelante encore sous la cocarde blanche, un seul pas en arrière, et nous étions perdus.

Les hommes de pratique, qui veulent les moyens quand ils veulent la fin, sauront si nous devions être alarmé. Qu'on juge d'après le caractère des Espagnols, chez un peuple qui regarde toute amnistie comme une espèce de déni de justice, qui n'a aucune estime pour l'indulgence, qui joue toujours vie pour vie, qui donne la mort ou la reçoit comme il accomplit un devoir ou paye une dette; qu'on juge de l'effet de l'ordonnance, inappréciée même de ceux dont elle amélioroit le sort. On verra les efforts que nous fîmes pour réparer, sans livrer aucune victime, ce saint et magnanime entraînement.

Au surplus, M. le duc d'Angoulême étoit lui-même un obstacle : solitaire, mécontent de tout, se plaignant de tout, il menaçoit incessamment de revenir en France et de tout planter là. Il ne consultoit point M. de Talaru, laissant celui-ci chargé de réparer les mesures intempestives. Nous n'avions point sa confiance; il l'accordoit à M. de Villèle. Les lettres de ce prince, que le président du conseil nous lisoit, étoient pleines de sens, montroient du jugement et des connoissances militaires.

Nous entretenions en même temps des correspondances avec nos généraux relativement aux commandants des places et aux commandants des armées des cortès. Lorsque nos vaisseaux n'avoient pas jeté l'ancre à heure fixe, que nos troupes n'avoient pas cheminé assez vite, que telle opération n'avoit pu avoir lieu faute d'embarcations, de transports, de munitions, nous étions au supplice. Au jardin des Tuileries, nous regardions jouer le télégraphe, espérant ou craignant la nouvelle qui traversoit l'air sur notre tête. O mulet chargé de l'or de Philippe, comme vous nous manquiez pour entrer dans les forteresses de Ferdinand! Eussions-nous eu cinquante millions à nous, nous en aurions disposé, afin d'écarter ce qui pouvoit nous faire obstacle. Les chicanes sur les marchés Ouvrard, mesurées au but proposé, nous sembloient infimes : il s'agissoit bien de quelque argent dans une affaire de laquelle dépendoient le salut et l'avenir de la France ! Les heures étoient comptées; un moment de retard, et nous allions au rendez-vous de l'abîme. Tout craignoit autour de nous; l'Espagne étoit prête à nous échapper, l'Europe à se diviser. Un succès prompt pouvoit seul justifier notre entreprise. Obligés de faire une seconde campagne, que serions-nous devenus? Quel triomphe pour ceux qui nous avoient annoncé des revers! Nous eussions passé pour les plus fous, les plus coupables, les plus incapables des humains; il n'y eût pas eu de retraite assez obscure pour nous cacher ; objet de la réprobation universelle, il ne nous restoit que la cendre et le cilice, et la France retomboit dans une révolution pire que la première. Cette idée nous effrayoit d'autant plus, que nous, ministre des affaires étrangères, nous n'étions pas président du conseil, que nous ne disposions pas, sous une monarchie absolue, des revenus de l'État et de la volonté du roi : un discours de tribune, une jalousie de cour pouvoit à chaque instant nous précipiter, avant que nous eussions achevé notre ouvrage.

Enfin, les embarras de notre position en France venoient se joindre aux difficultés que nous avions à surmonter à l'extérieur.

LIV.

Conférences. — Ministres dans un gouvernement représentatif.

Par les anciennes stipulations, il étoit dit que les cinq grandes puissances alliées s'occuperoient en commun des affaires qui regarderoient chacune d'elles. L'Angleterre s'étoit soumise à cette clause au congrès d'Aix-la-Chapelle, au sujet des colonies espagnoles ; l'empereur de Russie s'y étoit conformé à Vérone, relativement à ses dissensions avec la Porte : force nous fut de subir cette dangereuse obligation des anciens instruments authentiques. Les ambassadeurs de Russie, de Prusse et d'Autriche venoient à l'hôtel des affaires étrangères bavarder sur l'Espagne, dans de prétendues conférences qu'on n'avoit pas le droit de leur refuser. Comment aurions-nous naïvement expliqué à l'Europe que nous courions les risques de la guerre aux cortès, dans l'espoir de nous relever des traités de Vienne ; il falloit laisser croître la France, orpheline depuis la mort de Napoléon :

. . . . Tant qu'enfin
Le lionceau devient vrai lion.

Richelieu et Mazarin furent à l'aise l'un pour rallumer la guerre de trente ans, l'autre pour la terminer : qu'auroient-ils fait s'ils eussent été forcés de traiter dans des conférences avec les ministres étrangers, ou de repousser à la tribune les assauts de leurs adversaires alors qu'en se justifiant, ils n'auroient pu dévoiler leurs plans? Le premier député disert les eût vaincus. Tout ouvrage qui demande du temps, du secret, une même main, n'est presque pas possible dans le gouvernement représentatif, tel que l'esprit françois l'a conçu. Pourroit-on suivre aujourd'hui les négociations compliquées et mystérieuses qui servirent au maître de Louis XIII à humilier la maison d'Autriche, en armant les protestants de l'Allemagne après avoir écrasé ceux de la France, en faisant sortir Gustave-Adolphe des rochers de la Suède ; Cette vaste machine avoit marché à l'aide du père Joseph, qui portoit dans son froc l'or et les promesses : interrogé sur un fait au milieu de sa messe, il disoit entre deux *Dominus vobiscum* : « Pendez, pendez. » Mais qu'un journal ou qu'un parleur de chambre se fût mis aux trousses du capucin, comment eût-il cheminé ? Un grand esprit de cabinet n'est jamais sûr dans ce pays-ci de vivre au delà d'une session : il est obligé de perdre les trois quarts de sa journée à défendre misérablement sa personne. La longueur d'une administration actuelle est presque toujours le signe de sa médiocrité ; elle ne dure que par un accord touchant d'impuissance entre le gouvernant et le gouverné. Les qualités qui font les ministres immortels excitent trop de jalousie ; elles sont d'ailleurs rebelles, et ne savent pas se plier aux convenances des grands. Tout le monde sait-il élever des pies-grièches ? Que ces hommes supérieurs se trouvent dénués de la faculté de la parole, ils demeurent à jamais perdus pour l'État. Or, cette faculté appartient assez généralement aux têtes vides : Richelieu muet seroit obligé de céder la place à un légiste bavard.

Si l'on oppose l'exemple de l'Angleterre ; si, dans la Grande-Bretagne, lord Chatam et son fils ont joui maintes années du pouvoir, comme hommes d'État et comme orateurs ; s'ils ont eu de la marge pour accomplir leurs desseins, c'est que nos voisins n'ont pas notre impatience ; c'est que l'aristocratie angloise tient de la constance, de la force et du secret de la royauté, dont elle a été l'usurpatrice et l'héritière ; c'est qu'à l'époque où les deux William parurent la démocratie n'avoit point encore envahi la société. Nous doutons que dans l'Angleterre de 1838 M. Pitt eût le succès et l'existence qui l'élevèrent il y a quarante ans à la hauteur des premiers politiques. Beaucoup de Ximenès et d'Alberoni mourront maintenant inconnus.

On ne tient pas assez compte aux dépositaires du pouvoir de cette différence du temps présent au temps jadis : les obstacles diplomatiques, les menées des gouvernements secrets et absolus, sont demeurés tels qu'ils étoient autrefois, et l'on a de plus à combattre les inquiétudes des gouvernements publics et constitutionnels, sans parler des indiscrétions et des incartades de la liberté de la presse. C'est pourtant à la clarté de cette liberté, à laquelle nous n'avons pas voulu qu'on touchât, que la *folie* de la guerre d'Espagne a été faite; c'est à cette lumière que s'est rallumée la mèche éteinte de nos canons réchauffés et consolés. Le danger toutefois étoit extrême, car que n'auroit point dit et écrit l'opposition au moindre revers! Il falloit sauter dans l'abîme, ou au delà de l'abîme.

Les ministres qui négocièrent le testament de Charles II, ceux qui influèrent dans les affaires sous Philippe V n'eurent à surmonter que ces intrigues de cabinet, ces ambitions des particuliers, ces difficultés de caractère que l'on rencontre sitôt que l'on se mêle aux hommes : le cabinet de Versailles n'étoit pas dans la nécessité de traiter en conférence avec l'Europe *dite amie* et de regagner des forces sous des yeux jaloux.

L'Autriche, prévoyant que notre premier soin seroit de nous assurer de l'Espagne, avoit voulu dès 1814 mettre garnison dans nos places frontières de la Catalogne. On disoit à Vienne que nous voulions nous séparer de l'Alliance et faire cause à part avec la Russie; on disoit à Pétersbourg et à Berlin que nous voulions donner une charte à l'Espagne; on disoit en France que nous prétendions rétablir l'inquisition et le roi *netto*. Voilà sous quel poids nous étions accablé. Amis et ennemis, il falloit tout tromper, ou plutôt ne laisser rien voir du fond des choses; il falloit que la France ressuscitât sans qu'on s'en doutât, que le géant reparût la pique à la main, lorsqu'il n'eût plus été possible de le désarmer.

Nous tirions pourtant quelque parti des conférences de Paris contre les envoyés de l'Alliance à Madrid. Nous finîmes même par supprimer les réunions officielles de ceux-ci. Selon la longueur et l'espèce des négociations, l'esprit de ces envoyés varia : M. Brunetti, très-fâcheux au commencement de la guerre, devint meilleur quand le succès de cette guerre fut assuré et se montra moins *absolutiste* que ses collègues dans la question des colonies; MM. Bulgari et Royez, qui d'abord marchèrent bien avec nous, devinrent intraitables lorsque, Ferdinand étant délivré, il fut question des vieilles cortès et de l'émancipation des provinces américaines.

Les dissidences étoient partout. M. le général Bourmont s'accordoit peu en Espagne avec M. de Talaru; à Vienne, M. de Caraman demandoit de l'argent ou sa retraite; à Paris, le loyal et fidèle maréchal Victor étoit obligé de céder son portefeuille aux préventions de M. le duc d'Angoulême.

Nous étions soutenu dans ces traverses par l'idée d'atteindre aux grands résultats, après lesquels nous comptions retourner à nos goûts solitaires. Quiconque connoît l'indifférence que nous avons aux choses humaines, le peu de prix que nous attachons à tout, saura ce qu'il a dû nous en coûter pour nous plier à tant de contraintes, pour nous cacher aux cabinets continentaux, afin qu'ils nous prêtassent leur appui moral tant que nous en avions besoin contre l'Angleterre; pour ne pas nous rendre trop désagréable celle-ci, afin de faire servir une partie de ses projets à nos projets, en l'opposant, quand son tour seroit venu, à l'Europe absolutiste. En excluant la Grande-Bretagne de tout ce qui regardoit la guerre d'Espagne, nous étions censé n'entretenir que des relations amicales avec la Russie, l'Autriche et la Prusse, et nous voulions, d'un autre côté, qu'elle fût admise dans les conférences générales sur les colonies espagnoles, malgré les puissances alliées, qui, dans des idées impossibles de coercition, prétendoient traiter cette affaire sans le cabinet de Saint-James.

LV.

Espagnols réfugiés.

Les Espagnols royalistes réfugiés en France étoient une nouvelle source de débats. L'archevêque de Tarragone, l'évêque d'Urgel, MM. de Erro et Calderon, qui jusque alors s'étoient trouvés à la tête des provinces insurgées, soutenoient qu'il se falloit hâter d'installer le gouvernement provisoire espagnol; mais ils demandoient qu'à la tête de ce gouvernement fût placé le général Eguia. Selon leurs rapports, la volonté de Ferdinand, exprimée dans un ordre du 10 janvier, étoit que le général présidât toute espèce de gouvernement, quel qu'il fût, *pour travailler à la délivrance de son auguste personne;* cette phrase prouvoit du moins que le *roi constitutionnel* se regardoit comme prisonnier entre les mains de ses amis *constitutionnels*. M. de Balmaceda et monseigneur l'archevêque de Tarragone nous envoyoient des pancartes de juntes et de commandants royalistes de la Catalogne, qui protestoient de leur fidélité à la régence d'Urgel et déclaroient ne vouloir reconnoître d'autre autorité.

D'un autre côté, des adresses combattoient une proclamation que le général Eguia avoit cru devoir faire en son nom. Ces adresses affirmoient que cette proclamation allumeroit parmi les royalistes une guerre plus sanglante que celle dont l'Espagne étoit affligée depuis trois ans.

En même temps, M. Berryer me faisoit parvenir une note à lui demandée par M. de Mataflorida ; elle n'avoit d'éloquent et de persuasif que la signature de M. Berryer.

« Le parti de M. Mataflorida (ainsi s'exprime la note) doit prévaloir. On sait maintenant à Paris que le général Eguia est un vieillard usé et incapable, et que l'honorable baron d'Eroles, après avoir défendu M. Mataflorida jusqu'au dernier moment, n'a cédé et n'a consenti à entrer dans le conseil projeté sans M. Mataflorida que parce que la France lui promettoit des secours qu'il ne voyoit pas venir d'ailleurs. »

C'est fort bien. Mais voici qu'une lettre, adressée par le général Eguia à MM. Erro et Calderon disoit : « J'ai reçu de nouvelles communications par lesquelles il m'est ordonné de notifier au marquis de Mataflorida de renoncer désormais à toute idée de conserver le pouvoir qu'il a usurpé et de ne plus compromettre Sa Majesté en lui adressant, comme il l'a fait dernièrement, des lettres où il nomme les personnes et les choses. Faites connoître au sage gouvernement françois la nécessité de contenir le marquis de Mataflorida. »

Comment donc nommer un gouvernement provisoire composé du général Eguia, du général baron d'Eroles, de l'archevêque de Tarragone, de l'évêque d'Urgel, du conseiller Calderon, de l'intendant à l'armée royale, M. Erro, puisque le général Eguia, repoussé par un parti, étoit qualifié par ce parti de *vieillard usé et incapable,* et que le marquis de Mataflorida, rejeté par Ferdinand, passoit dans une autre faction pour un *ambitieux* et un *étourdi?*

Passèrent devant nous comme des ombres différents chefs plus ou moins obscurs, acquéreurs depuis d'une certaine célébrité, MM. Cordova, Quesada et autres. Au milieu de ces suppliants, nous faisions un triste retour sur les destinées humaines : c'étoit ainsi qu'émigré nous-même nous avions vu les émigrés, à Londres, solliciter des secours, et se déchirer entre eux. Nous aimions l'Espagne : sous son beau soleil et dans ses palais des Maures nous avions promené des illusions de jeunesse, à cette époque où les songes ne sont pas *fantastiques,* comme ils le sont dans *la saison de la chute des feuilles,* disent les anciens ; nous avions traversé l'Ibérie des vieux chrétiens, au moment qu'elle exhaloit, pour ainsi dire, son dernier soupir, avant l'invasion de Bonaparte ; nous étions attaché à cette nation valeureuse autant par nos souvenirs que par la singulière prophétie que nous avions faite de sa résurrection, dans le *Génie du Christianisme :* « L'Espagne, séparée des autres nations, présente encore à l'histoire un caractère plus original : l'espèce de stagnation de mœurs dans laquelle elle repose lui sera peut-être utile un jour ; et lorsque les peuples européens seront usés par la corruption, elle seule pourra reparoître avec éclat sur la scène du monde, parce que le fond des mœurs subsiste chez elle. »

Prédiction que ce noble peuple a si glorieusement accomplie.

LVI.

Embarras intérieurs.

Les derniers tracas que nous avons à mentionner sont ceux qui nous venoient, à Paris, de nos amis et de nos ennemis, de nos travaux au conseil et aux chambres. Si ces tracas n'agissoient pas *directement* sur les affaires d'Espagne, leur influence *indirecte* ne s'y faisoit pas moins sentir, car ces brouilleries et ces occupations détournoient notre attention, jetoient de la défiance entre les membres du gouvernement, rompoient cette unité si nécessaire dans l'action administrative et dans la majorité parlementaire.

La vérité est que nous n'avions au ministère aucun crédit; tout se passoit entre M. de Corbière et M. de Villèle. Avec une dextérité merveilleuse, M. de Villèle rectifioit les comptes et relevoit les bévues de ses collègues. Quant aux affaires étrangères, il avoit la bonne foi de dire qu'il n'y entendoit rien; en cela il étoit beaucoup trop modeste. Lorsque nous lui parlions des difficultés qu'on rencontroit à Londres ou à Vienne, il nous répondoit : « Eh ! que diable, mon cher, qu'importe ce qu'ils disent ? allons notre train, soignons nos finances. Arrangez cela, mon cher; c'est votre affaire. » Ce dédain nous faisoit rire, et au fond nous le partagions; mais les paroles de M. de Metternich et de M. Canning nous faisoient passer de mauvaises nuits.

Les royalistes nous accusoient de ne rien faire pour eux : pouvions-nous faire quelque chose pour nous ? Nous ne savons ni prendre ni demander.

Les conseils chez le roi et chez le président accroissoient le poids de nos élucubrations : il falloit élaborer des budgets, s'occuper de lois telles que celle de la septennalité, notre particulier ouvrage.

La dette américaine, dont le ministre du congrès demandoit chaque année l'acquittement, nous obligea d'étudier le travail de nos prédécesseurs. Il se peut (en faisant abstraction du traité non exécuté de la cession de la Louisiane) que nous fussions redevables de cinq ou six millions; mais si avant le discours du président Jackson cette somme, à la rigueur, pouvoit être réclamée, après ce discours nous ne devions plus rien. Nous ne comprendrons jamais que l'on paye quoi que ce soit à celui qui vous insulte, à moins qu'il n'ait satisfait lui-même à sa dette d'honneur. Une nation, non plus qu'un homme, ne se doit pas laisser outrager : la France a donné la liberté aux États-Unis ; elle n'est pas si petite qu'elle ne puisse les obliger à s'en souvenir.

Dans ce courant des événements, nous eûmes à envoyer un fauteuil mécanique à Pie VII, à nous occuper d'un conclave, à soigner nos petites légations pour nous attacher les petits États, à tenir l'œil ouvert sur le Portugal, dont les mouvements étoient si dangereux pour nous.

Dans l'intérieur de notre ministère, nous songions à remanier les consulats. Nous reçûmes d'un de nos employés un gros paquet de notes sur le personnel des affaires étrangères ; nous l'avons encore ; il est intact ; nous ne l'avons jamais lu, nous ne le lirons jamais. M. d'Hauterive, croyant que nous étions contre la septennalité, nous remit un mémoire dans le sens de notre opinion supposée ; nous lui dîmes que nous étions pour la septennalité : il nous apporta dans la journée un autre travail en faveur de la septennalité : cela nous amusoit.

Quant aux fonds secrets, nous exigions des quittances. Tous nos comptes furent remis au roi et approuvés par lui, comme l'atteste la lettre de M. de Villèle. Des cartes d'électeur ayant été remises aux personnes de nos bureaux, nous leur défendîmes de se rendre à leurs colléges si elles ne payoient le cens, sous peine d'être renvoyées. Quant à celles qui avoient les conditions requises et qui nous prièrent de leur désigner un candidat, nous leur dîmes de voter selon leur conscience.

Le cabinet noir n'étoit pas encore aboli ; misérable invention de l'ancienne monarchie, adoptée depuis par toutes les autres puissances, par le Directoire et par Bonaparte. On nous envoyoit ce qui regardoit notre département : nous n'y vîmes que quelques dépêches du corps diplomatique ; nous les aurions devinées sans les avoir lues.

Une lettre d'un fat de Vienne nous tomba par hasard entre les mains ; il écrivoit à Paris à une femme malheureuse : on avoit pris cela pour des affaires étrangères.

Nous n'avions point d'audiences à heure fixe ; entroit qui vouloit ; la porte étoit toujours ouverte.

Parmi les besoigneux d'argent et d'intrigues de toutes les sortes s'avançoient en procession vers la rue des Capucines de mystérieux butors ; personnages vêtus d'un habit brun boutonné, ressemblant à de sérieux et inintelligents bahuts remplis de papiers secrets. Venoient des mouchards en enfance, à chevrons de la république, de l'empire et de la restauration : oubliant ce qu'ils devoient taire, ils disoient de chacun des choses étranges ; puis se présentèrent des marchands de songes : nous n'en achetâmes pas, nous en avions à revendre. Des messieurs remirent entre nos mains des gros mémoires chargés de notes et de notules explicatives et corroboratives. Se produisirent des dames utiles, qui faisoient de l'amour avec des romans, comme on faisoit jadis des romans avec l'amour. Ceux-ci nous demandoient des places, ceux-là des secours : tous se dénonçoient les uns aux autres ; tous se seroient pris aux cheveux, n'étoit que ces espèces de morts de tous les régimes étoient chauves. Il y en avoit de bien sales ; il y en avoit de bien singuliers : ils se tenoient à quatre pour n'être pas bêtes, mais ils ne pouvaient s'en empêcher. Un vénérable prélat voulut bien nous consulter : homme de mœurs sévères et de religion sincère, il luttoit pourtant en vain contre une nature parcimonieuse ; il ne se servoit la nuit dans sa chambre que de la lune, et s'il avoit eu le malheur de perdre son âme il ne l'auroit pas rachetée.

De nobles galants à coiffure du temps de l'ordre de Malte nous contoient leurs amours d'antan entre parenthèses politiques ; d'autres, moins ardents, avoient les vertus des qualités qui leur manquoient. Des gens recommandés d'avance comme nantis de pensées fortes et de sentiments religieux nous honoroient de conseils : ils auroient été méchants s'ils n'eussent été couards ; on voyoit qu'ils avoient envie de vous déchirer, mais ils retiroient leurs griffes dans leur peur comme dans une gaîne.

Nous eûmes des sollicitations d'audience de certains roués de la terreur ; race légère, offrant ses services auprès de la mort.

On nous annonça un homme de banque : sans façon et sans précaution oratoire, il nous déclara qu'il appartenoit à des *maisons respectables*, que s'il étoit possible de lui communiquer des dépêches télégraphiques, mon Excellence pourroit profiter des succès, sans nuire le moins du monde aux fonds publics. Nous regardâmes cet homme avec ébahissement, puis nous le priâmes de sortir par la porte, si mieux n'aimoit sortir par la fenêtre. Il ne se déferra point ; il nous regarda à son tour comme il eût regardé un Osage. Nous sonnâmes : l'homme imperturbable s'en retourna avec son obligeant million. Ignare et stupide que nous étions ! Auroit-on su notre bonne aubaine ? L'eût-on connue, en serions-nous aujourd'hui moins considéré ? Au lieu de tirer le diable par la queue, nous aurions des salons, nous donnerions des dîners ; on nous appelleroit encore *monseigneur* de courtoisie, et nous passerions pour un homme d'État.

La fortune chassée revint, mais cette fois dans sa forme et ses habits de femme : c'étoit une personne encore mineure, qui, ne pouvant voyager sans l'autorisation de ses parents, nous prioit de lui accorder un passeport des affaires étrangères pour Genève, sans qu'elle eût recours à la police. Elle avoit aussi quelque chose à nous dire de particulier sur nos *intérêts,* si nous voulions lui faire la grâce de l'entendre, quoiqu'elle convînt en rougissant que sa démarche nous pourroit paroître extraordinaire. Elle jeta de côté le voile parfumé de son chapeau avec une main blanche, jeune et légère, dépouillée de son gant et débarrassée d'une rose. Nous la remerciâmes de la confiance qu'elle vouloit bien nous témoigner; nous lui dîmes que, ne nous connoissant aucun intérêt, nous lui épargnerions l'ennui de notre curiosité; que, du reste, on ne seroit pas assez mal appris à la police pour lui refuser un passeport, et que ses parents ne seroient pas assez inhumains pour l'empêcher d'aller voir les Alpes. Nous félicitâmes celui qui auroit le bonheur d'être son compagnon de voyage. En disant cela, nous reconduisîmes très-poliment la fortune jusqu'à la porte. La Prénestine n'étoit ni aveugle, ni chauve; mais on la reconnoissoit aux ailes qu'elle avoit conservées à ses pieds agiles, *dea mobilis,* telle que nous l'avions vue dans les airs à Venise. Peu rassuré par notre victoire, nous mîmes le verrou en dedans : saint Bernard dit qu'il faut avoir une frayeur salutaire de ces vierges qui portent des trésors dans un vase d'argile.

Après cela apparut un homme d'une contenance embarrassée, tournant son chapeau dans ses mains et le brossant avec son coude; pourtant rien n'étoit moins embarrassé que cet homme de ressource, d'esprit et d'imagination en emprunts : nous l'avions déjà vu à Vérone. Il nous expliqua ses plans d'une manière un peu longue; ils n'étoient pas très-clairs, mais ils étoient ingénieux : si la lumière n'y pénétroit partout, les obscurités, laissées çà et là, étoient peut-être des obscurités savantes dont se dégageroit l'inconnue. Du reste, le changeur d'effets et de royaumes ne manquoit pas d'élégance; s'il en faut croire un proverbe d'Espagne, lorsque dans la jeunesse on a rencontré la beauté, elle vous laisse de quoi vous défendre du temps : la disgrâce des années tardives a moins de prise sur vous.

Pour nous délivrer de ce rendez-vous de mouches qui bourdonnent partout où s'épand quelque goutte d'or, nous n'avions pas, comme l'amiral turc de M. de Choiseul-Gouffier, un lion familier venant sentir aux mains de nos visiteurs; mais nous avions un négrillon qui leur passoit entre les jambes, les tiraillot et les interrompoit dans leurs discours. Il nous avoit été envoyé d'Égypte par notre hôte et notre ami M. Drovetti. Il étoit fils de prince; il s'appeloit *Morgan* (la perle), nom de tendresse que lui avoit donné sa mère, égorgée par les soldats du pacha. Cet enfant étoit à peu près de l'âge de M. le duc de Bordeaux;

celui-ci admettoit à ses jeux l'orphelin esclave privé de son trône d'ébène. Morgan n'a pas vécu ; il est mort à Rome, où nous l'avions mis à la Propagande, dans l'espoir d'en faire un archevêque d'Éthiopie : il a rendu son dernier soupir à la primeur du jour, à une heure matinale comme sa vie. Morgan, la perle de sa mère, est allé parer dans le ciel cette pauvre mère. Ce petit roi noir, à l'instar du petit roi blanc, son camarade, avoit été jeté par la dérision du sort à la garde de notre foiblesse. Nous aurions mieux été assis avec lui sous un palmier, aux sources du Nil, que lui courant auprès de nous sous les fauteuils de Sa Majesté très-chrétienne, à l'hôtel des affaires étrangères.

Les lettres abondoient : elles étoient bien menaçantes, surtout avant et au commencement de la guerre. Elles nous disoient la vérité ; elles n'étoient guère propres à nous permettre de suivre librement nos plans et notre correspondance diplomatique.

« L'armée de la foi fait horreur partout ; pas un personnage connu et distingué n'arrive à nous. L'artillerie tout entière est incertaine. Ce qui n'est pas bonapartiste est républicain. Après les *sournois* (l'artillerie), les *taquins* (les chasseurs) sont à la première ligne d'opération.

« *On voit bien que vous voulez reconquérir les bords du Rhin*, car vous ne voulez écouter aucun rapport.

« Comment pouvez-vous vous fâcher tout rouge ? et cela, parce que M. de Villèle[1] a fait de la Bourse une maison de jeu : savez-vous que Dieu vous punira d'être colère ?

« Si vous faites tous vos vouloirs en Espagne, est-ce que nous aurons pour récompense ici l'abbé de La Mennais[2], Franchet et tous les prêtres, à la tête des affaires ? Ce *Drapeau blanc* vous attaque tous les matins, et ne cache guère ses espérances.

« Savez-vous que tout se recorde ; que les républicains, comme les bonapartistes purs, sont convenus d'un sacrifice politique, et que tous consentent à M...? C'étoit un grand œuvre d'amener toutes les opinions sur un seul : eh bien ! c'est fait.

« Le colonel M... vient de faire une petite caricature charmante : il

---

1. Je laisse ici le nom de M. de Villèle, parce qu'après avoir remué tant de millions, il est sorti du ministère sans avoir augmenté son patrimoine. En général, les hommes de la restauration, du moins ceux qui ont commencé à paroître sur la scène avec elle, sont sortis de l'administration les mains pures. On voit aussi, à propos de M. de Villèle, avec quelle chaleur je le défendois quand on croyoit me faire la cour en l'attaquant.

2. Mon illustre compatriote doit être bien étonné de se trouver ici, placé parmi les absolutistes qui devoient gouverner la France.

a représenté notre armée s'engageant dans les montagnes ; des Espagnols, perchés sur des rochers, leur crient : « Entrez, messieurs, « entrez ! *On ne paye qu'en sortant.* »

« Les Anglois seront en Portugal avant que nous n'ayons pris position sur l'Èbre. On se laisse former une opinion colossale contre la guerre, et les angoisses de l'irrésolution augmentent le mal.

« Dites-moi que cette immense toile d'araignée, qu'on appelle l'armée françoise, ne sera pas déchirée par ces Espagnols à la façon de Baylen, que ce stupide Ferdinand ne se laissera pas embarquer à Cadix, comme un gros ballot qu'il est.

« Qui vous auroit dit que l'entrée à Madrid feroit baisser les fonds de près de 2 francs ? Eh bien ! c'étoit prévu par tous ceux qui assurent que là commence la guerre, vos embarras, vos maladies, vos immenses dépenses, votre petit nombre et l'impossibilité de traiter. »

D'autres lettres entravoient encore nos travaux politiques ; elles nous donnoient des occupations moins fatigantes, il est vrai, mais elles tendoient également à nous distraire. On s'adressoit à nous pour des services que nous étions heureux de rendre ou de demander. Nous tenions à prouver à ceux dont l'inimitié politique nous étoit connue que la légitimité sans passions étoit bonne, sincère et polie.

Ainsi M. Saint-Edme nous écrivoit une lettre très-généreuse en faveur de M. Barginet ; M. Coste nous prouvoit qu'il croyoit à notre amour sincère de la liberté des opinions ; deux poëtes, M. Lebrun et M. Arnault, voulurent bien penser que nous nous intéressions au sort de leurs beaux travaux poétiques : ils ont vu qu'ils ne s'étoient pas trompés. Enfin, nous reçûmes plusieurs lettres de M. Benjamin Constant. Une chose est consolante pour nous : les hommes qui nous avoient été d'abord les plus adverses sont devenus nos amis ; témoin MM. Benjamin Constant, Béranger et Carrel. En preuve de cette assertion, nous donnerons à la fin de cet ouvrage des lettres de ces illustres contemporains : c'est un présent que nous faisons à leur patrie.

C'étoit ainsi qu'à travers les conseils, les discours, les chambres, les projets de loi, les sollicitations, les plaintes, les audiences, les visites, les dîners et les bals (car nous donnions aussi des fêtes), c'étoit ainsi que contrarié de cent façons nous poursuivions nos opérations d'Espagne, passant les nuits à écrire, trouvant encore le temps de barbouiller quelques pages de nos *Mémoires,* d'aller, en souvenir de notre vie errante, chercher quelque image de cette vie : *nebulæ per inane volantes.* Nous ne faisions pas plus de façon avec les affaires ; elles étoient toutes ébaubies d'être traitées si cavalièrement. Enfin, comme il faut avoir soin de tout, nous songions à négocier avec les habitants de Saint-Mâlo, pour qu'ils voulussent bien nous enterrer sur la grève d'une île où nous avons joué dans notre enfance. Cette négociation a plus duré que la guerre d'Espagne ; le génie militaire ne cède pas facilement six pieds de sable : nous consentons pourtant que notre argile serve de gabion à notre patrie. Peu de ministres, et peu de ministres triomphants, se sont occupés de leur tombeau : chacun prend son plaisir où il le trouve.

Il est temps de mettre sous les yeux des lecteurs les lettres qui concernent l'Espagne : elles renferment, jusqu'à la délivrance de Ferdinand, les transactions dont nous avons donné plus haut l'analyse. Le cabinet d'un ministre va s'ouvrir au public, du vivant de ceux qui ont mené les affaires, et en présence d'une partie des témoins de ces affaires. Les secrets des hommes sont si vains, ces hommes eux-mêmes sont si petits, les rois et les royaumes sont si peu, qu'en vérité ce n'est pas la peine de cacher tant de misères. Lorsque, à force de recherches, on a découvert que tel événement a été produit par un hasard, par une femme de chambre, par un commis, par une conversation entre deux personnages jusque alors restés ignorés, qu'a-t-on gagné à la *manifestation* de cette *haute* vérité? Que les événements arrivent comme ceci ou comme cela, peu importe : les hommes sont rapides ; les occurrences de leur vie transitoire s'abîment dans la longue et perdurable vie de l'humanité. Rien ne nous paroît plus risible que l'importante taciturnité des mystères d'État.

LVII.

Lettres diplomatiques.

Les missives que voici sont presque toutes de nous, nous n'y avons mêlé quelques lettres des rois, des ministres, des généraux, des ambassadeurs, que pour faire la chaîne, instruire le lecteur de ce que l'on pensoit chez les divers peuples et dans les diverses cours, éclaircir quelques articles de nos propres lettres. Il sera curieux, pour ceux qui aiment l'histoire, de voir ce que pouvoient écrire à une époque mémorable tous les hommes occupés d'affaires en Europe. Dans le peu de lettres qui nous sont adressées, nous avons supprimé ce qui étoit trop intime relativement à tel ou tel homme : c'est ainsi que, dans la belle série des lettres de M. de La Ferronnays, nous avons retranché ce que d'injustes préventions faisoient dire à l'empereur Alexandre sur l'administration de M. de Villèle, dont il ne pouvoit être bon juge.

Cette correspondance s'ouvre presque par les lettres de M. Canning. J'ai déjà loué et admiré plus haut ces lettres. L'imagination domine dans ces inspirations du talent et d'une rivalité trop honorable pour nous. Cette brillante imagination s'exprime avec une verve et une rapidité prodigieuses. Le ministre britannique cherchoit à nous attirer sur un terrain où nous refusions le combat; il feignoit d'ignorer la *question françoise* : il se jetoit sur la guerre de la succession, dont nous ne lui disions pas un mot; il nous parloit mal de Ferdinand, dont nous pensions encore plus de mal que lui, comme on l'a déjà vu par quelques-unes de nos réflexions sur les pièces diplomatiques de Vérone; il nous signaloit, pour nous effrayer, la ruse du cabinet de Vienne faisant souvenir l'Espagne de sa grandeur lors de sa dépendance de l'Autriche : malice de M. Gentz qui ne nous étoit point échappée. Il revient deux fois sur la révolution de 1688, espérant, en bon Anglois, que l'Espagne imiteroit cette révolution; il suppose que si le gouvernement espagnol dont nous accusons les excès récriminoit contre les nôtres, nous serions bien embarrassé.

Il ne nous étoit pas possible d'entrer en controverse sur ces points divers, parce qu'il ne s'agissoit pas de tout cela; que d'un autre côté nous ne pouvions révéler à M. Canning le fond de notre pensée sur la guerre d'Espagne, sur la nécessité où nous étions de saisir l'occasion de rattacher la Péninsule à la France, dont elle ne devoit jamais être séparée. Aussi, dans notre correspondance, c'est M. Canning qui est le poëte, nous qui sommes l'homme d'affaires. Les lettres de M. Canning sont longues, abondantes, entraînantes, merveilleuses; les nôtres sont courtes, sèches, positives et allant au but; il n'a manqué à l'éloquence de notre illustre ami que le succès.

Lorsque M. Canning, tout en nous combattant, nous traite avec une amitié et une considération si flatteuses; lorsque à l'autre extrémité de l'échelle Cobbett trouve que nous faisons notre devoir de François; lorsque des souverains, importants parce qu'ils influent sur le sort des peuples, sont forcés de reconnoître quelque valeur à nos travaux; lorsque, en sens opposé, MM. Benjamin Constant, Carrel, Béranger, nous accordent des idées applicables, nous inclinons à croire que nous n'avons pas été tout à fait inutile à notre siècle. Mais ces bouffées de vanité ne tiennent guère, et nous en rougissons le moment d'après.

M. DE CHATEAUBRIAND A M. GENTZ.

Paris, 30 décembre 1822.

Me voilà ministre, monsieur. M. le prince de Metternich vous communiquera peut-être la lettre où j'ai l'honneur de lui mander tout le détail. Maintenant ne m'abandonnez pas : je suis sur la brèche. Les obstacles sont grands au dedans comme au dehors. J'ai à lutter contre les choses et contre les hommes ; appuyez-moi donc. Que je sois appuyé par les sentiments de bienveillance des cabinets de l'Europe, et j'en serai plus fort. Vous savez, monsieur, que je vous ai reproché à vous autres puissances étrangères une trop longue injustice envers les royalistes. Tantôt vous nous avez pris pour de vieux barons du treizième siècle, tantôt pour des novateurs du dix-neuvième ; cela nous a fait du mal. Laissez-moi donc être royaliste constitutionnel ; ne vous effrayez ni de ma marche ni de mon langage. Je connois la France, et je sais la seule route à prendre pour arriver à un ordre de choses qui fera le bonheur de mon pays et le repos de l'Europe. Vous m'avez, monsieur, promis votre amitié ; je la réclame, et les témoignages m'en seront surtout bien précieux dans ce moment. Vous connoissez tous les sentiments d'estime et de considération que je vous ai voués.

CHATEAUBRIAND.

M. CANNING A M. DE CHATEAUBRIAND.

Au bureau des affaires étrangères, ce 31 décembre 1822.

Permettez, mon cher vicomte, que je vous rende les compliments de félicitation que vous m'avez faits il y a si peu de temps. Vous voilà aussi secrétaire pour les affaires étrangères. Vous savez combien je me plaisois dans la perspective d'avoir à traiter avec vous ici comme ambassadeur de France ; jugez combien je me trouve plus heureux dans les circonstances actuelles, qui nous placent vis-à-vis l'un de l'autre dans une position à coopérer d'une manière encore plus efficace pour le bien et pour l'union de sentiments et d'intérêts de nos deux pays.

Rappelez-moi, mon cher vicomte, je vous prie, au souvenir de M. de Villèle : présentez-lui mes hommages, et dites-lui combien je prends part à son succès, et combien je me réjouis de sa décision; décision qui a sauvé (selon moi) non-seulement la France, mais peut-être l'Europe d'une crise telle qu'elles ne sont guère en état de soutenir.

Reste à consolider l'ouvrage de la paix, que M. de Villèle a si bien commencé. Comptez sur moi pour cet effet dans tout où je pourrai vous être utile, et croyez-moi toujours, mon cher vicomte, avec autant d'amitié et d'estime,

De Votre Excellence,

Le très-dévoué

Georges CANNING.

P. S. Voici, mon cher vicomte, *non* la dernière fois que je vous écrirai (car je médite de le faire, si vous m'en accordez la permission, aussi souvent que la marche des affaires me paroîtra l'exiger), mais peut-être la dernière fois que je vous écrirai autrement qu'en anglois.

M. DE CHATEAUBRIAND A M. CANNING.

Paris, 2 janvier 1823.

J'aime à me flatter, monsieur, qu'il y a quelque chose d'à peu près semblable dans nos destinées qui doit contribuer à resserrer nos liens, et comme amis et comme hommes d'État; je suis persuadé que nous nous entendrons sur la politique pratique comme nous nous entendons sur la politique de théorie. Vous détestez les radicaux autant que je déteste les jacobins, et si la France et l'Angleterre s'entendent pour décourager les uns et les autres en tous pays, nous aurons bientôt mis un terme aux alarmes du continent.

Je n'ai qu'un regret, monsieur, c'est que le poste éminent où le roi vient de m'appeler m'oblige d'abandonner celui non moins honorable où j'avois le bonheur de vous voir. Puisse, monsieur, l'amitié qui nous lie servir à entretenir une bienveillance réciproque entre nos deux pays! En attendant que la nomination de mon successeur à Londres me permette de remercier officiellement le roi, votre maître, des bontés qu'il a daigné me témoigner, je vous prie de mettre à ses pieds mes profonds respects et l'hommage de ma vive reconnaissance. Vous connoissez, monsieur, les sentiments d'estime, d'attachement et d'admiration que je vous ai voués pour la vie.

J'ai supprimé dans cette lettre tout ce que l'amitié supprime, les titres et les compliments : je vous demande de me traiter de même, et avec cette manière de converser nous pourrons causer familièrement sur les grandes affaires.

CHATEAUBRIAND.

M. DE MARCELLUS A M. DE CHATEAUBRIAND.

Londres, le 10 janvier 1823.

Monsieur le vicomte,

Je me suis empressé de porter à M. Canning les assurances dont vous m'avez chargé dans votre dernière lettre, je lui ai annoncé que vous désiriez, comme lui, une correspondance privée dont les résultats devoient être avantageux à la cause et aux principes que vous défendez tous deux, et j'ai ajouté qu'il pouvoit vous écrire en anglois. Il a saisi avec empressement ce projet de relations intimes, et il a rapproché son existence politique de la vôtre ; il en a fait ressortir avec finesse l'étonnante ressemblance, et il en a conclu que tout devoit vous lier étroitement. « M. de Chateaubriand, a-t-il ajouté, est-il *aussi* parvenu au ministère contre la volonté du roi ? » — J'ai répondu qu'ayant longtemps vécu loin de la France je ne pouvois connoître l'intérieur des Tuileries, mais qu'il existoit entre vous et lui une harmonie de plus, puisque, depuis votre commune accession au pouvoir, les rois de France et d'Angleterre montroient pour l'un et pour l'autre une faveur et des bontés bien plus signalées.

« Nous devons, a dit M. Canning, tirer un grand parti de notre union dans la circonstance présente ; nous pouvons agir d'accord à Madrid, sans paroître nous entendre, et toujours chacun dans la ligne de nos intérêts respectifs ; nous parviendrons ainsi, j'en ai l'espoir, à maintenir la paix, et le bonheur du monde sera notre ouvrage. Si M. de Chateaubriand approuve ce plan, qu'il me dise dans ses lettres particulières ce qu'il attend de nous, en spécifiant aussi ce qu'il veut de la part des Espagnols ; je répondrai en lui exprimant franchement ma pensée ; nous réunirons nos idées, nos projets, nous préparerons notre action à Madrid ; pour réussir, elle doit être simultanée, mais séparée. »

J'ai exprimé d'avance, monsieur le vicomte, tout votre empressement à commencer ces rapports d'intimité. S'il m'étoit permis de vous communiquer aussi ma pensée, je croirois que vous pouvez user avec fruit de ces liaisons directes et de la haute estime que je vois à M. Canning pour votre caractère. Je suis persuadé qu'en raisonnant dans sa position, en reconnoissant ce qu'exige de lui sa situation nouvelle vis-à-vis le parlement et le commerce, en repoussant officiellement, puisqu'il le faut, le principe de la question d'Espagne, *toute françoise,* mais en admettant confidentiellement quelque chose de ce principe, qui au fond nous est honorable, vous obtiendrez le concours réel et efficace de M. Canning à Madrid.

Je vous parle, monsieur le vicomte, avec un grand abandon, livrant sans réserve mes raisons à votre approbation ou à votre blâme; je ne retranche rien de ma pensée quand je vous écris, et je n'y ajoute que l'assurance de mon dévouement illimité dans les nouveaux devoirs que vous pourriez me prescrire, comme l'expression de mon respectueux attachement.

Le vicomte de Marcellus.

M. CANNING A M. DE CHATEAUBRIAND.

London, january 11, 1823.

Our letters having crossed each other, I will not stop to consider whose turn it is to write next; but will show you at once, my dear Mr. de Chateaubriand, that I accept your challenge, delivered to me by Mr. Marcellus, and avail myself of the condition which you are good enough to annex to our correspondence, by writing in the language in which alone I am sure of expressing myself correctly, and which you understand as well as I, and your king better than either of us.

If you ask me my opinion, I give it you in the words of our lord Falkland in the time of our Charles Ist. « Peace! — peace! — peace. »

Nos lettres s'étant croisées l'une l'autre, je ne m'arrêterai pas à considérer lequel de nous deux doit écrire le premier, mais je vais vous prouver, mon cher monsieur de Chateaubriand, que j'accepte le défi que vous m'avez fait porter par M. de Marcellus; je me prévaudrai de la condition que vous avez la bonté de joindre à notre correspondance, en m'exprimant dans une langue qui peut seule, j'en suis sûr, rendre correctement mes pensées; langue que vous comprenez aussi bien que moi, et votre roi mieux qu'aucun de nous deux.

Si vous me demandez mon opinion, je vous la donnerai par les paroles de notre lord Falkland au temps de Charles Ier : « La paix! la paix! la paix! » La guerre entre la

The war between France and Spain would not, to be sure, be a civil war, but it would be as nearly so as a war between two nations can be, and it would perhaps be the parent of war *plus quam civilia*, which might again divide these two nations against themselves, if even others did not follow their examples. Am I for peace, because I hate revolutions less than you do? You give me full credit for showing your invincible hostility to them. But it is because the lovers of revolutions of all countries pray for war, that I am most anxious for the prevention of it. That class of politicians has a marvellous sagacity in discovering what could best promote their objects; and I confess that, in addition to my faith in their instinct, I arrive, by reasoning, at the same conclusion, that a war in Europe at this moment, against the revolutionary principle, would shake the monarchy of France and its yet unconfirmed institutions to their foundations. — What shook so fearfully your institutions could, no doubt, try ours; but ours have root enough to stand the trial. And wrapping ourselves up, as we should be wise enough to do, in a strict and imperturbable neutrality, depend upon it, we mght, — if we were so disposed, — turn your distractions to our own account; but depend upon it, we have no such disposition. Rather, much rather will we exhaust our effort to preserve the peace on which we think your prosperity depends.

The reply to the duc de Montmorency's answer to our offer of me-

---

France et l'Espagne ne seroit certainement pas, à la rigueur, une guerre civile, mais elle seroit aussi près de ce résultat qu'une guerre entre deux nations peut l'être, et elle auroit peut-être un degré d'affiliation avec les guerres *plus quam civilia*, ce qui pourroit encore diviser entre elles ces deux nations, même si d'autres ne suivoient pas leur exemple. Suis-je pour la paix parce que je hais moins que vous les révolutions? Vous me faites assez d'honneur pour croire que je partage l'invincible répugnance que vous avez contre elles; et c'est parce que les hommes de tous les pays, épris des révolutions, invoquent la guerre, que je suis le plus désireux de la prévenir. Cette classe de politiques possède une sagacité merveilleuse pour découvrir ce qui peut le mieux avancer leurs desseins; et je confesse qu'en confirmation de ma foi en leur instinct j'arrive par le raisonnement à cette même conclusion : qu'une guerre en ce moment en Europe contre le principe révolutionnaire ébranleroit la monarchie françoise et ses institutions, non encore affermies, jusque dans leurs fondements. Ce qui ébranleroit si effroyablement vos institutions pourroit sans doute *éprouver* les nôtres : mais les nôtres sont assez enracinées pour supporter l'épreuve; et, nous enveloppant, comme nous serions assez sages pour le faire, dans une stricte et imperturbable neutralité, soyez-en persuadé, nous pourrions, ainsi disposés, tourner vos déchirements à notre avantage : mais, soyez-en sûr, nous n'avons pas de tels penchants. Plutôt, bien plutôt, nous épuiserons tous nos efforts pour conserver la paix, de laquelle, pensons-nous, dépend votre prospérité.

La réplique à la réponse de M. le duc de Montmorency sur notre offre de média-

diation, which you will receive from M. de Marcellus by this messenger, is adapted to what we conceived to be M. de Villèle's policy. M. de Montmorency was for making the question of peace or war a question « toute européenne. » M. de Villèle had made it a question for France herself, and he, as it appears to us, was right, — as he thus took the whole management into your own hands.

Our note adopts this view : I trust there is nothing present, or perspective in it that can embarrass you. You know we must keep our own case clear. — You will have heard of lord Fitzroy Somerset's journey to Madrid. His mission is one of counsel and exhortation : I trust it will be well received. — If he passed through Paris, as I enjoined him to do, without seeing your Excellence or M. de Villèle, it was because I *was sure* that his reception at Madrid would be cordial, in proportion as he was known to be *our* missionary and not *yours*. Sir C. Stuart can tell you that, even since L. F. Somerset was dispatched, I have had fresh reason to be satisfied that such is the temper at Madrid, and that all our endeavours would be spoiled by the notion of our acting *in concert* with France.

There is enough for the present. And for the present then, mon cher vicomte, adieu!

G. CANNING.

---

tion, réplique que vous recevrez de M. de Marcellus par ce courrier, est adaptée à ce que nous pensons être la politique de M. de Villèle. M. de Montmorency étoit d'avis de faire de la question de paix ou de guerre une question « toute européenne ». M. de Villèle en a fait une question pour la France elle-même; et lui, comme il nous paroit, a raison; il met ainsi toute l'affaire dans vos propres mains.

Notre note admet ce point de vue; j'espère que rien n'y présente un objet qui puisse vous embarrasser. Vous savez que nous devons garder notre propre affaire claire. Vous aurez entendu parler du voyage de lord Fitzroy Somerset à Madrid. Sa mission est une mission de conseil et d'exhortation; j'espère qu'elle sera bien reçue. S'il est passé par Paris, comme je le lui ai recommandé, sans voir Votre Excellence ou M. de Villèle, c'est parce que *j'étois sûr* que sa réception à Madrid seroit cordiale en proportion de la connoissance qu'on auroit qu'il est *notre* missionnaire et non le *vôtre*. Sir C. Stuart peut vous dire que depuis que lord F. Somerset est parti j'ai eu de nouvelles raisons pour être convaincu que les dispositions sont telles à Madrid, et que tous nos efforts eussent été paralysés si on avoit su que nous agissions de concert avec la France.

En voici assez pour le présent. Et pour le présent donc, mon cher vicomte, adieu.

M. DE CHATEAUBRIAND A M. DE LA GARDE.

Paris, dimanche 12 janvier 1823, onze heures du soir.

Lord Fitzroy est parti hier sans emporter cette dépêche. Aujourd'hui, 12, un courrier nous a apporté vos dépêches du 5 janvier, n°s 2 et 3, avec trois pièces et deux lettres particulières à M. de Villèle, l'une datée du 5 et l'autre du 6. J'ai consulté le conseil, et sur son avis je vous invite, monsieur le comte, à ne plus différer de parler à M. de San-Miguel de la violation du territoire. Vous lui apprendrez le nouveau délit dont nous avons droit de nous plaindre ; vous lui direz que nous n'en demandons aucune réparation partielle, car il ne s'agit plus maintenant d'échanger des notes et de se contenter de promesses qui n'auroient aucun résultat. Vous direz que cette violation du droit des nations prouve de plus en plus qu'il nous est impossible de rester dans la position où nous sommes, qu'il n'y a qu'un changement notable dans l'ordre des choses en Espagne qui puisse satisfaire à ce que nous devons à notre sûreté comme à notre honneur. Vous déclarerez enfin, monsieur le comte, que si le changement n'est ni prompt ni décisif le gouvernement du roi sera sans doute forcé de vous rappeler, et que cet ordre peut vous arriver d'un moment à l'autre.

On assure qu'il y a ici, à Paris, des nouvelles de Madrid du 7, c'est-à-dire d'une date postérieure à celles que nous avons reçues de vous.

Il paroîtroit, par les nouvelles, que les notes des quatre cours auroient été renvoyées à une commission des cortès, chargée de les examiner et d'y répondre. Ne vous laissez pas, monsieur le comte, abuser par des mesures dilatoires, qui n'ont d'autre but que de gagner du temps et de ne rien conclure. Cette commission, si elle existe, fera-t-elle vite son rapport? consentira-t-elle à des changements qui puissent assurer le repos de la France et de l'Europe ? — Si elle se contente de dire qu'un *jour* on pourra examiner ce que la constitution espagnole peut avoir de défectueux, pouvons-nous nous contenter de cette réponse? Non, sans doute : il nous faut quelque chose de clair et de net, car il est impossible d'ouvrir les chambres sans leur dire où nous en sommes avec l'Espagne, et si enfin nous avons la paix ou la guerre. Défiez-vous de l'Angleterre dans tout ceci. Elle ne vous secondera réellement que quand elle croira que la France n'a peur de personne. Soyez ferme avec sir W. A'Court, et montrez-lui que nous sommes las enfin de nos inutiles sacrifices.

Vos collègues de Russie, d'Autriche et de Prusse ont ordre de se retirer, quelle que soit la délibération des cortès, à moins d'un changement réel; il ne nous appartient point d'affaiblir leurs résolutions. Laissez-les donc agir d'après leurs ordres. Vous trouverez ci-joint un paquet de dépêches des trois cours pour vos collègues. S'ils étoient partis quand cette dépêche vous arrivera, vous jetteriez le paquet au feu. Faites tous vos préparatifs de départ, afin de quitter Madrid sans délai au premier ordre que le roi me chargeroit de vous transmettre.

CHATEAUBRIAND.

M. DE LA GARDE A M. DE CHATEAUBRIAND.

Madrid, le 13 janvier 1823.

Monsieur le vicomte,

M. Jackson vient m'avertir à l'instant qu'à la suite d'une note passée à minuit par M. S. Miguel à M. A'Court, pour solliciter les bons offices de l'Angleterre entre la France et l'Espagne, il partoit immédiatement en courrier.

Le chevalier A'Court m'avoit déjà prévenu qu'il avoit travaillé indirectement à porter le gouvernement espagnol à cette démarche, et il est probable que la note susdite a été le résultat de la séance secrète tenue hier aux cortès.

Le temps me manque pour obtenir des renseignements plus circonstanciés, et, n'ayant pas même celui de les écrire, j'ai dû me borner à tracer ces quelques lignes à la hâte pour ne pas laisser passer cette occasion.

Hier, avant de se former en comité secret, les cortès ont reçu de M. S. Miguel la déclaration que le gouvernement s'occupoit de la rédaction d'un manifeste exposant à l'Europe ses sentiments et ses principes.

En supposant que telle circonstance me mît dans le cas de demander mes passeports, je supplie Votre Excellence de vouloir bien me prescrire la conduite que j'aurai à tracer à nos consuls.

J'ai l'honneur d'être, avec une haute et respectueuse considération,

De Votre Excellence,

Le très-humble et très-obéissant serviteur,

LA GARDE.

M. DE CHATEAUBRIAND A M. CANNING.

Paris, 14 janvier 1823.

C'est avec une véritable satisfaction, monsieur et ami, que j'ai reçu la première lettre d'une correspondance qui me met en rapport avec un homme tel que vous, et qui peut être si utile à son pays. Pour vous imiter, j'entrerai tout de suite en matière. Je vous dirai d'abord que je pense absolument comme vous sur la question de la paix ou de la guerre, considérée abstraitement. Nul doute que la paix ne soit d'un immense avantage, et nul doute encore que nous n'ayons dû faire tous les sacrifices pour l'obtenir.

Je suis donc, en théorie, parfaitement de votre avis; mais, selon moi, la question n'est pas là ou n'est plus là. Pouvons-nous, dans les circonstances où nous sommes placés, éviter une rupture avec l'Espagne si aucun changement notable n'arrive dans ce pays? Pouvons-nous rester plus longtemps dans cette politique incertaine où j'ai trouvé les esprits quand le roi m'a confié le portefeuille des affaires étrangères? Pouvons-nous, dans l'état violent de l'opinion en France, ouvrir la session sans avoir pris un parti? Voilà ce qu'il falloit examiner d'abord. Vous savez mieux que moi que les principes absolus sont peu applicables en politique : dans les affaires humaines il y a des nécessités, et quels que soient les efforts des hommes d'État, ils ne peuvent passer les bornes du possible.

La guerre, dites-vous, pourroit renverser nos institutions, encore mal affermies : cela peut être, mais il y a deux manières de périr pour un gouvernement : l'une par des revers, l'autre par le déshonneur. Si l'Espagne révolutionnaire peut se vanter d'avoir fait trembler la France monarchique, si la cocarde blanche se retire devant les *descamisados*, on se souviendra de la puissance de l'empire et des triomphes de la cocarde tricolore : or, calculez pour les Bourbons l'effet de ce souvenir.

Mais la guerre, si elle doit avoir lieu (ce qu'à Dieu ne plaise!), seroit-elle aussi dangereuse que vous paroissez le croire? Ce peuple-ci est tout militaire; notre population augmentée nous offriroit, si nous en avions besoin, plus d'un million des meilleurs soldats du continent; nos finances sont dans un état si florissant que le budget de cette année va prouver que nous avons dans l'excédant de nos recettes le moyen d'entrer en campagne sans établir un nouvel impôt. Il nous seroit permis d'espérer au moins un premier succès en Espagne : un succès rattacheroit pour jamais l'armée au roi et feroit courir toute la

France aux armes. Vous ne sauriez croire tout ce qu'on peut faire parmi nous avec le mot *honneur* : le jour où nous serions obligés de peser sur ce grand ressort de la France, nous remuerions encore le monde ; personne ne profiteroit impunément de nos dépouilles et de nos malheurs.

Mais la paix vaut certainement mieux que tout cela, et la paix est dans vos mains. Si, sans suivre la marche des puissances continentales, vous aviez cru devoir tenir au gouvernement espagnol un langage sévère ; si vous lui aviez dit confidentiellement : « Nous ne serons point contre vous, mais nous ne serons pas pour vous ; votre système politique est monstrueux, il alarme justement l'Europe et surtout la France : changez-le, ou ne comptez sur aucun appui, sur aucun secours d'armes ou d'argent de la part de l'Angleterre ; » je n'en doute pas, dans un moment tout étoit fini, et l'Angleterre avoit la gloire d'avoir conservé la paix à l'Europe. Ce moyen de salut nous est-il encore laissé ? J'ai bien peur que la crise ne soit trop prochaine, et que nous ne soyons resserrés dans des limites trop étroites.

Je vous dirai maintenant, mon cher monsieur, que j'ai reçu avec peine votre note en réplique à la réponse de M. de Montmorency. L'idée m'étoit venue dans le premier moment de ne pas répondre moi-même à cette note, pour éviter de nouveaux sujets de contestation, mais le conseil est d'un autre avis ; comme dans cette note il est question des alliés et du congrès de Vérone, et comme mon prédécesseur a communiqué aux ambassadeurs des cours d'Autriche, de Russie et de Prusse, la première proposition du duc de Wellington, je me trouve forcément engagé à leur en faire connoître la suite. Ces papiers peuvent devenir parlementaires ; cela peut augmenter l'aigreur qui se manifeste aujourd'hui dans les relations diplomatiques : des récriminations particulières du cabinet de Saint-James et de celui des Tuileries ne me semblent avoir rien d'utile. Au reste, tout cela se perdra dans les événements.

J'aurois pourtant été bien aise de voir lord Fitzroy Somerset à son passage à Paris ; nous nous serions entendus pour le salut commun. Si on a de l'humeur contre nous à Madrid, croyez qu'on n'en a pas moins contre vous ; la manière rude dont vous venez de vous faire rendre justice a blessé l'orgueil espagnol : ce que nous avions de mieux à faire, c'étoit de nous concerter pour assurer à l'Espagne une liberté raisonnable, en l'arrachant à la domination des clubs et à l'anarchie révolutionnaire.

CHATEAUBRIAND.

M. GENTZ A M. DE CHATEAUBRIAND.

Monsieur le vicomte,

L'événement qui fait le sujet de la lettre dont Votre Excellence m'a honoré, et que j'ai reçue avec la plus vive reconnoissance, est à mes yeux un des plus heureux que les vicissitudes de bonne et de mauvaise fortune par lesquelles nous sommes condamnés à chercher le chemin du salut aient amené depuis longtemps sur l'Europe.

Je le regarderois comme tel, monsieur le vicomte, si je n'avois pour en juger que les notions que je partage avec tout le monde, celles des principes et des sentiments que vous avez gravés dans des écrits dignes de l'immortalité, et sûrs d'en jouir autant que les ouvrages des hommes peuvent y prétendre. Mais, ayant eu l'avantage inappréciable de vous entendre traiter des questions pratiques de la plus haute importance, je connois de plus l'application que vous faites de ces nobles principes aux problèmes que nous avons à résoudre, et qui ne sont pas toujours envisagés sous le même point de vue par les hommes d'État les plus d'accord entre eux sur les bases fondamentales.

Je puis donc me flatter de posséder tous les éléments qu'il me faut pour former une opinion correcte sur le système que suivra le gouvernement françois dans une des époques les plus décisives pour son avenir.

L'affaire d'Espagne, quelque grave qu'elle soit, n'est, après tout, qu'un point isolé dans la vaste carrière qui vous attend; mais un pressentiment, auquel je me livre comme si c'étoit une inspiration, m'annonce que sous vos auspices et sous ceux de M. de Villèle nous arriverons (car la France c'est nous) à des résultats qu'au milieu de notre lutte pénible nous avions souvent regardés comme fort au-dessus de nos espérances.

Mon opinion personnelle seroit ici de peu de valeur; mais puisqu'elle est entièrement partagée par M. le prince de Metternich, elle me semble acquérir un grand poids. Jamais encore ce ministre éclairé n'a attaché à la direction suprême des affaires en France la confiance prononcée dont je le vois pénétré aujourd'hui; et certes votre première dépêche à M. de Caraman étoit bien de nature à justifier cette confiance.

J'ai observé avec une véritable satisfaction, monsieur le vicomte, que dans cette pièce vous vous êtes plusieurs fois servi du terme d'*alliance continentale*; rien ne me paroît plus juste que de substituer ce terme (au moins dans le langage confidentiel des cabinets) à tant de dénominations vagues, qui en dernier lieu n'ont servi qu'à couvrir la nullité des engagements auxquels elles se rapportoient. Si l'ordre et la paix peuvent encore être solidement rétablis en Europe, il n'y a que l'union sincère et active des grandes puissances du continent qui puisse nous y conduire. Tout est vrai, tout est réel dans cette association; en dépit de la diversité des formes, les intérêts sont communs, les besoins sont réciproques. Avec des talents même du premier ordre à la tête de son gouvernement, la France ne peut se consolider par une marche isolée, et Dieu la préservera de jamais choisir celle dans laquelle elle rencontreroit l'Angleterre; et quant à nous autres, quoique tranquilles encore sous l'égide de nos vieilles institutions, comment compterions-nous longtemps sur la stabilité de ce bonheur si la France ne nous rendoit pas, par la sagesse de ses conseils et le succès de ses mesures, ce même appui moral qu'elle a le droit d'attendre de notre part? Toute la haute politique me paroît renfermé maintenant dans ces simples vérités; le reste ne vaut pas la peine qu'on s'en occupe. Votre séjour à Vérone doit vous avoir convaincu, monsieur le vicomte, que l'Autriche comme la Russie et la Prusse ne savent plus ce que c'est que de courir après des projets subalternes, de se perdre dans des vues d'intérêt privé ou d'ambition vulgaire, que tout est monté chez nous à des poursuites d'un bien autre caractère; et je regarde comme un des plus précieux résultats du dernier congrès qu'un homme de votre autorité y ait trouvé de quoi nous rendre enfin ce témoignage dans son pays.

Les écrivains révolutionnaires célèbrent avec transport la dissolution de la grande alliance, et s'expriment comme si nous touchions au moment d'une brouillerie complète avec les puissances qui l'avoient formée. Il faut leur faire comprendre (et qui peut mieux s'en charger que les bons journaux de France?) qu'ils se trompent ou qu'ils trompent le public, que l'opposition manifestée par l'Angleterre, sur des questions sans doute très-importantes, n'est point cependant une attitude hostile contre les alliés, et que si la réunion des puissances contre les progrès de la désorganisation a fait une perte réelle (ce qui encore est fort douteux) par le refus du gouvernement anglois de prendre part à certaines mesures générales, cette perte se trouveroit plus que compensée par l'affermissement du lien entre les puissances continentales. Cette observation suffiroit pour détruire les deux tiers des sophismes et des menaces de M. Bignon.

Je n'abuserai pas davantage des moments précieux de Votre Excellence, et je n'oublierai jamais la règle que je dois observer à cet égard.

Si toutefois il se présentoit de ces questions particulièrement intéressantes sur lesquelles je croirois devoir lui adresser quelques observations, je me flatte qu'elles seroient accueillies avec bienveillance. Il est superflu d'ajouter que si, dans telle occasion que ce fût, Votre Excellence pouvoit tirer parti de ma bonne volonté et de mon zèle, je me féliciterois extrêmement de les lui offrir.

J'ai l'honneur d'être, avec tous les sentiments d'admiration et de respect,

Monsieur le vicomte,

Votre très-obéissant et très-dévouée serviteur,

GENTZ.

Vienne, le 16 janvier 1823.

M. DE CHATEAUBRIAND A M. DE LA GARDE.

Paris, ce 18 janvier 1823.

J'ai reçu, monsieur le comte, sous la date du 10 janvier, la dépêche (n° 5) que vous m'avez fait l'honneur de m'adresser. En rendant justice aux termes mesurés dans lesquels est écrite la note de M. de San-Miguel à M. le duc de San-Lorenzo, le conseil des ministres n'a pu néanmoins se dissimuler que le gouvernement espagnol rejetoit toute mesure conciliatrice. Non-seulement ce gouvernement ne donne aucun espoir d'une amélioration qu'on se plaisoit à attendre des sentiments qui ont si longtemps uni les Espagnols et les François dans l'amour de leurs rois et d'une sage liberté, mais il faut encore que la France retire son armée d'observation et qu'elle repousse les étrangers qui lui ont demandé un asile.

La France est peu accoutumée à entendre un pareil langage : elle en excuse toutefois la hauteur par la considération de l'état de fermentation où se trouve actuellement l'Espagne.

Nous ne renoncerons jamais au glorieux privilége que nous tenons de nos ancêtres : quiconque touche le sol françois est libre et jouit des droits d'une inviolable hospitalité. Les victimes des troubles qui agitent l'Espagne se sont réfugiées parmi nous : elles ont été accueillies avec les égards que l'on doit au malheur, mais on ne leur a point permis de conserver leurs armes, et le droit des nations a été scrupuleusement respecté.

L'Espagne en a-t-elle agi ainsi avec la France ? Nous connoissons jusqu'aux états nominatifs des sujets de S. M. T. C. à qui le gouvernement espagnol a promis de l'emploi dans des corps destinés à combattre leur patrie. Nous aurions pu récriminer : nous avons gardé le silence, par amour de la paix.

D'une autre part, est-on bien fondé à demander la dissolution de notre armée d'observation au moment même où les troupes constitutionnelles espagnoles viennent de violer deux fois le territoire françois? Je vous ai transmis, monsieur le comte, dans ma dernière dépêche, les preuves officielles de cet événement déplorable.

L'état de confusion où se trouve l'Espagne compromet nos intérêts essentiels ; elle déclare qu'elle ne veut point y porter remède, elle exige même que nous renoncions à des précautions que sa résolution nous oblige à prendre : il est pénible d'avoir à faire remarquer de pareilles contradictions.

Dans sa sollicitude pour la prospérité de la nation espagnole et pour le bonheur d'un pays gouverné par un prince de sa famille, S. M. T. C. avoit voulu que son ministre restât à Madrid après le départ des chargés d'affaire de l'Autriche, de la Prusse et de la Russie. Ses derniers vœux n'ont point été écoutés ; sa dernière espérance a été trompée. Le génie des révolutions, qui a si longtemps désolé la France, a dominé les conseils de l'Espagne. Eh bien, nous en appelons en témoignage à l'Europe : elle dira si nous n'avons pas fait tout ce qu'il étoit possible de faire pour entretenir avec l'Espagne des relations que nous ne sommes forcés de rompre qu'avec le plus vif regret. Mais aujourd'hui que toutes les espérances sont déçues, que l'expression des sentiments les plus modérés ne nous a attiré que de nouvelles provocations, il ne peut convenir, monsieur le comte, ni à la dignité du roi ni à l'honneur de la France que vous résidiez plus longtemps à Madrid. En conséquence, le roi vous ordonne de demander des passeports pour vous et toute votre légation, et de partir, sans perdre un moment, aussitôt qu'ils vous auront été délivrés.

Vous voudrez bien instruire de votre départ, par une circulaire, nos agents commerciaux dans les ports et villes d'Espagne. Je leur ferai part des volontés du roi quand votre rappel pourra être connu ici officiellement. Aussitôt que vous aurez touché le sol de la France, vous voudrez bien m'expédier une estafette pour m'instruire de votre arrivée.

Vous êtes autorisé, monsieur le comte, en demandant vos passeports, à donner copie de cette lettre à M. de San-Miguel.

J'ai l'honneur d'être, monsieur le comte, avec la considération la plus distinguée, votre très-humble et très-obéissant serviteur,

CHATEAUBRIAND.

M. DE CHATEAUBRIAND A M. DE LA GARDE.

Paris, ce 20 janvier 1823.

J'ai reçu hier au soir, monsieur le comte, par M. Jackson, votre lettre du 13, dans laquelle vous m'apprenez que M. de San-Miguel a passé une note à S. William A'Court, pour *solliciter les bons offices de l'Angleterre entre la France et l'Espagne.*

Je me hâte de vous expédier un nouveau courrier (qui toutefois, je l'espère, ne vous trouvera plus à Madrid) pour vous dire que ce nouvel incident ne doit pas vous empêcher d'exécuter vos ordres, de demander vos passeports et de partir sur-le-champ.

Votre présence est un mal qu'il faut faire cesser; on ne vous propose à Madrid que ce que le duc de Wellington nous a proposé à Paris. C'est une suite du même plan; on prétend tirer les choses en longueur, nous jeter dans des négociations vagues et sans résultats : le cabinet de Saint-James veut jouer le rôle de médiateur et accroître à nos dépens sa prépondérance en Espagne. On traite indignement les envoyés de la Russie, de la Prusse et de l'Autriche, et l'on nous parle un peu moins rudement, parce qu'on veut nous séparer de l'alliance continentale et nous rendre les suppliants de l'Angleterre auprès des cortès : rien de cela ne peut convenir à notre politique et à notre dignité.

Partez donc sans hésiter, monsieur le comte : si l'Espagne est de bonne foi et qu'elle veuille véritablement traiter, M. de San-Miguel peut s'adresser directement au gouvernement françois, sans intermédiaire. M. de San-Miguel peut m'écrire par courrier, et j'aurai l'honneur de lui répondre après avoir pris les ordres du roi.

Je vous ai mandé, monsieur le comte, d'écrire à nos consuls une circulaire pour leur annoncer votre départ. Je fais moi-même préparer des instructions que je leur expédierai en cas que la guerre vienne à éclater.

Cette lettre est pour vous seul, et ne doit être communiquée à personne; si elle vous trouve encore à Madrid, et que l'on vous demande pourquoi vous partez quand on vous propose une négociation, vous répondrez que la France, qui ne peut adopter une médiation, ne refuse point toutefois les bons offices de l'Angleterre, mais que c'est directement et avec moi que M. de San-Miguel doit traiter, et qu'enfin vos ordres ne vous permettent pas de rester à Madrid.

J'ai l'honneur d'être, etc.

CHATEAUBRIAND.

M. CANNING A M. DE CHATEAUBRIAND.

London, january 21, 1823.

A thousand thanks, mon cher vicomte, for your long, frank, and friendly answer to my letters. I lose not a day in replying to it, because, though I have (as you may well believe) enough of official business upon my hands at this moment, I know nothing in the whole range of the correspondence in Europe that can compare in importance with a just understanding between our two governments; and I know no so sure foundation that can be built for such an understanding, as in a constant and unreserved communication with you.

To begin with that part of your letter which relates to *our* language to Spain, and to the importance which you attach to our holding a common language with France, a language I mean (for I perceive that I have expressed myself ambiguously) common with that which France holds to Spain, — I will tell you at once quite fairly that I agree with you on the former point, but presume to differ on the latter.

The language which you put into our mouth as that which you say you *wish* we had employed in speaking to Spain — what is it but the language which we *have* actually employed? Both through the Spanish chargé d'affaires here, and through sir W. A'Court at Madrid, Spain knows distinctly what we think on the impracticability of the constitution of 1812, and of the expediency of promising a revision of it: and

---

Mille remerciements, mon cher vicomte, pour votre réponse longue, franche et amicale à mes lettres. Je ne perds pas un moment à y répondre; car, quoique j'aie bien assez en ce moment d'affaires sur les bras, comme vous pouvez bien le croire, je ne connois rien, dans l'ensemble complet de la correspondance de l'Europe, qui puisse se comparer en importance à la bonne entente de nos deux gouvernements, et je ne connois pas de base plus sûre pour établir cette intelligence que des communications suivies et sans réserve avec vous.

Pour commencer par cette partie de votre lettre qui a rapport à *notre langage à l'Espagne* et à l'importance que vous attachez à ce que nous en ayons un commun avec la France (je veux dire un langage semblable à celui que la France tient à l'Espagne, car je conviens que je m'étois exprimé avec quelque ambiguïté), je vous dirai d'abord, et tout à fait loyalement, que je suis d'accord avec vous sur le premier point, mais que j'ose différer de vous sur le dernier. Le langage que vous mettez dans notre bouche, comme étant celui que vous désireriez que nous eussions employé, qu'est-il, s'il n'est le langage que nous *avons* actuellement employé? L'Espagne sait clairement, et par son chargé d'affaires ici, et par sir W. A'Court à Madrid, ce que nous pensons sur l'impossibilité de mettre à exécution la constitution de 1812 et sur l'utilité (*expediency*) d'en promettre la révision, et ces opinions sont déclarées

these opinions are declared with less reserve, in phrase, through lord Somerset, who carries with him, as his whole instruction, a memorandum from the duke of Wellington, in which, if your very words are not set down, there is nothing of your sentiments that is not expressed. — Do you believe that Spain « *compte sur nous pour des secours d'armes et d'argent?* » Not she, I promise you. Do you imagine that, knowing we shall not be « *contre* », she has reason to flatter herself that we shall be « *pour elle* » in a war with France? Be assured, she is under no such misapprehension. If you harbour such, after having seen us, in a manner which you characterize (and I do not mean to say characterize unjustly) as « *si rude* », do ourselves right against Spain by force, — at a moment when we risqued, by so doing, the chance and the consequent misinterpretation of a co-incidence between our maritime aggression on the Spanish colonies and a French irruption on the Pyrenees; — what would not your apprehensions,— your suspicions have been, if we had sacrificed our commercial rights and interests to a desire of propitiating Spain, and to the purpose (it might have been said) of leaving her hands more free to cope with the combination of the continental powers?

You are right, I dare say in your belief that this proceeding of ours has « *blessé l'orgueil espagnol* ». — But at least it must have destroyed (in fact it *did* destroy) the illusion that we had any thoughts of making common cause with Spain.

Nay it did create, at the first moment, an impression that we were

---

avec moins de réserve dans les mots par lord Fitzroy Somerset, qui porte avec lui, pour toute instruction, un mémorandum du duc de Wellington, dans lequel, si vos propres expressions ne sont pas employées, au moins n'y a-t-il aucun de vos sentiments qui n'y soit exprimé. Croyez-vous que l'*Espagne compte sur nous pour des secours d'hommes et d'argent?* Non pas elle! je vous le promets. Imaginez-vous que, sachant que nous ne serons pas *contre elle,* elle ait des raisons de se flatter que nous serons *pour* elle dans une guerre contre la France? Soyez assuré qu'elle n'est pas tombée dans une pareille méprise. Si c'est là votre abri, après nous avoir vus nous faire justice contre l'Espagne d'une manière que vous caractérisez de si *rude* (ce que je ne prétends pas être injuste), en employant la force dans un moment où nous risquions, par une telle conduite, de faire coïncider notre agression maritime contre les colonies espagnoles avec l'irruption d'une armée françoise en Espagne, quels n'auroient pas été vos craintes, vos soupçons, si nous avions sacrifié les droits de notre commerce et ses intérêts au désir de favoriser l'Espagne et de lui laisser, on auroit pu le dire, les mains plus libres pour lutter contre l'union des puissances du continent? Vous avez raison, je le pense, en croyant que ce procédé *a blessé l'orgueil espagnol;* mais au moins il doit avoir détruit, et il l'a fait, l'opinion illusoire que nous avions quelque idée de faire cause commune avec l'Espagne. Bien plus, il a fait supposer, dans le premier moment, que nous étions unis avec vous,

leagued with you, not in counsel only, but in action, against Spain; and it is against the remnant or the possible revival of that impression we are obliged to guard, when, though speaking (as I have assured you) the language which you would dictate, we nevertheless decline speaking it in concert with you.

In truth, how *could* we speak in concert with you, not being prepared to adopt your conclusions; — not having (to state the matter fairly) the same right as you to adopt them? *You* say to Spain : « Your present system is not only distasteful to us, it is practically injurious; it subjects us to incessant alarm; it imposes upon us burdensome precautions. A period will arrive, and that shortly, when, if that system is not changed, we must revise our precautions, and change them for other means more direct and more efficacious. » I do not mistake your argument, I think; I do not here intend to question, much less to combat it; I am only showing you that *your* argument is not *ours;* that we have neither the right to use it, nor the interest, which you believe yourselves to have, the *immediate* interest, in its successful application. A *general* interest we have that Spain and every other country in Europe should be well governed; a general interest we have that the peace of Europe, and particularly the peace between France and Spain, which is that most imminently and obviously in danger, should be preserved.

But if your interest in the amendment of the Spanish Constitution

---

non pas seulement en principes, mais même pour l'action, contre l'Espagne; et c'est contre les restes de cette impression et pour l'empêcher de renaître que nous sommes obligés d'être en garde, lorsque, tout en tenant (comme je vous en ai assuré déjà) le langage que vous nous dicteriez, nous évitons cependant de le tenir avec vous. Dans le fait, comment pourrions-nous parler de concert avec vous, n'étant pas disposés à adopter vos conclusions, n'ayant pas (pour établir le fait avec loyauté) le même droit que vous pour les adopter? *Vous* dites à l'Espagne : « Votre système actuel n'est pas seulement désagréable à la France, il est, de fait, nuisible à ses intérêts. Il l'oblige à de continuelles alarmes, à d'onéreuses précautions. Un moment arrivera, et cela dans peu, où si ce système n'est pas changé nous devons donner une nouvelle attention à ces précautions et les changer pour des moyens plus directs et plus efficaces. » Je crois que je ne pose pas mal vos arguments; je n'ai pas ici l'intention d'en mettre en question la justesse, encore moins de les combattre. Je veux seulement vous montrer que votre argument n'est pas le nôtre; que nous n'avons ni le droit de l'employer, ni l'intérêt que vous croyez avoir, *l'intérêt immédiat*, à son heureuse application. Nous avons un intérêt général à ce que l'Espagne et tout autre pays en Europe soient bien gouvernés; nous avons un intérêt général à ce que la paix de l'Europe, et particulièrement de la France et de l'Espagne, qui est dans le plus imminent et dans le plus évident danger, puisse être conservée. Mais si votre intérêt au perfectionnement de la constitution espagnole est tel que vous vous

is such that you feel yourselves justified in saying : « Amend it, or we make war upon you » ; if ours, on the other hand, is only such as may authorize us to say : « Amend it *for your own* sake, we conjure you, or you hazard a war with France » ; is not the difference between these two addresses such as makes it impossible that they should be uttered in concert? Would not the uttering them in concert change essentially the character of one or other of the speakers? would it not dilute your menace into a remonstrance, or exasperate our representation into a declaration of hostility? and, not intending hostility, is not our best chance of a favourable hearing with Spain to be derived from a tone corresponding with our intentions? If « l'orgueil espagnol » is the obstacle to enforce concession, is it not advisable to keep *one* channel open, through which concession might appear to be made to reason, and not to force? I do not warrant to you the chances of success through that channel. I am become less sanguine than I was in the hope of it. Things have fallen out untowardly and contrary, I confess, to my calculations. I did expect that the French despatch would not be delivered till after those of Russia, etc. It has preceded them. I reckoned much upon the interval that would follow the departure of the three chargés d'affaires — the minister of France still remaining at Madrid, and, as I understood M. de Villèle's despatch to M. Lagarde (but I presume incorrectly), waiting for some *new* fact to *motive* his departure. It now seems as if M. Lagarde were to follow his three

---

sentiez en droit de dire : « Corrigez-la, ou nous vous faisons la guerre » ; si le nôtre, d'un autre côté, est seulement de nature à nous autoriser à dire : « Corrigez-la pour votre propre utilité ; nous vous en conjurons, autrement vous risquez une guerre avec la France » ; la différence entre ces deux manières de parler au gouvernement espagnol n'est-elle pas telle qu'elle rende impossible de les employer de concert? Cela ne changeroit-il pas essentiellement le caractère de l'un ou de l'autre des gouvernements? Cela ne pourroit-il pas délayer votre menace en remontrance ou aigrir nos remontrances jusqu'à en faire une déclaration d'hostilité? Et puisque nous n'avons nulle idée d'hostilité, n'y a-t-il pas plus de chance d'être écouté favorablement par l'Espagne en conservant avec elle un ton en harmonie avec nos intentions? Si *l'orgueil espagnol* est l'obstacle qu'on oppose à l'idée d'une concession, n'est-il pas plus à propos de conserver une voie ouverte, au moyen de laquelle la concession puisse paroître être faite à la raison et non à la force? Je ne vous garantis pas les chances de succès que présente cette voie : je suis devenu moins confiant dans les espérances que j'en avois ; les choses ont tourné d'une manière contraire, je l'avoue, à mes calculs. J'espérois que la dépêche du gouvernement françois ne seroit donnée qu'après celles des trois puissances; elle les a précédées. Je comptois beaucoup sur l'espace de temps qui suivroit le départ des trois chargés d'affaires, le ministre de France restant encore à Madrid, et attendant (c'est ainsi que j'avois compris, mais, à ce que je vois, à tort, la dépêche de M. de Villèle à M. de La Garde) quelque nouveau fait pour motiver son départ. Il semble maintenant que M. de La Garde doive

colleagues more closely, and on nearly the same grounds. I think these changes unfortunate. But still I do not despair ; I do not despair if you continue to be for peace , and if your just estimate of the dangers of war to France does not yield to your belief of its facilities and your anticipation of its glories. But, I own , some of your topics alarm me more than your reasonings tranquillize me upon that point.

When I speak of the dangers of war to France, do not suppose that I undervalue her resources or power. She is as brave and as strong as she ever was before, she is now the richest, the most abounding in disposable means of all the states in Europe. Here are all the sinews of war, if there be the disposition to employ them. You have a million of soldiers, you say, at your call. I doubt it not : — and it is double the number, or thereabouts, that Buonaparte buried in Spain. You consider a « premier succès au moins » as certain ; I dispute it not. I grant you a French army at Madrid. But I venture to ask : « what then ? — if the king of Spain and the cortes are by that time, where they infallibly will be, in the isle of Leon ? » I see plenty of war, if you once get into it; but I do not see a legitimate beginning to it, nor an intelligible object. You would disdain to get into such a war through the sidedoor of an accidental military incursion. You would enter in front, with the cause of war blazoned on your banner. And what is that cause ? Is it to be learned from the notes and despatches of the four

---

suivre de plus près ses trois collègues, et en se tenant quasi sur le même terrain. Je crois que ce changement est malheureux, mais je ne désespère pas encore. Je ne désespère pas si vous continuez à être pour la paix et si votre juste opinion sur les dangers de la guerre pour la France ne cède pas à votre croyance de sa facilité et à votre anticipation de sa gloire. Mais j'avoue que quelques-uns de vos remèdes m'alarment plus que vos raisonnements ne me rassurent sur ce point.

Quand je parle des dangers de la guerre pour la France, ne supposez pas que je veuille déprécier ni sa force ni ses ressources : elle est aussi forte et aussi brave qu'elle l'ait jamais été; elle est la plus riche, la plus abondante en moyens disponibles, de toutes les nations de l'Europe : elle a tout ce qui constitue le nerf de la guerre, si on veut l'employer. Vous avez, dites-vous, « un million de soldats prêts à votre appel ; » je n'en doute pas, et c'est à peu près le double de ce que Bonaparte en a perdu en Espagne. Vous considérez *un premier succès au moins* comme certain ; je ne le dispute pas. Je suppose une armée françoise à Madrid; mais je hasarde de demander : « Que ferez-vous si le roi d'Espagne et les cortès sont alors où ils seront infailliblement, dans l'île de Léon ? » Je vois beaucoup de guerre, si une fois vous la commencez, mais je n'y vois ni un commencement légitime ni un but facile à distinguer. Vous dédaigneriez d'entrer dans une pareille guerre par la fausse porte d'une incursion accidentelle des troupes espagnoles. Vous voudriez entrer de front avec la cause de la guerre inscrite sur vos étendards. Et quelle est cette cause? Doit-on la chercher dans les notes et dans les dépêches des quatre puissances continentales, ou

continental powers? — or from Mr. de Villèle's only? Is it vengeance for the past, or security for the future? You disclaim the former, no doubt; — but how is the latter to be obtained by war? I understand a war of conquest; I understand a war of succession, — a war for the change (on the one hand) or the conservation (on the other) of a peculiar dynasty. But a war for the modification of a political constitution, a war for the two chambers, and for the extension of the regal prerogative — a war for such objects as these, I really do not understand, nor can I conceive how the operations of it are to be directed to such an end. You would not propagate *la Charte* as Mahomed did *al Koran*; or, as in the earlier part of your revolution, France did the rights of man. Consider: is there not some forbearance on the part of Spain in not throwing these things in your teeth? Might she not, when informed that her change of constitution has not been bloodless, desire that it should be compared with 1789 and 1792-3? Might she not, when accused by Russia of a *forcible* change of government, remind the emperor Alexander of the events which preceded his own accession and the treaty of Tilsit, which made over Spain to Buonaparte? Might she not speak to Prussia of promises of free institutions, made by a King and violated? Might she not accept prince Metternich's appeal to the former union of Spain and Austria, and, turning to us (if we took part in the lecture), say, that she was ready, like England in 1688, to preserve her laws and liberties by a slight change

---

seulement dans celles de M. de Villèle? Est-ce vengeance pour le passé, ou sécurité pour l'avenir? Vous rejetez le premier, sans aucun doute; mais comment obtenir le second par la guerre? Je comprends une guerre de conquête, je comprends une guerre de succession, une guerre pour le changement ou la conservation d'une dynastie particulière; mais une guerre pour la modification d'une constitution politique, une guerre pour deux chambres et pour l'extension de la prérogative royale, une guerre pour de pareils objets, je ne la comprends réellement pas, et je ne conçois pas comment il faut diriger les opérations de cette guerre pour atteindre une fin pareille. Vous ne voulez sûrement pas propager la Charte, comme Mahomet l'Alcoran, ou comme, dans les premiers temps de votre révolution, la France propageoit les droits de l'homme. Pensez-y; n'y a-t-il pas quelque réserve de la part de l'Espagne de ne pas vous jeter ces choses au visage? Ne pouvoit-elle pas, quand on lui dit que son changement de constitution a fait verser du sang, vouloir le comparer avec 1789, 1792 et 1793? Ne pouvoit-elle pas, quand la Russie l'accuse d'un changement violent de gouvernement, rappeler à l'empereur Alexandre les événements qui ont précédé son accession et le traité de Tilsitt qui abandonna l'Espagne à Bonaparte? Ne pouvoit-elle pas parler à la Prusse des promesses faites, et violées par le roi, d'institutions libérales? Ne pouvoit-elle pas entendre l'appel que fait le prince Metternich à l'ancienne union de l'Espagne et de l'Autriche, et, se tournant vers nous (si nous assistions à ce débat), dire qu'elle est prête, comme l'Angleterre en 1688, à mettre

in the reigning dynasty; and to place an Austrian prince, witn enlarged powers upon her throne? Surely, the discussions with which the war has been prefaced, are as hazardous as the war itself. Consider before what an audience you plead : how many of their passions are against you, how few of their sympathies with you. In the beginning of the French revolution, the character of your Louis XVI, ranged all that was good in Europe on his side. Of Ferdinand is it not enough to say, that in the British parliament, and not in the popular branch of it, but in the House of lords, and not by a factious orator, but by the first minister of the King, (a man, whose temperance and sobriety of judgment, even his adversaries extol) it has been admitted that the conduct of Ferdinand had « provoked a revolution. » And do you make war to free such a monarch from all restraint? and do you hope to have mankind with you?

Judge of the confidence with which I mean to open myself to you, when I hesitate not to submit such arguments as these, to your consideration.

I have, however, detained you too long. Only one word more. The arguments which I thus venture to address to you, do not imagine that I suggest them to Spain.

Far otherwise. With regard to the personal safety of the king, we have spoken at Madrid as plainly as you could wish us or as you could speak. And I verily believe there is no danger. With regard to his

---

ses lois et ses libertés à couvert par un léger changement dans la dynastie régnante et à placer sur le trône un prince autrichien avec un pouvoir plus étendu? Certainement, les discussions qui ont comme servi de préface à la guerre sont aussi hasardeuses que la guerre même. Voyez devant quelle audience vous plaidez ; combien de passions sont contre vous, combien peu sympathisent avec vous. Dans le commencement de la révolution françoise, le caractère de Louis XVI mit de son côté tout ce qu'il y avoit d'honnête en Europe. Mais quant à Ferdinand, n'est-ce pas assez de dire que dans le parlement anglois, non dans la partie populaire de ce parlement, mais dans la chambre haute, non par un orateur factieux, mais par le premier ministre du roi (homme dont les adversaires même vantent la modération et la sagesse de ses jugements), ce ministre a dit que la conduite de Ferdinand avoit provoqué la révolution. Et faites-vous la guerre pour délivrer un tel monarque de tout contrôle? Espérez-vous d'avoir pour vous le genre humain?

Jugez de la confiance avec laquelle je veux m'ouvrir à vous, puisque je n'hésite pas à soumettre de tels arguments à votre réflexion. Mais je vous ai retenu trop longtemps. Un mot encore cependant. Les arguments que je me hasarde à vous adresser, n'imaginez pas que je les suggère à l'Espagne. Bien loin de là ; à l'égard de la sûreté personnelle du roi, nous avons parlé aussi positivement que vous pouviez le désirer, ou que vous pouviez parler vous-même ; et, en vérité, je crois qu'il n'y a aucun danger. Quant à sa prérogative, nous n'avons pas déguisé notre opinion qu'elle devoit

prerogatives, we have not disguised our opinion that they ought to be enlarged : and I am not without hopes, that a revisal of the constitution *is* intended. I am *sure* its imperfections are acknowledged. But *can* they *promise* a revisal of it under pain of invasion? Make the case your own. Would France yield any thing to such a menace? Did she?

But so far is our language to Spain from being the language of encouragement to defiance, that I venture to affirm it is nearly attributable to sir W. A'Court's advice, that the communications of the three powers were not met by an *instant* transmission of their passports : and while I am writing, I receive despatches of the 10th from Madrid, which inform me that it is under discussion in the Spanish cabinet, whether they shall not ask *our good offices* with *you?* I do not answer for the result of that discussion. But will you prevent the chance of such an opening for explanation and for peace? — I trust not.

And so, for the present, farewell.

CANNING.

être étendue, et je ne suis pas sans espérance que l'intention ne soit de revoir la constitution. Je suis sûr que ses imperfections sont reconnues. Mais les Espagnols peuvent-ils promettre une révision sous peine d'invasion? Mettez-vous à leur place. La France céderoit-elle à une pareille menace? Le feroit-elle?

Mais notre langage à l'Espagne est si loin d'être un langage d'encouragement, que j'ose affirmer que c'est principalement à l'avis de sir William A'Court qu'on peut attribuer que les communications faites par les trois puissances n'aient pas été immédiatement suivies de l'envoi des passe-ports ; et pendant que j'écris je reçois des dépêches, du 10, de Madrid qui m'informent que le cabinet de Madrid discute s'il ne nous demandera pas nos bons offices auprès de vous. Je ne réponds pas du résultat de cette discussion. Mais voulez-vous rejeter la chance d'une telle ouverture à des explications et à la paix? J'espère que non.

Et ainsi pour le présent, adieu.

M. CANNING A M. DE CHATEAUBRIAND.

Foreign-Office, jan. 24, 1823.

I am enabled to perform the promise which I held out to you in my last letter, and to transmit to sir Charles Stuart, by this day's messenger, a note from the Spanish government to sir W. A'Court requesting

Je puis remplir la promesse que je vous ai faite dans ma dernière lettre, et transmettre à sir Charles Stuart, par le messager de ce jour, une note du gouvernement espagnol à sir William A'Court, réclamant nos bons offices pour empêcher la guerre.

our good offices to avert a war. The assurances which that note contains, I confess, tranquillize *me* as to the points on which apprehension was felt; — especially in relation to the royal family of Spain. In any case the note invites discussion; and I trust you will feel it wholly impossible to decline the overture.

Mr. Jackson, who brought sir W. A'Court's despatches, and is returning to Madrid with mine, has orders to wait your pleasure at Paris, and to be the bearer of any thing that you may wish to say to sir W. A'Court. Use A'Court as your own : there is no longer any danger of misapprehension at Madrid. I write to him, on the contrary, to communicate unreservedly upon every thing with M. Lagarde, if he is still there (as I hope he is); if not, to consider himself as M. Lagarde's successor in every thing in which he can be serviceable to the French government.

Peace, peace, peace!

It is still within your reach, with honour as well as with safety. But, turn political events as they may, I am, mon cher vicomte, ever your friend and servant.

CANNING.

Les assurances que contient cette lettre me tranquillisent, je l'avoue, quant aux points sur lesquels nous avions des appréhensions, surtout relativement à la famille royale d'Espagne. En tout cas, cette note demande une discussion, et j'espère que vous sentirez qu'il est entièrement impossible de rejeter les ouvertures.

M. Jackson, qui a porté les dépêches de sir William A'Court et retourne à Madrid avec les miennes, a l'ordre d'attendre à Paris votre bon plaisir et de se charger de tout ce que vous pourrez dire à sir William A'Court. Servez-vous de ce dernier comme s'il vous appartenoit. Il n'y a plus maintenant à Madrid de crainte d'un malentendu. Je lui écris, au contraire, de communiquer sans réserve avec M. de La Garde, s'il est encore à Madrid (comme j'espère qu'il y sera), sinon de se considérer comme le successeur de M. de La Garde, en tout ce qui pourroit servir le gouvernement françois.

La paix! la paix! la paix! elle est encore à votre portée, avec honneur comme avec sûreté. Mais que les événements politiques tournent comme ils le voudront, je suis toujours, mon cher vicomte, votre ami et votre serviteur.

M. DE CHATEAUBRIAND A M. CANNING.

Paris, ce 27 janvier 1823.

Si quelque chose, mon honorable ami, pouvoit me faire changer d'opinion sur la politique que la France doit suivre, ce seroit certaine-

ment votre lettre du 21 ; je ne connois rien de plus pressant et de plus éloquent, mais elle laisse subsister la difficulté tout entière.

Nous convenons d'abord tous les deux que la constitution espagnole doit subir des modifications, mais vous croyez que ces modifications doivent être apportées par le gouvernement espagnol. Quel temps assignez-vous à ce changement si désirable? Combien faudra-t-il de mois et peut-être d'années pour que nous puissions sans danger abandonner ces mesures préservatrices que le duc de Wellington a lui-même approuvées? Pouvons-nous prolonger, dans un avenir incertain, cet état de gêne et de violence dans lequel la révolution espagnole nous a placés? Sir Charles Stuart m'a remis votre petite lettre du 24 et la copie de la note à M. San-Miguel. Qu'ai-je trouvé dans cette note? Que le gouvernement espagnol restera invariable dans ses sentiments ; que s'il y a des défauts dans la constitution des cortès, ce sera la nation qui corrigera ces défauts, quand et comment il lui plaira ; et qu'enfin le gouvernement espagnol réclame les bons offices de l'Angleterre. Pourquoi? Pour qu'elle nous détermine à dissoudre notre armée d'observation ! N'est-ce pas là une proposition aussi insultante que dérisoire, et peut-on commencer une négociation sur une pareille base?

Vous le voyez, mon honorable ami, on veut nous pousser à bout. Ce n'est pas en nous mettant sous les pieds des révolutionnaires que nous nous sauverons : nous savons trop, par expérience, ce qu'il en coûte pour se soumettre à l'anarchie et pour capituler au pied des échafauds. Nous voulons la paix, nous l'appelons de tous nos vœux, mais nous ne la voulons pas avec la révolution. Nous ne voulons pas que chaque jour on essaye de corrompre nos soldats et de soulever nos peuples. Et croyez-vous que l'Angleterre soit moins menacée que la France par les clubs de Madrid? N'avez-vous pas vos radicaux comme nous avons nos jacobins? Votre puissante aristocratie est-elle moins un objet de haine pour les niveleurs modernes, que la forte prérogative royale de notre monarchie? Nous avons là un ennemi commun ; des soldats législateurs peuvent, à Londres comme à Paris, déclarer un matin qu'il faut régénérer nos institutions, détruire nos deux chambres, et établir la souveraineté du peuple par l'*indépendance des baïonnettes*.

Le roi a rappelé son ministre de Madrid. Sir William A'Court est donc resté seul représentant des cinq grandes puissances ; nous nous abandonnons très-volontiers à ses bons offices pour tout ce qui conservera à la France la paix avec l'honneur. Nous continuerons néanmoins nos préparatifs de guerre. Le temps qui s'écoulera depuis le jour où je vous écris jusqu'à celui où nous commencerons les hostilités (si ces hostilités sont inévitables) suffit encore pour s'entendre et tout arran-

ger. Voyez, mon honorable ami, employez les ressources de votre génie pour amener les Espagnols à laisser à leur roi la faculté de s'entendre avec eux, pour modifier leurs institutions. Le jour où vous m'annonceriez un tel résultat de vos efforts seroit le plus beau de ma vie. Dans tous les cas, rien n'altérera ma haute estime pour votre pays et mes affectueux sentiments pour vous.

CHATEAUBRIAND.

M. CANNING A M. DE CHATEAUBRIAND.

Foreign-Office, january 27, 1823.

M. de Marcellus has tantalized me for the last four days, mon cher vicomte, with the promise of a courier who was to bring him most important communications. But the courier does not arrive. I can hold out no longer : and therefore I send off a messenger, before the regular day, to sir Charles Stuart, to beg that he, on his part, will also disregard the established order of our correspondence, and let me know, without delay, what has been done and is doing at Paris. To-morrow is a day with you of tremendous importance. God grant that it may have passed without a declaration of war, and all may yet be well.

Is it possible, meantime, that all that I hear from other sources of the excessive unpopularity of the apprehended war in France can be true and yet that you can be bent upon it? — By « you » I of course do not mean *you* individually; because I am sure that you are for peace, if not compelled to war, as a choice between evils. But what evil can be greater than the carrying on a war, with an unwilling

---

M. de Marcellus m'a flatté ces quatre derniers jours, mon cher vicomte, de la promesse d'un courrier qui devoit lui apporter les plus importantes communications. Mais le courrier n'arrive pas. Je ne puis modérer plus longtemps mon impatience : j'envoie donc avant le jour marqué un courrier à sir Charles Stuart, pour lui dire que lui aussi, pour sa part, ne fasse aucune attention à l'ordre établi de notre correspondance, et me mande sans délai ce qui a été fait et ce qui se fait maintenant à Paris. Demain est pour vous un jour d'une importance redoutable. Dieu veuille qu'il se passe sans une déclaration de guerre, et tout sera encore pour le mieux.

Est-il possible que tout ce qui m'est parvenu d'une autre source sur l'excessive impopularité de la guerre crainte en France soit vrai, et que vous penchiez encore pour cette guerre? Par *vous* je n'entends pas *vous* individuellement, parce que je suis sûr que vous seriez pour la paix, si vous ne preniez pas la guerre comme un choix entre plusieurs calamités. Et quel malheur seroit plus grand que celui de faire

people, against a people struggling for their national existence?—How long — I conjure you to consider—will the point of *honour,* on which you rely and which I admit to be the main spring of French exertion, — how long will that sustain you through the harassing difficulties, and *inglorious* details of a war of posts and guerillas?

We have seen in our time many moments of crisis and alarm, many on the turn of which hung the fate of nations. But I protest I do not recollect any instance in which I have thought so much at stand in a single decision. That decision is *to-day* in your hands. When you receive this letter, it will be (in one case) past your recal. May it have been such, as to satisfy your own enlightened judgment; safe as well as honourable for France, and by consequence salutary for the world.

I hope you will be satisfied with our course now. Public report tells me that you (again meaning not *you* M. de Chateaubriand, but France) cannot bear that *we* should negociate between a Bourbon and a Bourbon. In God's name why not? Have we not negociated between a Bourbon and his people? and had you reason to suspect us of failing in that trust.

Even M. de Marcellus was surprised at this declaration, and perhaps did not more than half believe it; but what he has heard Tuesday, and what he now hears every day, has, I dare say satisfied him of

la guerre avec un peuple qui ne la veut pas contre un autre peuple qui se débat pour son existence nationale? Combien de temps, je vous conjure de le considérer, le point d'*honneur,* sur lequel vous comptez, et que j'admets être le principal ressort de l'énergie françoise, combien de temps le point d'*honneur* vous soutiendra-t-il parmi les fatigantes difficultés et les détails inglorieux d'une guerre d'avant-postes et de guérillas?

Nous avons vu dans notre temps beaucoup de moments de crise et d'alarme, beaucoup auxquels étoient attachés la destinée des nations; mais je proteste que je ne me rappelle aucune circonstance dans laquelle j'aie pensé que tant de résultats dépendoient d'une simple décision. Cette décision est *aujourd'hui* entre vos mains. Quand vous recevrez cette lettre, il sera (sous un rapport) trop tard. Puisse cette décision avoir été telle qu'elle ait satisfait votre jugement éclairé, sûre autant qu'honorable pour la France, et par conséquent salutaire pour le monde.

J'espère que maintenant vous serez content de notre conduite. Des rapports publics me font connoître que vous (ce n'est pas, encore une fois, vous, M. de Chateaubriand, mais la France) ne pouvez supporter que *nous* nous négociions la paix entre un Bourbon et un Bourbon. Au nom de Dieu, pourquoi pas? N'avons-nous pas négocié entre un Bourbon et son peuple? Et aviez-vous eu quelque raison de nous soupçonner en défaut dans cette circonstance?

M. de Marcellus même fut surpris de cette déclaration, et peut-être ne l'a-t-il crue qu'à moitié; mais ce qu'il a su mardi, et ce qu'il entend maintenant tous les jours, l'a satisfait, j'ose le dire, sur la rectitude de mon opinion. « Eh quoi donc!

the correctness of my opinion. — « And what then? » you will perhaps say. « Is France to truckle to the public voice of England? Is she not to assert her honour, and to maintain her security, if England objetcs to her mode of accomplishing those purposes? » — Far be it from me to hazard any such doctrine! But I venture to suggest that in either of two views, the judgment of England cannot be quite *indifferent* to France. As a moral and enlightened people, it cannot be indifferent that the English nation, weighing the cause of France against Spain in the balance, should pronounce her pretexts for war frivolous, and her intended aggression unjust; — that it should be thus made plain to France beforehand that in the course of this war (if unfortunately it should begin) her success will be matter of regret, her failures matter of rejoicing to a whole friendly people. — But further it cannot be indifferent to France to see that the Spanish war is considered by the instinctive sense of the people of England, untaught in this respect by their government (and led indeed to believe that their government was of a different opinion), as touching very nearly *English* interests.

In truth, why revive, mon cher ami, the recollections of times when Spain was the theatre of our contest and rivalry? — Why revert to the succession war, and the family compact? M. de Montmorency avoided these topics, when he asked the English plenipotentiary at Verona what *appui* moral or material we would give to

direz-vous peut-être, la France est-elle tellement asservie à la voix publique de l'Angleterre? N'est-elle pas là pour assurer son honneur, pour maintenir sa sécurité, si l'Angleterre lui objecte la manière dont elle veut accomplir ses desseins? » Qu'il soit loin de moi de hasarder une pareille doctrine, mais j'ose avancer que sous les deux points de vue le jugement de l'Angleterre ne peut être entièrement indifférent à la France. Comme un peuple moral et éclairé, il ne peut être indifférent que la nation angloise, en pesant dans la balance la cause de la France avec la cause de l'Espagne, prononce que les prétextes de la France pour la guerre sont frivoles et que l'agression qu'elle médite est injuste; qu'il soit tout d'abord démontré à la France que durant cette guerre (si malheureusement elle a lieu) les succès seront une cause de regret, les revers une cause de joie pour un peuple entièrement ami. Mais bien plus, il ne peut être indifférent à la France de voir que la guerre d'Espagne est considérée par le sentiment instinctif du peuple d'Angleterre (auquel le gouvernement n'avoit pas fait la leçon sur ce sujet, et qui au contraire étoit disposé à croire que le gouvernement avoit une tout autre opinion) comme touchant de très-près les intérêts *anglois*.

En vérité, pourquoi faire revivre, mon cher ami, les souvenirs des temps ou l'Espagne étoit le théâtre de nos différends et de notre rivalité? Pourquoi revenir à la guerre de la succession et au pacte de famille? M. de Montmorency évita ces sujets lorsqu'il demanda au plénipotentiaire anglois, à Vérone, quel *appui* moral ou matériel nous donnerions à la France si elle étoit inévitablement engagée dans une

France, if unavoidably involved in a war with Spain? — a war, by the way, in all the questions at Verona, represented as purely *defensive* on the part of France.

Was it worth while to change those questions from « European » to « French, » for the purpose of pointing them against England? or did it escape your observation that such *was* the effect of the new light in which the speech of the king of France has placed them?

Now, do not mount your war-horse, and say : what signifies after all the ill-will, or even the hostility of England? There *is no* ill-will — and God forbid that there should be hostility! — we are as peaceable as lambs. We want peace for ourselves, and for all the world; for you, our neighbours, especially; because we know, by woeful experience, to what danger we are exposed *paries cum proximus ardet*. But, in that pacific disposition, we do most peacefully complain that you have set us a task almost as difficult as you have set to the Spaniards. You have spoken aloud, before all the world, upon topics which, in order to keep a strict and unalterable neutrality, we ought to have been enabled to treat as obsolete and forgotten.

You have approximated two epochs which had been long distinct in our minds : the war for Spain against Buonaparte, of which undoubtedly we had not forgotten either the origin or the termination, — with that of a century ago, the origin of which was perhaps the last thing we should like to be reminded — except its termina-

---

guerre avec l'Espagne, guerre qui, pour le dire en passant, étoit représentée, dans toutes les questions, à Vérone, comme purement *défensive* de la part de la France?

Valoit-il la peine de changer ces questions « européennes » en questions « françoises, » dans le dessein de les tourner contre l'Angleterre? A-t-il échappé à votre observation que telle *étoit* la nouvelle lumière que le discours du roi de France avoit fait jaillir sur ces questions?

Maintenant, ne montez pas sur votre cheval de bataille, et ne dites pas : Que signifie, après tout, la malveillance, ou même l'hostilité de l'Angleterre? Il n'y a pas malveillance, et Dieu préserve qu'il y ait hostilité! Nous sommes aussi paisibles que des agneaux; nous avons besoin de la paix pour nous-mêmes, pour tout le monde, spécialement pour vous, nos voisins, parce que nous savons, par une triste expérience, à quel danger nous sommes exposés : *paries cum proximus ardet;* mais, dans ces pacifiques dispositions, nons nous plaignons très-paisiblement de ce que vous nous avez donné une tâche presque aussi difficile que celle que vous avez donnée aux Espagnols. Vous avez parlé haut, devant tout le monde, sur des sujets que, pour garder une stricte et inaltérable neutralité, nous aurions dû être rendus capables de traiter comme surannés et oubliés.

Vous avez rapproché deux époques longtemps distinctes dans nos esprits : la guerre pour l'Espagne contre Bonaparte, de laquelle sans aucun doute nous n'avons oublié ni l'origine ni la fin; la guerre d'il y a un siècle, dont l'origine seroit peut-être la dernière chose dont nous aimerions qu'on nous rappelât le souvenir, si ce n'est

tion'; and we think rather hard, after having exhausted our blood and treasure in a war of six years *against France*, to restore the *Bourbon* to the throne of Spain, to have it recalled to our recollection that there was a time when France placed them there, in spite of us.

I really think it would have been better to keep the war *toute Européenne* as M. de Montmorency left it, than to change its nature to *toute Française*, in the sense in which that term is now applied.

The distinction between « European » and « French » we were perfectly ready to allow, — in as much as vicinity, and consequent liability to danger from contact or contagion, distinguished *your* claim to meddle in the concerns of Spain, from that of the remoter continent. But when consanguinity of dynasties is pleaded as the ground of interference, we cannot help recollecting that the *last* French war in Spain (in which we triumphed) was undertaken by France to expel that dynasty; — and we do not take it kindly to be reminded that the last French war but *one*, (in which we were foiled) was carried on to introduce it. We might have been allowed to forget the battle of Almanza, when we had restored Ferdinand of Bourbon by the battle of the Pyrenees.

Besides — to revert to a suggestion in one of my former letters, if this consanguinity be alone or in great part the cause of the French invasion of Spain (an invasion which all Europe, except the powers

---

sa conclusion ; et nous pensons qu'il seroit dur, après avoir épuisé notre sang et nos trésors dans une guerre de six ans *contre la France*, pour établir les *Bourbons* sur le trône d'Espagne, de rappeler qu'il *fut* un temps où la France les y plaça en dépit de nous.

Je pense réellement qu'il auroit mieux valu garder la guerre « *tout européenne*, » comme M. de Montmorency l'a laissée, que de changer sa nature en « *toute françoise*, » dans le sens qu'on applique maintenant à ce mot.

Nous étions parfaitement prêts à reconnoître la distinction entre « européenne » et « françoise, » en tant que votre voisinage, et par conséquent votre opposition au danger par contact ou contagion, distinguoit *votre* droit de vous mêler des affaires d'Espagne, de celui des peuples d'un continent plus éloigné. Mais lorsque la parenté des races est mise en avant comme cause d'intervention, nous ne pouvons nous empêcher de nous souvenir que la dernière *guerre* françoise en Espagne (dans laquelle nous triomphâmes) fut entreprise par la France pour expulser cette race; et nous ne prenons pas bien qu'on nous remémore l'avant-dernière *guerre* françoise (dans laquelle nous fûmes vaincus) qui fut déclarée pour l'introduire. Nous aurions pu oublier la bataille d'Almanza, après avoir rétabli Ferdinand de Bourbon par la bataille des Pyrénées.

En outre, pour revenir à ce que je disois dans une de mes lettres précédentes, si cette parenté est seule, ou en grande partie, la cause de l'invasion françoise en

that were assembled at Verona, concur in deeming a great calamity) do you not, in announcing the cause, indicate the remedy? — Austria has already, whether awkwardly or maliciously, reminded the Spaniards of happy times, antecedent to the transfer of Spain of the house of Bourbon; and we have our own cure for misgovernment in 1688, too freshly and too constantly before our eyes, to have any objection to offer a similar expedient, if adopted by Spain. — Indeed, indeed, my valued friend, you have stirred most inconvenient reflections!

And what is the result to which these reflections lead me? — Why — as before, to the one only practicable and wholesome result — peace, peace. If I thought this object desirable for France (as for all the world), *before* the speech of the king of France; I think it doubly so *since*. « Peace with honour! » To be sure, you place your honour in obtaining security — security from the dangers to which you say your vicinity exposes you. Be it so, we will labour with you, and for you, to obtain for you that security; we advise you to take it *small;* because in good truth, the Spaniards have not much to give, be they ever so willing. But we advise you, taking it, to make the most of it, to cry it up as sufficient to justify you in discountenancing your preparations for invasion, in laying down your arms, if by that expression, M. de Villèle means withdrawing the army of observation.

Espagne (invasion que toute l'Europe, excepté les puissances rassemblées à Vérone, s'accorde à considérer comme une grande calamité), en annonçant la cause, ne pouvez-vous indiquer le remède? L'Autriche a déjà, soit maladroitement, soit malicieusement, rappelé aux Espagnols les temps heureux qui précédèrent le *transfert* de l'Espagne à la maison de Bourbon; et la guérison que nous avons appliquée, en 1688, à un mauvais gouvernement, est trop vive et trop constamment devant nos yeux pour que nous n'ayons aucune objection à faire à un semblable expédient, s'il est adopté par l'Espagne. En vérité, en vérité, mon estimable ami, vous avez agité les réflexions les plus embarrassantes.

Et quel est le résultat auquel ces réflexions m'amènent? Eh bien, tout comme d'abord, à un seul, à un seul praticable et salutaire résultat : la paix! la paix! Si j'ai pensé qu'elle étoit à désirer pour la France (aussi bien que pour le monde) *avant* le discours du roi, je le pense doublement *depuis*. La paix avec honneur! Certainement votre honneur consiste à obtenir des sécurités, sécurités contre les dangers auxquels vous dites que votre voisinage vous expose. Qu'il en soit ainsi, nous travaillerons avec vous, et pour vous, afin de vous obtenir ces sécurités; nous vous conseillons de les prendre, toutes petites qu'elles soient car, en bonne vérité, les Espagnols n'ont pas beaucoup à donner, le voulussent-ils jamais. Mais notre avis est, tout en les prenant, de les vanter beaucoup; de vous écrier qu'elles sont suffisantes pour justifier la cessation de vos préparatifs d'invasion, et pour mettre bas vos armes, si par cette expression M. de Villèle entend retirer l'armée d'observation.

Leave the Spanish revolution to burn itself out within its own crater. You have nothing to apprehend from the eruption, if you do not open a channel for the lava through the Pyrenees.

Such are my opinions, honestly and sincerely given. Such, Lord Liverpool tells me he believed to be *yours* before you left this country in the summer. He regrets, as much as he is surprised at the change.

It is not yet too late to save the world from a series of calamities. The key to the flood-gate is yet in your hands. Unlock it, and who shall answer for the extent of devastation? « The beginning of strife is as the letting out of waters. » So says inspired wisdom. Genius is akin to inspiration; and I pray that it may on this occasion profit by the warning of the parable, and pause!

Ever, my dear friend, your friend and your admirer.

CANNING.

Laissez la révolution espagnole se consumer d'elle-même dans son propre cratère; vous n'avez rien à craindre de l'éruption, si vous n'ouvrez pas à la lave un passage à travers les Pyrénées.

Telles sont mes opinions, données avec franchise et sincérité. Lord Liverpool me dit que telles il croyoit être les vôtres avant que vous ne quittiez ce pays dans l'été : il regrette votre changement autant qu'il en est surpris.

Il n'est pas encore trop tard pour sauver le monde d'une série de calamités. La clef de l'abime est encore entre vos mains : ouvrez-le; et qui pourra répondre de l'étendue de la dévastation? « Le commencement des querelles est comme l'éruption des eaux, » dit la Sagesse inspirée. Le génie est parent de l'inspiration; et je prie que dans cette occasion il puisse profiter de l'avertissement de la parabole et s'arrêter!

Pour toujours, mon cher ami, votre ami et votre admirateur.

M. CANNING A M. DE CHATEAUBRIAND.

London, february 7, 1823.

I scarcely know how to write to you to-day, my dear M. de Chateaubriand. I hesitate between the duty of sincerity, and the fear of offence, till I have almost a mind not to write at all. But there is no end of such difficulties; or rather, if such difficulties are suffered to

Je sais à peine comment vous écrire aujourd'hui, mon cher monsieur de Chateaubriand; j'hésite entre le devoir de la sincérité et la crainte de l'offense, à un point qu'il me vient presque à l'esprit de ne pas écrire du tout. Mais de telles difficultés ne

prevail there is an end of our correspondence. And *that*, I may say without flattery to you, or vanity on my own part, would, in the present crisis of affairs, be a national, if not an *European* misfortune. I write therefore, and will write the truth; subject, I am afraid to some possible misconstruction and to the risk of what may be distasteful, but with no other intention (ita me Deus adjuvet); than that of consulting your ease and honour as well as my own, and the interests of both our governments; and in the confidence that, even if you distrust my judgment, you cannot doubt my friendship.

Well then, to begin at once with what is most unpleasant to utter, you have united the opinions of this whole nation *as those of one man* against France. You have excited against the present sovereign of that kingdom the feelings which were directed against the *usurper* of France and Spain, in 1808, nay, the consent, I am grieved to say, is *more* perfect now than on that occasion : for then the Jacobins were loath to inculpate their idol; now, they, and the Whigs and Tories, from one end of the country to the other, are all one way. Surely such a spontaneous and universal burst of national sentiment must lead any man, or any set of men, who are acting in opposition to it, to *doubt* whether they are acting quite right. The government has not on this occasion *led* the public; quite otherwise. The language of the government, has been peculiarly measured and temperate; and its discretion far more guarded than usual; so much so, that the mass of

finiroient pas; ou plutôt, si nous laissons prévaloir ces difficultés, c'est notre correspondance qui finira. Et cela, je puis le dire sans flatterie pour vous comme sans vanité sur mon propre compte, seroit, dans la crise présente d'affaires, un malheur national, sinon « européen ». J'écris donc, et j'écrirai la vérité; exposé, j'en ai peur, à quelque malentendu, et au risque de paroître désagréable, mais sans aucune autre intention (*ita me Deus adjuvet!*) que celle de consulter votre convenance et votre honneur aussi bien que les miens, et les intérêts de nos deux gouvernements; dans la confiance enfin que si vous rejetez mon jugement, vous ne douterez pas de mon amitié.

Eh bien donc, pour commencer par ce qu'il y a de plus déplaisant à prononcer, vous avez uni contre la France les opinions de tout ce peuple *comme celle d'un seul homme*. Vous avez excité contre le présent souverain de ce royaume les sentiments dirigés contre l'*usurpateur* de la France et de l'*Espagne,* en 1808; bien plus, l'assentiment, je suis forcé de le dire, est *plus* parfait à présent qu'il n'étoit alors ; car *alors* les jacobins avoient de la répugnance à blâmer leur idole ; maintenant, eux, et whigs et tories, d'un bout du pays à l'autre, sont tous du même avis. Sûrement, une explosion spontanée et universelle de sentiments nationaux doit amener tout homme, ou toute masse d'hommes agissant en opposition à ces sentiments, à *douter* si ce qu'on fait est bien. Dans cette occasion, le gouvernement n'a pas *conduit* le public ; il en est tout autrement. Le langage du gouvernement a été particulièrement mesuré et tempéré, et il s'est tenu sur la réserve bien plus que de coutume ; si bien que la

the nation were in suspense as to the opinions of the government, and that portion of the daily press, usually devoted to them, was (for some reasons better known perhaps on your side of the water than on ours) turned in a directly opposite course. I was not without expectation of such an ebullition. M. de Marcellus will probably have told you that I did express such an expectation to him, and that I assured him of my perfect conviction that if the word « neutrality » had found its way into the speech, we should have had to combat the combined efforts of all parties in the House of Commons, to get rid of it. Even if you distrust us, what hinders your negociating for yourselves? Only negociate, at least, before you invade.

Ever, my dear M. de Chateaubriand, with the sincerest regard and admiration, yours.

CANNING.

masse de la nation étoit en suspens touchant les opinions du gouvernement, et que la partie de la presse quotidienne qui lui est habituellement dévouée se trouvoit (par des raisons mieux connues peut-être de votre côté de l'eau que du nôtre) tournée dans un sens directement opposé. Je n'étois pas sans m'attendre à un tel bouillonnement : M. de Marcellus vous aura probablement dit que je lui avois exprimé mon attente, et que je l'avois assuré de mon entière conviction que si le mot « neutralité » s'étoit trouvé placé dans le discours, nous aurions eu à combattre les efforts combinés de tous les partis de la chambre des communes, pour le faire retrancher. Si même vous nous repoussiez, qui vous empêche de négocier pour vous-mêmes? Seulement, négociez au moins avant d'envahir.

Pour toujours, mon cher monsieur de Chateaubriand, avec l'amitié et l'admiration les plus sincères, votre tout dévoué.

COMMUNICATION DE L'AMBASSADEUR DE RUSSIE.

Extrait de la dépêche russe au général Pozzo di Borgo du 3/15 mars et des pièces qui s'y trouvent annexées.

L'empereur se flattoit encore que la modération prévaudroit dans les conseils du gouvernement anglois, qui ne voudra pas, par une rupture avec la France, s'exposer à détruire tous les liens qui l'unissent au continent. Mais si, contre toute attente, l'Angleterre déclaroit la guerre à la France, pour empêcher le gouvernement de Sa Majesté très-chrétienne de rendre à l'Espagne le plus essentiel des services, Sa Majesté impériale autorise son ambassadeur à assurer dès à présent le cabinet des Tuileries que ses intentions ne changent pas, et que, pour sa part, il regarderoit l'attaque dirigée contre la France comme une attaque générale contre tous les alliés, et qu'il accepteroit sans hésiter les conséquences de ce principe.

Certain de cet appui, l'empereur exhorte le roi à consommer ses propres déterminations et à marcher avec confiance contre les hommes des troubles et des malheurs.

Agissant dans cet esprit, l'empereur rappelle la question agitée au congrès relative à la réunion d'une armée russe sur les frontières occidentales de l'empire comme moyen de sûreté européenne.

Les cabinets alors se séparèrent sans rien arrêter à cet égard ; mais la matière a de nouveau été prise en considération. Sa Majesté impériale est prête à réunir une armée d'observation dans ses États.

Extrait de la dépêche du comte de Nesselrode à M. de Tatischeff, en date du 3/15 mars.

Dans cette dépêche à M. de Tatischeff, l'empereur répond à l'ouverture du roi de Naples. Sa Majesté impériale fait des vœux pour que ce souverain retourne dans ses États, afin de veiller au gouvernement de ses royaumes.

Extrait de la dépêche adressée au comte de Liewen.

L'empereur ordonne à son ambassadeur d'exprimer au cabinet britannique les mêmes sentiments ; de lui rappeler que dans des circonstances pareilles l'opposition avoit rencontré d'éloquents adversaires dans les membres du ministère, que lord Liverpool avoit été souvent de ce nombre, et qu'il s'étoit appliqué plus d'une fois à resserrer les liens de l'Alliance, qu'il semble méconnoître dans cette circonstance.

Le comte de Liewen a ordre de s'expliquer dans ce sens envers M. Canning, et de lui observer que Sa Majesté impériale a été surprise de voir que l'Angleterre trouvoit alarmant dans la bouche du roi de France le principe qu'elle a implicitement admis dans toutes les transactions qui ont eu la France pour objet, et qu'elle déclaroit juste et inattaquable en Espagne une cause qu'elle n'a soutenue ni à Naples ni dans le Piémont.

GUERRE D'ESPAGNE.

M. DE CHATEAUBRIAND A M. CANNING.

Paris, 10 mars 1823.

Il y a bien longtemps, mon honorable ami, que je vous dois une réponse : mon excuse est la multitude des affaires dont je me suis trouvé accablé. Je ne puis reprendre les choses au point où les avoit laissées votre lettre, car elles ont fait depuis bien du chemin.

Vous voyez que nous n'avons cessé de temporiser, pour laisser aux hommes sages, à Madrid, l'occasion de mettre, sans effusion de sang, un terme aux malheurs de leur patrie ; mais il y a une fin à tout, et vous sentez qu'il seroit impossible de prolonger l'état où nous nous trouvons, sans les plus graves inconvénients pour nous ; si, enfin, nous sommes forcés d'entrer en Espagne, soyez certains que nous n'y entrerons qu'avec les intentions les plus pacifiques et le désir sincère d'en sortir promptement, et d'écouter toute proposition propre à faire cesser les calamités de la guerre. Notre affaire avec l'Espagne, si on ne fait rien pour la compliquer, ne remuera rien en Europe. Nous ne demandons rien, nous ne voulons rien, nous ne nous plaignons de personne ; car, mon honorable ami, nous aurions pu nous plaindre amicalement de la permission donnée par votre gouvernement pour l'exportation des armes : en défendant l'exportation pour nos côtes, la neutralité eût été la même, et nous auroit été moins désavantageuse. Mais enfin, si cela fait tuer quelques-uns de nos soldats de plus, ils sont accoutumés à faire bon marché de leur vie, et nous en avons un million pour les remplacer : ainsi nous ne vous adressons aucune représentation.

Je pourrois aussi me plaindre un peu de votre amitié ; cependant, si elle n'a pas cru devoir me défendre contre les ignobles et calomnieuses attaques de M. Brougham, c'est qu'elle a eu des raisons particulières. Pour moi, mon honorable ami, si jamais on vous attaque à notre tribune, vous pouvez être sûr qu'aucune raison politique ne m'empêchera de dire tout le bien que je pense de vos talents et de votre caractère.

Continuez-nous, mon honorable ami, votre bienveillance ; j'attends, pour vous envoyer un ambassadeur, que la *mob* ne casse plus les vitres. Quand les radicaux auront fini avec le duc de San-Lorenzo et qu'il sera tombé dans l'oubli, alors peut-être obtiendrons-nous grâce.

Vous connoissez, mon honorable ami, mon entier et parfait dévouement. A vous de tout cœur.

CHATEAUBRIAND.

M. DE CHATEAUBRIAND AU GÉNÉRAL GUILLEMINOT.

Paris, ce 23 mars 1823.

J'ai l'honneur de vous envoyer, général, la proclamation de monseigneur le duc d'Angoulême en françois et en espagnol. Nous avons pensé qu'il nous seroit impossible de la faire imprimer ici sans qu'on en dérobât quelques exemplaires chez l'imprimeur. Vous la recevrez telle qu'elle a été délibérée au conseil et approuvée du roi, et vous la ferez imprimer à Bayonne dans les deux langues. Vous y mettrez la date : nous pensons qu'elle pourra être datée du 2 ou du 3 avril. Vous en enverrez sur-le-champ une quantité considérable à Perpignan pour l'armée de Catalogne, et vous la ferez répandre avec profusion en Espagne. Le ministre de la guerre pense que l'invasion aura lieu le 7 avril : ainsi la proclamation vous précédera de cinq jours.

M. de Caux, notre agent diplomatique, est arrivé de Berlin. Il partira mardi pour vous rejoindre. Vous en serez content : il a passé une grande partie de sa vie en Espagne, sait l'espagnol comme le françois, et joint à une grande modération de caractère l'habitude du travail. M. de Martignac, le commissaire civil, part demain.

Votre grande affaire sera la formation du conseil espagnol. L'archevêque de Tarragone, qui en est nommé président, ne veut ni se séparer de M. *Mata-Florida,* ni adopter M. *Eguia.* Celui-ci a les pouvoirs de Ferdinand, et il sera presque impossible de ne pas l'admettre au conseil ; mais, d'un autre côté, son nom épouvante les hommes qui ont pris parti pour les cortès. J'espère que la présence de monseigneur le duc d'Angoulême arrangera tout cela ; il faut aller comme nous pourrons jusqu'à Madrid : arrivés là, nous établirons le gouvernement provisoire, et il sera plus facile de concilier les amours-propres et les intérêts. MM. Erro et Calderon, membres désignés du conseil, qui sont encore ici, partent demain pour Bayonne.

Je parle toujours au ministre de la guerre de ses approvisionnements ; il me répond toujours que vous ne manquerez de rien. En attendant, j'invite à tout hasard des hommes d'affaires à faire partir des vaisseaux chargés d'avoine, de fourrages et d'autres approvisionnements pour Bayonne, afin d'y ouvrir un marché en cas de nécessité. Si, comme je l'espère, les ports de la côte espagnole s'ouvrent pour vous à mesure que vous avancerez en Espagne, vous pourrez par ces ports recevoir beaucoup de secours.

N'épargnez surtout rien, général, pour avoir des places ; non-seulement elles assureront votre marche, mais si elles tombent devant vous à votre entrée en Espagne, l'effet moral de ces redditions sera immense dans la Péninsule. Je ne suis pas sans quelque inquiétude sur la Catalogne. Mina a tout réuni de ce côté, et certainement les réfugiés françois et piémontois, joints à des Anglois qui sont arrivés en amateurs, tiendront ferme, et peuvent étonner au premier moment nos troupes, qui sont jeunes. Ne pensez-vous pas que 1,000 ou 1,200 hommes de la garde auroient été utiles de ce côté? L'Angleterre vient de déclarer sa neutralité, mais nous ne pouvions pas nous attendre à ses bons offices : sans paroître, elle nous fera tout le mal qu'elle pourra. Il sera bien essentiel d'insurger et d'armer les Galices, qui couperont toutes les communications avec la Corogne; c'est là qu'arrivent tous nos mécontents et les secours des radicaux de l'Angleterre. Si on pouvoit s'emparer de ce port, ou le faire tomber aux mains des royalistes, ce seroit une chose considérable. Peut-être qu'une entreprise par mer réussiroit.

Voilà, monsieur le comte, une bien longue lettre. Écrivez-moi, je vous prie, quand vous en aurez le temps, et comptez entièrement sur moi.

Croyez à tout mon dévouement et recevez la nouvelle assurance de ma considération la plus distinguée.

CHATEAUBRIAND.

M. GENTZ A M. DE CHATEAUBRIAND.

Monsieur le vicomte,

Je viens de faire la seconde lecture d'un des plus beaux discours qui aient jamais été prononcés dans une assemblée publique. Il ne me convient presque pas d'en témoigner mon admiration à Votre Excellence : ce seroit comme si je n'avois pas prévu qu'elle n'élèveroit sa voix dans cette grande question que pour la traiter avec une supériorité décisive. Aussi n'est-ce pas à l'éloquence de ce discours que je paye le tribut de mes hommages; elle est si inhérente à toutes vos compositions, monsieur le vicomte, elle est d'un genre si caractéristique, et si élevée, que ce n'est pas à propos d'un discours que l'on peut en parler positivement. Mais la force du raisonnement et de la logique, le choix des arguments, l'à-propos des réflexions les plus profondes, la manière victorieuse dont les objections les plus saillantes y sont coulées à fond, voilà ce qui à mes yeux constitue le mérite distinctif de ce chef-d'œuvre.

Votre Excellence n'a ni le temps de lire de longues lettres ni aucun besoin de mes éloges. Je n'entre dans aucune question problématique. C'est un sentiment irrésistible qui me dicte ces lignes; et c'est une conviction intime qui me fait croire que si l'expédition d'Espagne est exécutée comme elle vient d'être défendue, elle tournera infailliblement à la gloire de la France et au salut de l'Europe.

Agréez, monsieur le vicomte, l'assurance de tous les sentiments respectueux avec lesquels je suis,

De Votre Excellence,

Le très-obéissant et dévoué serviteur,

GENTZ.

Vienne, 8 mars 1823.

L'EMPEREUR DE RUSSIE A M. DE CHATEAUBRIAND.

Saint-Pétersbourg, ce 13 mars 1823.

J'ai reçu, monsieur le vicomte, la lettre que vous m'avez écrite le 1er mars. Vos principes me donnoient les meilleures espérances, et chaque jour fournit une preuve nouvelle de vos honorables intentions. Vous les avez développées à la tribune avec une rare supériorité de talent. La bonne cause a trouvé en vous le plus éloquent défenseur, et profondément convaincu vous-même, vous avez dû, j'aime à le croire, opérer la conviction. Ma franchise habituelle ne me permet pas néanmoins de vous dissimuler un regret : je crois qu'il y a eu méprise dans la manière de nous comprendre. Dans nos entretiens à Vérone, je ne m'étois attaché à vous fournir qu'une juste définition de l'*alliance*. Identifié à mes alliés, et connoissant leurs pensées les plus intimes, je vous ai exprimé à cet égard *nos sentiments communs*. Vous avez cité les *miens particulièrement,* ce qui leur prête un caractère exclusif et particulier. En vous bornant à rapporter la définition des engagements qui unissent les monarques alliés, en la présentant comme celle qu'ils leur donnent tous, vous vous seriez rapproché davantage et de mes désirs et des termes réels de nos conversations[1]. La nuance est déli-

---

1. Voir les pages 108 et 109 de ce volume.

cate sans doute, mais vous êtes fait pour l'apprécier, et je ne peux m'empêcher de la relever ici, car elle tient aux *intérêts de l'alliance*. Vous savez qu'à mes yeux ces intérêts sont les premiers de tous.

Croyez, monsieur le vicomte, que je saisirai toujours avec plaisir les occasions de vous réitérer l'assurance de mon estime particulière.

ALEXANDRE.

M. DE LA FERRONNAIS A M. DE CHATEAUBRIAND.

Saint-Pétersbourg, le 26 mars 1823.

Je vous envoie de bien volumineuses dépêches, monsieur le vicomte, et vous trouverez tout simple qu'il me reste peu de choses à ajouter aux détails qu'elles contiennent; je craindrois d'être accusé d'une trop grande prolixité, si je ne pensois qu'à l'énorme distance qui me sépare de ceux de qui j'attends des conseils et ma direction il peut importer beaucoup de ne rien laisser ignorer, et que les moindres nuances, les plus minutieux détails peuvent quelquefois avoir leur gravité et leur utilité : j'aime donc mieux encourir le reproche de trop dire que celui de ne pas assez parler ; je vous demande seulement pardon de tout l'ennui que vous causera cette longue lecture.

Je crois avoir épuisé dans mes conversations avec l'empereur et avec son ministre tous les arguments que l'on peut faire contre les conférences : je n'ai pas la consolation d'y avoir réussi ; l'on y tient plus fortement que jamais.

J'ai reçu des lettres qui me mandent qu'à Vienne les Anglois se démènent de leur mieux, pour donner contre nous et notre bonne foi toutes les préventions possibles ; M. de Metternich se montreroit bien disposé, dit-on, à les accueillir et à les étendre, surtout jusque ici ; ce seroit de la plus mauvaise grâce du monde, et avec tous les ménagements que permet la convenance, que le chef du cabinet autrichien se verroit forcé de dire à ses bons amis de Londres que leur conduite n'est dans ce moment ni sage ni loyale, et que malgré toute son affection pour eux il pourroit mal leur arriver de prendre parti contre nous. Il faut que cela ait quelque chose de vrai, que cette partialité pour l'Angleterre soit apparente, *puisque tout le monde* la voit. Il doit exister entre ces deux cabinets quelques liens secrets dont il seroit important de connoître la force et la nature : ce seroit un excellent moyen d'ouvrir ici les yeux, qui sont jusqu'à présent fascinés de la manière la plus extraordinaire et la plus fâcheuse.

Ce que vous avez mandé à l'empereur de la prochaine entrée de nos troupes en Espagne ajoute encore à l'impatience avec laquelle les nouvelles sont et vont être attendues. Soyez donc assez bon, monsieur le vicomte, pour ne pas m'oublier, pour multiplier les lettres, les détails sur tout ce qui sera relatif aux opérations militaires ; enfin, mettez-moi à même d'être ici ce que devroient être partout les ambassadeurs du roi quand la France sort de l'oubli dans lequel on espéroit la tenir et s'empare du rôle le plus beau, le plus difficile, le plus important et le plus généreux.

Adieu, monsieur le vicomte, comptez sur mon zèle pour le service du roi, sur mon exactitude et mon activité, et sur l'inviolable attachement que je vous ai voué.

La Ferronnais.

M. DE CHATEAUBRIAND A M. DE LA FERRONNAIS.

Paris, le 21 avril 1823.

Je vous mande à peu près, monsieur le comte, dans ma longue dépêche, tout le gros des affaires. Je vais entrer avec vous dans quelques détails.

L'Angleterre a été si mauvaise, qu'il a fallu prendre un parti et ne pas repousser la proposition de l'empereur de Russie au moment où le cabinet de Londres prononçoit avec tant de fureur une neutralité forcée. Maintenant toute votre habileté consistera à faire valoir cet abandon et cette condescendance aux vœux de l'empereur, à lui faire voir que cet abandon pourroit avoir pour nous les plus graves inconvénients, en excitant la jalousie de l'Angleterre et en redoublant sa mauvaise humeur. Nous n'avons pas hésité à choisir entre les deux chances, et nous venons de donner à l'Alliance la preuve de notre bonne foi et de notre adhésion à ses intérêts.

Mais la prudence veut maintenant que cette armée de Pologne ne soit pas trop considérable, de peur qu'elle produise justement l'effet qu'elle est destinée à prévenir. Si elle alarmoit l'Angleterre en lui faisant voir qu'un si grand nombre de soldats ne peuvent être réunis pour une simple mesure de précaution, l'Angleterre, se croyant sûre de l'intervention de la Russie, pourroit prendre les devants et se déclarer. Vous développerez cette idée. Il faut aussi que l'article semi-officiel ne soit mis dans les journaux de l'Allemagne, soit à Francfort ou ailleurs, que lorsque nous pourrons savoir de combien de mille hommes se composera l'armée de Pologne.

Je crois, monsieur le comte, que cette pièce, que je n'ai pas voulu qu'on appelât protocole au procès-verbal d'une conférence, mais résumé d'une réunion, empêchera tous les commentaires que M. de Metternich n'auroit pas manqué de faire sur les pièces officielles publiées par l'Angleterre. Il n'auroit pas manqué de dire que dans mes conversations avec sir Charles Stuart et mes communications avec l'Angleterre, je n'avois jamais parlé de l'Alliance et avois au contraire toujours parlé de paix. La réponse seroit pourtant bien simple. L'Angleterre nous menaçoit de la guerre, si celle que nous allions faire étoit une guerre *européenne*, et si nous ne profitions pas de toute ouverture pacifique pour faire un arrangement avec les cortès. Je devois donc me défendre de deux choses pour prévenir une rupture que le reste de l'Europe, et la Russie la première, craignoit ; je devois éviter de mêler les alliés dans mes conversations, et repousser les propositions sans cesse renaissantes de sir Charles Stuart. Tout ce qui étoit *paroles* est dans ce sens ; mais dans les choses *écrites,* j'ai parlé des alliés.

Nous sommes à Burgos. Rien n'est changé à nos plans : c'est toujours à Madrid, où nous arriverons du 20 au 25 mai, que nous établirons le conseil de Castille pour désigner un gouvernement provisoire. Nous aurons un ambassadeur auprès de ce gouvernement. Les puissances continentales y auront les leurs, et les alliés travailleront de concert avec nous à la pacification future de l'Espagne. Ce plan est excellent par sa simplicité. Nous aurons pris pour nous les hasards de la guerre ; les alliés auront les honneurs de la paix. Mais cette paix sera une grande question. Vous devez travailler d'avance à préparer l'esprit de l'empereur à ce sujet. Si l'on s'obstine à ne vouloir la paix que quand Ferdinand sera physiquement libre, ou quand l'armée des cortès sera licenciée, il est évident que la France feroit une guerre qui pourroit durer trente ans. Les cortès ne voudront jamais être pendues, et Quiroga et Riego ne consentiront pas à être fusillés. Maîtres du roi, ils ne le lâcheront jamais et l'enfermeront dans Cadix où, protégé par les flottes de l'Angleterre, personne ne pourra l'atteindre. Si donc on nous proposoit des changements si considérables dans la constitution, que Ferdinand fût réellement roi, il est clair qu'il pourroit faire après la paix, et en vertu même de la constitution, ce que nous désirerions en vain qu'il fît avant la paix. Le bon sens, la saine politique indiquent cela. Nous avons mis la monarchie françoise sur une carte pour faire la guerre : notre enjeu est trop fort pour que nous ne demandions pas à être écoutés sur la suite de la partie ; c'est notre sang qui coule ; ce sont nos trésors que nous répandons ; les alliés sont tranquilles chez eux ; ils ne peuvent pas prétendre faire tuer quatre ou cinq cent mille François de plus et dépenser un milliard parce qu'il y auroit telle nuance dans une constitution, tel article dans un traité de paix, qu'ils ne voudroient pas y voir. Vous commenterez ce texte.

Le général Pozzo va bien, mais il se tourmente trop pour des conférences. Je veux bien des conférences, mais rarement et à propos ; autrement, elles nous ôteroient cette indépendance que nous devons conserver, surtout parce que nous *sommes royalistes;* elles nous rendroient impopulaires et par conséquent nous ôteroient notre force, qui commence à être très-grande sur le public. Jamais ministère n'a été placé dans des circonstances plus graves. Nous les surmonterons.

Insistez toujours pour des ambassadeurs à Madrid ; il faut de plus que les grandes puissances engagent les petites à envoyer aussi leurs ministres auprès du gouvernement que nous aurons reconnu. Plus le corps diplomatique sera nombreux, plus la position de l'Angleterre sera embarrassante, ou plutôt la position de sir William A'Court, gardien de Ferdinand à Séville, ne sera pas tenable.

Nous sommes convenus d'admettre l'ambassadeur de Naples à nos conférences, quand il y en aura. Le prince de Carignan a fait demander, par le roi de Sardaigne, à servir comme volontaire sous Mgr le duc d'Angoulême ; le roi lui a accordé cette permission. C'est un moyen noble de revenir à Turin.

Nous avons déclaré à l'Angleterre que nous n'armerions point en course, et que nos vaisseaux de guerre ne prendroient point les vaisseaux marchands espagnols : cela étoit aussi généreux que politique. Nous demandions en même temps que l'Angleterre ne souffrît dans ses ports la vente des prises faites sur nous par des corsaires espagnols : croiriez-vous que M. Canning, pour nous ôter ce mérite aux yeux de l'Angleterre, n'en a pas parlé au parlement, et qu'il a proposé à Marcellus de retirer l'*office* qu'il lui avoit passé à ce sujet? Je ne crois pas que mon illustre ami Canning aille loin : il me semble tout à fait fourvoyé.

Vous mettrez aux pieds de l'empereur mes remerciements pour la lettre qu'il a bien voulu m'écrire. Tâchez de lire ce long griffonnage. Vous voyez qu'au milieu de mes embarras de tous genres, je trouve en prenant sur mon sommeil le moyen de causer avec vous et de vous dire que je vous suis sincèrement attaché et dévoué.

Chateaubriand.

M. DE MARCELLUS A M. DE CHATEAUBRIAND.

Londres, 13 mai 1823.

Monsieur le vicomte,

D'après ce que je vois chez les ministres et leurs amis, ce que j'entends chez l'opposition, et d'après les observations de mes collègues, notre cause me paroît s'améliorer sensiblement. Cet effet est principalement dû, on ne peut le nier, à la modération et à l'éloquence de votre dernier discours. Notre marche triomphale en Espagne a détrompé bien des esprits, et M. Canning lui-même disoit récemment que cette guerre à peine commencée touchoit déjà à sa fin. Il ne regarde plus le succès comme douteux, et il n'a plus qu'une pensée, c'est celle de le partager. Le ministère entier éprouve le même sentiment : ils comprennent qu'ils ont besoin, pour leur popularité et leur position envers le parlement, de reparoître médiateurs et actifs sur le théâtre de la Péninsule. M. Canning a beau déclarer qu'il n'agira plus sans avoir des points fixes et des bases de négociation arrêtées; il agira, monsieur le vicomte, à la moindre demande; et tout ce qu'il craint au monde, c'est qu'on ne se passe de lui.

Lord Melleville m'assuroit avant-hier qu'aucune flotte ne partoit pour Gibraltar; mais six jours suffisent pour cet équipement. Les révolutionnaires exaltés seront accueillis sur les vaisseaux anglois; le roi même pourra y être conduit par eux, et de là le cabinet de Londres traitera des institutions à donner à l'Espagne. Il faut tout prévoir, même cette bizarre complication d'événements. D'un autre côté, si on réclame l'*intervention amicale* de l'Angleterre, M. Canning, pour donner plus de poids et d'éclat à cette *médiation*, ira jusqu'à envoyer le duc de Wellington, dont il s'est moqué dans ses discours, car il veut agir à tout prix. La session va se terminer, et s'il n'a pu défendre cette année que des plans arrêtés avant son entrée au ministère, il voudra se présenter l'année prochaine au parlement avec la pacification de l'Espagne, la reconnoissance de l'indépendance des colonies espagnoles, et peut-être du Brésil, etc., etc. Il lui faut ces succès extérieurs, pour faire oublier son silence sur la question catholique et la réforme parlementaire.

M. Canning nous revient, monsieur le vicomte; la correspondance qu'il veut rouvrir avec vous le prouve. Éclairé comme vous l'êtes sur son caractère, vous dirigerez cette correspondance avec avantage et dans le sens de vos vues; il a fait quelques pas vers la modération, et, subtilisant sur un de ses discours : « J'ai sans doute exprimé des vœux pour l'Espagne, a-t-il dit, mais point pour les cortès ; j'ai souhaité la prospérité de l'Espagne, mais non le triomphe du parti des *exaltés*. J'abhorre l'intervention armée de la France, continuoit-il ; elle est injuste et coupable en principe, mais je dois avouer qu'elle rend la paix plus facile et plus prochaine, et elle aura beaucoup contribué au repos intérieur de la Péninsule. »

Par ces contradictions pénibles, le ministre n'exprime autre chose que le désir d'intervenir lui-même ; il feint une grande frayeur du despotisme, et il s'appuie dans ses raisonnements sur toute la haine qu'on porte unanimement ici au roi Ferdinand. Il parle fréquemment de sa destitution comme possible et désirable. Vous m'avez recommandé de ne traiter ces divers points politiques que dans des lettres particulières, et je continuerai jusqu'à nouvel ordre.

Le prince Estherhazy et le baron de Werther, qui dînoient hier chez moi, ne pouvoient se lasser de rendre hommage à l'à-propos et à l'éloquence de votre dernier discours ; ils m'ont chargé de vous transmettre leurs sincères félicitations. Mme de Liewen qui, dit-elle, n'est pas suspecte de partialité pour vous, y joint les siennes.

Le roi a témoigné à diverses reprises, monsieur le vicomte, combien votre discours l'a touché. Il en a parlé avec enthousiasme, et réellement le succès de ce discours est merveilleux.

J'ai l'honneur, etc.

Le vicomte de M<small>ARCELLUS</small>.

M. DE POLIGNAC A M. DE CHATEAUBRIAND.

Cher et noble vicomte,

Je vous remercie de votre petit billet ; on ne peut qu'être fier et heureux de travailler sous un chef tel que vous. Je ferai mes préparatifs aussi secrètement que possible ; j'irai vous remercier moi-même demain matin.

Tout à vous,

Le prince de P<small>OLIGNAC</small>.

Ce 16 mai.

M. DE FLAVIGNY A M. DE CHATEAUBRIAND.

Burgos, le 14 mai 1823.

Vous avez bien voulu m'autoriser à vous écrire : je vais de nouveau profiter de cette permission pour vous soumettre, avec une juste défiance, quelques observations que j'ai faites depuis que je suis en Espagne.

Il paroît aujourd'hui démontré que la révolution n'a point de racines; on peut déjà la regarder comme vaincue : ainsi le but principal de la guerre, celui de nous préserver des dangers de cette révolution, va être atteint. Comment ferons-nous maintenant pour nous assurer de cette juste influence qui doit être aussi le prix de nos efforts ? Laisserons-nous se rétablir le pouvoir absolu, ou imposerons-nous à l'Espagne un gouvernement mixte ?

La grande masse de la population ne veut pas de constitution ; le roi non plus. Le peuple, par sa propre force, reconquerra le despotisme, et se tournera contre nous si nous lui parlons liberté. Déjà l'on murmure sourdement contre notre système de modération : que ne sera-ce pas à Madrid, dans cet éternel foyer d'intrigues, lorsque tant d'ambitions seront désappointées !

Il est très-probable qu'à Madrid on trouvera des instructions royales, dans le sens du pouvoir absolu ; nouvel embarras : ces instructions seront chez Odgarte, l'homme qui a la confiance intime du roi, et on va commencer par l'éloigner.

Est-ce pour donner plus de poids au nouveau gouvernement qu'on recourroit à une sorte d'élection ? Les Espagnols ne font point cas de l'élection ; ils aiment ce qui vient d'en haut, et méprisent ce qui s'élève d'en bas. Choisissez des hommes sans tache, considérables, justes et fermes ; ils gouverneront : le peuple obéira sans s'inquiéter pourquoi.

Mais, dit-on, les classes éclairées veulent des institutions; c'est possible. Mais où est la force ? où est l'action ? Dans le clergé et dans le peuple. Sous Joseph les riches avoient fléchi, le peuple seul a secoué le joug : aujourd'hui encore c'est lui qui doit gagner la partie. Il n'y a pas de mitoyen parti.

Rougirons-nous de laisser se rétablir en Espagne le seul gouvernement qui paroisse convenir à ses habitants ? Et pour échapper aux sarcasmes de M. G... et compagnie, forcerons-nous le peuple espagnol d'accepter des institutions qu'il repousse ?

Ne s'agit-il que d'un simulacre d'institutions? Ceux que nous voulons réconcilier ne prendront pas le change, et il faudra bien peu de chose pour nous aliéner nos amis. De cette manière, nous pouvons être bien sûrs d'être aussi froidement accueillis à notre départ que nous l'avons été chaudement à notre entrée.

Personne, monsieur le vicomte, n'est plus zélé partisan que moi du gouvernement représentatif en France, mais j'avoue qu'en Espagne j'y trouve de graves inconvénients.

Une autre observation qu'on ne sauroit trop reproduire, c'est l'importance de terminer promptement.

Si vous voulez que votre ambassadeur, monsieur le vicomte, influe aussi par l'argent (et dans une foule de cas ce sera le seul moyen), ouvrez-lui un crédit séparé et indépendant.

En voilà déjà trop, monsieur le vicomte, pour votre patience, si vous avez celle de me lire. Je vous écris avec franchise et avec liberté. Votre vieille indulgence pour moi, mon dévouement sans bornes pour vous, voilà mes titres. J'espère que vous les admettrez.

Agréez, etc.

Le vicomte DE FLAVIGNY.

M. DE LA FERRONNAIS A M. DE CHATEAUBRIAND.

Saint-Pétersbourg, 19 mai 1823.

Je devrois avoir peu de choses intéressantes à ajouter au long résumé que je vous adresse aujourd'hui, monsieur le vicomte, mais il est des détails et des réflexions qui seroient peu convenables dans une dépêche officielle, et qui cependant, n'étant pas toujours sans utilité, peuvent et doivent trouver place dans une lettre.

Je vous dois, avant tout, les plus sincères remerciements pour les deux lettres particulières que vous aviez jointes à votre dernière expédition; plus je sais combien vos moments sont comptés, et plus je suis reconnoissant de ce qu'au milieu de vos occupations et de vos travaux vous puissiez encore trouver le temps de causer aussi longuement avec nous; mais je dois vous avouer que vous avez trouvé par ce moyen celui d'être le moins mal possible secondé par vos agents. J'ai trop reconnu l'avantage dont peut être ici cette double correspondance pour ne pas vous demander de la continuer et de suivre la même marche toutes les fois que les circonstances en vaudront la peine; je pourrois même demander qu'ainsi que vous venez de le faire, cette correspondance fût triple, c'est-à-dire une dépêche officielle destinée à rester dans les archives, et pouvant être lue par les secrétaires de l'ambassade; une lettre toute confidentielle, dans laquelle vous faites connoître vos véritables intentions et la manière dont vous entendez qu'elles soient comprises et suivies ; enfin, une lettre particulière ostensible, qui puisse être mise sous les yeux de l'empereur. Vous n'imaginez pas tout le parti et l'avantage que nous pourrons tirer de ce dernier moyen. Une lettre confidentielle que je fais ainsi remettre produit plus d'effet et de meilleurs résultats que ne pourroient le faire dix conversations, d'abord parce que vous avez une manière de dire qui vaut mieux, et de plus, parce que c'est une preuve de confiance et d'abandon qui manque rarement son effet. Vous ne pouvez, par exemple, vous faire une idée de celui qu'a produit ici une lettre particulière de vous, écrite à M. de Caraman, sous la date du 13 avril; la copie en a été envoyée à l'empereur; elle a été lue, relue, admirée. On m'a communiqué, monsieur le vicomte, cette lettre véritablement excellente et surtout remarquable par un caractère de franchise et de loyauté si propre à déjouer les petites noirceurs et perfidies politiques. Nesselrode ne me rencontre plus sans me parler de cette lettre; elle vous a acquis la confiance entière de l'empereur et la plus extrême considération. Aussi, monsieur le vicomte, il faut bien que je vous avoue ce que je ne pourrois faire lire à la table du conseil, c'est que vous êtes réellement bien regardé, sous le rapport politique, comme celui qui dirige et doit diriger le ministère.

L'empereur se flatte encore que vous conserverez la supériorité que vous avez acquise; que cette grande entreprise, que seul vous avez déterminée, ne sera achevée que par vous, et que vous en saurez rendre les conséquences et les résultats dignes du but qu'elle doit se proposer. Je ne sais ce qu'il y a de vrai et d'exagéré dans cette opinion de l'empereur sur M. de Villèle; mais je devois vous la faire connoître; vous y trouverez l'explication de toutes ses méfiances et de ses soupçons.

Tout ceci, monsieur le vicomte, ressemble un peu à un hors-d'œuvre, j'en conviens ; mais il m'importoit cependant de vous faire bien connoître la cause véritable des difficultés que je puis et dois rencontrer ici. Je suis obligé de marcher avec d'autant plus de précautions que je suis seul, et que tout le monde diplomatique est contre moi.

Cette situation n'est point commode ni facile, et je n'ai de moyens de m'en tirer que de profiter de mes conversations avec l'empereur pour lui parler avec autant de franchise que je le fais. Tant qu'il croira à ma loyauté, cela ira bien ; mais si on parvient à lui inspirer de la méfiance, alors, monsieur le vicomte, ce moment devra être celui de mon rappel et de mon remplacement ; je serai usé et ne pourrai plus être ici bon à rien : or, vous voyez que déjà il m'accuse de *chercher le défaut de la cuirasse.* C'est me soupçonner de finesse ; de là à me croire trompeur il n'y a qu'un pas. Si l'empereur le franchit, j'aurai soin de vous en avertir.

Il ne faut pas, monsieur le vicomte, savoir au cabinet russe un trop grand gré de la preuve de condescendance qu'il croit nous avoir donnée en renonçant à faire insérer dans les journaux l'article relatif à l'armée de l'Alliance. Vous aviez remarqué dans ma derrière dépêche que l'empereur sembloit attacher à cette mesure beaucoup moins d'importance que le général Pozzo ; votre observation étoit juste, et je vous avoue que je ne vous en ai parlé que comme Nesselrode m'en avoit parlé lui-même, comme d'une simple proposition. Je ne suis point allé sur les lieux ; mais j'ai de fortes raisons pour ne pas croire à la force effective de l'armée que l'on vouloit mettre à votre disposition. Je sais d'ailleurs que l'état des finances ne permettroit pas de mobiliser cette armée ; car enfin, ce n'est pas chose facile ni peu chère que d'envoyer cent mille hommes à quinze cents lieues de chez eux. Je crois donc, monsieur le vicomte, que tout ce que nous avons de mieux à faire, c'est de déterminer seuls et largement notre grande entreprise, et non-seulement de ne pas nous effrayer de cette terrible intervention russe, dont au loin on s'épouvante si fort, mais même de ne jamais compter sur elle, si malheureusement elle nous devenoit nécessaire, à moins d'avoir un grand nombre de millions à mettre à cette fantaisie. Telle est mon opinion, et je n'attache pas d'autre valeur au sacrifice que l'on a voulu me faire croire que j'avois obtenu.

Voilà, monsieur le vicomte, un appendice bien long à une dépêche qui déjà n'est pas courte ; ne voyez, je vous prie, dans toutes ces écritures, qu'une preuve de mon zèle et de la haute idée que j'ai de votre patience. J'aurois pu être beaucoup plus prolixe encore, mais il auroit fallu pour cela toucher une corde trop délicate pour moi, c'est-à-dire vous répéter les hommages que j'entends rendre à votre caractère et à vos talents. Il n'y a personne d'aussi gauche que moi pour dire ces sortes de choses, surtout quand elles s'adressent à quelqu'un à l'estime de qui j'attache un prix véritable. Je serois moins embarrassé pour vous parler de vos fautes, si vous en pouviez commettre, que je ne le suis pour vous dire que le comte de Nesselrode me répétoit hier ce que l'empereur me disoit le jour d'avant. C'est que depuis la restauration, vous êtes le seul dont les actes et le langage aient donné lieu de croire qu'il existoit encore des hommes d'État en France. On ajoute à cela beaucoup d'autres réflexions, je les supprime, et je me borne à vous dire qu'elles sont de nature à causer un indicible plaisir à ceux qui servent sous vos ordres, et qui, comme moi, joignent à la haute estime et à la considération qui vous sont dues l'attachement le plus sincère et le plus inviolable.

LA FERRONNAIS.

M. LE DUC DE MONTMORENCY-LAVAL A M. DE CHATEAUBRIAND.

Rome, 19 mai 1823.

Le nonce est chargé, monsieur le vicomte, de vous communiquer une dépêche du prince de Metternich au comte Appony, en date du 17 avril, et la réfutation du cardinal, du 9 mai.

Vous ne pouviez me donner un moyen plus assuré de plaire au cardinal qu'en me chargeant de lui porter quelques paroles qui promettent intérêt et protection au saint-siége dans ses différends avec l'Autriche.

On est peut-être à tort convaincu que l'intention de l'Autriche est d'occuper militairement les trois légations, immédiatement après la mort du pape. On en est tellement persuadé, qu'on prétend avoir connoissance de lettres-circulaires déjà imprimées à Modène, par lesquelles on invitera les fournisseurs du duché à concourir pour les approvisionnements nécessaires à un corps de vingt mille hommes.

Le gouvernement romain est beaucoup trop circonspect pour oser lui-même parler de telles révélations, mais elles nous sont parvenues, au ministre de Russie et à moi, par une voie indirecte.

Il me reste à vous répondre, au sujet du désir de la démission de l'archevêque de Lyon, dont vous me parlez dans votre lettre particulière du 23 avril : j'ai consulté des gens qui l'approchent ; jamais le cardinal Fesch ne se pliera à ce sacrifice. Les anciennes tentatives ont été inutiles ; celles-ci le seroient encore.

Je n'ai plus, monsieur le vicomte, qu'à me féliciter avec vous de nos progrès en Espagne et dans le cœur des Espagnols. Mais que fait-on à Séville, et sir William A'Court laissera-t-il jamais M. le duc d'Angoulême approcher de la personne du roi ?

Je ne connois rien de plus noble et de plus digne d'un ministre du roi que vos paroles dans les deux chambres. C'est mon plaisir d'en faire convenir quelques libéraux anglois que nous avons encore ici; vous les dépeignez parfaitement.

Vous ne doutez, monsieur le vicomte, de mon ancien et inaltérable attachement.

MONTMORENCY-LAVAL.

M. DE CHATEAUBRIAND A M. LE COMTE DE CAUX.

Paris, ce 22 mai 1823.

Quand vous recevrez cette lettre, monsieur le comte, vous ne serez plus qu'à quelques journées de Madrid. Je vais entrer avec vous dans de dernières explications.

Je vous ai dit que le plan original a été un peu altéré. Au lieu d'instituer le conseil de Castille seul, on assemblera les membres, autant que faire se pourra, des divers conseils qui administrent l'Espagne. Ces membres choisiront chacun dans leur conseil deux commissaires, lesquels éliront à leur tour une régence composée de cinq membres. Ceux-ci sont à peu près désignés. C'est le duc de l'Infantado, président, le duc de San-Carlos, un archevêque, le baron d'Eroles, à moins qu'il ne préfère être ministre de la guerre; le cinquième membre est encore inconnu.

Ici naîtront des difficultés. Le duc de l'Infantado voudra-t-il accepter? Le trouvera-t-on à Madrid? Il est timide en politique. Les membres de la junte actuelle n'auroient-ils pas des prétentions? M. d'Ero est nommé ministre des finances, et il est probable qu'il sera satisfait. Calderon est vieux et sans ambition; mais le vieil Eguia, qu'en ferez-vous? Son nom effarouche tout le côté modéré de l'Espagne; on ne peut guère le mettre dans la régence. Il faudroit lui trouver quelque grande place honorifique. Les ministres de la régence nous ont été presque tous désignés par le roi Ferdinand : c'est le baron d'Eroles pour la guerre (on ne le dit pas propre à cet emploi); M. d'Ero pour les finances; M. de Casa-Irujo pour les affaires étrangères : celui-ci est à Paris et va partir; don Garcias pour ministre des grâces et de la justice.

La régence ne peut être et ne doit être qu'administrative. Si elle faisoit des lois et des constitutions dans l'absence du roi, elle tomberoit dans le vice des cortès.

Pourtant la régence doit faire deux choses aussitôt qu'elle sera installée, lesquelles choses doivent avoir force de loi, parce que la nécessité les commande. Elle doit faire des emprunts à l'étranger, car elle se trouveroit sans finances; elle doit reconnoître tous les traités qui ont été faits par les cortès avec des puissances étrangères. Car les tiers ne peuvent jamais perdre leurs droits. Ce sera d'ailleurs une excellente politique, et l'Angleterre en sûreté pourra être plus facilement amenée à reconnoître elle-même la régence.

Je vous ai dit, monsieur le comte, que toute l'Europe continentale reconnoîtra la régence et enverra ses ambassadeurs à Madrid. L'Autriche est déjà prête; nous aurons dans quelques jours les désignations des cours de Berlin et de Pétersbourg. Rome, Naples et la Sardaigne se joindront aux cours alliées, et j'espère que l'Autriche déterminera les petits États d'Allemagne à imiter son exemple. Plus le corps diplomatique sera nombreux, plus l'impression sera grande sur l'esprit des peuples; et il sera impossible que l'Angleterre se tienne longtemps dans l'isolement auprès de Ferdinand et de ses geôliers : il y a une force morale qui entraîne tout et qui vaut mieux que des armées.

Le roi a désigné M. de Talaru, pair de France, pour être son ambassadeur auprès de la régence espagnole pendant la captivité du roi Ferdinand. Il aura pour premier secrétaire de légation M. de Gabriac. J'écrirai à M. de Flavigny pour lui apprendre à quel emploi Sa Majesté le destine. Quant à vous, monsieur le comte, vous allez être nommé ministre; mais le roi désire que vous restiez auprès de M. de Talaru tant que vous pourrez lui être utile.

M. le marquis de Mata-Florida et le reste de la régence d'Urgel sont arrivés à Paris.

Si M. le duc d'Angoulême vous le permettoit, vous pourriez mettre cette lettre sous ses yeux.

Je vous prie de la communiquer à M. de Martignac.

Croyez, monsieur le comte, etc.

CHATEAUBRIAND.

M. DE CHATEAUBRIAND A M. DE LA FERRONNAIS.

Paris, 27 mai 1823.

Le jour même que vos lettres et vos dépêches, monsieur le comte, m'arrivèrent par M. de Cussy, qui me les apportoit de Berlin, un courrier de Vienne me remit des dépêches de M. de Caraman, et une lettre du prince de Metternich. Je reviendrai bientôt sur vos propres dépêches.

Il y avoit deux dépêches de M. de Caraman : l'une, sur les affaires générales et disant positivement que le prince de Metternich alloit envoyer à M. Brunetti des instructions pour Madrid ; l'autre étoit relative à la réclamation officielle de Naples, que l'on regardoit comme la chose la plus juste, la plus simple, et comme devant être du plus grand secours aux alliés. La première dépêche étoit remplie d'éloges de la conduite de la France et de choses flatteuses pour moi. La lettre du prince de Metternich contenoit les mêmes éloges, particulièrement sur le dernier discours que j'ai prononcé à la chambre des pairs ; le prince finissoit par me dire un petit mot en passant sur l'affaire de Naples, qu'il regardoit *comme de simple forme*.

M. l'ambassadeur de Naples me demanda une conférence avec les représentants des trois cours alliées. Cette conférence eut lieu. Le prince de Castelcicala nous lut une longue note, et exhiba de pleins pouvoirs du roi de Naples, en vertu desquels il étoit autorisé à se rendre à Madrid pour entrer dans la régence et y sanctionner tout ce qui seroit fait par cette régence.

Tout prévenu que j'étois par la première lettre de M. de Caraman, je ne revenois pas de ma surprise. Il m'étoit presque impossible d'imaginer qu'un vieux roi qui chasse à Vienne au lieu de gouverner ses États, et dont la capitale est occupée par des troupes autrichiennes, vînt déclarer que l'Espagne étoit à lui en cas de mort de la famille royale d'Espagne ; que la France avoit fait tant de sacrifices pour mettre M. le duc d'Angoulême et cent mille soldats françois sous le sceptre du prince de Castelcicala. Je me contins cependant. Il fut convenu qu'on s'assembleroit le lendemain, que chacun feroit une réponse, et que l'on dresseroit un protocole de toute l'affaire.

La séance fut assez vive. Le prince de Castelcicala fut extrêmement aigre, et il alla jusqu'à manifester ouvertement le désir que les trois grandes puissances continentales n'envoyassent pas leurs agents diplomatiques à Madrid. J'avois fait dans la nuit une réponse assez longue, où je démontrois jusqu'à l'évidence non-seulement les inconvénients, mais les dangers d'une intervention, qui pouvoit suspendre une entreprise qui, selon moi, pouvoit et devoit avoir les plus heureux résultats. M. le baron de Vincent, frappé de la force de ma note, dit qu'elle étoit d'une nature si grave, qu'il ne pouvoit plus, si elle restoit telle qu'elle étoit, faire partir M. Brunetti pour Madrid, et qu'il seroit obligé de demander de nouveaux ordres à Vienne. Comme il ne faut pas que les mots arrêtent les choses, je dis à M. le baron de Vincent que je ne mettrois rien du tout au protocole s'il le vouloit; il insista pour que j'y consignasse quelque chose, et, d'accord avec lui et les autres ambassadeurs, je la réduisis aux termes où vous la verrez au protocole; mais je vous envoie la note originale, dont le général Pozzo m'a demandé aussi une copie. Je ne doute point que l'excellent esprit de l'empereur et de son cabinet ne soit frappé de toutes les impossibilités des prétentions de la cour de Naples et des dangers manifestes que ces prétentions nous auroient fait courir si elles nous avoient fait retarder l'envoi de nos ambassadeurs à Madrid.

Et vous remarquerez que je n'ai pas même tout dit dans la note; car il n'est pas clair aux yeux des Espagnols que la couronne soit dévolue au roi de Naples si la famille royale d'Espagne venoit tout à coup à manquer. Il n'est pas du tout prouvé par la loi des Espagnes que les femmes n'héritent pas; et dans ce cas la princesse de Lucques et son fils arrivent avant la branche de Naples : tout cela est pitoyable. Le prince de Castelcicala m'avoit fait l'aveu qu'il avoit parlé de cette affaire à l'Angleterre. « Eh bien! lui dis-je, vous aurez été bien reçu; car elle doit être charmée de tout ce qui pourroit amener des divisions dans l'Alliance. — Non, me répondit-il, car elle veut que ce soit la maison de Bragance qui règne en Espagne; ainsi elle n'est pas pour notre intervention. » Je contai cela à sir Charles Stuart, qui me dit : « Eh bien! s'il vous a dit cela de *nous*, voilà ce qu'il est venu me dire de *vous*, en nous invitant à l'appuyer. Il faut, m'a-t-il dit, *défranciser* cette affaire d'Espagne. » Et c'est le ministre d'un Bourbon qui parle ainsi, quand notre sang coule pour un Bourbon, et que l'héritier de la branche aînée de cette famille s'expose pour la cause de toutes les monarchies de l'Europe aux balles des soldats des cortès ou au poignard des assassins.

Le bon génie l'a emporté sur celui de la discorde; un autre petit protocole a été dressé en même temps que l'autre; on y a fixé les bases d'après lesquelles nous envoyons nos agents diplomatiques à Madrid. On n'y a laissé rien de douteux, rien de sujet à contestation; le protocole a été signé par les représentants des quatre grandes cours. En conséquence, le marquis de Talaru est parti ce matin même pour Madrid, et MM. Brunetti et Bulgari partiront à la fin de la semaine. M. de Talaru est nommé ambassadeur auprès du roi Ferdinand, et accrédité comme tel auprès de la régence d'Espagne et des Indes pendant la captivité du roi. Quant à la question de Naples, vous voyez qu'elle est renvoyée à l'époque où nous connoîtrons le sentiment des cabinets de Pétersbourg et de Berlin; et je ne doute pas que ce sentiment ne soit conforme à celui que j'ai exprimé au nom du roi dans ma note.

Le malheur des distances, monsieur, est que cette affaire, sur laquelle je vous écris si longuement, sera oubliée, ou n'aura plu- qu'un foible intérêt lorsque je recevrai votre réponse. Les événements auront marché, la scène aura changé ; nous en serons à d'autres combinaisons et d'autres actions. Dans ce moment nous voilà arrivés au second acte du drame. Si jusque ici, au milieu d'une marche militaire, quelques irrégularités ont été commises, si dans des proclamations et des actes il y a eu quelque chose de trop ou quelque chose d'oublié, maintenant tout va marcher correctement. Nos agents établis à Madrid agiront de concert d'après les conventions stipulées dans le protocole.

Vous verrez par les journaux que deux colonnes mobiles marchent sur Badajos et Séville. Nous sommes persuadés que les cortès n'attendront pas nos soldats, et qu'elles emmèneront leur royal prisonnier à Cadix. On dit que l'île de Léon n'est pas en état de défense, et que les cortès manquent d'une garnison assez nombreuse pour l'occuper. Si Bordessoulle peut s'y jeter, Cadix ne tiendra pas longtemps. Buonaparte n'y put jamais pénétrer, et c'est ce qui l'empêcha de se rendre maître de Cadix.

Nous envoyons douze mille hommes de réserve à M. le duc d'Angoulême. Il en restoit à peu près autant dans les dépôts; de sorte qu'au commencement de juillet l'armée aura reçu un renfort de vingt-quatre à vingt-cinq mille hommes. Nous aurons de plus, si cela est nécessaire, les quarante mille hommes de la conscription. J'ai admiré ce que vous a dit l'empereur sur la nécessité de nous créer une réserve pour alimenter notre armée. Nous sommes persuadés que s'il y a un cabinet en Europe qui se réjouisse de notre résurrection militaire, c'est celui de Saint-Pétersbourg. L'empereur est un prince trop généreux, son pays est trop puissant, pour avoir jamais à craindre de nous voir remonter au rang dont nos malheurs nous avoient fait descendre. Nous redevenons le boulevard naturel de l'Europe contre la puissance de l'Angleterre.

Pour moi, monsieur, je vous avoue que je suis bien fier, pour ma part, de la petite place que j'ai eue et que j'occupe dans ces grands événements. Je vous prie de dire à l'empereur combien je suis touché et reconnoissant de sa bienveillance. Dites-lui que je l'en remercie.

Que nous falloit-il? Un gouvernement royaliste à Madrid, tel quel, le meilleur possible, avec lequel nous pussions combattre les cortès et parler au nom des Espagnols. Quand les alliés vinrent à Paris, en 1814, ils n'hésitèrent pas à regarder le sénat comme un gouvernement : pourquoi ? Parce qu'il falloit marcher, agir, frapper un coup. Aujourd'hui nous avons à Madrid les premiers hommes de l'Espagne, des hommes honorables de toutes les façons, et nous hésiterions à les reconnoître, quand ils exposent leur fortune et leur vie? En vérité, il faudroit ignorer profondément les affaires humaines, ne rien entendre aux révolutions, et ne savoir pas surtout comment on les finit. Vous avez dû recevoir un courrier que la régence envoie à Pétersbourg pour notifier son existence ; elle va vous envoyer aussi un ambassadeur. Le duc de San-Carlos est arrivé ici aujourd'hui en cette qualité, et nous allons le reconnoître : le gouvernement des cortès n'existe plus pour nous ; et puisque nous avons notre ambassadeur auprès de la régence, il est tout simple qu'elle ait le sien auprès de nous. Nous supposons que l'alliance en fera autant; cela découle du principe.

Ainsi, monsieur le comte, vous voyez que l'affaire de l'Espagne n'est plus qu'une affaire *de temps*; elle se réduit à ceci : Combien de jours Cadix sera-t-il bloqué sans ouvrir ses portes?

Il ne peut rien nous arriver dans l'intérieur de l'Espagne; il n'y a pas trace de résistance un peu sérieuse, et l'arrivée de nos agents diplomatiques va donner un nouvel élan à la nation. L'Angleterre est singulièrement vexée de cette mesure, que j'ai toujours regardée comme décisive; les journaux anglois font de longs commentaires, et sir Charles Stuart est encore venu ce matin me parler, avec un chagrin mal dissimulé, de cette résolution des cours. Je lui ai dit en riant : « Eh! sir Charles, faites comme nous : reconnoissez la régence, et que S. W. A'Court revienne rejoindre ses amis, et cesse de boire de cette mauvaise eau des citernes de Cadix. »

Vous voyez, monsieur le comte, que je n'épargne pas les lettres. Je me suis aperçu que les dépêches des bureaux rendoient mal mes idées. C'est un courrier du général Pozzo qui vous portera ce paquet. Je vous expédierai M. de Fontenay dans le courant de la semaine prochaine. J'espère que vous vous accoutumerez à ma mauvaise écriture.

Mille compliments, monsieur le comte, etc.

CHATEAUBRIAND.

LE PRINCE DE METTERNICH A M. DE CHATEAUBRIAND.

Vienne, ce 25 mai 1823.

Monsieur le vicomte,

Je ne saurois me refuser au besoin de témoigner directement à Votre Excellence le plaisir que m'a fait éprouver la lecture du discours excellent qu'elle a tenu le 30 avril dernier, à la chambre des pairs. Il ne renferme pas une parole qui n'ait droit de porter coup; plein de modération et de force, il a retenti dans toute l'Europe, et si vous établissez en thèse que les tribunes ne doivent pas se répondre, vous avez saisi un moyen bien adroit pour gêner celle dans le parlement britannique.

Je vous félicite de même, et avec vous l'Europe, de la marche que suivent vos opérations en Espagne. Je regarde comme l'une des chances les plus heureuses, tant pour la consolidation des choses en France que pour le salut du corps social dans son entier, qu'il soit entré dans la destinée du pays qui a servi de foyer à tant de soulèvements d'être appelé à porter un coup à la révolution, duquel, s'il est porté avec vigueur, celle-ci ne se relèvera pas. La démonstration de l'isolement des factieux au milieu d'une masse inerte, à laquelle ils ne manquent jamais de prêter leur propre couleur, ne sauroit être faite trop souvent. L'Espagne offre aujourd'hui le même spectacle que Naples; le même qu'eût offert la France si le remède eût été autrement employé en 1792; le même, enfin, qu'offrira toute révolution si elle est attaquée avant que les fortunes n'aient été entièrement déplacées. Vous m'avez vu convaincu, monsieur le vicomte, à Vérone, que la difficulté de l'entreprise consistoit principalement dans plus d'une gêne à laquelle seroit exposé tout naturellement le gouvernement françois : ce n'est effectivement que là que j'ai pressenti et reconnu des obstacles à la restauration de l'Espagne. Le tableau que je m'étois fait de l'état des choses dans ce royaume n'a jamais différé de ce qui aujourd'hui est démontré vrai jusqu'à l'évidence. Il doit me suffire de vous rappeler ces faits pour vous prouver combien je dois, en mon particulier, reconnoître de mérite aux hommes qui ont su déployer assez de caractère pour arriver au lieu où ils sont arrivés déjà.

Soyez assurés que, de notre côté, nous serons constamment prêts à servir la cause à laquelle s'attache l'avenir de tous les gouvernements comme de toutes les institutions. M. de Vincent reçoit par le présent courrier des instructions qui portent sur un objet qu'en mon âme et conscience je regarde comme de simple forme. Je prie Votre Excellence de le saisir également sous ce point de vue, et d'aviser avec MM. les représentants des cours aux moyens les plus prompts pour tirer de la position les avantages incontestables qu'elle présente sous tous les points de vue moraux.

Continuez, monsieur le vicomte, à vous vouer à votre grande et généreuse entreprise, et votre ministère sera tombé dans une époque bien heureuse et à la fois bien glorieuse si la France, qui la première a ouvert le gouffre de la révolution, devoit avoir le bonheur de le fermer sous votre administration. Toutes les chances pour l'achèvement d'une œuvre aussi grande sont là, et ce qui trop souvent ne se présente que comme des vœux s'offre aujourd'hui à votre action.

Veuillez agréer l'hommage de ma haute considération.

METTERNICH.

M. DE RAYNEVAL A M. DE CHATEAUBRIAND.

Berlin, 29 mai 1822.

Je ne saurois trop remercier Votre Excellence des lettres particulières qu'elle veut bien m'écrire. En peu de mots, elles contiennent de la manière la plus saillante le résumé des instructions que les dépêches renferment, et si elle veut bien continuer à m'honorer de la même faveur, j'oserai lui promettre de ne jamais m'écarter de la ligne qu'il conviendra au système général du gouvernement du roi que tienne le ministre de S. M. à Berlin.

Quoique mon expédition de ce jour ne soit pas très-volumineuse, je n'y ajouterai que peu de chose. Votre Excellence se rappellera que M. de Bernstorff avoit précédemment émis l'opinion que l'Angleterre ne seroit pas fâchée de voir l'affaire d'Espagne tirer en longueur. Aujourd'hui il croit que le cabinet de Londres voudroit au contraire voir la guerre se terminer promptement, ce qu'il attribue à l'impossibilité où l'Angleterre se voit de mettre obstacle à la rapidité de nos succès. Si elle eût pu isoler la France de ses alliés ou donner aux Espagnols d'une manière quelconque des moyens de résistance, elle eût persévéré dans ses premières vues; mais elle voit aujourd'hui qu'elle ne peut exercer aucune influence qu'en s'associant, en partie du moins, aux autres puissances. Elle espère y trouver son compte, et les alliés, selon lui, y trouveront aussi le leur si l'Angleterre, ce qu'il croit possible, obtient la liberté du roi Ferdinand. Je ne sais si je me trompe, monsieur le vicomte, mais il me semble qu'avec la vigilance que vous y porterez l'intervention de l'Angleterre dans les négociations préliminaires, aujourd'hui surtout que sa neutralité paroît assurée, par l'attitude des autres puissances plus encore que par ses déclarations, peut nous offrir le moyen de contrebalancer avec avantage ce qu'il y auroit de trop absolu dans la manière dont ce gouvernement-ci et les deux cours impériales voudroient envisager la question. Notre langage sur les principes, et c'est, je crois, un point très-essentiel pour la consolidation de notre système politique, continuera à être le même que celui de nos alliés, et les objections, les preuves de la nécessité des concessions, s'il faut en faire, seront présentées par l'Angleterre, qui n'a rien à ménager sous ce rapport, et qui restera dans son rôle naturel.

Je sais qu'on a fait valoir, pour faire sentir à l'Angleterre combien son attitude hostile envers la France pouvoit devenir nuisible aux autres puissances, un argument qu'il est bon de connoître, que nous ne devons pas trop répéter, mais qui peut être reproduit avec utilité dans l'occasion. On a dit que si l'Angleterre poussoit la menace trop loin, elle nous obligeroit à des efforts extraordinaires, et par là nous mettroit dans le cas de *nous créer de nouveaux moyens de puissance sur le continent, qui plus tard pourroient devenir dangereux pour l'Europe; qu'il seroit d'autant plus fâcheux que ce fût là le résultat de la guerre d'Espagne, que cette guerre étant entreprise de la part de la France comme n'étant pas désagréable aux cours alliées, celles-ci ne pourroient mettre aucun obstacle au développement de ses forces, quoique prévoyant qu'elles pourroient, par la suite, être tournées contre elles.* A ce raisonnement se rapporte secrètement un mot qui est échappé l'autre jour à M. de Bernstorff. Il s'échauffoit contre M. Canning et contre sa fausse politique, qui le portoit à s'écarter du système de lord Castelreagh.— « Il doit cependant bien s'apercevoir, me disoit-il, combien il s'est trompé; il a d'abord voulu vous faire peur pour retenir votre armée, et elle a marché. Il a en même temps voulu persuader aux Espagnols d'entrer en composition, et ils ont refusé tout net. Enfin il a prétendu isoler la France des autres grandes puissances, et c'est au contraire l'Angleterre qu'il a isolée, en les forçant à lui déclarer, et cela *malgré elles*, qu'elles appuieroient toutes sans exception la France si elle étoit attaquée. » — Je n'ai point relevé ce *malgré elles*, mais je l'ai bien retenu et me suis promis d'en faire part à Votre Excellence.

Nos succès en Espagne, ce qui revient de tous côtés sur l'accueil qu'on y fait à nos troupes, leur discipline, leur courage, leur fidélité et le dévouement que leur inspirent les grandes qualités que développe M. le duc d'Angoulême, tout cela produit un effet qui surpasse nos espérances. M. de Cussy pourra vous dire, monsieur le vicomte, que les officiers les plus distingués de l'armée prussienne, loin de montrer de la jalousie de la rénovation de notre armée, y applaudissent hautement. Tout réservés qu'ils sont, les diplomates mêmes commencent à nous regarder d'un tout autre œil. M. d'Alopéus, qui ne sort pas aisément du langage officiel, commence à me parler des avantages d'une alliance entre la France et la Russie; il n'en concevoit pas la possibilité il y a quelque temps, aujourd'hui il y voit toutes sortes d'avantages, et est même assez près d'avouer que ce système seroit préférable à celui de la grande alliance, soit pour assurer le repos de l'Europe, soit pour agir s'il en étoit besoin.

Je crois devoir prier Votre Excellence d'interroger M. de Cussy sur le jugement que porte M. de Bernstorff de l'ambassadeur d'une des grandes cours à Paris.

Agréez, etc.

RAYNEVAL.

M. DE CHATEAUBRIAND A M. DE CARAMAN.

Paris, ce lundi soir 2 juin 1823.

Je ne puis vous dire, monsieur le marquis, à quel point j'ai été surpris de votre lettre du 27 du mois dernier. Le conseil que j'ai sur-le-champ rassemblé a partagé mon étonnement. J'espérois que votre lettre m'apporteroit la nomination du ministre ou du chargé d'affaires de Vienne à Madrid, car c'est là aujourd'hui l'affaire capitale, l'affaire pressante, pour que tout se fasse de concert avec nos alliés dans la conclusion de la guerre d'Espagne. Nous avions réservé pour nous les dangers et les inconvénients de cette guerre, nous n'avions pas appelé nos alliés au combat; nous les appelions à la victoire; nous voulions qu'ils réglassent avec nous les destinées de l'Espagne, qu'ils profitassent du gain de cette partie où nous avions mis pour enjeu notre sang, nos trésors et la couronne de France. Au lieu d'un acquiescement à une mesure loyale et toute en faveur de l'alliance, nous recevons une proposition qui demande de mûres considérations et qui n'est plus en rapport avec la marche des événements.

Il faut bien songer, monsieur le marquis, quand une guerre comme celle d'Espagne est commencée, que chaque jour varie la scène. La politique est entraînée par le mouvement des choses et la rapide complication des affaires. Il faut bien songer que si l'Europe continentale veut la paix, une paix longue et durable, la guerre d'Espagne doit être courte, et nous devons nous retirer promptement de la Péninsule : or, toute mesure qui tend à prolonger cette guerre amène avec soi des dangers. Une régence en Espagne purement administrative, le corps diplomatique de l'Europe placé immédiatement auprès de cette régence faisoient disparaître les difficultés et portoient l'Angleterre elle-même à favoriser la délivrance du roi Ferdinand. En seroit-il ainsi dans le plan proposé relativement à la cour de Naples? C'est ce qu'il convient d'examiner.

Que désire le prince Ruffo? Que nous reconnoissions les droits du roi de Naples à succéder au trône d'Espagne. Eh! qui lui conteste ce droit? Certes, ce n'est pas la France. La guerre que nous faisons aujourd'hui est au profit du roi des Deux-Siciles, puisque nous défendons ses droits sur la couronne d'Espagne, en défendant ceux de Ferdinand VII. Il ne s'agit donc pas du principe, puisqu'il est accordé sans contestation.

C'est donc d'une certaine conséquence de ce principe, conséquence d'après laquelle rien ne seroit légitime en Espagne si la cour de Naples n'avoit approuvé les mesures prises ou à prendre.

Mais, monsieur le marquis, la cour de Naples peut-elle maîtriser cette nécessité qui sort du fond des choses, cette nécessité qui naît des accidents de la guerre, du caractère des hommes, des passions et des partis qui divisent l'Espagne? Nous qui portons le poids de la chaleur et du jour, nous serions sans doute très-disposés à soumettre notre humble avis aux ordres de M. le prince de Ruffo, mais nous ne sommes pas seuls dans la question. Nos intérêts ne sont pas séparés de ceux de l'alliance, et nous ne savons pas encore si l'alliance seroit d'avis de remettre les destinées de l'Espagne entre les mains de la cour de Naples, afin que celle-ci les remît ensuite aux mains de l'alliance. Nous ignorons quel est sur ce point le sentiment de la Russie et de la Prusse. Il faudroit donc d'abord que nous consultassions ces deux puissances avant de prendre une résolution : or, je vous demande si dans le mouvement de la guerre il seroit possible de suspendre la formation d'un gouvernement provisoire et la reconnoissance de ce gouvernement jusqu'au moment où nous aurions reçu des réponses définitives des cours alliées sur l'intervention de la cour de Naples. Ensuite remarquez deux difficultés insurmontables.

Aujourd'hui que la régence est formée, que la grandesse d'Espagne vient de reconnoître cette régence, croyez-vous que des hommes aussi puissants veuillent reconnoître tout à coup qu'ils n'ont plus d'autorité? Quand ils ont eu le courage de prendre un parti, de courir les chances périlleuses des événements, leur juste orgueil, leurs intérêts ne seront-ils pas blessés si nous venons leur dire : « Vous n'êtes rien, c'est la cour de Naples qui règle votre sort et dispose de votre avenir? Notre armée tout entière ne suffiroit pas pour comprimer des mécontentements si légitimes. »

En second lieu, que diroit l'Angleterre (et cette raison est d'un poids immense) si elle voyoit d'autres Bourbons venir se mêler avec les

Bourbons de France, les Bourbons d'Espagne? Elle nous a cent fois déclaré que si nous combattions pour notre sûreté, elle resteroit neutre, mais que si nous avions pris les armes pour des *intérêts de famille,* pour *rétablir des alliances entre Bourbons,* elle ne le souffriroit pas. Prenons garde de réveiller la jalousie du cabinet de Saint-James.

Rien de plus juste que d'admettre l'ambassadeur des Deux-Siciles pour les affaires de la Péninsule aux conférences des ambassadeurs des quatre grandes cours alliées ; rien de plus juste que la cour de Naples soit appelée à donner son avis sur tout ce qui concerne l'Espagne, qu'elle envoie avec nous un ministre à Madrid auprès de la régence, qu'elle soit la première consultée : c'est ce que nous désirons, c'est ce que nous avons été les premiers à demander ; mais les ouvertures que vous me faites sont d'une nature si grave, si inattendue, si en retard des événements, qu'il faudra que je connoisse, avant de rien déterminer, les dispositions des cours alliées.

Je n'ai point encore vu le prince de Castelcicala ; mais quand il me parlera, je lui répondrai dans le sens que je vous indique ici.

Ce qui étonne le plus le conseil, c'est que n'ayant pas de pouvoirs pour décider un point aussi important, vous n'ayez pas auparavant pris les ordres de la cour. Je n'ai pas osé mettre votre lettre sous les yeux du roi, dans la crainte qu'il ne se prononçât d'une manière que je n'aurois pas pu vous dissimuler. J'espère que tout s'arrangera, que M. le prince de Metternich sentira la nécessité d'envoyer un agent diplomatique auprès de la régence, et que l'idée relative à Naples sera ou abandonnée ou remise à une exécution éloignée, dans le cas où d'autres chances viendroient à s'ouvrir. Je vous le répète en finissant, l'Angleterre prendroit très-certainement en mauvaise part l'intervention de Naples ; ensuite, je ne vois aucun moyen possible d'amener les Espagnols maintenant en pouvoir à céder leur place ; ils ont été accoutumés depuis vingt ans à régir l'Espagne sous le nom de Junte et de Régence, pendant la captivité de leur roi. Je ne sais pas comment on pourroit leur persuader d'abandonner un pouvoir qu'ils exercent de nouveau au péril de leur fortune et de leur vie. Si l'intervention de Naples avoit été proposée il y a quatre mois, on auroit pu s'entendre ; mais comment tout changer quand nos troupes sont en marche sur Séville, où elles seront peut-être arrivées au moment où vous recevrez cette lettre ?

Je m'aperçois qu'en dictant rapidement ces explications je vous ai parlé des grands d'Espagne : c'est qu'ils ont fait une adresse à Mgr le duc d'Angoulême, qui sera demain dans *Le Moniteur.*

J'ai l'honneur, etc.

CHATEAUBRIAND.

M. DE CHATEAUBRIAND A M. DE LA FERRONNAIS.

Paris, 2 juin 1823.

Il faut, monsieur le comte, une grande dose de patience quand on est ministre, et je suis mis tous les jours à de rudes épreuves. La lettre à M. de Caraman, et ma réponse à cette lettre, vous instruiront du fond de l'affaire, si déjà vous ne l'avez apprise de Vienne.

Je ne doute point qu'un ambassadeur de Russie qui auroit passé ses pouvoirs à ce point, et qui n'auroit pas senti davantage la conséquence de sa démarche, eût été sur-le-champ rappelé. Le roi est très-irrité, et si M. de Caraman reste encore à Vienne, c'est uniquement par considération pour M. le prince de Metternich.

Après ma lettre et celle de M. de Caraman, vous trouverez dans l'ordre des dates celle du roi de Naples et la réponse de notre roi. Vous puiserez dans ces lettres tous les arguments contre le projet de M. Ruffo. J'espérois ajouter quelques considérations, que vous ferez valoir auprès du cabinet de Pétersbourg.

Il ne peut plus être question du plan de M. Ruffo et de la régence de Naples en Espagne, puisque le roi de France trouve les plus grands inconvénients à ce projet et qu'il a d'ailleurs une régence déjà établie en Espagne. Mais voyez, monsieur le comte, le résultat de cette proposition désastreuse. La mesure de l'envoi du corps diplomatique à Madrid a été suspendue. Le marquis de Talaru est parti seul. Vous sentez combien l'Angleterre, les agitateurs en Europe et les cortès en Espagne peuvent profiter de cette circonstance s'ils la remarquent. Ils ne manqueront pas de dire qu'un principe de division a éclaté. Les intrigues, les complots, les espérances renaîtront de toutes parts, et on court risque d'éterniser une guerre qui pourroit être finie avant le mois d'août. Si cette guerre se prolonge, que de chances peuvent naître! Qui nous répond que l'Angleterre, dont on a eu tant de peine à obtenir la neutralité, ne se déclarera pas; et si elle se déclare, n'allumera-t-elle pas une guerre européenne?

Nous avons rempli scrupuleusement toutes nos conditions. Nous nous sommes prêtés à tout ce que l'on demandoit de nous. Il résulte du plan proposé par la cour de Naples que l'on paroît maintenant se refuser aux arrangements convenus.

Mais, au milieu de tous les hasards d'une guerre prolongée, quel parti prendrions-nous? Nous exposerions-nous à perdre le fruit d'une entreprise aussi hasardeuse et si difficile pour la bizarre ambition d'une puissance qui, toute foible qu'elle est, ne jouit pas même de son indépendance, puisque son territoire est occupé par une armée autrichienne? La guerre avec l'Espagne, d'abord si impopulaire en France, rendue ensuite populaire par nos succès, redeviendroit bientôt impopulaire. Si elle se prolongeoit, et s'il falloit y faire de nouveaux sacrifices, alors nous nous verrions forcés de chercher notre salut dans une paix qui, sans blesser les intérêts de l'alliance, ne renfermeroit cependant pas tout ce qu'elle pourroit désirer. Tout cela n'arrivera sans doute pas. J'espère que M. Brunetti recevra bientôt de Vienne l'ordre de partir pour Madrid, et alors le général Pozzo pourra inviter M. Bulgari à se rendre de son côté à son poste ; mais vous conviendrez, monsieur le comte, qu'il est dur pour vous, et pour moi en particulier, qui ai eu tant de peine à conduire cette immense affaire d'Espagne, de nous voir contrariés, arrêtés, tandis que le sang françois coule et que nous épuisons notre trésor.

Je connois trop la magnanimité de l'empereur de Russie et la loyauté de son cabinet, pour douter un moment qu'il ne ressente avec autant de peine que nous ce que cet incident a de fâcheux, et pour qu'il ne donne pas l'ordre à son chargé d'affaires de se rendre auprès de la régence à Madrid. Je me souviens très-bien avec quelle sagesse et quelle force il a écarté il y a quelques mois les prétentions que la cour de Naples renouvelle aujourd'hui ; mais les distances sont si grandes, que le mal ne peut pas être réparé promptement.

CHATEAUBRIAND.

M. DE CHATEAUBRIAND A M. DE CARAMAN.

Paris, le 8 juin 1823.

Le courrier de M. le baron de Vincent m'a apporté, monsieur le marquis, vos lettres et vos dépêches des 23 et 25 mai. Je vous prie de remercier de ma part M. le prince de Metternich de toutes les choses obligeantes qu'il veut bien me dire. J'aurai l'honneur de répondre demain à sa lettre, par le courrier que compte expédier à Vienne le prince de Castelcicala.

Nous avons traité ici, dans des conférences longues et sérieuses, la proposition de S. M. le roi des Deux-Siciles. Vous verrez, par le protocole dont je joins ici la copie, ce qui a été décidé, et les notes auxquelles la discussion a donné lieu. J'avois fait la mienne beaucoup plus longue. J'avois exposé les inconvénients sans nombre que le gouvernement françois voit dans la proposition de Naples. J'avois démontré qu'en admettant un régent, ou le délégué d'un régent, ayant droit de *sanctionner*, c'étoit admettre un *souverain*. Que ce *souverain* auroit, par la conséquence de sa *souveraineté*, le droit de *faire des lois*, et que l'alliance ne vouloit pas surtout qu'on pût faire des lois dans l'absence de Ferdinand. J'avois prouvé qu'un incident, qui retarde l'envoi des agents diplomatiques à Madrid, met en péril l'entreprise si heureusement commencée, peut changer les chances de la guerre, faire rompre à l'Angleterre sa neutralité, toujours douteuse, etc., etc. M. le baron de Vincent m'a fait observer que plus j'insisterois sur les difficultés plus il seroit embarrassé dans sa conduite avant d'avoir pris les ordres de sa cour. Je n'ai pas hésité, pour ne rien faire qui ne fût agréable à M. le prince de Metternich, de retrancher de ma note tout ce que M. l'ambassadeur de Vienne a voulu, et je l'ai réduite au point où vous la verrez, c'est-à-dire que la France n'a pas, pour l'avenir, préjugé la question.

Il a fallu ensuite régler le départ des agents diplomatiques pour Madrid. Nous avons établi les points principaux de la direction qui doit être suivie par les envoyés des alliés, d'une manière qui doit pleinement satisfaire la cour de Vienne. Cependant M. le baron de Vincent m'a dit que M. Brunetti alloit partir pour Madrid, mais qu'il ne pourroit l'accréditer auprès de la régence que quand il auroit reçu le pouvoir du cabinet autrichien. Je suis persuadé que M. le prince de Metternich ne verra aucune raison pour retarder l'ordre qui donnera à M. Brunetti le droit de déployer son caractère auprès de la régence.

Les nouvelles de l'Espagne continuent à être très-bonnes, ou plutôt, il n'y a point de nouvelles, car la guerre n'existe plus. On ignore encore si les cortès ont pu amener le roi à Cadix ou à Badajos. Nous marchons sur ces deux villes.

Recevez, etc., etc., etc.

Signé Chateaubriand.

P.-S. Mes lettres de Madrid, que je reçois à l'instant, en date du 5, portent que les cortès vouloient partir le 4 de ce mois avec le roi pour Cadix ; que la ville veut bien recevoir le roi, mais refuse d'admettre les cortès. — Molitor doit être à Valence aujourd'hui même.

Le corps de réserve que le nouveau maréchal va mener en Espagne est de douze mille hommes. Il servira à faire la chaîne entre nos postes.

M. DE RAYNEVAL A M. DE CHATEAUBRIAND.

Berlin, ce 11 juin 1823.

Monsieur le vicomte,

C'est le 6 de ce mois que j'ai reçu par un courrier prussien la lettre particulière que Votre Excellence a bien voulu m'écrire, en date du 31 mai. J'ai sur-le-champ envoyé à M. de La Ferronnais, par estafette, les paquets qui y étoient joints, et presque en même temps je lui ai adressé une copie de la dépêche télégraphique du 28, que M. de Bernstorff a bien voulu me communiquer, comme Votre Excellence le lui avoit fait demander.

On a fort approuvé la composition de la régence. M. de Bernstorff m'a parlé de l'omission du nom des alliés dans la proclamation de M. le duc d'Angoulême, mais avec beaucoup de calme, et sans en paroître fort étonné. Du reste, il a été extrêmement satisfait de tout ce qu'elle contient, et croit qu'elle produira le meilleur effet. Quoiqu'il m'eût annoncé la veille la nomination de M. de Royez, je n'ai pas cru inutile de lui parler encore des inconvénients du délai que les cours alliées avoient mis à accéder à notre demande d'envoyer des agents diplomatiques à Madrid; et pour produire plus d'impression sur son esprit, je lui ai lu ce que Votre Excellence m'a mandé à ce sujet. Il en a paru frappé.

Agréez, je vous prie, monsieur le vicomte, l'assurance de mon entier dévouement et de ma haute considération.

RAYNEVAL.

M. DE CHATEAUBRIAND AU GÉNÉRAL GUILLEMINOT.

Paris, ce 12 juin 1823.

Je suis fâché, général, de vous importuner de mes lettres; mais une idée utile peut se trouver mêlée dans beaucoup d'ennui, et nous sommes dans des circonstances où rien n'est à négliger.

Je veux vous parler encore de Cadix. Si vous ne pouviez pas entrer dans l'île de Léon par les deux entrées du côté de la terre, on dit qu'en embarquant des troupes à San-Lucar ou à Rota, on peut en deux ou trois heures doubler la pointe de Cadix, et débarquer sans obstacles du côté de la pleine mer, sur le rivage de l'île de Léon, qui est tout à fait ouvert et sans défense de ce côté. Effectivement, je me suis moi-même promené sur le bord de la mer de ce côté, et je ne me rappelle pas y avoir vu aucune batterie, ni aucun ouvrage de fortifications. Si le fait est exact (et ce sont les Anglois, qui connoissent bien les lieux, et qui ne nous souhaitent aucun succès, qui le disent), rien ne seroit donc si facile avec notre flotte de nous emparer de l'île de Léon. Nos soldats, descendus sur la plage, du côté de la pleine mer, prendroient à revers les ouvrages qui défendent l'île du côté de la terre ferme, s'empareroient de la ville de Léon, et seroient maître des fontaines qui fournissent de l'eau à Cadix. Du bout de la chaussée qui unit Cadix à l'île de Léon, il y a à peine portée d'obus; il seroit impossible que la ville tînt longtemps dans cette position, privée de ses eaux, de ses arsenaux et de ses ports. Vous savez tout cela sans doute mieux que moi, mais enfin il ne m'en coûte pas grand'chose de vous le dire.

Vous avez appris, général, qu'on a donné ici un bâton de maréchal; j'aurois désiré qu'on eût attendu; mais enfin il y en a d'autres, et la puissance du roi n'est pas plus bornée que les services qu'on lui rend.

Mina a pris la position qu'occupoit Pamphile La Croix, et menace l'Aragon et la Catalogne.

Je n'ai que le temps, général, de vous assurer de nouveau de mon entier dévouement.

CHATEAUBRIAND.

M. DE CHATEAUBRIAND A M. DE CAUX.

Paris, ce 12 juin 1823.

J'ai reçu, monsieur le comte, vos lettres du 6 et du 7. M. le duc de San-Carlos est arrivé : nous allons nous occuper de le reconnoître. Voici une chose dont il faut prévenir la régence.

Le prince de Castelcicala, soutenu secrètement par l'Autriche, a passé une note à la France, dans laquelle il déclare que le roi de Naples, son maître, a le premier droit à la couronne d'Espagne, en cas que la ligne royale actuelle vînt à manquer, et qu'en conséquence de ce droit (qui n'est pas bien clair), il réclame pour son maître la régence d'Espagne, ou du moins le droit de sanctionner par un délégué tout ce que la régence actuelle peut faire en Espagne. Nous avons eu là-dessus deux conférences avec les ambassadeurs des cours alliées. J'ai représenté les dangers de cette proposition, et ils sont sans nombre. L'Autriche l'a appuyée; la Russie l'a repoussée, ainsi que la Prusse; mais ne voulant pas trancher trop vite une question qui pouvoit retarder le départ de leurs agents pour Madrid, la Russie et la Prusse ont dit qu'elles prendroient les ordres de leurs cabinets. Cela m'a ouvert une porte, et j'ai dit que la France, avant de prendre une résolution sur la demande de la cour de Naples, attendroit à connoître le sentiment de la Russie et de la Prusse. Cela nous donne deux mois, et en attendant, les agents diplomatiques vont partir pour Madrid.

Mais j'ai appris qu'arrivé à Madrid, M. Brunetti, avant de déployer son caractère, demanderoit à la régence de reconnoître la prétention du roi de Naples et de soumettre ses actes à sa sanction. La régence, selon moi, doit répondre avec politesse, mais avec fermeté, que cette mesure est de la plus haute importance, qu'il s'agit de prononcer sur un fait de succession, pour lequel elle ne se croit pas juge compétent; que cette mesure pourroit alarmer l'Angleterre, qui verroit dans cette question et cette guerre d'Espagne *un intérêt de famille*, ce qu'elle ne veut pas reconnoître; que d'ailleurs la régence étant à quatre-vingts lieues seulement du roi d'Espagne, elle ne pourroit pas encore prononcer sur une question si grave sans savoir s'il plaît au roi Ferdinand d'avoir auprès de lui un souverain étranger, ou le délégué de ce souverain, régent de son royaume; et que dans tous les cas la régence ne pourroit se prononcer que quand elle connoîtroit sur ce point l'opinion des cabinets de France, de Berlin et de Pétersbourg.

Prenez bien garde à ceci : c'est grave, c'est un piége de la politique autrichienne. M. Saez le verra facilement, et comme c'est lui qui sera chargé de la réponse, il pourra s'entendre avec vous. M. de Talaru est prévenu; mais montrez-lui cette lettre aussitôt qu'il sera arrivé à Madrid.

Il a quitté hier Paris; il part demain de sa maison de campagne. Je suppose qu'il arrivera le 24 ou le 25 à Madrid. M. Bulgari, chargé d'affaires de Russie, part demain 13; M. Brunetti, chargé d'affaires d'Autriche, part samedi 14, avec le chargé d'affaires de Sardaigne. Il est probable qu'ils arriveront à Madrid avant M. de Talaru. M. Boutourlin, aide de camp de l'empereur de Russie, qui va complimenter M. le duc d'Angoulême, est parti hier. Les courriers de la régence allant à Vienne et à Pétersbourg ont passé par ici. Dépêchez-vous vite d'envoyer quelqu'un à Londres; j'ai quelque raison de croire que l'envoyé de la régence y sera mieux reçu qu'on ne le croit peut-être.

Tournez toutes vos pensées vers Cadix.

CHATEAUBRIAND.

LE GÉNÉRAL GUILLEMINOT A M. DE CHATEAUBRIAND.

Madrid, 13 juin 1823.

Monseigneur,

Je reçois la lettre que Votre Excellence m'a fait l'honneur de m'écrire le 8.

Notre droite n'est point perdue de vue. Dans ce moment, la brigade Huber opère par Reynosa contre quelques troupes constitutionnelles, qu'on dit avoir passé la Deba, pour marcher contre Saint-Ander et Santona, que bloque le général Marguerie. Nous avons dans cette partie 4,000 hommes, qui sont plus que suffisants. Bourke, qui est à Léon, agit en même temps sur Oviedo. Nous attendons de bons résultats de cette combinaison, et surtout de la désunion et du découragement qui règne chez l'ennemi. Une lettre que nous avons interceptée, et que j'ai envoyée hier au ministre de la guerre, vous donnera de justes espérances sur les succès de nos affaires dans les Asturies et la Galice.

Wilson y est venu, et, après avoir pris connoissance de l'état des choses dans cette partie, est entré en Portugal par Orensée. Il y arrivera trop tard, la contre-révolution y est consommée. Le roi et la famille royale y sont entièrement libres. Un de mes officiers, envoyé aux nouvelles à Salamanque, m'apprend que le comte d'Amarante a quitté cette ville le 8 au matin, pour se joindre aux troupes qui se sont déclarées pour le roi.

Morillo, à qui j'ai envoyé une lettre de sa femme, paroît bien disposé, ainsi que plusieurs de ses généraux. Bourke doit entrer en relations avec lui.

Nous en avons ouvert de nouvelles avec Saint-Sébastien et Pampelune. Une lettre que j'ai de L'Abisbal pour son frère, qui est dans la première de ces places, a déjà produit quelque division parmi les chefs de la garnison. L'Abisbal doit être arrivé à Bayonne. Il avoit été arrêté par les autorités de Bergara, qui le croyoient en fuite; mais il a été relâché.

Je pense aussi que le roi sera emmené à Cadix. Bordesoulle prendra alors le commandement des deux colonnes expéditionnaires, et serrera Cadix de près. Il n'y a pas d'apparence que S. M. C. aille à Badajos. Cette place n'est pas en état, et la situation actuelle de Portugal ne permet pas d'y songer. Bourmont, qui suit la direction de Badajos, ne rencontre rien; il a passé le Tage sans coup férir, et étoit le   juin à Truxillo.

Nous espérons que les douze mille hommes que vous nous envoyez ne nous feront pas faute d'ici au moment où ils pourront entrer. Nous profitons de la disposition des esprits pour frapper vite. Je mets tous mes soins à bien coordonner la marche de tous ces *paquets*, qui dans les circonstances actuelles produisent plus que de grandes masses. Ils font crouler de toutes parts l'édifice révolutionnaire, en favorisant l'organisation des autorités royales. Nous pourrions faire mieux encore; mais nous ne savons pas assez semer. Heureusement la peur, la méfiance, la force des choses, amèneront un résultat que notre prévoyance auroit pu hâter.

Ne craignez rien, monseigneur, pour nos communications. Le métier de partisan est impossible quand la population ne le favorise pas. Les voyageurs n'ont à craindre que quelques voleurs. L'argent, et non les dépêches d'un ou deux courriers arrêtés, faisoit seul l'objet de la convoitise de ces brigands. Au reste, s'il se formoit des partis, nous les dépisterions bientôt.

Je compte toujours sur les bontés de Votre Excellence, comme je la prie de compter sur l'entier et respectueux dévouement avec lequel je suis,

Monseigneur,
de votre Excellence,
le très-humble et très-obéissant serviteur,

Le major général,

Comte GUILLEMINOT.

M. DE PALMELLA A M. DE CHATEAUBRIAND.

Lisbonne, juin 1823.

J'ose croire que la nouvelle que Votre Excellence recevra des événements mémorables qui viennent de se passer en Portugal ne pourra être accueillie avec indifférence ni par Sa Majesté très-chrétienne ni par son ministère, d'autant plus que l'étonnante et subite résurrection de la monarchie portugaise confirme l'opinion que votre cabinet s'étoit formée sur les affaires d'Espagne. Il y a tout lieu d'espérer que l'exemple glorieusement donné par la nation portugaise sera suivi par la plus grande partie des habitants de la Péninsule.

Un des premiers vœux de Sa Majesté Très-Fidèle, aussitôt qu'elle s'est vue de nouveau libre sur son trône, a été celui de renouveler avec Sa Majesté le roi de France toutes les relations amicales qui se trouvoient interrompues et compromises par l'aveuglement de la faction révolutionnaire qui a gouverné le Portugal.

Je me félicite, monsieur, d'avoir été choisi par le roi mon maître pour adresser l'expression de ce vœu à Votre Excellence, et j'espère qu'elle voudra bien permettre à M. le marquis de Marialva d'en être l'organe auprès de Sa Majesté Très-Chrétienne. Il aura l'honneur de lui exprimer toute la part que le roi mon maître prend à l'heureux succès de la glorieuse entreprise de Son Altesse Royale M. le duc d'Angoulême, entreprise qui certainement a contribué à faciliter et à avancer la contre-révolution portugaise. Sa Majesté se propose d'envoyer au plus tôt un officier général pour témoigner des mêmes sentiments au quartier général de Son Altesse Royale.

Espérons, monsieur, que l'Europe pourra cueillir enfin le fruit de tant de malheurs, et profitera de sa triste expérience! Trois ans ont suffi pour démontrer aux Portugais le danger et la fausseté des doctrines démagogiques; et la charte que Sa Majesté se propose d'accorder à ses sujets, comme une juste récompense de leur fidélité et de leurs vertus patriotiques, suffira sans doute pour satisfaire l'opinion de la partie sensée de la nation, pour guérir graduellement les plaies que la révolution a laissées et pour maintenir une tranquillité durable.

PALMELLA.

M. DE LA FERRONNAIS A M. DE CHATEAUBRIAND.

Saint-Pétersbourg, le 19 juin 1823.

Vous trouverez peut-être, monsieur le vicomte, que je mets un peu trop de précipitation à vous renvoyer mon courrier, et que j'aurois dû attacher moins d'importance à la démarche que vient de faire le prince de Metternich, puisque après tout le rejet ou l'adoption de la mesure qu'il propose dépend en quelque sorte de vous, et que si elle est réellement nuisible à la marche des affaires, il vous sera facile de faire comprendre et admettre aux autres cours les motifs qui vous la feront décliner. Cette réflexion cependant ne m'a point arrêté, j'aime mieux pécher par excès de précaution que d'avoir à me reprocher une négligence qui pourroit avoir des inconvénients. Tout prouve que l'Autriche attache une extrême importance à faire admettre dans cette régence d'Espagne une voix de plus.

Les démentis que les actes du gouvernement et notre conduite en Espagne ne cessent de donner à nos détracteurs ne les découragent cependant pas. On fait croire que nous arrivons à Madrid nos poches pleines de constitutions; que dès que nous aurons libéralisé l'Espagne à notre façon, *la tête nous partira*, et que *l'on a tout à redouter des extravagances auxquelles nous pouvons nous porter*. Déjà même on fait remarquer l'emphase avec laquelle quelques-uns de nos journaux parlent du rôle que nous jouons, et de l'importance que nous donne à nos propres yeux la conduite de notre armée. Le fait est, monsieur le vicomte, qu'on nous aimoit bien mieux dans l'état où nous étions, lorsqu'on pouvoit mettre en doute la fidélité de cette armée, et qu'il étoit possible de la supposer prête à se rallier aux factieux contre le gouvernement; alors les inquiétudes paroissoient avoir quelque chose de fondé, qui sembloit donner aux autres le droit de s'entendre pour nous surveiller; on nous tenoit ainsi dans une sorte de dépendance, dont on n'aime point à nous voir sortir; on doit donc chercher et saisir avec empressement tous les moyens possibles de faire naître sur nous de nouvelles inquiétudes, d'exciter des méfiances; et si on ne peut nous empêcher de devenir une nation, on veut au moins, autant que possible, nous isoler de toute l'Europe. On y étoit parvenu en effrayant tout le monde sur la foiblesse du gouvernement et sur la force de nos révolutionnaires. Aujourd'hui ce sera notre ambition, ou l'abus que nous pourrions faire des forces que nous recouvrons, qui va devenir le moyen dont on se servira pour effrayer les imaginations.

Je vous ai déjà mandé, mais je vous le répète encore, la correspondance du général Pozzo est dans le meilleur sens possible; on commence à rendre plus de justice à M. de Villèle, à comprendre surtout combien seroit malheureuse la désunion entre vous et lui : en tout nous ne pouvons pas désirer de meilleures dispositions que celles que l'on nous témoigne dans ce moment. Finissons notre affaire d'Espagne comme nous l'avons commencée, nous ferons taire alors la calomnie, et si nos ennemis le veulent, nous compterons avec eux.

La Ferronnais.

M. DE CHATEAUBRIAND AU GÉNÉRAL GUILLEMINOT.

Paris, ce 25 juin 1823.

Comme nous avons été persuadés dès longtemps l'un et l'autre que les cortès se réfugieroient à Cadix, l'événement ne nous aura pas pris au dépourvu. J'ai obtenu de nouveaux renseignements et recueilli de nouvelles idées, dont je dois vous faire part.

Bien décidément, général, les cortès ne paroissent pas avoir assez de troupes pour occuper à la fois Cadix et tous les ouvrages militaires de l'île de Léon. On dit toujours qu'il est possible de pénétrer dans l'île par mer; on assure qu'en payant bien les mariniers de la côte, vous aurez toutes les embarcations à votre service. On assure de plus que la marine militaire espagnole est toute royaliste, et que s'il y a quelques vaisseaux de guerre espagnols dans la baie de Cadix, il sera aisé d'avoir à vous les capitaines. Si vous pouvez parvenir à jeter des bombes dans Cadix, bientôt tout sera à vous. Vous n'êtes pas sans doute effrayé de cette sotte idée qu'une bombe peut atteindre le roi. J'espère qu'il ne lui arrivera aucun malheur; mais, après tout, il s'agit de la royauté; un roi n'est qu'un général en temps de guerre : il doit payer de sa personne; et l'on ne consent à mourir pour lui qu'à condition qu'il saura aussi mourir pour le bien de ses sujets quand il le faut; avec des craintes et des pusillanimités, on arrête tout.

La plus grande partie du succès dépendra de notre marine. J'ai obtenu hier qu'on envoyât deux vaisseaux de plus. Soyez certain que vous ne pouvez rien obtenir que par un coup de violence, que la rapidité et l'audace peuvent seules faire tout votre succès.

Persuadons-nous bien que tout est maintenant dans Cadix; que toutes nos pensées, tous nos efforts doivent tendre à ce point; que toute la question est réduite à la prise ou à la reddition de cette dernière retraite des *comuneros*. S'ils s'échappoient par mer, cela est possible, mais c'est un événement hors de notre puissance; alors comme alors : la question ne seroit plus que politique et diplomatique. On verroit que faire en Espagne et de l'Espagne. En attendant, notre métier est d'aller de l'avant.

Je vois qu'on dit à Bordesoulle d'aller doucement, et cela me désole; c'est d'aller vite qu'il s'agit à présent : vous connoissez dans les affaires décisives le prix d'un moment perdu. Il faut arriver brusquement devant Cadix, avant que ces gens-là aient eu le temps de regarder autour d'eux, de se remettre de leur terreur. Tout peut être emporté en un tour de main si l'on va vite, et durer six mois si l'on tergiverse. Votre gloire, général, et votre avenir sont là, songez-y bien. Je pense que Molitor, avec une partie de son corps, suivra Ballesteros : il ne faut pas que celui-ci puisse nous inquiéter sur nos derrières en Andalousie. Le refus qu'a fait sir W. A'Court de suivre le roi à Cadix est une chose immense pour nos intérêts. Ne croyez pas que cela soit un jeu. Les Anglois ne sont pas amis; mais il ne faut pas les voir partout, et supposer des finesses politiques là où il n'y a que des faits simples. Sir W. A'Court n'avoit pas de pouvoirs pour reconnoître une république ; il a dû s'arrêter pour en demander à sa cour : c'est ce qu'auroit fait tout ambassadeur.

Voyez dans ces longues lettres, général, la preuve de mon zèle pour le service du roi, de mon attachement pour vous, et aussi de mon intérêt dans une entreprise dont j'ai été le premier moteur, afin de nous sauver d'une nouvelle révolution et de donner une fidèle et vaillante armée aux Bourbons. Notre position est entièrement changée en Europe, et je suis fier, comme François, de voir avec quelle dignité et quelle considération la France a repris son rang parmi les grandes puissances. Applaudissez-vous d'avoir contribué à relever votre patrie.

Tout à vous,

CHATEAUBRIAND.

J'apprends que Bordesoulle s'est porté directement sur Cadix. Dieu soit loué !

M. DE CHATEAUBRIAND A M. DE TALARU.

Paris, ce 26 juin 1823.

J'ai reçu votre lettre de Bayonne, mon cher ami ; nous savons ici toute l'histoire de M. Ward. Quant à M. Brunetti, nous nous y attendions ; et vous saurez par M. de Caux que j'en ai fait prévenir la régence. Je vous engage à ne pas vous laisser étourdir au premier moment de tout ce que vous entendrez de contradictoire. Les uns vous diront que la régence exagère, qu'elle perd tout, qu'elle est folle ; les autres vous soutiendront qu'elle ne fait rien pour venger les royalistes et la cause royale. Le fait est que cette régence n'est pas composée d'hommes forts ; mais, vous le savez, il n'y a pas d'hommes en Espagne. C'est là le côté fâcheux ; mais il faut aller comme on peut. En se plaignant et s'effrayant de tout, on ne finiroit pas. Votre rôle sera difficile; entre les *partis* françois et les *partis* espagnols, vous en trouverez de toutes les sortes. Souvenez-vous de vos instructions; ayez des conférences avec vos collègues, aux termes de votre protocole; mais évitez toujours qu'elles soient trop fréquentes et qu'elles aient une apparence plus sérieuse qu'une conversation importante. Pourtant, quand M. Brunetti demandera les conférences, il faudra bien que vous sachiez s'il est accrédité, oui ou non, auprès de la régence. Car, s'il ne l'étoit pas, à quel titre demanderoit-il des conférences? Vous lui en ferez poliment et légèrement la remarque. Attendez-vous à être désavoué par l'Autriche, et soyez sûr que les plus mauvais rapports contre nous sont maintenant arrivés de Madrid.

Ne vous laissez pas déconcerter au premier moment, et, en dernier résultat, nous triompherons avec de la fermeté et de la patience.

Tout à vous, mon cher ami.

CHATEAUBRIAND.

M. RAYNEVAL A M. DE CHATEAUBRIAND.

Berlin, 28 juin 1823.

Monsieur le vicomte,

Le courrier Diancourt arrive au moment où je venois d'écrire une dépêche qui contient à peu près tout ce que j'ai à mander à Votre Excellence dans ce moment-ci. Elle y verra que le langage de M. Alopéus confirme ce que doit lui mander M. de la Ferronnais des dispositions de la Russie, relativement aux prétentions du roi de Naples; c'est maintenant une affaire dont il ne sera plus question. A quelque intention qu'elle nous ait été suscitée, elle tournera à notre avantage de plus d'une manière. D'abord elle nous a permis, et non-seulement à nous, mais aux autres puissances aussi, de lire jusqu'au fond de la pensée de l'Autriche; et ce que nous y avons lu nous donne, ce me semble, le droit de surveiller cette puissance d'un peu près, sans qu'on s'en formalise. Ensuite le gouvernement du roi a trouvé là une occasion toute naturelle, et dont il a parfaitement profité, de donner à nos alliés l'idée de la fermeté avec laquelle sera repoussée toute proposition qui blesseroit ou nos intérêts ou notre dignité. Cette leçon ne sera pas perdue. Je suis bien persuadé, monsieur le vicomte, que de longtemps vous n'éprouverez plus de semblables obstacles, et que nos alliés vont tous, sans exception et sans plus tergiverser, marcher enfin sur la même ligne que nous. L'article 3 du protocole du 7 juin ne laisse plus aucun prétexte à calomnier les intentions de la France. Sans doute, il eût été telle circonstance où cet engagement eût pu gêner notre action ; mais rien de semblable n'est à craindre aujourd'hui, surtout après cette miraculeuse contre-révolution de Portugal, qui nous tire d'une situation si délicate, et dissipe si complétement tous les nuages qui obscurcissoient de ce côté l'horizon politique.

Tout ce que la France a fait politiquement et militairement depuis trois mois, monsieur le vicomte, nous met dans une situation dont les heureux effets se font déjà sentir. Notre indépendance complète est assurée. Encore un dernier effort, et nous jouirons d'une influence d'autant plus grande, d'autant plus durable, que ce n'est point l'ambition qui nous a mis les armes à la main, et que la cupidité ne ternit point l'éclat de nos succès. La seule comparaison qu'on fera de la conduite des deux puissances qui ont été appelées à combattre la révolution, l'une au delà des Alpes, l'autre au delà des Pyrénées, sera pour nous une victoire décisive. L'opinion des peuples n'est pas peu de chose, et ce n'est pas peu de chose non plus que de la reconquérir si peu de temps après l'avoir si complétement perdue.

RAYNEVAL.

LE GÉNÉRAL GUILLEMINOT A M. DE CHATEAUBRIAND.

Madrid, 2 juillet 1823.

Monseigneur,

Je suis tellement pénétré de toutes les vérités contenues dans votre lettre du 25 juin, que j'en envoie copie à Bordesoulle. Je me suis seulement permis d'y faire une altération : c'est de lui appliquer le passage où Votre Excellence veut bien me parler de mon avenir. Cela ne gâtera rien à l'affaire.

Rien, dans les instructions que j'ai transmises à Bordesoulle, ne lui prescrivoit d'aller *doucement*. Je sais trop bien qu'on ne peut comparer la perte de quelques hommes laissés en arrière avec les résultats immenses que doit amener la rapidité de nos opérations. C'est aussi dans ce sens que j'ai écrit à Molitor pour qu'il hâtât sur Grenade le mouvement d'une colonne destinée à déjouer les projets que pourroit avoir

Ballesteros d'inquiéter les derrières de nos troupes devant Cadix. Je l'ai engagé, pour plus de promptitude, à user largement de tous les moyens de transport du pays, afin de faire suivre les hommes fatigués.

Une autre colonne d'environ 2,400 hommes part à l'instant d'ici pour Andujar, afin d'assurer les derrières de Bordesoulle, à qui j'ai laissé la faculté de l'appeler à lui. Comptez sur ce général, pour tout ce qu'il y aura de prompt, de vigoureux et de prévoyant. Il sent, comme moi, tout le prix d'un moment. Notre correspondance très-suivie en fait foi.

Ce n'est point à Paris, mais c'est ici que nous avons *liardé*. Enfin nous commençons à comprendre que la valeur d'un mois de nos dépenses ordinaires peut nous éviter un an de guerre et toutes les chances malencontreuses qui peuvent se présenter durant ce temps.

Morillo vient de se déclarer contre la régence formée par les cortès. Il a adressé à ce sujet une proclamation aux Espagnols et à son armée. Le pas est immense, et ne lui permet plus de reculer. Il a demandé à Bourke d'entrer en arrangement. J'ai écrit hier soir à ce dernier qu'il ne pouvoit y en avoir d'autre que de reconnoître la régence d'Espagne, et de nous laisser occuper, de concert avec ses troupes, les places et les provinces de son commandement, qu'il conserveroit. En même temps Bourke reçoit l'ordre le plus positif de continuer à marcher, pour profiter de la confusion qui règne déjà dans la Galice et dans les Asturies. Attendez-vous, monseigneur, aux plus heureux résultats. Bourke partira d'Astorga le 5, ayant été joint alors par une brigade de renfort, et par de l'argent pour tous ses besoins jusqu'au mois de septembre.

J'espère que bien avant cette époque nous serons maîtres de toute la Péninsule et que le dénouement de Cadix sera connu.

Ne doutez pas, monseigneur, de mon ardeur pour le service du roi, ni de la gratitude que m'inspirent vos bontés pour moi.

J'espère beaucoup de l'arrivée de M. de Talaru, pour imprimer à la régence une action tout à la fois raisonnable et vigoureuse.

J'ai l'honneur d'être, etc.

Comte Guilleminot.

M. DE RAYNEVAL A M. DE CHATEAUBRIAND.

Berlin, le 5 juillet 1823.

Monsieur le vicomte,

Tout ce qui se passe au delà des Pyrénées nous remplit ici de joie et d'admiration. On ne parle plus d'espérance, parce qu'à l'espérance se joint toujours le doute, et qu'on n'en a aucun sur un succès définitif et très-prompt. Quelques personnes croyoient que les événements du Portugal pouvoient être en partie l'ouvrage de l'Angleterre. M. de Bernstorff, comme Votre Excellence le verra par ma dépêche, nous en donne toute la gloire, et paroît même croire que cette gloire pourroit être suivie de quelque profit, ce qui seroit une chose suffisante pour exciter la mauvaise humeur de nos voisins. Je crois, comme lui, que jamais les circonstances n'ont pu être plus favorables pour rétablir sur un pied convenable nos relations avec le Portugal. Nous avons, avant tout, à obtenir que le séquestre soit entièrement levé sur les propriétés françoises ; il seroit intolérable qu'il subsistât, après l'immense service que le coup porté par nos armes au parti révolutionnaire dans la Péninsule vient de rendre à la nation portugaise et à son souverain. Je donne à M. de Rauzan quelques détails, qui pourront n'être pas entièrement inutiles, sur les discussions qui existoient relativement aux intérêts pécuniaires des sujets respectifs, entre la France et le Portugal, au moment où la révolution a suspendu, en quelque sorte, nos négociations avec ce pays.

M. Royez, dans les lettres qu'il a écrites ici avant son départ de Paris pour Madrid, se loue infiniment de l'accueil qu'il a reçu de Votre Excellence, et rend complétement justice aux principes et aux intentions du gouvernement du roi. Je tâcherai d'être informé de l'esprit dans lequel il écrira, une fois arrivé à Madrid, et de la manière dont il peindra à son gouvernement la situation du pays et la conduite que nous y tenons. Jusqu'ici les louanges ne tarissent point. Le roi, les princes, les ministres, les principaux militaires, ne cessent de témoigner leur admiration de la manière dont est conduite une opération qui paroissoit offrir tant de difficultés.

Agréez, etc.

RAYNEVAL.

M. DE MARCELLUS A M. DE CHATEAUBRIAND.

Londres, le 8 juillet 1823.

Monsieur le vicomte,

M. Canning fait de son mieux pour jeter une grande incertitude sur les nouvelles directions données à sir W. A'Court.

Le redoublement de ferveur pour la cause des cortès qui s'est manifesté à Londres par des assemblées, des souscriptions et des bals, a produit une somme de dix mille livres sterling environ. Les armes et munitions de guerre acquises avec ces fonds doivent incessamment partir pour Santona sur deux ou trois vaisseaux marchands que l'amiral Jabat a nolisés. Ces accès de générosité ont été excités par les lettres de sir R. Wilson à ses amis, et vous aurez remarqué avec surprise que ces lettres leur étaient envoyées d'Espagne sous le couvert de M. Canning.

Le vicomte DE MARCELLUS.

P.-S. On ne sait qui vient d'envoyer à la souscription pour les Espagnols 5,000 liv. sterl. (125,000 fr.). Le *Morning-Chronicle* dit que c'est un prince étranger, qu'il ne désigne pas.

M. DE LA FERRONNAIS A M. DE CHATEAUBRIAND.

Saint-Pétersbourg, le 8 juillet 1823.

Le comte de Nesselrode, qui arrive de Czarskoé-Selo, me fait prévenir que son courrier part dans une demi-heure; il m'est donc impossible, monsieur le vicomte, de profiter de cette occasion pour vous écrire, comme je n'aurois certainement pas manqué de le faire. Ce qui diminue mon désappointement, c'est que le courrier porte à Pozzo tout ce que j'aurois pu vous mander, et que j'ai tout lieu d'espérer que vous serez entièrement satisfait des communications que l'ambassadeur est chargé de vous faire. Tout ce qui est relatif à la proposition napolitaine s'est terminé comme vous pouvez le désirer; il est impossible de trouver des dispositions plus favorables et plus bienveillantes que celles que l'empereur et son cabinet m'ont témoignées dans cette circonstance. Je ne veux pas laisser cependant partir cette occasion sans faire connoître à Votre Excellence que les dernières lettres que j'ai reçues d'elle, et que j'ai cru devoir faire mettre sous les yeux de l'empereur, ont donné lieu à S. M. de me faire dire, par le comte de Nesselrode, que cette correspondance ajoutoit encore, s'il étoit possible, à la confiance entière qu'elle a, non-seulement dans les nobles et pures intentions de Votre Excellence, mais aussi dans la sagesse et l'énergie des mesures qu'elle a su faire prendre au cabinet du roi; c'est par ordre exprès de l'empereur, monsieur le vicomte, que je suis chargé de vous dire qu'il est impossible de rendre plus de justice à la belle conduite du ministère du roi ni de faire des vœux plus ardents ni plus sincères pour le succès de la cause pour laquelle nous combattons, et qui est bien reconnue ici pour être celle de tous les trônes de l'Europe. Veuillez, monsieur le vicomte, continuer à me traiter avec la même bonté, et entretenir cette correspondance, à la fois si intéressante et si utile, et qui rend ici mes rapports si faciles et si avantageux avec l'empereur et avec son cabinet.

Recevez, etc.

LA FERRONNAIS.

M. DE CHATEAUBRIAND A M. DE LA FERRONNAIS.

Paris, le 11 juillet 1823.

Voici, monsieur le comte, la suite des événements diplomatiques. M. Brunetti est arrivé à Madrid, où il a déclaré qu'il n'étoit point accrédité auprès de la régence; et Mgr le duc d'Angoulême lui ayant demandé comment il devoit le considérer, il a répondu : « Comme un simple particulier. » Cela a fait le plus mauvais effet du monde. Depuis, il est arrivé de nouveaux ordres de Vienne, et M. Brunetti, au moment où je vous écris, doit avoir été accrédité auprès de la régence. Le roi de Naples, de son côté, diminue ses prétentions : il ne demande plus que son ambassadeur soit membre de la régence, mais qu'il *sanctionne seulement* les actes de la régence; c'est tout juste la même difficulté. Franchement, j'espère qu'on abandonnera tout à fait cette chicane, que je n'hésite pas à appeler honteuse, et qui, sans la fermeté du gouvernement françois et la sagesse de l'empereur de Russie, auroit pu avoir les plus déplorables résultats.

Tout va bien en Espagne : nous triomphons partout, comme vous le verrez par les journaux. L'ascendant qu'ont pris nos soldats est tel que les constitutionnels espagnols ne se battent réellement plus. Nous occupons en ce moment toute l'Espagne; nous sommes à Murcie et à Grenade. Il ne reste plus que les Galices qui vont tomber, ou de force, ou par la soumission de Morillo. La contre-révolution de Portugal est complète; le dénouement de ce drame politique est dans Cadix. Nous en ferons le blocus par terre et par mer, et il n'y a que trois mois et quatre jours que nous avons passé la Bidassoa. Quand aurons-nous Cadix? Peut-être demain, peut-être dans quinze jours, un mois, deux mois; cela dépend de la quantité des vivres que renferme la place, et des divisions entre les chefs; mais peu importe, après tout, nous sommes résolus à ne jamais reculer. Nous finirons cette révolution, coûte qui coûte. Tant que je serai dans le ministère, jamais un pas rétrograde ne sera fait. Il s'agit de savoir si les *comuneros* de Cadix seront plus entêtés qu'un *Breton*. Soyez certain que dans ce monde on finit tôt ou tard ce qu'on veut finir. La victoire est au plus patient, en guerre comme en politique.

Vous entendrez peut-être dire par des échos que tout va très-bien en Espagne sous le rapport militaire, mais très-mal sous le rapport politique. Je sais du moins que M. Brunetti, mécontent d'abord de sa position, et avec raison, a eu un peu d'humeur et a jugé à travers son humeur. Voici la vérité :

La régence ne va ni bien ni mal : elle manque de sagacité; mais l'expérience nous a appris depuis vingt-cinq ans qu'il n'y a point d'*hommes* en Espagne. La nation a de la grandeur; les individus sont médiocres.

La régence va, dit-on, trop vite; d'autres trouvent qu'elle va trop lentement. Le fait est qu'elle va trop lentement pour la nation ardente qui la pousse, et trop vite pour les hommes raisonnables de tous les pays. Que pouvons-nous faire à cela à présent? Rien, ou pas grand'-chose. Si nous essayions de retenir la régence, aussitôt nous mettrions le corps entier de la nation contre nous, qui crieroit que nous sommes des *modérés*, des *constitutionnels*, des *chartistes*, des gens venus pour pactiser avec les ennemis et les cortès. Autant on nous aime, autant on nous détesteroit; et je vous demande ce que nous deviendrions, dispersés comme nous le sommes en Espagne, si la nation venoit à se soulever contre nous? Notre sûreté nous oblige donc impérieusement à supporter des mesures dont nous reconnoissons les inconvénients; et c'est avoir peu de jugement que de ne pas voir que pour assurer notre puissance militaire nous sommes obligés de nous réduire à une impuissance politique.

Devrions-nous, au contraire, agir politiquement dans le sens de la nation, favoriser les proscriptions, les emprisonnements, les confiscations, les réactions? Non, nous déshonorerions nos armes. Il est donc clair que nous sommes forcés à jouer un rôle passif, et à nous contenter d'adoucir par des conseils secrets, des remontrances amicales les mesures qui nous semblent trop violentes ou même trop justes. Vous connoissez la modération du prince, et combien il doit souffrir d'une position où il ne peut pas montrer ce qu'il sent.

Mais il est évident que cette position cessera à la délivrance du roi. Quand nous n'aurons plus rien à craindre pour notre armée, alors nous ferons entendre les paroles de la raison appuyées de la force.

C'est là, selon moi, la vraie mesure. Quant aux institutions, l'empereur Alexandre vous a dit tout juste ce qu'il falloit, avec une admirable perspicacité de jugement. Il est clair que Ferdinand ne peut pas être abandonné à lui-même. Il retomberoit dans toutes les fautes qui ont failli perdre l'Europe. Il faut un conseil, je ne sais quoi, une institution quelconque qui lui serve de guide et de frein. Quand nous en serons là, il nous sera aisé de nous entendre.

Mes nouvelles de Londres m'apprennent que les ordres envoyés à sir W. A'Court, à Séville, sont ceux-ci : « Retourner auprès du roi Ferdinand, si la proposition lui en est faite par *le roi et les cortès,* ou si le roi la lui adresse personnellement. Si cependant sir W. A'Court s'apercevoit que le roi a été *contraint* à lui faire cette proposition, il ne prendra conseil que de lui-même, et des circonstances, pour y aller ou refuser. Dans Cadix, sir W. A'Court devra débuter par une protestation solennelle contre toute atteinte à la sécurité du roi et de la famille royale. Il conservera toujours les moyens de se transporter à Gibraltar. » Il n'est pas hors de vraisemblance que quelques directions secrètes aient été données pour favoriser l'évasion de Ferdinand. Tout cela est bien foible, et c'est une chose déplorable de voir une monarchie puissante se prêter à toutes les fictions qu'une assemblée démagogique se plaît à inventer. Tantôt déclarant le roi fou, et le déposant, tantôt lui rendant la raison comme elle lui a ôté l'esprit, et le replaçant sur le trône; et un envoyé anglois, reprenant et quittant ses fonctions d'ambassadeur, selon que Ferdinand est roi ou n'est plus roi. Est-ce bien là la fière Angleterre, la reine des mers? Voilà où mènent les fausses doctrines et l'amour-propre blessé de ceux qui conduisent les États.

12 juillet.

Je reçois des dépêches de Vienne. Causant un jour avec M. le baron Vincent du parti qu'avoit pris sir W. A'Court de ne pas suivre le roi déchu à Cadix, je lui dis : « Voilà une belle occasion pour l'Angleterre de se tirer du mauvais pas où elle s'est mise et de contribuer à obtenir, par son influence, la délivrance de Ferdinand. » Il paroît que M. Vincent a rendu compte de ce propos de conversation au prince de Metternich, qui, prenant aussitôt acte de ce que j'avois dit de fort raisonnable, a cru devoir ouvrir une sorte de négociation avec l'Angleterre pour l'inviter à rentrer dans l'alliance et demander son intervention pour la délivrance du roi. Sans doute il seroit fort à désirer que l'Angleterre changeât de système et qu'elle voulût, avec l'alliance, combattre les révolutions. Que le roi Ferdinand obtienne sa liberté définitive, n'importe par qui, nous en serons charmés ; mais de faire d'une chose désirable une négociation formelle, j'avoue que je n'aurois jamais songé à cela : montrer tant d'empressement et un si vif désir de se rapprocher de l'Angleterre, c'est faire penser à cette puissance, naturellement si orgueilleuse, que nous avons besoin d'elle. Or, ce n'est pas là assurément la position de la France. Nous sommes très-suffisants pour achever la guerre d'Espagne ou tout autre guerre. M. Vincent est venu me lire la dépêche du prince de Metternich à ce sujet, et je lui ai répondu à peu près ce que je vous dis ici. Au reste, sa proposition vient trop tard, et l'Angleterre a déjà pris son parti sur la position de sir W. A'Court.

M. de Gourieff arrive ; il m'apporte votre lettre du 24 juin. Il a rencontré, à huit heures de chemin de Pétersbourg, un courrier du général Pozzo, qui étoit chargé pour vous de longues lettres de moi. Elles auront achevé d'éclaircir toute l'affaire de Naples, qui est au reste abandonnée par le prince de Metternich. Votre lettre ne m'apprend rien de nouveau. Le général Pozzo, que j'ai vu ce matin, m'a dit que ses dépêches étoient très-satisfaisantes, que l'empereur étoit plein de bonne volonté pour nous, et qu'il attendoit à connoître ce que nous aurions fait à Paris pour se décider sur l'intervention napolitaine. Dans ce cas tout est fini, et cette misérable affaire va tomber dans l'oubli.

Le duc de San Carlos a obtenu son audience publique comme ambassadeur d'Espagne, et le marquis de Marialva comme ambassadeur de Portugal. Le comte de Palmella m'a écrit ; il veut, dit-il, faire donner une constitution au Portugal. M. de Marialva m'a consulté sur ce point. Je lui ai répondu que le gouvernement françois avoit pour principe de n'intervenir en rien dans la politique intérieure des États; qu'une constitution pouvoit être d'ailleurs une chose fort bonne et fort désirable, mais qu'instruits par notre propre expérience nous pensions qu'il falloit mettre du temps à créer des institutions à un peuple; que cela ne s'improvisoit pas ; que beaucoup de choses manquoient à notre charte pour nous être trop hâtés de la publier ; que par exemple la loi d'élections, qui auroit dû être dans la charte, ne s'y trouvoit pas, et que cette omission avoit pensé nous faire périr; que je croyois, enfin, qu'établir une constitution quelconque en Portugal avant que la révolution espagnole fût détruite seroit danger pour les deux pays. Je crois que j'ai ouvert un avis sage, et je ne vois pas du tout, dans l'état d'effervescence où se trouve encore le Portugal, pourquoi la commission de Lisbonne se presseroit de publier un code politique fait au milieu du choc des passions et des intérêts.

Chateaubriand.

M. DE CHATEAUBRIAND A M. DE TALARU.

Paris, le 14 juillet 1823.

M. Brunetti doit être accrédité à présent. Cette affaire est finie, l'inimitié secrète reste. Attendez-vous à tous les chats que l'Autriche pourra vous jeter aux jambes. Vous avez très-bien répondu sur les conférences. Quand elles auront lieu, soyez toujours tout *rond*, tout *amical* et ne concluant rien. Dans tous les grands événements, si on vous presse, dites que vous prendrez les ordres de votre cour.

Sir Charles Stuart est venu me *confier* les ordres que Canning envoie à sir W. A'Court, ils sont tels que je vous les ai mandés. Ils laissent à sir W. la faculté de retourner à Cadix. Au reste, en Angleterre on affecte la plus scrupuleuse neutralité; on veut ne nous *gêner en rien*, on respectera notre blocus et nous pouvons l'annoncer ou le dénoncer officiellement si nous voulons ; enfin c'est la vertu et l'honnêteté mêmes que ce cabinet, et tout ce qu'il fait est pour notre plus grand bien. Je joins ici la copie d'une lettre que notre consul à Lisbonne écrit à monseigneur le duc d'Angoulême par M. de Sousa, qui va se rendre auprès de Son Altesse Royale à Madrid. Mais comme M. de Sousa n'est peut-être pas encore arrivé, monseigneur peut être bien aise de savoir d'avance ce qui se passe à Lisbonne. Tout y va très-bien. Hyde part demain pour son ambassade, il va s'embarquer à Brest sur la frégate *La Cybèle*. Il sera à la fin du mois à Lisbonne ; j'espère qu'il portera le cordon bleu au roi et à l'infant dom Miguel, qui le désirent. Hyde correspondra avec vous. De son côté il s'occupera de Cadix. Vous pourrez mutuellement vous envoyer des courriers.

La pauvre régence est dupe d'une intrigue pour son emprunt. Il y a deux espèces de gens qui ont des bons des cortès. Les uns jouent à la hausse et les autres à la baisse. Ceux qui jouent à la hausse disent à la régence : « Reconnoissez l'emprunt des cortès, et je vous prête 50 millions. » Ceux qui jouent à la baisse disent : « Déclarez que vous ne connoissez pas l'emprunt des cortès, et nous avons 50 millions à votre service. » Il est clair, dans ses intérêts, qu'en empruntant, la régence ne doit se déclarer ni pour ni contre l'emprunt des cortès.

Bonjour, mon cher ami, mandez-moi beaucoup de nouvelles.

CHATEAUBRIAND.

M. DE CHATEAUBRIAND A M. DE TALARU.

16 juillet 1823.

Très-bien, mon cher ami, c'est cela, ne refusez jamais les conférences ; elles sont indiquées dans le protocole. Il est d'ailleurs essentiel d'être toujours bien avec l'Alliance, quelles que soient la jalousie de l'Autriche et les tracasseries du prince de Metternich. Mais que ces conférences soient toujours ou presque toujours des conversations, dans lesquelles vous montrerez toujours le plus grand désir d'agir avec les alliés ; mais *concluez* très-peu ; c'est là votre métier et le mien : Bonhomme sans être dupe, voilà l'affaire en deux mots.

Invitez la régence à passer sur bien des choses ; qu'elle ne se montre pas difficile si les lettres de crédit ne sont pas bien en règle, peu importe ; son intérêt est qu'elle *paroisse* aux yeux de l'Angleterre reconnue par les grandes puissances continentales. Qu'elle n'ait pas la maladresse d'aller relever des défauts de forme qui feroient voir à ses ennemis que les alliés, excepté la France, hésitent à la reconnoître, et qu'ils se ménagent des retraites en cas de revers. C'est évidemment le cas, et tout cela est l'ouvrage de M. de Metternich. Il revient pourtant, et tout se corrigera ; mais il faut du silence. La Russie va très-bien, et la Prusse par conséquent deviendra meilleure. Le prince de Metternich dans ce moment fait une autre tentative : il essaye de ramener l'Angleterre à l'Alliance, et de l'inviter à délivrer le roi de concert avec nous. Il ne réussira pas ; mais cette démarche embarrassera l'Angleterre et la ramènera peut-être à faire tenir une conduite plus noble à sir W. A'Court.

Si vous prenez La Corogne, vous devez y trouver des ressources pour augmenter votre marine devant Cadix.

Nous avons ici une lettre d'une des infantes renfermées dans Cadix. La lettre est du 30 juin ; elle se flattoit d'être bientôt délivrée, mais elle dit que Cadix reçoit des vivres et de l'eau par Gibraltar, et pourtant nous avons des frégates (fort mal à propos, il est vrai) à Gibraltar. Donnez avis à l'escadre que le ravitaillement vient de Gibraltar, Tariffa et même de la côte de Barbarie

Tout à vous.

CHATEAUBRIAND.

M. DE CHATEAUBRIAND A M. DE TALARU.

Paris, le 18 juillet 1823.

Vous trouverez toujours, mon cher ami, l'Autriche pour les conférences : rien n'est plus tracassier, tatillon, bavard, que ce cabinet. Je vous ai déjà dit, et je vous le répète pour la dernière fois, que vous devez accorder des conférences, aux termes du protocole, mais qu'il faut vous étudier à les rendre rares, à les écarter, tantôt sous un prétexte, tantôt sous un autre ; les réduire, autant que possible, à des conversations vagues ; à ne jamais vous laisser entraîner à prendre des mesures et des résolutions *en commun;* à ne jamais permettre qu'on attaque le fond des choses, soit sur ce qui se passe à présent en Espagne, soit sur l'avenir de cette même Espagne, et enfin à dire toujours, si on vous pressoit sur quelques points importants, nouveaux, inattendus, que vous n'avez pas de pouvoirs, et que vous en référerez à votre cour. Dressez le moins que possible des *protocoles.* Vous remarquerez que dans le protocole du..... il n'est pas question que vous tiendrez des *protocoles :* il s'agit de conférences, et voilà tout. Il faut en diplomatie tenir le moins que l'on peut des procès-verbaux de ses paroles. Ne vous refusez pas pourtant tout à fait aux *protocoles,* quand M. Brunetti vous pressera ; mais faites que ce soit toujours de pure grâce, par complaisance, comme un bonhomme qui se compromet un peu aux yeux de sa cour, pour être collègue obligeant.

Les communications avec le Portugal finiront par s'ouvrir tout à fait, et Hyde vous sera pour cela très-utile : à Lisbonne il pourra vous faciliter bien des choses pour Cadix. Je lui ai recommandé de vous envoyer des courriers. Il sera, j'espère, arrivé à la fin du mois.

Ne laissez pas, mon cher ami, traîner mes lettres ; elles ne doivent être lues que de vous.

Tout à vous.

CHATEAUBRIAND.

M. DE CHATEAUBRIAND A M. DE SERRE.

Paris, le 18 juillet 1823.

Je vous dois une réponse depuis longtemps, monsieur le comte; j'espère que vous aurez bien voulu m'excuser en songeant à tous les embarras dans lesquels j'ai été plongé.

Vous m'avez vu à Vérone; je suis revenu en France, blessé au fond du cœur de notre nullité en Europe ; j'ai trouvé d'un autre côté en arrivant dans le parti révolutionnaire, un espoir mal dissimulé de corrompre notre armée, des conspirations prêtes à éclater, et tous ces maux ayant leur foyer à Madrid. Appelé inopinément au ministère par la retraite de M. de Montmorency, j'ai pris mon parti sur-le-champ. L'occasion se présentoit d'en finir une fois pour toutes, de savoir si les Bourbons avoient ou non une armée, de terminer la restauration et de nous replacer à notre rang militaire en Europe. Si nous avions le bonheur de réussir dans cette grande entreprise, nous abattions deux révolutions d'un seul coup, car il étoit clair que les cortès démagogiques de Portugal tomberoient avec les cortès conventionnelles d'Espagne. Les conséquences de ces événements seroient incalculables pour la France : nous pouvions périr, mais il valoit mieux périr en redevenant la première puissance du continent que rester dans l'état de trouble au dedans, et de foiblesse au dehors, où nous étions réduits. L'événement a été heureux, et je ne demande à Dieu que de vivre jusqu'à la reddition de Cadix, pour mourir plein de joie du haut rang de gloire et de prospérité où j'aurai placé ma patrie.

Les obstacles ont été grands, l'Angleterre a été bien menaçante, l'Autriche bien jalouse et bien envieuse. Ne sachant plus comment entraver notre marche, elle avoit suscité le roi de Naples pour réclamer la régence d'Espagne, c'est-à-dire pour remettre l'Espagne sous l'influence angloise, à travers l'autorité du prince de Metternich. L'Autriche disoit qu'elle ne reconnoîtroit point la régence d'Espagne si d'abord les droits du roi des Deux-Siciles n'étoient reconnus ; après bien des conférences et des écrits, la prétention du roi de Naples a été repoussée ou du moins ajournée. Ma lettre officielle vous donne aujourd'hui quelques détails sur cette affaire.

Nous ferons tout ce que nous pourrons pour que notre invasion de l'Espagne ne produise pas dans ce malheureux royaume ce que l'invasion autrichienne a produit à Naples ; comme nous ne comptons rien garder ni rien demander, loin de ruiner le pays, nous l'aurons enrichi, et c'est déjà une grande chose. Quant aux institutions, nous ne nous en mêlerons point, empêchant seulement le roi de retomber dans les fautes et de commettre ces actes stupides de tyrannie qui l'ont perdu.

Notre métier, monsieur le comte, est un peu contraire à la franchise. Ne laissons rien percer de ce que nous savons des dispositions de la cour de Vienne pour nous. Il est d'ailleurs juste de dire qu'elle doit craindre plus qu'une autre notre résurrection militaire; elle en est inquiète pour l'Italie ; elle n'a pu s'empêcher de manifester son dépit lorsqu'elle a vu le prince de Carignan servir et se distinguer dans les rangs de nos soldats. Elle avoit cru que nous ne pourrions pas faire la guerre seuls, que nous serions ou battus ou forcés d'ouvrir aux alliés le passage de la France. Elle a été trompée sur tous les points, et elle a de l'humeur; c'est fort naturel. La Russie, au contraire, n'est pas jalouse de nos succès, et quoiqu'elle affecte toujours une grande déférence pour le prince Metternich, on voit que celui-ci a perdu à Pétersbourg depuis notre guerre d'Espagne; ce sont des germes qui se développeront un jour. L'Angleterre a joué un triste rôle : elle a été à la fois injurieuse et foible, mais comme cette puissance a des forces à part, et d'admirables institutions, elle reprendroit toute sa puissance si, au lieu de s'opposer par de petits moyens à la délivrance du roi d'Espagne, elle se joignoit à nous pour mettre ce prince en liberté, et terminer de concert avec nous la grande affaire des colonies espagnoles.

J'en étois là de ma lettre, monsieur le comte, quand un courrier de Rome m'apporte la nouvelle de l'accident arrivé au pape, et qui sera peut être suivi de la mort de ce saint religieux. L'Autriche va se mettre en mouvement; elle nous a déjà proposé de nous entendre avec elle pour l'élection d'un souverain pontife : cela veut dire qu'elle ne seroit pas sûre de triompher sans nous. Je crois que nous ne pourrons rien à cette affaire, et que l'intérêt italien, qui nous est plutôt favorable, l'emportera. Nous ferons partir nos deux cardinaux, si nous avons le temps. Dans le cas où l'Autriche voudroit occuper militairement les légations, nous ferons des représentations. Mais je ne crois pas à cette occupation, et j'y croirois bien moins encore si une dépêche télégraphique nous annonçoit la reddition de Cadix.

Veillez, je vous prie, aux corsaires espagnols, et qu'ils ne viennent pas vendre leurs prises ou se ravitailler dans les ports de Naples et de Sicile.

Tout à vous,

CHATEAUBRIAND.

M. DE CHATEAUBRIAND A M. DE TALARU.

Paris, le 19 juillet 1823.

Je vous avois, mon cher ami, précisément écrit hier contre les *protocoles*. Mais enfin ce qui est fait est fait. On reviendra sans doute à vous proposer le rapport sur l'état de l'Espagne : c'est la manière de M. de Metternich; peu importe; tout ce qui entraîne des longueurs, tout ce qui demande des renseignements, tout ce qui peut être pris et repris, lu et relu, commenté, critiqué, examiné, est bon pour vous et bon en diplomatie. Vous et vos collègues, vous pourrez très-bien être six mois à faire votre rapport, et pendant ce temps-là tout chemine.

Vous faites très-bien de vous mettre à la tête du corps diplomatique. Il faut que vous en deveniez le patron et le maître. Dînez beaucoup et buvez bien : il ne sera bruit que de vous et de la *Sainte-Alliance*.

Votre corps diplomatique va s'augmenter. Vous trouverez ci-jointe une lettre de la cour de Danemark à son agent à Séville : elle le rappelle, et lui dit de s'accréditer à Madrid auprès de la régence. Annoncez cela à M. Saez, et envoyez la lettre à sa destination.

Vous ne verrez point de flotte angloise à Cadix, mais deux frégates qui viendront se mettre à la disposition de sir W. A'Court. On ne sait toujours si celui-ci ira à Cadix ou à Gibraltar.

Tout à vous.

CHATEAUBRIAND.

P. S. Nous n'avons point encore reçu la nouvelle de la mort du pape, ce qui me fait croire qu'il aura survécu à sa chute plus longtemps qu'on ne l'avoit présumé. Le nonce doit être arrivé à Madrid.

Je dois vous dire qu'il ne faut pas vous laisser entamer sur des choses qui touchent à l'indépendance de la régence, sans quoi, vous et vos collègues, vous deviendriez les régents du royaume. Par exemple, vous n'avez pas le droit de vous mêler des actes de la régence ; qu'elle emprunte ou qu'elle n'emprunte pas, cela ne vous regarde en rien ; cela peut être entre vous un sujet de causeries, mais jamais matière à protocole et à délibération. Prenez bien garde à cette tendance de l'Autriche à se mêler et à envahir. Retenez-la dès le premier pas, ou vous serez entraîné bien loin.

M. LE PRINCE DE POLIGNAC A M. DE CHATEAUBRIAND.

Londres, ce 22 juillet 1823.

Je suis arrivé hier soir à Londres, mon cher vicomte, après une traversée assez courte, mais pénible. Les ordres n'étoient pas encore parvenus à Douvres de rendre à l'ambassadeur du roi les honneurs dus à son rang : on n'a pas, en conséquence, tiré le canon ; le commandant de la garnison est venu s'en excuser auprès de moi, mais il a

GUERRE D'ESPAGNE. 293

placé à ma porte une garde d'honneur; du reste, j'ai été aussi bien accueilli par les habitants de Douvres que je pouvois l'être : ils se sont rassemblés, à mon départ, autour de ma voiture, et m'ont salué lorsque j'y suis entré. La malveillance s'est déjà emparée de la circonstance de l'omission des honneurs rendus; un papier anglais en fait le sujet de quelques observations. Le fait est, d'après ce que m'assure le vicomte de Marcellus, que la notification officielle de mon arrivée est parvenue un peu tard à M. Canning, et que la cérémonie de la prorogation du parlement, survenue immédiatement après cette notification, aura retardé l'envoi des ordres qu'attendoit le commandant de Douvres.

M. Canning m'a fait dire les choses les plus obligeantes par le vicomte de Marcellus, et m'a invité à dîner pour aujourd'hui à sa campagne; je compte y aller. Le roi est à Windsor, et c'est là probablement que j'aurai ma première audience. Je vous tiendrai au courant de tout. Vous pouvez compter sur mon zèle et mon exactitude.

Recevez, mon cher vicomte, l'assurance de mon bien sincère attachement.

Le prince DE POLIGNAC.

M. DE CHATEAUBRIAND A M. DE TALARU.

Paris, le 23 juillet 1823.

Je réponds confidentiellement, mon cher ami, à votre dépêche n. 17.

Tous vos raisonnements sur les avantages et les inconvénients des conférences sont justes. La difficulté a été de n'accepter de secours de personne et de se mettre en garde contre l'empiétement des alliés dans les conférences. Il est certain que les quatre grandes puissances continentales, s'entendant ensemble à Madrid, offrent quelque chose de moins dur à la régence que la volonté de la France, exprimée seule par l'organe de ses soldats. Tout dépend donc de votre habileté.

Votre tableau de l'Espagne est celui que tout le monde fait. Il n'y a remède à ces maux que la délivrance du roi. On ne fera peut-être que changer de mal, mais du moins nous n'en serons pas responsables.

Je vais parler pour qu'on accepte au moins les secours de Portugal par *mer*. Les Portugais ne sont pas dans la position des Russes, des Autrichiens et des Prussiens, ils ne passeront pas sur notre territoire; ils sont comme nous menacés par la révolution espagnole, et comme nous ils ont le droit de prendre les armes contre elle. S'ils déclaroient la guerre à l'Espagne, pourrions-nous les en empêcher? Si on ne veut pas précisément dire qu'on accepte leurs propositions, ne peut-on faire comme on a fait pour le comte d'Amarante, les laisser agir en Espagne comme ils voudront? S'ils veulent bloquer Badajos et Ciudad-Rodrigo, bien libre à eux, sans doute. Parlez à Mgr le duc d'Angoulême dans ce sens; ne lui présentez pas la chose comme un parti pris ou à prendre, mais comme une idée qui mérite d'être pesée, surtout pour le service de mer. Nous pouvons tirer un immense parti de la marine portugaise et du matériel qu'elle peut nous fournir. Si nous triomphons avec nos seuls moyens, c'est bien beau; mais si nous ne triomphons pas, les faits dominent tout. Il faut avoir Ferdinand, n'importe à quel prix, car il y va du salut ou de la perte de la France. Dites à Guilleminot mes idées sur tout ceci.

CHATEAUBRIAND.

M. DE CHATEAUBRIAND AU PRINCE DE POLIGNAC.

Paris, le 28 juillet 1823.

Je reçois, mon noble ami, votre première dépêche. J'attendrai avec impatience votre audience publique. Je ne serois pas étonné qu'on la différât, pour joindre cette mauvaise grâce à beaucoup d'autres; vous savez que les ministres anglois ne parlent jamais de politique en société, et je ne suis pas étonné que M. Canning et lord Liverpool ne vous aient rien dit. J'ai réfléchi à la lettre particulière du roi. Le roi d'Angleterre ne montre pas assez d'empressement à vous recevoir, pour nous livrer avec tant d'abandon; cette lettre pourroit tomber entre les mains de M. Canning et faire une histoire; si donc vous ne l'avez pas remise, je crois qu'il sera mieux de me la renvoyer.

L'estafette de Madrid, partie le 23, et arrivée ce matin, n'apporte rien de nouveau. Nous faisons nos efforts pour déterminer Mgr le duc d'Angoulême à se rendre devant Cadix, pour réunir les généraux prêts à se diviser, et pour sortir de Madrid, où la police, qui est nulle en Espagne, ne veille pas assez à sa sûreté. L'incendie, allumé ou non par la malveillance, dure encore, faute de pompes pour l'éteindre.

Vous savez maintenant que j'ai dénoncé le blocus.

Tout à vous, mon noble ami.

CHATEAUBRIAND.

P. S. Vous pouvez causer avec cet homme du Mexique, non comme ambassadeur, mais comme prince de Polignac.

M. DE CHATEAUBRIAND A M. DE POLIGNAC.

Paris, le 31 juillet 1823.

Vous verrez, par ma lettre officielle, noble prince, où nous en sommes avec l'Angleterre. Vous sentez ce qu'une frégate angloise qui viole un blocus, qui tire le canon pour saluer les cortès, qui arbore le pavillon espagnol, etc., doit avoir de puissance pour monter la tête des *descamisados* et prolonger la résistance. On vous répondra à tout cela que le blocus n'étoit pas dénoncé; et ils savent très-bien que ce qui est un *usage* n'est pas une *loi*, et qu'ils abusent de la générosité du gouvernement françois. Cependant, plaignez-vous, et tâchez que ces bravades et ces insultes aient un terme.

En Espagne, le départ de Mgr le duc d'Angoulême pour Cadix répond à l'accusation de notre marche rétrograde sur l'Èbre : c'est une très-bonne mesure sous tous les rapports, la politique sera plus simple à Madrid, et la guerre plus franche au port Sainte-Marie.

Voyez, je vous prie, M. Sequier, et tâchez de vous faire rendre toutes ces prises françoises conduites de La Corogne dans les ports de l'Angleterre. C'est une affaire majeure pour notre commerce. Je vous en ai écrit par le dernier courrier.

Nous ne savons rien de La Corogne, mais nous ne doutons point qu'elle ne soit bientôt entre nos mains, quand notre croisière sera arrivée devant cette place.

CHATEAUBRIAND.

M. DE CHATEAUBRIAND A M. DE TALARU.

Paris, ce 31 juillet 1823.

Monseigneur a raison, et la régence doit rester à Madrid. Nous sommes tous frappés ici de l'inconvenance de la mesure qui frappe cent cinquante familles espagnoles à peu près. Parlez fortement à la régence, dites-lui qu'il n'y a rien de plus impolitique que des mesures qui enveloppent des classes entières dans une espèce de proscription. Je n'hésite pas à considérer le décret de la régence sur la milice comme un acte funeste. Le général Pozzo est dans cette opinion, et il en écrit à M. Bulgari. Avisez entre vous ce que vous pouvez faire pour que la régence ou rappelle ou modifie son arrêté.

Le départ de M. le duc d'Angoulême est une très-bonne mesure; il sépare la politique de la guerre, tout en ira mieux.

Je conçois qu'à Madrid on ait un peu peur pendant quelques jours; mais on s'habituera à être seul, et Bourke, après avoir pris La Corogne, s'approchera de vous.

CHATEAUBRIAND.

M. DE CHATEAUBRIAND A M. DE TALARU.

Paris, ce 2 août 1823.

J'ai reçu votre lettre du 27 juillet et le bulletin n° 25 que nous avions depuis deux jours. Je connoissois aussi la lettre de Bordesoulle. Vous avez raison, les phrases ne se suivent guère et se contredisent; il rejette sur la frégate angloise la mauvaise issue de négociations mal commencées et mal conduites, auxquelles il n'a pas voulu adjoindre des gens habiles. Il n'y a plus qu'un seul parti à suivre : c'est de prendre Cadix de vive force. Le maréchal de Bellune, qui l'a bloqué deux ans de suite, assure qu'on peut le prendre en s'emparant du Trocadero et faisant une descente sur la pointe en face, dans l'île de Léon, à demi-portée de bombe de Cadix. Il en coûtera du monde, mais il s'agit dans cette affaire de la restauration complète des Bourbons, ou de leur chute finale. Il n'y a pas à balancer, nous allons prêcher dans ce sens.

Toutes les lettres qui arrivent de Madrid et dans toutes les opinions s'accordent à dire que le décret contre la régence produit l'effet le plus désastreux. Cette régence peut être bien bonne; mais elle est bien bête. Qu'avoit-elle besoin de parler de dîmes, des biens nationaux, des moines, des impôts, des milices? Pourquoi remuer tant de questions, qu'il falloit avec prudence mettre au retour du roi, et s'occuper tout simplement de la création d'une armée? Il faut, mon cher ami, que vous tâchiez de prendre plus d'autorité sur elle, surtout pendant l'absence du prince; que vous obteniez, s'il est possible, la communication de ses arrêtés avant qu'elle ne les rende; insistez sur le rappel de celui contre les milices. Je vous écris aujourd'hui une lettre officielle à ce sujet, afin que vous puissiez la montrer à M. Saez, si vous le jugez à propos. Je vous laisse libre d'en faire ou non usage.

Ayez bien soin de me mander l'effet qu'aura produit sur l'esprit de Madrid le départ de Mgr le duc d'Angoulême; quel parti prend le dessus dans la capitale; mettez tout en usage pour que la régence, qui se sentira plus libre, ne commette pas d'acte violent. Il y auroit de l'adresse à elle à se montrer modérée précisément après le départ de ceux qui l'accusoient d'exagération.

Tout à vous,
CHATEAUBRIAND.

M. DE CHATEAUBRIAND A M. DE CARAMAN.

Paris, ce 3 août 1823.

Depuis ma dernière lettre du 26 juillet, il n'est rien arrivé, monsieur le marquis, d'important dans les opérations militaires et dans la politique, que le départ de Mgr le duc d'Angoulême pour l'Andalousie. Il y avoit quelques inconvénients à ce départ, mais les avantages en étoient si grands d'un autre côté que je n'ai pas hésité à insister fortement sur cette mesure. Ces avantages sont de plusieurs sortes.

1° Mgr le duc d'Angoulême, en contact avec la régence, et étourdi à Madrid de toutes les intrigues et de tous les cris des divers partis, commençoit à prendre de l'humeur. Cette humeur augmentoit les divisions et créoit deux centres d'autorité : la régence et le prince. Il étoit essentiel de tirer celui-ci d'une position qui lui devenoit insupportable et qui pouvoit même altérer sa santé. Il falloit le replacer au milieu de ses camps, où il est si bien, où ses vertus, composées de modération et de courage, entretiennent à la fois la discipline et l'ardeur de nos troupes; enfin il falloit veiller aux jours de ce noble prince, bien plus en sûreté sous la tente que dans une ville sans police, où les révolutionnaires de toute l'Europe ont des intelligences et machinent toutes sortes de complots, témoin l'incendie de l'église des *Clercs mineurs du Saint-Esprit*.

2° La présence de monseigneur à l'armée fera cesser des rivalités militaires si communes parmi nos généraux.

3° Cadix tombé entraînant la chute de la révolution espagnole, il faut faire un dernier effort pour l'emporter; et si quelque chose peut amener cette heureuse catastrophe, c'est sans doute la présence du prince devant Cadix.

Voilà, monsieur le marquis, les principaux motifs du départ du prince. Ils sont susceptibles de longs développements, dans lesquels je ne puis entrer, et qui se présenteront à votre esprit. Cette mesure est un coup de parti et j'espère que nous en sentirons bientôt les heureux résultats.

Au reste, je vous ai toujours dit que je ne répondois pas du jour de la délivrance du roi. Je n'en sais rien encore. Mille choses peuvent la retarder, et surtout les efforts des Anglois, qui nous font une véritable guerre. Ils violent nos blocus, font passer des armes, des vivres et de l'argent aux révolutionnaires ; envoient des aventuriers pour se mettre à la tête des soldats des cortès, et pour relever leur courage. Quoi qu'il en soit de cette conduite et de cette neutralité peu loyale, nous en viendrons à bout. Si nous n'achevons pas cette guerre dans quatre ou cinq mois, nous l'achèverons dans six, dans sept, dans un an. Jamais nous ne reculerons, du moins tant que je serai ministre. Il s'agit ici du sort de l'Europe. Si la révolution triomphoit en Espagne, tout seroit perdu. Il faut ici victoire, victoire complète, ou périr sous ses ruines : cela est clair, et par conséquent mon parti est bien pris.

Notre projet, si Cadix n'est pas emporté avant la saison des vents qui empêchent de tenir la mer, est de faire cet automne le siége de toutes les places en deçà de l'Èbre ; ces places tombées nous laisseront 40,000 hommes disponibles, auxquels nous ajouterons la levée de 36,000 hommes, et avec ces nouvelles forces nous irons appuyer les forces laissées cet hiver devant Cadix, dont nous formerons le siége, et que nous emporterons, quelques sacrifices d'hommes qu'il nous en puisse coûter. Je vous mande là nos arrière-plans ; car nous comptons attaquer Cadix du 20 au 25 de ce mois, et nous avons de grandes espérances de succès. Mais il faut, quand on est à la tête des affaires, calculer toujours les événements dans le sens le moins favorable, afin de n'être pas pris au dépourvu.

Recevez, etc., etc.

CHATEAUBRIAND.

M. DE CHATEAUBRIAND A M. DE LA FERRONNAIS.

4 août.

Il s'est répandu des bruits que vous estimerez à leur juste valeur. *Nous traitons avec les cortès!* Nous n'avons pas pris les armes contre les cortès pour traiter avec elles. Jamais nous ne les reconnoîtrons désormais comme corps politique. Tout ce que les *individus* voudront pour nous livrer le roi, nous l'accorderons. Nous traiterons donc avec les individus, nous traiterons avec le roi, nous nous adresserons à lui toutes les fois qu'il pourra faire quelque chose pour lui-même ; mais ne croyez pas que nous déshonorions nos armes, notre cause, par d'indignes compositions.

La régence à Madrid a commis bien des fautes. Son dernier décret sur les miliciens est déplorable; elle multiplie ses ennemis et les difficultés que nous avons à vaincre. Je lui ai fait faire les représentations les plus sérieuses par le marquis de Talaru. Il faut dire pourtant, à son excuse, qu'elle est obligée de faire des sacrifices aux opinions de la masse populaire qui la pousse. En Espagne, tout est noir ou blanc, on est pour les cortès ou pour le roi, et vous ne ferez pas comprendre à ces deux partis qu'ils peuvent user l'un envers l'autre de bienveillance et de ménagement. Ils ne tendent pas moins qu'à s'exterminer mutuellement. Un gouvernement qui veut être sage est bien embarrassé à trouver la route à travers tant de passions.

Je ne vous parle plus de la prétention de Naples, l'affaire est enterrée : elle étoit passablement ridicule. Vous savez sans doute la chute du pape; il va mieux, mais je ne crois pas qu'il vive longtemps. Je lui ai envoyé un lit mécanique pour se soulever. Un conclave étoit autrefois une grande affaire. Aujourd'hui cela ne pourroit avoir d'importance que si un grand homme montoit sur le trône pontifical. Rome n'est plus assez forte par elle-même pour influer sur le sort des peuples sans un pape de génie. Quelques intrigues communes de quelques cardinaux obscurs seront inconnues hors des ruines de Rome, et l'on s'apercevra à peine que les clefs de saint Pierre ont changé de mains.

CHATEAUBRIAND.

M. LE PRINCE DE POLIGNAC A M. DE CHATEAUBRIAND.

Londres, le 10 août 1823.

Le vicomte de Marcellus, qui vous remettra cette lettre, mon cher vicomte, vous donnera tous les détails de l'accueil aimable et flatteur que m'a fait le roi d'Angleterre au Cottage, où j'ai passé toute la soirée d'avant-hier. Il n'y a pas eu, pour ainsi dire, de présentation, puisqu'il a voulu me recevoir dans son salon, lorsque toute la société qu'il avoit invitée s'y trouvoit réunie, et que sans attendre que M. Canning eût prononcé mon nom il est venu à moi, m'a pris par les mains en me disant que j'étois une de ses plus anciennes connoissances, et qu'il étoit charmé de me voir; puis il s'est informé des nouvelles du roi, de Monsieur et de la famille royale; il a eu la bonté d'y joindre des paroles pleines d'un souvenir bienveillant pour ma propre famille, et tout cela avant même qu'il me fût possible de remettre mes lettres de créance ni les lettres de recréance que je lui apportois de votre part. Le vicomte de Marcellus vous répétera aussi, mon cher vicomte, tout ce que le roi a dit d'aimable sur votre compte, et l'à-propos piquant même qu'il a choisi pour faire un éloge public de votre dernier discours à la chambre des pairs. Je n'ai pas eu de conversation particulière avec ce souverain; mais pendant le dîner et dans le cours de la soirée il a, à plusieurs reprises, saisi les occasions qui se présentoient de me faire connoître la noblesse, la magnanimité de ses sentiments, les vœux qu'il formoit pour la prospérité de la France, et l'attachement personnel qu'il portoit à notre auguste monarque; je dois vous dire aussi que le duc de Clarence et le duc de Cumberland, que j'ai rencontrés au Cottage, ont partagé hautement l'opinion de leur royal frère.

Recevez, etc.

Le prince DE POLIGNAC.

LI. DE CHATEAUBRIAND A M. DE TALARU.

Paris, le 10 août 1823.

Une dépêche télégraphique, datée du quartier général de la Caroline, le 6 de ce mois, nous a appris hier au soir la capitulation de Ballesteros et sa reconnoissance de la régence. Je m'applaudis de vous avoir prévenu, dans mes trois dernières lettres, d'interposer votre autorité afin que la régence ne fasse pas l'énorme sottise de repousser Ballesteros. Je vous écris en conséquence une lettre officielle, dont vous ferez usage, s'il y a lieu, auprès de la régence. Cet événement peut amener la reddition de Cadix, et peut déterminer la défection de Milans et de Lobéras en Catalogne. Si, d'un autre côté, nous sommes entrés à La Corogne, comme le disent des lettres venues de Londres, Bourke pourra entrer dans le royaume de Léon et vous mettre en repos à Madrid. Allons! voilà de belles espérances; puissent-elles s'accomplir. Si le roi est délivré, vous aurez d'abord à Madrid le général Pozzo, qui a de pleins pouvoirs pour cela, et ensuite un ambassadeur. Bulgari ne vous restera pas.

Dites-moi ce que l'on pense à Madrid de notre consul de Valence, Brochaut d'Andilly, qui a été vice-consul à Madrid, après le départ de

M. de La Garde. Mais prenez garde aux exagérations des *absolutistes*, dans ce qu'on vous en dira. Mon dessein est de le renvoyer pour exercer le consulat par *interim* à Madrid, si vous pensez qu'il n'y a pas d'inconvénients.

CHATEAUBRIAND.

M. DE SERRE A M. DE CHATEAUBRIAND.

Naples, 9 août 1823.

J'ai reçu, monsieur le vicomte, votre lettre confidentielle du 18 du mois dernier. Je vous remercie de la peine que vous avez prise de m'expliquer les motifs qui vous ont décidé à la guerre, et l'état actuel de nos relations diplomatiques.

Il y a une partie de vos motifs de guerre qui n'a pu être bien jugée qu'au moment même, et sur les lieux; mais d'ici j'en aperçois assez pour comprendre qu'à votre arrivée au ministère l'invasion de l'Espagne vous ait paru nécessaire. Au milieu de l'hésitation de la plupart des esprits, la promptitude et la vigueur de votre détermination ont fait beaucoup pour le succès. Il est grand; vous avez toute raison de vous en applaudir, et je vous en félicite de tout mon cœur. Toutefois, et même après la chute de Cadix, vous êtes loin de pouvoir penser à votre *nunc dimittis*. Vous avez le premier rendu à la France cette vie, cette action extérieure nécessaires à un grand peuple, et qui sembloient suspendues depuis la restauration. Dans cette carrière, les grandes affaires s'appellent l'une l'autre.

Ce n'est pas seulement la question politique de l'Espagne, où, sans vouloir imposer des institutions, vous ne pouvez cependant laisser élever dans un autre sens un système aussi absurde, ruineux et menaçant que celui que vous avez détruit; un système capable de ressusciter un jour le dernier et de faire évanouir le fruit de vos travaux. Ce n'est pas seulement la question, plus épineuse encore, des colonies espagnoles, dans laquelle il faudra bien se rappeler la promesse de resserrer autant que possible le cercle et la durée de la guerre. — Il n'est pas que vous n'ayez souvent remarqué que dans le va-et-vient des choses humaines le danger qui cesse ne fait presque jamais que céder la place à un autre. La crainte des révolutions est le sentiment commun qui depuis huit années tient les grandes puissances unies et l'Europe en paix. Le péril passé s'oublie vite, et cette crainte sera bien affoiblie une fois que la Péninsule sera restaurée, pacifiée. Alors la politique des intérêts, des ambitions de puissance à puissance, la vieille politique, si l'on veut, reprendra tous ses droits. Les cabinets sont timides, endettés, mais les peuples sont reposés et les armées nombreuses ; cela n'est point à la longue d'un pacifique augure, encore bien que la paix soit sur les lèvres et dans les cœurs. Cette jalousie de la France, que déjà vous voyez poindre, grandira malgré votre prudence et votre générosité. Il y a de l'habitude autant que de la raison. On craint ce nom même de France, qui depuis des siècles a si souvent remué le monde; on craint, plus encore que la contagion de l'anarchie, l'effet lent mais irrésistible de nos institutions, le mouvement et la force qu'elles nous impriment. Précisément parce que nous avons toujours joui d'une certaine liberté, nous n'avons jamais fait nos affaires sans quelque bruit : vous vous souvenez de vos états, de votre parlement de Bretagne. Pour nous, ce bruit prévient ou détourne le danger; mais après les crises dont nous sortons, c'est aux yeux des cabinets accoutumés à gouverner dans le silence l'indice d'un volcan de laves prêtes à se répandre. Le plus sûr moyen de calmer les jalousies, c'est d'être fort : on ne conteste que les supériorités qui s'élèvent ou se relèvent; on s'y résigne dès qu'elles sont bien établies.

On est fort par les lois et par les armes. C'est une avance que cette guerre qui, sans être meurtrière, aguerrit nos troupes; mais il nous manque la faculté indispensable de conserver au besoin les soldats aguerris sous le drapeau; il nous manque une réserve; les vétérans n'en sont point une, au moins suffisante dans toutes les conjonctures; la première campagne, nous avons dû recourir à une levée anticipée; ceci est urgent, parce qu'il faut plusieurs années révolues pour avoir amassé les réserves; pour qu'elles restent entières, le temps de service ne doit courir que du jour de l'arrivée au corps.

Il ne faut point faire halte non plus dans le développement de nos institutions politiques; en conservant ce qui est propre à la France et à une monarchie continentale, elles doivent marcher vers cette perfection que vous admirez, à si juste titre, en Angleterre. Chez nous, les royalistes seront, pour plus d'une génération encore, l'appui nécessaire du gouvernement; c'est par eux qu'il doit s'enraciner; il faut, par tous les moyens, les mettre en jouissance des avantages de nos institutions pour leur en donner le goût, pour vaincre les préventions qui restent. La question de l'indemnité des biens des émigrés mérite sérieuse considération; elle est bien plus politique que financière.

Je vous dis toutes ces choses, monsieur le vicomte, parce qu'une guerre heureuse vous donne une force, et que vous possédez des avantages que n'ont point eus vos devanciers. Pour conserver et accroître ca force, il en faut user.

Le saint-père se rétablit comme par miracle; ce sera un jour une grande affaire aussi que le choix de son successeur. La Providence a donné à l'Église dans ses dernières tribulations deux chefs qui ont eu le courage des martyrs; l'époque actuelle en demanderoit un qui eût le zèle des apôtres; nous sentons ce qui manque en France à l'influence de la religion, et cependant nous sommes encore les mieux partagés; notre clergé, toujours le premier de la chrétienté, a été épuré au feu de la persécution. Mais c'est dans le clergé d'Italie, à commencer par celui de Rome, c'est dans le clergé de l'Allemagne, dans celui de la grande Péninsule, qu'est grand le mal moral qui travaille l'Europe; c'est là qu'il faudroit commencer à l'attaquer. Comme vous le prévoyez, les Italiens feront la nomination. On pourroit peut-être leur faire sentir leur véritable intérêt, les arracher un instant à leur triste maxime : *il mondo va da se,* leur prouver qu'ils vaudront précisément autant que le pape qu'ils éliront. Malheureusement, il paroît que depuis longtemps le sacré collége a été foiblement recruté.

Sur les Deux-Siciles je n'ai rien à ajouter à mes dépêches officielles. D'ici à longtemps notre rôle à Naples sera, je présume, de simple observation. Il y a peu de bien à faire; ce quelque mal, que peut-être nous réussirions à éviter, ne vaut pas l'ombrage que nous donnerions à l'Autriche.

Cette lettre, monsieur le vicomte, est plus une suite à nos conversations de Vérone qu'une dépêche diplomatique. Votre confiance a entraîné la mienne. Je sens bien que dans mon coin ma politique doit être trop spéculative. Vous êtes au centre d'action, au foyer dans lequel rayonnent tous les faits. Vous rectifierez mes erreurs.

Je vous renouvelle, monsieur le vicomte, les assurances de mon dévouement et de ma haute considération.

H. DE SERRE.

LE PRINCE DE POLIGNAC A M. DE CHATEAUBRIAND.

Londres, ce 12 août 1823.

Je ne comptois pas vous écrire aujourd'hui, mon cher vicomte, mais M. Canning, que je viens de voir, m'a chargé d'une *petite commission* pour vous; c'est simplement sous ce point de vue qu'il m'a prié d'envisager ce qu'il m'a dit, et dont je vais vous rendre compte. Le consul anglois à La Corogne et sir Robert Wilson ont interposé leurs bons offices auprès des autorités espagnoles de cette ville pour rendre la liberté et mettre à bord d'un parlementaire M. Desbassyns, beau-frère ou cousin du comte de Villèle; ce parlementaire a été pris par un bâtiment françois, et toutes les personnes qui étoient à son bord ont été conduites dans un de nos ports; au nombre de ces personnes se trouvoit madame Quiroga, femme du général espagnol de ce nom. M. Canning demande que vous interposiez maintenant vos bons offices pour lui faire rendre la liberté, comme l'a fait le consul anglois à La Corogne en faveur de M. Desbassyns. J'ai répondu à M. Canning que je vous transmettrois son désir aujourd'hui; il a dû en écrire également par le courrier de ce jour à sir Charles Stuart.

Tout à vous, mon cher vicomte.

Le prince DE POLIGNAC.

M. DE CHATEAUBRIAND A M. DE TALARU.

Paris, le 16 août 1823.

Mon cher ami,

L'ordonnance de monseigneur le duc d'Angoulême du   me paroît être la réponse à la note de M. Saez. Cette note, qui demandoit *réparation,* aura excité un moment de colère qui aura produit l'ordonnance.

Cette ordonnance, au moment du dénouement, dans un moment où l'habileté consiste à ne rien agiter, à gagner quelques jours, peut avoir un effet funeste. Je n'ai d'autre conseil à vous donner que de faire vos efforts pour amortir le coup. Ne vous rangez pas du côté de la régence, mais calmez-la en lui représentant que c'est l'imprudence de la note de M. Saez, ces mots de *réparation,* qui, en blessant monseigneur le duc d'Angoulême, l'ont forcé de prendre une mesure qu'il a cru nécessaire à la sûreté de son armée. Faites entendre surtout que toute irritation qui éloigneroit la délivrance du roi auroit l'effet le plus déplorable. Que deviendroient la régence et les royalistes si nous étions obligés de nous retirer sur l'Èbre? S'ils veulent se sauver, il faut donc qu'ils restent unis à nous, et qu'ils soient reconnoissants de ce que le prince a fait pour eux, même lorsqu'il a recours à des moyens de salut qui contrarient leurs idées ou leurs passions.

Les massacres qui ont eu lieu à Madrid dans ces derniers jours semblent au reste motiver l'ordonnance du prince. Je sens à chaque instant l'inconvénient des distances : tandis que je vous écris tout ceci, Dieu sait ce qui sera déjà arrivé. L'ordonnance est du 8, nous sommes au 16, vous ne recevrez cette lettre que le 21, et je n'aurai votre réponse que le 26 ou le 27. Dans cet espace de temps, dix révolutions auront pu arriver. Ce que je crains le plus, c'est une décision de la régence par laquelle elle abandonneroit le pouvoir, ce qui pourroit amener un mouvement dans Madrid ; mais enfin la Providence, qui depuis si longtemps est pour nous, ne nous abandonnera pas.

Vous verrez bien que cette lettre n'est pas une réponse à votre dépêche du 11, n° 49, que j'ai reçue ce matin, et qui ne dit rien d'important, mais une réponse à ce que j'ai appris par M. de Villèle, à qui Monseigneur a envoyé son ordonnance. Si, par un miracle, Monseigneur s'étoit ravisé et n'eût pas publié cette ordonnance, je n'ai pas besoin de vous dire qu'il faudroit se taire sur tout ceci.

CHATEAUBRIAND.

M. DE CHATEAUBRIAND A M. DE TALARU.

Paris, le 17 août 1823.

Je reçois votre dépêche du 12, n° 50 : elle m'apporte l'ordonnance dont je vous ai parlé hier. Je vous réponds par deux lettres officielles : l'une sur l'ordonnance même, l'autre sur votre lettre au général Guilleminot. Quant à l'ordonnance, c'est une chose faite : il faut donc la soutenir ; car, ce qu'il y a de pire, c'est de reculer sur une mesure, et rien au monde ne doit nous faire abandonner Monseigneur.

Le général Lauriston, qui a déjà reçu devant Pampelune l'ordonnance de Monseigneur, dit qu'elle produit le meilleur effet, même parmi les corps royalistes qui sont sous les armes, et qui se plaignent, comme nous, qu'en persécutant les miliciens rentrés chez eux, on leur suscite à chaque instant de nouveaux ennemis. Cette opinion ne sera pas celle des villes populeuses, où les classes inférieures aiment les arrestations et le désordre. Si j'avois été auprès de Monseigneur, je lui aurois certes conseillé de ne pas rendre cette ordonnance, qui peut compliquer les affaires au moment même d'un dénouement ; mais enfin elle existe, tout est dit ; il faut la défendre.

Votre rôle, néanmoins, comme je vous l'ai dit hier, est d'amortir les coups, d'adoucir les frottements, de diminuer le mal autant que possible, et de vous jeter, par des interprétations conciliantes et modérées, entre les partis. Il n'y a aucun doute que vos collègues vont profiter de la circonstance pour faire bien de faux rapports. Mais tenez pour certain qu'il n'y a aucun arrangement fait à Cadix; que Monseigneur lui-même est très-éloigné de vouloir accorder aucune concession politique, et que tout ce qu'on peut imaginer sur ce point est entièrement dénué de fondement.

Je vois, par votre lettre, que j'avois deviné juste, et que c'est l'envoi à Monseigneur des papiers sur l'affaire de Burgos qui a produit l'explosion. L'habitude des affaires et la connoissance des caractères apprennent à prendre sur soi certains retards, qui décident quelquefois toute une question.

Que sert, au reste, tout ce que je vous dis ici? Mes instructions vous parviendront quand la scène sera toute changée en bien ou en mal.

Si par hasard les choses s'étoient arrangées lorsque vous recevrez cette lettre; si la régence avoit pris le sage parti de se taire et de laisser passer (c'est à quoi surtout il auroit fallu l'engager), vous jugeriez peut-être qu'il seroit de la prudence de ne pas ranimer la question en faisant usage de mes lettres officielles. Mais dans le cas où l'affaire seroit controversée et encore toute vivante, vous ferez connoître hautement l'opinion de votre gouvernement.

CHATEAUBRIAND.

M. DE CHATEAUBRIAND A M. DE POLIGNAC.

Paris, le 18 août 1823.

Vos dépêches, noble prince, sont très-claires, très-pleines et très-bonnes; je n'avois voulu vous donner aucun avis. Le désaveu de M. Canning est complet sur l'affaire de la flotte angloise. Vous pouvez, à votre tour, assurer ce ministre que nous n'avons jamais pensé à envoyer des troupes en Portugal. Au reste, je vous dirai (tout à fait entre nous) que je suis peu content des affaires d'Espagne. La régence s'est emportée dans l'affaire de Burgos; elle a fait passer une note à Talaru, demandant *réparation*. Talaru a eu l'imprudence d'envoyer cette note à monseigneur le duc d'Angoulême, alors en chemin pour Cadix, et le prince a répondu *ab irato* par une ordonnance où il déclare qu'aucune arrestation ne pourra avoir lieu dans les villes occupées par les troupes françoises sans la permission du commandant de ces troupes, etc. Vous sentez quelles divisions cette ordonnance va jeter dans les esprits. Cependant, il n'y a pas à balancer, il faut la soutenir, car nous ne devons pas abandonner le prince généralissime. Ne parlez de cette affaire que lorsqu'elle viendra à éclater ; alors vous direz que le prince a été obligé de prendre cette mesure pour la sûreté des troupes françoises et pour l'honneur même de la régence, dont les ordres modérés étoient méconnus par des hommes qui ont intérêt à prolonger les révolutions. Au reste, cette ordonnance sera sans doute fort applaudie en Angleterre, mais elle confirmera M. Canning dans l'idée qu'il a des divisions qui existent entre nous et la régence.

L'estafette de Madrid, qui arrive à l'instant, portant des lettres du 13, m'apprend que l'affaire de l'ordonnance est un peu replâtrée ; qu'Oudinot a consenti à ne pas la publier, et que la régence a écrit une lettre au prince, dans laquelle elle lui dit qu'elle va faire ouvrir les prisons à tous les détenus qui ne sont pas dans le cas d'être traduits devant les tribunaux. Puisse tout cela s'arranger, mais c'est toujours une triste affaire. Les lettres n'apprennent d'ailleurs rien de nouveau ; elles parlent d'une proposition qui auroit été faite à Bordesoulle par les Cortès, le 6 et le 7. Nous doutons de cette nouvelle. Un courrier anglois, qui a dû passer par Madrid le 13, auroit dit que dans deux mois nous aurons besoin de l'intervention d'Angleterre. Ce sont là des *on dit*.

CHATEAUBRIAND.

M. DE CHATEAUBRIAND A M. DE TALARU.

Paris, le 19 août 1823.

Je vous écris, mon cher ami, une lettre officielle. Dans la réponse à M. Saez, si vous en avez fait une, j'espère que vous aurez pris en termes polis, mais fermes, le parti de l'ordonnance. Ostensiblement vous devez être pour tout ce qui émane d'une autorité françoise ; secrètement vous devez tâcher de tout concilier, de tout adoucir. Je viens de voir le général Pozzo, il est très-raisonnable ; il m'a dit qu'il alloit écrire à M. Bulgari, à propos de la note de la régence adressée à la conférence, qu'il ne devoit pas se constituer juge entre la régence et Monseigneur ; il lui ordonnera de se porter seulement comme modérateur entre les opinions et d'empêcher que l'affaire devienne plus grave. Au reste, tout cela viendra trop tard ; ce que vous avez le plus à craindre, c'est qu'on nous fasse quelque émeute à Madrid, Burgos et Saragosse. Tous les partis profiteront de la circonstance pour semer des divisions : c'est une crise, il faut la traverser ; et il est inutile de regarder en arrière.

CHATEAUBRIAND.

LE GÉNÉRAL GUILLEMINOT A M. DE CHATEAUBRIAND.

Puerto-Santa-Maria, 21 août 1823.

Monseigneur,

Mon état de souffrance et un travail excessif pendant la route fatigante que nous venons de faire ont pu seuls interrompre une correspondance à laquelle je mets le plus grand prix. Ainsi j'ose espérer que Votre Excellence ne poussera pas la sévérité jusqu'au point de ne me donner de ses nouvelles que lorsqu'elle en trouvera le motif dans quelques circonstances officielles. Ce seroit une trop grande privation pour un retard entièrement indépendant de ma volonté.

J'ai toujours fait ce qui a dépendu de moi, Monseigneur, pour rendre agréable la position de M. de Bouttourlin au quartier général; j'y étois naturellement porté, parce que ses qualités me sont connues depuis longtemps, et que je sens combien il importe qu'il soit content de nous. Le hasard l'ayant conduit chez moi peu d'instants après la réception de la lettre de Votre Excellence, je me suis empressé de lui donner quelques explications qui, si elles n'ont pas fait disparoître son amertume, l'ont au moins un peu calmée; je m'attacherai à l'effacer entièrement.

Nos affaires n'iront peut-être pas aussi vite que nous avions pu d'abord l'espérer. Je crains que l'intervention angloise, sur laquelle les révolutionnaires s'appuient, n'élève des obstacles, et si avant tout il ne falloit agir, ce seroit le moment de regretter la mesquinerie des secours envoyés de France. Au surplus, nous tirerons de nos ressources tout ce qu'il sera possible d'en obtenir. Notre zèle suppléera à ce qui nous manque. Nos troupes sont on ne peut mieux disposées; la présence de Monseigneur, que j'aurois voulu cependant retarder jusqu'au moment où tous nos moyens eussent été prêts, redouble leur ardeur. Dans peu de jours nous tenterons la grande aventure; les dispositions en seront d'accord avec les premières idées que Votre Excellence m'a fait l'honneur de me communiquer.

Je ne vous parle pas, Monseigneur, de la réponse que le roi a faite au message que lui avoit adressé S. A. R. Votre Excellence en sera instruite par M. de Villèle.

Je prie Votre Excellence d'agréer, etc.

GUILLEMINOT.

M. DE CHATEAUBRIAND A M. DE TALARU.

Paris ce 23 août 1823.

Vos dépêches du 17 et du 18, n°⁵ 58 et 59, m'arrivent en même temps. Les circonstances sont graves, mais c'est dans les circonstances graves que l'on prend son parti et que l'on fait tête à l'orage. Nos armées disséminées, la population soulevée contre nous, les places fortes résistant, voilà de terribles choses que nous disent aussi tous les jours nos libéraux ; mais enfin nous n'avons pas devant nous un seul corps d'armée capable d'arrêter cinq cents François. La population, qui n'a pas pu se soulever pour nous à l'ombre de cent mille baïonnettes françoises, et qui se fait battre partout où elle veut se mesurer seule avec les soldats des cortès (comme cela vient de lui arriver encore en Catalogne), cette population ne se soulèvera pas en masse contre nous. Tout n'est pas perdu, et avec de la patience et de la mesure on peut réparer une erreur, grave sans doute ; mais quel homme, et surtout quel prince, est exempt d'erreur ?

Je ne vous ai point dit que l'affaire de Burgos fût peu de chose, mais je vous ai dit qu'il étoit de bonne politique de la faire paroître ainsi. Il est souvent utile de traiter les affaires avec une apparence de peu d'importance ; on les aggrave en appuyant trop sur leurs conséquences. L'ordonnance d'Andujar n'est point la suite d'un plan, comme le prétend M. Brunetti, qui voit partout une charte projetée et un accommodement avec les révolutionnaires ; c'est un mouvement de colère produit par la lecture de la note de M. de Saez, qui demandoit des *réparations*. On tomberoit en croyant cela dans toutes les erreurs autrichiennes.

Je ne suis pas de ceux qui croient à la reddition subite de Cadix, je pense même que cette ville pourroit ne pas ouvrir ses portes ; mais je ne désespère pas tout à fait de sa reddition : il y a beaucoup de chances pour nous ; et enfin, si Cadix ne se rendoit pas, tout ne seroit pas encore perdu.

Les ordres de monseigneur le duc d'Angoulême ont été exécutés trop rigoureusement à Vittoria et à Bilbao. J'ai proposé de les faire adoucir d'ici, mais on objecte que si le ministre de la guerre donnoit un ordre qui fût contrarié par un ordre venu de Monseigneur, il pourroit en résulter un mal prodigieux. De plus, envoyer un ordre de Paris seroit condamner le prince, et tout vaut mieux que cela. En tout, il y a mal de tous côtés ; mais ne nous décourageons pas.

P. S. Je me désole comme vous de la distance; que sert tout ce que je viens de vous dire? Quand vous recevrez cette lettre, la réponse de Monseigneur sera arrivée depuis huit ou dix jours à Madrid, et tout sera changé. Dans tous les cas, que la régence sache bien que si, par une division funeste, nous étions obligés de nous retirer sur l'Èbre, Valdès seroit bientôt à Madrid, et les royalistes exterminés. La France se sauveroit toujours, et rien ne pourroit la forcer dans ces places fortes de la Catalogne et de la Navarre, dont elle s'empareroit aussitôt, en faisant des siéges; mais les constitutionnels triompheroient dans le reste de l'Espagne : le mieux est donc de nous tenir unis à tout prix.

CHATEAUBRIAND.

M. DE CHATEAUBRIAND A M. DE LA FERRONNAIS.

Paris, ce 25 août 1823.

Je dois, monsieur, vous parler d'un événement dont nos ennemis ont voulu faire quelque chose, et qui heureusement n'aura aucun résultat fâcheux.

On avoit fait à Burgos, ainsi que dans plusieurs autres villes d'Espagne, des arrestations arbitraires extrêmement nombreuses. Les moindres inconvénients de ces arrestations étoient de susciter des ennemis sans cesse renaissants à nos armées ; car les soldats miliciens qui rentroient chez eux, en vertu de capitulations militaires avec nos généraux, étant incarcérés en rentrant dans leurs foyers, reprenoient les armes et alloient grossir les garnisons des places ou former des guerillas derrière nos armées. Pour faire cesser ces désordres, qui compromettoient la sûreté de nos troupes, le commandant de Burgos fit mettre en liberté tous les détenus qui n'étoient pas arrêtés en vertu d'ordres émanés des tribunaux. La régence s'en tint offensée, et M. Saez écrivit une lettre à M. de Talaru, dans laquelle il demandoit d'un ton menaçant une *prompte réparation*. Cette note fut malheureusement communiquée à Monseigneur, qui, justement offensé qu'on ne reconnût pas mieux ses travaux et ses sacrifices, donna, de premier mouvement, à Andujar, une ordonnance par laquelle il déclare qu'aucune arrestation ne pourra avoir lieu dans les places occupées par ses troupes sans l'autorisation du commandant de ces troupes; et comme des journaux de Madrid avoient osé insulter l'armée françoise, cette ordonnance mettoit les journaux sous la surveillance militaire.

Là-dessus grand bruit : *L'indépendance de la régence méconnue, la justice violée, la cause royaliste sacrifiée à la cause révolutionnaire,* etc., etc. Les agents de l'Angleterre souffloient le feu, les partisans des cortès cherchoient à faire naître une division sérieuse entre nous et le parti royaliste ; des intrigants s'agitoient et des moines fanatiques cherchoient à remuer la populace. MM. Bulgari et Brunetti, qui sont bien jeunes pour la besogne dont ils sont chargés, s'emportèrent d'abord, mais ils revinrent ensuite à un sentiment plus juste de la position des choses. M. Royez fut constamment bien, et aperçut dès le premier moment le danger immense qu'il y auroit eu à montrer la moindre division entre les représentants de l'Alliance dans une pareille circonstance. L'ordonnance sans doute a des inconvénients ; un magistrat, un ambassadeur ne l'auroit pas rédigée telle qu'elle est, ou plutôt auroit conseillé toute autre mesure. Mais qu'est-ce après tout qu'une ordonnance échappée à un général qui voit sa parole comptée pour rien, ses troupes exposées par des violences fanatiques? à un général dont l'humeur est trop naturellement provoquée par une note menaçante? qu'est-ce, dis-je, que cette ordonnance mise en contrepoids à tous nos sacrifices et aux vertus d'un prince véritablement admirable? Notre sang coule dans toutes les provinces de l'Espagne pour la cause des royalistes espagnols, cause qu'ils défendoient eux-mêmes si mal ; nos soldats, au milieu de toutes les privations, sous un soleil brûlant, gardent la discipline la plus incroyable; 150 millions ont déjà été répandus par nous dans la Péninsule. Un prince héritier du trône de France expose à tous moments sa vie pour délivrer le roi Ferdinand et arracher l'Espagne à la faction ; et tout cela seroit mis en oubli, parce qu'une ordonnance juste au fond, quoique défectueuse dans la forme, est venue mettre un frein à l'esprit de réaction et de vengeance et contrarier les vues de ceux qui ne poussoient peut-être à ces rigueurs excessives que pour nous contraindre à nous retirer sur l'Èbre ! On a enfin senti ce qu'il y auroit d'ingrat et d'impolitique à faire tant de bruit. La régence, qui avoit envoyé une note à la conférence, l'a retirée ; les représentants des cours ont cessé d'insister sur des démarches intempestives. La régence a ordonné elle-même l'ouverture des prisons et député un officier à Monseigneur pour l'engager à modifier son arrêté : tout s'est calmé, et l'on attend en paix les événements de Cadix.

Monseigneur est arrivé au plus tard au port Sainte-Marie le 18 ; il aura fait sommer Cadix le 19 ou le 20, et s'il n'a pas ouvert ses portes, l'attaque est ordonnée pour le jour même de la Saint-Louis, le 25. Nous n'avons donc plus que huit jours à attendre, à dater du jour où je vous écris, pour apprendre les choses les plus importantes pour les destinées de l'Europe.

CHATEAUBRIAND.

———

M. DE CHATEAUBRIAND A M. DE TALARU.

Paris, ce 27 août 1823.

Je vous écris ce matin avec une sorte de satisfaction, parce qu'il n'y a plus d'incertitude sur l'événement. Heureux ou malheureux, il est maintenant passé; vous le savez sans doute au moment où j'écris, et certainement au moment où vous recevrez cette lettre. Une estafette, arrivée hier, ne m'a point apporté de dépêches de vous, mais elle a apporté une lettre de Monseigneur qui apprend ce qu'il a dû faire; elle me donne du moins cette satisfaction qui résulte des faits précis et de la netteté d'une position. Le prince dit donc que le 17 il a assemblé un conseil de guerre; qu'il a été résolu d'attaquer la ville en suivant un plan régulier, lequel plan demande cinq jours de préparation; qu'en conséquence il a envoyé un de ses aides de camp porter au roi la lettre dont on lui avoit envoyé d'ici le modèle, en donnant cinq jours pour y répondre. Vous connoissez maintenant cette lettre. Elle servira à vous détromper sur la *prétendue conspiration* politique pour une charte à laquelle vous avez cru, avec tout ceux qui avoient intérêt à Madrid à y croire ou à y faire croire. Vous auriez dû mieux me connoître. Les événements militaires et la conduite particulière du prince ne dépendent pas de moi; mais ce qui en dépend ce sont les résultats et les capitulations politiques, car aucune concession pour la fin de la guerre ne peut être accordée sans être ou offerte ou ratifiée par le roi, sur l'avis du conseil: or, tout ce qui seroit au déshonneur de la France et constitueroit l'abandon des principes qui ont fait la règle de ma vie politique n'aura jamais lieu tandis que j'aurai quelque part au gouvernement. Ou je me trompe étrangement, ou la lettre de Monseigneur est aussi noble que ferme et calme. Que propose-t-il, ou plutôt qu'insinue-t-il? car même il ne le propose pas. Une amnistie et les vieilles cortès; et cette amnistie et ces vieilles cortès ne peuvent être même accordées qu'après que *le roi sera libre;* sa liberté étant la première condition de la paix. Trouvez mieux, et pour le roi dont il faut la délivrance, et pour la nation qu'on ne peut garantir des fautes du roi qu'en la mettant à l'abri derrière ses vieilles institutions. Si le clergé, qui compose presque seul les vieilles cortès, n'est pas satisfait, il faut convenir qu'il est difficile à satisfaire.

Mon rôle ici est fini ; je sors net et sans tache de l'événement, quel qu'il soit. Je ne me plaindrai point des soupçons, de l'alarme répandue autour de vous par ceux à qui vous avez parlé.

Mon caractère est la constance ; je ne m'effraye ni ne me trouble de rien ; si la lettre ou l'attaque n'ont point réussi à Cadix, je ne croirai point tout perdu, et ce qu'on n'aura point fait en août, on le fera plus tard, et je proposerai, coûte qui coûte, de ne jamais abandonner l'affaire d'Espagne. L'habitude des affaires m'a appris que beaucoup de choses qu'on a cru perdues ne vont pas si mal qu'on l'auroit cru d'abord ; qu'il y a un certain bruit de parti qui assourdit lorsqu'on commence, et qu'on se tromperoit agissant d'après ses premiers mouvements.

Vous avez entendu les cris des royalistes espagnols, les plaintes de ces agents diplomatiques qui sont les ennemis de la France. On a cru, sur les rapports de ces hommes passionnés, que le prince avoit commis plus d'erreurs qu'il n'en a commis. Une bête placée au port Sainte-Marie fait présumer que tout le reste étoit ainsi : vous n'avez pas entendu les plaintes du parti opposé ; vous n'avez pas vu, comme nous ici, les réponses de tous les gouverneurs des places, qui disent tous qu'ils se rendroient, mais qu'ils ne le feront pas parce qu'en posant les armes ils seroient emprisonnés et massacrés par les ordres de la régence. Vous n'avez pas vu les rapports sur les cruautés du curé Merino et des autres chefs royalistes, et conséquemment vous n'avez pas été à même de bien juger de l'effet que ces rapports, présentés peut-être dans un esprit peu bienveillant, ont pu produire sur le prince généralissime ; une seule ordonnance fâcheuse a paru, selon moi, un trop grand contre-poids aux sacrifices de la France et aux vertus réelles du prince. On traite aujourd'hui facilement d'ineptes, d'incapables, de stupides, les gouvernements ; mais peut-être en dernier résultat trouvera-t-on qu'un gouvernement qui a essayé de concilier les hommes, qui s'est opposé à toutes les mesures arbitraires, qui partout a arraché des victimes à la mort sans distinction de parti, et qui pourtant, tandis qu'on l'accusoit de foiblesse, n'a consenti à aucune concession politique, peut-être trouvera-t-on que ce gouvernement a fait usage d'un assez heureux mélange de modération et de fermeté.

Quoi qu'il en soit, voilà ces longs bavardages finis. Si Ferdinand est rétabli sur son trône, vous rentrerez dans les voies d'une légation ordinaire ; si l'affaire de Cadix est manquée, je vous transmettrai les ordres du roi, et on prendra conseil des événements.

Je ne sais rien de l'ordonnance, sinon qu'on a donné du quartier général l'ordre de l'exécuter avec toute la prudence et toute la douceur possibles.

CHATEAUBRIAND.

M. RAYNEVAL A M. DE CHATEAUBRIAND.

Berlin, ce 30 août 1823.

Monsieur le vicomte,

Je sais gré au courrier prussien de partir à point nommé pour que je puisse vous accuser sans retard la réception de votre lettre du 23, qui m'est parvenue hier. Je n'ai pas été aussi heureux pour celle du 11, aucune occasion ne s'étant présentée depuis que je l'ai reçue. J'ai toujours de nouveaux remerciements à faire à Votre Excellence du soin obligeant qu'elle met à me tenir exactement informé de tous les événements, et de fournir un aliment substantiel à mes conversations avec M. de Bernstorff, qui sans cela tiendroient un peu trop de la nature du monologue. Mes dernières dépêches ont fait connoître à Votre Excellence avec quelle satisfaction on auroit reçu ici la nouvelle de la soumission de Cadix. Aujourd'hui, un peu d'impatience y a succédé, mais toujours mêlée de beaucoup de confiance. M. de Bernstorff, me parlant hier soir des dépêches qu'il venoit de recevoir, m'a dit que tout alloit à merveille, et que les détails qu'on lui donnoit élevoient au plus haut degré ses espérances. La conversation s'étant portée sur les résultats de l'expédition d'Espagne, aussi vivement menée qu'elle l'a été jusque ici, et aussi heureusement terminée que nous la prévoyons, il a compté au nombre de ceux dont nous ne devions pas être les seuls à nous féliciter la *résurrection politique de la France;* c'est le terme dont il s'est servi. Il a ajouté que c'étoit à vous principalement, monsieur le vicomte, à l'énergie de vos conseils, qu'elle devoit de se trouver replacée parmi les puissances au rang qu'il étoit si nécessaire qu'elle occupât.

Les rapports de M. Royez, arrivés hier, parlent du fâcheux dissentiment d'opinion qui a éclaté entre M. le duc d'Angoulême et la régence, au sujet des arrestations arbitraires qui avoient été faites. D'après l'impression qu'il m'a paru que M. Bernstorff avoit reçue de toute cette affaire, j'ai pu juger que M. Royez avoit complétement mérité les éloges que Votre Excellence lui donne et que j'ai eu soin de répéter. M. de Bernstorff croit que la vivacité qu'a montrée S. A. R. dans cette circonstance, loin d'avoir un fâcheux effet pour l'avenir, servira à tenir la régence dans de justes bornes, et à lui faire sentir les ménagements qu'elle a à garder envers le gouvernement auquel elle doit son existence, et le prince sans l'assistance duquel elle ne peut rien.

J'ai envoyé à M. de la Ferronnais, par estafette, et à M. de Rumigny, par la poste, les lettres que Votre Excellence m'avoit adressées pour eux.

Agréez, je vous prie, monsieur le vicomte, l'assurance de mon entier dévouement et celle de la haute considération avec laquelle j'ai l'honneur d'être de Votre Excellence le très-humble et très-obéissant serviteur.

RAYNEVAL.

M. DE CHATEAUBRIAND AU GÉNÉRAL GUILLEMINOT.

Paris, ce 31 août 1823.

J'ai reçu, général, la lettre que vous m'avez fait l'honneur de m'écrire, en date du port Sainte-Marie, le 21 de ce mois. Je m'attendois à la réponse négative du roi d'Espagne, ou plutôt de ses geôliers. J'ai toujours pensé qu'on ne céderoit qu'aux boulets et aux bombes. Si vous pouvez joindre l'ennemi et arriver au corps de la place, la partie est gagnée; mais comment joindre cet ennemi? Je n'ai pas grande confiance au bombardement par mer, si vous n'avez pas pied à terre dans l'île de Léon. Quand vous aurez pris le Trocadero et le Matagorda, on assure qu'il vous sera aisé de faire taire le feu du Portales, sur la pointe, en face du Matagorda, et par suite d'opérer une descente sur ce point, de vous y loger avec six mille hommes, et de séparer ainsi l'île de Léon de Cadix, qu'il seroit facile alors d'écraser. On dit aussi qu'il seroit facile d'opérer un débarquement dans l'île, du côté de la pleine mer. Ne pourriez-vous faire venir les canons trouvés à Algésiras? Tout ce que j'ai pu faire dans mon département, c'étoit de faire écrire à M. de Lesseps, notre consul à Lisbonne, bien avant qu'on songeât à rien tirer du Portugal, de vous envoyer, sur mon propre crédit, bombardes, munitions, etc. Je vous répète, général, toutes mes rêveries militaires; mais je reste toujours convaincu, peut-être à tort, qu'on ne peut rien faire de sûr si on n'occupe un point dans l'île de Léon; et je crois qu'avec des soldats françois, inspirés par la présence de monseigneur le duc d'Angoulême, rien n'est impossible.

Ne vous effrayez pas, général, de l'intervention angloise; croyez-moi, elle n'aura pas lieu. C'est un leurre dont les meneurs se servent pour faire prendre patience à leur parti. J'ai sur la neutralité angloise des données certaines ; on n'est pas bienveillant, mais jamais on n'interviendra tant que nous resterons unis aux Espagnols : c'est là notre grande sauvegarde.

La flottille qui étoit devant La Corogne doit maintenant vous avoir ralliés. Elle auroit pu vous porter les canons de cette place ; je l'ai dit, et j'aurois voulu qu'on eût donné des ordres. Si on n'y a pas pensé, ne pourriez-vous envoyer un ou deux bâtiments de votre escadre chercher ces canons?

Je viens de m'apercevoir, général, que j'avois mal commencé ma lettre : je n'ai pas le temps de la récrire.

Croyez, général, à mon entier dévouement.

CHATEAUBRIAND.

P.-S. Adoucissez, autant que vous le pourrez, l'exécution de l'ordonnance si généreuse d'Andujar, mais dont nos ennemis ont été au moment de tirer le plus grand parti contre nous. Nous ne pouvons rien faire sans notre union avec la population royaliste, toute violente qu'elle est : c'est un mal qu'il faut supporter.

Je rouvre ma lettre pour vous dire que je viens de lire la lettre du roi d'Espagne : c'est un insigne monument de sa servitude. Il faut qu'il soit bien malheureux pour avoir copié une pareille lettre, car elle ne peut être de lui. Ne croyez pas un mot de ce qui est dit des négociations avec l'Angleterre. La preuve du mensonge est auprès, car la lettre prétend que nous sollicitons aussi l'intervention angloise, et l'on sait que nous avons rejeté trois fois la médiation de la Grande-Bretagne. J'insiste sur ce point, parce que je m'aperçois que c'est une fausse idée que l'on a toujours eue au quartier général. Encore une fois, tant que vous serez bien avec la Russie, ne craignez rien des Anglois. On fait dire aussi au roi qu'il sera *exposé* : c'est une ruse employée pour agir sur le cœur de monseigneur le duc d'Angoulême : c'est un malheur d'être obligé de bombarder Cadix, mais c'est un malheur inévitable ; car si Cadix ne se rend pas, la monarchie françoise est en péril. Ici, il n'y a pas à reculer, il s'agit de notre existence. Ni les difficultés, ni l'hiver, ni les périls ne doivent nous arrêter. Si nous prenons ou si nous ne prenons pas Cadix, nous sommes la première ou la dernière puissance de l'Europe. Je viens d'obtenir qu'on donne des ordres à La Corogne et à Rochefort de vous envoyer des canons, etc., dussent-ils arriver trop tard.

Ne pensez-vous pas qu'il seroit temps de former des siéges en Catalogne? On n'y a pas pris les équipages suffisants. La chute de Barcelone entraîneroit celle de Cadix. Au reste, Milans est renfermé et investi dans Taragone, et il ne reste plus une seule armée constitutionnelle en campagne dans toute la Péninsule, si ce n'est quelques corps errants dans l'Estramadure.

M. DE CHATEAUBRIAND AU PRINCE DE POLIGNAC.

Paris, ce 1er septembre 1823.

Je vous envoie, noble prince, la copie de la lettre de monseigneur le duc d'Angoulême et de la réponse de Ferdinand ; elle est uniquement pour vous. Nous ne devons faire connoître que malgré nous et le plus tard possible, si nous ne pouvons pas prévenir la publication, ce monument de la honte et de la servitude du roi d'Espagne. La lettre originale est *de la main même* de ce malheureux monarque : ainsi il déclare qu'il est *libre,* six semaines après avoir protesté, à Séville, contre la violence qu'on lui faisoit, et après avoir été déclaré fou et dépouillé de la royauté. Vous remarquerez le mensonge sur les médiations de l'Angleterre, mensonge prouvé, puisquil est notoire que, loin de demander ces médiations pour notre compte, nous les avons formellement refusées. La lettre de Monseigneur est digne et simple, et vous voyez qu'aucune concession n'a été faite aux *comuneros.* Vous ferez part à vos collègues d'Autriche, de Russie et de Prusse du *fait;* vous leur direz que monseigneur le duc d'Angoulême avoit proposé au roi Ferdinand de publier une amnistie lorsqu'il seroit libre, et de convoquer les anciennes cortès pour mettre ordre aux affaires du royaume, et que Ferdinand, sous le poignard des assassins, a été obligé de copier une réponse que nous ne voulons pas publier pour l'honneur des monarchies. Vous direz également à M. Canning, s'il vous en parle, qu'aucune négociation n'a été possible, et que nous allons prendre de force ce qu'on ne veut pas nous donner de gré ; mais vous ne lui laisserez pas ignorer que les jacobins de Cadix se vantent dans leur lettre d'être en négociations avec l'Angleterre. Au reste, à quelque chose malheur est bon ; il vaut mieux avoir Cadix avec des bombes que par des lettres ; nous ne serons point forcés à des concessions. Dans ce moment le Trocadero doit être pris, ce qui est un acheminement à l'île de Léon. Si nous pouvons parvenir à descendre et à nous établir dans cette île, Cadix ne peut pas tenir huit jours. Nous avons la nouvelle de l'arrivée de Hyde à Lisbonne. Écrivez-lui de ma part pour lui dire d'envoyer tout ce qu'il pourra, en munitions de guerre, chaloupes canonnières, bombardes, devant Cadix, etc., etc.

CHATEAUBRIAND.

M. DE LA FERRONNAIS A M. DE CHATEAUBRIAND.

Saint-Pétersbourg, le 4 septembre 1823.

En rendant compte, dans ma dépêche de ce jour, de ma conversation avec l'empereur, j'ai cru, monsieur le vicomte, devoir réserver pour une lettre plus confidentielle ce qui dans cette conversation a été plus particulier.

Voici ce que l'empereur m'a dit :

« Vous vous plaignez de la défiance que l'on vous témoigne. Vous voudriez que sans examen, sans connoître vos intentions, et sans avoir le droit de donner leur avis, les alliés souscrivissent aveuglément à tout ce qui vous paroît convenable ; en un mot, vous prétendez ne servir que les intérêts de la France, ne consulter que ses convenances, et que l'alliance ne soit pour vous qu'un auxiliaire qui n'ait d'action et de direction que celle que vous voudrez lui donner : c'est exiger beaucoup, et la France n'a point encore donné à l'Europe les garanties dont elle auroit besoin pour se laisser conduire par elle. Il est hors de doute que dans cette grande entreprise, dont vous supportez les frais et courez les premiers risques, nous devions vous laisser une pleine et entière liberté d'action, et je me suis toujours opposé à toutes mesures qui auroient pu la gêner ; j'ai de même compris les ménagements que vous deviez à l'orgueil national, et n'ai pris aucun ombrage du silence qui a été gardé sur les alliés. Tenez, mon cher général, mettons les points sur les i, et parlons avec une entière franchise ; les dernières explications, lorsque l'on veut s'entendre, ne servent à rien. La guerre d'Espagne, que votre propre sûreté rendoit indispensable, et qui étoit nécessaire au repos de l'Europe, se fait contre le gré du président du conseil.

« M. de Villèle est un excellent ministre des finances ou de l'intérieur, il a un beau talent, et dans la chambre des députés il est d'une supériorité incontestable.

« Je ne fais point à M. de Villèle l'injure de croire qu'il ne partage pas les sentiments et la joie que vos succès en Espagne doivent faire éprouver à tous les bons François ; mais l'espoir qu'il a toujours conservé de terminer cette guerre par quelques transactions ou arrangements avec les révolutionnaires fait qu'il ne l'a jamais soutenue avec les moyens et l'énergie qu'il auroit sûrement déployés s'il l'eût fait par conviction de son utilité, et non par entraînement forcé. S'il eût été persuadé, ainsi que paroît l'être M. de Chateaubriand, qu'une victoire entière et complète étoit indispensable, et que le moindre revers pouvoit entraîner la ruine de la France, il auroit compris de quel avantage il étoit pour la France de pouvoir, sans que personne eût le droit d'en témoigner de l'inquiétude, remettre sur pied son armée et surtout sa marine, qui pouvoit et devroit vous rendre de beaucoup plus grands services; vos troupes font des miracles, mais partout elles sont foibles en nombre; vos blocus sont insuffisants; et si vous aviez le malheur d'éprouver des revers, j'ignore ce qui pourroit consoler ceux qui n'ont pas voulu comprendre qu'en multipliant les moyens et en frappant de grands coups on diminuoit les dangers de l'entreprise, on en assuroit le succès, et l'on doubloit l'éclat du rôle que joue la France[1]. M. de Chateaubriand depuis qu'il est au ministère a montré une énergie et une habileté qui légitiment ses droits à notre confiance et qui l'élèvent au premier rang des hommes d'État, mais il n'est pas secondé.

« Voilà, cher général, ce qui explique et ce qui peut justifier la méfiance dont vous vous plaignez. Garantissez-nous le maintien de M. de Chateaubriand au ministère et la durée de son influence, vous verrez alors disparoître toutes les inquiétudes. Mais nous ne pouvons nous dissimuler qu'il suffiroit peut-être d'une seule mauvaise nouvelle d'Espagne pour changer la situation de ce ministre et faire prendre des résolutions qui pourroient le forcer à se retirer.

« Vous voyez, mon cher général, jusqu'où va celle que j'ai en vous; c'est à l'estime que j'ai pour votre caractère que vous devez cette longue explication, qui ne suffira pas peut-être pour détruire vos préventions contre les intentions que vous supposez à quelques personnes, mais qui du moins vous fait connoître les raisons qui peuvent quelquefois et jusqu'à un certain point me faire partager les inquiétudes qui vous chagrinent. Croyez cependant que je sens trop les inconvénients qui pourroient résulter d'un manque d'accord entre nous, pour ne pas mettre tous mes soins à en prévenir même l'apparence, et vous trouverez Pozzo toujours disposé à vous aider de tout son pouvoir. Il

---

1. C'est en parler fort à son aise : les *étrangers* nous avoient-ils laissé le moyen de former une grande armée? Ici l'empereur nous reproche le mal même que ses alliés nous avoient fait; mais il se trompe, et *notre petite armée* a été suffisante pour entrer dans Cadix, où j'espérois bien l'accroître pour aller ailleurs.

faudroit la réalisation de quelques-unes des craintes que je vous ai manifestées pour changer mes dispositions et ma conduite. »

En mettant de côté les préventions de S. M. I., il est difficile, monsieur le vicomte, de ne pas supposer à celui qui s'exprime dans de pareils termes un fonds réel d'intérêt et de partialité pour la France.

Je me suis borné à répondre à l'empereur que je ne pouvois que regretter vivement de le voir persister à conserver contre le président du conseil des préventions aussi peu fondées et qui pouvoient avoir de si graves inconvénients ; qu'il étoit possible qu'avant d'entreprendre la guerre M. de Villèle, frappé, comme on l'étoit à Vienne même et à Berlin, des dangers dont elle pouvoit menacer l'Europe, eût tout fait et tout tenté pour l'éviter, mais qu'une fois décidée il seroit injuste de l'accuser de ne l'avoir pas soutenue avec énergie et par tous les moyens possibles, sans négliger cependant ceux qui pouvoient en abréger la durée ; que je priois l'empereur d'observer que dans un gouvernement représentatif il étoit à peu près impossible de supposer dans le moment d'une aussi grande crise une division d'opinions dans le conseil ; mais qu'en admettant la possibilité de cette dissidence, c'étoit mal servir la cause que l'on veut soutenir que de nous témoigner une défiance qui pouvoit donner à M. de Villèle le droit et même le devoir de ne prendre conseil que de lui ; enfin, que la manifestation de l'opinion que venoit de me faire connoître l'empereur ne pouvoit être que préjudiciable aux intérêts dont il se faisoit le défenseur, et pour lesquels nous combattions aujourd'hui avec tant de franchise et d'énergie. Je ne sais si ce très-simple raisonnement a produit un effet quelconque sur l'empereur ; mais après m'avoir regardé quelque temps en silence, il m'a dit : Vous avez raison ; aussi je ne fais part qu'à vous seul de mes réflexions. Il n'eût pas été convenable d'en paroître douter ; la conversation a donc continué, et s'est terminée, comme vous le voyez par ma dépêche, aussi bien que je pouvois le désirer.

Le comte de Nesselrode paroît ne pas douter de l'excellente nouvelle (*elle étoit prématurée*) que nous venons de recevoir ; il s'est exprimé à cette occasion de manière à ne me laisser aucun doute sur la satisfaction qu'elle lui cause. Je voudrois pouvoir oser redire tout ce que dans cette circonstance j'entends répéter. Si dans un pareil moment une âme comme la vôtre pouvoit être accessible aux jouissances de l'amour-propre, certes vous n'auriez rien à désirer. Quant à moi, monsieur le vicomte, je n'ai point d'expression pour rendre ce que j'éprouve. Il faut avoir connu les chagrins que j'ai essuyés depuis que je suis ici pour comprendre le sentiment que me fait éprouver l'exaltation avec laquelle j'entends parler aujourd'hui des François, de la France et de ceux qui la gouvernent. Cependant, monsieur le vicomte, plus ce sentiment est vif, plus j'ai cru devoir le concentrer; jusqu'à ce que j'aie reçu la confirmation officielle de ce grand événement, j'ai cru devoir paroître ne pas encore y ajouter une foi entière. Le désappointement me donneroit une attitude trop gauche.

Il paroît que l'empereur a parlé au comte de Nesselrode de sa conversation avec moi, et que celui-ci, plus juste que son maître, regrette que l'on se soit exprimé avec injustice sur M. de Villèle. Hier, en me parlant de la délivrance du roi, qu'il appelle *la fin de la fin*, il me disoit : Ce qui fera surtout un grand plaisir à l'empereur, en apprenant cette grande nouvelle, c'est qu'il y verra l'assurance d'une union encore plus intime entre MM. de Villèle et de Chateaubriand, et qu'il importe à la tranquillité de la France, et par conséquent toujours à celle de l'Europe, que des hommes aussi dévoués, aussi bien intentionnés, et d'un aussi grand talent, ne se désunissent jamais.

La Ferronnais.

M. DE CHATEAUBRIAND A M. DE SERRE.

Paris, 5 septembre 1823.

Je sens parfaitement, monsieur le comte, la gêne où vous met la mesquinerie du gouvernement. J'ai des réclamations de tous les côtés. Vous ne ferez jamais comprendre la vérité à la chambre : elle croit de son devoir de refuser quelques mille francs pour ce qui augmenteroit notre éclat à l'étranger, et elle votera des millions pour des dépenses au moins inutiles. Mézerai disoit que « la France, à une certaine époque de notre histoire, se gouvernoit comme un grand fief »; elle se gouverne aujourd'hui comme une grande bourse. Je regarde les hommes relevant de mon ministère, et qui secondent si bien mes travaux, comme étant eux-mêmes *ministres,* et je ne réclame que l'honneur d'être leur camarade; jugez si je souffre de ne pouvoir venir à leur secours.

Ce seroit, je vous assure, d'un grand cœur que je changerois avec vous de position; je vous laisserois les spectacles de la cour, et j'irois revoir les barques de pêcheurs que vous avez sous les yeux. Au cas qu'un succès d'affaires vienne augmenter la déplaisance que l'on a naturellement de moi, et que l'on me renvoie, j'irai vous chercher sur votre beau rivage. Je cours après le soleil et la retraite comme la chatte devenue femme couroit après les souris. Ce sont là mes misères, Monsieur; je vous les confie, cachez-les bien; c'est mon secret *diplomatique*. Chemin faisant, tâchez, je vous prie, que votre roi se contente de Caserte et renonce à la régence d'Espagne. Un homme comme vous comprend tout, et vous m'excuserez.

CHATEAUBRIAND.

M. DE CHATEAUBRIAND AU GÉNÉRAL GUILLEMINOT.

Paris, ce 5 septembre 1823.

Je ne puis, général, m'empêcher de vous écrire encore dans ce moment décisif. Quand vous recevrez cette lettre, vous serez sans doute maîtres du Trocadero; vous serez prêts à attaquer Cadix ou l'île de Léon, ou les deux ensemble, selon le jugement de l'illustre prince qui commande l'armée. Vous savez, général, que telle a été dans le commencement de la guerre mon opinion! et je dois vous répéter les raisons sur lesquelles je l'appuie.

J'ai consulté ici une foule de militaires françois et étrangers, les uns ayant servi sous le maréchal Victor, au blocus de Cadix, les autres, contre ce maréchal, au même blocus : ainsi les premiers connoissent bien les moyens d'attaque, et les autres les moyens de défense. Tous s'accordent à dire qu'à l'époque du premier blocus l'île de Léon étoit défendue par une armée de vingt-cinq à trente mille hommes anglois, portugais et espagnols; qu'elle étoit garnie d'une artillerie formidable apportée de Gibraltar; qu'une flotte de trente vaisseaux de ligne et d'innombrables chaloupes canonnières en défendoient l'approche par mer, et que malgré tout cela les François étoient au moment de réussir, en passant la nuit sur des bateaux du fort Matagorda au fort Pontalès, lorsque Buonaparte rappela les deux tiers des troupes pour marcher contre le duc de Wellington.

Aujourd'hui la position est inverse. L'île de Léon et le Trocadero ne sont défendus que par sept à huit mille hommes de mauvaises troupes, que nous avons battues partout, dans la proportion de dix à un; qui, de plus, sont démoralisées par la capitulation de Morillo et de Ballesteros, et divisées en deux parties, les miliciens et les troupes de ligne; de plus encore, les Anglois disent qu'ils ont retiré et emporté la plus grande partie de l'artillerie qui garnissoit les différents forts, et qu'excepté quelques points, les redoutes intérieures et la plupart des ouvrages sont presque sans défense; on doit en croire les Anglois, car ils ne nous souhaitent pas de succès.

Enfin, la mer est pour nous ; les cinquante chaloupes canonnières espagnoles, qui vous ont gêné beaucoup pour la prise du Trocadero, se trouveront hors d'état de vous nuire par la prise de cette redoute : quoi qu'en disent quelques officiers de marine, nos vaisseaux peuvent très-bien vous protéger de leur feu, pour opérer une descente quand vous serez maîtres du Trocadero et de Matagorda. Ils auront sans doute à essuyer le feu des ouvrages de l'ennemi sur la rive opposée ; mais ce qu'il y a de certain, c'est que les vaisseaux anglois venoient tous les jours attaquer le Matagorda, lorsque les François, dans la première invasion, étoient maîtres de ce fort, et que les vaisseaux françois, aujourd'hui, pourront canonner le Pontalès lorsque vous occuperez le Matagorda.

On assure donc qu'il est possible d'opérer une descente au Pontalès lorsque vous aurez fait taire le feu de ce fort, de s'y loger, et de séparer ainsi Cadix de l'île de Léon. Je suppose que cette opération seroit combinée avec une autre descente, vraie ou fausse, sur le rivage méridional de l'île, et le bombardement de Cadix, même par vos bombardes, en quelque petit nombre qu'elles puissent être. Je vous dirai, général, que j'ai la conviction intime que vous trouverez beaucoup moins de résistance que vous ne vous l'imaginez. Jamais les Espagnols ne vous ont résisté un moment quand vous avez pu les joindre, et vous verrez les troupes de ligne probablement se réunir à vous en partie dans l'île de Léon aussitôt que vous aurez mis le pied sur le rivage.

Il est inutile que je vous dise que l'occupation d'un point important dans l'île de Léon entraîne la chute de Cadix, quand même cette ville n'ouvriroit pas ses portes et que vous ne voulussiez pas l'écraser par un bombardement opéré du bout de la chaussée, au-dessus du Pontalès ; il est évident qu'elle tombe alors en peu de temps par famine. Le blocus formé par terre dans l'île de Léon suppléeroit à l'incertitude du blocus de mer, et vous sentiriez moins l'insuffisance de votre marine.

Mais à propos de ces vaisseaux, je veux vous dire un mot sur l'équinoxe. Il semble, à tout ce qu'on dit de l'équinoxe, que ce soit un terme fatal, une époque fixe et inévitable, où il n'y a plus à espérer que des malheurs. Les Anglois ont bloqué pendant trois ans la baie de Cadix, hiver et été, sans jamais perdre la terre de vue. Ordinairement, on a un coup de vent à essuyer vers les premiers jours d'octobre, après lequel le temps devient très-beau jusqu'au commencement de décembre. Décembre et janvier sont assez orageux, mais février est ordinairement admirable, et les vents de mars ne durent qu'une huitaine de jours. J'ai navigué dans ces mers, et ce n'est pas à moi qu'il faut venir faire des contes terribles de l'équinoxe.

Maintenant, général, j'appelle votre attention sur ce qui arriveroit dans le cas où l'on abandonneroit Cadix. La France, qui se replace dans ce moment au premier rang militaire en Europe, retomberoit au dernier. Le parti jacobin se ranimeroit en Espagne et reparoîtroit en France. L'Angleterre souffleroit la discorde, se déclareroit peut-être, et les alliés ou nous retireroient leur appui moral, qui nous a servi à paralyser l'Angleterre, ou nous offriroient leur appui physique qui ne pourroit être admis sans déshonorer à jamais nos armes et sans perdre notre indépendance. Les conséquences d'un pas rétrograde sont telles, dans les affaires d'Espagne, qu'il y va de la légitimité et de la couronne des Bourbons. Qu'on se pénètre bien de cette vérité. Vous auriez une catastrophe à la Bourse, et cette catastrophe seule vous mettroit dans le plus imminent danger. Il faudroit un volume pour développer les maux qui résulteroient pour nous d'une retraite devant Cadix. C'est par la même raison, général, que, quels que soient les justes sujets de mécontentement que Monseigneur peut avoir de Madrid, la politique oblige à occuper cette capitale. Il faut seulement en augmenter la garnison, peut-être par le corps du général Bourke, mais en laissant toutefois une garnison assez forte dans La Corogne, à cause des Anglois, qui font tout entrer par ce port. Je vous en prie encore, général, tempérez, adoucissez les mesures intérieures. Dissimulez l'injure; renfermez au fond de votre cœur le mépris. Songez que dans cette affaire d'Espagne tout est adresse, ménagement, habileté. Placés entre deux partis violents, qui ne respirent que la vengeance, nous ne pouvons ni changer leurs passions ni éclairer leur esprit. N'armons pas la masse contre la masse; et lorsqu'elle est sanguinaire et insolente, remettons après notre succès à lui dire ce que nous sentons pour elle. Qu'importent aujourd'hui à la gloire de Monseigneur et de sa vaillante armée les outrages de quelques insensés, les intrigues de quelques ambitieux, et les machinations de quelques ennemis? Délivrons le roi, et quittons à jamais cette Espagne, où nous aurons retrouvé notre indépendance comme nation, notre gloire comme guerriers, et notre sûreté comme société politique. Monseigneur reviendra avec une haute renommée, et tous ceux qui l'auront servi dans cette étonnante entreprise, où deux révolutions auront été tuées d'un seul coup, trouveront la gloire et la récompense dues à leur courage et à leurs travaux.

GUERRE D'ESPAGNE. 325

Ne songez donc plus, général, qu'à couronner l'ouvrage par une fin digne du commencement et par une de ces entreprises hardies si naturelles aux François, et qui vont si bien au caractère de leur bravoure. Je ne sais comment cela arrive, mais il est certain qu'un débarquement de troupes n'a presque jamais échoué chez aucun peuple et dans aucun pays.

Vous savez, général, combien je vous suis dévoué.

CHATEAUBRIAND.

M. DE CHATEAUBRIAND A M. DE POLIGNAC.

Paris, le 11 septembre 1823.

Depuis la brillante affaire du Trocadero, il n'est rien arrivé de nouveau. C'est le 8 ou le 10 qu'on a dû attaquer l'île de Léon; ainsi nous ne pouvons recevoir aucune nouvelle importante avant le 17, au plus tôt, à moins que ce ne soit la capitulation même de Cadix; mais ils ne parleront pas de traiter avant une seconde attaque.

Du côté de l'Autriche, voici un fait assez important que j'ai appris hier par M. de Caraman : l'empereur de Russie, en se rendant en Bessarabie, a demandé un rendez-vous à l'empereur d'Autriche. Le prince de Metternich prétend qu'il est fort embarrassé de cette proposition qui sera l'objet de beaucoup de commentaires; mais en même temps il veut, dit-il, en tirer parti pour faire peur à la Porte et pour l'engager à aplanir les différends qui permettroient à la Russie de renvoyer son ambassadeur à Constantinople. L'entrevue entre les deux empereurs doit avoir lieu le 6 octobre : je suppose que le prince de Metternich, malgré sa surprise, est au fond de ce tripotage. Quoi qu'il en soit, après la guerre d'Espagne, les affaires de l'Orient deviendront graves, et il faut s'y préparer. Je vais faire du train pour cela à Vienne, et demander pourquoi on s'occupe du Levant sans nous. Quand M. Canning, ou le chargé d'affaires d'Autriche, vous en parleront, vous exprimerez aussi votre étonnement, et vous ferez observer que quand nous introduisons nos alliés dans nos projets et notre politique, nous avons bien quelque droit à être traités avec la même confiance.

Les cardinaux sont enfermés en conclave : cela peut aller vite et ne pas laisser à nos cardinaux le temps d'arriver. Nous sommes entre les *noirs* et les *rouges*. Les noirs seroient plus sûrs pour nous, comme principes; mais ils auroient quelques inconvénients par l'excès de leur zèle.

Tout à vous, noble prince.

CHATEAUBRIAND.

M. DE CHATEAUBRIAND A M. DE TALARU.

Paris, 11 septembre.

Mon cher ami, un petit mot. Je vous assure que je me réjouis particulièrement pour vous de voir l'horizon s'éclaircir en Espagne. Ne chantons pas pourtant victoire. Cette catin de fortune me fait une peur effroyable. J'ai vu vos amis. Ils étoient affligés du froid qu'ils croyoient survenu entre nous. Je leur ai dit que jamais il ne pouvoit y avoir entre vous et moi de dissentiment durable; que nous nous étions grognés un peu, et que c'étoit fini.

Tout à vous, mon cher ami. Rien de nouveau ici. Les cardinaux sont enfermés en conclave : ils veulent aller vite; l'Autriche se remue beaucoup.

CHATEAUBRIAND.

P. S. Dites, je vous prie, à M. le nonce et à M. l'abbé Casson que le roi me charge de leur faire ses remerciements sincères sur les preuves qu'ils lui ont données de leurs sentiments le jour de la Saint-Louis. Sa Majesté y a été extrêmement sensible.

J'ai reçu ce matin votre n° 8, en date du 6.

M. LE COMTE GUILLEMINOT A M. DE CHATEAUBRIAND.

Port Sainte-Marie, le 11 septembre 1823.

Monseigneur,

Je réponds à la hâte à vos lettres des 31 août et 3 septembre. Vos désirs ont été prévenus; deux circulaires aux généraux ont modifié l'ordonnance d'Andujar. La circonspection, très-recommandée dans l'application, achèvera d'en atténuer l'effet. Mais, au nom de Dieu, faites que la régence ait une conduite à la fois plus sage et plus ferme.

Si, comme Votre Excellence m'en donne l'assurance dans sa première lettre, les Anglois n'interviennent pas à Cadix, je ne doute pas que nos opérations devant cette place ne conduisent à bonne fin.

La flottille de La Corogne a rallié l'escadre. Nous tirons parti de ses équipages et de ses canons pour nos canonnières et nos batteries.

Grâce à Votre Excellence, le Portugal nous a aidés, mais de bien peu, car ce pays est totalement épuisé en ressources maritimes.

Quant à notre grande, notre unique affaire, ma confiance dans la réussite n'a pas besoin d'être corroborée. Je suis convaincu comme elle de notre supériorité sur l'ennemi.

Devenus maîtres du Trocadero, j'ai pensé aussi, comme Votre Excellence, que nous devions attaquer par le Pontalès. En nous établissant dans le faubourg qui est derrière, et dans la Cortadura, nous empêcherions d'une part les sorties de la place et contraindrions de l'autre tous les défenseurs de l'île de Léon de capituler; cette opération nous mèneroit plus directement et plus promptement au but.

Notre marine est mieux d'accord avec nous sur la possibilité d'un débarquement sur la plage de la grande mer, entre Santi-Petri et la Torregorda. Mais un préalable nécessaire, c'est la réduction du fort Santi-Petri, qui croise ses feux avec les batteries de terre sur le point jugé propre à la descente. Demain nous canonnerons ce fort par terre et par mer, et, suivant toute probabilité, nous le réduirons promptement.

Sa possession nous mettra à même de tenter le débarquement entre Torregorda et ce fort, ou d'exécuter le passage de vive force du Rio Santi-Petri vers son embouchure.

La première de ces opérations repose en grande partie sur la marine. Une fois à terre, nos troupes, pleines d'ardeur, se chargent du reste. La tentative aura, j'espère, lieu dans peu de jours.

Le passage exécuté de force, nous rassemblerions de nouvelles bouches à feu vis-à-vis les batteries ennemies de l'embouchure du Santi-Petri, nous en rétablirions dans le fort du même nom, et nos bricks et canonnières viendroient prendre des revers sur les batteries espagnoles; de sorte que la langue de terre sur laquelle se croiseroient nos feux deviendroit intenable pour l'ennemi: alors nous jetterions notre pont. Les bateaux destinés à le former sont déjà rassemblés à San-Lucar. Telle est ma manière de voir.

Quant à l'équinoxe, je pense aussi que ce ne seroit que pour peu de temps que nos opérations maritimes en seroient contrariées.

Maîtres de l'île de Léon, nous bombarderons Cadix, si la place persiste à ne pas rendre le roi. Il eût été à désirer que nous eussions pu le faire immédiatement après la prise du Trocadero; mais on ne l'a pu, et les tentatives qu'on a faites depuis, sans organisation satisfaisante des moyens déjà si incertains à la mer, n'ont occasionné qu'une perte de temps. Mais pendant tout le temps des opérations dont j'ai eu l'honneur de parler plus haut à Votre Excellence, j'espère qu'enfin nos bombardes et canonnières s'organiseront.

Tout ce que je viens de vous dire, monseigneur, vous démontre sans doute que je désire autant que tout autre d'éviter les suites désastreuses que pourroit produire tout relâchement dans nos efforts contre Cadix. Je ne suis nullement effrayé des obstacles à surmonter. Fussent-ils dix fois plus considérables, nous ne devons pas, nous ne pouvons pas, sans nous déshonorer, renoncer à notre entreprise. Tout le monde me paroît bien d'accord sur ce point, et la présence de Monseigneur fera que chacun remplira son devoir. Si ce n'est pas dans quinze jours, ce sera dans un mois, ce sera dans un an, que nous couronnerons notre noble entreprise. *Mais ce sera,* et je crois dans peu.

Toute la question de l'Espagne est là, comme vous le dites, monseigneur, et non dans les scènes plus ou moins violentes qui se passent dans l'intérieur de la péninsule.

Je suis aussi le conseil que me donne Votre Excellence de renfermer dans mon cœur tout le mépris, tout le ressentiment que doivent m'inspirer certaines choses. Je sais ce qui se trame en Espagne et dans Paris même contre moi; mais j'en détourne tout à fait ma pensée, pour la fixer entièrement sur le grand, l'unique objet, la reddition de Cadix. Après nous verrons.

Agréez, je vous prie, monseigneur, l'hommage de mon respectueux dévouement.

Comte Guilleminot.

M. HYDE DE NEUVILLE A M. DE CHATEAUBRIAND.

Lisbonne, 14 septembre 1823.

Mon très-honorable ami,

M. Roth vous remettra cette lettre, et aussi ma dépêche cabinet n° 2, qui vous explique la mission dont il est chargé. Demain, dans deux jours peut-être, nous apprendrons que Cadix s'est rendu; mais vous approuverez sans doute qu'en fait de devoir je ne sois jamais l'homme aux conjectures. Pour bien servir, je crois, il faut marcher sans s'arrêter; demain donc je fais travailler au sciage des rames, et elles partiront au fur et à mesure pour Cadix. Vous verrez d'ailleurs, par la copie d'une lettre du major général, que M. Gros me remet à l'instant, à quel point l'envoi de ces rames est urgent; demain j'irai moi-même presser les ouvriers, et les choses iront aussi vite qu'elles pourront aller. Ce ministère-ci m'a communiqué une lettre, adressée de notre camp au *gouvernement de Cadix,* transmise par les factieux à Londres, et là communiquée au ministre de S. M. T.-F. J'avoue que ce n'est point ainsi que l'on devroit parler... Que le roi d'Espagne, libre, donne des institutions à ses peuples; qu'il abolisse l'inquisition, etc., etc.; qu'il reçoive de nous des conseils, tout cela peut être le mieux du monde : je suis l'ami le plus dévoué des libertés de mon pays, je ne veux donc pas prêcher l'absolutisme ailleurs; mais quel intérêt avons-nous, pouvons-nous avoir, à faire aux *comuneros* des promesses? Ce sont toujours là des concessions à l'esprit de trouble. Ne discutons pas l'état de choses qui suivra, si nous voulons sauver le principe; il ne faut pas se le dissimuler, l'Angleterre, qui voit presque en pitié ce que nous nommons notre blocus, ne néglige rien, tout en paroissant y attacher peu d'importance, pour qu'on accepte sa médiation. On a voulu ici toucher cette corde : j'ai répondu avec la modération, mais aussi avec la dignité d'un ambassadeur de France : depuis, il n'a plus été question de ce moyen terme, et j'ai vu avec plaisir, dans un long tête-à-tête avec le roi, que S. M. étoit persuadée qu'il ne falloit pas confier aux Anglois le soin de relever *seuls* les trônes légitimes; j'ai vu aussi que cet excellent prince, car il m'a parlé en bien honnête homme, ne demanderoit pas mieux que de s'entendre avec nous, et qu'il se verroit avec plaisir *émancipé;* j'emploie ici l'une des expressions de l'un de ses ministres. Mais que faisons-nous pour attacher lui et son peuple à nous? Il étoit captif, nous le savions, il le savoit aussi; et chaque jour c'étoit la France qui lui faisoit dire et redire : Nous n'entendons en rien et pour rien nous mêler de vos affaires, et le pauvre roi de se croire galérien pour la vie parce que d'aucun côté on ne paroissoit *même* le plaindre! Faites-vous communiquer la lettre du 27 avril, du général comte Grundler, à l'occasion de l'entrée d'Amaranthe en Espagne; elle est adressée au général Madureira, à Burgos; il me semble qu'on pouvoit dire autrement à ce loyal Amaranthe : *On ne peut avoir aucunes communications avec votre troupe;* M. de Villa-Flor a eu de la peine à obtenir son audience; les premières paroles ont été, à peu près : *Nous n'avons pas besoin de vous;* S. M. T.-F. espère encore la réponse à sa lettre... Ces détails, je dois vous les confier; usez-en pour nous, pour l'intérêt du prince que nous chérissons, et aussi pour qu'on cesse de repousser, pour ainsi dire, un gouvernement qui voudroit marcher avec nous. Examinez-donc, avec cette sagesse chevaleresque que je vous connois, la principale question que je vous soumets par ma dépêche. Si Cadix résiste, pourquoi ne pas accepter le secours des Portugais; et s'il ne résiste pas, mais que l'Espagne continue à être agitée, pourquoi ne pas saisir cette occasion de nous lier étroitement avec le Portugal, de lui faire une armée royaliste dans laquelle entreroient naturellement les amis du jeune prince, les compagnons de gloire d'Amaranthe, tous ces militaires réformés par le maréchal Beresford. Mais l'Angleterre? Ni vous ni moi nous n'en sommes à croire qu'il faille toujours voir ce qu'elle veut, ce qu'elle désire; je pense, au contraire, qu'il faut voir ce qu'elle veut pour s'en garantir. Mais enfin, qu'ici elle veuille ou ne veuille pas, quelle bonne raison pourroit-elle donner pour détourner le Portugal du soin de sa propre conservation? Pourroit-elle, sans une sorte d'impudence, trouver mauvais que notre argent servît à assurer la tranquillité de ce royaume? N'envoie-t-elle pas des vaisseaux et frégates dans le Tage, comme *effet moral,* assure-t-on? Eh bien, ne pouvons-nous pas servir plus utilement encore la nation portugaise en l'aidant à repousser les factieux qui menacent ses frontières et qui cherchent à soulever encore ses troupes.

Adieu, donnez-moi le pouvoir de répondre d'une manière favorable à ce gouvernement-ci, et nous prendrons ou reprendrons le Portugal aux Anglois.

Hyde de Neuville.

M. DE CHATEAUBRIAND AU PRINCE DE POLIGNAC.

Paris, ce 15 septembre 1823.

Les journaux vous diront à peu près, noble prince, l'état des choses devant Cadix. Voici le détail officiel : Alava est arrivé au port Sainte-Marie, porteur d'une lettre de Ferdinand pour le duc d'Angoulême. Cette lettre demandoit un armistice. Le duc d'Angoulême a refusé de voir Alava. Il a envoyé le duc de Guiche porter sa réponse au roi d'Espagne. Cette réponse refuse tout net l'armistice, et déclare que le duc d'Angoulême ne consentira à traiter que quand le roi, libre, sera venu dans le camp françois, à Chiclana ou au port Sainte-Marie. Le duc d'Angoulême se conduit réellement de la manière la plus admirable.

Au reste, il paroît dans ses lettres plein de confiance d'une fin prochaine et heureuse.

Sir Charles Stuart crie ici beaucoup contre sir W. A'Court, et prétend qu'en offrant sa médiation il a dépassé ses pouvoirs. Mais vous aurez remarqué que sir W. A'Court dit positivement, dans sa lettre, qu'il est *autorisé* à intervenir quand une des deux parties belligérantes le demanderoit. Il est évident que sir Charles ne crie que parce que le refus de l'intervention de la part de M. le duc d'Angoulême est un nouveau mécompte pour l'Angleterre. Taisons-nous sur tout cela ; soyons modestes, et il sera toujours temps de triompher après le succès complet, et souvenons-nous que nous n'avons pas encore Ferdinand.

Tout à vous, noble prince.

CHATEAUBRIAND.

P.-S. Votre lettre confidentielle n° 10 m'est arrivée ce matin.

M. DE CHATEAUBRIAND A M. DE TALARU.

Paris, ce 18 septembre 1823.

Mon cher ami,

Je reçois votre dépêche du 13, n° 87. J'y trouve votre petit postscriptum et le billet de Mgr le duc d'Angoulême. Vous me demandez vos instructions : je n'en ai point d'autres à vous donner dans ce moment que celles que vous avez déjà reçues du roi. Il m'est impossible de prévoir la position où vous serez placé en arrivant au port Sainte-Marie ni les matières sur lesquelles vous serez appelé à délibérer. En tout vous êtes absolument sous les ordres du prince généralissime, tant qu'il restera en Espagne. Vous obéirez à ses volontés, et vous l'assisterez de vos conseils quand il jugera à propos de vous en demander. Je sais que le président du conseil, voulant éviter à Monseigneur les importunités de la régence, lui a mandé de s'en reposer sur vous de toute la partie politique de sa mission. Dans ce cas, il ne s'agiroit que des affaires courantes entre la régence et le prince. Si, au contraire, il est question de la délivrance du roi et des stipulations qui en seroient la suite, comment juger d'avance de ce que vous pourrez faire et des difficultés dans lesquelles vous serez engagé? Il y a cependant un principe sûr, et qui ne peut pas vous tromper : c'est qu'aucune concession politique ne peut être légalement accordée avant la délivrance du roi. Des concessions militaires et personnelles tant qu'on voudra et aussi largement qu'on voudra. On peut ensuite promettre qu'on engagera le roi libre à faire pour ses peuples tout ce que les besoins de ces peuples réclameront.

Défiez-vous pourtant d'une chose, mon cœr ami : des négociations sans cesse renouvelées, et qui n'aboutiroient pas à une prompte fin, pourroient avoir été entamées dans le but de gagner la mauvaise saison, de ralentir l'ardeur de nos troupes, et d'échapper pendant l'hiver, lorsque le blocus ne pourra qu'être très-imparfait. Les opérations militaires doivent être poussées avec la dernière vigueur, même au milieu des négociations. Si l'on peut se rendre maître de l'île de Léon, cela avancera bien le traité : rien n'abrège la besogne comme les coups de canon. Dix-huit jours se sont déjà écoulés depuis la prise du Trocadero, c'est beaucoup.

Il n'y a aucun doute que s'il y a une capitulation politique, c'est vous qui devez la signer ou plutôt la contre-signer avec monseigneur le duc d'Angoulême. Toutes les conventions militaires ne vous regardent pas.

Je reviens sur la signature d'un traité. Si le roi étoit libre, monseigneur le duc d'Angoulême pourroit signer seul avec lui un traité quelconque ; mais si un traité doit avoir lieu par l'intermédiaire d'un ministre, Monseigneur ne peut pas signer ; c'est à vous qu'il délègue ses pouvoirs, et vous signez. Comme Monseigneur a les pleins pouvoirs du roi, il n'aura pas sans doute besoin de mettre au traité la réserve de la ratification de Sa Majesté.

Ces détails m'ont paru utiles à vous donner.

Villèle est persuadé que vous n'êtes mandé au port Sainte-Marie que parce que tout est convenu entre le prince et les autorités de Cadix. Je ne suis pas de son avis, et même le tour du billet de Monseigneur me feroit croire qu'il ne s'agit encore que des affaires de la politique en général.

Vous voilà, mon cher ami, dans un poste où je me félicite de vous avoir placé pour acquérir de l'honneur et de la gloire.

Tout à vous, de tout mon cœur.

CHATEAUBRIAND.

P.-S. Je ne vous parle point des cinq propositions de M. Bulgari, qui sont plus positives que celles de Jansenius. Comment! il ne vouloit traiter rien moins que de l'affaire des colonies espagnoles, et il ne s'apercevoit pas que c'étoit remuer le monde : comme ils y vont, ces messieurs!

Mettez mes profonds respects aux pieds de Monseigneur. Il s'est attiré le respect et l'admiration du monde entier. Toutes les cours m'écrivent des hymnes à sa louange. L'empereur de Russie ne tarit pas.

M. DE CHATEAUBRIAND A M. DE POLIGNAC.

Paris, le 5 octobre 1823.

Vous verrez, noble prince, par ma lettre confidentielle, ce qu'il faut que vous répondiez à M. Canning. A présent nous ne pouvons que décliner sa proposition. Elle est en elle-même un peu odieuse ; car nous demander d'entrer dans un pacte avec l'Angleterre, pour dépouiller l'Espagne de ses colonies, tandis que nous combattons pour la délivrance de son roi, est un jeu double, que la France est trop noble pour jouer. Je n'ai rien à ajouter à la lettre confidentielle dont j'ai donné le fond qu'une chose : c'est qu'en repoussant la proposition, il faut le faire avec une grande mesure et une grande politesse ; il faut même ne pas fermer rigoureusement toute voie à une négociation future, car il faut prévoir le cas où la folie de Ferdinand et l'entêtement espagnol ne voudroient entendre à aucun arrangement sage sur les colonies, et où l'Angleterre, prenant son parti, forceroit aussi la France à prendre le sien. Mais en vous tenant dans cette mesure, en faisant surtout entendre que la question des colonies est une de ces questions majeures qui doit être traitée en commun avec tous les alliés, et dont personne ne doit faire son profit particulier, cette marche franche embarrassera beaucoup l'Angleterre, qui craindra de se brouiller avec le continent.

Vous voyez, noble prince, qu'il ne s'agit pas à présent d'établir des négociations ; que si l'Angleterre a un intérêt à presser, nous en avons un à attendre ; car il nous faut avant tout le dénouement de l'affaire d'Espagne. Nous verrons si, dans la suite, la négociation particulière s'entamoit entre nous et l'Angleterre, quel mode il seroit bon de choisir pour la suivre ; mais certainement il n'y en a que deux, ou par vous, ou par des notes, car il ne peut jamais être question de l'ambassadeur d'Angleterre ici.

Vous déclarerez formellement, surtout à M. Canning, que nous ne prétendons agir contre les colonies espagnoles à main armée d'aucune façon.

Tout à vous, noble prince.

CHATEAUBRIAND.

M. DE CHATEAUBRIAND A M. DE TALARU.

Paris, le 7 octobre 1823.

Je ne sais plus, mon cher ami, comment vous allez vous tirer de ce galimatias; tout Madrid est décampé sur la première nouvelle, et la conférence va vous rejoindre au port Sainte-Marie. Je vous recommande très-sérieusement une chose, c'est de dissimuler votre chagrin et celui de Monseigneur. C'est surtout la Russie qu'il faut ménager, car l'Autriche et l'Angleterre font tout ce qu'elles peuvent pour la détacher de nous. L'empereur est mobile, il a eu un commencement d'humeur, que j'ai seul apaisée. Songez où nous en serions avec l'Europe contre nous ou malveillante, si les affaires se compliquoient ou se prolongeoient; si, par exemple, les révolutionnaires emmenoient le roi en Amérique; si l'Espagne, conséquemment, nous restoit sur les bras. N'est-il pas clair que dans ce cas l'Europe interviendroit si elle étoit mal disposée? Croyez-vous que l'Autriche souffriroit notre occupation militaire indéfinie? que l'Angleterre ne mettroit pas en avant les droits de la reine de Portugal? etc. Voilà déjà une complication inattendue. Les cortès ont reconnu, au nom de Ferdinand, l'indépendance de la république de Buenos-Ayres. Vous sentez que Canning, qui nous fait demander d'entrer en négociation sur les colonies espagnoles, savoit cela, et se préparoit par là à reconnoître l'indépendance de ces colonies, qu'il nous dira avoir été reconnue par le roi légitime. Vous voyez quelle source de querelles et d'événements dans tout cela. Encore une fois, mon cher ami, prêchez la patience au prince; montrez-lui tous les dangers de la politique; ces petits diplomates sont odieux, mais c'est une nécessité absolue de les bien traiter, de les souffrir, de supporter l'ennui et la fatigue des conférences, de temporiser, de dévorer les insolences et les inutilités jusqu'au grand événement. Il nous faut l'alliance pour nous défendre contre l'Angleterre, et dans cette alliance il nous faut la Russie. N'oubliez jamais cela.

Nous en sommes toujours aux nouvelles du 28, car nous n'avons pas encore reçu ce matin l'estafette du 29. La lettre de Ferdinand porte, selon moi, tous les caractères de la fausseté, ne fût-ce que par sa franchise et son exagération. Il me semble que toute cette scène des drapeaux blancs étoit imaginée pour empêcher la descente dans l'île de Léon, obtenir un armistice, attendre le coup de vent de l'équinoxe et s'embarquer pendant ce coup de vent avec le roi. Si c'étoit là le piége, vous n'y auriez pas donné longtemps, puisque le 29 vous avez recommencé les hostilités; mais c'est toujours vingt-quatre heures perdues, et dans cette saison c'est un très-grand malheur. Je reviens sur ce vaisseau *L'Asia* : soyez sûr que la marine angloise auroit bien trouvé le moyen de l'attaquer et de le brûler, jusque sous le canon de Cadix. Tant que ce vaisseau existera, il n'y aura pas de sûreté pour nous.

Je reçois votre lettre du 29. Le *post-scriptum* explique la rupture des négociations. Monseigneur a écrit, de son côté, en envoyant la nouvelle lettre du roi et les conditions de l'armistice. Ces conditions étoient ridicules, mais on les avoit faites fortes pour en céder vraisemblablement une partie. S'il ne s'agissoit que de laisser Cadix seul, pendant un mois, aux cortès pour s'embarquer, je n'y verrois pas un grand inconvénient. Occupons l'île de Léon, et notre affaire sera bien près de son terme; surtout brûlons *L'Asia*, notre véritable danger est là. Je suis bien aise que toutes mes conjectures soient fausses. Nous sommes sans dépêches télégraphiques : ainsi rien de nouveau n'avoit eu lieu jusqu'au 1er, et même jusqu'au 2, à moins que le mauvais temps n'ait intercepté la dépêche : il pleut, et le 1er nous avons eu un coup de vent.

FIN DE LA GUERRE D'ESPAGNE.

NÉGOCIATIONS

COLONIES ESPAGNOLES

NÉGOCIATIONS

COLONIES ESPAGNOLES

LVIII.

Expédition militaire.

Ici cessent les lettres écrites depuis le commencement de la guerre d'Espagne jusqu'à la fin de cette guerre. Pendant le cours de cette correspondance nos soldats marchoient à la victoire, dont nos dépêches leur aplanissoient le chemin.

Du quartier général de Bayonne, le 3 avril 1823, M. le dauphin publia cet ordre du jour :

« Soldats! la confiance du roi m'a placé à votre tête pour remplir la plus noble mission. Ce n'est point l'esprit de conquête qui nous a fait prendre les armes, un motif plus généreux nous anime : nous allons replacer un roi sur son trône, réconcilier son peuple avec lui, et rétablir dans un pays en proie à l'anarchie l'ordre nécessaire au bonheur et à la sûreté des deux États.

« Soldats! vous respecterez et ferez respecter la religion, les lois et les propriétés, et vous me rendrez facile l'accomplissement du devoir qui m'est imposé, de maintenir les lois et la plus exacte discipline. »

Le 7 la Bidassoa fut passée, et le blocus de Saint-Sébastien commencé. Le second corps de l'armée, commandé par le comte Molitor, pénètre en même temps en Espagne, par la vallée de Roncevaux. Les François et les Italiens réunis au pont de la Bidassoa avoient crié, à la vue de l'artillerie françoise : *Vive l'artillerie!* Le maréchal de camp Vallin répondit : *Feu!* Ce mot décida du succès de la campagne; le génie de Louis XIV, de l'île de la Conférence et des murs de Fontarabie sembloit protéger la destinée de son petit-fils.

Irun, Tolosa, Villa-Franca, Pancorbo, Vittoria, Guetaria sont pris, les 9, 10, 14 et 17 avril. Le roi d'Espagne, enlevé de Madrid par les cortès, étoit arrivé à Séville.

Figuières fut pris le 25 avril, et Olot, occupé le 3 mai, en Catalogne. Logrono en Aragon fit quelque résistance. Le 9 mai le duc d'Angoulême établit son quartier général à Burgos, et le 17 à Buitrago dans la Nouvelle-Castille.

Mina se battit bien en voulant reprendre Vich. Le général Donadieu le poursuivit avec vivacité, intelligence et bravoure.

Le général Bourcke et le général La Rochejaquelein, le balafré, continuèrent leur mouvement sur les Asturies.

Le général Molitor, ayant en face Ballesteros, occupa le royaume de Valence.

Le 24 mai Mgr le duc d'Angoulême entra dans Madrid à la tête du corps de réserve.

Le 17 juin le roi d'Espagne et sa famille, prisonniers, sont emmenés à Cadix. Le comte Bordesoulle pénètre en Andalousie, occupe Cordoue, et le comte de Bourmont s'établit à Merida en Estramadure.

Le maréchal comte Molitor arrive à Murcie. Il y eut le 13 juillet une affaire assez considérable à Lorca, emporté d'assaut par nos troupes.

Le 16 juin nous étions arrivés devant l'île de Léon et au Trocadero. Mgr le duc d'Angoulême étoit présent, Molitor à la suite.

Ballesteros s'approchoit de Cadix par le royaume de Grenade, et Bordesoulle arrivoit de l'autre côté par l'Estramadure. Les combats s'étoient multipliés, et une convention avoit été conclue entre Ballesteros et Molitor.

Le 19 août, la tranchée fut ouverte devant le Trocadero. Le 31 le Trocadero est enlevé, ainsi que le fort Saint-Louis. Il avoit fallu traverser une coupure, dont la largeur étoit de trente-cinq toises et la profondeur de quatre pieds et demi dans les plus basses eaux. On vit reparoître cette intrépidité françoise, qui vient de briller encore une fois à la prise de Constantine; avec de pareilles troupes on s'étonne que la France s'obstine à demeurer telle que Waterloo l'a faite. Son Altesse Royale montra de la valeur dans cette affaire, qui nous livra pour ainsi dire cette Espagne tout entière, échappée à la gloire et au génie de Napoléon.

Le prince de Carignan, aujourd'hui roi de Sardaigne, traversa lui-même la coupure avec nos troupes. Il conserve encore dans son palais

et montre avec orgueil les épaulettes de grenadier dont il fut alors décoré par nos soldats.

La tranchée fut ouverte le 10 septembre, par le maréchal Lauriston, devant Pampelune.

Le duc d'Angoulême, voulant assiéger Cadix et s'emparer de l'île de Léon, enlève le 20 septembre le fort Santi-Petri. Le 23 nos vaisseaux bombardèrent Cadix, et l'Angleterre, reine des mers, nous vit, sans oser le secourir, triompher dans son empire.

Le 28 le duc d'Angoulême, visitant la ligne d'attaque contre l'île de Léon, s'exposa pendant un long espace de onze cents toises au feu des batteries espagnoles. Un boulet l'ayant couvert de débris, il dit : « Vous conviendrez, messieurs, que si je suis tué, je finirai en bonne compagnie et à la française. »

Pourquoi ce boulet le manqua-t-il!

Le 1ᵉʳ octobre, menacées d'un siége dans Cadix, abandonnées de leurs armées, qui avoient capitulé, les cortès, après diverses allées et venues, rendirent le pouvoir et la liberté à Ferdinand : il avoit été tour à tour déclaré fou, déchu, captif, dans une de ces scènes ignominieuses que l'on retrouve dans notre révolution; au bout de cette promenade à la Vitellius, il se retournoit et revenoit radieux. Roi de ses geôliers, accompagné de la reine, des princes et des princesses de sa famille, il mit à la voile ses prames dorées, au bruit des salves d'artillerie de la place et de toute la côte : au milieu des nuages de fumée, on eût dit un vainqueur qui sort triomphant d'une grande bataille. Le ciel étoit magnifique. A onze heures et demie, Ferdinand aborda le port Sainte-Marie : il y fut reçu par Mᵍʳ le duc d'Angoulême. Le petit-fils de Louis XIV mit un genou en terre, et présenta son épée à l'autre petit-fils du grand roi; beau spectacle à l'extrémité de l'Europe, au bord de cette mer la couche du soleil, *solisque cubilia Cades!*

Ainsi fut accomplie la délivrance de Ferdinand sur le dernier rocher des Espagnes, dans le lieu même où la révolution avoit commencé.

Et le monarque délivré, où est-il? le prince libérateur, où est-il? Ayant fait hommage de son épée, il s'est trouvé désarmé quand le sort l'a saisi.

LIX.

Joie. — Diverses aptitudes des hommes. — Comment nous sommes reçu à la cour.

DÉPÊCHE TÉLÉGRAPHIQUE.

« Port Sainte-Marie, 1er octobre 1823.

« Le roi et la famille royale sont arrivés aujourd'hui, à onze heures et demie, au port Sainte-Marie. »

Cette dépêche et les cent coups de canon qui annoncèrent la délivrance de Ferdinand pensèrent nous faire trouver mal de joie; non certes que nous attachassions un intérêt personnel à la recousse d'un monarque haïssable, non que nous crussions tout fini; mais nous fûmes dans un véritable transport à l'idée que la France pouvoit renaître puissante et redoutable ; que nous avions contribué à la relever de dessous les pieds de ses ennemis, et à lui remettre l'épée à la main : nous éprouvions un tressaillement d'honneur égal à notre amour pour notre patrie.

Nous étions en même temps soulagé d'un poids énorme; si nous avions dit un mot, si nous avions paru avoir peur, si nous avions pressé M. de Villèle d'accepter la médiation de l'Angleterre, il eût embrassé le parti de la paix : malheureusement ce qui convenoit à sa modération ne convenoit pas à quelque chose qui parloit en nous. Mais que serions-nous devenu en cas de revers? Nous nous serions jeté dans la Seine.

Après ce premier saisissement de plaisir, nous eûmes une certaine satisfaction légitime : nous pûmes nous avouer qu'en politique nous valions autant qu'en littérature, si nous valons quelque chose. Il étoit maintenant impossible de nier l'utilité de notre plan au dehors ; nous avions au dedans tout aussi bien réglé un budget et compris les détails intérieurs d'un ministère qu'un homme du métier. Nous disons ceci pour enhardir les gens de lettres, et leur apprendre la juste portée des *esprits positifs*. Quant à nous, nous ne tenons pas le moins du monde à garder une place dans leurs rangs, n'ayant pas la moindre considération pour le génie ordinaire politique : tout commis est un aigle sur cette taupinée.

« Je ne voulois pas leur donner à entendre, dit Alfieri (refusant les ministres du roi de Sardaigne, qui prétendoient le favoriser d'une ambassade), que leur diplomatie et leurs dépêches me paroissoient et étoient certainement pour moi moins importantes que mes tragédies ou même celles des autres ; mais il est impossible de ramener ces espèces de gens-là : ils ne peuvent et ne doivent pas se convertir. »

Les sots de France, espèce particulière et toute nationale, ne feront point de concessions d'habileté aux Oxenstiern, aux Grotius, aux Frédéric, aux Bacon, aux Thomas Morus, aux Spencer, aux Falkland, aux Clarendon, aux Bolingbrocke, aux Burke et aux Canning de France. Notre vanité ne reconnoîtra point à un homme, même de génie, deux aptitudes, et la faculté de faire aussi bien qu'un esprit commun des choses communes. Si vous dépassez d'une ligne les conceptions vulgaires, mille imbéciles s'écrient : « Vous vous perdez dans les nuées ! » Ravis qu'ils se sentent d'habiter en bas, où ils taillent leur plume d'un air important et s'entêtent à penser. Ces pauvres diables, en raison de leur secrète misère, se rebiffent contre le mérite. Dans leur désespérance de monter plus haut, ils renvoient avec compassion Virgile et Racine à leurs vers. Mais, superbes sires, à quoi faut-il vous renvoyer ? A l'oubli : il vous attend à vingt pas de votre logis, tandis que vingt vers de ces poëtes les porteront à la dernière postérité.

Ces chamaillis sur les diverses aptitudes ont eu lieu parce qu'on n'a pas fait une observation : le *talent* proprement dit est une chose à part, un don du ciel : il est souvent séparé de tout autre mérite, de même qu'il se trouve souvent mêlé à toutes les espèces de mérite. On peut être un imbécile en faisant de beaux vers ; on peut être un premier écrivain, un orateur admirable, en gagnant des batailles comme César, en gouvernant un pays comme Cicéron ; Solon, l'élégiaque, étoit un fameux législateur ; Thucydide, un général renommé ; Dante, un guerrier illustre ; Ercylla, Camoëns furent de braves soldats. Les exemples seroient trop nombreux à citer tous. Qui fut plus savant ministre que le chancelier-poëte L'Hôpital ? qui fut plus habile négociateur que d'Ossat ? Richelieu, même, avoit entassé des volumes au point d'en être ridicule ; mais il ne falloit pas trop rire à cause de la potence ; le son d'une lyre n'a jamais rien gâté.

Dans notre ardeur, après la dépêche télégraphique, nous avions couru au château : là, nous reçûmes sur la tête un seau d'eau froide, qui nous calma et nous fit rentrer dans l'humilité de nos habitudes : le roi et Monsieur, trop charmés, ne nous aperçurent point ; madame la duchesse d'Angoulême, éperdue de joie du triomphe de son mari, ne distinguant quoi que ce soit, étoit très-touchante à voir, lorsqu'on songeoit combien peu de bonheur elle avoit goûté dans sa vie. Cette victime immortelle écrivit sur la délivrance de Ferdinand une lettre terminée par cette exclamation, sublime dans la bouche de la fille de Louis XVI : « Il est donc prouvé qu'on peut sauver un roi malheureux ! »

Le dimanche, nous retournâmes avec le conseil faire la cour à la famille royale : l'auguste princesse dit à chacun de mes collègues un mot obligeant, et d'autant plus gracieux qu'il échappoit à des lèvres inaccoutumées au sourire ; elle ne nous adressa pas une parole. Elle a dit depuis à M. de Montmorency qu'elle se sentoit mal à l'aise avec nous. Nous ne méritions pas tant d'honneur. Le silence de l'orpheline du Temple ne peut jamais être ingrat ; le ciel a droit aux adorations de la terre, et ne doit rien à personne.

LX.

Lettre de Louis XVIII à Ferdinand. — Explications sur cette lettre.

Ferdinand, après sa délivrance, écrivit à Louis XVIII ; le roi nous chargea de la réponse ; nous la lûmes à S. M. ; elle n'y changea pas un mot, et la signa d'un air satisfait. On jugera si nous voulions l'absolutisme :

Fin d'octobre 1823.

« Mon frere, etc.,

« Un des moments les plus heureux de ma vie est celui où j'ai appris que le ciel avoit béni mes armes, et que par les efforts du digne capitaine placé à la tête de mes vaillants soldats, de ce fils de mon choix, l'honneur de ma couronne et la gloire de la France, Votre Majesté étoit rendue à l'amour de ses peuples. La main de la Providence a été visible dans cet événement ; et c'est à celui qui protège les rois que nous devons attribuer, avec la plus vive reconnoissance, des succès aussi prompts et aussi éclatants.

« Désormais ma tâche est finie, la vôtre commence : vous devez le repos et le bonheur à vos sujets. Si je n'avois pas, comme chef de ma maison, le droit de parler à Votre Majesté avec sincérité, ma vieillesse, mon expérience et mes longs malheurs m'en imposeroient encore le devoir. Comme Votre Majesté, j'ai retrouvé mon pouvoir royal après une révolution ; à l'exemple de notre aïeul Henri IV, j'ai pardonné à ceux qui avoient pu être égarés, dans des temps difficiles, et qui, confiants dans la miséricorde de leur souverain, s'empressoient de réparer leurs erreurs. Votre Majesté comprendra le danger qu'il peut y avoir à convaincre des classes entières d'hommes que rien' ne peut effacer le souvenir de leur foiblesse. Les princes chrétiens ne peuvent régner par les proscriptions : c'est par elles que les révolutions se déshonorent et que les sujets persécutés reviennent, tôt ou tard, chercher un abri sous l'autorité paternelle de leurs souverains légitimes. Je crois donc qu'un décret d'amnistie seroit aussi utile aux intérêts de Votre Majesté qu'à ceux de son royaume.

« Votre Majesté a pensé que de longues commotions politiques et l'anarchie des guerres civiles affoiblissent les institutions, en relâchant les liens de la société ; elle me paroît avoir été pénétrée de cette vérité quand elle m'a écrit sa lettre particulière du 23 juillet 1822 ; elle repoussoit les systèmes dangereux, ces théories démocratiques, ces innovations funestes dont l'Europe a eu tant à souffrir ; mais elle vouloit chercher dans les anciennes institutions de l'Espagne le moyen de contenter ses peuples et d'affermir la couronne sur sa tête. Si elle persiste dans ce noble projet, elle verra bientôt toutes les espérances de ses sujets se tourner vers le trône.

« Il n'appartient à personne de donner sur ce point des conseils à Votre Majesté : c'est dans sa sagesse et dans la plénitude de ses droits qu'il lui convient d'en délibérer ; mais je puis lui dire qu'un arbitraire aveugle, loin d'augmenter la puissance des rois, l'affoiblit ; que si cette puissance n'a point de règles, que si elle ne reconnoît aucune loi, bientôt elle succombe sous ses propres caprices ; l'administration se détruit, la confiance se retire, le crédit se perd, et les peuples, inquiets et tourmentés, se précipitent dans les révolutions. Les souverains de l'Europe, qui se sont sentis menacés sur leur trône par la révolte militaire de l'Espagne, se croiroient de nouveau exposés dans le cas où l'anarchie viendroit à triompher une seconde fois dans les États de Votre Majesté.

« Si, éloignant d'elle de pénibles souvenirs, Votre Majesté appelle à ses conseils des hommes prudents et habiles, une noblesse qui est l'appui naturel de son autorité, un clergé dont la piété et le dévouement lui promettent tant de sacrifices au bien public ; si toutes les classes d'une nation grande et fidèle bénissent également l'autorité du souverain légitime, l'Europe verra dans le règne de Votre Majesté la garantie de son repos, et moi je m'applaudirai d'avoir obtenu un si glorieux résultat de mes sacrifices.

« Louis. »

Nous n'avions pas été tout à fait à notre aise en écrivant la minute de cette lettre ; nous aurions voulu aller plus loin, proposer dans les vieilles cortès quelques changements analogues à l'esprit du siècle ; mais nous étions retenu par l'Europe continentale, dont nous avions encore besoin au sujet de l'affaire des colonies : nous la blessions déjà assez en parlant des *vieilles cortès;* elle ne vouloit de cortès à aucun prix, ni vieilles ni jeunes ; elle désiroit purement et simplement le roi *netto* aidé du conseil de Castille et du conseil des Indes, avec les rouages d'une machine usée. Ses envoyés à Madrid devinrent hostiles aussitôt qu'ils eurent connoissance de la lettre de Louis XVIII.

Quant à nous, en demandant le rétablissement des anciennes cortès nous avions préparé la fusion des anciennes mœurs et des mœurs modernes de l'Espagne : les uns y retrouvoient le passé, les autres étoient à même d'y puiser l'avenir. Un corps délibérant, quelle que soit sa composition, ne reste pas stationnaire : nos états généraux convoqués devinrent l'Assemblée nationale. L'idée de nous ériger en fabricateurs de chartes au delà des Pyrénées étoit une niaiserie qu'aucune tête d'expérience ne pouvoit enfanter. Les gouvernements libéraux, réinstallés depuis dans la péninsule, n'ont-ils pas été forcés de réformer les cortès de Cadix, d'établir deux chambres, d'en venir jusqu'aux lois d'exception et à la suppression de la liberté de la presse ? Cette nation de muletiers et de bergers-soldats, où chaque individu jouit de la plus entière indépendance, où chaque commune, gouvernée par ses lois municipales, d'origine romaine, mêlées d'arabe, est une petite république, cette nation n'a ni le besoin ni le sentiment de nos libertés artificielles ; elle ignore cette haine des classes supérieures, notre tourment à nous autres Gaulois : le paysan castillan n'a point connu le joug féodal ; il se croit l'égal des grands, et ne reconnoît de supérieur que le roi. Encore ce roi, renfermé dans Madrid, est-il comme le sultan à Constantinople ; à trente lieues de sa capitale on n'obéit plus à ses ordres. Le génie et les habitudes de l'Ibérie sont moins opposés au despotisme royal qu'à l'arbitraire légal d'une assemblée représentative dont l'orgueil castillan méprise les individus et dédaigne le parlage.

Ces raisons de l'homme d'État l'emportèrent chez nous sur l'homme des théories. Nous ne mesurions pas les esprits de la péninsule Hispanique d'après une règle inflexible. On nous mandoit que tel personnage avoit tels défauts, qu'il avoit fait telles sottises : cela étoit vrai par rapport à des François, à des Anglois, à des Allemands ; cela n'étoit pas vrai par rapport à des Espagnols. De là dérivoit la nécessité de tirer promptement la question françoise de la question espagnole :

celle-ci se résoudroit selon les mœurs du pays quand nos principaux intérêts auroient été mis en sûreté. Une seule chose étoit à craindre dans le premier moment ; en démuselant Ferdinand, on pouvoit livrer ses royaumes à sa folie. Mais les vieilles cortès, si elles eussent été convoquées, auroient suffi pour l'entraver. Encore une fois, ce ne devoit pas être à nos yeux la première question ; il étoit d'ailleurs plus probable que Ferdinand retomberoit sous le joug des insurrections qu'il ne parviendroit à les étouffer.

LXI.

Ordres des souverains. — Lettre de Henri IV.

Sorti triomphant de l'entreprise la plus hasardeuse, tout cédoit à nos succès ; les ennemis s'avouoient vaincus et convenoient qu'ils s'étoient trompés. Le duc de Rovigo, arrivé de Berlin, mandoit que le langage et les manières des Prussiens étoient devenus tout à coup respectueux ; que *les provinces rhénanes étouffoient leur joie en silence, et croyoient que le canon de la Bidassoa avoit résonné pour leur délivrance* ; que *Mayence étoit sans garnison, sans approvisionnement et prêt à être évacué : tout vit là*, disoit-il, *en attendant. La France redevint glorieuse en Espagne ; c'est sur le Rhin qu'elle redeviendra forte.*

Nous avons expédié aux rois et aux ministres la nouvelle de l'heureuse fin de la guerre. Des diverses cours nous arrivèrent des marques de considération : l'Espagne nous envoya la Toison-d'Or ; le Portugal, l'ordre du Christ ; la Russie, l'ordre de Saint-André ; la Prusse, l'Aigle-Noir ; la Sardaigne, l'Annonciade ; François II seul s'abstint : la lettre qu'il nous adressa est froide, et ne dit pas un mot de nous ; la lettre du prince de Metternich contient un petit compliment qui couvre mal un secret dépit. Fidèle à son instinct, le prince avoit la prétention de recevoir le cordon bleu avant de nous transmettre les ordres d'Autriche : or, comme les autres puissances avoient pris l'initiative vis-à-vis des Tuileries, nous ne pensâmes pas qu'il fût convenable de céder à des exigences sans raison : elles nous paroissoient surtout extraordinaires vu la manière dont avoit agi envers nous le cabinet de Vienne.

Les rois et leurs ministres nous écrivirent : on verra plus loin leurs lettres.

Par ces distinctions et par ces aveux, les rois ont jugé du moins que nous avions rendu un important service à la société monarchique : ils ont raison, à ne considérer que ce qui leur revenoit immédiatement de la guerre d'Espagne ; mais s'ils avoient connu notre dernière pensée, loin de nous bénir, ils nous auroient maudit. Cependant, notre politique leur eût été, en résultat, aussi favorable qu'à la France : il leur faudra rendre compte un jour du mandat d'amener des peuples qu'ils n'avoient pas le droit de saisir. Des conquêtes violentes peuvent satisfaire l'amour-propre d'un gouvernement et une ambition sans prévoyance, mais elles préparent des catastrophes. A quoi servent les domaines de Jagellon à la Russie? A mettre une plaie au sein de l'empire des czars : les Moscovites ne se guériront de la Pologne qu'en en faisant un désert. Il n'y a d'incorporations durables que les incorporations accomplies dans l'utilité de la main qui les opère. Les assimilations entre des peuples désunis par le langage, les mœurs, le climat, la topographie, sont insensées dans l'état actuel de la civilisation.

L'empire de Bonaparte est tombé en poussière : autant en arrivera aux pays entrés de force dans la circonscription des grandes puissances, tandis que nous nous avons été déboutés de nos demandes en héritage. Les politiques de Vienne apprendront que la France n'est pas un cercle du Rhin, qu'on ne méprise pas impunément trente-trois millions d'hommes nés des dents du dragon et sortis tout armés de la terre.

Nous avons conservé les lettres des princes : témoignage irrécusable de l'appréciation de nos travaux, elles constatent nos services; elles réduisent au silence les ennemis d'un certain côté, comme nos explications sur la guerre d'Espagne satisferont, nous l'espérons, d'autres adversaires. Après cela, au lieu de ces lettres, nous aimerions mieux avoir reçu de Henri IV ce billet dont nous possédons l'original :

« Monsieur l'aumonyer, je me rejouys avec vous de quoy vous estes maryé; il ne faut plus parler d'estre amoureus, car il ne siet pas bien au gens mariés d'avoyr mettresse : pour ce que je me gouverne aynsy, je conseille à tous mes amys et servyteurs de fayre le semblable; vous en croyrés ce qu'il vous playra; bien vous prierége de fayre estat de ce, plus que de personne du monde. Je desyreroys fort vous voyr et votre cousyn : Adieu, mon amy. Aymes-moy bien toujours.

« Votre plus asseuré amy à jamays,

« HENRY. »

Le Béarnois ne se prend pas au sérieux, comme les potentats nos illustres correspondants ; il se moque de lui, de ses légèretés et de ses couronnes.

Lettres des rois et des ministres.

L'EMPEREUR ALEXANDRE A M. DE CHATEAUBRIAND.

Vosnesensk, le 16-28 octobre 1823.

Votre courrier, monsieur le vicomte, m'a remis, au milieu de mon voyage, la lettre par laquelle vous avez bien voulu m'annoncer l'heureuse délivrance du roi d'Espagne et de toute sa famille. Recevez-en mes plus vives félicitations, et chargez-vous de les offrir au roi, votre auguste maître ; il recueille le fruit d'une politique généreuse. Le règne du crime est passé : l'Espagne affranchie ; le Portugal rendu au salutaire empire de la légitimité. Abréger les malheurs des autres sera toujours une des plus belles prérogatives que la divine Providence puisse nous accorder ici-bas. Sa Majesté très-chrétienne l'exerce en ce moment. Le ciel lui devoit cette compensation.

Vous avez puissamment contribué à ces grands résultats, et vos talents comme vos efforts ne sauroient avoir de meilleure récompense.

C'est avec un vrai plaisir que je saisis, monsieur le vicomte, cette occasion de vous réitérer l'assurance de ma haute estime.

ALEXANDRE.

LE ROI FRÉDÉRIC-GUILLAUME A M. DE CHATEAUBRIAND.

Berlin, le 16 octobre 1823.

Monsieur le vicomte de Chateaubriand, j'ai reçu l'avis que vous avez bien voulu me donner de la délivrance du roi d'Espagne avec un intérêt proportionné à l'importance de cet événement et à l'impatience avec laquelle j'en avois attendu l'information. J'éprouve d'autant plus de plaisir à vous en remercier que je sais très-bien que la victoire décisive sur le système révolutionnaire que l'Europe doit aujourd'hui aux efforts de Sa Majesté très-chrétienne est aussi le triomphe de vos principes et a fait le premier objet de vos soins. L'estime qui depuis longtemps vous est acquise de ma part ne s'en trouve que mieux justifiée. Je prie Dieu, monsieur le vicomte de Chateaubriand, qu'il vous ait dans sa sainte et digne garde.

Frédéric-Guillaume

l.'EMPEREUR FRANÇOIS A M. DE CHATEAUBRIAND.

Przemisl, en Galicie, le 18 octobre 1823.

Monsieur le vicomte de Chateaubriand, c'est avec le sentiment de la plus vive satisfaction que j'ai appris, par votre lettre du 8 de ce mois, l'heureuse délivrance de Sa Majesté Catholique et de sa famille. La Providence, en bénissant les généreux efforts du roi très-chrétien, ceux du prince généralissime et de l'armée valeureuse qu'il commande, vient d'assurer le triomphe de la plus juste et de la plus sainte des causes. Je partage sincèrement la satisfaction personnelle que doit en éprouver le roi. En vous remerciant de votre attention, il m'est agréable de pouvoir à cette occasion vous assurer, monsieur le vicomte de Chateaubriand, de toute mon estime.

Votre affectionné,

François.

M. DE BERNSTORFF A M. DE CHATEAUBRIAND.

Berlin, le 18 octobre 1823.

Monsieur le vicomte,

Je ne saurois trop vivement remercier Votre Excellence de ce qu'elle a si bien senti qu'en me donnant de sa main l'avis si impatiemment attendu de la délivrance du roi d'Espagne, c'étoit en rehausser encore le prix. Ferdinand VII libre! que de résultats dans ces trois mots! Voilà donc Vérone justifié, une nouvelle gloire immortelle acquise à la France, le triomphe du système monarchique assuré, et le ministère de Votre Excellence environné d'une splendeur qui répond si bien à l'éclat que son nom seul y avoit déjà imprimé : ce dernier intérêt est aussi devenu européen.

Rien de plus inaltérable que la haute considération et le parfait dévouement avec lequel j'ai l'honneur d'être, monsieur le vicomte, de Votre Excellence, le très-humble et très-obéissant serviteur.

BERNSTORFF.

M. ANCILLON A M. DE CHATEAUBRIAND.

Berlin, 18 octobre 1823.

Monsieur,

Au milieu de toutes les félicitations qui lui arrivent de toutes parts, Votre Excellence distinguera peut-être une voix qui ne lui fut pas indifférente; au milieu de tous les travaux et de toutes les sollicitudes qui l'assiègent, elle me pardonnera de lui enlever un moment, car elle n'est pas faite pour oublier facilement ceux qui eurent le bonheur de lui inspirer quelque intérêt, et qui en conserveront toute leur vie un doux et honorable souvenir.

Si je pouvois un moment séparer votre bonheur de celui de la France, qui attend de vous *pacem cum dignitate,* je ne vous féliciterois pas de l'élévation où vous êtes. Dans le siècle où nous vivons, au milieu des mouvements de la fin d'une révolution qui ressemble quelquefois à un nouveau commencement, les hommes qui se vouent aux hautes places sont, plus ou moins, tous des victimes généreuses qui se dévouent pour leur patrie. Vous particulièrement, monsieur, qui en avez fait assez pour votre gloire, et qui croyez n'en faire jamais assez pour le devoir; vous qui êtes trop élevé pour descendre à l'ambition, vous faites à votre roi et à votre pays le plus grand des sacrifices. L'Europe compte sur vous, monsieur, comme sur un de ces pilotes habiles, en petit nombre, qui lui restent encore pour l'empêcher d'échouer encore une fois contre les mêmes écueils et pour conjurer la tourmente; vous ne tromperez pas ses espérances. L'isolement et les demi-mesures ont déjà une fois perdu le monde civilisé; il n'y a de salut pour les puissances que dans l'identité du but, dans l'accord des moyens, dans l'union des sentiments et dans la force de la modération, ou, ce qui revient au même, dans la force de la justice et de la raison. Avec des principes aussi purs, des affections aussi nobles, des vues aussi vastes que les vôtres, vous ne sacrifierez jamais l'avenir aux embarras du moment, et vous prouverez au monde que l'art de bien faire est lié, par des affinités secrètes, à l'art de bien penser et de bien dire, et que l'énergie du caractère tire son feu et sa force des conceptions hautes de l'esprit, comme il reçoit de lui sa direction.

Le roi, qui estime Votre Excellence à raison de ce qu'il la connoît; la cour et la ville, où il vous a suffi de quelques mois pour prendre racine dans tous les cœurs, se réjouissent de vos succès. Pour moi (s'il m'est permis de me nommer), qui ne perdrai jamais l'ancienne habitude de vous admirer et de vous aimer, je vous souhaite ce qu'il y aura toujours pour vous de plus difficile, c'est de vous satisfaire vous-même.

Agréez l'assurance, etc.

ANCILLON.

M. DE METTERNICH A M. DE CHATEAUBRIAND.

Lemberg, le 20 octobre 1823.

Monsieur le vicomte,

Le courrier de Votre Excellence qui m'a remis, le 18 dans la matinée, la lettre qu'elle m'a fait l'honneur de m'écrire le 8 de ce mois, ainsi que celle qui s'y trouvoit jointe pour l'empereur, mon auguste maître, est arrivé ici au moment même où Sa Majesté venoit de partir pour retourner dans sa capitale. Ne pouvant pas douter de la vive satisfaction avec laquelle l'empereur apprendroit l'heureuse délivrance du roi Ferdinand et de sa famille, je me suis fait un devoir de lui expédier sur-le-champ votre lettre par courrier, et venant de recevoir dans le moment même la réponse que vous adresse Sa Majesté, je ne perds pas un instant pour vous la transmettre. Je vous demande la permission, monsieur le vicomte, d'y joindre mes félicitations les plus sincères sur un événement aussi glorieux pour les armes du roi qu'il est satisfaisant pour son cœur et important pour le repos de l'Europe. La coïncidence de la délivrance de S. M. C. avec l'aplanissement des nombreuses et graves complications qui depuis trois ans menaçoient de troubler le repos de l'Europe dans l'Orient est une de ces conjonctures heureuses que la Providence paroît avoir miraculeusement amenées pour mettre enfin un terme aux maux que souffre l'Europe depuis trente ans, et pour assurer le triomphe des principes éternels du bien sur le génie du mal. Ce triomphe est en partie votre ouvrage, monsieur le vicomte, et je partage sincèrement la vive satisfaction que vous devez en éprouver!

Veuillez agréer, avec mes remercîments, l'assurance de ma haute considération.

METTERNICH.

Vicomte de Chateaubriand,

Moi, don Jean, par la grâce de Dieu, roi du royaume uni du Portugal, Brésil et Algarves, en deçà et en delà de la mer d'Afrique, seigneur de Guinée et de la conquête, navigation et commerce de l'Éthiopie, Arabie, de la Perse et de l'Inde, etc.,

Je vous salue :

Prenant en considération vos qualités distinguées, vos mérites et services agréables à mon auguste frère et allié le roi de France, qui vous a confié la direction des affaires de son royaume, et voulant vous donner un témoignage authentique du haut prix que j'attache aux services que comme son ministre d'État vous avez rendus à la cause de Sa Majesté catholique et de sa royauté, j'ai trouvé bon de vous élever à la dignité de grand'croix de mon royal ordre de notre Seigneur Jésus-Christ. Et afin que l'ayez pour entendu et puissiez porter les insignes que je vous envoie, et qui comme tels vous appartiennent, je vous fais cette lettre, et que Dieu vous tienne dans sa sainte garde.

Écrit à notre palais de Bemposta, le 13 novembre 1823.

LE ROI.

Contresigné : JOACHIM PEDRO GOMÈS DE OLIVEIRA.

Saint-Pétersbourg, le 24 novembre 1823.

Dans le cours des graves événements qui depuis l'année dernière ont fixé l'attention de l'Europe, j'ai eu plus d'une fois occasion d'applaudir à vos talents et à vos principes. Les plus heureux succès ont couronné la noble persévérance avec laquelle vous avez soutenu la cause de l'ordre; et tous ceux qui partageoient avec vous le désir de la voir triompher vous doivent des témoignages de leur estime. C'est à ce titre que je vous prie de recevoir, monsieur le vicomte, les décorations ci-jointes de l'ordre de Saint-André. Veuillez les regarder comme la meilleure preuve des sentiments que je vous porte.

ALEXANDRE.

Berlin, ce 24 novembre 1823.

Monsieur le vicomte de Chateaubriand, vous connoissez l'estime que depuis longtemps j'ai pour vous. J'ai un véritable plaisir à vous en offrir aujourd'hui une nouvelle marque, en vous faisant tenir mon ordre de l'Aigle-Noir. J'aime, du reste, à me dire que vous n'aviez pas besoin de cette preuve pour être convaincu que j'ai parfaitement reconnu et apprécié les services signalés que, par votre coopération éclairée au succès de l'entreprise contre l'Espagne révoltée, vous avez rendus à l'Europe. Sur ce, je prie Dieu, monsieur le vicomte de Chateaubriand, qu'il vous ait en sa sainte et digne garde.

FRÉDÉRIC-GUILLAUME.

Palais de Madrid, ce 31 janvier 1824.

Mon très-cher et très-aimé bon cousin, afin d'effectuer l'élection que j'ai faite de votre personne, pour vous associer en l'amiable compagnie de mon très-noble et ancien ordre de la Toison-d'Or, j'ai fait dresser mes lettres patentes de procure, en vertu desquelles j'ai requis mon bien aimé frère et cousin S. A. R. comte d'Artois de vous recevoir en mon nom dans ledit ordre, et vous en délivrer le collier aux cérémonies accoutumées; et de tout ce qu'il vous dira de ma part sur ce particulier vous en ferez le même état comme s'il fût dit et déclaré par ma propre personne. Je prie Dieu, mon bon cousin, qu'il vous ait en bonne, sainte et digne garde.

Votre bon cousin,

FERDINAND.

JACQUES DE LA QUADRA, *greffier*.

LE ROI CHARLES-FÉLIX A M. DE CHATEAUBRIAND.

Turin, le 14 février 1824.

Monsieur le vicomte de Chateaubriand, le plaisir que j'ai eu à vous voir au congrès de Vérone a dû vous prouver combien étaient distingués les sentiments que vous m'avez déjà inspirés par le plus noble dévouement à la cause sacrée de l'autel et du trône. Vous avez accru ces sentiments, soit par les principes que vous avez professés dans cette réunion solennelle, soit par l'éclat avec lequel le même dévouement et vos talents ont ensuite paru à cette époque, non moins importante et difficile que glorieuse pour la France et pour son roi. Mon auguste et bien aimé beau-frère a voulu dernièrement vous réitérer de hauts témoignages de sa satisfaction; j'en éprouve, de mon côté, une bien vive à vous donner la plus haute marque de mon estime, en vous nommant chevalier de mon ordre suprême de l'Annonciade, dont les décorations vous seront transmises par mon cousin le comte de La Tour. Il m'est aussi très-agréable d'avoir par là une occasion de vous exprimer directement les souhaits que je forme pour vous, en priant Dieu qu'il vous ait, mon cousin, en sa sainte garde.

CHARLES-FÉLIX.

DE LA TOUR.

M. DE LA TOUR A M. DE CHATEAUBRIAND

Turin, le 15 février 1824.

Monsieur le vicomte,

J'ai l'honneur d'adresser ci-jointes à Votre Excellence une lettre du roi et les décorations de son ordre suprême de l'Annonciade, que Sa Majesté me charge de vous faire passer.

En vous nommant chevalier de cet ordre illustre, le roi a voulu, monsieur le vicomte, vous donner la plus haute marque publique de son estime, et prouver publiquement aussi que, surtout dans des circonstances majeures comme celles de l'année dernière, où tant de sagesse et de talents ont signalé votre ministère, la satisfaction du roi très-chrétien, son très-aimé beau-frère, ne sauroit ne pas se confondre avec la sienne.

Connoissant les sentiments que je lui ai sincèrement voués, surtout depuis le premier moment que j'ai eu l'honneur de la voir à Vérone, et le souvenir plein de gratitude que je conserverai toujours de ceux que dès lors elle a bien voulu me témoigner, Votre Excellence jugera aisement de toute la joie que j'éprouve maintenant, en remplissant auprès d'elle un des devoirs les plus doux que mon auguste souverain pût m'imposer.

En vous priant, monsieur le vicomte, d'agréer mes compliments les plus empressés, et en me félicitant vivement de pouvoir compter un rapport de plus, et si particulier, parmi ceux que j'avois déjà le bonheur d'avoir avec Votre Excellence; je lui offre de nouvelles assurances de la très-haute considération avec laquelle j'ai l'honneur d'être,

monsieur le vicomte,

de Votre Excellence,

le très-humble et très-obéissant serviteur.

DE LA TOUR.

LXII.

Ma chute. — Les cordons.

Nous n'aurions point parlé de ces cordons s'ils n'avoient amené un orage qui fut au moment de nous renverser et de terminer ainsi subitement l'affaire d'Espagne. Ces cordons firent éclater des jalousies. M. de Villèle étoit pourtant fort au-dessus de ces lacets de cour.

La Russie fit passer l'ordre de Saint-André à M. le duc de Montmorency, ainsi qu'elle chargea son ambassadeur de me le remettre à moi-même. Louis XVIII prit cette grâce étrangère comme un reproche fait à sa personne. Le roi déclara qu'il vouloit témoigner sa satisfaction des succès de la guerre d'Espagne en créant M. de Villèle chevalier des Ordres. M. de Villèle avoit tous les droits à cette distinction; mais le dessein du roi étoit de nous blesser : il nous comptait pour trop peu. Nous nous soucions d'un cordon comme des nœuds du ruban de Léandre, nous ne nous mesurons pas à l'aune d'un bandeau de soie; mais nous sommes sensible à l'injure quand elle part de haut. Par nous seul l'Europe s'étoit maintenue en paix. L'amertume de Sa Majesté nous étonna ; elle sembloit s'augmenter en proportion de nos services. Louis XVIII et son frère nous connoissoient mal. Le dernier disoit de notre personne : « Bon cœur et tête chaude. » Ce lieu commun des hommes hors d'état de discerner les hommes étoit faux : notre tête est très-froide, et notre cœur n'a jamais beaucoup battu pour les rois.

Nous méprisions trop les places pour les conserver au prix d'un affront, même d'un affront royal. La grande Demoiselle se réjouissoit d'avoir les dents noires, parce que cela prouvoit sa descendance du sang des Bourbons : nous nous serions peu félicité de tenir de si près à la couronne ; il ne nous seyoit pas d'être un mannequin dans le conseil. L'achèvement de notre entreprise nous avoit fait nous résoudre à rester ; nous oubliions tout à coup le puissant motif de notre présence au ministère, et nous nous en allions parce qu'on prétendoit nous humilier : tel nous sommes. Cette zone bleue dont on auroit remarqué l'absence sur notre poitrine auroit prouvé que Sa Majesté étoit peu satisfaite de nous, et que les autres rois s'étoient trompés en nous conférant leurs premiers ordres.

Huit jours après notre déclaration, le roi nous gratifia du cordon bleu. Ces misères à l'époque du renversement des trônes font pitié ; elles donnèrent suite néanmoins à la défaveur qu'avoient annoncée nos succès ; elles nous ramenoient et ramenoient la cour arriérée à ces guerres de la fronde, alors que la distinction du tabouret de madame de Pons prépara la France à une seconde révolte et fit arrêter le grand Condé. Souvent on est plus agité d'une foiblesse secrète que du destin d'un empire ; l'affaire légère est au fond de l'âme l'affaire sérieuse. Si l'on voyoit les puérilités qui traversent la cervelle du plus grand génie au moment où il accomplit sa plus grande action, on seroit saisi d'étonnement. En fin de compte on auroit tort : rien n'a d'importance réelle ; un royaume ne pèse ni ne vaut plus qu'un plaisir.

Quand ce ridicule conflit fut terminé j'écrivis à M. de La Ferronnais la lettre suivante :

« Tout est arrangé et beaucoup mieux que je ne l'espérois. Le roi, blessé de la nomination du duc Mathieu, et Villèle, oublié dans la promotion, ont été au moment d'amener un grand orage : nous nous serions brisé contre un ruban après avoir échappé à de si grands écueils : telle est la nature humaine. J'ai été obligé de parler, et on a bientôt reconnu qu'aller sans moi étoit impossible, et la tempête s'est apaisée. Il en résultera un bien, c'est qu'on sera convaincu qu'il faut rester unis si nous voulons achever l'ouvrage que nous avons si bien commencé.

« Il n'y a plus qu'une chose à faire, c'est que vous demandiez à l'empereur, en mon nom et pour m'obliger, le cordon de Saint-André pour Villèle. Ne craignez pas, je ne serai pas blessé ; et c'est moi qui joue ici le beau rôle. Il faut être juste, d'ailleurs : Villèle après le premier mouvement d'humeur est revenu vite au sentiment de l'intérêt commun et de l'amitié. C'est en tout un homme d'un mérite supérieur, et comme désormais il faut bien qu'il m'abandonne entièrement la conduite de la politique étrangère, nous ne pouvons plus avoir de rivalité et notre union est indispensable au repos de la France.

« Cette lettre est toute *confidentielle*; elle ne doit être montrée à personne. Vous mettrez, comme de coutume, mon autre lettre particulière sous les yeux de l'empereur. Le petit mouvement d'humeur que le roi avoit eu contre vous est totalement dissipé.

« J'insiste pour que vous demandiez le cordon de Saint-André pour Villèle, en mon nom, et pour que l'empereur daigne l'accorder sur ma propre demande. Si vous réussissez, vous voudrez bien me le dire formellement dans *votre lettre officielle* qui sera mise sous les yeux du roi. Cela sera bon pour vous et pour moi, excellent aussi pour l'empereur. Je lui demande un nouveau cordon, pour le bien de l'union et de la paix ; qu'il me l'accorde : cela est conséquent à ce qu'il a déjà fait, en même temps qu'utile pour la France.

« Tout à vous, mon cher comte,

« CHATEAUBRIAND. »

Ainsi, tandis que les amis de M. de Villèle disoient que nous étions son ennemi, que nous voulions sa place, et tandis qu'ils machinoient notre ruine, nous faisions nos efforts à Pétersbourg pour lui faire donner l'ordre de Saint-André ; nous déclarions dans une lettre qui ne devoit jamais être connue que le président du conseil étoit *un homme d'un mérite supérieur.* Les dates sont ici des arguments sans réplique ; elles montrent à la fois notre amitié non démentie, et notre loyale sincérité.

LXIII.

Je veux rendre le portefeuille à M. le duc de Montmorency, et me résous à demeurer. — Pourquoi.

Nous eûmes d'abord l'idée de remettre au roi le portefeuille des affaires étrangères, et de supplier Sa Majesté de le rendre au vertueux duc de Montmorency. Que de soucis nous nous serions épargnés ! que de divisions nous eussions épargnées à l'opinion ! L'amitié et le pou voir n'auroient pas donné un triste exemple, et la légitimité seroit peut-être encore là. Couronné de succès, nous serions descendu du ministère de la manière la plus brillante, pour livrer au repos le reste de nos jours. C'étoit l'espoir de ce repos qui nous avoit rendu si heureux à la capitulation de Cadix. L'intérêt des colonies espagnoles, en nous arrêtant, a produit l'avant-dernier bond de notre quinteuse fortune.

Quand nous songeâmes à la retraite, des négociations étoient entamées; nous en avions établi et nous en tenions les fils. En diplomatie, un projet conçu n'est pas un projet exécuté; les gouvernements ont leur routine et leur allure; les protocoles n'emportent pas d'assaut les cabinets étrangers, comme nos armées prennent des villes; la politique ne marche pas aussi vite que la gloire à la tête de nos soldats. Nous nous figurâmes qu'ayant préparé notre ouvrage nous le connoîtrions mieux que notre successeur; nous nous laissâmes séduire à l'idée de donner de nouvelles monarchies constitutionnelles aux Bourbons, en attachant notre nom à la liberté de la seconde Amérique, sans compromettre cette liberté dans les colonies émancipées. Deux fléaux sont à craindre pour la liberté, l'anarchie et le despotisme : ils peuvent également priver un État de son indépendance. Or, l'indépendance appuie l'indépendance; un peuple libre est une garantie pour un peuple libre; on ne renverse pas une constitution généreuse, quelque part que ce soit, sans porter un coup à l'espèce humaine.

Comme tout s'enchaîne dans la destinée d'un homme, il est possible que M. Canning, en s'associant à nos projets, eût évité les inquiétudes dont ses derniers jours ont été fatigués. Les talents se hâtent de disparoître; il s'arrange une toute petite Europe à la guise de la médiocrité : pour arriver aux générations fécondes, il faudra traverser un désert.

Enfin, le désir de rendre à la France ses frontières ne nous quittoit plus. L'empereur de Russie nous écoutoit, nous avons dit sur quoi nos espérances étoient fondées; nous pouvions braver l'Angleterre : une guerre avec celle-ci ne nous eût point effrayé; nous aurions voulu faner les lauriers de Waterloo.

Telles furent les causes qui nous déterminèrent à rester. Selon nos illusions, nous pensions que nos collègues nous laisseroient achever une œuvre favorable à la durée de leur puissance. Nous avions la naïveté de croire que les affaires de notre ministère, nous portant au dehors, ne nous jetoient en France sur le chemin de personne. Comme l'astrologue, nous regardions le ciel, et nous tombâmes dans un puits. L'Angleterre applaudit à notre chute : il est vrai que nous avions garnison à Cadix.

LXIV.

Frais de la guerre. — Ce qu'ont coûté à Louis XIV et aux Anglois leurs expéditions successives dans la Péninsule. — Le problème de l'ordre social ne se résout point par des chiffres.

La guerre étant favorablement terminée, au grand étonnement des têtes les plus solides de l'opposition, les calculateurs vinrent à leur secours. Les marchés Ouvrard se présentèrent, et l'on chercha à prouver, comme dédommagement à une réussite inattendue, l'énormité des frais de l'expédition.

L'entreprise militaire de 1823 a montré deux choses qui ne s'étoient jamais vues dans notre monarchie : une guerre faite en présence de la liberté de la presse, une guerre accomplie sous un régime constitutionnel.

Jusque alors nous n'avions point eu de véritable gouvernement représentatif : ni la Convention ni le Directoire ne permettoient de contrôle. Il n'y avoit point de tribunal public où l'on fût obligé de venir justifier la dernière obole dépensée. On n'examinoit point à la tribune les mémoires des fournisseurs. Si l'on mettoit sous nos yeux l'état des sommes employées dans les campagnes les plus brillantes de Louis XIV et de Bonaparte, nous serions épouvantés.

Louis XIV employa neuf ans, perdit le duc de Vendôme, dépensa plus d'un milliard et demi de notre monnaie, fut sur le point de quitter sa capitale menacée, pour asseoir Philippe V sur le trône de Charles II : Louis XVIII a conservé son neveu ; il ne lui a fallu que 200 millions et quatre mois pour rendre au petit-fils de Philippe V sa couronne.

Combien Napoléon a-t-il enfoui de millions dans cette Espagne dont il fut obligé de sortir ?

Le gouvernement britannique forma, à l'usage de son armée, un équipage de dix mille mulets de bât, et rendit, au moyen des presses, le foin transportable des ports de l'Irlande aux ports de Lisbonne et de Cadix. Ce fut en répandant l'argent à pleines mains que les Anglois obtinrent des succès contre une armée inaccoutumée aux revers, mais dépourvue de transports et vivant de réquisitions.

La Péninsule ibérienne n'a pas une seule rivière navigable dans son cours entier ; quelques grandes routes et l'ébauche d'un seul canal servent à ses communications : les défilés de ses *sierras* sont presque impraticables. Pour se nourrir, année courante, la Péninsule manque du blé nécessaire; elle est obligée de tirer de l'étranger vingt-deux millions de fanègues de grain, une masse considérable de viande fraîche et de viande salée. Les trésors de l'Amérique n'ont fait que traverser l'Espagne. L'or et l'argent monnayé ou travaillé existant dans ce royaume avant la guerre de Bonaparte étoit estimé tout au plus à 500 millions ; et cependant le Mexique et le Pérou y avoient versé 56 milliards, d'après les calculs de Jérôme Ustaritz, et en comptant les 6 milliards qui ont pu entrer en Espagne depuis 1742, époque à laquelle Ustaritz écrivoit. L'Angleterre portoit tout à son armée, l'avoine qui nourrit le cheval, l'argent qui entretient le soldat : les frais d'une seule campagne de Wellington ont surpassé ceux de l'expédition complète du duc d'Angoulême.

L'Angleterre a-t-elle trouvé qu'elle avoit payé trop cher ses succès ? Toutefois, dans cette guerre il ne s'agissoit pas de l'existence des royaumes unis, tandis qu'il s'agissoit de notre vie dans notre course à Cadix. La révolution renaîtra-t-elle en France, ou la légitimité triomphera-t-elle ? C'étoit la question : 208 millions, sur lesquels on nous en devoit 34, afin d'empêcher notre patrie de retomber dans ses premiers malheurs, le marché n'a pas été mauvais. Il y a économie à se passer des révolutions, naturellement dépensières ; 200 millions, c'est à peine ce que les jacobins ont fait payer à la France pour frais d'expropriations, de démolitions, de déportations, de geôliers, de prisons, d'échafauds et autres menus crimes.

Dans la guerre de la révolution, M. Pitt présentoit en masse des sommes énormes employées en subsides et en solde de corps étrangers : le parlement n'entroit point dans la discussion des détails : il s'agissoit du salut de l'Angleterre, on ne comptoit pas les schellings ; on comptoit les victoires.

En supposant que nous n'eussions pas dans la guerre d'Espagne cherché nos intérêts matériels (et le contraire est abondamment prouvé), dans le cas où nous n'aurions poursuivi que les intérêts moraux de la légitimité, nous dirions encore qu'une des plus dangereuses erreurs seroit de vouloir tout ramener au *positif :* résoudre les problèmes de l'ordre social par des chiffres, c'est se proposer un autre problème insoluble ; les chiffres ne produisent que des chiffres. Avec des nombres vous n'élèveriez aucun monument ; vous banniriez les arts et les lettres comme des superfluités dispendieuses ; vous ne demanderiez jamais si une entreprise est juste et honorable, mais si elle rapportera quelque chose ou si elle ne coûtera pas trop cher. Un peuple accoutumé à voir seulement le cours de la rente et l'aune de drap vendue se trouve-t-il exposé à une commotion, il ne sera capable ni de l'énergie de la résistance ni de la générosité du sacrifice : repos engendre couardise ;. au milieu des quenouilles on s'épouvante des épées. Les sentiments généreux naissent du péril affronté ; une foule de vertus tient aux armes. Il n'est pas bon de dorloter son âme, de s'apoltronir dans les habitudes timides du foyer, dans l'exercice casanier des professions. Quand on n'a jamais à chanter, jamais à défendre la patrie ; quand on n'est plus ni poëte ni soldat, les idées d'honneur se perdent, les caractères s'abâtardissent : une nation dégénère en une ignoble race, se trouve mal à la vue du sang, à moins qu'il ne soit versé aux émeutes. La liberté acoquinée à la gloire ou enthousiasmée du pot au feu se corrompt de deux manières différentes : par la guerre elle prend le génie d'un tyran, par la paix le cœur d'un esclave.

Il est donc vrai que le sentiment moral chez un peuple doit être cultivé, même au profit des intérêts matériels de ce peuple ; c'est donc un bien réel que l'honneur, surtout en France. En pesant l'expédition d'Espagne, mettons d'un côté l'honneur, de l'autre les écus, et voyons lequel des deux poids fera pencher la balance.

LXV.

Ferdinand. — Le règne des *camarillas* succède à celui des cortès. — Colonies espagnoles. — La forme monarchique plus convenable à ces colonies que la forme républicaine. — J'en expose les raisons.

La nouvelle plaie, prête à s'ouvrir à quelque distance de la plaie temporairement cautérisée par notre fer, étoit attendue ; mais notre devoir étoit d'agir, sans avoir égard à la prévision du mal. Ferdinand s'opposoit à toute mesure raisonnable. Qu'espérer d'un prince qui, jadis captif, avoit sollicité, la main d'une femme de la famille de son geôlier ? Il étoit évident qu'il brûleroit son royaume dans son cigare : les souverains de ce temps semblent nés de sorte à perdre une société condamnée à périr. Le règne des *camarillas* commença quand celui des cortès finit. Les ambassadeurs étrangers entrèrent dans les cabales : caressant, flattant ou repoussant un favori, ils cherchèrent à se faire auprès de Ferdinand une autorité indépendante de la France. Les hommes des juntes nous avoient moins tourmenté ; avec eux la force avoit suffi : entortillé dans les intrigues, nous avions peine à rompre des liens invisibles se renouant d'eux-mêmes, artistement tissus, labyrinthés et redoublés.

Mais enfin le premier but étoit atteint ; il ne restoit qu'à maintenir l'Espagne dans notre politique et à terminer l'affaire de ses colonies.

On sait notre projet : nous voulions arracher celles-ci à l'Angleterre et les transformer en royautés représentatives sous des princes de la maison de Bourbon. Nous estimions la forme monarchique plus convenable à ces colonies que la forme républicaine : nous en avons exposé les raisons dans notre voyage en Amérique. Quand la première éducation manque à un peuple, cette éducation ne peut être que l'ouvrage des années.

Dès 1790 Miranda avoit commencé à traiter avec l'Angleterre de l'affaire de l'émancipation. Cette négociation fut reprise en 1797, 1801, 1804 et 1807. Enfin Miranda fut jeté, en 1809, dans les colonies espagnoles ; l'entreprise se termina mal pour lui, mais l'insurrection de Venezuela prit de la consistance ; Bolivar l'étendit.

La question avoit alors changé ; l'Espagne s'étoit soulevée contre Bonaparte ; le régime constitutionnel avoit commencé à Cadix ; ces idées de liberté étoient reportées en Amérique.

L'Angleterre ne pouvoit plus attaquer ostensiblement les colonies espagnoles, puisque le roi d'Espagne, prisonnier en France, étoit devenu son allié : aussi publia-t-elle des bills afin de défendre aux sujets de S. M. B. de porter des secours aux Américains ; toutefois six à sept mille hommes, enrôlés malgré ces bills, alloient soutenir l'insurrection de la Colombie.

Après la première restauration de Ferdinand, l'Espagne fit de grandes fautes : le gouvernement, rétabli par l'insurrection des troupes de l'île de Léon, se montra inhabile ; les cortès furent encore moins favorables à l'émancipation coloniale que ne l'avoit été le gouvernement absolu. Bolivar, par son activité et ses victoires, acheva de briser tous les liens.

Les colonies espagnoles n'ont donc point été, comme les États-Unis, poussées à l'émancipation par un principe naturel de liberté ; ce principe n'a pas eu dans l'origine la vitalité, la force de volonté congéniale d'une nation. Les colonies se détachèrent de l'Espagne parce que l'Espagne étoit envahie par Bonaparte ; ensuite elles se donnèrent des constitutions, comme les cortès en donnoient à la mère patrie ; enfin, on ne leur proposoit rien de raisonnable, et elles ne voulurent pas reprendre le joug.

L'influence du climat, le défaut de chemins et de culture, rendroient infructueux les efforts que tenteroient les Espagnols contre ces *républiques malgré elles*. Vingt années de révolution ont créé des droits, des propriétés, des places qu'une camarilla ou un décret de Madrid ne détruiroit pas facilement. La génération nouvelle, née dans le cours de la révolution d'outre-mer, est pleine du sentiment d'une indépendance dont elle n'espéreroit rien si elle dépendoit de la mère patrie.

Mais pouvoit-on établir cette liberté dans l'Amérique espagnole par un moyen plus facile et plus sûr que le moyen républicain ; moyen royaliste modéré, qui, appliqué en temps utile, auroit fait disparoître une foule d'obstacles ? Nous le pensions.

La monarchie représentative eût été mieux appropriée au génie espagnol, à l'état des personnes et des choses, dans un pays où la grande propriété territoriale domine, où le nombre des Européens est petit, celui des nègres et des Indiens considérable, où l'esclavage est d'usage public, où l'instruction manque dans les classes populaires.

Les colonies espagnoles formées en des monarchies constitutionnelles auroient achevé leur éducation politique à l'abri des orages dont les républiques naissantes peuvent être bouleversées.

L'histoire a trop vérifié nos prévisions : dans quel état sont aujourd'hui ces colonies ? Une guerre civile éternelle, des tyrans successifs derrière le nom permanent de la liberté.

Par toutes les considérations précédentes, nous avions donc raison de penser qu'en créant des monarchies sous le sceptre des Bourbons, nous travaillions autant au bonheur de ces contrées qu'à l'agrandissement de la famille de saint Louis.

LXVI.

Suite des objections. — L'expédition d'Espagne n'a point précipité les colonies espagnoles dans les bras de l'Angleterre. — Preuves par les dates et les faits. — M. Canning. — Son discours.

On a dit, après l'événement, que l'expédition d'Espagne a perdu les colonies espagnoles et les a jetées dans les bras de l'Angleterre.

Et d'abord, si nous étions resté au pouvoir, nous avons tout lieu de croire que ces colonies se seroient rangées dans nos plans ; mais, sans repousser l'attaque par cette fin de non recevoir, il suffit de rappeler les dates : les dates sont capitales en affaires.

Nous venons de montrer que les premiers troubles éclatèrent à

Buenos-Ayres, dans la Colombie et autres États, en 1810, et depuis l'époque de l'invasion de l'Espagne par Bonaparte l'Angleterre a fait des deux Amériques l'objet constant de ses spéculations. Nous étions ambassadeur à Londres lorsqu'en 1822 un bill du parlement ouvrit les portes des trois royaumes aux pavillons de l'indépendance américaine ; les emprunts de la Colombie étoient cotés dans les fonds publics. L'Angleterre, s'appuyant sur ce bill, déclara ses sentiments au congrès de Vérone, le 24 novembre 1822, comme elle les avoit mentionnés au congrès d'Aix-la-Chapelle, en 1818. Des pièces officielles furent échangées ; la France déposa au protocole, le 26 du même mois (novembre 1822), la note dont la rédaction nous fut confiée. Il est remarquable que les ministres de Sa Majesté britannique ne l'ont *pas comprise* parmi les papiers déposés sur les bureaux de la chambre des pairs et de la chambre des communes, dans les premiers jours du mois de mars 1824 ; ils eurent raison : cette note les condamnoit ; elle attestoit notre modération et l'intelligence que nous avions de nos devoirs politiques. La France ne sacrifia ni son indépendance ni ses droits sur l'avenir. Évitant de trancher brusquement des questions qui pouvoient ébranler l'Europe, nous l'établîmes sur une base propre à attendre les événements ; base que nous avions faite assez large pour y placer les intérêts des peuples en général, ceux de notre pays en particulier, ceux de l'Espagne, les droits des nations et les principes de la légitimité. M. de Villèle, on l'a vu, fut très-satisfait de cette note.

Plusieurs fois les ministres de Sa Majesté britannique ont déclaré que depuis longtemps ils avoient notifié au gouvernement espagnol lui-même leur projet de reconnoître l'indépendance des colonies américaines. Enfin, c'est sous le gouvernement des cortès, sous ce régime de liberté, lequel auroit dû plaire aux colonies, que ces colonies ont rompu les derniers nœuds dont elles étoient enchaînées à l'Espagne, comme Saint-Domingue s'est séparé de la France pendant notre révolution.

Il est donc démontré que notre expédition militaire n'a point détaché de l'Espagne le Chili, le Pérou, Buenos-Ayres, la Colombie et le Mexique ; le temps même n'y est pas : à peine a-t-on su en Amérique la marche de notre armée qu'on y a appris la délivrance de Ferdinand.

Il est donc démontré que notre présence momentanée dans la Péninsule n'a point amené l'Angleterre à des résolutions prises et manifestées par des actes antérieurs à la campagne de 1823 ; il est au contraire prouvé que mes négociations avoient suspendu ces résolutions.

Ceci répond, par contre-coup, à un discours célèbre : M. Canning ramassa, dans un *speech,* les idées jetées au hasard par notre opposition françoise : préférant l'éclat à la vérité, il perdit comme homme d'État ce qu'il gagna en homme aux belles paroles; s'il abandonna la première qualité que Quintilien reconnoît dans l'orateur, il couvrit du moins la vantance et le sophisme d'une grande éloquence.

« Un des moyens de redressement, dit M. Canning, étoit une guerre contre la France. Il y avoit encore un autre moyen, c'étoit de rendre la possession de ce pays inutile entre ses mains rivales, c'étoit de la rendre plus qu'inutile, c'étoit enfin de la rendre préjudiciable au possesseur.

« J'ai adopté ce dernier moyen : ne pensez-vous pas que l'Angleterre n'ait trouvé en cela une compensation pour ce qu'elle a éprouvé en voyant entrer en Espagne l'armée françoise et en voyant bloquer Cadix?

« J'ai regardé l'Espagne sous un autre aspect; j'ai vu l'Espagne et les Indes. J'ai dans ces dernières contrées appelé à l'existence un nouveau monde, et j'ai ainsi réglé la balance. J'ai laissé à la France tous les résultats de son invasion.

« J'ai trouvé une compensation pour l'invasion de l'Espagne, pendant que je laisse à la France son fardeau, dont elle voudroit bien se débarrasser, et qu'elle ne peut porter sans se plaindre : c'est ainsi que je réponds à ce qu'on dit sur l'occupation de l'Espagne. Je ne puis que redouter la guerre quand je pense au pouvoir immense de ce pays. Je sais qu'il verra se ranger sous ses bannières, pour prendre part à la lutte, tous les mécontents et tous les esprits inquiets du siècle, tous les hommes qui, justement ou injustement, ne sont pas satisfaits de la condition actuelle de leur patrie.

« L'idée d'une pareille situation excite toutes mes craintes, car elle montre qu'il existe un pouvoir entre les mains de la Grande-Bretagne, plus terrible peut-être qu'on n'en vit jamais en action dans l'histoire de la race humaine (*écoutez*). Mais s'il est bon d'avoir une force gigantesque, il peut y avoir de la tyrannie à en user comme un géant. La conscience de posséder cette force fait notre sécurité, et notre affaire est de ne point chercher d'occasion de la déployer, excepté partiellement, et d'une manière suffisante pour faire sentir qu'il est de l'intérêt des exagérés des deux côtés de se garder de convertir leur *arbitre* en compétiteur (*écoutez*). La situation de notre pays peut être comparée à celle du maître des vents, telle que l'a décrit le poëte :

« Celsa sedet Æolus arce,
Sceptra tenens; mollitque animos, et temperat iras :
Ni faciat, maria ac terras cœlumque profundum
Quippe ferant rapidi secum, verrantque per auras. »

« Voici donc la raison, raison inverse de la crainte, contraire à l'impuissance, qui me fait appréhender le retour de la guerre. Si cette raison étoit sentie par ceux qui agissent d'après des principes opposés, avant que le temps d'user de notre pouvoir arrive, cela feroit beaucoup, et je m'armerois longtemps de patience ; je souffrirois presque tout ce qui ne toucheroit pas à notre foi et à notre honneur national, plutôt que de déchaîner les furies de la guerre dont le fouet est dans nos mains, lorsque nous ne savons sur qui tomberoit leur rage et que nous ignorons où s'arrêteroit la dévastation. »

La blessure que nous avions faite à l'Angleterre étoit profonde : M. Canning, deux ans après notre expédition, est encore obligé de s'excuser de n'avoir pas pris les armes. C'est par sa permission même que nous sommes entrés en Espagne comme des enfants qu'on trompe et dont on se joue. Et pourquoi M. Canning nous a-t-il permis ce succès puéril ? Pour nous le *rendre préjudiciable* et pour *appeler à l'existence un nouveau monde*. Ensuite l'Angleterre, dans sa probité politique, a tremblé devant son propre pouvoir ; Éole n'a pas voulu déchaîner les vents qu'il tient sous ses lois ; de sorte que la conduite du ministère britannique a été un chef-d'œuvre d'habileté et de magnanimité.

Vous venez de voir, par la seule exposition des dates, combien l'assertion de M. Canning sur les colonies avoit peu de fondement : l'Amérique espagnole étoit émancipée ; les ports de l'Angleterre étoient ouverts à ses vaisseaux à l'époque même où M. Canning, non encore ministre, alloit s'embarquer pour les Indes.

Les paroles de notre honorable ami ne peuvent que nous attrister profondément ; elles décèlent un homme trop affecté d'avoir eu le dessous dans une affaire dont il se fût tiré avec plus de succès, s'il avoit eu le courage ou de l'approuver, ou de la combattre. C'est la première fois que des aveux aussi dédaigneux, des malédictions aussi franches, ont été prononcés à une tribune publique : ni les Chattam, ni les Fox, ni les Pitt n'ont exprimé contre la France des sentiments aussi pénibles. Lorsque lord Londonderry faisoit au parlement anglois le récit de la bataille de Waterloo, que disoit-il, dans l'exaltation de la victoire ? « Les soldats françois et les soldats anglois lavoient leurs mains sanglantes dans le même ruisseau, en se félicitant mutuellement de leur courage. » Voilà le langage d'un noble ennemi.

L'Angleterre est un *géant*, soit ; nous ne lui disputons point la taille qu'elle se donne ; mais ce géant ne fait aucune frayeur à la France : un colosse a quelquefois les pieds d'argile.

L'Angleterre est *Éole ;* nous y consentons ; mais Éole n'auroit-il point des tempêtes dans son empire? Il est imprudent de parler des mécontents qui peuvent se trouver en d'autres pays quand on a chez soi cinq millions de catholiques opprimés, cinq millions d'hommes que l'on contient à peine par un camp permanent en Irlande, quand on est dans la nécessité de faire fusiller des populations ouvrières mourant de faim, quand une taxe des pauvres, sans cesse augmentée, annonce une misère croissant toujours.

Eh quoi! si l'étendard britannique se levoit, on verroit se ranger autour de lui tous les mécontents du globe? C'est une chose déplorable d'avoir à craindre pour auxiliaires les passions et les malheurs des hommes, d'apercevoir des succès qui pourroient prendre leur source dans le bouleversement de la société, de posséder un drapeau d'une telle vertu qu'il seroit à l'instant choisi pour la discorde. Il est malheureux d'avouer qu'on trouveroit la puissance dans la confusion et le chaos. Si le géant de l'Angleterre, en sortant de son île, affirme qu'il peut brûler l'univers, ne justifie-t-il pas le *blocus continental* d'un autre géant?

La France, quand nous étions ministre, avoit des prétentions différentes : sur les champs de bataille, elle auroit voulu rallier autour de son drapeau non les perturbateurs des divers pays, mais les hommes fidèles à l'honneur et à la patrie, les amis des libertés publiques dans un ordre sage et légal. Si jamais nous eussions été obligés de combattre l'Angleterre elle-même, nous n'aurions point essayé de soulever sur le sol où elle est assise, aux foyers et dans la poussière sacrée de ses aïeux, les millions de mécontents qu'elle a faits; nous n'aurions point éclairé nos succès du flambeau de la guerre civile : une victoire qui ne seroit pas le prix de notre propre sang seroit indigne de nous. Le monde reconnoissant s'obstinera à ne devoir à la patrie des Bacon, des Shakespeare, des Milton, des Newton, des Byron, des Canning que des lumières. La nation angloise a fait trop d'honneur à la nature humaine pour qu'on tente jamais de la perdre par des troubles excités dans son sein.

LXVII.

Difficultés existantes *a priori* pour reconnoître l'indépendance des colonies espagnoles. — Erreurs où tombent les esprits qui ne sont pas initiés aux secrets des négociations.

A l'époque où nous avions l'honneur de siéger dans le conseil du roi, des difficultés de toutes sortes se présentoient à la reconnoissance de l'indépendance de ces colonies espagnoles, émancipées moins par goût et par nécessité intérieure que par le hasard des événements. Quelques-unes admettoient encore la souveraineté telle quelle de la mère patrie : il y en avoit d'autres où les royalistes luttoient à main armée contre les *liberales,* tandis que d'autres étoient entièrement séparées de la métropole, bien qu'en proie à des divisions intestines. Ces colonies de trois sortes devoient-elles être comprises dans la même catégorie, traitées d'après le même droit politique et le même droit des gens? Étoit-ce une seule république, comme celle des États-Unis, qu'il s'agissoit de reconnoître, ou cinq ou six républiques dont on savoit à peine les noms? Les représentants des nations étrangères auroient-ils eu des lettres de créance en blanc, pour en remplir le protocole à volonté, toutes les fois qu'un capitaine auroit chassé un autre capitaine, qu'une tyrannie de mamelucks auroit pris la place d'une république de citoyens?

Telles étoient les difficultés existant, *a priori* dans la matière, sans parler de celles que les différentes cours apportoient à la résolution de la question : il étoit de notre devoir de les peser.

Des esprits non initiés aux secrets des négociations tombent dans des erreurs considérables en raisonnant sur les affaires diplomatiques ; ils ne tiennent compte des obstacles. Un peuple, dans l'état actuel de la société, ne peut faire un mouvement sans produire des effets à calculer : le courage des passions ou l'inflexibilité des doctrines renverseroit tout. Raffinerez-vous des systèmes, alors vous deviendrez ce que Bayle appelle en religion des *distillateurs de saintes lettres.* Pour parvenir à son but, on doit souvent temporiser, prendre des détours, s'arrêter quelquefois, comme, en d'autres occasions, l'habileté est d'aller vite. Un *non* mis en travers dans les affaires, par une incapacité à sceptre, les retient tout court ; ce *non* prend de l'inviolabilité, de la sainteté de la couronne. Il faut des mois pour lever le *veto* d'un sot, en employant confesseurs et maîtresses, ministres et valets.

Un moyen plus court de trancher la question reste sans doute : la force; mais quand vous aurez abattu, tué, bouleversé, où en serez-vous? Ne venez pas nous dire que vous vous en trouverez mieux, à nous qui vivons après les révolutions. Une position insulaire, défendue par une marine sans rivale, met à l'aise; une position continentale demande réserve et mesure. Enfin les transactions se trouvent aujourd'hui retardées par des entraves dont elles étoient libres autrefois. Jadis il ne s'agissoit que d'intérêts matériels, d'un accroissement de territoire ou de commerce; maintenant on traite des intérêts moraux ; les principes de l'ordre social ont leur part dans les dépêches; on mêle les doctrines aux affaires, et la civilisation croissante, devançant les lenteurs des cabinets, vient jeter son influence à travers la petite diplomatie qui, cinquante ans passés, suffisoit à des peuples stationnaires.

Pour s'occuper des colonies espagnoles, il y avoit plusieurs obligations à remplir ; les conseillers d'un roi légitime ne pouvoient blesser dans un autre souverain, dans un autre petit-fils de Louis XIV, les droits de la légitimité. Si d'un côté prendre les armes contre les Amériques eût été folie à la France, de l'autre côté reconnoître subitement l'illégitimité à Lima ou à Mexico, quand on avoit soutenu la légitimité à Madrid, seroit devenu une inconséquence monstrueuse. Notre rôle naturel étoit de chercher à favoriser tout arrangement généreux entre l'Espagne et ses colonies.

LXVIII.

Opposition des puissances continentales. — Opposition de l'Angleterre. — Instructions secrètes données aux consuls anglois. — Notre projet d'occuper Cadix pour forcer l'Angleterre à un arrangement général. — L'Angleterre a agi trop vite.

Lorsque nous entreprîmes d'exécuter notre plan relativement aux colonies, les oppositions me vinrent de quatre côtés différents : des puissances continentales, de l'Angleterre, de l'Espagne et des colonies espagnoles.

Les puissances continentales ne vouloient pas traiter sur la base de *l'indépendance;* des monarchies *constitutionnelles* sous des princes de la maison de Bourbon n'étoient pas leur affaire : ces puissances rêvoient de je ne sais quoi d'impossible, d'une conquête des Amériques à main armée, du rétablissement de l'arbitraire du conseil des Indes. Nous ne cherchions pas trop à pénétrer leur absurde principe, nous contentant d'être appuyé d'elles dans ce premier refus de traiter sur une large base, parce que leur opposition empêcheroit l'Angleterre d'aller trop vite durant les négociations, et de nous devancer dans la reconnoissance absolue de l'indépendance coloniale, au cas où nous serions obligé d'y venir nous-même.

Alexandre se plaignoit de notre dépêche conciliatrice adressée au cabinet de Saint-James, comme si nous pouvions tenir à Londres le même langage qu'à Pétersbourg. Le torrent de l'opinion couloit violemment contre nous en Angleterre. L'amour-propre de M. Canning cherchoit à faire illusion au peuple anglois sur nos succès, flattant la Cité d'avoir en compensation le Pérou et le Mexique. Là gisoit la difficulté ; le mauvais vouloir intérieur étoit si grand, que dans des instructions secrètes du cabinet de Saint-James aux consuls destinés pour l'Amérique méridionale (instructions que nous nous étions procurées) on lisoit ce paragraphe :

« Ils doivent prendre immédiatement des mesures et employer tous leurs efforts pour obtenir des informations exactes sur tous les agents françois qui pourroient se trouver dans le pays ; savoir ce qu'ils font et qui ils sont, leurs liaisons et leurs rapports, leurs moyens d'obtenir des informations, l'influence qu'ils peuvent avoir, les dispositions qui peuvent exister en leur faveur dans le pays ; connoître exactement l'objet réel de leur mission, et si, sous le prétexte de ménager le retour des colonies sous le gouvernement du roi d'Espagne, ils ne sont pas secrètement et activement occupés à préparer les esprits du peuple à recevoir un gouvernement Bourbon indépendant. Dans le cas où ce seroit là leur but, savoir quel prince est proposé, et quelle est la nature et l'étendue des moyens employés pour y parvenir.

« Les informations que nous avons reçues jusque ici nous portent à supposer que la grande majorité du peuple est ou seroit bientôt attachée à une forme monarchique de gouvernement, pourvu que le chef du gouvernement fût de leur choix et ne fût décidément ni de la branche françoise ni de la branche espagnole des Bourbons. . . .
. . . .

« Il est du devoir des consuls de favoriser les intérêts commerciaux, et sous ce rapport ils ont à rivaliser avec deux nations, la France et l'Amérique. C'est surtout sur la première que l'attention doit être parfaitement fixée, parce qu'elle réunit en même temps une opposition commerciale et une opposition politique, et que ses agents sont non-seulement adroits, mais infatigables. Le succès dépendra donc en grande partie du secret, et l'aide puissante que l'on sera en état de fournir aux différents États pour effectuer l'œuvre de leur indépendance, à laquelle on les encouragera par tous les moyens possibles, ne leur sera jamais accordée s'ils se lient avec la France. Les consuls prendront un soin particulier pour que les avantages commerciaux qui leur seront accordés soient tels que dans le cas où l'Angleterre seroit impliquée dans une guerre ils assurassent aux ministres de Sa Majesté le soutien de l'intérêt commercial du royaume. »

L'Angleterre ne savoit pas que nous connoissions si bien ses bonnes intentions à notre égard ; mais pour l'obliger d'assister aux conférences générales demandées par l'Espagne, comme on va le voir, à nos sollicitations, nous tenions en réserve un dernier moyen : nous aurions dit au cabinet de Saint-James : « Ou traitez en commun avec l'Europe de l'Espagne et de ses colonies, ou nous occuperons Cadix et l'île de Léon ; nous ferons de Cadix un autre Gibraltar ; venez nous en déloger. »

Il étoit facile de mettre à exécution cette menace ; les Espagnols eussent souffert notre occupation prolongée de Cadix, pour les arranger avec le Mexique et le Pérou, une fois leur parti pris de traiter avec les colonies : l'Europe nous eût vus sans regret, sinon sans jalousie, forcer l'Angleterre d'entrer dans les intérêts généraux des nations continentales : nous tenions le taureau par les cornes : point ne falloit le lâcher.

L'Angleterre a-t-elle agi avec prévoyance en se hâtant de prendre un parti uniquement fondé sur des intérêts matériels? S'il est au monde quelque puissance qui doive craindre une force maritime indépendante, c'est la Grande-Bretagne : ses véritables rivales sont des nations placées entre deux Océans, offrant à l'Europe des alliances nouvelles, inquiétant Londres sur les mers des Iles Britanniques et sur les mers de l'Inde.

Dans un demi-siècle, quand la Grande-Bretagne aura nourri sous sa protection les nouvelles républiques ; quand elle aura guidé les autres nations aux Amériques espagnoles ; quand elle aura montré à ces nations comment on fait des traités avec ces Amériques ; quand elle aura vu, par des amitiés ou des inimitiés engendrées dans le sol, les États-Unis soutenir ou subjuguer les démocraties mexicaines, la Grande-Bretagne en sera aux regrets ; elle se repentira d'avoir sacrifié l'avenir d'une longueur durable au présent vite évanoui : la rapidité du coup d'œil nuit quelquefois à l'étendue du regard ; mais dans un demi-siècle il s'agira bien de tout cela.

LXIX.

Opposition de l'Espagne. — Nous obtenons deux décrets fameux : l'un pour une demande en médiation, l'autre pour la liberté du commerce au Nouveau Monde. — Où devoient conduire ces décrets.

En Espagne, les préjugés nationaux, libéraux ou absolutistes, luttoient contre nous : entrer en pourparlers avec les colonies révoltées paroissoit monstrueux. Afin de retarder l'impatience du cabinet anglois et de nous donner le temps d'arriver à des conférences générales, deux choses presque impossibles à obtenir étoient nécessaires.

Il s'agissoit d'abord d'une déclaration de liberté du commerce aux États de l'ancienne domination espagnole : Montesquieu l'avoit conseillé (*Espr. des Lois*, liv. xxi). L'Amérique ouverte ôtoit à l'Angleterre l'argument des exigences de son industrie.

Les scrupules de l'Europe étant levés, il nous étoit licite, à nous autres, France, ainsi qu'à l'Alliance continentale, d'envoyer des consuls dans le Nouveau Monde.

Après cette première déclaration, il falloit amener le cabinet de Madrid à la demande d'une médiation des cours étrangères, d'où fût résulté un accord définitif entre l'Espagne et ses colonies. La France ne pouvoit pas songer à créer seule des monarchies bourboniennes d'outre-mer, sans avoir sur les bras toute l'Europe : l'affaire complexe requéroit l'assentiment de tous. La demande de médiation eut lieu, et le décret de la liberté du commerce aux Amériques la suivit. Au grand honneur du gouvernement de S. M. T.-C., ces deux actes resteront dans l'histoire diplomatique, actes qu'en tout autre temps on auroit remarqués, vantés, applaudis. Fontenay-Mareuil, qui nous a laissé le plus beau portrait du génie politique d'Henri IV, dit, en parlant des Espagnols : « Aussi n'y voit-on pas prendre légèrement le change, ni manquer de patience et de courage quand il faut en avoir. D'où sont venus tous ces grands avantages qu'ils ont eus si longtemps sur tout le reste du monde ; ils se sont peu étonnés de toutes leurs disgrâces, ne pouvant croire ce qu'ils voyoient, préoccupés d'esprit que leur sagesse et leur habileté prévaudroient enfin par-dessus leur mauvaise fortune. »

La puissance des souvenirs et des traditions est grande chez un pareil peuple, et les succès obtenus en combattant cette puissance doivent compter double.

LXX.

Suite de l'opposition d'Espagne. — Nous conseillons des emprunts espagnols pour compenser les emprunts des colonies en Angleterre. — A quelles sommes montaient ces derniers emprunts.

Toujours pour disposer de plus en plus l'Angleterre à écouter l'Espagne, nous pressions le cabinet de Madrid de faire des emprunts ; moyen de diviser et d'inquiéter à Londres le lucre commercial fourvoyé dans des comptes ouverts avec le Mexique, le Pérou et la Colombie. De 1822 à 1826, dix emprunts avoient été faits en Angleterre au nom des colonies espagnoles ; ils montoient à la somme de 20,978,000 liv. sterl. Ces emprunts, l'un portant l'autre, avoient été contractés à 75 pour 100. Puis on défalqua, sur ces emprunts, deux années d'intérêt à 6 pour 100; ensuite on retint pour 7,000,000 de liv. sterl. de fournitures. De compte fait, l'Angleterre a déboursé une somme réelle de 7,000,000 de liv. sterl. ou de 175,000,000 fr.; mais les républiques espagnoles n'en restent pas moins grevées d'une dette de 20,978,000 liv. sterl.

A ces emprunts, déjà excessifs, vinrent se joindre cette multitude d'associations ou de compagnies destinées à exploiter les mines, pêcher les perles, creuser les canaux, ouvrir les chemins, défricher les terres de ce nouveau monde qui sembloit découvert pour la première fois. Ces compagnies s'élevèrent au nombre de vingt-neuf; le capital nominal des sommes employées fut de 14,767,500 liv. sterl. Les souscripteurs ne fournirent qu'environ un quart de cette somme; c'est donc 3,000,000 sterl. (75,000,000 de francs) qu'il faut ajouter aux 7,000,000 st. (175,000,000 de francs) des emprunts. En tout, 250,000,000 de francs avancés aux colonies espagnoles; et l'Angleterre répète une somme nominale de 35,745,500 liv. sterl., tant sur les gouvernements que sur les particuliers.

La Grande-Bretagne a des vice-consuls dans les plus petites baies, des consuls dans les ports de quelque importance, des consuls généraux, des ministres plénipotentiaires à la Colombie et au Mexique. Tout le pays est couvert de maisons de commerce angloises, de commis voyageurs anglois, de minéralogistes anglois, de militaires anglois, de fournisseurs anglois, de colons anglois, auxquels on a vendu 3 schillings l'acre de terre, qui revenait à 12 sous et demi à l'actionnaire. Le pavillon anglois flotte sur toutes les côtes de l'Atlantique et de la mer du Sud; des barques descendent et remontent toutes les rivières navigables, chargées de produits des manufactures angloises, ou de l'échange de ces produits; des paquebots partent régulièrement chaque mois d'Albion, et vont toucher aux différents points des colonies espagnoles.

Si l'abondance du billon américain, en faisant baisser de moitié l'intérêt de l'argent, réduisit de moitié la valeur du capital, et amena la banqueroute de Philippe II, il étoit naturel que les richesses du Nouveau Monde, changées de nature, produisissent à peu près le même effet.

De nombreuses faillites ont été la suite des entreprises immodérées des Anglois; en plusieurs endroits les régnicoles ont brisé les machines à épuisement; les mines vendues ne se sont point trouvées, des procès ont commencé entre les négociants de Mexico et les négociants de Londres; des discussions se sont élevées au sujet des emprunts.

Il résulte de ces faits qu'au moment de leur émancipation les colonies espagnoles sont devenues des espèces de colonies angloises. Les nouveaux maîtres ne sont point aimés, car on n'aime point les maîtres; l'orgueil britannique humilie ceux qu'il protège; la suprématie étrangère comprime dans les républiques nouvelles l'élan du génie national. Ces antipathies naissantes me donnoient l'espoir de réussir plus facilement dans mes projets.

Des emprunts espagnols, contrebalançant les emprunts anglois, livrant comme hypothèque les revenus et les mines du Nouveau Monde, eussent désintéressé la Grande-Bretagne.

LXXI.

Opposition des colonies espagnoles. — Notre plan généralement adopté, même par l'Angleterre. — Congrès pour une médiation à tenir dans une ville neutre d'Allemagne. — Quelle a été notre politique.

Quant à ces colonies elles-mêmes, à l'opposition de leurs volontés diverses, notre intention étoit, premièrement, de leur faire accorder des représentants au congrès : on ne pouvoit disposer de leur sort sans elles; sous ce rapport, nous eussions été appuyé de l'Angleterre. Les chefs des insurgés avoient à Paris des parents et des liaisons; nous les ménagions. Les colonies ne nous paroissoient pas devoir refuser d'envoyer des députés à la conférence, puisqu'elles furent représentées le 24 septembre 1810 dans les cortès mêmes de Cadix.

Nous répugnions à traiter tout d'abord, avec les colonies, sur la base de leur indépendance; c'eût été trancher la question en accordant ce qui étoit en litige, et ce qui devoit devenir le *principe* du traité. Nous disions à ces colonies:

« Vous désirez que l'Espagne reconnoisse votre indépendance; l'Espagne et l'Europe la reconnoîtront, lorsque vous aurez choisi pour chef un roi du sang de vos anciens rois, avec lequel vous réglerez vos libertés dans la forme monarchique-constitutionnelle. Cette forme de gouvernement convient à votre climat, à vos mœurs, à vos populations disséminées sur une étendue de pays immense. La résistance passive du cabinet de Madrid a de la force. La Hollande a souffert jusqu'au traité de Munster. Le droit est une puissance longtemps équipollente au fait, alors même que les événements ne sont pas en faveur du droit : notre restauration l'a prouvé. Si l'Angleterre, sans faire la guerre aux États-Unis, s'étoit bornée à ne pas reconnoître leur indépendance, les États-Unis seroient-ils ce qu'ils sont aujourd'hui ? Vos républiques renferment tous les éléments de prospérité : variété de sol et de climat, forêts pour la marine; ports pour les vaisseaux; double Océan ouvrant le commerce du monde. Tout est riche en dehors et en dedans de la terre péruvienne et mexicaine : les fleuves en fécondent la surface; l'or en fertilise le sein. Mais ne vous endormez pas dans une sécurité trompeuse; n'allez pas vous enivrer de songes; vos passions, si vous vous entêtez de théories, vous égareront. Les flatteurs des peuples sont aussi dangereux que les flatteurs des rois. Quand on se crée une utopie, on ne tient compte ni du passé, ni de l'histoire, ni des faits, ni des mœurs, ni du caractère, ni des préjugés : enchanté de ses propres rêves, on ne se prémunit point contre les événements, et l'on gâte les plus belles destinées. »

Après avoir tenu ce langage aux colonies, nous nous serions adressé à l'Espagne : « Vos colonies sont perdues; vous ne les recouvrerez jamais; la Colombie n'a plus sur son territoire d'Espagnols proprement dits; on les appeloit les *Goths*, ils ont péri ou ils ont été expulsés. Tout le clergé dans cette république est américain et favorable à l'émancipation; au Mexique, on prépare des mesures contre les natifs de l'ancienne mère patrie. Si vous refusez de concéder l'indépendance de vos colonies, elles la prendront malgré vous; les États-Unis ont déjà reconnu cette indépendance; les Anglois sont au moment de la reconnoître dans toute sa plénitude. Mais vous avez un moyen de salut : placez des infants sur les trônes du Mexique et du Pérou, d'accord avec les habitants de ces possessions : vous en retirerez de la gloire, en vous réservant des avantages à l'allégement de vos dettes et au profit de votre commerce. »

Nous étions déjà écouté de tous les côtés; il ne restoit plus qu'une difficulté à lever; où se tiendroient les conférences? A Madrid? Elles eussent été impossibles avec les intrigues et les factions du pays. A Londres? Elles auroient blessé la dignité françoise : nous proposions une ville neutre en Allemagne.

Notre projet, en dernier résultat, étoit si naturel que l'Angleterre avoit fini par y prêter l'oreille; vers la conclusion des négociations, elle s'étoit rapprochée de nous : bien que dans des instructions secrètes à ses consuls elle se fût déclarée contre le règne des Bourbons au Nouveau Monde, la force des choses l'avoit conduite à songer elle-même à l'établissement d'un infant au Mexique. Elle étoit surtout arrivée à cette idée par la crainte de voir les États-Unis, liés avec leurs sœurs voisines, supplanter son commerce. Enfin, si le congrès *ad hoc* n'avoit pu rien terminer ; si les passions des députés américains et celles de l'Espagne, si quelques prétentions des puissances continentales, ou quelque avidité commerciale de l'Angleterre avoient rompu les conférences, alors rentrées dans le droit naturel (ainsi que nous l'avions dit dans la note au congrès de Vérone), chaque nation auroit pris son parti, et la France n'eût pas été la dernière à reconnoître l'indépendance des colonies espagnoles.

Qui dérangea ces projets laborieusement suivis qui touchoient à leur terme ? Ma chute.

Telle a été ma politique : elle s'éloignoit des extrêmes ; conforme à l'esprit de la charte, elle réunissoit l'intérêt de nos libertés à celui de notre commerce, et nous faisoit entrer convenablement dans le mouvement général. Donnez la main au siècle pour l'accompagner en le modérant. Marchez-vous derrière lui, il vous emportera. Marchez-vous devant lui, il vous foulera aux pieds. Dans la destinée des peuples, un moment est à saisir : il existoit un espace entre le passé et l'avenir ; l'Europe monarchique s'y pouvoit mouvoir en sûreté, jusqu'au terme assigné à son existence. Sortie hâtivement de ce milieu, où ira-t-elle ?

LXXII.

Quelques affaires d'un ordre secondaire. — Amnistie. — Traité d'occupation. — M. de Caraman. — Le maréchal de Bellune. — M. de Polignac. — M. le baron de Damas. — Mort de Pie VII. — Conclave. — M. l'abbé duc de Rohan. — M. de La Fare archevêque de Sens. — M. le cardinal de Clermont-Tonnerre.

Dans cette seconde partie de mes travaux s'entremêlèrent quelques affaires d'un ordre secondaire. Il s'agissoit de faire publier à Madrid une amnistie ; d'obliger Ferdinand à reconnoître la dette contractée envers nos troupes, de régler le traité d'occupation, durée de temps, nombre de soldats, solde supplémentaire : nous avions besoin de cela pour nous présenter aux chambres, ce qui importoit fort peu au delà des monts.

Personne, nous l'avons dit, ne se soucie dans la Péninsule d'une loi d'oubli, bonne ou mauvaise, entière ou exceptionnelle. Un Espagnol pardonné ne se croit pas pardonné ; un Espagnol pardonnant ne croit pas avoir pardonné : l'acquittement définitif est la mort. Dieu est là, de l'autre côté de la tombe, pour donner des lettres de grâce ; c'est son affaire. A Saint-Domingue, des dogues justiciers poursuivoient les Indiens récalcitrants à l'esclavage. Vous ne verrez pas dans l'histoire, depuis Isidore de Séville, Justin, Mariana, Herrera, une amnistie, de quelque bord qu'elle soit venue, religieusement observée.

Sur l'occupation, nous avions des idées contraires à celles de nos collègues ; nous l'aurions voulu prolonger, tant pour achever l'affaire des colonies que pour prévenir les nouveaux troubles auxquels le caractère de Ferdinand ne manqueroit pas de donner lieu.

Nous avions à débattre l'affaire de M. de Caraman et de M. le duc de Bellune. Le premier demanda des gratifications, à raison d'anciennes dépenses extraordinaires. Dans le cas où ces gratifications ne seroient pas accordées, il avoit le chagrin d'offrir sa démission.

M. le duc de Bellune venoit d'être obligé de quitter le portefeuille de la guerre ; nous proposâmes de donner à ce loyal et modeste militaire l'ambassade vacante de Vienne. Il s'éleva des difficultés ; on ne vouloit point recevoir le maréchal Victor sous le titre de duc de Bellune. Ce scrupule sur les noms empruntés des actions et des lieux venoit un peu tard : l'Autriche n'avoit-elle pas reconnu le *baron du Nil,* Nelson ; le *prince de Waterloo,* Wellington ? le Nil et le champ de Waterloo n'appartiennent pas à l'Autriche, d'accord ; mais le *vice-roi d'Italie,* le prince Eugène ; le *roi d'Italie,* Napoléon Ier ; le *roi de Rome,* Napoléon II, n'étoient-ils pas tout du long par leurs titres dans l'almanach de Vienne ? N'admettons-nous que les souverainetés de ceux qui nous battent ? Du moins les pauvres césars romains, esclaves d'Attila, tenoient pour un général à la solde de l'empire.

Si l'on persistoit, nous étions déterminé à n'envoyer à Vienne qu'un chargé d'affaires ; le maréchal Victor ne vouloit point accepter l'ambassade que son titre ne fût reconnu. Quelquefois il cédoit ; puis, par une susceptibilité fort louable, il revenoit à ses premiers sentiments. Pendant ce temps-là M. de Caraman sollicitoit le titre de duc pour sa fidélité ; il fit agir ses amis auprès du roi, et il retourna en Autriche.

A nos sollicitations obstinées, l'ambassade de Londres avoit enfin été accordée à M. de Polignac : Louis XVIII ne vouloit pas y entendre, M. de Villèle encore moins ; il nous disoit que nous nous repentirions : il vit mieux que nous. Le sort nous obligeoit à notre insu de concourir à la perte de la vieille société, au moment où nous employions tout nos efforts pour la faire vivre.

Le remplacement du duc de Bellune au conseil étoit difficile : la majorité de M. de Villèle dans la chambre élective se trouvoit royaliste; émue du renvoi du maréchal, elle fut au moment de se diviser : on ne pouvoit donc chercher un ministre de l'armée parmi des hommes en dehors de l'opinion royaliste, sous peine de perdre la majorité parlementaire : ce sont les nécessités du gouvernement représentatif. Nous ouvrîmes chez le président du conseil l'almanach ; nous nous mîmes à lire la liste des officiers généraux idoines au portefeuille; nous tombâmes sur le baron de Damas; nous nous écriâmes : « Voilà notre homme ! » Et nos collègues d'applaudir, et le roi d'agréer M. de Damas. Singulière chance de notre vie! nous avons mis dans les affaires les deux hommes que la légitimité eût été heureuse d'éviter ! Arriva la mort de Pie VII, sous lequel nous avions commencé la carrière diplomatique à l'époque de l'empire.

Après ces explications sur les occupations de notre ministère pendant la seconde partie des affaires d'Espagne, il nous reste à donner la *suite* de *notre correspondance diplomatique,* à partir du moment où nous en avons interrompu l'intercalation.

On a maintenant la clef de cette fin de correspondance.

LXXIII.

Suite de la correspondance diplomatique.

M. DE CHATEAUBRIAND A M. DE TALARU.

Paris, ce 9 octobre 1823.

Allons, mon cher ami, le roi est délivré. Voilà une glorieuse et immense affaire. Je ne puis vous donner une direction bien juste dans ce moment, et vous devez prendre beaucoup sur vous. Je vous écris une lettre officielle où je vous recommande seulement deux conseils pour le roi : licencier l'armée et révoquer le décret des cortès qui reconnoît l'indépendance de Buenos-Ayres. Cela surtout est important pour nous, afin d'empêcher l'Angleterre d'argumenter de ce décret pour reconnoître à son tour l'indépendance des colonies espagnoles avant que nous ayons eu le temps de traiter cette grande affaire. Comme la nouvelle république a voté cent millions contre nous (cent millions que l'Angleterre auroit sans doute prêtés), nous aurons, si nous voulons, un beau prétexte d'intervenir dans ce débat. Je ne vous parle pas de l'occupation de l'Espagne, il faut que cela soit réglé en conseil sur l'avis de Mgr le duc d'Angoulême. Je vous en écrirai.

Mon plan est de refuser absolument les conférences de Madrid, et de n'en avoir qu'ici : comme cela vous serez hors des tracasseries de vos petits collègues. Je voudrois qu'il fût possible de n'avoir de conférences nulle part, mais cela seroit impossible sans rompre l'alliance ; et si l'alliance a de graves inconvénients, elle a des avantages considérables, surtout dans les premiers moments.

CHATEAUBRIAND.

M. DE CHATEAUBRIAND A M. DE TALARU.

Paris, le 15 octobre 1823.

Je me prépare, mon cher ami, à vous écrire une longue dépêche officielle sur le système général de l'Espagne ; en attendant, je dois vous prévenir sur plusieurs points essentiels.

Le comte Pozzo part aujourd'hui ; il est dans les meilleures dispositions pour nous, et les plus modérées et les plus conciliantes. J'ai vu les instructions données par son maître, elles sont pleines de raison et de générosité. Il a été très-bien ici, et au point de se compromettre avec vos collègues de Madrid, qui l'ont dénoncé à leur cour. Si nous n'avions pas réussi en Espagne, il seroit tombé avec nous ; il ne fera qu'un très-court séjour à Madrid, marchera parfaitement d'accord avec vous. Il a été convenu, dans une conférence tenue avant-hier chez moi, que le protocole du 7 juin ne regardant que la régence étoit détruit de fait par le retour du roi, et n'emportoit plus d'obligation pour les parties, et il a été résolu qu'il n'y auroit plus de conférences à Madrid. Pozzo étoit convenu avec moi que je demanderois l'abolition de ces conférences, qu'il m'appuieroit, et qu'au reste chaque ambassadeur en référeroit à sa cour. J'ai déclaré que, quelle que fût la décision des cours, le gouvernement françois ne consentiroit plus à ces conférences de Madrid ; que celles de Paris étoient parfaitement suffisantes. Vous pouvez donc être tranquille. Les cours consentiront, et vous voilà délivré de ces réunions insupportables. Canning, blessé dans son amour-propre par nos succès, a une humeur qu'il ne cache plus. Il songe à amener des sujets de contestation à propos des colonies espagnoles ; il menace d'en reconnoître l'indépendance, tout en feignant de vouloir en traiter avec nous. L'occupation de Cadix va l'inquiéter davantage, et je m'attends à recevoir une note officielle angloise à ce sujet. Je ne vois pas trop pourquoi nous occuperions Carthagène : Cadix, Madrid, La Corogne, Santona et les places en deçà de l'Èbre me paroissent bien suffisantes.

Insistez, mon cher ami, sur le licenciement de l'armée espagnole. Est-ce que le corps de Ballesteros peut rester entier et en cantonnement auprès de Cadix? Mais le jour où nous quitterons cette ville il entrera dans l'île de Léon, et tout recommencera.

Tâchez aussi de modérer les réactions. Vous ne sauriez croire combien ces décrets de rigueur rendus coup sur coup font de mal ici.

Insistez pour que le roi révoque spécialement ce qu'il a pu faire pour l'indépendance de certaines colonies, comme Buenos-Ayres, en disant toutefois qu'il va s'occuper du sort de ces colonies. S'il ne rend pas un pareil décret, il peut jeter ses colonies dans les mains de l'Angleterre. Je vous écris cela à la hâte. Bien d'autres objets de la plus haute importance méritent votre attention. Étudiez tout ce qui peut nous nuire, pour venir au-devant du mal et ne pas attendre que je vous donne d'ici des directions tardives. Votre séjour à Séville nuit bien aux communications.

Je n'ai point reçu de lettre de vous aujourd'hui, mais M. de Gabriac m'écrit de Madrid que le décret du roi concernant les personnes qui ne doivent pas se présenter devant le roi consterne tout Madrid, et frappe dans Madrid seul plus de six cents personnes appartenant aux familles les plus distinguées. Je ne saurois trop vous inviter à vous élever fortement contre ces violences de M. Saez, qui bouleverseroient de nouveau l'Espagne. Au lieu de s'occuper de ces vengeances intéressées, il seroit bien plus sage de licencier une armée qui renversera tout quand nous n'y serons plus; et pour cela il faudroit profiter de la présence de nos troupes dans le midi de l'Espagne; car une fois parties (et elles ne peuvent pas y rester longtemps sans nous brouiller avec l'Angleterre) les ordres du roi seront impuissants, et ce n'est pas le curé Merino qui réduira Ballesteros à l'obéissance.

CHATEAUBRIAND.

M. DE CHATEAUBRIAND A M. DE POLIGNAC.

Paris, le 16 octobre 1823.

Je n'ai rien à vous mander, si ce n'est les sottises du roi d'Espagne, ces décrets irréfléchis, etc.; mais nous ne le souffrirons pas, nous le forcerons à prendre un ministère raisonnable. Si on vous parle à Londres de ce qu'il fait, montrez hautement votre mécontentement et celui de votre gouvernement contre les mauvais conseillers qui veulent déjà s'emparer du roi ; dites que la France ne consentira pas à perdre une part si glorieuse de son expédition ; qu'elle veut que l'Espagne soit tranquille et heureuse, et qu'elle s'opposera à toute réaction dangereuse comme à tout esprit de vengeance. Il nous importe de n'avoir pas l'air de complices de la stupidité et du fanatisme.

Veillez bien Canning ; il a une humeur que sir Ch. Stuart ne peut dissimuler. Tâchez de découvrir ce qu'il médite sur les colonies espagnoles. Je ne serois pas surpris qu'il vous remît une note sur *l'occupation de Cadix;* vous vous contenterez de dire, si cela vous arrive, que vous la transmettrez à votre gouvernement.

Tout à vous, noble prince,

CHATEAUBRIAND.

M. DE CHATEAUBRIAND A M. DE TALARU.

Paris, le 17 octobre 1823.

Je reçois, mon cher ami, votre lettre de Séville, du 8 octobre. Toutes mes lettres précédentes adressées pour vous à Madrid vous expriment les sentiments pénibles que vous avez. Il importe d'arrêter cette marche le plus tôt possible. Le mal est dans M. Saez, à ce qu'on assure ici : nous avons fait assez de sacrifices pour qu'on nous écoute ; il faut travailler à donner au roi un ministère raisonnable. Si l'on exile tous les hommes capables, parce qu'ils ont fait ce que le roi lui-même faisoit à de certaines époques, l'Espagne retombera dans l'anarchie. Songez bien à cela, c'est l'avis du roi et du conseil. Tout doit être employé pour former un ministère raisonnable, parce que ce sera l'instrument avec lequel on fera tout. Vous serez secondé par le général Pozzo, et d'autant plus, qu'il sait que vos petits collègues ont écrit contre lui ; il sera avec vous par esprit et par humeur. Ménagez-le, ils vous sera très-utile.

Le ministère fait, n'oubliez pas de faire donner l'ordre du licenciement de l'armée ; et comment ce malheureux roi renverra-t-il Ballesteros quand nous n'y serons plus ?

De faire prendre une mesure pour les finances ;

De faire modérer le premier décret qui abolit tout ce qui a existé, je crois, depuis 1820. Comment! tous les traités, tous les actes politiques avec les étrangers, les emprunts, les conventions, les jugements des tribunaux au civil et au criminel ! Que le gouvernement espagnol y prenne garde; qu'il n'oublie pas que le gouvernement des cortès a été légalement reconnu par l'Europe entière, qui avoit ses ambassadeurs à Madrid, jusqu'au mois de février dernier. Il ne peut y avoir d'illégal aux yeux de l'Europe continentale que ce qui s'est fait depuis la retraite des ambassadeurs. Tel est le droit public de toutes les nations. Enfin, faites cesser ces exils en masse. Si on veut des proscrits, qu'on dresse une liste nominale, que cette fatale liste assouvisse cette soif de vengeance qui tourmente cette sauvage nation ; mais que hors de cette liste tout soit à l'abri et puisse vivre en paix sous une loi d'amnistie scrupuleusement respectée. Entre ne pas se servir de ses ennemis ou les tuer, les bannir, les persécuter, les dépouiller, il y a une nuance. Songez bien, mon cher ami, qu'un établissement d'un absolutisme sanguinaire, avide et fanatique déshonoreroit cette campagne, qui fait un immortel honneur à la France, par sa hardiesse et sa générosité. Vous avez un moyen puissant d'agir sur le gouvernement espagnol : c'est de le menacer de lui retirer nos troupes, s'il veut se livrer à un esprit de vengeance et de folie. L'événement doit lui avoir prouvé que le parti constitutionnel est plus fort qu'il ne le croyoit; c'est-à-dire que ce parti a trouvé des armées, de nombreux soldats dans tous les coins de l'Espagne. Il est organisé, échauffé, soutenu secrètement par l'Angleterre. Ses soldats, tout incapables qu'ils sont de se mesurer avec les nôtres, sont pourtant très-supérieurs aux guerillas royalistes, qui se sont fait battre partout où elles ont eu affaire seules aux constitutionnels. Or, que deviendroient le confesseur, les inquisiteurs et le reste, si nous nous retirions au delà de l'Èbre, sans laisser de garnison à Cadix et à Madrid ? C'est pourtant ce que le roi est décidé à ordonner si le gouvernement espagnol ne veut pas écouter le conseil de la raison. Les alliés ici partagent notre frayeur, et j'espère que les ordres qui arriveront des cours prêcheront dans le même sens que nous. Je crois vous avoir dit que j'ai vu et lu les instructions de l'empereur de Russie, et qu'elles sont généreuses au point de parler de la nécessité de donner à l'Espagne des institutions. Ce langage trompera bien des gens, qui croient que Pozzo arrive avec un bonnet d'inquisiteur dans sa poche.

Tout à vous, mon cher ami ; j'ai grande envie que vous ayez fini toutes les neuvaines de Séville.

CHATEAUBRIAND.

M. DE RAYNEVAL A M. DE CHATEAUBRIAND.

Berlin, 17 octobre 1823.

Monsieur le vicomte,

Je profite de l'occasion que me procure M. de La Ferronnais pour vous envoyer la dépêche par laquelle je vous annonce l'arrivée à Berlin du courrier porteur de la grande nouvelle de la délivrance du roi Ferdinand. Je voudrois pouvoir y ajouter quelques détails sur l'effet qu'elle a produit dans le public, où il y avoit encore assez d'incrédules sur un succès définitif de notre part; mais, par une fatalité tout à fait contrariante, un accès de goutte très-fort est venu me surprendre la veille même du jour de l'arrivée du courrier. C'est tout ce que j'ai pu faire que d'aller chez le comte de Bernstorff, à qui j'avois promis d'annoncer moi-même un événement qu'il attendoit, je dois lui rendre cette justice, avec une impatience presque égale à la mienne. Mais cette sortie m'a mal réussi, et depuis il m'a été impossible de quitter le coin de mon feu. Le comte de Bernstorff étant aussi retenu chez lui par le même motif que moi, je n'ai rien pu savoir qui fût digne de vous être mandé.

Je ne terminerai point cette lettre, monsieur le vicomte, sans offrir à Votre Excellence mes bien sincères félicitations sur la part qu'elle a eue aux grands événements qui font aujourd'hui la joie et l'orgueil de tous les cœurs vraiment françois. Il n'est personne qui ne reconnoisse combien l'énergie de vos conseils, la rectitude de vos principes, ont contribué au succès. L'esprit de rébellion éteint dans son dernier asile, et du même coup, la monarchie légitime à jamais affermie en France, commencent pour l'Europe une nouvelle ère politique à laquelle se rattachera votre nom, ce nom déjà illustré de tant de manières.

Agréez, monsieur le vicomte, l'hommage de mon entier dévouement et celui de ma haute considération.

RAYNEVAL.

S. A. R. LE DUC D'ANGOULÊME A M. DE CHATEAUBRIAND.

Audujar, ce 20 octobre 1823.

J'ai reçu hier, Monsieur, votre lettre du 12, avec le numéro du *Journal des Débats* du même jour. Je suis très-sensible à tout ce qu'il contient de flatteur pour moi; mais ce qui m'en a fait plus de plaisir, est la manière dont vous y parlez en ministre d'une monarchie représentative. Pour ce qui me concerne, je remercie le ciel d'avoir couronné de succès la mission qu'il avoit plu au roi de me confier.

Je vous prie de croire, monsieur, à toute mon estime et affection.

Louis-Antoine.

M. DE CHATEAUBRIAND AU GÉNÉRAL POZZO.

Paris, ce 21 octobre 1823.

Cette lettre, général, vous trouvera arrivé ou arrivant à Madrid. Je veux vous dire un mot de ce qui s'est passé ici, afin que vous puissiez transmettre à qui de droit l'exacte vérité. Le maréchal duc de Bellune a succombé à la lutte établie depuis cinq mois entre lui et Ouvrard. Une puissance plus forte qu'un ministre a exigé sa retraite, et il a fallu nous séparer avec un vif regret de cet excellent homme. La grande affaire politique étoit le choix d'un successeur : ce choix alloit marquer ou la continuation du même système, ou un changement de principes dont les conséquences auroient été incalculables. Le baron de Damas a été nommé. Par une autre chance, M. de Caraman m'avoit envoyé sa démission. Le roi l'a acceptée et a nommé à Vienne le maréchal ; il fait encore quelques difficultés d'accepter ; mais j'espère que l'affaire s'arrangera.

J'ai grande envie, général, que le roi soit arrivé à Madrid. Vous serez content de M. de Talaru, et vous vous entendrez parfaitement avec lui. Tâchez de faire effacer de ces malheureux décrets ce qu'il y a d'absurde et d'impraticable ; qu'on cesse ces proscriptions par catégories, qui menacent la population entière ; qu'on licencie cette armée, qui se soulèvera quand nous n'y serons plus ; qu'on choisisse un ministère prudent, et que d'avoir servi le roi sous les cortès, *par ordre même* du roi, ne soit pas un titre de condamnation et un crime impardonnable. Enfin, général, prêchez la modération, et ne craignez pas que le génie espagnol abuse de ce mot; et tâchez que l'on fasse à Madrid quelque chose qui ressemble aux actes d'un peuple civilisé. Surtout, général, revenez-nous vite, et croyez à mon sincère dévouement ainsi qu'aux sentiments de haute considération de votre serviteur.

Chateaubriand.

M. DE CHATEAUBRIAND A M. DE TALARU.

Paris, le 22 octobre 1823.

J'ai reçu, mon cher ami, vos lettres du 11 et du 12. Je me désole de votre séjour à Séville, qui interrompt tout et nous ôte, par la longueur du temps et du chemin, la possibilité de nous entendre. Monseigneur nous a envoyé la lettre qu'il a écrite au roi d'Espagne, et qu'il vous a laissé libre de transmettre ou de supprimer. Vous êtes, étant sur les lieux, meilleur juge que nous; mais quoique la missive soit rude, nous pensons dans le conseil qu'elle pouvoit être remise comme un moyen d'action sur des hommes incorrigibles. Il paroît aussi qu'on ne prend aucun parti sur le licenciement de l'armée et du corps de Ballesteros, et qu'en conséquence le corps de Molitor reste immobile, sans que le prince puisse lui faire commencer sa retraite. Avertissez M. Saez que nous ne pouvons prolonger les frais de la guerre, que chaque mois nous coûte 12 ou 15 millions, et qu'il n'y a pas de ministère qui voulût se présenter aux chambres avec de tels frais par delà la délivrance du roi, sans s'exposer à porter la tête sur l'échafaud. L'ordre très-positif de la retraite va être donné, si on ne profite pas du dernier moment, et alors le gouvernement espagnol verra comme il s'arrangera avec Ballesteros, dont le corps se grossira à l'instant, quand nous n'y serons plus, de tous les proscrits faits par les décrets du port Sainte-Marie, de Xérès et de Séville.

La chicane que l'on fait à sir W. A'Court est ridicule et expose le gouvernement espagnol à augmenter l'humeur de l'Angleterre. Sir W. A'Court étoit ambassadeur auprès du *roi* et non pas auprès des *cortès*. Sir W. A'Court est un excellent homme, fort loyal et fort sage.

Ces commissaires ne sont donc pas encore à bord de notre frégate? quelle pitié! Certainement, nous ne nous chargerons pas de porter Quesada et les siens à Cuba.

Tout à vous, mon cher ami.

CHATEAUBRIAND.

M. DE BELLUNE A M. DE CHATEAUBRIAND.

Ménars-le-Château, le 22 octobre 1823.

Monsieur le vicomte,

La duchesse de Bellune s'est empressée de répondre aux lettres que votre amitié pour nous vous a dictées; elle vous exprime sa pensée sur mon éviction du ministère de la guerre et sur les conséquences qui résulteroient de ma soumission à vos vœux. Je partageois ses sentiments à cet égard avant de les connoître, et je voyois les diverses faces de ma position avant de quitter Paris. Si je ne m'en suis pas expliqué clairement avec vous et avec MM. vos collègues, il faut l'attribuer à l'agitation naturelle qu'a dû me causer un événement qui renverse toutes les idées de mon dévouement à la cause que j'aime et que je servirai toujours.

Je suis sacrifié pour avoir rempli un devoir rigoureux, pour avoir fait entendre mes plaintes contre de grands désordres, et aux préventions d'un prince à la gloire duquel j'étois passionnément attaché, sans égard pour mon caractère, pour mes sentiments et ma conduite. La fidélité éprouvée, les droits que je crois avoir acquis à l'estime et à la bienveillance du roi et de son auguste famille n'ont été d'aucune considération dans la circonstance dont il s'agit ; j'ai été frappé sans être entendu et avec une précipitation dont je serai toujours étonné, car il sembloit que l'on voulût se débarrasser d'un malfaiteur dangereux ; et cela pour satisfaire le ressentiment le plus injuste et le moins mérité. On m'offre vainement une mission que l'on regarde comme un dédommagement honorable et qui doit atténuer l'effet que peut produire la résolution qui vient d'être prise contre moi ; il n'en reste pas moins avéré qu'une ambassade confiée à un ministre disgracié n'ait été de tout temps considérée comme un exil déguisé, ou comme un hochet donné à l'ambition déçue. Je ne crois pas avoir donné lieu de me faire éprouver l'une ou l'autre de ces humiliations. On peut aussi voir cette ambassade qui m'est offerte sous un jour plus fâcheux encore : que ne peut-on pas dire en effet de l'éloignement ordonné du ministère de la guerre, au moment même du plus glorieux triomphe de nos armes, de l'homme qui dans des circonstances difficiles a le plus contribué à préparer ces triomphes ? Je laisse à tout esprit judicieux le soin de faire observer les conséquences d'une pareille disposition, il ne m'appartient pas de m'en occuper ; mais je sens vivement que je serois déplacé au poste que le roi daigne m'assigner.

Le conseil de Sa Majesté pense que mon acceptation seroit une nouvelle preuve de mon dévouement au service du roi et qu'elle satisferoit l'opinion publique. A cela je réponds que, mon dévouement n'ayant jamais été douteux, il me paroîtroit bien extraordinaire que je dusse en donner un nouveau gage pour faire croire à sa sincérité. Quant à l'opinion, elle devra se contenter des dispositions de l'ordonnance royale du 20 de ce mois ; elle fait connoître les intentions du gouvernement à mon égard, et cela doit suffire ; le roi avoit ses raisons pour changer ma destination, et il ne convient à personne d'en chercher l'explication.

Monsieur le vicomte, je viens de vous dire ma pensée sur l'événement inattendu qui me concerne. N'y voyez, je vous prie, ni amertume ni mécontentement : ils ne sont pas dans mon cœur. Il n'est pas plus étonné d'un revers qu'il ne pourroit l'être d'un succès. Je vois les hommes et les choses avec calme, je les juge sans passion, et le coup qu'ils viennent de me porter ne m'ébranle pas malgré sa violence. Je ne désire maintenant qu'une chose, c'est que le conseil du roi, en me conservant sa bienveillance, n'attache pas à ma position plus d'importance qu'elle ne mérite. Le monde, selon l'usage, s'occupe de moi aujourd'hui, il n'y pensera plus demain.

Je ne puis terminer cette lettre sans vous exprimer encore combien je suis reconnoissant des marques d'amitié que j'ai reçues de vous et de vos nobles collègues. Veuillez en agréer, ainsi qu'eux, mes remercîments.

DE BELLUNE.

M. DE CHATEAUBRIAND A M. DE TALARU.

Paris, le 25 octobre 1823.

Je reçois, mon cher ami, votre lettre et votre projet de traité d'occupation. Je la porterai demain au conseil. Nous voulons très-peu *occuper*, comme vous le verrez par mes précédentes lettres, car il faudroit le faire à nos frais. De plus, nous ne sommes pas du tout disposés à prêter les soldats du roi pour autoriser des lois de proscription. Dans votre petite lettre, vous me dites que vous êtes content de votre position ; j'en suis charmé, et j'étois sûr qu'elle vous deviendroit agréable. C'est certainement la plus importante place et la plus belle qu'il y ait au monde dans ce moment, et je me félicite d'avoir pu vous la procurer.

CHATEAUBRIAND.

S. A. R. LE DUC D'ANGOULÊME A M. DE CHATEAUBRIAND.

Mançanarès, ce 25 octobre 1823.

J'ai reçu, monsieur, votre lettre du 16 ; d'après l'autorisation que le roi vous a chargé de m'en donner, j'accepterai les ordres du Portugal quand ils me seront envoyés.

Quant à ce qui regarde l'ambassade de Constantinople pour un des officiers généraux de mon armée, je ne me permettrai pas d'en désigner particulièrement un, mais je citerai les lieutenants généraux comte Guilleminot, comte Bordesoulle et vicomte Dode, comme m'ayant parfaitement secondé. Heureux si mon oncle daigne arrêter son choix sur un des trois.

Je vous renouvelle, monsieur, l'assurance de toute mon estime et de mon affection.

Louis-Antoine.

M. DE CHATEAUBRIAND A M. DE POLIGNAC.

Paris, le 27 octobre 1823.

Eh, bon Dieu! prince, comment imaginez-vous que c'est moi qui ai voulu envoyer le maréchal à Vienne? C'est l'ordre du roi, qui vouloit que la chute du maréchal n'eût pas l'air d'une disgrâce. Au reste, le renvoi du maréchal est une des plus lourdes fautes qui aient jamais été commises. En politique et devant l'ennemi, il faut manœuvrer habilement, ou vous êtes attaqué à l'instant même où vous présentez un côté faible. On auroit pu satisfaire monseigneur le duc d'Angoulême à un moindre prix; c'est un exemple funeste dans un gouvernement représentatif qu'un prince puisse exiger le renvoi d'un ministre porté par l'opinion de la majorité. Le choix du baron de Damas rend la faute moins sensible, mais ne la répare pas.

La dépêche officielle où vous deviez trouver des détails n'en valoit pas la peine : c'étoit une circulaire à tous les ministres sur l'événement, et qui ne disoit que des phrases de bureau.

Je voudrois vous donner de l'argent pour votre police, mais je n'ai pas un sou.

Voici un fait essentiel, et faites-vous valoir de la nouvelle auprès de M. Canning. Le roi d'Espagne a reconnu le dernier traité d'indemnités pour les vaisseaux de commerce avec l'Angleterre.

Tout à vous, noble prince.

Chateaubriand.

M. DE CHATEAUBRIAND A MONSEIGNEUR LE DUC D'ANGOULÊME.

Paris, ce 28 octobre 1823.

Monseigneur,

J'ai l'honneur d'envoyer à Votre Altesse Royale la copie d'un projet d'occupation, que je fais passer à M. de Talaru, ainsi que celle de la lettre que je lui écris pour lui expliquer l'esprit dans lequel ce traité est conçu.

Votre Altesse Royale remarquera que tout est abandonné à son jugement, quant au nombre des troupes qu'il lui plaira de laisser en Espagne et aux différentes places qu'elles doivent occuper. Le roi ne tient d'une manière fixe qu'aux articles.

Ce traité, pour pouvoir être exécuté, doit être accompagné d'une convention militaire qui restera secrète, tandis qu'au contraire le traité sera publié. Ma lettre à M. de Talaru relate une partie des objets sur lesquels doit porter cette convention. Un conseil de guerre, formé et présidé par Votre Altesse Royale, peut seul statuer sur cette matière en connaissance de cause; lui seul peut avoir les renseignements nécessaires sur l'état des lieux, les ressources du pays, l'esprit des autorités locales et le caractère des habitants.

Si j'osois avoir une opinion sur un pareil sujet, j'insisterois pour que la convention portât qu'il n'y aura dans les places occupées par les troupes de Votre Altesse Royale ni garnison espagnole ni autorité militaire espagnole, excepté dans les lieux où le roi pourroit faire sa résidence. Je sais que cet article sera difficile à établir; mais s'il choque l'orgueil national, et s'il a quelques inconvénients, il a d'immenses avantages.

Je pense encore que si les places ne sont pas suffisamment armées, elles doivent achever de l'être, partout où besoin sera, aux frais du gouvernement espagnol. Si l'on jugeoit nécessaire de les approvisionner au delà de la consommation ordinaire de la garnison, et comme dans l'attente ou la supposition d'un siége, cet approvisionnement extraordinaire doit être également laissé à la charge du gouvernement espagnol. Enfin, si dans le cours de l'occupation nos troupes étoient obligées de faire usage des munitions appartenant au roi d'Espagne pour le bien de son service, il doit être statué qu'au moment de l'évacuation des places nous ne serons pas obligés de tenir compte de ce que nous aurions employé à la défense du souverain légitime.

Je n'ai d'autre excuse à la longueur de ces remarques que mon zèle pour le service du roi, ma passion pour la gloire de Votre Altesse Royale, et mon attachement pour mes devoirs comme ministre.

Je suis, etc.

CHATEAUBRIAND.

LE PRINCE DE POLIGNAC A M. DE CHATEAUBRIAND.

Londres, ce 28 octobre 1823.

J'espère m'être expliqué clairement relativement au *memorandum* de M. Canning : le genre de caractère officiel qu'il désire lui donner a pour but de rester convaincu que les explications que je lui ai données de la part de mon gouvernement lui ont été *officiellement communiquées,* ce qui est de toute vérité, comme le prouvent les instructions que vous m'avez transmises à ce sujet; il ne s'agit donc de signer aucun papier, mais simplement de convenir, de part et d'autre, que ce qui se trouve dans le *memorandum* est la substance de la conversation que j'ai eue avec lui : or, à quelques inexactitudes près, que M. Canning m'a encore offert de faire disparoître, ce *memorandum* contient fidèlement la substance de notre conversation, et je vois cet avantage à donner satisfaction à M. Canning sur ce point, qu'il peut être important d'avoir connoissance des intentions du cabinet britannique relativement à la question des colonies espagnoles, dans un écrit avoué par M. Canning, puisqu'il est rédigé par lui-même ; tandis que le refus qui lui seroit fait, en nous privant de cet avantage, laisseroit entrevoir de notre part une *arrière-pensée* offensante pour notre loyauté et qui n'existe pas. Je n'ai pas mandé à M. Canning que je vous avois transmis son *memorandum;* d'après ce qu'il m'a écrit à ce sujet, considérant cet envoi, me dit-il, comme une reconnoissance tacite de ma part, mais *qui lui suffisoit,* de l'exactitude des faits exposés dans le *memorandum;* quelle que soit votre réponse à ma dépêche du 21, je ne ferai connoître à M. Canning l'envoi que je vous ai fait de son *memorandum* qu'après avoir obtenu de lui les changements que je crois devoir y apporter.

Recevez, mon cher vicomte, l'assurance de mon sincère attachement.

Le prince DE POLIGNAC.

M. DE CHATEAUBRIAND A M. DE LA FERRONNAIS.

Paris, le 1ᵉʳ novembre 1823.

Maintenant, monsieur le comte, que le premier mouvement de joie est passé et que nous entrons dans une autre série d'événements, je vais vous exposer l'état des choses, et m'expliquer avec vous sur une multitude de faits qu'il vous est utile de bien connoître pour les présenter à l'empereur dans toute leur vérité.

J'ai considéré trois choses dans la guerre de la Péninsule : la question européenne, la question françoise et la question espagnole. Les deux premières sont résolues d'une manière miraculeuse.

Il s'en faut de beaucoup que la question espagnole, qui n'est plus à la vérité qu'une question secondaire, soit aussi heureusement résolue.

Quiconque a un peu réfléchi sur ce qui s'est passé en Espagne depuis huit à neuf ans, sur le caractère du roi, sur celui de la nation, sur l'état des mœurs, le degré de civilisation et des lumières, sur l'esprit de fanatisme et de vengeance, et pourtant sur l'humeur et les habitudes apathiques de ce malheureux pays, a dû prévoir que la délivrance du monarque n'amèneroit pas aussi facilement qu'en France le retour de l'ordre et le règne des lois. Rien n'arrive en Espagne comme ailleurs ; le sang des Maures mêlé à celui des Visigoths a produit une race d'hommes moitié européenne moitié africaine, qui trompe tous les calculs. Y a-t-il rien de plus surprenant que le dénoûment de la guerre actuelle ? Les cortès renfermées dans Cadix pouvoient se défendre, fuir par mer ou se porter à tous les excès ; pour avoir le roi, il n'est point de conditions individuelles qu'on n'eût acceptées ; elles élevoient elles-mêmes des prétentions exorbitantes ; et tout à coup, elles ouvrent leurs portes, sans traités, sans réserve aucune, et nous livrent le roi et la famille royale.

Le roi de son côté et ses conseillers ne se conduisent pas en arrivant d'une manière moins extraordinaire. Au lieu de licencier l'armée, de publier une amnistie, au lieu de revenir vite à Madrid pour réorganiser la monarchie, les finances et l'administration, ils se retirent à Séville et au milieu des fêtes et des illuminations, se contentent de faire paroître quelques décrets de proscription qui inquiètent la population, tandis que les rebelles occupent encore les places et tiennent la campagne avec des armées. Il faut que monseigneur le duc d'Angoulême suspende la marche de ses troupes pour attendre qu'il plaise à un confesseur devenu ministre de publier un ordre de licenciement qui seroit vain si Molitor n'étoit là pour le faire exécuter.

Ces deux exemples, monsieur le comte, vous suffiront pour juger ce qu'il y a d'inattendu et de bizarre chez ce peuple, et combien il sera difficile de lui faire adopter des mesures raisonnables. Quoi qu'il en soit, voici notre plan.

Le roi Ferdinand compte si peu sur ses sujets qu'il voudroit que nous pussions laisser en Espagne toute notre armée : il nous demande des garnisons partout. Cela ne peut convenir ni à nous ni à l'Europe ; à nous, qui ne pouvons continuer nos sacrifices, à l'Europe, qui ne doit pas vouloir notre établissement chez nos voisins. Sur les cent vingt mille hommes que nous avons dans la Péninsule, quatre-vingt mille vont repasser les Pyrénées, quarante mille hommes resteront en Espagne dans les places fortes et sur les points où la révolution pourroit rallumer ses foyers. Ces quarante mille hommes se retireront sur la simple demande du roi Ferdinand. Ils seront à notre solde : l'Espagne fera seulement la différence du pied de guerre au pied de paix ; c'est-à-dire que ces quarante mille hommes, qui nous coûteroient à peu près 20 millions par an sur le pied de paix, nous en coûteront 30 sur le pied de guerre, et que l'Espagne ne sera appelée qu'à tenir compte de ces 10 millions : je ne crois pas qu'on puisse agir d'une manière plus généreuse.

Quant à notre politique, nous nous bornerons à des conseils.

C'est aux Espagnols à savoir s'ils ont besoin d'être régis par des institutions nouvelles ; c'est à leur roi à juger de ce besoin. Sur ce point nous n'avons rien à dire ou à faire ; mais ce que nous voulons empêcher de tout notre pouvoir, ce sont les réactions et les vengeances. Nous ne souffrirons pas que des proscriptions déshonorent nos victoires, que les bûchers de l'inquisition soient les autels élevés à nos triomphes. Nous aimerions mieux abandonner à l'instant l'Espagne que de prêter nos armes à ceux qui ne veulent qu'égorger les objets de leur haine, et qui préfèrent le sang répandu sur les échafauds au sang versé sur le champ de bataille.

Comment parvenir à contenir tant de passions ? En prêchant tous les mêmes doctrines de tolérance et d'oubli ; ne craignons pas qu'on abuse en Espagne de ces mots comme on en a abusé en France ; quand sur mille victimes on aura consenti à nous en rendre cinq cents, on croira avoir agi avec une modération sans exemple.

Il est bien à désirer, monsieur le comte, que les souverains alliés entrent tous dans ces sentiments, donnant à leurs ministres à Madrid les instructions les plus précises. Je ne puis me dissimuler qu'un esprit de jalousie, de rivalité et presque de haine, n'ait éclaté quelquefois à Madrid contre nous parmi les agents de nos alliés. Nous avons été calomniés; on s'est plu à dénaturer les intentions du prince généralissime : nous étions incessamment soupçonnés de favoriser le parti appelé constitutionnel, de traiter avec les cortès, et de mille autres choses que les événements venoient chaque jour démentir. On cherchoit à nous rendre suspects aux Espagnols, et si nous nous croyions obligés d'arracher quelques malheureux aux fureurs populaires, on s'écrioit que nous voulions ouvrir les prisons à tous les *negros* de l'Espagne. Et pourtant c'étoient nos troupes, c'étoit l'héritier du trône de France qui portoient le poids de la chaleur et du jour.

Il est arrivé de là un grand mal : c'est que les Espagnols ont cru trouver dans tel membre de l'alliance un abri contre l'opinion de l'autre. Ainsi le parti exalté a recours à l'Autriche, et le parti modéré implore la France et la Russie. Si l'alliance n'a qu'un langage, si nos ambassadeurs s'accordent tous à blâmer la même mesure, s'ils protestent tous en même temps contre tel décret, s'ils sont uniformes dans leurs conseils, ils obtiendront d'immenses résultats pour la paix et le bonheur de l'Espagne.

Puisque nous ne pouvons guère décider quelles seroient les institutions les plus propres à faire renaître les prospérités de l'Espagne, nous pouvons du moins savoir quels sont les hommes les plus convenables à l'administration. Ces hommes sont rares; mais enfin il en existe quelques-uns, et nous devons réunir tous nos efforts pour les faire agréer au roi comme conseillers et comme ministres. Il ne faut pas parce que ces hommes auront servi pendant le règne des cortès que leur patrie soit privée de leurs talents, et que le roi retombe dans les fautes qui l'ont perdu en s'entourant d'une camarilla nouvelle.

Il m'est souvent venu une idée : l'affaire des colonies espagnoles est une des plus importantes qui aient jamais occupé les hommes d'État, car non-seulement il s'agit de savoir si ces colonies deviendront indépendantes, mais s'il n'est pas quelque moyen de les rattacher à la mère patrie. Cette grande question ne pourroit-elle pas être traitée dans un congrès européen où l'on appelleroit le roi d'Espagne? Là, le monarque, au milieu de ses pairs, pourroit recevoir des instructions utiles et apprendre par le conseil et l'exemple à gouverner ses États. Voilà mon idée; je ne vous la communique qu'avec défiance, n'ayant pas bien creusé le sujet.

Pour achever ce qui concerne l'Espagne, je vous envoie ci-joint le projet de la convention relative au séjour de nos troupes dans la Péninsule. Cette convention a été dressée d'après le même principe de générosité qui a réglé notre conduite dans toute l'affaire d'Espagne ; vous en ayant déjà parlé au commencement de cette lettre, j'ai pensé qu'il vous seroit agréable d'en pouvoir mettre le texte sous les yeux de l'empereur. Il est possible qu'il subisse quelques modifications par la volonté de monseigneur le duc d'Angoulême, mais elles se réduiront à peu de chose.

J'ai dû particulièrement observer les sentiments qui animoient les divers cabinets de l'Europe pendant cette entreprise. Parmi les puissances secondaires, Naples a été peu amical et la malveillance ridicule de ses prétentions a été encore aigrie par nos succès; le Danemark a été remarquablement favorable, et la Suède, aussi ennemie que possible; elle s'étoit faite tout angloise. En général l'esprit des petits cabinets a été en sens inverse de l'esprit des peuples : les peuples de l'Italie et de l'Allemagne se sont réjouis de notre triomphe, parce qu'ils ont cru voir dans notre renaissance militaire un contre-poids à la puissance de l'Autriche; les cabinets, au contraire, se sont affligés, parce que notre état de foiblesse les consoloit du leur. On n'a pas senti qu'un royaume qui renaît pour l'ordre et qui rentre dans les voies morales, en retrouvant ses forces, loin d'être un objet de crainte, est un espoir de salut pour tous.

Quant aux grands cabinets, la Russie a seule été parfaitement noble, franche et assurée. Je ne saurois trop me louer du général Pozzo : il a vu juste, il n'a cru à aucune des petites calomnies de l'incapacité et de la jalousie; il s'est pénétré des difficultés immenses qui nous environnoient de toutes parts, et, sans venir nous harasser de ses plaintes et de ses soupçons, il a secondé de tous ses efforts notre entreprise.

L'Autriche n'a pas été aussi complétement satisfaite des événements que la Russie ; il est visible qu'elle étoit travaillée par deux sentiments contraires ; d'un côté, elle se réjouissoit de voir s'écrouler sous nos coups l'édifice démagogique ; de l'autre, nos succès militaires lui faisoient ombrage.

L'Angleterre s'est fort amoindrie; elle a diminué l'effet moral de sa puissance pendant le cours de notre expédition d'Espagne ; elle a mal commencé et mal fini ; elle s'est faite le champion du jacobinisme dans le parlement, à l'ouverture de la campagne, et quand nos troupes sont parvenues de la Bidassoa à Cadix, elle a voulu s'emparer de l'honneur de la victoire, sans en avoir couru les dangers, en offrant une médiation toujours impossible et toujours refusée. L'humeur de M. Canning en a augmenté ; il a appuyé ses passions privées sur les passions publiques; sa jalousie excitée et son amour-propre trompé ont cherché un abri dans la jalousie et l'orgueil national de l'Angleterre. Cet homme d'État en se conduisant autrement auroit pris son parti pour ou contre avant l'expédition de l'Espagne ; il ne se seroit pas contenté d'exhaler son mécontentement en paroles outrageantes. Premier ministre d'un grand royaume, je n'aurois pas fait des vœux publics contre un autre État, si en même temps je n'avois pas tiré l'épée. Si M. Canning eût armé vingt vaisseaux avant la campagne, et qu'il les eût envoyés devant Cadix, il nous eût fort embarrassés ; il est trop tard. L'Angleterre ne peut plus rien de raisonnable par la force ou la menace de la force ; elle voit avec dépit une garnison françoise dans Cadix, tout auprès de Gibraltar, et elle ne peut nous contraindre à nous retirer. Elle sait bien que nous n'avons l'intention ni d'occuper longtemps cette place, ni de nous emparer de quelques colonies espagnoles ; mais elle affecte de le craindre, et pourtant elle nous propose d'entrer en négociation avec nous sur ces colonies, et elle a le chagrin de nous voir franchement lui répondre : « Les colonies espagnoles ne sont pas à nous ; nous ne pouvons nous occuper de leur sort qu'avec le roi d'Espagne, leur souverain légitime. » Ne pouvant nous rendre complices de ses desseins, elle cherche à les exécuter seule, non encore à visage découvert. Elle envoie des consuls dans les colonies espagnoles, mais elle fait déclarer que ce n'est point une reconnoissance politique de l'indépendance de ces colonies, que c'est une simple mesure relative aux intérêts de son commerce. Elle s'est bien conduite dans les négociations de Constantinople, parce qu'elle avoit un grand intérêt à satisfaire l'empereur Alexandre, mais en même temps ses journaux continuent à prodiguer les outrages à ce prince.

Je crois juger sainement l'Angleterre : je ne partage pas les préjugés de mes compatriotes contre ce pays ; j'aime au contraire l'Angleterre et ses institutions. J'ai passé ma jeunesse à Londres ; j'y ai reçu dans mon exil une noble hospitalité ; Canning a été mon ami, et je lui suis encore attaché d'admiration ; mais je ne puis m'empêcher de voir la vérité. Je ne sais quel mauvais génie s'est emparé de l'Angleterre depuis la bataille de Waterloo ; est-ce qu'étant parvenue au plus haut point de sa prospérité, elle commence, comme toutes les choses humaines, à descendre? Ce qu'il y a de certain, c'est qu'elle semble avoir perdu sa force en perdant son esprit de justice. Son commerce a franchi les bornes de sa prospérité, par l'excès de cette prospérité même. Le monde, encombré du produit de ses marchandises, ne sait plus qu'en faire ; étant obligée de les livrer au plus bas prix pour en trouver le débit, elle amène par cela seul une stagnation parmi les acheteurs, qui ont plus d'objets manufacturés qu'ils n'en peuvent consommer. La Grande-Bretagne n'a plus qu'un intérêt, une idée fixe, l'*industrie*. Elle a substitué au principe moral de la société un prin cipe physique; elle sera soumise à la conséquence de ce principe, et subira le sort de toutes les choses matérielles que le temps use et détruit.

Il ne me reste plus qu'à vous parler de notre état intérieur. Malgré le petit ébranlement produit par la retraite du duc de Bellune, l'état intérieur de la France est admirable. Vous savez que depuis longtemps Mgr le duc d'Angoulême se plaignoit de l'administration de la guerre; de son côté, le duc de Bellune se plaignoit des marchés d'Ouvrard. Il est arrivé que le maréchal a succombé dans cette lutte contre un fils de France, victorieux à la tête d'une armée dont il est l'idole : on devoit s'y attendre.

En principe, c'est certainement un mal qu'un prince puisse faire renvoyer un ministre fidèle. Dans un gouvernement représentatif, c'est l'opinion qui doit faire et défaire les ministres, et si exposés à l'attaque des chambres ils le sont encore à celle des cours, alors vous avez à la fois les inconvénients de la monarchie absolue et de la monarchie représentative.

Telle est l'influence naturelle de cette guerre d'Espagne, que nous sommes en mesure maintenant de corriger et d'affermir nos institutions ; et nous serions coupables de ne pas profiter d'une occasion qui nous donne le pouvoir de tout entreprendre pour la stabilité du trône et la prospérité de la patrie.

Nous avons une armée excellente et fidèle, qui pourroit être quadruplée demain, si nous en avions besoin. Notre commerce intérieur est dans l'état le plus florissant. Jamais nation après tant de malheurs n'eut de plus belles espérances et ne fut replacée plus vite à son rang. Je voudrois vivre assez pour voir l'empereur Alexandre accomplir avec nous quatre grandes choses : la réunion de l'Église grecque et latine, l'affranchissement de la Grèce, la création de monarchies bourboniennes dans le Nouveau Monde, et le juste accroissement de nos frontières.

Voilà, non pas une lettre, monsieur le comte, mais un volume. Les lettres officielles vous diront les nouvelles et les affaires particulières; je m'étois réservé de vous montrer le fond des choses; c'étoit mon devoir comme ministre, et mon plaisir comme ami. Au reste, je vous dirai que mes cheveux ont blanchi dans cette guerre d'Espagne. Je sentois qu'elle pesoit particulièrement sur moi, et que j'aurois été accusé aux yeux de la postérité d'avoir perdu mon pays, si le succès n'eût couronné ce que j'avois conseillé et soutenu dans les commencements de l'entreprise.

CHATEAUBRIAND.

P. S. En voulant parler des grands cabinets, j'ai oublié celui de Prusse. Il s'est montré franc et loyal dans ses vœux pour nos succès. Il les a vus sans crainte et sans jalousie; mais son représentant à Madrid, quoique ami de la France, est tombé dans toutes les crédulités, les frayeurs et les déclamations de ses collègues.

Par une conversation entre M. Canning et le prince de Polignac, dont celui-ci m'a envoyé le détail, il paroît que le ministère anglois veut incessamment reconnoître l'indépendance des colonies espagnoles, quelles que soient les oppositions de la mère patrie et le parti que pourront prendre les puissances continentales. Il déclare aussi que l'Angleterre ne souffrira pas qu'aucune puissance intervienne dans les différends qui peuvent continuer à exister entre l'Espagne et les colonies. Il est utile que vous me mandiez l'opinion et l'intention du cabinet de Pétersbourg sur ce point.

Je sors du conseil; le conseil croit la chose assez importante pour en faire l'objet d'une dépêche officielle que je vous adresse avec le *memorandum* de M. de Polignac.

PROJET DE DÉPÊCHE A ENVOYER A MM. DE LA FERRONNAIS, RAYNEVAL ET CARAMAN, AVEC UNE COPIE DU MEMORANDUM D'UNE CONFÉRENCE ENTRE LE PRINCE DE POLIGNAC ET M. CANNING.

Paris, ce 1ᵉʳ novembre 1823.

Monsieur, j'ai l'honneur de vous envoyer le *memorandum* d'une conférence entre M. le prince de Polignac et M. Canning. Ce *memorandum* est de la plus haute importance. Vous y verrez que le ministère de S. M. B. ne dissimule plus ses projets; il avoue hautement qu'il reconnoîtra l'indépendance des colonies espagnoles; qu'il ne souffrira pas qu'aucune puissance puisse aider l'Espagne à pacifier ses colonies, et qu'enfin il prendra sur ces colonies tel parti que bon lui semblera, sans se croire obligé d'en traiter avec les alliés ou d'attendre la décision du gouvernement espagnol, dans le cas où ce gouvernement seroit trop longtemps à se décider.

Vous savez que l'intention du gouvernement du roi a toujours été de traiter la question de l'indépendance des colonies espagnoles en commun avec le cabinet de Madrid et les cabinets de Pétersbourg, de Vienne et de Berlin; mais l'Angleterre, en précipitant sa résolution, donne une autre face à cette grande affaire, et nous oblige à nous prononcer à notre tour. Il est urgent que le roi d'Espagne et les autres alliés agissent de concert. Je vous invite donc à demander à la cour auprès de laquelle vous résidez d'envoyer à son ambassadeur à Paris des pouvoirs pour traiter, en conférence avec le gouvernement du roi et l'ambassadeur d'Espagne la question des colonies espagnoles. Il s'agira de déterminer les points suivants :

1° Si l'Angleterre reconnoît l'indépendance des colonies espagnoles sans le consentement de S. M. C., la cour de . . . . reconnoîtra-t-elle aussi cette indépendance?

2° Est-elle déterminée à faire cause commune avec la France, si la France se croyoit obligée de prendre le parti de l'Espagne en refusant de reconnoître l'indépendance des colonies espagnoles reconnue par l'Angleterre.

3° La . . . . . n'ayant point de colonie, se regarderoit-elle comme étrangère à la question, laissant la France et l'Angleterre prendre tel parti que ces puissances jugeroient convenable?

4° Si le gouvernement espagnol refusoit de s'arranger avec ses colonies, et s'obstinoit à réclamer sur elles une puissance de droit sans avoir aucun moyen d'établir une puissance de fait, etc., la cour de. . . jugeroit-elle qu'on peut passer outre, et que chaque État seroit libre d'agir selon ses intérêts particuliers relativement aux colonies espagnoles.

Vous voudrez bien, monsieur, donner connoissance de cette dépêche au gouvernement de . . . . . et solliciter la réponse la plus décisive : il n'y a pas un moment à perdre, et il est à désirer que les conférences puissent s'ouvrir à Paris, au plus tard dans les premiers jours de décembre.

CHATEAUBRIAND.

M. DE CHATEAUBRIAND A M. DE POLIGNAC.

Paris, ce 6 novembre 1823.

Prince, je profite du départ d'un courrier de M. de Rothschild pour vous adresser cette dépêche; vous y trouverez la copie des lettres que j'adresse aux ambassadeurs du roi à Vienne, à Pétersbourg et à Berlin, relativement à votre conversation avec M. Canning sur les colonies espagnoles. Je vous engage à voir ce ministre, à lui demander catégoriquement quelle est l'intention de l'Angleterre relativement au Portugal; s'il compte reconnoître l'indépendance du Brésil, comme il prétend reconnoître celle des colonies espagnoles : nous verrons, par la réponse, si le gouvernement anglois a deux poids et deux mesures. Au reste, si l'Angleterre précipite trop la question, si elle se décide, malgré les protestations de l'Espagne et le sentiment des cours alliées, à reconnoître l'indépendance des colonies espagnoles, les choses n'iront pas aussi facilement; nous pouvons gêner le pavillon de ces colonies, y soutenir le parti royaliste; et enfin, si l'Angleterre nous poussoit à bout, nous n'avons pas encore évacué Cadix, Barcelone et La Corogne. *Ceci, prince, est pour vous seul*, et pour vous faire comprendre que, sans manquer aux convenances et à la mesure diplomatique, vous pouvez parler d'un ton ferme à M. Canning. Vous l'inviterez surtout à ne rien précipiter, à se joindre à nous pour inviter l'Espagne à prendre une résolution, à donner aux alliés le temps d'être entendus dans une question qui touche à ce qu'il y a de plus important dans la politique. Il m'est impossible de comprendre comment ce ministre a pu vous parler des États-Unis. A-t-il donc oublié que les États-Unis ont reconnu dès l'année dernière, par acte du congrès, l'indépendance de certaines colonies espagnoles, qu'ils sont par conséquent désintéressés, et tout à fait hors de la question ?

Quant au reste de votre lettre, noble prince, vous avez raison, si vous le voulez. J'ai l'habitude de ne pas compter, et quand je parle économie, c'est pour l'acquit de ma conscience. Rognez donc vos courriers, tranchez, retranchez, je m'en lave les mains, et je mourrai à l'hôpital.

Tout à vous,

CHATEAUBRIAND.

S. A. R. LE DUC D'ANGOULÊME A M. DE CHATEAUBRIAND.

Bosequillas, ce 8 novembre 1823.

J'ai reçu, monsieur, vos deux lettres des 21 et 28 octobre. Je suis charmé d'avoir fait une chose qui vous étoit agréable en nommant votre neveu Louis colonel du 4ᵉ de chasseurs. A l'égard de son frère Christian, il m'a dit qu'il étoit content de ce qu'il étoit, et qu'il ne désiroit pas autre chose : ce sont deux bien bons sujets tous les deux.

Je joins ici ma réponse au roi de Saxe à la lettre que vous m'avez fait passer par le dernier courrier.

J'ai vu M. Pozzo à Madrid; il m'a paru professer de très-bons sentiments.

Je vous renouvelle, monsieur, l'assurance de tous mes sentiments d'estime et d'affection.

LOUIS-ANTOINE.

P. S. J'ai laissé à Madrid le major général avec mes instructions pour la conclusion, de concert avec l'ambassadeur, du traité d'occupation; mais il me paroît, d'après les dernières lettres de Madrid, que cela traînera beaucoup en longueur, ce qui ne me surprend pas avec les Espagnols.

M. DE CHATEAUBRIAND A M. DE TALARU.

Paris, le 15 novembre 1823.

Vous aurez aujourd'hui une lettre officielle de moi et cette lettre particulière. Il paroît que le roi d'Espagne voudroit faire quelque chose d'agréable à notre roi. Voici ce qui conviendroit le mieux. Il faudroit que Ferdinand fît présent à Louis XVIII ou à M. le duc d'Angoulême de quelques-uns de ces beaux tableaux de Raphael, du Dominiquin, de Murillo, et qui ont été restaurés en France. Nous avions voulu les acheter ou plutôt les échanger contre des meubles, des porcelaines, etc., etc. Nous pourrions encore envoyer présents pour présents. Tâchez de conduire à bien cette négociation au milieu de toutes les autres, cela seroit bon ici pour l'opinion, qui se souvient toujours que la galerie du Louvre a été dépouillée sous les Bourbons. Il seroit juste qu'une guerre nous rendît une partie de ce qu'une guerre nous a fait perdre.

Ma lettre officielle vous dira le reste.

CHATEAUBRIAND.

M. DE CHATEAUBRIAND A M. DE TALARU.

Paris, ce 25 novembre 1823.

Mes deux dernières lettres officielles, mon cher ami, vous auront appris qu'il y avoit eu erreur dans la manière dont l'Espagne doit demander la médiation des alliés; il faut absolument qu'elle comprenne l'Angleterre dans l'alliance, car elle y est en effet. Isoler les quatre cours continentales de la cour de Londres seroit donner à celle-ci le droit de se déclarer à l'instant même pour l'indépendance des colonies : faites bien réparer cette erreur capitale. C'est comme cela aussi que toutes les cours comprennent la médiation. L'Autriche et la Prusse viennent d'écrire qu'elles adhèrent au plan dans lequel, disent-elles, il faut comprendre l'Angleterre : en effet, c'est mettre celle-ci, soit qu'elle accepte ou refuse, dans le plus grand embarras.

M. de Polignac n'a point été trop loin ; nous ne pouvons nous départir de cette politique : ou l'Espagne adoptera un plan raisonnable pour ses colonies, ou elle ne l'adoptera pas : si elle l'adopte, nous et nos alliés la seconderons de tous nos efforts ; si elle ne l'adopte pas, nous ne pouvons pas voir l'Angleterre augmenter sa puissance, déjà trop grande, de toutes les richesses des colonies espagnoles, sans chercher à participer à ces richesses. Nous exposerions la France et nous nous ferions lapider par la partie industrielle de la nation. Ainsi, nous sommes très-décidés à agir dans les intérêts particuliers de notre pays, le jour où nos efforts auront été infructueux pour amener l'Espagne à des idées raisonnables sur ses colonies : voilà sur quoi vous devez appuyer toute votre politique.

Tâchez donc de faire conclure nos traités : le traité d'occupation, le traité de reconnoissance des sommes que nous avons prêtées à l'Espagne pendant la campagne, le traité pour les indemnités de notre commerce. Pourquoi le décret sur le licenciement de l'armée, tant royaliste que constitutionnelle, n'a-t-il pas paru? tout le mal est là en grande partie ; pourquoi le décret d'amnistie n'est-il pas publié? etc., etc. Vous me direz que les Espagnols ne vont pas si vite ; je le sais, mais cette anarchie de l'Espagne retombe ici en accusation contre nous : cela nous fait beaucoup de mal. Quant à M. Saez, peu m'importe qu'il soit là, s'il est capable et qu'il gouverne bien. Du moins devroit-il se démettre de sa place de confesseur et révoquer les décrets qu'il a fait rendre sur la route de Séville à Madrid.

J'oubliois de vous dire que nous sommes décidés à vouloir que l'affaire des colonies espagnoles, si elle a lieu, soit traitée à Paris, en conférence, et point à Madrid, comme l'Autriche en laisse percer l'envie. Vous sentez qu'elle nous échapperoit, que le gouvernement espagnol même, au milieu de toutes les intrigues, de tous les intérêts, de tous les préjugés nationaux, ne seroit pas maître d'agir raisonnablement. La France aussi jouera par ce moyen un rôle bien plus important et il nous importe d'élever tant que nous pouvons notre patrie.

CHATEAUBRIAND.

M. DE CHATEAUBRIAND AU MARÉCHAL DUC DE BELLUNE.

Paris, ce 26 novembre 1823.

J'ai reçu, monsieur le maréchal, la lettre que vous m'avez fait l'honneur de m'écrire le 23 de ce mois. Je vous annonce que le roi veut lui-même vous écrire, pour vous déterminer à accepter l'ambassade de Vienne; mais, monsieur le maréchal, avant que Sa Majesté vous donne cette preuve éclatante de son estime, il convient que je sache si vous êtes disposé à obéir, car vous sentez que le roi ne peut pas s'exposer à un refus. Soyez assez bon, monsieur le maréchal, pour me répondre poste par poste, ou même pour m'envoyer un courrier, si cela vous paroissoit plus prompt. Il me paroît impossible que vous repoussiez cette marque touchante de l'attachement et de la faveur de votre souverain. C'est aussi l'opinion de M. le duc d'Havré, dont j'ai l'honneur de vous transmettre les lettres.

Mon attachement pour vous, monsieur le maréchal, égale les sentiments de la haute considération avec laquelle je serai toute ma vie votre très-humble et très-dévoué serviteur.

CHATEAUBRIAND.

M. DE LA FERRONNAIS A M. DE CHATEAUBRIAND.

Saint-Pétersbourg, le 30 novembre 1823.

Malgré l'exacte fidélité avec laquelle je vous rends compte aujourd'hui de ma conversation avec l'empereur, il est cependant quelques détails et explications que j'ai cru devoir réserver pour ma lettre particulière. Il en est même que j'ai trouvés d'une nature trop délicate pour les confier au papier, et j'ai chargé M. Bois-le-Comte de vous les faire connoître.

Aujourd'hui, monsieur le vicomte, c'est vers nous, ou plutôt vers vous seul que se tournent les vues et les espérances de l'empereur; il voit peu à peu se dérouler tout ce que sa politique semble avoir prévu. Il voit ses ennemis naturels, l'Autriche et l'Angleterre, commettre des fautes dont quelques-unes décèlent plus de foiblesse encore que de manque d'habileté. Il voit la France, qu'il regarde comme son allié naturel, acquérir de la force, affermir sa puissance, et se replacer sur la scène politique au rang qui lui appartient; il nous sait une armée brave et fidèle : dès lors il se rapproche de nous, se met à côté de nous ; et, tout en professant le même attachement aux principes de la Sainte-Alliance, il m'a cependant plusieurs fois fait entendre, dans sa dernière conversation, que la France et la Russie, étant bien d'accord et s'entendant bien sur tout, assureront toujours la tranquillité de l'Europe et forceront les autres puissances du continent à vouloir ce qu'elles voudront. Je le répète, monsieur le vicomte, cette disposition actuelle n'est due qu'à la confiance sans bornes que vous inspirez aujourd'hui personnellement à l'empereur ; il croit que vous avez deviné sa pensée, ses vues; que vous êtes, comme il le dit, l'homme des circonstances, destiné à opérer, d'accord avec lui, tous les changements que l'ordre social et la situation politique de l'Europe réclament encore. Il a mis trop de soins à me répéter qu'il vous accordoit toute sa confiance, à me dire qu'il désiroit que tout le monde le sût, pour n'être pas bien sûr que j'ai à cet égard pénétré sa pensée. Vous seriez donc aujourd'hui, je n'en doute pas, monsieur le vicomte, tout à fait en mesure de remplacer M. de Metternich dans la confiance de l'empereur. Si les circonstances ou *le malaise et le sourd mécontentement* qu'éprouve la nation mettent l'empereur dans le cas de s'occuper de la Turquie, et lui imposent l'obligation de faire la guerre, il sait très-bien ce qui *peut nous convenir;* c'est à lui à s'expliquer. Si les premiers nous faisions un seul pas au-devant de lui, nous le ferions reculer. Au reste, monsieur le vicomte, je ne puis assez vous le répéter, toute la situation actuelle repose sur vous seul ; et si vous quittiez le ministère, ce seroit tout autre chose. Ce que je vous demande seulement, monsieur le vicomte, c'est de maintenir cette heureuse confiance que l'empereur a en vous ; rien n'y contribuera davantage que votre correspondance particulière avec moi ; vos lettres ne manquent jamais leur effet.

Vous verrez dans la révélation que vous fera M. Bois-le-Comte une preuve de plus de l'intérêt que l'empereur met à ce que rien ne puisse arrêter le développement de nos forces et de notre prospérité. Je sais que l'on pourroit être étonné que l'on eût eu l'audace de faire une pareille proposition à l'empereur ; mais il est nécessaire de savoir que tous les partis ont toujours cru pouvoir attacher ce prince à leurs causes et en faire un instrument. Les bonapartistes se sont sans cesse adressés à lui en faveur du petit Napoléon, d'autres en faveur du prince d'Orange ou de Beauharnais, d'autres encore en faveur du grand-duc Nicolas.

Une personne attachée à la cour et très à même de savoir ce qui s'y passe vient de m'assurer que le projet de l'empereur est d'envoyer à Mgr le duc d'Angoulême le grand cordon de Saint-Georges. Pour bien apprécier cette attention, il faut savoir l'extrême valeur que l'empereur attache à cette décoration; elle est telle, que lui-même l'a refusée lorsqu'elle lui étoit offerte par le chapitre de l'ordre, après son retour de Paris, déclarant ne l'avoir pas méritée. Le duc de Wellington est le seul qui la porte aujourd'hui. Les statuts de l'ordre n'accordent le grand-cordon qu'au général qui, commandant en chef une armée, a gagné plusieurs batailles dont le résultat a été une paix glorieuse pour le pays. — J'entre dans ce détail, monsieur le vicomte, pour que l'on ne se trompe pas sur le prix réel de cette prévenance de l'empereur, qui ne peut pas donner une preuve plus forte de l'importance qu'il attachoit au succès de la guerre d'Espagne et de la haute estime qu'il porte à Mgr le duc d'Angoulême.

Recevez, avec l'hommage de ma haute considération, l'assurance de mon inviolable et bien sincère attachement.

LA FERRONNAIS.

M. DE CHATEAUBRIAND A M. DE TALARU.

Paris, le 11 décembre 1823.

Je vous ai dit mille fois, mon cher ami, que le seul moyen, le moyen sûr que vous aviez d'agir sur le roi et le gouvernement espagnol étoit de ne fixer qu'une très-courte occupation et de les menacer sans cesse d'une retraite. Quand je vous présentai cette idée pour la première fois, vous la combattîtes : je suis charmé que vous vous soyez rangé à cet avis, et vous allez avoir occasion de faire usage de ce moyen de pouvoir.

Il ne me semble possible ni à moi ni au président du conseil de forcer le roi à renvoyer sur-le-champ un ministère, et à exiler un favori, en lui mettant le marché à la main. Il faut réserver la menace de la retraite de nos troupes pour les cas extrêmes ; c'est à votre habileté que je me confie, et c'est à présent qu'il vous faut déployer toutes les ressources de la diplomatie.

D'abord il vous faut témoigner hautement votre mécontentement de la faveur d'Ugarte, et déclarer que si cet homme n'est éloigné et que si la camarilla revient en puissance, vous demanderez à votre cour le rappel de notre armée. La menace ainsi venant de vous sera bonne et efficace, au lieu que le gouvernement françois disant lui-même du premier mot, ou *cela* ou *rien*, seroit le parti d'hommes sans patience et qui n'entendent rien aux affaires.

Remarquez bien que le traité vous donne le moyen complet de la menace ; car non-seulement le terme de l'évacuation est très-rapproché, mais le roi s'est réservé le droit de retirer ses troupes quand il le jugeroit à propos. Nous avions senti la nécessité de cette clause pour pouvoir garder notre influence en Espagne.

Ainsi donc, en faisant connoître hautement votre mécontentement du rappel de la camarilla, vous ébranlerez d'abord ce ministère, en ayant l'air de ne pas l'attaquer directement ; vous verrez s'il est nécessaire de renverser Casa Irujo, homme doux, que nous connoissons et qui est attaché à la France. Je vous indiquois Las Amarillas de mon côté, tandis que vous me le proposiez du vôtre. Dans votre système, Vergas, vieux et violent, remplaceroit Casa Irujo. Almenara nous est désigné par tout le monde pour les finances. Nous regrettons l'ancien ministre des grâces et de la justice, qu'on disoit habile et honnête homme. Il faut aussi que le confesseur du roi ne soit pas un *inquisiteur*. Si Las Amarillas ne pouvoit passer à la guerre, vous avez Sarsfield et d'Eroles ; mais surtout Sarsfield, qui a plus de vigueur que d'Eroles.

Vous me dites qu'on n'a rien vu de votre humeur : c'est bien, et c'est le métier. Il est tout simple que vous ne voyiez que l'Espagne ; mais moi qui suis au centre du cercle, je vois tous les rayons et les divers points de la circonférence. Notre vraie politique est la politique russe, par laquelle nous contrebalançons deux ennemis décidés, l'Autriche et l'Angleterre. Si la Russie maintenant vouloit être trop prépondérante, une légère inclinaison de notre part vers l'Angleterre aura bientôt rétabli le niveau : c'est entre ces deux contre-poids que nous devons jouer. Ne vous écartez jamais de ce système et surtout cachez bien votre politique et vos sentiments. Soyez *bon homme,* excepté pour les Espagnols, auxquels il vous faut parler en maître. Vous êtes un vrai roi, car vous disposez de quarante-cinq mille hommes, et en mêlant l'adresse à la force vous vous ferez obéir.

Il y a une chose que je ne comprends pas. Si le changement des ministres a été produit par un coup de la camarilla, comment ces ministres sont-ils des modérés ou même des demi-libéraux ?

Je comprends qu'au milieu de tous ces bouleversements, rien ne marche et que tout rétrograde. Il est pourtant heureux que la demande en médiation ait été retardée, puisque cela vous aura peut-être donné le temps, d'après mes lettres, de l'asseoir sur une autre base. Vous leur ferez remarquer que leurs espérances pour le Pérou et le Mexique ne sont point renversées par la médiation ; bien au contraire, elles s'accroîtront en donnant de la force aux royalistes dans les colonies ;

les royalistes américains seront encore bien plus forts et leurs antagonistes bien plus faibles, si vous obtenez la déclaration de liberté du commerce que je vous ai demandée.

Veillez à nos traités. Si celui d'occupation n'est pas signé immédiatement, vous déclarerez que les troupes vont avoir l'ordre de se retirer. Vous n'ajouterez pas même à ce traité l'article que vous m'aviez indiqué et que je vous ai envoyé rédigé. Il faut que le traité reste absolument tel qu'il est. Heureusement que par mon billet du 9, à deux heures et demie, je vous ai dit de ne point insérer cet article.

Voilà certes, mon cher ami, de longues explications : vous saurez maintenant comment agir en réunissant ce que je vous dis dans cette lettre confidentielle à ce que je vous dis dans ma lettre officielle.

CHATEAUBRIAND.

M. DE CHATEAUBRIAND A M. DE POLIGNAC.

Paris, ce 13 décembre 1823.

J'ai reçu ce matin votre dépêche du 12. Je vais en faire passer une copie à M. de Talaru. Cela va assez mal en Espagne : on ne finit à rien, et cette médiation que nous voudrions établir pour les colonies est ajournée comme toutes les autres affaires. Le temps surprendra ces gens-là; et tandis qu'ils délibèrent, tiraillés en sens contraires par leurs passions et par les intérêts divers de l'alliance, l'Angleterre ira son chemin, et un beau matin, peut-être à la prochaine session du parlement, reconnoîtra l'indépendance des colonies.

Veillez bien à ce qui se passe autour de vous : la douceur de Canning et son apparence de changement de sentiments pour nous me sont suspects. Il est peut-être content de notre loyauté et de nos explications franches sur nos intentions touchant les colonies espagnoles, parce que cela lui permet de suivre plus facilement ses projets. J'ai peur qu'il ne sorte de toute cette paix quelque traité, surtout avec le Mexique, par lequel l'Angleterre obtiendroit, au détriment de notre commerce et de notre industrie, des avantages immenses. Prenons garde à nous laisser endormir; ne jouons pas un rôle de dupes. Je sais que tout cela est fort difficile à prévenir, car nous n'avons pas de forces maritimes, et le continent, surtout depuis nos succès, ne nous aime pas assez pour nous soutenir dans une guerre contre l'Angleterre; mais il est toujours de notre devoir de faire tout ce que nous pourrons, et de ne pas tomber par imprévoyance. Il me semble difficile que la prochaine session du parlement n'amène pas quelque nouvelle révélation. Canning peut-il se présenter à la chambre des communes sans compensation pour la guerre d'Espagne qu'il a laissé faire? S'il ne m'a pas donné une très-haute idée de sa politique, son intérêt et son amour-propre doivent le pousser à tenter quelque chose qui puisse fermer la bouche à ses ennemis.

CHATEAUBRIAND.

M. DE CHATEAUBRIAND A M. DE TALARU.

Paris, le 17 décembre 1823.

Je profite d'une estafette de M. le duc Doudeauville pour vous envoyer le duplicata, à tout événement, de mes lettres et dépêches. Comme je vous ai écrit hier, je n'aurois rien à vous mander aujourd'hui sans l'arrivée de Rothschild de Londres, de Barring et de deux autres grands banquiers.

Ils viennent avec le projet de s'entendre avec le Rothschild de Paris, pour prêter une somme considérable à l'Espagne. Ils vont examiner la chose ici, voir dans quelle position financière se trouve la monarchie de Ferdinand : après quoi ils feront leur proposition.

Mais si, après avoir calculé dans leur propre intérêt que l'emprunt est possible, nous, France, nous ne le trouvions pas bon, ils nous déclarent qu'ils ne feront rien sans nous. Cette affaire est toute différente de celle que proposoit Parish, l'homme du prince Metternich, de concert avec Ouvrard, et dans laquelle le Rothschild de Paris n'a pas voulu entrer.

Ceci, mon cher ami, est de la plus haute importance. En cas que ces premiers banquiers de l'Europe viennent au secours de l'Espagne, c'est encore à nous qu'elle devra ce nouveau et signalé service. Armé de ce nouveau moyen, vous pouvez tout. Si vous n'avez pu encore parvenir à obtenir ce que nous demandons avec tant d'instance, vous le pouvez maintenant. Vous pouvez faire un ministère à votre gré, dicter des lois, faire signer nos traités, décider la médiation pour les colonies, la liberté du commerce en Amérique, en liant ou en déliant les cordons de la bourse. Il seroit bien malheureux que, maître des forteresses d'Espagne, et pouvant fermer et ouvrir la source du crédit, nous fussions nous-mêmes sans crédit dans la Péninsule.

CHATEAUBRIAND.

M. DE CHATEAUBRIAND A M. DE TALARU.

Paris, le 29 décembre 1823.

Je conçois, mon cher ami, que dans le despotisme absurde de l'Espagne et la complète anarchie de l'administration, ce soit un pas de fait que l'organisation d'un conseil de ministres; partout ailleurs cela ne seroit rien. Mais ce conseil des ministres est composé des mêmes hommes que nous avons vus au travail, rendant décret sur décret, comme leur maître, rétablissant les dîmes, proscrivant les miliciens en masse et hésitant à pardonner à Morillo. Je serai charmé qu'ils aillent bien, et que le roi, qui doit tout décider, décide d'une manière raisonnable; mais j'en doute. En attendant, je remarque qu'on vous dit qu'on fera, qu'on va faire, et l'on ne fait rien, ni pour la conclusion de nos traités ni pour les affaires de l'Espagne. Faites donc reconnoître nos créances, régler l'acte d'occupation et les indemnités pour notre commerce. Pressez, grondez, menacez même, s'il le faut. Nous n'avons pas dépensé 200,000,000 et délivré Ferdinand pour être sans crédit en Espagne. Vos dernières dépêches, jusqu'au n° 112, me donnent l'espoir que les miennes, à dater du 19, vous seront arrivées à temps pour redresser l'erreur dans laquelle on alloit tomber en demandant l'intervention de l'alliance pour les colonies sans y associer l'Angleterre. Dans cette occasion la lenteur espagnole nous aura servis. Le ton de l'Angleterre envers nous devient de plus en plus pacifique; ne la bravons pas inutilement, empêchons-la de se séparer trop brusquement des intérêts communs. Le continent parle fort à son aise des *quelques vaisseaux* et du *peu de soldats* qu'il faudroit pour réduire le Pérou et le Mexique : et qui les fourniroit ces vaisseaux et ces soldats? Nous sans doute. Or, pouvons-nous soutenir une guerre maritime? et dans cette guerre même les alliés, si entreprenants, nous soutiendroient-ils? L'Autriche n'est-elle pas tout angloise, et la Russie ne ménage-t-elle pas même le cabinet de Londres, à cause des affaires d'Orient? Jouons serré, et ne soyons la dupe de personne. Nous avons Cadix et Barcelone : avec ces nantissements, l'Angleterre n'ira pas trop vite en besogne; nous aurons le temps de voir si l'Espagne est raisonnable sur les colonies; si elle ne l'est pas, nous prendrons notre parti. Décidément, nous évacuerons l'Espagne; nous la laisserons s'arranger avec les factions comme elle le voudra, si elle ne veut en finir sur rien : c'est ce que vous ne sauriez trop répéter à M. Saez. Et qu'il ne se repose pas sur l'idée que nous serions nous-mêmes en danger, si des troubles renaissoient en Espagne; les ministres qui gouvernent aujourd'hui avec si peu de prudence seront certainement chassés, renversés par des soulèvements quand nous n'y serons plus. Il y va de leur intérêt personnel : qu'ils sentent au moins celui-là, s'ils ne sont pas touchés par des motifs plus nobles. Comment! ils n'ont pas encore fait les trois choses que le simple bon sens indique et pour lesquelles il ne faut pas plus d'une séance du conseil, l'amnistie, le licenciement de l'armée et l'emprunt! Nos affaires à nous n'avancent pas plus que les leurs. Défiez-vous, mon cher ami, de Saez; je crains que cet homme rusé ne vous endorme par des paroles qu'il ne réalise jamais. Parlez-moi encore de ce ministre; dites-moi ce qu'il est : quelle est sa capacité, son caractère, ses intérêts, ses passions; ce qu'on en doit espérer, ce qu'il faut en craindre. Répondez-moi sur tous ces points :

Affaires de l'Espagne.

Colonies, amnistie, licenciement de l'armée, emprunt.

Affaires de France.

Traité d'occupation, reconnoissance de nos créances, indemnité pour notre commerce.

Voilà qui est clair, mon cher ami. Je vous le répète, le roi ici est très-irrité, et si l'Espagne ne conclut pas, nous conclurons. Avertissez M. Saez du danger. Je ne l'ai pas caché au duc de San-Carlos. J'ai reçu une très-longue lettre du général Pozzo aujourd'hui. J'y répondrai demain. Dans votre politique soyez Russe. Notre ennemie naturelle, l'Autriche, est très-malveillante dans ce moment. La Prusse craint la Russie, mais elle la suit. L'Angleterre voudroit nous brouiller avec la Russie surtout et nous caresse à présent; soyez poli sans confiance; il est certain que dans l'affaire des colonies l'Angleterre est plus près de nous que les puissances continentales, parce que nos intérêts se rapprochent.

Je vous remercie de la Toison. J'étois charmé qu'on vous l'eût donnée, sans penser un moment que je pouvois la mériter. Je suis, grâce à Dieu, fort au-dessus de ces ambitions.

Tout à vous, mon cher ami.

CHATEAUBRIAND.

M. DE CHATEAUBRIAND A M. DE POLIGNAC.

Paris, ce 5 janvier 1824.

Je sors d'une conférence avec le duc de San-Carlos, le général Pozzo et le baron Vincent. Le duc de San-Carlos a reçu la note officielle pour la demande en médiation, et a ordre de la faire connoître à moi, aux ambassadeurs d'Autriche, de Russie et d'Angleterre. Nous sommes convenus qu'il retarderoit cette communication de quelques jours pour vous donner le temps de me répondre et de connoître par vous la disposition de M. Canning : elle sera favorable ou défavorable. Dans le premier cas, nous accepterons immédiatement la demande en médiation, aussitôt qu'elle nous aura été faite officiellement. Dans le second cas, nous prendrons la chose *ad referendum*, jusqu'à ce que nous connoissions la détermination de l'Angleterre, et surtout pour ne pas précipiter une rupture sur la question des colonies entre nous et le cabinet de Saint-James.

Voilà le point où en sont les choses ; mais il faut que vous sachiez que l'Autriche suppose, et a fait dire à M. Canning, que les conférences pour la médiation pourroient être établies à Londres. Or, vous voyez que l'Espagne demande positivement qu'elles soient établies à Paris, et nous, notre résolution est de tout rejeter plutôt que de transporter à Londres le lieu de la médiation. Voyez M. Canning le plus tôt possible, et renvoyez-moi mon courrier.

CHATEAUBRIAND.

M. DE CHATEAUBRIAND A M. DE TALARU.

Paris, ce 17 janvier 1824.

J'ignore encore, mon cher ami, quel parti M. Canning prendra sur la médiation ; cependant, sir Charles Stuart m'a dit aujourd'hui qu'il avoit reçu des lettres de Londres et que le ministère paroissoit assez favorablement disposé sur cette médiation. Si maintenant le décret pour la liberté du commerce paroissoit, nous pourrions espérer un succès, malgré le fatal décret du conseil des Indes.

Je vous le répète pour la millième fois, si le ministère actuel ne vous plaît pas, changez-le ; vous devez commander en maître ; si le clergé est le plus fort et peut être le plus utile, liez la partie avec lui, pourvu qu'il vous donne tout ce que vous lui demanderez pour le bien de l'Espagne : Amnistie, emprunt, décret sur la liberté du commerce et nos traités. Mettez-vous bien dans la tête que vous êtes roi d'Espagne, que vous devez régner. Je ne vous demande ni de faire prévaloir telle ou telle théorie ni d'appuyer tel ou tel homme, mais de faire ce que l'état des choses permet. Ne vous embarrassez ni des intrigues de vos collègues ni des jalousies de nos ennemis. Qu'on écrive ici et à la cour mille calomnies sur moi et sur le gouvernement du roi, peu importe : laissez dire et agissez. Je vous le répète, vous avez carte blanche pour agir. Tout ce que vous aurez fait sera bien fait et approuvé, pourvu *qu'il y ait action*. Voici ce que vous pouvez dire au roi pour le déterminer à en finir avec nous et pour lui :

Si avant un mois, à partir de la date de cette lettre, il n'y a rien de fait pour nos traités et pour l'Espagne, vous recevrez vraisemblablement l'ordre de demander vos passe-ports. M. de Bourmont recevra en même temps les instructions nécessaires pour quitter Madrid. La patience du roi est à bout. Lui et son gouvernement sont las de n'être payés de tant de sacrifices que par l'ingratitude.

Mes lettres officielles vous transmettent des documents curieux sur Cuba. Je vous enverrai par le courrier de mardi 20 la ratification du petit traité des prises : il sera demain dans *Le Moniteur*.

Tout à vous, mon cher ami.

CHATEAUBRIAND.

M. DE CHATEAUBRIAND AU GÉNÉRAL BOURMONT.

Paris, ce 17 janvier 1824.

J'ai reçu, monsieur le comte, la lettre que vous m'avez fait l'honneur de m'écrire. Vous pouvez être sûr que je ferai tout ce qui dépendra de moi pour améliorer le sort de M. de La Roche-Saint-André. Maintenant, je répondrai à votre politique.

Je suis persuadé, monsieur le comte, que si nous perdons notre influence en Espagne, ce sera absolument notre faute. Quand on est maître des places fortes d'un pays, que l'on peut en outre faire fournir à ce pays l'argent qui lui manque, je ne sais pas ce qu'on ne peut pas faire. Je ne cesse d'écrire à notre excellent ambassadeur d'agir avec force, de donner, s'il le faut, des ordres : tout ministère qui déplaît à la France doit s'en aller, tout ministère qui lui plaît doit rester. Rien n'ira si nous ne gouvernons pas nous-mêmes; c'est nous qui devons dicter l'amnistie, faire faire les emprunts, licencier et réformer l'armée. Il ne s'agit pas de donner à l'Espagne tel ou tel genre de gouvernement, mais de trouver dans son sein une force avec laquelle on puisse rétablir l'ordre et la justice. Est-ce le clergé qui est cette force, il faut s'appuyer sur lui, le mettre à la tête de l'État, à condition qu'il fera toutes les choses qu'il est raisonnable de faire pour le salut de la monarchie. Ainsi il faut qu'il se prête aux arrangements qui peuvent encore sauver une partie des colonies, qu'il paye les intérêts d'un emprunt, qu'il signe nos traités particuliers, etc. A ces conditions, marchons avec lui ; nous lui laisserons notre armée ; nous ne souffrirons pas qu'il soit chassé du pouvoir. Qu'importe aujourd'hui que l'ancien ministère soit tombé par telle ou telle cause, par l'influence de tel ou tel homme ; qu'importe que le ministère actuel soit soutenu par tel ou tel crédit? S'il ne convient pas au pays, qu'il se retire, et c'est à la France, c'est à notre ambassadeur à désigner les hommes qui doivent être placés à la tête de l'État. Je sais, monsieur le comte, que vous avez à vaincre bien des obstacles, que les intrigues, les jalousies, les préjugés sont armés contre vous : le corps diplomatique mêle ses inconvénients à tant de difficultés.

Le mal de tout cela, c'est qu'on perd dans de vains reproches le moment d'agir. Je vous engage fort, monsieur le comte, à vous réunir à M. l'ambassadeur pour porter un coup vigoureux. Il faut enlever en quinze jours la signature de tous nos traités, et l'accomplissement de toutes les choses sur lesquelles M. de Talaru a des instructions. M. de Talaru a carte blanche ; je prends sous ma responsabilité tout ce qu'il fera. Allez droit au roi tous les deux, parlez ; et si l'on se refusoit à ce que vous croiriez utile au salut de l'Espagne, M. de Talaru recevroit immédiatement des ordres. Nous serions forcés d'abandonner le malheureux monarque que nous avons délivré à une destinée dont il ne seroit plus en notre pouvoir de changer le cours.

Voilà, monsieur le comte, quels sont mes sentiments politiques sur l'Espagne : s'ils sont conformes aux vôtres, je m'en applaudirai. Vous avez comme moi à cœur le bien de l'Espagne et l'honneur de la France.

Recevez, etc.

CHATEAUBRIAND.

P.-S. J'oubliois de vous dire, monsieur le comte, pour ne rien garder sur ma conscience, qu'il me sembleroit utile de rassembler les vieilles cortès ; mais faut-il les convoquer à présent pour suppléer à la foiblesse royale, et faire tout ce qu'il y a à faire d'utile et de vigoureux, ou faut-il attendre qu'une administration forte ait rétabli l'ordre dans la Péninsule? Les deux systèmes peuvent également se soutenir. Il y a des affaires telles que celle des colonies (qui est tout pour l'Espagne) qu'un corps politique comme les vieilles cortès peut seul déterminer, car je doute que le roi et des ministres osent jamais prendre un parti décisif sur ce point ; mais aussi les vieilles cortès, à présent, peuvent ramener des troubles. Il faudroit être comme vous sur les lieux pour juger l'à-propos.

M. DE CHATEAUBRIAND A M. DE TALARU.

Paris, le 24 janvier 1824.

Nous désirons plutôt que nous n'espérons, mon cher ami, que la présence de Marcellus frappera le gouvernement espagnol et l'amènera à une décision. Si vous réussissez, Marcellus reviendra; si vous manquez le coup, Marcellus restera comme chargé d'affaires; vous recevrez vos lettres de rappel; en même temps nous prendrons envers l'Espagne les mesures les plus sévères. Le roi est tellement révolté de son ingratitude envers la France, qu'il ne veut plus entendre à rien.

Je désire vivement, pour votre honneur et pour le nôtre, que vous emportiez ce décret de la liberté du commerce. Vous devez tout mettre en usage. Vous sentez qu'il ne nous est pas possible de rester comme nous sommes. Songez à ce que nous deviendrons lorsque les discussions vont s'ouvrir dans le parlement d'Angleterre, et que nous verrons celle-ci s'emparer, sous nos yeux, des colonies espagnoles; car déclarer leur indépendance ou les prendre, le résultat est le même; et c'est là ce que nous aurions fait à Madrid! Cela n'est pas tolérable. La déclaration de l'indépendance du commerce sauve notre honneur, nous met dans une bonne position à la tribune, et obligeroit l'Angleterre à se faire ouvertement le champion de l'insurrection, puisqu'elle ne pourroit plus argumenter de ses intérêts commerciaux. Attaquez le roi corps à corps, faites signer devant vous; et si l'on exigeoit pour ce décret quelque concession de votre part pour les troupes, les prisonniers, etc., nous tiendrons vos engagements.

Nous avons fait le décret de deux manières; celui que nous aimerions le mieux est celui où il est question des consuls. Si l'Espagne entendoit bien ses intérêts et la politique, elle l'adopteroit. Par ce moyen elle culbuteroit tout le système anglois; car les Anglois ayant déjà envoyé des agents consulaires dans les colonies espagnoles, en autorisant la France et les alliés à y avoir aussi légitimement des consuls, ces derniers consuls combattroient les autres, et soutiendroient et étendroient les droits de la métropole. Mais M. Heredia, homme d'esprit, dit-on, sera-t-il de force à entendre cette politique? Les conseils surtout l'entendront-ils? Il y a un moyen, c'est de faire signer le roi sans en passer par les conseils. Et ne sortez du palais que le décret n° 2 ne soit signé. Faites-vous, si vous voulez, accompagner de M. de Bourmont, qui déclarera qu'il attend ses ordres pour évacuer Madrid.

CHATEAUBRIAND.

LE GÉNÉRAL BOURMONT A M. DE CHATEAUBRIAND.

Madrid, le 29 janvier 1824.

Monsieur le vicomte,

Si on suivoit à Madrid les idées exprimées par la lettre que Votre Excellence m'a fait l'honneur de m'écrire le 17 de ce mois, je suis convaincu que la monarchie se relèveroit promptement en Espagne, et rendroit à ce pays une assez grande prospérité ; que toutes les réclamations ou affaires particulières à la France pourroient être terminées dans huit jours, et que de bien longtemps l'Espagne ne pourroit causer aucune espèce d'inquiétude à la France, mais qu'au contraire la France en pourroit tirer des ressources utiles avant deux ans, si elle en avoit besoin.

Je crains qu'il ne soit difficile d'obtenir quoi que ce soit de bon par les ministres actuels de S. M. C., qui ont été l'œuvre de la camarilla, qui sont dans sa dépendance, et contre lesquels l'opposition va devenir plus forte encore.

Je m'affligerois aussi de voir appuyer par la France des gens qui ont cherché à mettre la dissension dans la famille royale, et qui ont osé même accuser l'infant Don Carlos d'intentions coupables envers le roi son frère.

La réunion des anciennes cortès du royaume seroit impossible avec les ministres actuels, qui n'y voudroient pas consentir à cause de l'influence énorme que le parti qui leur est opposé auroit sur les cortès.

Cette assemblée me paroîtroit aussi dangereuse en ce moment, où le pouvoir royal est sans force. Je serois donc d'opinion qu'il faudroit établir en Espagne une dictature dirigée par la France pendant une année au moins, puis assembler les anciennes cortès, dans un ou deux ans, après que le pouvoir royal auroit repris de la force, se seroit rendu populaire par le bien qu'il auroit fait, en réformant et régularisant toutes ses administrations et en faisant payer au courant ses dépenses.

J'ai l'honneur d'être avec respect, monsieur le vicomte, de Votre Excellence, le très-humble et très-obéissant serviteur.

Le lieutenant général commandant en chef,

Comte DE BOURMONT.

M. DE CHATEAUBRIAND A M. DE TALARU.

Paris, le 29 janvier 1824.

D'après votre lettre et dépêche du 22 de ce mois, mon cher ami, vous étiez en grande espérance pour la reconnoissance des 34,000,000 fr. Dieu veuille que le conseil d'État n'ait pas fait de nouvelles chicanes!

Marcellus peut donc vous être arrivé au moment d'une amélioration dans les affaires françoises, et peut-être après la signature de la reconnoissance et même du traité d'occupation. Alors vous aurez fait valoir surtout son arrivée pour deux points : le décret pour la liberté du commerce, et l'amnistie.

Pour la liberté du commerce, il ne suffit pas, comme vous l'a dit M. Heredia, de venir dire tout bas à la France et à l'Angleterre que l'on donneroit aux étrangers toute facilité aux colonies : c'est un décret patent qu'il nous faut, et pour toutes les nations de l'Europe. En voici les raisons :

Ce décret peut faire un nombre de partisans infini aux Espagnols, dans les colonies ;

Il embarrasse les projets de l'Angleterre et retarde du moins, s'il n'empêche, la reconnoissance que cette puissance veut faire de l'indépendance des colonies. Or, gagner du temps sur ce point est tout pour l'Espagne ;

Enfin, il sera du plus grand effet en France, et fermera la bouche aux détracteurs de la guerre d'Espagne. Nous aurons fait par cette guerre ce que personne n'avoit fait avant nous : nous aurons amené l'Espagne à ouvrir légalement ses colonies à l'Europe ; il ne s'agit pas de l'effet *réel*, de l'effet *physique,* mais de l'effet d'*illusion*, de l'effet *moral*, qui est aussi une force immense. Nous savons bien que ce décret n'empêchera peut-être pas l'Angleterre de déclarer l'indépendance, et il ne fera pas qu'un port de plus soit ouvert à nos vaisseaux au Mexique et au Pérou. Mais il nous place sur un excellent terrain ; il met au contraire l'Angleterre dans une position glissante, nous renforce et est surtout de la plus grande utilité à l'Espagne.

Les emprunts que ce malheureux pays fait ou veut faire achèvent sa ruine. S'il engage partout ses revenus, comment vivra-t-il? C'est le clergé qui devroit payer l'intérêt d'un emprunt et adopter le plan très-raisonnable des Rothschild. Vous direz que ce clergé veut régner et qu'il ne fera rien avec ce ministère ; je vous répondrai : Eh bien, qu'il règne et qu'il renverse ce ministère, pourvu qu'un ministère nouveau soit dans les intérêts communs de l'Espagne et de la France; mais voilà la difficulté : Saez étoit-il à nous? Erro, que nous avons comblé ici, est-il à nous? Ce peuple est ingrat avant tout, et le clergé l'est encore davantage. Au reste, peu nous importe qui gouverne, pourvu qu'*on gouverne*. Le despotisme le plus aveugle vaut encore mieux que l'anarchie; mais en Espagne il n'y a que de l'*arbitraire*, ce qui est bien différent du despotisme; et avec l'arbitraire on ne fait rien.

Voici donc en résumé votre conduite en ce moment :

Signez la reconnoissance et le traité d'occupation; obtenez l'amnistie et le décret pour la liberté du commerce, et ne pensez pas que vous puissiez revenir avant d'avoir obtenu ces deux derniers actes.

Le front du roi commence à s'éclaircir; tout s'arrangera par mon amitié et mon dévouement pour vous. Puisque vous avez payé pour la Toison, que je ne perde pas mon argent, et faites-moi délivrer le diplôme. Villèle a payé aussi des paperasses, et ne reçoit rien.

Les nouvelles des provinces dont vous me parlez ne sont pas aussi mauvaises qu'on le dit, à Madrid du moins, sur nos frontières. La Catalogne, au contraire, s'organise, et le baron d'Éroles prouve qu'on peut faire quelque chose et trouver même de l'argent en Espagne; mais vous verrez que parce qu'il va bien en Catalogne on le retirera.

Tout à vous, mon cher ami.

CHATEAUBRIAND.

LE PRINCE DE POLIGNAC A M. DE CHATEAUBRIAND.

Londres, ce 6 février 1824.

Vous avez dû voir par les papiers anglois, mon cher vicomte, quelle différence il y avoit entre le langage des ministres anglois au parlement cette année et l'année dernière; lord Liverpool a fait un brillant éloge de M. le duc d'Angoulême, et M. Canning, de l'armée françoise dans la guerre de la Péninsule.

Deux membres du gouvernement colombien sont venus en Europe : ces deux personnes partagent l'opinion de leurs concitoyens à l'égard de la nation angloise; ils ne l'aiment point, et préfèrent les François; je dois les voir demain, non comme *ambassadeur*, mais comme curieux d'apprendre par moi-même tout ce qui se passe dans le Nouveau Monde. Ils (ou au moins l'un des deux) doivent se rendre en France;

vous trouverez peut-être utile de les voir en secret et de les bien accueillir.

Recevez l'assurance de mon bien sincère attachement.

Le prince DE POLIGNAC.

M. DE CHATEAUBRIAND A M. DE RAYNEVAL.

Paris, ce 17 février 1824.

J'ai le plaisir, monsieur, de vous annoncer que toutes nos affaires en Espagne sont terminées. M. de Talaru a signé le traité des prises, la reconnoissance des 34 millions et le traité d'occupation. Les bases de ce dernier sont, comme je vous l'ai déjà dit : quarante-cinq mille hommes que nous laisserons à notre solde en Espagne; les Espagnols ne nous payeront que la différence du pied de guerre au pied de paix, évaluée à deux millions, y compris les dépenses de notre marine à Cadix, entretenue aussi sur le pied de guerre. L'occupation finira au mois de juillet; mais il est stipulé par une clause particulière que si à cette époque les parties contractantes le désirent, l'occupation pourra être prolongée.

La modération et la raison ont été notre guide dans tous ces actes; pourtant, nous avons été violemment calomniés. Nous demandions, dit-on, 34 millions sans titres; nous demandions 2 millions pour quarante-cinq mille hommes, et nous n'en avions que vingt-sept mille; et pourtant nous fournissions la preuve que nous avions prêté 34 millions, et nous avions quarante-cinq mille hommes et, de plus, notre marine en Espagne, sauf les hommes que le licenciement ordonné tous les ans par notre loi du recrutement nous a enlevés, et que nous remplaçons par de nouveaux hommes. Il falloit que nous ne parlassions pas de tout cela; qu'avec un gouvernement représentatif nous nous présentassions aux chambres, qui, ne sachant ce qu'étoient devenus les 34 millions prêtés à l'Espagne, auroient dit justement que nous les avions mis dans notre poche, et nous auroient chassés, comme nous l'aurions très-bien mérité. Et quand on songe que toutes ces reconnoissances ne sont que nominatives, que l'Espagne ne nous payera jamais, et que nous ne demandions qu'un morceau de papier pour mettre notre budget en règle, ces cris paroissent encore bien autrement sans motifs.

Une chose plus importante que la signature de nos traités est le décret pour la liberté du commerce aux colonies espagnoles, que j'ai enfin obtenu, après bien des sollicitations : je vous en envoie copie, en vous en faisant remarquer les principaux avantages, dans ma lettre officielle. Il faudra maintenant que l'Angleterre avoue, si elle se hâte de reconnoître l'indépendance des Amériques espagnoles, qu'elle veut des révolutions; car elle ne peut plus argumenter des intérêts de son commerce.

La demande en médiation, que j'ai également obtenue de l'Espagne, est restée sans effet pour le moment; car il m'auroit paru de la dernière imprudence d'avoir ici des conférences sur cette immense question, l'Angleterre refusant d'y participer. Nous aurions justifié toutes les résolutions de M. Canning ; sous prétexte que les puissances continentales s'occupoient des colonies, il se seroit hâté d'en reconnoître l'indépendance, et nous aurions ainsi précipité les colonies dans les bras de l'Angleterre en voulant les sauver. M. Canning a fait entendre, ainsi que le président des États-Unis, qu'il nioit aux puissances du continent le droit d'intervenir à main armée dans les affaires des colonies. Que cette déclaration soit fondée en justice ou qu'elle ne le soit pas, qu'elle soit ou non téméraire, il en résulte que c'est de la guerre dont il s'agit, si l'Europe veut intervenir. Or toute l'Europe veut-elle faire la guerre à l'Angleterre ? Non pas certainement l'Autriche ; la Prusse n'y a aucun intérêt : il est donc clair que la Russie et la France restent seules sur le champ de bataille. Elles suffisent à tout, j'en conviens ; mais il faut éviter tout ce qu'on peut éviter, faire tout ce que la modération, la raison, la prudence réclament avant d'en venir à tirer l'épée. C'est pour cela que j'ai trouvé qu'il falloit traîner en longueur sur la question de la médiation, éloigner les conférences, essayer par tous les moyens de ramener l'Angleterre à ses vrais intérêts et à des idées plus justes. Je n'en désespère pas, depuis le décret sur la liberté du commerce : c'est à quoi nous devons tous travailler de concert et avec activité.

Pour en finir de l'Espagne, le ministère actuel a contre lui le clergé ; mais il paroît assez sage pour le pays. Nous espérions le décret d'amnistie. Ce décret sera sans doute mal fait, car en Espagne tout est passion; mais enfin il ira tellement quellement. Au reste, faute d'argent et par mille autres raisons, la Péninsule est dans la plus profonde anarchie, anarchie qui toutefois ne tuera pas ce malheureux peuple, accoutumé à vivre sans administration depuis deux siècles.

CHATEAUBRIAND.

M. DE CHATEAUBRIAND A M. DE TALARU.

Paris, le 19 février 1824.

Ce que vous me mandez, dans vos dépêches n° 26, sur l'amnistie, me fait craindre que M. Heredia n'ait succombé sous les efforts de ses ennemis. Vous vous étiez d'abord déclaré fortement contre ce ministre, mais depuis l'expérience vous avoit sans doute appris qu'il pouvoit être utile; dans votre dépêche, vous vantez son habileté. Si vous en gardez toujours la même opinion, votre devoir est de le soutenir dans la position difficile où il se trouve. Un ministre qui a eu le courage de signer la reconnoissance des 34 millions, le décret sur la liberté du commerce, et qui veut publier l'amnistie, toutes choses impopulaires dans le malheureux pays où vous vivez, ne pourroit être abandonné sans une sorte d'ingratitude de la part de la France.

Reste à savoir, au milieu de toutes les intrigues, ce qu'il y a de vrai dans les frayeurs du roi et les discours de M. Heredia. Ne veulent-ils pas se créer un prétexte pour suspendre l'amnistie, ou bien le parti du clergé qui veut renverser le ministère n'oppose-t-il pas un parti factice à cette mesure pour épouvanter S. M. C.? Ce qu'il y a de certain, c'est qu'il est étrange qu'ayant une garnison assez nombreuse à Madrid, l'autorité militaire ait souffert des rassemblements sous les fenêtres du château. On sait combien la fermeté impose.

Dans tous les cas, vous ne devez jamais consentir à ce qu'on ne publie pas l'amnistie. Le roi et le prince généralissime regardent leur parole engagée, et S. M. tient à en parler dans son discours à l'ouverture des chambres.

Je ne saurois trop diriger à présent votre attention vers l'emprunt. Les colonies espagnoles, surtout le Mexique, se créent à Londres des partisans et des intérêts immenses par des affaires de finances. Il faut que la mère patrie, qui a d'ailleurs un besoin réel d'argent pour exister, et pour influer dans les colonies, contrebalance en Angleterre le crédit des Amériques espagnoles, en liant à sa prospérité les fortunes des grands capitalistes de l'Europe. M. Heredia est homme d'esprit, et comprendra ce système.

Le décret sur la liberté du commerce fait un effet considérable. Les Anglois sont dans la position la plus embarrassante; ils ont de l'humeur et n'osent ouvertement attaquer un acte inattaquable et qui les gêne en les forçant de s'expliquer.

CHATEAUBRIAND.

M. DE CHATEAUBRIAND A M. DE SERRE.

Paris, le 16 mars 1824.

Je voudrois, monsieur le comte, commencer ma lettre par vous offrir mes félicitations sur votre nomination à la chambre des députés, et je n'ai à vous faire, au contraire, que des compliments de condoléance ; mais il y a un remède à tout avec la patience et le temps, et j'espère bien vous voir quelque jour honorer le département des affaires étrangères par vos talents à la tribune.

J'ai reçu toutes les lettres que vous m'avez fait l'honneur de m'écrire. Ce que vous dites du renouvellement septennal est excellent. La loi ne sera pas présentée comme je le désirois. J'aurois voulu le renouvellement quinquennal d'abord pour la chambre actuelle, élue en vertu de la charte, et le septennal pour les chambres qui suivront. J'ai proposé aussi le changement d'âge : j'ai été battu sur ces deux points, et on proposera le septennal pur et simple. Il n'y a aucun doute qu'il passera à une immense majorité. Je préférerois mon projet, comme plus légal et plus complet. Quoi qu'il en soit, ce sera un grand bien que cette loi, et un beau résultat pour nous de la guerre d'Espagne.

Cette Espagne est tranquille, tous les troubles civils y sont apaisés ; mais la plaie politique étant dans le roi, le remède est presque impossible à appliquer. Il n'y auroit de raisonnable que la convocation des vieilles cortès modifiées selon le temps. Le roi ne le voudra pas, et le peuple n'en veut pas davantage. Un grand ministre pourroit les rappeler ; mais où est-il, ce grand ministre ? Les étrangers, même la France, ne pourroient rien de national dans ce bizarre pays, et de plus ils sont divisés d'intérêts et de doctrines : il faut donc laisser aller. Le ministère espagnol actuel, qui nous a donné le décret pour le commerce libre dans les colonies et qui a demandé la médiation des puissances, va être chassé parce qu'il a le sens commun.

Vous avez raison pour les colonies : elles n'amèneront aucune guerre, par la raison que nous ne la voulons pas et que le continent, qui fait tant de bruit de ses théories, ne nous seconderoit pas si nous voulions les soutenir à main armée contre l'Angleterre. Les colonies seront donc séparées, et notre déclaration à Vérone nous a mis dans la meilleure position pour profiter de cette séparation. Nous avions prévu l'événement, et nous avons fait entendre que nous ne sacrifierions pas nos intérêts à des théories politiques. Le tout est que la reconnoissance ne soit pas trop prompte, et que l'on sache bien s'il existe en Amérique des gouvernements capables de faire et de maintenir des traités. Sur ce point l'Angleterre entend parfaitement raison, et nos relations de part et d'autre sont extrêmement bienveillantes.

Vos renseignements sur les sociétés secrètes sont, monsieur le comte, extrêmement précieux. Il restera à distinguer ce qu'il y a de théorique et de pratique dans ces machinations, et jusqu'à quel point le plan est fictif ou réel. Que l'on veuille renverser l'ordre établi, cela est de tous les temps et de tous les lieux ; mais que de ce mouvement d'une nature humaine corrompue on fasse une action régulière et permanente de destruction au moyen des sociétés secrètes, c'est ce qui me paroît toujours très-difficile.

Je vous prie de soutenir vivement les intérêts de notre commerce.

J'ai fait ce que vous désirez pour vos appointements ; je mettrai tous mes soins à vous rendre votre position agréable. Notre patrie est dans ce moment si prospère et si glorieuse que la considération de nos ambassadeurs doit s'en accroître à l'étranger.

Recevez, monsieur le comte, la nouvelle assurance de mon dévouement et de ma haute considération.

CHATEAUBRIAND.

P. S. Mon neveu, Christian de Chateaubriand, part pour l'Italie. s'il va à Naples, je le recommande à vos bontés : c'est le petit-fils de M. de Malesherbes.

M. DE POLIGNAC A M. DE CHATEAUBRIAND.

Londres, ce 16 mars 1824.

Rien de nouveau ici, mon cher vicomte ; vous aurez lu, quand vous recevrez cette lettre, le discours que lord Liverpool a prononcé hier à la chambre des pairs d'Angleterre en réponse à la motion de lord Lansdown sur la question de l'indépendance des colonies espagnoles. Lord Lansdown étoit passé chez moi la veille ; je ne m'étois pas trouvé à la maison ; ce que je regrette. Au reste, ses expressions ont été aussi modérées que possible pour un membre de l'opposition, et forment contraste avec celles du jeune lord Ellenborough, qui a trouvé dans notre conduite, louée par lui, en Espagne, un motif de nous accuser de vues ambitieuses envers ce pays. Le discours de lord Liverpool n'a rien de bien remarquable ; on y trouve seulement ces deux points saillants : 1° qu'il ne paroît pas encore prêt à reconnoître l'indépendance des colonies espagnoles ; 2° que son vœu personnel eût été que ces colonies eussent choisi de préférence une forme de gouvernement monarchique. La discussion importante sera celle d'après-demain à la chambre des communes. Il m'est revenu que M. Canning a exprimé son mécontentement, à une personne tierce, du retard qu'éprouvoit le ministre espagnol accrédité près la cour Saint-James ; il sait qu'il est depuis longtemps à Paris ; qu'il a de longues, fréquentes et secrètes conférences avec Pozzo ; tout cela excite ses inquiétudes et lui donne un peu d'humeur. Je tâcherai de le voir demain pour le faire changer de disposition avant la séance de jeudi.

Le prince DE POLIGNAC.

M. DE CHATEAUBRIAND AU PRINCE DE POLIGNAC.

Paris, ce   mars 1824.

Dans votre dernière lettre, noble prince, vous me demandez ce que dit et fait l'Europe relativement aux colonies. L'alliance, depuis quelques jours, me travaille très-mal à propos ; elle insiste pour nous faire prendre des résolutions contre l'indépendance ; elle veut recommencer des conférences sur les affaires d'Espagne, y compris les colonies. Notre langage modéré sur ce point, votre *memorandum* lui déplaît fort : elle n'ose le dire ouvertement, mais on aperçoit aisément des signes d'humeur et d'inquiétude. Je me défends comme je peux ; j'ai déclaré formellement que j'étois prêt à continuer nos vieilles conversations sur l'Espagne, mais que je refusois nettement des conférences *ad hoc* sur l'affaire des colonies, voulant pouvoir dire toujours sans mentir à l'Angleterre : « Il n'y a point de conférences pour les colonies. » J'ai emporté ce point en demandant s'il s'agissoit de tirer l'épée et si les alliés étoient prêts à agiter cette grande question. Là-dessus le baron Vincent s'est récrié contre la seule idée de prendre les armes, et le chargé d'affaires de Prusse a été également épouvanté ; c'est ce que je prévoyois. L'Autriche est trop bien avec l'Angleterre pour lui déclarer la guerre. La chose en est donc restée là, et je vous en avertis, parce que si sir Charles Stuart écrivoit à M. Canning que nous avons repris des conférences, vous pourrez lui assurer qu'il ne s'agit que des anciennes et très-rares réunions que nous avions ici pour causer des affaires d'Espagne, comme de l'amnistie, de l'emprunt, de notre corps diplomatique à Madrid, des changements des ministres espagnols, etc.; mais qu'il *n'est nullement question de conférences sur les colonies.*

Votre position avec vos collègues est nécessairement un peu gênée, parce que notre politique n'est pas tout à fait semblable à la leur sur les colonies; mais faites comme moi, c'est-à-dire bonne mine; dites que nous ferons toujours tous nos efforts pour amener l'Angleterre à ne pas déclarer l'indépendance des colonies, et à s'entendre avec l'Espagne et avec nous sur cette grande question; mais évitez de parler du parti que nous prendrons sur les colonies dans le cas où l'Angleterre vînt à déclarer leur indépendance : c'est là le point scabreux et notre secret. Alors comme alors, nous prendrons conseil de l'événement. Nous sommes d'ailleurs sur un bon terrain, car à Vérone nous avons été très-*libéral* sur l'affaire des colonies; ainsi nous n'avons point changé d'opinion : nous pensons après la guerre comme avant la guerre. Je vous envoie cette pièce, qui est un bon retranchement contre l'empressement de vos collègues et une excellente pièce pour M. Canning. En tout, ce que vous avez de mieux à faire est d'éluder sans affectation les conversations sur les colonies : je m'en rapporte à votre prudence. Parlons d'autre chose.

J'ai vu les débats sur le commerce des nègres. Il est assez ridicule de dire que les États-Unis sont la seconde ou l'une des premières puissances maritimes du monde; ils ont quatre vaisseaux de ligne et une douzaine de bricks et de frégates. Passe pour cette gasconnade; mais il faudra savoir ce que veut dire cette législation de piraterie, déjà proposée à Vérone. Il y a un point que dans tous les cas nous n'admettrons jamais : la visite de nos vaisseaux.

Je ne connois rien, au moment où je vous écris, des détails de la séance sur notre occupation d'Espagne. Je vois seulement en gros que M. Canning a fait l'éloge de notre armée et le vôtre; il a bien raison cette fois; mais comment a-t-il pu dire qu'il nous a fait trois conditions pour nous laisser entrer en Espagne : 1° que nous n'attaquerions pas le Portugal; 2° que nous ne nous mêlerions pas de l'affaire des colonies; 3° que nous n'occuperions pas militairement l'Espagne? Il faut que l'*Étoile* ait mal traduit, car cela seroit incroyable, et les dires de M. Canning l'année dernière ont assez prouvé qu'il n'avoit *consenti* à aucune condition. Cette jactance est bien peu digne; et si M. Canning l'a employée pour nous *défendre* et pour repousser l'opposition, nous pourrions lui dire comme le duc d'Orléans au cardinal Dubois : « Dubois, tu me déguises trop. »

Vos dépêches et les papiers anglois, que j'attends ce matin, éclairciront tous ces faits.

CHATEAUBRIAND.

P. S. Je viens de lire le discours de M. Canning dans les *Débats :* réparation. Il est très-bon, très-bon, s'il est tel qu'il est traduit, et je vous charge même de remercier M. Canning de ma part.

Je reçois vos dépêches et vos lettres du 19. Vous voyez que j'avois prévenu votre désir. Remerciez M. Canning de son excellent discours. Je vais faire mettre un mot dans le discours du roi.

M. DE CHATEAUBRIAND A M. DE LA FERRONNAIS.

Paris, ce 19 mars 1824.

Je compte vous expédier un courrier après la séance royale, qui aura lieu le 23 ; et comme après ce temps je serai fort occupé aux chambres, et que j'aurai peu de temps pour écrire, je veux m'y prendre de bonne heure aujourd'hui, afin de traiter les affaires à fond avec vous.

Je commence par votre lettre du 1er mars : parlons de ma dépêche au prince de Polignac.

Je suis fâché, monsieur le comte, que Sa Majesté l'empereur, qui en avoit paru content au premier moment, ne l'ait pas trouvée ensuite assez forte. L'Angleterre n'en a pas jugé ainsi. M. Canning y a fait une réponse qu'il a communiquée aux représentants de l'alliance à Londres, et qui est très-foible : je vous l'envoie, quoique j'aie la certitude qu'elle est parvenue à Pétersbourg, où M. Canning tenoit beaucoup qu'elle parvînt pour détruire l'effet de ma dépêche. J'avois fait celle-ci de manière à ce qu'elle pût devenir publique, en cas que le ministre anglois la produisît aux chambres; mais il s'en est bien gardé, tant il l'a trouvée contraire à ses vues ; et je sais que c'est en partie les raisons rassemblées dans cette dépêche qui l'ont fait reculer sur la reconnoissance *immédiate* de l'indépendance des colonies.

Selon moi, tout l'art de la politique en ce moment consiste à mener les choses avec une telle prudence que nous pussions gagner la fin de la session parlementaire, en Angleterre et en France, sans compromettre cette importante question à la tribune. L'Angleterre l'a pris si haut, elle a si ouvertement déclaré que la moindre intervention du continent dans l'affaire des colonies seroit pour elle une raison de reconnoître leur indépendance, qu'une démarche un peu vive pourroit tout précipiter. Or, la France ne pouvoit et ne devoit pas prendre sur elle l'initiative, ni se charger d'une telle responsabilité. Je me suis donc bien gardé, dans ma dépêche à M. de Polignac, de combattre l'Angleterre sur le terrain des principes qu'elle ne reconnoît pas, mais sur celui des intérêts où elle place toute sa doctrine. J'ai cherché à lui prouver qu'elle n'avoit dans ce moment aucune raison pressante pour déclarer l'indépendance des colonies, et j'ai si bien réussi que lord Liverpool et M. Canning ont repoussé les propositions de lord Lansdown et de M. Mackintosh. Encore une fois, gagner du temps, c'étoit tout. La session parlementaire finira, les troubles qui peuvent survenir dans les colonies pourront donner moins d'ardeur à l'Angleterre et plus de force aux raisons des puissances continentales.

Il ne faut pas se dissimuler d'ailleurs, monsieur le comte, que l'opinion générale de la France, même l'opinion royaliste, est fort tiède sur la question des colonies espagnoles. Nous l'avons exprimée à Vérone dans notre note telle qu'elle est dans notre pays, et, quand on examine la chose de près, voilà la solution que l'on trouve.

Le continent peut-il empêcher l'Angleterre de reconnoître l'indépendance des colonies espagnoles? Il n'y en a peut-être qu'un seul moyen : c'est de menacer la Grande-Bretagne de lui faire la guerre.

Si elle n'est pas arrêtée par cette menace, si au contraire elle déclare les colonies indépendantes et s'allie aux États-Unis, toutes les puissances du continent tireront-elles l'épée? L'Autriche, particulièrement liée avec l'Angleterre, et dont celle-ci vient de louer le souverain et le ministre, tandis qu'elle insulte tous les autres souverains, l'Autriche entrera-t-elle en campagne? Fermera-t-elle au commerce anglois tous les ports de l'Italie? La Prusse, qui n'a rien à démêler avec les colonies, et qui est pauvre, repoussera-t-elle les vaisseaux anglois de ses havres dans la Baltique? La Suède, le Danemark, le royaume des Pays-Bas entreront-ils dans le nouveau système du nouveau blocus continental, seul moyen d'atteindre l'Angleterre? S'il est probable que la plupart de ces puissances reculeroient; si la Russie, à l'abri par son immense puissance et par sa position continentale, ne pouvoit nous assister que par des soldats, dont nous n'aurions pas besoin, puisque nous n'aurions personne à combattre sur le continent; si aucune puissance n'est assez riche pour fournir une part considérable de subsides pour équiper nos flottes, il est à peu près sûr que tout le poids de la guerre retomberoit sur nous seuls, que nous perdrions notre prospérité présente, notre commerce, nos colonies, nos vaisseaux, dans une lutte inégale contre une puissance toute maritime, et qu'une secousse sur le continent pourroit faire renaître parmi nous des factions si heureusement étouffées par le succès de la guerre d'Espagne.

Ces considérations, monsieur le comte, n'échappent pas à un peuple aussi éclairé et aussi spirituel que le nôtre. La tribune et des journaux libres disent tout, et il n'y a point de ministère qui ne fût écrasé s'il s'engageoit dans une pareille affaire avant d'avoir épuisé tous les autres moyens d'action.

Je remarque avec peine combien on comprend difficilement dans les monarchies absolues la position d'un ministre dans les monarchies représentatives. Il est aisé pour un bon serviteur de son prince à Pétersbourg, à Vienne et à Berlin, de dire dans le secret du cabinet toutes les bonnes choses qu'il a à dire, de mettre en avant les principes qu'il lui semble devoir soutenir; mais nous, exposés sans cesse à la publicité, attaqués par des ennemis secrets et publics à la cour et à la tribune, nous sommes obligés de peser toutes nos paroles, de calculer les effets de nos moindres notes, et d'arriver au même but que nos alliés, mais par d'autres voies et par d'autres moyens. Combien de fois, monsieur le comte, ne s'est-on pas irrité contre nous, et pendant et après la guerre d'Espagne? Excepté la Russie, qui me comprenoit et me laissoit faire, combien ai-je été tourmenté, harassé de notes, de représentations et presque de reproches? Et pourtant qu'est-il arrivé? Voyez ce que nous avons fait depuis que je suis entré au ministère? La guerre d'Espagne, l'emprunt des 23 millions, l'élévation de la rente au pair, les élections totales et royalistes au moyen desquelles nous allons avoir la septennalité, la réduction des rentes; tout cela dans quinze mois! C'est pourtant quelque chose, et l'Europe doit trouver que nous marchons. Quant à l'affaire des colonies, elle s'arrangera aussi, si on veut procéder avec mesure et circonspection; si on veut aller brusquement, on peut tout perdre. Il faut faire tous nos efforts pour déterminer l'Angleterre à s'entendre avec les alliés. Elle est dans ce moment très-éloignée de cette pensée; mais quand le parlement sera séparé, et s'il arrive des événements dans d'autres parties des colonies espagnoles, comme il vient d'y en avoir au Pérou, il ne paraît pas impossible que le ministère anglois se rapproche de nous.

Si l'on veut, monsieur le comte, me laisser le temps de dérouler mon système à l'intérieur et à l'extérieur, on sera content. Auroit-on cru l'année dernière, que la France étoit capable de faire la guerre seule avec la forme de son gouvernement, et pour ainsi dire encore en face de la révolution? Auroit-on cru que cette année nous aurions pu faire disparoître une opposition composée de cent onze membres dans la chambre des députés? Auroit-on cru que nous eussions été assez forts pour rendre la chambre élective septennale? On a fait beaucoup de mal à ce pays, et l'on ne peut pas se dissimuler que pendant quatre ou cinq ans l'Europe elle-même a appuyé de toute sa puissance le système déplorable que l'on suivoit ici. Qui a donné le signal du péril? c'est moi; qui s'est exposé à toutes les persécutions pour sauver la France? c'est moi ; qui, le premier, a fait ouvrir les yeux à l'opinion? c'est encore moi. Depuis que je suis au ministère, ai-je démenti mes doctrines? Qu'on en juge par les immenses pas vers le bien qu'a faits la France depuis quinze mois. Mais si l'on veut tout précipiter ; si, dans notre opposition dangereuse vis-à-vis de l'Angleterre, on nous pousse mal à propos; si, comptant pour rien les obstacles que présentent nos intérêts nationaux et les formes de notre gouvernement, on nous pousse à des mesures intempestives, il arrivera que l'on brisera mon système, que l'on m'obligera à me retirer, que tout changera avec ma retraite.

Chateaubriand.

M. DE CHATEAUBRIAND A M. DE POLIGNAC.

Paris, ce 1er avril 1824.

Ma dépêche d'aujourd'hui, noble prince, est intéressante. J'y veux ajouter quelques réflexions.

Sir W. A'Court a dit à M. Brunetti qu'il étoit très-mécontent de la réponse de M. Heredia. Il est certain que le cabinet de Madrid, refusant de traiter sur la base de l'indépendance des colonies, embarrasse beaucoup le cabinet anglois, qui ne se dissimule pas que le consentement à l'indépendance de la part de l'Espagne est d'un poids considérable dans cette affaire. D'un autre côté, les nouvelles du Mexique n'étant pas très-bonnes, je vous engage à en causer avec M. Canning, et à lui demander si ce refus de l'Espagne, et les troubles politiques de l'Amérique, ne modifieroient pas ses résolutions et ne l'engageroient pas à accepter la médiation, collectivement avec les alliés? Remarquez que l'Angleterre a déjà un peu reculé, qu'elle vouloit d'abord traiter sur la base de l'indépendance pure et simple, et puis qu'elle ne propose plus cette indépendance que d'une manière hypothétique.

Qu'est-ce que M. Canning peut craindre en acceptant la médiation? A quoi cela l'engage-t-il? A rien du tout. Il est toujours libre de se refuser aux plans qui ne lui conviendroient pas, et il sait que de notre côté nous sommes bien plus près des idées de l'Angleterre que des théories impraticables des alliés. Ainsi, nous marcherions avec lui ou très-près de lui, et nous pourrions faire pencher la balance pour des choses possibles. Je crois que M. Canning a pris les choses trop haut. Il est à craindre qu'il ne se trouve engagé d'amour-propre à soutenir ce qu'il a dit; dans tous les cas, s'il revenoit à l'idée de prendre part à la médiation, ce ne seroit probablement que quand il seroit débarrassé du parlement. Il est encore probable que le lieu des conférences seroit un obstacle : il ne voudroit pas Paris ; nous ne pouvons consentir à Londres. Resteroit Madrid, mais en face du peuple espagnol et des intrigues de la cour de Ferdinand, la chose est presque impossible.

Causez donc, noble prince, avec M. Canning, mais sans affectation, sans aucune nuance officielle, sans écrire mutuellement ce que vous aurez dit. Nous allons envoyer des consuls à Cuba et à Porto-Rico, et nous approcher peu à peu du Mexique, en profitant du décret de Ferdinand : ne dites rien de ceci.

J'espère que vous commencez à voir clair dans nos idées sur les colonies, et à reconnaître les nécessités qui nous enchaînent de toutes parts.

CHATEAUBRIAND.

M. DE CHATEAUBRIAND A M. DE POLIGNAC.

Paris, le 10 mai 1824.

Je vous ai mandé que nous avions enfin l'amnistie pour l'Espagne. Cela couronne notre ouvrage, et c'est une importante nouvelle. M. Paez part enfin pour Londres. Il est venu me voir ; nous avons causé. Je vous le recommande : il doit être, autant que vous le pourrez, sous votre protection et dans votre dépendance. Tâchez qu'il ne traite pas secrètement avec M. Canning de quelque arrangement préjudiciable à la France. Les Espagnols sont sujets à ces négociations mystérieuses ; l'estafette qui arrivera ce soir de Madrid m'apportera la réponse du ministère espagnol à M. Canning. Je crois que l'Espagne refuse de traiter pour le Mexique sur la base de l'indépendance, et qu'elle demande itérativement la médiation de l'Angleterre et de toutes les puissances. C'est le moment d'insister auprès de M. Canning sur cette médiation. Rapprochez-vous de vos collègues et surtout de M. Lieven, qui se plaint de votre froideur; parlez tous à la fois de la médiation demandée par l'Espagne; dites à M. Canning qu'elle ne l'oblige à rien, ni nous non plus; qu'elle mettra l'Angleterre et nous à même de prendre le parti qui nous paroîtra le plus convenable. Laissez entendre que si le lieu de la négociation (Paris) étoit désagréable à l'Angleterre, on pourroit le transporter ailleurs, dans quelque ville neutre d'Allemagne. Je n'ai jamais désespéré de cette affaire, parce que la résistance passive de l'Espagne et du continent avec l'Espagne contre l'indépendance complète des Amériques espagnoles doit embarrasser beaucoup l'Angleterre. Vous savez que M. Canning, pour engager l'Espagne à reconnoître l'indépendance du Mexique, lui promettoit de lui garantir la possession de Cuba et de Porto-Rico.

Je vous prie, noble prince, de donner pour moi à la *Société pour le soulagement des gens de lettres* 40 livres sterling; vous tirerez une égale somme sur moi.

CHATEAUBRIAND.

M. DE CHATEAUBRIAND A M. LE COMTE DE LA FERRONNAIS.

Paris, ce 19 mai 1824.

Vous verrez, monsieur le comte, par mes dépêches que les affaires vont mieux en Espagne. Nous avons enfin l'amnistie; mais il a fallu la circonstance du renouvellement du traité d'occupation pour l'arracher; et si nous n'avions pas posé cette alternative: *Point d'amnistie, point de renouvellement de traité,* nous n'eussions rien eu, et tout ce que les souverains auroient écrit et demandé auroit été inutile. M. de Talaru, se trouvant dans une meilleure position que ses collègues pour agir, en a profité; et ce que nous avions si longtemps sollicité pour nos services a été accordé à la crainte de nous voir partir.

Vous serez encore plus content de la réponse de M. Ofalia à la note de sir W. A'Court. Vous verrez que tous les droits de l'Espagne sont réservés, qu'elle se serre à ses amis du continent, et qu'elle prie de nouveau l'Angleterre d'entrer elle-même dans la médiation. Elle ne pouvoit faire une réponse plus digne et plus convenable.

Vous avez été un peu étonné de la différence des rapports que je vous ai transmis à Pétersbourg et de ceux qui arrivoient par l'Autriche. Les événements subséquents ont dû vous prouver que je vous avois dit la vérité. Tout marche à présent; le parlement va finir, et alors j'ai toujours l'espérance d'amener l'Angleterre à écouter ses véritables intérêts. Dans tous les cas, le seul moyen de procéder, dans les circonstances difficiles où nous nous trouvions, étoit la patience et la longueur du temps : des mesures précipitées auroient tout perdu.

Il vient de se passer les scènes les plus affligeantes en Portugal. La France a encore eu le bonheur d'y jouer, par son ambassadeur, un rôle noble et généreux. J'ai craint, dans le premier moment, que le contre-coup de cet événement se fît sentir en Espagne. Le roi de Portugal est malheureux en famille : de pareilles scènes donnent beau jeu à ceux qui déclament contre les gouvernements absolus et les souverains légitimes.

CHATEAUBRIAND.

M. DE CHATEAUBRIAND A M. DE TALARU.

Paris, le 26 mai 1824.

Je ris aussi d'avoir cru que ce qui étoit fait le 1er à Madrid n'étoit pas fait le 12; mais vous êtes aussi amusant que moi, car vous me mandiez qu'il falloit que la chose *fût connue,* et moi, vous croyant sûr de votre affaire, j'ai fait publier l'amnistie. Heureusement cela n'a rien fait manquer, puisque M. Mortier me l'envoie du 19 : Dieu soit loué !

Vous ne pouvez vous faire une idée du dépit qu'ils ont qu'on leur ait caché l'amnistie. Ils disent qu'on a prouvé à l'Europe qu'on employoit auprès du roi une *horrible coaction.* Les bonnes gens ! ils n'ont pas voulu sans doute agir sur le roi et contre nous ! ils n'ont pas changé son ministère ! ils n'ont pas voulu la *coaction physique* de nos baïonnettes ! Il m'est clair, d'après tout ce bruit, qu'ils ne vouloient pas au fond l'amnistie, et qu'en outre de leur amour-propre blessé il y a le mécontentement d'avoir vu promulguer un acte qui leur étoit peu agréable. Ils ne seront pas appuyés ici, parce que j'ai donné l'amnistie à la conférence aussitôt que je l'ai eue : ils passeront pour des niais dans leurs cabinets, voilà tout. Il m'est démontré que si vous aviez parlé, l'amnistie étoit suspendue, d'autant plus que ces messieurs lui reprochent de renfermer des articles qu'ils ne connoissoient pas. En dernier résultat, pourquoi être si malheureux qu'on ait obtenu l'*am-*

nistie? Est-ce un acte contre l'Alliance, contre l'Espagne? Et nous, qui avons porté *isolément* tout le poids de la guerre, ne pouvions-nous *seuls* obtenir le couronnement de la paix? Au reste, tout est fini, l'amnistie est publiée, et on n'en parle peut-être déjà plus à Madrid.

Il paroîtroit que vos collègues ont tenu une conférence sans vous sur l'affaire des colonies. Ne faites semblant de rien ; demandez toujours des renseignements et des papiers, et offrez toujours de parler tant qu'on voudra. Mais dites à M. Ofalia que tandis qu'on parle beaucoup nous agissons ; que M. de Polignac a eu une longue conférence avec M. Canning sur les colonies à propos de la réponse de l'Espagne; qu'il l'a pressé de nouveau d'accepter la médiation ; que M. Canning a toujours continué de la refuser, mais que M. de Polignac ne désespère de rien si l'Espagne se dépêche d'envoyer un ambassadeur en Angleterre.

CHATEAUBRIAND.

LXXIV.

Quelques mots sur cette correspondance.

Ici finit la correspondance diplomatique. Je n'ai donné qu'un très-petit nombre des letttes de mes honorables amis; ils s'y montrent pleins d'habileté, de talent et de noblesse : ils auront pu voir que j'ai eu soin de retrancher scrupuleusement de ces lettres les détails que la discrétion commande de laisser dans l'ombre. Heureux les rois dont les intérêts sont confiés à de tels hommes !

Quant aux diplomates étrangers, quelle que soit l'opposition qu'ils nous ont faite, ils n'en sont pas moins des hommes de capacité et d'honneur. Les affaires étoient si compliquées qu'il étoit naturel de les voir autrement que nous ne les voyions. Par exemple, en Espagne, MM. Royez et Brunetti pouvoient très-bien croire, comme représentants de monarchies absolues, que le cabinet françois inclinoit trop aux idées libérales ; ils devoient servir les intérêts de leurs gouvernements, qui n'étoient pas ceux du nôtre. Si par hasard ils avoient deviné notre politique (l'agrandissement dont nous espérions fortifier notre pays), leur devoir les obligeoit à nous entraver davantage. Le même raisonnement s'applique à M. de Metternich : sur le champ de bataille, chacun cherche à remporter la victoire. Nous désirons qu'on use envers nous de la même impartialité : pourquoi n'en useroit-on pas ? Est-ce de la diplomatie du moment dont il s'agit? Non ! c'est de la diplomatie historique; il s'agit d'une société qui n'est plus; nos lettres et nos dépêches sont des documents poudreux qui comptent déjà des siècles.

Reconnoissance à nos honorables et nobles amis de la chambre élective et de la chambre des pairs, qui vouloient comme nous la guerre d'Espagne : leur éloquente conviction passoit de la tribune dans le public. Nous sommes également redevable à cette nombreuse partie de la droite des députés attachée à M. de Villèle : voyant le président du conseil soutenir, par nécessité, avec clarté et logique, un sentiment dont pourtant il ne se sentoit pas entraîné, elle se rangea à sa parole, et forma cette majorité compacte sans laquelle nous n'aurions pu agir. Enfin, nous nous félicitons de la bienveillance particulière que nous montrèrent les orateurs de la gauche, tout en s'élevant contre notre système. M. le duc de Rauzan, nommé directeur des affaires politiques, pour tenir lieu d'un de ces sous-secrétaires d'État qui devroient exister dans les départements ministériels, seconda nos travaux et montra ce jugement rassis, qualité essentielle du diplomate.

On le voit, nous avons à cœur d'être juste : nous voulons qu'adversaires et amis soient satisfaits. Notre ouvrage y gagnera, car le premier ornement du langage est l'équité. Nous qui, après le reflux de la monarchie, sommes resté à sec comme les lais et les relais de la mer, quel retentissement pourroient avoir nos murmures sur les plages désertes d'un océan retiré, vers lequel nous tournons en vain des yeux surpris et une oreille attentive? Les trois quarts d'entre nous ont déjà payé leur tribut à la Mort, personnage fatal et inconnu : comme Charles Ier, il faut nous réconcilier, avant de rencontrer le masque armé qui attend chaque homme au bout de sa vie.

LXXV.

Septennalité. — Bruits divers. — Mon caractère.

Les dates des lettres ci-dessus approchent du moment où notre destinée alloit encore changer. Si voisin d'un succès complet, nous touchions à un autre dénoûment. La nouvelle péripétie arriva sans nous étonner ; nous avions l'habitude des fragilités de la fortune. La guerre d'Espagne est le grand événement de notre carrière politique, de même qu'elle fut la principale affaire de la restauration.

Le moment de la discussion des lois étoit venu : nous parlâmes sur le budget des affaires étrangères ; nous avançâmes deux choses : que la multiplicité des emplois remplaçoit les largesses monastiques en France et la taxe des pauvres en Angleterre, cette manière de donner étant seulement plus honnête ; que le temps des ambassadeurs étoit passé et celui des consulats revenu : conséquemment les ambassadeurs doivent être diminués de nombre, les consuls multipliés et mieux rétribués.

La septennalité fut notre œuvre ; mais nous la voulions avec le changement d'âge. Admettre des députés de quarante ans pour une période septennaire, dans une chambre renouvelée intégralement, c'étoit despotisme de ministres et radotage de Gérontes. Nous soutînmes deux fois notre opinion contre M. de Villèle. Il eût été plus régulier de n'établir la septennalité qu'après la dissolution du corps nommé dans un autre système ; il eût encore mieux valu se borner à la quinquennalité ; mais la considération de ce qui étoit arrivé relativement à la chambre des communes en Angleterre, la presque certitude qu'une chambre est congédiée avant l'expiration de sa vie légale, la preuve acquise qu'on va toujours trop vite en France, qu'on ne se donne jamais le temps de voir jouer une machine politique, d'en perfectionner les mouvements, fixèrent l'opinion du conseil. M. de Villèle nous promit d'ailleurs d'abaisser l'âge, après l'essai d'une nouvelle législature.

Avant de passer à la loi motif ou plutôt prétexte de notre renvoi, il faut dire quelques mots des bruits répandus.

On a dit qu'il y avoit eu des propos et des intrigues autour de nous, qu'on inquiétoit M. de Villèle : nous l'ignorons. Nous ne ferions aucune difficulté d'avouer aujourd'hui notre ambition : que nous voulussions être président du conseil, rien là-dedans n'eût été extraordinaire. Mais il n'en étoit pas ainsi ; des hommes communs nous avoient jugé d'après les opinions communes : nous étions au-dessus ou au-dessous de ce qu'ils regardoient comme la grandeur.

M. de Villèle n'étoit pas aimé ; le vulgaire nous supposoit son rival. Des membres des deux chambres tenoient vraisemblablement des propos inconvenants ; une officieuse courtisanerie les reportoit à l'hôtel des finances.

La chatte du milieu de l'arbre venoit nous raconter aussi, à nous, aigle ou laie, qu'on nous alloit chasser ; que M. de Villèle ne vouloit plus de nous ; que M. de Corbière avoit juré notre perte. Ces rapports ne nous faisoient garder ni notre aire ni notre bauge ; nous laissions notre gîte au premier occupant. Le chancelier Seguier étoit tout revenu en nous : « Il fut si mauvais courtisan, qu'il demanda à la reine ce qu'il avoit à faire, et la reine lui ayant dit qu'il se reposât et qu'il ne se donnât pas la peine de venir au Palais-Royal, il accepta ce parti, et y alla si peu, que bientôt après il n'y alla point du tout. »

Cependant, un matin qu'on étoit accouru nous répéter que M. de Villèle nous trompoit, qu'il ne parloit secrètement de nous qu'avec envie et l'écume à la bouche, importuné de ces rumeurs, nous allâmes chez M. de Villèle : nous lui fîmes part des propos du jour ; nous lui protestâmes ne pas croire un mot de ce qu'on nous disoit de lui ; nous lui déclarâmes que nous ne désirions nullement sa place ; que si elle nous étoit offerte nous la refuserions.

Quoi qu'il en soit, nous aurions résisté aux attaques, en consentant à donner une opinion publique propre à décider la conversion de la rente : nous étions bon garçon et travailleur ; nous rendions quelque service ; nous ne demandions rien : mais il auroit fallu parler.

LXXVI.

Conversion de la rente. — Mon opinion et ma résolution. — Inhabileté. — Hommes des pouvoirs. — M. de Corbière.

La mesure de la conversion de la rente étoit hâtive : en général, toute diminution de l'intérêt d'un capital est une banqueroute. Nous nous entendons en finances ; nous le disons parce que c'est une aptitude dont nous n'avons cure. Nous pensons qu'en France on fera toujours banqueroute sans produire une révolution. Notre histoire, depuis François Ier jusqu'à nous, est là pour confirmer la vérité de l'assertion. Cette facilité de manquer à ses engagements ne nous fait pas cependant prendre notre parti sur les réductions. Si au moment des emprunts vous déclariez qu'à une certaine cote ascendante il vous sera libre de baisser le chiffre de l'intérêt, celui qui vous confieroit son argent seroit averti ; autrement, vous l'égorgez pour le remercier de vous avoir ouvert sa bourse.

Le cours du 5 pour 100, au commencement de 1824 étoit à 93 ; il ne s'éleva au-dessus du pair qu'avec l'assistance des banquiers de l'Europe, par l'appât d'un gain forcé. En 1825, sur 140 millions de rentes 5 pour 100, on parvint à en réduire 30,374,116 fr. en 3 pour 100.

Toutes ces opérations d'agiotage sont fondées sur une erreur : quand on dit que le gouvernement *emprunte,* on dit mal : le gouvernement *n'emprunte pas de fonds ; il vend des rentes.* Ces rentes augmentent-elles de valeur sur la place, comme marchandises, tant mieux pour moi ! Diminuent-elles de valeur vénale, tant pis pour moi ! En achetant, je suis entré dans le commerce ; je me suis décidé à courir les chances de la bonne ou de la mauvaise fortune.

Mais vous, vendeur, si vous avez le droit de m'enlever mon gain licite, c'est-à-dire le droit de me rembourser au taux de ma première mise lorsque les rentes en hausse ont accru mon capital, moi, acheteur, j'ai aussi le droit d'exiger de vous le remboursement intégral de ma première mise, lorsque les rentes sont en baisse, c'est-à-dire lorsque mon capital est diminué : autrement, vous m'avez rendu victime d'un marché frauduleux, vous qui me remboursez ou ne me remboursez pas selon votre intérêt, parce que vous êtes le plus fort et que je n'ai aucun recours contre vous. D'ailleurs, quand vous dites que vous me remboursez, c'est une fiction ; si tous les rentiers vous demandoient à la fois leurs fonds, comment pourriez-vous les leur rendre ?

Si l'Angleterre n'a pas senti, ou si elle a méprisé cette improbité, c'est que l'Angleterre est un pays de papier, d'industrie générale, de pari universel. La fortune britannique tourne incessamment dans diverses roues ; ce qu'on perd d'un côté on le gagne de l'autre. En France, il n'en est pas de la sorte ; celui qui a acheté de la rente ne joue pas auprès de ce jeu-là un autre jeu. La propriété parmi nous tient encore de la stabilité de la terre dont elle est née.

Nous étions donc en général contre le principe de la conversion ou du remboursement. Cependant, bien qu'instruit en finances mieux que les trois quarts de nos collègues (ce qu'au reste M. de Villèle apercevoit), nous aurions, faute de confiance dans nos lumières, prêté le secours de notre voix à la majorité du conseil, n'eût un obstacle achevé de nous retenir.

Nous ignorions les conditions du traité entre M. de Villèle et M. Rothschild : M. de Villèle n'en communiqua les articles particuliers qu'à M. de Corbière. Comment aurions-nous pu parler en faveur d'une mesure sur laquelle nous ne pouvions avoir d'idée arrêtée ?

Nous commîmes alors une grande faute, la faute de ne pas insister sur des éclaircissements. Nous avons une invincible répugnance aux explications ; nous restons barricadé derrière un silence hébété ressemblant à une bouderie. D'un autre côté, nous craignions, en nous expliquant au conseil, de faire avorter la mesure dans le conseil même. Ces syndérèses de conscience, ce temps sans conscience ne les comprendra guère ; mais, encore une fois, nous croyions, et nous avions raison de le croire, M. de Villèle supérieur en finances, et nous lui étions dévoué. De cette conviction et de ce dévouement nous en vîmes à la détermination qui sembloit arranger tout, nos scrupules et notre confiance dans les lumières de notre collègue : ne point parler comme *homme,* voter affirmativement comme *ministre.*

En pesant à cette heure le pour et le contre, en balançant les avantages et les désavantages de notre résolution, notre rectitude dans une chose secondaire nous paroît avoir été une inhabileté. Nous étions entouré d'ennemis, contre lesquels notre insouciance et notre franchise nous laissoient sans défense ; nous poussions trop loin le mépris des petites gens. M. de Villèle avoit pour s'ennuyer une intrépidité dont nous étions incapable : souvent, lorsque nous nous trouvions chez lui, on venoit lui annoncer la visite d'un importun : « Ah ! mon Dieu ! » s'écrioit-il avec un grand soupir, et il accueilloit en souriant le fâcheux : nous nous enfuyions.

Ces hommes qui fréquentent tous les pouvoirs, qui sont vertueusement les *hommes du pays* à la barbe du pays, ces admirateurs de louage, lesquels, éperdus, nous venoient dire qu'on n'avoit jamais vu sous le soleil un Mécène tel que nous, se réservant de nous proclamer à notre chute le plus pauvre des humains, ces hommes nous étoient abominables : les Catons qui, sous l'apparence de l'impartialité et de l'attachement, nous sermonnoient à l'endroit de nos fautes, nous étoient odieux ; ils nous plaçoient au point de vue commun, et prenoient pour des erreurs les choses dont ils ne pouvoient être juges. De sorte qu'aux sycophantes et aux amis nous devions paroître un phénomène d'ingratitude et d'orgueil.

LXXVII.

La conversion de la rente rejetée à la chambre des pairs. — M. le comte Mollien, M. le comte Roy, M. le duc de Crillon, M. l'archevêque de Paris. — Je vote en faveur de la loi. — La septennalité à la chambre élective ; M. de Corbière ne me laisse pas parler.

Le jour de la clôture de la discussion du projet de finances à la chambre héréditaire étoit arrivé ; la loi sur la septennalité avoit passé dans cette chambre, comme la loi sur les finances avoit été votée à la chambre élective. Louis XVIII (nous le vîmes le matin avant d'aller au Luxembourg) nous fit, d'une manière affectée, l'éloge d'un discours prononcé en faveur de la réduction des rentes. Nous n'en persistâmes pas moins dans notre dessein de mutisme : quelque chien sans doute nous avoit mordu. Cela dut paroître d'autant plus mal au roi, qu'on assuroit la retraite de M. de Villèle certaine dans le cas où la loi seroit repoussée : nous savions le contraire; mais nous n'en avions pas moins l'air, en refusant notre parole, de travailler au renversement du président du conseil. Nous nous rendîmes, le jeudi 3 juin, à ce palais de la veuve d'Henri IV, témoin de tant d'événements et qui devoit en voir tant d'autres. Le comte Mollien présentoit un amendement; il consistoit à substituer à une conversion en rente à 3 pour 100 une conversion en rente à 3 et à 4. M. Mollien est un homme de bonnes manières et versé dans les matières de finances; il avoit jadis connu mon frère : j'étois enclin à lui souhaiter bonheur. Toutefois, son projet n'étoit pas admissible; c'étoit ôter à la loi sa simplicité ; cela ne pouvoit raisonnablement entrer dans l'esprit juste de l'ancien ministre du trésor, mais cela plaisoit au défenseur de l'amendement.

M. le comte Roy avoit proposé de remplacer les rentes à 5 pour 100 par des rentes à 4 1/2 pour 100 : la conversion alors n'en valoit pas la peine; on avoit écouté avec respect un homme qui s'étoit créé douze cent mille livres de rentes.

M. le duc de Crillon reproduisit l'amendement de ce préopinant.

Alors M. de Villèle, avant qu'on allât aux voix sur le premier paragraphe de la loi (paragraphe qui contenoit la loi entière), expliqua les desseins bienveillants du gouvernement relatifs aux rentiers au-dessous de 1,000 fr. : il répondoit indirectement à M. l'archevêque de Paris. Ce prélat peut justement passer pour avoir le plus ébranlé la loi, lorsqu'il se prononça contre la conversion, par un esprit de commisération chrétienne en faveur des rentiers et de la ville de Paris : il leur sauva à peu près douze millions de rentes.

Le premier paragraphe de la loi voté au scrutin et rejeté à la majorité de 120 voix contre 105, la loi fut perdue.

Nous votâmes en faveur de cette loi. Aussitôt le résultat prononcé, nous nous approchâmes de M. de Villèle et nous lui dîmes : « Si vous vous retirez, nous sommes prêt à vous suivre. » M. de Villèle, pour toute réponse, nous honora d'un regard que nous voyons encore. Ce regard ne nous fit aucune impression; il nous étoit tout un de rester avec nos collègues, de nous en aller avec eux ou de partir seul.

Le lendemain vendredi 4 juin, il y eut assemblée de commerce chez M. de Villèle; M. de Corbière ne s'y trouva pas; le président du conseil nous parut de sang-froid comme à l'ordinaire, discuta sans préoccupation et avec lucidité.

Que faisoit M. de Corbière absent? Mon secrétaire rencontra sur le boulevard M. de Rothschild; celui-ci lui demanda si nous comptions parler sur la septennalité; le secrétaire répondit : « Sans doute. » Le maître des rois repartit : « Il faut savoir si on lui en laissera le temps. »

La septennalité fut débattue le samedi 5 à la chambre élective.
M. de Labourdonnais parla contre la loi. Nous fîmes un signe au président, M. Ravez, dans le dessein de monter à la tribune ; il étoit probable que nous eussions eu quelque succès : notre renvoi immédiat devenoit alors impossible. M. de Corbière se leva, requit d'être entendu le premier sur une loi ressortissant de son ministère ; il nous dit : « Vous parlerez après. » Nous trouvâmes cela tout simple ; nous cédâmes notre rang. Il n'y a pas d'apprenti en politique qui ne nous jouât sous jambe. Nous ne sommes cependant pas de ces capacités supérieures, enfants et génies à la fois : bon homme sans bonhomie, nous voyons qu'on nous attrape, et nous nous laissons attraper : il est plus commode d'être dupe que de s'évertuer à ne pas l'être.

M. de Corbière battit la campagne pour gagner l'heure où la chambre a coutume de se retirer ; interrompu par M. de Labourdonnais et par M. Casimir Périer, il répondit longuement. Quand il se tut après une heure cinquante-trois minutes d'éloquence, M. de Girardin emporta la tribune d'assaut, parla de tout, excepté de la septennalité. Comme il n'est pas d'usage qu'on entende de suite deux ministres, nous le laissâmes faire. Six heures sonnèrent ; les députés désertèrent leurs banquettes ; la séance fut levée et la discussion remise au lundi suivant.

Plusieurs amis nous vinrent voir dans la soirée ; ils nous grondèrent de n'avoir pas gardé la parole. Ils n'étoient pas sans inquiétude. Nous leur répondîmes : « Nous renvoyer demain ? tout à l'heure si l'on veut ! » et nous allâmes nous coucher. Craindre pour une place ou la pleurer est une maladie dont nous serions honteux comme d'une gale.

LXXVIII.

Pentecôte. — Je suis chassé.

Le 6 au matin, nous ne dormions pas ; l'aube murmuroit dans le petit jardin ; les oiseaux gazouilloient : nous entendîmes l'aurore se lever ; une hirondelle tomba par notre cheminée dans notre chambre ; nous lui ouvrîmes la fenêtre : si nous avions pu nous enlever avec elle ! Les cloches annoncèrent la solennité de la Pentecôte ; jour mémorable dans notre vie : ce même jour nous avions été relevé à sept ans des vœux d'une pauvre femme chrétienne ; après tant d'anniversaires ce jour nous rendoit à notre obscurité première ; de là il s'en alloit nous attendre au palais des rois de Bohême, où nous devions saluer ce Charles X exilé, à qui l'on ne nous permit pas, en 1824, de chanter aux Tuileries l'hymne des félicitations.

A dix heures et demie, nous nous rendîmes au château. Nous voulûmes d'abord faire notre cour à Monsieur. Le premier salon du pavillon Marsan étoit à peu près vide : quelques personnes entrèrent successivement et sembloient embarrassées. Un aide de camp de Monsieur nous dit : « Monsieur le vicomte, je n'espérois pas vous rencontrer ici : n'avez-vous rien reçu ? » Nous lui répondîmes : « Non : que pouvions-nous recevoir ? » Il répliqua : « J'ai peur que vous ne le sachiez bientôt. » Là-dessus, comme on ne nous introduisit point chez Monsieur, nous allâmes ouïr la musique à la chapelle.

Nous étions tout occupé des beaux motets de la fête, lorsqu'un huissier vint nous dire qu'on nous demandoit. Nous suivîmes l'huissier ; il nous conduit à la salle des Maréchaux. Nous y trouvons notre secrétaire, Hyacinthe Pilorge ; il nous remet cette lettre et cette ordonnance, en nous disant : « Monsieur n'est plus ministre. » M. le duc de Rauzan, directeur des affaires politiques, avoit ouvert le paquet pendant notre absence et n'avoit osé nous l'apporter.

« Monsieur le vicomte,

« J'obéis aux ordres du roi en transmettant de suite à Votre Excellence une ordonnance que Sa Majesté vient de rendre.

« J'ai l'honneur d'être, etc.

« Le président du conseil des ministres,

« *Signé* : J. DE VILLÈLE. »

« Louis, par la grâce de Dieu, etc.

« Nous avons ordonné et ordonnons ce qui suit :

« Le sieur comte de Villèle, président de notre conseil des ministres et ministre secrétaire d'État au département des finances, est chargé *par intérim* du portefeuille des affaires étrangères en remplacement du sieur vicomte de Chateaubriand.

« Le président de notre conseil des ministres est chargé de l'exécution de la présente ordonnance, qui sera insérée au Bulletin des Lois.

« Donné à Paris, en notre château des Tuilleries, le 6 juin de l'an de grâce 1824, et de notre règne le vingt-neuvième.

« *Signé* : LOUIS.

« Par le roi : Le président du conseil des ministres,

« *Signé* : J. DE VILLÈLE.

« Pour ampliation : Le président du conseil des ministres,

« *Signé* : J. DE VILLÈLE. »

Nous remontâmes dans notre voiture avec Hyacinthe ; nous étions fort gai, quoique au fond mortellement blessé du ton de la lettre et de la manière dont nous étions *chassé*.

Deux heures après, notre déménagement étoit fini : nous étant toujours regardé en hôtel garni à l'hôtel des affaires étrangères, nous n'avions que notre mouchoir de nuit et notre manteau à remporter. Nous répondîmes à la lettre de M. le président du conseil par ce billet devenu public :

« Paris, 6 juin 1824.

« Monsieur le comte,

« J'ai reçu la lettre que vous avez bien voulu m'écrire contenant l'ordonnance du roi, datée de ce matin, 6 juin, qui vous confie le portefeuille des affaires étrangères. J'ai l'honneur de vous prévenir que j'ai quitté l'hôtel du ministère et que le département est à vos ordres.

« Je suis avec une haute considération, etc.

« Chateaubriand. »

Nous reçûmes bientôt de M. de Villèle cette autre lettre ; elle terminoit tout, et prouvoit à notre grande simplicité que nous n'avons rien pris de ce qui rend un homme respecté et respectable :

« Paris, 16 juin 1824.

« Monsieur le vicomte,

« Je me suis empressé de soumettre à Sa Majesté l'ordonnance par laquelle il vous est accordé décharge pleine et entière des sommes que vous avez reçues du trésor royal, pour dépenses secrètes, pendant tout le temps de votre ministère.

« Le roi a approuvé toutes les dispositions de cette ordonnance que j'ai l'honneur de vous transmettre ci-jointe en original.

« Agréez, monsieur le vicomte, etc.

« *Signé* : J. de Villèle. »

Notre chute fit grand bruit. Ceux qui s'en montroient les plus satisfaits en blâmoient la forme. Nous avons appris depuis que M. de Villèle hésita ; il avoit le pressentiment de divisions futures. M. de Corbière décida la question : « S'il entre par une porte au conseil, dut-il dire, je sors par l'autre. » On me laissa sortir. Il étoit tout simple qu'on nous préférât M. de Corbière. Nous ne lui en voulons pas : nous l'importunions ; il nous a fait chasser, il a bien fait.

LXXIX.

L'opposition me suit.

Le lendemain de notre renvoi et les jours d'après, on lut dans le *Journal des Débats* ce paragraphe si remarquable et si honorable pour MM. Bertin :

« C'est pour la seconde fois que M. de Chateaubriand subit l'épreuve d'une destitution solennelle.

« Il fut destitué en 1816, comme ministre d'État, pour avoir attaqué, dans son immortel ouvrage de La *Monarchie selon la Charte,* la fameuse ordonnance du 5 septembre, qui prononçoit la dissolution de la chambre introuvable de 1815. MM. de Villèle et Corbière étoient alors de simples députés, chefs de l'opposition royaliste, et c'est pour avoir embrassé leur défense que M. de Chateaubriand devint la victime de la colère ministérielle.

« En 1824, M. de Chateaubriand est encore destitué, et c'est par MM. de Villèle et Corbière, devenus ministres, qu'il est sacrifié. Chose singulière ! En 1816, il fut puni d'avoir parlé; en 1824, on le punit de s'être tu; son crime est d'avoir gardé le silence dans la discussion sur la loi des rentes. Toutes les disgrâces ne sont pas des malheurs ; l'opinion publique, juge suprême, nous apprendra dans quelle classe il faut placer celle de M. de Chateaubriand ; elle nous apprendra aussi à qui l'ordonnance de ce jour aura été le plus fatale, ou du vainqueur ou du vaincu.

« Qui nous eût dit, à l'ouverture de la session, que nous gâterions ainsi tous les résultats de l'entreprise d'Espagne? Que nous falloit-il cette année ? Rien que la loi sur la septennalité (mais la loi complète) et le budget. Les affaires de l'Espagne, de l'Orient et des Amériques, conduites comme elles l'étoient, prudemment et en silence, seroient éclaircies ; le plus bel avenir étoit devant nous ; on a voulu cueillir un fruit vert; il n'est pas tombé, et on a cru remédier à de la précipitation par de la violence.

« La colère et l'envie sont de mauvais conseillers ; ce n'est pas avec les passions et en marchant par saccades que l'on conduit des États.

« *P. S.* La loi sur la septennalité a passé, ce soir, à la chambre des députés. On peut dire que les doctrines de M. de Chateaubriand triomphent après sa sortie du ministère. Cette loi, qu'il avoit conçue depuis longtemps, comme complément de nos institutions, marquera à jamais, avec la guerre d'Espagne, son passage dans les affaires. On regrette bien vivement que M. de Corbière ait enlevé la parole, samedi, à celui qui étoit alors son illustre collègue. La chambre des députés auroit au moins entendu le chant du cygne.

« Quant à nous, c'est avec le plus vif regret que nous rentrons dans une carrière de combats, dont nous espérions être à jamais sortis par l'union des royalistes; mais l'honneur, la fidélité politique, le bien de la France, ne nous ont pas permis d'hésiter sur le parti que nous devions prendre. »

Le signal de la réaction fut ainsi donné. M. de Villèle n'en fut pas d'abord trop alarmé ; il ignoroit la force des opinions. Plusieurs années furent nécessaires pour l'abattre, mais enfin il tomba.

LXXX.

Derniers billets diplomatiques.

Ces derniers billets ferment notre correspondance.

M. DE CHATEAUBRIAND A M. DE TALARU.

Paris, le 9 juin 1824.

Je ne suis plus ministre, mon cher ami ; on prétend que vous l'êtes. Quand je vous obtins l'ambassade de Madrid, je dis à plusieurs personnes, qui s'en souviennent encore : « Je viens de nommer mon successeur. » Je désire avoir été prophète. C'est M. de Villèle qui a le portefeuille par intérim.

CHATEAUBRIAND.

M. DE CHATEAUBRIAND A M. DE RAYNEVAL.

Paris, le 16 juin 1824.

J'ai fini, monsieur ; j'espère que vous en avez encore pour longtemps. J'ai tâché que vous n'eussiez pas à vous plaindre de moi.

Il est possible que je me retire à Neufchâtel, en Suisse ; si cela arrive, demandez pour moi d'avance à S. M. prussienne sa protection et es bontés : offrez mon hommage au comte de Bernstorff, mes amitiés M. Ancillon et mes compliments à tous vos secrétaires. Vous, Monieur, je vous prie de croire à mon dévouement et à mon attachement rès-sincère.

CHATEAUBRIAND.

M. DE CHATEAUBRIAND A M. DE CARAMAN.

Paris, 22 juin 1824.

J'ai reçu, monsieur le marquis, vos lettres du 11 de ce mois. D'autres que moi vous apprendront la route que vous aurez à suivre désormais; si elle est conforme à ce que vous avez entendu, elle vous mènera loin. Il est probable que ma destitution fera grand plaisir à M. de Metternich pendant une quinzaine de jours. Recevez, monsieur le marquis, mes adieux et la nouvelle assurance de mon dévouement et de ma haute considération.

CHATEAUBRIAND.

M. DE CHATEAUBRIAND A M. HYDE DE NEUVILLE.

Paris, le 22 juin 1824.

Vous aurez sans doute appris ma destitution. Il ne me reste qu'à vous dire combien j'étois heureux d'avoir avec vous des relations que l'on vient de briser. Continuez, monsieur et ancien ami, à rendre des services à votre pays, mais ne comptez pas trop sur la reconnoissance; et ne croyez pas que vos succès soient une raison pour vous maintenir au poste où vous faites tant d'honneur. Je vous souhaite, monsieur, tout le bonheur que vous méritez, et je vous embrasse.

P. S. Je reçois à l'instant votre lettre du 5 de ce mois, où vous m'apprenez l'arrivée de M. de Merona. Je vous remercie de votre bonne amitié; soyez sûr que je n'ai cherché que cela dans vos lettres.

CHATEAUBRIAND.

M. DE CHATEAUBRIAND A M. LE COMTE DE SERRE.

Paris, le 23 juin 1824.

Ma destitution vous aura prouvé, monsieur le comte, mon impuissance à vous servir; il ne me reste qu'à faire des souhaits pour vous voir où vos talents vous appellent. Je me retire, heureux d'avoir contribué à rendre à la France son indépendance militaire et politique et d'avoir introduit la septennalité dans son système électoral; elle n'est pas telle que je l'aurois voulu; le changement d'âge en étoit une conséquence nécessaire; mais enfin le principe est posé; le temps fera le reste, si toutefois il ne défait pas. J'ose me flatter, monsieur le comte, que vous n'avez pas eu à vous plaindre de nos relations; et moi je me féliciterai toujours d'avoir rencontré dans les affaires un homme de votre mérite.

Recevez, avec mes adieux, etc.

CHATEAUBRIAND.

M. DE CHATEAUBRIAND A M. DE LA FERRONNAIS.

Paris, ce 16 juin 1824.

Si par hasard vous étiez encore à Saint-Pétersbourg, monsieur le comte, je ne veux pas terminer notre correspondance sans vous dire toute l'estime et toute l'amitié que vous m'avez inspirées ; portez-vous bien ; soyez plus heureux que moi, et croyez que vous me retrouverez dans toutes les circonstances de la vie. J'écris un mot à l'empereur.

CHATEAUBRIAND.

La réponse à cet adieu m'arriva dans les premiers jours d'août. M. de La Ferronnais avoit consenti aux fonctions d'ambassadeur sous mon ministère ; plus tard je devins à mon tour ambassadeur sous le ministère de M. de La Ferronnais : ni l'un ni l'autre n'avons cru monter ou descendre. Compatriotes et amis, nous nous sommes rendu mutuellement justice. M. de La Ferronnais a supporté les plus rudes épreuves sans se plaindre; il est resté fidèle à ses souffrances et à sa noble pauvreté. Après ma chute, il a agi pour moi à Pétersbourg comme j'aurois agi pour lui : un honnête homme est toujours sûr d'être compris d'un honnête homme. Je suis heureux de produire ce touchant témoignage du courage, de la loyauté et de l'élévation d'âme de M. de La Ferronnais. Au moment où je reçus ce billet, il me fut une compensation très-supérieure aux faveurs capricieuses et banales de la fortune. Ici seulement, pour la première fois, je crois devoir violer le secret honorable que me recommandoit l'amitié.

M. DE LA FERRONNAIS A M. DE CHATEAUBRIAND.

Saint-Pétersbourg, le 4 juillet 1824.

Le courrier russe, arrivé avant-hier, m'a remis votre petite lettre du 16; elle devient pour moi une des plus précieuses de toutes celles que j'ai eu le bonheur de recevoir de vous ; je la conserve comme un titre dont je m'honore, et j'ai la ferme espérance et l'intime conviction que bientôt je pourrai vous le présenter dans des circonstances moins tristes. J'imiterai, monsieur le vicomte, l'exemple que vous me donnez, et ne me permettrai aucune réflexion sur l'événement qui vient de rompre d'une manière si brusque et si peu attendue les rapports que le service établissoit entre vous et moi ; la nature même de ces rapports, la confiance dont vous m'honoriez, enfin des considérations bien plus graves, puisqu'elles ne sont pas exclusivement personnelles, vous expliqueront assez les motifs et toute l'étendue de mes regrets. Ce qui vient de se passer reste encore pour moi entièrement inexplicable ; j'en ignore absolument les causes, mais j'en vois les effets : ils étoient si faciles, si naturels à prévoir, que je suis étonné que l'on ait si peu craint de les braver. Je connois trop cependant la noblesse des sentiments qui vous animent et la pureté de votre patriotisme pour n'être pas bien sûr que vous approuverez la conduite que j'ai cru devoir suivre dans cette circonstance ; elle m'étoit commandée par mon devoir, par mon amour pour mon pays, et même par l'intérêt de votre gloire ; et vous êtes trop François pour accepter, dans la situation où vous vous trouvez, la protection et l'appui des étrangers ; vous avez pour jamais acquis la confiance et l'estime de l'Europe ; mais c'est la France que vous servez, c'est à elle seule que vous appartenez ; elle peut être injuste, mais ni vous ni vos véritables amis ne souffriront jamais que l'on rende votre cause moins pure et moins belle en confiant sa défense à des voix étrangères. J'ai donc fait taire toute espèce de sentiments et de considérations particulières devant l'intérêt général ; j'ai prévenu des démarches dont le premier effet devoit être de susciter parmi nous des divisions dangereuses et de porter atteinte à la dignité du trône. C'est le dernier service que j'aie rendu ici avant mon départ ; vous seul, monsieur le vicomte, en aurez la connoissance ; la confidence vous en étoit due, et je connois trop la noblesse de votre caractère pour n'être pas bien sûr que vous me garderez le secret et que vous trouverez ma conduite, dans cette circonstance, conforme aux sentiments que vous avez le droit d'exiger de ceux que vous honorez de votre estime et de votre amitié.

Adieu, monsieur le vicomte : si les rapports que j'ai eu le bonheur d'avoir avec vous ont pu vous donner une idée juste de mon caractère, vous devez savoir que ce ne sont point les changements de situation qui peuvent influencer mes sentiments, et vous ne douterez jamais de l'attachement et du dévouement de celui qui dans les circonstances actuelles s'estime le plus heureux des hommes d'être placé par l'opinion au nombre de vos amis.

La Ferronnais.

MM. de Fontenay et de Pontcarré sentent vivement le prix du souvenir que vous voulez bien leur conserver : témoins, ainsi que moi, de l'accroissement de considération que la France avoit acquis depuis votre entrée au ministère, il est tout simple qu'ils partagent mes sentiments et mes regrets.

LXXXI.

Examen d'un reproche.

Puisque nous avons été conduit naturellement par l'affaire d'Espagne jusqu'au récit de notre expulsion du ministère, puisque notre pensée s'est tournée vers le passé, puisque des souvenirs pénibles se sont présentés à notre mémoire, nous sera-t-il permis d'examiner un reproche, à nous souvent adressé, le reproche d'avoir contribué à la chute de la monarchie légitime? Ayant enseveli dans nos *Mémoires* ce que nous avons cru devoir taire de notre vivant, nous aurions pourtant regret de nous en aller sans nous être expliqué sur une accusation grave : nous nous soulagerons d'une fardeau inutile à porter.

Les événements arrivés sous le ministère dont nous avons fait partie ont une importance qui le lie à la fortune commune de la France : il n'y a pas un François dont le sort n'ait été atteint du bien que nous pouvons avoir fait, du mal que nous avons subi. Par des affinités bizarres et inexplicables, par des rapports secrets qui entrelacent quelquefois de hautes destinées à des destinées vulgaires, les Bourbons ont prospéré tant qu'ils ont daigné nous écouter, quoique nous soyons loin de croire avec le poëte que notre *éloquence ait fait l'aumône à la royauté*. Sitôt qu'on a cru devoir briser le roseau qui croissoit au pied du trône, la couronne a penché, et bientôt elle est tombée : souvent en arrachant un brin d'herbe on fait crouler une grande ruine.

Ces faits incontestables, on les expliquera comme on voudra; s'ils donnent à notre carrière politique une valeur relative qu'elle n'a pas d'elle-même, nous n'en tirons point vanité; nous ne ressentons point une mauvaise joie du hasard qui mêle notre nom d'un jour aux événements des siècles. Quelle qu'ait été la variété des accidents de notre course aventureuse, où que les noms et les faits nous aient promené, le dernier horizon du tableau est toujours menaçant et triste.

. . . . Juga cœpta moveri
Silvarum, visœque canes ululare per umbram.

Mais si la scène a changé d'une manière déplorable, nous ne devons, dit-on, accuser que nous-même : pour venger ce qui nous a semblé notre injure, nous avons tout divisé, et cette division a produit en dernier résultat le renversement du trône. Voyons.

M. de Villèle a déclaré qu'on ne pouvoit gouverner ni avec nous ni sans nous. Avec nous c'étoit une erreur; sans nous, à l'heure où M. de Villèle disoit cela, il disoit vrai, car les opinions les plus diverses nous composoient une majorité.

M. le président du conseil ne nous a jamais connu. Nous lui étions sincèrement attaché ; nous l'avions fait entrer dans son premier ministère, ainsi que le prouve un billet de remerciement de M. le duc de Richelieu, que nous possédons encore. Nous avions donné notre démission de plénipotentiaire à Berlin lorsque M. de Villèle s'étoit retiré. On lui a persuadé qu'à sa seconde rentrée dans les affaires nous désirions la place qu'il occupoit; nous n'avions point ce désir. Nous ne sommes point de la race intrépide, sourde à la voix du dévouement et de la raison. La vérité est que nous n'avons aucune ambition ; c'est précisément la passion qui nous manque, parce que nous en avons une autre, dominatrice. Lorsque nous priions M. de Villèle de porter au roi quelque dépêche importante, pour nous éviter la peine d'aller au château, afin de nous laisser le loisir de visiter une chapelle gothique dans la rue Saint-Julien-le-Vieux, il auroit été bien rassuré contre notre ambition : eût-il mieux jugé de notre candeur puérile, ou de la hauteur de nos dédains.

Rien ne nous agréoit dans la vie positive, hormis peut-être le ministère des affaires étrangères; nous n'étions pas insensible à l'idée que la patrie nous devroit dans l'intérieur de la liberté, à l'extérieur l'indépendance. Loin de chercher à renverser M. de Villèle, nous venions de dire récemment au roi : « Sire, M. de Villèle est un président plein de lumières; Votre Majesté doit éternellement le garder à la tête de ses conseils. »

M. de Villèle ne le remarqua pas : notre esprit pouvoit tendre à la domination, mais il étoit dominé par notre caractère; nous trouvions plaisir dans notre obéissance, parce qu'elle nous débarrassoit de notre volonté. Notre défaut capital est l'ennui, le dégoût de tout et le doute perpétuel. S'il se fût rencontré un prince qui, nous comprenant, nous eût retenu de force au travail, il avoit peut-être quelque parti à tirer de nous : mais le ciel fait rarement naître ensemble l'homme qui veut et l'homme qui peut. En fin de compte, est-il aujourd'hui une chose pour laquelle on voulût se donner la peine de sortir de son lit? On s'endort au bruit des royaumes tombés pendant la nuit, et que l'on balaye chaque matin devant nos portes.

Après notre renvoi, n'eussions-nous pas mieux fait de nous taire? La brutalité du procédé ne nous avoit-elle pas fait revenir les salons et le public? M. de Villèle a répété que la lettre de destitution avoit retardé; par ce hasard, elle avoit eu le malheur de ne nous être rendue qu'au château : peut-être en fut-il ainsi; mais quand on joue on doit calculer les chances de la partie; on doit surtout ne pas écrire à un homme de quelque valeur une lettre telle qu'on rougiroit de l'adresser au valet coupable qu'on jetteroit sur le pavé, sans convenances et sans remords. L'irritation du parti Villèle étoit d'autant plus grande contre nous, qu'il vouloit s'approprier notre ouvrage, et que nous avions montré de l'entente dans des matières qu'on nous avoit supposé ignorer.

Sans doute, avec du silence et de la modération (comme on disoit), nous aurions été loué de la race en adoration perpétuelle du portefeuille; en faisant pénitence de notre innocence, nous eussions préparé notre rentrée au conseil. C'eût été mieux dans l'ordre commun, mais c'étoit nous prendre pour l'homme que point ne sommes; c'étoit nous supposer le désir de ressaisir le timon de l'État, l'envie de faire notre chemin; désir et envie qui dans cent mille ans ne nous arriveroient pas.

L'idée que nous avions du gouvernement représentatif nous conduisit à entrer dans l'opposition; l'opposition systématique nous semble la seule propre à ce gouvernement. L'opposition surnommée de *conscience* est impuissante. La conscience peut arbitrer un fait *moral* elle ne juge point d'un fait *intellectuel;* force est de se ranger sous un chef appréciateur des bonnes et des mauvaises lois. N'en est-il ainsi, alors tel député prend sa bêtise pour sa conscience et la met dans l'urne. L'opposition dite de *conscience* consiste à flotter entre les partis, à ronger son frein, à voter même, selon l'occurrence, pour le ministère, à se faire magnanime en enrageant; opposition d'imbécillités mutines chez les soldats, de capitulations ambitieuses parmi les chefs. Tant que l'Angleterre a été saine, elle n'a jamais eu qu'une opposition systématique : on entroit et l'on sortoit avec ses amis; en quittant le portefeuille on se plaçoit sur le banc des attaquants. Comme on étoit censé s'être retiré pour n'avoir pas voulu adopter un système, ce système étant resté près de la couronne devoit être nécessairement combattu. Or, les hommes ne représentant que des principes, l'opposition systématique ne vouloit emporter que les principes, lorsqu'elle livroit l'assaut aux hommes.

D'ailleurs, depuis que M. de Villèle s'étoit séparé de nous, la politique s'étoit dérangée : l'ultracisme, contre lequel la sagesse du président du conseil luttoit encore, l'avoit débordé. La contrariété qu'il éprouvoit de la part de ses opinions intérieures et du mouvement des opinions extérieures le rendoit irritable : de là la presse entravée, la garde nationale de Paris cassée, etc. Devions-nous laisser périr la monarchie, afin d'acquérir le renom d'une modération hypocrite aux aguets ? Nous crûmes très-sincèrement remplir un devoir en combattant à la tête de l'opposition, trop attentif au péril que nous voyions d'un côté, pas assez frappé du danger contraire. Lorsque M. de Villèle fut renversé, on nous consulta sur la nomination d'un autre ministère. Si l'on eût pris, comme nous le proposions, M. Casimir Périer, le général Sebastiani et M. Royer-Collard, les choses auroient pu se soutenir. Nous ne voulûmes point accepter le département de la marine, et nous le fîmes donner à notre ami Hyde de Neuville; nous refusâmes également deux fois l'instruction publique; jamais nous ne serions rentré au conseil sans être le maître. Nous allâmes à Rome chercher parmi les ruines notre *autre moi-même,* car il y a dans notre personne deux êtres bien distincts, et qui n'ont aucune communication l'un avec l'autre.

Nous en ferons loyalement l'aveu, l'excès du ressentiment ne nous justifie pas selon la règle et le mot vénérable de vertu ; mais notre vie entière nous sert d'excuse.

Officier au régiment de Navarre, nous étions revenu des forêts de l'Amérique pour nous rendre auprès de la légitimité, fugitive pour combattre dans ses rangs contre nos propres lumières, le tout sans conviction, par le seul devoir du soldat, et parce qu'ayant eu l'honneur de monter dans les carrosses du roi à Versailles, nous nous croyions particulièrement engagé au sang d'un prince dont nous avions approché. Nous restâmes huit ans sur le sol étranger, accablé de toutes les misères.

Ce large tribut payé, nous rentrâmes en France en 1800. Bonaparte nous rechercha et nous plaça ; mais à la mort du duc d'Enghien nous nous dévouâmes de nouveau à la mémoire des Bourbons. Nos paroles sur le tombeau de Mesdames à Trieste ranimèrent la colère du dispensateur des empires ; il menaça de nous faire sabrer sur les marches des Tuileries. La brochure de *Bonaparte et des Bourbons* valut à Louis XVIII, de son aveu même, plus que cent mille soldats. Dans quelques pages sur l'arrivée du souverain à Compiègne, nous vînmes au-devant de l'effet que pouvoient produire sur les grenadiers de Napoléon les infirmités d'un monarque assis, succédant à un empereur à cheval. A l'aide de la popularité dont nous jouissions alors, la France anti-constitutionnelle comprit les institutions de la royauté légitime.

Durant les *cent jours*, la monarchie nous vit auprès d'elle à Gand, dans son second exil. Enfin, par la guerre d'Espagne, nous avions contribué à étouffer les conspirations, à réunir les opinions sous la même cocarde, et à rendre à notre canon sa portée. On sait le reste de nos projets : reculer nos frontières, donner au Nouveau Monde des couronnes nouvelles à la famille de saint Louis.

Cette longue persévérance dans les mêmes sentiments méritoit peut-être quelques égards. Sensible à l'affront, il nous étoit impossible de mettre aussi entièrement de côté ce que nous pouvions valoir, d'oublier tout à fait que nous étions le restaurateur de la religion et l'auteur du *Génie du Christianisme*.

Notre agitation croissoit nécessairement encore à la pensée qu'une mesquine querelle faisoit manquer à notre patrie une occasion de grandeur qu'elle ne retrouveroit plus. Si l'on nous avoit dit : « Vos plans seront suivis ; on exécutera sans vous ce que vous aviez entrepris, » nous eussions tout oublié pour la France. Malheureusement nous avions la croyance qu'on n'adopteroit pas nos idées ; l'événement l'a prouvé.

Nous étions dans l'erreur peut-être, mais nous étions persuadé que M. le comte de Villèle ne comprenoit pas la société qu'il conduisoit ; nous sommes convaincu que les solides qualités de cet habile ministre étoient adéquates du temps actuel ; il étoit venu trop tôt sous la restauration. Les opérations de finances, les associations commerciales, le mouvement industriel, les canaux, les bateaux à vapeur, les chemins de fer, les grandes routes, une société matérielle qui n'a de passion que pour la paix, qui ne rêve que le comfort de la vie, qui ne veut faire de l'avenir qu'un perpétuel aujourd'hui, dans cet ordre de choses, M. de Villèle eût été roi. M. de Villèle a voulu un temps qui ne pouvoit être à lui, et par honneur il ne veut pas d'un temps qui lui appartient. Sous la restauration, toutes les facultés de l'âme étoient vivantes ; tous les partis rêvoient de réalités ou de chimères ; tous, avançant ou reculant, se heurtoient en tumulte ; personne ne prétendoit rester où il étoit ; la légitimité constitutionnelle ne paroissoit à aucun esprit ému le dernier mot de la république ou de la monarchie. On sentoit sous ses pieds remuer dans la terre des armées ou des révolutions qui venoient s'offrir pour des destinées extraordinaires. M. de Villèle étoit éclairé sur ce mouvement ; il voyoit croître les ailes qui, poussant à la nation, l'alloient rendre à son élément, à l'air, à l'espace, immense et légère qu'elle est. M. de Villèle vouloit retenir cette nation sur le sol, l'attacher en bas ; nous doutons qu'il en eût la force. Nous voulions, nous, occuper les François à la gloire ; essayer de les mener à la réalité par des songes : c'est ce qu'ils aiment.

Il seroit mieux d'être plus humble, plus prosterné, plus chrétien. Malheureusement nous sommes sujet à faillir ; nous n'avons point la perfection évangélique. Si un homme nous donnoit un soufflet, nous ne tendrions pas l'autre joue : cet homme, s'il étoit sujet, nous aurions sa vie ou il auroit la nôtre ; s'il étoit roi...

Eussions-nous deviné le résultat, certes nous nous serions abstenu ; la majorité qui vota la phrase sur *le refus du concours* ne l'eût pas votée si elle eût prévu la conséquence de son vote. Personne ne désiroit sérieusement une catastrophe, excepté quelques hommes à part. Il n'y a eu qu'une émeute, et la légitimité seule l'a transformée en révolution ; seule elle a eu le tort de l'attaque illégale, et, le moment venu, elle a manqué de l'intelligence, de la prudence, de la résolution, qui la pouvoient encore sauver. Après tout, c'est une monarchie tombée ; il en tombera bien d'autres : nous ne lui devions que notre fidélité ; elle l'a.

Dévoué à ses premières adversités, nous nous sommes consacré à ses dernières infortunes : le malheur nous trouvera toujours pour second. Nous avons tout renvoyé, places, pensions, honneurs, et afin de n'avoir rien à demander à personne, nous avons mis en gage notre cercueil. Juges austères et rigides, vertueux et infaillibles royalistes, qui avez mêlé un serment à vos richesses, comme vous mêlez le sel aux viandes de votre festin pour les conserver, ayez un peu d'indulgence à l'égard de nos amertumes passées ; nous les expions aujourd'hui à notre manière, qui n'est pas la vôtre. Croyez-vous qu'à l'heure du soir, à cette heure où l'homme de peine se repose, il ne sente pas le poids de la vie, quand ce poids est rejeté sur ses bras ? Et cependant, nous avons pu ne pas porter le fardeau, nous avons vu Louis-Philippe dans son palais du 1er au 6 août 1830 ; il n'a tenu qu'à nous d'écouter des paroles généreuses : peut-être aurions-nous pu rentrer au ministère des affaires étrangères, peut-être retourner à l'ambassade de Rome, la plus grande des tentations pour un hanteur de ruines et un habitué de solitude. Nous avons mieux aimé garder des chaînes d'autant plus étroites qu'elles sont rompues.

Plus tard, si nous avions pu nous repentir d'avoir bien fait, il nous étoit possible de revenir sur le premier mouvement de notre conscience. M. Benjamin Constant, homme si puissant alors, nous écrivoit le 20 septembre : « J'aimerois bien mieux vous écrire sur vous que sur moi, la chose auroit plus d'importance. Je voudrois pouvoir vous parler de la perte que vous faites essuyer à la France entière, en vous retirant de ses destinées, vous qui avez exercé sur elles une influence si noble et si salutaire! Mais il y auroit indiscrétion à traiter ainsi des questions personnelles, et je dois, en gémissant, comme tous les François, respecter vos scrupules. »

Nos devoirs ne nous semblant point encore accomplis, nous avons défendu la veuve et l'orphelin; nous avons subi les procès et la prison que Bonaparte, même dans ses plus grandes colères, nous avoit épargnés. Nous nous présentons entre notre démission à la mort du duc d'Enghien, et notre cri pour l'enfant abandonné; nous nous présentons appuyé sur un prince fusillé et sur un prince banni; ils soutiennent nos vieux bras entrelacés à leurs bras débiles : royalistes, êtes-vous aussi bien accompagnés?

Mais, plus nous avons garrotté notre vie par les liens du dévouement et de l'honneur, plus nous avons dégagé notre opinion; nous avons échangé la liberté de nos actions contre l'indépendance de notre pensée; cette pensée est rentrée dans sa nature. Maintenant, en dehors de tout, nous apprécions les gouvernements ce qu'ils valent. Peut-on croire aux rois de l'avenir? faut-il croire aux peuples du présent? L'homme sage et inconsolé de ce siècle sans conviction ne rencontre un misérable repos que dans l'athéisme politique. Que les jeunes générations se bercent d'espérances, avant de toucher au but elles attendront de longues années. Les âges vont au nivellement général, mais ils ne hâtent point leur marche à l'appel de nos désirs : le temps est une sorte d'éternité appropriée aux choses mortelles : il compte pour rien les races et leurs douleurs dans les œuvres qu'il accomplit.

LXXXII.

Madame la Dauphine.

Il résulte de tout ce qu'on vient de lire que si l'on avoit fait ce que j'avois sans cesse conseillé; que si d'étroites envies n'avoient préféré leur satisfaction au salut de la France; que si le pouvoir avoit mieux apprécié les capacités relatives; que si les cabinets étrangers, moins obstinés dans leur haine anti-constitutionnelle, avoient jugé, comme Alexandre, qu'on ne pouvoit sauver la monarchie françoise qu'en s'appuyant sur les nouvelles institutions; que si ces cabinets n'avoient point entretenu l'autorité rétablie dans sa défiance du principe de la charte; il résulte de tout cela que la légitimité occuperoit encore le trône. Mais ce qui est passé est passé; on a beau aller en arrière, se remettre à la place que l'on a quittée, on ne retrouve rien de ce qu'on y avoit laissé : hommes, idées, circonstances, tout s'est évanoui.

La partie est perdue. Les succès de la guerre de 1823, poussés assez loin pour qu'on en pût espérer le reste, n'ont point été achevés; la France ne continuant point de grandir auprès de la Péninsule, l'Espagne, un moment réunie à nous, s'en est derechef détachée : les flots des révolutions sont revenus sur les deux pays, et les ont couverts de nouveau : la victoire de M. le duc d'Angoulême n'a fait qu'aveugler la légitimité. Tel est le mal que l'envie bornée a pu faire en nous renversant et en amenant, par notre chute, les divisions, si fatales à la monarchie restaurée.

A Dieu ne plaise qu'en parlant ici d'envie bornée nous désignions M. de Villèle! nous avons seulement en mémoire les médiocrités qui l'ont obsédé : elles ont préparé le mariage d'Isabelle avec quelque fils de François II ou de Georges III. Du reste, si nous avons exagéré autrefois dans notre défense légitime, nous reconnoissons pleinement, franchement, loyalement, notre injustice : quand on est blessé, les qualités d'un homme disparoissent; on ne voit que ses imperfections.

M. de Villèle est un homme de vigilance, de patience, de sang-froid; ses ressources sont infinies. Il a établi dans les finances et la comptabilité un ordre qui restera. Abstraction faite de l'avenir et du grand côté des choses, dont il ne se soucioit pas, il étoit impossible de mettre plus de finesse, de clarté, de fermeté dans les affaires. Peut-être n'avoit-il pas pour occuper la première place les frivolités utiles et les qualités assorties; il est dommage qu'il n'ait pas deviné combien nos défauts lui étoient nécessaires; nous le complétions, en lui donnant ce qui lui manquoit.

La restauration avoit rencontré en moi et en lui ses vrais ministres; elle ne devoit jamais ni chasser l'un ni abandonner l'autre. Mais il étoit écrit que, toujours favorisée, elle laisseroit tout échapper.

A Carlsbad, en 1832, nous prîmes la liberté de conseiller à madame la dauphine d'appeler M. de Villèle auprès de Henri de France. Sur une observation bienveillante de la princesse, nous répondîmes :

« J'ai eu à me plaindre de M. de Villèle, mais je me mépriserois si après la chute du trône je continuois de nourrir le ressentiment de quelques mesquines rivalités. Nos divisions ont déjà fait trop de mal; je suis prêt à demander pardon à ceux qui m'ont offensé. Je supplie Madame de croire que ce n'est là ni l'étalage d'une fausse générosité ni une pierre posée en prévision d'une future fortune. Que pourrois-je demander à Charles X dans l'exil? Et si la restauration arrivoit jamais, ne serois-je pas dans ma tombe? »

Madame nous regarda avec affabilité ; elle eut la bonté de nous louer par ces seuls mots : « C'est très-bien, monsieur de Chateaubriand. » Elle avoit comme un voile de larmes sur les yeux.

Les moments les plus précieux de notre longue carrière sont ceux que madame la dauphine nous a permis de passer auprès d'elle. Au fond de cette âme le ciel a déposé un trésor de magnanimité et de religion que les prodigalités du malheur n'ont pu tarir. Nous avions devant nous la fille que le roi martyr avoit pressée sur son cœur avant d'aller cueillir la palme : l'éloge est suspect lorsqu'il s'adresse à la prospérité ; mais avec la princesse l'admiration étoit à l'aise. Nous l'avons dit : les malheurs de cette femme sont montés si haut, qu'ils sont devenus une des gloires de la révolution. Nous aurons donc rencontré une fois des destinées assez supérieures pour leur dire, sans crainte de les blesser, ce que nous pensons de l'état futur de la société : on pouvoit causer avec la dauphine du sort des empires ; elle qui verroit passer sans les regretter, aux pieds de sa vertu, tous ces royaumes de la terre, dont plusieurs se sont écroulés aux pieds de sa race.

LXXXIII.

Dernier coup d'œil sur la guerre d'Espagne. — La Restauration. — Charles X. — Henri et Louise. — Résumé.

On sait maintenant le congrès de Vérone, le droit et le but de notre intervention. L'erreur historique dans laquelle le public a été entraîné sera redressée, car elle n'est pas encore une de ces erreurs consacrées du temps ; l'amour-propre et des motifs aussi peu élevés n'ont aucun intérêt à la faire vivre. Aujourd'hui la guerre d'Espagne est passée ; un monde a succédé à un monde ; la royauté de Louis XIV, en France et en Espagne, a disparu. L'expédition de 1823, tout importante qu'elle auroit pu devenir pour la société, ne sauroit donc ni réveiller ni prolonger l'esprit de parti. Cette expédition avortée n'est plus qu'un grand regret.

Lorsque nous entrâmes aux relations extérieures, la légitimité alloit pour la première fois brûler de la poudre sous le drapeau blanc, tirer son premier coup de canon, après ces coups de l'empire qu'entendra la dernière postérité. Si elle reculoit, elle étoit perdue ; si elle n'avoit qu'un médiocre succès, elle étoit ridicule. Mais enjamber d'un pas les Espagnes, réussir là où Bonaparte avoit échoué, triompher sur ce même sol où les armées de l'homme fastique avoient eu des revers, faire en six mois ce qu'il n'avoit pu faire en sept ans, c'étoit un véritable prodige. Ce prodige auroit frappé la France, comme il frappa l'Europe, si des préjugés ne nous avoient aveuglés.

Qu'on imagine Ferdinand régnant d'une manière raisonnable a Madrid, sous la verge de la France, nos frontières du midi en sûreté, l'Ibérie ne pouvant plus vomir sur nous l'Autriche et l'Angleterre ; qu'on se représente deux ou trois monarchies bourboniennes en Amérique, faisant à notre profit le contre-poids de l'influence et du commerce des États-Unis et de la Grande-Bretagne ; qu'on se figure notre cabinet redevenu puissant au point d'exiger une modification dans les traités de Vienne, notre vieille frontière recouvrée, reculée, étendue dans les Pays-Bas, dans nos anciens départements germaniques, et qu'on dise si pour de tels résultats la guerre d'Espagne ne méritoit pas d'être entreprise ; qu'on dise si les injures des pamphlets, les déclamations de tribune ne paroissent pas les préventions d'esprits ou qui n'avoient pas d'idée de la matière ou qui craignoient une guerre heureuse, ennemis qu'ils étoient de la légitimité.

On prétend aujourd'hui que les systèmes sont épuisés, que l'on tourne sur soi en politique, que les caractères sont effacés, les esprits las ; qu'il n'y a rien à faire, rien à trouver ; qu'aucun chemin ne se présente ; que l'espace est fermé ; sans doute, quand on reste à la même place, c'est le même cercle de l'horizon qui pèse sur la terre. Mais avancez ; osez déchirer le voile qui vous enveloppe, et regardez, si toutefois vous n'avez peur et n'aimez mieux fermer les yeux.

La plupart des résultats dont je parle avoient été obtenus : la France avoit été sauvée de la conspiration des *carbonari* civils et militaires ; Ferdinand avoit été délivré, une armée formée sous la cocarde blanche, l'affaire des colonies menée si loin que l'Espagne consentoit à la soumettre à l'arbitrage de l'Europe.

Ce n'est point aux hommes des champs de Marengo, d'Austerlitz et d'Iéna qu'il faut vanter les rencontres du duc d'Angoulême dans la Péninsule ; mais un caractère particulier distingue son expédition. Une guerre silencieuse succède aux combats tonnants de l'empire : cette guerre s'accomplit comme elle avoit été commencée. Il est sans exemple qu'on ait déclaré qu'on entreroit dans un pays où la nature du terrain a rendu depuis les Romains jusqu'à nous les entreprises militaires d'une difficulté insurmontable ; qu'on entreroit dans ce pays hérissé de forteresses et défendu par cent mille vaillants soldats, qu'on iroit délivrer un roi, dût-il être enchaîné, au bout de son empire, dans une île réputée imprenable ; qu'on ne poseroit les armes que quand cela seroit exécuté, et qu'on reviendroit alors, sans remporter autre chose que ces mêmes armes : voilà ce qui de point en point s'est accompli.

Combien a-t-il fallu de temps à l'achèvement de cette entreprise? Au mois d'avril 1824, les pairs et les députés retrouvèrent aux barrières du Louvre la garde qui, passant la Bidassoa au mois d'avril 1823, alla poser des factionnaires aux portes de Ferdinand, à Séville. Ce que le roi avoit dit, Dieu l'a voulu, l'armée l'a fait.

Quelle est donc cette guerre dont les résultats ont été universellement bénis (cause, passion, système, intérêt mis à part)? Rome pendant deux jours illumine ses ruines; la Bavière, la Saxe, le Danemark, envoient leurs félicitations; Vienne, Berlin, Pétersbourg, bien qu'opposés de sentiments, applaudissent. L'Europe quand Bonaparte revenoit de ses conquêtes lui disoit-elle, comme elle a dit au duc d'Angoulême, qu'il avoit sauvé le monde civilisé? M. Canning et lord Liverpool louoient-ils en plein parlement les soldats de Napoléon comme ils ont loué les soldats du prince généralissime? Bonaparte a-t-il ravagé ou respecté la chaumière du pauvre? On a rencontré en Ibérie des villes brûlées, des villages détruits : qui les avoit brûlés et détruits? Se jetoit-on aux pieds des capitaines de l'empire afin de les retenir au milieu des ruines?

Personne ne seroit assez stupide pour comparer le dauphin à Napoléon, une goutte d'eau à la mer ; les maux dont Napoléon fut la cause l'ont couronné ; ils ont tourné au profit de sa gloire : qu'on vive, non par ce que l'on a été, mais par ce que l'on a fait; que le géant soit encore aperçu lorsque la fin du monde viendra, c'est son sort; nous le reconnoissons. Néanmoins nous, homme, nous comptons les larmes pour quelque chose dans l'histoire de l'espèce humaine. Jamais conquête aussi brillante que celle de l'Espagne en 1823 a-t-elle moins coûté de pleurs? Vous n'ôterez pas du cœur des François ce sentiment de sûreté et d'honorable orgueil qu'ils éprouvèrent à l'issue d'une guerre victorieuse d'une anarchie voisine, vengeresse de Waterloo, et régénératrice de l'honneur de la patrie.

Il en coûte d'avouer qu'un pouvoir que l'on a détesté a remporté des avantages auxquels on n'avoit pas cru : on a donc voulu ravaler le mérite d'une réussite inattendue, en disant que la campagne de 1823 n'a été qu'une excursion sans péril. On ne s'aperçoit pas que l'on se crée de la sorte une autre difficulté : on substitue à une merveille militaire une merveille diplomatique. Expliquez alors comment des populations violentes, opposées les unes aux autres, ont tout à coup perdu leur caractère, comment elles nous ont guidé de fleuve en fleuve, de défilé en défilé, de montagne en montagne, nourrissant nos soldats, les hébergeant, leur livrant les clefs des villes, les conduisant sous des arcs de triomphe jusqu'au *nec plus ultra* des terres d'Hercule ; expliquez pourquoi les armées et les généraux des cortès ont accepté notre paix après avoir croisé le fer pour l'honneur des armes. Si tout cela n'est rien, essayez l'aventure ; nous vous promettons d'applaudir de grand cœur à cette orgie de succès : sautez du haut des remparts, comme le prisonnier catholique du baron des Adrets, nous vous le donnons en dix.

Avant que nous eussions pénétré dans la Péninsule, des hommes habiles nous avoient fait toucher au doigt et à l'œil les impossibilités dont nous allions être murés et dans l'enceinte desquelles, ainsi que dans un amphithéâtre, nous serions exposés aux assauts de toutes les calamités. Maintenant ces mêmes hommes trouvent que ces impossibilités et ces calamités n'existoient pas ; que tout le monde pouvoit faire ce que nous avons fait, alors qu'en surcroît de male enchère nous avions en face Albion grondante, derrière nous l'Europe quasi ennemie. Si nos dépêches, étendues sous nos affûts, empêchoient qu'on n'entendît nos canons rouler, pourquoi Bonaparte n'a-t-il pas imaginé ce moyen de succès ? Pourquoi vous-mêmes, dans la position où vous êtes, ne prenez-vous pas le délassement d'une promenade dans la Catalogne et les Castilles ?

Est-il vrai que toute la France ne voulût pas la guerre, que toute l'Espagne ne voulût pas la guerre, que toute l'Angleterre ne voulût pas la guerre, que les plus grands politiques et les hommes d'expérience ne voulussent pas la guerre ? Quel prodige de plus ! Cette guerre désastreuse et abhorrée a donc été faite avec succès par nous chétif, conter les peuples, la nature, le ciel et les dieux ! Devons-nous croire à un tel ascendant de notre génie !

Faudroit-il avouer qu'au fond d'une cause appuyée sur l'ordre et la religion il y avoit une force de sympathie humaine que le siècle n'avoit pas soupçonnée ? Nous le confessons : nos succès ne sont pas les nôtres, ils sont l'ouvrage de la Providence ; et comme nous avons la petitesse d'être chrétien, nous dirons que l'heureuse issue de la guerre d'Espagne a été un des derniers miracles du ciel en faveur des enfants de saint Louis.

A entendre la passion ou l'ignorance, les Bourbons sont les auteurs de tous nos maux ; ils sont complices et fauteurs de ces traités dont, à bon droit, nous nous plaignons : c'est trop oublier les dates et les faits.

La Restauration n'exerça quelque influence dans les actes diplomatiques qu'à l'époque de la première invasion. Il est reconnu qu'on ne vouloit point cette restauration, puisqu'on traitoit avec Bonaparte à Châtillon; que, l'eût-il voulu, il demeuroit empereur des François. Sur l'entêtement de son génie et faute de mieux, on prit les Bourbons qui se trouvoient là. Monsieur, lieutenant-général du royaume, eut alors une certaine part aux transactions du jour; on a vu, dans la vie d'Alexandre, ce que le traité de Paris de 1814 nous avoit laissé.

En 1815, il ne fut plus question des Bourbons: ils n'entrèrent en rien dans les contrats spoliateurs de la seconde invasion : ces contrats furent le résultat de la rupture du ban de l'île d'Elbe. A Vienne, les alliés déclarèrent qu'ils ne se réunissoient que contre un seul homme; qu'ils ne prétendoient imposer ni aucune sorte de maître ni aucune espèce de gouvernement à la France; l'exilé de Gand étoit rentré dans sa cachette, comme l'Europe étoit sortie de sa tanière, à la seule apparition d'un évadé. Alexandre même avoit demandé au congrès un roi autre que Louis XVIII. Si celui-ci en venant s'asseoir aux Tuileries ne se fût hâté de voler son trône, il n'auroit jamais régné. Les traités de 1815 furent abominables, précisément parce qu'on refusa d'entendre la voix paternelle de la légitimité, et c'est pour les faire brûler, ces traités, que j'avois voulu reconstruire notre puissance en Espagne.

Le seul moment où on retrouve l'esprit de la restauration est au congrès d'Aix-la-Chapelle; les alliés étoient convenus de nous ravir nos provinces du nord et de l'est; M. de Richelieu intervint. Le czar, touché de notre malheur, entraîné par son équitable penchant, remit à M. le duc de Richelieu la carte de France sur laquelle étoit tracée la ligne fatale. J'ai vu de mes propres yeux cette carte du Styx entre les mains de Mme de Montcalm, sœur du noble négociateur.

La France occupée comme elle l'étoit, nos places fortes ayant garnison étrangère, pouvions-nous résister? Une fois privés de nos départements militaires, combien de temps aurions-nous gémi sous la conquête? Eussions-nous eu un souverain d'une famille nouvelle, un prince d'occasion, on ne l'auroit point respecté. Parmi les alliés, les uns cédèrent à l'illusion d'une grande race, les autres crurent que sous une puissance usée le royaume perdroit son énergie et cesseroit d'être un objet d'inquiétude : Cobbett lui-même en convient dans sa lettre. C'est donc une monstrueuse ingratitude de ne pas voir que si nous sommes encore la vieille Gaule, nous le devons au sang que nous avons le plus maudit : ce sang qui depuis huit siècles circuloit dans les veines mêmes de la France, ce sang qui l'avoit faite ce qu'elle est l'a sauvée encore. Pourquoi s'obstiner à nier éternellement les faits? On a abusé contre nous de la victoire, comme nous en avions abusé contre l'Europe. Nos soldats étoient allés au bout du monde; ils ont ramené sur leurs pas les soldats qui fuyoient devant eux : après action, réaction, c'est la loi. Cela ne fait rien à la gloire de Bonaparte, gloire isolée et qui reste entière; cela ne fait rien à notre gloire nationale, toute couverte de la poussière de l'Europe dont nos drapeaux sanglants ont balayé les tours : il étoit inutile, dans un dépit d'ailleurs trop juste, d'aller chercher à nos maux une autre cause que la cause véritable. Loin d'être cette cause, les Bourbons de moins dans nos revers, nous étions partagés.

Appréciez maintenant les calomnies dont la restauration a été l'objet; qu'on interroge les archives des relations extérieures, on sera convaincu de l'indépendance du langage tenu aux puissances sous le règne de Louis XVIII et de Charles X. Nos souverains avoient le sentiment de la dignité nationale; ils furent surtout rois à l'étranger, lequel ne voulut jamais avec franchise le rétablissement et ne vit qu'à regret la résurrection de la monarchie aînée. Le langage diplomatique de la France à l'époque dont je traite est, il faut le dire, particulier à l'aristocratie; la démocratie, pleine de larges et fécondes vertus, est pourtant arrogante quand elle domine; d'une munificence incomparable lorsqu'il faut d'immenses dévouements, elle échoue aux détails; elle est rarement élevée, surtout dans les longs malheurs. Une partie de la haine des cours d'Angleterre et d'Autriche contre la légitimité vient de la fermeté du cabinet des Bourbons.

Louis XVIII n'avoit jamais perdu le souvenir de la prééminence de son berceau; il étoit roi partout, comme Dieu est Dieu partout, dans une crèche ou dans un temple, sur un autel d'or ou d'argile. Jamais son infortune ne lui arracha la plus petite concession; sa hauteur croissoit en raison de son abaissement; son diadème étoit son nom; il avoit l'air de dire : « Tuez-moi, vous ne tuerez pas les siècles écrits sur mon front; on ne tue pas les siècles. » Si l'on avoit ratissé ses armes au Louvre, peu lui importoit : n'étoient-elles pas gravées sur le globe? Avoit-on envoyé des commissaires les gratter dans tous les coins de l'univers? Les avoit-on effacées aux Indes, à Pondichéry, en Amérique, à Lima et à Mexico; dans l'Orient, à Antioche, à Jérusalem, à Saint-Jean-d'Acre, au Caire, à Constantinople, à Rhodes, en Morée; dans l'Occident, sur les murailles de Rome, aux plafonds de Caserte et de l'Escurial, aux voûtes des salles de Ratisbonne et de Westminster, dans l'écusson de tous les rois? Les avoit-on arrachées à l'aiguille de la boussole, où elles semblent annoncer le règne des lys aux diverses régions de la terre?

L'idée fixe de la grandeur, de l'antiquité, de la dignité, de la majesté de sa race donnoit à Louis XVIII un véritable empire. On en sentait la domination; les généraux mêmes de Bonaparte la confessoient; ils étoient plus intimidés devant ce vieillard impotent que devant le maître terrible qui les avoit commandés dans cent Arbelles. A Paris, quand Louis XVIII accordoit aux monarques triomphants l'honneur de dîner à sa table, il passoit sans façon le premier devant ces princes dont les soldats campoient dans la cour du Louvre; il les traitoit comme des vassaux qui n'avoient fait que leur devoir en amenant des hommes d'armes à leur seigneur suzerain. Il avoit raison : en Europe il n'est qu'une monarchie, celle de France; le destin des autres monarchies est lié au sort de celle-là. Toutes les races sont d'hier auprès de la race de Hugues Capet, et presque toutes en sont filles. Notre ancien pouvoir royal étoit l'ancienne royauté du monde : du bannissement des Capets datera l'ère de l'expulsion des rois.

Cette superbe du descendant de saint Louis envers les alliés plaisoit à l'orgueil national : les François jouissoient de voir des souverains qui, vaincus, avoient porté les chaînes d'un homme, porter, vainqueurs, le joug d'une race.

La foi inébranlable de Louis XVIII dans son sang est la puissance réelle qui lui rendit le sceptre; c'est cette foi qui à deux reprises fit tomber sur sa tête une couronne pour laquelle l'Europe ne croyoit pas, ne prétendoit pas épuiser ses populations et ses trésors. En dernier résultat, le banni sans soldats se trouvoit au bout de toutes les batailles qu'il n'avoit pas livrées. Louis XVIII étoit la légitimité incarnée; elle a cessé d'être visible quand il a disparu.

Loin de précipiter cette légitimité, mieux avisé, on en eût étayé les ruines; à l'abri dans l'intérieur, on eût élevé le nouvel édifice, comme on bâtit un vaisseau qui doit braver l'océan sous un bassin couvert taillé dans le roc : ainsi la liberté angloise s'est formée au sein de la loi normande. Il ne falloit pas conjurer le fantôme monarchique, ce centenaire du moyen âge qui, comme Dandolo, *avoit les yeux en la tête beaux, et si n'en véoit goutte;* vieillard qui pouvoit guider les jeunes croisés et qui, paré de ses cheveux blancs, imprimoit encore vigoureusement sur la neige ses pas ineffaçables.

Que, dans nos craintes prolongées, des préjugés et des hontes vaniteuses nous aveuglent, on le conçoit; mais la distante postérité, républicaine comme elle le sera, cette postérité rassurée et juste, reconnoîtra que la restauration a été, historiquement parlant, la plus heureuse des phases de notre cycle révolutionnaire. Les partis dont la chaleur n'est pas éteinte peuvent à présent s'écrier : « Nous fûmes libres sous l'empire, esclaves sous la monarchie de la charte! » Les générations futures ne s'arrêtant pas à cette contre-vérité risible, si elle n'étoit un sophisme, diront que les Bourbons rappelés prévinrent le démembrement de la France, qu'ils fondèrent parmi nous le gouvernement représentatif, qu'ils firent prospérer les finances, acquittèrent des dettes qu'ils n'avoient pas contractées, et payèrent religieusement jusqu'à la pension de la sœur de Robespierre. Enfin, pour remplacer nos colonies perdues, ils nous laissèrent en Afrique une des plus riches provinces de l'empire romain.

Dans l'expédition d'Alger, on vit notre marine, ressuscitée au combat de Navarin, sortir de ces ports de France, naguère si abandonnés. La rade étoit couverte de navires qui saluoient la terre en s'éloignant. Des bateaux à vapeur, nouvelle découverte du génie de l'homme, alloient et venoient portant des ordres d'une division à l'autre, comme des syrènes ou comme les aides de camp de l'amiral. Le dauphin se tenoit sur le rivage, où toutes les populations de la ville et des montagnes étoient descendues : lui qui, après avoir arraché son parent le roi d'Espagne aux mains des révolutions, voyoit se lever le jour par qui la chrétienté devoit être délivrée, auroit-il pu se croire si près de sa nuit?

Ils n'étoient plus, ces temps où Catherine de Médicis sollicitoit du Turc l'investiture de la principauté d'Alger pour Henri III, non encore roi de Pologne. Alger alloit devenir notre fille et notre conquête, sans la permission de personne, sans que l'Angleterre osât nous empêcher de prendre ce *château de l'empereur*, qui rappelloit Charles Quint et le changement de sa fortune. C'étoit une grande joie et un grand bonheur pour les spectateurs françois assemblés de saluer du salut de Bossuet les généreux vaisseaux prêts à rompre de leur proue la chaîne des esclaves ; victoire agrandie par ce cri de l'aigle de Meaux, lorsqu'il annonçoit le succès de l'avenir au grand roi, comme pour le consoler un jour dans sa tombe de la dispersion de sa race.

« Tu céderas, ou tu tomberas sous ce vainqueur, Alger, riche des dépouilles de la chrétienté. Tu disois en ton cœur avare : Je tiens la mer sous mes lois et les nations sont ma proie. La légèreté de tes vaisseaux te donnoit de la confiance, mais tu te verras attaqué dans tes murailles comme un oiseau ravissant qu'on iroit chercher parmi ses rochers et dans son nid, où il partage son butin à ses petits. Tu rends déjà tes esclaves. Louis a brisé les fers dont tu accablois ses sujets, qui sont nés pour être libres sous son glorieux empire. Le pilotes étonnés s'écrient par avance : *Qui est semblable à Tyr? Et toutefois elle s'est tue dans le milieu de la mer.* »

Paroles magnifiques, n'avez-vous pu retarder l'écroulement du trône? Les nations marchent à leurs destinées : à l'instar de certaines ombres du Dante, il leur est impossible de s'arrêter, même dans le bonheur.

Ces vaisseaux qui apportoient la liberté aux mers de la Numidie emportoient la légitimité; cette flotte sous pavillon blanc, c'étoit la monarchie qui appareilloit, s'éloignant des ports où s'embarqua saint Louis, lorsque la mort l'appeloit à Carthage. Esclaves délivrés des bagnes d'Alger, ceux qui vous ont rendus à votre pays ont perdu leur patrie; ceux qui vous ont arrachés à l'exil éternel sont exilés. Le maître de cette vaste flotte a traversé la mer sur une barque en fugitif, et la France pourra lui dire ce que Cornélie disoit à Pompée : « C'est bien une œuvre de ma fortune, non pas de la tienne, que je te vois maintenant réduit à une seule pauvre petite nave, là où tu voulois cingler avec cinq cents voiles. »

Mais si la légitimité a disparu glorieusement, la personne légitime s'est-elle retirée égale en gloire à la légitimité? Tombé tout armé dans un fleuve après la bataille de Pescare, déjà recouvert par les flots, Sforze éleva deux fois son gantelet de fer au-dessus des vagues : est-ce le gantelet de Robert le Fort qui s'est montré à la surface de l'abîme, dans le naufrage de Rambouillet?

Durée de race si salutaire aux peuples monarchiques, ne seroit-elle pas redoutable aux rois? Le pouvoir permanent les enivre; ils perdent les notions de la terre; tout ce qui n'est pas à leurs autels prières prosternées, humbles vœux, abaissements profonds est impiété. Leur propre malheur ne leur apprend rien; l'adversité n'est qu'une plébéienne grossière qui leur manque de respect, et les catastrophes ne sont pour eux que des insolences. Ces hommes par le laps du temps deviennent des *choses;* ils ont cessé d'être des *personnes*, ils ne sont plus que des monuments, des pyramides, de fameux tombeaux.

La dernière fois que je vis les proscrits de Rambouillet, c'étoit à Buschtirad, en Bohême. Charles X étoit couché; il avoit la fièvre. On me fit entrer de nuit dans sa chambre. Une petite lampe brûloit sur la cheminée. Je n'entendois dans le silence des ténèbres que la respiration élevée du trente-cinquième successeur de Hugues Capet. Mon vieux roi! votre sommeil étoit pénible : le temps et l'adversité, lourds cauchemars, étoient assis sur votre poitrine. Un jeune homme s'approcheroit du lit d'une jeune fille avec moins d'amour que je ne me sentis de respect en marchant d'un pied furtif vers votre couche solitaire. Du moins, je n'étois pas un mauvais songe comme celui qui vous réveilla pour aller voir expirer votre fils ! Je vous adressois intérieurement ces paroles que je n'aurois pu prononcer tout haut sans fondre en larmes : « Le ciel vous garde de tout mal à venir ! Dormez en paix ces nuits avoisinant votre dernier sommeil ! assez longtemps vos vigiles ont été celles de la douleur. Que ce lit de l'exil perde sa dureté en attendant la visite de Dieu ! Lui seul peut rendre légère à vos os la terre étrangère. »

Dans le refuge de Charles X, j'avois rencontré le frère et la sœur. Je les cherchois de la part d'une mère captive; ils avoient l'air de deux petites gazelles cachées parmi des ruines. Pour trouver ces deux aimables enfants, le pèlerin de Terre Sainte avoit heurté avec son bâton et ses sandales poudreuses à la porte de l'étranger. Blondel en vain chanta au pied de la tour du duc d'Autriche; il ne put rouvrir aux exilés les chemins de la patrie.

Devenu homme, Henri va se présenter seul à ses passions et à la terre. A quelle masure de sable se mêleront les magnifiques débris de Balbec et de Palmyre ?

Plus heureux que Henri, qui part du seuil de la vie, Charles a maintenant fini sa course. Point de hérauts d'armes n'ont paru à ses obsèques; point de grands n'ont jeté dans le caveau les marques de leurs dignités : ils en avoient fait hommage ailleurs. Rien ne repose aux côtés du prince, que son cœur et ses entrailles arrachés de son sein et de ses flancs, comme on place auprès d'une mère expirée le fruit abortif qui lui a coûté la vie. Oublié dans un cloître, le roi très-chrétien, cénobite après le trépas, entend quelque frère inconnu lui réciter les prières du bout de l'an ; unique souvenir du royal décédé parmi les générations vivantes. Les prières pour les morts sont une servitude d'immortalité imposée aux âmes chrétiennes dans leur fraternelle tendresse.

Mais quand un nouvel univers émerge du sein des âges, quand le passé n'est plus que de l'histoire, pourquoi ne réuniroit-on pas tant d'ossements dispersés, comme on réunit des antiques exhumés de différentes fouilles. A ce rappel de la mort, la dépouille de Charles X rejoindroit celle de son fils et de ses frères, dans l'abbaye de Dagobert; la colonne de bronze éleveroit ses batailles et ses victoires immobiles sur le squelette à jamais fixé de Napoléon, tandis qu'apportés du pays de l'éternité, quatre mille ans, dans la forme d'une pierre, ensevelissent l'échafaud de Louis XVI sous le poids des siècles. Un jour viendra que l'obélisque du désert retrouvera sur la place des meurtres les débris, le silence et la solitude de Luxor.

Entraîné par le sujet à rappeler la fin de la restauration, qu'on m'excuse; j'ai fini à mon tour. Quelques mots me suffiront pour résumer ce que cette restauration a fait en passant sur la terre, en outre des autres avantages dont j'ai parlé plus haut.

Trois choses demeurent acquises à la légitimité restaurée : elle est entrée dans Cadix; elle a donné à Navarin l'indépendance à la Grèce; elle a affranchi la chrétienté en s'emparant d'Alger; entreprises dans lesquelles avoient failli Bonaparte, la Russie, Charles-Quint et l'Europe. Montrez-moi un pouvoir de quelques jours (et un pouvoir si disputé) lequel ait accompli de telles choses.

Prométhée sur son rocher, Napoléon a jugé avec équité l'administration des princes, ses successeurs d'un moment, lorsqu'il a dit : « Si le duc de Richelieu, dont l'ambition fut de délivrer son pays des baïonnettes étrangères; si Chateaubriand, qui venoit de rendre à Gand d'éminents services, avoient eu la direction des affaires, la France seroit sortie puissante et redoutée de ces deux grandes crises nationales [1]. »

En citant ailleurs ces paroles, j'avois ajouté : « Pourquoi n'avouerois-je pas qu'elles *chatouillent de mon cœur l'orgueilleuse foiblesse?* » Bien des petits hommes à qui j'ai rendu de grands services ne m'ont pas si favorablement jugé que le poëte des batailles, captif de l'océan et de la terreur du monde.

LXXXIV.

Appel des personnages de Vérone et de la guerre d'Espagne.

Prêt à poser la plume, je jette un regard en arrière; je cherche les hommes dont je viens de parler. Déjà, traversant Vérone en 1833, cette ville si animée par la présence des souverains de l'Europe en 1822 étoit retournée au silence. Le congrès étoit aussi passé dans ses rues solitaires que la cour des Scaligieri et le sénat des Romains. Les Arènes dont les gradins s'étoient offerts à mes regards chargés de cent mille spectateurs béoient désertes; les édifices que j'avois admirés sous l'illumination brodée à leur architecture s'enveloppoient, gris et nus, dans une atmosphère de pluie.

---

1. *Mémoires pour servir à l'histoire de France sous Napoléon*, par M. de Montholon, t. IV, p. 248.

Combien s'agitoient d'ambitions parmi les acteurs de Vérone, parmi ceux qui les dirigeoient ou leur tenoient de près ou de loin! Que d'avenirs rêvés! que de destinées de peuples examinées, discutées, pesées! Faisons l'appel de ces poursuivants de songes ; ouvrons le livre du jour de colère, *liber scriptus proferetur*.

Monarques! princes! ministres! voici votre ambassadeur, voici votre collègue revenu à son poste : où êtes-vous, répondez !

L'empereur de Russie, Alexandre?	Mort.
L'empereur d'Autriche, François?	Mort.
Le roi de France, Louis XVIII?	Mort.
Le roi de France, Charles X ?	Mort.
Le roi d'Angleterre, Georges IV?	Mort.
Le roi de Naples, Ferdinand Ier?	Mort.
Le duc de Toscane?	Mort.
Le pape Pie VII?	Mort.
Le roi de Sardaigne, Charles-Félix?	Mort.
Le duc de Montmorency, ministre des affaires étrangères de France?	Mort.
M. Canning, ministre des affaires étrangères d'Angleterre ?	Mort.
M. de Bernstorff, ministre des affaires étrangères en Prusse?	Mort.
M. Gentz, de la chancellerie d'Autriche?	Mort.
Le cardinal Consalvi, secrétaire d'État de Sa Sainteté?	Mort.
M. de Serre, mon collègue au congrès?	Mort.
M. de Lamaisonfort, ministre à Florence?	Mort.
M. d'Aspremont, mon secrétaire d'ambassade?	Mort.
Le comte Nieperg, mari de la veuve de Napoléon?	Mort.
La comtesse Tolstoy?	Morte.
Son grand et jeune fils?	Mort.
Mon hôte du palais Lorenzi?	Mort.

Combien manque-t-il encore de personnages parmi ceux que l'on a comptés pendant la guerre d'Espagne? Ferdinand VII n'est plus, Mina n'est plus, sans parler du premier de tous à mes yeux, de Carrel, échappé des champs de la Catalogne et tombé à Vincennes. Carrel, je vous félicite d'avoir, d'un seul pas, achevé le voyage dont le trajet prolongé devient si fatigant et si désert. J'envie ceux qui sont partis avant moi : comme les soldats de César, à Brindes, du haut des rochers du rivage, je jette ma vue sur la grande mer ; je regarde vers l'Épire, dans l'attente de voir revenir les vaisseaux qui ont passé les premières légions, pour m'enlever à mon tour.

Si tant d'hommes couchés avec moi sur le registre du congrès se sont fait inscrire à l'obituaire; si des peuples et des dynasties royales ont péri; si la Pologne a succombé; si l'Espagne est de nouveau anéantie; si je suis allé à Prague, m'enquérant des restes fugitifs de la grande race dont j'étois le représentant à Vérone, qu'est-ce donc que les choses de la terre? Prestige du génie! personne ne se souvient des discours que nous tenions autour de la table du prince de Metternich : aucun voyageur n'entendra jamais chanter l'alouette dans les champs de Vérone sans se rappeler Shakespeare. Chacun de nous, en fouillant à diverses profondeurs dans sa mémoire, retrouve une autre couche de morts, d'autres sentiments éteints, d'autres chimères sans vie, qu'inutilement il allaita, comme celles d'*Herculanum,* à la mamelle de l'espérance.

LXXXV.

Fin.

La fortune, écartant l'homme de vertu auquel étoit réservé un œuvre plus saint, me choisit pour me charger de la puissante aventure qui, sous la restauration, auroit pu renouveler la face du monde : elle me transforma en homme politique. A la table de jeu où elle m'assit elle plaça devant moi, comme adversaires, une France ennemie des Bourbons et les deux grands ministres du temps, le prince de Metternich et M. Canning : elle me fit gagner contre eux la partie.

Les transactions de la guerre d'Espagne me resteront. Cette grande tache de faits répandue sur le tissu des rêves de ma vie ne s'effacera point, parce qu'elle est une ombre projetée de l'histoire. Pauvre et riche, puissant et foible, heureux et misérable, homme d'action, homme de pensée, j'ai mis ma main dans le siècle, mon intelligence au désert.

Du fond de ce désert, étudiant l'action composée de l'humaine nature, j'ai appris qu'il y a deux nécessités : l'une vient de la *matière,* c'est la fatalité; l'autre vient de l'*esprit,* c'est la providence. Pour l'homme de courage, céder à la nécessité, c'est force; il a senti que cette nécessité étoit absolue; pour l'homme timide, se soumettre à la nécessité, c'est foiblesse; il a cru cette nécessité entière. La résignation du pusillanime est une excuse qu'il se ménage, une manière de se débarrasser des exigences du présent et des soucis de l'avenir : la poltronnerie se coiffe d'un froc pour se dispenser de prendre un casque et de demander raison à la destinée.

Grâce à Dieu, chrétien sans peur, je n'en suis pas là; mais tant de choses et tant d'hommes ont passé devant moi; j'ai tant vu faire d'inutiles efforts pour arrêter un monde qui se retire, que je me suis demandé s'il étoit possible de changer les conseils de la Providence. Ces temps d'arrêt, pendant lesquels les peuples haletants se reposent, ne peuvent être pris pour des pas en arrière que par des esprits superficiels, des désirs aveugles et des positions faites. Royauté et aristocratie sont deux choses qui survivent; elles ne vivent pas : l'idée démocratique creuse, l'égalité croît, le mineur est sous les trônes : quand la galerie souterraine sera finie, la fougasse chargée, l'étincelle mise à la poudre, les remparts voleront en l'air, et les peuples entreront par les brèches des murs écroulés. On ne se défend point de l'invasion des années avec des souvenirs : Sabinus vainement entassa les statues des ancêtres sur le seuil des portes du Capitole pour empêcher l'ennemi d'y pénétrer la torche à la main; les aigles mêmes qui soutenoient les voûtes s'embrasèrent et mirent le feu à l'édifice, leur nid paternel.

Au-dessus des fluctuations terrestres il est une loi constante, irrésistible, établie de Dieu, solitaire comme lui; elle emporte nos révolutions bornées en accomplissant une révolution immense, de même que le mouvement général de l'univers domine les mouvements particuliers des sphères : les sociétés meurent comme les individus. Dorénavant indépendant de ces sociétés transitoires et variables, je ne reconnois plus que l'autorité, mystérieusement souveraine, attachée par le Christ aux branches de la croix avec la liberté première. Mieux vaut relever du ciel que des hommes : la religion est le seul pouvoir devant lequel on peut se courber sans s'avilir.

FIN DES NÉGOCIATIONS.

NOTE

A la page 201 de ce volume on lit : « Une chose est consolante pour nous : les hommes qui nous avoient été d'abord les plus adverses sont devenus nos amis; témoins : MM. Béranger, Benjamin Constant et Carrel. En preuve de cette assertion, nous donnerons, à la fin de cet ouvrage, des lettres de ces illustres contemporains, c'est un présent que nous faisons à leur patrie.

Le voici, ce présent :

Des trois hommes qui m'ont écrit les lettres suivantes, deux ne sont déjà plus. Au milieu de mes regrets, je ne puis me défendre d'une certaine satisfaction d'honnête homme quand je vois mes principales opinions religieuses et politiques approuvées par des esprits éminents et divers.

J'ai accompagné M. Carrel au lieu de son repos; je suis retourné depuis au cimetière de Saint-Mandé, solitaire asile où nul autre homme que moi n'étoit debout. Beaucoup de personnages qui se croyoient puissants ont défilé devant moi; je n'ai pas daigné ôter mon chapeau à leurs cendres : une casaque brochée d'or ne vaut pas le morceau de flanelle que la balle a enfoncé dans le ventre de M. Carrel.

M. de Béranger nous reste : puisqu'il est pourvu d'un des grands offices de la renommée, il appartient à tous; ce qu'il écrit tombe dans le domaine public; il me pardonnera donc d'avoir fait connoître sa lettre, aussi spirituelle qu'admirable (ma foi catholique mise à part); elle prouve que chez lui le grand poëte n'ôte rien à l'homme de raison et au grand écrivain.

M. BENJAMIN CONSTANT A M. DE CHATEAUBRIAND.

Paris, ce 31 mai 1824.

Monsieur le vicomte,

Je remercie Votre Excellence de vouloir bien, quand elle le pourra, consacrer quelques instants à la lecture d'un livre dont, j'ose l'espérer, malgré des différences d'opinion, quelques détails pourront lui plaire. Elle doit, ce me semble, en aimer une des idées dominantes : c'est que sans le sentiment religieux aucune liberté n'est possible, et que ce sentiment seul peut tirer l'espèce humaine de l'état d'abaissement dans lequel tant de causes concourent à la plonger.

Vous avez le mérite d'avoir le premier parlé cette langue, lorsque toutes les idées élevées étoient frappées de défaveur, et si j'obtiens quelque attention du public, je le devrai aux émotions que le *Génie du Christianisme* a fait naître, et qui se sont prolongées, parce que la puissance du talent imprime des traces ineffaçables. Quelle que soit la croyance positive, tous les hommes dont l'âme a quelque valeur doivent se réunir pour faire triompher les sentiments qui nous rappellent au ciel sur ceux qui nous courbent vers la terre.

Votre Excellence trouvera dans mon livre un hommage bien sincère à la supériorité de son talent et au courage avec lequel elle est descendue dans la lice, forte de ses propres forces, tandis que ceux-là qui s'y montrent aujourd'hui y arrivent avec l'autorité pour appui, et menacent souvent de prendre la persécution pour auxiliaire.

Si à cet hommage j'ai osé joindre de légères critiques, mon tribut d'éloges ne vous en paroîtra que plus impartial, lors même que mes critiques seroient mal fondées. Cependant, si le livre n'eût pas été imprimé depuis trois mois, cette impartialité me seroit devenue impossible. Car je me ferai toujours une grande joie de professer envers Votre Excellence ma reconnoissance personnelle, dans deux occasions importantes, et d'en joindre l'expression à celle des sentiments que je lui ai voués.

Benjamin Constant.

M. DE BÉRANGER A M. DE CHATEAUBRIAND.

Passy, 19 août 1832.

Monsieur,

Huit jours passés dans une campagne, à quelques lieues de Paris, m'ont privé du plaisir de recevoir votre lettre à sa date et d'y répondre sur-le-champ.

Quoi! vous partez sans me donner l'espoir de vous revoir bientôt!
C'est accroître le regret que j'ai éprouvé, monsieur, de ne vous avoir
pas trouvé chez vous lorsque les journaux m'ont appris que vous alliez
faire une nouvelle absence. Je ne considérois ce voyage que comme
un besoin de santé et de repos moral, après des jours d'ennuis et de
tracasseries. Mais vous ne me parlez pas de retour, et je m'en afflige
vivement. Faut-il que le sort nous ait fait naître dans des camps
opposés! Sans cela, peut-être vous aurois-je été bon à quelque chose.
Oui, j'aurois pu vous être utile. Ne cherchez pas dans ces paroles une
prétention ridicule; elles me sont inspirées par une vive et franche
affection, déjà bien ancienne. J'ai en moi quelque chose qui vaut
mieux qu'on ne sauroit croire : c'est un instinct assez juste du caractère et des sentiments des autres, ce qui en rendant ma raison fort
tolérante la met à leur service, et cela presque à leur insu.

Lié plus intimement, monsieur, j'ose croire que j'aurois pu verser
quelques consolations dans votre âme de grand poëte, et vous aider à
voir dans l'avenir autre chose que ce que vous semblez y démêler. Cet
avenir, vous y aurez une si belle place, qu'il y a ingratitude à vous de
douter de sa grandeur. Oui, monsieur, la société subit une transformation; oui, elle accomplit la grande pensée chrétienne de l'égalité.
Cette pensée chrétienne, que vous avez remise en honneur parmi
nous, en l'ornant de toutes les richesses du génie, s'empare du
monde, élaborée comme elle l'est, depuis près d'un demi-siècle, par
notre chère et belle France. Beaucoup d'hommes des anciens jours le
nient, parce qu'elle s'est dépouillée d'une partie de ses voiles religieux. Mais elle est claire et distincte pour ceux qui, comme moi,
n'ont jamais vu dans le christianisme qu'une grande forme sociale
qui à sa naissance a eu besoin de la sanction divine. Mon Dieu est
bien au-dessus de ces changements humains; mais il n'en est pas
moins présent au grand drame où nous avons tous une part plus ou
moins active, et c'est sa présence qui me donne de la résignation. Mon
rôle de comparse ou de niais s'est agrandi. Vous, monsieur, à qui ce
Dieu a donné à remplir un rôle principal, n'y puisez-vous pas de la
force pour le conduire jusqu'au bout? Vous avez conservé bien plus de
jeunesse qu'on n'en a ordinairement à notre âge. Votre esprit est si
plein de verdeur qu'il semble que vous n'ayez reçu ce privilége que
pour nous éclairer dans les routes nouvelles où voilà le monde lancé.
On chante toujours sur des tombeaux, grâce à ce temps maudit qui va
fauchant sans fin et partout; mais on n'a pas souvent l'avantage de
chanter auprès d'un berceau qui contienne des destinées futures aussi
grandes ni peut-être aussi prochaines. Toutefois, il y a longtemps

que je me dis, comme vous, que ceux qui naissent aux époques de transition sont bousculés, renversés, écrasés, dans la lutte des générations qui s'entrechoquent. C'est sur nos cadavres que doivent passer les combattants qui nous suivent. Nous comblerons le fossé qu'il leur faudra franchir pour prendre d'assaut la place où tous nos efforts n'auront pu que faire brèche. Mais espérons qu'une fois *ville gagnée*, les vainqueurs viendront relever les morts pour leur faire un bel enterrement, enseignes déployées et à grand bruit de fanfares. Et qui sait enfin si Dieu lui-même ne distribue pas des croix d'honneur aux braves restés sur le champ de bataille? Ah! pour celles-là, messieurs de la police n'en tâteront pas.

Peut-être me direz-vous, monsieur : Mais dans un tel conflit qui peut être sûr d'avoir été utile? Je vous répondrai que j'ai peine à croire qu'un homme de génie, même méconnu, n'ait pas toujours un peu la conscience de sa valeur. Avec bien plus de raison doit-il avoir cette certitude, celui que les nations ont placé si haut dans leur estime et dans leur admiration. Chaque homme de talent se fait son effigie en marbre ou en bronze; seulement les plus timides se contentent d'un buste, les autres vont à la statue. Tout revenu que vous êtes des vanités de ce monde, la voix de vos contemporains vous aura forcé de faire la vôtre colossale. Eh bien, quand au milieu de la foule, dont la marche paroît souvent inexplicable et étourdissante, vous éprouvez des moments de dégoût et d'abattement, convenez-en, monsieur, vous jetez un regard sur cette glorieuse figure, et, vous appuyant sur elle, vous laissez avec plus de résignation le temps et la multitude passer au milieu du bruit et de la poussière.

Quand je vous sais des motifs d'affliction, je me plais à vous voir ainsi, et, par un retour sur moi-même, je suis tout fier alors de penser que vous m'avez permis d'écrire, à la pointe du couteau, mon nom sur le piédestal de cette statue.

A propos de cela, savez-vous, Monsieur, que j'ai une véritable crainte? Je vais, comme je vous l'ai dit, publier dans quelques mois mon dernier recueil de chansons. Vous pensez bien que celle dont votre nom a fait le succès y figurera. Mais j'ai peur que vous ne vous y trouviez en bien mauvaise compagnie. Le goût que j'ai pour la poésie populaire me souffle souvent d'étranges choses. Mon antipathie pour le solennel affecté, si opposé au génie de notre langue, fait toujours dans mes chants suivre les tons graves de quelques notes burlesquement accentuées. Quoique habituellement ces disparates ne soient pas sans but, je conçois que vous autres gens d'en haut y trouviez à redire. Que faire à cela ? J'ai voulu essayer de transporter la poésie dans les carrefours, et j'ai été conduit à la chercher jusque dans le ruisseau : qui dit chansonnier dit chiffonnier. Doit-on être surpris que ma pauvre muse n'ait pas toujours une tunique bien propre? Le moraliste des rues doit attraper plus d'une éclaboussure. Au reste, si vous me lisez, pensez un peu à Aristophane, mais n'y pensez pas trop.

C'est le cas de répéter ce que je disois plus haut, mais dans un autre sens. Lié plus intimement avec vous, monsieur, je me serois sans doute amendé, et de plus nobles inspirations me seroient venues auprès de votre muse héroïque et pieuse, et nous voilà encore une fois loin l'un de l'autre! Ah! pour Dieu, revenez dans votre patrie; vous ne pouvez vivre heureux loin d'elle. Goutte de sang françois, où allez-vous vous extravaser? Quoi, vous pourriez longtemps rester loin de Paris; loin de ce cœur si chaud, dont les rapides pulsations donnent tant à penser et à sentir? Non, vous nous reviendrez bientôt, j'en ai l'espérance, pour vivre encore ici de littérature et de gloire, entouré de nombreux amis, car vous devez en avoir beaucoup qui, comme moi, sans doute se plaignent de votre nouvelle absence.

En attendant votre retour, monsieur, et sans redouter des réponses aussi longues que celle-ci, ayez la bonté de me donner de vos nouvelles. Les journaux m'en apprendront sans doute ; mais vous devez juger du prix que j'attache à vos lettres. Quand vous me donnez une marque de souvenir, il me semble que j'entends la postérité prononcer mon nom.

Recevez, monsieur, la nouvelle assurance de mon entier dévouement et de ma respectueuse amitié.

Votre très-humble serviteur,

BÉRANGER.

M. CARREL A M. LE VICOMTE DE CHATEAUBRIAND.

Puteaux, près Neuilly, le 4 octobre 1834.

Monsieur,

Votre lettre du 31 août ne m'est remise qu'à mon arrivée à Paris. J'irois vous en remercier d'abord si je n'étois forcé de consacrer à quelques préparatifs d'entrée en prison le peu de temps qui pourra m'être laissé par la police informée de mon retour. Oui, monsieur, me voici condamné à six mois de prison par la magistrature pour un délit imaginaire et en vertu d'une législation également imaginaire, parce que le jury m'a sciemment renvoyé impuni sur l'accusation la plus fondée et après une défense qui, loin d'atténuer mon crime de vérité, avoit aggravé ce crime en l'érigeant en droit acquis pour toute la presse de l'opposition. Je suis heureux que les difficultés d'une thèse, si hardie par le temps qui court, vous aient paru à peu près surmontées par la défense que vous avez lue et dans laquelle il m'a été si avantageux de pouvoir invoquer l'autorité du livre dans lequel vous instruisiez, il y a dix-huit ans, votre propre parti des principes de la responsabilité constitutionnelle.

Je me demande souvent avec tristesse à quoi auront servi des écrits tels que les vôtres, monsieur, tels que ceux des hommes les plus éminents de l'opinion à laquelle j'appartiens moi-même, si de cet accord des plus hautes intelligences du pays dans la constante défense du droit de discussion il n'étoit pas résulté enfin, pour la masse des esprits en France, un parti désormais pris de vouloir sous tous les régimes, d'exiger de tous les systèmes victorieux, quels qu'ils soient, la liberté de penser, de parler, d'écrire, comme condition première de toute autorité légitimement exercée. N'est-il pas vrai, monsieur, que lorsque vous demandiez sous le dernier gouvernement la plus entière liberté de discussion, ce n'étoit pas pour le service momentané que vos amis politiques en pouvoient tirer dans l'opposition contre des adversaires devenus maîtres du pouvoir? Quelques-uns se servoient ainsi de la presse, qui l'ont bien prouvé depuis; mais vous, vous demandiez la liberté de discussion, comme le bien commun, l'arme et la protection générale de toutes les idées vieilles ou jeunes; c'est là ce qui vous a mérité, monsieur, la reconnoissance et les respects des opinions auxquelles la révolution de juillet a ouvert une lice nouvelle. C'est pour cela que notre œuvre se rattache à la vôtre, et lorsque nous citons vos écrits, c'est moins comme admirateurs du talent incomparable qui les a produits que comme aspirant à continuer de loin la même tâche, jeunes soldats d'une cause dont vous êtes le vétéran le plus glorieux.

Ce que vous avez voulu depuis trente ans, monsieur, ce que je voudrois, s'il m'est permis de me nommer après vous, c'est d'assurer aux intérêts qui se partagent notre belle France une loi de combat plus humaine, plus civilisée, plus fraternelle, plus concluante que la guerre civile, et il n'y a que la discussion qui puisse détrôner la guerre civile. Quand donc réussirons-nous à mettre en présence les idées à la place des partis, et les intérêts légitimes et avouables à la place des déguisements de l'égoïsme et de la cupidité? Quand verrons-nous s'opérer par la persuasion et par la parole ces inévitables transactions que le duel des partis et l'effusion du sang amènent aussi par épuisement, mais trop tard pour les morts des deux camps, et trop souvent pour les blessés et les survivants? Comme vous le dites douloureusement, monsieur, il semble que bien des enseignements aient été perdus, et qu'on ne sache plus en France ce qu'il en coûte de se réfugier sous un despotisme qui promet silence et repos. Il n'en faut pas moins continuer de parler, d'écrire, d'imprimer ; il sort quelquefois des ressources bien imprévues de la constance. Aussi de tant de beaux exemples que vous avez donnés, monsieur, celui que j'ai le plus constamment sous les yeux est compris dans un mot : Persévérer.

Agréez, Monsieur, les sentiments d'inaltérable affection avec lesquels je suis heureux de me dire

Votre plus dévoué serviteur,

A. CARREL.

FIN DE LA NOTE.

DISCOURS

PRONONCÉ A LA CHAMBRE DES PAIRS

A L'OCCASION

DE LA MORT DE M. LE COMTE DE SEZE.

(Extrait du *Moniteur* du 20 juin 1828, pages 889-891.)

Messieurs,

Par une destinée qui n'a appartenu à aucun autre corps politique, il est arrivé maintes fois qu'en déplorant à cette tribune la perte de quelques-uns de nos collègues, notre douleur particulière étoit en même temps une douleur générale. Presque tout ce que la France a produit de plus remarquable depuis trente années s'est écoulé dans la Chambre des Pairs ; de sorte, Messieurs, que la mort, en étendant au hasard sa main sur vous, a souvent emporté quelque célébrité.

J'obéis au vœu de notre nouveau collègue, M. le comte Romain de Seze, en venant vous entretenir aujourd'hui du défenseur du Roi-martyr. Ce n'est point par une ambition téméraire, mais pour obéir au vœu de l'amitié, que j'associe mon nom à des noms illustres : il y auroit ici matière au langage de Bossuet devant les autels, et je sens mon insuffisance.

Raymond de Seze naquit à Bordeaux, le 26 septembre 1748. Il étoit fils de Jean de Seze, avocat au parlement, et de Marthe du Bergier, épouse de Jean. La famille de M. de Seze étoit originaire de Saint-Émilion : lorsque Louis XIII traversa cette ville en 1621, ce fut Antoine de Seze, quatrième aïeul du Pair de France, qui eut l'honneur de haranguer le fils de Henri IV.

Raymond de Seze étoit le quatrième de neuf garçons, qui tous ont été distingués dans leurs carrières. En 1775, le maréchal de Mouchy, étant venu prendre possession de son gouvernement, choisit Raymond pour présenter au Parlement de Bordeaux les lettres que ce Parlement devoit enregistrer.

M. de Seze, jeune encore, fut attiré à Paris par l'amour des lettres : il y contracta des amitiés brillantes; les orateurs qui se distinguoient alors au barreau cherchèrent à retenir auprès d'eux le jeune étranger. Retourné à ses foyers paternels, M. de Seze écrivit, en 1778, au célèbre Gerbier, une lettre où l'on remarque ce passage :

« Je n'ignore point, Monsieur, les divers malheurs que vous avez éprouvés, et j'ai pris à chacun d'eux la part la plus vive. Vous avez perdu une femme qui vous étoit chère. La haine de quelques ennemis vous a poursuivi; ne pouvant flétrir votre gloire, elle a tenté d'empoisonner au moins votre repos; elle a surpris même la justice pour l'associer à sa vengeance, et peu s'en est fallu que vous n'en soyez enfin devenu victime. J'ai su tout cela, Monsieur, et j'en ai gémi pour notre misérable humanité. Trente années de la plus illustre carrière ne mettent donc pas toujours à couvert de la calomnie ! Un citoyen qui a vécu glorieux n'est donc pas sûr de mourir tranquille !

« C'est cet exemple effrayant qui, malgré le désir si flatteur pour moi que vous m'aviez montré de me voir fixé à Paris, m'a fortifié dans le dessein où j'étois de continuer à vivre dans ma patrie. C'est vous qui m'avez garanti de vous : vous m'avez appris que sur un grand théâtre on n'éprouvoit que de grands orages : n'ayant pas vos ressources pour les surmonter, j'ai eu la sagesse de vouloir m'en mettre à l'abri. J'aime mieux être utile avec moins d'éclat, mais aussi avec moins de danger. »

Ne croit-on pas voir, Messieurs, l'auteur de cette lettre, par un pressentiment extraordinaire de sa destinée, se débattre contre les dangers et la gloire qui devoient l'atteindre?

Gerbier répond à M. de Seze, 11 janvier 1778 : « Vous augmentez mes regrets par les marques d'estime et d'amitié que vous me donnez. Pourquoi renoncer à un aussi beau théâtre avec tant de talent ?..... Je n'approuve point que vous ayez peur d'avoir mon sort. Il existera toujours des envieux et des fous, mais *nous ne verrons pas de longtemps une seconde révolution de l'espèce* de la dernière, et *c'est bien assez pour chaque siècle d'avoir un Linguet*..... Je n'aspire plus qu'à trouver, dans une entière retraite, le repos que je crois avoir mérité. Vous, Monsieur, qui ne faites que commencer votre carrière, vous devez la voir avec d'autres yeux... Je puis encore vous y aider; j'ai même, dans ce moment, *une très-belle et très-grande cause* qui devoit être ma dernière, et que je tâcherai de vous procurer. »

M. de Seze étoit destiné à voir une *révolution* tout autre que les petites agitations au palais de justice; le siècle ne s'est pas trouvé épuisé par l'enfantement d'un Linguet, *et cette très-belle et très-grande cause* que Gerbier vouloit remettre à M. de Seze n'étoit pas celle que le ciel réservoit au jeune orateur.

Revenu à Paris malgré ses résolutions, M. de Seze voulut savoir à quoi s'en tenir sur le talent qu'on lui supposoit; il rassembla ses plaidoiries et les envoya à Target. Target, consulté, lui répondit le 17 mars 1784 :

« J'ai lu plusieurs des Mémoires dont vous avez bien voulu me gratifier, et j'y ai trouvé tout ce qu'il faut pour vous tranquilliser sur l'événement..... *La place que je laisserai ne sera pas bien grande.....* Si, néanmoins, quand je ne plaiderai plus, je pouvois croire qu'il y eût encore des causes à ma disposition, vous ne devez pas douter de l'usage que je ferois pour vous d'une partie de mon pouvoir. »

Target avoit raison : la place qu'il a laissée n'est pas bien grande, parce qu'il n'a pas voulu qu'elle le fût davantage. Dès 1784, il se sentoit disposé à abandonner à son courageux collègue les causes qu'il renonçoit à plaider.

Le début de M. de Seze au barreau de Paris fut marqué par un succès. Un écrivain du temps en rend compte de cette manière :

« Me de Seze est un avocat du barreau de Bordeaux; il a débuté au Châtelet dans une cause de partage très-ingrate, qui n'avoit d'intéressant que le nom d'Helvétius, dont il a défendu la fille, madame la comtesse d'Andlau, et il l'a fait avec un éclat sans exemple..... Pendant cinq quarts d'heure qu'il a parlé, les juges ne l'ont pas perdu de vue un seul instant, et il a été applaudi à la fin pendant plusieurs minutes. »

C'est une chose intéressante, Messieurs, que le récit des triomphes obscurs d'un homme qui devoit remporter des défaites égales aux victoires les plus éclatantes.

Ils vinrent trop tôt les orages dont chacun de vous, nobles Pairs, a plus ou moins été la victime : nous sommes dans cette Chambre comme une troupe de naufragés que la légitimité a sauvés de l'abîme; assis au rivage sur les lis du drapeau blanc, nous pouvons nous raconter nos aventures et signaler à nos fils les écueils où notre vaisseau est venu se briser.

Quatre ou cinq grandes révolutions intellectuelles composent jusqu'à présent l'histoire du genre humain. Nous étions destinés, Messieurs, à assister à l'une de ces révolutions. Beaucoup d'entre nous sont nés à l'époque où le travail lent et graduel des siècles s'est manifesté. Le passé a lutté contre l'avenir; les intérêts divers, en se combattant, ont multiplié les ruines ; le passé a succombé. Il n'est au pouvoir de personne de relever ce qui gît maintenant dans la poudre. Si la liberté avoit pu périr en France, elle eût été ensevelie dans l'anarchie démocratique ou dans le despotisme militaire. Mais le temps ne se laisse enchaîner ni aux échafauds ni aux chars de triomphe ; il ne s'assied point aux spectacles du crime ; il ne s'arrête pas davantage pour admirer la gloire : il s'en sert, et passe outre.

Nous sommes revenus, en 1814, aux doctrines de 1789 : nous aurions pu nous épargner le luxe de nos malheurs. M. de Seze étoit destiné à fixer, au milieu de ces malheurs, les regards de la postérité. Dès les premiers mouvements révolutionnaires, appelé à la défense des victimes, il sauva M. de Besenval : il étoit difficile alors d'empêcher un innocent de mourir.

M. de Seze, après la dissolution du Parlement de Paris, s'ensevelit dans la retraite : il y fut trahi par sa renommée.

Louis XVI, mis en accusation, avoit indiqué MM. Tronchet et Target pour ses défenseurs.

M. Target n'ayant pas accepté, M. de Malesherbes s'offrit et fut agréé par Sa Majesté. Le vénérable ministre proposa au Roi de lui adjoindre M. de Seze.

Il étoit plus de minuit lorsqu'on se présenta chez ce dernier : on l'éveille ; il se met à une croisée sur la rue ; il reconnoît la personne qui demandoit à lui parler. Cette personne, introduite, lui fait sa proposition.

Voici en propres termes la réponse de M. de Seze :

« *Avant de me coucher, j'ai lu dans le* Journal du soir *un arrêté du conseil général, qui porte que les défenseurs du Roi, une fois entrés au Temple, n'en sortiront plus qu'avec Sa Majesté.*

« *Je regarde cet arrêté comme un acte de proscription contre les défenseurs du Roi, et je m'y voue de tout mon cœur.* »

L'arrêté du conseil général de la commune ne fut point mis à exécution. Les défenseurs eurent la permission de sortir du Temple : ils s'y renfermoient deux fois le jour avec le Roi.

Ce ne fut que le 17 décembre que les commissaires de la Convention remirent aux conseils de la victime les volumineux papiers du procès : dès le 26 il fallut présenter la défense.

Le discours de M. de Seze produisit le plus grand effet : on en rendit compte dans tous les journaux du temps. Voici comment s'exprime le *Patriote françois* du 27 décembre 1792 :

« L'exorde de Seze a répondu à la grandeur de la cause et à la célébrité de ses talents. Il a parlé de l'impartialité de ses juges avec confiance, de la situation de son client avec sensibilité ; il a intéressé en faveur de son infortune avant de prouver son innocence.

« Il a établi ensuite, comme principe général de défense, l'inviolabilité constitutionnelle. La Constitution à la main, il a avancé que la plus grande peine que Louis ait pu encourir étoit la déchéance, puisque le plus grand crime qui y est prévu, la révolte à main armée contre la nation, n'y est soumis qu'à cette peine. Ou les délits dont Louis est prévenu, a dit l'orateur, sont prévus par la loi, ou ils ne le sont pas. S'ils ne le sont pas, vous ne pouvez pas le punir, pas même le juger ; s'ils le sont, la peine l'est aussi : c'est la déchéance. L'orateur a ajouté que l'abolition de la royauté ne changeoit rien au sort de l'accusé, et ne pouvoit faire créer une peine qui n'existoit pas dans la loi. Vous avez certainement toute la puissance nationale, a-t-il dit à la Convention ; mais la puissance que vous n'avez pas, c'est celle de n'être pas justes. A ceux qui ont dit que Louis devoit être puni parce qu'il étoit roi, Seze a répondu que si c'étoit là un crime, c'étoit celui de la nation, qui auroit dit à Louis : Je t'offre la royauté, et je te punirai de l'avoir acceptée. »

Il faut se souvenir, Messieurs, que ces gazettes étoient écrites en présence du bourreau ; que ce censeur, qui coupoit des têtes au lieu de mutiler des articles, ne pouvoit cependant enchaîner la liberté de la presse : liberté toujours vantée, toujours invoquée au moment du péril ; toujours calomniée, toujours repoussée, quand elle ne fait plus trembler que des vanités.

« Citoyens, s'écria M. de Seze, je vous parlerai avec la franchise d'un homme libre : je cherche parmi vous des juges et je n'y vois que des accusateurs !

« Vous voulez prononcer sur le sort de Louis, et c'est vous-mêmes qui l'accusez !

« Vous voulez prononcer sur le sort de Louis, et vous avez déjà émis votre vœu ! »

Ce beau mouvement de l'orateur couvrit la Convention de confusion : le crime rougit, et Louis XVI, présent à la barre, reconnut un moment ses sujets.

Nous avons tous, Messieurs, entendu M. de Seze nous redire les scènes du Temple ; il en perpétuoit la tradition au milieu des générations nouvelles ; il n'en avoit rien oublié : son cœur étoit venu au secours de sa mémoire. Ses yeux s'animoient à son récit ; pour ne pas frémir de ses périls passés, on étoit obligé de se souvenir qu'il les racontoit à l'abri de sa gloire.

L'abbé Morellet a inséré dans ses Mémoires une conversation de

M. Devaines et de M. de Malesherbes. On y trouve des détails sur Louis XVI et sur son défenseur :

« Dès que j'eus, me dit M. de Malesherbes (c'est M. Devaines qui parle), la permission d'entrer dans la prison du Roi, j'y courus. A peine m'eut-il aperçu qu'il quitta un Tacite ouvert devant lui, sur une petite table; il me serra entre ses bras; ses yeux devinrent humides, les miens se remplirent de larmes, et il me dit : — « Votre sacrifice est
« d'autant plus généreux, que vous exposez votre vie, et que vous ne
« sauverez pas la mienne. » Je lui représentai qu'il ne pouvoit y avoir de danger pour moi, et qu'il étoit trop facile de le défendre victorieusement pour qu'il y en eût pour lui. Il reprit : — « J'en suis sûr,
« ils me feront mourir; ils en ont le pouvoir et la volonté : n'importe,
« occupons-nous de mon procès comme si je pouvois le gagner. Je le
« gagnerai, en effet, puisque ma mémoire est sans tache. Mais quand
« viendront les deux avocats? »

« Il avoit vu Tronchet à l'Assemblée constituante; il ne connoissoit pas de Seze. Il me fit plusieurs questions sur son compte; il fut satisfait des éclaircissements que je lui donnai. Il parla sans amertume du refus de Target. Il ajouta : — « Croyez-vous qu'on nous laisse un
« temps suffisant pour la défense? — Je l'espère, Sire, » lui répondis-je. Il sourit et me dit : — « Il ne faut plus me donner ce titre-là; les
« autres ne s'en serviroient pas, et ils pourroient me blâmer. — Quel
« autre, dis-je alors, puis-je employer? Me permettez-vous de vous
« appeler *citoyen?* — Certainement, repartit le Roi, je me crois un
« bon citoyen, et meilleur que ceux qui m'accusent. ». . . . . .

« . . . Quand de Seze eut fini son plaidoyer, il nous le lut. Je n'ai rien entendu de plus pathétique que sa péroraison. Tronchet et moi, nous en fûmes touchés jusqu'aux larmes. Le Roi dit : — « Il faut
« la supprimer; je ne veux pas les attendrir. »

« Une fois que nous étions seuls, ce prince me dit : — « J'ai une
« grande peine. — Quelle est-elle, Sire? — Je n'ai point de regret,
« répondit le Roi, de ne rien faire pour vous; vous n'avez jamais voulu
« ni dignités, ni fortune. Je vous ai appelé au ministère; je sais que
« vous ne le souhaitiez pas; mais c'étoit le témoignage le plus distingué
« de ma confiance, et je vous l'ai donné. Vous avez cru remplir un
« devoir en venant à mon secours. Mais de Seze et Tronchet ne me
« doivent rien; ils me donnent leur temps, leur travail, peut-être leur
« vie : comment reconnoître un tel service? Je n'ai plus rien, et quand
« je leur ferois un legs, on ne l'acquitteroit pas. — Sire, m'écriai-je,
« leur mémoire, l'Europe, la postérité se charge de leur récompense.
« Vous pouvez déjà leur en accorder une qui les comblera. — Laquelle?

« dit le Roi. — Embrassez-les, » répondis-je. Le lendemain il les pressa contre son cœur, et tous deux fondirent en larmes. »

Quel temps, Messieurs, mais quel magnifique prix du dévouement et de la vertu ! Le descendant de Henri IV, le petit-fils de Louis XIV n'a rien à donner : inspiré par cet ancien ministre de sa puissance, par l'ami de son infortune, il presse ses sujets sur son cœur. Un roi a-t-il jamais décerné plus de récompense et plus de gloire?

Messieurs, je ne veux point vous surprendre. Cette réflexion qui vous touche n'est pas de moi ; je l'ai trouvée dans les notes que M. le comte Romain de Seze a bien voulu me confier : elle prouve combien la piété filiale auroit été plus éloquente qu'une sincère mais impuissante admiration, si la douleur n'avoit ses convenances et sa dignité, si l'on pouvoit s'occuper à mesurer des paroles quand le cœur saigne.

Le sacrifice fut consommé. Malgré les efforts de Kersain, de Lanjuinais, de Maynard et de plusieurs autres; malgré des votes royalistes énergiquement exprimés; malgré l'amendement de Mailhe, cinq voix envoyèrent le juste à l'échafaud : le martyr, épuisé de sang, monta au ciel. Que la France pleure à jamais au forfait qu'elle a toujours désavoué; forfait qui alloit même contre son but, car il tendoit à rendre la liberté exécrable ; assassinat qui tuoit deux ou trois millions de François dans le père de famille; crime qui n'avoit pas même l'avantage d'être original, qui n'étoit qu'un infâme plagiat d'un crime étranger! Du moins en Angleterre on masqua les bourreaux; aveu tacite qu'un meurtre avoit été accompli sur une tête qu'aucune créature à visage d'homme n'avoit le droit de toucher.

Après le rejet de l'appel au peuple, M. de Seze se retira à Malesherbes avec le vieillard, son chef et son ami. J'aimerois à m'étendre sur ce moment de la vie de M. de Seze, sur ce court moment de repos passé, après une bonne et grande action, sous des arbres plantés de la main d'un magistrat philosophe; mais mon nom, que je rencontrerois dans ce récit, m'avertit que mes douleurs de famille ne peuvent être celles de cette noble assemblée. Toutefois je ne puis taire, dût-on accuser d'orgueil mes souvenirs, qu'au rapport de M. de Seze les vers tracés au bas du portrait de M. de Malesherbes sont du compagnon de son échafaud. Il y avoit ajouté pour épigraphe ce beau vers de Virgile :

Dicam equidem, licet arma mihi mortemque minetur.

La mort enleva bientôt à M. de Seze son hôte vénérable et toute sa famille. Que le jeune héritier de ces foyers déserts qui sont devenus les siens, que celui qui doit paroître après moi au milieu de vous, apprenne, Messieurs, par l'exemple de son père, de son aïeul et de son bisaïeul, comment on est fidèle à son roi, comment on sait mourir pour lui, sans rien sacrifier de ce que l'on doit aux libertés de la patrie !

M. de Seze fut plongé dans les cachots. Une sérénité d'âme, qui lui étoit particulière, lui permit de s'y livrer à la consolation des lettres : il commenta ce chapitre de Montaigne : *Philosopher, c'est apprendre à mourir*. Il transforma ses prisons en écoles ; il étudia l'anglois à la Force, l'italien à Picpus. Ses maîtres étoient des camarades d'infortune qui le quittoient pour aller eux-mêmes recevoir au supplice la grande et dernière leçon. A Picpus, les assassinats avoient lieu sous les fenêtres des prisonniers : les corps étoient jetés dans une fosse à quelque distance ; de sorte que M. de Seze voyoit à la fois et la tombe et l'échafaud. Ce sont là, Messieurs, nos garanties pour l'avenir, garanties fournies par nos familles. Les crimes et les misères des révolutions ne seront pas des trésors de la colère divine dépensés en vain pour nous : ces crimes et ces misères, considérés comme enseignements de Dieu, affligent les nations, mais pour les instruire, pour les rendre circonspectes, pour les affermir dans la religion, dans les principes de la liberté légale, principes qu'elles seroient peut-être tentées de regarder comme insuffisants, si l'expérience douloureuse d'une liberté sans frein n'avoit été faite.

La journée du 9 thermidor vint affranchir la France : peu de temps après M. de Seze recouvra sa liberté. Rentré dans le sein de sa famille, il s'abandonna d'abord à ses goûts littéraires, et reprit ensuite les travaux de sa profession. Pendant plus de sept ans, il s'abstint de paroître dans aucun lieu public : il sembloit craindre de profaner les souvenirs religieux qu'il conservoit au fond de son âme. Une fois seulement, se trouvant à Marseille, en passant devant la Bourse, il fut reconnu : par un mouvement spontané, tous les négociants découvrirent leur tête, et contemplèrent avec un respect mêlé d'attendrissement le défenseur de leur roi ; et pourtant les jours de la restauration étoient encore loin. Marmontel connut M. de Seze à cette époque. « Rien dans ma solitude, dit-il, ne m'a plus occupé ni plus intéressé que lui. »

Cependant les premiers acteurs d'une scène sanglante s'étoient mutuellement exterminés ; les partis ont un merveilleux instinct pour découvrir et pour perdre les hommes de taille à les combattre. Dans les grandes révolutions, le talent qui heurte de front ces révolutions est écrasé ; le talent qui les suit peut seul s'en rendre maître : il les domine lorsque, ayant épuisé leurs forces, elles n'ont plus pour elles le poids des masses et l'énergie des premiers mouvements. Mais cette sorte de talent complice appartient à des personnages plus grands par la tête que par le cœur, car ils sont longtemps obligés de se cacher dans le crime pour s'emparer de la puissance.

Un géant, sorti du sein de la discorde, étouffa l'anarchie au dedans, terrassa l'ennemi au dehors; la révolution et la vieille Europe mirent le genou en terre devant lui. Ce grand renégat de la liberté lui fut infidèle pour la gloire : il ne pouvoit souffrir que celle-ci eût des complaisances pour d'autres que pour lui ; il s'inquiétoit de toutes les renommées; il les regardoit comme un vol fait à la sienne. Aussi le défenseur de Louis XVI l'importunoit.

Vous n'avez point oublié, Messieurs, la belle conduite d'un homme, aujourd'hui votre collègue, d'un homme qui me permet de l'appeler mon noble et éloquent ami. Vous vous souvenez qu'en 1814, M. Lainé proposa au Corps législatif de déclarer que « la France ne faisoit la guerre que pour l'indépendance du peuple françois et pour l'inviolabilité de notre territoire; que l'empereur devoit être supplié de maintenir l'exécution pleine et entière des lois qui assurent aux François les droits de la liberté personnelle et la sûreté des propriétés, ainsi que le libre développement de leurs droits politiques. »

Aujourd'hui, Messieurs, il est aisé de dire ces choses, et il ne faut pas un grand courage pour parler de liberté. Mais ce langage tenu à un homme qui vouloit que l'univers se tût devant lui, comme il se tut devant Alexandre, le mit en fureur; le Corps législatif fut immédiatement dissous. Bonaparte prétendit « que le député Lainé n'étoit qu'un traître vendu aux Anglois, et qui conspiroit avec les ennemis de la France dans les conciliabules tenus chez l'avocat de Seze. »

Ce trouble d'un aussi haut génie annonçoit une chute prochaine. Je dois rappeler, Messieurs, que la déchéance fut prononcée à la tribune même où je parle. Si les corps politiques commencent quelquefois les révolutions, toujours les corps politiques les terminent. Une assemblée délibérante a plus de puissance qu'une armée pour ramener un souverain au trône : sans un arrêté du parlement de la Ligue, qui déclara la couronne de France incommunicable à tout autre prince qu'à un prince français, Henri IV n'auroit jamais régné. Il y a dans la loi une force invincible, et c'est de la loi que les monarques doivent tirer leur vraie puissance.

La restauration fut la couronne de M. de Seze; il la porta avec joie, moins pour lui-même que pour l'héritier du Roi-martyr. Le 15 février 1815, il fut pourvu de la première présidence de la Cour de cassation, place éminente dans laquelle il vient de mourir. Peu de jours après, il reçut un nouvel honneur : il fut nommé grand trésorier commandeur des ordres du roi.

Ces dates se rapprochent de celle du 20 mars. Notre collègue accompagna dans son nouvel exil l'auguste fille du prisonnier du Temple. Il se vint placer à Gand sous les yeux du Roi : partout où les Bourbons ont souffert, on rencontre M. de Seze.

Après les Cent jours, la vie de cet homme de bien n'est plus qu'une suite de triomphes ; et, il faut le dire, il jouissoit avec bonheur et naïveté de sa gloire. Élevé à la dignité de Pair de France, le 17 août 1815, vous l'avez vu, Messieurs, siéger treize années au milieu de vous, le plus obligeant, le plus affectueux de vos collègues, ne parlant presque jamais à cette tribune de ce qu'il avoit fait ; mais aucun de vous ne l'avoit oublié. L'opposition le compta dans ses rangs ; ce qui contribuoit à nous rassurer sur la loyauté de notre politique.

L'immortel auteur de la Charte avoit, vous le savez, Messieurs, autant de grâce dans l'esprit que de raison et de sagesse. Il envoya un jour une tabatière à M. de Seze avec ce billet :

« J'ai appris, Monsieur, avec le plus grand plaisir, que vous vouliez vous convertir au tabac ; pour vous encourager dans ce bon sentiment, je vous envoie une tabatière, la seule digne d'être offerte à M. de Seze. » Cette tabatière étoit ornée d'un portrait de Louis XVI.

Avec le titre de comte, M. de Seze reçut l'autorisation de placer des fleurs de lis sans nombre dans ses armes, et de graver ces mots autour de l'écusson : 26 *décembre* 1792.

Jadis nos rois accordoient des fleurs de lis à quelques chevaliers pour de hauts faits d'armes : Louis XVIII jugea que M. de Seze avoit été valeureux soldat.

Le plus beau titre de ce soldat, c'est de trouver son nom dans le testament de Louis XVI : ce titre ne périra point, et personne n'en contestera la noblesse.

A la mort du chef de la nouvelle monarchie, M. de Seze témoigna une douleur que partageoit la France. Il suivit le char funèbre à Saint-Denis : il n'avoit pu suivre le tombereau à la Madeleine. On remarquoit, comme je l'ai dit ailleurs, à la tête de la première cour du royaume, le vieillard illustre qui, après avoir défendu la vie mortelle de Louis XVI au tribunal des hommes, alloit demander la vie impérissable de Louis XVIII à un juge qui n'a jamais condamné l'innocence.

La royauté ne meurt point en France ; toute la monarchie est dans ce cri : *Le Roi est mort, vive le Roi!* Lorsque M. de Seze alla présenter ses félicitations au nouveau monarque, ce monarque lui dit : « J'avois deux frères; vous avez servi l'un au péril de votre vie; vous avez servi l'autre avec zèle et fidélité; continuez-moi les mêmes sentiments. »

C'est ainsi que Charles X puise dans la loyauté de son cœur la grâce de bien dire. Vous reconnoissez là, Messieurs, ce frère religieux, ce père tendre, si affligé dans l'un de ses fils, si consolé par l'autre ; ce Prince qui vint le premier, après nos malheurs, digne héraut de la vieille France, se jeter entre vous et l'Europe, une branche de lis à la main ; ce Prince qui, maintenant orné du diadème, n'est encore qu'un Français de plus au milieu de vous.

M. de Seze parut au sacre de Charles X : comme le drapeau de Jeanne d'Arc, *il avoit été à la peine, il étoit juste qu'il fût à l'honneur.* Que vous dirai-je de plus, nobles Pairs? Votre illustre collègue, devenu ministre d'État, chargé d'ans et d'honneurs, est descendu dans la tombe. Quelque temps avant de nous quitter pour jamais, il avoit éprouvé un de ces malheurs de famille dont rien ne console. Il est mort en chrétien ; c'est toujours le plus bel éloge qu'on puisse faire d'un mort, même après la plus glorieuse vie.

J'ai vu, lorsqu'on le descendoit dans le sépulcre, j'ai vu le cercueil de M. de Seze pressé par les mains tremblantes d'un fils, comme on touche une sainte relique, pour en retirer une vertu bienfaisante. Mais les lieux étoient trop riants ; cet élysée ne me sembloit pas convenir aux mânes du défenseur de Louis XVI. C'est à Saint-Denis que j'aurois voulu voir déposer la dépouille de l'avocat courageux, sous la protection de la poussière de son royal client. Du temps de Bossuet, les rangs étoient trop pressés dans les caveaux de l'antique abbaye : la révolution est venue au secours de la mort, et maintenant il y a place dans les sépulcres des monarques.

Mais ces regrets, Messieurs, sont effacés : si les cendres de M. de Seze ne reposent pas à Saint-Denis, Charles X a ordonné qu'un monument leur seroit élevé à la Madeleine. N'est-ce pas là le plus grand honneur qu'on pouvoit leur rendre, puisqu'elles vont, pour ainsi dire, remplacer dans ce lieu les cendres du Roi-martyr?

M. de Seze est le dernier témoin des malheurs du Temple : tout ce qui a vu la révolution achève de disparoître. Nous, qui sommes d'un autre siècle; nous, dont les racines furent plantées dans d'autres mœurs, la main du Temps nous sarcle et nous arrache du sol.

La race des anciens royalistes finit; une race de royalistes nouveaux commence, royalistes d'une autre espèce que nous, mais plus aptes à soutenir et à consolider la monarchie représentative. Ne renions pas cette France nouvelle, si jeune, si brillante, si forte, si pleine d'avenir; servons-lui de guide, conduisons-la vers ce trône dont nous connoissons les vieux chemins, et bannissons les vaines terreurs que l'on voudroit nous inspirer.

En 1792, de grands citoyens comme M. de Seze furent appelés à combattre; mais sommes-nous en 1792? Tout ce qu'on vouloit conquérir n'est-il pas conquis? Liberté de conscience, de pensée, de parole, de personne; répartition égale de l'impôt; admission de tous les citoyens à tous les emplois et à tous les honneurs; le jury en matière criminelle; la division des pouvoirs politiques; l'impossibilité de toute motion d'ordre; l'initiative laissée à la couronne; le pouvoir de casser la chambre élective? Et vous, Messieurs, ne comptez-vous pour rien? Que vous importeroient les murmures des factions qui n'existent pas? Ils viendroient expirer à vos portes. Ainsi pensait l'homme illustre dont je vous raconte les opinions, partie si belle de sa vie.

Que de fois, Messieurs, je l'ai vu repousser avec le dédain de la raison et de la fidélité des comparaisons aussi fausses qu'odieuses, entre notre histoire et celle d'une nation voisine! Les Bourbons sont-ils des Stuarts? en ont-ils les préjugés, les mœurs, le caractère? Les Stuarts n'étoient-ils pas une race nouvelle sur le trône de la Grande-Bretagne? Quand Jacques Ier vint coucher dans le lit de la femme qui avoit tué sa mère, n'étoit-il pas le souverain d'un peuple étranger, de tout temps rival et ennemi du peuple anglois? Les Stuarts ne régnèrent en Angleterre que quatre-vingt-cinq ans. Et dites-moi, Messieurs, depuis quand les Capets règnent-ils sur la France, eux qui ont vu naître la monarchie et l'ont formée, eux qui l'ont agrandie par leurs héritages et leurs conquêtes, qui ont vu plusieurs fois se modifier cette monarchie, leur ouvrage, sans changer eux-mêmes, qui ont vu s'écouler au pied de leur trône plus de quarante générations, et qui, à tant d'autres avantages, joignent encore celui d'être les plus vieux François des François.

Il est vrai, une catastrophe sanglante, je l'ai déjà dit, a été imitée parmi nous d'une catastrophe étrangère; mais cette triste ressemblance ne s'étend pas plus loin; et ni les temps, ni les lieux, ni les choses, ni les hommes, ni les opinions, ni les faits, ne sont pareils dans les deux révolutions. Les Stuarts auroient pu régner après leur restauration, en ne laissant pas à faire à Guillaume III ce qu'ils auroient dû faire eux-mêmes, en faisant ce qu'a fait Louis XVIII en France, en octroyant un bill des droits ou une charte, en acceptant de la révolution ce qu'elle avoit de bon, d'invincible, ce qui étoit accompli dans les esprits et dans le siècle, ce qui étoit terminé dans les mœurs, ce qu'on ne pouvoit essayer de détruire sans remonter violemment les âges, sans imprimer à la société un mouvement rétrograde, sans bouleverser de nouveau la nation.

Les révolutions qui arrivent chez les peuples dans le sens naturel, c'est-à-dire dans le sens de la marche progressive du temps, peuvent être terribles, mais elles sont durables; celles que l'on tente en sens contraire, c'est-à-dire en rebroussant le cours des choses, ne sont pas moins sanglantes, mais, fléau d'un moment, elles ne fondent, elles ne créent rien : tout au plus elles peuvent exterminer.

Les Stuarts ont passé, les Bourbons resteront, parce que indépendamment de leur bon droit, en nous rapportant leur gloire, ils ont adopté les libertés récentes douloureusement enfantées par nos malheurs.

Charles II débarqua à Douvres les mains vides : il n'avoit dans ses bagages que des vengeances et le pouvoir absolu. Louis XVIII s'est présenté à Calais tenant d'une main l'ancienne loi, de l'autre la loi nouvelle, avec l'oubli des injures et le pouvoir constitutionnel : il étoit à la fois Charles II et Guillaume III ; la légitimité déshéritoit l'usurpation. Le loyal Charles X, imitant son auguste frère, n'a voulu ni changer le culte national, qui est le sien, ni détruire ce qu'il avoit juré de maintenir. Alors le drame de la révolution s'est terminé ; la France entière s'est reposée avec joie, amour et reconnoissance, sous la protection de ses anciens monarques. Tout a été renversé par la tempête autour du trône de saint Louis, et ce trône est demeuré debout. Il s'élève au cœur de la France comme ces antiques et vénérables ouvrages de la patrie, comme ces vieux monuments des siècles qui dominent les édifices modernes, et au pied desquels vient se jouer la jeune postérité.

Il y a trois choses que les quatre-vingt-dix-neuvièmes de la France ne veulent pas : l'ancien régime, la république et l'usurpation. Notre illustre collègue peut dormir en paix, sa voix n'a manqué à ses princes légitimes que lorsqu'elle ne leur étoit plus nécessaire.

TABLE.

CONGRÈS DE VÉRONE.

	Pages.
Avertissement.	3
Préliminaires.	5

I. — L'Espagne. — Traité entre Bonaparte et Charles IV. — Godoï. — Les princes à Bayonne. — Murat à Madrid. — Son portrait. — Insurrection. — Murat et Joseph changent de couronne.... 5

II. — Caractère des Espagnols.... 9

III. — Anciennes lois politiques de l'Espagne.... 11

IV. — La régence constitutionnelle convoque les cortès générales à Cadix. — Cortès de Cadix. — Constitution : ses défauts ; elle mécontente tous les partis.... 13

V. — Bonaparte rend la liberté à Ferdinand. — Décret de Valence. — Les cortès constituantes sont chassées. — Ferdinand manque de parole. — Exécutions. — L'armée de l'ile de Léon s'insurge. — Riego. — Insurrection à Madrid. — Décret de Ferdinand qui rétablit la constitution de Cadix.... 16

VI. — Première session des Cortès. — Deux principes de révolution. — Riego. — La Tragala.... 19

VII. — L'Escurial. — Victor Saez. — Procession révolutionnaire sous les fenêtres de Ferdinand à Madrid. — Les *Communeros* propagandistes. — La constitution de Cadix à Naples.... 20

VIII. — Seconde session des cortès. — Insurrection du Piémont et du Portugal. — Mouvements à Grenoble et à Lyon. — Réfugiés en Espagne. — Régime de terreur. — Venuenza jugé et exécuté par le peuple. — Morillo arrive de l'Amérique. — Fin de la seconde session des cortès.... 23

IX. — Lois des *Communeros*. — Fontana de Oro. — Prisonniers dans les couvents. — Riego se lie avec Cugnet. — Soulèvement à Madrid. 24

X. — Session extraordinaire. — La fièvre jaune. — Les *descamisados*. — Société des amis de la constitution.... 26

XI. — Martinez de la Rosa, ministre des affaires étrangères. — *Serviles* royalistes. — Le trappiste : son portrait. — La Saint-Ferdinand à Aranjuez. — Don Carlos menacé. — Landaburu. — Troubles. —

La garde royale en vient aux mains avec la ligne et la milice : elle est vaincue. — L'Espagne plagiaire de la république et de l'empire. Martinez de la Rosa refuse de rester au ministère. — Triomphe des royalistes en Navarre. — Émigrations. — L'auteur quitte Londres pour le congrès de Vérone... 28

XII. — Congrès de Vérone. — Personnages. — Partie familière du congrès.. 33

XIII. — Ni les alliés ni M. de Villèle n'ont voulu la guerre d'Espagne. — Ce qu'on a dit sur l'origine de la guerre d'Espagne en 1823 est une méprise. — Cinq affaires principales traitées au congrès... 37

XIV. — M. le prince de Metternich. — Séances du congrès. — Deux mémoires du duc de Wellington, l'un relatif à la traite des nègres, l'autre contre les pirateries dans les mers de l'Amérique. — Trois prétentions exorbitantes renfermées dans le premier mémoire...... 38

XV. — Mon mémoire sur la traite des nègres..................... 40

XVI. — Mémorandum de M. le duc de Wellington sur les pirateries à propos des colonies espagnoles............................... 45

XVII: — Ma note verbale... 46

XVIII. — Affaires de l'Orient, de l'Italie et de la Grèce. — Instructions de M. de Villèle. — Supplique de la régence d'Urgel......... 47

XIX. — Guerre d'Espagne prévue dès l'époque de notre ambassade de Londres. — Notre horreur des traités de Vienne................ 49

XX. — Instructions de M. de Villèle............................. 50

XXI. — Communications verbales de M. le vicomte de Montmorency. 52

XXII. — Examen des trois cas de guerre exposés par M. le vicomte de Montmorency. — Le congrès n'a pas poussé la France à la guerre; la Prusse et surtout l'Autriche y étoient fort opposées. — Réflexions sur les notes de M. le ministre des affaires étrangères. — Noble conduite de ce ministre. — M. Gentz............................... 54

XXIII. — L'empereur de Russie. — Le duc de Wellington. — Le prince de Metternich. — Le comte de Bernstorff. — Le comte Pozzo. — Réponses de la Prusse, de l'Autriche et de la Russie aux notes verbales de M. le vicomte de Montmorency. — Appui que nous donne contre l'Angleterre la note de la Russie........................ 56

XXIV. — Le duc de Wellington refuse de signer les procès-verbaux du 20 octobre et du 17 novembre. — Sa note. — Observations sur cette note. — Mot de M. Canning. — Sa lettre................. 59

XXV. — A quoi se réduisit l'intervention du congrès de Vérone? A trois dépêches insignifiantes. — Dépêche de la Prusse............ 63

XXVI. — Dépêche de la Russie................................... 64

XXVII. — Dépêche de l'Autriche.................................. 65

XXVIII. — Réflexions sur les trois dépêches précédentes. — Quand la France devoit-elle retirer son ambassadeur..................... 67

XXIX. — Notre correspondance avec M. de Villèle. — Lettres....... 68

	Pages.
XXX. — M. Ouvrard. — Lettre du vicomte de Montmorency. — Nos rapports personnels avec l'empereur de Russie vont commencer....	88
XXXI. — Alexandre. — Abrégé de sa vie.......................	89
XXXII. — Changement de dispositions. — Reprise de la narration. — Alexandre : conversation avec lui.............................	105
XXXIII. — M. de Metternich s'ouvre à nous sur la crainte que lui inspiroit la guerre d'Espagne. — Dernière conversation avec l'empereur de Russie..	107
XXXIV. — Entretien avec le prince de Metternich. — Billet de l'archichancelier d'Autriche. — Lettre à M. de Montmorency. — Nous quittons Vérone...	110

GUERRE D'ESPAGNE.

XXXV. — Guerre d'Espagne de 1823. — M. de Montmorency donne sa démission. — Nous sommes nommé ministre des affaires étrangères.	115
XXXVI. — Louis XVIII. — Son peu de penchant pour nous........	119
XXXVII. — Histoire des sociétés secrètes en France. — Proclamation de l'armée des hommes libres. — Tous les partis ont eu des hommes sur le sol étranger..	120
XXXVIII. — Questions confondues. — Objections contre la guerre d'Espagne. — Réponse. — État de la Péninsule au moment du passage de la Bidassoa..	131
XXXIX. — Rappel de M. le comte de La Garde. — Ministère et journaux espagnols...	134
XL. — Journaux anglois. — Division du récit.	136
XLI. — Combats de tribune. — Tribune françoise. — Ouverture de la session de 1823..	137
XLII. — Chambre des pairs.......................................	138
XLIII. — Chambre des députés..................................	140
XLIV. — Crédits extraordinaires..................................	146
XLV. — M. Bignon. — Discours du ministre des affaires étrangères. — Exclusion de M. Manuel...	151
XLVI. — Tribune angloise. — Discussion dans la chambre des communes. — M. Peel et M. Brougham.................................	154
XLVII. — Suite. — Ce que répondent à M. Brougham *Le Courrier* et M. Canning...	155
XLVIII. — Lady Jersey. — Diner à Londres en 1822 avec M. Brougham. — Nous répondons dans la chambre des pairs à nos adversaires anglois. — Lord Brougham vient nous voir à Paris..........	157
XLIX. — Lettre de Cobbett......................................	160
L. — Travaux diplomatiques.....................................	175

	Pages.
LI. — Qu'il faut distinguer les idées révolutionnaires du *temps* des idées révolutionnaires des *hommes*. — Que l'Espagne est l'alliée obligée de la France. — Pourquoi.	176
LII. — Traités de Vienne. — Passage du *Mémoire sur les affaires d'Orient*. — Cabinet de Louis XVIII.	180
LIII. — Deux machines politiques à créer. — Jalousies de toutes parts. — Prétention de Naples. — La Russie. — Ordonnance d'Andujar. — M. le duc d'Angoulême.	184
LIV. — Conférences. — Ministres dans un gouvernement représentatif.	191
LV. — Espagnols réfugiés.	194
LVI. — Embarras intérieurs.	196
LVII. — Correspondance. — Lettres diplomatiques.	202

NÉGOCIATIONS. — COLONIES ESPAGNOLES.

LVIII. — Expédition militaire.	339
LIX. — Joie. — Diverses aptitudes des hommes. — Comment nous sommes reçu à la cour.	342
LX. — Lettre de Louis XVIII à Ferdinand. — Explications sur cette Lettre.	344
LXI. — Ordres des souverains. — Lettre de Henri IV.	347
LXII. — Ma chute. — Les cordons.	356
LXIII. — Je veux rendre le portefeuille à M. le duc de Montmorency, et me résous à demeurer. — Pourquoi.	358
LXIV. — Frais de la guerre. — Ce qu'ont coûté à Louis XIV et aux Anglois leurs expéditions successives dans la Péninsule. — Le problème de l'ordre social ne se résout point par des chiffres.	360
LXV. — Ferdinand. — Le règne des *Camarillas* succède à celui des cortès. — Colonies espagnoles. — La forme monarchique plus convenable à ces colonies que la forme républicaine. — J'en expose les raisons.	362
LXVI. — Suite des objections. — L'expédition d'Espagne n'a point précipité les colonies espagnoles dans les bras de l'Angleterre. — Preuves par les dates et les faits. — M. Canning. — Son discours.	364
LXVII. — Difficultés existantes *a priori* pour reconnoître l'indépendance des colonies espagnoles. — Erreurs où tombent les esprits qui ne sont pas initiés aux secrets des négociations.	368
LXVIII. — Opposition des puissances continentales. — Opposition de l'Angleterre. — Instructions secrètes données aux consuls anglois. — Notre projet d'occuper Cadix pour forcer l'Angleterre à un arrangement général. — L'Angleterre a agi trop vite.	370

TABLE.

Pages.

LXIX. — Opposition de l'Espagne. — Nous obtenons deux décrets fameux : l'un pour une demande en médiation, l'autre pour la liberté du commerce au Nouveau Monde. — Où devoient conduire ces décrets... 372

LXX. — Suite de l'opposition d'Espagne. — Nous conseillons des emprunts espagnols pour compenser les emprunts des colonies en Angleterre. — A quelles sommes montoient ces derniers emprunts.. 373

LXXI. — Opposition des colonies espagnoles. — Notre plan généralement adopté, même par l'Angleterre. — Congrès pour une médiation à tenir dans une ville neutre d'Allemagne. — Quelle a été notre politique.. 375

LXXII. — Quelques affaires d'un ordre secondaire. — Amnistie. — Traité d'occupation. — M. de Caraman. — Le maréchal de Belluno. M. de Polignac. — M. le baron de Damas. — Mort de Pie VII. — Conclave. — M. l'abbé duc de Rohan. — M. de La Fare, archevêque de Sens. — M. le cardinal de Clermont-Tonnerre................ 377

LXXIII. — Suite de la correspondance diplomatique................ 379

LXXIV. — Quelques mots sur cette correspondance............... 432

LXXV. — Septennalité. — Bruits divers. — Mon caractère.......... 433

LXXVI. — Conversion de la rente. — Non opinion et ma résolution. — Inhabileté. — Hommes des pouvoirs. — M. de Corbière....... 435

LXXVII. — La conversion de la rente rejetée à la chambre des Pairs. — M. le comte Mollien, M. le comte Roy, M. le duc de Crillon, M. l'archevêque de Paris. — Je vote en faveur de la loi. — La septennalité à la chambre élective; M. de Corbière ne me laisse pas parler. 437

LXXVIII. — Pentecôte. — Je suis chassé........................ 439

LXXIX. — L'opposition me suit................................ 442

LXXX. — Derniers billets diplomatiques........................ 443

LXXXI. — Examen d'un reproche.............................. 447

LXXXII. — Madame la Dauphine.............................. 454

LXXXIII. — Dernier coup d'œil sur la guerre d'Espagne. — La Restauration. — Charles X. — Henri et Louise. — Résumé........... 456

LXXXIV. — Appel des personnages de Vérone et de la guerre d'Espagne.. 466

LXXXV. — Fin... 468

Note... 469

Discours prononcé à la Chambre des Pairs à l'occasion de la mort de M. le comte de Seze.. 477

FIN DU TOME DOUZIÈME ET DERNIER.

TABLE ALPHABÉTIQUE

ANALYTIQUE ET RAISONNÉE

DES

ŒUVRES COMPLÈTES DE CHATEAUBRIAND

PAR L. LOUVET

Le chiffre romain indique le volume, les chiffres arabes désignent les pages.

A

ABAILARD brille parmi les philosophes scolastiques, I, 540. — Fait revivre la doctrine d'Aristote, X, 104. — Succès de son enseignement, 104. — Il est exposé au poison pour avoir tenté d'user de sévérité envers ses moines en Bretagne, 499.— Ses erreurs, XI, 543.

ABARIS. Est député par les Scythes à Athènes, I, 398. — Les platonistes l'opposent à Jésus-Christ, 398.

ABBADIE OU ABADIE. Ses raisons en faveur de la religion, I, 593. — Son apologie de la religion, II, 7.

ABBAYE. Ce n'étoit d'abord autre chose que la demeure d'un riche patricien romain, X, 37. — Cette maison devint bien de mainmorte par la loi ecclésiastique et acquit une sorte de souveraineté par la loi féodale, 37.

ABBAYE (prison de l'). Massacres de prêtres en septembre 1792, VII, 605-606. — Femmes qui y furent emprisonnées, IX, 62-63.

ABBÉ. Mœurs des petits abbés, I, 595. — Les abbés formoient la seconde classe du clergé, 599. — Origine de la dignité d'abbé, II, 416.

ABDALLAH, pacha de Damas, ses exactions à Jérusalem, V, 386-389.

ABEILLES. Elles se sont établies en Amérique, VI, 110.

ABÉNAKIS. Les Abénakis de Saint-François, VI, 195. — Ceux qui occupoient l'Acadie au XVIᵉ siècle ont disparu, 195.

ABENCERRAGE (le dernier). Voy. ABEN-HAMET.

ABENCERRAGES. Leur colonie près de Carthage, III, 101. — Leurs mœurs, 102. — L'Alhambra retrace leurs aventures, 519.

ABEN-HAMET. Ses aventures, III, 101-132.

ABISBAL (le comte de l'). Voy. O'DONNELL.

ABOU-GOSH, chef d'Arabes, protége M. de Chateaubriand à son voyage à Jérusalem, V, 274-277. — Et aussi à son retour, 394. — Il se souvient encore de la course de Chateaubriand dans les montagnes de la Judée, XI, 754. — Il fait passer une lettre à Chateaubriand par un pèlerin, XII, 109.

ABRAHAM. Sa vocation fut le premier effort que fit l'amour divin pour se rapprocher de nous, II, 29. — Il vivoit dans un temps d'innocence où la terre manquoit d'habitants, et son alliance avec Dieu devoit différer de la nouvelle alliance de Jésus-Christ, 35.

ABSALON (sépulcre d'), à Jérusalem, V, 349.

ABSOLU (pouvoir). Quelques mois de séjour en Turquie peuvent dégoûter du gouvernement absolu, VI, 516. — Ce qui semble militer en sa faveur, VII, 306.

ACADÉMIE, secte philosophique; ses diverses branches, I, 534. — Ce qu'elle possédoit à Athènes du temps de Proclus, IX, 317.

ACADÉMIE DES INSCRIPTIONS. Ses travaux sur notre archéologie, IX, 16.

ACADÉMIE FRANÇOISE, haute cour du classique, fit comparoître devant elle, comme premier accusé le génie de Corneille, X, 329.

ACADÉMIQUE (secte), rameau de l'école de Socrate; ses différentes branches, I, 534.

ACADIE. Sa colonisation, VI, 22. — Le père Biart et le père Enemond Masse parcoururent l'Acadie, 409.

ACCIAJUOLI, famille qui gouverne à Athènes, V, 77-79.

ACHAÏE. Réduite en province romaine par Vespasien, V, 68. — Genseric se jette sur l'Achaïe, 71.— Guillaume de Champlitte prend le titre de prince d'Achaïe, 74. — Geoffroy de Ville-Hardouin devient prince d'Achaïe à la mort de Guillaume, 74. — Guillaume de Ville-

Hardouin lui succède, 75. — Les Catalans ravagent l'Achaïe, 77.

Achéruse (lac), où Caron passoit les morts, IV, 467.

Achery (D'), cité comme prodige de science, II, 500.

Achille. Il n'existe que par Homère, III, 186. — Son tombeau, V, 251-252.

Acominat Choniate (Michel), archevêque d'Athènes, repousse les attaques de Sgure contre Athènes, V, 74. — Il avoit composé un poëme dans lequel il comparoit l'Athènes de Périclès à l'Athènes du xiie siècle, 74.

Açores (îles). Chateaubriand forcé d'y relâcher, I, 603. — Rencontre qu'il y fait, 603-605. — Leur découverte, VI, 16. — On les prit pour les îles qui, selon Marc-Paul, bordoient l'Asie dans la mer des Indes, 16. — Elles paroissent sur les cartes dès 1380, 21.

A'Court (sir William). M. de San-Miguel lui remet une note pour solliciter les bons offices de l'Angleterre entre la France et l'Angleterre, XII, 218. — Sa conduite modérée à Madrid, 226. — Il est resté seul auprès des cortès, 228. — Il a refusé de suivre le roi à Cadix, 277. — Dans quels cas il devroit aller à Cadix, et ce qu'il devra y faire, 285.— Son offre de médiation, 331. — Absurde chicane qu'on lui fait, 386.

Acra, ville fondée par Hannon, I, 371.

Acre ou Ptolémaïde, dernier refuge des croisés, est emportée par Melec-Séraph, II, 473.

Acte additionnel aux constitutions de l'empire. Ce qu'il contenoit, VII, 138-140.

Acton, ministre du roi des Deux-Siciles, traverse le mariage du duc de Berry avec la princesse Christine, IX, 517. — Lettre que lui écrit le duc de Berry, 518-519. — Il ne répond pas au prince, 519.

Adalbéron, archevêque de Reims. Ce qu'il disoit au sujet du sacre de Hugues Capet, IX, 613.

Adalbéron, évêque de Laon, satire en forme de dialogue entre le poëte et le roi Robert; ce qu'il dit du clergé, des nobles et des serfs, X, 107. — Sa vie, 107.

Adam. Sa chute, II, 61. — Comment Adam a péché, 66. — Sa chute, racontée par Milton, 149. — Tableau des amours d'Adam et Ève, par Milton, 165. — Personnage du *Paradis perdu*, XI, 143-177. — Caractère d'Adam d'après Milton, 684-689.

Adam de Brême. Sa relation des royaumes du Nord, VI, 11. — Son utilité pour l'histoire du Danemark, IX, 10.

Adam (maître), menuisier de Nevers, peut s'opposer comme poëte au cordonnier anglois Bloomfield, XI, 767.

Adamannus. A écrit une relation de la Terre Sainte, V, 103. — Époque de sa mort, 103.

— Il a écrit la relation de saint Arculfe, VI, 12.

Adario, personnage des *Natchez*, III, 204-504.

Addison. On ne joue presque plus son *Caton* en Angleterre, VI, 387. — Il se fit le patron de Déborah Milton et lui obtint un secours de la reine Caroline, XI, 677. — Il figure dans la succession des poëtes dramatiques anglois, 718. — Il présente un exemplaire de ses poésies latines à Boileau, 735. — Il célèbre les victoires de Marlborough et rend hommage à *Athalie*, 736. — Il écrivoit dans les premiers journaux périodiques, 736. — A la fin du xviiie siècle, on envoyoit le *Spectateur* au grenier en Angleterre, 748. — Addison fut un des promoteurs de l'apothéose de Shakspeare et de Milton, 748.

Adélaïde de France (Mme). Son tombeau, VI, 521.

Adieux, pièce de vers, III, 543.

Adrets (baron des). Son portrait, X, 304. — Il s'amusoit à faire sauter du haut d'une tour les prisonniers qu'il avoit faits, 304.

Adriana (villa). Description, VI, 280-286. — Réflexions, 314-315.

Adrien ne persécuta les chrétiens qu'à Jérusalem, V, 96-97. — Jugement sur ce prince, VI, 285. — Monuments qu'il a laissés, 285-286. — Le *Mole Adriani*, 286. — Règne d'Adrien; il acheta la paix des Barbares; ami des arts; sa fin, IX, 140. — Sa justice envers les chrétiens; sa lettre à Minutius Fondatus, 141. — Il établit des colons à Jérusalem, qu'il nomma Elea Capitolina, 141. — Ces colons révoltés sont exterminés, 141.

Ægidius ou Egidius, maître général de la Gaule, conserve une puissance indépendante, IX, 352. — Les Bretons l'implorèrent, et les Franks le prirent un instant pour chef quand ils chassèrent Childéric, 352. — L'empereur envoie Khildéric en Gaule pour contre-balancer l'autorité d'Egidius, X, 9.

Æthiopiens, nation hospitalière dont parle Hannon, I, 371-372.

Aétius étoit du sang des Goths, IX, 292. — Donné en ôtage à Alaric, passe trois ans près de lui, 330. — Lui et Boniface ont été surnommés les derniers Romains de l'empire, 340. — La défaite d'Attila a immortalisé Aétius, 341. — Il avoit favorisé la révolte de Jean et négocié le traité qui faisoit passer soixante mille Huns des bords du Danube aux frontières de l'Italie, 341. — Il étoit fils de Gaudence, maître de la cavalerie romaine et comte d'Afrique, 341.— Elevé dans la garde de l'empereur, il avoit été donné en ôtage à Alaric, puis aux Huns, 341. — Ses qualités, 341. — Il indispose Placidie contre Boniface, et Boniface contre Placidie, 341.—Boniface et Placidie s'étant réconciliés, Aétius accourt en Italie ; il est battu par Boniface, qu'il blesse mortellement, 342. — Placidie déclare Aétius rebelle, et le force à se réfugier près des Huns, 342. — Aétius étoit rentré en grâce auprès de Placidie lorsque Attila marcha sur les Gaules, 346. — Il repousse Clodion, 346.—Il marche au-devant des Huns, défait Attila dans les plaines Catalauniques; mais ne poursuit pas sa victoire, 349. — Valentinien tue Aétius, 350.

AFFAIRES ÉTRANGÈRES (ministère des). Discussion de son budget, VIII, 359.

AFRANCESADOS, parti espagnol rattaché à Napoléon, XII, 8. — Ils sont amnistiés, 19.

AFRICAIN (Jules). Son *Histoire universelle*, IX, 165-166.

AFRIQUE. Voyages en Afrique, VI, 6-7, 16-17, 21, 26-27. — Nouvelles découvertes, 27. — Recherches nouvelles, 28. — Dévastation des Vandales en Afrique, IX, 464-465.

AGAMEMNON. Son tombeau, V, 164.

AGAVÉ VIVIPARE, plante d'Amérique, VI, 92.

AGÉSILAS II, roi de Sparte. Sa réponse sur la fixation de ses frontières, I, 310.

AGÉSILAS. Se laisse gagner par Agis, I, 512. — Trahit sa cause, 512. — Se fait nommer éphore, 513.— Il exerce une autorité tyrannique pendant l'absence d'Agis, 513.

AGESISTRATA, mère d'Agis, avoit obligé Amphares, qui la fait mourir comme son fils, I, 513-515.

AGIER (M.). Son nom outragé dans l'affaire du général Canuel, VII, 543.

AGILES (Raymond d'), accompagne Adhémar à la première croisade, VI, 12. — A écrit ce dont il a été témoin en Palestine, 12.

AGINCOURT. S'est fixé à Rome, VI, 310-311.

AGIOTAGE, crédit factice, VIII, 422-423.

AGIS I, roi de Lacédémone, assiége Athènes, I, 471.

AGIS III, entreprend de rétablir les mœurs dans la Laconie, I, 512.— Parvient à gagner Lysander, Mandroclide et Agésilas, 512. — Ses projets renversés pendant son absence, 513. — Il est forcé à son retour de se réfugier dans le temple de Minerve, 513.— Poursuivi par Léonidas, 513. — Arrêté, emprisonné, condamné à mort, 514. — Son supplice, 515. — Est comparé à Charles Ier et à Louis XVI, 516.— Son innocence, 525. — Pourquoi il a péri, 617. — Périt comme Louis XVI, pour avoir voulu donner de bonnes lois à son pays, VII, 268. — Sentiment de Plutarque sur l'injustice de cette mort, 268.

AGLAÉ (sainte). Donne des jeux à Rome, IV, 68. — Son palais, ses richesses, sa vie, ses désordres, 71-74. — Elle revoit Eudore en prison, 266. — Son histoire, 391.

AGLAUS PSOPHIS. Son tombeau, IV, 30. — Son histoire, 357.

AGNAN (saint), évêque d'Orléans, sa conduite pendant le siége de cette ville par Attila, IX, 469.

AGNÈS SOREL. *Voyez* SOREL.

AGRICOLA. Immortalisé par Tacite, IV, 130.— Beau-père de Tacite, qui nous a laissé sa vie, 439. — La muraille d'Agricola est plus justement appelée la muraille de Sévère; elle a été élevée sur les fortifications bâties par Agricola, 439. — Agricola achève de soumettre la Grande-Bretagne, IX, 118. — Il bat les Calédoniens, 138.

AGRICULTURE. Elle doit son renouvellement en Europe au clergé séculier et régulier, II, 506.

AGRIPPA, gendre d'Auguste, avoit ordonné une description complète de l'empire romain, VI, 8. — Auguste le consulte, IX, 117.

AGRIPPA, petit-fils d'Hérode, obtint le royaume de Judée, V, 331. — Après sa mort la Judée fut réduite en province romaine, 331.

AGRIPPINE. Commerce incestueux avec son fils, I, 490. — Récit de son infortune et de sa mort, 511. — Son buste au musée Capitolin, VI, 289. — Mot sublime aux assassins envoyés par son fils, 310. — Ses mémoires, ouvrage perdu, cités par Tacite, IX, 6.

AGUESSEAU (le chancelier D'). Son père le faisoit travailler dans sa carrosse en voyage, X, 310. — Ce qu'il raconte des charités de son père et de sa mère; sommes qu'ils y consacroient, 310.

AIGUE-BELLE, village des Alpes, VI, 271.

AIGUES-MORTES. Saint Louis s'y embarque; il lui donne une charte, X, 59. — La mer s'en est reculée, 59.

AIGUILLON. Siége de cette ville par Jean, duc de Normandie; sa longue résistance, X, 150.

AIGUILLON (duc d'), se sert de Mme Dubarry pour faire renvoyer le duc de Choiseul du ministère, X, 339.

AIRE (Jean d') s'offre le second pour sauver Calais, X, 179. — Il est sauvé par la reine, 180.

AKANSAS ou ARKANSAS. Ils sont attachés aux François, VI, 89.

AKANSAS. Rivière de ce nom, VI, 89.

AKANSIE, mère du chef présomptif des Natchez, III, 206-489.

AKENSIDE. La poésie morale le compte parmi ses adeptes, XI, 738. — Ses *Plaisirs de l'Imagination* manquent d'imagination, 738.

ALABAMA. Ses comtés et ses villes, VI, 205.

ALABES. Ils quittent l'Espagne et se fixent en Afrique, III, 101.

ALAIN, duc de Bretagne. Terres que Guillaume le Bâtard, son beau-père, lui donne dans le Yorkshire, XI, 521.

ALAINS. Ils occupoient les terres vagues entre le Volga et le Tanaïs, IX, 108. — Ils entrent en Espagne, 334-335. — Leurs usages, 427. — Ils arrachoient la tête de l'ennemi abattu, 433. — Ils révéroient une épée nue fichée en terre, 443.

ALAON (charte d'), imprimée dans les conciles d'Espagne, prouve que les ducs d'Aquitaine descendoient d'Haribert par Bogghis, X, 22.

ALARD, vicomte de Flandre, fonde l'hôpital d'Abrac, II, 510.

ALARIC se trouvoit parmi les auxiliaires employés par Théodose contre Arbogaste, IX, 290. — Sa naissance, 325. — Ses exploits, 325. — Rufin lui livre les passages de la Grèce, 325. — Il passe le défilé des Thermopyles, 326. — Il épargne Athènes, mais l'Attique est livrée aux flammes, 327. — Il traverse la Grèce, 327. — Stilicon l'enveloppe et le laisse échapper, 327. — Il est déclaré maître général de l'Illyrie orientale au nom de l'empereur Arcade, 327. — Les Goths le déclarent roi des Visigoths, 328. — Il envahit l'Italie, Stilicon rassemble une armée, Alaric se retire, 328. — Il rentre en Italie, 329. — Il est battu à Pollence, sa femme et ses enfants tombent aux mains de Stilicon ; pour les délivrer, il consent à évacuer ses conquêtes, 329. — Il traite avec Stilicon par députés et obtient la qualité de général des armées d'Honorius dans l'Illyrie occidentale, 330. — Non encore satisfait, il s'avance vers l'Italie et demande 4,000 livres pesant d'or, que Stilicon lui fait accorder, 330. — Alaric proposoit la paix à des conditions acceptables, on les refuse ; il vient mettre le siège devant Rome, 333. — Il ferme le Tibre et consent à s'éloigner moyennant une somme immense, 334. — Honorius n'ayant pas ratifié ce traité, Alaric se rapproche de Rome, bat Valens, assiége la ville éternelle, oblige les Romains à prendre pour empereur Attale, qui le nomme général de ses armées, 334. — Il bloque Ravenne, soumet toutes les villes de l'Italie, Bologne exceptée, 334. — Il dégrade Attale et le garde avec son fils Ampèle sur ses chariots, 335. — Il gardoit aussi dans ses bagages Placidie, sœur d'Honorius, 335. — Il essaye de conclure la paix avec Honorius, Honorius hésite, Alaric reprend son empereur et marche sur Rome, 335. — Les Goths entrent à Rome, qu'ils mettent au pillage, et se retirent dans l'Italie méridionale ; Alaric meurt, 335. — Son siège de Rome, 453. — Sa réponse aux envoyés romains, 453. — Ce qu'il obtint des Romains, 453. — Sa tombe, 455. — Quand il eut pris la ville de Rome, il assigna les églises de Saint-Paul et de Saint-Pierre pour retraite à ceux qui s'y voudroient renfermer, 457. — Il protége les trésors de l'autel, 457-458.

ALATHEUS sauve le jeune roi des Ostrogoths Witheric, et conduit les débris de sa nation sur les bords du Niester, IX, 276. — Puis sur les bords du Danube, 278. — Il amène la cavalerie des Goths combattre contre Valens devant Andrinople, 282.

ALAVA. Il arrive au port Sainte-Marie, porteur d'une lettre de Ferdinand VII pour le duc d'Angoulême ; celui-ci refuse de le voir, XII, 330.

ALAVIVUS, chef des Visigoths, IX, 275. — Tend les mains à Valens, 277.

ALBANOIS. Leur portrait, V, 402-403.

ALBANY (comtesse d'). Son épitaphe, par Alfieri, VI, 322.

ALBE (duc d'). Il joue le premier acte de la tragédie de Robespierre, I, 579. — Il assiste à l'entrevue de la reine Isabelle de France, femme de Philippe II, avec Charles IX et Catherine de Médicis, à Bayonne, X, 263. — Il fait trancher la tête au comte de Horn et au comte d'Egmont, 263.

ALBEMARLE (duc d'). Voy. MONK.

ALBÉRIC, moine au mont Cassin. Ses Visions de l'Enfer ont servi à Dante, suivant Cancellieri, XI, 517.

ALBERT LE GRAND brille parmi les philosophes scolastiques, I, 540. — Il invente une machine parlante, X, 103. — Succès de son enseignement, 104.

ALBERTISTES, division de la secte des philosophes scolastiques, I, 540.

ALBIGEOIS. Croisade contre eux, X, 56. — Massacres épouvantables, 56-57.

ALBINUS (Clodius). Proclamé empereur par les légions britanniques, est vaincu par Sévère, IX, 146-147.

ALBRET (hôtel d'), dérivation de l'hôtel de Rambouillet, X, 464.

ALCÉE a chanté les malheurs de l'exil et de la tyrannie, I, 326.

ALCIBIADE, fugitif depuis l'expédition de Sicile, rappelé par les Athéniens, I, 471. — Ses conditions, 471. — L'armée le rappelle, 473. — Son image au musée Capitolin, VI, 289. — Il rendoit Athènes folle comme une femme par la difficulté gracieuse avec laquelle il exprimoit quelques lettres, XI, 724. — Le th étoit une lettre composée que la molle Ionie sembloit fournir en aide à l'élégant élève de Périclès, 724.

ALCUIN, moine, vouloit faire de la France une Athènes chrétienne, II, 499. — Il enseigne la grammaire à Charlemagne, 504.

ALEMBERT (D'). Voy. D'ALEMBERT.

ALENÇON (comte d'), frère de Philippe VI, se trouvoit à l'armée que le roi conduisoit contre Édouard III, X, 165. — Marche à la tête des hommes d'armes en avant de l'armée de son frère, 167. — Il force les archers génois à marcher, 168. — Il les force au combat, 169. — Il fait sonner la charge, et pénètre avec sa cavalerie jusqu'en face des chevaliers du prince de Galles, 170. — Après quelques succès il est tué, 171-172.

Alençon (duc d'), prince du sang, condamné à mort; sa peine est commuée; Louis XI le délivre et le remet en prison, X, 227.

Aleu, ou Franc Aleu. Ce que c'étoit, X, 83. D'où vient ce nom, 83. — Il y eut deux sortes d'aleux, le noble et le roturier, 83. — Les parlements différoient de principes sur le maintien du franc aleu, 83. — L'aleu finit presque généralement par se perdre dans le fief, 84.

Alexandre Ier, roi de Macédoine, se ménage entre les Perses et les Grecs, I, 404. — Traître aux deux partis, 447.

Alexandre le Grand. Il a rendu son pays maître de l'univers, I, 404. — Le siècle d'Alexandre, en quoi il se rapproche du nôtre, 532. — Influence des philosophes de son temps sur leur époque, 561. — Un mot sur la vie d'Alexandre, V, 242. — Jugement de Julien sur Alexandre, IX, 234-235. — Ses conquêtes répandirent la philosophie grecque sur le globe, 416-417.

Alexandre Sévère. Comment il arrive à l'empire, IX, 154. — Il consacra presque tout son règne à des réformes, 155. — Il adoroit l'image de Jésus-Christ, 156. — Sa règle de conduite, 156. — Influence des jurisconsultes, 156. — Sa mort, 159.

Alexandre VII (Fabio Chigi). Il reçoit Rancé, X, 506. — Ce que dit de lui le cardinal de Retz, 508-509. — Son élection, 509. — Il changea quelques mots au formulaire, 509. — Il élève une pyramide pour réparation d'une insulte faite au duc de Créqui, 509. — Il canonisa saint François de Sales, créa une nouvelle bibliothèque, 509. — On a de lui un volume de poésies, 509.

Alexandre, évêque d'Alexandrie. Ce qu'il demande à Dieu, IX, 212.

Alexandre Ier, empereur de Russie. Un mot sur sa mort, V, 19. — Son éloge, 20. — Sa politique vis-à-vis de la Grèce, 20-21. — Sa générosité envers Paris, VII, 40, 81. — En apprenant le départ de Buonaparte de l'île d'Elbe, il fait revenir sa garde, 144-145. — Il voulut se mettre à la tête de toutes les libertés, VIII, 15. — Sa mort, 140-141. — Sa constitution des biens du clergé catholique en Pologne, 209. — Ce qu'il dit à Chateaubriand, à Vérone, au sujet de l'alliance des rois, 346. — Confiance qu'il avoit en Chateaubriand, 486. — Il s'empressa de réparer les derniers torts de Paul Ier à l'égard du roi Louis XVIII, IX, 602. — Il arrive à Vérone, XII, 34. — Il avoit l'âme forte et le caractère foible, 56. — Ses dispositions au congrès de Vérone, 58. — Rapports de Chateaubriand avec Alexandre, 88-89. — Après Bonaparte, Alexandre est la plus grande figure historique de son temps, 89. — Abrégé de sa vie, 89-105. — Il étoit dissimulé en politique, 90-91. — Son appel aux peuples, 91-92. — Alexandre à Paris, 92-94. — Son voyage en Angleterre, 95. — Alexandre au congrès de Vienne, 95-98. — Louis XVIII l'avoit blessé, 95. — Il avoit proposé le duc d'Orléans pour roi, 96. — Il fait revenir ses soldats, 96. — Son retour à Paris, 98-99. — Idées mystiques, 99. — Sainte alliance, 100. — Retour en Russie, 100. — Sa lettre à Chateaubriand, quand celui-ci tomba du ministère, 101. — Ses foiblesses, 102. — Son amour pour l'impératrice, 102-103. — Son dernier voyage, 103. — Sa mort, 104. — Ce qu'il a fait pour la Russie, 104-105. — Conversations avec Chateaubriand à Vérone, 105-106. — Il se passoit en lui des conflits de nature et de position, 106-107. — Dernière conversation avec Chateaubriand, 108. — Il écrit à Chateaubriand et lui envoie le cordon de Saint-André, 109. — Il a toujours cru qu'on nous avoit trop dépouillés, 181. — Sa déclaration à l'Angleterre à propos de la guerre d'Espagne, 237-238. — Il engage le roi de Naples à retourner dans ses États, 238. — Lettre à Chateaubriand, 242-243. — Il ne pensoit pas que Ferdinand VII pût être abandonné à lui-même, 285. — Son avis confidentiel sur la conduite de la guerre d'Espagne, 318-321. — Lettre par laquelle il félicite Chateaubriand de la délivrance de Ferdinand VII, 349. — Lettre par laquelle il lui confère l'ordre de Saint-André, 353. — Ce que Chateaubriand voudroit lui voir accomplir avec la France, 397. — Tous les partis s'adressoient à Alexandre, 404. — Il envoie le cordon de Saint-Georges au duc d'Angoulême, 404-405. — Il avoit jugé qu'on ne pouvoit sauver la monarchie françoise qu'en s'appuyant sur les nouvelles institutions, 453. — Il avoit demandé au congrès de Vienne un roi autre que Louis XVIII, 459. — Il remit au duc de Richelieu une carte de la France qu'on vouloit amoindrir, 459.

Alexandrie. Les écoles de la Grèce y furent transférées, I, 590. — On y composa les Évangiles, 590. — Description de cette ville, IV, 155-156; 464-466. — Arrivée de Chateaubriand à Alexandrie, V, 399. — Cette ville a été parfaitement décrite, 413. — Inscription de la colonne de Pompée, 413. — Tristesse de cette ville, 414-415.

Alfieri. Quand Chateaubriand l'a vu; sa physionomie; ses ouvrages posthumes, ses opinions, sa vie, VI, 321. — Épitaphe qu'il avoit composée pour sa noble amie, 322. — Il a fait un admirable sonnet sur Marie-Antoinette, XI, 770. — Ce qu'il disoit à propos d'une ambassade qu'on lui offroit, XII, 343.

Alfred le Grand. Ses divisions de la Scan-

dinavie, VI, 14. — Ses ouvrages apprennent quelques faits curieux, IX, 12-13. — Il étoit poëte, XI, 508.
ALGER. Sa conquête, XII, 462.
ALGONQUIN, langue indienne, VI, 141.
ALGONQUINS, peuples de la Nouvelle-France, II, 462. — Leur tradition d'un déluge, 546. — Assistent à une assemblée des nations indiennes, III, 432. — Les Algonquins, guerriers et chasseurs, battus et détruits par les Iroquois, VI, 190. — Ils s'étoient alliés aux Hurons et aux François, 190.— Leur nombre au XVIe siècle, 195.
ALHAMBRA. Description, III, 114 et suiv. — Il semble être l'habitation des génies, VI, 518. — Beautés de ce monument, 519.
ALI-AGA, gouverneur de Jéricho, conduit Chateaubriand à Bethléem, V, 280. — Il repousse des Bédouins, 288-289. — Il le mène au Jourdain, 299. — A Jéricho, 301. — Lui montre l'endroit où une jument a sauvé la vie à son maître, 365. — Il suit Chateaubriand au camp des croisés, 374. — Il le reconduit à Jérémie, 394.
ALIGRE (Mme d'). Son nom chez les précieuses, X, 464.
ALLAMANS. Ils sont peut-être une partie des Suèves de Tacite, ou une confédération de *toutes sortes d'hommes*, IX, 108. — Constance les invite à passer le Rhin pour arrêter Magnence, 215. — Ils sont impudiques, mais sincères, suivant Salvien, 432.
ALLEGHANYS (Monts), ou montagnes Bleues. Leur situation, VI, 414.
ALLEGHANYS, peuple. *Voy.* ALLIGHEWIS.
ALLÉGORIE. L'allégorie mythologique et l'allégorie chrétienne ; l'allégorie morale et l'allégorie physique, II, 223-225. — Elle fut en vogue dans les lais du moyen âge, XI, 575.
ALLEMAGNE. Son état au moment de la révolution françoise, I, 413. — Comparée à la Perse, 413. — Ses mœurs, 413. — Ses lumières, 414.— Comparaison de sa littérature avec la littérature orientale, 414-422. — Situation lors de la première guerre de la république françoise, 428. — Influence de la révolution françoise sur l'Allemagne, 429. — Du clergé en Allemagne, 601. — Où en est la science historique en Allemagne, IX, 11-12.
ALLEN (William). *Voy.* TITUS.
ALLIÉS. Éloge des alliés et de leur modération, VII, 80-81. — Ils ne vouloient pas s'immiscer dans le gouvernement intérieur de la France, 246.
ALLIGHEWIS ou ALLEGHANYS, nation indienne qui habitoit les vallées du Mississipi et de l'Ohio, VI, 184. — Monuments qu'on peut leur attribuer, 225-264. — Tradition de leur retraite vers le sud, 264. — Ils ne connoissoient sans doute pas l'écriture, 264.
ALLOUEZ, garde du chef des Natchez, VI, 180.

ALMENARA. Est désigné pour ministre des finances en Espagne, XII, 406.
ALPES. Les Alpes, ou l'Italie, strophes, III, 568-569.
ALPHONSE Ier. A laissé un corps de législation, IX, 14.
ALPUENTE, propose à l'Espagne d'intervenir dans les affaires d'Italie, XII, 23. — Publie un libelle, 27. — Il étoit le buste en plâtre de Marat, 27.
AMAFANIUS. Un des plus anciens philosophes de Rome, I, 569.
AMANDUS, chef des Bagaudes, prend la pourpre dans les Gaules, IX, 192.
AMARANTE (le comte d'), quitte Salamanque, XII, 272. — Comment on a reçu son entrée en Espagne, 329.
AMARILLAS (le marquis de Las). Exilé d'Espagne, XII, 32. — Est proposé pour ministre de la guerre, 406.
AMBROISE (saint). Ce qu'il dit de la virginité, II, 37. — Son éloquence, 336. — Désapprouve l'exécution des priscilliens, IX, 287. — Il s'oppose à l'ouverture d'une église arionne à Milan, 287. — Il est condamné à l'exil ; le peuple prend sa défense, 287. — Il refuse toute communication avec Maxime, 287. — Ce qu'il fait en apprenant le massacre de Thessalonique ; lettre qu'il écrit à l'empereur, 288. — Il arrête Théodose sous le portique de l'église, 289. — Il l'admet à l'expiation, 289. — Ce qu'il répond à Symmaque contre le paganisme, 293-294. — Sa mort, 328. — Il apparoît à un habitant de Florence et lui promet que cette ville sera bientôt délivrée des bandes de Radagaise, 329. — Il a composé des ouvrages, introduit la musique dans les églises d'Occident, et laissé des chants renommés, 384-385.
AME. État de l'âme après la séparation du corps, 140. — Ce que Cicéron dit de l'âme, 573-575. — Ses rapports avec le corps, VI, 485. — Le principe essentiel de l'âme est un des mystères sur lesquels on s'est fixé le plus tard, IX, 248.
AME (immortalité de l'), *Voy.* IMMORTALITÉ.
AMELIUS, disciple de Plotin, est un plagiaire de l'Évangile de saint Jean, IX, 247.
AMENDEMENT. Les chambres doivent avoir le droit d'amender les lois, VII, 167-168 ; VIII, 232-233.
AMÉRIQUE. L'impôt du timbre est la cause de sa révolution, I, 362-363. — Sa révolution a produit celle de la France, 364. — Une nuit en Amérique, 622-627. — Ses anciens monuments, II, 558 et suiv. — A pu être découverte par Madoc, 558. — Par les Danois, 559. — Les Carthaginois, dit-on, y avoient des colonies, 559. — Étoit-elle connue des Juifs ou des Égyptiens ? 559-560. — Les anciens ont-ils connu l'Amérique ?

VI, 18. — D'autres vaisseaux y ont-ils touché avant Colomb? 19. — Découvertes des Norvégiens, 19. — Voyage des frères Zeni, 20. — Autres indications, 21. — Découverte de Christophe Colomb, 21. — Autres découvertes en Amérique; ses limites au nord-ouest et au sud-ouest, 22-23. — Guerres suscitées pour sa possession, 23-24. — Premières relations de ses découvertes, 24-25. — Voyageurs à l'intérieur, 35-39. — Quel peuple a pu laisser les monuments de l'Ohio? 81-82. — Que seroient devenus les habitants de l'Amérique si elle eût échappé aux voiles de nos navigateurs? 198-199. — Nos anciennes possessions en Amérique, 203-204. — Anciens monuments de l'Ohio, 225-264. — Quatre chaînes de montagnes forment les quatre grandes divisions de l'Amérique septentrionale, 414. — Ce que produisit la découverte de l'Amérique, IX, 80; X, 212.

AMILCAR BARCA. Son influence à Carthage, I, 360.

AMILCAR, met le siège devant Himère, I, 378. — Il est battu par Gélon et forcé de se jeter dans un bûcher, 378.

AMIS (îles des). Leurs habitants, I, 373-376.

AMIS DE LA CONSTITUTION. Société établie en Espagne, XII, 27.

AMIS DE LA LIBERTÉ DE LA PRESSE. But qu'ils se proposent, VII, 493.

AMMIEN MARCELLIN. Sa description de Rome, IX, 222-224. — Raconte le miracle qui empêcha Julien de reconstruire le temple de Jérusalem, 254. — Il souhaitoit que les cendres de Julien fussent baignées par le Tibre, 266. — Il termine son livre par la mort de Valens, 283. — Il cherche à rassurer les Romains sur les succès des Goths, 283-284. — Ce qu'il dit des évêques de Rome, 307-308. — Tableau qu'il fait des Romains du IVe siècle, 411-412.

AMMONIUS SACCAS. Est l'inventeur du néoplatonisme, IX, 380.

AMMON-RA et AMMON-HORUS, dieux égyptiens, IX, 243-244.

AMORTISSEMENT (Caisse d'). Raisonnement de l'administration françoise sur la caisse d'amortissement, comparé à ce qu'on fait en Angleterre, VII, 337. — On auroit dû doter cette caisse du service de l'indemnité aux anciens émigrés, 337; 353-354; 355. — La diminution du fonds d'amortissement occasionneroit-elle dans la rente une baisse plus forte que la création de rentes nouvelles? 356. — Comment la caisse d'amortissement auroit pu servir à la liquidation de l'indemnité aux émigrés, VIII, 401-407. — Des opérations de cette caisse, 411-413.

AMOUR. Sa peinture : la *Didon* de Virgile, II, 196. — Ce qu'en dit Massillon, 197. — La *Phèdre*, de Racine, 199. — *Julie d'Étange* et *Clémentine*, 201 et suiv. — Héloïse et Abailard, 203 et suiv. — L'amour champêtre, 206 et suiv. — Le *Cyclope et Galathée*, de Théocrite, 206-208. — *Paul et Virginie*, 209-211. — L'amour chrétien, VIII, 585. — L'amour passionné, 585-587. — Ballade de Bower sur l'amour, XI, 525-526. — L'amour chez Rousseau et lord Byron, 785.

AMOUR CONJUGAL. Décrit par Homère, II, 162-165. — Par Milton, 165-169. — Comment le chante Milton, XI, 163.

AMOUR DE LA PATRIE. Sentiment particulier à l'homme, II, 117 et suiv. — Pourquoi l'homme s'attache à son pays, 118-122. — L'amour du pays chez les sauvages et chez les peuples civilisés, 118-122. — Chez les anciens et chez les chrétiens, 120-121. — L'amour du pays natal prouve la réalité d'une Providence, 122.

AMOUR DIVIN. Peint par Massillon, II, 213. — Dans l'*Imitation de Jésus-Christ*, 213.—Dans *Polyeucte*, 214.

AMOUR FILIAL. Dieu en fait un précepte dans le Décalogue, VIII, 533-534.

AMPÈRE (M.). Sa visite à Mme Récamier en revenant de Rome, I, 143-144. — Communique à Chateaubriand ses Études scandinaves, IX, 98. — Chateaubriand lui emprunte plusieurs chants des anciens Allemands, 435. — Son fragment épique d'un poëme sur la rencontre d'Hildebrand avec son fils Hadebrand, 436-437. — Le chant de Gunar, 438. — Vers de lui sur Newton, XI, 747. — Il nous a initiés aux Edda, aux Sagas et aux Nibelungen, 749.

AMPHARES. Trahit Agis, I, 513. — L'arrête, 514. — Le fait exécuter ainsi qu'Agesistrata, 515.

AMPHITHÉÂTRE. Description, IV, 321. — Les chrétiens y sont livrés aux bêtes, 321-332. — Celui de Pompéi, VI, 355.

AMPHICTYONS. Leur pouvoir en Grèce, I, 287-288.

AMYCLÉE, aujourd'hui Sclabochôrion, visitée par M. de Chateaubriand, V, 141-142.

AMYOT. Son récit de la mort d'Agis, I, 513-516. — Il a traduit *Théagène et Chariclée* et *Daphnis et Chloé*, II, 709. — La première de ces traductions lui valut l'abbaye de Bellozane, 697.—Il a donné à Plutarque la langue qui lui manquoit pour les *Vies des grands hommes*, mais il a échoué dans les *Morales*, IX, 238.

ANABAPTISTES. Les anabaptistes de Munster prêchèrent contre le pape et contre Luther, XI, 554. — Pourquoi Luther les condamna, 557.

ANACHARSIS. Il fut le corrupteur de la simplicité des Scythes, I, 399. — Ses maximes, 399.—Il paya ses innovations de sa vie, 400.

ANACHORÈTES. Religieux qui étoient dispersés

dans les déserts, IX, 386. — Les premiers anachorètes, selon Rancé, X, 544. — Les barbares aimoient les anachorètes, XI, 500.

ANACRÉON. Ses chants, I, 320-321.

ANASTASE, prêtre enfermé vivant avec un cadavre par la vengeance de l'évêque Caulin, X, 106; XI, 544.

ANAXAGORE, disciple de Thalès, I, 534.

ANAXARQUE. Pourquoi Pyrrhon, son élève, refuse de le tirer d'une ravine, I, 558; IX, 418.

ANAXIMANDRE. Vouloit que les formes et les qualités provenues de la matière eussent arrangé l'univers, II, 569.

ANAXIMÈNE, disciple de Thalès, I, 534.

ANCIENS. En quoi ils l'emportent sur les modernes dans la poésie, II, 165. — Leur pensée est pudique, leur expression libre, 169. — Ils n'ont point laissé de poésie descriptive, 220-223. — Leur dialectique étoit plus verbeuse que la nôtre; mais en métaphysique ils en savoient autant que nous, III, 646.

ANCIEN TESTAMENT. *Voy.* BIBLE.

ANCILLON. Il félicite Chateaubriand de la délivrance du roi d'Espagne, XII, 351-352.

ANCRE (Concini, marquis d'), avec sa femme gouverne Marie de Médicis, X, 328. — Il est arrêté par Vitry et massacré par le peuple, 328. — Mot de sa femme; elle a la tête tranchée, 328-329. — Luynes hérite de leurs biens, 329.

ANCYRE. Le martyre des sept vierges d'Ancyre, IX, 372-373.

ANDANIES, ville de la Morée, V, 128.

ANDRÉ (le major). Sa romance chantée près du lieu où il fut exécuté, I, 541. — Pleurs versées sur son malheur, 541. — Fontanes en a parlé dans son *Éloge de Washington*, VI, 58.

ANDROMAQUE. L'Andromaque de Racine est à demi chrétienne, I, 77. — L'Andromaque de Virgile, 77. — Comparaison de l'Andromaque antique avec celle de Racine, II, 174-177.

ANDUJAR. Ordonnance qu'y rend le duc d'Angoulême, XII, 188-189. — Jugement sur cette mesure, 189. — Dépêche relative à cette ordonnance, 304-305. — Il faut la soutenir, 305, 306. — Ce qui a produit cette ordonnance, 306-307. — Elle n'est pas la suite d'un plan, c'est un mouvement de colère, 309, 310. — Ses motifs, 311. — Chateaubriand recommande au général Guilleminot d'adoucir l'exécution de cette ordonnance, 316. — Deux circulaires aux généraux l'ont modifiée, 326.

ANGE. Aucun ne pouvoit suffire à la rédemption, II, 21. — De l'introduction des anges dans la poésie, 237-238. — L'ange Raphaël de Milton, 241. — L'ange Élu ou Éloa de Klopstock, 241-242. — Fonctions des anges dans la nouvelle Jérusalem, IV, 44-45. — Note sur leur création, 370. — Objections sur leurs fonctions, et réponses à ces objections, 561 et suiv. — Opinion de Bossuet, 563-564. — Les anges adorent le Fils de Dieu, dans l'Empyrée, XI, 115-117. — La chute des anges racontée par Raphaël à Adam, 199 et suiv. — Combat des anges fidèles et des anges rebelles, 223-243. — Le Fils de Dieu foudroye les anges rebelles et les précipite dans l'enfer, 243-251. — Ce que Milton fait dire à Raphaël sur l'amour des anges, 309.

ANGE DES MERS. Ses fonctions, IV, 210.

ANGE DU SOMMEIL. Fiction de Chateaubriand, IV, 317, 546.

ANGELBERT. Il gémit sur la bataille de Fontenay et sur la mort de Hugues, XI, 510.

ANGLES. Ce qu'en dit Gildas, X, 49.

ANGLETERRE. Parallèle de sa constitution avec celle de Carthage, I, 357-359. — Comparaison de leur histoire, 359-361. — Minorité et majorité dans le parlement d'Angleterre, 361-362. — Séparation de l'Amérique, 363-364. — Suite de l'histoire de l'opposition dans le parlement, 364-368. — Parallèle de l'esprit guerrier et commerçant de l'Angleterre et de Carthage, 369-377. — Comment le christianisme expirera en Angleterre, 602. — Du culte et du clergé en Angleterre, 602-603. — De l'Angleterre et des Anglois, VI, 365 et suiv. — Le sol, le ciel et les monuments de l'Angleterre, 373-374. — Comment se forma sa constitution, VII, 95. — Elle a eu plusieurs constitutions, 96. — Elle n'a pas poussé à l'établissement des cortès en Portugal, VIII, 148. — Elle ne se soucie des chartes étrangères qu'autant qu'elles favorisent ses marchands, 148-149. — Sa bienveillance est dans son intérêt, 152. — Elle s'est élevée contre l'intervention de la France en Espagne, 337. — Déclaration de White-Hall en 1793, 338-339. — Ce que voit le duc de Berry dans son voyage en Angleterre, IX, 525-526. — Il est de principe en Angleterre qu'une loi n'est jamais abolie, XI, 725. — Le droit coutumier anglois régit l'Angleterre en général, 725. — Tableau de l'Angleterre dans ses anciennes mœurs et dans ses mœurs nouvelles, 788-789. — Son insistance à supprimer la traite des noirs, XII, 39. — Elle menace à Vérone de reconnoître l'indépendance des colonies espagnoles, 45. — On pouvoit craindre qu'elle intervînt en face de la France en Espagne, 55. — Sa réponse à la note françoise, 59-60. Observations sur cette note, 60-62. — L'Angleterre recula devant M. de Villèle et devant Chateaubriand, 86. — Comment elle maintient ses traités avec l'Espagne sans intervenir, 135. — Elle a conservé presque toutes ses conquêtes faites pendant la guerre révolutionnaire, 180. — Son alliance comparée à celle de la Russie, 182. — Sa conduite pendant la guerre d'Espagne, 290-291. — Ce qu'elle a dépensé en Espagne, 360-361. — Le colosse de l'Angleterre, 367. — Sa politique vis-à-vis des colonies espagnoles, 372. — Ce qu'elle leur a prêté, 374 — Elle s'est amoindrie pendant la campagne d'Espagne, 395-396. — Pourquoi l'Angleterre convertit ses rentes, 436.

Anglican (clergé). Ses qualités et ses défauts, VI, 369-370.

Anglicans, parti anglois à la tête duquel étoit Wilberforce, VI, 370-371.

Anglois. Ils ont semé des graines nutritives dans les îles de la mer du Sud, I, 377.— Qualités et défauts des Anglois, I, 504. — Leur caractère, II, 327-328. — Leurs mœurs, leurs qualités, leurs défauts, VI, 365-366. — Éducation des filles, 366-367. — Éducation des garçons, 367. — Vie du gentilhomme cultivateur, 367. — État militaire, 367. — Puissance maritime, 368.— Leur clergé, leurs églises, 369-370. — Les entrepreneurs de funérailles, 370. — Vie politique des Anglois, le parti du ministère, l'opposition et les anglicans, 370-371. — Leur littérature, 371-372. — Leur théâtre, 372-373. — Ils faisoient autrefois le commerce de leurs enfants et les vendoient surtout en Irlande, XI, 575. — Quand tout devint anglois en France, les Anglois devinrent anti-François, 746. — Les Anglois sur notre scène, 746. — Mœurs des Anglois à la fin du xviiie siècle, 752.

Angloise (langue). Elle est formée du latin, bien qu'elle ait une double origine, XI, 490. — Son histoire se divise en cinq époques, 490. — Guillaume le Bâtard détestoit la langue angloise, suivant Sugulphe, 521. — Édouard III accorde l'usage de l'idiome insulaire dans les plaidoiries civiles, 524. — A quelle époque les actes anglois ont été écrits en anglois, 524-525. — La vieille langue angloise paroît avoir eu plus de douceur que la langue angloise moderne, 724. — Emploi du *th*, 724. — L'anglois avoit retenu l'*e* muet du françois, 724. — L'orthographe varioit de comté en comté, les mots mêmes varioient dans un rayon de quelques lieues, 725. — A mesure que l'anglois changea de prononciation et de forme et qu'il perdit de sa sobriété, il s'enrichit des tributs du temps, 725. — La politique, l'industrie, le commerce, ont mêlé les mots particuliers de leurs dictionnaires à ceux du dictionnaire général, 725. — Sources diverses d'importation d'idées et d'images, 726. — Avec les lois et les colonies de l'Angleterre, la langue angloise embrasse le temps et l'espace, 726. — Si elle tire des avantages de cette diffusion de puissance, elle en reçoit aussi des atteintes, 726. — Elle se charge de tous côtés de locutions qui la dénaturent, 727. — Traité des mots en usage aux États-Unis, mots composés, mots négatifs opposés aux mots positifs, 727. — Que deviendra la langue angloise? 730.

Angloise (littérature). Essai sur la littérature angloise, VI, 375-427. — Autre, XI, 479-703. — La littérature germanique a envahi la littérature angloise à la fin du xviiie siècle, comme la littérature italienne d'abord, et la littérature françoise ensuite, 749.

Anglo-Saxons, rois et reines qu'ils ont fournis aux cloîtres, XI, 500-501. — Ils succèdent aux Romains dans la Grande-Bretagne, 507. — Récit d'une victoire remportée par les Anglo-Saxons sur les Danois, 509.

Angoulême (Charles de Valois, duc d'), fils naturel de Charles IX et de Marie Touchet, investi du comté d'Auvergne, arrêté et enfermé à la Bastille; ses *Mémoires*, son courage, ses qualités, VI, 332. — Portrait qu'il fait de Jacques Clément, X, 298. — Sa veuve ne mourut qu'en 1715, 327.

Angoulême (Louis-Antoine de Bourbon, duc d'). Son retour en France, VII, 32. — Il n'étoit reconnu que comme simple volontaire à l'armée de lord Wellington, 47. — Son entreprise héroïque en 1815, 133-134.— On l'avoit proposé pour protecteur de l'Université comme prince de la jeunesse, 231.— Son plan de la campagne d'Espagne, 280. — Marche de la colonne qu'il commande, 281. — Exemple qu'il donne à l'armée, 283. — Article du *Constitutionnel* sur lui mutilé par la censure, 373. — Sa naissance, IX, 490. — Son gouverneur, 490. — Il avoit un penchant décidé pour les sciences, 491. — Il émigre avec son frère et leur gouverneur, 492. — Suit l'école d'artillerie de Turin, 493. — Il va rejoindre son père à l'armée des princes, 494. — Il achève son éducation militaire, 495. — Rejoint avec son père les corps d'émigrés qui étoient en Hollande et en Flandre, 495. — Il épouse Madame, fille de Louis XVI, 507. — Cérémonies, 508. — Rejoint l'armée de Condé, 513. — Il adhère à la réponse du roi à Buonaparte, 522. — Part pour l'Espagne, 529. — En 1815, il combat héroïquement dans le midi, 536. — Il se jette sur la blessure du duc de Berry, 561. — Sa lettre au prince de Condé en venant servir sous ses ordres, 589-590. — Pendant les Cent-Jours on publia à Paris les lettres altérées du duc d'Angoulême à la duchesse, X, 381. — Chateaubriand engage M. de Villèle à mettre le duc d'Angoulême à la tête de l'armée qu'on enverroit en Espagne, XII, 72. — L'ordonnance d'Andujar, 188-189. — Le prince étoit mécontent en Espagne, 190. — Les grands d'Espagne lui présentent une adresse, 265. — Son départ pour Cadix, 295-296. — Avantages de ce départ, 297. — Explications sur l'ordonnance d'Andujar, 304-307. — Les ordres du prince ont été exécutés trop rigoureusement en quelques endroits, 309. — Son ordonnance d'Andujar expliquée, 311. — Ses préparatifs contre Cadix, 311-312. — Sa vivacité dans l'affaire d'Andujar sera loin d'avoir un fâcheux effet, 314-315. — Il refuse de voir Alava porteur d'une lettre de Ferdinand VII ; il ne veut pas accorder l'armistice et ne consentira à traiter que quand le roi sera libre, 330. — Il refuse l'offre de médiation de sir W. A'Court, 331. — Il a les pleins pouvoirs du roi, 332. — Son ordre du jour de Bayonne, 339. — Son entrée à Madrid, 340. — Sa conduite au Trocadero, 340. — Il enlève le fort Santi-Petri, 341. — Il s'expose aux boulets, 341. — Il reçoit Ferdinand VII au port Sainte-Marie, 341. — Sa lettre à M. de Chateaubriand pour le remercier de ses félicitations, 384-385. — Autre lettre ; il se félicite des généraux qui l'ont secondé, 389. — Il fait tomber le ministre de la guerre, 397. — Il félicite Chateaubriand sur la conduite de ses neveux, 400. — Son retour, 401. — L'empereur Alexandre lui envoie l'ordre de Saint-Georges, 404-405. — Caractère qui distingue son expédition en Espagne, 456-457.

ANGOULÊME (Marie-Thérèse de France duchesse d'). Son dévouement à la France, VII, 31. — Son arrivée avec le roi à Compiègne, 43. — Son courage à Bordeaux en 1815, 134. — Son arrivée à Mittau, IX, 507. — Elle épouse son cousin, 508. — Elle arrive auprès du duc de Berry mortellement blessé, 562. — Elle veut quitter Mittau avec le roi, 597. — Difficultés de ce voyage, 598-599. — Elle prend le nom de marquise de La Meilleraye, 599. — Sa lettre à la reine de Prusse, 600. — Elle vend ses diamants, 601. — Accident qui lui arrive, 601. — Joie qu'elle éprouve en apprenant les succès de son mari en Espagne, XII, 343-344. — Elle est mal à l'aise avec Chateaubriand, 344. — Chateaubriand lui conseille en 1832 d'appeler M. de Villèle auprès du duc de Bordeaux, 454. — Éloge de la duchesse, 455.

ANIMAL. Instinct des animaux, II, 91. — Observations sur leurs cris, 94. — Les Indiens les regardent comme des êtres doués d'une âme intelligente, VI, 150.

ANIO. Ses chutes à Tivoli, VI, 278, 280.

ANJOU (duc d'), d'abord duc d'Alençon. Chef du parti des politiques sous Charles IX, X, 267. — Il se met à la tête des mécontents sous Henri III, 269. — Appelé par les catholiques des Pays-Bas, il s'y montre indigne de la souveraineté qu'on lui vouloit déférer ; ce que lui disoit Henri de Navarre, 270. — Ce que disoit de lui Marguerite de Valois, 270-271. — Élisabeth d'Angleterre le flatte de l'espoir de l'épouser, 271. — Les États de Hollande lui confèrent la souveraineté des Pays-Bas qu'ils ôtent à Philippe II, 271, — Il veut s'emparer d'Anvers ; il est repoussé, 271. — Méprisé et abandonné, il se retire à Termonde, 272. — Sa mort, 272.

ANNE DE BEAUJEU. Louis XI lui donne le gouvernement de la personne du roi Charles VIII, X, 236.

ANNE DE BRETAGNE, femme de Louis XII. Ouverture de son tombeau à Saint-Denis en 1793, II, 636. — Elle épouse Charles VIII, X, 237. — Puis Louis XII, 238. — Sa mort, 240.

ANNE D'AUTRICHE. Extraction de son corps de son tombeau à Saint-Denis en 1793, II, 631. — Le parlement lui donne la régence, X, 330.

ANNE BOLEYN. Voy. BOLEYN.

ANNÉE. Sa division chez les différents peuples, II, 69. — Elle étoit très-courte chez les Égyptiens, 71. — Sa division chez les Indiens, VI, 133. — Une ordonnance de Charles IX en fixe le commencement au 1er janvier ; l'année s'ouvroit auparavant le samedi saint, X, 262.

ANNIBAL. Lutte contre la faction Barcine, I, 360. — Il parle en faveur de la paix, 361. — Il fut le seul grand général de Carthage, 369. — Il est le plus grand capitaine de l'antiquité, V, 429. — Rappelé de l'Italie, il demande la paix à Scipion, 434-435. — Perd la bataille de Zama, 436. — Erre dans les cours étrangères, 436. — Rang qu'il se donne parmi les grands capitaines, 437. — Sa mort, 437. — Sa haine contre Rome, le passage des Alpes, la tour d'Annibal, VI, 272.

ANNIBALIEN, frère de Constantin ; sa mort, IX, 214.

ANNIBALIEN (Claudius), fils de Dalmatius, fait roi du Pont et de l'Arménie ; sa mort, IX, 214.

ANOBLISSEMENT. C'est une institution utile dans une monarchie mixte, VII, 90.

ANONYME DE RAVENNE, a donné une description du monde, VI, 11.

ANSCAIRE, moine de Corbie, a fait un journal de son voyage en Suède et en Danemark, VI, 11.

ANSIBARES. Pays qu'ils vouloient occuper le long du Rhin ; ils firent partie de la ligue des Franks, IX, 131.

ANSON. Il s'est opéré bien des changements dans la manière d'écrire les voyages depuis lui, XI, 754.

ANTAR. Poëme arabe écrit ou recueilli par Asmaï le grammairien sous le règne d'Aroun al Rachid, V, 95.

ANTHEMIUS ou ANTHÈME, préfet d'Orient, fut le tuteur de Théodose II, IX, 332.

ANTHEMIUS (Procope). Il inclinoit aux idoles ; le pape Hilaire lui fit promettre d'écarter

Philothée, IX, 310. — Léon I*er* le donna comme empereur aux Romains, à la demande du sénat, 352. — Ricimer épouse sa fille, 352. — Ricimer donne la pourpre à Olybre; une guerre civile éclate, Anthème est tué, 353.

ANTHROPOPHAGIE OU CANNIBALISME. Les Indiens mangeoient leurs prisonniers, VI, 170-171.

ANTILLES. Missions, II, 459-462. — Leur découverte, VI, 21. — C'est en les cherchant que Colomb trouva l'Amérique, 21.

ANTINOTTI, premier mari de la belle Chateauneuf, poignardé par sa femme pour cause d'infidélité, X, 475.

ANTIOCHE, se révolte contre Théodose, l'empereur lui pardonne, IX, 288.

ANTIOCHUS HIERAX, réfugié chez Ptolémée, jeté dans les cachots, I, 501.

ANTIOCHUS X, erre chez les Parthes et en Cilicie, I, 501.

ANTIOCHUS XIV. Pompée avoit transporté ses descendants à Athènes, V, 186.

ANTIOCHUS, historien de Sicile, I, 393.

ANTIOQUE, grand chambellan du palais de Théodose II, conduisoit tout, IX, 333.

ANTIPHON, un des quatre cents à Athènes, I, 473. — Proscrit par les Trente, il fournit des secours à sa patrie, 479.

ANTIQUITÉS. Les antiquités égyptiennes et chinoises sont extrêmement modernes, I, 282. — Antiquités indiennes trouvées en Amérique, VI, 237-238. — Antiquités provenant de peuples européens, 238-240. — Antiquités du peuple qui habitoit autrefois les parties occidentales des États-Unis, 240-256.

ANTISTHÈNE, philosophe de l'école ionique, secte cynique, I, 534.

ANTOINE (saint), ermite. Constantin lui adresse une lettre, IX, 386. — Réponse d'Antoine, 387.

ANTONIN. Son règne, IX, 141.

ANTONIN DE PLAISANCE. Son itinéraire, VI, 12.

ANTONINIENS. Ce qu'ils vouloient après la mort de Charles I*er*, leurs doctrines, X, 401-402.

ANTONIO LE TRAPPISTE. *Voy*. MARANON.

ANTRAGUES, amant de Marguerite de Valois, VI, 329; X, 308.

ANVERS, siége de cette ville par Farnèse, I, 408.

ANVILLE (d'). Ce qu'il dit de Jérusalem, V, 107. — Éloge de sa dissertation sur Jérusalem, 309. — Texte de cette dissertation, 511-544.

APALACHES (monts). Description, VI, 80.

APALACHUCLA. Beauté de ses environs, VI, 99. — C'est la ville de paix ou capitale de la confédération des Creeks, 186. — Aux environs le terrain s'élève en amphithéâtre, 420.

APER, préfet du prétoire, tue Numérien, qui avoit épousé sa fille, IX, 188. — Il ne peut se faire élire à sa place, 189. — Dioclétien le fait mourir, 189.

APOLLINAIRE, le père. Il mit en vers l'histoire sainte, jusqu'au règne de Saül, IX, 255.

APOLLINAIRE, le fils. A écrit des dialogues dans lesquels il renferme la morale de l'Évangile et les préceptes des apôtres, II, 712. — Sozomène lui attribue d'autres ouvrages et des poëmes, 695. — Il explique dans des dialogues à la manière de Platon les Évangiles et la doctrine des apôtres, IX, 255.

APOLLINAIRE (Sidoine), évêque de Clermont, VI, 333. — Ce qu'il dit des mœurs des barbares, IX, 429. — Portrait qu'il fait d'un chef frank, 430. — Il décrit d'autres barbares, 430.

APOLLODORE, tué par la jalousie d'Adrien, VI, 286.

APOLLON, statue trop vantée, VI, 297.

APOLLONIUS DE TYANE. Se fait chasser de Rome, IX, 127. — Il se transportoit en l'air partout où il vouloit, 418.

APOLLONIUS, sénateur romain, condamné à mort comme chrétien, prononce une apologie de la religion, IX, 149.

APPEL COMME D'ABUS. Son origine, VII, 97.

AQUILÉE. Se défend contre Maximin; les femmes coupent leurs cheveux pour en faire des cordes aux machines de guerre, IX, 163.

AQUILÉE, vaincu par Dioclétien en Égypte, IX, 192.

AQUITAINE. Les ducs d'Aquitaine refusent de se soumettre à Peppin; ils descendoient d'Haribert par Bogghis et remontoient à Khlovigh, X, 22.

ARABE. Son génie le porte à élever de grandes villes, II, 73. — Portrait des Arabes, V, 301-303. — L'Arabe comparé au sauvage d'Amérique, 303-304. — Les géographes arabes, VI, 13. — Ils connoissoient la Chine, 13. — Colonies des Arabes dans les îles de la mer de l'Inde, 13.

ARAGONNAIS (M*me* d'). Son nom chez les précieuses, X, 464.

ARBOGASTE, retient Valentinien II quasi prisonnier à Vienne; ce prince veut le destituer, Arbogaste refuse d'obéir, IX, 290. — Arbogaste dédaigne de revêtir la pourpre, il en emmaillotte Eugène, 290. — Il va attendre Théodose sur les confins de l'Italie, tue 10,000 Goths à Aquilée, 290. — Trahi par Arbitrion, il erre deux jours parmi les rochers et se donne la mort, 291.

ARBRE DE SODOME, son fruit, V, 296-297.

ARBRE DE VIE. Satan vient s'y reposer, XI, 139. — Son fruit, 141.

ARBRISSEL (Robert d'). A fondé Fontevrault, II, 507.

ARBUTHNOT. Écrivit dans les premiers ouvrages périodiques, XI, 737. — Ses lettres, 762.

ARCADE, fils de Théodose, déclaré auguste par son père, IX, 324. — Il hérite de l'empire d'Orient, 324. — Il s'ensevelit dans le palais de Constantinople, 324. — Son portrait, 324. — Il subissoit le joug des eunuques et de sa femme, 324. — Rufin, son ministre, veut lui faire épouser sa fille; Arcade épouse Eudoxie, fille de Bauton, 325. — Il se plaint qu'Honorius l'ait secouru, 327. — Sa mort, 332.

ARCÉSILAS, fondateur de la moyenne Académie, I, 534.

ARCHE, rivière des Alpes, VI, 271.

ARCHELAUS, disciple de Thalès, I, 534.

ARCHEVÊQUE. Ancienneté de cette dignité, II, 415.

ARCHIAS, Corinthien, a fondé Syracuse, I, 392.

ARCHILOQUE. Osa le premier publier l'histoire honteuse de sa conscience, I, 318; VI, 436.

ARCHIPEL. Les îles de l'Archipel furent très-connues au moyen âge, V, 222-223.

ARCHITECTURE. Influence du christianisme sur l'architecture, II, 290 et suiv. — Elle est née dans les bois, 293. — Remarques sur l'architecture des Grecs, V, 189-190. — Sur l'architecture des Arabes, 358. — Architecture justinienne, 359. — Toute architecture est venue d'Égypte, 359-360. — Comparaison de l'architecture religieuse et de l'architecture philosophique, les Invalides et l'École militaire, VIII, 593-594. — L'architecture lombarde se rattache à l'époque de Charlemagne, X, 39. — L'architecture dite gothique dut surtout sa gloire à des clercs, des abbés, des moines, 39. — L'architecture néo-grecque se montra en Orient avec le néo-platonisme, 111. — Monuments de cette architecture, 111-112. — C'est à tort qu'on l'appelle architecture lombarde ou architecture gothique, 112. — Les Arabes l'immortalisèrent, 112. — Avec le XIIIe siècle rayonna l'architecture à ogives, elle fut une conquête des croisades, 112. — Son caractère, ses ornements, 113-114. — Elle rappelle les forêts, 114. — Autres monuments du moyen âge, leur forme, 114. — Leur nombre, 115. — Architecture actuelle, 115-116.

ARCULFE (saint). A décrit les lieux saints, V, 103. — Sa relation a été écrite par Adamannus, VI, 12.

ARESKOUI ou AGRESGOUI, dieu de la guerre chez les Indiens, VI, 173.

ARÉTIN (Guido). Trouve les six notes de la musique sur une hymne, I, 540.

ARGENS (marquis d'). A traduit la *Défense du paganisme* de Julien, IX, 231.

ARGOS. Description, histoire, IV, 496. — Arrivée de M. de Chateaubriand à Argos, V, 161. — Souvenirs historiques, 162.

ARGOUT (M. d'). A reçu la pairie de la légitimité, VIII, 493.

ARGUELLES. Nommé ministre de l'intérieur en Espagne, XII, 18. — Il étoit affilié aux vieux francs-maçons, 22.

ARGUELLES (Canga). *Voy.* CANGA ARGUELLES.

ARIABIGNÈS, frère de Xerxès, avoit le commandement principal à Salamime, I, 444. — Sa mort, 445.

ARICHANDIREN, roi indien. Analogie de son histoire avec celle de Job, II, 555.

ARIEL. Ange rebelle vaincu par Abdiel, XI, 231.

ARISTARQUE. Il fait du soleil le centre unique de l'univers, XI, 680.

ARISTARQUE (I.'), journal. Sa résurrection, autorisée par les tribunaux, cause l'établissement de la censure, VII, 381.

ARISTIDE. A Salamine, il donne avis du mouvement des Perses à Thémistocle, I, 443.

ARISTIDE. Défenseur du christianisme, II, 5.

ARISTIPPE. Philosophe de l'école ionique, secte cyrénaïque, I, 534. — Partageoit Laïs avec Diogène, IX, 409. — Sa doctrine expliquée par Mercure dans *Les Sectes à l'encan*, 421.

ARISTOCRATIE. Pourquoi elle est disposée à mettre des obstacles au pouvoir d'un seul, I, 287. — Son principe est la liberté, VIII, 167. — A quoi servent les assemblées aristocratiques, XI, 660.

ARISTODÈME. Sacrifie sa fille à la patrie, IV, 491.

ARISTOGITON. S'unit à Harmodius pour tuer Hippias et Hipparque, I, 299. — Comment il venge Harmodius, 299. — Chanson en son honneur, 337-338.

ARISTOTE. Il vivoit dans un âge corrompu, I, 345. — Il a fait l'éloge des institutions de Carthage, 355. — Il blâme la loi qui exigeoit un revenu pour entrer dans le sénat, 359. — Sa comparaison de la règle de plomb aux mœurs lesbiennes, 403. — Il a fondé la secte des péripatéticiens, 534. — Sa philosophie, 535. — Sa *République*, 561. — Il leva l'étendard contre la religion de son pays, 567. — Ses idées sur l'origine de l'univers, II, 59. — Ce qu'il dit du choix des personnages dans la tragédie et dans l'épopée, IV, 579-580. — Ses connoissances géographiques, VI, 6. — Il parle d'une île pleine de charmes, dont Carthage avoit défendu la fréquentation à ses marins, 18. — Son buste au musée Capitolin, 289. — Au lieu de blâmer les défauts d'Homère, il trouvoit douze raisons pour les excuser, 490, 530. — Les écrits d'Aristote apportés par les Arabes en Espagne et d'Espagne en France, X, 104. — Bérenger, Abailard, Gilbert de La Porée font revivre sa doctrine, 104. — Un concile de Paris condamne au feu du choix les livres qui contiennent cette doctrine que les Pères avoient réprouvée, 104. — On se relâcha plus tard, et on n'enseigna plus d'autre philosophie que la sienne, 104.

ARIUS. Appelé à rendre compte de sa doctrine

au concile de Nicée, IX, 210. — Condamné, 211. — Exilé, puis rappelé par Constantin; sa mort, 212. — Son hérésie, 301. — Il étoit doux quoique obstiné, 392.

ARKANSAS. *Voy.* AKANSAS.

ARMAGNAC (Jean V, comte d') épousa publiquement sa sœur, X, 109.

ARMAGNAC. D'où le parti d'Orléans, sous Charles VI, avoit pris ce nom, X, 223.

ARMÉE. Éloge de l'armée françoise, VII, 81-82; VIII, 308-309. — Que seroit une armée indépendante de la couronne, 311.

ARMÉE DE CONDÉ. Son organisation, IX, 494-495. — Le duc de Berry s'y rend, 495-496. — Sa composition, 496. — Affaire de Berstheim, 496-497. — Louis XVIII y est proclamé, 500. — Le roi y paroît, 501. — Elle fait célébrer un service pour Charette, 501-502. — Après la campagne de 1797 elle passe au service de Russie, 504. — Elle se remet en marche pour venir au secours de l'Autriche, 506. — Défense de Constance, 509-510. — L'armée de Condé est maintenue par l'Angleterre, 510. — Le duc d'Angoulême la rejoint ainsi que le duc de Berry, 513. — Elle défend le passage de l'Inn; son dernier bulletin écrit par le duc de Berry, 514-515. — Licenciement de l'armée de Condé, 516.

ARMÉE DE LA FOI. Nom que prennent les insurgés royalistes de la Catalogne, XII, 30. — Elle est dispersée, 74.

ARMSTRONG. Son *Art de conserver la santé*, XI, 738.

ARMURE. D'où venoit l'armure de fer des chevaliers, X, 98.

ARNAULD. A combattu Dubois qui prétendoit qu'on ne doit pas faire servir l'éloquence à prouver les vérités de la religion, II, 710. — Ce que dit de lui Rancé dans une lettre à M. de Brancas, X, 536. — Ce qu'écrit Rancé à l'abbé Nicaise à la mort d'Arnauld, 563. — Ses dernières années à l'hôtel de Longueville, 564. — Il ne vouloit point de paix et disoit qu'il avoit pour se reposer l'éternité tout entière, 564.

ARNAULD D'ANDILLY. Son histoire des Pères du désert, X, 493.

ARNOBE le Rhéteur. Défenseur du christianisme, II, 6.

ARNOUL. Bâtard de l'empereur Karloman, succède à l'empire de Karle le Gros, X, 26.

ARQUES (Combat d'). Henri IV y reçut maints coups d'épée et en rendit autant, X, 314.

ARRIÈRE-BAN. Ce que c'étoit, X, 87. — D'où vient ce nom, 87.

ARRIÈRE-FIEF. *Voy.* FIEF.

ARROWSMITH. Sa carte des États-Unis, VI, 410.

ARSÈNE (frère). *Voy.* CORDON (Claude).

ART. Les partisans de Shakespeare prétendent qu'il n'y a point de règles dramatiques, ou que l'art n'est pas un art, VI, 395. — Écrire est un art, cet art a des genres, chaque genre a des règles, 395-396; XI, 589. — Ce que c'est que soutenir qu'il n'y a pas d'art, 732-733.

ARTABAZE. Ses pertes à la bataille de Platée, I, 451.

ARTAGUETTE (D'). Capitaine françois, ami des Indiens, personnage des *Natchez*, III, 221-508. — C'est un personnage historique, 511.

ARTAPHERNE. Hippias se réfugie à sa cour, I, 431. — Sa réponse aux Athéniens, 431.

ARTAXERXÈS, successeur de Xerxès, demande la paix aux Grecs, I, 451-452.

ARTAXERXÈS BABEGAN. S'empare du trône d'Artaban et se bat contre les Romains, IX, 155.

ARTÉMISE, reine d'Halycarnasse. Suit Xerxès à la guerre contre les Grecs, I, 440. — L'engage à traîner la guerre en longueur, 441. — Son avis rejeté, 412.

ARTEVELLE. Sa république, I, 430. — Sa chute, X, 147. — Il veut faire le prince de Galles duc des Flamands, 147. — Ses projets attaqués par Gérard Denis, 148. — Sa mort, 149-150.

ARTHUR, ou ARTHUS, roi de l'Armorique, institua l'ordre de chevalerie de la Table ronde, XI, 514. — Arthur et ses chevaliers sont un calque de Charlemagne et de ses preux, 514.

ARTHUS (Thomas). Nous fait connoître la vie intime de Henri III et de ses mignons, VI, 670.

ARTOIS (Monsieur, comte d'). *Voy.* CHARLES X.

ARTS. Ce que l'auteur en a dit dans le *Génie du Christianisme* est étriqué et souvent faux, VI, 297. — Preuve de ce que les beaux-arts doivent au christianisme, 472.

ARUNDEL (lord). Quitte Londres au commencement de la guerre civile et va mourir paisiblement à Padoue, XI, 637.

ARVERNES. Faut-il croire ce que les auteurs anciens racontent des Arvernes? VI, 326-327.

ASCALON (plaine d'). Vue de Jaffa, V, 267.

ASCELIN. Pénétra dans le pays des Mongols, VI, 14.

ASCENSION DE JÉSUS-CHRIST. Lieu où elle s'est opérée, V, 328.

ASCÈTES. Ils erroient en silence sur le Sinaï, IX, 386.

ASDRUBAL. Défend Carthage contre les Romains, V, 439. — Se rend à Scipion, 440. — Sa femme se jette dans les flammes avec ses enfants, 440.

ASHBURNHAM (Jacques). Accompagne Charles Ier dans sa fuite d'Hamptoncourt, X, 382. — Prévient Hammond, gouverneur de l'île de Wight, de la présence du roi, 382.

— Reproche que le roi lui fait, 382. — Il offre au roi d'assassiner Hammond, 382.

ASHTON (sir Arthur). Commandant de Tredall, tué dans l'assaut donné à cette ville par Cromwell; sa jambe d'or, X, 404.

ASIE. Voyages en Asie, VI, 6-8; 12-15.

ASMODÉE. Ange révolté battu par Raphaël, XI, 231.

ASOPUS. Cette rivière divisoit les deux armées ennemies à Platée, I, 449.

ASPASIE. Recevoit les confidences de Périclès, I, 469. — Il parvint avec peine à la sauver, 470.

ASSAS (chevalier d'). Son cri, X, 341.

ASSEMBLÉES GÉNÉRALES de la nation sous les Karlovingiens, X, 30. — Elles cessèrent sous les premiers rois de la troisième race, 46.

ASSER. On lui doit la vie d'Alfred le Grand, XI, 540.

ASSIBOINS, tribu indienne, VI, 197.

ASSISES DU ROYAUME DE JÉRUSALEM. Publications qu'on en a faites, IX, 9.

ASSUÉRUS. Est le même que Darius, II, 72.

ASTARTÉ, ou ASTORETH, démon de la volupté, IV, 122, 125-126. — Sentiments qu'il souffle à Eudore, 182. — Satan l'appelle, XI, 35.

ASTOLPHE, roi des Lombards, menace Rome; Peppin lui reprend l'exarchat de Ravenne et le donne au pape, X, 22.

ASTORETH. Voy. ASTARTÉ.

ASTORIA. Fort à l'embouchure de la Colombia, VI, 36.

ASTRONOMIE. Sa naissance, II, 76. — Ses développements, 77-78. — Elle ne donne pas de preuve de l'antiquité du monde, 79.

ATALA, jeune Indienne, apparoît à Chactas, III, 23-24. — Elle le garde, 25. — L'aime, 25-29. — Le délivre, 33. — S'enfuit avec lui, 34. — Sa naissance, 40. — Ses derniers moments, 49. — Ses adieux à Chactas, 58-59. — Sa mort, 60. — Ses funérailles, 62. — Sa sépulture, 63-65.

ATAULPHE, beau-frère d'Alaric. Lui succède dans le commandement des Goths, IX, 335. — S'allie avec Jovin, 336. — Il se brouille avec Jovin et avec Sébastien, son frère, et les extermine, 336. — Ataulphe désiroit ardemment épouser Placidie, toujours captive, 336. — Il la demandoit en mariage à Honorius qui la refusoit toujours, 337. — Pendant ces négociations, il s'empare de Narbonne et de Bordeaux, peut-être de Toulouse, échoue devant Marseille, 337. — Las du refus d'Honorius, il prend Placidie solennellement pour femme à Narbonne, 337. — Il conclut la paix avec Honorius; s'engage à évacuer les Gaules et à passer en Espagne, 338. — Il a un fils de Placidie, nommé Théodose, et qui vécut peu, 338. — Ataulphe est tué d'un coup de poignard à Barcelone; les six enfants qu'il avoit eus d'une première femme sont tués après lui, 338. — Pourquoi il avoit restauré l'empire romain au lieu de le détruire, 453-454.

ATHAENSIC, divinité des vengeances chez les Indiens : femme-chef des mauvais manitous, VI, 173. — Arbres délétères qu'elle a plantés, 175.

ATHANARIC, chef des Visigoths, IX, 275. — Chargé de défendre les bords du Niester, 276. — Il ne veut point paroître sur les terres de l'empire, et se retire dans les forêts de la Transylvanie, 277.

ATHANASE (saint). Étoit attaché à Alexandre, évêque d'Alexandrie, IX, 210. — Constantin le bannit, 212. — Il remplace Alexandre sur son siége, 212. — D'abord soutenu par Constance, puis abandonné, 225. — Il est excepté de l'amnistie de Julien, 249. — Comment cet empereur le traite dans ses lettres, 249-250. — Rappelé par Jovien, 267. — Sa vie, ses combats contre les ariens, ses exils, 380-381.

ATHÉE. Le riche athée, VIII, 561-562. — Les rois athées, 562-566. — La femme athée, 566. — Le guerrier athée, 584.

ATHÉISME. Manière de raisonner des athées, II, 129 et suiv. — Danger et inutilité de l'athéisme, 133. — Ce qu'en dit Voltaire, 577-580.

ATHÉNAGORE. Défenseur du christianisme, II, 6. — Explique la doctrine et les mœurs des chrétiens, IX, 360-361.

ATHÉNAÏDE. Voy. EUDOCIE.

ATHÉNÉE. Il consacre onze livres de son Banquet à décrire le luxe des repas des Romains, IX, 403-404.

ATHÈNES. Son histoire depuis Codrus jusqu'à Solon, I, 289. — Législation de Solon, 291-293. — Partis politiques : la montagne, la plaine et la côte, 294. — Portraits des chefs : Pisistrate, Lycurgue, Mégaclès, 295. — Retour de Solon, 296-297. — Règne de Pisistrate, 298. — Règne d'Hippias et Hipparque, 299-301. — La poésie à Athènes, 320 et suiv. — Athènes rappelle Alcibiade, 471. — Scènes tragiques, 472. — Les Quatre Cents, 472. — Leur chute, 473-474. — Athènes prise par les Lacédémoniens, 477. — Les Trente Tyrans, 477. — La terreur à Athènes, 478. — Chute des Trente, 483. — Abolition de la tyrannie, 484. — Description d'Athènes, IV, 202-215. — Son histoire sous les Romains, V, 67 et suiv. — Au moyen âge, 72 et suiv. — Liste des voyages et des ouvrages géographiques concernant cette ville, 80 et suiv. — Description qu'en donne Zygomalas, 82-83. — Description par Cabasilas, 83. — Arrivée de M. de Chateaubriand à Athènes, 177. — Ses ruines sont d'un autre caractère que celles de Lacédémone, 178.— Le Céphise, 179. — M. Fauvel, consul, 180-

— Sa maison, 181. — Vin et miel d'Athènes, 182. — La nation, 182. — Visite aux ruines, 183 et suiv. — La citadelle, 187. — Le temple de Minerve, 188 et suiv. — La ville d'Adrien, 196. — Les femmes d'Athènes, 196-197. — Le port du Pirée, 198-199. — Autres ruines, 202-203. — La lanterne de Démosthène, 203. — Les missions à Athènes, 204-206. — Causes de la décadence d'Athènes, 216 et suiv. — Description du temple de Minerve par le père Babin, 465-466. — Ce que dit Plutarque de ses monuments, VI, 546. — Athènes visitée par le comte de Forbin, 546 et suiv. — Passage d'Alaric à Athènes, IX, 327.

ATHÉNIENS. Leur caractère comparé à celui des François, I, 312-316. — Après avoir délivré leur patrie, ils se laissent emporter à la fureur des conquêtes, 349. — Ils perdent la vertu, 349. — Leur querelle avec Darius, 431-432. — Ils se précipitent sur l'Asie Mineure, 432. — Ils s'attirent la guerre des alliés et succombent dans celle du Péloponnèse, 451.

ATHOR, la matière, un des principes de l'univers chez les Égyptiens, I, 352.

ATHOTH. Est le même que Thoth, Hermès, Hermogène et Mercure, II, 71.

ATLANTIDE, de Platon, VI, 18.

ATLAS. Grand homme chez les Éthiopiens, I, 410.

ATOMES. Leur mouvement n'auroit su produire l'arrangement de l'univers, II, 566-567. — Comparaison dont se sert le docteur Hancock pour démontrer l'impossibilité de cet arrangement, 569.

ATTALE. Avoit distribué les principaux offices de l'État à des polythéistes, IX, 310. — Le sénat de Rome envoie à Honorius Attale, intendant des largesses, 334. — Alaric oblige les Romains à recevoir pour auguste Attale, devenu préfet de Rome, 334. — Il plaisoit aux Goths parce qu'il avoit été baptisé par leur évêque, 334. — Attale nomme Alaric général de ses armées, couche au palais et prononce un discours devant le sénat, 334. — Il marche contre Honorius, qui lui offre de partager l'empire ; ce qu'il propose à Honorius, 334. — Alaric se lasse d'Attale et lui soumet pourtant toutes les villes de l'Italie, Bologne exceptée, 334. — Il le dégrade et le relègue avec son fils Ampèle sur ses chariots, 335. — Alaric reprend Attale et marche à Rome, 335. — Devenu on ne sait quoi à la suite des Goths, Attale entonne la première épithalame au mariage d'Ataulphe et de Placidie à Narbonne, 337. — Après ce mariage, il nomme Paulin, petit-fils d'Ausone, intendant de son domaine, 337. — Attale suit les Goths en Espagne, est pris sur mer et conduit à Ravenne, 337.

— Constantinople célèbre cet événement par des réjouissances, 337. — Honorius le fait marcher devant son char dans une espèce de triomphe, à Rome, 338. — Mutilé de la main droite, Attale achève ses jours dans l'île de Lipari qu'il avoit jadis proposée à Honorius, 338.

ATTALE. Martyr de Lyon, IX, 338.

ATTICOTES, bretons qui se nourrissoient de chair humaine, IX, 432-433.

ATTILA, chef des Huns. Ses ancêtres, IX, 343. — Il tue son cousin Bléda, et reste maître de toute la monarchie des Huns, 343. — Il attaque les Perses, rend tributaire le nord de l'Europe; étendue de son empire, 343. — On veut que son nom soit *Etzel*, 343. — Genseric l'engage à envahir l'empire d'Orient ; une querelle pour une foire au bord du Danube lui sert de prétexte pour faire la guerre à Théodose II, 343. — Trois batailles l'amènent aux portes de Constantinople, Théodose achète la paix, lui donne 6,000 livres d'or, et s'engage à lui payer un tribut annuel, 344. — Fière réponse de Marcien en lui refusant le tribut, 345. — Il marche sur l'Occident, 346. — Honoria lui avoit envoyé son anneau, il venoit réclamer la dot, 346.— Autres motifs qui l'appellent; son passage dans les Gaules, 347. — Il étoit arrêté devant Orléans lorsque Aétius le rejoint ; il se retire dans les plaines Catalauniques ; Aétius le suit avec Théodoric, 347. — Il harangue ses soldats, 348. — Il est vaincu, 349. — Il ne s'aperçut de la retraite des vainqueurs qu'au silence des campagnes, 349. — Il repasse le Rhin, et l'année suivante il entre en Italie, saccage Aquilée et s'empare de Milan, 349. — Aviénus, Trigésius et le pape saint Léon viennent traiter avec lui ; il se retire sur la promesse de ce qu'il appeloit la dot d'Honoria, 349. — Il se jette une seconde fois sur les Gaules, d'où Thorismond, successeur de Théodoric, le repousse, 349. — Mort d'Attila dans une orgie, 349-350. — Chant récité autour de son cercueil, 434. — Sa cour, 445. — Sa femme Cerca, 445. — Portrait d'Attila, 451. — Sa capitale, 451. — Ses tributaires, 452. — Ce qu'il disoit de lui-même, 454. — Mots de lui, 454-455. — Ses funérailles, son tombeau, 456. — Après sa défaite par Aétius, il avoit eu l'idée de se brûler vivant, 456. — Divisions qui suivirent sa mort, 456-457. — Son règne ne fut qu'une invasion, 457. — Saint Léon l'arrête aux portes de Rome, 458. — Il ravage les villes de la Gaule, Troyes et Paris exceptés, 461. — Dans sa retraite, il se fait accompagner par saint Loup, 469. — Note sur Attila, 472 et suiv. — Le nom d'Etzel n'est que la forme teutonique du nom d'Attila, 472. — La syllabe *la* dans ce nom n'est pas une adjonc-

tion latine, 472. — Ouvrages sur Attila, 478.
ATTRACTION. Milton l'annonce dans son *Paradis perdu*, XI, 680. — Auteurs qui avoient mis sur la voie de cette découverte, 680.
ATWATER (Caleb). Sa description des monuments anciens trouvés aux États-Unis, VI, 236-256.
AUBAINS. Il y en avoit de deux sortes sous la féodalité, X, 92.
AUBIAC. Aimé de Marguerite de Valois, VI, 329. — Son amour pour elle, X, 308.
AUBRY (le Père). Ce que Chateaubriand a fait de ce type, I, 50-51. — Histoire de ce personnage, III, 41-69.
AUCASSIN. Ce qu'il répond à son père, qui le menace de l'enfer, X, 109; XI, 520.
AUDELEY (James et Pierre d') se trouvent auprès du prince Noir à la bataille de Poitiers, X, 194. — James d'Audeley fait le maréchal d'Audeneham prisonnier, 198.
AUDENEHAM (comte d'). Maréchal à la bataille de Poitiers, X, 192. — Fait prisonnier, 198.
AUDIN, moine normand, meurt d'une colique, XI, 523.
AUDIUS. Banni en Scythie, pénètre chez les Goths et y prêche l'Évangile, IX, 277.
AUGUSTE. Sa jeunesse et sa vieillesse, I, 490. Son gouvernement, II, 526. — Relève Carthage, V, 442. — Son caractère, IX, 116. — Limites de l'empire sous son règne, 117-118. — Forces militaires, 118-121. — Postes militaires, 121-122.
AUGUSTIN (saint). Chateaubriand lui a emprunté pour le récit d'Eudore dans les *Martyrs*, I, 153. — Ses *Confessions*, II, 336-337. — Sa règle, 425. — But et analyse de son livre de la *Cité de Dieu*, 692. — Ne pensoit pas que les catholiques dussent écrire avec froideur, 710. — Avoit été élevé à Carthage, V, 442-443. — Ce qu'il dit des religieux, IX, 304. — Son livre de la *Cité de Dieu*, 311. — Son but, 311. — Il explique comment les chrétiens honorent les martyrs; compare les prodiges païens et les miracles chrétiens; rappelle la création; compare la cité terrestre et la cité céleste, 312. — Il explique l'âme, le jugement dernier et le bonheur des justes, 313. — Jugement sur ce livre, 313-314. — Augustin fait un abrégé de la *Cité de Dieu*, pour Volusien, 314. — Il correspond avec la cité païenne de Madaure, 314. — Lettre que lui écrit Maxime, philosophe de Madaure, 314. — Ce que lui écrit Longinien et ce qu'il lui répond, 314-315. — Sa mort, 315. — Ses travaux, ses ouvrages, 385. — Son amitié avec le comte Boniface, 385. — Son habillement, ses mœurs, 385. — Ce qu'il dit du sac de Rome par les barbares, 465-466.
AUGUSTIN. Placé par anachronisme dans les *Martyrs*, IV, 6. — Ami d'Eudore à Rome,

61. — Ses réflexions devant le tombeau de Scipion, 75-76. — Ses adieux à Eudore, 80.
AUGUSTULE (Romulus-Auguste). De qui il étoit fils, IX, 354. — Son père refuse la pourpre et le laisse s'en couvrir, 354. — Odoacre dégrade Augustule, 355. — L'histoire dit seulement qu'Augustule étoit beau, 355.
AULNAY (Philippe et Gauthier d'), séducteurs de Marguerite de Navarre et de Blanche de Bourgogne; leur mort, X, 69.
AUMALE (duc d'). La porte Saint-Denis devoit lui être livrée, X, 274. — Lors des états de Blois, il dépêche sa femme à Henri III, 281. — Créé gouverneur de Paris, fait emprisonner les suspects, 292.
AUMALE (duchesse d'). Envoyée par son mari à Henri III, X, 281. — A quoi elle s'étoit engagée vis-à-vis du roi, 282. — Villequier avoit souvent reçu ses confidences, 282. — Elle écrit à la reine-mère, 282.
AUMALE (chevalier d'). Comment il assiste à des processions, X, 294. — Il est tué dans Saint-Denis, 318.
AUMONT (maréchal d'). Il assiste au conseil où Henri III décide la mort du duc de Guise, X, 286. — On calme ses scrupules, 286. — Il s'assure du cardinal de Guise et de l'archevêque de Lyon, 287. — Empêche le cardinal de Guise d'aller au secours de son frère, 289.
AURÉLIEN. Servoit Gallien en attendant la suprême puissance, IX, 178. — Reçoit l'empire à la recommandation de Claude II, 182. — Son caractère, 183. — Tetricus se rend à lui, 183. — Il marche contre Zénobie, la fait prisonnière, et condamne Longin à mort, 183. — Il fait relever ou bâtir les murailles de Rome, 183. — Il traîne à son triomphe Tetricus et Zénobie, 183. — Il étoit sévère et cruel; sa mort, 184.
AURÉLIEN, accusé par Gaïnas, sauvé par saint Jean-Chrysostome, IX, 331.
AURÉOLE. Se soulève contre Gallien, IX, 181.
AUSCULTATION. Un mot sur cette découverte, VI, 557-558.
AUSONE, poète. Ce qu'il écrit à Paulin, IX, 316.
AUSTRASIE. Pays qu'elle comprenoit, X, 11.
AUSTREMOINE (saint), premier apôtre de l'Auvergne, VI, 327.
AUTEUR. Doctrine qui voudroit séparer l'auteur de l'ouvrage dans la poursuite des écrits, VIII, 292-293.
AUTRICHE. Son intervention dans les affaires d'Italie, VIII, 347. — Au congrès de Vérone elle était très-opposée à la guerre d'Espagne, XII, 55. — Sa réponse à la note françoise, 58. — Dépêche de l'Autriche, 65. — Elle s'applaudit trop de ses succès en Italie, 67-68. — Possessions dont elle s'est augmentée, 180. — Son alliance comparée à celle de la Russie, 182. — Crainte qu'elle manifeste

de nos succès en Espagne, 183. — Elle offre sa médiation, 185. — Elle avoit voulu, en 1814, mettre garnison dans nos places frontières de la Catalogne, 193. — Sa conduite pendant la guerre d'Espagne, 289-291. — Elle n'a pas été aussi satisfaite des événements d'Espagne que la Russie, 395.

AUVERGNE. Ses comtes et dauphins, VI, 328. — Elle n'a été colonisée que par les Romains, 331. — La féodalité en Auvergne, 331-332. — Les grands jours, 332. — Richelieu fait raser une partie des châteaux de l'Auvergne, 332. — Les révoltes de l'Auvergne, 333. — Grands hommes qu'elle a vus naitre, 334. — Différence entre les hommes et les femmes de l'Auvergne, 336. — Les Guittard-Pinon, 338. — Curiosités naturelles, merveilles du moyen âge, ancien habit, 338.

AVANCEMENT. Il ne doit pas être réglé dans l'armée par une loi, VII, 295. — Que seroit-ce qu'une armée qui devroit son avancement à la loi ? VIII, 311. — Une ordonnance suffit-elle pour régler l'avancement, 312. — Conséquences de l'avancement en vertu d'une loi, 313. — Le principe de l'avancement en vertu de la loi attaque la prérogative royale, 314.

AVERNE (lac), à Baïes, VI, 304.

AVESBURY (Robert d'). Son *Histoire d'Édouard III*, X, 174.

AVITUS. Remplace Maxime, IX, 351. — Il reçoit la pourpre des mains de Théodoric II, 351. — Le sénat de Rome le dégrade, 351. — Ricimer le nomme évêque de Plaisance, 351. — On ne sait comment finit Avitus, 351.

AVRAMIOTTI, médecin italien. Ses rectifications de l'*Itinéraire* de Chateaubriand, I, 193-194. — Comment il raconte la visite que Chateaubriand lui fit, 194-195. — Il reçoit M. de Chateaubriand à Argos, V, 162. — Il avoit commencé une carte de la Grèce avec les noms anciens près des noms modernes, 162. — Il regrette l'Italie, 163. — Il a écrit une brochure contre Chateaubriand, VI, 517.

AXTELL. Accusé comme régicide de Charles Ier, X, 431.

AZINCOURT (bataille d'). Elle renouvelle tous les malheurs de Crécy et de Poitiers, X, 224.

B

BAAL. Divinité appelée par Satan, XI, 35.

BABIN (le Père). Son ouvrage sur Athènes, V, 87.

BABYLAS, évêque d'Antioche. Périt dans les cachots, IX, 173. — Gallus le fit enterrer dans le bois de laurier et de cyprès qui environnoit la fontaine Castalie, 251.

BACCHUS. Sa fête à Rome, IV, 305-306. — Remarque sur ces fêtes, 542. — D'où M. de Chateaubriand a tiré l'hymne à Bacchus, 543. — Pourquoi la pomme de pin lui étoit consacrée, V, 182.

BACCHYLIDE. Comment Pindare l'appeloit, I, 393.

BACCIOCHI (Mme). Avoit donné une lettre à Chateaubriand pour Murat, VI, 275.

BACHAUMONT. Ce que La Harpe disoit des *Mémoires secrets*, VII, 469.

BACON (Roger). Brille parmi les philosophes scolastiques, I, 540. — Il découvrit peut-être la poudre, le télescope et le microscope, X, 103.

BACON (François). Ses ouvrages, I, 545. — Ses mains n'étoient pas pures, 559. — Ce qu'il dit de la science, II, 297. — Ses ouvrages, 308. — Un peu de philosophie éloigne de la religion, selon lui, beaucoup de philosophie y ramène, 537. — Est peu en Angleterre, VI, 372. — Chez Bacon l'intégrité n'étoit pas au niveau de la science, XI, 716.

BACURIUS, général des Ibères. Périt avec dix mille Goths sous les murs d'Aquilée, IX, 290.

BAFFIN. La manière d'écrire les voyages est bien changée depuis lui, XI, 754.

BAGAUDES. Insurrection de paysans dans les Gaules, IX, 192. — Ce qu'ils étoient selon Salvien, 414.

BAÏES. Curiosités, VI, 304.

BAILLI. Magistrat chargé de rendre la justice au nom du comte, VIII, 182. — Nom attribué aux juges pendant la féodalité, X, 91.

BAILLIE (Johanna). A essayé de ressusciter en Angleterre l'ancien style et l'ancienne forme du théâtre, XI, 718.

BAILLY. Ce qu'il dit des connoissances astronomiques des patriarches, II, 79. — De la chronologie des autres peuples, 80. — Ce qu'il dit d'Hypatia, 80. — Sa mort a renouvelé l'histoire de cette femme savante, 80. — Réflexion sur sa mort, VIII, 542.

BAINS. Les bains chauds étoient d'un usage commun au moyen âge : on les appeloit *étuves*, X, 122.

BAINS DE VAPEUR. Leur emploi par les sauvages d'Amérique, VI, 136.

BAJAUMONT. Marguerite de Valois l'avoit écouté, VI, 320 ; X, 308.

BAJAZET. Annonce qu'il ira faire manger son cheval sur l'autel de Saint-Pierre, X, 219. — Il tient Jean sans Peur en prison, et passe lui-même dans la cage de fer de Tamerlan, 219.

BALAMIR, roi des Huns. Attaque les Ostrogoths, IX, 276.

BALBIN (Claude). Désigné comme empereur par le sénat romain, IX, 163. — Détrôné et mis à mort par les prétoriens, 166. — Son caractère, 167.

BALBOA (Nunez). Prend possession d'un nouvel Océan au nom du roi d'Espagne, VI, 22.

BALEIMS. Condamne à mort et exécute un jeune homme dans son château, X, 303.

BALISTE. Tyran romain, IX, 176.

BALLADES. Les ballades et chansons populaires, tant écossoises qu'angloises et irlandoises des XIVᵉ et XVᵉ siècles, sont simples sans être naïves, XI, 534. — Les plus renommées des ballades angloises et écossoises, 534. — *Les Enfants dans le bois*, 534. — *La Chanson du saule*, 534. — *Robin Hood*, 534. — *Lady Anne Botwell*, 535. — *Le Moine*, 535. — *La Chasse dans Chevy-Chasse*, 535. — *Sir Cauline*, 535-536. — *Childe-Waters*, 536-540.

BALLANCHE (M.). Son *Antigone*, 558-559. — Son système philosophique, IX, 39-40. — Analyse qu'en fait M. Desmousseaux de Givré, 40-41. — Jugement sur ce système de la *Palingénésie sociale*, 41-42. — Harmonie et paix que sa philosophie religieuse a introduites dans le christianisme, XI, 629.

BALLESTEROS. Capitule et reconnoît la régence, XII, 300. — Fait face au général Molitor en Espagne, 340. — Il s'approche de Cadix; conclut une convention, 340.

BALTIMORE. Description, VI, 52.

BALTUS. Sa *Défense des saints Pères*, IX, 246-247.

BALUZE. Il est l'homme des *Capitulaires* et des *Formules*, IX, 9.

BALZAC. Fréquentoit l'hôtel de Rambouillet, X, 462.

BAN. Ce que c'étoit, X, 87.

BANDELLO. Shakspeare ne lui a pas emprunté la scène des adieux de Roméo et Juliette, VI, 392.

BAÑOS (Lopez). Veut faire revivre la constitution des Cortès, XII, 17. — Nommé ministre de la guerre, 32.

BANQUET. D'où vient ce nom? X, 120; XI, 498.

BANS DE MARIAGE. La coutume de leur publication est due à l'Église, II, 41. — Son introduction en France, 42.

BAPTÊME. Ce qu'il nous enseigne, II, 24. — Ses cérémonies, 25, 26. — Analogie avec certains bains des Indiens, 557.

BAPTÊME DE FEU. *Voy.* ESTRAPADE.

BARANTE (M. de). Son *Histoire des ducs de Bourgogne*, VI, 566 et suiv. — Supériorité de son talent, IX, 31. — Il a créé l'école descriptive, 51. — Son entrée aux affaires, 52. — Son *Histoire du parlement*, 52.

BARBARES. Ils envahissent l'empire, I, 573. — Leur conversion au christianisme, 573-575. — Ils ont pu être attirés à Rome par la corruption de l'empire romain, II, 530. — Ils étoient à demi chrétiens, 531. — Qu'eussent-ils fait s'ils eussent été idolâtres? 531. — Ils ne respectèrent que les monastères, 532. — Leur invasion, IX, 108. — Deux grandes invasions de ces peuples sont à distinguer : la première commence sous Dèce et s'arrête sous Aurélien; la seconde eut lieu pendant le règne de Valentinien et de Valens, 114. — Leur véritable histoire s'ouvre avec le règne de Dèce, 170. — En entrant dans l'empire, les barbares étoient venus chercher des missionnaires, 190. — Comment les barbares se présentoient à la société romaine, 424. — Leurs mœurs, 425 et suiv. — Costumes, armes, usages, 425-426. — Leur barbarie, 431. — L'indépendance étoit tout le fond d'un barbare, 433. — Ils mouroient en riant, 433. — Leurs préceptes moraux, leurs chants d'amour, 439. — Comment ils accompagnoient leurs poésies nationales, 440. — Leurs langues, 441-442. — Leur religion, 442-445. — Leurs gouvernements, 445. — En quoi ils différoient des sauvages de l'Amérique, 446. — Ils connoissoient l'esclavage, la noblesse, 446. — Ils ignoroient le droit d'aînesse; comment ils partageoient les successions, 446-447. — Pouvoir paternel, 447. — Lois pénales, 447. — Composition, 448-449. — De la peine de mort chez les barbares, 449-450. — Ils mêloient à leur rudesse les austérités de l'anachorète, 458. — Ils étoient supérieurs en vertus aux Romains, 458. — Pourquoi ils rejetoient l'étude des lettres, 458. — Dévastation de la Grèce et des Gaules par les barbares, 460-462. — Dévastation de l'Espagne, 463. — De la Grande-Bretagne, 463-464. — De l'Afrique, 464-465. — De l'Italie, 465. — Saccage de Rome, 466. — Les dépouilles de l'empire passèrent aux barbares, 466. — Ce que l'on souffroit pendant les invasions des barbares, 468. — Les enfants des barbares se séparèrent de leur race par leur éducation, X, 101. — Ils ont voulu descendre d'Énée, XI, 517-518.

BARBARESQUES (Puissances). Proposition pour qu'il soit mis un terme à l'esclavage des chrétiens dans ces États, VIII, 237-238.

BARBARIE. A quoi M. de Bonald la mesure, VI, 445-446. — Il n'y eut jamais complète barbarie au moyen âge, X, 4.

BARBAULD (mistress). Ses ouvrages ont changé de vivre, XI, 764.

BARBAZAN (Arnaud Guillem de). Ouverture de son tombeau à Saint-Denis en 1793, II, 640.

BARBOUR. Écossois contemporain de Chaucer; ses vers sur la liberté, XI, 527.

BARCHOUX. Ses notes instructives sur les écoles de l'Allemagne ont servi à Chateaubriand, IX, 98.

BARDAXI. Forme avec Felin le noyau d'un nouveau cabinet en Espagne, XII, 23.

BARDES. Ils sont une branche des druides; leurs fonctions, I, 382. — Leur chant, IV, 407. — Ce que Diodore de Sicile, Strabon et Ammien Marcellin disent des bardes, 450. — Ils ne connoissoient point la lyre, encore moins la harpe; leur instrument étoit une espèce de cythara ou de guitare, 456. — Chez les Gaulois, ils étoient chargés de transmettre le souvenir des choses dignes de louanges, IX, 434. — Ils s'éjouissoient à la table des princes, XI, 508. — On reconnoissoit ces inspirés à leur air, 509.

BARDIT. Chant des peuples du Nord, IV, 93, 408. — Nous n'avons plus les bardits que fit recueillir Charlemagne, IX, 8.

BAREBONE. Les deux frères Barebone donnent leur nom à l'assemblée convoquée par Cromwell, X, 411.

BARBITH (la princesse de). Figure dans la correspondance de Voltaire, X, 557; XI, 760.

BARENTON (fontaine). Dans la forêt Brêchéliant, XI, 514.

BARON. Un baron ne pouvoit être jugé que par ses pairs, X, 91.

BARONIUS. Il nomme le X° siècle le siècle de fer, X, 106; XI, 544.

BARQUEVILLE (F. de). Morceaux de son poëme *Les Cloîtres en ruine*, imités du *Génie du Christianisme*, II, 613, 614.

BARRAS (M. de), officier de marine, frère du directeur; sa mort à Berstheim, IX, 585.

BARRÈRE. Fait pencher la balance contre Robespierre à la Convention, I, 481. — Ce qu'il écrit des Vendéens à la Convention, IX, 620. — Il dit qu'il faut les faire sortir de leur terrain pour les abattre, 625. — Dans un rapport au nom du comité de salut public il montre la nécessité de détruire la Vendée, 632. — Ce qu'il dit des progrès de la Vendée, 636.

BARRICADES (journée des). Ce qu'en dit Pasquier, I, 580. — Pourquoi elle ne produisit rien, IX, 85-86. — Histoire de cette journée, X, 273. — Complots des Seize, 273. — Projet arrêté, 274. — Entrée de Guise à Paris; il se rend auprès du roi, 275. — Insurrection parisienne, 276. — Henri III quitte Paris, 276. — Ce que produisit la journée des barricades, 277-278.

BARRIÈRE (M.). Publie les *Mémoires* de Loménie, IX, 50.

BARTHÉLEMY (l'abbé). Applique une comparaison d'Aristote aux mœurs lesbiennes, I, 405. — Erreur de sa citation, 405. — Il avoit eu l'idée de prendre Rome sous Léon X pour sujet de son ouvrage, II, 502. — Il parvient à sauver les médailles du cabinet du roi, IX, 21.

BARTHÉLEMY (marquis de). Sa proposition a été repoussée par l'influence du ministère, VII, 594.

BARTHOLDI. Ses *Fragments sur la Grèce*, V, 93.

BARTRAM. Chateaubriand lui emprunte quelques passages de ses Voyages, VI, 91 et suiv.

BASÈLE, dit le Moine. Chargé de reconnoître l'armée d'Édouard III à Crécy, X, 165. — Exécute sa mission, 167. — Il est d'avis de laisser reposer les troupes et de remettre l'attaque au lendemain, 167-168.

BASILE (saint). Son éloquence, II, 339-340. — Sa règle, 425. — Établit les vœux, 426. — Il avoit été le compagnon d'études de Julien à Athènes, IX, 252. — Julien cherche à l'attirer près de lui, mais il n'y réussit pas, 252. — Il devient le chef des catholiques après la mort d'Athanase, 274. — On lui doit la fondation du premier de ces monuments élevés aux misères humaines, 274. — Ses lettres à Libanius dont il avoit été l'élève; éloges réciproques, 315. — Il lui envoie de jeunes Cappadociens à instruire, 375. — Archevêque de Césarée, il mérita le surnom de Grand, 381. — Ses ouvrages, 381-382. — Ferme réponse à Modeste, préfet d'Orient, chargé de l'intimider, 382. — Après sa mort, on chercha à l'imiter jusque dans ses défauts, 382.

BASTIDE. Sa dernière déclaration, VII, 546.

BATAILLE. Ce qu'étoit une bataille au temps du roi Jean, X, 191.

BATARDISE (droit de). Ce que c'étoit sous la féodalité, X, 92.

BATARDS. Sous la féodalité, les bâtards roturiers étoient soumis au droit de bâtardise; il n'y avoit pas de différence entre les bâtards des nobles et leurs enfants légitimes: ces bâtards étoient presque toujours des hommes remarquables, X, 92.

BATARDS (guerre des), soutenue par Charles le Bel, X, 78.

BATTEUX (abbé). Admet le merveilleux chrétien dans l'épopée, VII, 556.

BAUCAIRE (Pierre), chambellan de saint Louis. Ouverture de son tombeau à Saint-Denis en 1793, II, 639.

BAUDOUIN, comte de Flandre. Son tombeau à Jérusalem, V, 313. — Élu empereur de Constantinople, y fonde l'empire des Latins, X, 56.

BAURE (de). Réponse à un article qu'il avoit fait insérer dans la *Gazette de France*, VI,

501. — Son *Histoire du Béarn*, ouvrage posthume, 553-554.

BAYARD. Comment il confère la chevalerie au roi François 1er, X, 100. — Il se signale à Saint-Félix et à la Bastide, 240. — A la bataille de Ravenne, 240. — Il est tué dans la retraite de Rebecque, 243. — Récit de sa mort, 243-244.

BAYLE. Son scepticisme, I, 547. — Ce qu'il dit de la nécessité d'une cause intelligente dans la création, II, 566.

BAZINE, femme du roi de Thuringe, se donne à Khilderik Ier, roi des Franks, X, 9.

BEATTIE (le docteur). Son *Minstrel*, VI, 378.— Jugement sur cet ouvrage, 399-400. — Traduction du premier chant, 400-404. — Analyse du second chant, 404. — Pertes que fit Beattie d'un ami et de son fils unique; il y a peu survécu ; sa mort, 405. — Époque de sa mort. XI,775.—Il avoit annoncé l'ère nouvelle de la lyre, 775. — Le *Minstrel*, 775. — Extraits de ce poëme, 775-777. — Beattie a parcouru la série entière des rêveries et des idées mélancoliques, 777. — Il a écrit le second chant de son poëme, 777. — L'idée étoit heureuse, mais l'exécution n'a pas répondu au bonheur de l'idée, 777. — Beattie consacre les dernières strophes du nouveau chant au souvenir d'un ami, 777. — La mort de son fils brisa son cœur, 777.

BEAU. Définition du beau idéal, II, 188-190.

BEAUFORT (duc de). Héros populaire de la monarchie parlementaire sous la minorité de Louis XIV, X, 330. — Le roi des halles ou de la Fronde est tué à Candie dans une sortie, 331. — Il étoit le serviteur de la duchesse de Montbazon, 472. — Il avoit tué le duc de Nemours, 472. — Il soutenoit Mme de Montbazon contre Mme de Longueville et le duc d'Enghien, 472. — Ce que Mlle de Scudéri disoit de lui est faux : Beaufort osoit regarder tout le monde en face; il avoit même insulté Condé, 472-473.

BEAUFORT (Jeanne). Livre qu'elle inspire au roi Jacques Ier d'Écosse, XI, 533.

BEAUGÉ (M. de). Blessé à Saumur, IX, 621.

BEAULIEU, conseiller d'État. Fouille le duc de Guise après sa mort, X, 290.

BEAUMONT. Auteur dramatique du temps de Shakspeare, XI, 576.

BEAUMONT (Mme de), fille de Montmorin. Étoit liée avec M. Joubert, I, 27. — Son salon, 27. — Elle va retrouver Chateaubriand à Rome ; cela déplaît au premier consul, 136. — Elle y meurt, 136.

BEAUNE (Charlotte de). *Voy.* NOIRMOUTIERS.

BEAUREGARD (M. de). Expire sur le champ de bataille de la Vendée en 1815, IX, 631. — Sa veuve, sœur des La Rochejaquelein, gratifiée d'une pension de quatre cents francs, 649.

BEAUX ARTS. Le christianisme leur est favorable, II, 281 et suiv. — Ils dégénèrent dans les siècles philosophiques, 291.

BECKET (Thomas), ou saint THOMAS DE CANTORBÉRY. Grand train qu'il menoit avec lui en voyage, XI, 499. — Henri VIII manda le cadavre de saint Thomas de Cantorbéry, le jugea et le condamna à mort, 572.

BÈDE LE VÉNÉRABLE. A laissé un manuscrit traitant des lieux saints, V, 103. — Sa relation des lieux saints, VI, 12.

BEDFORT (duc de). Chef du parti parlementaire à la chambre des lords sous Charles Ier ; portrait, X, 366.

BEDFORD ou BEDFORT (comte de), père de lord Russel. Sa réponse à Jacques II qui lui demande des conseils, X, 439 ; XI, 722.

BEECHEY (capitaine). Voyage au pôle nord, VI, 32-33.

BÉELZÉBUTH. Démon, XI, 21-71.

BEHRING. Fixe les limites de l'Amérique au nord-est, VI, 23.

BÉLIAL. Démon, XI, 37, 39, 57-63, 241.

BÉLISAIRE. Dîne sur la table de Gélimer à Carthage, I, 501. — Éloge de sa vertu, V, 444./ — Il triomphe de Gélimer, 444-445.

BELLART (M.). Ses opinions imprimées, VII, 614.

BELLEFONDS (maréchal de). Rancé lui fait une déclaration de ses principes, X, 541. — Bellefonds fut puni à la guerre pour deux désobéissances heureuses, 541. — Bossuet lui écrivit une lettre sur la conversion de Mlle de La Vallière, 541. — Il appela Rancé à Paris, 541. — Sa famille, 541. — Sa fille, la marquise du Châtelet, vécut pauvre avec son mari à Vincennes dont Bellefonds étoit gouverneur, 541. — Il mourut dans ce château, 541. — Il appela Rancé pour Mme de La Vallière, 542.— On a imprimé cinquante lettres de Mme de La Vallière au maréchal de Bellefonds, 542. — Elle lui fait part de la joie qu'elle a eue de voir l'abbé de La Trappe, 542. — Aidé de Rancé et de la lassitude de Louis, il appuyoit la résolution de la fugitive, 542.

BELLEFOREST. Sa compilation des chroniques, IX, 25. — Critiqué par Du Haillan, 26.

BELLUNE (le duc de). *Voy.* VICTOR.

BELON. Son ouvrage sur la Grèce, V, 84.

BELTRAMI (M.). Sa découverte des sources du Mississipi, VI, 38. — Rend justice aux missionnaires françois, 199-200.

BELZUNCE (M. de). On mange son cœur à Caen, dans les troubles de la révolution, XI, 702.

BÉNÉDICTINS. Leur fondation, II, 499. — Leur savoir, leurs travaux, 499-500. — Savants hommes qu'ils ont produits, 500. — Bruyères qu'ils ont fertilisées, 507-508. — Les hôpitaux militaires viennent originairement des bénédictins qui entretenoient de vieux soldats, 684.— On devroit les rétablir dans l'abbatial de Saint-Denis, IX, 15. — Grandeur de leurs travaux, leurs érudits éminents, 15.

BÉNÉFICE. Origine des bénéfices séculiers, II, 416.

BENJAMIN DE TUDÈLE. A laissé une relation géographique, VI, 15.

BEN-JOHNSON. Opposé à Shakspeare ; comédies qui sont restées de lui, VI, 386. — Il étoit contemporain de Shakspeare, XI, 576. — Ses comédies du *Fox* et de l'*Alchimiste* sont encore estimées, 576. — Rival, admirateur et détracteur de Shakspeare, Ben-Johnson étoit très-instruit, 586. — Shakspeare joutoit d'esprit avec lui au club de la Sirène, 610.

BENOIT (saint). Sa règle, II, 426.

BENOIT (frère), religieux de la Trappe. Rancé a écrit sa vie, X, 527.

BENOIT D'ANIANE (saint). Rendoit la liberté aux serfs qu'on lui donnoit, II, 517.

BENOIT. Condamné à mort comme meurtrier de sa mère ; ses exclamations en prison, XI, 713.

BENSERADE. Fréquentoit l'hôtel de Rambouillet, X, 462.

BENTIVOGLIO, historien, II, 323.

BÉRANGER. Il expliquoit à sa manière l'Eucharistie, XI, 543.

BÉRANGER (P.-J. de). Comment il se donnoit Chateaubriand pour parrain littéraire, I, 162. — Éloge de son talent, IX, 51. — Il laisse loin derrière lui tous les chansonniers de la Grande-Bretagne, XI, 773. — Ses chansons sont composées avec le soin que Racine mettoit à ses vers, 773. — Le peuple les a apprises par cœur, 773. — Ainsi que La Fontaine, il s'élève au plus haut style, 773. — Ses vers de circonstance passeront, mais des beautés supérieures resteront, 773. — On sent dans les ouvrages de Béranger, sous une surface de gaieté, un fond de tristesse qui tient à la nature humaine, 773. — Couplets qui seront de tous les temps, 773. — Le *Vieux Caporal* chanté par deux cordiers, 774. — Note de Béranger sur la parenté de Childe-Harold avec René, 781. — D'adversaire il est devenu ami de Chateaubriand, XII, 201. — Il est pourvu d'un des grands offices de la renommée, 469. — Sa lettre à Chateaubriand, 470-473.

BERGIER. Il a défendu le christianisme, I, 593.

BERINGTON. Il pense que l'on fût arrivé à toutes les réformes nécessaires sans les fureurs de la réformation, XI, 562.

BERNARD (saint). Son éloquence, II, 340. — Il prêche la seconde croisade, X, 54. — Sans être ministre il gouvernoit le monde, 54. — Il ne montre pas d'indulgence aux vices de son siècle, XI, 545.

BERNARD (dom), religieux de la Trappe. Sa mort, X, 525.

BERNIER (Dom). Rancé auroit voulu se régénérer avec lui à la Trappe, X, 504. — Il demande en expirant que son corps soit jeté à la voirie, 527.

BERNIS (l'abbé de). Né de ses chansons et fils de ses vers, est remplacé par le duc de Choiseul, au ministère des affaires étrangères, X, 339.

BERNSTORF (le comte), ministre prussien. Arrive à Vérone, XII, 34. — Sa femme, 57. — Il craignoit la France, 57. — Ce qu'il dit de la politique angloise à propos de la guerre d'Espagne, 261. — Il s'échauffe contre M. Canning, 262. — Se plaint de l'omission du nom des alliés dans la proclamation du duc d'Angoulême, 269. — Il félicite M. Rayneval de la résurrection politique de la France, 314. — Ce qu'il pense de l'ordonnance d'Andujar, 314. — Il félicite Chateaubriand de la délivrance du roi d'Espagne, 350-351.

BERRY (Charles-Ferdinand d'Artois, duc de). Est un brave chevalier, VII, 32. — Il comptoit peu sur le rétablissement de sa famille au trône de France, 47. — Sa belle conduite à Béthune en 1815, 133. — Article sur sa mort, VIII, 50-51. — Ses véritables meurtriers, 50. — Mémoires touchant sa vie et sa mort, IX, 481 et suiv. — Sa naissance, son enfance, ses parents, sa gouvernante, son gouverneur, ses maîtres, 490-491. — Il avoit un penchant décidé pour les arts, 491. — Traits ingénieux de son enfance, 491. — Pourquoi il écrit bien pendant quinze jours, 492. — Émigre avec son frère et leur gouverneur, 492. — Il amuse la cour de Turin, 493. — Suit l'école d'artillerie de Turin, 493. Lettre à son père, 494. — Il va rejoindre son père à l'armée des princes, 494. — Il va au premier feu devant Thionville, 495. — Il achève son éducation militaire, 495. — Devient bon cavalier, 495. — Obtient la permission de se rendre à l'armée de Condé, 495. — Lettre qu'il écrit au prince de Condé, 495-496. — Il sert comme volontaire, 498. — Prend le commandement de la cavalerie, 498. — Sa bravoure, 499. — Réparation envers un officier, 499. — Il proclame le premier Louis XVIII à l'armée de Condé, 500. — Lettre au prince de Condé, 503. — Ordre du jour en quittant l'armée de Condé, 504. — Il rejoint ses compagnons d'armes en Volhynie, 505. — Il commande un régiment de cavalerie noble, 506. — Il marche à la tête d'une colonne de l'armée, 506. — Il défend Constance et reçoit la grande croix de Malte de l'empereur de Russie, 510. — Projet de mariage avec la princesse Christine de Naples, 510-511. — Il voyage en Italie, 511. — Va à Rome, 511. — Son séjour dans la ville éternelle, 512. — Il rejoint son frère à l'armée de Condé, 513-514. — Il assiste à l'affaire de Ravenheim, 514. — Il envoie à la reine de Naples le détail de toutes les affaires de la campagne, 514-515. — Ses embarras en Allemagne, 517. — Ses lettres, 517. — Il veut marier M. de Chastellux, 517-518. — Sa lettre au ministre Acton, 518-519. — Il se réfugie en Écosse, 519. — Il y habite le château de Marie Stuart, 521. — Il suit son père à Londres, 521. — Il y succombe à l'amour, 522. — Il adhère à la réponse du roi à Buonaparte, 522-523. — Le prince de Condé veut se mettre sous ses ordres ; Pitt et Buonaparte avoient une haute estime du duc de Berry, 524. — Sa vie à Londres, 524. — Son portrait, 524-525. — Ses voyages en Angleterre, 525-526. — Il pleure sa mère, 526. — Il se rend en Suède, désire aller en Espagne, 526. — Il veut passer en France ; lettre qu'il écrit à ce sujet au comte de La Ferronays, 527-528. — Il échappe au piége qu'on lui tend sur les côtes de Normandie, 528. — Son départ pour Jersey, 529. — Il y réside, 529-530. — Sa lettre à la veuve du général Moreau, 530. — Son départ de Jersey, 531. — Son arrivée à Cherbourg, 531-532. — Il reconnoît un soldat de Condé, 532. — Va au devant d'un régiment hostile, 532.—Arrive à Caen, 532-533. — Rencontre le général Bordesoulle, 533. — Arrive à Paris, 533. — Il est nommé colonel général des chasseurs, 534. — Inspections militaires, 535. — Réponse à des grenadiers, 535. — Il visite l'Angleterre, Versailles, 535. — Il protége la retraite du roi en 1815, 536. — Sa conduite à Béthune, 536. — Commande les troupes cantonnées à Alost, 536. — Sa générosité, 536. — Il secourt les blessés de Waterloo, 537. — Il rentre en France, 537. — Préside le collége électoral de Lille, 537. — Discours qu'il y prononce, 537-538. — Son union avec la princesse Caroline, fille aînée du prince royal des Deux-Siciles. — Son apanage, 538. — Lettre qu'il écrit à la princesse pour lui demander sa main, 539. — Lettre qu'il lui écrit le jour de la célébration du mariage par procuration, 539-540. — Lettre du prince, 541-542. — Nouvelle lettre du prince, 543. — Autres lettres à la princesse, 544, 545. — Nouvelles lettres, 546-547. — Il reçoit la duchesse à Fontainebleau, 547. — Se marie à Notre-Dame, 548. — Vie privée du prince ; anecdotes du cocher, du valet de pied, du piqueur, pension de M. de Provenchère, 548-549. — Charité du prince, 549-551. — Son humanité, 551. — La chaumière de Bagatelle, 551. — Il achète un âne à un petit garçon, 551. — Autres aventures, 552-553. — Il aimoit les artistes, 553. — Sa simplicité, 554. — Bonté de son cœur, 554.

— Progrès dans sa raison et adoucissement de son caractère, 555. — Il perd ses deux premiers enfants, 555. — Naissance de Mademoiselle, 556. — Pressentiments de sa mort, 556-557. — Il assiste au bal de l'Opéra, 558. — Reconduit la duchesse à sa voiture, est frappé d'un coup de poignard, 559. — La duchesse se précipite sur lui, on arrête l'assassin, 559-560. — Premier pansement, 560-561. — Il ne se fait point d'illusion sur la nature de sa blessure, 560-561. — Il reconnoît le docteur Bougon, 561. — Il demande un prêtre et reçoit les secours de la religion de l'évêque de Chartres, 561. — Il revoit son frère, 561. — Son père, 562. — Il donne sa bénédiction à sa fille, 562. — On lui applique des ventouses, 562. — Arrivée de Dupuytren, 562. —Celui-ci élargit la blessure, 563. — Ce que le duc dit à la duchesse, 563. — Il annonce la grossesse de la duchesse, 564. — Il veut voir son assassin, 564. — Implore sa grâce, 564. — Il témoigne à sa femme le désir d'embrasser deux filles de son exil, 565. — Il se confesse en particulier à l'évêque de Chartres, et fait ensuite un aveu public de ses fautes, demande à Dieu son pardon et celui de l'homme qui l'a frappé, 565-566. — Il demande la bénédiction de son père, reçoit l'extrême-onction, 566. — Il désire parler au roi, revoit les maréchaux et de loyaux serviteurs, 567. — Il demande au roi la grâce de son assassin, 568. — Il prie le roi d'aller se reposer, 569. — Ses derniers moments, ses dernières paroles, son dernier soupir, 570. — Le roi lui ferme les yeux, 571. — Le cœur avoit été atteint, 571. — Héroïsme de son trépas, 571-572. — Consternation de la France et de l'Europe, 572-573. — Chapelle ardente au Louvre, 572. — Chapelle ardente à Saint-Denis, 574.— Obsèques du prince, 576. — Son oraison funèbre, 576. — Cérémonie funèbre, 577-578. — Ses entrailles portées à Lille, 578. — Son cœur porté à Saint-Denis et réclamé par la duchesse de Berry, qui veut le placer à Rosny dans un monument spécial, 578. — Portrait du duc de Berry. 579. — Enseignements à tirer de sa mort, 579-581. — Lettre du duc de Berry au prince de Condé pour son retour à l'armée, 590. — Sa lettre au prince de Condé à la nouvelle de l'armistice, 592-593. — Sa lettre au ministre Acton, 593-594.

BERRY (Mme Caroline-Ferdinande-Louise, duchesse de), fille aînée du prince royal des Deux-Siciles. Épouse le duc. de Berry, IX, 538. — Lettre de la duchesse à son mari le jour de leur mariage par procuration, 540.— Arrivée de la duchesse à Marseille, 541. — Lettre où elle raconte son séjour à la quarantaine, 542-543. — Lettre dans laquelle

elle raconte sa visite à Toulon, 543-544. — Autres lettres de la princesse, 545-546. — Elle arrive à Fontainebleau, 547. — Le mariage célébré à Paris, 548. — Elle aide son mari dans ses charités, 550-551. — Elle perd ses deux premiers enfants, 555. — Elle accouche de Mademoiselle, 556. — Elle assiste au bal de l'Opéra, 558. — Le prince est assassiné en la reconduisant, 559. — Elle se précipite sur lui, 559. — Elle est couverte de sang, 560. — Elle ne quitte pas le prince, 561. — Elle refuse de s'éloigner lorsque Dupuytren élargit la plaie, 563. — Elle exhorte son mari à souffrir, 563. — Elle fait venir et reçoit les deux filles de son mari, 565. — Mot de Madame, 565. — Elle laisse éclater sa douleur, le prince demande qu'on l'éloigne, 569. — Elle promet de ne plus pleurer, 569. — Son désespoir; elle reçoit le dernier soupir de son mari, demande au roi de retourner en Sicile; on la porte dans sa voiture, et aux Tuileries, 570-571. — Elle coupe ses cheveux en signe de douleur, 575. — Elle s'établit aux Tuileries, 575. — Elle réclame le cœur de son mari pour le placer dans un monument qu'elle veut lui élever à Rosny, 578.

BERRYER (M.). Fait parvenir une note à Chateaubriand sur les affaires d'Espagne, XII, 195.

BERSTHEIM (affaire de). Les trois Condé s'y distinguent, IX, 497. — Fragment des Mémoires de la maison de Condé sur cette affaire, 584.

BERTHEREAU (Dom). Il avoit traduit les auteurs arabes qui se sont occupés de l'histoire des croisés, V, 382.

BERTHIER DE SAUVIGNY (M.). Outragé dans l'affaire du général Canuel, VIII, 542.

BERTIN l'aîné. Exilé pour son dévouement aux Bourbons, avoit vu le tombeau de Scipion, VI, 321.

BERTON (le général). Ses reconnoissances avortent, XII, 123.

BERWICK (maréchal de). Tué d'un coup de canon; ce que dit Villars en apprenant cet événement, X, 338. — Il étoit fils naturel de Jacques II, qui l'avoit eu d'Arabelle Churchill, 440. — Son père l'emmène en France, où il devint un grand capitaine; il assura l'Espagne au petit-fils de Louis XIV, et ne put rendre l'Angleterre à son propre père, 440. — Il mourut à Philippsbourg et mérita les éloges de Montesquieu, 441.

BESANÇON. Julien le fait connoître dans une lettre, IX, 252. — L'église de Besançon étoit une souveraineté; terres qui en relevoient, X, 36.

BESENVAL. Ses Mémoires ne sont pas plus immoraux que ceux des philosophes, I, 559. — Il a été sauvé par M. de Seze, XII, 480.

BESSIÈRES. Fusillé sans procès en Espagne, VIII, 102-107.

BÉTANCOURT (Pierre de). Fondateur des Bethléémites, II, 490-491.

BETHLÉEM. Départ pour cet endroit, V, 280. — Son nom, 281. — Souvenirs historiques, 281. — Son couvent, ses monuments, 281. — Son église, 282. — L'église souterraine ou la Crèche, 283-284. — La chapelle des Innocents, 285. — La grotte de Saint-Jérôme, 285. — Position de Bethléem. 286.

BETHLÉÉMITES (ordre des). Fondé en Amérique pour le soulagement des pauvres et des esclaves, II, 490-491.

BÉTIQUE. La peinture que Fénelon a faite des mœurs de ses habitants est fondée sur l'histoire, I, 380.

BEUGNOT (M. le comte). Comme quoi il étoit à Gand, VII, 622.

BÉZIERS. Massacre des Albigeois, X, 56-57.

BIART (le père). Parcourut l'Arcadie, VI, 409.

BIAS. Un des sages de la Grèce, I, 339. — Son opinion sur le meilleur des gouvernements, 339.

BIBLE. Son excellence, II. 258-259. — Ses styles, 259. — Le *Nouveau Testament*, 262-265. — Parallèle de la Bible et d'Homère, 265-280. — Louis le Débonnaire la fit mettre en vers teutons, 441. — L'abbé de Rancé disoit que la lecture de l'Ancien Testament ne convenoit pas à des religieuses, X, 560. La Bible, traduite en partie sous Henri VIII, fut retraduite sous Jacques II par les quarante-sept savants; cette dernière traduction est un chef-d'œuvre, et fixa la langue, 626.

BIDASSOA. Des François s'y rencontrent sous des drapeaux différents, XII, 131. — Passage de la Bidassoa, 339.

BIENS NATIONAUX. Parce que la charte a reconnu la vente de ces biens, faut-il garder ceux qui ne sont pas encore aliénés? VII, 209. — Il faut arrêter la vente des biens nationaux, VIII, 284. — Lois qui protègent les acquéreurs de ces biens, 323. — Ces biens ont perdu le caractère de leur origine, 374.

BIGNON (M.). Son discours contre la guerre d'Espagne, XII, 151.

BILLAUD DE VARENNES, à la Guiane, II, 458.

BILLS DE CRÉDIT. Leur émission en Amérique, I, 492. — Comment le congrès les soutient, 492. — Ils cessent de circuler, 493.

BIORN. Sa terre de Vinland doit être quelque partie de l'Amérique, VI, 19-20.

BIRON (Armand de Gontaud, maréchal de). A Dieppe, il s'oppose au départ de Henri IV pour l'Angleterre, X, 314. — Il est tué à la bataille d'Épernay, 318. — Ce que lui dit Henri IV à la mort d'Henri III, 322.

BIRON (Charles de Gontaud de). Sa mort justement reprochée à Henri IV, VI, 332. — Sa conspiration, X, 320. — Henri IV auroit dû se souvenir de ce qu'il avoit dit au père de Biron, 322. — Richelieu désapprouvoit ce supplice comme inutile, 322.

BISON, taureau d'Amérique, VI, 105. — Ses migrations, 105-106. — Sa viande, 106. — Chasse du bison par les Indiens, 152-153. — Comment les loups prennent des bisons, 153.

BISON (danse du), chez les sauvages, VI, 105.

BITAUDÉ. A traité le sujet de Joseph, VIII, 593.

BITUITUS, roi des Arvernes. Avoit enrégimenté des chiens; ses pertes contre Fabius, VI, 326.

BLACKMORE. Son poëme La Création, XI, 738.

BLACK-RIVER. Monument ancien que l'on voit auprès, VI, 240.

BLAIR (H.). Son opininion sur le Télémaque de Fénelon, IV, 11. — A gardé quelque mesure en parlant de Shakspeare, VI, 387. — Ce qu'on pensoit de lui en Angleterre à la fin du xviiie siècle, XI, 748.

BLAIR (M. de). Nommé à la commission de censure, VII, 501.

BLAKE (Robert). Gardé les mers autour des îles Britanniques, X, 406. — Il prend la Jamaïque, 416.

BLANCHE DE BOURGOGNE, fille cadette d'Othon IV, femme de Charles le Bel. Enfermée au château Gaillard, tondue, rasée, prend le voile dans l'abbaye de Maubuisson, X, 69. — Supplice de Gauthier d'Aulnay, son amant, 69.

BLANCHETON (le docteur). Panse la blessure du duc de Berry, IX, 560.

BLANDINE, esclave, martyrisée à Lyon. Son courage, IX, 372.

BLANQUE-TAQUE, BLANCHE TACHE, ou BLANCHE-CAYEUX. Gué de la Somme, X, 162. — Philippe VI l'envoie garder, 163. — Combat qui s'y livre, 163-164.

BLESSURE. Composition pour les blessures dans les lois barbares, IX, 448.

BLONDEL (Guillaume). Étoit un des ménestrels de Richard Cœur de Lion ; nous n'avons pas sa chanson fidèle, XI, 513.

BLOOMFIELD. La poésie morale le compte parmi ses adeptes, XI, 738. — Il étoit garçon cordonnier, 767. — Il est auteur du Garçon de ferme, 767.

BLUCHER. Son arrivée à Waterloo, XII, 98.

BODIN. Il a écrit sur la politique, I, 546.

BODMER (M.). Son poëme du Déluge, VIII, 591. — Sa vie, 591. — A publié la première édition du poëme des Nibelungen, IX, 473.

BOECE. Persécuté, IX, 319. — Enfermé dans un cachot, 319. — La philosophie lui apparoît et le console, 319-320.

BOILEAU. Jugement sur le Télémaque de Fénelon, IV, 10-11. — Il condamne le merveilleux chrétien, 555. — Comme on le traitoit au commencement du xixe siècle, VI, 477. —
Éloge qu'il faisoit de Louis XIV, 493. — Ce qu'il auroit dit des littérateurs du xviiie siècle selon Dussault, 528. — Ce qu'il écrit à Brienne sur la folie des vers, X, 551-552. — Addison lui présente un exemplaire de ses poésies latines, XI, 735. — Boileau dit le Passage du Rhin, 736. — Ce que Prior lui répond, 736. — Traductions et imitations angloises de son Art poétique, du Lutrin et de ses Satires, 736.

BOIS (lac des). Sa découverte est due aux missionnaires, VI, 410.

BOIS-BRULÉS. Métis de blancs et d'Indiennes ; servent d'intermédiaires, VI, 202.

BOISJERMAIN (Luneau de). Voy. LUNEAU.

BOIS-ROBERT. Tué par Outougamiz dans un Combat contre les Natchez, III, 315.

BOISSONADE. Note de lui sur les hommes ressuscités dans l'antiquité païenne, II, 153-156. — Il a revu les épreuves des Martyrs et de l'Itinéraire de Paris à Jérusalem, V, 5. — Son avis sur l'inscription de la colonne de Pompée à Alexandrie, 414. — On lui doit une édition grecque d'Eunape, IX, 236. — Bien qu'en dit M. Cousin, 236. — Son édition de la Vie de Proclus, par Marinus, et du Commentaire de Proclus sur le Cratyle, 318.

BOISSY-D'ANGLAS (comte de). Son ouvrage intitulé Essai sur la vie, les écrits et les opinions de M. de Malesherbes, VI, 535-542.

BOITE FUMIGATOIRE. Employée par les Indiens pour faire revenir les noyés, VI, 136.

BOIVIN. Sa violence et son emportement, X, 579. — Son procès avec la Trappe, 579. — Mot de Boivin, 579-580.

BOJOCALUS. Son histoire, IV, 452.

BOLEYN (Anne), mère d'Élisabeth. Cause du schisme, sacrifiée après Thomas Morus, morte à demi folle, X, 606.

BOLINGBROKE. Ses lettres, XI, 762.

BOLIVAR. Son influence en Colombie, VI, 214. — Il a achevé l'émancipation des colonies espagnoles, 216. — Il étendit l'insurrection de Vénézuéla, XII, 363. — Il acheva de briser tous les liens des colonies espagnoles, 363.

BOLIVIE. Tourmentée de révolutions, VI, 214.

BOLZANI (Valeriano). Il a composé un traité De litteratorum infelicitate, XI, 720.

BONALD (M. de). Il se comparoit à un guerrier revêtu de son armure et comparoit la religion, chez Chateaubriand, à une reine vêtue pour une fête, I, 69. — Il a soutenu la cause des Grecs, V, 29. — Mot de lui sur les Turcs, 119. — Sur sa législation primitive, VI, 428 et suiv. — Ses ouvrages, 428. — Divisions de son livre, 430. — Ce qu'il dit de la philosophie et de la cause de nos erreurs, 430. — Des idées innées, 431. — La parole a été enseignée à l'homme, 431. — Preuves qu'il en tire pour l'existence de

Dieu, 431-432. — Rapports mystiques du Verbe et du Fils de Dieu, 433. — Il examine le principe de la souveraineté du peuple, 434. — Il traite de l'éducation, 434. Son style, 435. — Ses idées sur l'éducation, 438 et suiv. — L'éducation domestique et l'éducation publique, 439. — Ce qui convient le mieux aux enfants, 440. — Il demande le rétablissement des corporations enseignantes religieuses, 440-441. — Avis qu'il donne aux maîtres, 441-442. — Il s'élève contre l'éducation philosophique, 442. — Principes qu'il a posés sur l'Être suprême, 445. — Ce qu'il dit de la société, 446. — La monarchie est, selon lui, la seule forme de gouvernement qui dérive de l'essence des choses, 446. — Il montre l'analogie qui existe en tous les temps entre la constitution de l'Église et la constitution de l'État, 447-448. — Sa *Théorie du pouvoir politique et religieux*, source d'idées neuves, 449. — Il est d'accord avec l'auteur du *Génie du Christianisme* sur la valeur littéraire du christianisme, 449. — Il s'élève contre ceux qui, par respect pour la religion, la laisseroient périr, 449-450. — On regrette qu'il n'ait pas réuni ses ouvrages en un; éloge que l'on fait de lui, 450. — Son génie est plus profond qu'il n'est haut; il creuse plus qu'il ne s'élève, 450. — Son esprit, son imagination, ses sentiments, 450. — M. de Fontanes l'a placé le premier au rang qu'il doit occuper dans les lettres, 450. — Ses *Mélanges philosophiques, politiques et littéraires*, 558. — Son avis sur la liberté de la presse et les journaux, VII, 406-408. — Il couvre de son nom les faits de la censure, 423. — Ses *Réflexions sur la séance de la Chambre des députés du 17 avril 1819*, 614. — Il est repoussé des élections par des commissaires, VIII, 246. — M. de Bonald jugé comme historien, IX, 43-44. — Ce qu'il répond au duc de Choiseul à propos de la suppression d'une lettre de celui-ci par la censure, 673.

BONAPARTE. Voy. BUONAPARTE et NAPOLÉON.

BONAPARTE (Joseph). Napoléon lui ôte la couronne de Naples et le crée roi d'Espagne, XII, 8-9.

BONAPARTE (Mme Joseph). Son salon, I, 27.

BONAVENTURE DE NOLA (Père), gardien du couvent du Saint-Sépulcre, reçoit M. de Chateaubriand à Jérusalem, V, 278. — Lui confère l'ordre du Saint-Sépulcre, 389-390.

BONCHAMPS. Seconde d'Elbée, IX, 618. — Il tombe percé de coups à Chollet, 624. — Meurt à Saint-Fulgent, 624. — Il rappeloit toutes les vertus de Bayard, 635. — Ce qu'écrivoit un représentant du peuple à la Convention à propos de la mort de Bonchamps, 635. — Buonaparte offre à sa veuve une pension de douze mille francs, 649.

BONHEUR. C'est une chimère, I, 508. — Désir de bonheur dans l'homme, II, 123. — Les animaux ne connaissent pas ce désir, 124. — Il n'existe pas sur la terre, et prouve la Providence, 125. — Tableau du bonheur céleste, 142-143. — On ne doit pas peindre le bonheur sans y mêler de l'infortune, 170. — Variante du passage du *Génie du Christianisme*, VIII, 555-559.

BONIFACE (saint), apôtre de l'Allemagne, évêque de Mayence. Envoyoit au pape des mémoires sur les peuples de l'Esclavonie, VI, 11. — Il négocia l'avènement au trône de Peppin avec le pape Zacharie, X, 22.

BONIFACE, comte d'Afrique. Lui et Aétius ont été surnommés les derniers Romains de l'empire, IX, 340. — La défense de Marseille contre Ataulphe et la reprise de l'Afrique sur les partisans de Jean ont fait la renommée de Boniface, 341. — Il étoit l'ami de saint Augustin, 341. — Placidie lui devoit tout, il lui avoit été fidèle au temps de ses malheurs, 341. — Trompé et indisposé par Aétius, il s'adresse aux Vandales d'Espagne, 341. — La fourberie d'Aétius avoit été reconnue; Boniface essaya de repousser les Vandales, 342. — Vaincu dans deux combats, il est contraint d'abandonner l'Afrique, quoiqu'il eût été secouru par Aspar, général de Théodose, 342. — Placidie le reçoit généreusement, l'élève au rang de patrice et de maître général des armées d'Occident, 342. — Aétius revient en Italie, Boniface lui livre bataille; il emporte la victoire, mais il est blessé mortellement; il survit trois mois à sa blessure et conjure sa femme d'épouser Aétius, 342.

BONIFACE III. Sauva le Panthéon à Rome, IX, 298.

BONIFACE VIII. Ses querelles avec Philippe-le-Bel, X, 63. — Bulle où sont retracés les principaux torts de Philippe, 64. — Lettres des trois ordres, 64. — Déclaration d'une assemblée des prélats et des barons contre Boniface VIII; celui-ci excommunie Philippe et met le royaume en interdit, 64. — G. de Plasian lui intente un procès; ce qu'il lui reprochoit, 64-65. — Résolution du roi, 65. — Nogaret est chargé de la signifier au pape, de l'enlever et de le conduire à Lyon, où il devoit être privé des clefs dans un concile général; uni à Colonne, Nogaret s'empara du palais du pape à Agnanie, 65. — Fière réponse de Boniface à Colonne, 65. — Colonne lui donne un soufflet, 65. — Craignant le poison, il refuse des aliments; le peuple le délivre; il retourne à Rome et meurt d'une fièvre frénétique, 65. — Quelques auteurs disent qu'il se brisa la tête contre les murs, 66. — Philippe poursuit la mémoire de Boniface VIII au concile de Vienne, 67.

BONNE-ESPÉRANCE (cap de), ou des Tourmentes. Découvert par B. Diaz, VI, 16. — Chanté par Camoens, 17. — La loi hollandoise règne au cap de Bonne-Espérance, XI, 725.
BONOSE. Sa révolte étouffée par Probus, IX, 187.
BORA (Catherine de), femme de Luther, XI, 554.
BORDEAUX (duc de). Après la chute ou l'abdication de Charles X et du duc d'Angoulême, le trône doit lui revenir, VIII, 477. — Il deviendroit un roi en rapport avec les besoins de l'avenir; le duc d'Orléans seroit le gardien de sa tutelle, le régent du royaume, 477. — Sa royauté est une nécessité de bon aloi, 478. — Après la révolution de juillet on auroit dû s'arrêter à lui, 492-493. — Hommage que lui rend M. Victor Hugo dans ses *Odes et Ballades*, XI, 714.
BORDESOULLE (général). A un commandement en Espagne, VII, 281. — Doit prendre le commandement des deux colonnes expéditionnaires et serrer Cadix de près, XII, 272. — Se porte directement sur Cadix, 277. — Pénètre en Andalousie et occupe Cordoue, 340. — Arrive à Cadix par l'Estramadure, 340. — Cité par le duc d'Angoulême comme l'ayant parfaitement secondé, 389.
BORGIA. Cette famille dominoit à Rome à l'époque de Louis XII, X, 239.
BORIES. Sa mort, XII, 123.
BOSSUET. Il connoissoit l'ennui des René et des Oberman, I, 123. — Il terrasse l'hydre de l'hérésie, II, 7. — Image qu'il fait de la Trinité, 15, 16. — Ce qu'il dit des athées, 314-315. — Son style, 324. — Bossuet historien, 331-332. — Bossuet orateur, 341-347. — Fragment de son sermon sur le bonheur du ciel, 586-587. — Beau morceau sur saint Paul, 587-589. — Étude poétique de Chênedollé sur *Bossuet*, 594-597. — Fragment de son sermon sur l'unité de l'Église, 643. — Ce qu'il dit des fonctions des anges, IV, 563-564. — Comment il parle de madame Henriette, VI, 383. — Il vivoit dans la solitude au milieu de la cour, 384. — Ce qu'il dit du principe de la souveraineté du peuple, 434. — Combat le prétendu *pacte social*, 431. — Ce qu'il dit des persécutions de l'Église, 473. — Ses premiers sermons n'étoient pas parfaits, 490. — Il s'épura par degrés, 531. — Il condamna le théâtre, VII, 275. — Sa lettre et ses dissertations sur la comédie sont des chefs-d'œuvre, 276. — Ce qu'il dit de la modération de l'Église, 277. — Un passage de son sermon sur l'honneur supprimé par la censure, 374. — Il a fait de la vérité religieuse le fondement de tout, IX, 106. — Il a renfermé les événements du monde dans un cercle rigoureux, 106. — Il se chargeoit de réconcilier Louis XIV avec Mme de Montespan, X, 332. — Il s'étoit occupé de la réunion de l'Église protestante à l'Église romaine, 337. — Ce qu'il écrit à l'abbé de Rancé en lui envoyant les oraisons funèbres de la reine d'Angleterre et de Madame Henriette, 364. — A propos de Jacques II, il soutenoit qu'un roi catholique pouvoit tolérer la prééminence de la religion protestante dans ses États, 444. — Il rencontre l'abbé de Rancé dans ses études; à la licence Rancé fut le premier, Bossuet le second, 459. — Bossuet venoit à l'hôtel de Rambouillet, 462. — Il visite Rancé à la Trappe, 534. — Il y compose l'avertissement du catéchisme de Meaux, 534. — La Trappe étoit le lieu où il se plaisoit le mieux, 534. — Il trouvoit un charme dans la manière dont les compagnons de Rancé chantoient les psaumes, 535. — Digue sur laquelle il se promenoit avec Rancé, 535. — Sa mort, 535. — Ce qu'il dit à Mme de La Vallière dans le discours sur sa profession, 542. — Il exige de Rancé l'impression de son livre *De la sainteté et des devoirs de la vie monastique*, 543. — Approbation qu'il donne en tête des *Éclaircissements* sur ce livre, 543. — Son oraison funèbre de la princesse palatine, 566. — Conférences d'Issy entre lui et Fénelon sur le quiétisme, 571. — Ce qu'il dit de Fénelon à propos des *Maximes des saints*, 571. — Ce qu'il dit de Luther, XI, 559. — Parallèle entre Bossuet et Milton, 676-677.
BOTANIQUE. Plaisirs que son étude peut donner aux infortunés, I, 509-510.
BOTHERIC. Égorgé par la populace de Thessalonique, IX, 288.
BOTHWEL. Shakespeare avoit vu sa fortune et sa misère, XI, 604.
BOTTA. Son *Histoire des États-Unis*, IX, 42.
BOUCHER (docteur). Portrait qu'il faisoit de Henri III, X, 295.
BOUCHET (Père). Ce qu'il écrit de sa mission, II, 442. — On lui doit les tables des Brahmes, 442. — Détails qu'il donne sur les rapports des fables indiennes avec les vérités de la religion chrétienne et les traditions de l'Écriture, 547.
BOUDICÉE, reine des Bretons, IV, 440.
BOUFLERS. Compliments que lui adressoit Chateaubriand dans son discours de réception à l'Institut, I, 210.
BOUGHTON'S-HILL. Curiosités de cette colline, VI, 231.
BOUGON. Se rend auprès du duc de Berry assassiné, IX, 561. — Il suce la blessure, 561. — Il reste chargé de la garde du corps du prince, 571.
BOUHOURS (le Père). Comment l'appeloit l'abbé de La Chambre, X, 481. — Il réfute les Vé-

ritables motifs de la conversion de l'abbé de La Trappe, 481.

BOUILLON (duc de). Déclare la guerre à Charles-Quint, X, 243.

BOUILLON (vicomte de Turenne, maréchal de). Marguerite de Valois l'avoit écouté, VI, 329; X, 308. — Il se bat en duel avec Jean de Durfort et reçoit traîtreusement sept blessures, X, 304.

BOUILLON (cardinal de). Visite la Trappe, X, 579. — Éloge que fait de lui Pellisson, 579. — Ce que dit de lui Saint-Simon, 579. — Ce que Rancé écrit du cardinal de Bouillon, 579. — Ce que répondoit ce cardinal à M. de Saint-Louis, 579.

BOUILLON (chevalier de), frère du cardinal. Ce qu'il disoit de Louis XIV, X, 579. — Il fit établir sous la régence un bal à l'Opéra, 579.

BOULAINVILLIERS. Jugé comme historien, IX, 30.

BOULOGNE (Bois de). Henri III vouloit le transformer en cimetière, X, 302. — Les Anglois y établissent un camp, XII, 98.

BOUQUET (Dom). Son recueil des historiens, VI, 556. — Ses *Rerum Gallicarum et Francicarum Scriptores*, IX, 24.

BOURBON (Jacques de). Combat auprès du roi Jean à la bataille de Poitiers, X, 199. — Fait prisonnier, 202. — Battu par les bandes d'aventuriers à Brignais, meurt de ses blessures, 210.

BOURBON (Pierre de). Combat près du roi Jean à la bataille de Poitiers, X, 199. — Battu par des aventuriers, meurt de ses blessures, 210.

BOURBON (connétable de), persécuté par la duchesse d'Angoulême, passe au service de Charles-Quint, X, 243. — Ce que disoit de lui le marquis de Villane, 243. — Il est le seul traître que les Bourbons aient compté dans leur race, 243. — Ce que lui dit Bayard au moment de mourir, 244.

BOURBON (Antoine de), roi de Navarre. Blessé à Rouen, meurt devant cette place, X, 261. — Il avoit été protestant et s'étoit fait catholique, 261.

BOURBON (cardinal de). Prend dans un manifeste le titre de premier prince du sang et demande que la couronne soit maintenue dans la branche catholique; le pape et presque tous les princes de l'Europe appuient cette déclaration, X, 272. — Henri III le fait arrêter après l'assassinat du duc de Guise, 291. — Il meurt dans sa prison de Fontenay en Poitou, 315. — Il n'aimoit pas les ligueurs; ce qu'il disoit de Henri IV, 315.

BOURBON (duc de). Premier ministre après la mort du régent, marie Louis XV à la fille de Stanislas Leckzinski, X, 338.

BOURBON (duc de). Son arrivée à Compiègne, VII, 42. — Se distingue à Berstheim, IX, 497. — Adhère à la réponse de Louis XVIII à Buonaparte, 522-523. — Son retour à Compiègne, 533. — Sa conduite à Berstheim, 584.

BOURBON (fleuve). Sa découverte est due aux missionnaires, VI, 410.

BOURBONS. Ce que la France doit à cette famille, VII, 30-31. — Comment ont-ils pu être proscrits par la France, 32-33. — Ils sont François et conviennent à la situation de la France, 34-35. — Raisons que doivent avoir les alliés pour les rétablir sur le trône, 36-41. — Histoire de la famille des Bourbons, IX, 488-489. — Bourbons tués à la guerre, 489. — Les Bourbons trouvent des ancêtres sur tous les trônes, 505. — D'où est venu ce nom de Bourbon, X, 74. — En quoi les Bourbons diffèrent des Stuarts, XII, 488-489.

BOURCKE. *Voy.* BOURKE.

BOURDALOUE. Il demandoit à son supérieur la permission de se retirer du monde, VI, 383-384; XI, 741.

BOURDEILLE (André de), sénéchal de Périgord. Ce qu'il écrivoit au duc d'Alençon, X, 266.

BOURGEOISIE. A-t-elle été créée par Louis le Gros? X, 52. — Le bourgeois du moyen âge n'étoit pas le bourgeois de la monarchie absolue; il y avoit de grands, de petits et de francs bourgeois, 53. — Le bourgeois pouvoit posséder certains fiefs, 53. — Son nom signifioit quelquefois *homme de guerre*; il ne dérogeoit point à la noblesse, 54. — Les bourgeois de Paris s'appeloient les bourgeois du roi, 54. — Lettres de noblesse accordées à tous les bourgeois de Paris, 54. — Les bourgeois composoient le tiers état; ils obtinrent de Louis le Gros quelques chartes et prirent le nom de *communes*; ce furent ces bourgeois qui commencèrent le peuple françois dans les villes, 61. — Sous Louis XIV, les bourgeois parvenoient aux premières places militaires et administratives, 334. — La jalousie de la bourgeoisie contre la noblesse ne venoit pas de l'inégalité des emplois, mais de l'inégalité de la considération, 335.

BOURGUIGNONS, ou BURGONDES. Leur patrie primitive seroit l'île de Bornholm, suivant le périple de Wulfstan, IX, 13. — On les fait descendre des Vandales, Slaves ou Vénèdes conquis par les Goths; ils étoient ennemis des Allamans; une tradition les faisoit descendre de soldats romains, 171. — On les voit paroître sous Valentinien, 270. — Noms génériques de leurs rois et de leurs grands prêtres, 270. — Ennemis des Allamans, ils s'unissent à Valentinien, 271. — Ils s'établissent définitivement dans la partie des Gaules à laquelle ils donnèrent leur nom, 337.

BOURJOT (M.). Accompagne M. de Montmorency à Vérone, XII, 34. — Rédige avec lui les notes verbales relatives aux affaires d'Espagne, 55.

BOURKE, ou BOURCKE (général). Commande

une colonne de l'armée d'Espagne, VII, 281. — Chasse les rebelles des Asturies et des Galices, et détermine la soumission de Morillo, 281. — Doit agir sur Oviedo, XII, 272. — Il doit entrer en relations avec Morillo, 272. — Reçoit l'ordre d'avancer, 280. — Sa marche sur les Asturies, 340.

Bourmont (général). Sert en Espagne, VII, 281. — Il commandoit le Maine pendant la guerre de Vendée, IX, 628. — Il prend le Mans, 628. — Il s'accordoit peu avec M. de Talaru en Espagne, XII, 193. — Suit la direction de Badajos sans difficulté, 272. — S'établit à Mérida, 340. — Instructions pour quitter Madrid, 412. — Ses idées sur la conduite à tenir en Espagne, 415.

Boussole. Son invention; Marc Paul pouvoit l'avoir apportée de la Chine; Guyot la décrit exactement vers la fin du XIIe siècle, X, 66.

Boutourlin. Va complimenter le duc d'Angoulême en Espagne, XII, 271. — Le général Guilleminot cherche à lui être agréable, 308.

Bouvines (bataille de). Philippe II y courut risque de la vie, X, 55.

Bowdich. A publié la relation des découvertes des Portugais dans l'intérieur de l'Afrique, VI, 25. — A péri en Afrique, 26.

Bower. Il composoit en françois et en anglois, XI, 525. — Sa Ballade sur l'amour, 525-526.

Brabant. Sa situation sous le gouvernement autrichien, I, 430. — Soulèvement, 430. — Il demande secours à la France, 431.

Brachmanes, caste sacrée aux Indes, I, 410.

Bradan (saint). Son voyage au paradis des oiseaux et aux enfers, XI, 515.

Bradshaw, président de la haute cour chargée du jugement de Charles Ier, X, 385. — Ce qu'il reproche au roi, 386. — Il repousse la demande du roi qui vouloit s'expliquer devant un comité des deux Chambres, 387. — Son cadavre traîné sur une claie et pendu à Tyburn, 423. — Sa mort, 427. — Portrait que Milton fait de Bradshaw, XI, 653. — C'étoit un avocat bavard et médiocre, 653.

Brague (concile de), en Lusitanie. Il donne une idée de ce qu'on souffroit pendant les invasions des barbares, IX, 468.

Bramston. Son *Art de la politique*, XI, 738. — Il a de la verve, 738. — A quoi il compare un homme à la fois wigh et tory, 738.

Brandon, bourreau de Londres, affirme à lord Capell qu'il a exécuté Charles Ier; il mentoit, X, 403.

Brantome. Il accompagne le corps de Charles IX à Saint-Denis; comment il mouloit les vices des grands, IX, 85.

Brébeuf, missionnaire martyrisé au Canada, II, 468-469. — A visité les déserts des Hurons, VI, 409.

Bréchéliant (forêt de). Description qu'en fait le roman du Rou, XI, 514. — Robert Wace visita cette forêt et n'aperçut rien, 514. — L'enchanteur Merlin y périt, 514. — Où elle étoit située, 514. — Ce que Chateaubriand y a trouvé, 514.

Bréquigny (M. de). Chargé de rédiger la table générale des chartes imprimées, IX, 19.

Brésil. De sa révolution en 1817, VIII, 614-619.

Bretagne. Le comte de Montfort ayant fait hommage du duché de Bretagne à Édouard III, la cour des pairs le donna à Charles de Blois, X, 135. — Situation de la Bretagne, 136. — Ce pays a, de tout temps, frappé l'imagination des hommes, 136. — Caractère des Bretons, leurs hommes remarquables, 136-137. — Elle est réunie à la France par une ordonnance expresse, 244.

Brétigny. Traité de paix signé dans cette ville, X, 213.

Bretons. Ne reste-t-il aucune trace de leur langue? XI, 505. — César ne parle que de leurs mœurs, 505. — Tacite a conservé quelques discours des chefs bretons, 505.

Brienne (Gauthier de), duc d'Athènes, parle au nom de la noblesse aux États de 1355, X, 187.

Brignon (le Père). A retouché la *Vie de Jésus-Christ* par le père de Montreuil, VI, 468.

Brisson, président au parlement. Est obligé à tenir audience, X, 292. — Il dépose devant deux notaires une protestation secrète contre tout ce qu'il seroit obligé de dire ou faire contre les intérêts du roi, X, 292. — Il est pendu par les ligueurs, 318.

Broe (M. de). Refuse de faire partie d'un conseil de censure, VII, 416. — Il a fallu avouer sa retraite, 501.

Broglie (M. de). Son discours à la Chambre des pairs sur la guerre d'Espagne, XII, 139.

Brougham (lord). Il attaque dans trois discours l'intervention françoise en Espagne, XII, 155. — Ses attaques contre Chateaubriand, 155-156. — Réponse du *Courrier anglois*, 156. — Les articles de la *Revue d'Édimbourg* si injurieux à lord Byron étoient de lord Brougham, 156. — Chateaubriand avoit dîné à Londres avec lui, 157. — Son portrait, 158. — Il est venu depuis voir deux fois Chateaubriand à Paris, 160.

Bruce (David). Ravage le nord de l'Angleterre, X, 142. — Conduit les Écossois contre le château de Salisbury, 142-143.

Bruce (J.), auteur du *Voyage aux sources du Nil*. Son système sur les pasteurs de l'Égypte, I, 278.

Bruges. Massacre des François à Bruges, X, 66.

Bruma, dieu indien, chargé de la création, II, 517-548. — Rapports avec Abraham, 550.

Il a donné la loi aux hommes, le *Vedam*, 553.

BRUMOY (père). Ce qu'il dit d'Iphigénie, I, 77. — Ses remarques sur l'*Iphigénie* de Racine, II, 181. — Morceaux traduits d'Euripide, VI, 393.

BRUNEHILD, fille du roi des Visigoths, épouse Sighebert, se fait catholique, X, 13. — Il ne faut croire ni tout le bien ni tout le mal qu'on en a dit, 13-14. — C'étoit une femme de génie, 14. — Sa mort, 14.

BRUNETTI (M.), ministre d'Autriche à Madrid, très-fâcheux d'abord, devient meilleur, XII, 193. — Doit partir de Vienne pour Madrid, 268. — Déclare qu'il n'est pas accrédité auprès de la régence, 283. — De nouveaux ordres lui arrivent, 283. — Il voit partout une charte projetée, 309. — Il s'emporte après l'ordonnance d'Andujar, 311.

BRUNHILD, reine d'Ijenlant, héroïne des *Nibelungen*, épouse Gunter, se venge de Sigfrid, IX, 476-477.

BRUNO (Jordan). S'est frayé une route nouvelle dans la philosophie, I, 544.

BRUT ou BRUTUS, arrière-petit-fils d'Énée, premier roi des Bretons, XI, 514.

BRUTUS. Envoyé par Tarquin vers l'oracle de Delphes, I, 385. — C'étoit à l'époque de la chute d'Hippias, 385. — Il revint plein de ce dieu qui donne la liberté aux empires, 385. — Époque de son retour, 385.

BRUTUS *le jeune*. Éloges qu'on a faits de lui, I, 489. — C'étoit un dur usurier, 489.

BUCER. Luther ne voulut rien lui céder, XI, 557.

BUCH (captal de). Envoyé à la découverte auprès de Poitiers, il rencontre les troupes du roi, X, 190. — Il combat auprès du prince Noir à la bataille de Poitiers, 199. — Se trouve en face du roi à la dernière attaque, 200.

BUCHANAN. Ses tragédies de *Jephté* et de *Saint Jean-Baptiste*, II, 712. — A réuni en corps de doctrines les idées sur le régicide, VII, 60. — Il développa les mêmes principes que Knox, XI, 570. — Il étoit lié avec Calvin et Théodore de Bèze, 570. — Il avoit écrit comme catholique avant d'écrire comme protestant, 570. — Il avoit été précepteur domestique de Montaigne, 570.

BUCHON. Il a commencé une collection des Chroniques en langue vulgaire, VI, 566. — Il publie la *Chronique des guerres des François en Romanie et en Morée*, IX, 4. — Son édition de Froissart et d'autres Chroniques, 50. — Il donne la lettre de Michel Northburgh sur les pertes de la bataille de Crécy, dans son édition de Froissart, X, 174.

BUCKHURST (lord). Son *Miroir des magistrats* a pu fournir à Spenser la première idée de *la Reine des fées*, XI, 571.

BUCKINGHAM, favori de Jacques Ier, X, 347. —
Charles Ier s'entêta à le soutenir, 349. — Son portrait, 350. — Il brava impunément Richelieu; les parlementaires souffrirent ses insolences, 350. — Il fut assassiné par Felton, 350. — Il laissa deux fils, le cadet périt dans la guerre civile, 350.

BUCKINGHAM (duc de), fils aîné du favori de Charles Ier, gendre de Fairfax, fut, sous Charles II, chef du conseil connu sous le nom de la *Cabale*, X, 350. — Il tue en duel le comte de Shrewsbury, 350. — Il écrivit des lettres, des poëmes, des satires et travailla avec Butler, 350. — Aidé de ses amis, il composa la comédie intitulée *la Répétition*, dans laquelle Dryden est attaqué, XI, 718. — Il se félicitoit d'avoir nui à la réputation de Dryden, 718. — Il fut un de ceux qui donnèrent le ton à la littérature sous Charles II, 718.

BUDDAS, grand homme de l'Inde, I, 410. — Ce que nous en savons est très-incertain, 410. — On l'opposoit à Jésus-Christ, 410.

BUDGET. La Chambre des députés ne doit pas faire le budget, qui doit être l'œuvre des ministres, VII, 180. — Discours contre le budget de 1828, VIII, 449-468.

BUDINS. Se faisoient des vêtements de la peau des vaincus, IX, 433.

BUENOS-AYRES. Inconvénients de sa latitude, VI, 214. — Les cortès reconnoissent son indépendance, XII, 334. — Troubles en 1810, 365.

BUFFLE. Migration des buffles, II, 104. — En Amérique ils lèchent les lics, VI, 84.

BUFFON. La plupart des jolies descriptions d'oiseaux qui se lisent dans l'*Histoire naturelle* sont de Gueneau de Montbéliard, I, 90. — Ce que dit Buffon des vérités mathématiques, II, 299. — Il manque de sensibilité, 350. — Il avoit reculé l'origine du monde pour accorder son système avec la Genèse, et considéroit chacun des six jours de la création comme un long écoulement de siècles, 560. — Il avoit un souverain mépris pour les classifications, VI, 442.

BULGARI (M.). D'abord avec nous en Espagne, devient intraitable, XII, 193. — Il s'emporte après l'ordonnance d'Andujar, 309. — Ses cinq propositions, 332.

BULLETIN DES LOIS. Il est l'image du chaos où nous avons été ensevelis pendant un quart de siècle, VII, 558. — Pourquoi on maintient le décret qui institue le tribunal révolutionnaire en tête de cette collection, IX, 61.

BULLION (Claude de), avoit été nourri avec le père du président de Lamoignon, X, 311.

BUNSEN (baron de). Chateaubriand lui doit un extrait des *Nibelüngs*, IX, 97. — Notes communiquées par lui à Chateaubriand, 473.

BUONAPARTE ou BONAPARTE. Où seroit-il sans la révolution? I, 316. — Quoique émigré,

Chateaubriand l'admiroit, 316. — Le *Génie du Christianisme* lui plaisoit; ce livre a nui à son pouvoir, II, 2. — Un mot sur sa mort, V, 19. — Parallèle de Buonaparte avec Washington, VI, 55-58. — Il a fait rétablir le nom d'Emmanuel sur la route des Alpes, 269. — Il savoit que la grande littérature n'étoit pas pour lui, 528. — Motifs des jugements portés sur lui dans l'écrit *De Buonaparte et des Bourbons*, VII, 6. — Son gouvernement, 6-7. — Chateaubriand l'a pu juger autrement en 1827, 7. — L'intervention divine seule explique son élévation et sa chute, 9. — Comment il parvint au trône et comment il le perdit, 11. — Pourquoi il a fait périr le duc d'Enghien, 12. — Plusieurs faits décèlent en lui une nature étrangère à la France, 13. — Son gouvernement jugé, 13, 14, 15. — Son administration, 16-20. — Sa politique extérieure, 20. — Le blocus continental, 20. — Sa conduite en Espagne, 21. — En Russie, 21-22. — Sa gloire militaire, 22. — Sa campagne de Russie, 23-24. — Causes de sa puissance, 25. — Son caractère; portrait, 26-28. — Ce qu'il a fait, 28-29. — Étoit-il étranger, 33-34. — Ce qui arriveroit si les étrangers le laissoient à la France, 34, 35. — Raisons que doivent avoir les alliés pour ne pas traiter avec lui, 36-40. — Son retour en France en 1815, 116-118. — Sa rentrée à Paris, 118. — Il présente l'acte additionnel aux constitutions de l'empire, 119. — Il partage la France en sept grandes divisions de police, 119. — Sa police, ses principes d'administration, libertés qu'il promet, 120. — Il abolit l'exercice pour les boissons, 121. — Mobilise la garde nationale, 122. — Autres mesures, 123-124. — Sa politique extérieure, 124-126. — Reproches qu'il fait au gouvernement royal, 126 et suiv. — Causes qui rendent la chute de Buonaparte infaillible, 134 et suiv. — Sa nouvelle constitution est une copie de la charte, 138. — La publication de l'acte additionnel lui a enlevé une partie de ses forces, 142. — Il est déjà vaincu, 143. — Il offre de sanctionner le traité de Paris qu'il appelle un traité honteux, 145. — Le congrès de Vienne déclare que si l'on eût traité avec lui, on lui aurait imposé des conditions plus dures, 145. — En vertu des traités de 1814 c'est lui qui attaque l'Europe par son retour, 147-148. — Son décret du 9 mai 1815, contre les François qui servent le roi hors de France, 150 et suiv. — Il a pu former des administrateurs, mais il n'a pu créer des hommes d'État, 227. — Il n'a péri que parce qu'il a été infidèle à sa mission, 523. — Sur sa prétendue évasion de Sainte-Hélène, 541. — Sur sa mort, VIII, 68. — Il n'a pu arrêter les peuples sur la pente de la liberté, 130. — Revient d'Égypte pour conquérir le monde, 203. — Le concordat a dû lui coûter, 203. — Ses principes en religion, 203. — Les lois qui rétablirent la religion, 204. — Il aimoit à faire tout à coup la chose la plus étrangère du monde à celle dont il paroissoit occupé, 300. — Éloge du premier consul, 613-614. — Buonaparte comparé à Cromwell, X, 424-425. — Ce qu'il dit des couvents, 523. — Parallèle de Cromwell et de Bonaparte, XI, 710-711. — Bonaparte se jeta sur la révolution et l'enchaîna, 710. — Institutions qu'il a laissées, 710. — Sa force s'est manifestée tant qu'il a vécu et jusque sur son rocher, 710. — Sa mort, 711. — Il sera la dernière existence isolée de ce monde ancien qui s'évanouit, 734. — Il n'a pu faire rétrograder la société vers des principes épuisés, 790. — Ses institutions défaillent, sa race a disparu avec son fils, la lumière qu'il fit n'étoit qu'un météore, 790. — La gloire de De Seze l'importunoit, XII, 485. — *Voy.* NAPOLÉON.

BURGOS. L'affaire de Burgos a produit l'ordonnance d'Andujar, XII, 306. — Comment il faut regarder cette affaire, 309. — Ce qui s'y étoit passé et ce qui s'en est suivi, 310.

BURKE. Plaide la cause de la liberté américaine, I, 365. — Comment il aimoit les François, anecdote, VI, 371. — Sa politique à l'égard de la France, VII, 246. — A la fin du xviiie siècle, il sortoit de l'individualité nationale politique : en se déclarant contre la Révolution françoise, il entraîna son pays dans cette longue voie d'hostilités qui aboutit aux champs de Waterloo, XI, 748. — Séance dans laquelle il se sépara de Fox, 750. — Il attaquoit la Révolution françoise, 750. — Péroraison de sa réplique, 750-751. — Il retint la politique de l'Angleterre dans le passé, 765. — Ce qu'il disoit de l'Espagne en 1792, XII, 178.

BURNET. Il a écrit l'histoire de la réformation d'Angleterre, Bossuet l'a réfuté, XI, 716. — C'étoit un brouillon et un factieux; ses mémoires, 716.

BURNETT (Miss). Ses ouvrages ont, dit-on, beaucoup de chances de vivre, XI, 764.

BURNS, poète écossois, abandonne l'école françoise pour faire revivre l'école nationale, XI, 767. — Campbell a célébré la mort du lyrique Burns, 767. — Enfant de la terre britannique, Burns ne pourroit vivre dans son énergie et sa grâce sous un autre soleil, 767. — Sa ballade de *Wallace* doit rester dans sa langue naturelle, 772. — Ce qu'on admire surtout de Burns, 772. — Il mourut à la fin du xviiie siècle, 774.

BURONS ou chalets de l'Auvergne, VI, 337.

Bussy d'Amboise. Il avoit aimé Marguerite de Valois, X, 303. — Il insultoit les mignons du roi ; le roi veut qu'il s'accorde avec Caylus ; comment il répond, 303. — Il avoit une intrigue avec la femme du comte de Montsoreau, et s'en vanta ; le mari offensé contraint sa femme à lui donner un rendez-vous et le fait assassiner, 303. — Il étoit gouverneur d'Anjou et abbé de Bourgueil, 303. — Son portrait, 303. — Grand massacreur à la Saint-Barthélemy, il égorgea ce jour-là son parent Antoine de Clermont avec lequel il avoit un procès, 303.

Bussy Le Clerc. Met le parlement presque tout entier à la Bastille et à la Conciergerie, X, 292.

Bute (lord). Succède à lord Chatham, I, 362.

Butler. Les hommes qu'il a peints dans son *Hudibras*, I, 518. — Charles II le laissoit mourir de faim, quoiqu'il sût par cœur *Hudibras*, X, 433. — Butler se présente en première ligne dans le procès d'ingratitude intenté à la mémoire de Charles II, XI, 719. — Son *Hudibras*, satire pleine de verve contre les personnages de la révolution, charmoit la cour de Charles II, 719. — Butler, doué d'un esprit observateur, eût peut-être écrit l'histoire de Charles I*er* s'il fût né sous la reine Anne, 719. — Ce qui lui fit rimer *Hudibras*, 719. — Le fils aîné du duc de Buckingham travailla à ce poëme, 719. — Le sujet n'est pas aussi heureux que celui de la *Satire Ménippée*, 719. — Pourquoi nous ne rions plus aux gausseries d'*Hudibras*, 720. — La pauvreté le dévora, 721. — Butler a traduit une des satires de Boileau, 736.

Byron (lord). Il n'a pas eu besoin d'imiter Chateaubriand, I, 115. — Il déclare dans ses *Mémoires* qu'il fait élever sa fille naturelle dans la religion catholique, et qu'il penche lui-même vers cette doctrine, IX, 95. — On retrouve dans son *Childe-Harold* des passages de l'*Itinéraire de Paris à Jérusalem*, 97. — Il reproche à Napoléon de ne pas s'être enseveli sous les ruines de sa dernière bataille, XI, 711. — Chateaubriand lui a ouvert la porte de l'Orient, 754. — Ses lettres, 762. — On retrouve dans ses premiers vers des imitations de Beattie, 778. — Il étoit à l'école de Harrow à l'époque de l'exil de Chateaubriand en Angleterre, 778. — Parallèle entre Byron et Chateaubriand, 778. — Byron fut élevé sur les bruyères de l'Écosse au bord de la mer ; il aima d'abord la Bible et Ossian , 778. — Dans *Newstead-Abbey*, il chanta les souvenirs de l'enfance, 778. — L'orme d'Harrow, 779. — Analogies de la vie et des idées des deux chefs des nouvelles écoles angloise et françoise, 779-780. — Lord Byron visite les ruines de la Grèce après Chateaubriand ; dans *Childe-Harold* il semble embellir les descriptions de l'*Itinéraire de Paris à Jérusalem*, 780. — Autres rapprochements, 780-781. — Il est encore en rapport avec Chateaubriand dans la description de Rome, 781. — Remarques de Béranger et de M. Villemain sur les rapports de *René* et de *Childe-Harold*, 781. — Article de M. Villemain sur Byron, 781. — Byron a eu la foiblesse de ne jamais nommer Chateaubriand, 781. — Il avoit écrit, à l'âge de quinze ans, une lettre à Chateaubriand à propos d'*Atala*, 782. — Lord Byron vivra, 782. — Lord Byron a laissé une déplorable école, 783. — La vie de lord Byron a été l'objet de beaucoup d'investigations et de calomnies, 783. — Le Byron des imaginations échauffées, 783-784. — Deux hommes distincts se rencontrent dans lord Byron : l'homme de la nature et l'homme du système, 784. — Caractère de son génie, 784. — Il a beaucoup d'esprit, 784. — Il a bien lu Voltaire et l'imite, 784. — Il vise à l'effet, se perd rarement de vue et pose complaisamment devant lui, 784. — Son affectation, 784. — Il a fait époque, et laissera une trace profonde et ineffaçable, 784. — L'accident qui le rendit boiteux n'auroit pas dû l'affliger, 784. — Il ne plaçoit pas toujours assez haut ses attachements et les recevoit de trop bas, 785. — Caractère de ses amours, 785. — Il a été un homme infortuné ; fatigué de ses excès et sentant le besoin d'estime, il est retourné aux rives de la Grèce, 785. — Il n'auroit pas dû mourir avant Chateaubriand, 785. — Ses courses au Lido, 786. — Accents mélancoliques, 786. — Son incrédulité, 787. — Borne où il avoit marqué sa sépulture, 787.

C

Cabasilas (Siméon). Description qu'il fait d'Athènes, V, 83.

Cabot (Jean et Sébastien), donnent l'Amérique septentrionale à l'Angleterre, VI, 22.

Cachod (père Jacques). Secours qu'il porte aux pestiférés, II, 441.

Cadix. Les cortès s'y réunissent, XII, 14. — Une constitution y est proclamée, 14-15. —

Ferdinand VII refuse de la reconnoître, 16. — Avis du duc de Belluno sur le moyen de prendre Cadix, 296. — Nécessité d'emporter cette place, 297. — Possibilité et importance de s'emparer de cette ville, 322-325. — Cadix bombardée par nos vaisseaux, 341. — Les troupes capitulent; les cortès rendent la liberté à Ferdinand VII, 341.

CADMUS. L'histoire prend naissance sous lui, I, 320.

CADOUDAL (Georges). Commandoit le Morbihan pendant la guerre de Vendée, IX, 628. — Il prend Saint-Brieuc, 628.

CAEN. Attaqué par le roi d'Angleterre Édouard III, X, 154. — Les habitants veulent aller au-devant des Anglois et reculent, 155. — Ils se barricadent et se défendent, 155. — Édouard III ordonne de tout tuer et brûler, Geofroy d'Harcourt obtient la reddition de la ville, 156.

CAFFE. Voyage avec M. de Chateaubriand sur le Nil, V, 411. — Lettre où il lui recommande ses affaires, 416. — Il a risqué sa vie pour Chateaubriand sur le Nil, VI, 517.

CAHAWBA, capitale de l'Alabama, VI, 205.

CAHORS. Henri IV y combat cinq jours entiers, X, 314.

CAILLET (Guillaume), un des héros de la jacquerie, X, 211.

CAÏMANS. Description de ces animaux, VI, 96-97.

CAÏPHE. Sa maison à Jérusalem, V, 322.

CAIRE. Séjour de M. de Chateaubriand au Caire, V, 407. — C'est la ville la plus agréable de l'Orient, 410.

CAIX, a refusé la place de censeur, VII, 416.

CALAIS. Ce que Philippe de Valois donne à ses habitants pour les récompenser des pertes qu'ils ont faites à la prise de leur ville, IX, 644. — Édouard III met le siége devant Calais, X, 176. — Philippe VI marche vers Calais et ne peut la secourir, 177. — Les habitants ouvrent des négociations pour se rendre aux Anglois, 177. — Gauthier de Mauny et Basset déclarent ne pouvoir les recevoir à merci, 177. — Mauny retourne auprès du roi et plaide la cause des Calaisiens, le roi se contente de six victimes, 178. — Six bourgeois se dévouent, 178-179. — Édouard veut les faire mourir, la reine obtient leur grâce, 180. — Édouard III prend possession de Calais, 181. — On ne retient dans la ville que trois François; Édouard repeuple la ville d'Anglois, 181. — Les franchises qu'il accorde à cette ville y attirent une foule d'habitants, des François y reviennent; Eustache de Saint-Pierre rentre dans la possession de ses biens, 181. — Philippe VI accorda aux Calaisiens, chassés de leur ville, des places, des priviléges et des propriétés, 182. — Calais ne devoit être rendu à la France que par François de Guise, 182.

CALATRAVA (chevaliers de). Leur histoire, II, 475.

CALATRAVA. Étoit le chef des anciens révolutionnaires de Cadix, XII, 19. — Chargé d'un rapport au roi, 27.

CALDÉRON. Il fut le rival de Lope de Véga, XI, 607. — Il porta les armes, 609.

CALÉDONIE. Ses tombeaux, II, 400-401.

CALENDRIER. Réforme du calendrier grégorien, X, 271.

CALIGULA (Caïus). Suscité pour gouverner l'empire après Tibère, IX, 124, 130.

CALLIPPE, tue Dion, I, 494. — Chassé par le frère de Denys, 494.

CALLISTE, au rapport de Socrate, avoit mis en vers la vie de Julien, IX, 236.

CALVAIRE. Procession au Calvaire, IV, 238. — Sa position, V, 107-108. — Les stations du Calvaire à Jérusalem, 318-321.

CALVAIRE. *Voy.* VALÉRIEN (Mont).

CALVIN. Il paroît à Genève, XI, 552.

CALYPSO. Où se doit trouver son île, V, 114.

CAMARGO (La). Figure dans la correspondance de Voltaire, X, 557; XI, 760.

CAMBRAY (Traité de). Il termina les guerres d'Italie entre François Ier et Charles-Quint, X, 244.

CAMBYSE. Ajoute l'Égypte à ses possessions, I, 411.

CAMDEN. Sa collection d'anciens historiens anglois, écossois, irlandois et normands, et sa *Britanniæ Descriptio*, IX, 13.

CAMILLUS. Ruines du Township de Camillus, VI, 230.

CAMOENS. Sa *Lusiade*, II, 155. — A peine nourri des aumônes qu'un fidèle esclave alloit mendier pour lui, X, 270. — Ce qu'il dit en apprenant la mort de dom Sébastien, 270. — Vers du Tasse en l'honneur de Camoens, XI, 577. — Il fait entendre les accents du cygne au tombeau d'Inès sur les bords du Tage, 608. — Il montroit ses glorieuses cicatrices, 609. — Il s'étonnoit qu'on laissât la Grèce dans la servitude, 655.

CAMP. Les camps des Indiens, VI, 164 et suiv.

CAMP DU DRAP D'OR. Dernière parade des temps féodaux, 242.

CAMPAGNE. L'amour de la campagne, I, 11. — Tableau en vers, III, 542-543.

CAMPAGNE DE ROME. Description, VI, 307-311. — Ce qu'en disoit Montaigne, 308-309.

CAMPAN (Mme). Son livre *De l'Éducation*, VI, 438.

CAMPANELLA. A quelle époque il florissoit en Italie, I, 545. — Son génie, ses malheurs, 545. — Ses écrits, 545.

CAMPBELL (Thomas), poëte anglois, un des restaurateurs des ballades, XI, 767. — Sa *Gertrude of Wyoming*, 767.

CAMPIS (Jean de). A donné les plans de la cathédrale de Clermont, VI, 334.
CAMULOGÈNE. Gaulois hôte des Francs, les engage à la paix, IV, 113. — Sa querelle avec Chloderic, 113-115.
CAMUS (Pierre), évêque de Belley, a écrit des romans pieux, II, 709.
CANADA. Missions, II, 462-469. — Sa découverte par les Espagnols, qui lui ont peut-être donné son nom, VI, 409. — Verazani et Jacques Cartier; établissements françois tentés; missions des jésuites, 409. — Les ordonnances des rois de France fleurissent au Canada comme au temps de saint Louis, XI, 725.
CANARD. Migration des canards sauvages, II, 98. — Leur arrivée et leur départ, VIII, 538.
CANARIS (T.). Lettre à son fils, VIII, 138-139.
CANCIANI (le Père), a recueilli les anciennes lois des barbares, IX, 9
CANGA ARGUELLES. Nommé ministre des finances en Espagne, XII, 18.
CANILLAC (marquis de). Comment il fut trompé par Marguerite de Valois, VI, 328; X, 307-308.
CANNING. Étoit opposé aux projets de Chateaubriand sur les colonies espagnoles, VI, 220. — Sa politique extérieure; il a cherché la popularité industrielle, VIII, 148-149. — De son séjour à Paris, 151-152. — Son discours sur l'occupation du Portugal par les Anglois, 161. — Ce qu'il dit de la guerre d'Espagne, 439-440. — Comment il étoit devenu passionné partisan de l'abolition de la traite des nègres, XII, 39. — Menace de reconnoître l'indépendance des colonies espagnoles, 45. — Ce qu'il dit à propos d'un discours de lord Brougham contre M. de Chateaubriand, 62. — Sa réponse aux félicitations de Chateaubriand, 62. — George IV l'avoit pris dans ses conseils malgré sa répugnance, 115. — Comment il excuse Chateaubriand contre M. Brougham à la Chambre des communes, 157. — Ce qu'il avoit dit à ses bureaux en apprenant que Chateaubriand étoit nommé ministre, 157. — Il est retenu par le haut langage de l'empereur Alexandre, 185. — Craintes que lui inspirent les succès de la France, 187. — Jugement général sur sa correspondance, 203. — Félicite Chateaubriand de son entrée au ministère, 204-205. — Rapprochements qu'il fait entre son existence politique et celle de Chateaubriand, 206. — Il lui fait proposer d'agir en commun à Madrid, 206-207. — Il affirme à Chateaubriand qu'il désire la paix et n'aime pas les révolutions, 207-209. — Lettre à Chateaubriand sur sa politique vis-à-vis de l'Espagne, 219-226. — Il met sir W. A'Court à la disposition de la France et prêche la paix, 226-227. — Nouvelle lettre pour solliciter Chateaubriand à la paix, 229-235. — Il lui déclare que tout le peuple anglois est contre la France, et l'engage à négocier avant d'envahir, 237. — Chateaubriand ne croit pas que ce ministre aille loin, 246. — Canning pense que la guerre touchera vite à sa fin, et revient à la France, 247-248. — Il n'a jamais désiré le triomphe des exaltés, 248. — Il cherche à jeter de l'incertitude sur la direction donnée à M. A'Court, 281. — Les lettres de R. Wilson arrivent en Angleterre sous son couvert, 282. — Canning désavoue la manifestation de la flotte angloise en faveur des cortès de Cadix, 306. — Discours dans lequel il se vante de la compensation qu'il a trouvée à l'invasion de l'Espagne par les François, 366-367. — Son humeur à la suite des succès de la France, 380. — Elle a augmenté en raison de ces succès, 395-396. — Sa douceur paroît suspecte à Chateaubriand, 407-408. — Il fait un brillant éloge de l'armée françoise dans la guerre d'Espagne devant le parlement, 417. — Il est mécontent de ce qu'on retient à Paris l'ambassadeur d'Espagne près de la cour de Saint-James, 423. — Un de ses discours apprécié par Chateaubriand, 424-425. — Sa réponse à une dépêche de Chateaubriand, 425. — Chateaubriand lui fait offrir de s'occuper des colonies espagnoles dans une ville neutre d'Allemagne, 430.
CANON. On le voit apparoître pour la première fois dans les rangs des Anglois à la bataille de Crécy, X, 172. — On s'en sert la première fois contre une ville, à Romorantin, 190.
CANOPE. Son école, son temple, IX, 299.
CANSAS. Débris qui restent de cette tribu indienne, VI, 197.
CANUEL (baron). Fait la campagne d'Espagne, VII, 280. — Il doit être dur pour lui d'être plongé dans les cachots, 315. — Services qu'il a rendus à Lyon, 537. — Déchargé de toute accusation et rendu à la liberté par la cour royale, 542. — Son interrogatoire, 543. — Article où on l'outrageoit apporté au Journal des Débats, VIII, 35. — Combat à Mathes, en Vendée, en 1815, IX, 631.
CANUT le Grand étoit poëte, XI, 508.
CAPEFIGUE (M.). Son éloge comme historien, IX, 47.
CAPELL (lord). Il est décapité, X, 403. — Cromwell fait son éloge, 403. — Paroles de lord Capell au bourreau, 403. — Son exécution, 403.
CAPELLARI (cardinal). Nommé pape, IX, 75.
CAPÉTIENS. A qui on fait remonter leur généalogie, IX, 606.
CAPITOLE. Nom que lui donnoit Cicéron, VI, 312. — Il est incendié dans les désordres qui signalèrent la fin de Vitellius, IX, 136.

— Domitien fit la dédicace d'un nouveau Capitole, 136.
CAPITOLIN (musée). Description, VI, 289-290.
CAPITULAIRES. Ceux de Charlemagne, X, 28. Ceux qui concernent la législation domestique, 28. — Les capitulaires des rois franks jouirent de la plus grande autorité, 29. — Karle le Chauve nous apprend comment se dressoit le capitulaire, 29. — La publication des capitulaires se faisoit par les évêques et les *missi dominici*, 30. — Les capitulaires furent obligatoires jusqu'au temps de Philippe le Bel, 30. — Collections qu'on en a faites, 30.
CAPUCINS. Leurs voyages dans les campagnes, II, 432-434. — Leur hospice du Saint-Gothard, 684.
CARACALLA, fils de Septime Sévère. Son buste au musée Capitolin, VI, 289. — Il veut tuer son père, IX, 147. — Il fait massacrer son frère Geta, 150. — Avec lui, la dépravation et la cruauté reparurent sur le trône, 150.— D'où lui venoit son nom, 150. — Il acheva d'ébranler l'empire en étendant le droit du citoyen à tous ses sujets ; c'étoit une mesure fiscale, 150. — Il aimoit les barbares, 150. — Comment il honore les dépouilles de Festus, son ami, qu'il a fait empoisonner, afin d'imiter Achille, 150-151. — Ses remords, 151. — Macrin le fait assassiner, 151. — Il eut des temples et des prêtres, 151.
CARACCIOLI. Bailli de l'ordre de Malte, VIII, 275.
CARACTATUS. Prince breton qui combattit contre les Romains, IV, 440.
CARAFFA (capitaine). Fonde l'ordre des ouvriers pieux à Naples, II, 490.
CARAÏBES. Décrits par le Père Dutertre, II, 459-460.
CARAMAN (le marquis de). Arrive à Vérone, XII, 34. — Sa réponse aux prétentions de Naples sur l'Espagne, 265. — Le roi en est très-irrité, 266. — Il demande des gratifications pour dépenses extraordinaires, et donne sa démission, 378. — Il sollicite le titre de duc, 378. — Retourne à Vienne, 378.
CARAUSIUS ou CARRAUSIUS, tyran de Bretagne. Sa fin, IV, 130-131. — Son histoire d'après Eumène, 440. — Vaincu par Constance, IX, 192.
CARAVANES. Elles sont très-anciennes, IV, 475. — Repos d'une caravane, V, 233. — Passage du Pythicus, 235.
CARBONARI. Les sociétés secrètes de France s'affilient à eux, XII, 121. — Leur organisation à Paris, 121. — Devoirs des carbonari, 121-122. — Leur nombre en France, 122. — Noms de diverses ventes, 122. — Ils vont secourir leurs frères d'Espagne, 122.— Leurs actes, 123 et suiv.
CARCAJOU, chat d'Amérique. Comment il chasse l'orignal avec les renards, VI, 107-108.
CARDAN (Jérôme), s'est frayé une route nouvelle dans la philosophie, I, 544.
CARDINAL. Origine de cette dignité, II, 415-416.
CARDONNE (M.). Son *Histoire de l'Afrique et de l'Espagne sous la domination des Arabes* citée, IX, 467.
CARELESS (le colonel). Charles II le retrouve à Boscobel, XI, 706. — Il étoit un des plus illustres chefs de l'armée du roi, 707. — Il avoit combattu à Worcester et avoit protégé la retraite du roi, 707. — Il retrouve le roi et se réfugie avec lui sur un chêne devenu fameux ; le roi y dort dans ses bras, 707.
CARÊME. Il étoit d'une extrême rigueur au moyen âge, X, 122. — Femme punie pour une réfection clandestine, 122.
CAREY (Henry), poëte et musicien. Les Anglois lui attribuent à tort l'air du *God save the King*, XI, 726.
CAREY (William). S'est occupé des langues de l'Asie, XI, 726.
CARIGNAN (prince de). Difficultés sur son retour en Piémont, XII, 48. — L'Autriche désireroit voir continuer son éloignement, 48. — Il ne sera point exclu de la couronne, 82. — Il a fait demander à servir comme volontaire sous le duc d'Angoulême en Espagne, 246. — Il se distingue à la prise du Trocadero, 340. — Il a conservé les épaulettes de grenadier dont il fut décoré par nos soldats, 341.
CARIN, fils de Carus, lui succède à l'empire avec Numérien son frère, IX, 187. — Il triomphe de Dioclétien, mais ses soldats le tuent, 189.
CARLISLE (comte de). Son portrait, X, 352.
CARLISLE (comtesse de). Avertit les membres du parlement que Charles Ier vouloit faire arrêter, X, 357.
CARLOMAN. *Voy.* KARLOMAN.
CARLOS (Don), menacé d'un coup de sabre, XII, 30.
CARLOSTADT. Se brouille avec Luther, XI, 552.
CARLOVINGIENS. *Voy.* KARLOVINGIENS.
CARMEL (Mont). Vu de la mer, V, 262-263.
CARNAC. Ses monuments druidiques, IV, 147, 458.
CARNÉADES, philosophe fondateur de la nouvelle académie, I, 534.
CARNOT. Attaques de Chateaubriand, I, 219. — Son *Mémoire au roi*, VII, 57-58.
CARONI (le père). Son *Voyage en Barbarie* cité avec éloge, V, 7-8.
CARPIN (Du Plan), pénétra dans le pays des Mongols, VI, 14.
CARPOCRATIENS, disciples de Carpocras, hérésiarques, IX, 394.
CARRACHE (Annibal). Paysage de lui à la galerie Doria, VI, 291.

CARRAUSIUS. *Voy.* CARAUSIUS.
CARREL (M.). Il a publié une *Histoire de la contre-révolution en Angleterre*, et donné une notice hors de pair sur l'Espagne, IX, 48. — Il peint parfaitement les mœurs du peuple espagnol, et trace le tableau de la guerre de Catalogne en 1823, 49-50. — Serré, ferme, habile et logique écrivain ; son style creuse et grave, XI, 631. — Il a été pris les armes à la main dans les rangs espagnols, XII, 131. — Il est devenu l'ami de Chateaubriand, 201. — Sa mort, 466. — Sa tombe, 469. — Lettre qu'il adresse à Chateaubriand sur la liberté de la presse, 470-471.
CARRIER. Ses atrocités à Nantes, IX, 64-65.
CARROUGES (Jean de). Son duel judiciaire avec Jacques Legris, X, 218-219.
CARTES (jeu de). C'est le seul monument qui nous reste des calamités du règne de Charles VI, X, 221-222.
CARTHAGE. Sa constitution, I, 355-356. — Religion, mœurs, principes militaires, génie commerçant des Carthaginois, 356. — Parallèle de Carthage et de l'Angleterre, 357 et suiv. — Ce que dit Polybe de la vénalité des places dans le sénat, 359. — Il falloit posséder un revenu pour être membre de ce corps, 359. — Le sénat étoit divisé en deux parties, 359-360. — Comparaison de Carthage et de l'Angleterre dans leur esprit guerrier et commerçant, 369 et suiv. — Expéditions maritimes, 370 et suiv. — Influence de la révolution grecque sur Carthage, 378 et suiv. — Carthage prend parti pour la royauté et attaque les colonies grecques en Sicile, 378. — Son armée est détruite, 378. — Elle demande la paix, 379. — Gélon la lui accorde, 379. — Les Carthaginois asservissent l'Ibérie, à cause de ses mines, 381. — Son histoire, V, 426 et suiv. — Prise par Scipion, 439-440. — Suite de sa ruine, 441. — César veut la rebâtir, 442. — Auguste la relève, 442. — Le christianisme à Carthage, 442. — Les Barbares à Carthage, 443. — Genseric y établit le siége de son empire, 443. — Ses héritiers, 444. — Bélisaire à Carthage, 444. — Suite de l'histoire de Carthage, 445. — Description, 445-448. — Ses monuments, 448-449. — Ses ports, 449-452. — Ses ruines, 452-454. — Mort de saint Louis, 455-461. — Genseric s'empare de Carthage, IX, 342. — État de cette ville au moment du siége, 459. — Prostitution, 459.
CARTIER (Jacques). Ses recherches en Amérique, VI, 409.
CARUS, empereur après Probus; son origine, mort foudroyé, IX, 187.
CASA-IRUJO. Désigné par Ferdinand VII pour le ministère des affaires étrangères, XII,

254. — M. de Talaru voudroit le remplacer par Vergas, 406.
CASIMIR, roi de Pologne, sa vie singulière, IX, 506.
CASS (M.), gouverneur du Michigan, a recherché les sources du Mississipi, VI, 87.
CASSINA. Nom donné au lac supérieur du Cèdre-Rouge en Amérique, VI, 37. — Sa situation d'après M. Pike, 37.
CASSIODORE. Sa grande *Histoire des Goths* est perdue, IX, 171.
CASTALIE (Fontaine). Julien la fit déboucher, IX, 251.
CASTEL (père). Ce qu'il dit des sciences exactes, II, 299.
CASTELBAJAC (M. de). Repoussé des élections par un commissaire, VIII, 247. — Parle très-bien pour le projet de loi sur l'intervention en Espagne, XII, 149.
CASTEL-CICALA (prince de). On l'offroit pour représenter le roi de Naples comme régent d'Espagne, XII, 184. — Le duc d'Angoulême eût servi sous lui, 185. — L'empereur de Russie mit fin à cette comédie, 185. — Il exhibe des pleins pouvoirs du roi de Naples qui l'autorisent à se rendre à Madrid pour entrer dans la régence, 256. — Comment sa communication avoit été reçue par l'ambassadeur anglois, 257. — Ce qu'il lui avoit dit, 257.
CASTELLAN. Ses *Lettres sur la Morée*, V, 93.
CASTELLANE (Altovitti de), tué par le grand prieur de France, X, 475.
CASTELLANE (Marcelle de), fille de la belle Chateauneuf, rencontrée par le duc de Guise, X, 475. — Sa passion pour le duc, 475. — Son portrait, 475-476. — Sa mort, 476. — On retrouve son corps conservé trente ans après, 476. — Couplets qu'elle composa lors du départ du duc de Guise pour la cour, 476.
CASTELLANE (M. le comte de). Sa proposition de révoquer la loi sur les cris et écrits séditieux, VIII, 318.
CASTELREAGH (lord). Ce qu'il disoit du congrès de Vienne, XII, 168.
CASTOR. Travaux de cet animal, II, 91. — Combat de castors contre les écureuils, 105. — Leurs constructions, VI, 100-101. — Leurs mœurs, 102-103. — Peau du castor ; sa chasse, 103. — Utilité des travaux des castors, 104. — Chasse au castor par les Indiens, 149-150. — C'est un crime de tuer les femelles, 150.
CASTRELL, ministre protestant, acheta la maison de Shakespeare à Newplace, et plus tard il la fit raser, 611.
CATACOMBES DE ROME. Visitées par Eudore pendant le sacrifice, IV, 82-83. — Delille les a peintes désertes, M. de Chateaubriand a voulu les peindre habitées, 396.

CATALANS, aventuriers en Orient, V, 77 et suiv.

CATALAUNIQUES OU MAURITIENNES (plaines). Bataille que s'y livrent Aétius et Attila, IX, 348-349. — C'est la dernière grande victoire obtenue au nom des anciens maîtres du monde, 349.

CATEAU-CAMBRÉSIS (paix de). Elle est l'ouvrage du connétable de Montmorency, X, 257.

CATHÉDRALES. La chrétienté les éleva à grands frais; aucune n'est achevée, X, 113. — Leurs ornements, 113-114. — Au dedans une cathédrale étoit une forêt, 114. — Les ornements qui n'adhéroient pas à l'édifice se marioient à son style, 114.

CATHELINEAU (Jacques), simple voiturier, prend le commandement de deux cents paysans en Vendée, attaque un poste républicain, contribue à la prise de Cholet, IX, 618. — Marche sur Villiers, 618. — Choisi pour généralissime par les autres chefs, 621. — Arrive trop tard à Nantes, y reçoit un coup mortel, 622. — Son fils apparoît dans la guerre de la Vendée en 1815, 631.

CATHERINE DES BOIS, patronne de la Nouvelle-France, III, 227.

CATHERINE DE MÉDICIS. Ouverture de son tombeau à Saint-Denis en 1793, II, 636. — Son portrait, IX, 86. — Elle épouse à Marseille Henri II, X, 245. — Elle avoit des liaisons avec le cardinal de Lorraine, 259. — Autorité dont elle jouit sous le règne de Charles IX et de Henri III, 260. — Son caractère, 260. — Entrevue avec Isabelle de France, femme de Philippe II et le duc d'Albe à Bayonne, 263. — En levant des troupes après ce voyage de Bayonne, elle fait naître la seconde guerre civile, 263. — Elle s'étoit plu à dépraver le généreux caractère de Charles IX, 267. — Elle crut voir le cardinal de Lorraine après sa mort, 269. — Elle rassure le duc de Guise, le reçoit à son hôtel et le mène chez le roi, 275. — A la journée des barricades elle entame des négociations qui n'aboutissent à rien, 276. — Voulant faire arriver la couronne à sa fille, elle hâta l'édit d'Union, 279. — A Blois elle avertissoit le duc de Guise en conseillant peut-être sa mort, 281. — Ayant reçu une lettre de la duchesse d'Aumale elle en fait part au roi, 282. — Elle cause avec le roi et lui conseille de se dépêcher, 282. — D'autres disent qu'elle ignora le projet du roi contre le duc de Guise, 282. — Elle songe à priver Henri III de la couronne, 284. — Après la mort du duc de Guise, Henri III va voir sa mère; ce qu'elle lui répond, 291. — Elle expire à Blois, 291. — Elle fit étrangler aux prisons Loménie, secrétaire du roi, I, 304. — Elle avoit entretenu un commerce intime avec le premier cardinal de Guise, 306-307. — On prétendit qu'elle avoit essayé d'empoisonner l'armée du prince de Condé tout entière, 307.

CATHOLIQUE. Nom attribué à l'Église dès l'origine, II, 417. — La religion catholique n'adopte aucune forme de gouvernement, VII, 499. — Tant qu'elle dépendra de l'autorité politique elle languira, IX, 329.

CATON. Cède sa femme à Hortensius et la reprend, II, 527. — Son suicide, V, 442.

CATULLE. Sa maison à Tivoli, VI, 316.

CAULIN, évêque. Il fait enfermer vivant le prêtre Anastase avec un cadavre, X, 106; XI, 544.

CAULINE (Sir). Sa ballade, XI, 535-536.

CAUSES FINALES. Leur réalité, II, 88 et suiv. — Elles sont surtout visibles dans les animaux que nous regardons comme des monstres, 109. — La structure de l'homme est une preuve des causes finales, 115-117.

CAUTIONNEMENT. On pourroit en demander un aux journalistes, VII, 177-178.

CAUX (le comte de). Accompagne la junte espagnole en qualité de chargé d'affaires, XII, 184. — Son départ pour l'Espagne, 240. — Ses qualités, 240. — Instructions sur ce qu'il doit faire en arrivant à Madrid, 254-255. — Mesures qu'il doit prendre pour faire écarter les prétentions du roi de Naples à Madrid, 270-271.

CAVALIERS. Nom qu'on donnoit aux royalistes sous Charles Ier; bruits qu'on répand contre eux, X, 371.

CAVEYRAC (abbé de). Ce qu'il a dit de la journée de la Saint-Barthélemy est vrai, VI, 536.

CAXTON, un des premiers auteurs imprimés en Angleterre, XI, 534.

CAYLUS, mignon de Henri III. Son duel; le roi lui fait élever un tombeau à Saint-Paul, X, 270. — Son monument est brisé par le peuple, 292.

CEDRON, torrent de Judée, V, 289-290. — Ce que signifie son nom, 324.

CÉFALONIE. Description, V, 117.

CÉLIBAT DES PRÊTRES. Son ancienneté; son utilité, II, 32.

CELSE. Accuse les chrétiens de propagande, IX, 366.

CELTES. Description de ces peuples, I, 381-382. — Division en petits États, 382. — L'ordre des druides, 382. — Croyances, 382.

CELTIQUE. On distinguoit le celtique pur du gaulois ou roman, X, 25. — Oraison dominicale en celtique, 587.

CELUTA, jeune Indienne, épouse de René, III, 190-510.

CENCI (La). Son histoire, XI, 605.

CENDRES. Cérémonie des cendres, II, 390.

CENIS (Mont). Passage du mont Cenis, VI, 273.

CÉNOBITES, religieux qui vivoient en communauté, IX, 386. — Leur occupation manuelle, 386.

Cens. Ce que c'étoit chez les Romains, manière dont Galerius le fit payer, IV, 521-522.

Censure. Son inutilité, II, 594. — Ce qui arrive quand elle est entre les mains des ministres, VII, 176-177. — Quand elle a été votée, et pourquoi les royalistes n'en veulent plus, 295. — Comment elle a été exercée, 296. — Comment elle dénature le gouvernement représentatif, 296. — Comment elle attaque jusqu'aux principes de l'ordre judiciaire, 297. — Si la censure existoit, c'est en vain qu'il y auroit une charte, 369. — Charles X abolit la censure en prenant la couronne, 370. — Elle a fait subir des mutilations à des articles sur les princes, 372-373. — Autres mutilations curieuses, 374. — De la censure, 379 et suiv. — Ses inconvénients sous le gouvernement constitutionnel, 379. — Elle n'a pas été établie pendant la guerre d'Espagne, 380. — La résurrection de l'*Aristarque* cause le rétablissement de la censure, 381. — La censure peut priver les citoyens du droit de réponse que leur accorde la loi, 383. — La censure est destructive de tout gouvernement constitutionnel, 384. — Elle est établie douze heures seulement après la promulgation de l'ordonnance, 384. — Composition de la commission, 384. — La censure n'a sauvé personne, 384. — Les raisons manquent au ministère pour le rétablir, 385. — La censure, dans l'état de la société et des institutions, ne peut convenir à personne, 386. — Ses illégalités, ses préférences, 386. — Premiers exploits de la censure, 387. — Elle est inutile et dangereuse, 387-388. — De l'abolition de la censure, 390 et suiv. — On la dit favorable aux écrivains; mais il s'agit des intérêts généraux, 391. — Quelques-uns étoient soulevés seulement contre la manière dont on exerçoit la censure, d'autres prétendoient qu'elle étoit nécessaire, 392. — Le dernier essai a prouvé qu'il n'étoit plus possible d'établir la censure parmi nous, 392. — Du rétablissement de la censure en 1827, 403 et suiv. — Y avoit-il nécessité de l'établir, 412-413. — L'administration l'impose pour guérir un mal qui est en elle, 414. — Des pairs et des députés peuvent-ils faire partie de la commission de surveillance de la censure, 415. — Esprit et marche de la nouvelle censure, 417. — De la composition du conseil de surveillance, 419-420. — La censure veut empêcher les blancs, 421. — Quelques-uns de ses faits, 422. — Elle refuse de laisser annoncer la brochure de Chateaubriand sur la censure, 422. — Comment elle laisse annoncer cet ouvrage, 423. — Sa prétendue douceur est pure jonglerie, 424. — Danger d'une censure perpétuelle, 424. — L'opposition ne doit pas accepter une censure modérée qui ne seroit qu'un semblant de liberté, 425-426. — Les persécutions rendroient la censure plus odieuse, 427. — La censure condamne ce que les magistrats acquitteroient, 427. — Nouveaux faits de la censure, 430-431. — Ce que dit le *Courrier anglois* du rétablissement de la censure, 431-432. — Marche et effets de la censure, 491 et suiv. — Situation du pays lorsque la censure fut établie, 496-497. — La censure paroît une loi caduque, 497. — Loin de protéger la religion, elle lui fait un tort irréparable, 498. — La censure formée en saint office d'espions, 500. — La loi de 1820 avoit proposé une haute commission de censure, 501. — Le rapporteur de la chambre des pairs avoit conclu contre cette commission, 502. — La chambre des pairs l'avoit rejetée, 503. — Les fonctions de censeur doivent entraîner la déchéance de la dignité de pair, 503. — La censure s'est exercée d'une manière intolérable, 503-504. — Le conseil de surveillance est impossible ou illusoire, 504. — La censure comparée à un abattoir, 505. — Elle empêche des plaidoiries de paroître, 505. — Il y a sans doute une censure secrète des aides d'office, 505. — Ruse de la censure, 505. — Elle permettroit des articles de doctrine, 506. — Elle interdit ce qui blesseroit les projets et les intérêts de sa coterie, 507. — Les censeurs se font critiques en littérature, 507. — Ils donnent trop peu de temps aux journaux, 507. — Ce que sont devenus les journaux sous les coups de la censure, 508. — Effets de la censure, 509. — La censure est absurde parce qu'elle est impuissante, 510. — Elle a supprimé des passages de plaidoiries, 558. — Chateaubriand vote en silence contre la censure après l'assassinat du duc de Berry, VIII, 53-54. — La censure amène la fin du *Conservateur*, 55. — La censure a perdu tous ceux qui ont voulu s'en servir, 65. — La censure attaque le gouvernement constitutionnel dans sa source, 260. — Elle empêche de connoître la situation de la France à l'étranger, 260-261. — Ce qu'elle a été en Angleterre, 262-263. — Elle n'existe point pour les livres et les brochures, 264-265. — La censure peut ôter toute liberté au bien sans pouvoir empêcher le mal, 265. — Elle ne met pas les personnes à l'abri de la calomnie, 267. — Ce qui arriveroit si on la supprimoit, 270. — Elle n'ajoute aucun pouvoir réel au gouvernement, 270. — De la censure des journaux non politiques, 331-334. — Prévarications et niaiseries de la censure, 671. — Discussion entre M. le duc de Choiseul et M. le vicomte de Bonald à propos de la suppression d'une lettre de M. de Choiseul aux gardes nationaux de la Seine, 672-674.

CENT-JOURS. Ce qu'ils coûtèrent à la France, XII, 98-99.

CENTURION. Ce que c'étoit, IV, 399.

CÉOS, l'ancienne Zéa. Ses grands hommes ; la gaze de soie y avoit été inventée, V, 224.

CÉPHISE, fleuve d'Athènes, V, 179.

CERF. Le cerf du Canada, VI, 104.

CERNES. Ile découverte par Hannon, I, 371.

CERVANTES (Michel). Blessé à Lépante, esclave à Alger, racheté ; il commença dans une prison son inimitable comédie, XI, 607. — Ce qu'il a reçu en dot de sa femme, 607. — Il montroit ses glorieuses cicatrices, 609.

CERVOLLES, dit l'archiprêtre. Se trouve à la bataille de Poitiers, X, 192. — Après la débandade du corps du dauphin, il vient se ranger auprès du roi, 198. — A la tête d'aventuriers il rappelle ce que les romans disent des mécréants et des enchanteurs, 210-211.

CÉSAR (Jules). Ses vices, I, 489-490. — Il a éclairci la géographie des Gaules, VI, 7. — Son buste au musée Capitolin, 290. — Il n'étoit qu'un chef de légion lorsqu'il écrivit l'histoire de la conquête des Gaules, 491. — Beau génie littéraire, il entendoit pourtant assez bien les affaires, 505. — Il étoit intrépide, 507. — Il est l'homme le plus complet de l'histoire, IX, 116. — Jugé par Julien, 234-235. — Il avoit déclaré qu'après la mort rien n'étoit, 417.

CHABERT (M. de). A déterminé la situation du temple de Minerve à Athènes, V, 92.

CHABOT (François), avoit été prêtre, VIII, 224.

CHACTAS. Défauts de cette création, I, 34, 35. — C'est un sauvage à demi civilisé, III, 4. — Son histoire, 19-481.

CHALDÉE. Sa situation à l'époque de la révolution grecque, I, 410. — Caste sacrée chez les Chaldéens, 410.

CHALETS. Les burons d'Auvergne, VI, 337. — Les chalets de Suisse, 347.

CHAMBÉRY. Description, VI, 270.

CHAMBORD. Le *Bourgeois gentilhomme* y fut joué pour la première fois devant Louis XIV, X, 487. — Description du parc et du château, 487-488. — On y aperçoit partout des traces de gloire et de malheur, 488. — Vers que François Ier y avoit gravés sur un carreau de vitre, 488. — Des François s'étoient associés dans le dessein d'acquérir pour le duc de Bordeaux ce parc abandonné, 488.

CHAMFORT. Chateaubriand l'invitoit quelquefois à souper dans sa famille, I, 7. — Ses *Maximes*, 340. — Éloge de ses talents littéraires et de société, 340-341. — Son portrait, 341. — Rétractation de cet éloge, 341. — Ce qu'il raconte de J.-J. Rousseau, 559.

CHAMOUNY. Sa mer de glace, VI, 342. — Tristesse de cette vallée, 346.

CHAMPELAIN (Samuel de). Chargé de diriger les établissements du Canada, VI, 409.

CHAMPOLLION-FIGEAC (M.). Fait l'historique de la Collection des documents relatifs à l'histoire de France, IX, 17.

CHAMP DE MARS et DE MAI. Les François y délibéroient, VII, 97.

CHAMPS-ÉLYSÉES. Projet d'embellissement, VIII, 620-621.

CHAMPVALLON. Comment Marguerite de Valois le recevoit, VI, 329 ; X, 308.

CHAMPVALLON, archevêque de Paris, étoit le familier de Rancé, X, 467. — Il avoit l'audace des Sancy ; il agréoit à Louis XIV ; on croit qu'il célébra le mariage du roi avec Mme de Maintenon, 467. — Il contraria Bossuet, et mourut à Conflans qu'il laissa à l'archevêché, 468.

CHANDLER. Son voyage, V, 91-92. — On n'écrit plus les voyages comme de son temps, XI, 754.

CHANDOS (Jean lord). Le récit de sa mort par Froissart, VI, 570. — Se trouvoit auprès du prince Noir à Poitiers, X, 193. — Il rencontre le maréchal de Clermont ; ils se défient, 196. — Il tue le comte de Clermont, 198. — Il engage le prince à marcher contre le corps du roi Jean, 199. — Il combat près du prince et attaque le corps du connétable, 200. — Il conseille au prince de planter sa bannière et de rallier ses troupes, 201. — Lorsque Charles V déclara la guerre à Édouard III, Chandos n'étoit plus, 225.

CHANOINES. Leur origine, II, 416.

CHANON. Inscription sous l'eau, au bord du Chanon, VI, 83-84.

CHANSON. Les chansons des postillons grecs, V, 131. — La chanson de mort, la chanson de guerre et la chanson de famille des sauvages de l'Amérique, VI, 157-158. — La chanson de la chair blanche chez les Muscogulges, 187-188. — La chanson, aussi ancienne en Angleterre qu'elle l'est en France, a pris toutes les formes, XI, 771. — La chanson *Les Marins*, de lord Dorset, 771-772. — La chansonnette *Le Pigeon*, 772.

CHANT GRÉGORIEN. Sa beauté, II, 283-284.

CHANTS. Chants scandinaves et chants des scaldes, IX, 434. — Chant de Lodbrog, 434. — Chant de Gunar, 435. — Chant d'Hildebrand, 436-437. — Chant de l'Iroquois, 436-437. — Chant des Grecs, 437-438. — La métaphore abondoit dans les chants des scaldes, 438. — Un chant d'amour des barbares, 439. — Un chant teutonique conserve le souvenir d'une victoire remportée sur les Normands en 881, 439.

CHANTS DE L'ÉGLISE. Leur beauté, II, 374-375.

CHAOS. Il apparoît à Satan, XI, 89, 91. — Le laisse passer, 93, 95.

CHAPELAIN. On peut tirer quelque fruit de la

lecture de la *Pucelle*, II, 153. — Il a seul placé le paradis chrétien dans son véritable jour, 255. — Il maintient dans ses ouvrages persécutés l'indépendance de la langue et de la pensée, X, 329. — Il fréquentoit l'hôtel de Rambouillet, 462.

Chapelet. Son origine, IV, 379.

Chapelle. Exclu de la société de Ninon ; comment il se venge, X, 465.

Chaperon, coiffure du moyen âge, X, 117.

Chapitres. Leur origine, II, 416.

Chapman, auteur dramatique du temps de Shakespeare, XI, 576.

Chappedelaine (M. de). Acquitté, VII, 542.

Charette. Louis XVIII assiste au service célébré pour lui à l'armée de Condé, IX, 501-502. — Il devient généralissime de la Vendée inférieure, 618. — Reprend Machecoul, 622. — Il attaque Nantes, 622. — Il refuse de reconnoître d'Elbée comme généralissime, 622. — L'armée de la haute Vendée vole à son secours, 622. — Il veut secourir la basse Vendée, 623. — Il livre après Savenay de nouveaux combats qui finissent par un traité glorieux, 628. — Il se faisoit admirer même des républicains, 629. — Il entre en négociations, 629. — Il consent à des délais, 629. — Un traité public est signé à la Jaunaye, 629-630. — Il recommence les hostilités ; il est pris et immolé, 630. — Trois années de paix suivent sa mort, 630. — Son neveu périt en Vendée en 1815, 631. — Charette commanda lui-même le feu du peloton qui lui arracha la vie, 635. — Buonaparte avoit donné une compagnie au neveu de Charette, 649.

Charin, amant de Marguerite de Valois, VI, 329 ; X, 308.

Charité. De la charité, II, 50-51. — Fragment retiré du *Génie du Christianisme*, VIII, 533.

Charlemagne. Poëmes qu'il avoit fait recueillir et transcrits de sa main, IX, 436. — L'opinion qu'il ne savoit pas écrire pourroit bien être une fable, 436. — Il succède à son père Peppin et ressuscite l'empire d'Occident, X, 22. — Il continue la guerre contre les Saxons, détruit la monarchie des Lombards et refoule les Sarrasins en Espagne, 22-23. — Défaite de son arrière-garde à Roncevaux, 23. — Ses expéditions militaires, 23. — Couronné à Rome par Léon III, 23. — Il pleure en voyant les Normands insulter les côtes qu'il protége, 23. — Il associe son fils à son trône, 23-24. — Sous le rapport militaire et législateur, il ne faisoit qu'imiter les empereurs romains, 27-28. — Sa force, 28. — Il garda la première simplicité des Franks, 28. — Ses capitulaires, 28. — Soin de ses domaines particuliers, 28-29. — Il concentra l'administration et le gouvernement social en sa personne, 31. — A sa mort l'unité disparut, 31. — Partage de son empire, 31. — Son goût pour la musique ; il avoit fait venir pour sa chapelle des chantres de Rome qu'il guidoit lui-même, 37. — — Chronique ou poëme sur Charlemagne, par le moine de Saint-Gall, 96-97. — Monuments que fit élever Charlemagne, 112.

Charles. *Voy.* Karle.

Charles IV, empereur d'Allemagne. Combat avec les François à Crécy, X, 171. — Il échappe blessé, 174.

Charles-Quint. Écoute Las Casas en faveur des Indiens, et lui concède Cumana, II, 674-675. — Sa naissance, X, 239. — Il monte sur le trône, 241. — Il est élu empereur, 242. — Commencementde ses guerres avec la France, 243. — Revenu triomphant de son expédition d'Afrique, il est battu en Provence et en Picardie, 245. — Il est ajourné à la cour des pairs de France comme vassal rebelle, 245. — Il traverse la France pour aller apaiser les troubles de la ville de Gand, 245. — Il traîne neuf ans sur la terre après François Ier, 246. — Il abdique et se retire dans un monastère, 246. — Il célèbre vivant ses propres funérailles, 246. — Son caractère, ses mœurs, 246. — Luther comparoît devant lui à la diète de Worms, XI, 550. — Voltaire prétend que Charles-Quint hésita entre le moine et Rome, 551.

Charles IV, dit le Bel, roi de France. Ouverture de son tombeau à Saint-Denis en 1793, II, 640-641. — Il succède à Philippe V, X, 76. — Il s'occupa d'une croisade, fit poursuivre les financiers, les juges prévaricateurs et les nobles qui s'emparoient du bien d'autrui, 76. — Ses guerres, 77. — Sa mort, 78. — Ses trois mariages, 78.

Charles V, roi de France. Dépouillé par la faction de Charles de Navarre, I, 502. — Ouverture de son tombeau, II, 634-635. — Il se laisse séduire par Charles le Mauvais, X, 185-186. — Il commande un corps d'armée à la bataille de Poitiers, 192. — Les cavaliers défaits se replient sur son corps ; ses gardes le forcent à s'éloigner, 198. — Du Guesclin aide Charles V à accomplir son œuvre, 205-207. — Retour de Charles à Paris, 207. — Le roi Jean l'avoit nommé lieutenant général du royaume ; à sa majorité il prend le titre de régent, 207. — Il convoque les états, 207. — Il refuse de tenir secret ce que les états ont à lui dire, 207. — Il conclut la paix avec le roi de Navarre, 212. — Il savoit choisir les hommes, 214-215. — Il fait sommer le prince Noir de se rendre à Paris, 215. — Il envoie une déclaration de guerre à Édouard III, 215. — Il survécut peu à Du Guesclin, 216. — Ce qu'il disoit des rois, 216. — Sa politique, 216.

CHARLES VI, roi de France. Ouverture de son tombeau à Saint-Denis, en 1793, II, 635. — Sa mort d'après M. de Barante, VI, 574-575. — Déguisé en sauvage, il pensa devenir victime de cette mascarade, X, 119. — Sa minorité, 217. — Les exécutions nocturnes commencent sous son règne, 217. — Il épouse Isabeau, fille d'Étienne, duc de Bavière, 217. — Projet de descente en Angleterre, 218. — Il prend les rênes du gouvernement, 219. — Il veut tirer vengeance de Craon; dans la forêt du Mans un fantôme arrête le cheval du roi par la bride, 220. — Fureur du roi ; il ne tua ni ne blessa personne, 220. — On le ramène au Mans, 220. — Les oncles du roi prennent en main le gouvernement, 220. — Tableau de sa folie et de son règne, 221. — Il fait son testament, 221. — La reine l'emmène à Tours, 223. — Il reconnoît Henri V, roi d'Angleterre, pour son héritier, 224. — Deux ans après le traité de Troyes, il meurt à Paris, 224.

CHARLES VII, roi de France. L'histoire le montre réduit à sa ville d'Orléans, I, 502. — Ouverture de son tombeau à Saint-Denis en 1793, II, 635. — Son élévation au trône, VI, 575-576. — La monarchie féodale se décompose sous le règne de ce roi, IX, 79. — Il apprend la mort de son père et est proclamé roi par un petit nombre de fidèles, X, 224. — Jeanne d'Arc sauve la patrie, 225-226. — Le traité d'Arras réconcilie Charles VII avec le duc de Bourgogne, 227. — Charles VII fait son entrée dans Paris, 227. — Il reprend la Normandie, la Guienne et Bordeaux, 227. — Il se laisse mourir de faim, 227. — Ses défauts, 227. — La puissance populaire s'accrut sous son règne, 228. — Sous Charles VII expirèrent les lois de la féodalité, 228. — Transformation de la monarchie, 228, 229.

CHARLES VIII, roi de France. Ouverture de son tombeau à Saint-Denis en 1793, II, 636. — Il étoit bien fils de Louis XI, X, 236. — Il fait mettre Charles d'Armagnac en liberté, 237. — Il épouse Anne de Bretagne, 237. — Expédition en Italie, 237. — Sa mort, 238. — Son portrait par Commines, 238.

CHARLES IX, roi de France. Ouverture de son tombeau à Saint-Denis en 1793, II, 636. — Il rivalisoit avec Ronsard, VI, 330. — Ses obsèques, IX, 85. — Entrevue de Bayonne avec Isabelle de France, femme de Philippe II, et le duc d'Albe, X, 263. — Il propose le mariage de sa sœur Marguerite avec le roi de Navarre, 264. — Ses caresses à la reine de Navarre, 265. — La Saint-Barthélemy, 265. — Depuis ce massacre des huguenots, il paroît tout changé, 266. — Sa mort; ses remords; consolations de sa nourrice, 267. — Son corps porté sans pompe à Saint-Denis, 268. — Sous le règne de Charles IX, le clergé eut beaucoup à souffrir, tant des huguenots que du roi, 325. — On ne trouve pas contre Charles IX un seul écrit de ses contemporains catholiques, 326.

CHARLES X, roi de France. Son gouvernement, I, 217-218. — Son retour en France, VII, 32. — A peine lui permettoit-on de suivre de loin les armées qui avoient envahi la France, 47. — Courage et loyauté en 1815, 133. — Acquiescement général à son avénement et opposition générale au ministère, 327. — Causes de sa popularité, portrait, commencement de son règne, 328-329. — Félicité d'avoir aboli la censure, 390. — Il a succédé à Louis XVIII sans aucune opposition, 393. — Il s'est élevé au niveau de sa fortune; promesses qu'il a faites, 394. — Enthousiasme qu'il a produit, 394-395. — Espoir en lui, 512-513. — Son sacre ; il a juré la charte, VIII, 70-71. — Son éloge à propos de sa fête, 132-134. — Ses deux fils, IX, 490. — Il part pour les Pays-Bas, 492. — Il va rejoindre les corps d'émigrés françois qui combattoient dans la Flandre autrichienne et dans la Hollande, 495. — Il habite le château de Marie Stuart, puis va demeurer à Londres, 521. — Il adhère à la réponse que fait Louis XVIII aux offres de Buonaparte, 522-523. — Part pour la Suisse, 529. — Il vient voir le duc de Berry blessé mortellement, 562. — Sa douleur après la perte de son fils, 574. — Sa lettre au prince de Condé pour lui recommander l'éducation militaire du duc de Berry, 586-588. — Son avénement au trône, 611. — Ses qualités, 611. — Il devra se faire sacrer, 611-614. — Dans sa jeunesse, il vint apprendre à la Trappe la pénitence de Jacques II, X, 578. — Dernière visite que lui fait Chateaubriand à Buschtirad, XII, 463-464. — Sa mort, sa tombe, 464. — Ce qu'il dit à De Sèze, 486-487.

CHARLES Ier, roi d'Angleterre. Son jugement et sa condamnation, I, 516-519. — Étoit-il innocent, 518. — Ses derniers moments, 519. — L'*Icon Basilike* est de lui, 519. — Sa mort, 520. — Description de la place où il fut exécuté, 520. — Parallèle entre sa mort, celle d'Agis et celle de Louis XVI, 525-528. — En prison, il s'attendoit à être assassiné, 528. — Sa prière pour ses meurtriers, VIII, 565. — Il épouse Henriette de France, sœur de Louis XIII, X, 329. — Ses principes politiques, 349. — Premiers symptômes de division avec le parlement, 349. — Il dissout trois parlements, 350-351. — Ses ministres, 351. — Il cherchoit le gouvernement absolu, 352. — Ses qualités, 352. — Résistance à ses actes, 352. — Il oppose son covenant au covenant écossois, 353. — Il conclut une trêve lorsqu'il étoit assuré d'une victoire,

353. — Charles assemble un quatrième parlement, 354. — Mésintelligences avec sa femme, 356-357. — Prétendue lettre au roi de France évidemment falsifiée, 357. — Caractère du roi, 357. — Il aimoit Henriette avec passion, 358. — Lettres qu'il lui écrit, 358-359. — Lettre qu'il reçoit de la reine, 359. — Lettre qu'il lui écrit au moment de mourir, 359. — Comment la reine apprit sa mort, 362. — Il convoque le long parlement sur l'avis de la reine, 365. — Il abandonne la prérogative, 365. — Il retient Strafford, 365. — Après l'arrestation de Strafford, il accorde tout aux Communes, 366. — Comment il sanctionne l'acte qui condamne Strafford, 369. — Sa lâcheté ne sauva point sa couronne, 370. — Il part pour l'Écosse ; revient ; le parlement lui présente des remontrances ; il se rend au parlement ; une insurrection éclate ; la reine le force à donner sa sanction à la loi qui privoit les évêques de voter, 371. — Charles se retire à York, 371. — Conduite politique du roi, 371. — Dans les combats de plume son parti eut presque toujours raison, 372. — La fortune se déclare d'abord pour le roi ; la reine lui amène des secours ; il assemble à Oxford les membres du parlement qui lui étoient restés fidèles, 373. — Il veut en vain traiter à Huxbridge, 377. — Défait à Naseby, il se rend à l'armée écossoise, 378. — Il ouvre des négociations à Newcastle, et refuse d'accepter l'arrangement, 378. — L'armée covenantaire le livre au parlement, 378. — Il est conduit au château de Holmby, 379. — Joyce l'enlève et le conduit à New-Market et à Hamptoncourt, 379. — Négociations avec Cromwell ; ce qu'il lui offroit, 380-381. — Charles fut accusé de fausseté ; ses lettres et ses papiers publiés, 381. — Ce qu'il écrivoit à la reine, 381-382. — Il s'échappe de Hamptoncourt, arrive sur la côte, ne peut prendre la mer, se rend au château de Tichfield, sollicite la protection du gouverneur de l'île de Wight, refuse de laisser poignarder Hammond, redevient prisonnier de la faction militaire au château de Carisbrook, 382. — Le parlement traite encore avec le roi ; on ne peut s'entendre sur les points de discipline religieuse, 383. — Les Écossois viennent à son secours et sont battus, 383. — L'armée demande sa mise en jugement, 383. — Le parlement presse les négociations avec le roi, 384. — Charles est conduit de l'île de Wight au château de Hurst, et bientôt à Windsor, 384. — Il avoit envoyé son ultimatum aux Communes, 384. — Il auroit pu s'échapper, 384. — La Chambre des communes épurée le met en jugement, 385. — Il est conduit de Windsor au palais Saint-James et de là à la barre de la cour, au palais de Westminster, 385. — Son jugement, 385. — Ce dont Bradshaw l'accuse, 386. — Charles propose de s'expliquer devant un comité formé de lords et de membres des communes : cette proposition est repoussée, 386-387. — Un prédicateur le compare à Barabbas, 387. — Sa condamnation, 388. — Il entend lire son arrêt, 389. — Il se prépare à la mort ; embrasse deux de ses enfants ; ce qu'il dit au duc de Glocester, 389. — Il demande l'assistance de Juxon, 390. — Préparatifs, départ du roi pour le palais de Whitehall, 390. — Arrivée à Whitehall, 391. — Retard apporté à l'exécution, 391.— Il monte sur l'échafaud, 392-393. — Relation de la mort du roi de la Grande-Bretagne, 394. — Paroles qu'il adresse au colonel Thomlinson, 395-397. — Il fait une profession de foi, 397. — Ses instructions à l'exécuteur, 397-398.— Sa mort, 398. — On ne put retrouver son corps à la restauration de Charles II, 398.— On retrouve son cercueil en 1813, 399. — Masque des bourreaux, 399. — Effets produits en Angleterre par son exécution, 401. — L'*Eikon Basiliké* n'est point de lui, 401. — Deuil public ordonné sous Charles II, 401.— Libelles du temps de Charles Ier, XI, 626.— Milton répond à l'*Eikon Basiliké*, 646. — Ce qu'il dit au sujet du repentir de Charles pour l'exécution de Strafford, 646. — Milton se joue des réflexions du roi à Holmby et de sa lettre testamentaire au prince de Galles, 647. — L'*Eikon* n'est pas du roi, mais du docteur Gauden, 647. — Dans la correspondance du roi et de la reine que les parlementaires surprirent et imprimèrent, ils ne changèrent rien, 647. — Suivant Johnson, les régicides s'emparèrent des papiers que le roi donna à Juxon sur l'échafaud, 648. — L'*Eikon Basiliké* ne peut être tout entier de Gauden ; il aura travaillé sur des notes laissées par Charles Ier, 648. — Pensées que Charles Ier a pu seul écrire, 648.

CHARLES II, roi d'Angleterre. Obligé de dormir sur un chêne, I, 502. — Sa restauration, X, 331. — Il ne se fit catholique qu'en mourant, 364. — Les Écossois se décident à reconnoître ses droits, 404. — Il se rend à Édimbourg, et publie une déclaration déshonorante, 404. — Battu par Cromwell à Worcester, il est forcé de fuir, 405. — Histoire de sa fuite, 405. — Grenville apporte à Monk la déclaration de Charles II, elle ne promettoit rien, 428. — Des commissaires du parlement vont déposer les vœux de l'Angleterre aux pieds de Charles II à Breda, 428. — Charles II monte sur un vaisseau de la flotte angloise à La Haye et débarque à Douvres, 428. — Il embrasse Monk et demande où sont ses ennemis, 428. — Il fait son entrée dans Londres, 428. — Corruption des mœurs sous son règne, 430. — Histoire de son règne, 432. — Son ingratitude pour les *cavaliers*, 433. — Il casse le parlement et en ouvre un autre plus séditieux encore, 434. — Il dépouille Londres et d'autres villes de leurs chartes, et devient cruel et persécuteur, 434. — Sa mort, 435. — Son caractère, 435. — Poëtes et savants de son temps, 435-436. — Dans sa déclaration de Breda, il annonçoit qu'il pardonnoit à tout le monde, s'en remettant aux Communes pour les exceptions, XI, 663. — Peintures de la cour de Charles II dans le *Paradis perdu*, 673. — Retraite de Charles II après la bataille de Worcester, 706. — Reçu par les Pendrell, paysans, 706. — Il se réfugie sur un chêne avec Careless, 707. — Il est reconnu par le sommelier d'une hôtellerie, qui s'agenouille devant lui, 707. — Sous le règne de Charles II, une révolution s'opéra dans le goût et dans la manière des écrivains anglois, 715. — Charles avoit retenu de ses courses un penchant aux mœurs étrangères, 715. — Esprit de sa restauration, 717. — Réponse que lui fit Shaftesbury, qu'il appeloit le plus mauvais sujet de son royaume, 717. — Caractère de Charles II, 718.

CHARLES IV, roi d'Espagne, est appelé à la couronne, XII, 6. — Prend Godoï pour favori, 6. — Un soulèvement le fait abdiquer, 7. — Il est appelé à Bayonne, 7. — Il reprend la couronne pour l'abdiquer de nouveau, 7. — Il chemine avec la reine vers Marseille, 7.

CHARLES MARTEL. *Voy.* KARLE MARTEL.

CHARLES D'ANJOU, frère de saint Louis, et roi de Sicile. Le premier en Europe il fit décapiter un prince souverain injustement condamné, X, 60.

CHARLES LE MAUVAIS, roi de Navarre. Sa naissance, ses possessions, X, 184. — Jean II lui promet sa fille en mariage, 184. — Ses droits à la couronne, 185. — Son portrait, son caractère, 185. — Il fait assassiner La Cerda et se lie avec l'Angleterre, 185. — Il obtient son pardon du roi Jean, 185. — Il séduit le dauphin, 185. — Jean II va l'arrêter à Rouen, 189. — Délivré de sa prison il accourt à Paris, 208. — Il fait ouvrir les prisons, 209. — Il avoit empoisonné le dauphin; il avoit voulu enfermer le roi dans une tour, 210. — Le régent conclut la paix avec lui, 212. — Sa mort, 218.

CHARLES DE BLOIS. Investi du duché de Bretagne, X, 135. — Prend Rennes; investit Hennebon, 137. — La comtesse de Montfort brûle son camp pendant un assaut, 137. — Il va assiéger Auray, 138. — Il prend Auray, Vannes et Carhaix, et revient devant Hennebon, 140. — Il donne sa parole à La Cerda pour ce qu'il lui demandera; celui-ci veut la vie de deux prisonniers, 140. — Mauny enlève les prisonniers et on soupçonne Charles d'y avoir prêté les mains, 141. — Charles de Blois tué à la bataille d'Auray, 215.

CHARLES LE TÉMÉRAIRE. Partage de ses dépouilles par les Suisses, I, 396.

CHARLES-ÉDOUARD, le prétendant, descend en Écosse, remporte deux victoires et ne marche pas sur Londres, X, 339. — Il avoit du héros; il aborde en Écosse, s'empare d'Édimbourg, bat les Anglois à Preston, s'avance jusqu'à quatorze lieues de Londres, 445. — Obligé de reculer, il gagne la bataille de Falkirk, mais il perd celle de Culloden, erre dans les bois, et renouvelle les aventures de Charles II, 446. — Revenu en France, il en est chassé par le traité d'Aix-la-Chapelle; arrêté et conduit à Vincennes, il se retire à Bouillon, puis à Rome, 446. — Il s'attache à une princesse dont Alfieri a continué la renommée, 446. — Il ne pardonna jamais au gouvernement françois; vers la fin de sa vie il s'abandonna à la passion du vin, 446. — Sa mort, 446. — Son tombeau, 446.

CHARLES-FÉLIX. Se rend à Vérone, XII, 34. — Lettre par laquelle il envoie son ordre de l'Annonciade à Chateaubriand, 355.

CHARLES-ALBERT. *Voy.* CARIGNAN (prince de).

CHARLES DE VALOIS. *Voy.* ANGOULÊME.

CHARLEVOIX (le père). Son histoire du Paraguay, II, 447. — Décrit les fêtes des Indiens, 455-456. — Description qu'il fait des missions du Canada, 465-466. — Rapporte les traditions des Algonquins, 546. — Description qu'il fait du pays des Natchez, de leurs mœurs et de leur gouvernement, III, 513-524. — Raconte leur attaque contre les François, 524-526. — Ce qu'il dit de l'amitié des sauvages pour les François, VI, 419.

CHARLOTTE D'ANGLETERRE (la princesse), fille de Georges IV. Elle a chanté les beautés de Claremont, XI, 769. — Sa mort, 769-770.

CHARLOTTE-ÉLISABETH de Bavière, duchesse d'Orléans. *Voy.* ÉLISABETH-CHARLOTTE.

CHARNY (Geofroy de), porte l'oriflamme à la bataille de Poitiers, X, 199. — Lutte contre une foule d'ennemis qui la lui vouloient arracher, 200.

CHARONDAS, législateur dans la Grande-Grèce, I, 390. — A quelle époque il vivoit, 390. — Ses principes, 390-391. — Sa mort, 391. — Il donna des lois à une nouvelle ville, 392. — Étoit guerrier, 558.

CHAROST. Querelle qu'il a avec Saint-Simon, X, 573. — Il tombe en pamoison, 573.

CHARTE. Son éloge; elle réunit toutes les opinions, réalise toutes les espérances, satisfait tous les besoins, VII, 83-85. — Objections des constitutionnels, 85 et suiv. — C'est la première constitution qui ait aboli la confiscation, 86. — Objections des royalistes contre la charte, 91 et suiv. — Avantages de la charte pour les hommes d'autrefois, 105-110. — La classe la plus nombreuse des François doit être satisfaite de la charte, 110-111. — Le trône trouve dans la charte sa sûreté et sa splendeur, 111-112. — La monarchie selon la charte, 161 et suiv. — Les royalistes attachés à la charte, 300-305. — Ce qui empêche de bien comprendre son esprit, 305. — Ce qui arriveroit si on la retranchoit, 315. — Elle est inexplicable avec la censure, 390. — Le parti qui demande l'abolition de la liberté de la presse veut détruire la charte, 485. — La résolution qui suspend l'inamovibilité des juges ne viole pas la charte, VIII, 186. — Du désaccord de la charte avec la loi d'élection, 234-235. — La charte étoit octroyée, mais la France avoit assez donné pour qu'on ne pût pas la lui reprendre, 490.

Charte (grande) des Anglois. De quelle époque elle est ; ce qu'elle contient, X, 55.

Chartreuse. Description en vers de la chartreuse de Paris, par M. de Fontanes, II, 356-360. — Promenade dans cette chartreuse, 361.

Chasles. Son *Tableau de la marche et des progrès de la langue et de la littérature françoises*, XI, 727.

Chasse. Préparatifs des Indiens d'Amérique, VI, 146. — Trappes employées, 147. — La chasse aux loutres, aux renards, aux loups et aux rats musqués, 147-148. — Chasse du castor, 149-150. — Chasse aux ours, 150-152. — Chasse de l'orignal, 152. — Chasse du bison, 152. — Chasse aux colombes, 153. — Retour de la chasse, 154. — Chasse au compte des compagnies de pelleterie, 202. — La chasse étoit le grand déduit de la noblesse ; ce que coûtoient les chasses royales, X, 119. — Ce que dit Jacques Ier de la chasse, XI, 622-623.

Chastelard, fils naturel de Bayard, décapité, X, 474. — Sa romance sur sa reine aimée, 474.

Chastellux (Cte de), ministre de Louis XVIII à Naples, négocie le mariage du duc de Berry avec la princesse Christine de Naples, IX, 510.

Chastellux (César vicomte de). Lettre que lui écrit le duc de Berry, IX, 498. — Le prince voudroit lui faire épouser l'aînée des filles de Mme de Montsoreau, 518.

Chasteté. En honneur chez les sages, II, 36. — Ce qu'en dit saint Bernard, 38. — Ce qu'elle produit, 38. — Elle est nécessaire dans le service de la divinité, 38.

Chateaubriand (la comtesse de), sœur de Lautrec. Comment elle rend à François Ier les bijoux qu'elle avoit reçus de lui, VI, 497.

Chateaubriand. Ses véritables prénoms, I, 3. — Date de sa naissance, 3. — Sa première enfance, 3. — Son attachement pour sa sœur Lucile, 3-4. — Séjour à Combourg, 4. — Études à Dol, 4. — Ses études à Rennes, 5. — Il va à Brest, 5. — Il a gardé toute sa vie de l'instinct du navigateur et du marin, 5. — Inconvénient de ses *Mémoires*, 5-6. — Projet sinistre, 6. — Il reçoit un brevet de sous-lieutenant, va à Cambrai, à Paris et à Versailles, 6. — Ses vers dans l'*Almanach des Muses*, 6. — Son talent en vers, 6. — Ses *Mémoires* sont sincères, mais poétiques, 6-7. — Ce qu'il dit de la fontaine de Vaucluse, de Laure et de Pétrarque, 7. — Gens de lettres qu'il fréquentoit, 7. — Il est plus vrai et naïf dans l'*Essai sur les Révolutions* que depuis, 7. — Ses jugements de 1826 et des *Mémoires*, 8. — Ses jugements sur Rousseau, 8. — S'il avoit commencé avant la révolution, il auroit été disciple de Rousseau, 8. — Son départ pour l'Amérique du Nord, 9. — But de son voyage, 9. — Son retour, 9. — Ses descriptions, 10-11. — Il étoit plus tard moins sensible aux charmes de la nature, 12. — Comment il revient en France, 13. — Son mariage, 13. — Son départ pour l'armée des princes, 13. — Il assiste au siège de Thionville, 13. — Il a rendu ses impressions de cette époque dans le récit d'Eudore, 13-14. — Il tombe malade, arrive à Namur et à Londres, 14. — Il écrit son *Essai sur les Révolutions*, 14. — Idée de ce livre, 15, 16. — C'est un livre étrange et désordonné, 17. — Abus que l'auteur y fait des rapprochements, de l'antithèse historique et du parallèle, 18. — Il n'a pas le sentiment du ridicule, 18. — Ce qu'il disoit de l'*Émile*, 18. — Ce qu'il pensoit de la profession de foi du vicaire savoyard, 18-19. — Il croyoit avec Rousseau à la supériorité de l'état sauvage, 19. — L'*Essai* révèle chez Chateaubriand une faculté de sensibilité, 20. — Conseils qu'il donne aux malheureux, 20-21. — Il peint là sa vie en Angleterre, 21. — Il rêve de vivre à la campagne, 22. — Sa sensibilité, 22-23. — Curiosité de son style, 23. — Mort de sa mère, 24. — Comment il l'apprend, 24-25. — Sa conversion, 25. — Il a réfuté dans une lettre les conclusions de *René*, 26. — Sa sincérité d'artiste et d'écrivain, 26. — Sa rentrée en France, 26. — Il corrige son œuvre, 27. — Nouveaux amis, 27. — Il brise une lance peu courtoise contre Mme de Staël, 28. — Sorte de rétractation équivoque, 29-30. — Autre note rétractative, 30. — Il se plaint que Mme de Staël ne l'ait pas nommé dans son livre sur la *Littérature*, 30. — Il publie *Atala*, 30. — But de l'auteur, 31. — Sa théorie des larmes, 32. — Il a le don, le talent, mais aussi la manie de grouper, 34. — Ses images, 36. —

Ce que Bernardin de Saint-Pierre pensoit de Chateaubriand, 36-37. — Comparaison entre Bernardin de Saint-Pierre et Chateaubriand, par M. Joubert, 37-38. — Corrections que Chateaubriand a faites au texte de la première édition d'*Atala*, 38. — Défauts d'*Atala*, 39. — On y trouve des observations charmantes, 39, 40. — Harmonie du style, 40. — Le style de ses *Mémoires* en est loin, 41. — Couleur locale, tatouage dans le style, 41. — Critiques d'*Atala*, 43-64. — Création dans l'expression, 47.—L'auteur eut un instant l'idée de se choisir un sarcophage antique pour cercueil, 52. — Belles maximes dans le discours du père Aubry, 53. — Publication du *Génie du Christianisme*, 64 et suiv. — Ce que disoit Chateaubriand dans sa préface, 68. —Jugement sur ce livre, 69. — Comparaison de M. de Bonald, 69. — Article de Fontanes, 69-73.— Divisions de l'ouvrage, 73-74. — Son premier chapitre, 74. — L'auteur a tout réclamé, tout accaparé pour le christianisme, 80. — Conçu et touché plus discrètement, son livre seroit plus beau, plus vrai, plus durable, 80. — Le grand rôle d'avocat de christianisme étoit à prendre, il le saisit, 81. — De l'unité de sa vie : c'est un poëme à contrastes, un trophée, une *panoplie* qui brille au soleil, 81. — Cause de son succès, 81. — La rhétorique a une grande part à la première partie du *Génie du Christianisme*, 82. — Comment l'auteur parle des mystères, 82. — Comment il traite des sacrements, 83. — Tout dans ces pages atteste le pur jeu du talent et l'absence totale de gravité, 86. — Conseils que lui donnoit M. Joubert, 87-89. — Loin de cacher son savoir, il ne nous a fait grâce de rien, 88. — Pour prouver l'existence de Dieu par les merveilles de la nature, il puise dans ses cartons de voyage, 89. — Ses descriptions d'oiseaux passent pour charmantes, 90. — Ce qu'il dit du rossignol est-il bien exact, 91. — Sa peinture du nid du bouvreuil, 92. — Ce qu'il dit des migrations des oiseaux, 92. — L'épisode des écureuils, 93. — Sa prédilection pour les crocodiles, 94. — Peinture à effet, 94. — Scène de la mer, 95-96. — Explications qu'il donne dans ses *Mémoires*, 97.— On découvre qu'il y a du creux, 97. — La poétique du christianisme, 98. — Ce qu'en disoit M. de Bonald, 98. — Comment M. de Chateaubriand parle des anciens, 99. — Cette partie de l'ouvrage est riche de beautés fines et de nuances exquises; c'est de la grande critique littéraire, 99. — A côté des remarques exquises, il y a les excès, les exagérations et les omissions, 101-102. — Il s'est jugé lui-même très-sévèrement relativement à la partie qui s'occupe des arts, 102. — Comment il parle de Commynes, de Tacite, de Machiavel et de Montesquieu, 103. — Ce qu'il a dit des beautés poétiques recherchées et à effet, 104. — Il déclare qu'on ne peint bien que son propre cœur en l'attribuant à un autre, 104.—La quatrième partie du *Génie du Christianisme* contient de tout, 105. — Ce que l'auteur dit des missions du Paraguay, 105-106.— On y sent comme un frais renouvellement des jours d'Orphée, 106. — Comment se termine le livre, 106. — Prière par laquelle finissoit la première édition, 107. — C'étoit une illusion de Chateaubriand de croire qu'il avoit suivi la route et rempli jusqu'à un certain point le plan de Pascal, 107. — Le *Génie du Christianisme* a créé une mode littéraire en religion, 109. — Cet ouvrage n'est pas présenté pour les prix décennaux, 110-111. — L'empereur demande un rapport; critique de l'Académie, 111. — Opinion de M. Daru, 111. — Critiques de l'abbé de Pradt, 111-112. — *René*, portrait de l'auteur lui-même dans sa jeunesse et sous le rayon le plus idéal, 112. — Ce que dit Chateaubriand de cette création, 116. — L'histoire de René est sa propre histoire, 118. — Il a répété ses rêves dans les *Mémoires d'Outre-tombe* : le premier récit est plus pur, plus net, plus vrai, 119. — Ce qu'il dit de la mort de son père, 119. — Dans *René* il cueille partout la *fleur du désenchantement*, 120. — Il y trace l'itinéraire poétique que tous les talents de notre âge suivront, 121.—Belles pages de *René*, 126-127. —Moralité plaquée, 127. — Ce qu'il dit des compositions de J.-J. Rousseau, de Gœthe, de Byron analogues à *René*, 127. — Jugement de Chênedollé sur *René*, 127. — Pour bien juger *René*, il faut se rappeler la lettre à Céluta, 128-129. — *René* est la plus belle production de Chateaubriand, 130. — Succès du *Génie du Christianisme*, 131-132. — Sa dédicace au premier consul, 133. — Lettre de Chateaubriand à Gueneau de Mussy, 133-134. — Il désiroit des articles, 134. — Ses impressions durant le voyage de Rome, 134. — Ce qu'il écrit du pape, 135. — Ses démêlés avec le cardinal Fesch, 135. — Ce que Fontanes écrit à Gueneau de Mussy à ce sujet, 135. — Mme de Beaumont va retrouver Chateaubriand à Rome et y meurt, 136. — Lettres de Chateaubriand sur les beautés de Rome, 136-137. — Son retour à Paris, 137. — Il rompt avec Napoléon, 137. — Ce que Napoléon disoit de lui à Sainte-Hélène, 138. — Comment il juge Napoléon dans ses *Mémoires*, 138-139.—A Rome il conçoit la première idée des *Martyrs*; écrit des *Lettres sur l'Italie* à Joubert, une *Lettre sur Rome* à Fontanes, 139.— Il en veut aux montagnes, 139-140.—Ce qu'il dit des Alpes, 140.

— Ce qu'il dit de l'Italie, 140-141.— Plus tard il rend ses propres impressions par la bouche d'Eudore, 141-142. — En général il est trop disposé à s'étonner de sa destinée, 142. — Sa lettre à M. de Fontanes est comme un paysage de Claude Lorrain ou de Poussin, 142. — Ce qu'il demande à M. Ampère revenu de Rome, 143-144. — Conseils qu'il donne aux plus jeunes de se livrer à la peinture de l'histoire, 144. — Il part pour la Grèce, l'Orient, et revient par l'Espagne, 145. — Les *Natchez* sont la première manière épique de Chateaubriand, les *Martyrs* la seconde, *le Dernier Abencérage* la troisième, 147. — Jugement sur les *Natchez*, 147-148. — Le début des *Martyrs,* appareil épique, 148. — C'est peut-être du Girodet, ce n'est plus de l'Homère, 149. — L'arrivée de Démodocus chez Lasthenès est une scène patriarcale, neuve et vraie, 150. — La description du Paradis est obscure et tourmentée, 150. — Le récit d'Eudore est la belle partie de l'ouvrage, 150. — La liaison d'Eudore avec ses amis Augustin, Jérôme et le prince Constantin est pleine de charmes, 152. — Le personnage du sophiste est trop sacrifié, 152. — La confession d'Eudore, 153. — Les souvenirs de Naples, 153-155. — Il y a dans cette partie des réminiscences de saint Augustin, 156. — Eudore se complait trop dans ses confessions amoureuses, 157. — Démodocus est ridicule, 157. — Les impressions de voyage d'Eudore sont les mêmes que celles de Chateaubriand, 158-159. — La description de la bataille contre les Franks a de la grandeur, 159. — Anachronismes, 159. — Scène de femmes, 160. — Hommage que rend M. Aug. Thierry à cette magnifique scène, 161-162. — Eudore prisonnier des Franks et sa délivrance, 162-163. — Scène de l'Enfer forgée à froid, 163. — L'auteur n'a pas atteint jusqu'à Milton, 164. — Description des Gaules par Eudore, 165. — Épisode de Velleda, 166. — Création nouvelle, 167. — Ce récit manque d'attendrissement, 167. — Lucile a dû fournir quelques traits, 169. — Chateaubriand s'étonne constamment de sa destinée, 172. — Il semble ne concevoir le bonheur que dans la foudre, 172-173. — L'épisode de Velleda finit avec un art admirable, 173. — Chateaubriand lit l'épisode de Velleda à ses amis, 175. — Il étoit sensible à la critique du dehors, très-docile à la critique du dedans, 176. — Richesse et fertilité de comparaisons, 177. — Recette propre à l'auteur, 178. — Dans les *Martyrs,* Chateaubriand a livré la plus grande bataille que le talent puisse livrer, et le mot seroit strictement vrai si son poëme étoit en vers, 178. — Son Purgatoire n'a rien qui satisfasse, 179. — Les vraies larmes de Chateaubriand, 180. — Sa dernière illusion, 181. — La polémique est son allure naturelle, 181. — Comparaison des *Martyrs* avec la villa d'Adrien, 181-182. — Le succès des *Martyrs* ne fut pas ce que l'espéroit l'auteur, 182. — Critiques d'Hoffmann, 183. — Fontanes relève le courage de son ami; stances qu'il lui adresse, 183-186. — Chateaubriand a en prose le sentiment du vers, 186. — L'*Itinéraire* passe pour un ouvrage à peu près irréprochable; les esquisses en sont encore des tableaux, 187. — La première moitié mérite surtout des éloges, la seconde est d'un intérêt médiocre, 187-188. — L'auteur a des traînées d'érudition dont il abuse, 188.—Il se pique d'être un pèlerin officiel, 188. — Il y a de l'esprit dans l'*Itinéraire,* 189. — On y met le pied dans une vraie Grèce, 189.—L'auteur y est en plein dans la nature humaine héroïque et splendide, 190. — Il pense comme Vauvenargues, il est de la religion de Pierre le Jeune, 190. — Ce que disoit M. de Talleyrand de l'*Itinéraire,* 191. — Rectifications de M. Avramiotti, 193-195. — Chateaubriand étoit distrait sur les noms propres, 194. — Il est peintre, 195, 197. — Son séjour à Athènes, 195. — L'Alhambra étoit le terme secret de son pèlerinage, 199. —Il se peint lui-même dans *le Dernier Abencéraje,* 199-200. — Ses trois manières d'épopées, 200-201. — *Le Dernier Abencérage* manqua son à-propos, 202. — Il s'y trouve une perle de grâce naturelle, 202. — Chateaubriand étoit plus attentif aux chants populaires qu'on ne le suppose, 202. — Il avoit été gâté par les poëtes de son temps, 204. — Il avoit le sentiment de la belle poésie en vers, 204. — La rime le gênoit, 205. — Épigramme de sa main, en prose, sur l'album de Mme de Rémusat, 205. — Ses articles dans le *Mercure,* 206. — Colère de Napoléon, 207. — Ce qu'en dit M. Joubert, 207-208. — Conclusion de Chateaubriand sur Napoléon, 208. — Napoléon exigea un rapport de l'Institut sur le *Génie du Christianisme,* 208. — Il voulut que Chateaubriand fît partie de ce corps illustre, 209. — Discours de réception que Chateaubriand avoit préparé, 209. — Comment il y parloit de ses collègues, 210-211. — Mot de Ducis, 211. — Comment Chateaubriand traitoit Chénier dans son discours, 211-213. — Devise de Chateaubriand, 214. — Il n'entra à l'Académie que sous la restauration et ne prononça jamais de discours de réception, 214. — Il n'assistoit aux réunions de l'Académie que très-irrégulièrement, 214. — Ouvrages qui placèrent Chateaubriand au premier rang des publicistes, 215. — Il faut lire ses articles dans le *Conservateur,* 215. — Ce qu'il croyoit avoir fait politiquement, 216. —

Étoit-il l'homme qui pouvoit consommer l'alliance de la liberté et de la légitimité? 216. — Son entrée dans la politique, 218. — Son pamphlet *De Buonaparte et des Bourbons*, 218. — Ses *Réflexions politiques* et la *Monarchie selon la charte*, 219-222. — Ce qu'il demandoit dans son pamphlet sur *la Vie et la mort du duc de Berry*, 223. — Ce qu'il prétendoit avoir fait en 1823, 224. — Il n'a pu être l'ami de Carrel et de Béranger, et rester le même homme, 224. — Ce qu'il avoit dit de Manuel, 224. — Rejeté du ministère Villèle, il devient un autre homme, 225-226. — Ce qui lui manquoit comme politique, 226. — Mot de M. Canning, 227. — Chateaubriand n'étoit pas un homme d'État ni un vrai politique, 227. — Il croyoit que sa gloire littéraire avoit nui à sa gloire politique, 227. — Ses opinions sur la liberté de la presse, 228-229. — C'étoit un grand journaliste, 229. — Ce qu'il disoit plus tard à M. de Marcellus sur la mauvaise foi de la presse, 230-231. — Chateaubriand pris dans son ensemble, 231-232. — Notes particulières d'un exemplaire de l'*Essai sur les révolutions*, 234. — Pourquoi l'auteur donne une édition de ses ouvrages, 235. — Il annonce ses Mémoires, 235. — Résumé de sa vie, 235-236. — Jugement sur les événements contemporains, 237-238. — Avertissement sur les éditions de l'*Essai sur les révolutions*, 239-240. — Réflexion de M. Sainte-Beuve sur les notes nouvelles de cet ouvrage, 240. — Histoire de l'auteur, 241. — Il n'a pu réimprimer cet Essai sous l'Empire, 246-247. — Extraits qu'on en a faits, 248. — Jugement sur cet ouvrage, 249. — Comment on a attaqué l'auteur, 250. — Calomnies répandues à ce sujet, 250-251. — Acte de décès de sa mère, 251. — Éloges du christianisme qui se trouvent dans l'*Essai*, 252-253. — Au reste cet ouvrage est un chaos, 253. — Principes opposés qu'on y trouve, 254. — Principes politiques de cet ouvrage, 255-256. — Jugements sur les personnages historiques, 256. — Esprit de ce livre, 257. — Profession de foi de l'auteur, 258-259. — Il est chrétien, 259. — De l'emploi du *moi* dans l'*Essai sur les révolutions*, 266. — Ce que l'auteur a voulu faire, 267. — Il disoit déjà dans cet ouvrage ce qu'il a dit plus tard, 270. — Sa politique a toujours été monarchique bien que favorable à la liberté, 284. — Souvenirs de ses études en mathématiques, 346. — Principes qu'il défend dans l'*Essai sur les révolutions*, 359. — Note à propos des éloges qu'il a donnés à Pitt, 368-369. — Il veut prouver dans l'*Essai* que la république n'est pas possible en France, 424-425. — Jugement sur les notes de l'*Essai*, 428-429. — Son impartialité d'historien et son amour des libertés publiques, même dans l'émigration, 449. — Pour un moment il trouvoit tout gouvernement détestable, 489. — Il s'étoit de bonne heure occupé de finances, 492. — Ce qu'il auroit fait s'il eût été ministre des finances, 492. — En parlant aux infortunés il a peint sa vie en Angleterre, 508. — Ce qu'il auroit désiré dans l'émigration, 510. — Proposition de M. Beding, 510. — Pourquoi il la refuse, 511. — Comment il apprend la mort de son frère et de Malesherbes; 522. — Sa croyance au dieu d'Épicure, 536. — Son projet de voyage au pôle nord déjà consigné dans l'*Essai sur les révolutions*, 540. — Ce que devoit être le second volume de l'*Essai sur les révolutions*; ce qu'il deviendra, 615. — État de la société quand Chateaubriand publia le *Génie du Christianisme*, II, 1. — Influence de ce livre, 1, 2. — Buonaparte vouloit créer des places pour Chateaubriand, 2. — But de l'auteur, 3, 4. — Défense du *Génie du Christianisme*, 699-718. — Pourquoi Chateaubriand a écrit ce livre, 703. — Pour qui, 704. — L'épisode de *René*, 797. — D'*Atala*, 708. — Pourquoi il publie séparément *Atala*, III, 1-2. — Comment il composa cet ouvrage, 1. — Son voyage en Amérique, ses projets de découverte, 2. — Massacre de sa famille sous la révolution, 2-3. — Dévouement d'une de ses sœurs, 2-3. — Il n'est pas un enthousiaste des sauvages, 4. — Le sujet d'*Atala* n'est pas entièrement d'invention, 5. — Corrections faites aux diverses éditions, 8. — Chateaubriand répond aux critiques du *Génie du Christianisme*, 7 et suiv. — Comment il retrouve son manuscrit des *Natchez*, 181-182. — Il fait beaucoup de vers, 529. — Ses premiers, 531. — Il avoit eu l'idée de faire trois tragédies, 575. — Pourquoi il n'a pas laissé jouer *Moïse*, 577. — Lettre à M. de Fontanes sur un ouvrage de Mme de Staël, 643-658. — A quelle époque il a écrit *les Martyrs*, IV, 8. — Études et voyages qu'il a entrepris pour faire cet ouvrage, 8-9. — Ses notes lui serviront à écrire l'*Itinéraire de Paris à Jérusalem*, 9. — *Les Martyrs* lui valurent un redoublement de persécution, 14. — Son *Itinéraire de Paris à Jérusalem* a servi de guide à une foule de voyageurs, V, 13. — Motifs qui lui ont fait entreprendre son voyage en Orient, 109. — Fleuves dont il a bu l'eau, 179. — Ce qu'il a rapporté de son voyage, 194. — Ce que son voyage lui a coûté, 194-195. — Ses dépenses à Jérusalem, 367-369. — Il reçoit l'ordre du Saint-Sépulcre, 389. — Rappelle l'objet de son voyage en Amérique, VI, 43-45. — Raconte son départ, 45. — Souvenirs de son enfance, de Combourg et de sa famille, 46-47. — Ce qui l'empêche de quitter le ministère après le succès de l'expédition d'Espagne, 219. — Ce qu'il auroit voulu faire pour les colonies espagnoles, 219-221. — Ce qui le fait revenir d'Amérique, 221. — Émigration, illusions, 222. — Parti pour être voyageur, revenu pour être soldat, un mauvais génie lui met la plume à la main, 222. — Désenchantement, 223. — Sa collaboration au *Mercure de France*; il est cause de la suppression de ce journal et de l'enlèvement du *Journal des Débats* à ses propriétaires, tracasseries qu'il a dû subir même sous la restauration, 363-364. — Il se défend d'être un ennemi de la légitimité, un impie et un philosophe, VII, 3-8. — Répète sa profession de foi politique et religieuse, 3. — Explique comment il est chrétien, 4. — Désire que la religion s'allie avec la liberté, 5. — Il vivra et mourra catholique, apostolique et romain, 6. — Pourquoi il a jugé Buonaparte avec rigueur dans son opuscule *De Buonaparte et des Bourbons*, 6. — Rapport au roi, à Gand, sur l'état de la France au 12 mai 1815, 116 et suiv. — Conseil qu'il donne au roi d'administrer dans le sens des institutions civiles et politiques, 131. — Rapport au roi, à Gand, sur un décret de Buonaparte, 150-153. — Pourquoi il publie sa brochure *De la Monarchie selon la Charte*, 157. — Cette publication lui fit ôter une place réputée inamovible, ce qui l'a forcé à vendre ses livres et sa petite retraite, 159. — Il a été dépouillé trois fois pour la légitimité, 159. — Pourquoi il fait paroître sa brochure : *Remarques sur les affaires du moment*, VII, 310. — Il doit soutenir son honneur et défendre les royalistes, 311. — Est désigné dans une *Correspondance privée* comme l'auteur d'un Mémoire secret, 317. — Il s'en défend, 318. — La liberté de la presse a été presque l'unique affaire de sa vie politique, 369. — Déclare autoriser toute publication contre ou sur ses actes, 401. — La liberté de la presse est devenue un des premiers intérêts de sa vie politique, 411. — Il ne s'est jamais écarté de ses principes : la religion, le roi, la charte et les honnêtes gens, 527. — Il repousse les calomnies de la Correspondance privée, 627. — Division de ses ouvrages politiques, VIII, 165. — Les mots de la poésie ne lui viennent jamais quand il parle la langue des affaires, 166. — Discours prononcé à Orléans comme président du collège électoral, 173-176. — Il dit que si l'Europe vouloit lui imposer la charte, il iroit vivre à Constantinople, 236. — L'imprimeur de la Chambre des pairs menacé s'il imprime une des opinions de Chateaubriand avec les pièces justificatives, 239-240. — Chateaubriand répond à M. Decazes qui l'avoit attaqué à la Chambre des députés, 268. — Un de ses ouvrages saisi par le procureur général, 297. — Plan qu'il avoit conçu pour le remaniement de l'Europe et l'agrandissement de la France, 486. — Il ne croit ni aux peuples ni aux rois, 492. — Il a rendu des services à la famille Buonaparte ; il n'a pas tenu à lui qu'elle n'ait été rappelée en France et que la statue de Napoléon n'ait été replacée au haut de sa colonne, 495. — Composition de ses *Études historiques*, IX, 71-72. — Adieu au lecteur, 99. — De quoi se compose ses ouvrages historiques, 481. — Il demande qui a défendu la charte plus que lui, et qui a montré plus que lui d'opposition à la domination étrangère? 669-671. — Il a écrit la *Vie de Rancé* pour obéir aux ordres du directeur de sa vie, X, 453. — Il se rend auprès du duc de Bordeaux à Londres, 488. — Souvenirs de l'ancienne émigration à Londres, 488-489. — Remarques sur la traduction du *Paradis perdu* de Milton et sur les difficultés de ce travail, XI, 3-13. — Les gouvernements qui avoient dominé la France de 1800 à 1830 avoient ménagé Chateaubriand, une administration toute lettrée n'a pas fait tant de façon, 713. — Sa souricière, 713. — Sa muse revient le visiter en prison, 713. — Il n'y chante pas la couronne tombée d'un front innocent, mais il dit une couronne déposée sur le cercueil d'une jeune fille, 714. — Le préfet de police lui donne un meilleur asile, 714. — Titres que lui donnent les Chéroquois dans une brochure qu'ils lui envoient en anglois, 754. — Chateaubriand abrège des extraits de ses *Mémoires*; il ne peut pas dire de son vivant tout ce qu'il dira de lui dans sa tombe, 778. — Parallèle qu'il trace de lui avec lord Byron, 778. — Il s'étoit assis sous l'orme d'Harrow, sans savoir que Byron y viendroit rêver *Childe Harold*, 779. — Rapprochements entre Chateaubriand et Byron, 780-781. — Note de M. de Béranger sur les rapports qui existent entre *René* et *Childe Harold*, 781. — Observation de M. Villemain sur le même sujet, 781. — Lord Byron ne nomme jamais Chateaubriand; l'a-t-il renié ou ignoré? 781. — Chateaubriand n'a pas répondu à une lettre de félicitations qu'il avoit reçue de lord Byron, âgé de quinze ans, à l'époque de la publication d'*Atala*; Byron lui en a-t-il gardé rancune? 782. — Ses devanciers; ouvrages qui ont pu s'apparenter à ses idées, 782. — Il n'a rien caché du plaisir que lui causoient des ouvrages où il se délectoit, 783. — Il a précédé lord Byron dans la vie, et lord Byron l'a précédé dans la tombe, 785. — Que de tombeaux se sont ouverts et fermés sous ses yeux! 785. — Son passage au Lido, 786. — Il n'y retrouve pas les traces de Byron, 787. — Il avoit failli périr dans ces mers, 787. — Haut prix qu'il auroit attaché à un souvenir de la muse de Byron, 788. — Parallèle avec Milton, 793. — On a confondu à tort le récit du *Congrès de Vérone* avec les *Mémoires d'outre-tombe*, XII, 3. — Ce premier ouvrage changera les idées sur la guerre d'Espagne, 3. — Chateaubriand ne se défend pas d'être le principal auteur de cette guerre, 4. — Pourquoi il emploie tantôt *je* et tantôt *nous* dans le récit, 4. — Il part pour Vérone, 33. — Invitation de Marie-Louise, 35. — La guerre d'Espagne appartient en grande partie à l'auteur, 37. — Jeu qu'il a joué contre M. de Metternich, 38-39. — Sa réponse au Mémoire du duc de Wellington sur l'abolition de la traite des nègres, 40-44. — Lettres à M. de Villèle pour l'inciter à intervenir en Espagne, 69-74. — Conduite à tenir, 71-72. — Lettre à M. de Villèle sur les emprunts anglois pour l'Espagne, moyens de sortir d'affaires, 76-79. — Rapports avec Alexandre Ier, 89-107. — Lettre que lui écrit Alexandre en apprenant sa destitution, 101. — M. de Montmorency avoit parlé de lui favorablement à l'empereur de Russie, 105. — Alexandre le fait appeler, 106. — Ce que Chateaubriand lui dit relativement au traité de Vienne, à la Pologne et à Athènes, 106. — Dernière conversation avec le czar, 108-109. — L'empereur le remercie d'un discours, 109. — Il est devenu l'ami du czar, 109. — Destitué, il auroit pu se retirer en Russie, 109. — Alexandre est le seul prince pour lequel il ait eu un sincère attachement, 110. — Chateaubriand fait une visite à M. de Villèle, 117. — M. de Villèle lui propose le ministère des affaires étrangères, 117. — Réponse, 117-118. — M. de Villèle le voit, 118. — Le roi l'envoie chercher et lui ordonne d'accepter le ministère, 118. — Il devient ministre, 118. — Il n'a pas voulu la chute de M. de Montmorency, 118-119. — Louis XVIII détestoit Chateaubriand par jalousie littéraire, 119. — Comment il parvint à plaire au roi, 120. — Ce que disoit le *New-Times* de son entrée au ministère, 136. — Il assiste à la séance où Louis XVIII annonce l'intervention en Espagne, 137. — Il répond à M. de Broglie, 139-140. — Il répond à M. Bignon à la Chambre des députés, 151-152. — Manuel rappelle une phrase de lui, 153. — Ce qu'il ne pouvoit pas dire à la Chambre, 154. — Attaques de M. Brougham, 155. — Réponse, 155-156. — Le *Courrier* anglois défend M. de Chateaubriand, 156. — M. Canning l'excuse, 157. — Chateaubriand répond à lord Brougham à la Chambre des pairs, 158-160. — Lord Brougham est venu depuis le voir à Paris, 160. — Comment Cobbett défend Chateaubriand, 160-174. — Ce qu'on lui reproche d'avoir fait sous Bonaparte, 164. — Il écrivoit lui-même ses dé-

pêches diplomatiques, 175. — Pourquoi il a voulu faire la guerre d'Espagne, 176-177. — — Son aversion pour les traités de Vienne, 181. — Mémoire sur les affaires d'Orient qu'il adresse à M. de La Ferronnais, 182. — Il veut ravoir la frontière du Rhin, 182. — Visite au roi, qui lui parle de littérature et ne le laisse pas parler d'affaires, 182-183. — Craintes personnelles que devoit lui inspirer l'insuccès de la campagne, 189-191. — Il étoit sans crédit au ministère, 196. — Ce que lui disoit M. de Villèle sur les affaires étrangères, 196. — Ce qu'il falloit faire au ministère, 196. — La loi de septennalité est son ouvrage, 196. — Ses occupations au ministère, 197-202. — Les fonds secrets, le cabinet noir, 197. — Les audiences, 197-200. — Les lettres, 200-201. — Les fêtes, 201. — Il écrit ses Mémoires et négocie pour un tombeau, 201-202. — Lettres diplomatiques, 202. — Il n'a pas été inutile à son siècle, 203. — Lettre par laquelle il apprend à M. Gentz son arrivée au ministère, 204. — Lettre de M. Canning qui le félicite de son entrée au ministère, 204-205. — Sa réponse à M. Canning, 205-206. — Dépêche à M. de La Garde pour demander à l'Espagne un changement dans l'ordre des choses, 210-211. — Sa réponse à M. Canning sur la possibilité de la guerre avec l'Espagne, 212-213. — Lettre par laquelle il rappelle M. de La Garde, 216-217. — Il lui enjoint de repousser toute médiation, 218. — Réponse à M. Canning sur le rappel de M. de La Garde, 227-229. — Réponse à M. Canning où il se plaint un peu de son amitié, 239. — Il envoie au général Guilleminot la proclamation que doit faire le duc d'Angoulême à Bayonne, 240. — Questions militaires, 240-241. — Lettre à M. de La Ferronnais sur le projet de réunir une armée russe en Pologne, projets de paix avec les Cortès, de conférences, etc., 244-246. — Haute estime que l'empereur de Russie et le comte de Nesselrode témoignent pour lui à M. de La Ferronnais, 250-253. — Il promet protection au saint-siège dans ses différends avec l'Autriche, 253. — Instructions au comte de Caux sur ce qu'il faudra faire en arrivant à Madrid, 254-255. — Il raconte à M. de La Ferronnais les prétentions du roi de Naples et de M. Castel-Cicala, 255-257. — Il lui fait connoître la marche des opérations en Espagne, 258-259. — Lettre à M. de Caraman sur les retards que met l'Autriche à reconnoître la régence de Madrid et sur l'intervention du roi de Naples, 263-265. — Lettre à M. de La Ferronnais sur cette affaire, 266-267. — Lettre au général Guilleminot sur les moyens de prendre l'île et la ville de Léon, 269-270. — Il lui fait entrevoir le bâton de maréchal, 270. — Il lui écrit encore sur le même objet et espère qu'il ne sera pas arrêté par la sotte idée qu'une bombe peut atteindre le roi, 276. — Ce qu'il pense de la régence, 277-278. — Il informe M. de La Ferronnais de la suite des opérations, 283-286. — Aucun pas rétrograde ne sera fait, 284. — Il explique ce que la France doit faire, 284. — Il est clair que Ferdinand ne peut pas être abandonné à lui-même, 285. — Réponse au comte de Palmella qui lui écrit son projet de donner une constitution au Portugal, 286. — Lettre à M. de Talaru sur la conduite à tenir dans les conférences, 288. — Ce qu'il pense du cabinet autrichien, 289. — Lettre à M. de Serre ; il explique sa conduite dans les affaires d'Espagne, 289-291. — Il ne croit pas qu'il faille aider l'Autriche dans l'élection du saint-père, l'intérêt italien nous est favorable, 291. — Il ne croit pas à l'occupation des légations par l'Autriche, 291. — Il s'oppose encore aux protocoles, 291. — Il écrit à M. de Talaru qu'il faut laisser libre le Portugal, 293-294. — Lettre à M. de Polignac, 294. — Il se plaint d'une frégate angloise qui est venue saluer les cortès à Cadix, 295. — Il faut se faire rendre les prises espagnoles conduites en Angleterre, 295. — Il blâme les mesures de la régence, 295. — Comment il juge cette régence, 296. — Il explique à M. de Caraman les raisons du départ du duc d'Angoulême de Madrid, et la nécessité de prendre Cadix, 297-298. — Il traite avec les membres des cortès pour avoir le roi, 298. — Il envoie un lit mécanique au pape, 299. — Ce qu'il pense de l'élection d'un pape, 299. — Comment il explique l'ordonnance d'Andujar au prince de Polignac, 306-307. — Donne à M. Talaru de nouvelles explications sur l'ordonnance d'Andujar, sur l'affaire de Burgos, etc., 309. — Ce qu'il fait dire à la régence sur la nécessité de rester unie aux François, 310. — Il explique l'affaire de Burgos et l'ordonnance d'Andujar à M. de La Ferronnais, 310-311. — Il expose sa politique, explique sa conduite et défend le duc d'Angoulême dans une lettre à M. de Talaru, 312-314. — Il donne au général Guilleminot un plan d'attaque de Cadix, et garantit la neutralité de l'Angleterre, 315-316. — Il lui dit qu'il faut rester uni aux royalistes espagnols, tout violents qu'ils sont, et revient sur la nécessité de prendre Cadix, 316. — Comment il juge la lettre du roi Ferdinand en l'envoyant au prince de Polignac, 317. — Ce que l'empereur Alexandre dit de Chateaubriand à M. de La Ferronnais, 318-320. — Il écrit à M. de Serre qu'il comprend la gêne où le met la mesquinerie du gouvernement, et lui dit qu'il changeroit de grand cœur de position avec lui, 321-322. — Lettre au général Guilleminot sur la nécessité et les moyens de prendre Cadix, 322-325. — Ce qu'il écrit à M. de Polignac sur les affaires d'Orient et sur le conclave, 325-326. — Se remet avec M. de Talaru, 326. — Nouvelles instructions à M. de Talaru, 331-333. — Lettre à M. de Polignac sur ce qu'il doit répondre à M. Canning relativement aux colonies espagnoles, 333-334. — Crainte que le roi ne s'embarque pour l'Amérique, 334. — Mesures à prendre, 335. — Joie de Chateaubriand en apprenant la délivrance de Ferdinand VII, 342. — Ce qui lui arrive au château, 343. — La duchesse d'Angoulême dit qu'elle se sentoit mal à l'aise avec lui, 344. — Il écrit la réponse de Louis XVIII à Ferdinand VII, 344-345. — Ce qu'il vouloit pour l'Espagne, 346-347. — Ordres étrangers qu'il reçoit, 347. — Lettres de félicitations qu'il reçoit de l'empereur Alexandre, 349. — Du roi Frédéric-Guillaume, 349-350. — De l'empereur François, 350. — De M. Bernstorf, 350-351. — De M. Ancillon, 351-352. — De M. de Metternich, 352. — Le roi Jean VI lui envoie l'ordre du Christ, 353. — Alexandre l'ordre de Saint-André, 353. — Frédéric-Guillaume l'ordre de l'Aigle noir, 354. — Ferdinand l'ordre de la Toison d'Or, 354. — Charles-Félix l'ordre de l'Annonciade, 354-355. — Lettre de félicitations de M. de Latour, 355-356. — Louis XVIII veut donner le cordon bleu à M. de Villèle, Chateaubriand le réclame et l'obtient, 356-357. — Ce que le comte d'Artois disoit de Chateaubriand, 356-357. — Il demande le cordon de Saint-André pour M. de Villèle, 357-358. — Il veut rendre le portefeuille des affaires étrangères à M. de Montmorency, 358. — Il est arrêté par l'espoir de régler le sort des colonies espagnoles, 359. — Remarques sur un discours de M. Canning, 367-368. — Difficultés qu'il éprouve pour exécuter son plan sur les colonies espagnoles, 370 et suiv. — Il presse l'Espagne de faire des emprunts afin de gêner ceux des colonies, 373. — Son projet d'émancipation étoit écouté même par l'Angleterre lorsque arriva sa chute, 376-377. — Ce dont il avoit besoin pour se présenter devant les Chambres, 377. — Il auroit voulu prolonger l'occupation de l'Espagne, 378. — Il veut faire nommer le duc de Bellune à l'ambassade de Vienne, 378. — Il a fait nommer M. de Polignac ambassadeur à Londres, 378. — Il a désigné M. de Damas pour le ministère de la guerre, 379. — Il fait conseiller à Ferdinand VII de licencier l'armée et de révoquer le décret des cortès qui reconnoît l'indépendance de Buénos-Ayres, 379. — Il recommande de modérer les réactions en Espagne, 381. —

Il est mécontent du gouvernement de Ferdinand VII, 381-382. — Il fait menacer Ferdinand de retirer les troupes françoises, 383. — Le duc d'Angoulême le remercie d'un article du *Journal des Débats*, 384-385. — Il prie le général Pozzo de prêcher la modération à Madrid, 385. — Il approuve la lettre que le duc d'Angoulême avoit écrite au roi d'Espagne, et déclare que l'ordre de la retraite doit être donné, 386. — Il écrit à M. de Talaru que la France veut très-peu occuper, et ne veut pas autoriser des lois de proscription, 388. — Il déplore le renvoi du duc de Bellune et regrette l'intervention du duc d'Angoulême dans cette affaire, 389. — Il ne peut donner d'argent au prince de Polignac pour sa police, 389. — Il envoie au duc d'Angoulême un projet de traité d'occupation de l'Espagne, 390-391. — Il explique la conduite politique que la France doit y tenir, 393. — Il désireroit que l'affaire des colonies espagnoles fût traitée dans des conférences auxquelles assisteroit le roi d'Espagne, 394. — Jugement qu'il porte sur la conduite des puissances pendant la guerre d'Espagne, 395. — Ses cheveux ont blanchi pendant cette guerre, 397. — Questions qu'il pose aux puissances sur l'émancipation des colonies espagnoles, 399. — Il fait demander une réponse catégorique à M. Canning, 399-400. — Le duc d'Angoulême félicite Chateaubriand de la conduite de ses neveux, 400. — Il fait conseiller au roi d'Espagne de donner quelques bons tableaux au roi de France ou au duc d'Angoulême, 401. — Il indique à M. de Talaru la conduite qu'il faut tenir en Espagne, le ministère qu'il faut soutenir, 405-407. — Il suspecte la douceur de Canning, 407-408. — Il se plaint de la lenteur des Espagnols à conclure les affaires principales, 409-410. — Il remercie de la Toison d'or, 410. — Il refuse que les conférences sur les colonies espagnoles s'ouvrent à Londres, 411. — Ce qu'il veut que M. de Talaru exige de l'Espagne, 411-412. — Avis qu'il donne à M. de Bourmont pour presser le roi d'Espagne à conclure les traités et à organiser un gouvernement, 412-413. — Il pousse l'Espagne à donner l'indépendance du commerce aux colonies, 414. — Il réclame le diplôme de la Toison qu'il a payé, 417. — Ce qu'il a enfin obtenu de l'Espagne, 418-419. — Il insiste pour que l'amnistie soit accordée, 420. — Ce qu'il auroit voulu changer dans la loi des élections, 421. — Ce qu'il pense de l'Espagne et du roi Ferdinand, 421. — Déclare qu'il n'y a point de conférence pour les colonies, 423-424. — Il plaisante sur la force maritime des États-Unis, 424. — Il n'admettra jamais la visite des vaisseaux françois, 424. — Deux jugements sur le discours de M. Canning, 424-425. — Il veut temporiser sur l'affaire des colonies espagnoles, 425-426. — Ce qu'il a fait pendant son ministère, 427-428. — Il pense que M. Canning pourroit accepter le projet de médiation de l'alliance relativement aux colonies espagnoles, 428-429. — Il a enfin obtenu l'amnistie en Espagne, 429. — Il offre une ville neutre d'Allemagne pour traiter la question des colonies espagnoles, 430. — Donne 40 livres sterling à la société pour le soulagement des gens de lettres à Londres, 430. — Ce qu'il dit à la Chambre sur la multiplicité des ambassadeurs, 434. — La septennalité fut son œuvre, mais il la vouloit autrement qu'on ne la présenta, 434. — Ce que M. de Villèle lui avoit promis, 434. — Bruits répandus contre lui auprès de M. de Villèle, 434. — Manque d'explications, 435. — Ce qu'il pense de la conversion des rentes, 435. — Il ignoroit le traité de M. de Villèle avec M. Rothschild, 436. — Il ne défend pas la conversion de la rente à la Chambre des pairs, 437. — Il vote cette loi, 438. — Offre à M. de Villèle de se retirer avec lui, 438. — Il demande à répondre à M. de La Bourdonnais sur la septennalité; M. de Corbière l'en empêche, 439. — Comment il est chassé du ministère, 440-441. — Article du *Journal des Débats* sur la destitution de Chateaubriand, 412-443. — Lettre sur sa destitution à M. de Talaru, 443. — A M. de Rayneval, 443. — A M. de Caraman, 444. — A M. Hyde de Neuville, 444. — A M. le comte de Serre, 444. — A M. de La Ferronnais, 445. — Examen du reproche qu'on a fait à Chateaubriand d'avoir contribué à la chute de la monarchie légitime, 447 et suiv. — Éloges qu'il a toujours faits de M. de Villèle, 448. — L'esprit et le caractère de Chateaubriand, 448-449. — Il entre dans l'opposition, 449. — Ministère qu'il propose à la chute de Villèle, 450. — Il refuse le ministère de la marine et celui de l'instruction publique; va à Rome, 450. — Sa vie, son dévouement, 450-451. — Sa fidélité, 452-453. — Ce qu'il auroit pu être encore, 452. — Il a subi les procès et la prison, 453. — Il complétoit M. de Villèle, 454. — Il le recommande à la duchesse d'Angoulême en 1832, 454. — Ce qu'a fait Chateaubriand par la guerre de 1823, 455-465. — Sa dernière visite à Charles X, 463-464. — Ce que Napoléon disoit de Chateaubriand, 465. — Les transactions de la guerre d'Espagne lui resteront, 467. — Vues de l'avenir, 468.

CHATEAUBRIAND, frère de l'auteur. Sa mort, I, 521.

CHATEAUBRIAND (Armand de). Son cousin auroit probablement pu le sauver, I, 208. — Il perd la vie en venant à la découverte en France, IX, 528.

CHATEAUBRIAND (Lucile de), la quatrième des sœurs de Chateaubriand, portrait qu'il en fait, I, 3-4. — Sa grâce, 4. — Sa fin, 4. — Ses effets d'esprit, 169. — Elle a dû fournir quelques traits à la Velleda de Chateaubriand, 169.

CHATEAUNEUF (Renée de Rieux, dite la belle), aimée de Henri III; ses deux maris, X, 475. — Sa fille, 475.

CHATEL (Jean). Il blesse Henri IV à la lèvre, X, 319.

CHATELAINS. Leurs mœurs au moyen âge, X, 109.

CHATHAM (lord). L'opposition le met à la tête du cabinet anglois, I, 362. — Lord Bute lui succède, 362. — Son discours sur les mesures coercitives contre les insurgés de l'Amérique, 363.

CHATILLON (M. de), commandoit la rive droite de la Loire pendant la guerre de Vendée, IX, 628. — Il s'empare un moment de Nantes, 628-629.

CHATTE (commandeur de). Devoit tenter un établissement au Canada, VI, 409.

CHATTERTON. Il s'empoisonna après avoir été plusieurs jours sans manger, XI, 721.

CHAUCER, réhabilite la harpe des bardes, XI, 525. — Sa langue, 526. — Sa vie, 526. — Il imite les troubadours provençaux, Pétrarque et Boccace, 526. — *La cour d'amour*, 526. — Le *Plough-man*, 526. — Ses *Contes de Cantorbéry*, 526.

CHAULIEU. Vers dans lesquels il mêle les pensées de la mort aux illusions de la vie, VI, 378-379. — On l'appeloit l'Anacréon du Temple, X, 465. — Ce qu'il disoit de Ninon, 465-466. — Il figure dans la correspondance de Voltaire, 537; XI, 760. — Ses vers sur la mort, 739-740.

CHAUMONT (le père), a composé une grammaire huronne, VI, 146. — Il vient de Chine tout exprès pour voir l'abbé de Rancé, X, 552. — Lettre que Rancé lui écrit, 552-553. — Ce qu'il répond à l'abbé de Rancé, 553. — Comment il a été sauvé d'un naufrage par les prières de l'abbé de Rancé, 553. — Le père Chaumont appartenoit aux grandes missions des jésuites de la Chine, 553.

CHAUVEAU (Renaud de), évêque de Châlons. Empêche le roi Jean d'accepter les conditions que lui offre le prince Noir; son discours, X, 195-196.

CHAUVIGNY-BLOT (M. de). Déchargé de toute accusation par la cour royale, VII, 542.

CHAUVIN. Devoit tenter un établissement françois au Canada, VI, 409.

CHÉCASSAWS, CHICASSAS ou CHICASSAIS. Ils assistent à une assemblée de nations indiennes, III, 434. — Leur arrivée aux ruines de l'Ohio, VI, 82. — Leur création par le Grand-Esprit, 82. — Ils venoient du Pérou, et avoient été chassés par les Espagnols, 180. — Réunis par les Muscogulges à la confédération des Creeks, 185. — Ils sont réduits à une poignée d'hommes, 196.

CHEF DE GUERRE, chez les Indiens, VI, 156 et suiv. — Chez les Muscogulges le chef de guerre est indépendant du Mico, 184.

CHEF DE LA FARINE, inspecteur des greniers publics chez les Natchez, VI, 180.

CHEMIN. Les chemins au moyen âge, X, 122; XI, 499.

CHENANGO. Monument ancien que l'on trouve près de cette rivière, VI, 240-241.

CHÊNEDOLLÉ. Ce qu'il dit de *René*, I, 127. — Pourquoi on l'appeloit le corbeau du Mont Blanc, 134. — Son étude poétique intitulée *Bossuet*, II, 594-597.

CHÉNIER (Joseph-Marie). Sa critique d'*Atala*, I, 31. — Chateaubriand lui succède à l'Institut, 209. — Comment celui-ci le traitoit dans son discours de réception, 211-214.

CHÉNIER (André). Il promettoit du talent dans l'églogue, II, 208. — Extraits de ses poésies, 581.

CHÉPAR, commandant des François au fort Rosalie, veut chasser les Natchez, III, 198-504. — C'est un personnage historique, 511. — Sa mort racontée par Charlevoix, 525.

CHÉROQUOIS, peuple indien, réuni par les Muscogulges à la confédération des Creeks, VI, 185. — Ils sont réduits à une poignée d'hommes en Géorgie et dans le Tennessée, 196. — Les Chéroquois envoient une brochure en anglois à Chateaubriand, XI, 751.

CHÉROQUOIS, rivière. *Voy.* TENNESSÉE.

CHEVAL. Comment l'Arabe traite son cheval, V, 302-303. — Le cheval étoit particulièrement protégé par les lois des Barbares, IX, 447.

CHEVALERIE. Son histoire, ses degrés, son organisation, 477-486. — Ce que dit Michaud de cette institution, 662-667. — Elle n'a point son origine dans les Croisades, IX, 76. — Elle remonte à Charlemagne, 76. — Chevalerie historique et chevalerie romanesque, 76. — Elle est née du mélange des nations arabes et des peuples septentrionaux, X, 95. — Son caractère, 95. — On trouve déjà les mœurs, les aventures, les chants, les récits, les champions, les nains, les fêtes, les armes, l'architecture de l'époque vulgaire de la chevalerie dans les poëmes d'*Antar*, de Charlemagne et de Hlovigh le Débonnaire, 95-99. — On a eu tort de vouloir faire des chevaliers un corps de chevalerie, 99. — Qualités de la chevalerie, 99. — Elle produisit une chevalerie romanesque, 99. — La satire de la chevalerie en est devenue le panégyrique immortel, 99. — Où se conféroit la chevalerie, 100-101. — Quand le serf fut admis à la chevalerie, 101. — Le grand nombre de chevaliers créés avilit la chevalerie, 101.

CHEVALIER. Parallèle des chevaliers du Tasse avec les héros d'Homère et de Virgile, II, 188 et suiv. — Vie et mœurs des chevaliers, 477 et suiv. — Éducation du chevalier, 477-478. — Sa réception, 479. — Vie errante, 479-481. — Les tournois, 482-483. — Les combats, 483-485. — Les chevaliers de France étoient renommés par leur bravoure, 483-484.— Le héros de Cervantes fut le dernier des chevaliers, X, 99. — Réception des chevaliers, 99-100. — Titres que prenoient les chevaliers ; privilèges qui leur étoient accordés ; dégradation des chevaliers, 100.— François 1er ajouta aux chevaliers bannerets et bacheliers des chevaliers ès lois, 101.

CHEVELURE. Ancienne chevelure de femme trouvée dans un tombeau romain, VI, 288. — La chevelure des rois franks, X, 18. — A douze ans on coupoit les cheveux aux Franks de la classe commune, 18. — Comment la longue chevelure a marqué parmi nous une grande époque historique ; comment elle a servi à marquer le passage de l'esclavage à la liberté, et la transformation du Frank en François, 19.

CHICASSAIS, langue indienne, VI, 140.

CHIEN. Les sauvages offrent un chien à Areskoui, dieu de la guerre, VI, 158. — Repas du chien, 158, 160, 162.

CHILDEBERT. *Voy.* KHILDEBERT.

CHILDE HAROLD. Type comparé à René, I, 116.

CHILDÉRIC. *Voy.* KHILDÉRIC.

CHILLICOTHE. Monuments trouvés près de cette ville, VI, 241, 249-251. — Ce qu'en pense Malte-Brun, 258.

CHILON, un des sages de la Grèce, I, 339. — Son opinion sur le meilleur des gouvernements, 339.

CHILPÉRIC. *Voy.* KHILPÉRIC.

CHIMIE. Ses erreurs, II, 304.

CHINE. Ses missions, II, 443-446. — Travaux des missionnaires, d'après lord Mackartney, 661-662. — A quelle époque les Arabes connurent la Chine, VI, 13. — Ce qui empêche la Compagnie angloise des Indes de s'en emparer, 27.— La poudre, la boussole, l'imprimerie, le gaz, etc., ont dû être naturellement découverts en Chine, X, 103.

CHINOIS. Ils ont de grandes villes, II, 73. — Leurs tombeaux, 399.

CHIO ou SCIO. Visitée par M. de Chateaubriand, V, 227-228.

CHIRURGIE. Elle est peu avancée chez les Indiens, VI, 136.

CHLODERIC, chef d'une tribu des Franks. Sa querelle avec Camulogène, IV, 113-115.

CHOISEUL (Ét.-Fr. duc de), ministre des affaires étrangères, dut son avancement à Mme de Pompadour, X, 339. — Son caractère ; il est l'auteur du pacte de famille ; on lui doit la création des corps de l'artillerie et du génie; l'expulsion des jésuites est son ouvrage, 339. — Il ne voulut pas accepter la protection de Mme Dubarry ; son renvoi, 339. — Il languit à Chanteloup dans un exil insolent, 339-340. — Sa veuve réclama l'abbé Barthélemy dans les temps révolutionnaires, 340.

CHOISEUL-GOUFFIER (le comte de). Son ouvrage sur la Grèce, V, 92. — C'est à lui et à l'abbé de Saint-Non qu'il faut rapporter l'origine des Voyages pittoresques, VI, 513.

CHOISEUL (Cl.-Ant.-Gab., duc de). Sa lettre aux gardes nationaux licenciés supprimée à la censure, IX, 672. — Il réclame auprès de M. de Bonald, 672. — Réponse de celui-ci, 673-674. — Protestation du duc, 674.

CHOISEUL (Comte de), aide de camp du duc de Berry, se trouve près de lui lorsqu'il est frappé, IX, 558. — Paroles qu'il adresse à l'assassin, 559.

CHOLLET. La prise de cette ville devient le signal de l'insurrection de la Vendée, IX, 618. — Reprise de cette ville par les républicains, 623. — Attaque des Vendéens, 623.

CHONS, dieu égyptien, la plus haute personnification de l'esprit, le *Logos* de l'Inde, de la Perse, de Platon et de saint Jean, IX, 244.

CHORENENZIS, arménien, a écrit un ouvrage géographique, VI, 11.

CHOSROÈS, roi de Perse. Négocie en faveur des philosophes, IX, 318.

CHOUANS. La guerre des chouans; en quoi elle diffère de la guerre de la Vendée, IX, 628. — Ses chefs, 628.

CHRÉTIENS. Vie des premiers chrétiens, d'après saint Justin, II, 33. — Ils étoient divisés en fidèles et catéchumènes, 417. — Lettre de Pline le jeune à Trajan, au sujet de la punition des chrétiens, 542-543. — Réponse de Trajan, 544. — On appeloit les premiers chrétiens philosophes et athées, III, 649. — Calomnies répandues contre eux à Rome, IV, 221, 502. — Ils eurent à souffrir sous Trajan ; lettre de Pline le jeune à leur sujet, IX, 139. — Crimes dont on les accusoit, 140. — Apologies présentées à Adrien, 141. — Douceur d'Adrien à leur égard, 141. — Persécutés, puis tolérés sous Marc-Aurèle, 143-144. — Ils répugnoient à l'enrôlement, 190. — Leurs querelles du temps de Julien, 239. — Mœurs des premiers chrétiens, 360. — Doctrine des premiers chrétiens selon Athénagore, 360-361. — Leurs repas, leurs habits, leurs ornements, leurs jeux, 361. — Ce qu'ils pensoient de la femme et du mariage, 362. — Comment ils prioient Dieu, 362. — Idée qu'ils avoient de Dieu, 362. — Leurs pasteurs, 362-363. — Leurs premières églises, 363. — Comment les considéroient les païens, 364. — Une assemblée des premiers chrétiens suivant le *Philopatris*, 364-365. — Ils étoient placés au-dessous des Juifs, 366. — Leur propagande, 366. — Leurs vertus, 366. — Leur innocence, 366-367. — Leur vie, 367. — Rendus habiles par le malheur, ils avoient perfectionné l'art de secourir, 371. — Leur empressement à se secourir, 371-372.

CHRIEMHILD, héroïne du roman des *Nibelungen*, IX, 473-478.

CHRISTIANISME. Apologie qu'en fait Chateaubriand, I, 74-75. — Pour tout ce qui ne se rattache pas directement à son idéal moral, le christianisme ne s'enquiert point de la poésie, 78. — Le style chrétien, 78-79. — L'art chrétien, 79. — Le christianisme est une religion de liberté, 259-260. — Son accroissement jusqu'à Constantin, 571-572. — Son histoire jusqu'aux Barbares, 572-573. — Sous les Barbares, 573-575. — Son plus haut point de grandeur, 575-576. — Sa décadence, 576-577. — Il ne peut périr, 577. — Le christianisme ne craint pas plus les lumières que la liberté, 577. — Coups que lui porte la réformation, 577-580. — Perte de son influence, 581. — Sa chute s'accélère sous le régent, 582. — Depuis le règne de Louis XV la religion ne fait que décliner, et s'évanouit dans le gouffre de la révolution, 585. — La religion ne s'est pas évanouie, 585. — Objections philosophiques contre le christianisme, 586-588. — Objections historiques et critiques, 588-589. — Objections contre le dogme, 590-591. — Objections contre la discipline, 592-593. — Quelle sera la religion qui remplacera le christianisme? 610-612. — Les ennemis du christianisme, II, 5. — Ses premiers défenseurs, 5, 6. — Attaqué par Voltaire et l'*Encyclopédie*, 7, 8. — Comment on le défendit et comment il falloit le défendre, 8. — Ce qu'il est, ce qu'on lui doit, 9. — Sa poétique, 144 et suiv. — Sa supériorité pour la peinture des caractères, 161. — Il a changé les rapports des passions en changeant les bases du vice et de la vertu, 194 et suiv. — Considéré comme passion, 212. — Son influence dans la musique, 281 et suiv. — Comment il est favorable à la peinture, 285 et suiv. — A la sculpture, 289. — Son influence sur l'architecture, 290 et suiv. — Il n'est pas défavorable à la philosophie ni aux sciences, 295 et suiv. — Il est favorable au génie de l'histoire, 318. — Son culte, 370 et suiv. — Ses solennités sont coordonnées aux scènes de la nature, 386-387. — Les tombeaux chrétiens, 402 et suiv. — Comment il appelle les hommes de tous les pays à s'aimer et à se secourir, 429-430. — Immensité de ses bienfaits, 487 et' suiv. — Ses fondations de charité, 488-498. — Son influence sur l'éducation, 498-502. — Il protège les arts et les sciences, 502-506. — Son influence sur l'agriculture, 506-508. — Sur le commerce et l'industrie, 512-514. — Sur les lois civiles et criminelles, 514-517. — Sur la politique et le gouvernement, 517. — Il est opposé au pouvoir arbitraire, 520. — Le système représentatif découle en partie des institutions ecclésiastiques, 521. — Le génie évangélique est favorable à la liberté, 521. — Le christianisme établit en dogme l'égalité morale, 521. — Il est surtout admirable pour avoir converti l'homme physique en l'homme moral, 521. — On lui doit, selon Montesquieu, un certain droit politique dans le gouvernement et un certain droit des gens dans la guerre, 522. — Enfin on lui doit l'abolition de l'esclavage, 522. — Récapitulation générale du génie du christianisme, 522-526. — Nombre approximatif d'hôpitaux et de colléges que l'Europe lui doit, 525. — Quel seroit l'état de la société aujourd'hui si le christianisme n'avoit pas paru, 526-540. — Il a sauvé la société d'une destruction totale en convertissant les Barbares et en recueillant les débris de la civilisation et des arts, 533. — Il a apporté de nouvelles lumières, 534. — Ses rapports avec la doctrine de Platon, 535. — Ceux qui n'y voient que d'antiques allégories du ciel n'en détruisent pas la grandeur, 535-536. — Sa morale est d'une beauté reconnue, 536. — Il est nécessaire à la société libre, 536. — Il a révélé aux hommes la dignité de leur nature; c'est le culte d'un peuple libre, 537. — Nécessité de l'enseigner, 537. — Ce que les gouvernements modernes lui doivent, 539. — Il soutient l'examen de la raison, 539. — Preuve de sa révélation, 540. — Il peut être défendu par des laïques, 700-701. — Il est permis de le défendre sous le rapport de sa beauté, 705. — Auteurs qui ont appelé l'imagination au secours des principes religieux, 709-713. — M. de Fontanes combat l'idée que les machines poétiques tirées du christianisme puissent avoir autant d'effet que celles de la mythologie, 732 et suiv. — Quand le christianisme commença chez les païens, il fut simple dans son extérieur; aux forêts de la Germanie il s'environna de pompe et d'images, VI, 200. — Il y a civilisation consommée chez les chrétiens suivant M. de Bonald, 445. — On lui doit non pas l'origine de la poésie descriptive, mais son développement, 461-463. — Ses allégories morales sont aussi du merveilleux, 466. — Sa puissance est dans la cabane du pauvre et sa base est aussi durable que la misère de l'homme, 473. — Il ne craint pas la liberté de la presse, VII, 477. — Il est la raison universelle; il ne peut vouloir l'oppression, 478. — Sarcasmes des philosophes, des beaux esprits et des artistes contre le christianisme, VIII, 601. — Il a eu plusieurs ères, IX, 70. — Grands changements opérés par lui dans la société, 71. — Son âge politique finit ; son âge philosophique commence, 74. — Pour jeter un nouvel éclat le christianisme n'attend plus qu'un génie supérieur, 75. — Le christianisme n'est pas passé, progrès nouveaux, 94-95. — Base du christianisme, 105. — Le christianisme n'est point un cercle inextensible, c'est au contraire un cercle qui s'élargit à mesure que la civilisation s'étend, 107. — Le christianisme sépare l'histoire du genre humain en deux portions, 107. — Les résultats du christianisme sont aussi extraordinaires philosophiquement que théologiquement parlant, 110. — Tout change avec le christianisme, 110. — Cause efficiente de son succès, 111. — Le christianisme fut calomnié, 112. — Les Barbares avoient à peine paru aux frontières de l'empire que le christianisme se montra dans son sein, 113. — Le christianisme a renouvelé la face du monde, 114. — Comment le christianisme parvint à dominer la société tout entière, peuples et rois, 205. — Le christianisme a-t-il reçu de la philosophie les dogmes de la Trinité, du Logos ou du Verbe? 243-248. — Avant le christianisme révélé n'y a-t-il pas eu un christianisme obscur, universel, répandu dans toutes les religions de la terre ? 247. — Fût-il prouvé que les doctrines du christianisme ont été connues antérieurement à son ère, il n'auroit rien à perdre à cette preuve, 248. — Il prit au paganisme quelques formules applicables à toute religion, le paganisme essaya de lui emprunter ses dogmes et sa morale, 248. — Développement de la puissance intérieure du christianisme, 249. — C'est au christianisme que l'on doit la liberté de la pensée écrite, 255. — Ses adversaires et ses défenseurs du temps de Julien, 256. — Son influence sur les lois criminelles et sur les mœurs, 271-272. — Progrès du christianisme chez les Barbares attesté par saint Jérôme, 292-293. — Espoir superstitieux de sa chute chez les païens, 309-310. — Le christianisme est la synthèse de l'idée religieuse, le panthéisme en est l'analyse, 321. — Le panthéisme pourroit-il remplacer le christianisme ? 321-322. — On n'aperçoit derrière le christianisme que la société matérielle, 322. — Le christianisme intellectuel, philosophique et moral, ne peut périr, 322. — Son histoire se lie à celle de la religion des Hébreux, 356. — Il faut distinguer deux âges dans le premier christianisme, 360. — L'âge héroïque ou des martyrs, 360 et suiv. — Comment les païens considéroient le christianisme, 364. — Le christianisme étoit la philosophie mise en pratique ; en attendant l'abolition de l'esclavage, il commence l'émancipation de la femme, 367. — Age philosophique du christianisme, 379 et suiv.

Christine, reine de Suède. Voulut emmener à Rome Ninon qu'elle appeloit *l'illustre*, X, 465.

Christine, princesse des Deux-Siciles. Son mariage projeté avec le duc de Berry, IX, 510-511.

Chronologie. Objections chronologiques contre la Bible, II, 68. — Manières diverses de mesurer le temps, 70, 71. — Ce qu'en dit Voltaire, 557.

Chrysaphe. Veut faire poignarder Attila ; celui-ci demande la tête du coupable, IX, 344.

Chrysès, prêtre d'Apollon, VIII, 583.

Chrysippe le stoïcien. Sa doctrine expliquée dans *les Sectes à l'encan*, IX, 422-423.

Chrysostome (saint). *Voy.* Jean Chrysostome.

Churchill (Arabelle), maîtresse de Jacques II, X, 440.

Chute de l'homme. Preuves, II, 19, 20. — Cause, 61. — Racontée par Milton dans *le Paradis perdu*, 149 et suiv.

Chypre (île de). Son histoire, V, 261. — Ses temples d'après Fénelon, 470.

Cibber, poète dramatique anglois, XI, 718.

Cicéron. Où il plaçoit la souveraineté, I, 339. — Ses foiblesses, 489. — Sa description du corps de l'homme, II, 115, 116. — Son tombeau, 399. — Démontre l'impossibilité de la formation des mondes par le mouvement et le hasard, 565-566. — Ce qu'il dit de l'âme, 573-575. — Ce qu'il dit des Grecs, V, 179. — Son buste au musée Capitolin, VI, 289. — Sa mort à Gaëte, 294. — On le louoit sous Néron, on n'en parloit pas sous Auguste, 294. — Ce qu'en disoit Sénèque, 319. — L'étude le console de ses chagrins, 504. — La meilleure forme de gouvernement selon lui, VII, 92. — Il disoit qu'à la tombe finit tout l'homme, IX, 417.

Cid. Sa romance, III, 128-129 ; 558.

Ciel. Joies du ciel des Scandinaves, II, 139. — Ciel des chrétiens, 139. — Fragment du sermon de Bossuet sur le bonheur du ciel, 586-587. — Description du séjour céleste, III, 225-235. — Description de la céleste Jérusalem, IV, 43 et suiv. — Le ciel d'autres auteurs chrétiens ; réponse aux critiques, 366-371. — Celui du Tasse, et autres, 371-372.

Cimbres. Ils traversèrent les premiers la Baltique et parurent dans les Gaules et en Italie comme l'avant-garde des Barbares, IX, 108. — Leur courage après la défaite, 431.

CIMETIÈRE. Des cimetières dans les villes, II, 403. — Cimetières de campagne, 404-405.— Cimetières de la Suisse, 405. — Cimetières anglois, 405. — C'étoit d'abord le nom des chapelles bâties sur les tombeaux des martyrs et des solitaires, 416. — Cimetières des missions du Paraguay, 454. — Cimetières indiens dans les forêts américaines, VI, 417.

CIMON. Conquit la presqu'île de Thrace, I, 451.

CINQ-MARS. Sa tragique histoire, X, 529.

CIRCLEVILLE. Monuments trouvés en cet endroit, VI, 241, 248-249. — Le fort rond, 257. — Son tumulus, 258.

CIRCONCELLIONS. Leurs fureurs, IX, 394.

CISHER, héros du poëme de Charlemagne, par le moine de Saint-Gall, X, 96-97.

CITHARE ou GUITARE. Étoit en usage dans les Gaules, IX, 440.

CIVILISATION. Comment M. de Bonald la mesure, VI, 445-446.

CLAIRETS (abbaye des), fondée par dom Herbert, abbé de la Trappe, X, 497. — Rancé avoit consenti à se charger de la conduite spirituelle de ce monastère, 560. — Visite qu'il y fait, 560.

CLAPPERTON. Il faudroit faire un volume sur ses découvertes, XI, 754.

CLARAC (comte de). Son ouvrage sur *Pompéi*, VI, 357.

CLARENDON. Ses principes politiques, X, 372. — Il écrivoit pour le roi et blâmoit les mesures arbitraires de la cour, 372. — Il vint mourir à Rouen, exilé par Charles II, 372. — Son mémoire justificatif est brûlé par la main du bourreau sous Charles II, 373. — Son nom réveille le double souvenir d'une ingratitude royale et populaire, XI, 716. — Son *Histoire de la rébellion*, 716. — Les portraits qu'il trace sont vivement colorés; il se réfléchit lui-même dans ses tableaux, 716. — Sa mort à Rouen, 721.

CLARISSE. Vers imités d'un poëte écossois, III, 553-554.

CLARKE. Sa métaphysique, II, 308-309.

CLARKE (Abraham), tisserand. Épouse Déborah Milton, XI, 677. — Un de ses fils, Caleb Clarke, passa aux Indes, et devint clerc de paroisse à Madras, 677. — Ses enfants, 677. — On ne sait ce qu'ils sont devenus, 678.

CLASSIFICATION. Dangers des classifications, II, 305-306. — Ce qu'en disoit Buffon, VI, 443-444.

CLAUDE. Son règne, IX, 124-125. — Il introduit les Gaulois dans le sénat, 125. — Saint Pierre entre à Rome sous son règne, 125. — Il eut de Messaline Britannicus; il épouse Agrippine qui lui fait adopter Néron, 130.

CLAUDE II. Servoit Gallien en attendant la souveraine puissance, IX, 178. — Lorsqu'il parvint au pouvoir, il ne trouva à combattre que Tétricus dans les Gaules et Zénobie en Orient, 181. — Désigné par Gallien, il lui succède à l'empire, 181. — Comment il est acclamé par le sénat, 181-182.— Il triomphe des Goths, en Macédoine, et meurt, 182.

CLAUSEL (M. de). Obligé de fuir pendant la Terreur, sert dans l'armée de Condé et se résout à quitter le monde, II, 645. — Il passe en Espagne et entre dans un couvent de trappistes, 645.—Lettres à sa famille et à ses amis, 645-657. — Sa mort, 657-658. — Son frère bâtit la chapelle qu'il a demandée, X, 522.

CLAUSEL DE COUSSERGUES. Repoussé des élections par des commissaires du gouvernement, VIII, 246. — Son livre *Du Sacre des rois de France*, IX, 46.

CLAYPOLE (lord), épouse lady Élisabeth Cromwell, X, 418. — Il mène le cheval de Cromwell à ses funérailles, 422.

CLÉMENCE DE BOURGES. Elle étoit riche, XI, 767.

CLÉMENT (saint). Écrit aux Corinthiens, IX, 134. — Il céda sa chaire à saint Anaclet ou Clet, 137.

CLÉMENT (Flavius). Consul et cousin germain de Domitien, embrasse la foi, est décapité, IX, 138.

CLÉMENT d'Alexandrie (saint). A quelle époque il vivoit, IX, 148. — Il cite les maîtres sous lesquels il avoit étudié, 379. — Dans son traité *Du Vrai Gnostique*, il fait le portrait du sage, 379-380.

CLÉMENT VII, pape. Ce qu'il dit aux prélats à Avignon, X, 107; XI, 545.

CLÉMENT (Jacques). Réflexions sur son crime, IX, 88. — Il tue Henri III d'un coup de couteau à Saint-Cloud, X, 298. — Portrait que fait de lui Charles de Valois, 298. — La fière Montpensier n'avoit pas craint de se livrer à ce démon, 298. — Plaisanteries qu'on débite à Paris sur son supplice, 300. — Les prédicateurs le canonisent, 301. — Sixte-Quint exalte son courage, 301. — Le parlement de Toulouse ordonne une procession annuelle pour rappeler cet acte, 301.

CLÉMENT (Père). Est un personnage réel ; Mme Belin de Nan lui offre une retraite, V, 11. — On le présente à Chateaubriand à Bethléem, 286. — Autre récit de cette rencontre, VI, 519-520.

CLÉOBULE. Un des sages de la Grèce, I, 339. — Son opinion sur le meilleur des gouvernements, 339.

CLÉOCRITE. Attaché au parti de Thrasybule, I, 483. —Il fait changer les trente tyrans, 484.

CLÉOMBROTE, philosophe. Milton le met dans le paradis des fous, XI, 119.

CLÉOMBROTUS, gendre de Léonidas. Élu à sa place, I, 512. — Condamné à l'exil au retour de son beau-père, 503.

CLÉOMÈNE, successeur d'Agis, crucifié en Égypte, I, 501.
CLERC. Ancienneté de ce nom, II, 417.
CLERCS RÉGULIERS. Ce qu'ils montroient aux enfants pauvres, II, 498.
CLERGÉ. État du clergé en France, I, 599. — En Italie, 601. — En Allemagne, 601. — En Angleterre, 602-603. — En Espagne et en Portugal, 603-609. — Réfutation de tout ce qui précède, 629-636. — Hiérarchie du clergé, II, 414 et suiv. — Il ne pouvoit rester pauvre, 418. — On lui doit les bonnes mœurs des villes et des campagnes, 420. — Son influence sur la politique, 518-522. — Ce qu'il faut faire pour qu'il aime et prêche de cœur les institutions nouvelles, VII, 250-252. — Si on laisse le clergé en dehors de tout, on le rendra ennemi ou du moins indifférent, 253. — Ce qu'il demandoit dans ses cahiers des états généraux en 1789, 475. — Presque tous ses membres vouloient la liberté de la presse, 476. — Le clergé ne pourroit demander maintenant l'anéantissement de cette liberté, 477. — Défenseurs des libertés publiques, les ministres de l'autel peuvent tout; ennemis de ces libertés, ils sont les plus foibles des hommes, 479. — Le clergé doit se rattacher à la charte, VIII, 78. — Il a été dépouillé par la révolution, 202. — Lois de Buonaparte, 203-204. — Situation du clergé, 204-205. — Il faut autoriser les églises à recevoir des dotations en fonds de terre, 206. — Le clergé n'est plus un corps politique, mais une corporation, 207. — Les donations ne le rendront pas riche, 208. — Ce qu'on pourroit faire pour lui rendre ses droits, 210. — Éloge du clergé, 211. — Il faut lui rendre ses biens, 277-279. — Raisons morales et religieuses contre l'aliénation du reste des biens de l'Église, 282. — Déposant l'autorité politique, le clergé rentrera dans les voies de la primitive Église, IX, 74. — Ses richesses, X, 34. — Au moyen âge le clergé se déprava comme la foule, 106. — La simonie étoit générale, les prêtres violoient presque partout la loi du célibat, 108. — Ce que le clergé eut à souffrir sous Charles IX et Henri III, 325. — Attaques contre le clergé, XI, 544. — Les conciles, les chartes d'abolition et les capitulaires de Charlemagne indiquent la nécessité de la réforme du clergé, 544. — Ce qu'on lit dans les canons du premier concile de Tours, 544. — Ce que disent Baronius et Gerbert, 544. — Saint Bernard ne se montre pas plus indulgent, 545. — Ce que Clément VII dit aux prélats à Avignon, 545. — Simonie, violation du célibat, 545. — Ce qu'écrit Pétrarque sur la cour d'Avignon, 545. — Reproches répétés par Érasme et Rabelais, 545. — Lorsque Luther parut, la réformation étoit dans tous les esprits, 545-546.
CLERMONT. Cinq jours à Clermont, VI, 325-338. — Ses noms latins, d'où lui vient son nom françois, 325-326. — Clermont sous les Romains et après, 327. — Ses évêques, 327. — Ce que Chilping dit à Thierry pour l'empêcher de détruire cette ville, 327-328. — Ce fut au concile de Clermont qu'Urbain II prêcha la première croisade, 328. — Sa cathédrale, 334. — Elle contenoit *la Conversion de saint Paul* par Le Brun et le tombeau de Massillon, 334. — Sa position est une des plus belles du monde, 335. — Clermont n'a point conservé d'antiquités romaines, 336. — A subi de nouveaux sièges, 336.
CLERMONT (comte de), maréchal, à la bataille de Poitiers, X, 192. — Il défie Chandos, 196. — Meurt de la main de Chandos, 198.
CLERMONT-LODÈVE (le comte de), se trouvoit derrière le duc de Berry lorsque ce prince fut frappé, IX, 559. — Il court après l'assassin, 560.
CLERMONT MONT-SAINT-JEAN (marquis de). Exclu des élections par un préfet, porte plainte, VIII, 247-248; 503-508.
CLERMONT-TONNERRE (M. de). Ministre avec Chateaubriand, XII, 137.
CLÉRY. Sous le Directoire on falsifia et interpola ses *Mémoires*, X, 381.
CLÈVES (Marie de). Le duc d'Anjou, qui fut depuis Henri III, lui écrivoit de Pologne avec son sang, X, 266.
CLÈVES (Henriette de), duchesse de Nevers, étoit aimée de Coconnas, X, 267. — Elle se fait apporter la tête de son amant, la baise et l'embaume, 302.
CLEYRFAYT. Sa retraite après Jemmapes, I, 435.
CLINTON. A décrit les antiquités des parties occidentales de New-York, VI, 241.
CLIPAND, évêque de Colmbre. Conseils qu'il donne au concile de Brague, IX, 468.
CLISSON (Amaury de). Commande un corps de troupes à Hennebon, X, 141.
CLISSON (Olivier de). Ses engagements secrets; Philippe VI lui fait trancher la tête, X, 146.
CLISSON (Olivier de). Son aventure avec le duc de Bretagne, X, 219. — Pierre de Craon l'attaque, 220. — Il fuit en Bretagne, 220.
CLOCHE. Des cloches chez les chrétiens, II, 370-372. — De leur usage dans les églises et chez les Grecs, IV, 361.
CLOCHER. Sentiments qu'il réveille, II, 290; VI, 454.
CLODION. *Voy.* KHLODION.
CLODOMIR. *Voy.* KHLODOMIR.
CLOTAIRE. *Voy.* KHLOTHER.
CLOTILDE. *Voy.* KHLOTILDE.
CLOUD (Saint). *Voy.* KHLODOALD.
CLOVIS. Nouvelle orthographe de son nom, IX, 72. *Voy.* KHLOVIGH.

CLUBS. Les clubs de la révolution françoise, comparés aux meetings de la révolution angloise, XI, 701-704.

CNEPH, l'esprit, un des principes de l'univers chez les Égyptiens, I, 352.

CNIVA, roi des Goths, envahit l'empire romain, IX, 172.

COBBETT. Lettre dans laquelle il défend Chateaubriand et l'intervention en Espagne, XII, 160-174. — Il ne devina qu'en partie le secret du ministre françois, 174-175. — Il reproche au ministère anglois d'avoir manqué de cœur, 187.

COBHAM, maréchal d'Angleterre à la bataille de Poitiers, X, 202.

COBOURG, marche contre la France, à la tête des alliés, I, 440. — Il divise ses forces, 442. — Il couvroit l'armée qui assiégeoit Maubeuge, 443. — Il bat en retraite, 445. — Son portrait, 446-447. — Il emporte Landrecies et obtient d'autres avantages, 448.—Marche au secours de Charleroi, 450. — Livre bataille, 450. — Commande la retraite, 451.

COCHEREAU, peintre, accompagne le comte de Forbin dans son voyage du Levant, VI, 545. — Meurt près de la côte de Cerigo, 546.

COCONNAS. Décapité pour intrigues; il étoit aimé d'Henriette de Clèves, duchesse de Nevers, X, 267. — Ce qu'il avoit fait à la Saint-Barthélemy, 302. — Sa tête gardée par sa maîtresse, 302.

COCOTIER. Ses migrations, VIII, 549.

CŒDMON. Il rêvoit en vers, XI, 508.

CŒUVRES (Anne d'Estrées, marquise de), avoit quitté son mari pour s'attacher au marquis d'Allègre, X, 307. — Elle est massacrée dans Issoire, 307.

COGHELL (le chevalier). Méprise qu'il commet à Pompéi, VI, 358.

COIFFURE des dames de qualité au moyen âge, X, 118.

COJURANTS ou COMPURGATEURS. Ce que c'étoit chez les Barbares, IX, 448.

COKE, avocat général dans le jugement de Charles Ier, X, 385.

COLARDEAU a défiguré un passage de Pope, II, 205. — Son imitation des *Nuits* d'Young, VI, 383.

COLBERT. Il voyoit la destruction de la France dans la destruction des bois, VIII, 275. — Commencement de son élévation, X, 331.

COLBROOKE. S'est occupé des langues de l'Asie, XI, 726.

COLERIDGE, poëte dramatique anglois, XI, 718. — Il est un des restaurateurs des ballades, 767.

COLIGNY (amiral de). Déclaré chef du parti huguenot, X, 264. — Perd la bataille de Moncontour, 264. — Il vient à Paris pour les noces de Henri de Béarn avec Marguerite de Valois, 265. — Maurevert le blesse d'un coup d'arquebuse le jour de la Saint-Barthélemy, 265. — Sa mort racontée par Tavannes, 265.

COLISÉE. Description, VI, 312-313.

COLLÉGE ROYAL. Sa fondation est due à François Ier; chaires qui y ont été ajoutées, X, 102.

COLLÉGES. Leur nombre en Europe, II, 525, 685-687, 689. — Noms des principaux colléges et de leurs fondateurs, X, 102.

COLLIERS, au moyen âge, X, 117.

COLLOT D'HERBOIS à la Guiane, II, 459.

COLMAN, poëte dramatique anglois, XI, 718.

COLOMB (Christophe). Sa découverte de l'Amérique, VI, 21. — Ses lettres à Ferdinand et Isabelle et au pape, 25. — Il étoit poëte, 25.

COLOMBE. Sa chasse chez les Indiens, VI, 153.

COLOMBIA (la), fleuve d'Amérique. Découverte et exploration, VI, 36. — Les jésuites avoient connoissance de cette rivière, 410.—Traversée par M. Mackensie, 411. — Elle s'appelle encore *Tacoutché-Tessé*, 411. — M. Mackensie la trouve, 422. — Aspect de la Colombia, 422. — Son cours, 423.

COLOMBIE. Sa situation lors de l'émancipation, VI, 214. — Elle n'a plus d'Espagnols proprement dits sur son territoire; le clergé est américain, et les mœurs souffrent, 218-219.

COLONIES. Nous possédions autrefois d'immenses contrées outre mer, XI, 726.

COLONIES ESPAGNOLES DE L'AMÉRIQUE. Elles n'étoient pas disposées pour la liberté républicaine quand elles se sont émancipées, VI, 213 et suiv. — Causes de leurs révolutions, 215-216. — Emprunts, 216. — Elles passent sous l'influence angloise, 217. — Obstacles que rencontrera leur émancipation, 218. — Elles auroient gagné à se former en monarchies représentatives, 219. — *Mémorandum* de l'Angleterre relatif à l'indépendance des colonies espagnoles, XII, 45. — Réponse des grandes puissances, 45. — Note verbale du représentant de la France, 46-47. — Projet de Chateaubriand, 47. — Les cortès expédient Perreira pour reconnoître leur indépendance, 75. — Chateaubriand vouloit les transformer en monarchies représentatives sous des princes de la maison de Bourbon, 363. — Miranda avoit traité de leur indépendance avec l'Angleterre, 363. — Leur insurrection, 363-364. — Ce qui leur convenoit, 364. — L'expédition d'Espagne ne les a point précipitées dans les bras de l'Angleterre, 364-365. — Depuis longtemps l'Angleterre leur étoit secourable, 365. — C'est sous le gouvernement des cortès qu'elles ont rompu les derniers nœuds qui les rattachoient à l'Espagne, 365. — Difficultés qui devoient arrêter la reconnoissance de leur indépendance, 368-370. — Opposition des puissances continentales, 370. — Opposition de l'Angleterre, 371. — Opposition de l'Espagne, 372-373. — Emprunts faits au nom des colonies espagnoles, 374. — Elles deviennent des espèces de colonies angloises, 375. — Opposition des colonies espagnoles, 375. — Ce qu'on pouvoit dire aux colonies espagnoles et à la métropole, 375-376. — L'Angleterre elle-même se rangeoit à l'avis de Chateaubriand, quand la chute de celui-ci dérangea tout, 377. — L'Angleterre menace de reconnoître l'indépendance des colonies espagnoles, 398. — Questions que pose Chateaubriand aux puissances, 399. — L'Angleterre ne doit pas être oubliée dans la demande de médiation par l'Espagne, 401-402. — Où l'affaire doit être traitée, 402. — Ce que produiroit la franchise des ports, 416. — Chateaubriand obtient le décret qui accorde la liberté du commerce aux colonies espagnoles, 418-419. — On ne peut traiter la question de médiation sans la participation de l'Angleterre, 419. — La question des colonies n'amènera pas la guerre, 421-422. — Il faut temporiser avec l'Angleterre sur cette question, 425-426. — Aucune puissance ne voudroit ou ne pourroit aider la France dans cette affaire, 426-427. — Réponse de M. Ofalia à la note de sir W. A'Court ; il demande la médiation des puissances continentales et de l'Angleterre, 430.

COLONNE. Origine et comparaison des diverses colonnes, II, 293. — Proposition d'une colonne *palmiste*, 293.

COLONNE (Sciarra). Aide Nogaret à s'emparer de Boniface VIII, qu'il maltraite, X, 65.

COLQUHOUN. Taux auquel il établit que les fonds publics de l'Angleterre devroient être élevés, VIII, 415.

COMBAT JUDICIAIRE. Un Anglois le demande encore au commencement de ce siècle, XI, 725.

COMBATS DE GLADIATEURS chez les Romains, IX, 401-403.

COMBOURG, château de la famille de Chateaubriand, I, 4. — Description qu'en a faite Chateaubriand, 5.

COMÉDIE. Nos mœurs conviennent mieux aux scènes de la comédie qu'aux intrigues du roman, VI, 560.

COMÉDIENS. De leur excommunication, VII, 273-280. — A Rome ils perdoient le droit de citoyen, 274. — Lois des empereurs sur les comédiens baptisés, 274. — Le cardinal de Richelieu fait enregistrer une déclaration du roi sur les comédiens, 276. — Dans une partie de l'Italie et de l'Allemagne, les comédiens ne sont pas excommuniés, 276. — Le saint-siége et les conciles généraux ne se sont jamais expliqués là-dessus d'une manière bien positive, 276. — Requête des comédiens françois au pape Innocent XII, pour être relevés de la censure ecclésiastique, 276-277. — On peut espérer que le clergé prendra en considération le changement des mœurs et des temps, 277. — Le comédien jouit de ses droits de citoyen, mais l'entrée à l'église est un droit purement religieux, 278. — Le refus du curé n'entraîne plus la privation de la sépulture commune, 279. — Que faut-il à un comédien pour que ses cendres soient reçues dans l'église ? 279.

COMIQUE. Il y en a de deux sortes : le comique de l'Anglois et le comique du François, VI, 394. — Les poëtes tragiques trouvent quelquefois le comique, les poëtes comiques s'élèvent rarement au tragique, XI, 587. — Le comique du *Tartufe* et du *Misanthrope* se rapproche de la gravité tragique, 587. — Il y a deux comiques, 587.

COMMINES (Philippe de). Ses *Vies*, II, 330. — Étoit un des principaux conseillers de Louis XI, X, 236.

COMMINGES (l'évêque de). Rancé vient le consulter sur ses projets de retraite, et l'accompagne dans sa tournée diocésaine, X, 491. — Il écrit à Rancé pour l'érection d'une chapelle, 492. — Il combat les desseins extrêmes de Rancé, 492. — Il craint qu'il n'aille si loin que personne ne le pourroit suivre, 501.

COMMODE. Son règne, sa mort, IX, 145.

COMMUNAUTÉ DES BIENS, DES FEMMES, etc. Ces nouveautés sont de vieilles chimères, VIII, 492.

COMMUNEROS. Ils se reforment sous Ferdinand VII, XII, 22. — Ils tenoient leur assemblée suprême à Madrid, 25. — Leur organisation, 25. — Serment de ses membres, 25.

COMMUNES. Louis le Gros n'a point affranchi les communes, mais le mouvement insurrectionnel général dans le XIe siècle ne doit être admis qu'avec restriction, IX, 76. — Presque toutes les communes du midi de la France étoient demeurées libres depuis l'administration romaine et visigothe, X, 52. — On ne peut dire que Louis le Gros, en donnant des chartes à sept ou huit communes, n'ait fait que suivre l'impulsion d'un mouvement qu'il n'auroit pu arrêter, 53. — Des bourgeois soulevés obtinrent quelques chartes de Louis le Gros et prirent le nom de *communes*, 61.

COMMUNION. Tableau de la première communion, II, 27. — Utilité de la communion, 28.

COMPAGNIES (grandes). Leur formation, X, 210. — Du Guesclin en délivre la France en les menant en Espagne, 215.

COMPAGNIES AMÉRICAINES pour la traite des pelleteries, VI, 201-203.

COMPARAISON. En quoi elle consiste, IV, 351.

COMPOSITION ou FREDUM. Tarif des blessures chez les François, VII, 97. — Composition pour le vol d'un cheval, pour la chasse et la pêche, IX, 447. — Composition pour les injures, 448. — Pour les blessures, 448. — Composition pour le meurtre d'un évêque, X, 32.

COMPURGATEURS. *Voy.* COJURANTS.

COMTE (M.). A publié des notes contre des missionnaires, VIII, 301.

CONCORDAT. Sa publication, I, 65.—Elle coïncide avec l'apparition du *Génie du Christianisme*, 66. — Le concordat de 1817 est imprimé à l'étranger et dans les départements avant de l'être à Paris, VII, 296-297. — Passera-t-il? 298.

CONDAMNÉ. Premiers condamnés à mort à qui l'on accorde des confesseurs, X, 221-222. — On refusoit encore l'Eucharistie aux condamnés à mort dans le dernier siècle, 222. — Marche des condamnés; le dernier morceau du patient, 222.

CONDÉ (Louis Ier, prince de). Arrêté comme chef d'une conspiration sous François II, jugé, condamné à perdre la tête, sauvé par la mort du roi, X, 259. — Il est absous par arrêt du parlement, 260. — Déclaré chef des protestants, il s'empare d'Orléans, 261. — Fait prisonnier à Dreux, 262. — Partage le lit du duc de Guise, son vainqueur, et ne peut dormir, 262. — Perd la bataille de Jarnac; est tué après le combat par Montesquiou, 264.

CONDÉ (Henri Ier, prince de). Lors du massacre de la Saint-Barthélemy il est mené au roi qui le menace, X, 265.— Sa femme, Marie de Clèves, 266. — Le prince de Condé meurt empoisonné à Saint-Jean-d'Angély : Charlotte de La Trémoille, sa seconde femme, accusée de l'empoisonnement, est déclarée innocente huit ans après, 273.

CONDÉ (Henri II, prince de). Se retire à Bruxelles avec sa femme, Marguerite de Montmorency, que poursuivoit Henri IV, X, 320. — Etoit-il fils de Henri IV? 320. — Ce que dit Marguerite de Montmorency à Henri IV, 320.

CONDÉ (Louis II, prince de), général de la monarchie parlementaire sous la minorité de Louis XIV, X, 330. — Il régnoit à la société du Marais, 464. — Il avoit quitté les petits-maîtres, ses premiers compagnons, 464.

CONDÉ (Louis-Joseph de Bourbon, prince de). Son arrivée à Compiègne, VII, 42. — Anniversaire de sa mort; extraits de son testament, 610. — Comment il reçoit le duc de Berry, IX, 496. — L'armée de Condé, 496. — Il se distingue à l'affaire de Berstheim, 497. — Licenciement de son armée, 516. — Erre quelque temps en Allemagne, 519. — Il passe en Angleterre, 520. — Adhère à la réponse de Louis XVIII à Buonaparte, 522-523. — Lettre aimable que lui écrit Louis XVIII, 524. — Lettre du prince au duc de Berry, 524. — Comment il repousse un projet d'assassiner Buonaparte, 528. — Son arrivée à Compiègne, 533. — Il avoit légué le soin de ses vieux compagnons d'armes au duc de Berry, 524, 550. — Sa conduite à Berstheim, 584-585. — Lettre à Louis XVIII pour le féliciter de sa réponse aux propositions de Buonaparte, 595. — Lettre au comte d'Artois sur une proposition qu'on lui a faite de le défaire de l'usurpateur, 596-597.

CONDILLAC. Ce qu'il dit des géomètres, II, 299. —Considéré comme métaphysicien, 308.

CONDORCET. Fait décréter par l'assemblée nationale l'autorisation de brûler toutes les chartes de la noblesse comme contraires à l'égalité, IX, 20.

CONFESSION. Déclamations des philosophes contre la confession, I, 597. — Réponse, 597-598. — Ce qu'en ont dit Rousseau et Voltaire, 598. — Institution salutaire, 598. — Son utilité, II, 27. — Prière de la confession, 376. — Pythagore avoit recommandé la confession à ses disciples, 376-377.—Idée de la confession chez les Indiens, 557.

CONFIRMATION. Comment la recevoit le néophyte, II, 26. — Grandeur de ce sacrement, 31.

CONFISCATION. La charte de 1814 est le premier acte constitutionnel qui l'ait abolie, VII, 86. — Les confiscations ont été avec le jugement de Louis XVI la grande plaie de la révolution, 341. — Louis XVI avoit aboli la confiscation, ainsi que Louis XVIII; la révolution l'a rétablie, ainsi que Buonaparte, 342. — Pendant la Ligue plusieurs édits et déclarations ordonnèrent la confiscation des biens des huguenots, X, 325-326.

CONGRÈVE, poëte dramatique anglois, XI, 718. — Il écrivit dans les premiers ouvrages périodiques, 736. — A peine jouoit-on ses pièces en Angleterre à la fin du XVIIIe siècle, 748.

CONRADIN, roi d'Italie. Sa mort, VI, 295.

CONRARD. Son nom chez les précieuses, X, 464.

CONSCIENCE. Elle fournit une preuve de l'immortalité de l'âme, II, 126. — Ce qu'en dit le roi Jacques Ier, XI, 618.

CONSCRIPTION. De la conscription sous Buonaparte, VII, 18-20. — La conscription est la milice avec l'égalité, VIII, 304.—Elle est reproduite dans la loi du recrutement sous le nom d'appel, 304. — Elle est le mode naturel de recrutement du despotisme et de la démocratie, 304. — Elle tend à détruire la monarchie représentative, 304. — Abus de la conscription, 306. — La charte avoit promis l'abolition de la conscription, 307.

CONSEILS GÉNÉRAUX. Le ministère les engage

à donner leur avis sur les lois d'intérêt général, et notamment sur la réduction des rentes; où est leur mandat? VII, 374-378.
CONSERVATEUR (le). La censure a mis fin à ce journal en 1820, VII, 491. — Les hommes qui combattoient avec Chateaubriand dans ce journal pour la liberté de la presse, arrivés au pouvoir, demandent la destruction de cette liberté, 491. — Il est attaqué par les pamphlets du jour et par les journaux, 545-546. — Son apparition a fait penser à étendre la censure sur les feuilles semi-périodiques, 557. — Défauts qu'on lui prête, 557-558. — Avant son établissement l'opinion royaliste étoit sans organe, 608. — Les nouvelles lois ne changeront rien à sa forme, son cautionnement est fait, le baron Trouvé en devient l'éditeur responsable, 617. — Époque à laquelle il a paru; services qu'il a rendus, 618. — Son succès, 618. — Il a forcé la main aux ministres sur la liberté de la presse, 618. — Sa position est changée, 619. — Les fonds du cautionnement ont été pris sur le produit des abonnements, 626. — On lui doit l'abolition de la censure, VIII, 33. — Il cesse de paroître lors du rétablissement de la censure après l'assassinat du duc de Berry, 55.
CONSOLIDÉ. Ce qu'on entend par ce mot en finances, VII, 359.
CONSTANCE, père de Constantin, reçoit Eudore, IV, 86. — Bataille qu'il livre aux Franks, 89-100. — Sa mort, 489. — Il est nommé César par Dioclétien, IX, 192. — Il gouvernoit les Gaules, l'Espagne et la Grande-Bretagne, 198. — Ses qualités, 198. — Enfants qu'il eut d'Hélène et de Théodora, 198. — Forcé de répudier Hélène, 198. — Sa mort, 198.
CONSTANCE (Jules), frère de Constantin, père de Gallus et de Julien; sa mort, IX, 214.
CONSTANCE, fils de Constantin, immole une partie de sa famille, IX, 214. — Partage l'empire avec ses frères, 215. — Combat les Perses, dépouille Vétranion, bat Magnence, 215. — Il avoit invité les Allamans à passer le Rhin, 215. — On fixe à son règne le règne des eunuques, 216. — L'impératrice Eusébie le décide à créer Julien césar, 218. — Il visite Rome, 221-224. — Il fait transporter un obélisque du Nil au Tibre, 225. — Sa cour étoit arienne, 225. — Il avoit d'abord soutenu Athanase, 225. — Saint Hilaire de Poitiers écrit contre l'empereur Constance, 225. — Turbulence et légèreté de Constance, 226. — Il enflammoit les disputes religieuses, 226. — Il interroge Libère, 226. — Consent à le rappeler, 226. — Jaloux de Julien, il rappelle une partie de ses troupes; elles proclament Julien auguste, 227. — Il refuse de reconnoître ce titre à Julien, 228.
— Julien marche contre lui, 228. — Mort de Constance, 229.
CONSTANCE, général d'Honorius. Étoit de Naïsse, IX, 335. — Il s'étoit fait connoître du temps de Théodose, 335. — Honorius lui ordonne d'attaquer Constantin, d'Arles, 335. — Il livre Constantin à Honorius, 335-336. — Il défait Édobic sur les bords du Rhône, 336. — Ecdice envoie la tête d'Édobic à Constance, 336. — Constance remercie Ecdice et le chasse, 336. — Il épouse Placidie, 338. — Enfants qu'il en a, 338. — Il est fait auguste et meurt, 339.
CONSTANT, fils de Constantin. Partage l'empire avec ses frères, IX, 215. — Prend les armes contre Constantin, 215. — Seul maître de l'Occident, attaqué par les Franks, 215. — Magnence le force à prendre la fuite et le fait assassiner, 215.
CONSTANT, fils de Constantin, empereur d'Arles. D'abord moine, ensuite césar et auguste, se rend maître de l'Espagne et en ouvre la porte aux Barbares, IX, 330.
CONSTANT (Benjamin). Il a soutenu la cause des Grecs, V, 29. — Ce qu'il disoit de la Terreur, IX, 68. — Son retour vers la religion, 95-96. — Ce qu'il disoit de Napoléon, XII, 95. — Il a servi dans l'armée alliée, comme aide de camp de Bernadotte, 131. — A écrit plusieurs lettres à Chateaubriand, 201. — Il est devenu son ami, 201. — Lettre qu'il écrit à Chateaubriand en 1830, 452-453. — Lettre à Chateaubriand en lui envoyant son livre sur les Religions, 469-470.
CONSTANTIN le Grand. Excite la jalousie de Galérius, et rejoint son père, IX, 198. — Les légions le proclament empereur, 198. — Maximien s'allie avec lui, et lui accorde le titre d'auguste, 199. — Maximien se réfugie près de lui, 199. — Constantin assiége Maximien dans Marseille, et le fait mettre à mort, 199. — Il est vainqueur des Franks et des Allamans, 199. — Il voit dans les airs le labarum et se fait instruire dans la foi, 199. — Il attaque Maxence; ses succès en Italie; il marche à Rome, et gagne la bataille où Maxence perd la vie, 200. — Il se brouille avec Licinius, le fait prisonnier et l'exile, 200. — Il fonde Constantinople, 200. — Il en trace lui-même l'enceinte, et y transporte les dépouilles des autres villes, 201. — Sous ce prince l'Église proprement dite se constitue, 204. — On voit apparoître une espèce d'aristocratie à la façon moderne, 205. — Il forme dans son autre Rome un autre patriciat, 206. — Il a engendré le moyen âge, 207. — Ce qu'il fit pour les chrétiens, 207. — Ses lois contre l'esclavage, l'idolâtrie, la confiscation, la prostitution, les gladiateurs, 208. — Il eut à s'occuper des hérésies, 208. — Harangue les pères

du concile de Nicée, 209. — Il ouvre le concile, 211. — Il se mêla trop des querelles religieuses, 212. — Ses guerres contre les Sarmates et les Goths, 212. — Sa lettre à Sapor II, 213.—Il fait mourir son fils Crispus et sa femme Fausta, 213. — Est-il vrai qu'il se repentit? 214. — Il reçoit le baptême peu d'instants avant de mourir; sa mort, 214. — Jugement de Julien sur lui, 235.

CONSTANTIN, personnage des *Martyrs*, IV, 61-62, 84, 245-246, 248, 249, 332-333. — L'ordre historique n'est pas suivi, 518.

CONSTANTIN, fils de Constantin le Grand. Partage l'empire avec ses frères, IX, 215. — Prend les armes contre Constant, 215. — Périt près d'Aquilée, 215.

CONSTANTIN. Soldat élu empereur par les légions de la Grande-Bretagne, s'établit à Arles; est reconnu par Honorius, IX, 330.— Géronce se soulève contre lui, 334. — Il le tient assiégé dans Arles, 335. — Constantin se remet aux mains de Constance, général d'Honorius, 335. — Il s'étoit fait ordonner prêtre avant de se rendre, 336. — Envoyé avec son fils en Italie, on les décapite près de Ravenne, 336.

CONSTANTIN (grand-duc). Son caractère, V, 26. — Ce qu'il lui seroit possible de faire pour la Grèce, 27. — Il a refusé la couronne de Russie, 41. — Insurrection militaire en sa faveur à Saint-Pétersbourg, VIII, 141-142.

CONSTANTINA, fille de Constantin le Grand, veuve d'Annibalien, épouse Gallus, IX, 216. — Elle prenoit en secret le titre d'*augusta*, 217.

CONSTANTINOPLE. Vue de cette ville, V, 246. Bonne réception, 247-248. — Tristesse de cette ville, 248-249. — Bonne description par le comte de Forbin, VI, 547. — S'élève à la place de Byzance par les soins de Constantin, IX, 200-201. — Embellie de la dépouille des autres villes, 201. — Principaux objets d'art qui y furent transportés, 201. — Sa fondation a prolongé la puissance des césars, mais elle fut contraire au pouvoir spirituel, 201-202.

CONTINENTAL (système). Ses défauts, VII, 20-21.

CONTRAT SOCIAL. Est-il la convention primitive des gouvernements? I, 283.

CONVERSION DES RENTES. *Voy.* RENTE.

COOK. Son voyage comparé à celui de Hannon, I, 370. — Sa fin, 373. — Description des îles Sandwich par son lieutenant, 373-376. — Différence de son voyage avec celui de Hannon, 376-377. — Beau spectacle qu'offrent les voyages de Cook, VI, 407. — Points reconnus par lui au delà du détroit de Behring, 426. — Il faudroit faire un volume sur lui, XI, 754.

COOPER (M. Fenimore). Peint les antiquités du Nouveau Monde, IX, 50.

COPERNIC a rendu à l'univers son vrai système, I, 547.

CORAN. A emprunté à nos livres sacrés et aux rabbins, II, 54.

CORAS. Son *David* mérite d'être connu, II, 153. — Il maintint dans ses ouvrages l'indépendance de la langue et de la pensée, X, 329.

CORBIÈRE (M. de). Son opinion sur les journaux, VII, 408. — Ce qu'il a dit sur la liberté de la presse, VIII, 458-459. — Comment il se tenoit au conseil du roi, XII, 120. — Il assiste à la séance où Louis XVIII annonce l'intervention en Espagne, 137. — Il manque au conseil des ministres, 438. — Il empêche Chateaubriand de parler sur la loi de septennalité, 439. — Il fait décider le renvoi de Chateaubriand, 441.

CORDEILLA, fille du roi Lear. Sa réponse à son père, XI, 666-667. — Son père lui ôte sa part d'héritage, 667. — Elle épouse un prince des Gaules, 667. — Le roi Lear se réfugie près d'elle, 667. — Elle rétablit son père sur le trône, 667. — Dépossédée par les fils de ses sœurs, elle se tue, 668.

CORDELIERS. Disputes qu'amène la question de savoir si le pain qu'ils mangent est une propriété, X, 124. — Ils assistèrent d'abord les criminels, 222. — L'église des cordeliers à Paris, XI, 703.

CORDELIERS (club des). Il étoit d'abord plus formidable que celui des jacobins, XI, 702. — Monastère dans lequel il étoit établi, 703. — Arrangement de ce club, 703. — Langage qu'on y tenoit, 703. — Chasse aux chouettes, 703. — Gradins des spectateurs, 704.

CORDEMOY (Giraud et Louis). Leur Histoire de France, IX, 26.

CORDIÈRE (la belle). *Voy.* LABBÉ (Louise).

CORDON (Claude), docteur en Sorbonne. Reçoit à la Trappe le nom d'Arsène, X, 525. — Il apparoit après sa mort à Dom Paul Ferrand, 525.

CORFOU. Histoire, V, 115-116.

CORINTHE. Description, V, 165. — Histoire, 166. — Voyageurs qui l'ont visitée, 166. — Ses ruines, 166-167. — Ses vases, 167. — Souvenirs de saint Paul, 168. — L'isthme, 168-169.

CORNARDS. Leur chef, X, 229.

CORNEILLE. Peint l'amour de Dieu dans *Polyeucte*, II, 214-217. — Dialogue de Flavian et de Curiace comparé à celui de Rosse et de Macduff de Shakespeare, VI, 390-391.— Rendez son style moins familier, il deviendra moins sublime, 532. — Indulgence ou critique circonspecte pour les vrais talents, 532. — Son génie appelé à comparoître comme accusé devant l'Académie françoise, X, 329. — Il avoit exhumé les vertus républicaines, 336. — Corneille à l'hôtel de Rambouillet, 460-461. — Il y lit *Polyeucte*, 461. — Dialogue de Flavian et de Curiace, XI, 593. — Caractères du Cid et de Chimène, 599-600.

CORON. Arrivée de M. de Chateaubriand dans cette ville, V, 124. — Son histoire, 124. — Est-ce l'ancienne Coroné? 124-425. — Histoire moderne, 125. — Vertot se trompe en pronant Coron pour Cheronée, 125.

CORONELLI (le père). Sa description de la Morée, V, 89.

CORRESPONDANCE. Les longues correspondances offrent les vicissitudes des âges, X, 557. — La correspondance de Voltaire, 557. — Correspondance entre deux personnes qui se sont aimées, 558. — Les romans en lettres et les correspondances réelles, XI, 760. — Ce qu'il y a de triste dans une correspondance d'amour, 761-762.

CORRESPONDANCE PRIVÉE. Calomnies qu'elle répand à l'étranger contre les royalistes, VII, 313, 315, 316. — Dénonce Chateaubriand comme l'auteur d'un mémoire secret, 317. — Elle a pour but de tromper l'Europe sur notre véritable position, 570-571. — Extrait de cette correspondance sur la retraite du duc de Richelieu, 571-572. — Fait l'éloge de l'assassin de Kotzebuë, 614. — Nouvelles calomnies qu'elle répand, 626. — Les journaux royalistes l'ont tuée, VIII, 35.

CORTEREAL. Ses découvertes géographiques, VI, 22.

CORTÈS (Fernand). Renverse l'empire du Mexique et découvre un second Océan, VI, 22. — Ses lettres à Charles-Quint, 25.

CORVETTO. Sa circulaire pour les élections, VIII, 245-246. — Texte, 501.

COSMOGONIES. Comparaison des diverses cosmogonies, II, 58 et suiv,

COSTUMES du moyen âge, XI, 495.

COTTIN. Fréquentoit l'hôtel de Rambouillet, X, 462.

COUCY (Thomas de). Comment il pilloit les pèlerins, supplices qu'il leur faisoit endurer, X, 109-110. — Les lépreux l'assiègent dans son château, 110.

COUDÉE. La coudée hébraïque, V, 535-541. — La coudée arabique, 541-544.

COULEUR LOCALE. Ce qu'elle doit être, I, 42.

COULEUR NATIONALE. La France en change avec l'Angleterre, IX, 78 ; X, 130-131.

COURIER (Paul-Louis). Il élève la voix contre l'acquisition de Chambord, X, 488. — Sa mort, 494-495.

COURONNE D'ÉPINES. De quelle plante la couronne de Jésus-Christ a dû être formée, V, 318-319.

COURS D'AMOUR au moyen âge, XI, 501.

COURS D'ASSISES sous la seconde race, VIII, 182. — Sous la troisième race, 182.

COURTISANES. Rôle qu'elles jouoient, leçons qu'elles se donnoient, IX, 409. — Noms des plus célèbres, 409.

COURTRAY (bataille de). Victoire remportée par des paysans et des bourgeois sur les plus grands capitaines et la plus haute noblesse de France, X, 66. — Nombre d'éperons enlevés aux chevaliers françois, 66. — Singulière aventure à laquelle elle donna lieu, 66.

COUSIN (le président). Sa traduction des historiens de l'empire d'Occident, VI, 566.

COUSIN (M.). Chateaubriand s'est adressé à lui pour quelques doutes sur la philosophie des Pères de l'Église, IX, 97. — Il a traduit excellemment le *Manuel de l'histoire de la philosophie* de Tenneman, 417.

COUTRAS. Ce qu'y dit Henri IV, X, 314.

COUVENT. Couvents maronites, égyptiens, du Nouveau Monde, II, 354-355. — Origine de divers couvents, 422-423. — Leur utilité, 423-425. — Ils devinrent des espèces de forteresses où la civilisation se mit à l'abri, X, 38.

COVENANT. Signature de cet acte, X, 353. — Le covenant du roi, 353.

COVENT-GARDEN. D'où ce théâtre tire son nom, VI, 372.

COVENTRY (sir Thomas), garde des sceaux de Charles Ier. Son portrait, X, 351.

COWLEY. Il arrive immédiatement après Shakespeare, XI, 624. — Ses opinions, ses ouvrages, 624. — Ses qualités et ses défauts, 624. — Cowley attaque les François, 624-625. — Vers qu'il adresse à lord Falkland, 625. — Il étoit à Paris l'agent de la correspondance de Charles Ier avec la reine, 630.

COWPER, poëte anglois. Fait revivre l'école nationale, XI, 767. — Époque de sa mort, 774.

COYE (Rose, marquis de). A pu revoir les Mémoires de Louis XIV, VI, 493.

CRABBE, poëte anglois. Un des restaurateurs des ballades, XI, 767.

CRAMMER. Il est difficile de le lire avec profit ou plaisir, XI, 573.

CRAON (Jean de), archevêque de Reims. Parle au nom du clergé aux états de 1355, X, 185. — Préside le clergé aux états de 1356, 207.

CRAON (Pierre de), favori du duc de Touraine. Pourquoi il est disgracié, X, 220. — Il attaque le connétable de Clisson, et se réfugie auprès du duc de Bretagne, 220.

CRAPELET. Son *Histoire du châtelain de Coucy*, IX, 50.

CRATÈS, philosophe de l'école académique, I, 534.

CRÉATION. Objections philosophiques contre la création, I, 586-587. — La création d'après les diverses cosmogonies, II, 58, 59, 60. — Suivant la *Genèse*, 60, 61. — Création de l'homme par Bruma, d'après les Indiens,

548. — Les Indiens d'Amérique attribuent la formation de la terre et la création de l'homme au Grand-Lièvre, VI, 173. — Le monde a dû être créé à la fois jeune et vieux, VIII, 544-546. — Le système de Moïse comparé à celui de Platon par Julien, IX, 247-248.

CRÉCY, village au bord de la rivière de Maye, X, 165. — Édouard III y établit son campement, 165. — Ordre de bataille de l'armée angloise à Crécy, 165-166. — Ordre de marche de l'armée françoise, 167. — Philippe fait arrêter ses troupes, le comte d'Alençon force les Génois à marcher, 168. — Les Génois sont repoussés, le comte d'Alençon attaque le prince de Galles, 169-170. — Philippe marche au secours de son frère, Édouard refuse d'aller au secours du prince de Galles, 170. — Le roi de Bohême se fait tuer, 171. — Mort du comte d'Alençon et du comte de Flandre, 171-172. — Les Anglois tirent pour la première fois le canon à la guerre, 172. — Philippe cherche la mort ; il quitte le champ de bataille avec cinq chevaliers, 172. — Édouard félicite son fils, 173. — Les communes de Rouen et de Beauvais viennent se faire égorger, 173. — Nombre des morts, 174. — Morts illustres, 174-175. — La haute noblesse avoit en quelque sorte disparu ; conséquences de cette défaite, 175-176.

CRÉDIT PUBLIC. Ce qui le fait, VIII, 280.

CREEKS. Leur pays est enchanteur, VI, 98. — Leur confédération, 184-185. — Leur taille ; leurs femmes, 187. — Leurs guerriers ; terres qu'ils possèdent ; guerres qu'ils ont soutenues contre les Américains, 196.

CRÈTE, île de la Grèce, I, 403. — Les lois de Minos, 403. — Ses habitants passoient pour faux et injustes, 405.

CRÉTET. Il ne croyoit pas la rente remboursable, VII, 359-360.

CREUILLI (père), jésuite. Fondateur des missions de Cayenne, II, 458.

CREUZER. Son ouvrage des *Religions de l'Antiquité*, IX, 98.

CRICHNEN. Rapports de ce dieu indien avec Moïse, II, 551-552.

CRIOBOLE. *Voy.* TAUROBOLE.

CRISPUS, fils de Constantin et de Minervine, élevé par Lactance, accusé par Fausta ; sa mort, IX, 213.

CRITIAS. A la tête des Trente Tyrans, à Athènes, I, 477. — Accuse Théramène, 479. — Il livre Théramène à ses satellites, 480. — Meurt dans un combat contre Thrasybule, 483.

CRITIQUE. La critique françoise, I, 99-101. — Droits de la critique, IV, 598 et suiv. — Elle n'est redoutable qu'à la médiocrité, VI, 530. — Critique des défauts et critique des beautés, 530. — Une censure trop rude manque son but, 531. — Elle peut nuire à un écrivain original, 531-532. — La critique est devenue une source d'altération pour la langue angloise, XI, 728. — Journaux critiques en Angleterre, 728. — Les critiques d'autrefois, 728-729. — Ce que fait la critique, 729. — La critique de détail a perdu sa puissance ; la critique historique et générale a fait des progrès, 730.

CROCODILE. Habitation des crocodiles aux Florides, II, 106. — Ils attaquent l'homme, 107. — Leur utilité, 107. — Affection maternelle de la femelle, 108.

CROISADES. Elles forment époque dans l'histoire du christianisme, I, 576. — C'est de leur époque qu'il faut dater la décadence de la religion chrétienne, 576. — Elles firent passer le commerce dans les mains des Francs, II, 513. — Importance des croisades et leurs heureux résultats, V, 333-335. — Leur histoire, 335-339. — *L'Histoire des Croisades*, de Michaud, VI, 580-583. — Le départ des croisés, d'après Michaud, 583-584. — La première croisade fut délibérée et résolue au concile de Clermont, X, 50. — Ce que furent les croisades, 50. — Ce qu'on doit aux croisades, 51. — Elles ont recomposé les grandes armées modernes, IX, 76.

CROIX. Son symbolisme, II, 372-373.

CROMWELL (Thomas), comte d'Essex, favori d'Henri VIII, décapité, X, 430.

CROMWELL (John). Ce qu'il avoit entendu dire à son cousin Olivier Cromwell, X, 380. — Il vient en Angleterre pendant le jugement de Charles Iᵉʳ pour essayer de sauver le roi, 387-388.

CROMWELL (Olivier). Le projet de juger Charles Iᵉʳ avoit été développé dans son conseil secret, I, 516. — Pamphlets religieux de son temps, 516-518. — Il siégea parmi les juges, 518. — Pourquoi sa révolution eut peu d'influence sur son siècle, 530. — Portrait, 531. — Ce qui seroit arrivé s'il avoit pu passer en Amérique, VI, 212. — En signant la sentence de mort de Charles Iᵉʳ il barbouille d'encre le visage de Martin, VII, 203. — Il fut au moment d'échanger ce qu'il est dans l'histoire pour la jarretière d'Alix de Salisbury, X, 343. — Ce qu'il répond touchant le douaire de la reine Henriette de France, veuve de Charles Iᵉʳ, 363. — Hampden le devina, 367. — On trouve d'abord son nom sur la liste des colonels ou des capitaines de cavalerie de l'armée parlementaire, 367-368. — Son génie, 374. — Sa naissance, son éducation, 374. — Il ne servit point sur le continent, 374. — Sa jeunesse ; son mariage, 374-375. — Il change de mœurs et se fait puritain, 375. — Une succession lui donne quelque aisance ; il se fait *gentleman farmer* et est élu membre du parlement, 375. — Son portrait, 375. — Il vouloit s'expatrier avec Hampden, 375. — Il est retenu par un ordre de Charles Ier, 375. — Il s'oppose à un dessèchement utile, ce qui lui fit donner le nom de lord des marais, 376. — Sa lutte contre le duc de Bedford le fait choisir encore pour député au parlement, 376. — Volontaire, puis colonel parlementaire, il leva un régiment de fanatiques et fut bientôt l'âme de tout, 376. — Il se place à la tête des *indépendants*, 377. — Pensa-t-il se réunir à Charles Ier ? 380. — Ce que Charles lui offroit, 380. — Explication du double jeu de Cromwell, 381. — Devenu suspect, il fait résoudre qu'on mettra le roi en jugement, 383. — Les niveleurs lui donnent des craintes ; il les attaque et les disperse, 383. — Il bat les Écossois, 383. — Il marche sur Londres, 384. — Il fait partie de la haute cour qui juge le roi, 385. — Il fait repousser la proposition du roi qui demandoit à s'expliquer devant un comité des deux chambres, 387. — Ce qu'il répond à son cousin John Cromwell, 387-388. — Comment il signe l'ordre d'exécution du roi, 388. — Ses mauvaises plaisanteries, 388. — Il force le colonel Ingoldsby à signer, 388. — Comédie qu'il joue auprès de Fairfax, 389. — Remarques qu'il fait devant le cadavre de Charles Ier, 399. — La pairie est abolie malgré son opinion, 402. — Il est nommé au gouvernement civil et militaire de l'Irlande ; il y porte l'extermination et l'enfer, 404. — Il est rappelé pour repousser les Écossois, 404. — Il bat les Écossois à Dunbar ; l'année suivante il bat Charles II à Worcester, 405. — Il rentre en triomphe à Londres, 405. — L'acte de navigation n'est pas l'ouvrage de son administration, 406. — Cromwell presse la rédaction d'un bill pour mettre fin au long parlement, 407. — Il dissout le long parlement par la force, 408-409. — Il fait nommer un parlement par le conseil des officiers et ouvre cette assemblée, 411. — Cette assemblée lui remet le pouvoir, 412. — Il accepte le protectorat, 413. — Il prête serment à l'*instrument de gouvernement*, et s'installe au palais du roi, 413. — Il assemble un nouveau parlement et le force à accepter ses volontés, 413. — Il prend le titre d'altesse, 414. — Ses médailles, 414. — Il convoque un autre parlement qui l'invite à prendre le titre de roi et à former une espèce de chambre haute, 415. — Il refuse la couronne, 415. — Le parlement lui donne la faculté de nommer son successeur, 415. — Le parlement est renvoyé, 415. — L'usurpation de Cromwell, sauf les illégalités, fut glorieuse ; il fit régner l'ordre, fut tolérant en religion et en politique, 415. — Il aimoit et protégeoit la noblesse, 415. — Son administration ; sa police, 416. — Au dehors il fit reconnoître la supériorité du pavillon anglois, 416. — Il s'allie à la France contre l'Espagne, 416. — Comment il traite l'Irlande, 416. — Il fait décapiter le frère de l'ambassadeur de Portugal, 417. — Son orgueil, 417. — Conspirations qui éclatent contre lui, 417. — Brochures qui troublent son repos, 417. — Opposition qu'il rencontre dans sa famille, 418-419. — Il s'étoit attaché à la duchesse de Lauderdale, 419. — Ses bâtards, 419. — Il avoit des fous, 419. — Ses craintes, ses remords, 420. — Sa mort, 420. — Ce que Pascal dit de Cromwell, 420. — Louis XIV porta son deuil, 421. — Ses funérailles, 421. — Son corps n'a pas été changé contre celui de Charles Ier, 422. — Exhumation de ses restes, qui sont traînés sur la claie à Tyburn, pendus, décapités et enterrés sous la potence, 423. — Qu'est devenue sa famille, 424. — Sa femme, 425. — Cromwell comparé à Buonaparte, 424-425. — Ce que l'abbé de Rancé disoit de Cromwell, 571. — Son éloquence, ses discours obscurs, ses lettres diffuses, XI, 627. — Il trahit la liberté dont il étoit sorti, 629. — Portrait que Milton fait de Cromwell, 653-654. — Par ordre des Communes Cromwell fut exhumé et sa carcasse pendue ; quittance du maçon qui brisa son sépulcre, 664. — Parallèle de Cromwell avec Bonaparte, 710.

CROMWELL (Richard). Il étoit royaliste, X, 418. — Il s'étoit jeté aux pieds de son père pour obtenir la vie de Charles Ier, 419. — Il succède à son père, 421. — Lui fait de magnifiques funérailles, 421-422. — Il est ruiné par ces obsèques, 424. — Il eut un fils et deux filles ; le fils ne vécut pas, 424. — Son portrait, 426. — Il abdique le protectorat, 426. — Il n'emporte que les adresses et les congratulations qu'on lui avoit envoyées, 426. — Après la restauration de Charles II, il se sauve sur le continent et se fait insulter par le prince de Conti, 430. — Il vient à Londres pour un procès avec ses filles, et assiste à une séance de la Chambre des pairs, 442. — Lettres par lesquelles il signifie la mort de son père à Louis XIV et au cardinal Mazarin, XI, 658-659. — Ce qu'il fit après la mort de son père, 660.

CROMWELL (Henry), second fils du protecteur, lord lieutenant d'Irlande, partageoit les opinions de son père, mais avec modération, X, 418. — Il habitoit une petite ferme où Charles II entra un jour par hasard, 424. — Il projeta de remettre l'Irlande entre les mains du roi, puis il revint vivre obscurément à Londres, 426.

CROMWELL (lady Briget), fille aînée du protecteur, fut mariée d'abord à Ireton, puis au lieutenant général Fleetwood, X, 418.

CROMWELL (lady Élisabeth), seconde fille du protecteur. Épouse lord Claypole, X, 418.— Elle étoit ardente royaliste, 418. — Elle meurt à Hamptoncourt en accablant son père de reproches, 420. — Elle mourut sans enfants, 422.

CROMWELL (lady Marie), fille du protecteur. Épousa lord Falcombridge, X, 418. — Elle mourut sans postérité, 424.

CROMWELL (lady Francis), la plus jeune des filles du protecteur. Se marie à Robert Rich, petit-fils du comte de Warwick, puis à sir John Russell, X, 418. — Lord Broghill avoit eu la pensée de la donner en mariage à Charles II, 418. — Elle s'étoit éprise d'inclination pour Jerry White, chapelain et bouffon de Cromwell, 418.

CROTONE, cité de la Grande-Grèce, I, 386. — Pythagore s'y fixe, 387. — Elle lui demande des lois et se soulève contre lui, 388.

CROUZAS. Combat la théorie de la création par l'arrangement des atomes, II, 566-567.

CRUSIUS (Martin). Son ouvrage sur la Grèce. V, 81.

CUGNET DE MONTARLOT. Se lie avec Riego, XII, 26. — Veut entraîner des soldats françois, 25. — Est arrêté, 26. — Recrute sur la frontière des Pyrénées, 123.

CUGNIÈRES (Pierre de). Parle devant Philippe de Valois, dans la querelle entre les juridictions seigneuriales et ecclésiastiques, VII, 96-97.

CULTE. Du culte chrétien, II, 370 et suiv.

CUMANA. Établissement d'Indiens tenté par Las Casas, 674-679.

CURÉ. Défauts et vertus des curés à l'époque de la révolution, I, 599-600. — Leur abnégation, 600. — Le curé préside aux Rogations, II, 387-888. — Explication du nom de curé, 416. — Éloge des fonctions du curé, 420-421. — Il ne fait que suivre la loi qui lui est imposée lorsqu'il refuse de recevoir le corps d'un homme frappé des censures ecclésiastiques, VII, 277. — Il est seul maître dans son église, 278.

CURIAL (général). Fait la campagne d'Espagne, VII, 280.

CUVIER. Refuse de faire partie du conseil de surveillance de censure, VII, 416. — Il a fallu avouer sa retraite, 501.

CYCLADES. Vue des Cyclades, V, 226.

CYGNE. Ce qu'en dit Chateaubriand, I, 92. — Comment le peint M. de Lamartine, 93. — Traces du passage des cygnes, II, 99. — M. de Chateaubriand n'en trouve plus sur l'Eurotas, V, 154. — Leur arrivée, VIII, 538.

CYMODOCÉE, personnage des *Martyrs*, IV, 17-578.

CYNIQUE (secte), système philosophique, I, 534.

CYPRIEN (saint). Défenseur du christianisme, II, 6. — Son éloquence, 339. — Il a la tête tranchée à Carthage, IX, 190. — Sa mort, 376.

CYRILLE (saint), de Jérusalem. A décrit les lieux saints, V, 98-99.

CYRILLE, évêque d'Alexandrie. Défend le christianisme contre l'empereur Julien, II, 6, 7. — Il étoit jaloux de la gloire d'Hypatia, IX, 300.

CYRILLE, personnage des *Martyrs*, IV, 36-302 ; 363.

CYRUS. Réunit sur sa tête les couronnes de Perse et de Médie, et renverse le trône de Lydie, I, 411. — Il avoit établi les postes en Perse, 412. — Son système militaire, 413.

CYTTE, ville fondée par Hannon, I, 371.

D

DACIER (Mme). Elle a altéré le passage de l'Odyssée sur le retour d'Ulysse, II, 163. — Ses défauts tiennent à une grande loyauté d'esprit, 164.

DAGOBERT. Son tombeau à Saint-Denis brisé en 1793, II, 627-628 ; 638. — Il étoit fils de Khloter II, X, 14. — Mort de son frère, 14. — Il donne du poison au fils de Karibert, 14. — Ses femmes, 14. — Les trésors de Dagobert et de saint Denis, 14. — Il fait bâtir Saint-Denis, 14. — Sa mort, 15.

DAGON. Description de ce monstre, XI, 37.

DAÏA ou DAZA MAXIMIN, fils de la sœur de Galérius. Nommé césar, IX, 196. — Gouverneur de l'Égypte et de la Syrie, il prend le titre d'auguste, 199. — Il partage avec Licinius les États de Galérius, 199. — Il s'allie avec Maxence, 199. — Il veut enlever à Licinius la partie de l'empire qu'il gouvernoit ; vaincu auprès d'Héraclée, il va mourir à Nicomédie, 200.

DALEN. Son *Histoire de Suède*, IX, 10.

D'ALEMBERT. C'est un des plus beaux génies de la France, I, 583. — Rétractation, 583.

DALMATIUS, frère de Constantin, IX, 214.

DALRYMPLE. Il a prouvé les disparates de Sidney, XI, 716.

DAMAS (général). Fait la campagne d'Espagne,

VII, 280. — Comment il est nommé ministre de la guerre, XII, 379.

Damascius de Syrie, philosophe, se retire en Perse, et rentre dans son pays, IX, 318. — En le lisant on auroit peine à déterminer sa croyance, 319.

Damase dispute le siége de Rome à Ursin, IX, 273. — Remarque d'Ammien Marcellin, 307-308. — Ce que lui disoit Pretextus, 308.

Dames de la Charité. Leur mission, II, 497.

Daniel (père), missionnaire au Canada, II, 465-467. — A visité les déserts des Hurons, VI, 409.

Daniel (le père), jésuite. A fait l'histoire militaire de la France, IX, 27.

Daniello (M.). A fait des recherches pour les *Études historiques*, IX, 98-99.

Danse. La danse des Grecs modernes, V, 253-254. — La danse du suppliant chez les Indiens, VI, 64. — La danse du mariage chez les mêmes, 115. — La danse des moissons, 125. — Danses des sauvages de l'Amérique, 128-129. — La danse des braves, 129. — La danse des jongleurs pour la bénédiction des plantes médicinales et des instruments de chirurgie, 160. — Danse de la découverte, 161. — Danse de guerre, 162.

Dante. Jugement général sur la *Divina Commedia*, II, 146. — Sa description de l'enfer, 250-252. — Il a répandu quelques beaux traits dans son *Purgatoire*, 584-586. — Il a vécu au milieu des combats, VI, 507. — Supplice de Bosc, VIII, 589-590. — Emprunts qu'a faits le Dante pour sa composition, XI, 517. — Vers de Michel-Ange en l'honneur du Dante, 577. — Dante s'est d'abord offert à l'auteur dans une perspective raccourcie, 578. — Le bannissement de Dante donne une clef de son génie, 578. — Il tira du néant la parole de son esprit; du même coup il dota la race humaine d'une langue admirable et d'un poëme immortel, 584. — Des chants entiers de Dante sont une chronique rimée dont la diction ne rachète pas toujours l'ennui, 597. — Dante parut en un temps qu'on pourroit appeler de ténèbres, 601. — Dante étoit un citoyen illustre et un guerrier vaillant, 608. — Il se joint sans façon au groupe des grands poëtes, 610. — Il a engendré l'Italie moderne, 614.

Danton. Sauve les médailles du Cabinet du roi, IX, 21. — Son portrait par M. Mignet, 55. — Sa fin, 55-56. — Il présidoit souvent le club des Cordeliers, XI, 704. — Son portrait, 704. — Il organisa l'attaque du 10 août et les massacres de septembre, 704. — Pris au traquenard qu'il avoit tendu, il lance des boulettes au nez de ses juges, et répond avec courage et noblesse, 705. — Il est impitoyable à sa propre mort, 705. — Ce qu'il dit au bourreau, 705.

Dargo, poëme ossianique de J. Smith, traduit, III, 137-144.

Darius. Fut assez insensé pour attaquer les Scythes, I, 394. — Il réunit à ses possessions quelques régions de la Thrace et des Indes, 411. — C'est sous lui qu'éclata la guerre Médique, 426. — Il étoit réformateur, guerrier et législateur, 426. — Il renverse la puissance des mages, change la religion, 426. — Ses réformes sacerdotales ont pu être cause de révolutions, 427. — Il perd une partie de son armée dans la guerre contre les Scythes, 427. — Se plaint de la conduite des Grecs, 432. — Est le même qu'Assuérus, II, 72.

Darius Codoman, fuit devant Alexandre, et est assassiné par ses courtisans, I, 501.

Daru (comte). Son opinion sur le *Génie du Christianisme*, I, 111. — Son *Histoire de Venise*, VI, 554. — Il a prouvé que le nombre des ouvrages sérieux a augmenté depuis la liberté de la presse, VII, 468. — Son discours à la Chambre des pairs sur l'intervention en Espagne, XII, 140.

Darwin. Abuse de la personnification des plantes, VI, 464. — Époque de sa mort, XI, 775.

Date. Marguerite de Valois l'avoit écouté, VI 329; X, 308.

Datis. Part à la tête d'une armée contre les Grecs, I, 433.

Daubenton. Éloge que Michaud fait de lui, VI, 455.

D'Aubigné, historien, IX, 26.

Daunou (M.). Ses travaux comme historien, IX, 43. — Son appendice à l'*Histoire de l'anarchie de Pologne*, 47.

Davenant (sir William). *Milton et Davenant*, pièce de vers, III, 549-552. — Il a repétri avec Dryden les ouvrages de Shakespeare, XI, 581. — De qui il se vantoit d'être le fils, 612. — Poëte dramatique anglois, 718.

David. Son palais et son tombeau, V, 322. — Ouvriers punis pour avoir tenté de pénétrer dans ce tombeau, 471.

Davie ou Davy (sir). Il ambitionnoit le renom de poëte, XI, 743.

Davila. Il raconte le meurtre des Suisses à l'époque de la Ligue, I, 401.

Débats (journal des). Difficultés que lui fait la censure, VII, 430. — Article sur la destitution de M. de Chateaubriand, XII, 442-443.

Décalogue. Texte traduit de l'hébreu, II, 55. — Sa supériorité morale, 56. — Fragment sur le Décalogue retiré du *Génie du Christianisme*, VIII, 533-534.

Decazes (comte). Attaques de Chateaubriand contre lui, I, 219, 221-222. — Sa nomination au ministère de l'intérieur, VII, 568. — Il devoit partir pour Saint-Pétersbourg,

575. — Il a partagé sa dépouille entre ses amis, 589. — Le ministère de la police et le ministère de l'intérieur, 590-591. — Ce que les royalistes et les jacobins ne doivent pas lui pardonner, 615. — Comment il parle de Chateaubriand à la Chambre des députés, VIII, 51. — Son ministère jugé, 51. — Sa circulaire sur les élections, 242-245. — Il attaque Chateaubriand à la Chambre des députés, 268. — Instructions de son ministère pour les élections, 499-501.

DÈCE ou DÉCIUS. Sa naissance, sa vie, IX, 169. — Chargé de punir les partisans de Marinus, il est forcé de prendre sa place et de marcher contre Philippe, 169. — Trahi par Gallus, il périt en combattant les Goths, 172. — Il avoit persécuté les chrétiens, 172.

DÉCHARNÉS, nom donné aux membres de l'assemblée réunie par Cromwell après la dissolution du long parlement, X, 411.

DÉCIMAL (calcul). Ses défauts, II, 379-380.

DECKER, auteur dramatique du temps de Shakespeare, XI, 576.

DÉCONFÈS. Pendant la féodalité ceux qui mouroient sans confession avoient leurs biens envahis par le seigneur, X, 92. — Disposition des *Établissements* de saint Louis à ce sujet, X, 92.

DÉCOUVERTES. Quels ont été les résultats des découvertes de Gama et de Colomb? VI, 30-31.

DEFAUCONPRET. Il a traduit les Voyages du capitaine Ross, XI, 755.

DÉICOLE (saint). Sa légende, X, 123-124; XI, 500.

DELACOURT. Dans son *Prospect of Poetry*, il essaya l'harmonie imitative technique, XI, 738.

DELALOT. La censure raye un passage du *Journal des Débats* relatif à sa candidature, VII, 422. — Il a été élu, 511.

DELAWARES. Ils faisoient partie des Lennilenaps, VI, 184.—Leur migration, 184, 190, 195.

DE L'ÉCLUZE (M.). A fait un article très-ingénieux sur le poëme *Antar*, X, 95.

DELILLE (Jacques). Compliments que lui adressoit Chateaubriand dans son discours de réception à l'Institut, I, 210. — Traits qu'il a empruntés au *Génie du Christianisme*, II, 620-621. — Éloge que Michaud fait de lui, VI, 454-455. — Le chef-d'œuvre de Delille est sa traduction des *Géorgiques*, aux morceaux de sentiments près, XI, 744. — Les *Jardins* sont un charmant ouvrage, 744. — Un style plus large se fait remarquer dans quelques chants de la traduction du *Paradis perdu*, 744. — L'abbé Delille étoit le poëte des châteaux modernes, 744. — Il a demandé des expiations à sa lyre pour Marie-Antoinette, 770.

DELISLE DE SALES. Chateaubriand ne le repoussoit pas; portrait qu'il en a tracé, I, 7.

DE LUC. Son commentaire de la *Genèse* peut être mis dans les mains des enfants, VI, 443.

DÉLUGE. Comment il a pu arriver, II, 81. — Tableau du déluge, 81, 82. — Tradition des Algonquins sur le déluge, 546. — Tradition des Indiens, 549-550.—Traditions indiennes, VI, 173. — Autre tradition, 173. — Variante du passage du *Génie du Christianisme*, VIII, 543. — Le poëme de M. Bodmer, 591.

DÉMOCHARES. Trahit Agis, I, 513. — L'arrête, 514. — Le mène à la mort, 515.

DÉMOCRATIE. On lui a donné trop de force dans la loi des élections et dans la loi du recrutement, VII, 535. — L'ordonnance sur la garde nationale achève de démocratiser nos institutions, 536. — Son principe est l'égalité, VIII, 167.

DÉMOCRITE, philosophe de la secte éléatique, I, 534. — Il s'enfermoit dans les tombeaux pour étudier, 558. — Il s'enfermoit dans un sépulcre, IX, 418. — Pourquoi il rit toujours expliqué dans *les Sectes à l'encan*, 421.

DÉMODOCUS, personnage des *Martyrs*, IV, 16-335, 488.

DE MONCEAUX. Son Voyage en Grèce, V, 86.

DENHAM (sir John). Il vit encore un peu dans son poëme descriptif de *Cooper's Hill*, XI, 630. — Il étoit royaliste et agent à Londres de la correspondance de Charles Ier avec la reine, 630. — Il faut le nommer parmi les poëtes anglois, 738.

DENIS (Gérard), chef des tisserands. Son opposition à Artevelle, X, 148. — Il parle contre le projet de donner les Flandres au prince de Galles, 148. — Il tue Artevelle, 150.

DENIS (Mme). Elle figure dans la correspondance de Voltaire, X, 557; XI, 760.

DENYS l'Ancien. Son règne à Syracuse, I, 488.

DENYS le Jeune. Son portrait, I, 488. — Son gouvernement, 489. — Son éducation, 490. — Platon à sa cour, 490. — Il veut revoir Platon, 490. — Il dépouille Dion, 491. — Dion s'empare de Syracuse, 492. — Denys, battu, se retire en Italie, 493. — Ses soldats mettent le feu à Syracuse, 493-494. — Il remonte sur le trône dix ans d'interrègne, 494. — Il n'y reste que deux ans, 495. — Se défend contre Icétas, 496. — Se rend à Timoléon, 496. — Denys à Corinthe, 497-498. — Excès de bassesse, 498. — Mots qui lui sont échappés, 498-499. — Il obtient la permission de voyager, 499. — Philippe le reçoit honorablement, 499. — Comment il finit, 499-500.

DEOGRATIAS, évêque de Carthage, secourt les Romains emmenés captifs par Genseric, IX, 470.

DÉPART. Le Départ, poésie, III, 570.

DÉPÔT DES IMPRIMÉS. Ne peut être considéré

comme leur publication, VIII, 291. — Ce qu'il étoit à l'origine, 291. — Sommes énormes qu'on peut prendre à un auteur ou au libraire par le dépôt, 292. — Le récépissé doit-il suivre immédiatement le dépôt ? 292-293.

Députés (Chambre des). Dans un gouvernement mixte elle tient à la démocratie, VII, 88. — Ses rapports avec les ministres, 173. — Elle doit se faire respecter au dehors par les journaux, 174-175. — Elle ne doit pas faire le budget, 179-180. — Sur la dissolution de la Chambre des députés dits *introuvables*, 260-266. — Divisions de la nouvelle chambre, 299. — Inconvénients d'une représentation diminuée, 299. — Minorité royaliste, 300-301. — Cette minorité vote avec les indépendants, 301. — Dangers du renouvellement partiel de la Chambre des députés, VIII, 228-229.

Derby (la comtesse de). Défend l'île de Man, et se soumet la dernière à la république, XI, 708.

Desaugiers. Verve de ses refrains, XI, 773.

Desbiez, chasseur de la garde. Étoit en faction à la porte de l'Opéra lorsque le duc de Berry fut frappé mortellement, IX, 559. — Il contribue à l'arrestation de l'assassin, 560.

Desborough, oncle de Richard Cromwell. Se met à la tête des officiers après la mort d'Olivier Cromwell, et force Richard à dissoudre le parlement, X, 426. — Le long parlement le destitue, 427.

Descamisados. Nom donné aux anarchistes en Espagne, XII, 27. — Ils sont abattus, 29.

Descartes. A fait revivre le pyrrhonisme, I, 546. — Il force l'algèbre à s'unir à la géométrie, II, 78. — Ce qu'il pensoit de l'étude des sciences exactes, 298-299. — Ce qu'il dit des démonstrations superficielles, VI, 443.— Fondateur du doute raisonné ; toléré à Rome, pensionné du cardinal Mazarin et persécuté par les théologiens de la Hollande, X, 256.

Descriptive (poésie). Étoit inconnue de l'antiquité, II, 220. — Sa naissance, 225. — Son développement en Italie, 226. — En France, 227. — En Angleterre, 227. — Tableaux de la Bible, 227-228. — Explication de ce que l'auteur entend par genre descriptif, 584-585. — Morceau descriptif tiré de Michaud, VI, 460.— Michaud combat l'opinion de Chateaubriand qui attribue l'origine de la poésie descriptive au christianisme; réponse, 461.— On a abusé de la poésie descriptive chez les modernes, 463. — Son histoire, 463. — Dans le genre descriptif élégiaque notre siècle a dépassé le précédent, XI, 741.

Désert. Spectacle d'une nuit dans les déserts du Nouveau Monde, II, 114-115. — Description du désert de l'Égypte, IV, 158. — Autorités citées, 470-471.

Desessarts, chef vendéen, délivré à Bressuire, IX, 619. — Sa proclamation à Fontenay, 620. — Contribue à la prise de Saumur, 621.

De Seze. Fin de son plaidoyer pour Louis XVI, VI, 537. — Remercîments de Louis XVI, 539. — Sa récompense, 541. — Discours prononcé par Chateaubriand à la Chambre des pairs, à l'occasion de la mort de De Seze, XII, 477-489. — Sa naissance; sa famille, 477. — Lettre qu'il écrit à Gerbier qui l'appeloit à Paris, 478. — Il envoie ses plaidoiries à Target, 479. — Succès qu'il obtient en plaidant pour la comtesse d'Andlau, 479. — Il sauve M. de Besenval, 480. — Malesherbes le propose pour défendre Louis XVI, 480. — Comment M. de Seze accepte, 480. — Son discours, 480-481. — Louis XVI veut qu'il supprime sa péroraison, 482. — De Seze se retire à Malesherbes, 483. — De Seze dans les cachots, 484. — Il recouvre sa liberté, vit dans la retraite et reprend les travaux de sa profession, 484. — Bonaparte l'accusoit de tenir des conciliabules, 485. — A la Restauration il est nommé premier président de la Cour de cassation, 485. — Il se retire à Gand avec le roi, 486. — Il est nommé pair de France, 486. — L'opposition le compta dans ses rangs, 486. — Louis XVIII lui envoie une tabatière, 486. — Il reçoit le titre de comte ; ses armes, 486. — Comment le reçoit Charles X, 487. — Sa mort, 487.— Son tombeau, 487.

Deshayes. Sa description d'Athènes, V, 84-86. — Sa description de l'église du Saint-Sépulcre, 309-314.

Desmarets (Jean), avocat général. Traîné injustement à l'échafaud, il refuse de demander grâce au roi Charles VI, X, 217.

Desmousseaux de Givré (M.). Son analyse de la *Palingénésie sociale* de M. Ballanche, IX, 40-41. — Il avoit donné sa démission à l'avénement de M. de Polignac au ministère, et désiroit reprendre du service après la révolution de juillet, 40.

Despotisme. Il produit partout une sorte de bien-être matériel, VI, 179. — Y a-t-il despotisme où l'on crie au despote ? 487. — Le despotisme héréditaire et le despotisme électif, IX, 129-130.

Dessoles (marquis). Sa nomination comme président du conseil, VII, 572. — Son ministère continue les fautes de son prédécesseur, 582.

Dette publique. Elle n'étoit pas regardée comme remboursable sous la république et sous l'empire, VII, 359-360.

Deux Amants (Prieuré des). Son origine, II, 423.

Devoir, force morale, VII, 530. — Prend sa source dans la Divinité, 551. — Les devoirs ne sont jamais si énergiques que lorsqu'il en coûte à les remplir, 553.

Devoise (M.), consul françois à Tunis. Reçoit M. de Chateaubriand, V, 421-422. — Adieux, 461.

Diaconesse. Qualité qu'elle devoit avoir dans la primitive Église, IX, 368.

Diane. Fête de Diane Limnatide, IV, 19-21, 345. — Hymne à Diane, 20, 346.

Diane de Poitiers. Assiste au supplice des protestants avec Henri II, X, 257.

Diaz (Barthélemy). Atteint le cap des Tourmentes, VI, 16.

Dicéarque. Sa Description de la Grèce, VI, 6.

Diderot. Il admettoit le pur athéisme, I, 548. — Pas dans tous ses ouvrages, 548. — Ce qu'il se disoit à propos des femmes, 559. — C'est un des beaux génies de la France, 583. — Rétractation, 583. — Morceau de lui relatif à l'effet des cérémonies extérieures sur le peuple, II, 615. — A travers ses déclamations il fixoit l'attention de la foule sur les droits de la liberté politique, X, 342.

Didon. Sa passion pour Énée, II, 198; VIII, 586.

Didyme. Il y en a deux, IV, 464. — Une vision apprend à Didyme l'aveugle la mort de Julien, IX, 263.

Die (comtesse de). Ce qu'elle écrit au troubadour Rambaud, comte d'Orange, X, 109.

Dieu. Il est un Dieu, I, 564. — Objections philosophiques contre son existence, 587-588. — Preuves de son existence, II, 85 et suiv. — Tout le genre humain croit en Dieu, 129. — Preuves de l'existence de Dieu par la matière, 561-564; — par le mouvement, 564-570; — par la pensée, 570-573. — Peinture de Dieu tirée de l'Écriture, III, 560-561. — Image que Tertullien fait de Dieu, 648. — La parole preuve de l'existence de Dieu suivant M. de Bonald, VI, 431, 445. — Rapport entre l'homme et Dieu, médiateur nécessaire, 445. — Variante du passage du *Génie du Christianisme* sur l'existence de Dieu prouvée par le spectacle général de l'Univers, VIII, 544.

Dieu le Père, ou l'Éternel. De sa représentation, II, 17. — Le Dieu des chrétiens est poétiquement supérieur au Jupiter antique, 231. — Son image dans le Ciel, IV, 48. — Il figure dans le *Paradis perdu*, XI, 101-415. — Son caractère dans cet ouvrage, 689.

Diffamation. Doit être substituée à la calomnie dans la loi, VII, 595.

Dimanche. Son institution ; son utilité, II, 379. — On n'a pu le remplacer, 380. — Variante du *Génie du Christianisme* sur ce sujet, VIII, 546-547.

Dioclès. Fête célébrée sur son tombeau, IX, 409.

Dioclétien. Son histoire racontée par Eudore, IV, 62. — Galérius lui dénonce l'impératrice Prisca et sa fille Valérie comme chrétiennes, 83. — Comment il répond à cette dénonciation, 84. — Avare, il demande les richesses de l'Église, Marcellin lui montre les pauvres et les orphelins, 169. — Il ordonne le dénombrement des chrétiens, 170. — Préside une assemblée où doit se décider le sort des chrétiens, 214 et suiv. — Il promet un édit contre les chrétiens si la sibylle de Cumes l'approuve, 229. — Sur la réponse de la sibylle, il ordonne de publier l'édit de persécution, 240. — Galérius lui demande l'empire, 242-244. — L abdique la puissance impériale, 248. — Nomme Daïa et Sévère césars, 248. — Prend le nom de Dioclès, 248. — Part pour Salone, 248. — Refuse de reprendre l'empire, 297-298. — Une fée lui avoit promis l'empire, 455. — M. de Chateaubriand n'a pas fidèlement suivi l'histoire pour la scène de l'abdication, 515. — Ce fut Maximien qui engagea Dioclétien à reprendre l'empire, 541. — Dioclétien choisi pour succéder à Numérien, IX, 189. — Il tue Aper, meurtrier de Numérien, 189. — Une druidesse lui avoit promis l'empire lorsqu'il auroit tué un sanglier (*aper*), 189. — De son élection date l'ère de Dioclétien ou des martyrs, 189. — Il combat Carin, 189. — Il associe Maximien au pouvoir suprême et nomme césars Galère et Constance, 191. — Ce qu'il fit de l'armée, 191. — Il modela sa cour sur celle du grand roi, se fit surnommer Jupiter, ceignit le diadème, 191. — Changements dans les mœurs, 191. — Ses guerres, 192-193. — Persécution des chrétiens, 194. — Son triomphe, son abdication, 196. — Sa retraite à Salone, 196. — Sa réponse à Maximien qui l'engageoit à reprendre l'empire, 196-197. — Sa mort, 197. — Il avoit multiplié les impôts et couvert l'empire de monuments onéreux, 197-198.

Diogène, le cynique. Ce qu'il dit à Denys le jeune, I, 498. — Son tonneau, 557. — Il partage Laïs avec Aristippe, IX, 409. — Il faisoit le chien dans un tonneau, 418. — Ce qu'on dit de lui dans *les Sectes à l'encan*, IX, 420-421.

Diogène de Phœnicie, philosophe. Va en Perse et revient dans son pays, IX, 318.

Diomédès (Arrius). Sa maison de campagne à Pompéi, VI, 354.

Dion. Il avoit beaucoup de défauts, I, 489. — Il commit une grande erreur dans l'éducation de Denys, 490. — Il fait venir Platon à la cour de Denys, 490. — Il est exilé, 490, — Platon ne peut obtenir le rappel de Dion, 491. — Dépouillé de ses biens et de sa femme, Dion vient attaquer Denys, 491. — Il entre à Syracuse et rétablit la république, 492-493. — Il est forcé de se retirer, 493. — Les Syracusains reviennent à lui, 493. — Il rentre à Syracuse, 494. — Il meurt assassiné, 494. — Platon lui avoit prédit qu'il ne réussiroit pas, 495.

DIONÉES, plantes d'Amérique, VI, 94.

DIPLOMATIE. A quoi se réduisent ses mystères, VIII, 153. — A quoi servent les corps diplomatiques, XI, 651.

DIS, père des Gaulois, IV, 453.

DISRAÉLI. *Voy.* ISRAELI.

DITMAR, évêque de Mersebourg. Il parle le premier des Polonois dans sa Chronique, VI, 11. — Il a écrit sur l'Allemagne, IX, 10.

DIVINITÉS. Les divinités du paganisme ont-elles poétiquement la supériorité sur les divinités chrétiennes? II, 228 et suiv. — Comment se sont formées les divinités du paganisme, VI, 466.

DIVORCE. Inconnu dans l'Église catholique, II, 42. — Désordre qu'il porte, 42. — Il ne peut rendre les époux plus heureux, 42, 43. — Chez les sauvages, VI, 111, 116. — Ses inconvénients, VIII, 528-530. — Traité de Milton *sur le Divorce*, XI, 639-641.

DLUGOSH, évêque, a compilé les Annales de son pays, IX, 11.

DOCITES, hérésiarques, IX, 393.

DODE (le vicomte). Le duc d'Angoulême le cite comme l'ayant parfaitement secondé en Espagne, XII, 389.

DOL. Combat entre les Vendéens et les républicains, IX, 626.

DOLMEN. Ce que c'est, IV, 135, 448.

DOMAINE DE LA COURONNE. Peut-on en aliéner une partie? VIII, 272. — On fixe au règne de Philippe l'époque de son inaliénabilité, X, 75.

DOMAINE EXTRAORDINAIRE et DOMAINE PRIVÉ. De quoi ils se composoient sous Buonaparte; ce qu'en a fait Louis XVIII, VII, 126-127.

DÔME. Son invention est chrétienne, II, 290. — Ses défauts, V, 149.

DOMINE SALVUM. Son chant est admirable; d'où il vient, XI, 715.

DOMINICAINS. Ils s'opposèrent à l'esclavage des Indiens en Amérique, 667-669.

DOMINIQUE (saint). Un des personnages de la croisade contre les Albigeois, X, 56.

DOMINIQUIN. Plusieurs paysages de lui dans la galerie Doria, VI, 291.

DOMITIEN. Son buste au musée Capitolin, VI, 289. — Son règne, guerres avec les Barbares, IX, 137. — Il persécute les philosophes et les chrétiens, 138. — Il meurt assassiné, 138.

DORIA (Antoine). Commande les Génois à la bataille de Crécy, X, 167. — Il se fait tuer en essayant de rallier ses gens, 169.

DORIA (Galerie) à Rome, VI, 290-291.

DORMANS (Guillaume de). Lit au peuple un projet de traité pour la délivrance du roi Jean, X, 212-213.

DOROTHÉE (saint). Ses instructions ont été traduites du grec par Rancé, X, 559. — Il se convertit à la vue d'un tableau, 559. — Son grec est mauvais, 559.

DOROTHÉE, personnage des *Martyrs*, IV, 230-330.

DONDIS (Jacques de). Composa une horloge céleste ou une sphère mouvante, X, 103.

DONNADIEU ou DONADIEU (général). Fait la campagne d'Espagne, VII, 280. — Services qu'il a rendus à Grenoble, 587. — Il poursuit Mina, XII, 340.

DOOMSDAYBOOK, cadastre des terres d'Angleterre sous Guillaume le Conquérant, VI, 11. — Importance de ce document, XI, 13.

DORSET (comte de), ministre de Charles Ier. Son portrait, X, 351.

DORSET (lord). Il envoie le *Paradis perdu* de Milton à Dryden, XI, 678-679. — Il est le chansonnier des matelots, 767. — Sa chanson *les Marins*, 771-772.

DOUAIRE. Où il se régloit au moyen âge, X, 92.

DOUGLAS, fleurit en Écosse, XI, 534.

DRACON. Ses lois, I, 290. — Il avoit composé un ouvrage sur l'éducation, 319, VI, 436.

DRAKE (Sir Francis). Les Anglois le suivoient sur l'Océan, XI, 604.

DROCEO, nouveau monde indiqué par les frères Zeni, VI, 20.

DROGARD (le docteur), saigne le duc de Berry après sa blessure, IX, 560.

DROIT DIVIN. Cette maxime formoit le droit politique de l'ancienne Perse, I, 411. — Ce principe ne doit pas être controversé, 411. — Il n'étoit pas encore passé en principe sous le roi Charles V, X, 210. — Il excuse s'il ne justifie pas l'abus qu'on en a fait, XII, 15.

DROIT ROMAIN. Lois qui le composent, IX, 157-158.

DROITS SEIGNEURIAUX. — Dans l'origine ils s'appeloient *honneurs, faveurs*, X, 89. — Ils étoient ou militaires, ou fiscaux, ou honorifiques, 89. — Taxes diverses, 89. — Droits honorifiques, 89. — D'autres droits n'étoient que des divertissements rustiques, 89-90. — Certains droits abusifs remontoient à la servitude grecque et romaine, 90.

DROVETTI, consul de France à Alexandrie. Reçoit M. de Chateaubriand, V, 400. — Sa maison surmontée d'une volière, 415. — Adieux, 416. — Il est passé au service du pacha d'Égypte, VI, 550.

DRUIDES. Leurs cérémonies, I, 382. — Division de leur ordre, 382. — Ce qu'ils enseignoient, 382. — Leurs lois morales, II, 53. — Ce qu'en dit César, IV, 449-450. — Ils sacrifioient des victimes humaines, 452. — Proscrits par Tibère et par Claude, 453.

DRUMMOND. Il est difficile de le lire avec profit ou plaisir, XI, 573.

DRYDEN. Ce qu'on en pense aujourd'hui en

Angleterre, VI, 372. — Ce qu'il dit de la langue de Shakespeare, XI, 581. — Il a repétri avec Davenant les ouvrages de Shakespeare, 581. — Dorset lui envoie le *Paradis perdu* de Milton, 678. — Son jugement sur ce poëme, 679. — Il est loin de Shakespeare et de Milton, 717. — Il rendit la poésie angloise correcte, 717. — Comment Pope caractérise le talent de Dryden, 717. — Dryden est le fondateur de la critique parmi ses compatriotes, 717. — Ses Dialogues sur la poésie dramatique, 717. — Il travailla trente ans pour le théâtre, 717. — Critique que Voltaire fait de Dryden, 717-718. — L'homme, chez Dryden, étoit misérable, 718. — Prior attaqua le vieux poëte, 718. — Le duc de Buckingham se félicitoit d'avoir nui à la réputation de Dryden, 718. — Vers la fin de ses jours, Dryden étoit obligé de vendre son talent pour vivre, 721. — Il revoit le texte de l'*Art poétique* traduit, 736. — Comment il rend le *Hâtez-vous lentement*, 736. — Les *Élégants extraits* servent d'exil à quelques pièces de lui, 747. — Il fut un des promoteurs de l'apothéose de Shakespeare et de Milton, 748.

Du Barry (Mme). Blesse les grandes dames par sa faveur ; sa mort, X, 91. — Le duc de Choiseul ne voulut point accepter sa protection, X, 339. — On se servit d'elle pour faire renvoyer le duc de Choiseul, 339. — Elle n'étoit pas méchante ; elle étoit sans ambition et sans intrigue, 339. — Elle vécut assez pour porter sur l'échafaud la foiblesse de sa vie, 340.

Dubois (cardinal). Digne ministre du duc d'Orléans, X, 337.

Dubois (M.). Éclaire Chateaubriand sur les systèmes religieux de l'Orient, IX, 97.

Dubos (abbé). Son *Histoire de l'établissement de la monarchie françoise*, IX, 29.

Dubourg (Anne), conseiller du parlement. Arrêté sous Henri II comme fauteur d'hérésie, X, 257.

Du Cange. Puits de science, IX, 16.

Du Chatelet (la marquise). Figure dans la correspondance de Voltaire, X, 557 ; XI, 760.

Duchesne (André), surnommé le *père* de notre histoire, commença la Collection des historiens de France, IX, 23. — Son fils la continua, 24. — Suite de cet ouvrage par divers érudits, 24.

Ducis. Il fut très-sensible à ce que Chateaubriand disoit de lui dans son discours de réception, I, 211. — Vers qu'il compose sur une inscription de saint Bernard à la Trappe, X, 499.

Duclos. Son paradis, I, 559.

Du Deffant. Stances que lui adresse Voltaire, XI, 761.

Du Fay (Godemar). Sauve la France à Tournay, X, 135. — Commande les milices qui défendent le passage du gué de Blanque-Taque, 164. — Quelques historiens l'accusent de trahison, 164. — Philippe VI veut le faire pendre, Jean de Hainaut en détourne le roi, 176.

Du Fresnoy (Mme). Assiste avec son mari à un dîner fort gai de Fontanes, I, 324.

Dugald Stewart. *Voy.* Stewart.

Du Guesclin (Bertrand). Se sépare de Hue de Carvalay, chevalier anglois, II, 485. — Fixe lui-même sa rançon pour se délivrer des mains du prince Noir, 486. — Les dames en font les frais, 486. — Exhumation de son corps à Saint-Denis en 1793, 639. — Son éloge, VI, 331. — Ses histoires, 557. — Son apparition dans l'histoire, X, 205. — Il aide Charles V à accomplir son œuvre, 206-207. — Il est inhumé auprès de son maître et exhumé avec lui, 207. — Il s'attache au service de la France, 213. — Charles V le met à la tête de ses armées, 215. — Du Guesclin délivre la France des grandes compagnies en les menant en Espagne, 215. — Après avoir éprouvé une disgrâce et remis peut-être l'épée de connétable à Charles V, il va mourir devant Castelneuf de Randan, 216.— — On remet les clefs de la ville à son cercueil, 216. — Son testament, 216. — Ce que dit Du Guesclin à Olivier de Clisson, 216. — Il n'écrivoit pas, mais il savoit signer, 216. — L'art militaire fit des progrès considérables sous le bon connétable, 216. — Son oraison funèbre prononcée à Saint-Denis par l'évêque d'Auxerre, 219.

Du Haillan. Ses qualités d'historien, IX, 25.

Dulaure (M.). Ses *Histoires* sont de la satire historique, IX, 44.

Dumbard, fleurit en Écosse, XI, 534.

Du Moulin (Pierre), chanoine de Canterbury. Sa brochure contre les régicides anglois, XI, 651-652.

Dumouriez. Ses talents, I, 434. — La victoire de Jemmapes, 435. — Accusé de royalisme, 435. — Il n'échappe à la mort que par la fuite, 435.

Dunoyer (M.). A publié des notes contre des missionnaires, VIII, 301.

Dupérat, envoyé par Charette pour négocier le traité de La Jaunaye ; sa réponse aux représentants de la Convention, IX, 630. — Sa biographie ; ses campagnes pour le roi, 648. — On ne lui accorde que le brevet honorifique de maréchal de camp, 648.

Dupin (baron). Ses calculs sur la disparition des générations de la révolution, VII, 436-437.

Dupinet. Ce qu'il disoit d'Athènes, V, 81.

Dupleix. Jugé comme historien, IX, 26.

Duplessis-Mornay. Il étoit l'exemple du

parti protestant, X, 309. — Remontrances qu'il fait au jeune roi de Navarre sur le champ de bataille de Coutras, 309. — Il resta fidèle à sa religion après l'abjuration du roi, 309. — Henri IV l'assure de son dévouement, 309. — Tombé dans la disgrâce sous Louis XIII, et obligé de renoncer à son gouvernement de Saumur, il vouloit quitter la France, 309. — Épitaphe qu'il se traçoit, 309.

DUPUYTREN, appelé près du duc de Berry mortellement frappé, IX, 562. — Il élargit la plaie, 563.

DURAS (Mme la duchesse de). Avoit l'intention de laisser un petit réduit à Chateaubriand, X, 493.

DURER (Albert). Les quatre Avares à la galerie Doria, VI, 291.

DUROSOY. Une des premières victimes de la révolution; sa mort; billet qu'il remit au président du tribunal, VII, 456.

DUSSAULT. Ses *Annales littéraires*, ou de la littérature avant et après la Restauration, VI, 527 et suiv. — Il écrivoit dans le *Journal des Débats*, 527. — Il pense que la critique n'étouffe que les mauvais écrivains, 530.

DUTERTRE (père). Ce qu'il dit des Caraïbes et des missions des Antilles, II, 459-460. — Description d'oiseaux, 461-462.

DUTHONA, poëme ossianique de J. Smith, traduit, III, 145-153.

DUVERGIER DE HAURANNE. Son opinion à la Chambre des députés sur l'intervention en Espagne, XII, 141.

DYER. Il faut le nommer parmi les poëtes anglois, XI, 733.

E

ÉCHELLES (Les). Sur la route d'Italie, VI, 269.
ÉCLECTISME. Analogie de ce mot avec celui d'hérésie, IX, 389.
ÉCLUSE (L'). Combat naval entre les François et les Anglois, X, 134.
ÉCOLE MILITAIRE. Échantillon de l'architecture philosophique, VIII, 593-594.
ÉCOSSOIS. Leur fidélité à Jacques II, IX, 520-521.
ECQUEVILLY (M. le marquis d'). Son ouvrage des *Campagnes du corps sous les ordres du prince de Condé*, IX, 486.
ÉCRIVAINS. Comment ils se jugent aujourd'hui, XI, 729. — Quels sont nos grands écrivains à l'étranger, 731.
ÉCUREUIL. Migration des écureuils, II, 105.— Combat des écureuils avec les castors, 105. — En Amérique on donne une prime pour leur destruction, VI, 84.
ÉCUYER. Deuxième degré de la chevalerie, II, 478-479.
ÉDEN. *Voy.* PARADIS TERRESTRE.
EDESIUS, disciple et successeur de Jamblique. Visité par Julien, IX, 240. — Il forçoit les dieux à venir à lui, et il en recevoit des oracles, 243.
EDGEWORTH (miss). Ses ouvrages ont beaucoup de chances de vivre, XI, 764.
ÉDOBIC, ou ÉDOBINC, chef frank. Défait par Constance et tué par Ecdice, IX, 336.
EDOUARD II, roi d'Angleterre. Avoit épousé Isabelle de France, X, 77. — Ses favoris; il est déposé et condamné à une prison perpétuelle, 77. — Sa mort violente au château de Barclay, 78.
ÉDOUARD III, roi d'Angleterre. Fait prisonnier le chevalier de Ribaumont, et lui donne la liberté, II, 483-484. — Il succède à son père Édouard II déposé, X, 77. — Sa proclamation, 78. — Il rend hommage au roi de France, 131. — Il intrigue avec Artevelle, 131. — Robert d'Artois l'excite à la guerre, 132. — Il prend les armes et envahit la Picardie, 133. — Seconde campagne dans la Guienne et le Hainaut, 134. — Il envoie un cartel à Philippe, 135. — Il vient au secours de la comtesse de Salisbury assiégée dans son château, 143. — Il tombe amoureux de la comtesse, 144. — Ramasse la jarretière de la comtesse, et institue l'ordre de la jarretière au château de Windsor, 145. — Il a été accusé de n'avoir vaincu la comtesse que par la violence, 146. — Il manifeste une vive colère de l'exécution de Clisson et des chevaliers bretons, 146. — Artevelle lui propose de donner la Flandre au prince de Galles, 147. — Il menace la Flandre après la mort d'Artevelle; comment les députés de la Flandre le calment, 150. — Il s'embarque pour la France, les vents l'empêchent de descendre en Guienne, 151. — Geofrey d'Harcourt lui conseille de descendre en Normandie, 152. — Il débarque à la Hogue, accident qui lui arrive, 153. — Villes qu'il saccage, 153-154. — Il veut brûler Caen et s'en empare, 154-156. — Il marche sur Évreux, emporte et incendie Louviers, et s'avance sur Rouen, 157. — Il y trouve Philippe VI et remonte le cours de la rivière jusqu'à Poissy, 157. — Villages qu'il brûle autour de Paris, 158. — Il rétablit le pont de Poissy, trompe Philippe par de

fausses manœuvres, et bat les milices d'Amiens, 159. — Philippe lui fait offrir le combat, 160. — Édouard brûle les faubourgs de Beauvais, l'abbaye de Saint-Lucien et Poix, 160-161. — Il cherche à passer la Somme, 161. — Il offre une suspension d'armes, 161. — Un valet lui enseigne le gué de Blanque-Taque, 162. — Édouard le traverse, 163-164. — Il campe à Crécy, 165. — Son ordre de bataille, 165-166. — Ce qu'il fait avant la bataille, 166. — Il refuse d'aller au secours du prince de Galles, 170. — Il avoit six pièces de canon sur la colline : c'est le premier essai qui en fut fait, 172. — Il ne mit pas même son casque dans cette journée, 173. — Il descend féliciter son fils, 173. — Il fait faire le dénombrement des morts, 174. — Il fait inhumer les seigneurs en terre sainte, 175. — Il met le siége devant Calais, 176. — Il envoie Mauny et Basset entendre les offres des Calaisiens, 177. — Il veut faire mourir tous les Calaisiens, 178. — Se contente de six, 178. — Il refuse leur grâce à Gauthier de Mauny, 179-180. — La reine l'obtient, 180. — Édouard prend possession de Calais, 181. — Il en chasse les François et peuple la ville d'Anglois, 181. — Franchises qu'il accorde à Calais, 181. — Sa déclaration après l'arrestation de Charles le Mauvais, 189. — Charles V lui envoie une déclaration de guerre qu'il ne peut comprendre, 215. — Il fait une tentative pour débarquer en France et ne réussit pas, 215. — Il ne tarde pas à suivre le prince Noir au tombeau, 215. — Il n'étoit plus que l'esclave d'une courtisane, 215. — Édouard III accorde l'usage de l'idiome insulaire dans les plaidoiries civiles, XI, 524. — Il parloit françois, lui et sa cour, 524.

ÉDOUARD IV. Errant dans les Pays-Bas, I, 502.

ÉDOUARD VI. Il est compté au nombre des auteurs dans la Grande-Bretagne, XI, 574. — Il est mort à seize ans, 574. — Ses maîtres, 574. — Il a laissé un journal utile à l'histoire, 574. — Il étoit zélé réformateur, 574.

ÉDOUARD, prince de Galles, dit le prince Noir. Hommage qu'il rend au roi Jean son prisonnier, II, 483. — Dit à Du Guesclin, son prisonnier, de fixer lui-même sa rançon, 486. — Chasse qu'il offre au roi Jean, X, 119. — Il passe en France avec son père Édouard III, 151. — Portrait de ce prince, 162. — Après plusieurs trêves, il débarque en France, 189. — Il assiége Romorantin avec du canon. 190. — Il fait un détour pour éviter Poitiers, 190. — Position qu'il prend, 190-191. — Ordre de ses troupes, 193. — Chevaliers célèbres qu'il avoit auprès de lui, 193-194. — Conditions qu'il fait au roi, 195. — Renaud de Chauveau empêche le roi de les accepter,

195-196. — Il refuse de se rendre, 196. — Il fait brûler tout le butin ramassé et fait augmenter les fortifications de son camp, 197. — Discours qu'il tient à ses soldats, 197. — Il garde Chandos près de lui, 198. — Il marche vers le corps du roi Jean, 199. — Il attaque la division du connétable, 200. — Il rallie ses troupes, 201. — Warwick et Cobham lui amènent le roi de France, 202. — Accueil qu'il fait au roi, 202. — Paroles de consolation et d'éloge qu'il adresse au roi, 203. — Le prince de Galles vécut peu de jours, 203. — Malheureuses destinées de son fils, 203. — Charles V le fait sommer de se rendre à Paris, 215. — Transporté à Londres, il expire au palais de Westminster, 215. — Il laissoit un fils, le malheureux Richard II, 215.

ÉDUCATION. Traités sur l'éducation, Dracon, Xénophon, Platon, Sénèque et Quintilien, VI, 436. — Les jésuites et Port-Royal, 437-438. — Rollin, Fénelon et Locke, 438. — Ce que doit être l'éducation suivant M. de Bonald, 438-439. — Son principe doit être religieux, 439-440. — L'éducation domestique et l'éducation publique selon M. de Bonald, 440-441. — Des maîtres et des élèves, 442. — L'éducation philosophique, 442-443. — L'enfant savant et l'enfant d'autrefois, 444-445. — Les anciens peuples enseignoient leur nation à leurs enfants, les enfants des Barbares se séparèrent de leur race par l'éducation, X, 101.

ÉGALITÉ. La France folle de l'égalité, VII, 598. — C'est l'égalité absolue qui est le principe de la révolution, VIII, 18. — L'égalité absolue s'accommode du despotisme ; elle est la passion des petites âmes, elle est le principe naturel de la démocratie et du despotisme, 18.

ÉGIDIUS. Voy. ÆGIDIUS.

ÉGLISE. D'où viennent sa hiérarchie, ses cérémonies, ses costumes, I, 592-593. — L'Europe lui doit ses bonnes lois, II, 39. — Elle a protégé les sciences et les arts, 504. — Fragment du sermon de Bossuet sur l'unité de l'Église, 643. — L'État, suivant M. de Bonald, s'est formé parallèlement à l'Église, VI, 447. — Dieu abandonne souvent l'Église aux persécuteurs, selon Bossuet, 473. — Son triomphe à Lyon après la révolution, 473-475. — Ce que dit Bossuet de sa modération, VII, 277. — L'Église chrétienne étoit au moyen âge une monarchie élective, représentative, républicaine, fondée sur le principe de l'égalité, IX, 73. — Sous Constantin se forma l'Église proprement dite avec ses conciles, sa hiérarchie, ses dignités, 204. — L'Église se constitua en monarchie, et la communauté chrétienne en république, 205. — Part de l'Église à la création du système féodal, X, 32. — Son unité prit une nouvelle force à la création du temporel du pape, 33. — L'Église étoit en tous lieux, 33. — Sa hiérarchie, 34. — Ses biens étoient pour la plupart dans la partie plébéienne du clergé, 40. — L'esprit d'égalité et de liberté de la république chrétienne avoit passé dans la monarchie de l'Église, 40.

ÉGLISES. Les premières églises chrétiennes, IX, 363-364. — Elles ne furent d'abord que des temples retournés, X, 111; XI, 493.

EGMONT (comte d'). Le duc d'Albe lui fait trancher la tête, X, 263.

EGUIA (général). Des Espagnols demandent qu'on le place à la tête du gouvernement provisoire en Espagne, XII, 194. — Une proclamation de ce général, 194. — Une note de M. Berryer le déclare usé et incapable, 195. — Il notifie au marquis de Mataflorida de renoncer au pouvoir qu'il a usurpé, 195. — Il a les pouvoirs de Ferdinand VII, 240. — Son nom effarouche tout le côté modéré de l'Espagne, 254.

ÉGYPTE. Sa situation au moment du renversement de la tyrannie à Athènes, I, 350. — Son gouvernement, 351. — Son commerce, 351. — Coutumes, 351. — Ses prêtres, 352. — Leur doctrine, 352. — Leurs connoissances, 352. — Leurs auteurs, 352. — On y trouve les premières bibliothèques, 352-353. — Les Égyptiens étoient-ils Indiens d'origine? 353. — La soumission de l'Égypte à la Perse a ouvert l'Égypte aux amis de la philosophie, 353. — Influence de la révolution grecque sur l'Égypte, 353-354. — Superstition entretenue par la caste sacerdotale, 354. — Analogies entre l'Égypte et l'Italie, 354-355. — Lois morales de l'Égypte, II, 52. — Son antiquité, ses dynasties, 71. — D'où venoient ses peuples pasteurs, 74. — Ses tombeaux, 398. — Description, IV, 154-158, 463-470. — L'Égypte est bien connue aujourd'hui, V, 400. — Anciennes mœurs, 403-404. — Fénelon a peint une Égypte imaginaire, 404. — Vers de M. Esménard sur l'Égypte, 411-412. — Cinq partis armés s'y disputoient les déserts et des ruines, VI, 517. — Visitée par le comte de Forbin, 549. — Contraste entre l'extérieur et l'intérieur de ses monuments, 549.

ÉLAGABALE, ou HÉLIOGABALE. Sa naissance, IX, 152. — Comment il arrive au trône impérial, 152. — Son portrait, 152-153. — Son règne, ses débauches, 153. — Il n'étoit pas dépourvu de courage, 153. — Sa mort, 154. — D'où lui vint le surnom de *Tibérius*, 154. — Surnommé *Varius*, 404. — Luxe de sa table, 404-405. — Ses débauches, 405. — Il y joignoit l'immolation de victimes humaines, 405-406. — Ses vêtements, 406. — Ses chars, 406.

ELBÉE (D'). Est placé à la tête des forces de la haute Vendée, IX, 618. — Blessé près de Fontenay, 619. — Nommé généralissime à la place de Cathelineau, 622. — Il remporte une victoire à Chantonnay, 622. — Il rejoint Charette, 622. — Il suit Charette dans la basse Vendée, 623. — Il tombe percé de coups à Cholet, 624. — Blessé mortellement, il est porté à l'Ile de Noirmoutiers, 624. — Comment il mourut, 635.

ÉLÉATIQUE (secte). Philosophes de cette secte, I, 534. — Son système, 534.

ÉLECTION. Son principe appliqué à la nomination du prince, VIII, 489.

ÉLECTIONS. Comment a été obtenue la loi des élections, VII, 292. — Ses effets, 292-293. — Utilité de se faire inscrire sur la liste du jury, qui est aussi la liste électorale, 511-512. — Dernier avis aux électeurs, 516 et suiv. — Des élections de 1818, 539-542. — Le public semble se décider contre la loi des élections, 547. — De la loi d'élection, 556-557. — Modifications projetées à la loi des élections, 628-629. — Discussion d'une pétition pour le maintien de la loi des élections, VIII, 47-48. — Opinion sur le projet de loi relatif aux élections, 228-236. — Proposition pour que le roi soit prié de faire examiner ce qui s'est passé aux dernières élections, 241. — Comment se sont faites les élections, 242 et suiv. — Nécessité de protéger la liberté des élections, 253. — Instructions envoyées du ministère de la police générale, 499-501. — Lettre du ministre des finances, 501. — Note du directeur général des finances, 502-503. — Plainte de M. de Clermont Mont-Saint-Jean, 503-504. — Écrit anonyme touchant les élections, 505-508. — Circulaire du préfet du Pas-de-Calais, 508. — Plainte de M. de Forbin, 508-510. — Interventions de M. Lezay-Marnesia dans les élections du Lot, 510-522.

ÉLÉONORE DE GUIENNE. Louis VII la répudie; elle se remarie à Henri, comte d'Anjou et de Normandie, qui devint roi d'Angleterre, X, 54.

ÉLÉPHANT. Migration des éléphants, II, 105. — Ils sont restés près du berceau du monde, 106. — Formes des éléphants, 106.

ÉLEUSINE. Massacres qu'y exécutent les Trente tyrans d'Athènes, I, 482-483. — Les Trente tyrans s'y retirent, 484.

ÉLEUSIS. Ses ruines visitées par M. de Chateaubriand, V, 173-175.

ELGIN (lord). Ses ravages en Grèce, V, 93. — Ses fouilles, 192. — Il a saccagé le Parthénon, 192.

ÉLIQUE (secte), système philosophique, I, 534.

ÉLISABETH, reine d'Angleterre. Elle n'avoit aucun droit sur Marie Stuart, I, 528. — Elle flatte le duc d'Anjou de l'espoir de l'épouser, X, 271. — Sa mort, 320. — Ce que lui dit l'orateur de la Chambre des communes, XI, 582. — Elle parloit latin et composoit des épigrammes en grec, 582. — Comment on parloit à sa cour, 583. — Tableau de son règne, 603. — Elle offroit en sa personne un caractère historique, 603. — Elle essaya de faire séduire Marie Stuart par Rolston, 603. — Après la Saint-Barthélemy elle fut tentée de livrer la reine d'Écosse au talion des Écossois protestants, 603. — Élisabeth ne paroît avoir eu dans sa vie qu'une passion et jamais d'amour, 604. — Sa dernière maladie, sa tristesse, 604. — Elle dînoit au son des tambours et des trompettes, 604. — Lois atroces contre les papistes, 604. — Accueil qu'elle fait à l'ambassadeur de Charles IX, 605. — Ses soldats mêlés à nos guerres civiles, 605. — Elle avoit été sacrée selon le rit romain, 606. — Elle étoit fille d'Anne Boleyn, 606.

ÉLISABETH-CHARLOTTE de Bavière, duchesse d'Orléans. Ouverture de son tombeau à Saint-Denis en 1793, II, 633. — Elle étoit la seconde femme du duc d'Orléans frère de Louis XIV, X, 578. — Elle avoit beaucoup d'esprit en allemand, 578. — Cynisme avec lequel elle parle d'elle-même et de Louis XIV, 578. — Son portrait par elle-même, 578. — Son imagination romanesque, 579.

ÉLISABETH ALEXIOWNA, impératrice de Russie. Épouse Alexandre Ier, XII, 89. — Son portrait, 101. — Elle aimoit passionnément son mari, 102. — L'empereur se rapproche d'elle, 102. — Elle le suit dans son dernier voyage, 103. — Il meurt près d'elle, 104. — Sa lettre à Pétersbourg, 104.

ELLAC, fils d'Attila, sa mort, IX, 457.

ELLIO, un détachement veut le délivrer à Valence, XII, 30. — Exécuté à Valence, 32.

ELLIOTT, forgeron qui brille parmi les poëtes anglois, XI, 767.

ELLWOOD, quaker, a laissé une *Histoire sacrée* et la *Davidéide;* Milton lui montre son manuscrit du *Paradis perdu*, XI, 672.

ÉLOQUENCE. Supériorité de l'éloquence chrétienne, II, 334 et suiv. — Puissance de l'éloquence de la chaire, d'après La Harpe, 602. — Comment les protestants ont vu périr chez eux l'éloquence, VI, 469.

ÉLYSÉE. L'Élysée des anciens, II, 138. — L'Élysée d'Homère étoit-il l'Amérique? VI, 18.

ÉMIGRATION. Raisons de l'émigration, VII, 67-69. — Injustice de la vente des biens des émigrés; moyens de la réparer, 70-71. — Les émigrés étoient presque tous rentrés avant la restauration, 71-72. — Défense de l'émigration, VIII, 373-374.

ÉMIGRÉS. La guerre des émigrés d'Athènes sous Thrasybule, I, 482-484. — Un mot sur les émigrés d'Athènes et sur les émigrés de France, 485-488.

ÉMILIEN. Bat les Goths en Mésie, prend la pourpre; est assommé par les soldats, IX, 174.

EMMANUEL. Il avoit fait percer les Alpes; inscription rétablie, VI, 209.

EMPÉDOCLE. Quelques-uns lui attribuent les vers dorés, I, 389. — Disciple de Pythagore, 534. — Sectes dans lesquelles se divise son école, 534. — Manque but en se jetant dans l'Etna, 558. — Il se précipite dans l'Etna, IX, 418. — Milton le place dans le paradis des fous, XI, 119.

EMPEREUR. Idée qu'emporte ce titre, VII, 76.

EMPLOIS. De l'utilité d'en créer dans les vieilles sociétés, VIII, 359-360.

ENCYCLOPÉDIE. Jugement porté sur elle, II, 8. — C'est un mauvais ouvrage, suivant Voltaire, 541-542. — D'Alembert et Diderot en ont fait eux-mêmes la satire, 512.

ENCYCLOPÉDISTES. Leur doctrine, I, 548. — Qu'ont-ils produit? 549. — Leur but, 583. — Leur véritable esprit, 583. — Leur correspondance avec le roi de Prusse, 583-584. — Progrès de cette secte, 584. — Comment Frédéric II les juge dans un dialogue, II, 603-605.

ENDAÉ, femme qui fut retirée de la contrée des âmes par le chant de son époux dans les traditions indiennes, VI, 175.

ÉNÉE. Songe d'Énée, traduction en vers de M. de Fontanes, II, 243. — Songe d'Énée, par Chateaubriand, VIII, 538-539.

ENFANT. Il a l'instinct de son créateur, II, 133. — Comment les Indiens élèvent les enfants, VI, 67-69. — L'Enfant savant d'aujourd'hui, 444. — L'enfant d'autrefois, 444-445. — Comment les enfants meurent, suivant Luther, XI, 555.

ENFANT DU RÉGIMENT (L'), gravure. Jugement de cette affaire, VIII, 320.

ENFANTS SANS SOUCI. Ils jouoient particulièrement la comédie, X, 229. — Comment s'appeloit leur chef, 229.

ENFANTS TROUVÉS. Enfants abandonnés chez les Romains, II, 496. — Saint Vincent de Paul les recueille dans un hôpital, 496.

ENFER. Sa description par Chateaubriand, I, 163-164. — Il est difficile de le peindre, 164-165. — L'enfer chrétien comparé au Tartare des anciens, II, 248-253. — Description, IV, 120 et suiv. — Sa description par Milton, XI, 27.— Il reçoit les anges déchus, 251.

ENGHIEN (duc d'). Comment il périt, VII, 12. — Il se distingue à Berstheim, IX, 497. — Lettre que lui écrit Monsieur, depuis Louis XVIII, 497. — Il devint le frère d'armes du duc de Berry, 497. — Son adhésion à la réponse de Louis XVIII à Bonaparte, 523. — Sa conduite à Berstheim, 584.

ENRÔLEMENT VOLONTAIRE. Est le mode naturel de recrutement en temps de paix dans une monarchie constitutionnelle, VIII, 306. — Ce qu'il a donné sous l'ancienne monarchie, 306.
ÉONES. Les éones de Valentin, IX, 390.
ÉPAMINONDAS. A bâti Messène, IV, 339. — Son tombeau, 486.
ÉPAVES. Législation féodale sur les épaves, X, 92.
ÉPÉE, arme du Gaulois, IV, 403.
ÉPHÈSE. Description de ses ruines par le comte de Forbin, VI, 548.
ÉPICHARIS, personnage des *Martyrs*, IV, 16-17.
ÉPICURE. Sa secte, I, 534. — Sa philosophie, 536-537. — Époque de sa vie, 536. — Sa cosmogonie, II, 59. — Ce qu'on dit de sa doctrine dans *les Sectes à l'encan*, IX, 422.
ÉPICURISME. Régna chez les Romains au premier siècle de l'ère chrétienne, IX, 417.
ÉPIMÉNIDE. Ce qu'il fit à Athènes, I, 291. — Comment il chercha à ramener les hommes au bonheur, 319.
ÉPINAY (Mme d'). Ses écrits donnent des détails scandaleux sur les mœurs des philosophes, I, 559.
ÉPITADÈS, éphore, permet aux Spartiates d'aliéner les biens de leurs pères, I, 512.
ÉPOPÉE. Il y en a de trois sortes, I, 145. — Les épopées du premier âge ou populaires, 145. — La seconde espèce, l'épopée cultivée et savante, 145. — Épopée de la troisième espèce, 146. — L'épopée est une œuvre plus complète que la tragédie, II, 144-145. — L'auteur peut-il choisir des personnages non historiques ? IV, 579-585. — Dans aucune épopée le résultat de l'action n'est plus souvent indiqué que dans les *Martyrs*, 585. — Dans aucune le récit n'est rattaché aussi fortement à l'action, 586.
ÉPURATIONS. Des épurations dans l'administration, VII, 222-224. — Les épurations partielles sont des injustices, 224-225.
ÉRABLE. Récolte du suc ou sucre d'érable, VI, 125-127. — Érables les plus productifs, 126. — Érable mâle et érable femelle, VIII, 549.
ÉRASME. Ses *Lettres* et son *Éloge de la folie*, I, 544. — Il avoit préparé le chemin à Luther, 578. — Il reproduit les reproches adressés au clergé, XI, 545. — Ce que Luther lui dit au commencement de son livre *De servo arbitrio*, 549. — Luther ne lui pardonna jamais son *De libero arbitrio*, 553. — Comment Luther le traite, 553. — Ils avoient longtemps été amis, 553. — Ce qu'il dit des habitations en Angleterre sous Henri VII et Henri VIII, 602-603.
ÉRATOSTHÈNE. Donne des bases mathématiques à la géographie, VI, 7.
ERCILLA. Son *Araucana*, II, 154, 155. — Sa mort, XI, 607. — Il est à la fois l'Homère et l'Achille de son épopée, 609.
ERFURTH. Napoléon et Alexandre à Erfurth, XII, 90-91.
ÉRIÉ (lac). Description, VI, 71. — Fortifications indiennes sur ses bords, 233-234, 241.
ÉRIÉS ou INDIENS DU CHAT. Détruits par les Iroquois, VI, 234.
ÉRIK, pirate danois. Chant en son honneur, XI, 509-510.
ERMERIC, roi des Suèves. Entre en Espagne, IX, 335.
ERMIAS, philosophe. Va en Perse, et revient dans son pays, IX, 318.
ERMITES. Ils conduisoient les batailles au moyen âge, XI, 500.
ERMOLD LE NOIR. A écrit dans le goût de la chanson germanique, IX, 8. — Son poëme sur Hlovigh le Débonnaire, X, 97-98.
ÉROLES (baron d'). Fait la campagne d'Espagne avec les François, VII, 280. — Se montre dans la Catalogne, XII, 29. — Fait partie de la régence royaliste de la Seu d'Urgel, 32. — Battu par Mina, 74. — Il a défendu M. de Mataflorida jusqu'au dernier moment, 195. — Doit faire partie de la régence espagnole, 274. — Recommandé pour ministre de la guerre en Espagne, 406. — Ce qu'il fait en Catalogne, 417.
ERRO ou ÉRO (M.). Demande qu'on mette le général Eguia à la tête du gouvernement provisoire en Espagne, XII, 194. — Doit être nommé ministre des finances, 254.
ERSE (langue). Oraison dominicale en langue erse, X, 587. — Poésies erses, XI, 506-507.
ERSKINE. Chateaubriand l'a entendu parler pendant l'émigration, XI, 750.
ESCHENBACH (Wolfram von). Passe pour l'auteur du poëme des *Nibelungen*, IX, 473.
ESCHYLE. Il fit des prodiges de valeur à Salamine, VI, 507.
ESCLAVAGE. Tableau de l'esclavage des noirs aux Antilles, par le père Dutertre, II, 460. — Le colon protestant ne baptisoit son esclave qu'à l'article de la mort, 461. — Le ton dont les missionnaires parloient des esclaves étoit le seul qui s'accordât avec la raison et l'humanité, 461. — L'esclavage n'étoit pas reconnu par l'Église, 519. — On doit son abolition au christianisme, 522. — État misérable des esclaves chez les Romains, 528. — Réduction des Indiens en esclavage, d'après Robertson, 667-679. — Établissement de l'esclavage des noirs en Amérique, 673 et suiv. — Amendement présenté à la Chambre des pairs pour faire punir tout transport d'esclaves dans les Échelles du Levant, V, 56 et suiv. — Réponse au garde des sceaux pour soutenir cet amendement, 63-66. — L'esclavage étoit une des causes de la supériorité des anciens, 220. —

Esclavage des Yamases chez les Muscogulges, VI, 185. — L'esclavage n'étoit point héréditaire chez les Muscogulges, 185. — L'esclavage étoit une source de corruption chez les païens; définition de la loi romaine, IX, 399. — Un édit ordonnoit à celui qui vendoit un esclave de faire connoître ses défauts et ses qualités, 399-400. — Cruautés exercées sur les esclaves, 400. — L'esclavage étoit connu des Barbares, 446. — Il étoit de droit commun chez les Barbares comme chez les Romains, X, 17. — L'esclavage existoit dans les Gaules lorsque les Franks s'y établirent, 79. — Il y avoit deux sortes d'esclaves chez les Grecs et les Romains, une seule chez les Germains, 79. — L'esclavage se changea en servage sous les Franks, 79. — Abolition de l'esclavage de corps; tout esclave qui met le pied sur terre en France est libre, 80. — La féodalité a puissamment contribué à l'abolition de l'esclavage par l'établissement du servage, 80.

Esclave. L'Esclave, pièce de vers, III, 554-555.

Esclave (lac de l'). Paroît être le lac Ouinipic ou Ouinipigon, VI, 410.

Escurial (L'). Description, V, 462. — La cour y vient chaque année; c'est le lieu de sépulture des rois d'Espagne, VI, 522. — Ferdinand VII s'y retire, XII, 20. — Aspect de cette résidence, 20-21.

Esménard. En le citant Chateaubriand payoit une dette de politesse, I, 203. — Comment il passe au *Mercure*, 207-208. — Ses vers sur l'Égypte, V, 411-412.

Ésope. La fable prend naissance sous lui, I, 320. — Son apologue des grenouilles qui demandent un roi, 326.

Espagne. État du clergé, I, 603 et suiv. — Stagnation des mœurs en Espagne, II, 327. — Comment elle a perdu ses colonies, VI, 215-216. — *Voyage en Espagne* de M. de Laborde, 512 et suiv. — Division de l'ouvrage, 514-515. — Grandeur de son histoire, 518. — Ses monuments moresques, 518-519. — Ses monuments gothiques, 519. — Ce qu'il lui eût fallu pour être heureuse, VIII, 107. — Sa révolution compromet nos intérêts, 340-344. — La France ne prétend point lui imposer des institutions, 348-349. — Parallèle entre les deux invasions françoises en Espagne, 349. — Opinion d'un Anglois sur la constitution des cortès, 352-353. — Traités de la France avec l'Espagne, 438. — Ce qu'elle eut à souffrir de l'invasion des Barbares, 463. — Depuis la dernière moitié du XVᵉ siècle jusqu'au commencement du XVIIᵉ l'Espagne fut la première nation de l'Europe, XII, 5. — Sa chute, 6. — Sous la famille de Louis le Grand l'Espagne s'enseve- lit dans la péninsule, 6. — Napoléon s'en empare, 7. — Partis qui dominoient dans la péninsule, 8. — Insurrection contre les François, 8. — Anciennes lois politiques de l'Espagne, 11-13. — L'Espagne a toujours été fatale aux conquérants, 13. — Les cortès de Cadix, 13. — Constitution qu'elles décrétèrent, 14-15. — Retour de Ferdinand VII en Espagne, 16. — Insurrection, 17. — Rétablissement de la constitution, 18. — Tout s'y fait par l'armée, 20. — Régime de terreur, 23. Sa civilisation, 134-135 — Traités d'alliance de la France avec l'Espagne, 177-178. — Mal que l'Espagne nous a fait à certaines époques, 178. — La France a besoin de son alliance, 178-179. — Mœurs de l'Espagne, 346. — Ce qu'elle a coûté à Louis XIV, à Napoléon, aux Anglois, et à Louis XVIII, 360-362. — En Espagne on se soucie peu d'une amnistie, 377-378. — Rien ne se passe en Espagne comme ailleurs, 392. — Conditions du traité d'occupation, 393. — Politique de la France, 393. — Il est à désirer que toutes les puissances y soient d'accord, 393. — Ce que la France obtient enfin, 418-419. — Comment l'amnistie a été obtenue, 430-431-432.

Espagne (Guerre d'). Paroles du roi à l'ouverture de la session, VII, 280. — Histoire de cette campagne; plan du duc d'Angoulême; généraux qui commandent sous lui, marche de l'armée, 280-281. — Part de la marine, 281. — Importance politique de cette campagne, 282-283. — Éloge de l'armée et du prince qui la dirigeoit, 283. — Bonheur de la famille royale, 284. — Difficultés de cette guerre, VIII, 75-76. — Importance de cette guerre, 433-436. — Elle ne fut pas imposée à la France, XII, 37. — Elle appartient en grande partie à l'auteur, 37. — Elle étoit depuis longtemps prévue, 49. — Instructions de M. de Villèle, 50-51. — Note verbale de M. de Montmorency, 52-54. — Examen des cas prévus, 54-56. — Organisation de corps françois en Espagne; ils proclament Napoléon II, 124-129. — Difficultés de cette guerre, 129-131. — Objections contre cette guerre, 131-132. — État de l'Espagne au moment du passage de la Bidassoa, 132-133. — Louis XVIII annonce l'intervention de la France en Espagne, 137-138. — Comme quoi cette guerre étoit utile, 176-177. — Obstacles diplomatiques à surmonter, 184-188. — Nécessité de former une junte royaliste, 188. — Fautes de cette junte, 188. — Ordonnance d'Andujar, 188-189. — Difficultés politiques, 189-191. — Difficultés intérieures et diplomatiques, 191-194. — Difficultés en Espagne, 194-196. — Expédition militaire, 339-341. — Effet produit en Prusse par le succès de la campagne d'Es-

pagne, 347. — Ce qu'elle a coûté, 360-362.
ESPAGNE (général d'). Fait la campagne d'Espagne, VII, 280. — Va à Vérone comme interprète de la régence royaliste de Catalogne, XII, 38.
ESPAGNOLS. Leur caractère, XII, 9-11. — Ils n'ont déployé leurs qualités que mêlés à l'étranger, bien qu'ils le détestent, 15. — Plagiaires de l'empire et de la révolution, 31. — Ils avoient été grands sous leurs rois absolus, 31. — Ce que Fontenay-Mareuil dit des Espagnols, 373.
ESPÉRANCE. De l'espérance, II, 49-50. — Peinture nouvelle, IV, 310, 544.
ESPERNON (duc d'). Henri III élève la baronnie d'Espernon en duché-pairie pour son favori, X, 271. — Il faisoit la ronde pour le roi à Paris, 274. — Il avertissoit le roi à Blois des projets du duc de Guise, 281. — Il revient auprès de Henri IV, 318. — Il mourut en 1642, 327. — Comment il étoit devenu un personnage, 329-330. — Il ne paroît pas tout à fait innocent de l'assassinat de Henri IV, 330.
ESPRIT SAINT. Ses représentations, II, 17.
ESQUIMAUX. Ils tiennent à leur patrie, II, 118-119. — Leurs mœurs, III, 284-288. — Ils ont été visités par le capitaine Ross, VI, 562. — Ils croient que nos esprits vont dans la lune, 562.
ESSÉNIENS. Leur doctrine, IX, 557-558.
ESSEX (Robert, comte d'). Sa mort, XI, 604. — Elle étoit la cause de la tristesse d'Élisabeth, 604. — Il avoit été mêlé aux guerres civiles de la France, 605.
ESSEX (Robert, comte d'), sous Charles Ier. Son portrait, X, 366.
ESTE (maison d'). A été chantée par les deux plus grands poètes de son temps, 316-317. — Elle vient de s'éteindre, 317.
ESTE (villa d'). Est la seule des villas modernes de Rome qui intéresse Chateaubriand, VI, 316. — Elle tombe en ruine, 317. — Perspective dont on jouit de ses terrasses, 317-318.
ESTOTILAND. Cette terre, indiquée par les frères Zeni, seroit Terre-Neuve, VI, 20.
ESTRAPADE OU BAPTÊME DE FEU. En quoi consistoit ce supplice appliqué aux protestants, X, 257.
ESTURGEON. La pêche à l'esturgeon chez les sauvages, VI, 127-128.
ÉTAMPES DE VALENCE (Eugénie-Françoise d'), gouvernoit l'abbaye des Clairets, X, 560. — Sa morgue, 560. — Elle reçoit Rancé, 560.
ÉTAT. L'État, suivant M. de Bonald, s'est formé partout parallèlement à l'Église, VI, 447.
ÉTATS GÉNÉRAUX. En France ils étoient fondés sur le système représentatif, VII, 93. — Rarement convoqués, ils voulurent ressaisir leurs droits et perdirent leur crédit, 94. — Leur pouvoir tomba dans les mains des parlements, 94. — Ils sont convoqués par Philippe IV sur l'avis d'Enguerrand de Marigny, X, 61. — Ils n'entrèrent jamais bien avant dans les mœurs du pays, 61. — Conduite des trois ordres dans les états, 61-62. — Ce qui mit des obstacles à leur convocation, 62. — Leur convocation par Jean II, 186. — Leur déclaration, 187. — Ils votent un impôt pour l'entretien d'une armée, 187. — Déclaration du roi conforme à la délibération des états, 187-188. — États convoqués par le dauphin Charles, lieutenant général du royaume, 207. — Les états de 1356 et de 1357, 208. — Depuis lors la couronne en eut peur, leur retour ne parut plus qu'un signal de détresse, 212. — Les états de Tours ouverts par Louis XII, 239. — Convocation des états à Orléans par François II, 259. — Ils restent assemblés après la mort de ce roi; ordonnances qu'ils rendirent, 260. — Les états de la Ligue convoqués à Paris, 318. — Les états, pendant les guerres civiles, ne répondirent point à ce qu'on pouvoit attendre d'eux, 323. — Derniers états généraux de 1614, 328. — Premier et dernier vote des états de France, l'un en faveur de la liberté du roi, l'autre en faveur de la liberté du peuple, 328. — D'après Frisel, Philippe le Bel a donné le plus grand coup à l'autorité du parlement par l'invention des états généraux, XI, 529. — Constitution des états généraux, 531-532.
ÉTATS-UNIS. Sentiments qu'éprouve Chateaubriand en y débarquant, VI, 51. — Désappointement politique, 53-54. — Changements qu'ont subis les États-Unis, 205. — Noms de certaines villes, 205. — Routes qui partent de Washington pour aboutir à tous les États, 206. — Routes et canaux, 207. — Limite de la colonisation, 207. — Poste, 207-208. — Vente de terres publiques, 208. — Population, 208. — Accroissement rapide, 209. — Exportation, dette, armée, constitution politique, 209. — Luxe des grandes villes, 209. — La découverte de la république représentative aux États-Unis est un des grands événements du monde, 210. — Les États-Unis ne se diviseront-ils pas? 210. — Dangers que peuvent faire courir à la confédération l'émigration européenne, la création de nouvelles républiques dans le sud, et l'esprit militaire, 211. — Quand l'Amérique angloise se souleva, elle étoit mûre pour la liberté, 212. — Progrès de cette république, VIII, 23-24.
ÉTERNEL (L'). Voy. DIEU LE PÈRE.
ÉTERNITÉ (votre). D'où les empereurs romains prirent ce titre, IX, 192.
ETHELSTAN. Sa victoire sur Olaf, XI, 509.

ÉTHIOPIENS. Leur situation à l'époque de Xerxès, I, 410. — La caste sacrée, 410. — Ils n'ont pu fournir les peuples pasteurs de l'Égypte, II, 74.

ÉTIENNE III, pape. Peppin lui demande l'absolution de son infidélité envers Khilderik III, X, 22. — Peppin va à son secours en Italie et lui donne l'exarchat de Ravenne, 22.

ÉTOILE POLAIRE. Nom que lui donnent les sauvages d'Amérique, VI, 134.

ETZEL. C'est la forme teutonique du nom d'Attila, IX, 472. — Ce n'est pas son nom primitif, 472. — Ce que signifie ce nom d'après M. Bunsen, 473. — Héros du poëme des *Nibelungen*, 477-478.

EU (comte d'), connétable de France. Le duc de Normandie l'envoie au roi son père pour lui rendre compte de la résistance de la ville d'Aiguillon, X, 150. — Philippe VI l'envoie au secours de Caen menacé par Edouard III, 154. — Il se rend à Thomas Holland, 155.— Le roi d'Angleterre l'achète et l'envoie à Londres, 156. — Revenu d'Angleterre, il est décapité par ordre de Jean II, 184.

EUBAGES. Ils forment une branche de l'ordre des druides, I, 382. — Ce que c'étoit, IV, 448-450.

EUCHARISTIE. Ce qu'elle rappelle, II, 29. — Analogie avec le *prajadam* des Indiens, 557.

EUCHER, fils de Stilicon, étoit païen, IX, 310. — Stilicon est accusé de songer à la pourpre pour son fils, 330. — Il cherche un abri dans les églises et y est tué, 330.

EUCLIDE. Fondateur de la secte mégarique, I, 534.

EUDES, comte de Paris et fils de Robert le Fort, est proclamé roi des Franks, X, 26. — Il avoit défendu Paris contre les Normands, 26. — Il partage la France avec Karle III, 26.

EUDOCIE, fille d'Héraclide, philosophe d'Athènes, ou de Léonce, sophiste. Épouse Théodose II, IX, 333. — Elle s'appeloit Athénaïde avant d'être baptisée, 333. — Elle étoit poëte ; elle mit en vers cinq livres de Moïse, Josué, les Juges et l'églogue de Ruth, 333. — Elle eut de Théodose une fille qui s'appela Eudoxie et qui épousa Valentinien III, 333. — Elle fait un voyage à Jérusalem, 342. — Elle prononce un panégyrique des Antiochiens, 342. — Elle envoie à Pulchérie, sa belle-sœur, le portrait de la Vierge attribué à saint Luc, 342. — Eudocie, soupçonnée d'un attachement trop vif pour Paulin, meurt à Jérusalem, 342.

EUDORE. Personnage des *Martyrs*, IV, 22-333. — Son nom est tiré d'Homère, 353.

EUDOXE. Son *Itinéraire universel*, VI, 6.

EUDOXE de Cyzique. Tenta de faire le tour de l'Afrique, VI, 7.

EUDOXIE, fille de Bauton, chef frank, épouse Arcade, IX, 325. — L'eunuque Eutrope avoit osé l'insulter, 331. — Proclamée augusta, elle ordonne d'honorer ses images, 332. — Mort d'Eudoxie, 332.

EUDOXIE, fille de Théodose II, femme de Valentinien III, est épousée de force, après l'assassinat de son mari, par Maxime, dont Valentinien avoit violé la femme, IX, 350 — Elle appelle Genséric, 351.

EUGÈNE, professeur de rhétorique latine, secrétaire d'Arbogaste, est couvert par lui de la pourpre romaine, IX, 290. — Arbogaste l'emmène sur les confins de l'Italie, 290. — Trahi, et livré aux soldats de Théodose, il est conduit à cet empereur et tué à ses pieds, 291. — Il avoit mis l'image d'Hercule dans ses bannières, rendu aux temples leurs revenus, et ordonné de rétablir à Rome l'autel de la Victoire, 309.

EUGISIPPE. Son *Itinéraire de Jérusalem*, V, 104.

EULIANUS de Phrygie, philosophe. Se retire en Perse et revient dans son pays, IX, 318.

EUNAPE. Parle souvent de Julien ; il en avoit écrit l'histoire, IX, 236. — On doit une édition d'Eunape à M. Boissonade, 236. — Il parle mal des moines, 304.

EUNUQUES. Leur puissance commence au règne de Constance, IX, 216. — Plusieurs conciles prononcent des peines contre les eunuques volontaires, 394.

EURIC, frère de Théodoric II, l'assassine, IX, 353. — Il achève la conquête des Espagnes sur les Romains et sur les Suèves, 353. — Il étend sa domination des Pyrénées au Rhône et jusqu'à la Loire, 353. — Julius Nepos lui cède l'Auvergne, 353.

EURIPIDE. A des traces des naïvetés que Shakespeare mêle au plus haut ton tragique, VI, 393 ; XI, 388.

EUROTAS. Traversé par M. de Chateaubriand, V, 138. — Ses différents noms, 142. — Chateaubriand reconnoît son passage à Sparte, 151 et suiv. — Sa largeur à Sparte, 154.

EURYALE. Épisode pathétique de l'*Énéide*, II, 152.

EURYBIADE, général lacédémonien. S'emporte contre Thémistocle, I, 442. — Se range à son avis, 442.

EUSÈBE. Défenseur du christianisme, II, 6. — A décrit les saints lieux, V, 90.

EUSÈBE, eunuque, chambellan de Constance. Fait prononcer la sentence de mort de Gallus, IX, 216. — Puni par Julien, 229.

EUSÈBE, philosophe néo-platonicien, disciple d'Édésius. Ce qu'il raconte à Julien, IX, 240.

EUSÉBIE, femme de Constance, lui fait élever Julien au titre de césar, IX, 218. — Ce que Julien lui écrit, 218. — Elle lui donne des livres, 219. — Comment Julien la représente, 238. — Elle protége Julien et donne un breuvage à Hélène, femme de Julien, pour le priver de postérité ; ce fait ne peut-il s'expliquer que par la folie d'une passion ? 238. — Julien est froid dans l'éloge de cette impératrice, 238.

EUSTOCHIE (sainte), grande dame romaine, retirée à Bethléem, V, 285.

EUTROPE, eunuque. Empêche Rufin de faire épouser sa fille à Arcade, IX, 325. — Il contribue à la mort de Rufin et prend sa place, 326. — Portrait, 330-331. — Ses lois restent dans le code comme un monument de la honte humaine, 331. — Sa chute, 331. — Il avoit osé insulter l'impératrice Eudoxie, 331. — Il se réfugie dans l'église où saint Chrysostome le sauve des fureurs populaires, 331. — Eutrope, banni dans l'île de Chypre, est ramené à Pantique et exécuté, 331.

EUTROPIA, mère de l'impératrice Fausta. Remplace par un oratoire chrétien un autel profane, au chêne de Mambré, IX, 208.

EUTYCHÈS. Théodose II favorisa son hérésie, IX, 333. — Son hérésie, 392.

ÉVANGILE. Sa doctrine est claire et simple, II, 22. — La divinité du Christ n'est que dans l'Évangile, VI, 469. — Danger qu'il y a à transformer l'Évangile en histoire de Jésus-Christ, 469.

ÉVANGILES. Peut-on admettre les Évangiles comme preuves de l'existence de Jésus-Christ ? I, 588-589. — C'étoient pour les premiers chrétiens des espèces d'allégories, 589. — Les Évangiles apocryphes, 589. — La lecture des Évangiles renverse la divinité de Jésus-Christ, 589. — Les Évangiles ont été composés à Alexandrie, dans les premiers siècles de l'Église, 590. — Concordance et composition des Évangiles, VI, 470.

ÈVE. Sa création et sa faute racontée par Milton, II, 149 et suiv. — Tableau des amours d'Adam et Ève par Milton, 165 et suiv. — Personnage du *Paradis perdu*, XI, 143-477. — Le caractère d'Ève, d'après Milton, 685-689.

ÉVÊQUE. Les évêques à l'époque de la révolution, I, 599. — Origine de la dignité d'évêque, II, 415. — Qualités que devoit posséder l'évêque, 419. — Éloge des évêques de France, 420. — Rôles qu'ils doivent remplir dans les jugements, selon saint Ambroise et le concile de Sardique, 516. — Leur justice au moyen âge, VIII, 181. — Mœurs des premiers évêques, IX, 362-363. — Grandes occupations des évêques au IVe et au Ve siècle, 384. — Comment les évêques se trouvèrent le premier ordre de l'État sous les deux premières races des rois franks, X, 32. — Prix de la composition pour le meurtre d'un évêque, 32. — Importance politique des évêques, 33. — Les successeurs de saint Pierre étant montés au rang de souverains, il en fut de même d'autres évêques, 33. — Ce que dit Clément VII aux évêques sur leurs mœurs, 107. — Ce qu'en disent Pétrarque, Nicolas Oresme, les sirventes, 108.

EXCEPTION (lois d'). Elles sont dangereuses dans une constitution libre, VIII, 324.

EXIL. L'exil de l'homme comparé à celui des oiseaux, II, 97. — Les poètes aiment à peindre les malheurs de l'exil, VI, 456.

EXTRÊME ONCTION. Sacrement, II, 44. — Tableau de la mort du chrétien, VIII, 531-532.

F

FABIEN, pape. Confesse le Christ d'âme et de corps, IX, 173.

FABIOLE. Vendit son patrimoine pour fonder le premier hôpital à Rome, IX, 370.

FABIUS. Combat contre les Arvernes, VI, 326-327.

FAIDYT. *Voy.* FAYDIT.

FAIRFAX. Prie Dieu pendant l'exécution de Charles Ier, VII, 206. — Comédie que joue Cromwell auprès de lui, X, 389. — Il étoit à Whitehall pendant l'exécution ; ses menaces, 391. — Il avoit refusé d'être du nombre des juges et s'étoit opposé à l'arrêt, 391. — Portrait qu'en fait Milton, XI, 653.

FAIRFAX (lady). Elle ose contredire les accusateurs de Charles Ier, X, 386.

FALCONBRIDGE (lord). Épouse lady Marie Cromwell, X, 418. — Il fut actif dans la restauration de Charles II, 418. — Monk lui donne un régiment, 427.

FALCONER. *Le Naufrage*, XI, 738.

FALKLAND. Ses principes politiques, X, 372. — Il écrivoit pour le roi et blâmoit les mesures arbitraires de la cour, 372. — Son triple génie, 372. — Sa tristesse, 372. — Sa mort, 373. — Le caractère de lord Falkland attiroit Chateaubriand, XI, 625. — Vers que lui adresse Cowley, 625. — Comment il se prépare à la mort, 625. — Il reste quelques discours et quelques vers de Falkland, 626. — Secrétaire d'État de Charles Ier, il rédigeoit avec Clarendon les proclamations royales, 626. — Il aida Chilling-Worth dans son *Histoire du protestantisme*, 626.

Falstaff. Caractère bien dessiné, d'un comique peu naturel, VI, 394.

Famille (pacte de). Traité avec l'Espagne, VIII, 438. — Le duc de Choiseul en est l'auteur, X, 339. — Ce qu'il contient, XII, 177-178. — Un article secret des traités de 1815 en prescrit la destruction, 179.

Fanatisme. Les fanatiques sont un des fléaux de la société, I, 261. — Ce que dit J.-J. Rousseau du fanatisme, II, 212.

Fanelli. Son livre sur Athènes, V, 89.

Fano. Cette île est-elle l'île de Calypso? V, 114.

Farcy (Mme de), sœur de M. de Chateaubriand. Son esprit, I, 24. — Lettre par laquelle elle apprend à son frère la mort de leur mère, I, 24-25. — Sa mort, 25.

Farquhar, poëte dramatique anglois, XI, 718.

Fashionable. Portrait du fashionable, XI, 763. — Les fashionables de Bond-Street, 765.

Faure (Louis), conseiller au parlement, arrêté sous Henri II, X, 257.

Fauriel. Il a servi la cause des Grecs, V, 30. — Il doit montrer dans la formation de la langue romane les traces des trois plus anciennes langues de la Gaule, IX, 8.

Fausta, fille de Maximien. Épouse Constantin, IX, 199. — Elle accuse Crispus, son beau-fils, 213. — Ses mœurs dépravées; sa mort, 213.

Fauvel (M.). Ses Mémoires sur Athènes, V, 92. — Ses travaux, 180. — Consul à Athènes, 180. — Reçoit M. de Chateaubriand, 181. — Sa maison, 181. — Il lui fait les honneurs des ruines d'Athènes, 183-207. — M. de Chateaubriand le quitte, 207. — Il envoie du quinquina, du vin et un navire à M. de Chateaubriand, 211-212. — Reçoit le comte de Forbin à Athènes, VI, 546. — Foible indemnité qu'il obtient, VIII, 362.

Faydit, ou Faidyt. Comment il traite Fénelon dans sa *Télémacomanie*, II, 693-694. — Sa critique du livre de *Télémaque*, IV, 572-575.

Fées. Pouvoirs qu'elles s'attribuoient, IV, 141, 454. — On lit leur histoire authentique dans le roman du Rou, XI, 514.

Félicité, esclave. Martyrisée à Carthage, IX, 373. — Elle accouche en prison, 375. — Sa mort, 376.

Félicité, matrone romaine. Martyrisée avec ses sept fils, IX, 373.

Félix, antipape arien. Étoit archidiacre de l'Église romaine, IX, 226-227.

Félix (Minutius). *Voy*. Minutius.

Felton. Il assassine Buckingham, X, 350.

Femme. Les femmes valent mieux que les hommes, I, 463. — Elles jugent bien les écrits, 541. — Portrait de la femme incrédule, II, 135-136. — De la femme religieuse, 137. — Comment l'Écriture juge la femme, 149. — Son courage chez les Francs, 413. — Son importance chez les Gaulois, 446-447. — Influence de la femme, devoirs et travaux en Asie, en Germanie, chez les Indiens et les Gaulois, VI, 189. — Les femmes nommoient et pouvoient former le conseil des assistants chez les Hurons et les Iroquois, 191. — Ce que Louis XIV dit de l'adresse des femmes, 496. — La femme ne peut être athée, VIII, 566. — Massacre des femmes pendant la Terreur, IX, 62-65. — A la fin de l'empire romain les femmes disposoient des empires, 345. — Le christianisme commence l'émancipation de la femme, 367. — Les femmes parurent seules au pied de la croix; Jésus-Christ pardonna à leur foiblesse; il les affranchit dans la personne de sa mère, 367. — Les femmes suivoient les apôtres pour les servir, 367. — Importance des femmes à l'origine de la société chrétienne, 368. — Les femmes chrétiennes devinrent des missionnaires à leurs foyers, 370. — Leur zèle dans les persécutions, 370. — Plus tard elles étendirent la puissance évangélique, 370. — Les vierges unies à Dieu dans les monastères se signalèrent par tous les genres de sacrifices et de dévouement, 370. — Les femmes remplissent les dernières les églises; leur émancipation n'est pas achevée, elle le sera dans la rénovation chrétienne qui commence, 371. — Critique de la femme par Callicratidas, 407-408. — Désordre entre les femmes peint par Lucien, 410. — Les Germains reconnoissoient dans les femmes quelque chose de divin, X, 95. — On trouve le même enthousiasme chez les Scandinaves, 95. — Les Arabes professoient un grand respect pour les femmes, 95. — Ce que Milton fait dire de la femme à Adam, XI, 305, 307. — Les femmes, quand elles ont du génie, y mêlent des secrets qui font une partie du charme de leur talent, 764. — Les femmes de la Judée crurent au Sauveur, et le Christ étendit ses grâces sur elles, 766.

Fénelon. Le *Télémaque* montre l'antique au second degré, I, 149. — On y trouve une idée païenne sur le suicide, 179. — Analyse du *Télémaque*, 551-553. — Défauts et beautés de cet ouvrage, 553. — L'Élysée de Fénelon est un paradis chrétien, II, 142-143. — Attaques de Faidyt et de Gueudeville contre le *Télémaque*, 709, 693-694. — Fénelon veut qu'on instruise les enfants par des histoires riantes de la religion, 696-697. — Le *Télémaque* est un poëme, quoique écrit en prose, IV, 10-12. — Fénelon rencontre Mme Guyon à Saint-Cyr, X, 571. — Conférences d'Issy, sur le quiétisme, entre lui et Bossuet, 571. —

Il signe la déclaration donnée par Mme Guyon, 571. — Ce que Bossuet dit de Fénelon, 571. — Les *Maximes des saints*, condamnées à Rome, 571. — Fénelon désavoue son livre en chaire, 571. — Ce que dit Leibnitz à propos du livre de M. de Cambrai, 571. — Ce qu'en dit l'abbé de Rancé, 571. — Portrait de Fénelon par Saint-Simon, 572. — Louis XIV lui appliquoit l'expression de chimérique, 572. — Condamnation du saint-siége contre les *Maximes des saints*; maximes prohibées, 573.

FENRIS (le loup), chez les Scandinaves, IX, 444.

FÉODALITÉ. Se constitue avec la troisième race, IX, 75. — Son origine, X, 31-32.

FERAGE-SEYÉ (Blaise), maçon. Ses crimes, sa punition, VII, 461.

FERALIA. Fêtes des morts chez les Romains, II, 621-622.

FERDINAND IV, roi de Castille. Mandé à l'audience de Dieu par deux gentilshommes, X, 68.

FERDINAND V, roi d'Espagne. Autorise la servitude des Indiens en Amérique, II, 668.

FERDINAND VII. Les Espagnols s'attachent à lui après la paix de Bâle, XII, 6. — Il monte sur le trône à la suite d'une émeute, 7. — Il sauve Godoï, 7. — Il vient à Bayonne, 7. — Il demanda en vain la main d'une parente de Bonaparte, 8. — Bonaparte le rend à la liberté, 16. — Ferdinand VII à Valence; il refuse la constitution des cortès de Cadix, 16. — Il entre à Madrid, roi *netto*, 17. — Il manque à sa parole, 17. — Il accepte la constitution des cortès, 18. — Sa retraite à l'Escurial, 20-21. — Il renvoie le grand maître de sa maison et son directeur, 21. — Il revient à Madrid; procession révolutionnaire sous ses fenêtres, 21-22. — Il accuse inutilement ses ministres, 22. — Adresse un message aux cortès, 27. — Il avoit juré la constitution pour la trahir, 29. — Comment se célèbre sa fête à Aranjuez, 29-30. — Il met fin à la session des cortès, 30. — Il rompt les négociations, 30. — Ses soldats se débandent, 30. — Sa garde vaincue, cassée, mitraillée, 31. — Il demande qu'on mette le général Eguia à la tête d'un gouvernement pour la délivrance de sa personne, 194. — Il ne vouloit pas du marquis de Mataflorida, 195. — Comment le juge M. Canning, 225. — On ne peut pas l'abandonner à lui-même, 285. — Comment les cortès ont agi avec lui, 285. — Mission de sir W. A'Court auprès de lui, 285. — Appréciation de sa lettre au duc d'Angoulême, 316, 317. — Écrit au duc d'Angoulême pour demander un armistice, 330. — Il est enlevé de Madrid et conduit à Séville, 340. — Emmené avec sa famille à Cadix, 340. — Il est rendu à la liberté, 341.

— Le duc d'Angoulême le reçoit au port Sainte-Marie, 341. — Il écrit à Louis XVIII, 344. — Réponse, 344-345. — Ce qu'on pouvoit craindre de lui, 347. — Envoie l'ordre de la Toison-d'Or à Chateaubriand, 354. — Il s'opposoit à toute mesure raisonnable, 362. — On ne pouvoit rien espérer de lui, 362. — Le règne des camarillas commence, 362-363. — Comment il se conduit après sa délivrance, 392. — Il voudroit garder l'armée françoise, 393. — Comment le juge Chateaubriand, 421.

FERDINAND Ier, roi de Naples. Arrive à Vérone, XII, 34. — Sa suite, 34. — Son portrait, 36. — Réclame la régence de l'Espagne, 184. — L'empereur Alexandre Ier l'engage à retourner gouverner ses États, 238. — Ses prétentions au trône d'Espagne, 256. — Il nomme le prince de Castel-Cicala son représentant dans la régence d'Espagne, 256. — Réponse adressée à M. de Caraman sur ces prétentions, 264-265.

FERNAMBOUC. De sa révolution en 1817, VIII, 614-619.

FERRAND (le comte). Son appendice à l'*Histoire de l'anarchie de Pologne*, IX, 47.

FESCH (cardinal). Sa mésintelligence avec Chateaubriand à Rome, I, 135. — Il s'est toujours refusé à donner sa démission d'archevêque de Lyon, XII, 253.

FESTUS, affranchi, ami de Caracalla. Empoisonné par cet empereur, IX, 150. — Ses funérailles, 151.

FÊTE-DIEU. Description, II, 385-387. — *La Fête-Dieu dans un hameau*, poëme de M. de La Renaudière, 616-619.

FÊTES. De quelques fêtes chrétiennes, II, 388 et suiv. — Description d'une fête à Versailles, III, 255-259. — Fêtes des Indiens, VI, 121.

FÉTICHE. Origine probable du fétiche du nègre, VI, 465.

FEU. La fête du feu nouveau chez les Natchez, VI, 121-125.

FEUDATAIRE. Dans quel cas il pouvoit prendre les armes contre son seigneur, X, 88.

FIANÇAILLES. Elles ont été conservées par l'Église; elles remontent à une haute antiquité, II, 41. — Cérémonies dans nos campagnes, 41.

FICINUS, prodige d'érudition, I, 544.

FIEF. Ce qu'il étoit, IX, 76. — Nombre des fiefs à la fin du IXe siècle, X, 31. — Le fief constitua la féodalité, sa création, 83. — Son changement en aleu, 84. — D'où vient le nom de fief, 84. — Le fief étoit la confusion de la propriété et de la souveraineté, 84. — Il y avoit des fiefs de trois espèces générales, 84. — Tous les fiefs et arrière-fiefs ressortissoient au manoir du seigneur, 85. — Les fiefs de Paris, 85. — Leur nombre en

France, 86. — Des fiefs rendables et réceptables, 87. — Tous deux étoient jurables, 87.
FIELDING. Caractère de son comique, VI, 394. — Le roman le rappelle, XI, 738. — Il se soutenoit en Angleterre à la fin du xviiie siècle, 760. — De *Tom Jones* est sortie une des principales branches de la famille des romans modernes, 763.
FIÉVÉE. Son *Histoire de la session de 1815*, VII, 205. — Son *Histoire de la session de 1816*, 292. — Sa brochure *Des opinions et des intérêts*, IX, 46.
FIGUIÈRES. Ce que dit M. Carrel du combat de Figuières, IX, 49.
FILLE. Parallèle de la fille païenne et de la fille chrétienne : Iphigénie et Zaïre, II, 180.
FILLES PEINTES, OU IKOUESSENS. Courtisanes des Indiens ; les suivent à la guerre, VI, 163.
FILS. Caractère du fils chrétien peint par Voltaire dans le Guzman d'*Alzire*, II, 177.
FILS DE DIEU (le). Sa représentation, II, 17. — Sa mort, 18. — Lui seul pouvoit nous racheter, 21. — Il figure dans *le Paradis perdu*, XI, 105-413. — Beautés du caractère du Fils de Dieu tracé par Milton, 689-691.
FITZ-JAMES (M. le duc de). Outragé dans l'affaire du général Canuel, VII, 542.
FLAMANDS. Leur humeur remuante, leurs révoltes, I, 430.
FLANDRE. Troubles de la Flandre sous Philippe le Bel, X, 66. — Guerre qui en résulte, 66.
FLANDRE (Louis, comte de). Accourt au secours du duc d'Alençon à la bataille de Crécy, X, 170. — Il est tué, 171-172.
FLATTEUR. Ce qu'en dit Louis XIV, VI, 493-494.
FLAVIEN, évêque d'Antioche. Obtient de Théodose le pardon de cette ville, IX, 382-383.
FLÉCHIER. Venoit à l'hôtel de Rambouillet, X, 462.
FLEETWOOD, lieutenant général. Épouse lady Briget, fille de Cromwell, veuve d'Ireton, X, 418. — Après la mort de Cromwell, il se met à la tête des officiers, et force Richard à dissoudre le parlement, 426.
FLETCHER, auteur dramatique contemporain de Shakespeare, XI, 576.
FLEUR. Poésie des fleurs, II, 111. — Variante, VIII, 545-549.
FLEURUS. Bataille livrée en cet endroit, I, 450-451.
FLEURY (l'abbé). Qualités de son style, IX, 230.
FLEURY (cardinal de), précepteur du roi Louis XV, devient premier ministre après la mort du duc de Bourbon, X, 338. — Sa mort, 338.
FLEUVES. Ils tracent le chemin aux hommes, VI, 273. — Tableau d'un fleuve dans les solitudes du Nouveau Monde, 412.
FLINS, ami de Fontanes. Chateaubriand avoit un foible pour lui, I, 7. — Les moqueurs l'appeloient le Ragotin de la littérature, 18. — Il doit compter dans la littérature de la France, 311. — Son *Réveil d'Épiménide*, 319. — Assiste à un dîner fort gai de Fontanes, 324.
FLORE, courtisane romaine. A doté les fêtes florales, IV, 305, 542-543. — Des femmes publiques paroissoient sur le théâtre à ces fêtes, VII, 274.
FLORENCE. Ce que l'archiduc Albert disoit de cette ville, XII, 34.
FLORIDES. Description de quelques sites de l'intérieur des Florides, VI, 91. — Ouvrage à consulter sur la Floride, 196.
FLORIEN, frère de Claudius Tacite. Proclamé auguste en Asie, battu par Probus, IX, 185.
FLOTTE (Pierre), garde des sceaux de Philippe le Bel. Commencement de sa lettre au pape Boniface VIII, X, 64.
FOAM. Traduit l'*Art poétique* de Boileau, XI, 736.
FO-HI. Est le même que Menès, II, 71.
FOI. De la foi, II, 47.
FOI ET HOMMAGE. Comment le roi prêtoit quelquefois foi et hommage à son propre vassal, X, 85.
FOIX (comte de). Ses repas décrits par Froissart, X, 121. — Comment il tue son fils, 121-122.
FOLIE. Elle ne prouve rien contre la Providence, VIII, 559.
FOLLE-AVOINE. Sa moisson chez les Indiens, III, 353 et suiv.
FONDS SECRETS. Leur emploi au ministère des affaires étrangères, VIII, 365. — Chateaubriand exigeoit des quittances, XII, 197.
FONTAINE (la comtesse de). Figure dans la correspondance de Voltaire, X, 557 ; XI, 760.
FONTAINE-FRANÇOISE. Henri IV y combat avec la verve d'un jeune soldat ; ce qu'il écrit à sa sœur, X, 319.
FONTANES. Chateaubriand se lie avec lui, I, 7. — Il le surnommoit le *Simonide*, 7. — M. de Fontanes critique Mme de Staël, 28, 29. — Sa tactique contre les philosophes, 29. — Chateaubriand trouve que Fontanes a été injuste envers Mme de Staël, 30. — Article de Fontanes sur le *Génie du christianisme*, 66, 69-73. — Ce qu'il écrit à Guéneau de Mussy sur les maladresses de Chateaubriand à Rome, 135. — Il fait refaire l'épisode de Velléda à Chateaubriand, 175. — Stances qu'il adresse à Chateaubriand sur les critiques des *Martyrs*, 183-186. — Il a redoublé de talents pendant la révolution, 311. — On peut l'appeler le Simonide françois, 322. — Son *Jour des morts*, 322-323. — Passage qui ne doit pas s'appliquer à lui, 324. — Dîner fort gai qu'il fait faire à Cha-

teaubriand, 324. — Sa traduction du songe d'Énée, II, 243-244. — Sa description poétique de *la Chartreuse de Paris*, 356-360. — Son poëme *le Jour des morts dans une campagne*, 622-627. — Ses extraits critiques du *Génie du christianisme*, 719-739. — Lettre de Chateaubriand à M. de Fontanes sur un ouvrage de Mme de Staël, III, 643-658. — Sentiment de Fontanes sur *les Martyrs*, IV, 596. — Il a chanté Cymodocée, V, 6. — Il avoit déplacé le berceau de sa fille pendant le siége de Lyon, VI, 267. — Lettre à M. de Fontanes sur Rome, 307. — Fontanes demande à Chateaubriand des articles pour le *Mercure de France;* il en résulte la suppression du journal, 363. — Chateaubriand se propose d'écrire la vie de Fontanes, 364. — Fontanes a le premier placé M. de Bonald au rang qu'il doit occuper dans les lettres, 450. — Regrets de Michaud, 455. — Sur la mort de Fontanes, IX, 663-664. — École littéraire qu'il finit, 664. — Manuscrits qu'il laisse, 664. — Services qu'il a rendus à son pays comme homme public, 664. — Mérite de sa prose et de ses vers, XI, 744. — Ses pensées ; ses images, 744. — Son ode sur l'*Anniversaire de sa naissance*, 745. — Il a donné d'excellents conseils à Chateaubriand, 745. — Le 18 fructidor jeta Fontanes à Londres, 745. — Promenades de Fontanes et de Chateaubriand dans l'exil, 745-746. — Demande qu'il fait à Chateaubriand, 766.

FONTANES DE SAINT-MARCELLIN. Sur sa mort, IX, 661. — Ses campagnes ; blessé en Russie ; fidèle à la restauration en 1815, 661-662. — Ses duels, blessé à mort, 662. — — Mort chrétienne, 662. — Regrets qu'il laisse, 662-663.

FONTENAI, en Bourgogne. Bataille qui s'y livre entre Karle le chauve et Hlovigh de Bavière, contre Lother, empereur, et le jeune Peppin, fils de Peppin roi d'Aquitaine, X, 24-25. — M. Thierry fixe à cette bataille le commencement de la transformation du peuple frank en nation françoise, 25.

FONTENOY (Bataille de), gagnée par les François, X, 341.

FOOTE, poëte dramatique anglois, IX, 718.

FORBIN DE JANSON. Quitte la France pour un duel, obtient sa grâce, est blessé à Marsaille, et se fait religieux à La Trappe, X, 527. — Il fonde une maison de trappistes sur les collines de la Toscane, 527.

FORBIN (comte de). Son voyage au Levant, VI, 545 et suiv. — Son épisode d'Ismaïl et de Mariam, 550, 561.

FORBIN DES ISSARTS (marquis de). Exclu des élections par un préfet, VIII, 247. — Sa lettre aux ministres à ce sujet, 508-510.

FORBIN-JANSON (l'abbé). Accompagne le comte de Forbin dans son voyage du Levant, VI, 545. — Établit les missions de France au Mont Valérien ; y montre de pieux objets rapportés de Jérusalem, VII, 604.

FORE, sous-lieutenant. Se réfugie à La Trappe, X, 526.

FORÊT. Tableau d'une forêt vierge en Amérique, VI, 75-79. — Utilité des forêts, VIII, 274.

FORÊTS DE L'ÉTAT. Inconvénients qu'il y auroit à les vendre, VIII, 272-275. — On devroit forcer les communes à les acheter, 273-274.

FORTIA (marquis de). Met au jour les *Annales du Hainaut* de Jacques de Guise, IX, 50.

FORTUNÉES (îles). Les Romains les plaçoient dans les Canaries, VI, 18.

FOUCHÉ. Son entrée au ministère, VII, 198-199. — Ses plans, 200-204.

FOUINE. La fouine américaine ; sa liqueur corrosive, VI, 106.

FOUQUET (Mme). Étoit de la congrégation des Dames de la Charité, II, 497.

FOUQUET (le surintendant), son arrestation, X, 331.

FOUQUET (M.). Refuse de faire partie de la commission de censure, VII, 416. — On assure qu'il se retire, 500.

FOUQUIER-TINVILLE. Il se délassoit le soir au théâtre et pleuroit à la peinture de la vie des champs, XI, 644.

FOURCHETTES. Depuis quand elles sont connues, X, 120 ; XI, 498.

FOURMONT (abbé). Son voyage dans le Levant, V, 91.

Fous (fête des), au moyen âge, XI, 501.

Fox. Forme avec lord North la *coalition des chefs*, I, 365. — Se saisit du timon de l'État, 365. — Il n'occupe le ministère que quelques instants, 365. — Son éloquence, 366-367. — Il ne peut plus rien pour l'opposition, VI, 371. — Chateaubriand l'a entendu pendant son émigration en Angleterre, XI, 750. — Séance dans laquelle il se sépare de Burke, 750. — Il défendoit la révolution françoise, 750. — Il pleure à la péroraison de Burke, 750.

Foy (général). Établit dans une discussion le principe général du droit de pétition, VIII, 47. — Son discours sur la guerre d'Espagne, XII, 141-143. — Réponse, 143. — Sa conclusion, 146. — Il parle encore contre la guerre, 149. — Sa parole étoit parlementaire, 150. — Ce qu'il prédit à propos de cette guerre, 150. — Son travail sur les guerres de Napoléon dans la Péninsule est d'un grand prix, 150.

FRANC ALEU. *Voy.* ALEU.

FRANCE OU PAYS DES FRANCS. Description, IV, 87 et suiv. ; 397.

FRANCE. Son ancienne constitution, VII, 102-103. — Position dans laquelle l'ont laissée les traités de 1814 et de 1815, VIII, 147. — La population de la France au moyen âge égaloit presque celle d'aujourd'hui, X, 116.

FRANCE (Maison de). Sa grandeur, IX, 489-490.

FRANCE CHRÉTIENNE (la). Difficultés que la censure crée à ce journal, VII, 495-496.

FRANCINI (Antoine), Florentin. Ce qu'il dit de Milton, linguiste, XI, 665.

FRANCIS. Son *Art poétique*, XI, 738.

FRANCIS (sir Philip). On croit que les Lettres de Junius sont de lui, XI, 762.

FRANCKLIN. *Voy.* FRANKLIN.

FRANÇOIS. Leur caractère comparé à celui des Athéniens, I, 312 et suiv. — Aucun peuple ne mouroit plus gaiement sur le champ de bataille que les François, 313. — Leur caractère peint par Voltaire, 314. — Traits de leur caractère, 315-316. — Influence de la révolution sur les François, 347-348. — Leur vivacité à la guerre, 445. — Situation du peuple françois au moment de la révolution, 462 et suiv. — Pourquoi le François excelle dans les *Mémoires*, II, 324-325. — Son caractère, 328. — Qualités du soldat; on le regrette comme ennemi, VI, 274. — Le François comparé à l'Anglois, 366 et suiv. — L'orgueil de l'Anglois et l'amour-propre du François, 366. — Le marin françois comparé au marin anglois, 368. — Le génie françois comme manufacturier et commerçant, 368-369. — Les François s'habituent facilement à la vie sauvage; ils ne cherchent point à civiliser les sauvages, ils aiment mieux se faire sauvages eux-mêmes, 419-420. — Analogies de caractères entre le François et l'Indien, 420. — Partout où il s'est fait quelque chose de grand on retrouve nos ancêtres, 498. — Amour du François pour les beaux habits, X, 117. — Comment les Anglois représentoient les François sur leur scène, XI, 746.

FRANÇOIS (saint). Sa règle, II, 425.

FRANÇOIS Ier. Ouverture de son tombeau à Saint-Denis en 1793, II, 639. — Il étoit poëte, VI, 330. — Créé chevalier par Bayard, X, 100. — Il ajoute aux chevaliers bannerets et bacheliers des chevaliers ès lois, 101. — Il aima la reine Marie, femme de Louis XII, 240. — Il rentre en Italie, 241. — Il livre aux Suisses la bataille de Marignan, 241. — Venise déclare que tous les princes de sa race seront nobles vénitiens, 241. — Il signe la paix de Fribourg avec les Suisses et le concordat avec Léon X, 241. — Son entrevue avec Henri VIII au camp du drap d'or, 242. — Bataille de Pavie, 244. — Sa captivité, 244. — Il fonde l'infanterie françoise, 244. — Ordonnance de Villers-Cotterets relativement à l'administration de la justice, 245. — Il établit de nouvelles relations extérieures, 246. — Bataille de Cerisoles, 246. — Exécution des villes huguenotes de Cubières et de Mérindol, 246. — Mort de François Ier, 246. — État de la société sous son règne, 246-247. — Ses guerres, 247-248. — Mœurs, langue, beaux-arts sous ce prince, 248. — Il ne fut pas un grand homme, mais il fut un grand roi, 248. — Sa cour, 248.

FRANÇOIS II. Personnages célèbres de son temps, X, 258. — Beauté et malheurs de sa veuve Marie Stuart, 259.

FRANÇOIS, empereur d'Allemagne, puis d'Autriche. Succède à Léopold, I, 436. — Son courage, 436. — Ses préparatifs de guerre, 437. — Ses alliés, 437, 439. — Arrive à Vérone, XII, 33. — Félicite Chateaubriand de la délivrance du roi d'Espagne, 350.

FRANÇOISE (langue). Parlée en Angleterre après la conquête de Guillaume le Bâtard, XI, 521-522. — Elle étoit encore parlée par Édouard III, par sa femme et par sa cour, 524. — Il n'a tenu à rien qu'elle fût devenue la langue des trois royaumes de la Grande-Bretagne, 525. — Le françois a généralement le dessus comme langue diplomatique, 657.

FRANÇOISE DE RIMINI. Récit de ses malheurs par Dante, II, 251-252.

FRANCS ou FRANKS. Leur pays, leurs mœurs, IV, 87. — Constance leur livre un combat, 89. — Leurs armes, leur manière de combattre, 91 et suiv. — Leurs coutumes, 110. — Sources historiques, 397-399. — Couleur de leurs yeux, 404. — Leur portrait par Anne Comnène, 404-405. — Leurs casques, leurs retranchements, 406. — Courage de leurs femmes, 413. — Liste de leurs rois avant la guerre de Troie, 419. — Leurs assemblées générales, 420-421. — Ils avoient pénétré jusqu'en Espagne, 452. — D'une invasion des Franks d'Austrasie dans le royaume des Franks de Neustrie, IX, 53-55. — Ils ne pouvoient être des espèces de sauvages comme ceux de l'Amérique, 73. — Les Franks deviennent les François sous les premiers rois de la troisième race, 75. — Ils étoient composés de nations d'origine gauloise et de tribus germaines placées sur le Rhin et associées pour maintenir leur indépendance, 108. — Stilicon traite avec eux, 328. — Ils étoient moins brutaux que d'autres barbares; portrait que fait Sidoine Apollinaire d'un de leurs chefs, 430. — Ils sont menteurs, mais hospitaliers, suivant Salvien, 432. — Ce que Agathias dit des Franks, X, 6. — Leurs relations avec les Romains avoient urbanisé leurs coutumes, 6. — Il étoit permis aux empereurs de s'allier au sang des Franks, 6. — Ce que Vopiscus, Procope, Salvien, Nazaire, Libanius, disent des Franks, 6-7. — Leur origine, 7. — D'où vient leur nom, 7.

— Où ils habitoient, 7. — Leurs irruptions, 7-8. — On fait remonter l'origine de leurs rois à Priam, 8. — La nature des propriétés ne changea pas sous la domination franke ; les Gaulois que la conquête franke trouva libres restèrent libres, 17. — Y a-t-il eu une seconde invasion des Franks à l'avénement des maires de la race karlovingienne, 19-20.

FRANKLIN ou FRANCKLIN (capitaine). Ses voyages au pôle nord, VI, 31-33. — Il faudroit faire un volume sur ses découvertes, XI, 754.

FRANKS. *Voy.* FRANCS.

FRAVITTA ou FRAVITAS, chef des Goths fidèles aux Romains, tue Priulphe à la suite d'un festin, IX, 285. — Défait Gaïnas, 331.

FRÉDÉRIC II. Il employoit plus de temps à faire des vers qu'à gagner des batailles, I, 331. — Il soutient les encyclopédistes, 583. — Sa correspondance avec Diderot, D'Alembert et Voltaire, 583-584. — Comment il traite les encyclopédistes dans un dialogue supposé, II, 603-605. — Ce qu'il écrit à D'Alembert sur la liberté d'écrire et de penser, VIII, 607-608. — Son examen du *Système de la nature*, 610. — Fait l'éloge de Louis XIV, 611. — Défend le christianisme, 612.

FRÉDÉRIC-GUILLAUME II, roi de Prusse, envahit la France, I, 433. — Ce qu'il fait à Verdun, 435.

FRÉDÉRIC-GUILLAUME III. Arrive à Vérone, XII, 34. — Félicite Chateaubriand de la délivrance du roi d'Espagne, 349-350. — Il lui adresse l'ordre de l'Aigle noir, 354.

FREHER (Marquard). Forme le plan d'une collection des historiens de France, IX, 23.

FRÈRES D'ARMES. Dans la chevalerie, II, 483.

FREYRE (le général). Accourt combattre les insurgés espagnols, XII, 17.

FRIGERID, général de Gratien. Défait quelques alliés des Goths, IX, 281.

FRIGGA, déesse guerrière des Scandinaves, IX, 444.

FRISEL. Son ouvrage intitulé *Vue générale de la constitution d'Angleterre*, XI, 528. — Ce qu'il dit de l'origine des parlements en France et du parlement anglois, 528-531. — Vers sur la mort de sa fille, Élisa Frisel, composés par Chateaubriand en prison, 714. — Sa traduction de la lettre de Cobbett à M. de Chateaubriand, XII, 161 et suiv.

FRITIGERN, chef des Visigoths, IX, 275. — Il tend les mains à Valens, 277. — Forme des liaisons secrètes avec les Ostrogoths, 279. — Il se soulève à Marcianopolis contre Lupicinus, 279. — Il franchit l'Hémus et met le siége devant Andrinople, 279. — Il envoie un évêque faire des soumissions à Valens, 281. — Par des lettres secrètes il engage l'empereur à marcher, 281. — Il fait attendre Valens jusqu'à ce que la cavalerie des Goths soit arrivée ; les Romains sont vaincus, 282.

FROISSART. N'écrivit à proprement parler que ses voyages, VI, 12-13. — Il nous fait assister aux festins d'Édouard III, aux combats de ses guerriers, 570. — Il étoit secrétaire de Philippine de Hainaut, femme d'Édouard III, XI, 524.

FRONDE. A été la fin de la monarchie parlementaire, IX, 89. — Elle fut les derniers efforts de l'indépendance françoise mourante, X, 331. — Tableau de cette époque, 459.

FROTTÉ (M. de). Victime de Buonaparte, VII, 11. — La Normandie reconnut ses ordres pendant la guerre de Vendée, IX, 628.

FULGENCE. En le lisant, on auroit peine à déterminer sa croyance, IX, 319.

FUNÉRAILLES. Pompes funèbres des grands chez les chrétiens, II, 391. — Obsèques du guerrier chrétien, 392-393. — Convois des riches, 393. — Enterrement du prêtre, des religieux, du villageois, 393. — Funérailles chez les Romains, 622. — Funérailles de Chactas, chez les Natchez, III, 477-481. — Cérémonies des funérailles chez les Indiens, VI, 119. — Funérailles d'une femme-chef des Natchez, victimes humaines, 181-182.

G

GABRIEL, chef des gardes angéliques, figure ans *le Paradis perdu*, XI, 153-231.

GAËTE. Cicéron y mourut, VI, 294.

GAIMAR (Geoffroy). Son *Histoire des rois nglo-saxons*, XI, 513.

GAÏNAS, capitaine goth, reçoit de Stilicon le commandement de l'armée qu'il conduit à Arcade ; il fait massacrer Rufin, IX, 326. — Il pousse Tribigilde à la révolte, 331. — Il accuse Aurélien et Saturnin d'être les auteurs des troubles de l'Orient, 331. — Trompé dans ses projets, il conspire ouvertement, 331. — Défait par Fravitas, il trouve la mort chez les Huns, 331.

GALATA. M. de Chateaubriand y aborde, V, 246.

GALBA. Étoit encore de race aristocratique, IX, 130. — Quelques mots de lui sont dignes de l'ancienne Rome, 131. — Sa mort, 131.

GALGACUS, chef breton. Son discours, XI, 505-506.
GALÉRIUS. Son portrait fait par Eudore, IV, 63-64. — Il a vaincu les Perses, épousé Valérie, fille de Dioclétien, et veut forcer son beau-père à abdiquer, 130. — Il fatigue Dioclétien de ses plaintes contre les chrétiens, 168-169. — Il obtient l'édit de Dioclétien, 240. — Il demande l'empire à Dioclétien, 242. — Reproches de Dioclétien, 243-244. — Dioclétien lui remet le pouvoir, 248. — Persécution des chrétiens, 250-251. — Son palais, 275. — Il est dévoré d'un mal secret, 320. — Sa mort, 332. — Tableau historique des persécutions qu'il fit endurer aux chrétiens, 519-522. — Les détails de sa maladie sont historiques, 546. — Nommé césar par Dioclétien, IX, 192. — D'abord défait par les Perses, il les défait à son tour, 192. — Dioclétien lui cède l'empire, 196. — Dans un entretien secret il avoit forcé Dioclétien à abdiquer, 196. — Jaloux de Constantin, il veut s'en débarrasser, 198. — Un recensement qu'il ordonne amène un soulèvement à Rome, 198. — Il marche sur l'Italie et est forcé de reculer en Orient, 199. — Il meurt à Sardique, 199.
GALILÉE. Ses découvertes, I, 547. — On lui doit des vérités importantes, 547.
GALLES (Édouard, prince de). *Voy.* ÉDOUARD.
GALLIEN, fils de Valérien, fait auguste, commande dans les Gaules, IX, 174. — S'oppose aux invasions des Barbares, 174. — Il ne songea ni à racheter ni à venger son père; il en fit un dieu, 176. — Son caractère, 178-179. — Sa mort devant Milan, 181.
GALLOIS et GALLOISES, sortes de pénitents d'amour, X, 124.
GALLUS. Trahit Dèce, IX, 172. — Proclamé auguste avec Hostilien, il s'engage à payer tribut aux Goths, 173. — Les Goths, qui devoient à ce prix respecter les terres romaines, manquent à leur parole, 173. — Gallus fait périr Hostilien, et le remplace par son propre fils, 174. — La persécution continue, 174. — Il périt avec son fils dans une révolte de ses troupes, 174.
GALLUS, fils de Jules Constance, sauvé du massacre de la famille impériale, IX, 216. — Son enfance, 216. — César, à vingt-cinq ans, il épouse Constantina, fille de Constantin le Grand, et s'établit à Antioche, 216. — Tyran bas et cruel, 216. — Mandé à Milan, interrogé par l'eunuque Eusèbe, et mis à mort près de Pôle, 217. — Lettre qu'il écrit à Julien pour le féliciter de ce qu'il n'a pas abandonné le christianisme, 248-249.
GAMA (Vasco de). Navigation mémorable, VI, 17.
GANTS. Leur ancienneté, IV, 402.

GARÇONS. De leur amour dans Athénée et le Dialogue *des Amours*, IX, 407-409.
GARDE NATIONALE. Sur quel motif étoit fondé sa dissolution en 1827, VII, 437-440. — Défauts de l'ordonnance sur la garde nationale, 536. — On peut douter que l'institution d'une garde nationale permanente soit une bonne chose en principe, 536. — La démocratiser, c'est abonder dans ses défauts, 536.
GARDE ROYALE. Son dévouement, son utilité, projets tendant à la dissoudre, VII, 609.
GARDINER. Il a brûlé les catholiques, puis les protestants, XI, 574.
GARLLAND. Accusé d'avoir craché à la figure du roi Charles Ier, X, 431.
GARNIER (père), missionnaire au Canada, II, 467.
GARNIER. Jugé comme historien, IX, 27.
GARRICK. On lui doit des scènes du dénoûment de *Roméo et Juliette*, XI, 581.
GASCONS ou WASCONS. Descendent des Pyrénées et s'établissent dans la Novempopulanie, à laquelle ils donnent leur nom, et s'étendent jusqu'à la Garonne, X, 18. — Leur premier duc, 13.
GASSENDI. Renouvelle la secte d'Épicure, I, 544.
GASTON, perruquier, s'insurge en Vendée, et se fait tuer, IX, 618.
GAUDEN (docteur). Est l'auteur de l'*Eikon Basilikè* attribué à Charles Ier, X, 401; XI, 647. — L'*Eikon* n'a pu sortir tout entier de la plume du docteur Gauden; le ministre aura vraisemblablement travaillé sur des notes laissées par Charles Ier, 648.
GAUL, poëme ossianique de J. Smith, traduit, III, 155-164.
GAULES. Ravages des Barbares dans les Gaules, IX, 461-462. — Habitants de la Gaule lorsque les Franks s'y établirent, X, 79.
GAULOIS. Leurs mœurs, IV, 90, 402. — Leurs rois avant la guerre de Troie, 419. — Leurs huttes, leurs forteresses, leurs trophées, 131, 442. — Leurs forêts, 444. — Leurs femmes, 446-447. — Leur nom veut dire *voyageur*, 451-452. — Les Gaulois ont subjugué la terre, VI, 498. — Chez eux les Bardes étoient chargés de transmettre les choses dignes de louanges, IX, 434. — Leur dieu Dis, auquel ils immoloient des vieillards, 443. — Ils étendoient le pouvoir paternel jusque sur la vie de l'enfant, 447. — Annius de Viterbe a composé une généalogie des rois gaulois avant la guerre de Troie, X, 8.
GAUSSIN. Elle figure dans la correspondance de Voltaire, X, 557; XI, 760.
GAUTIER FURST. Est un des auteurs de l'indépendance des Suisses, I, 307.

Gay. Il écrivit dans les premiers ouvrages périodiques anglois, XI, 737. — Dans son *Beggar* il a représenté sur la scène un voleur et une prostituée, 737. — La poésie morale le compte parmi ceux qui l'ont cultivée, 737.

Gélimer. Chassé du trône des Vandales, I, 501. — Son histoire est touchante, 501. — Ce qu'il devint, 501-502. — S'empare du royaume de Carthage, V, 444. — Vaincu par Bélisaire, 444. — Sert à son triomphe, 445.

Gélon. Vole au secours d'Himère et bat Amilcar, I, 378. — Carthage lui demande la paix; il la lui accorde à des conditions modérées, 379. — Les Syracusains l'élèvent à la royauté, 393. — Sa statue fut la seule acquittée par le peuple, 496.

Gelons. Se faisoient des vêtements de la peau des vaincus; ils se découpoient les joues, IX, 433.

Génès, acteur romain, 71. — Sa conversion, 266-267.

Genèse. Fragment retiré du *Génie du christianisme* sur la beauté de ce divin écrit, VIII, 534-536.

Geneviève (sainte). Rassure les habitants de Paris à l'approche d'Attila, IX, 469. — Sa mort, X, 11. — Elle est inhumée avec Khlovigh dans l'église Saint-Pierre-et-Saint-Paul, qui a pris son nom, 11.

Génie. Le génie enfante, le goût conserve; sans le goût le génie est une folie, XI, 600. — Union du goût et du génie, 601.

Genlis (Mme de). Son *Pétrarque*, VI, 561.

Genre. Le genre dans les langues indiennes, VI, 139-140. — Le genre noble et le genre non noble, 142-143.

Gens de lettres. Pourquoi ils changent facilement, I, 324. — Ils jugent bien les écrits, 541. — On dit à tort qu'ils ne sont pas propres au maniement des affaires, VI, 505-506. — Les premiers talents littéraires ne doivent pas envier les premières places de l'État, 506. — Ils n'auroient que les maux de l'ambition sans en avoir les plaisirs, 507. — Les gens de lettres ne manquent pas de courage, 507. — On les accuse d'avoir toujours flatté la puissance, 508-509. — Conseils adressés aux gens de lettres, 510-511. — C'est principalement aux gens de lettres que l'on doit le retour de la légitimité, VII, 460.

Genseric. Établit à Carthage le siége de son empire, V, 443. — Il partoit de là pour ravager Rome et d'autres pays, 443-444. — Frère bâtard de Gonderic, il lui succède, IX, 341. — Sollicité par Boniface, il aborde en Afrique, 341. — Il étoit arien, 341. — Après avoir négocié un traité avec Valentinien III, Genseric s'approche et s'empare de Carthage, 342. — Comment il avoit fait grâce à Marcien, 345-346. — Son fils avoit épousé la fille de Théodoric; il la renvoie à son père, le nez et les oreilles coupés, 347.— Il appelle Attila à son secours, 347. — Genseric débarque à Ostie, entre à Rome, livre cette ville au pillage, 350-351. — Chaque année il rapporte la flamme en Italie, 352. — Les deux empires arment une flotte contre Genseric, 353. — Genseric reprend ses courses et s'empare de la Sicile, 353. — Son caractère, 452-453. — Il ordonne aux citoyens de Carthage de lui livrer toutes leurs richesses, 466. — Il dépouilla Rome et la Capitole, 467. — Il emmena de Rome en captivité Eudoxie et ses deux filles, et des milliers de Romains, 469-470.

Gentien-Thomas. Se retire à Port-Royal suivi de ses enfants, X, 526.

Gentilfames. Leur costume, leur coiffure, leurs ornements, X, 118; XI, 496.

Gentlemen-Farmers. Leur genre de vie à la fin du XVIIIe siècle, XI, 752-753.

Gentz. Accompagne M. de Metternich à Vérone, XII, 33. — Chateaubriand n'a guère d'abord de rapports qu'avec lui, 56. — Lettre par laquelle Chateaubriand lui apprend son arrivée au ministère, 204. — Réponse de M. Gentz, 214-216. — Il adresse à Chateaubriand des éloges sur un de ses discours, 241-242.

Geoffroy, abbé de Saint-Alban. A composé en langue d'oil *le Miracle de sainte Catherine*, le premier drame qui ait été écrit en françois, XI, 518.

Géographie. Connoissances des anciens, VI, 5-10. — Connoissances du moyen âge, 10-16. — Découvertes modernes, 16-39.

Georges, évêque arien d'Alexandrie. Persécute les païens et les catholiques, IX, 239. — Le peuple soulevé le massacre et pille sa bibliothèque, 240.

Georges, prince de Danemark, gendre de Jacques II d'Angleterre. Abandonne son beau-père, X, 439; XI, 722.

Georges III, roi d'Angleterre. Comparaison de l'influence de sa folie et de celle de Charles VI sur la marche générale des affaires, X, 221. — Son portrait, XI, 751. — Il survécut à M. Pitt, mais il avoit perdu la raison et la vue; on le rencontroit errant dans ses palais, 753.

Gerbel (Nicolas). Sa description de la Grèce, V, 80-81.

Gerbier. Lettre qu'il écrit à M. de Sèze pour l'engager à venir à Paris, XII, 478.

Gergovia. N'est pas Clermont, VI, 325.

Germains. Ils bordoient les rives du Rhin, IX, 108. — Leur cri de guerre, 431. — Ils exaltoient leur dieu Tuiston, et s'ébranloient à la guerre en entonnant le bardit, 433. — Ils adoroient la secrète horreur des forêts, 443. — Ils n'étendoient le pouvoir paternel que jusqu'à la liberté de l'enfant, 447.

GERMANICUS. Son buste au musée Capitolin, VI, 289.

GÉRONCE. Il se soulève en Espagne contre Constantin, qui régnoit à Arles, IX, 334. — Il vient assiéger Constantin; son armée l'abandonne, 335.

GERVAISE (dom). Ce qu'il dit de l'amour de Rancé pour la chasse, X, 470. — Il étoit carme déchaussé avant de venir à la Trappe, 569. — Il succède à dom Zosime comme abbé de la Trappe, 570. — Ce que Saint-Simon raconte de lui, 570. — Homme d'imagination, il mérita peut-être les sévérités de Louis XIV, 570.

GESSNER. Son *Évandre* comparé au *Sacontala*, I, 421-422. — *La Mort d'Abel*, II, 156.

GETHSÉMANI. Ce village se confond aujourd'hui avec le jardin des Oliviers, V, 326. — Tombeau de la vierge Marie, 326.

GEYER. Publie un nouveau recueil sur la Suède, IX, 10.

GHERBERT. *Voy.* SYLVESTRE II.

GIAMBETTI (Francesco). A dessiné quelques monuments d'Athènes, V, 80.

GIBBON. Ce qu'il dit des sciences exactes, II, 298. — Ce qu'il dit des traditions chrétiennes à Jérusalem, V, 107. — Il a perdu le génie de la langue angloise, VI, 372. — Il doit beaucoup à Tillemont, IX, 29. — L'histoire le rappelle, XI, 738. — Comment on le jugeoit en Angleterre en 1792, 746.

GIBELINS. Ils étoient les aristocrates du temps, X, 41.

GILBERT. A sa mort, il dut bien sentir toute la vanité de la philosophie, I, 511. — Dans ses adieux il attendrit tous les cœurs, VI, 381. — Fragment sur lui, VIII, 602-614. — Son *Début poétique*, 602. — Son *Jugement dernier*, 603. — Ses odes, 604. — Son éloge de Léopold, 604-605. — Ses plaintes, 605-606. — Sa mort, 607. — Ses attaques contre le philosophisme, 608-609. — Il attaque les mauvais prêtres, 611. — Ses deux satires et quelques strophes de ses odes resteront, 613. — Accents de Gilbert expirant à la fleur de l'âge dans un hôpital, et abandonné de ses amis, XI, 740.

GILCHRIST. S'est occupé des langues de l'Asie, XI, 726.

GILDAS. Tableau qu'il fait du ravage de la Grande-Bretagne par les Barbares, IX, 463-464. — Ce qu'il dit des Angles, X, 49.

GILLIBERT. Il ne savoit pas l'anglois et prêchoit en latin et en françois en Angleterre, XI, 522.

GINGUENÉ. Chateaubriand le voyoit beaucoup, I, 7. — Sa critique du *Génie du Christianisme*, 84-85. — Il reproche à Chateaubriand de n'avoir pas tiré parti de Dante pour sa cause, 101. — Il le reprend pour la musique, 102. — Doit compter dans la littérature de la France, 311. — Assiste à un dîner fort gai de Fontanes, 324. — Sa publication des Œuvres de Chamfort, 340-341. — Il critique le *Génie du Christianisme*, III, 7. — Ce qu'il dit en examinant le *Génie du Christianisme* deux mois après sa publication, XI, 728-729.

GINSENG. Les Indiens d'Amérique le connoissent, VI, 136.

GIOVANNI. Bailli de l'ordre de Malte, VIII, 275.

GIRALDE. Ce qu'il raconte de saint Kewen, XI, 500.

GIRARDIN (M. Saint-Marc). Remplace M. Guizot dans sa chaire d'histoire, IX, 52. — Il nous a fait connoître les chants guerriers de la nouvelle Germanie, XI, 749.

GIRAUD. Il avoit commencé une description de la Morée, V, 88.

GIRODET. M. de Chateaubriand lui emprunte sa peinture du sommeil d'Endymion pour représenter le sommeil d'Eudore, IV, 22, 347.

GISGON. Dans le sénat de Carthage, s'oppose à la paix, I, 361.

GLADIATEURS. Télémaque veut séparer les gladiateurs à l'amphithéâtre de Rome; il est massacré, mais les combats sont abolis, IX, 328. — Ce qu'étoient les gladiateurs chez les Romains, 401-403.

GLADWIN. S'est occupé des langues de l'Asie, XI, 726.

GLOCESTER (duc de), fils de Charles Ier et de Henriette de France, resta zélé protestant, X, 364. — Sa mort, 364. — On l'amène à Charles Ier dans sa prison; ce que lui dit son père, 389. — Réponse du duc, 389. — Cromwell vouloit en faire un marchand de boutons, 389.

GLOVER. La poésie morale le compte parmi ses adeptes, XI, 738.

GLYCERIUS. Gondivar le pousse à s'emparer du pouvoir suprême, IX, 353. — Julius Nepos surprend Glycerius, le fait raser et ordonner évêque de Salone, 353.

GNOSTIQUE. Le vrai gnostique selon Clément d'Alexandrie, IX, 379-380.

GNOSTIQUES. Leurs erreurs, leurs sectes, IX, 395.

GODIN-AGACE, nom du valet qui indiqua le gué de Blanque-Taque au roi d'Angleterre Édouard III, X, 162. — Il guide l'armée angloise, 163. — Par quoi Édouard III le récompense, 164.

GODEAU. Accoutré en nain de Julie, X, 461. — On l'appeloit le *mage de Sidon* dans la société des précieuses, 464.

GODEFROY DE BOUILLON. Son tombeau à Jérusalem, V, 313. — Il s'empare de Jérusalem, refuse la couronne, 335. — Sa mort, 336. — Fait le siége de Jérusalem, 383-386.

Godoï, prince DE LA PAIX, favori de la reine d'Espagne Marie-Louise. Il passe au roi Charles, XII, 6. — Il entre dans les intérêts de la France après la paix de Bâle, 6. — Bonaparte s'entendit avec lui, 7. — Le royaume des Algarves lui étoit réservé, 7. — La population de Madrid se soulève contre lui, 7. — Il est pris, Ferdinand VII le sauve, 7. — Il sort d'Espagne sous la protection de Murat, 7.

GOD SAVE THE KING. On croit que ce chant étoit un hymne des jacobites, X, 445. — Histoire de cet air, XI, 714-715. — Les Anglois attribuent à tort cet air à Carey, 726. — Le *God save the king* doit rester dans sa langue naturelle, 772.

GODWIN. Son *Caleb William* a gardé sa place, XI, 764.

GOIFFIEUX. Désigné pour victime en Espagne, XII, 32. — Est arrêté, 32. — Il étoit François, 32.

GOISFRED (l'abbé). Sa vision au tombeau du comte Guallève, XI, 523.

GOLDSMITH. La poésie morale le compte parmi ses adeptes, XI, 738. — *Le Voyageur et le Village abandonné*, 738.

GOMBAULT. Fréquentoit l'hôtel de Rambouillet, X, 462.

GOMORRHE. Sa destruction, V, 295.

GONDEBALD, roi de Bourgogne. Khlovigh lui fait demander Khlotilde, sa nièce, en mariage, X, 10. — Il n'ose la refuser, 10. — Il a fait périr le père et la mère de Khlotilde et fait courir après elle, 10.

GONDERIC, roi des Vandales. Entre en Espagne, IX, 334-335. — Sa mort, 341.

GONDIVAR, ou GONDIBALDE, neveu de Ricimer, pousse Glycerius à s'emparer du pouvoir, IX, 353. — Il est peut-être le célèbre roi des Bourguignons de ce nom, 353.

GONSALVI, cardinal. Son portrait, VI, 277.

GONTAUT (M. le marquis de). Ce que lui écrit le duc de Berry, IX, 554.

GONZAGUE (Anne de), de Clèves, princesse palatine. Sa mort, X, 566. — Elle avoit plusieurs fois consulté Rancé sur des difficultés de conscience, 566. — Son nom rappelle un charmant ouvrage de Mme de La Fayette, et Bossuet a composé sur elle une de ses plus belles oraisons funèbres, 566. — Marche de ses idées, 566. — Sa conversion, 567. — Elle soutint le cardinal de Mazarin, 567. — On a une lettre d'elle, mais on n'a pas celles qu'elle écrivit à la maréchale de Guébriant, ni le *Traité sur l'art de juger la vérité des sentiments*, 567. — Elle n'étoit pas insensible à l'argent, 567. — Elle fut enterrée au Val-de-Grâce, 567. — Elle avoit fait un tableau de saint Bernard pour un autel de la Trappe, 568. — Exhumation de ses restes, 568.

GORDIEN le Vieux, proconsul d'Afrique. Proclamé empereur, veut refuser, IX, 162. — Sa mort, 163.

GORDIEN le Jeune. Proclamé auguste en Afrique, IX, 162. — Perd la vie dans une bataille contre Capellien, gouverneur de la Numidie, 162-163.

GORDIEN III. Proclamé césar; sa vue apaise la guerre civile à Rome, IX, 163. — Salué auguste par les prétoriens, 167. — Ses guerres, 167. — Sa décadence, sa mort, son tombeau, 168.

GORILLES. Trouvées par Hannon dans son voyage, I, 372.

GOTHIQUE (église). Le peuple préfère les églises gothiques aux temples imités du grec, II, 292. — Sentiments poétiques qu'elles inspirent, 293-294.

GOTHS. Ils sortirent de la Scandinavie après les Cimbres, IX, 108. — Leur origine, 170. — Leurs historiens, 171. — Leur premier pas, 171. — Leurs divisions, 171. — Ils se précipitent sur l'empire, 172. — Ils accordent la pourpre à Priscus, 172. — Traitent avec Gallus, mais n'exécutent pas les conventions, 173. — Battus par Émilien en Mésie, 174. — Ils se jettent sur l'Italie, d'autres ravagent la Grèce; ils respectent les bibliothèques, 180. — Ils brûlent le temple d'Éphèse, 180. — En paix avec les Romains, ils s'étoient multipliés dans les forêts, 274-275. — Ils sont chassés par les Huns, 276. — Il y avoit un évêque des Goths au concile de Nicée, 277. — Audius prêcha l'Évangile chez eux, 277. — Ils battent Valens, 282. — Le duc Julien les fait massacrer en Orient, 283. — Sous Théodose ils se divisent et se soumettent, 285. — Ils déclarent Alaric roi sous le titre de roi des Visigoths, 328. — Ils envahissent l'Italie, 328. — Ils entrent à Rome avec Alaric, 335. — Après six jours de pillage ils se retirent et s'enfoncent dans l'Italie méridionale, 335. — Un conseil de vieillards goths, 427. — Ils sont fourbes, mais chastes, suivant Salvien, 432. — Leurs expéditions, peste qu'elles amènent, 460. — Le trésor des Goths, 467.

GOUJON (Jean). La statuaire antique n'a rien qui surpasse ses cariatides, VI, 296-297.

GOURCY (abbé de). Sa *Dissertation sur l'état des personnes en France sous la première et la seconde race*, IX, 29.

GOURGAUD (M.). Doit être cru lorsqu'il parle du prisonnier de Sainte-Hélène, IX, 48. — Ce qu'il dit de l'armée du général Lamarque en Vendée, 633.

GOUT. De la corruption du goût par suite de l'engouement pour les littératures étrangères, VIII, 567-568. — Le goût est le bon sens du génie, XI, 600. — Union du goût et du génie, 601.

GOUVERNEMENT. Opinions des sages de la Grèce, de Montesquieu et de Rousseau sur le meilleur des gouvernements, I, 339. — — Tout gouvernement est un mal, mais ce n'est pas une raison pour le briser, 467. — Les nations ont le droit de choisir un gouvernement, ont-elles le droit d'en changer? 474-476. — C'est le gouvernement qui fait le peuple, qui constitue une société, 476. — L'auteur trouvoit pour un moment tout gouvernement détestable, 489. — Il lui semble qu'il existe un gouvernement particulier naturel à chaque âge d'une nation, 495. — Il n'y a pas de mal à s'enquérir des principes de son gouvernement, 577. — Formes diverses de gouvernement chez les sauvages, VI, 177 et suiv. — Selon M. de Bonald, la monarchie est le seul gouvernement qui dérive de l'essence des choses, 446. — Selon le comte Molé, la monarchie absolue est le seul gouvernement naturel ou conforme à la nature de l'homme, 486. — Le gouvernement constitutionnel n'est pas une forme absolument nouvelle pour les François, VII, 92. — Les anciens pensoient que le meilleur gouvernement seroit celui qui réuniroit les trois pouvoirs monarchique, aristocratique et démocratique; ce qu'en disent Pythagore, Aristote, Platon, Cicéron, Polybe et Tacite, 92.

GOUVION-SAINT-CYR (maréchal). Maintenu au ministère de la guerre; sa loi du recrutement attaque virtuellement les principes de la monarchie, VII, 568. — Son ministère, 587-588.

GRACCHUS (Tibérius). Avoit établi une colonie à Carthage, V, 442.

GRACIOZA (île). Voyage de Chateaubriand, I, 605. — Moines de cette île, 606-609.

GRAMMONT (le chevalier de). Exilé à Londres, pousse la restauration des Stuarts à l'imitation de la cour de Louis XIV, XI, 715.

GRAMMONT (duchesse de), sœur du duc de Choiseul, l'empêche d'accepter la protection de Mme Du Barry, X, 339. — Elle vécut assez pour monter intrépidement à l'échafaud, 340.

GRAND-CASTOR. Puissant manitou des Indiens d'Amérique, VI, 174.

GRANDE-BRETAGNE. Ravagée par les Pictes, les Calédoniens, et les Anglo-Saxons, IX, 463-464.

GRANDE-GRÈCE. Colonies grecques que l'on appeloit ainsi, I, 386. — Ses principales cités, 386. — Influence de la révolution d'Athènes sur la Grande-Grèce, 391-392.

GRAND-ESPRIT. Chez les Indiens d'Amérique, 73-175.

GRAND-FERRÉ, héros de la Jacquerie, X, 211.

GRAND-LIÈVRE. Comment il a créé la terre, d'après les Indiens, VI, 173. — Il a formé les hommes des corps morts des divers animaux, 173. — Il eut à combattre Michabou, 173. — Il a donné la sagesse au chathuant du lac Érié, 175. — Arbre qu'il a planté dans la mer, 176.

GRANDS JOURS D'AUVERGNE. Crimes qu'ils punissent en 1665, VII, 461.

GRANDS-OS (lic des), en Amérique, VI, 84.

GRANIQUE. Cette rivière est-elle le Sousoughirly actuel, autorités citées, V, 8-9. — Réflexions que l'on fait en passant ce fleuve, 242-243. — Passage du Granique, 467-468.

GRANVILLE. Assiégée par les Vendéens, IX, 628.

GRANVILLE (lord). Sur quels motifs il refuse de traiter avec la France en 1800; il recommande la restauration des Bourbons, XII, 162.

GRATIEN, fils de Valentinien et de Severa. Nommé auguste, IX, 273. — Il reconnoît l'élection de Valentinien II, mais il gouverne seul jusqu'à sa mort, 274. — Valens lui demande des secours contre les Goths, 280. — Il marche lui-même après avoir vaincu les Allamans, 281. — Il choisit Théodose pour collègue en Orient, 284. — Ausone avoit eu part à l'éducation de Gratien; saint Ambroise avoit composé une instruction sur la Trinité pour ce prince, qu'il appelle très-chrétien, 285. — Il refusa la robe pontificale des idoles, publia, puis rappela un édit de tolérance, 285. — Il préféroit la chasse à tout autre plaisir, 285. — Mellobaudes étoit devenu son favori, 286. — Maxime fond sur les Gaules; Gratien, qui séjournoit à Paris, prend la fuite, est arrêté à Lyon, et mis à mort, 286. — De son règne date la grande ruine du paganisme, 293.

GRATTAN. Ce qu'il dit du gouvernement françois en 1815, XII, 166.

GRAY (Jane). Décapitée, XI, 606.

GRAY. Élégie imitée de lui, III, 545-548. — Douceur des souvenirs dans son ode sur le collége d'Eton, VI, 380. — La poésie morale le compte parmi ses adeptes, XI, 738. — Gray a trouvé sur la lyre une série d'accords et d'inspirations inconnus de l'antiquité, 741. — Le premier vers de sa célèbre élégie est une traduction d'un vers du Dante, 741. — Chateaubriand a imité le *Cimetière de campagne*, 742. — L'exemple de Gray prouve qu'on peut rêver sans cesser d'être noble et naturel, sans mépriser l'harmonie, 742. — L'ode sur une *Vue lointaine du collége d'Eton*, 742-743. — Gray avoit la manie du *gentleman-like*, il rougissoit de ses vers, 743. — Il étoit savant en histoire et s'occupoit des sciences naturelles; il avoit des prétentions à la chimie, 743.

GRAY (Robert), capitaine américain. Découvre le fleuve la Colombia, VI, 36.

GREC. Comparaison de cette langue avec l'hébreu, II, 266.
GRÈCE. L'âge de la monarchie dans l'ancienne Grèce, I, 285. — Causes de la subversion du gouvernement royal en Grèce, 286. — Pouvoir des amphictyons, 287-288. — Influence de la révolution républicaine en Grèce, 347-348. — Influence de cette révolution sur l'Égypte, 350-355. — Sur Carthage, 378-380. — Sur Rome, 385-386. — Sur la Grande-Grèce, 391-392. — Sur la Sicile, 393. — Sur les Scythes, 400. — Sur la Perse, 429 et suiv. — Différence entre notre temps et celui où s'opéra la révolution républicaine de la Grèce, 453 et suiv. — Nécessité de secourir la Grèce dans sa lutte contre ses oppresseurs, V, 14-16. — Raisons politiques, 22 et suiv. — Note sur la Grèce, 45 et suiv. — Ses griefs contre la Turquie, 47. — Ce qu'il y auroit à faire pour obtenir son indépendance, 48. — Elle couvriroit mieux l'Orient de l'Europe que la Turquie, 50. — La séparation de la Grèce de la Turquie ne détruiroit pas ce dernier état, 50. — Quelle forme de gouvernement choisiroit-elle? 51. — La Grèce n'a jamais produit de candidat au despotisme, 55. — Son histoire sous les Romains et au moyen âge, 67 et suiv. — Principaux voyages en Grèce depuis l'occupation des Turcs, 80 et suiv. — Voyage en Grèce, 109 et suiv. — Traité conclu entre la France, l'Angleterre et la Russie pour la pacification de la Grèce, VII, 513. — On a trop attendu pour la secourir, 514. — Défauts de ce traité, s'il est authentique, 514-515. — Débarquement d'Ibrahim-Pacha en Morée, luttes des Grecs contre lui, VIII, 137-138. — L'assemblée nationale a décrété que son gouvernement seroit une monarchie constitutionnelle, 148. — Négociations entamées en faveur de la Grèce, 150-151. — Nécessité de secourir la Grèce, 467-468. — La Grèce n'a fourni aucun candidat au despotisme à Rome, IX, 161. — Milton se déclare pour l'affranchissement de la Grèce, XI, 655. — Camoens s'étonnoit qu'on laissât la Grèce dans la servitude, 655. — Ce qu'a dit Chateaubriand en faveur de la Grèce, 655-656. — Le combat de Navarin acheva de réaliser le souhait de Milton, 656. — Députés de la Grèce à Vérone, XII, 35.
GRECQUE (église). Ses chants, V, 251.
GRECS. Ils défiguroient les noms, II, 72. — Leurs tombeaux, 399. — Ce que disoient les ennemis des Grecs à l'époque de la guerre de l'indépendance, V, 30 et suiv. — Éloge que Cicéron fait des Grecs, 179. — Réflexions sur les causes de leur décadence, 213-220. — Singulière manière de naviguer des Grecs modernes, 258-259. — Héroïsme des Grecs modernes; il faut leur venir en aide, VIII, 117-119. — Amendement en leur faveur adopté à la Chambre des pairs, 144-145.
GREEN (Robert), auteur dramatique contemporain de Shakespeare, XI, 576.
GRÉGOIRE le Thaumaturge. Ce qu'il laisse d'infidèles à Néocésarée, IX, 190.
GRÉGOIRE DE NAZIANZE (saint). Son éloquence, II, 340. — Il a combattu les sophistes avec les armes du poëte, 712. — Ses poésies, 695-696. — Analyse d'un poëme ou songe de ce père, par Rollin, 696. — Portrait qu'il fait de Julien, IX, 230. — Ses poëmes, 755. — Ses invectives contre Julien; ce qu'il dit de la mort de l'Apostat, 264-265. — Accusation qu'il porte contre cet empereur, 265. — Plaint la ville de Tarso condamnée à garder la poussière de l'adorateur des démons, 266. — Essaya de fonder une église catholique à Constantinople, 286. — Fatigué, il abdiqua son siége et alla mourir dans la retraite, 287. — Il parle du luxe des prélats, 309. — Sa vie, 381.
GRÉGOIRE DE NYSSE (saint). A mêlé la philosophie à la théologie, II, 695. — Blâme l'abus des pèlerinages en Terre-Sainte, V, 101. — Il avoit visité les saints lieux, 101.
GRÉGOIRE DE TOURS. Parle des pèlerinages à Jérusalem, V, 102. — Ce qu'il raconte dans son Histoire, VI, 333-334. — Son Histoire n'est pas autre chose que des Mémoires, 556.
GRÉGOIRE III, pape. Proposition qu'il fait à Karle Martel, X, 16.
GRÉGOIRE VII. Étoit un moine de néant, X, 41. — De moine de Cluny, il devient cardinal et pape, 49. — Il fait sentir sa puissance aux souverains, 49. — Dépose l'empereur Henri IV et le force à faire pénitence, 49. — Meurt fugitif, 50.
GRÉGOIRE XIV, pape. Publie des lettres monitoriales contre le roi Henri IV, X, 318.
GRÉGOIRE XVI. *Voy.* CAPELLARI.
GRÉGOIRE (abbé). De sa nomination comme député, VIII, 30-31. — Ce qu'il dit de Port-Royal détruit, X, 528.
GRENADE. Description, III, 104.
GRENOUILLE. Les grenouilles d'Amérique, VI, 412.
GRENVILLE, commissaire de Charles II, s'entend avec Monk, apporte la déclaration royale de Charles, X, 428.
GRENVILLE. Chateaubriand l'a entendu pendant son émigration à Londres, XI, 750.
GRESSET. Strophe de son ode sur *l'Amour de la patrie*, VI, 457.
GRILLON. On l'entend dans le désert, IV, 472.
GRIMALDI (Charles). Commande les Génois à la bataille de Crécy, X, 167. — Il se fait tuer en essayant de rallier ses gens, 169.
GRIMM. Ses écrits donnent des détails scandaleux sur les mœurs des philosophes, I, 55.

GRIMM (les frères). Ils ont recueilli les notices détaillées sur l'origine et l'histoire du poëme des Nibelungen, IX, 475.

GROENLAND. Sa découverte, VI, 19.

GROTIUS. A contribué à faire revivre la politique, I, 546.

GRUFFY, écuyer du temps de François Ier. Aventure singulière qui lui arrive, à ce que raconte Brantôme, X, 248-250.

GUALLÈVE ou WALTHEOF, comte anglo-saxon, décapité sous le règne de Guillaume le Conquérant, pour fait de conspiration, XI, 523. — Miracle arrivé après sa mort, 523. — Vision de l'abbé Goisfred, et pèlerinage du peuple au tombeau de Guallève, 523.

GUATIMALA. Des étrangers ont fait sa constitution, VI, 214.

GUELFES. Ils étoient les démocrates du temps, X, 41.

GUENEAU DE MONTBÉLIARD. C'est à lui qu'appartiennent la plupart des jolies descriptions d'oiseaux qui se lisent dans l'*Histoire naturelle* de Buffon, I, 90.

GUENEAU DE MUSSY. Ce que Chateaubriand lui écrit de Lyon, I, 132-134. — Il avoit promis un article sur le *Génie du christianisme* pour le *Mercure*, 134. — Lettre de Fontanes à M. Gueneau de Mussy, 135-136.

GUÉNÉE (abbé). Ses mémoires sur l'état des Juifs à Jérusalem, V, 341-342. — Il fut sous-précepteur des ducs d'Angoulême et de Berry, IX, 491. — Il a su tourner contre Voltaire l'arme avec laquelle ce beau génie attaquoit la religion, 491. — Ses deux disciples lui ont fait ériger un monument à Fontainebleau, 491.

GUERCHEVILLE (Mme de), n'écoute pas Henri IV, X, 320.

GUERLANDE (les frères). Pas qu'ils firent faire à la puissance royale, X, 52.

GUERNESEY. Les statuts de Rollon y sont en vigueur, XI, 725.

GUERRE CIVILE. Les guerres civiles sous Louis XI et Charles VIII, X, 322. — La religion donna naissance aux longues guerres civiles de la Ligue, 323. — Ce que produisent ces guerres, 323.

GUERRIER. Parallèle des guerriers d'Homère et de Virgile et de ceux du Tasse, II, 188-193. — Le guerrier athée moins puissant que l'aumônier chrétien, VIII, 584.

GUEUX (association des), pour s'opposer à l'établissement de l'inquisition, soulève les Pays-Bas, X, 263.

GUI (cueille du), chez les druides, IV, 135.

GUIANE. Ses missions, 457-459.

GUIDON. Se révolte en Afrique, est défait par son frère Marcezel, IX, 328.

GUIGNES (De). Périt dans la guerre de Vendée en 1815, IX, 631.

GUILLAUME LE BATARD OU LE CONQUÉRANT. Subjugue l'Angleterre, X, 48-49. — Il détestoit la langue angloise, XI, 521.

GUILLAUME III. Devient stathouder, X, 331. — Il prépare une flotte au Texel pour agir contre Jacques II, 439. — Il débarque à Broxholme, 439. — Il avance lentement vers Londres, 440. — Il fait ordonner à Jacques II de se retirer au château de Ham, et lui permet de se rendre à Rochester, 440. — Une Convention déclare que la femme de Guillaume III est l'héritière légitime du trône d'Angleterre abandonné par Jacques II, 441. — A quelles conditions Guillaume III accepte cet héritage, 441. — Il consentoit à reconnoître le fils de Jacques II pour son héritier, 444. — Sa descente en Angleterre, XI, 722.

GUILLAUME de Tyr. Fut un grand voyageur, VI, 12.

GUILLAUME, comte de Poitiers, fonde à Niort une maison de débauche sur le modèle d'une abbaye, X, 109.

GUILLAUME, trouvère anglo-normand. Son poëme des *Joies de Notre-Dame*, XI, 513. — Un autre poëme sur ces mots : *fumée, pluie* et *femme*, 513.

GUILLAUME D'AUXERRE. Il se servit le premier des termes de *materia* et de *forma* appliqués aux sacrements, XI, 543.

GUILLEBAUD ou GUILBAUT (saint). Relations du voyage à Jérusalem, V, 103. — On a de lui deux voyages à Jérusalem, VI, 12.

GUILLEMINOT (le comte). Contre-signe l'ordonnance d'Andujar, XII, 189. — Lettre que lui adresse Chateaubriand sur la formation du conseil espagnol, les approvisionnements et quelques opérations militaires, 240. — Lettre de Chateaubriand sur les moyens de prendre l'île de Léon, 269-270. — Chateaubriand lui fait entrevoir le bâton de maréchal, 270. — Détails qu'il donne à Chateaubriand sur les opérations militaires, 272-273. — Autre lettre sur la suite des opérations, 279-280. — Il regrette la mesquinerie des secours envoyés de France, 308. — Il écrit à Chateaubriand sur les opérations projetées dans l'île de Léon et lui demande de rendre la régence plus sage, 326-327. — Il promet la prise de Cadix, 328. — Le duc d'Angoulême le cite comme l'ayant parfaitement secondé, 389.

GUILLET ou LA GUILLETIÈRE. Son livre sur Athènes, V, 87. — Son livre sur Sparte, 88.

GUILLOTINE. Son jeu sous la république, I, 306, 308. — L'assemblée législative adopte cette mécanique sépulcrale sans laquelle les jugements de la terreur n'auroient pu s'exécuter; des personnes faisoient présent de sommes d'argent pour son entretien, XI, 702. — Les enfants avoient pour jouets de petites guillotines, 704.

Guise (François, duc de). Défend Metz, prend Thionville et Calais, X, 257. — Décide la victoire à Dreux, partage son lit avec le prince de Condé, son prisonnier, et ne fait qu'un somme, 262. — Il est assassiné devant Orléans par Poltrot, 262. — Ses dernières paroles, 262. — Il fut supérieur à son fils Henri, 262.

Guise (Henri, duc de), dit le Balafré. Amant de Marguerite de Valois, VI, 329. — A la journée des barricades il resta au-dessous de sa position, IX, 86. — Son portrait, 86. — Il est déclaré le chef de la Ligue, X, 272.— Guise convoitoit la couronne et n'osa la prendre, 272. — Il envoie des capitaines expérimentés qui se cachent dans Paris, 274. — Henri III lui interdit l'entrée de Paris, 275. — Le duc de Guise vient à Paris malgré la défense du roi; son entrée est un triomphe, 275. — On crie *vive Guise!* il dit de crier *vive le roi!* 276. — Il délivre les Suisses et les fait sortir de la ville, 276. — Paroles de Sixte-Quint en apprenant son entrée à Paris, 276-277. — Il se prétendoit le souverain légitime, comme Carlovingien, 277. — Ce que les peuples voyoient en lui, 277-278. — Son caractère, 278. — La journée des barricades lui resta en grand honneur dans son parti, 278-279. — L'édit d'union entasse sur lui les honneurs et les charges, 279. — Sa contenance aux états de Blois, 279. — Son projet étoit d'obtenir l'épée de connétable, 280. — Il faisoit très-peu de cas de Henri de Béarn, 280. — Comment il l'avoit traité dans les jeux, 280. — Il est trompé par les apparences de ferveur du roi Henri III, 281. — Il recevoit de continuels avertissements des projets du roi contre lui, 281. — Il déclare qu'il ne fuira pas, 283. — Ce qu'il répond à son cousin le duc d'Elbeuf, 284. — Le cardinal son frère le presse de partir pour Orléans, 284. — Il veille auprès de Charlotte de Beaune, qui essaye de l'éclairer sur les dangers qu'il court, 285. — Il dort jusqu'à huit heures, et se rend au conseil du roi, 287. — Dans la chambre du conseil il se sent mal, et envoie chercher son secrétaire, 288. — Le roi le fait demander; il se rend auprès du roi, 288. — Les gardes se lèvent, l'accompagnent, le frappent et le tuent, 289. — Henri III vient insulter son cadavre, 289. — Les courtisans le raillent et l'appellent le *beau roi de Paris*, 290. — Beaulieu, secrétaire d'État, fouille le duc; ce qu'on trouve sur lui, 290. — Il jette encore un grand et profond soupir, 290. — Le corps du duc de Guise, montré aux seigneurs et au prince de Joinville son fils, est livré à Richelieu, prévôt de France, 290. — Quinze jours avant, la duchesse de Guise étoit allée à Paris pour faire ses couches, 291. — Ce que l'on fit du corps du duc, 291. — Arrêt que la duchesse de Guise obtient du parlement de Paris contre les meurtriers et assassins du cardinal et du duc de Guise, 293. — Un service solennel est célébré à Notre-Dame pour le duc et le cardinal de Guise, 294.

Guise (Louis II de Lorraine, cardinal de), frère de Henri. Juroit de ne pas mourir sans avoir fait une couronne à Henri III avec son poignard, X, 280. — Aux états de Blois Henri III lui fait des avances, 281. — Le cardinal de Guise presse le duc son frère de partir pour Orléans, se disant assez fort pour enlever Henri et le conduire à Paris, 284. — Le roi l'invite à venir lui parler, 284. — Il arrive au conseil, 287. — Entendant la voix de son frère, il recule sa chaise pour se lever, le maréchal d'Aumont lui défend de bouger, 289. — Il est enfermé dans les cellules du château et transféré à la tour de Moulins, 289. — Le lendemain il est tué à coups de hallebarde; comment il reçut la mort, 290. — Son caractère, 291. — Ce que l'on fit de son corps, 291.

Guise (Charles de Lorraine, duc de), fils de Henri le Balafré. Le roi lui montre le corps de son père, X, 290. — Il s'échappe de sa prison; les Seize veulent lui faire épouser l'infante d'Espagne et lui livrer la couronne, 318. — Il rencontre Marcelle de Castellane, 475. — Il n'étoit pas beau, mais hardi; s'étoit emparé de Marseille pour Henri IV, 475. — Marcelle lui plaît, ensuite il l'abandonne, 475-476.

Guise (Louis-Joseph de Lorraine, duc de), mari de Mlle d'Alençon, n'avoit qu'un pliant devant sa femme, il ne mangeoit qu'au bout de la table, X, 533.

Guise (Mlle d'Alençon, duchesse de), fille de Gaston d'Orléans. Elle étoit bossue et épousa le dernier duc de Guise dont elle eut un fils qui mourut vite, X, 532. — Ses relations avec l'abbé de La Trappe, 532. — Lettres de l'abbé de Rancé à Mme de Guise, 533. — Louis XIV avoit de l'affection pour elle, 533. — Elle s'enfuit à La Trappe, 533. — Elle mourut à Versailles, 533. — Elle avoit vendu le palais du Luxembourg à Louis XIV, 533. — Elle fut enterrée aux Carmélites, 533. — Son oraison funèbre, 533.

Guise (Jacques de). Ses *Annales du Hainaut*, IX, 50.

Guittard-Pinon. Famille qui cultivoit en commun en Auvergne, VI, 338.

Guizot (M.). A donné des renseignements utiles à M. de Chateaubriand, V, 5. — Sa *Collection des Mémoires relatifs à l'Histoire de France*, IX, 50. — Son *Cours d'histoire*, 52. — Ce qu'il dit de la tentative de reconstruction du temple par Julien, 254. — Il a donné le tableau des expéditions de Charlemagne, X, 23.

Guizot (Mme). Son élégante traduction des Lettres d'Abeilard, X, 104.

Gunar, héros de la race des Nifflungs. Son chant, IX, 435.

Gunther, roi des Bourguignons. Figure dans les *Nibelungen*, IX, 473-478.

Gustave Wasa, roi de Suède. Retiré dans les mines, I, 502. — Il envoie des ambassadeurs à François Ier; il rendit la Suède luthérienne et devint chef militaire des protestants, X, 246.

Gustin (Dom), trappiste. Rachète la Trappe sous Bonaparte, X, 523-524.

Guyon (Mme). Sa naissance, X, 571. — Restée veuve, elle paroît à Paris, 571. — Pendant ses voyages elle se tourna vers les idées mystiques et composa le *Moyen court*, 571. — Enfermée par l'archevêque de Paris, elle recouvre sa liberté par Mme de Maintenon; rencontre Fénelon à Saint-Cyr, 571. — Elle a laissé des Cantiques spirituels et un écrit intitulé : *Des Torrents*, 571. — Placée à Vaugirard, Mme Guyon donna une déclaration signée par Fénelon et par M. Tronson, 571.

Guyot (François), de Provins, vieux poëte. Décrit exactement la boussole, sous le nom de *marinetta*, vers la fin du xiie siècle, X, 66.

Gymnosophistes. Caste sacrée chez les Éthiopiens, I, 410.

Gyrovagues, moines errants. Ce qu'ils prêchoient, X, 125; XI, 501.

H

Habington. Il est difficile de le lire avec quelque profit, XI, 573.

Habits. Leur forme au moyen âge, X, 116. — Noms des divers habits des François à cette époque, 116-117. — Le luxe des habits des seigneurs passoit toute croyance, 118.

Hacker, colonel. Amène Charles Ier à Whitehall, X, 390. — Il le conduit à l'échafaud, 392. — Paroles que le roi lui adresse, 394, 397.

Hadley. S'est occupé des langues de l'Orient, XI, 726.

Hale (Mathew). Cromwell le met à la tête de la magistrature, quoique partisan des Stuarts, X, 415. — Il réclame pour les libertés publiques de l'Angleterre au moment du retour de Charles II, 428.

Hall (Joseph), le prédicateur. Il est difficile de le lire avec profit ou plaisir, XI, 573.

Hallam. A mieux réussi dans son *Histoire constitutionnelle d'Angleterre* que dans son *Europe au moyen âge*, IX, 42.

Hamilton (duc d'), chef des Écossois levés pour Charles Ier. Est fait prisonnier par Cromwell, X, 383. — Il est décapité, 403.

Hamilton. La littérature le compte comme un modèle d'élégance et de grâce, XI, 715.

Hamlet. Sa maladie, I, 114.

Hammer. A fait une traduction françoise du roman poëme d'*Antar*, X, 93-96.

Hammond, gouverneur de l'île de Wight, refuse sa protection à Charles Ier fugitif, X, 382. — Cromwell lui expédie l'ordre de remettre la garde du roi à Ewers; il est arrêté, 384.

Hampden. Seul il pénétra Cromwell, I, 531. — Ses vertus, 531. — Il ne veut pas se soumettre à la taxe du *shipmoney*; son jugement remue les esprits, X, 352. — Ses mœurs, ses desseins, 366. — Il conçut sans doute l'idée d'une république, 367. — Ses talents, son éloquence, 367. — On a cru qu'il avoit été tenté par l'offre d'être gouverneur du prince de Galles, 367. — Il avoit voulu s'expatrier avec son cousin Olivier Cromwell, 375.

Hampden, petit-fils du parlementaire. Conspire sous Charles II; son procès, X, 435.

Hancock. Combat le système des atomes, II, 569.

Hanmer. Défend Shakespeare, VI, 386. — Ce que Warburton disoit de lui, 387.

Hannon, chef du parti de la paix à Carthage, I, 360. — Ce qu'il dit en apprenant la bataille de Cannes, 360.

Hannon. But de l'expédition carthaginoise qu'il commande, I, 370. — Ses instructions, 370. — Relation de son voyage, 370. — Quel est l'auteur de ce voyage, 370. — Traduction de ce document, 371-373. — Son voyage comparé à celui de Cook, 376-377. — Le *Périple* d'Hannon, VI, 6.

Hanscrit. *Voy.* Sanscrit.

Harcourt (comte d'). Tué à la bataille de Crécy, X, 174.

Harcourt (Geofroy d'). Passe en Angleterre et fait hommage à Édouard III, X, 146. — Son portrait, 146. — Il s'embarque avec Édouard III, 151. — Il lui conseille de débarquer en Normandie, 152. — On descendit presque sur ses terres, 152. — Il montroit le chemin aux Anglois, 154. — Il obtient la grâce de Caen, 156. — Il passe la Seine à Poissy, 159. — Il traverse la Somme au gué de Blanque-Taque, 163. — Il culbute les François, 164. — Il avoit la garde du prince de Galles, 170.— Philippe VI lui pardonne, 176. — Il soulève la Normandie, et se livre au roi d'Angleterre, 189.

HARDOUIN (le père). Ce qu'il pensoit de l'histoire, VI, 327. — Savant et singulier, IX, 16.

HARLAY. Lincestre l'apostrophe pour lui faire jurer de venger la mort des Guises, X, 292. — Ce qu'il dit au duc de Guise après la journée des barricades, 312-313.

HARLEM. Siége de cette ville, I, 408.

HARMODIUS. Insulte Hipparque qui s'en venge sur sa sœur ; avec Aristogiton, il tue Hipparque, mais il est massacré, I, 299. — Chanson en l'honneur d'Harmodius et d'Aristogiton, 337-338.

HARPE. Étoit en usage dans l'île des Bretons, IX, 440.

HARRINGTON. Son *Oceana* est une répétition de l'*Utopie* de Thomas More, XI, 630.

HARRISON (colonel), un des juges de Charles Ier. Son procès, VII, 59. — Il n'a pas voulu servir Cromwell ; ce qu'il écrit à sa femme en mourant, 62. — Comment il prie Dieu avec Fairfax le jour de l'exécution de Charles Ier, 206 ; X, 389. — Il prétendoit que Cromwell préparoit le règne de Jésus, 408. — Cromwell lui dit qu'il est temps de dissoudre le long parlement, 408. — Il prête les mains à la nomination d'un nouveau conseil, 411. — Ce qu'il dit à ses juges, 431. — C'étoit un homme simple d'esprit et de cœur, 431. — Comment il se justifie devant ses juges, XI, 704.

HARRISON, général américain. Bat les Indiens, VI, 197.

HARRY L'AVEUGLE. *Voy.* HENRI LE MÉNESTREL.

HARVEY. Sa découverte de la grande circulation du sang, XI, 630. — Il fut encouragé par Charles Ier et lui demeura fidèle, 630.

HASTINGS (lord). A proposé à la Compagnie des Indes de s'emparer de la Chine avec vingt mille hommes, VI, 27.

HAUTERIVE (M. d'). Fait dans la même journée un travail contre la septennalité et un autre en sa faveur, XII, 197.

HAWKINS. Visite la Grèce, V, 93-94.

HEARN ou HEARNE. Ses découvertes au pôle Nord, VI, 31. — Points reconnus par lui, 426.

HÉBREU. Comparé au grec, II, 266.

HEGEL. Son système historique, IX, 34.

HEIMDALL, dieu des Scandinaves, IX, 444.

HELDRIC, abbé de Saint-Germain d'Auxerre, peignoit, X, 39.

HÉLÈNE (sainte). Figure dans *les Martyrs*, IV, 234-236 ; 253. — Elle fit chercher le saint Sépulcre, V, 98. — Découvre trois croix, 99. — Églises qu'elle fait élever à Jérusalem, 99.

— Fille d'un hôtelier, femme de Constance, elle est la mère de Constantin, IX, 198. — Elle découvre le saint Sépulcre et la vraie croix à Jérusalem, 208.

HÉLÈNE, reine d'Adiabène. Son tombeau à Jérusalem, V, 352-353.

HÉLIODORE. Auteur de *Théagène et Chariclée*, II, 709.

HÉLIOGABALE. *Voy.* ÉLAGABALE.

HELLADE, pontife de Jupiter. Défend contre les chrétiens le temple de Sérapis à Alexandrie, IX, 298. — Il se vantoit d'avoir tué neuf chrétiens de sa main, 299.

HELMOLD. Son ouvrage sur les Slaves, IX, 10.

HÉLOÏSE. Sa passion pour Abeilard, II, 203-206. — Exemple d'une passion violente luttant contre la religion, III, 645-646. — Ce qu'elle voulut savoir d'Abeilard, XI, 543.

HELVÉTIUS. Il a écrit des livres d'enfants, I, 548. — Ses mœurs, 559. — Il figure dans la correspondance de Voltaire, X, 557 ; XI, 760.

HÉNAULT (le président). Son *Abrégé chronologique*, IX, 27.

HENNEBON. Siége de cette ville par Charles de Blois, X, 137-141.

HENNET. Sa *Poétique angloise*, XI, 482. — Traduction qu'il donne de la chanson *les Marins* de lord Dorset, 771.

HENRI IV, empereur. Fuit devant son fils, I, 502. — Déposé par Grégoire VII ; comment il obtient son pardon, X, 49. — Il reprend l'empire, 50.

HENRI Ier, roi de France. Son règne, X, 48.

HENRI II, roi de France. Ouverture de son tombeau à Saint-Denis en 1793, II, 636. — Épouse à Marseille Catherine de Médicis, X, 245. — Il devient dauphin par la mort de son frère aîné François, 245. — Événements de son règne, 257. — Il persécute les protestants et assiste à leur supplice, 257. — Il meurt d'une blessure à l'œil, 258.

HENRI III, roi de France. Ouverture de son tombeau à Saint-Denis en 1793, II, 636. — Gagne la bataille de Jarnac, X, 264. — Met le siége devant La Rochelle, 266. — Va prendre la couronne de Pologne, 266. — Meurtres dont la pensée l'agite, 266. — Il étoit surtout poursuivi par le souvenir de ses amours ; il écrivoit avec son sang à Marie de Clèves, 266. — Il revient vite en France en apprenant la mort de son frère, 268. — A son sacre la couronne le blessa et faillit tomber, 268. — Il détestoit les protestants, 268. — Il se déclare le chef de la Ligue, 269. — Fait élever des tombeaux à ses mignons, 270. — Il institue l'ordre du Saint-Esprit, 271. — Il élève le comté de Joyeuse et la baronnie d'Épernon en duché-pairie, 271. — Ce qu'il dépense aux noces de Joyeuse, 271. — Il augmente les tailles, 271. — Il refuse les Pays-Bas, 272.— Il reçoit l'ordre de la Jarretière et établit les Feuillants à Paris, 273. — Il refuse de croire aux complots des Seize, 274-275. — Le duc de Guise vient à Paris malgré sa défense, 275. — Journée des barricades, 276. — Henri III séjourne à Chartres et y reçoit une procession de pénitents, 277. — Il signe en pleurant le traité d'Union, 279. — Il change ses ministres, 279. — Sa harangue aux états de Blois, 279. — Avertissements qu'il reçoit, 279. — Il trompe le duc de Guise, 281. — Avis que lui fait donner la reine mère, 282. — Il annonce à son conseil qu'il est résolu de faire tuer le duc de Guise, 283. — Il prépare tout pour cet assassinat, 284-288. — Le duc, frappé à mort, vient tomber sur le lit du roi, 289. — Henri insulte le cadavre du duc, 289. — Il fait arrêter plusieurs seigneurs catholiques; ce qu'il leur dit, 290. — Il fait venir le prince de Joinville devant le corps de son père, 290. — Il fait tuer le cardinal de Guise, 290. — Ce qu'il dit à la reine mère, et ce que celle-ci lui répond, 291. — Personnages qu'il fait arrêter, 291. — Comment est reçu un héraut qu'il envoie à Paris, 292. — La faculté de théologie déclare les sujets du roi déliés de leur serment de fidélité, 292. — On fait des processions pour obtenir sa mort; invectives des prédicateurs, 294-295. — Portrait que le docteur Boucher faisoit de Henri III, 295. — Sa religiosité, 295. — Ce que Muldrac de Senlis a dit de Henri III, 295. — Vices qu'on lui reprocha, 295. — Gravures contre Henri de Valois, 296. — Ce qu'on l'accusoit d'avoir dit devant la couronne d'épines, 296. — Clôture des états de Blois; il manque Orléans et se retire à Tours, 296. — Il négocie avec le roi de Navarre, 296. — Les deux rois s'accordent par l'entremise de Diane, sœur naturelle de Henri III, 297. — Entrevue des deux rois au Plessis-lez-Tours, 297. — Ils s'avancent vers Paris, 297. — Henri III est excommunié par le pape, 298. — Menaces qu'il fait à Mme de Montpensier, 298. — Force de l'armée des deux rois, 298. — Henri III prend son logement à Saint-Cloud, 298. — Ce qu'il disoit de Paris, 298. — Jacques Clément le tue d'un coup de couteau, 298. — Henri III fait dresser un autel vis-à-vis de son lit et y fait dire une messe, 298. — Il déclare que le roi de Navarre est son légitime successeur, 298-299. — Sa mort, 299. — Mensonges que l'on débite à Paris sur ses dernières paroles, 299-300. — Comment la nouvelle de sa mort fut reçue à Paris, 300-301. — Le chapelet de Henri III, 302. — Mœurs de Henri III et de sa cour, 305 et suiv. — Comment Thomas Arthus le représente, 306. — Comment il se conduisoit avec ses mignons, 306. — Triste état du clergé sous son règne, 325.

Henri IV, roi de France, chassé par la Ligue, I, 502. — Extraction de son corps à Saint-Denis en 1793, II, 631. — Ce qu'il disoit à sa femme quand il avoit fouetté son fils, VI, 444. — Son système politique avec les ligueurs, VII, 584-585. — Son portrait, IX, 87. — Comment il monta sur le trône, 87. — Sa politique, 87. — Sa mort, 88. — Pressentiments de sa mort, 556-557. — Il avoit été sacré à Chartres, 612. — Il est déclaré chef du parti huguenot, X, 264. — On projette son mariage avec Marguerite de Valois, sœur de Charles IX et de Henri III, 264. — Il l'épouse, 265. — Il est mené au roi qui lui propose la messe ou la mort, 265. — Il s'échappe de la cour et devient le chef des huguenots; il abjure la religion catholique qu'il avoit embrassée de force, 269. — Par la mort du duc d'Anjou il devient héritier de la couronne de France, 272. — Sixte-Quint excommunie le roi de Navarre et le déclare indigne de succéder à la couronne, 272. — Il gagne la bataille de Coutras, 273. — Ce qui l'a peut-être rendu si populaire, 273. — Le duc de Guise faisoit peu de cas de lui, 280. — Pendant les états de Blois, il présidoit l'assemblée réformée de La Rochelle, 296. — Il faisoit la guerre contre le duc de Nevers en Poitou et dans la Saintonge, 296. — Il publie un manifeste qui le rapproche de Henri III, 296. — Entrevue avec Henri III à Plessis-lez-Tours, 297. — Son costume, 297. — Ce qu'il écrit de cette entrevue à Mornay, 297. — Il s'avance avec Henri III vers Paris, 297. — A Coutras, Duplessis-Mornay le pousse à s'humilier devant Dieu, 309. — Ce qu'il écrit à Duplessis-Mornay, 309. — Obligé de lever le siège de Paris après la mort de Henri III, il se retire à Dieppe, 314. — État de dénûment, 314. — Biron s'oppose à son départ pour l'Angleterre, 314. — Ses mots aux combats d'Arques, de Coutras, près d'Yvetot, d'Ivry, 314-315. — Il remet le siège devant Paris, 315. — Il laisse passer des vivres aux Parisiens, 317-318. — Il oublie ses soucis avec l'abbesse de Montmartre, 318. — Le duc de Parme l'oblige d'abandonner le blocus de Paris, 318. — Il abjure dans l'église de Saint-Denis, et se fait sacrer à Chartres, 318. — Il ne lui restoit qu'à abjurer, 318-319. — — Ce qu'il écrit à ce propos à Gabrielle, 319. — Il marchande les capitaines qui commandoient dans les villes, 319. — Paris lui ouvre ses portes, 319. — Jean Châtel le blesse à la lèvre, 319. — Il se bat à Fontaine-Française, 319. — Le pape l'absout 319. — Le duc de Mayenne se soumet, 319. — Vengeance qu'exerce Henri IV contre

Mᵐᵉ de Montpensier et le duc de Mayenne, 320. — Il rend l'édit de Nantes, conclut le traité de Vervins, épouse Marie de Médicis, 320. — Il établit des manufactures, colonise le Canada, 320. — Femmes qui ne l'ont pas écouté, 320. — Il alloit porter la guerre dans les Pays-Bas lorsqu'il fut assassiné par Ravaillac, 320. — Le vainqueur d'Ivry capitula avec ses ennemis, 321. — Il étoit ingrat et Gascon, oubliant beaucoup et tenant peu, 321. — Ce que dit la duchesse de Rohan, 321. — Il laissa mourir de faim le bourgeois qui avoit favorisé sa fuite du temps de Charles IX, 322. — Il auroit dû se souvenir des services des Biron, 322. — Ce qui fera vivre Henri IV éternellement, 322. — Il étoit bon administrateur, 322. — Le siècle de Louis XIV se tut sur lui, 322. — Voltaire l'a ressuscité, 322.

HENRI II, roi d'Angleterre. Avoit épousé Éléonore de Guienne, répudiée par Louis VII, X, 54. — Bruit qui se faisoit autour de lui quand il sortoit, XI, 498.

HENRI V, roi d'Angleterre. Descend en France, X, 224. — Gagne la bataille d'Azincourt, 224. — Les Anglois s'emparent de Rouen, et Henri V prend le titre de roi de France, 224. — Il épouse Catherine de France, et Charles VI le reconnoît pour son héritier, 224. — Deux ans après la signature du traité de Troyes, Henri V meurt à Vincennes, 224.

HENRI VI, roi d'Angleterre. Détrôné, rétabli et détrôné encore, I, 502. — Rend hommage aux bourgeois de Paris, X, 85. — Prisonnier dans la Tour de Londres, 232.

HENRI VII, roi d'Angleterre. Défait et tue Richard III ; il épouse Élisabeth d'York et confond les droits des deux maisons qui se disputoient la couronne, X, 237. — Sa mort, 240.

HENRI VIII. Remplace Henri VII sur le trône, X, 240. — Il devoit porter un coup à la foi catholique dont il se dit d'abord le défenseur, 242. — Son entrevue avec François Iᵉʳ au camp du Drap d'or, 242. — Le schisme d'Angleterre éclate à propos du divorce de Henri VIII pour épouser Anne de Boulen, 245. — Sa mort, 246. — Il fait paroître un livre que Luther maltraite, XI, 552. — Ne pouvant brûler Luther il répliqua, 552. — Ses ouvrages, 570. — L'*Assertio septem sacramentorum* eut une multitude d'éditions, 570. — Elle est dédiée au pape Léon X, 570. — Il y soutient la croyance du purgatoire, 570. — Il y établit le pouvoir de la papauté, argumente en faveur des sept sacrements, et invite tous les chrétiens à se réunir contre Luther, 571. — Il réclame auprès du duc de Saxe contre la réponse de Luther, 571. — Luther lui écrit une lettre plus modérée ; conseils que lui donne Henri VIII, 571. — Léon X lui décerne le titre de *Défenseur de la foi,* 572. — Henri VIII étoit auteur en vers comme il l'étoit en prose, 572. — Il composoit de la musique, 572. — Ses exécutions, 572.

HENRI (Robert). Il a enrichi son Histoire d'Angleterre de spécimens des dialectes bretons et anglo-saxons, IX, 442.

HENRI, moine de Saltry. A composé en latin *le Purgatoire de saint Patrick*, XI, 516.

HENRI LE MÉNESTREL, ou HARRY L'AVEUGLE. Chante le guerrier Guillaume Wallace, XI, 534.

HENRIETTE-MARIE DE FRANCE, sœur de Louis XIII, reine d'Angleterre. Ouverture de son tombeau à Saint-Denis en 1793, II, 633. — Elle épouse Charles Iᵉʳ, roi d'Angleterre, X, 329. — Sa mort immortalisée par Bossuet, 331. — Sa naissance, son baptême, son mariage, 355. — Son arrivée en Angleterre, 355. — Ses actes, 355. — Étoit-elle en mésintelligence avec le roi ? 355. — Raisons de la division qui régna entre eux, 356. — Ce que le roi lui reproche dans une lettre au roi de France, 356-357. — Ce document est falsifié, 357. — On ne doit attribuer leur mésintelligence qu'à une sorte d'incompatibilité d'humeur, 357. — Son portrait au moment de son mariage, 357-358. — Le roi l'aimoit avec passion, elle n'éprouvoit pas le même degré de tendresse, 358. — Lettres que le roi lui écrit, il se défend contre la jalousie de sa femme, 358-359. — Lettre trop rude de la reine à son mari, 359. — On peut lui reprocher du penchant à l'intrigue, 359. — Son caractère, 359-360. — Son départ de la France et son arrivée en Angleterre, 360. — Son retour en France ; ce qu'elle eut à souffrir dans la guerre civile, 360. — Lettre qu'elle écrit de Newark au roi, 360-361. — Elle accouche de sa dernière fille, 361. — Sa tête mise à prix, 361. — Sa fuite, son retour en France, 361. — Ce qu'elle souffre à Paris, 362. — Comment elle apprend la mort de son époux, 362. — Conseil qu'elle donne à Anne d'Autriche, 362-363. — Elle aimoit les parlements ; le parlement lui avoit présenté une pétition pour l'engager à rester en Angleterre, 363. — Après la mort de son mari, elle prit le surnom de *reine malheureuse*, et elle porta le deuil toute sa vie, 363. — Elle demande un douaire à Cromwell ; le protecteur le refuse ; fière réponse de Henriette, 363. — Elle demande une *aumône* au parlement de Paris, 363. — Retirée chez les Visitandines de Chaillot, elle devint bigote ; Port-Royal lui offrit de l'argent en un asile, 363. — Elle essaya de rendre ses enfants à l'Église romaine, 364. — A la restauration de Charles II, Henriette passa en Angleterre et ne put se résoudre à y rester, 364. — Son retour en France; dernier voyage à Londres; sa mort ; son oraison funèbre, 364. — Menacée d'un décret d'accusation, elle force le roi à donner sa sanction à l'acte qui privoit les évêques du droit de voter, 371. — Elle quitte l'Angleterre, 371. — Correspondance secrète du roi avec la reine imprimée par les parlementaires, XI, 647.

HENRIETTE D'ANGLETERRE. Ouverture de son tombeau à Saint-Denis en 1793, II, 633. — Sa naissance, X, 361. — Elle manque de feu au Louvre, 362. — Elle fut élevée dans la religion romaine, 364. — Elle retourne en Angleterre après la restauration de son frère et revient avec sa mère, 364. — Louis XIV la suivoit, 466.

HÉRACLIEN. Exécute de sa main Stilicon et est fait comte d'Afrique, IX, 330. — Se révolte en Afrique, aborde en Italie; repoussé, il s'enfuit à Carthage et va mourir inconnu dans le temple de Mnémosyne, 336.

HÉRACLIDE. Se forme un parti à Syracuse et force Dion à se retirer, I, 493. — Son parti reprend le dessus, 493.

HÉRACLITE d'Éphèse. Sa vie, I, 342. — Sa lettre au roi Darius, 342. — Il broutoit l'herbe des montagnes, 558 ; IX, 418. — Sa doctrine expliquée dans *les Sectes à l'encan*, 421. — Pourquoi il pleure toujours, 421.

HERBERT (Dom), abbé de la Trappe. S'étant croisé, fut pris par le kalife d'Alep et demeura trente ans en esclavage; délivré, il fonda l'abbaye des Clairets, X, 497.

HERBERT. Ce que lui disoit Charles Ier lors de son procès, X, 386. — Il ne quitta point son maître après sa condamnation, 390. — Son rêve, 390. — Il indique où le roi fut inhumé, 398-399.

HERBOUVILLE (marquis d'). Son opinion sur la liberté de la presse, VII, 408. — Refuse de faire partie de la commission de censure, 416. — Il ne s'est pas retiré, 501.

HERCULANUM, rempli de laves, VI, 304.

HERDER. Ses *Idées sur la philosophie de l'histoire*, IX, 34-36.

HEREDIA, ministre espagnol. Entendra-t-il la politique à suivre vis-à-vis des colonies ? XII, 414. — Les déclarations qu'il promet sont insuffisantes, 416 — Ce qu'il a fait avec la France, 420. — Il faut le soutenir, 420. — Il mécontente sir W. A'Court en refusant de traiter pour les colonies espagnoles sur la base de leur indépendance, 428.

HÉRÉDITÉ. Elle n'a dû commencer pour les rois en France qu'à Hugues Capet, IX, 73. — Elle s'est établie par la cérémonie du sacre, 75. — Comment l'hérédité du trône s'est établie dans la famille de Hugues Capet, X, 45. — L'hérédité mâle constituée dans la famille royale devint le germe destructeur de la féodalité et le principe régénérateur de la monarchie absolue, 46.

HÉRÉSIES. Leur origine, IX, 388. — Leur nombre du temps de saint Augustin, 389. — Explication du mot, 389. — Distinction entre hérésie et schisme, 389. — Les hérésies du Ier siècle : elles sont presque toutes d'origine juive, 389. — Celles du IIe siècle devinrent grecques et orientales, 390. — Les hérésies du IIIe siècle, 390. — Hérésies du IVe siècle, 391. — Hérésies du Ve siècle, 392. — Hérésies des VIe, VIIe, VIIIe et IXe siècles ; hérésies dogmatiques, hérésies d'imagination, 393. — L'Église fit tête à toutes les hérésies, 395. — Les hérésies s'imprégnèrent de l'esprit des siècles où elles se succédèrent; leurs conséquences politiques, 396. — Leur utilité, 396. — Hérésies qui précédèrent le schisme de Luther, XI, 542-544.

HERFORTH, ministre de Charles Ier. Demande à subir la mort pour lui, X, 389.

HERMANRIC, roi des Ostrogoths. Conquit les Hérules et les Vénèdes ; son grand âge, sa puissance, IX, 275. — Sa mort, 276.

HERMENFRID, roi de Thuringe. Figure dans le poëme des *Nibelungen*, IX, 473.

HERMÈS. L'Égypte a eu deux auteurs de ce nom : l'un inventeur, l'autre restaurateur des arts, I, 352. — Hermès est le même qu'*Athoth*, *Thoth*, *Hermogène*, ou *Mercure*, II, 71.

HERMEUM. Ce que c'étoit chez les Grecs, IV, 490. — M. de Chateaubriand en parcourt un en Morée, V, 129.

HERMUS, fleuve d'Asie, V, 234.

HÉRODE le Grand. S'empare du royaume de Judée, V, 330-331.

HÉRODE (sépulcre d'), à Jérusalem, V, 353-354.

HÉRODOTE. Ce qu'il dit de la création, II, 58. — Jugé comme historien, 322. — Comme voyageur, VI, 6. — Comment il écrivoit l'histoire, IX, 6.

HÉROS. Parallèle des héros d'Homère et de Virgile avec les chevaliers du Tasse, II, 188 et suiv. — La définition que donne Hiéroclès des héros peut se rapporter aux saints, 234-235. — Comment les exemples des héros de l'antiquité doivent être corrigés dans l'éducation, VI, 479-480.

HERVEY. Comparé à Young, VI, 378.

HÉSIODE. Ses ouvrages sont pleins d'excellentes maximes, I, 317. — Son influence, 317.

HESPÉRIDES. Étoit-ce l'Amérique ? VI, 18.

HEYWOOD. Auteur dramatique du temps de Shakespeare, XI, 576.

HIÉRARCHIE DE L'ÉGLISE. D'où elle vient, I, 592. — Son organisation, II, 414 et suiv.

HIÉROCLÈS. Fut l'instigateur de la persécution des chrétiens sous Dioclétien, IV, 4. — Ouvrages qu'il a publiés, 4-5. — Places qu'il a occupées, 5. — Ce que Fleury dit de lui, 6. — Il figure dans *Les Martyrs*, 18-309.

HIÉROCLÈS, philosophe. Sa définition des héros, II, 234-235.

HIÉROGLYPHES des Indiens, VI, 168.

HILAIRE de Poitiers (saint). Ce qu'il écrit de l'empereur Constance, IX, 225.

HILDEBRAND, ou HILDEBRANDT. Sa rencontre avec son fils Hadebrand, IX, 436-437. — Il figure dans les *Nibelungen*, 478.

HILDIBRAND. *Voy.* GRÉGOIRE VII.

HILL (Aaron). Poëte dramatique anglois, XI, 718.

HINCMAR, évêque d'Auxerre. Combat avec Karle Martel contre les Sarrasins, X, 17.

HIPPALUS. Fixa la navigation de l'Inde par le golfe Arabique, VI, 8.

HIPPARQUE. Monte sur le trône d'Athènes avec son frère Hippias, I, 299. — Insulté par Harmodius, il se venge sur la sœur de celui-ci, 299. — Il tombe sous les coups d'Harmodius et d'Aristogiton, 299.

HIPPARQUE, l'astronome. Annonça une grande terre qui devoit joindre l'Inde à l'Afrique, VI, 7.

HIPPIAS. Règne avec Hipparque, son frère, à Athènes, I, 299. — A la mort d'Hipparque il fait mettre Aristogiton à la torture; celui-ci dénonce faussement à plus chers amis d'Hippias; Hippias les livre au bourreau, 299. — Depuis, son règne fut barbare, 300. — Pour racheter ses enfants, tombés dans les mains des Lacédémoniens, il abdique sa puissance et quitte l'Attique, 300. — Les Lacédémoniens veulent le réintégrer, 301. — Il attire les armes d'Artapherne contre sa patrie, 301. — Il traîne de contrée en contrée ses malheurs, 301. — Il s'étoit retiré à la cour d'Artapherne, 431. — Il représentoit les Grecs comme les ennemis de l'ordre et des lois, 432. — Il part avec l'armée de Datis, 433. — Sa mort à Marathon, 441.

HIPPONAX. Exhale le fiel et la haine, I, 318.

HIRONDELLE. Ses migrations, II, 98. — Souvenirs que les hirondelles rappellent à M. de Chateaubriand, V, 260-261. — Un mot sur leurs migrations, VIII, 537-538.

HISTOIRE. Le christianisme est favorable au génie de l'histoire, II, 318 et suiv. — Les historiens modernes inférieurs aux anciens, 320 et suiv. — Pourquoi les François n'ont-ils que des mémoires au lieu d'histoire, 324 et suiv. — Beau côté de l'histoire moderne, 327. — L'histoire convient plus particulièrement à la vieillesse des peuples, VI, 512. — Prétentions de l'histoire philosophique, 569. Comment les anciens avoient conçu l'histoire, IX, 6. — Comment on la comprend aujourd'hui, 7. — Documents qui renferment l'histoire entière des nations, 8. — L'histoire change de caractère avec les âges, 28. — L'école historique du XVIIe siècle, et celle du XVIIIe siècle, 30. — École historique moderne de la France, 30 et suiv. — L'histoire descriptive, 30-31. — L'histoire fataliste, 30, 32. — École historique de l'Allemagne, 33 et suiv.— Les *Idées sur la philosophie de l'histoire*, de Herder, 34-36. — Auteurs françois qui ont écrit l'histoire depuis la révolution, 43 et suiv. — Abus qu'on a fait des principes de l'école politique fataliste, 58. — Introduction de la fatalité dans les affaires humaines, 59 et suiv. — L'histoire grecque est un poëme, l'histoire latine un tableau, l'histoire moderne une chronique, XI, 747.— Bien fou qui croit à l'histoire ; l'histoire demeure telle qu'un grand écrivain la farde et la façonne, 784.

HISTOIRE NATURELLE. Abus qu'on en fait aujourd'hui, VI, 442. — Ouvrages d'histoire naturelle que l'on peut mettre entre les mains des enfants, 443. — Fragment retiré du *Génie du Christianisme*, VIII, 536-541.— L'incrédulité y paroît plus odieuse que dans toute autre science, 536.

HISTORIEN. Nous avons des historiens, III, 655. — Si le rôle de l'historien est beau, il est souvent dangereux, VI, 513. — Historique de la Collection des historiens de France, IX, 23-24. — Science des vieux historiens françois, 25.

HLOVIGH, ou LOUIS le Débonnaire, fils de Charlemagne. Associé au trône par son père, X, 23-24. — D'où vient son nom, 24. — Il associe son fils Lother à l'empire; partage ses possessions entre ses enfants, ses démêlés avec ses fils ; ses dépositions et ses restaurations, 24. — Son poëme par Ernold Nigel, X, 97-98.

HLOVIGH, fils de Hlovigh le Débonnaire, est créé roi de France, X, 24. — Roi de Bavière, il s'unit à Karle le Chauve, et tous deux battent Lother à Fontenai, 24.—Traité et serment avec Karle, 25.

HLOVIGH le Bègue. Succède au royaume des Franks, X, 25. — Couronné empereur par le pape Jean VIII, 26.

HLOVIGH IV, empereur. A sa mort l'empire sortit de la France, X, 26.

HLOVIGH, dit d'Outre-mer, fils de Charles le Simple. Sa mère l'emmène en Angleterre, X, 27. — Hugues le Grand le fait revenir et il monte au trône, 27. — Il meurt d'une chute de cheval, 27.

HOBBES. Ses écrits, I, 545. — Ses doctrines politiques, 545. — Sa morale, 546. — Il ne put se résoudre à mourir, 559-560. — Il lève le masque, 581. — Ce qu'il dit de l'incertitude des mathématiques, II, 297. — Son système politique, XI, 630. — Il enseignoit le scepticisme d'un ton impérieux et dogmatique, 630. — Son style a de l'énergie, et son *Thucydide* est trop décrié, 630. — Cet esprit fort étoit le plus foible des hommes, 630. — Ce qu'il disoit de la *Défense du peuple anglois* de Milton, 651.

Hocquincourt (D'). Ce qu'il écrit à la duchesse de Montbazon après avoir fait révolter Péronne, X, 474. — Il s'étoit caché dans la chambre de la duchesse, 474.

Hoffmann. Il écrasa *les Martyrs* dans cinq ou six articles du *Journal de l'Empire*, XI, 729.

Hogg, le premier poëte de l'Écosse après Burns, est un des restaurateurs des ballades, XI, 767. — Il étoit fermier, 767.

Hohenlohe (général de). Fait la campagne d'Espagne, VII, 280.

Holland (lord). Sa lâcheté, X, 352. — Il est décapité, 403.

Holland (lord), auteur anglois, XI, 767.

Hollande. Comparée à la Phénicie, I, 406-409.

Homère. Poëtes qu'il a donnés à divers pays, I, 317. — Action de ses poëmes sur les libertés de la Grèce, 317. — Comment il peint la reconnoissance d'Ulysse et de Pénélope, II, 162-164. — Parallèle d'Homère et du Tasse, 188. — Il n'a rien de comparable à l'apostrophe de Satan au Soleil par Milton, 240. — Comment il fait voyager ses dieux, 246. — Son tombeau, 399. — Il nous a laissé dans l'*Odyssée* le récit d'un voyage, VI, 5. — Homère a-t-il existé? XI, 578. — Homère a fécondé l'antiquité, 614.

Homérides. Ce qu'ils étoient, IV, 335.

Hommage. Comment se prêtoit l'hommage féodal, X, 86. — Comment les femmes le prêtoient, 86. — L'hommage lige et l'hommage simple, 86.

Homme. De l'ancienneté des hommes, I, 277-280. — Leur renouvellement après la destruction presque totale de la race humaine, 280. — Chute de l'homme, II, 19. — Ce que signifie le nom générique de l'homme en hébreu, 61. — Sa constitution primitive, 64. — Preuve de sa chute, 65. — Que seroient devenues les races humaines sans la chute, 67. — L'origine de l'homme est moderne, 71, 73. — Ses organes répondent admirablement à leur destination, 115-117. — L'homme ne se perfectionne pas où la matière est plus active, 132. — L'homme rangé dans les mammifères, 305. — Ce que Pascal dit de l'homme, 315. — L'homme de l'incrédule, 348. — Ce que l'homme a perdu en pouvoir les hommes l'ont gagné, III, 174. — L'homme ne sauroit prétendre à une constance inaltérable, 177. — Il voudroit bien changer sa position, jamais sa personne, 177. — Autres pensées sur l'homme, 178-180. — Suivant M. de Bonald l'homme naît *perfectible*, VI, 438. — Rapport de l'homme avec Dieu, 445. — Les deux natures de l'homme, 485. — Sa marche vers la perfection, IX, 93-94. —

Comment l'homme a été créé selon Milton, XI, 277.

Homme-lige. A quoi il s'engageoit, X, 86.

Hommes de génie. Ils sont ordinairement enfants de leur siècle ; quelquefois ils viennent trop tôt, quelquefois trop tard, III, 178.

Hondioun, chef des Iroquois. Son histoire, VI, 175-176. — Changé en serpent noir, 176.

Honneur. Partout où on le place il oblige, VII, 68. — Il est tout pour les François, 81. — Montesquieu le donne pour âme à la monarchie, et le fait résider dans le corps de la noblesse, 88. — Notre vieille monarchie étoit fondée sur l'honneur, 553. — Il est né de la fidélité féodale, X, 82.

Honoria (Justa Grata), fille de Placidie et de Constance, IX, 338. — Envoyée avec sa mère à Constantinople par Honorius son oncle, 339. — Rigoureusement traitée à la cour de Valentinien III, elle envoie porter son anneau au roi des Huns, 346.

Honorius, fils de Théodose Ier. Déclaré auguste après la mort de Valentinien II, IX, 324. — Il hérite de l'empire d'Occident, 324. — Il s'ensevelit dans les murs de Ravenne, 324. — Il étoit fainéant et léger, 324. — Il élevoit une poule appelée Rome, 324. — Il triomphe à Rome de ce qu'Alaric a quitté l'Italie, 328. — Ce qui arrive à l'amphithéâtre, 338. — Il épouse successivement les deux filles de Stilicon, 328. — Il reconnoît Constantin comme empereur d'Arles, 330. — Après avoir épousé la seconde fille de Stilicon il commence à se défier de ce général ; ordonne de l'arrêter et de le tuer, 330. — Pourquoi il ne donne pas le commandement des troupes romaines à Sarus, 333. — Il ne ratifie pas le traité conclu par Rome avec Alaric, 334. — Il accorde la liberté de religion aux païens et aux hérétiques, 334. — Alaric marche contre Honorius, 334. — Honorius propose à Attale de partager l'empire d'Occident, 334. — Alaric entame des négociations avec Honorius, 335. — Sa patience usoit l'impatience des barbares, 336. — Attale lui est amené à Ravenne, 337. — Ce qu'il en fait, 338. — Il conclut la paix avec Ataulphe, 338. — Il traite avec Vallia, 338. Honorius cède la seconde Aquitaine aux Goths, 338. — Honorius oblige sa sœur à se retirer à Constantinople, 339. — Il meurt à Ravenne, 339. — Honorius publia une loi par laquelle il étoit permis à tout individu de tuer des lions en Afrique, 339.

Hood (Robin), voleur célèbre. Personnage favori des ballades angloises, XI, 534.

Hopitaux. Leur origine, II, 488. — Nombre approximatif des hôpitaux et de leurs lits que l'Europe doit au christianisme, 525. — Statistique des chefs-lieux d'hôpitaux, 687-688. — Statistique des villes en Europe pour chacune desquelles l'auteur compte un hôpital, 689.

HORACE. Sa maison à Tivoli, VI, 315. — Il est fort aisé d'être philosophe comme lui, 316. — Il se vante sans doute quand il dit qu'il jeta son bouclier aux champs de Philippes, 507.

HORMISDAS, frère aîné de Sapor II. Exilé, IX, 213. — Il accompagne Constance à Rome, 224. — Sa réponse sur le cheval du Forum et sur ce qu'il pensoit de Rome, 224. — Il suivit plus tard Julien dans son expédition contre les Perses, 224. — Il laissa un fils que Théodose chargea de conduire une troupe de Goths en Égypte, 224. — Il étoit chrétien, 224.

HORN (comte de). Le duc d'Albe lui fait trancher la tête, X, 263.

HOSPITALIERS, ordre de chevalerie, II, 472-474.

HOSPITALITÉ. Chez les premiers chrétiens, IV, 35, 362. — Chez les Turcs, V, 141. — Chez les sauvages, VI, 64.

HOSTILIEN, second fils de Dèce. Proclamé auguste avec Gallus, IX, 173. — Gallus le fait exécuter, 174.

HÔTEL-DIEU. Sa fondation, II, 493. — Dévouement des sœurs qui le desservent, 493-494.

HÔTELLERIES. On en trouvoit partout au moyen âge, X, 122.

HOTTENTOTS. Leur horreur de la pluie, I, 279.

HOUCHARD. Oblige les Anglois à lever le siège de Dunkerque, I, 445.

HOUDETOT (Mme d'). Son salon, I, 27.

HOUTEVILLE. Il a défendu le christianisme, I, 503.

HUDSON. La manière d'écrire les voyages est bien changée depuis lui, XI, 754.

HUE (M.). Serviteur fidèle de Louis XVI; sa mort, VII, 580.

HUGO (M. Victor). Son *Richelieu*, IX, 50. — Hymne qu'il adresse au duc de Bordeaux, dans ses *Odes et Ballades*, XI, 714.

HUGUES LE GRAND, dit *l'Abbé* ou *le Blanc*. Ouverture de son tombeau à Saint-Denis en 1793, II, 637. — Il fait donner la couronne de France à son beau-frère Raoul, duc de Bourgogne, X, 27. — Puis à Hlovigh d'Outre-mer, 27. — Il fait ensuite élire Lother, fils de Hlovigh d'Outre-mer, 27. — Sa mort, 27.

HUGUES CAPET. Ce que disoit Adalbéron au sujet de son sacre, IX, 613. — Son élection, X, 27. — Il n'y eut point usurpation à son avénement, 45. — Dans sa personne la monarchie d'élective devint héréditaire, 45. — Hugues Capet étoit un très-petit seigneur, 46. — Ses pairs, 47. — Sa mort, 47.

HULET, officier accusé d'avoir été le bourreau de Charles Ier, X, 391. — Il étoit capitaine de cavalerie, 399. — Ce qu'il a fait après l'exécution, 399-400. — La tête du roi lui avoit été payée 100 livres sterling, 400. — Lors de son procès des régicides, l'avocat général soutint que Hulet avoit porté le coup, 400. — On découvre qu'il étoit un des bourreaux masqués de Charles Ier, 431.

HUMBOLDT (baron Alexandre de). Vers écrits sur un *souvenir* que lui offroit la marquise de Grollier, III, 566. — En Amérique il a tout peint et tout dit, VI, 27. — Son *Voyage aux régions équinoxiales du nouveau continent*, 562. — Il arrive à Vérone, XII, 34.

HUME. Il a donné l'hospitalité à J.-J. Rousseau, I, 491. — Il a perdu le génie de la langue angloise, VI, 372. — Il a gardé quelque mesure en parlant de Shakespeare, 387. — Ce qu'il dit de Milton, XI, 698. — L'histoire le rappelle, 738. — Comment on le jugeoit en Angleterre en 1792, 746.

HUMILITÉ. Image qu'on en fait, II, 47.

HUNS. Ils venoient des frontières de la Chine, IX, 109. — Suivant de Guignes et d'autres ils seroient d'origine finnoise, 109. — Leur apparition, 275. — Leur histoire, 275-276.— Leurs divers chefs, 343. — Leur aspect, 427-428. — Leur nourriture, 428. — Leur costume, 428. — Leurs demeures, 429. — Leur caractère, 432. — Leur religion, 442-443. — On trouve quelquefois leur nom écrit *Chun;* inductions qu'on en peut tirer, 472.

HUNT, poëte anglois, XI, 767.

HURON, langue indienne, VI, 141-146.

HURON (lac). Il abonde en poisson; ses eaux, VI, 71-72.

HURONS, peuples de la Nouvelle-France, II, 462-463. — Assistent à une assemblée des nations indiennes, III, 433. — Leur gouvernement étoit une sorte de république, VI, 189. — Leur chef étoit héréditaire, influence des femmes, 189. — Leur nombre au XVIe siècle, 195. — Les Hurons de Corette, 195.

HUSS (Jean). Fut un des précurseurs des réformateurs du XVIe siècle, XI, 543.

HUTCHINSON (colonel). Sa femme a laissé des Mémoires pleins d'intérêt, X, 427. — Il se retire en province, 427.

HUTTEN (Ulrich de). Étoit ami de Luther, XI, 549.

HUYOT, architecte. Accompagne le comte de Forbin dans son voyage du Levant, VI, 545. — Il se casse la jambe à Milo, 546. — Il retrouve le comte de Forbin à Smyrne, 548.

HYDE DE NEUVILLE. Remet à l'auteur une lettre de Sanson sur l'exécution de Louis XVI, I, 524. — Il s'est exposé pendant le procès du roi, 524. — Il traverse le jardin du Luxembourg avec Chateaubriand en 1830, X, 542. — Il part pour Lisbonne comme ambassadeur, XII, 287. — Lettre à Chateaubriand où il expose ce qu'on devroit faire pour le

Portugal, 328-330. — Chateaubriand le fait nommer ministre de la marine, 450.
HYPATIA, fille de Théon. Tuée par les chrétiens, IX, 300.

HYPOCRAS. C'étoit du vin adouci avec du miel, X, 120.
HYPSURANIUS. A été le fondateur de Tyr, I, 406. — Il inventa les huttes de roseaux, 407.

I

IBÉRIE. Subjuguée par les Carthaginois, I, 380. — Le peuple obligé de travailler dans les mines, 381.
IBRAHIM-PACHA. Ce qu'en a dit Chateaubriand, V, 36. — Sa présence en Grèce, 37. — Ses progrès en Grèce, 41. — Visite que lui fait Chateaubriand au Caire, 408. — Son éducation, 409. — Ses dévastations en Grèce, VIII, 137-138. — Secours que lui prêtent des Européens, 138.
IBRAÏM-BEY, Turc de Misitra. Ce qu'en dit M. Avramiotti, I, 193-194. — Il reçoit M. de Chateaubriand, V, 138-141.
ICÉTAS. Tyran appelé par les Syracusains, I, 495. — Il veut se substituer à Denys et traite avec les Carthaginois, 496. — Timoléon le renverse, 496.
IDACE. Chroniqueur espagnol, IX, 14.
IDÉES INNÉES. Ce qu'en dit M. de Bonald, VI, 431.
IDOLES. Figures trouvées chez les Indiens d'Amérique, VI, 235. — Examen de ces figures par Malte-Brun, 261.
IDOMÉNÉE. Chassé de Crète, I, 501.
IGNACE D'ANTIOCHE. Défenseur du christianisme, II, 5. — Ce qu'il écrivoit à l'église de Rome sur son indignité d'évêque, IX, 363.
IGNACE DE LOYOLA. Blessé dans le château de Pampelune, X, 242. — Ce qu'il a été pour les protestants, 242. — Il fonde la société de Jésus, 245.
IGNORANCE. Ce qu'en dit Pascal, II, 317.
IKOUESSENS. Voy. FILLES PEINTES.
ILE DE FRANCE. Le Code Napoléon y règne, XI, 725.
ILISSUS, fleuve grec, V, 195.
ILLINOIS. Tribus dont ils sont la souche, VI, 197.
ILYTHIES, déesses, filles de Junon, IV, 349.
IMAGINATION. Ce qu'en dit le comte Molé, VI, 488. — Observations, 488-489.
IMITATION DE JÉSUS-CHRIST. — Comment un moine a pu l'écrire, II, 340.
IMLEY. Ses cartes des États-Unis, VI, 410.
IMMORTALITÉ DE L'AME. Est-elle à désirer, I, 565. — C'est sans doute l'amitié en pleurs qui l'imagina, 566. — Preuves de l'immortalité de l'âme, II, 123 et suiv. — Elle est prouvée par le désir de bonheur de l'homme, II, 123 et suiv. — Par la conscience, 126 et suiv. — Par la vénération des tombeaux, 129. — Ob-
jections réfutées, 129 et suiv. — Quelques autres preuves, 573 et suiv. — Notions qu'en ont les sauvages, VI, 172. — Ils l'accordent même aux bêtes, 172. — L'amitié en pleurs sur un monument retrouva le dogme de l'immortalité de l'âme, 465.
IMPARTIALITÉ. En quoi consiste la vraie impartialité historique, VI, 571.
IMPIES. Les impies et les fanatiques sont le fléau de la société, I, 261.
IMPORTANTS. Ils prennent le parti de Mme de Montbazon contre Mme de Longueville, X, 472. — Combien ils étoient, 472. — D'où leur venoit leur nom, 472.
IMPÔT. On doit fixer sa naissance en France au règne des Valois, X, 187.
IMPRIMEURS. Peuvent-ils être responsables des délits des auteurs qu'ils impriment, VII, 399-400.
INAMOVIBILITÉ. Opinion sur la résolution relative à l'inamovibilité des juges, VIII, 177. — Comment elle s'est établie en France, 178. — D'où elle tire son origine, 178-180. — La résolution de la Chambre des députés qui suspend l'inamovibilité pendant un an ne viole pas la Charte, 185-187. — Toutes les espèces de tyrannies ont essayé de décroître l'inamovibilité, 194. — Son principe remonte à Louis XI, X, 233.
INCARNATION. D'où vient ce dogme, I, 590. — Incarnations de dieux indiens, 590-591. — Explication de ce mystère, II, 23. — Incarnations du dieu indien Wishnou, 556. — Fragments retirés du Génie du christianisme, VIII, 527-528.
INCRÉDULITÉ. Elle est la principale cause de la décadence du goût et du génie, II, 347-352. — L'incrédule bannit l'infini de ses ouvrages, III, 656.
INDE. Sa situation à l'époque de la révolution grecque, I, 410. — Sa caste sacrée, 410. — Ses lois morales, II, 52. — Publications sur l'Inde, VI, 26. — Civilisation angloise, 27. — Négociants de Londres devenus les maîtres et les conquérants de l'Inde, XI, 726.
INDEMNITÉ AUX ÉMIGRÉS. Erreurs du projet de loi sur cette indemnité, VII, 335-339. — Lettre à un pair de France, 340 et suiv. — Chateaubriand avoit annoncé cette indemnité, 340. — Elle découle de la validité de la

vente des propriétés dites nationales, 342-343. — L'initiative de cette loi appartient au duc de Tarente, 343-344. — A combien il estimoit cette indemnité, 345-346. — Ce que devint sa proposition, 346. — Ouvrages écrits pour soutenir cette proposition, 346. — Historique de la proposition d'indemnité, 347. — Cette loi auroit besoin d'être parfaitement préparée, 348. — Insuffisamment rédigée, elle pourroit donner lieu à l'arbitraire, 349. — Ce qu'avoit fait la Convention pour les réclamations des émigrés, 350. — Comment cette loi doit être rédigée, 350-351. — Combinaison financière, 351-352. — Perte que subiroit l'indemnisé, 353. — C'est déjà beaucoup de ne pas lui rendre sa terre, que la rente ne remplacera pas, 354. — Ce qui seroit le mieux, 355. — Mesures à prendre pour la liquidation de cette indemnité, 357-358. — Bases du plan proposé, 361. — Le roi en son conseil privé peut seul régler équitablement cette affaire, 361-362. — La loi qui réglera l'indemnité doit affermir la propriété en France, 363-365. — Le duc de Richelieu attachoit la gloire de son administration à l'accomplissement de cette mesure, VIII, 58. — On risque de la faire échouer en en faisant une question de finances, 59. — A quoi se réduit cette indemnité, 154. — Opinion sur le projet de loi présenté, 371 et suiv. — Fictions qui servent de base à ce projet de loi, 377-396. — Proposition pour régler cette indemnité, 396. — Vices du projet, 396-399. — Opinion sur un amendement proposé par le comte Roy, 400-407. — Développements de cet amendement reporté sur les inscriptions de rentes.3 pour 100, 408-409.

INDÉPENDANTS, parti religieux en Angleterre. Cromwell se place à leur tête, X, 377. — Ils l'emportent sur les presbytériens à l'armée et dans les Chambres, 379. — Ils sont chassés de la Chambre des communes par l'armée, 384.

INDÉPENDANTS, parti politique en France. Leur position vis-à-vis du ministère, VII, 533. — Leur élection favorisée au détriment des candidats royalistes en 1818, 539-540. — Ils se rencontrent avec les royalistes dans plusieurs opinions constitutionnelles, 541-542. — Ils n'ont jamais su conserver le pouvoir, et ils sont incapables de liberté, 625. — En quoi ils ont tort de se montrer favorables au rappel des bannis par ordonnance, 636.

INDIENS OU INDOUS. Leurs livres en sanscrit, I, 415. — Leur chronologie divisée en quatre âges, 415-416. — Scène dramatique, 419. — Rapports des fables indiennes avec les vérités de la religion chrétienne et les traditions de l'Écriture, II, 547 et suiv.

INDIENS D'AMÉRIQUE. Leurs maîtres ont autrefois travaillé comme esclaves pour les Carthaginois dans les mines de l'Ibérie, I, 381. — Bonheur des Indiens du Paraguay sous les jésuites, II, 447-457. — Races de la Nouvelle-France, 462. — Belle conduite des missionnaires vis-à-vis des Indiens, 491-492. — Leur esclavage en Amérique, 667-679. — Dévouement de Las Casas à leur cause, 669 et suiv. — B. d'Olmedo les fait traiter avec douceur par Cortez, 679-680. — Leur incapacité, d'après Robertson, 680. — La religion chrétienne n'est pas la cause de leur destruction, 680. — Leurs tombeaux, III, 65-66. — Leur manière d'élever leurs enfants, VI, 67-69. — Leurs nacelles d'écorce sur le lac Érié, 71. — Finesse de leur ouïe, 79. — Leurs traditions sur un peuple plus civilisé qui auroit habité dans la vallée de l'Ohio et du Mississipi, 80-82. — Les Indiens blancs, 82. — Mœurs des sauvages de l'Amérique, 110 et suiv. — Le mariage, 111-116. — Pluralité des femmes, des maris, prostitution aux étrangers, adultère, divorce, 116. — Maternité, secondes noces, couches, relevailles, 117. — Choix du nom de l'enfant, 118. — Funérailles, 119. — Attachement aux os des ancêtres, 119-120. — Leurs cultures, 120-121. — Fêtes des Indiens, 121. — Moissons, 121-125. — Récolte du suc d'érable, 125-127. — Pêches, 127-128. — Danses, 128-129. — Jeux, 129-133. — Leurs divisions du temps, 133. — Leur calendrier naturel, présages, etc., 134-135. — Leur médecine, 136-139. — Leurs langues, 139-146. — Leurs chasses, 146-154. — Leurs guerres, 154. — Comment ils la dénoncent, 155. — Préparatifs, 156. — Tatouage, 156. — Chansons de guerre, 157. — Traîneaux, canots, 158. — Départ, 159. — Collection des manitous et bénédiction des plantes médicinales, 160. — Festin du départ, danses, 161. — Dernier banquet du chien, 162. — Marche, adieux, 163. — Camps indiens, 164. — Sentiers neutres, 164-165. — Adresse des sauvages pour reconnoître les traces de leurs ennemis, 165-166. — La nuit des songes, 166. — Défis, 167. — Hiéroglyphes, 168. — Combat, 169-170. — Ce qu'on fait des prisonniers, 170-171. — Religion des Indiens, 172. — Leur manitou, 172. — Leurs traditions religieuses, leurs divinités, 173-176. — Leurs gouvernements, 176-194. — Les Natchez, 176-183. — Les Muscogulges, 183-188. — Les Hurons et les Iroquois, 189-194. — État actuel des sauvages de l'Amérique septentrionale, 194. — Population indienne de l'Amérique septentrionale lors de la conquête et aujourd'hui, 194. — Hameaux de sauvages qui restent dans le Bas-Canada, 195. — Nations qui ont disparu, 195-197. — Ils se nommoient les *hommes de toujours*, 198. — Raisons de leur dépopulation; ils n'étoient point sauvages, 198. — Ce que seroient devenues ces nations si l'Amérique eût échappé aux voiles de nos navigateurs, 198-199. — Ils regrettent les François et vénèrent les *robes noires* ou missionnaires, 199. — Leurs notions religieuses se sont brouillées et leurs institutions politiques altérées, 200. — Ils se sont alliés aux coureurs des bois, et ont chassé pour les compagnies de fourrure, 201-202. — Les *Bois-brûlés* ou métis d'Indiens et de blancs servent d'intermédiaires entre eux, 202. — Combats entre les Indiens pour l'intérêt des compagnies, 202-203. — Ils doivent être venus par le détroit de Behring, suivant M. Caleb Atwaker, 237-238. — Leurs antiquités, nombreuses sépultures, 237-238. — Leurs chants et leurs danses, 413-414. — Ils aiment mieux les François que les Anglois, 419. — Analogies de caractère entre l'Indien et le François, 420. — Chants des Indiens, 423-424. — Traits de mœurs fort touchants, 424.

INÉGALITÉ. Elle renaît de la nature même des hommes et des choses, VIII, 491.

INÈS DE CASTRO. Nos soldats ont valsé avec son squelette, XI, 722.

INFANTADO (duc de l'). Condamné à l'exil, XII, 22. — Doit être président de la régence espagnole, 254.

INFANTERIE. L'infanterie françoise fondée par François Ier, X, 244.

INFANTICIDE. Il n'est pas plus commun de nos jours qu'autrefois, VII, 435-436. — Ce qu'en dit Guy Patin, 436. — Sa punition pendant la féodalité, X, 93.

INFORTUNE. Conseils aux infortunés, I, 502 et suiv. — Comment on traite l'infortune chez les différents peuples, 504.

INGENNUS, tyran romain, IX, 176. — Il avoit un corps de Rhoxolans à sa solde, 179.

INGOLDSBY. Cromwell le force à signer la sentence de Charles Ier, X, 388.

INHUMATION. Des inhumations pendant les jours révolutionnaires, II, 404.

INITIATIVE. On a affoibli la prérogative royale en lui attribuant exclusivement l'initiative des lois, VII, 164-165. — Il seroit bon de la donner aux Chambres en même temps qu'à la couronne, 166-167. — Avantages de l'initiative sur la proposition secrète de la loi, 167-168. — Ce qui résulte de l'initiative laissée aux Chambres, 168. — L'initiative et la sanction de la loi sont incompatibles, 169. — L'initiative est loin d'être favorable au trône; les Anglois l'ont attribuée aux Chambres, 170.

INJURE. Composition pour injure dans les lois barbares, IX, 448.

INNOCENT III. La publication de ses lettres commencée par La Porte du Theil, IX, 19. — Est un des personnages de la guerre des Albigeois, X, 56.

INQUISITION. Naît dans la guerre des Albigeois, X, 56. — Elle ne put s'établir en France, 57.

INTÉRÊT DE L'ARGENT. Quel est son taux naturel en France, VIII, 413-414. — Ce qui fait baisser ou monter, 415. — Son taux en Angleterre, 415-416. — Qui fixe le taux de l'intérêt, 416.

INTÉRÊTS. De la morale des intérêts, VII, 548. — L'intérêt est une fiction, 551. — Par la morale des intérêts chaque citoyen est en opposition avec les lois et le gouvernement, 551-552. — Elle contrarie la conscience, 552. — Le système des intérêts est le système du despotisme, 552. — La France repousse la morale des intérêts, 553. — Les intérêts ne sont puissants que lorsqu'ils prospèrent, 553. — Conséquence de la morale des intérêts, 555-556.

INTÉRÊTS RÉVOLUTIONNAIRES. Faut-il gouverner sous la restauration dans le sens des intérêts révolutionnaires, VII, 206-208. — Erreur de ceux qui soutiennent ce système, 208. — Où l'on arrive avec ce système, 210. — Il a mené à cette idée qu'il n'y a pas de royalistes en France, 211. — La minorité de la Chambre des députés n'étoit pas en faveur de ce système, 220. — Les intérêts ne sont pas révolutionnaires en France, 221. — Ce que doit amener le système des intérêts révolutionnaires, 228. — Conspiration forcée des intérêts moraux révolutionnaires, 229. -- Elle a pour but de déposséder la famille légitime et de changer la dynastie, 230-232. — La conspiration se sert des intérêts révolutionnaires pour mettre ses agents dans toutes les places, 232-234. — Le système des intérêts révolutionnaires est incompatible avec la religion, 239-241. — Haine du parti des intérêts révolutionnaires contre la Chambre des députés, 241-243. — Politique extérieure de ce système, 244-247. — Système à substituer à celui des intérêts révolutionnaires, 249 et suiv.

INTERVENTION. Du droit d'intervenir dans les affaires intérieures d'un autre gouvernement, VIII, 336. — Principes admis, 336-337. — Déclaration de White-Hall en 1793, 338.

INTESTATS. Pendant la féodalité, leurs biens étoient envahis par le seigneur, X, 92.

INVALIDES (Hôtel des). Description, II, 290-291. — Les anciens soldats étoient auparavant nourris par les bénédictins, 684. — Comparaison de l'Hôtel des Invalides et de l'École militaire, VIII, 593-594. — Beauté de son dôme, 593-594. — Visite d'Alexandre Ier, XII, 94.

INVESTITURE OU SAISINE DU FIEF. Comment elle se faisoit, X, 87.

INVESTITURES (Querelle des). Elle ne finit pas avec Henri IV et Grégoire VII, X, 50.

INVIOLABILITÉ. Le principe de l'inviolabilité de la personne du souverain appartient à la monarchie constitutionnelle, X, 210.

IONIE. Sa situation à l'époque de Xerxès, I, 405-406. — Ce que Chateaubriand comprend sous le nom d'Ionie, 429.— Elle passe sous le joug des Perses, 429.— Les villes gardent leur gouvernement, 429. — Leurs mœurs, 429.— Soulèvement des peuples d'Ionie, 429. — Ils envoient demander des secours à Athènes, 431.

IONIENNES (Îles). Le code de Justinien s'y mêle aux décisions de la cour de l'amirauté, XI, 725.

IONIQUE (école). Philosophes de cette école, I, 534.

IPHIGÉNIE. Remarques du père Brumoy sur le caractère d'Iphigénie, I, 77-78. — Parallèle avec Zaïre, II, 180. — L'Iphigénie d'Euripide et celle de Racine, 181.

IRÉNÉE (saint). Défenseur du christianisme, II, 5. — A donné la liste des premiers successeurs de saint Pierre, 642. — Ce qu'il dit dans son ouvrage, IX, 148.

IRETON, gendre de Cromwell. Il eut des pourparlers fréquents à Hamptoncourt avec les agents du roi, X, 380. — Lettre du roi qu'il trouve dans les panneaux d'une selle, 382. — Il accompagne Cromwell en Irlande, 404. — Il avoit épousé lady Briget Cromwell, 418. — Ses restes traînés sur la claie et portés au gibet de Tyburn, 423.

IRLANDE. Note sur les massacres d'Irlande par les Anglois, II, 680-682. — Injustice des lois angloises contre les catholiques irlandois, 683. — Les lois de découverte contre les catholiques, VI, 536. — Comment Cromwell traita l'Irlande, X, 416-417. — Les Anglois vendoient autrefois leurs enfants en Irlande; concile qui affranchit les esclaves en Irlande, XI, 575.

IRMINSUL. Son image dans la forêt des Druides, IV, 142. — C'étoit l'idole que les Saxons adoroient, 454.

IROQUOIS ou les CINQ NATIONS, peuples de la Nouvelle-France, II, 462-463. — Ils incorporoient les vaincus dans leur nation, VI, 171. — Leur nom dans la langue algonquine, 189. — Leur séparation des Hurons, leurs migrations, 189. — Ils se livroient à la culture des terres, 190. — Ils battent les Algonquins, 190. — Ils s'allient aux Hollandois, exterminent les Algonquins et repoussent les Hurons, 190. — Conseil de femmes, 191. — Leurs cinq cantons, 191. — Les Iroquois sont aussi adroits politiques qu'habiles guerriers, 192. — Portrait, armes, éducation de l'Iroquois, 192. — Courage de l'Iroquois, 193. — Droit, expiation du meurtre, 193-194. — Nombre des Iroquois au XVIe siècle, 195.

IRRÉLIGION. Ce qu'en dit J.-J. Rousseau, II, 212.

ISAAC, moine. Menace Valens, qui le fait mettre en prison, IX, 280.

ISABEAU, fille d'Étienne, duc de Bavière. Épouse Charles VI, X, 217. — Son penchant au luxe et à la galanterie; cour d'amour, 220. — Après l'assassinat du duc d'Orléans, elle se réfugie à l'hôtel Saint-Pol, sous la protection du roi, qu'elle emmène à Tours, 223.

ISABELLE DE FRANCE, sœur de Charles le Bel. Épouse Édouard II, X, 77. — Elle est reléguée au château de Rising, 78.

ISABELLE, reine de France. Pleure sur les massacres de la Saint-Barthélemy, d'après Brantôme, II, 683-684.

ISAMBERT (M.). A joint une préface à la traduction des lois des Franks, IX, 447.

ISIDORE DE GAZA, philosophe. S'expatrie en Perse et revient dans son pays, IX, 318.

ISIDORE DE SÉVILLE. Ses ouvrages historiques, IX, 14.

ISLANDAIS ou SCANDINAVE de la plus ancienne Edda, X, 586.

ISLANDE. Sa découverte, VI, 19.

ISRAELI (D') ou DISRAELI. Il a publié the Calamities of Authors, XI, 720.

ISRAÉLITES. Leur marche dans le désert, III, 573-574.

ITALIE. Analogie entre l'Égypte et l'Italie moderne, I, 354-355. — Guerres des François en Italie, 355. — L'Italie à l'époque de la révolution républicaine en Grèce, 383. — Division en petits États, religion, costumes, philosophes, lois, 384. — État du clergé en Italie, 601. — Les Alpes ou l'Italie, strophes, III, 568-569. — Voyage en Italie, VI, 267-322. — L'Italie saccagée par les Barbares, IX, 465-466. — État de l'Italie au commencement du VIIIe siècle, 466. — Les affaires d'Italie au congrès de Vérone, XII, 37. — Qui les examinoit, 38. — Instructions de M. de Villèle, 47-48. — Comment congrès les termina, 81-82.

ITHOME (Mont). Visité par M. de Chateaubriand, V, 127.

ITINÉRAIRES. Texte de l'*Itinéraire de Bordeaux à Jérusalem*, V, 495-510. — Trois itinéraires anciens nous restent, VI, 8. — L'*Itinéraire de Bordeaux à Jérusalem* est du IVe siècle, 12.—L'*Itinéraire* d'Antonin de Plaisance, 12.

IVERNOIS (D'). Son talent d'écrivain, I, 311.

IVRY (bataille d'). Ce qu'y dit Henri IV, X, 315.

J

Jackson, président des Etats-Unis. Son discours sur la dette américaine, XII, 196-197.
Jacobins. Ils ont voulu imiter Lycurgue, I, 302-304. — Ils ont été conséquents avec leurs principes, 305. — Ils n'avoient point de génie, 305. — Comment ils établissent la république et défendent la France, 306. — Comment ils atteignent leurs fins et amènent la Terreur, 308. — Ils tuoient pour tuer, 308. — Ce qu'ils ont donné à la France, 310. — Comment on les a jugés, 311. — Leur réapparition en 1815, VII, 135-137. — Leur tribune s'étoit élevée auprès de la tribune nationale, XI, 702. — Ils étoient des plagiaires; ils le furent encore en immolant Louis XVI, 704.
Jacquemont. Sa mort, XI, 758. — Ses adieux à son frère et à sa famille, 758.
Jacquerie (la). Éclate sous le règne et pendant la captivité du roi Jean; ce que firent les Jacques, X, 211.
Jacques Ier, roi d'Écosse. Étoit poëte, XI, 533. — Dix-huit ans captif en Angleterre, il composa en prison son *Livre du Roi*, 533. — On lui doit le mode d'une musique plaintive, 534. — Il fut dix-huit ans prisonnier et ensuite assassiné, 721.
Jacques Ier, roi d'Angleterre. Son avénement, X, 320. — Il étoit gouverné par des favoris, 347. — Sa mort, 347-348. — Il étoit auteur, 348. — Son *Basilicon Doron*, 348. — Ce qu'il dit à son parlement, XI, 582. — Il réunit les peuples de l'île de la Grande-Bretagne en un seul corps, 616. — Ses écrits, 617. — Examen de son *Basilicon Doron*, 617-623. — Dépravation que Henri IV lui a fait attribuer, 622. — Voltaire a mal jugé le *Don royal*, 623. — Jacques Ier tua le fameux Walter Raleigh, 624.
Jacques II, roi d'Angleterre. Il trouve une cour en France, I, 502. — Ses descendants repoussés de France, accueillis à Rome, 502.-- Son caractère, X, 437. — Il croit pouvoir changer la religion de l'État, 437. — Il laisse exécuter le duc de Monmouth, 437-438. — Il trouve un bourreau dans Jeffries, 438. — Il n'écoutoit que les conseils de son confesseur, 438. — Il convertit son ministre Sunderland, 438.— Il veut accorder la liberté de conscience à ses sujets, 438. — Il ne vouloit pas croire aux armements de son gendre Guillaume d'Orange, et ne s'oppose pas à temps à ses entreprises, 439. — Ses enfants l'abandonnent, 439.—Il rappelle les mesures favorables aux catholiques, 439. — Il fait baptiser son fils dans la communion romaine, 440. — Comment il perd son trône, 440. — Il débarque à Ambleteuse, 441. — Pourquoi il fut si foible, 441. — Louis XIV le reçoit à Saint-Germain, 443. — Il fait peu d'effet en France, 443-444. — Louis XIV lui donne une flotte, 444. — Il perd la bataille de la Boyne et revient à Saint-Germain, 444. — Un parti vouloit le rappeler au trône; il brouilloit tout par ses prétentions, 444. — Ce qu'il écrit à Louis XIV après la bataille de La Hogue, 444. — Il se refusa à tout complot d'assassinat sur Guillaume III et ne voulut point monter sur le trône de Pologne, 444. — Il se refuse à ce que Guillaume III, qui n'avoit point d'héritiers, prenne son fils pour successeur, 444. — Il passe en revue ses sujets au service de la France, 444. — Il emploie le reste de son exil à écrire les mémoires de sa vie, 445. — Sa piété, 445. — Sa mort, 445. — Son tombeau, 446. — Jacques II visite La Trappe, 576. — Il s'y rend à son retour de l'expédition d'Irlande, 576. — Paroles qu'il adresse à un soldat ermite, 576-577. — Il assiste à une grand'messe et tire son épée à l'Évangile, 577. — Il revient à La Trappe avec le maréchal de Bellefonds, 577. — Ce que Rancé disoit de Jacques II, 577-578. — Paroles que prononça Jacques II avant de mourir, 579. — Il voulut tenter en faveur de l'Église romaine ce que son père n'avoit pu même exécuter pour l'épiscopat, XI, 721. — Il trouva un bourreau dans Jefferys, 721.— La fin de son règne, 722. — On a retrouvé ses os à Saint-Germain, 722.
Jacques III, fils de Jacques II. Le parlement déclare qu'il est un enfant supposé, IX, 441. — Sa mort, ses enfants, 445.
Jacques, roi de Majorque. Combat avec les François à Crécy, X, 165. — Il y meurt, 175.
Jacques Bonhomme. Nom que se donnoient mutuellement les paysans et les gentilshommes à l'époque de la Jacquerie, X, 211.
Jaffa. Arrivée dans cette ville, V, 263. — Aspect, 264. — Réception des religieux, 265. — Son nom, 269. — Son histoire, 269. — Sous la domination des chrétiens, 270. — Soumise aux Turcs, 271 — Prise par les François en 1799, 271. — Histoire contemporaine, 271-272. — Départ de Jaffa, 272. — Retour à Jaffa, 394. — Départ pour Alexandrie, 395-397.
Jamblique. Choses surnaturelles qu'il accomplissoit, IX, 243.—S'empoisonne pour échap-

per aux poursuites ordonnées par Valentinien et Valens, 271.

JAMES (Baie de). La découverte de sa côte intérieure au nord est due aux missionnaires, VI, 410.

JANVIER (21). De l'anniversaire de cette journée, VII, 267-272.— Opinion sur la résolution de la Chambre des députés relative au deuil général de ce jour, VIII, 197-200.

JARNAC (bataille de). Gagnée par le duc d'Anjou, depuis Henri III, X, 264.

JARRETIÈRE (Ordre de la). Son institution par Édouard III, X, 145.

JAUNAYE (la). Traité signé dans cette ville entre les Vendéens et la Convention, IX, 629.
—Conditions patentes et conditions secrètes, 629.

JAUSION. Sa dernière déclaration, VII, 546.

JAVELOT. Arme des Franks, IV, 411.

JEAN (saint). Son Évangile, II, 263. — Ce livre a quelque chose de doux et de tendre, VI, 470. — Maxime de sa vieillesse, 470.— Sa mort à Éphèse, IX, 139.

JEAN, solitaire de la Thébaïde. Promet la victoire à Théodose contre Arbogaste, IX, 290.
— Il est instruit de cette victoire à l'heure même où elle s'accomplit, 291.

JEAN CHRYSOSTÔME (saint). Ce qu'il dit du prêtre, II, 38. — Son éloquence, 339. — Extrait d'un son discours sur la disgrâce d'Eutrope, 597-600. — Extrait tiré du premier livre du Sacerdoce, 600-602. — Tableau qu'il fait de la cour de Julien, IX, 252-253. — Il compare la conduite des philosophes et celle des moines, 304. — Il dut le siège épiscopal de Constantinople à Eutrope, 331. — Il a le courage de défendre son bienfaiteur tombé, 331. — Il sauve la vie à Aurélien et à Saturnin, 331. — La statue d'Eudoxie est la cause de l'exil de Jean Chrysostôme, 332. — Sa vie, son courage, son exil, sa mort, 383-384.

JEAN, premier secrétaire d'Honorius. Se fait déclarer auguste à la mort de cet empereur, IX, 340. — Il sollicite l'alliance des Huns, 340. — Abandonné des siens, pris, promené sur un âne à Aquilée, a une main coupée et la tête tranchée, 340. — Il avoit décrété la liberté perpétuelle des esclaves, 340.

JEAN, diacre. Octavien lui fait couper les doigts, les mains et le nez, X, 106 ; XI, 544.

JEAN Ier, roi de France, fils posthume de Louis X. Sa naissance, sa mort, X, 73.

JEAN II, roi de France. Prisonnier du prince Noir, II, 483. — Ouverture de son tombeau à Saint-Denis en 1793, 641. — Chasse que lui offre le prince Noir : Jean refuse ces plaisirs, X, 119-120. — Il prend Angoulême et met le siège devant Aiguillon, 150. — Résistance de cette ville, 150. — Jean lève le siège d'Aiguillon, 176. — Philippe de Valois, à son lit de mort, lui recommande de défendre courageusement la France, 182. — Il avoit reçu une bonne éducation, il aimoit les lettres, 183. — Son caractère, 183. — Son sacre, fêtes qui le suivent, 184. — Il fait exécuter le comte d'Eu, 184. — Il convoque les états, 186. — Les états lui accordent des impôts, 187. — Ordonnance du roi Jean conforme à la délibération des états, 187-188. — Ce qu'il fait à Rouen, 189. — Il marche contre les Anglois, 189. — Il réunit une armée pour aller combattre le prince de Galles, 189-190. — Il marche sur la Loire et rencontre le prince Noir près de Poitiers, 190. — Il se résout à l'attaquer, 191. — Marche de l'armée, ordre de bataille, 191-192. — Il commandoit à l'aile droite, 193.— Il adopte le plan d'attaque donné par Ribaumont, 194. — Il arrête ses troupes sur les instances du cardinal de Périgord, 194-195. — Il n'accepte pas les conditions du prince Noir, 195-196. — Il combat en héros, 199. — Découvert et blessé, il refuse de se rendre, 200-201. — Il se rend à Denis de Morbec, 201-202. — Warwick et Cobham le mènent au prince de Galles, 202. — Brillante réception que lui fait ce prince, 202-203. — Le roi revient en France, 213. — Il hérite de la Bourgogne et la donne à son fils Philippe, 213-214. — Il régularise le guet à Paris, et retourne en Angleterre pour mourir, 214. — Pourquoi retourna-t-il à Londres? 214. — Ses funérailles, son inhumation, 214.

JEAN SANS TERRE. Philippe II le cite devant la cour des pairs de France, X, 55.

JEAN, roi de Bohême, aveugle. Rejoint l'armée que Philippe VI réunissoit contre Édouard III, X, 157. — Il veut calmer une sédition à Paris, 158. — Il se trouve à l'armée que Philippe mène sur les bords de la Somme, 165. — Il menoit l'arrière-garde avec le duc de Savoie à la bataille de Crécy, 167. — Il demande à marcher au secours de son fils Charles contre les Anglois, et meurt avec tous ses compagnons, 171. — Pétrarque le chanta, et le prince de Galles prit sa devise, 171.

JEAN DE HAINAUT, comte de Beaumont. Étoit à l'armée de Philippe VI, X, 165. — Il force le roi à quitter le champ de bataille et l'accompagne au château de Broye, 173. — Il détourne Philippe VI de l'idée de faire pendre du Fay, 176.

JEAN SANS PEUR, duc de Bourgogne, fils de Philippe le Hardi. Sa naissance, X, 215. — Il épouse Marguerite de Hainaut, 217. — Il marche au secours de Sigismond, et va conquérir dans les cachots de Bajazet le surnom de Jean sans Peur, 219. — Il fait assassiner le duc d'Orléans, 223. — Il nia d'abord son crime et s'en vanta ensuite, 223. — La reine fuit devant lui, 223. — Le traité de Chartres lui donne tout pouvoir, 223. — Il fait lever le siége de Paris aux Armagnacs, 223. — Il signe un traité de paix à Ponceau avec le Dauphin, 224. — Il est assassiné sur le pont de Montereau, 224.

JEAN DE VIENNE, gouverneur de Calais. Traite de la reddition de cette ville avec les envoyés d'Édouard III, X, 177-178. — Il escorte les six victimes demandées par Édouard III, 179-180.

JEANNE DE BOURGOGNE, femme de Philippe le Long. Emprisonnée pour adultère, acquittée par arrêt du parlement, rentre dans le lit de son mari, X, 69.

JEANNE DE FRANCE, reine de Navarre. Ouverture de son tombeau à Saint-Denis en 1793, II, 636. — Elle hérite du royaume de Navarre et le porte dans la maison d'Évreux dont elle épousa le chef, X, 73. — Charles le Bel vouloit qu'on examinât les droits de Jeanne à la couronne de France, 73. — Elle fut mère de Charles le Mauvais, 74.

JEANNE D'ÉVREUX. Ouverture de son tombeau à Saint-Denis en 1793, II, 641.

JEANNE D'ALBRET. De catholique s'étoit changée en huguenote très-forte, X, 262. — Elle vient à Paris marier son fils Henri avec Marguerite de Valois, 264. — Elle meurt peut-être empoisonnée, 265. — Ce que d'Aubigné dit d'elle, 265. — Comment le roi la traitoit, 265.

JEANNE DE MONTFORT. Enfermée dans Hennebon, y est attaquée par Charles de Blois, X, 137. — Pendant un assaut elle sort de la ville et brûle le camp des assiégeants, 137. — Elle ne peut rentrer dans Hennebon et se jette dans Aurai, 137. — Elle reparoît à Hennebon à la tête d'une bande d'aventuriers, 138. — Elle sollicite de nouveaux secours de l'Angleterre, 141.

JEANNE D'ARC. Son histoire d'après M. de Barante, VI, 576-579. — Magnifique manuscrit contenant son procès, IX, 19.— Son caractère, son jugement, son supplice, X, 225-226. — Ce que Shakespeare a fait de la Pucelle, 226. — Et Schiller, 226. — Et Voltaire, 226-227.

JEFFRIES, ou JEFFERYS. Ce bourreau ne manquoit pas d'un certain esprit de justice, X, 708. — Il fut le bourreau aux ordres de Jacques II, XI, 721. — Il avoit commencé ses œuvres vers la fin du règne de Charles II, 721-722. — Nombre de personnes qu'il fit exécuter dans l'ouest de l'Angleterre à la suite de l'invasion de Monmouth, 722.

JÉHOVAH. Explication de ce nom, II, 56.

JEMMAPES. Bataille livrée par Dumouriez, I, 345. — Comparée à celle de Marathon, 345.

JÉRICHO. Visité par Chateaubriand, V, 301

JÉRÔME (saint). Ce qu'il dit du prêtre, II, 38. — Son éloquence, 337-338. — Se justifie d'avoir employé l'érudition païenne à la défense de la doctrine des chrétiens, 711, 694. — Description qu'il a laissée des lieux saints,V, 99-100.— Sa grotte à Bethléem, 285. — Raconte comment on reçut la nouvelle de la mort de Julien, IX, 264. — Se plaint que les moines ne puissent rien recevoir par testament, 308. — Portrait qu'il fait du prêtre mondain, 308-309. — Il confesse avec larmes son penchant pour les auteurs profanes, 317. — Rufin l'accuse d'avoir occupé des religieux à copier les dialogues de Cicéron, et d'avoir expliqué Virgile à des enfants chrétiens, 317. — C'est une grande figure du christianisme, 386. — Ce qu'il dit de la prise de Rome par les barbares, 465. — Il reçoit dans sa grotte de Bethléem quelques Romains fuyant les barbares, 470-471.

JÉRÔME, placé par anachronisme dans Les Martyrs, IV, 6. — Figure dans cet ouvrage, 61, 75-76, 256, 257.

JÉRÔME DE PRAGUE. Fut un des précurseurs des réformateurs du XVIe siècle, XI, 543.

JERSEY. Les statuts de Rollon y sont en vigueur, XI, 725.

JERSEY (lady). Sa haute naissance, son portrait, XII, 157. — Chateaubriand dîne chez elle avec M. Brougham, 157.

JÉRUSALEM. Aspect, IV, 233-234. — Travaux de sainte Hélène, 235-236. — Le Calvaire, 238. — Les pèlerinages à Jérusalem sont très-anciens, et la description est exacte, 509. — Incendie de l'église du Saint-Sépulcre, 510-511. — Authenticité des traditions chrétiennes à Jérusalem, V, 94 et suiv. — Ancienneté des pèlerinages, 101. — Position des endroits remarquables, 102-108. — Arrivée à Jérusalem, 277. — Description des saints lieux, 307 et suiv. — Le Saint-Sépulcre, 307-318. — Le Calvaire, 318-320. — Autres lieux de dévotion, 321. — Le tour de Jérusalem, 322-329. — Histoire de Jérusalem sous les Juifs, 329-330. — Sous les Romains, 330-331. — Siége, 331. — Depuis le siége, 332. — Sous les Turcs, 333. — Les croisades, 334-335. — Royaume de Jérusalem, 335-339. — Histoire moderne, 339. — Ville actuelle, 339 et suiv. — La citadelle, 339-340. — Le quartier des juifs, 341. — Murs de Jérusalem, 342-343. — Ses portes, 343-344. — Ses rues, 344-345. — Le couvent grec, 345-346. — Le patriarche arménien, 346. — Monuments hébreux, 348. — Le temple, 348. — Monuments grecs et romains, 349. — Les sépulcres des rois, 350-355. — Monuments du christianisme avant l'invasion des Sarrasins, 355. — Monuments arabes, 355. — Le temple rebâti par Hérode,

355-356. — La mosquée d'Omar, 356-358. — Monuments gothiques de Jérusalem, 360. — Monuments turcs, 360. — Lecture d'*Athalie* sur les ruines du temple, 361. — Le couvent des Pères Latins, 362-363. — Vie chez les Pères, 363-364. — Prix de la nourriture à Jérusalem, 364. — Prix des loyers, 364-365. — Des bêtes de somme, 365. — Les pèlerins, 365. — Dépenses des pèlerins, 366-367. — Dépenses de M. de Chateaubriand, 367-369. — Pauvreté des Pères latins, 370. — Leurs souffrances, 370-373. — Exactitude du Tasse dans sa description des événements de sa *Jérusalem délivrée*, 374-383. — Histoire du siége de Jérusalem suivant les chroniques, 383-386. — Gouvernement de Jérusalem, 386. — Exactions des pachas, 387-389. — Les *Lamentations* de Jérémie s'appliquent à Jérusalem, 390-391. — Coup d'œil jeté sur la ville, 391-392. — Les juifs à Jérusalem, 392-393. — Départ de Jérusalem, 394. — La destruction de Jérusalem racontée par Josèphe, 473-474. — Tableau du royaume de Jérusalem par l'abbé Guénée, 477-478. — Ce que dit Josèphe du premier temple de Jérusalem, 482-484. — Descriptions diverses de la mosquée de la Roche, 484-486. — Itinéraire de Bordeaux à Jérusalem, en latin, 495-510. — Dissertation de Danville sur l'étendue de l'ancienne Jérusalem et de son temple, 511-544. — Vue de Jérusalem, VI, 524-525. — Les juifs de Jérusalem, 525-526. — Panorama de Jérusalem, de M. Prévot, 543. — La destruction de Jérusalem par Titus, IX, 135. — Julien veut rebâtir le temple, des globes de feu dispersent les ouvriers, 253-254. — Ammien Marcellin affirme ce fait; comment l'expliquent l'abbé de La Bletterie, MM. Guizot et Tourlet, 254. — Auteurs qui confirment le récit d'Ammien, 254.

Jérusalem (Nouvelle). Sa description, IV, 43 et suiv.

Jésuites. Leurs *Lettres édifiantes*, II, 436. — Véracité de leurs missionnaires, 436-437. — Leurs missions en Chine, 437. — Connoissances exigées de ceux qui se destinoient aux missions, 437. — Missionnaires remarquables qu'ils ont produit, 438. — Brevet qu'ils obtiennent de Louis XIV, 438-439. — Services qu'ils ont rendus, 439. — Leurs missions du Paraguay, 447-457. — L'ordre des jésuites étoit divisé en trois degrés, 500. — Leurs écoles, 501. — Hommes célèbres qu'ils ont produits, 501. — Services qu'ils ont rendus, 501-502. — A quelle époque ils s'établirent à Athènes, V, 86. — Leurs découvertes dans l'intérieur des forêts canadiennes, VI, 409. — Leur instruction, leur douceur, 437. — Leur collection des hagiographes; érudits qu'ils ont produits, IX, 16.

— Ils sont bannis de France après l'attentat de Jean Châtel, X, 319. — Leur expulsion de toute la chrétienté catholique, 339. — Leur existence n'étoit plus dangereuse à l'État, les *Lettres provinciales* leur avoient ôté leur force morale, 339.

Jésus-Christ. Son apparition sur la terre, I, 569. — Sa naissance, sa vie, 570. — Sa doctrine, ses disciples, 571. — Objections contre son existence, 588-589. — Les Évangiles renversent sa divinité, 589. — Sa naissance, II, 410-411. — Sa vie, 412. — Sa morale, 412-413. — Son caractère, 413. — Sa mort, 414. — Sa Passion; parcours de la voie douloureuse à Jérusalem, V, 318-321. — Ses souffrances, d'après Massillon, 472-473. — Sa Passion, d'après Bossuet, 475. — Son image au Vatican; étoit-il beau ou laid, VI, 288. — La vie de Jésus-Christ, par le Père de Ligny, 407 et suiv. — Auteurs qui ont écrit sa vie, 468. — Sa divinité échappe à l'écrivain, elle ne se trouve que dans l'Évangile, 468-469. — Sa naissance sous le règne d'Auguste, IX, 122. — Véritable date de cet événement, 122. — Sa mort sous Tibère, 123-124. — Son histoire dans le Talmud, 359. — Son histoire d'après le *Sepher toldos Jeschu*, 359. — De tous les fondateurs de religion, Jésus est le seul qui n'ait pas été puissant par la naissance, les armes, la politique, la poésie ou la philosophie, 371. — Questions que l'on faisoit sur Jésus-Christ au moyen âge, XI, 513-544.

Jésus, fils d'Ananus. Crie malheur à Jérusalem ; sa mort, V, 473-474 ; IX, 135.

Jeux. Les jeux des Indiens, VI, 129-133. — Jeux que conseille Jacques Ier à son fils, XI, 622.

Jeux romains. Célébrés par Carin et Numérien, IX, 187. — Chantés par Calpurnius, 187-188.

Job. Son histoire, II, 261-262.

Johnson (Samuel). Ce qu'il disoit des poëmes d'Ossian, I, 574. — Il a démontré la supposition des poésies d'Ossian, III, 631. — Sa critique des *Nuits* d'Young, VI, 384. — Ce qu'il dit de Shakespeare, 387 ; XI, 581. — Il prétend que Shakespeare étoit plutôt doué du génie comique que du génie tragique, 587. — Ce qu'il dit de Milton, 637. — Il croyoit qu'on avoit dépravé le texte de l'*Eikon Basiliké*, 648. — Remarque de lui à propos de la discussion entre Saumaise et Milton sur la mort de Charles Ier, 651. — Johnson n'a cité que les louanges données par Milton au protecteur, 654. — Ce qu'il dit du succès du *Paradis perdu*, 675.

Joinville (sire de). Sa mort, X, 76.

Jones (John). Condamné à mort après la restauration de Charles II, approuve sa sentence, X, 432.

Jones (William). S'est occupé des langues de l'Asie, XI, 726.

Jongleur. Comment il traite les Indiens malades, VI, 137-139. — Le grand jongleur réunit les manitous des guerriers et bénit les remèdes avant le départ pour la guerre, 160. — Chez les Muscogulges, le grand jongleur dirige le conseil des vieillards, 184.

Jornandès. A consigné des faits importants pour la géographie, VI, 11. — Son abrégé de l'*Histoire des Goths* de Cassiodore, IX, 171.

Josaphat (sépulcre de), à Jérusalem, V, 349.

Josaphat (vallée de). Sa description, V, 324-325. — Tous les hommes doivent y comparoître au jour du jugement, 325. — Le comte de Forbin l'a peinte au moment d'un orage, VI, 550.

Joseph. Son histoire comparée à Homère, II, 274 et suiv. — Magnifique sujet d'épopée, VIII, 591-593. — M. de Bitaubé a traité ce sujet, 593.

Joseph II. Son système militaire, II, 413. — Situation de l'Allemagne à son époque, 413. — Ses réformes sacerdotales causes de révolutions, 427. — Son entreprise contre la Porte, 427-428.

Joseph (le père). S'est avancé jusqu'au lac Nipissing, VI, 409.

Joseph (le père), capucin. Comment il faisoit marcher la machine gouvernementale, XII, 192.

Joseph, marchand de Smyrne. Entre au service de M. de Chateaubriand pour le voyage en Grèce, V, 120. — Part avec lui, 121. — Son portrait, 121.

Josué. Explication de son miracle, II, 80, 81.

Joubert (M.), ami de Fontanes. Étoit lié avec Mme de Beaumont, I, 27. — Comparaison qu'il fait de Bernardin de Saint-Pierre et de Chateaubriand, 37-38. — Ce qu'il écrivoit à Mme de Beaumont sur *Atala*, 56-57. — Il fait recommander à Chateaubriand de ne pas trop se corriger et de garder les singularités qui lui sont propres, 57. — Conseils qu'il donne à M. de Chateaubriand à propos du *Génie du Christianisme*, 87-89. — Il assiste à la lecture des *Martyrs*, 175. — Éloge que fait de lui Chateaubriand; amitié, regrets, VI, 267. — Lettres que Chateaubriand lui adresse sur l'Italie, 267-277. — Il a caché son existence, XI, 706. — Il a donné quelques articles qu'il ne signoit pas dans diverses feuilles publiques, 706. — Extraits de son examen de *Boscobel*, 706-707.

Jouffroy (M.). Traduit les *Esquisses de philosophie morale* de Dugald Stewart, IX, 42.

Jourdain. Vallée qu'il arrose, IV, 260-261. — Description de ce fleuve, V, 291. — Aspect près de son embouchure, 298. — Goût de son eau, 298. — Noms de ce fleuve, 299. — Adieux au Jourdain, 300.

Jourdain de Lille, seigneur de Cazaubon. Cité à la cour du roi, condamné à mort, traîné à la queue d'un cheval et pendu, X, 76-77.

Jourdan. Chargé de délivrer Maubeuge, I, 443. — Portrait, 444.

Journal de la librairie. Sa création; à quoi il devoit servir, VIII, 300.

Journaux. Il seroit aisé d'en diminuer l'abus par un cautionnement, VII, 177-178. — Vices de la loi proposée contre eux, 397-402. — Avis de M. de Bonald sur la liberté des journaux, 306-408. — Opinions du marquis d'Herbouville, de MM. Corbière et de Villèle, 408. — Est-ce au roi à ordonner la suppression ou la suspension des journaux, 414-415. — Ce que c'est qu'un journal, VIII, 56. — Les hommes d'État anglois ne dédaignoient pas d'écrire dans les journaux, 56. — Achat des journaux, 57-58. — On lit peu les livres et beaucoup les ouvrages périodiques à présent, 125. — Opinion sur le projet de loi relatif aux journaux, 257-270. — Mesures proposées, 258. — Arbitraire que l'on peut exercer contre les journaux, 258. — Impôt illégal prélevé sur les journaux, 258-259. — Procédés illégaux employés par la censure. 259. — Les journaux ne sont pas un privilége, mais un droit; ils constituent une propriété, 259. — Histoire des journaux, 262. — Les journaux sous la censure, 265. — Proposition sur les journaux, 269. — Du cautionnement et de la censure des journaux littéraires, 331-334. — Du tarif de leur transport par la poste, 444-448. — Journaux critiques en Angleterre, XI, 728.

Journiac Saint-Méard. Récit qu'il fait des massacres de la prison de l'Abbaye, VII, 605-606.

Jouskeka. Un des dieux des Indiens d'Amérique, quelquefois le Soleil, femme-chef des bons manitous, extinction de sa race, VI, 173.

Jouvence (fontaine de). Les Espagnols en plaçoient une dans les déserts de la Floride, VI, 188.

Jouvenot (J.-C.), ancien artisan serrurier. A donné deux volumes de poëmes, de comédies et de tragédies, XI, 767-768.

Jove. Succède à Olympe auprès d'Honorius, IX, 334. — Il avoit connu Alaric en Épire, 334. — Il étoit païen et versé dans les lettres grecques et latines, 334.

Jovien, primicère des gardes. Proclamé empereur après la mort de Julien, IX, 266. — Chrétien et catholique, il avoit gardé son épée et sa foi, 267. — Après avoir signé une paix honteuse avec Sapor, il rendit la paix à l'Église et rappela saint Athanase, 267. — Jovien ramena du désert des soldats sans vêtement; la fin de la retraite de l'armée fut le terme de sa vie, 268.

Jovin. Prend la pourpre à Mayence, IX, 336. — Il s'allie avec Ataulphe, chef des Goths, 336. — Il nomme son frère Sébastien auguste, 336. — Tous deux sont exterminés par Ataulphe, 336.

Joyce. Enlève Charles Ier d'Holmby et le conduit prisonnier à New-Market et à Hamptoncourt, X, 379.

Joyeuse (duc de). Henri III élève le comté de Joyeuse en duché-pairie, X, 271. — Ce que le roi dépense aux noces de son favori, 271. — Le duc de Joyeuse est tué de sang-froid à Coutras, 273.

Joyeuse (frère Ange de). Représente le Christ montant au Calvaire dans une procession, X, 227.

Jubilé. Établi par Boniface VIII à Rome, ramené à des époques plus rapprochées par d'autres papes, IX, 169.

Juda, le saint. A recueilli la Mishna, IX, 358.

Judée. Note sur sa stérilité, IV, 502.

Jugement dernier. Tableau, II, 141-142. — Description qu'en fait Massillon, V, 474. — Fragment retiré du *Génie du Christianisme*, VIII, 569-570.

Jugement des morts, en Égypte, IV, 468-469.

Jugeurs. Sorte de jurés au moyen âge, X, 93.

Jugurtha. Son histoire, V, 441.

Juifs. Leur situation à l'époque de la révolution d'Athènes, I, 410. — Caste sacrée, 410. — Leur situation à Jérusalem, V, 392-393. — Leur nombre au XIIIe siècle, 478-482. — Leur nombre à l'époque de la prise de Jérusalem, IX, 135. — Leur perte à Jérusalem, 135. — Leur servitude et leur dispersion, 136. — Louis X rappelle les juifs chassés par Philippe le Bel; leur état en France à cette époque, X, 72. — Portrait d'une juive dans *Ivanhoe*, XI, 765-766. — Pourquoi dans la race juive les femmes sont-elles plus belles que les hommes? 766.

Juillet (Monarchie de). Pourquoi Chateaubriand refuse de la servir, VIII, 481-498.

Juin (journée du 20). Ce qui y donna lieu, XI, 702. — Le roi courut risque de la vie, 702.

Jules II. Son nom annonce un changement dans l'influence de la cour de Rome, X, 239. — Il se ligue contre les François avec Henri VIII et les Suisses, 240. — Il interdit le royaume de France, 240. — Sa mort, 240.

Julianus (Didius). Se fait adjuger l'empire; est mis à mort, IX, 146.

Julie Domna, épouse de Sévère. Ses qualités, IX, 147. — Sa mort, 151.

Julien, empereur. Persécute le christianisme, I, 572. — Il imite les institutions chrétiennes en les abolissant, 572. — Il écrit contre le christianisme, 572. — Il attaque le christianisme, II, 6, 7. — Son style, 7. — Son buste au musée Capitolin, VI, 290. — Il étoit fils de Jules Constance et de Basilide, IX, 214. — Il avoit neuf ans à la mort de Constantin le Grand; Marc, évêque d'Aréthuse, le sauva en le cachant dans le sanctuaire d'une église, 216. — Son éducation, 217-218. — Sa supériorité dans les lettres, 218. — Conduit à Milan après la mort de Gallus et relégué à Athènes, 218. — Créé césar et envoyé dans les Gaules, regrette la Grèce, 218. — Il épouse Hélène, sœur de l'empereur, 219. — Son gouvernement des Gaules, 219. — Son séjour à Lutèce, 220-221. — Il habite les Thermes de Lutèce, 221. — Il voulut plus tard faire transporter un obélisque à Constantinople, 225. — Ses troupes le proclament auguste, 227. — Il écrit au peuple et au sénat athénien la relation de ce qui s'est passé à Lutèce, 227. — Il demande à Constance la confirmation de son titre, 227. — Constance lui ordonne de quitter la pourpre et l'appelle orphelin; réponse de Julien, 228. — Julien marche sur l'Orient, 228. — Il abjure publiquement le christianisme, 228. — Constance meurt, et le sénat de Constantinople se déclare pour Julien, 229. — Son portrait par saint Grégoire de Nazianze, 230. — Son portrait par Ammien Marcellin, 230-231. — Son portrait par lui-même, 231. — Ses ouvrages, 231. — Leur traduction par Spanheim, La Bletterie, le marquis d'Argens et M. Tourlet, 231. — Il calomnie sans doute sa barbe, 232. — On a perdu l'*Histoire des guerres de Julien dans les Gaules*, 232. — Cyrille d'Alexandrie nous a transmis une grande partie de l'ouvrage de cet empereur contre la religion chrétienne, 232. — Il avoit des vertus, de l'esprit et une grande imagination, 232. — Ses qualités, sa clémence et sa justice, 232-233. — Le *Misopogon*, 233-234. — Les *Césars*, 234-235. — Julien étoit musicien et poëte de talent, 235-236. — Ses épigrammes, ses poëmes, ses harangues, 236. — Ses lettres, 236. — Ouvrages perdus, 236. — Lettre par laquelle Julien offre la maison de sa grand'mère à un ami, 236-237. — Ses discours, 237. — Il fait l'éloge de Constance, et reste froid pour Eusébie, sa bienfaitrice, 237-238. — Il a voulu faire remonter son vocabulaire aux jours classiques de la Grèce, 238. — Ses imperfections, 238. — On pourroit soupçonner sa pudicité, 238. — Le nom d'Apostat suffit pour flétrir sa mémoire, 239. — Son antipathie pour le culte des chrétiens, 239. — Ce qui le rattacha au paganisme, 239. — Son éducation d'enfance avoit été toute chrétienne, 240. — Il se fait initier au paganisme par Maxime, 241. — Il étoit versé dans la théurgie et les deux divinations, 242. — Ses croyances, 242. — Il pen-

soit avoir hérité de l'âme d'Alexandre, 242.
— Sa religion, 242. — Il prétend prouver la fausseté du christianisme en lui opposant le système du chef de l'Académie, 247. — Il cacha d'abord soigneusement son apostasie, 248. — Gallus lui écrit à ce sujet, 248-249. — Parvenu à l'empire, Julien publie un édit de tolérance universelle, 249. — Il excepte Athanase de l'amnistie ; comment il le traite, 249-250. — Il étoit païen de bonne foi, 250. — Son culte, 250. — Ses présents aux sanctuaires célèbres; il fait réparer les temples, entreprend la réformation de l'idolâtrie sur le modèle de la discipline chrétienne, 251.— Il avoit le même zèle pour la philosophie que pour le paganisme, 252. — Il ne fut pas plus heureux avec les philosophes qu'avec les prêtres, 252. — Il cherche à attirer saint Basile près de lui, 252. — Tableau de sa cour, suivant saint Jean Chrysostome, 252.— L'apostasie le conduisit au fanatisme et à la persécution, 253. — L'ancien monde et le nouveau le repoussèrent, 253. — Il ordonna aux officiers de l'armée de quitter la foi ou l'épée, 253.— Il résolut de rebâtir le temple de Jérusalem, 253-254. — Il défendit aux chrétiens d'enseigner les belles-lettres, 254-255. — Il prélude aux persécutions contre les chrétiens par une espèce d'apologie du paganisme, 256. — Ses arguments contre le christianisme, 256-257. — Ils ressemblent à ceux de Voltaire, 257. — Il dépouilloit les chrétiens en plaisantant, 258. — Il força les chrétiens à rendre les temples aux païens, 258. — Son ingratitude envers Marc, évêque d'Aréthuse, qui l'avoit sauvé, 258-259. — Ayant fait enlever le corps de saint Babylas du bois de Daphné, il excite une sédition qu'il punit d'une manière rigoureuse, 259.— Il est accusé d'immoler des nouveau-nés et des vierges, 259. — Femme éventrée dans le temple de Diane à Carrhes, 259. — Ammien l'accuse d'avoir été plus superstitieux que religieux, 259-260. — Plan de persécution qu'il avoit conçu, 260. — Il refuse la paix que lui offroit Sapor, 260. — Il marche contre la Perse, est forcé de battre en retraite; il a une vision menaçante, et tombe frappé d'une javeline ; sa mort, 261. — Ses dernières dispositions; il déplore la perte d'Anatolius et expire sans efforts, 262. — Récit des historiens chrétiens, 262-263. — Visions diverses, 263. — Les païens consternés en apprenant la mort de Julien, 264. — Comment Grégoire de Nazianze annonce cette mort, 264-265. — Comment la nouvelle de cette mort fut reçue en divers lieux, 265. — Dévouement de Libanius, 265. — Emportement de saint Grégoire de Nazianze, 265. — Le corps de Julien rapporté à Tarse, ses funérailles, 265. — Son épitaphe, 266.—

Jugement sur sa tentative, 267-268. — Ce qu'il disoit des chrétiens, 364.

JULIEN, comte d'Orient. Fait fermer la cathédrale d'Antioche, confisque ses revenus, met en interdit d'autres églises, condamne à mort saint Théodoret, IX, 259.

JULIEN (le duc), commandant au delà du Taurus. Comment il se délivre des Goths, IX, 283.

JULIUS NEPOS. *Voy.* NEPOS.

JUNIUS. (lettres de). On les croit de sir Philipp Francis, XI, 762.

JUNOT. S'empare du Portugal, XII, 7.

JUPITER OLYMPIEN. Perte de la statue de Phidias, IX, 327.

JURISCONSULTES. Les Jurisconsultes romains étoient ennemis des disciples de la croix, IX, 156.

JURY. Il faut l'appliquer au jugement des délits de la presse, VIII , 301-302.

JUSSIEU (M. de). Reçoit chez lui l'abbé Séguin à l'époque de la révolution, X, 452.

JUSSIEU (M. Alexis de). Doit publier un écrit sur les affaires politiques, VII, 405.

JUSTES. Tableau de leur bonheur, II, 142-143.

JUSTES, nom d'un parti religieux en Angleterre, X, 378.

JUSTICE. Sources de son inamovibilité, VIII, 177-180. — Comment les rois la rendoient, 181. — Justice des leudes et du prélat, 181-182. — Justices seigneuriales, 182. — Le droit de justice dans la féodalité, X, 90 et suiv. — Elle émanoit du peuple chez les Grecs et les Romains, 90. — Sources d'où elle découloit chez les nations de race germanique, 91. — Les Franks attachèrent la justice au sol, comme ils y lièrent la souveraineté et la noblesse, 91. — La loi ecclésiastique met la justice sur l'autel, 91. — La justice seigneuriale se divisoit en haute et basse justice, 91.

JUSTIN (saint). Défenseur du christianisme, II, 6. — Décrit la vie des premiers fidèles, 33. — Ce qu'il dit de l'abandon des enfants chez les Romains, 496.

JUSTINE, Sicilienne d'origine, mariée d'abord au tyran Magnence, épouse Valentinien, IX, 273. — Elle étoit arienne, mais ne le déclara qu'après la mort de Valentinien, 273. — Enfants qu'elle eut de lui, 273. — Elle entreprend d'ouvrir à Milan une église arienne ; saint Ambroise s'y oppose, 287. — Maxime ayant passé les Alpes, elle s'enfuit avec son fils à Thessalonique, pour implorer le secours de Théodose, 287. — Théodose épouse sa fille Galla et marche contre Maxime, 287. — Théodose rétablit Valentinien sur le trône, et Justine meurt, 290.

JUSTINIEN. Envoie Bélisaire à Carthage, V, 444. — Il n'a pas fait crever les yeux à Bélisaire, 445.

JUVÉNALES (fêtes). Instituées à Rome par Néron, II, 528.

JUXON, évêque de Londres. Étoit opposé à l'exécution de Strafford, X, 370. — Il assiste Charles Ier sur l'échafaud, 370. — Le roi demande son assistance, 390. — Il prie avec le roi et lui donne la communion, 390. — Il accompagne le roi de Saint-James à White-Hall et à l'échafaud, 394. — Le roi le prend à témoin qu'il pardonne à ceux qui le font mourir, 395. — Juxon demande à Charles une profession de foi religieuse, 397. — Paroles de consolation qu'il adresse au roi, 398.

K

KADLUBECK (Vincent), évêque de Cracovie. Son *Histoire de Pologne*, IX, 11.

KAMSIN, vent du désert, IV, 473.

KAN. Un kan en Morée, V, 129. — État d'abandon des kans en Turquie, 129. — Un kan de la Laconie, 137. — Le kan de Ménémen, 233.

KARIBERT. Il mourut vite, X, 14.

KARLE MARTEL, fils de Peppin et d'une concubine. Emprisonné à la mort de son père, se sauve de sa prison, devient duc des Austrasiens, X, 15. — Il bat Khilpérik II et fait nommer roi Khlother IV, 15. — Il rappelle Khilpérik II et se contente d'être son maire du palais, 15. — Il écrase les Sarrasins entre Tours et Poitiers, 15. — Il abattit encore les Frisons, et vainquit Eudes, duc d'Aquitaine, 16. — Il régna seul sur toute la France comme duc des Franks, contint les Saxons et chassa les Sarrasins de la Provence, 16. — Proposition que lui fait le pape Grégoire III, 16. — Sa mort, 16. — Villes qu'il renversa, 17.

KARLE II ou CHARLES LE CHAUVE. Ouverture de son tombeau à Saint-Denis, II, 637. — Fils de Hlovigh le Débonnaire et de Judith, étoit roi de France, de Bourgogne et d'Aquitaine, X, 24. — S'unit à Hlovigh, roi de Bavière, contre Lother, empereur et roi d'Italie; ils sont vainqueurs à Fontenai, 24. — Traité et serment avec Hlovigh, 25. — Il est empoisonné par le juif Sédécias, 25. — Étant enfant, il frappe une biche dans une chasse, 28. — Il établit l'hérédité des bénéfices, 31.

KARLE LE GROS, frère de Karloman, obtient l'empire, X, 26. — Il devient roi de France à l'exclusion de Karle, fils de Hlovigh le Bègue, 26. — Il possède presque tous les États de Charlemagne, il fait lever le siège de Paris aux Normands par un traité honteux, 26. — Il avoit été dépouillé de ses dignités avant sa mort, 26.

KARLE, fils de Hlovigh le Bègue, exclu du trône de France, X, 26. — On n'en veut pas plus pour empereur, 26.

KARLE III, dit le Simple. Recueille la monarchie entière à la mort d'Eudes, X, 26. — Il donne sa fille Ghisèle en mariage à Rollon, 26. — Il ne peut intervenir en Allemagne à la mort de Hlovigh IV, 26. — Il bat Robert, frère du roi Eudes, et le tue, 26. — Sa mort, 26.

KARLE, duc de Lotharingie, fils de Hlovig d'Outremer. Montre des prétentions à la couronne après la mort de Louis V, X, 27. — Il s'empara de la ville de Laon, et mourut en prison, 45.

KARLOMAN, fils de Karle Martel. Devient, à la mort de son père, gouverneur de l'Austrasie, puis se retire à Rome et embrasse la vie monastique, X, 16.

KARLOMAN, fils de Hlovigh le Germanique. Dispute l'empire, X, 26.

KARLOVINGIENS. Leur origine, X, 21. — Rois de la seconde race, 22-27. — Mœurs et gouvernement, 27 et suiv. — Assemblées générales, 30. — Administration de la justice, 30. — État social, 31-32. — Influence de l'Église, 32-42.

KENTUCKY. Bords de la rivière, paysage du confluent avec l'Ohio; explication de ce nom, VI, 85.

KERATIA. Séjour qu'y fait Chateaubriand, V, 209-211.

KÉRATRY (M. de). Passage de sa défense emprunté à un magistrat censeur supprimé à la censure, VII, 504.

KERGORLAY (M. de). Repoussé des élections par des commissaires, VIII, 247.

KEWEN (saint). Sa légende, XI, 500.

KHARARIK. Khlovigh lui fait couper les cheveux, X, 19.

KHILDEBERT. Assiste au massacre de ses neveux, fils de Khlodomir, X, 12.

KHILDÉRIK Ier. Ce qu'on a trouvé dans son tombeau, X, 6. — Il étoit fils de Mérovigh. — Son règne, 9. — Bazine, femme du roi de Thuringe, son hôte, devient la femme de Khildérik, 9. — Elle lui donne Khlovigh, 9.

KHILDÉRIK III. Proclamé roi par Peppin, détrôné et enfermé dans un monastère, X, 16. — Sa mort, 16. — Son état de maison, selon Éginhard, 21.

KHILPÉRIK Ier. Épouse Frédégonde, sa maîtresse, après la mort de sa femme Galswinte, sœur de Brunehild, X, 13.

KHLODION ou CLODION, le premier de nos rois, étend ses conquêtes jusqu'à la Somme; Aétius le repousse, mais il finit par garder ses avantages, IX, 346. — Époque à laquelle il régnoit, ce qu'il fit, X, 8. — Ses fils, 8.

KHLODOALD ou CLOUD (saint), troisième fils de Khlodomir, échappé au massacre de ses frères, mourut prêtre au village qui a pris son nom, X, 13.

KHLODOMIR, roi d'Orléans, fils de Khlovigh. Est tué à la bataille de Véseronce, X, 12. — Sort de ses fils, 12.

KLOTHER. Tue Théodebert et Gonther, enfants de son frère Khlodomir, X, 12. — Il hérite de ses frères, livre bataille à son fils Khramm révolté, le défait et le brûle dans une chaumière; Khlother meurt à Compiègne, 13.

KHLOTHER II. Se trouve seul maître du royaume des Franks, X, 13. — Il meurt en 628, 14.

KHLOTILDE, KHROTECHILDE ou CLOTILDE, fille de Khilpérik. Khlovigh l'envoie demander en mariage, X, 9-10. — Elle accepte, 10. Elle s'échappe sur un cheval, et fait incendier douze lieues de pays derrière elle, 10. — Elle laisse égorger les enfants de son fils Khlodomir, 12.

KHLOVIG. Examen de quelques-uns de ses diplômes, IX, 22. — Sa naissance, X, 9. — Fils de Khildérik et de Bazine, 9. — Il envoie un anneau à Khlotilde pour la demander en mariage, 9. — Il la fait demander à Gondebaud, 10. — Son invasion dans les Gaules; il bat les Romains, les Allemands, et se fait chrétien, 10. — Il soumet les Bourguignons et les Visigoths; les Armoriques reconnoissent son autorité, 10-11. — Il vient à Paris, 11. — Fait tuer tous ses parents, 11. — Sa mort, 11. — Il est inhumé avec sainte Geneviève dans l'église Saint-Pierre et Saint-Paul, 11.

KHLOVIGH II. Son corps retiré de la Marne, X, 18.

KING. Écrit dans les premiers ouvrages périodiques de l'Angleterre, XI, 737. — Son Ar: de la cuisine, 738.

KIRCAGACH, ville où Chateaubriand est mené, V, 237-240.

KLÉBER, fond sur un escadron d'officiers royalistes en Vendée, IX, 624.

KLOPSTOCK. Analyse de son poëme, I, 417. — Fragment, 417-418. — Beautés de ce morceau, 419. — Jugement plus sévère sur ce morceau, 422-423. — Son poëme Le Messie, II, 155. — Décrit l'ange Elu ou Eloa, 241.

KNOWLES, poëte anglois, XI, 767.

KNOX, prêtre écossois apostat, fit pleurer Marie Stuart par son menaçant fanatisme, XI, 569. — Livre qu'il publia contre le gouvernement des femmes, 569. — Il établit le dogme de la souveraineté du peuple, 569. — Richelieu réfuta ses principes, 569-570. — Il avoit écrit comme catholique avant d'écrire comme protestant, 570.

KNOX, poëte anglois, pleure la captivité de la reine veuve et martyre, XI, 770.

KŒRNER. Son chant à la reine de Prusse, XI, 749.

KOHL. Doit être consulté sur les historiens et la littérature slavo-russes, IX, 10.

KOTZEBUE. Les Correspondances privées font l'éloge de son assassin, VII, 614. — Ses drames profanèrent la scène de Shakespeare, XI, 749.

KOTZEBUE (Otto). Voyage au pôle nord, VI, 32.

KREESHNA ou KRICHNA, auteur du Mahabarat, I, 416.

KRENKINGEN (baron de), seigneur de Thongue. Ne se lève pas devant l'empereur Frédéric Ier, X, 82.

KRUDNER (Mme de). Ascendant qu'elle prend sur l'empereur Alexandre, XII, 99.

KYRIE ELEISON. Admirable chant des chrétiens grecs, V, 251.

L

LABBE (le père). Ses travaux historiques, IX, 16.

LABBÉ (Louise), dite la belle Cordière. Elle étoit riche, XI, 767.

LA BENARDIÈRE. Il fait à Alexandre un rapport sur les griefs de la France contre la dynastie légitime, XII, 96.

LA BLETTERIE. A traduit les œuvres de Julien, IX, 231-232. — Ce qu'il dit de la tentative de reconstruction du temple de Jérusalem, 254.

LABORDE (Alexandre de). Son Voyage en Espagne, VI, 512 et suiv. — Plan de son voyage, 514-515. — Ses deux frères ont péri dans le voyage de La Peyrouse, 523. — Parle contre le projet de faire la guerre à l'Espagne, XII, 149.

LA BOURDAISIÈRE (Mme de). Ses aventures, X, 307.

LA BOURDONNAYE ou LABOURDONNAIS (comte de). Attaque le budget du ministère de la guerre, VII, 623. — Son opinion relative à la guerre d'Espagne, XII, 145-147. — Son portrait, 146. — Il vote le projet de loi, 147. — Parle à la Chambre des députés contre la septennalité, 439.

LABOUREUR (Pierre). *Voy.* PIERRE LE LABOUREUR.

LA BRUYÈRE. Ses *Caractères*, II, 311. — Ce qu'il dit de la religion chrétienne, 312. — Il nous manque aujourd'hui, 313. — Il fut presque méconnu de son vivant, VI, 429.

LACÉDÉMONE. Description, IV, 189, 491. *Voy.* SPARTE.

LA CERDA (Louis de). Attaque Hennebon et d'autres places, X, 138-141.

LA CERDA (Charles de). Est nommé connétable ; Charles le Mauvais le fait assassiner, X, 185.

LA CHALOTAIS. Son procès, X, 340.

LA CHAPELLE, un des chefs du conseil des Seize, X, 274.

LA CHATRE. On le rencontroit à la société du Marais, X, 464.

LACHMANN. Son édition des *Nibelungen*, IX, 475.

LACONIE. Description, IV, 189, 491.

LACORDAIRE (M. l'abbé). Ce qu'il dit des monastères, X, 514.

LACOUR (Dom Jacques de). Nommé abbé de la Trappe, X, 570.

LACRETELLE (Charles). Il a soutenu la cause des Hellènes, V, 29. — Il étoit à la tête d'une section monarchique le 13 vendémiaire, VII, 458. — Il a tracé l'histoire de nos jours, IX, 44.

LACS (école des). D'où lui vient ce nom, XI, 767.

LACTANCE. Défenseur du christianisme, II, 6. — Il a peint la mort des persécuteurs, IX, 196.

LACY. Se soulève en Catalogne et périt sur l'échafaud, XII, 17.

LAENNEC (docteur). Sa découverte de l'auscultation médiate, VI, 557.

LA FAYETTE (Mme de). Premier indice du pittoresque dans *la Princesse de Clèves*, I, 10. — Son hôtel, X, 464. — Elle voyoit Ninon, 465.

LA FAYETTE (M. de). Comment il reçoit la nouvelle de l'alliance de la France avec l'Amérique, I, 364. — Jugement sur lui, 365. — A l'époque où il étoit émigré, les Américains blâmoient sa conduite ; ils ont depuis récompensé ses services, 365. — Sa réponse au discours du président des États-Unis, VIII, 120. — Il est brûlé en effigie, XI, 702. — Il paroît au milieu des carbonari et s'enfuit, XI, 123.

LA FERRONNAYS ou LAFERRONNAIS (comte de). Le duc de Berry lui fait connoître son projet de passer en France, IX, 527-528. — Il débarque avec le prince, 532. — Arrive à Vérone, XII, 34. — Il demande un mémoire sur les affaires d'Orient à Chateaubriand, 182. — Dépêches sur des communications avec l'empereur Alexandre pendant la guerre d'Espagne, 243-244 ; 250-253 ; 282-283 ; 318-320. — Ambassadeur sous Chateaubriand, il devient à son tour ministre, et Chateaubriand ambassadeur sous lui, 445. — Sa réponse à une lettre de Chateaubriand, 445-447.

LAFFITTE. M. de Villèle l'avoit proposé pour ministre des finances, VIII, 492.

LA FONTAINE. Comme il sait rêver, VI, 379. — Otez-lui ses incorrections, il perdra une partie de sa naïveté, 532. — Il venoit à l'hôtel de Rambouillet, X, 462.

LAFOREST (Pierre de). Ouvre les états généraux au nom du roi Jean, X, 186-187.

LAFORÊT. Rejoint Cathelineau et attaque Chollet, IX, 618.

LA GARDE (comte de). Pousse Ferdinand VII aux mesures conciliantes, XII, 30. — Son rappel, 134. — Il reçoit l'ordre de quitter l'Espagne, 216-217.

LAGEARD (chevalier de). Accompagne le duc de Berry à l'armée de Condé, IX, 496. — Le suit en Italie, 510. — Il meurt à Rome, 513.

LAGERBRING. Publie des matériaux historiques et législatifs sur la Suède, IX, 10.

LAGUETTE (Gérard). Meurt dans les tortures, X, 75.

LA GUILLETIÈRE. *Voy.* GUILLET.

LA HARPE. Chateaubriand le consultoit, I, 7. — Il avoit encouragé ses essais, 311. — Il envoie sa *femme* à un dîner fort gai de Fontanes, 324. — Sa *Mélanie*, II, 183. — Ce qu'il dit de l'éloquence de la chaire, 602. — Ses portraits en vers de Rousseau et de Voltaire, 606-607. — Il vouloit composer une défense du *Génie du Christianisme*, 713-714. — Ce qu'il disoit d'*Atala*, III, 8. — Il n'exclut pas la religion de l'épopée, IV, 557. — Il a laissé plusieurs chants d'une épopée chrétienne, 557. — Son amitié pour Chateaubriand, 597. — Il critique Shakespeare, VI, 386. — Éloge que Michaud fait de lui, 455. — On est menacé de sa perte, 455-456. — Ce qu'il disoit des *Mémoires secrets* de Bachaumont, VII, 469. — Sa mort, IX, 657. — Ses obsèques, 658. — Discours de Fontanes, 659.

LAINÉ (M.). Repousse les pétitions qui demandent le maintien de la loi électorale, VIII, 47-48. — Comment Bonaparte le traite en 1814, XII, 484.

LAING. Il faudroit faire un volume sur ses découvertes, XI, 754.

LAÏQUE. Explication de ce nom, II, 417. — Apologies de la religion chrétienne écrites par des laïques, 700-701.

LAIS. Chants des Barbares, XI, 512.

LALLEMANT (père), missionnaire. Martyrisé au Canada, II, 468.

LALLY-TOLENDAL. Son talent d'écrivain, I, 311. — Voltaire lui adresse son dernier billet, X, 537; XI, 760.

LALOUETTE (Guillaume). Un des héros de la Jacquerie, X, 211.

LA LUZERNE (cardinal de). Ce que prouvent les extraits des journaux qu'il a publiés, VIII, 33.

LA MARDELIÈRE (Louise Roger de), dite la belle *Louison*, religieuse, indique un directeur à Rancé, X, 485. — Son enfance, 485. — Son entrée en religion, 486. — Elle avoit eu un fils de Gaston d'Orléans, 534.

LAMARTINE (M. de). Sa théorie du pathétique, I, 32. — Son chant du *Poète mourant*, 93. — Ce qu'il dit de la beauté de la mort, 119. — Sa pièce de *l'Homme*, 121-122. — *L'Isolement*, 124-125. — Lutte avec Chateaubriand dans la description de Naples, 155-156. — La mort de la jeune Napolitaine, 170. — Paroles de Chateaubriand sur lui, 206. — Brillante description qu'il donne d'un paysage de Syrie, XI, 758-759.

LAMBALLE (princesse de). Venoit enfant s'amuser à la Maison-Dieu, X, 534.

LAMBERT, major général anglois. Sert Cromwell, X, 411-413. — Force Richard Cromwell à dissoudre le parlement, 426. — Lutte contre le parlement, 427. — Il obtient grâce de la vie à la restauration, 427-428. — Ce qu'il fit après la mort d'Olivier Cromwell, XI, 660.

LAMBERVILLE (père). Sa conduite chez les Iroquois, II, 464. — A fait connoître le lac Ontario et les cinq cantons iroquois, VI, 409.

LA MENNAIS (M. l'abbé de). Ses *Réflexions sur l'état de l'Église de France*, VI, 558. — Les royalistes le comptent dans leurs rangs 558. — En quoi ses idées diffèrent de celles de l'auteur, IX, 74. — Ce qu'il dit des ruines de l'Italie, X, 506. — Il a été repoussé par Rome, 516. — Où a-t-il recueilli cet intérêt si tendre pour la nature humaine, XI, 627. — Tableau qui semble une parabole détachée du Sermon de la montagne, 627-629.

LAMI (le père). Il avoit développé les idées de Descartes, X, 561. — Discussion avec Rancé, 561-562.

LAMOIGNON (Chrestien de). Il avoit étudié sous Cujas; comment il revint de Bourges à Paris, X, 311.

LA MOLE ou LA MOLLE, aimé de Marguerite de Valois, VI, 329. — Il est décapité pour intrigues, X, 267. — Regrets de sa maîtresse, 302-303; 308.

LANDER (les frères). Il faudroit faire un volume sur leurs découvertes, XI, 754.

LANGLAND (Robert). Sa *Vision de Pierre Plowman*, XI, 519-520.

LANGUE. Il a pu y avoir autrefois une langue universelle, I, 415. — Les langues ne peuvent fournir aucune raison en faveur de l'ancienneté des hommes, II, 73. — Les langues primitives, les langues de nos ancêtres, 441. — Tableau des langues teutonique, celtique, etc., X, 585-587. — L'imitation gâte les langues, XI, 717. — Comment elles arrivent à leur perfection, puis se détériorent, 727. — Langue jeune, formée et vieillie, 728. — Ce que deviennent toutes les langues, 730. — Langues anciennes et langues modernes, 730-731. — Langues étrangères, 731. — L'étude des langues vivantes, 732.

LA NOUE. Est tué devant le château de Lamballe, X, 318. — Ce qu'en disoit Henri IV, 318.

LANSDOWN. A refait *le Marchand de Venise* de Shakespeare, XI, 581.

LANSDOWN (lord). Il présente mistriss Siddons à Chateaubriand, XI, 749.

LANTERNE DE DÉMOSTHÈNE, achetée par le père Simon, V, 86. — Description, 203. — Imitations, 203. — Elle appartient à des religieux, 203-204.

LA PELTRIE (Mme de). Va fonder des hôpitaux au Canada, II, 495.

LA PÉTISSIÈRE (M. de). Se retire à Port-Royal, X, 526.

LA PORÉE (Gilbert de). Ses erreurs, XI, 543.

LA PORTE DU THEIL. Publie deux volumes des Lettres d'Innocent III, IX, 19.

LA PRÉVALAYE (M. de). Commandoit la Haute-Bretagne dans la guerre de Vendée, IX, 628.

LARCHANT. Est placé par le roi sur le passage du duc de Guise, X, 284. — Il lui présente une pétition, 285-286.

LA RENAUDIÈRE. Son poëme *la Fête-Dieu dans un hameau*, II, 616-619.

LA REVELLIÈRE-LÉPEAUX. Sa théophilanthropie, VII, 550.

LA RIVIÈRE (Bureau de). Ouverture de son tombeau à Saint-Denis en 1793, II, 639. — Charles V le met à la tête de ses conseils, X, 215.

LA RIVIÈRE (de), officier. Se retire à Port-Royal, X, 526.

LA ROCHE (marquis de). Devoit tenter un établissement au Canada, VI, 409.

LA ROCHEFOUCAULD (jardins de), dans la petite rue des Marais, X, 464.

LA ROCHEFOUCAULD. Avoit fait la guerre aux rois, VI, 508. — On le rencontroit à la Société du Marais, X, 464.

LA ROCHEFOUCAULD (Ambr. Polyc. de), duc DE DOUDEAUVILLE. Sa démission en 1827, VII, 441.

LA ROCHEFOUCAULD-LIANCOURT (duc de). Ce qu'il dit d'une commission de surveillance de la censure, VII, 502.

La Rochejaquelein (Henri de). Conduit les paysans du Bocage, IX, 619. — Emporte Thouars, 619. — Sa conduite à Saumur, 621. — Blessé à Chollet, 624. — Élu généralissime, 624. — Qualités qu'il déploie sur l'autre rive de la Loire, 625. — Accepte la bataille à Laval, 625. — Il traverse la Loire à Ancenis, 628. — Il reparoît, 628. — Finit sa vie dans un combat obscur, 629. — Son costume, 634. — Sa bravoure, sa générosité, 634. — Son corps est déterré, 634-635.

La Rochejaquelein (Louis de). Combat et meurt dans les Cent jours, IX, 631.

La Rochejaquelein (M. de). Sert en Espagne, VII, 281. — Outragé dans l'affaire du général Canuel, 542. — Son mouvement sur les Asturies, XII, 340.

La Rochelle. Prise de cette ville, X, 339.

La Rouairie (le marquis de). Donne à Chateaubriand une lettre de recommandation pour Washington, VI, 45 ; 55.

Larroque ou Laroque. Son récit de la mort de Mme de Montbazon, X, 479. — Son livre *le Véritable motif de la Conversion de l'abbé de La Trappe*, 546-547.

La Rue (M. l'abbé de). Ses *Essais historiques sur les Bardes, les Jongleurs*, etc., XI, 481. — Sa mort, 482.

Las Amarillas. *Voy.* Amarillas.

Las Casas (Barthélemy de), se fait le patron des Indiens, II, 669-679.

Las Cases (M. de). Doit être cru lorsqu'il parle du prisonnier de Sainte-Hélène, IX, 48.

Lasthénès, personnage des *Martyrs*, IV, 22-259.

Latin. Il convient au culte catholique, II, 374. — Du latin comme source des langues de l'Europe latine, XI, 487. — Auteurs des différentes périodes de la langue latine, 487-488. — Altérations successives du latin, 488. — Époque à laquelle il se transforma en roman, 489. — Le latin parlé et le latin appris, 489. — Auteurs anglois qui ont écrit en latin au moyen âge, 540-541. — Milton voulut faire du latin la langue diplomatique universelle, 657.

Latitude. D'où vient cette expression impropre, VI, 9.

La Touche (M.). Met sous nos yeux une des réactions sanglantes de la contre-révolution napolitaine, IX, 51.

Latour (comte de). Assiste au congrès de Vérone, XII, 84. — Lettre de félicitation qu'il adresse à Chateaubriand, 355-356.

La Tour d'Auvergne. S'occupa toute sa vie de recherches savantes, VI, 508.

La Tour-Maubourg (le marquis de). Au pied du lit de mort du duc de Berry, IX, 567.

Latronien, poëte. Exécuté comme priscillien, IX, 287.

Latroun ou Larron. Village près de Jérusalem, V, 275.

Laud, archevêque de Cantorbery, conseiller de Charles Ier. Son portrait, X, 352. — Il est enfermé ; Strafford lui demande sa bénédiction, 370. — Laud passe ses mains à travers les barreaux et défaillit, 371. — Son exécution, 378.

Lauderdale. Chateaubriand l'a entendu parler pendant l'émigration, XI, 750.

Laure. Ce que Chateaubriand en dit dans une lettre, I, 7. — François Ier la fit déterrer pour la regarder, X, 488.

Laurenberg. Ce qu'il dit d'Athènes, V, 81.

Lauriston (maréchal). Commande la réserve en Espagne, VII, 281. — Devoit avoir le ministère de la guerre, 575, 576. — Il assiste comme ministre à la séance où Louis XVIII annonce l'intervention en Espagne, XII, 137. — Il dit que l'ordonnance d'Andujar a produit un bon effet, 305. — Il ouvre la tranchée devant Pampelune, 341.

Lautrec (Thomas de), prisonnier en Espagne, figure dans les *Aventures du dernier Abencérage*, III, 119 et suiv. — Sa romance, 126.

Lauzun (duc de). Il ramène en France la reine d'Angleterre, femme de Jacques II, et leur jeune fils, X, 440.

Lauzun (Biron duc de). Ses Mémoires ne sont pas plus immoraux que ceux des philosophes, I, 539.

Laval. Combat entre les républicains et les Vendéens, IX, 625-626.

La Valette (cardinal de). Passa à l'hôtel de Rambouillet, X, 462.

La Vallière (Mme de). Ses lettres au maréchal de Bellefonds, X, 542. — Abrégé de sa vie par l'abbé Lequeux, 542. — Sa profession, 542. — Joie qu'elle a eue de voir Rancé, 542.

Lavater. Perfection à laquelle il a porté l'art de la physionomie, I, 815.

Law. Bouleversement qu'il opéra dans l'État, I, 582. — Dans ses projets on retrouve le plan exécuté par Mirabeau, 582. — Il veut éteindre la dette au moyen de sa banque, X, 337. — Son système n'étoit qu'un jeu, 338.

Lazare, le pauvre. Sa maison à Jérusalem, V, 319-320.

Lazare (le moine). Peint son patron, II, 286.

Lear ou Leir (le roi). Sa légende recueillie par Milton, XI, 666-668.

Lebon (Joseph). Avoit été prêtre, VIII, 224. — Sa mission dans les départements, ses atrocités, IX, 64.

Le Bouteillier. Personnages célèbres qu'a fournis cette famille, X, 455-456. *Voy.* Rancé.

Le Brigant. Ce qu'il disoit du bas-breton, IX, 472.

Le Brun. Son tableau de la *Conversion de*

saint Paul, à Clermont, a été ratissé avec un sabre, VI, 334.

LEBRUN (Écouchard). Semble avoir redoublé de talents pendant la révolution, I, 311. — Ses élégies, 325. — Son portrait, 330. — Comment il a chanté les victoires de la république, 333.

LEBRUN (M. Pierre). A pensé que Chateaubriand s'intéressoit à ses travaux poétiques, XII, 201.

LECHEVALIER. Passa à Athènes en 1785, V, 92.

LECLERC. Il maintint dans ses ouvrages l'indépendance de la langue et de la pensée, X, 329.

LE COINTE (Charles). Ses *Annales ecclesiastici Francorum*, IX, 16.

LE COQ (Robert), évêque de Laon. Ce qu'il dit au dauphin aux états de 1356, X, 207-208.

LE COQ (Philippe). François devenu sauvage, I, 619. — Visité par Chateaubriand, 619. — Il ne regrette pas la civilisation, 619.

LECOUVREUR. Elle figure dans la correspondance de Voltaire, X, 557; XI, 760.

LECZINSKA (Marie), femme de Louis XV. Extraction de son corps de son tombeau à Saint-Denis en 1793, II, 631.

LEFEBVRE (maréchal). Ce que lui dit Louis XVIII à son arrivée à Compiègne, VII, 44.

LEGENDRE. Jugé comme historien, IX, 27.

LÉGER. Son crime se reproduit plusieurs fois dans l'histoire, VII, 461.

LÉGION ROMAINE. Sa formation, IV, 400.

LÉGION THÉBAINE. Sa fin racontée par Zacharie, IV, 105-106. — Son massacre, IX, 195.

LÉGISLATEUR. Petite quantité de législateurs qu'a fournis l'humanité, VIII, 601-602.

LÉGITIMITÉ. Elle peut tout braver avec la liberté de la presse, VII, 486. — Elle a obtenu la puissance en offrant la liberté, 510-511. — Elle est venue comme une liberté, 598. — Elle a péri par l'excès de son principe, VIII, 482. — Elle eût pu conduire le monde à une transformation insensiblement accomplie, XI, 790.

LEGRAS (Mlle). Aida saint Vincent de Paul dans ses œuvres de charité, II, 497.

LEGRIS (Jacques). Accusé par la dame de Carrouges ; tué en duel, X, 218-219.

LE GRIS-DUVAL (abbé). Un mot sur sa mort, VII, 580.

LEIBNITZ. Son système des *monades*, I, 546. — Il est l'auteur du *Calcul différentiel*, 546. — Sa correspondance avec Newton, 546. — Sa collection des *Scriptores Rerum Brunsvicensium*, IX, 10. — Ce qu'il écrit des faux mystiques, X, 571.

LEIF. Terres qu'il découvre avec Biorn, VI, 19.

LEIR (le roi). *Voy.* LEAR.

LE LABOUREUR (Jean). Jugé comme écrivain, IX, 26.

LE LONG (Jacques). Sa *Bibliothèque historique de la France*, IX, 16.

LEMAIRE. Fixe les limites de l'Amérique au sud-ouest, VI, 23.

LEMAITRE (Jean). Forcé de remplir les fonctions d'avocat du roi sous la Ligue, X, 292. — Ce que le premier président Lemaitre stipuloit dans ses baux avec ses fermiers, 311.

LEMOINE (père). Son poëme de *Saint Louis*, II, 153.

LEMONTEY. Il a présenté le règne de Louis XIV sous un jour tout nouveau, IX, 44.

LE NAIN (Pierre). A écrit la vie de Rancé, X, 455. — Sa mort, 481. — Il étoit l'ami et le confident de Rancé, 481. — Ce qu'il dit des *Motifs de la conversion de Rancé*, 481.

LENCLOS (Ninon de). *Voy.* NINON.

LENFANT (abbé). Sa mort à la prison de l'Abbaye, VII, 605-606.

LENNILÉNAPS, ou LÉNI-LÉLAPS. Nom sous lequel on réunit les Iroquois et les sauvages Delawares, VI, 184. — Leur migration, 184, 190. — Ce qu'ils sont devenus, 195. — Monuments des peuples qui habitoient les bords de l'Ohio avant eux, 235. — Époque à laquelle ils auroient expulsé les Allighewis, 264.

LENORMANT (M. Charles). A parcouru l'Égypte avec Champollion, IX, 98. — Dissertation de lui, 98. — Il s'occupe d'un *Essai sur la religion arcadienne*, 98. — Note de lui sur la triade égyptienne et sur la cérémonie du taurobole, 243-245. — Il a visité les tombeaux de Thèbes, XI, 754.

LÉON Ier (saint), pape. Vient traiter avec Attila, IX, 349. — Va au-devant de Genseric, 351.

LÉON X, pape. Merveilles de son siècle, II, 502-503. — Il succède à Jules II, X, 240. — Sa mort ; ce qu'il disoit à Raphaël, 243. — Il faisoit vendre en Allemagne des indulgences pour terminer Saint-Pierre, XI, 547. — Il trouvoit Luther un beau génie, 547. — Il le somme de comparoître à Rome, 547. — Il sollicite l'électeur de Saxe de lui livrer Luther, 548. — Éloges que Luther adresse à Léon X, 548. — Ce que Pallavicini dit de Léon X, 548. — Léon X prépare la bulle de condamnation contre Luther, 548.

LÉON Ier. Élu empereur d'Orient après la mort de Marcien, IX, 352. — Il envoie Anthème comme empereur à Rome, 352.

LÉON LE NÉOPHYTE. Nommé pape à la place d'Octavien, chassé par celui-ci, X, 106; XI, 544.

LEONDARI. Est-ce Leuctres ou Mégalopolis ? V, 130.

LÉONIDAS Ier. Son tombeau, IV, 495. — Recherches de son tombeau à Sparte, V, 156.

LÉONIDAS II, roi de Sparte. Forcé à la fuite, I, 512. — Rappelé par ses compatriotes, 513.

— Condamne son gendre Cleombrotus à l'exil, 513.
Léonora. Vers que lui adresse Milton, XI, 635-636. — Ce qu'elle étoit, 639.
Léopold, succède à Joseph II, I, 428. — Son caractère, 428. — Les François exigent qu'il défende les rassemblements d'émigrés dans ses États, 431. — Il semble obéir en tenant une conduite opposée, 432. — Sa mort, 435-436.
Lépante (bataille de). Son souvenir est européen, X, 264.
Le Pelletier. Ses deux fils font leurs classes avec Rollin; attachement des trois condisciples, VI, 477-478.
Lequeux (abbé). Éditeur de plusieurs opuscules de Bossuet, est auteur d'un *Abrégé de la vie de Mme de La Vallière*, X, 542.
Lerminier (M.). Ce qu'il dit de la lecture de l'*Histoire* d'Hérodote aux Jeux olympiques, XI, 746.
Lerne. Ses marais actuels, V, 161.
Leroi. Son voyage en Grèce, V, 91.
Leroux (M. Pierre). Ce qu'il dit du type abstrait de la poésie de notre âge, I, 115-116.
Leroy (l'abbé). Sa dissertation *sur les Humiliations*, contre Rancé, X, 562.
Leroy, curé de Rouen. Comment il a traduit Milton, XI, 7.
Lesbos. Se distinguoit par sa corruption, I, 405. — Comparaison d'Aristote sur les mœurs lesbiennes, 405.
Lescure. Général vendéen, IX, 618. — Délivré à Bressuire, 619. — Blessé à Saumur, 620. — Il disperse trente-deux mille réquisitionnaires à Thouars, 622. — Blessé à mort à La Tremblaye, 623. — Il reste avec l'armée, 624. — Expirant, il harangue l'armée à Laval, 625. — Sa mort, 626. — Sa tombe, 626. — La religion sembloit dominer en lui; il portoit un cilice, 635.
Lesdiguières. Conduit les protestants du Dauphiné, X, 269.
Lèse-majesté. Tibère inventa ce crime; il en avoit fait une loi de finances, VII, 596.
Létolde. Monte le premier sur les murs de Jérusalem, V, 385.
Le Tourneur. Sa traduction des *Nuits* d'Young, VI, 382-383.
Lettres (Belles-). Qui doit les cultiver, VI, 502. — Charme que l'on trouve dans les lettres, 503. — Elles consolent Cicéron, 504. — La gloire des lettres est la première de toutes les gloires, 532.
Leucippe, philosophe de l'école éléatique, I, 534.
Leudes, ou Fidèles. Où ils avoient le droit de juridiction, VIII, 179. — Comment ils rendoient leurs arrêts, 181. — Ce qu'ils étoient auprès du roi, X, 81.
Levant. Ses missions, II, 440-443. — La France a détruit la piraterie dans les stations du Levant, V, 176.
Levavasseur (général). Condoléances que lui adresse le duc de Berry sur la perte de son fils, IX, 554.
Lévis (M. le duc de). Nommé chevalier d'honneur de la duchesse de Berry, IX, 540. — Rencontre à Londres, X, 489.
Lévites. Caste sacrée chez les juifs, I, 410.
Lewis. Son roman *Le Moine*, XI, 764.
Lezay-Marnesia, préfet du Lot. Son intervention dans les élections, VIII, 510, 514, 519, 520-522.
L'Hospital, chancelier de France. Sa vie, son testament, VI, 330-331. — Fait rendre l'édit de Romorantin, X, 259. — Il se retire de la cour, 264. — Son portrait par Brantôme, 312. — Son courage à la Saint-Barthélemy, 312. — Son testament, 312. — Il vécut pauvre et se consoloit avec les muses, 312.
Libanius. — Ce qu'il dit de la mort de Julien, IX, 263. — Combien il regrette ce prince, 265-266. — Il échappe avec peine à l'accusation intentée contre les magiciens, 271. — Compose l'oraison funèbre de Valens et de son armée, 283. — Il demande le respect des temples à Théodose, 301-304. — Ce qu'il dit des moines, 304. — Commerce de lettres avec saint Basile dont il avoit été le maître, 315. — Il le félicite de la voie qu'il a prise, 315. — Basile lui envoie de jeunes Cappadociens à instruire, 315. — Éloge qu'il fait de Basile, 315. — Éloge que Basile fait de Libanius, 315.
Liberales, parti espagnol, XII, 8.
Libéralisme. Principes des libéraux, VII, 241-243.
Libère, pape. Répond avec fermeté à l'empereur, IX, 226. — Exilé en Thrace, 226. — A quelle condition l'empereur consent à le rappeler, 226-227.
Liberté. Ce qu'en disoit Chateaubriand dans son discours de réception à l'Institut, I, 214. — Est-il une liberté civile, 461-468. — Le principe de la souveraineté du peuple n'est d'aucun intérêt pour la liberté, 476. — La liberté sort du droit de nature, 476. — Elle ne doit et peut supporter d'autre règle que la loi, 476. — C'est une folie que de vouloir donner la liberté républicaine à un peuple qui n'a plus de vertus, 495. — La liberté doit être mesurée sur les lumières des peuples, 495. — Elle ne sauroit vivre qu'au sein des bonnes mœurs, 617. — Qu'est-ce que la liberté politique? 617-618. — La liberté de la nature, 621. — On peut arriver à la liberté par les mœurs ou les lumières; sans elle on ne peut la garder, III, 172. — La liberté fille des mœurs, et la liberté fille des lumières, VI, 53. — La liberté primitive, 75. — La liberté étoit le plus précieux des trésors que

renfermoit l'Amérique, 210. — Avantages de la liberté fille des lumières sur la liberté fille des mœurs, 211. — La liberté peut exister sous toutes les formes de gouvernement, VII, 480. — Elle ne peut périr en France, 480. — Gouvernements qui ont succombé parce qu'ils ne l'ont pas respectée, 480. — La France, folle de l'égalité, ne se soucie guère de la liberté, 598. — Le parti de la révolution n'est pas le parti de la liberté, VIII, 18-20. — La liberté est le sentiment des âmes élevées, 18. — Les royalistes veulent la liberté, 19. — Il y a deux espèces de liberté, 124-125. — Sous un gouvernement représentatif aucune liberté ne doit être entravée, 295. — Il est de la nature de la liberté que les droits de cette liberté soient quelquefois suspendus, 225. — La liberté est le droit des peuples, IX, 101. — Elle n'existe point exclusivement dans la république, 102. — La liberté est de droit naturel et non de droit politique, 102. — La liberté est un principe qui ne se perd jamais, mais elle est souvent usurpée, 102. — La liberté sous les différentes formes de gouvernement, 103. — La liberté chez les anciens et chez les modernes, 103. — La liberté moderne, 104.

LIBERTÉ DE LA PRESSE. *Voy.* PRESSE.

LIBERTÉ INDIVIDUELLE. Opinion sur le projet de loi relatif à la suspension de la liberté individuelle, VIII, 325.

LIBIUS SÉVÈRE. Nommé empereur par Ricimer, IX, 352. — Ricimer le fait empoisonner, 352.

LIBRE EXAMEN. On a prétendu à tort qu'il fut le principe constitutif de la réformation, XI, 560-561.

LIC. Ce qu'on appelle ainsi en Amérique, VI, 84.

LICINIUS. Nommé auguste par Galérius, IX, 199. — Partage avec Maximin Daïa les États de Galérius, 199. — Il s'allie avec Constantin, 199. — Bat Maximin Daïa à Héraclée, 200. — Se brouille avec Constantin, 200.

LICKING. Anciens ouvrages que l'on trouve sur ses deux rives, VI, 241, 242-244.

LIDO. Souvenir de lord Byron, XI, 786-787.

LIEUX SAINTS. Décrits par Eusèbe, saint Cyrille et saint Jérôme, V, 99.

LIEVEN (le comte de). Arrive à Vérone, XII, 34. — Il se plaint de la froideur du prince de Polignac, 430.

LIEVEN (la comtesse de). Vient à Vérone, XII, 35. — Charge M. de Marcellus de faire ses félicitations à Chateaubriand, 248.

LIGNY (le père de). Son *Histoire de la vie de Jésus-Christ*, VI, 467. — Biographie, 467.

LIGONIER, général républicain, battu par les Vendéens, IX, 619.

LIGUE. Tableau qu'en fait Pasquier, I, 578-580. — Son histoire, sa formation, X, 269. — Elle sauva la religion catholique en France, 270. — Guerres de la ligue, 272. — Sixte-Quint la désapprouve, 272. — Pertes occasionnées par la ligue, 324. — Rôle de la presse sous la ligue, 326. — Ce qu'étoit la ligue ; ce qu'elle fit, XI, 719-720.

LIMAGNE. Célèbre par sa beauté, VI, 334. — Peinture qu'on en fait, 334. — D'où vient son nom, 335. — Vue de son bassin, 335-336.

LINCESTRE, curé de Saint-Gervais. Prêche contre Henri de Valois, après la mort des Guises, X, 292-295.

LINDO. Solitaire de Port-Royal, X, 527.

LINDSAY, ministre de Charles Ier, offre de mourir à sa place, X, 389.

LINGARD (le docteur). Son *Histoire d'Angleterre*, IX, 42. — L'histoire le rappelle, XI, 738.

LINIERS. Fait échouer une expédition angloise contre Buenos-Ayres, VI, 215.

LIONNES. A l'hôtel de Rambouillet on donnoit ce nom aux jeunes femmes blondes, X, 461.

LISLE (Rouget de). L'hymne des Marseillois, I, 335-336.

LITERNE. *Voy.* PATRIA.

LITTÉRATURE. Querelle entre les partisans des ouvrages étrangers et les partisans de l'ancienne école, VI, 397. — Dans tous les temps on accuse la littérature actuelle de stérilité, 509.

LIVERPOOL (lord). Mène Chateaubriand dîner à sa campagne et lui montre la maison où mourut Pitt, XI, 752. — Son discours pour la guerre contre la France en 1815 ; sa déclaration contre la guerre d'Espagne en 1823, XII, 166. — Il accuse Chateaubriand d'avoir changé d'opinions, 187, 235. — Il fait l'éloge du duc d'Angoulême devant le Parlement, 417. — Son discours sur l'indépendance des colonies espagnoles, 422-423.

LIXA, fleuve reconnu par Hannon, I, 371.

LIZET. Sa lâcheté, VI, 334.

LLOYD. *L'Acteur*, XI, 738.

LOCKE. Sa philosophie, I, 546. — Ce qu'il dit de notre ignorance, II, 298. — On entend rarement parler de lui en Angleterre, VI, 372. — Son ouvrage sur l'éducation, 438. Il fit de très-mauvais vers en l'honneur de Cromwell, XI, 629. — La philosophie le compte parmi les écrivains du temps de Charles II, 715. — Ce qu'on pensoit de Locke en Angleterre de 1792 à 1800, 747.

LOCKERT. S'est occupé des langues de l'Asie, XI, 726.

LODBROG, poëme lyrique, IX, 434.

LOIGNAC. Enfonce son épée dans les reins du duc de Guise, X, 289.

LOIS. Les lois morales de divers peuples comparées, II, 51 et suiv. — Influence du christianisme sur les lois civiles et criminelles,

514-517. — Les lois politiques naissent avant les lois civiles ; comment elles se forment, VI, 177. — Dangers d'enseigner la philosophie des lois, VIII, 4-5. — Comment se préparent les lois, 61-62. — Publications des lois barbares, IX, 8-9. — Il étoit de principe en Angleterre qu'une loi n'est jamais abolie, XI, 725.

LOKE. Artisan des tromperies chez les Scandinaves, IX, 444.

LOKMAN. Grand homme des Arabes, I, 410. — Ses fables nous sont parvenues, 410.

LOMBARD (Pierre). Ses erreurs, XI, 543.

LOMBARD (père). Fondateur de mission en Guiane, II, 458.

LOMBARDIE. Beauté de ce pays, VI, 274.

LOMBARDS. Leur origine, IX, 171.

LOMÉNIE. Pourquoi Catherine de Médicis le fait étrangler, X, 304.

LONDONDERRY (lord), vicomte Castlereagh. Se coupe la gorge, XII, 33.

LONDONDERRY (le marquis de), comte VANE. Arrive à Vérone, XII, 34.

LONGIN. Maître de Zénobie, pris à Palmyre par Aurélien et condamné à mort, IX, 183.

LONGINIEN. Ce qu'il écrit à saint Augustin, IX, 314. — Ce que lui répond saint Augustin, 314-315.

LONGITUDE. D'où vient cette expression impropre, VI, 9.

LONGUEVILLE (duchesse de). Héroïne de la monarchie parlementaire sous la minorité de Louis XIV, X, 330. — Mme de Montbazon lui attribue deux billets de Mme de Fouquerolles, Mme de Longueville exige une réparation, 472. — La reine se range de son côté, 472. — Ce qu'elle répond aux excuses de Mme de Montbazon, 473.

LONGUEVILLE (hôtel de). Dérivation de l'hôtel de Rambouillet, X, 464.

LOPE DE VEGA. *Voy.* VEGA.

LOPEZ, père d'Atala, III, 21, 41, 243-247.

LORRAIN (Claude). Paysages de lui à la galerie Doria, VI, 290-291. — La lumière de ses paysages est celle de Rome, 309.

LORRAINE (cardinal Charles de). Il avoit des liaisons intimes avec Catherine de Médicis, X, 259. — On dit qu'il avoit conçu l'idée du massacre des chefs huguenots au concile de Trente, 263. — Sa mort, 268.

LOTHER, fils de Hlovigh le Débonnaire, associé à l'empire, X, 24. — Vaincu à Fontenai, 24. — Retiré à Aix-la-Chapelle, il lève une nouvelle armée, 25. — Il meurt en habit de moine, 25.

LOTHER, fils de Hlovigh d'Outremer, est élu roi, X, 27. — Ses états sont presque réduits à la ville de Laon, 27. — Sa mort, 27.

LOUIS I-IV. *Voy.* HLOVIGH.

LOUIS V, dit le Fainéant. Fut le dernier roi de la race karlovingienne, X, 27. — Régna un an, 27. — Meurt empoisonné, 27. — Il ne laissa point de postérité, 27.

LOUIS VI, dit le Gros. A été sacré à Orléans, IX, 612. — Son royaume, X, 51. — Il guerroie contre ses vassaux, 51. — A-t-il affranchi les communes et créé la bourgeoisie ? 52-53.

LOUIS VII, dit le Jeune. Ce que vit son règne, X, 54. — Revenu de la croisade, il répudie Éléonore d'Aquitaine, 54.

LOUIS VIII. Ouverture de son tombeau à Saint-Denis en 1793, II, 637. — Son courage et sa douceur, X, 58. — Son surnom, 58. — Il choisit son fils aîné pour lui succéder, 58. — Ses règlements, 58.

LOUIS IX. Son portrait par Voltaire, II, 329. — Ouverture de son tombeau à Saint-Denis en 1793, 638. — Son départ pour sa seconde croisade, V, 455. — Il rendoit la justice à Vincennes sous les chênes, 456. — S'embarque, 456. — Motifs qui le portèrent à attaquer Tunis, 456. — Il assiège Carthage, 457. — Il perd un de ses fils, 457. — Instruction à son fils Philippe, 458-459. — Sa mort, 459-461. — Comment il fut fait prisonnier, 475-476. — Il voit périr le soudan devant lui, 476-477. — Ses instructions à son fils, VI, 495-496. — Saint Louis est l'homme modèle du moyen âge, X, 58. — Les *Établissements* de saint Louis, 59. — Son départ d'Aigues-Mortes, sa mort, 59. — Ses pièces de monnoie portées en reliques, 59. — Charte qu'il accorde à l'abbaye de la Trappe, 496. — Il fut obligé de fermer les yeux sur les désordres qui régnoient dans son armée, XI, 59.

LOUIS X, le Hutin. Ouverture de son tombeau à Saint-Denis en 1793, II, 636. — Fils aîné de Philippe le Bel, il lui succède, X, 68. — Déshonoré par sa femme, 69. — Il ôte sa main d'Enguerrand de Marigny, 69. — Une calamité générale semble venger l'injustice du supplice de Marigny, 70. — Ordonnance pour l'affranchissement des serfs, 70-71. — Il rappelle les juifs, 72. — Mort de Louis X, ses qualités, 72-73.

LOUIS XI. Ne fut point enterré à Saint-Denis, III, 563. — Son caractère, VI, 567-568. — Fait l'essai de la monarchie absolue, IX, 79. — Se révolte contre son père, X, 227. — Son caractère, 230. — Ses victimes, 231. — Il ne veut pas qu'on fasse de prisonniers, 231-232. — Ce qu'il écrit au chancelier, 232. — Il avoit l'idée des chaînes et des tortures ; ses caprices, sa domination, 232. — Sa politique, 232-233. — Ce qu'il vouloit, 233-235. — Sa mort, 235. — Les protestants jetèrent ses cendres au vent, 235.

LOUIS XII. Ouverture de son tombeau à Saint-Denis en 1793, II, 636. — Il épouse la fille de Louis XI, X, 236. — Il s'oppose à la régence d'Anne de Beaujeu, 237. — Il est pris par La Trémoille, 237. — Son surnom, 238. — Mot de lui en parvenant au trône, 238. — Il épouse la veuve de Charles VIII, 238. — Il porte la guerre en Italie, 239. — Il ouvre les états de Tours, 239. — Il perd le Milanois, 240. — Il perd sa femme, 240. — Il regagne le Milanois et le reperd, 240. — Il épouse Marie, sœur de Henri VIII, 240. — Sa mort, 240. — Son gouvernement, 240-241.

Louis XIII. Ouverture de son tombeau à Saint-Denis en 1793, II, 631. — Mésintelligence entre lui et sa mère, X, 329. — Mort de Louis XIII, 330. — Son règne, 330.

Louis XIV. La révocation de l'édit de Nantes, I, 581. — Réformes et améliorations projetées, II, 316, 594. — Peinture du siècle de Louis XIV dans une *Épître* en vers, 602-603. — Son siècle vanté par Voltaire, 608-611. — Extraction de son corps à Saint-Denis, 631. — Sa cour visitée par Chactas, III, 248-252. — Son siècle n'est pas le siècle des arts en France, VI, 330. — Son visage étoit tout noir dans son tombeau, 459. — Sur ses *Mémoires*, 491 et suiv. — Son portrait, 492. — Ce qu'il dit des flatteurs, de la circonspection des souverains, 493-494. — Ses réflexions sur le *métier* de roi, 495. — Ses instructions à Philippe V, 495. — Passage sur l'amour des femmes, 496. — Son éducation, 497. — Ce qu'il dit de la France, 497. — Sa grandeur d'âme, 498-499. — Passage tiré de ses *Mémoires*, 499-500. — Sa monarchie absolue étoit une nécessité, IX, 90. — Il chercha à donner à notre territoire ses limites naturelles, 90. — Mal qu'il fit à sa famille, 90-91. — Il n'étoit pas d'une haute stature, 579. — Devenu majeur, il entre au Parlement avec un fouet, X, 330. — Son mariage avec l'infante Marie-Thérèse, 331. — Ses guerres, ses conquêtes, ses généraux, 331. — Jugement sur son règne, 332. — Il vouloit imposer ses bâtards à la France comme monarques légitimes, 332. — Tout devint individuel sous Louis XIV, 332. — Parallèle entre Louis XIV et Napoléon, 333. — Ses conquêtes sont restées à la France, 334. — Louis XIV ne faisoit aucune distinction dans ses choix, 334. — Ses forces militaires, 335. — Il posa sa volonté pour règle, 335. — Mal qu'il fit à sa famille, 336. — Marche de l'esprit humain sous son règne; projets utiles, 336-337. — Le peuple insulta le cercueil de Louis XIV, 337. — Rôle odieux que joua Louis XIV vis-à-vis de Charles II et de Jacques II, 433-434. — Offres qu'il fit à Jacques II, 439. — Il reçoit Jacques II à Saint-Germain, 443. — Il lui donne une flotte, 444. — Il arme encore pour Jacques II, 444. — Forcé de reconnoître Guillaume III, il vouloit lui faire adopter le fils de Jacques II, 444. — Comment Mme de Maintenon parvint à devenir sa femme, 466. — Il suivoit Madame Henriette d'Angleterre à Fontainebleau, 466. — Mme de Maintenon ne le trouve plus amusable, 467-468. — Louis XIV et Napoléon, 495. — La liberté sous Louis XIV, 500. — A Port-Royal il a enseigné les exhumations à ses sujets, 528. — En croyant entraver Charles II, il renversoit Jacques II, XI, 716. — Il fut l'Espagne même transportée sur le trône de France, XII, 6.

Louis XV. Son règne, I, 535. — Extraction de son corps à Saint-Denis en 1793, II, 634. — Son règne est l'époque la plus misérable de notre histoire, VI, 540. — Sa mauvaise éducation, IX, 91. — Faits et mœurs de ce temps, 91. — Son règne déplorable, 91-92. — Sous son règne les idées ont le champ libre, 93. — A son avènement tout étoit préparé pour le changement des mœurs, de la religion et des lois, X, 338. — Le duc de Bourbon le marie à la fille de Stanislas Leckzinski, 338. — Après la mort du cardinal de Fleury, Louis XV gouverne par lui-même, 338. — Il tombe malade à Metz ; surnom que lui donne la France, 338. — Bataille de Fontenoy, 338. — Querelles parlementaires et jansénistes, 338. — Damiens attente à la vie du roi, 338. — Les maîtresses de Louis XV, 339. — Comment son règne finit, 340. — Sa mort, 340. — Son règne déplorable, 340. — Ses ministres, 340-341.

Louis XVI. — La Convention n'avoit aucun droit de le juger, I, 518-519. — La place de son exécution, 520. — Sa mort, 523-524. — Article de Carra sur la mort de Louis XVI, 525. — Réclamations de Sanson, 525. — Récit du bourreau, 525-526. — Réflexions sur ce document, 526-527. — Parallèle entre sa mort et celles de Charles Ier et d'Agis, 527-528. — Il n'avoit parlé que deux fois à Chateaubriand, 529. — Son portrait, 529. — Chateaubriand en parloit sans doute moins favorablement dans son exemplaire confidentiel de l'*Essai sur les révolutions*, 529. — Mauvaise plaisanterie qu'il fait à un seigneur à la chasse, 529-530. — Son caractère, 530. — Louis XVI défendu par M. de Malesherbes, VI, 537. — Fin du plaidoyer de M. de Sèze, 537. — M. de Malesherbes lui annonce sa condamnation, 537. — Il console son défenseur, 538. — Sa magnanimité, VII, 25. — Anniversaire de sa mort, 267-268. — On doit fouiller le cimetière de la Madeleine pour retrouver ses restes et les porter à Saint-Denis, 269-270. — Monument qu'on doit lui élever sur la place Louis XV, 270-271. — On doit élever une chapelle expiatoire sur l'emplacement du cimetière, 271-272. — Ses ossements retrouvés, VIII, 199. — Sa protestation contre tout ce qui avoit été fait avant le 20 juin 1791, 285. — Il se repent d'avoir laissé prendre les biens de l'Église, 286. — Sa mort, IX, 57-58. — Louis XVI commença l'application des théories inventées par les économistes et les encyclopédistes, 93. — Son règne, sa mort, 93. — Sa naissance, X, 339. — Son mariage avec une archiduchesse d'Autriche, 340. — Ce qu'il fit, 343. — Réflexions sur sa catastrophe, XI, 624. — Question d'une Angloise sur l'habillement de Louis XVI à sa mort, 752. — Il choisit Tronchet et Target pour le défendre, XII, 480. — Il accepte Malesherbes et de Sèze, 480. — Ce qu'il dit à Malesherbes, 482. — Il veut que de Sèze supprime sa péroraison, 482. — Comment il remercie ses défenseurs, 482-483. — Sa mort, 483.

Louis XVII. Il faut lui élever un monument, VIII, 200. — On apprend sa mort à l'armée de Condé, 500. — Éloge que fait de lui Louis XVIII, 588.

Louis XVIII. Son gouvernement, I, 217. — Sa position dans l'exil, 500-501. — Ce qu'il a dit de l'écrit *De Buonaparte et des Bourbons*, VII, 6. — Il est le roi qui convient le mieux aux François, 31-32. — Son arrivée à Compiègne, 43. — Réception des maréchaux, 44. — Enthousiasme pour lui, 45.— État de la France au 4 octobre 1814, 46-53. — Ce que le roi trouva en arrivant, 48. — Bonheur de la France, 49. — Sa constitution, 50. — Sagesse de son administration, 51. — Liberté qu'il laisse aux François, 52. — Bonté pour ses ennemis, 53. — Son caractère a rendu la confiance, 72. — La liberté est complète sous son gouvernement, 73-74. — Sa magnanimité, sa douceur, 74-75. — Il a dû reprendre les anciennes formules dans les actes émanés du trône, 75-78. — Pouvoit-il laisser tous les fonctionnaires en place, 79. — Son gouvernement n'étoit pas despotique, 129. — Ses ministres étoient d'accord sur la nécessité de conserver la charte, 130. — Ce qu'il se proposoit de faire lorsque Buonaparte revint de l'île d'Elbe, 132. — Actes de fidélité au roi, 132-133. — Ordonnance signée à Gand le 20 mai 1815, 153-154. — Erreur de ses trois premiers ministères, 195 et suiv. — Son discours à l'ouverture de la session sur la guerre d'Espagne, 280. — Il avoit demandé à l'Angleterre d'être conduit en Vendée, 345. — Sa restauration, 529. — Fautes de son gouvernement, 529 et suiv. — Louis XVIII proclamé roi à l'armée de Condé, IX, 500. — Le roi à l'armée de Condé, 501. — Un assassin tire sur lui à Dillingen, 501. — Le roi assiste au service célébré pour Charette à l'armée de Condé, 501-502. — Il reçoit la reine et Madame, fille de Louis XVI, à Mittau, 507. — Forcé de quitter la Saxe, il va à Mittau et passe en Angleterre, 520. — Sa réponse à Buonaparte, qui lui avoit fait proposer de renoncer au trône de France, 522. — Louis XVIII arrive à Compiègne, 534. — Il se rend auprès du duc de Berry frappé mortellement, 568. — Il demande en latin à Dupuytren l'état du prince, 569. — Refuse de s'aller coucher, 569. — Il ferme les yeux et la bouche du prince, lui baise la main et se retire, 571. — Sa lettre au régiment irlandois de Berwick, 583. — Sa lettre au prince de Condé sur l'affaire de Berstheim, 585. — Sa lettre au duc de Bourbon pour le féliciter sur sa conduite à Berstheim, 586. — Lettre de félicitations au duc d'Enghien, 586. — Sa lettre au prince de Condé sur la mort de Louis XVII, 588. — Sa protestation contre l'avis que lui donne le sénat de Venise d'avoir à sortir des États de la république, 589. — Lettre au prince de Condé sur le mariage du duc d'Angoulême avec sa cousine, 591. — Réponse de Louis XVIII à M. Meyer, président de la régence de Varsovie, aux propositions que lui fait Buonaparte, 594-595. — Il remercie le prince de Condé de son adhésion à sa réponse, 595-596. — Récit de son départ de Mittau, 597-602. — Adieux à ses gardes du corps, 597-598. — Son départ, 598. — Son voyage, 598-599. — Arrive à Memel, 599. — Il est rejoint par ses gardes du corps, 600. — Il part pour Kœnigsberg; arrive à Varsovie, 601. — Bons procédés de l'empereur qui succède à Paul Ier, 602. — Retour du roi en France, 607. — Il comprenoit son siècle et étoit l'homme de son temps, 608. — Son règne, 609. — Ses douleurs, sa mort courageuse, 609. — Ses derniers moments, 610. — Il refuse le mariage du duc de Berry avec la sœur d'Alexandre Ier, XII, 95. — Il détestoit Chateaubriand par jalousie littéraire, 119. — Chateaubriand parvint cependant à lui plaire, 120. — Ce que le roi faisoit au conseil, 120. — Il n'avoit guère plus de penchant pour M. de Montmorency, 120. — Discours dans lequel il annonce l'intervention en Espagne, 137-138. — Parle de littérature à Chateaubriand, 182-183. — La cantate de Circé et les bords du Rhin, 183. — Le roi est très-irrité de la réponse de M. de Caraman aux prétentions de Naples sur l'Espagne, 265, 266. — Il charge Chateaubriand de répondre à Ferdinand VII, 344-345. — Il veut donner le cordon de ses ordres à M. de Villèle, 356. — Est forcé de le donner à Chateaubriand, 357. — Il avoit le sentiment de la dignité nationale, 460. — Il n'a jamais perdu le souvenir de la prééminence de sa race, 460.

— Cette foi dans son sang lui a rendu deux fois le sceptre, 461. — Il offre une tabatière à de Sèze, 486.

LOUIS-PHILIPPE. *Voy.* ORLÉANS.

LOUIS DE PAVIE (frère). Son dévouement envers les pestiférés, V, 231.

LOUIS (baron). Son ministère des finances en 1814 et son retour aux affaires, VII, 566-568. — Ses nouvelles mesures financières, 582-583. — Il sacrifie les intérêts de la propriété à un fol agiotage, 589. — Comme quoi il étoit à Gand, 622. — Erreurs de son budget, VIII, 3-4.

LOUISE DE SAVOIE, mère de François Ier. Ouverture de son tombeau à Saint-Denis, en 1793, II, 639.

LOUISE DE FRANCE, carmélite, fille de Louis XV. Exhumation de son corps en 1793, II, 641.

LOUISE-MARIE-THÉRÈSE D'ARTOIS. Sa naissance, VIII, 31.

LOUISE, reine de Prusse, son tombeau, dialogue en vers, III, 566-568. — Conduite de Buonaparte envers elle, VII, 37. — Vers que lui adresse Kœrner, XI, 749.

LOUISON (la belle). *Voy.* LA MARDELIÈRE.

LOUP. Les loups d'Amérique; le loup cervier, VI, 107. — Comment les Indiens les chassent, 147-148. — Comment les loups prennent des bisons, 153.

LOUP (saint). Sauve Troyes de la dévastation d'Attila, IX, 469. — Dans sa retraite, Attila se fait escorter par saint Loup, 469.

LOUTRE. Sa chasse, VI, 147-148.

LOUVEL. Comment son crime est isolé, VIII, 52. — Il frappe le duc de Berry, IX, 559. — Son arrestation, 560. — Arme qu'on trouve sur lui, 560. — Sa première déclaration, 567. — Sa confrontation avec sa victime, 573-574.

LOUVRE. Projet d'embellissement, VIII, 620-621. — La grosse tour du Louvre étoit le fief dominant, X, 85.

LOVELACE (le colonel Richard). Il fut le barde du principe monarchique en Angleterre, XI, 712. — Enfermé dans Gate-House à Westminster, il compose une chanson longtemps redite par les *cavaliers*, 712. — Il étoit rempli de mille séductions, Richardson emprunta peut-être son nom pour son héros en souvenir de ses grâces, 713. — Il mourut abandonné dans l'obscurité et la misère, 713. — La pauvreté le dévora, 721.

LOWTH. Son livre *de Sacra Poesi Hebræorum*, II, 712.

LUC (saint). Son Évangile, II, 263. — Son langage, son style, VI, 470-471. — Beautés de son Évangile, 471-472.

LUCAS (Paul). Son voyage, V, 89. — Ce qu'il dit d'Athènes, 90.

LUCIEN. Le *Philopatris* n'est pas de lui, IX, 364-366. — Ce qu'il dit de l'empressement des chrétiens à se secourir, 372. — Dans ses *Dialogues des dieux* il flagelle en riant les turpitudes de la mythologie, 398-399. — *Dialogue des amours* qu'on lui attribue, 407-408. — Lucien nous apprend les leçons que se donnoient entre elles les courtisanes, 409. — Son *Dialogue des courtisanes*, 409-410. Dans l'*Hermotine* ou *les Sectes*, il achève de ruiner la philosophie, 424.

LUCIFER, conseil qu'il tient, IV, 123-127. — Pourquoi Satan portoit ce nom dans le ciel avant sa chute, XI, 261.

LUCIFER, de Cagliari. Menace l'empereur Constance, IX, 225-226. — En quels termes il apostrophe Constance à propos d'Athanase, 387-388. — Il étoit légat du pape Libère, 388.

LUCILE, poëte. Se moque des dieux de Numa, IX, 417.

LUCIUS. Il veut tuer Théodose, une vision l'effraye, IX, 309.

LUCRÈCE. Essaya de remplacer les dieux par le néant d'Épicure, IX, 417.

LUDE (Jean de). Un des principaux conseillers de Louis XI; comment il l'appeloit, X, 236.

LUDLOW. Cromwell lui jette un coussin à la tête, X, 388. — Comment il travestit la dernière entrevue de Charles Ier et de Juxon, 390. — C'étoit un parlementaire décidé, 412. — Remarque qu'il fait sur l'alliance de Cromwell avec la France, 416. — Il s'enfuit, 427. — Il revient en Angleterre après la chute de Jacques II, 442. — Son exaltation républicaine, XI, 716.

LUERIUS, roi des Arvernes. Distributions qu'il faisoit à ses sujets, VI, 326.

LULLIN (Mme). Stances que lui adresse Voltaire, X, 557. — Et non à Mme Du Deffand, XI, 761.

LUMSDEN. S'est occupé des langues de l'Asie, XI, 726.

LUNE. Sert à diviser l'année chez les Indiens, VI, 133. — Noms que reçoivent les douze lunes de l'année, chez les Indiens, 133-134.

LUNEAU DE BOISJERMAIN. Sa traduction interlinéaire du *Paradis perdu* de Milton, XI, 7.

LUPICINUS, général de Valens. Attaque les Goths, est vaincu, IX, 279.

LUSIGNAN (Château de). Bâti par la fée Mélusine, X, 123.

LUSIMEL (André). Prêcha le christianisme aux Mongols, VI, 15.

LUTÈCE. Description par Eudore, IV, 128-129. — Sources historiques, 435-438. — Décrite par Julien, IX, 220-221.

LUTHER. Érasme lui avoit préparé le chemin, I, 578. — Il ouvrit la voie à Calvin, 578. — Pourquoi la réformation et ses scènes de carnage, 578-580. — Il s'élève contre les indulgences, X, 242. — Sa mort, 246. — Lorsqu'il parut la réformation étoit dans tous les esprits, XI, 545-546. — Il étoit fils d'un paysan, 546. — Ce qu'il dit de sa vie, 546. — Sa naissance, son enfance, 546. — Ses études, 546. — Il se fait moine, puis prêtre, 546. — Il part pour Rome, afin de raffermir ses croyances, 546. — Ce qu'il vit à Rome, 547. — Il s'élève contre les abus des indulgences, 547. — Léon X trouvoit Luther un beau génie, 547. — Il dispute avec le légat Caïetano, 547. — L'électeur de Saxe refuse de livrer Luther au pape, 548. — Luther publie son livre *De la captivité de Babylone*, 548. — Ce que Luther dit à Léon X, 548. — Bulle de condamnation, 548. — Ce que Luther dit à Érasme, 549. — Il se déclare pour la grâce contre le libre arbitre, 549. — Il s'adresse aux nobles, 549. — La diète de Worms fut son triomphe, 550-551. — Un ban impérial frappa Luther et ses adhérents, 551. — L'électeur de Saxe l'enferme dans le château de Wartbourg, 551. — Ce qu'il y éprouvoit, 551. — Comment il écrit à l'archevêque de Mayence, 551. — Il se prononce contre les vœux monastiques, 551. — Il n'approuvoit pas les théologiens démagogues, 552. — Il publie sa traduction de la Bible, 553. — Il répond à Henri VIII, 552. — Il se brouille avec Carlostadt et écrit contre lui, 552. — Il ne peut arrêter la révolte des paysans, 552. — Sa réponse aux douze articles des paysans de la Souabe, 553. — Il ne pardonna jamais à Érasme son *De libero arbitrio*, 553. — Il appelle les Allemands à la défense contre les Turcs, 554. — Il épouse Catherine Bora, 554. — Il travailla et vécut pauvre, 554. — Sa vie privée, 555. — Ce qu'il dit de l'imprimerie, 555. — Ce qu'il dit de son fils, 555. — Il déplore la mort de sa fille, 555. — Ce qu'il dit à la mort de son père, 556. — La mort de Luther fut paisible, 556. — Il ne s'éleva pas au-dessus de ses propres opinions, 557. — Son caractère, 557. — Il n'eut point ce courage dominateur que d'autres montrèrent, 557. — Son portrait, 557. — Il étoit de bonne foi, 557. — Ses doutes, ses luttes avec le diable, 558. — Il ne composoit pas son éloquence de termes choisis, 558. — Son portrait par le père Maimbourg, 558-559. — Ce que Bossuet dit de Luther, 559-560. — Voltaire le traite moins favorablement, 560. — Ce qu'il faut penser de Luther, 560. — Il n'avoit point de génie, mais seulement de l'esprit et de l'imagination, 560. — Il ne comprit point la révolution qu'il opéroit, 560. — Il vint en son temps, voilà tout, 561. — Il lutte contre Henri VIII, 571.

Luynes, favori de Louis XIII, reçoit les biens du maréchal d'Ancre, X, 329. — Il avoit fait son chemin auprès du roi en élevant des pies-grièches, 329. — Il protége Richelieu, 329.

Lycurgue. Changements qu'il opère dans les lois à Lacédémone, I, 302. — Influence de ses lois sur la révolution françoise, 305-312. — Il sortoit de l'école égyptienne, 352.

Lycurgue, chef de la plaine à Athènes. Son portrait, I, 295.

Lydie (à), imitation d'Alcée, III, 548.

Lyon. Visité par Chateaubriand, VI, 267-268. — Une Fête-Dieu dans cette ville après la révolution, 473-475. — Sa réunion à la couronne sous Philippe le Bel, X, 67.

Lysander, général spartiate. Prend Athènes, en abat les murailles et y établit les trente tyrans, I, 477. — En portant les richesses de l'Attique à Lacédémone, il y introduit les vices, 512.

Lysander. Agis le gagne à ses réformes; il est nommé éphore; les dettes sont abolies I, 512. — Qui pourrions-nous lui comparer? 531.

Lysias. Envoie un secours aux émigrés conduits par Thrasybule, I, 483.

M

Mabillon. Son *Traité des études monastiques*, X, 547-549. — Il réplique à Rancé dans ses *Réflexions*, 550-551. — Il va passer huit jours à la Trappe, 551. — Éloge que Rancé fait de Mabillon, 551. — Naissance et mort de Mabillon, 552. — Ce que dit Clément XI en apprenant la mort de Mabillon, 552. — Son tombeau, 552.

Mably. Il attaque la politique, I, 584. — Ses *Observations*, IX, 29-30.

Macdonald (maréchal). L'initiative de la loi d'une indemnité pour les émigrés lui appartient, VII, 343. — A combien il estimoi cette indemnité, 345-346.

Macédoine. Analogies avec la Prusse, I, 403-404. — Génie et politique de ses souverains, 404. — Ses habitants, 404.

Macédonius, surnommé *le Critophage*. Sollicite la grâce des révoltés d'Antioche, IX, 387.

Macédonius. Son hérésie, IX, 391.

Machabées. Leur tombeau à Jérusalem, V, 352.

Machiavel. A écrit sur la politique, I, 546. — Procède de Tacite, II, 323-324.

MACHINES POÉTIQUES. Exemples et comparaisons, II, 241 et suiv.
MACKARTNEY (lord). Rend justice aux missionnaires de la Chine, II, 661-662.
MACKAU (M. de). Son expédition à Saint-Domingue, VIII, 89.
MACKENSIE (Alexandre). Ses découvertes au pôle Nord, VI, 31. — Fleuve qui porte son nom, 31-35. — Ses voyages dans l'intérieur de l'Amérique, 35-36. — Ce qu'il étoit, 408. — Son style, 408. — Défauts de son journal, 408. — Il a franchi les montagnes Rocheuses, 410. — Il découvre le fleuve qui porte son nom, 411. — Son second voyage, 411. — Il arrive aux bords de l'océan Boréal, 416. — Retour, 417. — Il remonte la rivière de la Paix, 417-418. — Il arrive au pied des montagnes Rocheuses et les traverse, 419. — Trouve le fleuve Colombia, 420. — Il atteint la rivière du Saumon, 424. — Arrive à l'océan Pacifique, 425. — Résultats de ses voyages, 425-427.
MACKENSIE (fleuve). Sa situation, VI, 410. — Sa découverte par M. Mackensie, 411. — Cours de ce fleuve, 411-412.
MACLEOD (M.). A visité la mer polaire, VI, 35.
MACPHERSON. Son anglois a été traduit en celte, I, 575. — Il est l'auteur des poëmes d'Ossian, III, 651-654. — Il faut bien faire usage de son travail, XI, 506.
MACRIEN. Tyran romain, IX, 176.
MACRIN. Fait assassiner Caracalla, IX, 151. — Son caractère, 151. — Sa mort, 152.
MACTOTATAS. Ce qui reste de cette tribu indienne, VI, 197.
MADOC, fils d'un prince de Galles. Seroit allé s'établir en Amérique, en 1170, II, 558. — Il n'a pu construire les ouvrages de l'Ohio, 559.
MADRID (traité de). Les états de Bourgogne ne se crurent pas liés par ce traité, X, 244.
MÆSA (Julia), sœur de Julie Domna, mère de Sœmis et Mamée, IX, 152.
MAGALLON (M.), consul françois à Rhodes. Reçoit M. de Chateaubriand, V, 256.
MAGELLAN. Traverse le détroit qui porte son nom, et meurt; son vaisseau fait le premier le tour du monde, IV, 22.
MAGES. Zoroastre, fondateur de leur ordre, I, 423. — Ils excelloient dans les études de la nature, 424. — Leurs connoissances en astronomie, 424. — Leur pouvoir renversé par Darius, 426. — Ils reprennent sans doute bien vite leur puissance, 427.
MAGIE. Elle doit son nom aux mages, I, 424. — Ce qu'elle prouve, 424. — La magie des anciens et la nôtre; son emploi en poésie, II, 233. — Ce qu'elle étoit du temps de Julien, IX, 242.
MAGISTRATS. Éloge des magistrats françois, VII, 382. — Mœurs des anciens magistrats, VIII, 189-191. — Les magistrats catholiques offroient des mœurs graves et saintes, X, 309. — Leur simplicité, 309-310.
MAGNENCE. Force Constant à prendre la fuite et le fait assassiner, IX, 215. — Battu par Constance et réduit à se tuer, 215.
MAGNIN (M.). Son cours complètera la connoissance des Mystères, XI, 519.
MAGNOLIA. Fleur d'Amérique, VI, 109.
MAGOULA. M. de Chateaubriand y reconnoît les ruines de Sparte, V, 154.
MAHABARAT, poëme indien, I, 416. — Sujet de ce poëme, 416-417.
MAHOMET II. Il décapitoit un icoglan pour faire poser la mort devant un peintre, XI, 604.
MAHOMÉTANISME. Est une hérésie judaïque-chrétienne, IX, 396.
MAILLÉ (le duc de). Accompagne le comte d'Artois auprès du duc de Berry frappé mortellement, IX, 562. — Il va chercher le docteur Dupuytren, 562.
MAIMBOURG (le Père). Portrait qu'il fait de Luther, XI, 558-559.
MAINTENON (Mme de). Elle étoit liée avec Ninon, X, 465. — Elle avoit épousé Scarron, 466. — Sa naissance, son enfance, sa présentation, 466. — Elle parvient à devenir la femme de Louis, 466. — Comment elle expie son ambition, 468. — Elle fait mettre Mme Guyon en liberté, 571.
MAIRE DU PALAIS. Le premier dont il soit fait mention, X, 5. — Deux origines doivent être assignées à la mairie, 5. — Ce que cette charge représentoit, 5. — La mairie se confondit avec la royauté, 6.
MAÏS. Comment les Indiens le cultivoient, VI, 121. — Gâteau qu'ils en tirent, 121. — Sa moisson chez les Natchez, 124-125.
MAISON-DIEU (la). Voy. TRAPPE (la).
MAISTRE (M. Joseph de). En quoi les idées de Chateaubriand diffèrent des siennes, IX, 74.
MAISTRE (Xavier de). L'Histoire du *Lépreux de la cité d'Aoste* eût mieux convenu que celle de *René* au *Génie du Christianisme*, I, 128-130. — Cependant elle y feroit contre-sens, 130.
MAJORIEN. Ricimer lui passe la pourpre, IX, 351. — Ancien compagnon d'Aétius, il ranime la gloire romaine, 351-352. — On a de lui plusieurs belles lois, 352. — Ricimer fait naître une sédition, et Majorien abdique, 352. — On croit qu'il fut empoisonné, 352.
MALADRERIES, ou LÉPROSERIES, en Orient, II, 488.
MAL DU PAYS. C'est véritablement un mal, II, 121. — Il attaque surtout les François, VI, 456. — Voltaire l'a connu, 457.
MALEBRANCHE. Ce qu'il avance dans sa *Recherche de la vérité*, I, 547.

MALESHERBES. Il défend Louis XVI, I, 521. — Sa mort, 521. — Son alliance avec la famille de Chateaubriand, 521. — Comment l'auteur apprend la mort de Malesherbes, celle de son propre frère, de sa belle-sœur et de la présidente de Rosambo, 522. — Ce que Malesherbes disoit de Condorcet, 522. — Dernière entrevue de Chateaubriand avec Malesherbes, 522. — Ce que Malesherbes lui dit à propos de Rousseau, 522. — Portrait de Malesherbes, 522. — Patron des gens de lettres ; Jean-Jacques l'a aimé, 523. — Il n'aimoit pas les abus, 523. — Chateaubriand se propose d'écrire la vie de Malesherbes, 523. — Chateaubriand lui avoit communiqué ses plans de voyage, 542. — Essai sur sa vie, ses écrits et ses opinions, par M. le comte de Boissy d'Anglas, VI, 535 et suiv. — Il s'offre pour défendre le roi Louis XVI, 537. — Il annonce au roi sa condamnation, 537. — Il se retire à Malesherbes, 538. — Arrêté avec presque tous les siens, 538. — Son jugement, 538. — Sa mort, 539. — Mots du testament de Louis XVI, 539. — Il mourut dans des idées religieuses, 539. — Ce qu'il auroit été sous la Restauration, 540. — Son caractère, 541. — Mots courageux, 541. — Il avoit encouragé Chateaubriand, 541-542. — Il s'offre pour défendre le roi à la place de Target, XII, 480. — Comment Louis XVI le reçoit, 482. — Conversation avec Louis XVI, 482-483. — Il se retire à Malesherbes; sa mort, 483.

MALFILATRE. Devoit chanter la *Découverte du Nouveau-Monde*, II, 146.

MALHERBE. A soixante-treize ans il vouloit se battre avec le meurtrier de son fils, VI, 507-508. — Il rentra dans la route de l'école naïve, simple, originale, X, 329. — Il fréquentoit l'hôtel de Rambouillet, 462.

MALHEUR. Ce qu'en dit Bernardin de Saint-Pierre, I, 271. — Comment il agit sur les hommes, 503 et suiv. — Règles de conduite à tenir dans le malheur, 505-511. — Nature du malheur, 506. — En quoi il consiste, 506. — Plaisirs qu'on peut en tirer, 509-511.

MALLET. Son *Histoire de Danemark*, IX, 11.

MALLET DU PAN. Son talent d'écrivain, I, 311. — Succès qu'il obtint à la révolution, VIII, 34.

MALLOBAUD. *Voy.* MELLOBAUDES.

MALTE (ordre de). Son origine, son histoire, II, 472-474. — Services qu'il a rendus, 475. — Ses propriétés, VIII, 275. — Les chevaliers n'étoient pas rangés parmi les religieux, 275. — Il n'est pas anéanti, 275-276. — On ne doit pas vendre ses biens, 276. — Services qu'il a rendus, 276.

MALTE-BRUN. Éloge de son *Précis de géographie universelle*, V, 243. — Son hypothèse sur la destruction de Sodome et Gomorrhe, 295. — Sur l'origine et l'époque des monuments anciens de l'Ohio, VI, 256-264. — Dans sa *Géographie*, il a touché quelques origines historiques, IX, 44.

MAMÉE, fille de Julia Mæsa et mère d'Alexandre Sévère, IX, 152. — Elle sauve son fils, 154. — Elle professoit peut-être la religion nouvelle, 156. — Elle voulut entendre Origène, 159. — Sa mort, 159.

MAMMOUTH. Où l'on en trouve, VI, 85.

MAN (île de). On y suit les Établissements des anciens rois de cet État, XI, 725.

MANCINI, duc DE NEVERS. Accuse Rancé d'avoir voulu faire du bruit, X, 572.

MANDEVILLE (lord). Gagne l'affection des communes, sous Charles Ier, X, 366.

MANÈS. Il étoit esclave et s'appeloit Coubric, IX, 390. — Il rapporte de Perse sa doctrine des deux principes, 391.

MANIOTTES. Ne sont pas les descendants des Spartiates, V, 93. — Ce sont de fameux voleurs, 142.

MANITOUS. Leur influence au jeu, VI, 131-133. — Le jongleur réunit les manitous des guerriers avant de partir pour la guerre ; ce que c'est, 160. — Invocation des manitous pour mettre un camp sous leur garde, 164. — Ce que c'est que les manitous des Indiens, 172. — Leur origine, 465.

MANLIUS-SQUARE. Fortifications indiennes trouvées auprès, VI, 231.

MANRO. Ses recherches sur les ruines de l'Ohio, VI, 230, 231.

MANS (le). Combat entre l'armée vendéenne et les républicains, IX, 627.

MANSE. Ce que c'étoit, X, 34.

MANSO, marquis DE VILLA, ami du Tasse. Reçoit Milton à Naples, XI, 636. — Distique qu'il lui adresse, 636.

MANUEL. Ce que Chateaubriand écrivoit sur l'affaire de Manuel, I, 224-225. — Comment cette affaire étoit considérée en Angleterre, 225. — Manuel répond à Chateaubriand relativement à l'intervention en Espagne, XII, 153. — M. de Labourdonnais fait une proposition pour son expulsion, 153. — La Chambre adopte, 153. — Jugement sur cet acte, 153-154. — Manuel fut heureux dans son malheur, 154.

MANUSCRITS. Leur destruction sous la république, IX, 20-21. — Nécessité de cataloguer les manuscrits de la Bibliothèque royale, 24.

MARAIS. Leur utilité, leur beauté, II, 109. — Leurs habitants, VIII, 540-511.

MARAIS (Société du). Qui la composoit, X, 464.

MARANON (Antonio), dit *le Trappiste*. Se soulève en Espagne ; son portrait, XII, 29. — Forcé de se réfugier à Toulouse, 74.

MARAT. Son épitaphe, I, 338. — Comparé à Critias, 477. — Il publioit *L'Ami du peuple* malgré le décret dont il étoit personnellement frappé, XI, 702.

MARATHON. Miltiade y précipite les Grecs sur les Perses; succès, I, 434-435. — En quoi cette bataille diffère de celle de Jemmapes, 435.

MARC (saint). Son Évangile, II, 262. — Son Évangile semble être l'abrégé de celui de saint Matthieu, VI, 470. — Il rédigea son Évangile à Rome, IX, 126. — Ce fut sous le règne de Néron que saint Marc fonda l'Église d'Alexandrie, 129.

MARC, évêque d'Aréthuse. Sauve Julien du massacre de sa famille, IX, 216. — Son supplice, 258.

MARC, hérésiarque. Ses mœurs corrompues, IX, 393.

MARC-AURÈLE. Son buste au musée Capitolin, VI, 290. — Son règne, IX, 141. — Ses guerres, 141-142. — Il mourut sans avoir terminé la guerre des Barbares, 142. — Il n'aimoit pas les chrétiens, 143. — Il y eut des persécutions sous son règne, mais il ordonna la tolérance, 144. — Avec Marc-Aurèle finit l'ère du bonheur des Romains, 144-145.

MARCEL, évêque. Entreprend la destruction des édifices païens dans le diocèse d'Apamée, IX, 298.

MARCEL (Étienne), prévôt des marchands de Paris. Parle au nom du tiers état à l'assemblée des états de 1355, X, 187. — Préside le tiers état aux états de 1356, 207. — Devenu le maître, il disposoit du peuple en haillons, 208.

MARCELLIN, patrice de l'Occident. Refuse de reconnoître Libius Sévère, IX, 352.

MARCELLIN, évêque de Rome. Sa vie, racontée par Eudore, IV, 66-67. — L'histoire des pauvres présentés à l'empereur appartient à saint Laurent, 480.

MARCELLIN (Ammien). *Voy.* AMMIEN MARCELLIN.

MARCELLUS (M. de). Ce qu'il écrit à M. de Chateaubriand sur l'expulsion de Manuel, I, 225. — Ce qu'il lui écrit sur l'espoir qu'a M. Canning de s'entendre avec la France à Madrid, XII, 206-207. — Il écrit que M. Canning revient à la France, 247-248. — Annonce à M. de Chateaubriand les résultats de la ferveur angloise pour les cortès espagnoles, 231-282. — Mission en Espagne, 414.

MARCEZEL. Défait son frère Guidon, IX, 328. — Stilicon le fait jeter dans une rivière près de Milan, 329.

MARCHANGY. Son rapport sur les sociétés secrètes, XII, 130.

MARCIANOPOLIS. Les Visigoths s'y soulèvent et défont les Romains, IX, 279.

MARCIEN. Pulchérie place sur sa tête la couronne de son frère Théodose II, et l'épouse en demeurant vierge, IX, 345. — Son élection ne fut pas contestée, 345. — Éloge de son caractère, 345. — Il étoit digne du choix de Pulchérie, 345. — Il apaise les troubles de l'Église, 345. — Il refuse le tribut à Attila, 345. — Il avoit accompagné Aspar en Afrique, et avoit été fait prisonnier par Genseric, 345-346. — Léon Ier lui succéda, 352.

MARCOMIR, chef des Franks. Banni en Toscane, IX, 328. — On veut qu'il ait été père de Pharamond, 328.

MARC-PAUL. Ses voyages, VI, 15. — Archipel qu'il plaçoit en face l'Asie, 21.

MARCUS, philosophe de métier. A-t-il été empereur ? IX, 168.

MARCUS. Élu empereur par les légions de la Grande-Bretagne, et massacré, IX, 330.

MARDONIUS. Commande les troupes persanes restées en Grèce après la bataille de Salamine, I, 446. — Son portrait, 446. — Ravage une seconde fois l'Attique, 418. — Traverse l'Asopus et attaque les Grecs à Platée, 449. — Trouve la mort à cette bataille, 450.

MARGUERITE DE PROVENCE, femme de saint Louis. Recherche de son tombeau à Saint-Denis en 1793, II, 638.

MARGUERITE DE NAVARRE, femme de Louis le Hutin. Enfermée au château Gaillard, X, 69. — Tondue, rasée, étranglée avec le linceul de sa bière, 69. — Supplice de son amant, 69.

MARGUERITE, reine de Navarre, ses contes, VI, 330. — Elle protège les doctrines de Calvin, X, 245. — Ses contes ont le naturel de ceux de Boccace, XI, 583.

MARGUERITE DE VALOIS. Ses amours faciles, VI, 328-330. — Elle n'aimoit pas Henri IV, 329. — Ses chants, ses mémoires, 330. — On la propose pour épouse à Henri de Béarn, X, 264. — Henri l'épouse, 265. — Ce que Charles IX disoit d'elle, 265. — Elle fait poignarder Du Gouast, favori de Henri III, 302. — Elle se fait apporter la tête de La Mole, son amant, décapité, 302-303. — Ce qui la consoloit à Usson, 307. — Elle avoit triomphé du marquis de Canillac, qui la gardoit, 307. — Elle se rend maîtresse de la place, 307-308. — Comment elle pleuroit les objets de son attachement, 308. — La Mole ayant été décapité, elle soupira ses regrets au beau Hyacinthe, 308. — Autres amants, 308. — Il ne faut pas croire entièrement d'Aubigné à son égard, 308. — Ses Mémoires, XI, 583.

MARGUERITE D'ANJOU. Hypothèque Calais à Louis XI, X, 232.

MARIAGE. Élevé à la dignité de sacrement, II, 39. — Lois de l'Église pour les empêchements, 40-41. — Sa célébration, 42. — Le mariage chez les sauvages de l'Amérique; il y en a de deux espèces, VI, 111-116. — Dans quelques lieux le nouveau marié avoit besoin de la permission de son évêque, X, 92. — Le mariage n'étoit pas chez les anciens un sujet de raillerie, 229.

Mariana. Il a parlé de l'origine des nations ibériennes, I, 380. — Il a écrit sur la politique, 546. — Hardiesse de ses opinions, 581. — Jugé comme historien, II, 323. — A réuni en corps de doctrines les idées émises sur le régicide, VII, 60. — Son *Historia de Rebus Hispanicis*, IX, 14.

Marie. Vierge et mère, ce qu'on pourroit dire d'elle, II, 23-24. — Invoquée par le peuple, 367. — Culte des matelots, 368. — Souvenir à la Voie douloureuse, V, 319. — Son tombeau à Gethsemani, 326. — Fragment retiré du *Génie du Christianisme*, VIII, 528. — Son portrait attribué à saint Luc, IX, 342. — Son histoire dans le Talmud, 359.

Marie, reine d'Angleterre. Son avénement au trône, X, 257. — Elle est comptée au nombre des auteurs dans la Grande-Bretagne; ses lettres, XI, 574. — Elle étoit violente catholique; les Communes se prostituoient à ses volontés, 574.

Marie, fille aînée de Jacques II et femme de Guillaume III, abandonne son père, X, 439. — Le Parlement déclare qu'elle est de droit l'héritière du trône, 441. — Elle accepte avec son mari, 441.

Marie (abbé). Fut sous-précepteur du duc d'Angoulême et du duc de Berry, IX, 491.

Marie de Médicis. Ouverture de son tombeau à Saint-Denis en 1793, II, 631. — Henri IV l'épouse, X, 320. — Le Parlement lui confère la régence, 328. — Elle est gouvernée par le marquis d'Ancre et sa femme, 328. — Mésintelligence entre elle et Louis XIII, 329. — Sa mort, 329. — Étant allée voir sa fille Henriette-Marie à Londres, celle-ci est obligée de demander une garde pour la protéger, 362.

Marie de France. A mis en vers *le Purgatoire de saint Patrick d'Irlande*, XI, 516.

Marie-Antoinette. Son squelette retrouvé, VIII, 199. — Son testament, 214. — Sa mort, 214. — Découverte de sa lettre à Mme Élisabeth, 215. — Résolution proposée à la Chambre des pairs à la suite de la lecture de cette lettre, 215-216. — Combien de bonheur l'attendoit en apparence quand elle vint à Versailles, XI, 770. — Abreuvée d'outrages, elle ne fut chantée qu'en terre étrangère, 770.

Marie-Louise. Arrive à Vérone, XII, 34. — Elle invite Chateaubriand, 35. — Quelques mots légers, 35. — Elle étoit grosse, 35. — Ses bracelets, 35. — Ce qui restoit de sa puissance, 36. — Les réfugiés françois en Espagne vouloient la mettre à la tête d'une régence de Napoléon II, 124.

Marie Stuart. Son mariage avec le dauphin qui fut François II, X, 257. — Elle retourne en Écosse, 260. — Elle eut un secret pressentiment de ses adversités, 260-261. — Son départ pour la France, ses chansons, ses adieux à la France, 261. — La reine Élisabeth la fait arrêter, 264. — Sa mort, 272. — Ses derniers moments, 272. — Ce qui a pu lui coûter la vie, 273. — Elle créa son bourreau gentilhomme ou chevalier, 347. — Sa tête montrée par le bourreau étoit chauve, 347. — Coup de hache du bourreau, 579. — Ce que Shakespeare avoit pu entendre raconter ou voir touchant Marie Stuart, XI, 603. — Élisabeth essaya de la faire séduire, 603. — Son exécution, 603. — Son cadavre objet de la curiosité et de la souillure du bourreau, 604.

Marie-Thérèse, impératrice d'Allemagne. Porte son fils dans les rangs hongrois, I, 502.

Marie-Thérèse, infante d'Espagne, femme de Louis XIV. Ouverture de son tombeau à Saint-Denis en 1793, II, 631.

Marie du Secours, fondatrice d'une congrégation de femmes de l'ordre de la Merci, II, 489.

Marietta. Monuments que l'on y trouve, VI, 245-247. — Son enceinte, 257.

Marigny (Enguerrand de). Il convoque à Paris les états généraux, X, 61. — Meurt victime de l'iniquité des hommes, 68. — Son procès, son supplice, 69. — Il a été pendu au gibet de Montfaucon, qu'il avoit fait établir, 69.

Marigny (de). Un des chefs vendéens, IX, 618. — Il reparoît, 628. — Stofflet le fait périr, 629.

Marin (le Père), minime. A écrit des romans pieux, II, 709.

Marine. Jugement sur celle de la France, X, 134.

Marinetta ou Pierre marinière, ancien nom de la boussole, X, 66.

Marini, le Napolitain. Reçu à l'hôtel de Rambouillet, apporta en France le goût des *concetti*; Marie de Médicis lui faisoit une pension, X, 460.

Marinus. S'élève à l'empire en Mésie, IX, 169.

Marinus, philosophe, successeur de Proclus. A écrit la biographie de son maître, IX, 317. — Il lui attribue une vertu surnaturelle de bienfaisance, 317. — Il nous donne l'époque certaine de la perte de la Minerve du Parthénon, 317-318. — En le lisant, on a peine à déterminer sa croyance, 319.

Maris, évêque arien. Insulte impunément Julien, IX, 232-233.

Marius. Fourniroit un beau sujet à la peinture, I, 480. — Marius à Carthage, V, 441.

MARIUS, armurier, tyran romain, partisan de caractère ; sa mort, IX, 176-177.

MARKETTE (droit de). D'où il venoit, X, 90.

MARLBOROUGH. Seul grand général de l'Angleterre, I, 369. — Comparé à Annibal, 369. — Jugement trop favorable à Marlborough, 369. — Sa sœur avoit été la maîtresse de Jacques II, X, 440. — Il devoit sa fortune à ce prince, 440.

MARLOE. Il mit sur la scène le *Massacre de Paris*, XI, 605.

MARMONT (maréchal). Ce que lui dit Louis XVIII à son arrivée à Compiègne, VII, 44.

MARMONTEL. Compte dans la littérature de la France, I, 311. — Admet le merveilleux chrétien dans l'épopée, IV, 556.

MAROLLES (l'abbé de). Il auroit voulu que l'abbé de Rancé devînt coadjuteur de l'archevêque de Tours, X, 470.

MARRONNIER. Originaire de l'Amérique, VI, 109.

MARSDEN. S'est occupé des langues de l'Asie, XI, 726.

MARSEILLE. Sa fondation par une colonie phocéenne, I, 382. — Alliés des Romains, les Marseillois ouvroient une porte aux armées des césars dans les Gaules, 383. — Caractère particuliers des Marseillois, 383.

MARSEILLOISE. Jugement sur cet hymne, I, 335.

MARSOLLIER (l'abbé). Chargé d'écrire la vie de Rancé, X, 469. — Ce qu'il dit sur la conversion de Rancé, 482.

MARTEAU (ordre du). Sa fondation en Espagne, XII, 24.

MARTIGNAC (M. de). Son volume sur la guerre d'Espagne, XII, 5. — Son rapport sur le crédit relatif à l'intervention en Espagne, 146-147. — Accompagne la junte espagnole en qualité de commissaire civil, 184. — Son départ, 240.

MARTIGUES. Portoit aux combats un petit chien que lui avoit donné Marguerite de Valois, VI, 329; X, 308.

MARTIN (saint), évêque de Tours. Abat dans les Gaules les sanctuaires, les idoles et les arbres consacrés, IX, 298.

MARTIN (Aimé). Ce qu'il raconte du récit de la mort de Louis XVI par Samson, I, 524-525.

MARTIN GALLUS, annaliste de Pologne, IX, 10.

MARTINEZ DE LA ROSA. Marchoit avec Toreno, XII, 19. — Élève seul aux cortès une voix généreuse, 24. — Préside les cortès, 27. — Nommé ministre des affaires étrangères, 28. — Il se retire, 32.

MARTYN (Henry). Cromwell lui barbouille le visage d'encre, X, 388.

MARTYRION. Nom qu'on donnoit au saint sépulcre, V, 96.

MARTYRS. Voltaire a tort de prétendre qu'il y en eut peu dans la primitive Église, II, 417. — Courage des martyrs, IX, 371-378.

MASCARADES. Celles des fêtes de Noël au moyen âge, X, 119.

MASON. A essayé de donner la tragédie grecque à l'Angleterre, VI, 387. — Époque de sa mort, XI, 774.

MASSE (le Père Enemond). A parcouru l'Acadie, VI, 409.

MASSILLON. Ce qu'il dit de l'amour, II, 197. — Peint l'amour divin, 213. — Son éloquence, 341-343. — Son tombeau étoit dans la cathédrale de Clermont, VI, 334. — Il dit tout sur la souveraineté du peuple, X, 337.

MASSINISSA, roi Numide. Allié de Scipion, 431. — Fait Syphax et Sophonisbe prisonniers, 432. — Il épouse Sophonisbe, 433. — Lui envoie du poison, 433-434. — Combat à Zama, 435-436. — Il étoit mort quand Scipion le second Africain parut à sa cour, 438.

MATAFLORIDA (Marquis de). Contre-signe un décret de Ferdinand VII qui repousse la constitution des cortès, XII, 18. — Il n'est pas amnistié et se réfugie en France, 19. — Fait partie de la régence royaliste, à la Seu d'Urgel, 32. — Sa supplique au congrès de Vérone, 48. — M. Berryer demande qu'on mette Mataflorida à la tête du gouvernement provisoire en Espagne, 195. — Le général Eguia lui notifie d'avoir à renoncer au pouvoir qu'il a usurpé, 195. — L'archevêque de Taragone ne veut pas se séparer de lui, 240. — Il arrive à Paris, 255.

MATHÉMATIQUES. Ce qu'en ont dit Hobbes, Descartes, le père Castel, Buffon, et d'autres, II, 297 et suiv. — Leur infériorité devant la morale, 300-301. — Ce que Voltaire disoit de la géométrie utile et de la géométrie curieuse, 301. — La nature n'a pas fait les mathématiciens pour occuper le premier rang, 302.

MATHIEU (Pierre). Sa *Guisiade* reproduit la phraséologie de Shakespeare, XI, 583.

MATHILDE (la comtesse). Son nom se mêle à celui de Grégoire VII, X, 50. — Elle légua ses États au saint-siège, 50.

MATIÈRE. Prouve l'existence de Dieu, II, 561.

MATORELLI. Son mémoire sur le verre de vitre, VI, 359.

MATTHIEU (saint). Son Évangile, II, 263. — Ce livre est précieux pour la morale, VI, 470.

MAUBEUGE. Cobourg bloque cette ville, I, 442. — Importance de ce siége, 443. — Les alliés comptoient sur la victoire, 444. — La vivacité des François force Cobourg à se retirer, 445.

MAUGIRON, mignon de Henri III. Se bat en duel; le roi lui fait élever un tombeau à Saint-Paul, X, 270. — Son monument est brisé par le peuple, 292.

MAUGRABINS (les). A Jérusalem, V, 345.

MAULAIN (Gérard et René de). Défendent La Roche-Prion et Favet contre Gauthier de Mauny, X, 139-140.

MAUNY (Gauthier de). Vœu qu'il avoit fait contre la France, X, 131. — Il vient au secours de Jeanne de Montfort à Hennebon, 138. — Il bat La Cerda. 139. — Il rentre à Hennebon, 140. — Délivre deux prisonniers, 141. — Ses pourparlers avec les habitants de Calais assiégés, 177-178. — Il amène six bourgeois au roi, 180.

MAUPEOU, curé de Nonancourt. Rancé le prie de ne pas publier ce qu'il a écrit contre Larroque, X, 480.

MAUPEOU, chancelier de France. Se sert de Mme Dubarry pour faire renvoyer le duc de Choiseul du ministère, X, 339.

MAXENCE, gendre de Galerius et fils de Maximien Hercule. Appelé à la pourpre à Rome, IX, 198. — Il invente le don gratuit, 199. — Il immole les sénateurs et déshonore leurs femmes, 199. — Il médite d'envahir les Gaules, 199. — Il avoit rétabli les prétoriens, 199. — Il est attaqué par Constantin et perd la vie près de Rome, 200.

MAXIME PAPIEN. Désigné comme empereur par le sénat romain, IX, 163. — Détrôné par les prétoriens et mis à mort, 166. — Son caractère, 167.

MAXIME. Soldat ambitieux, se fait proclamer auguste dans la Grande-Bretagne et marche contre Gratien, IX, 286. — Il fait exécuter à Trèves Priscillien, évêque d'Avila, 287.— Il entreprend de dépouiller Valentinien des provinces de l'Italie, 287. — Il franchit les Alpes et arrive à Milan, 287. — Théodose marche contre lui; vaincu, il se réfugie dans Aquilée; sa mort, 287-288.

MAXIME, riche sénateur de la famille Anicienne. Valentinien III viole sa femme, IX, 350. — Il conspire, et est élu à la place de Valentinien, 350. — Son règne fut de peu de jours, 350. — Devenu veuf, il avoit épousé de force Eudoxie, veuve de Valentinien, 350. — A l'apparition de Genseric, Maxime se veut échapper, il est déchiré par le peuple, 351.

MAXIME, philosophe néo-platonicien. Instruit Julien, évoque des spectres de feu devant lui, et lui prédit l'empire, IX, 241.— Julien espéroit le voir accourir dans les Gaules, mais il n'y vint pas, 252. — Maxime acquit une fortune scandaleuse à la cour, 252. — Julien, près de mourir, discouroit avec lui sur l'excellence de l'âme, 262. — Il succombe dans les poursuites ordonnées par Valentinien et Valens, 271.

MAXIME. Géronce, révolté en Espagne, lui donne la pourpre, IX, 334. — Il tombe et vit parmi les barbares dans la misère, 335.

MAXIME, grammairien de Madaure. Demande à saint Augustin quel est le Dieu des chrétiens, IX, 314.

MAXIMIEN HERCULE. Associé au pouvoir suprême par Dioclétien, IX, 191. — Ordonne le massacre de la légion thébéenne, 195. — Extinction de sa race, 196. — Sa femme noyée dans l'Oronte, 196. — Il vient triompher en Italie des peuples du Nord, 196. — Il se dépouille de l'autorité souveraine à Milan en faveur de Constance Chlore, 196. — Ayant ressaisi la pourpre, il invite Dioclétien à en faire autant, 196. — S'unit à son fils Maxence, prend Ravenne; s'allie avec Constantin, lui donne sa fille et le nomme auguste, 199. — La discorde éclate entre lui et son fils Maxence; il se réfugie près de Constantin, son gendre, conspire contre lui; Constantin l'assiège dans Marseille, le prend et le fait mettre à mort, 199.

MAXIMIN. Voulut faire prendre les formes chrétiennes au polythéisme, II, 531-532. — Il fait assassiner Alexandre Sévère, IX, 159. — Il le remplace sur le trône impérial, 160. — Son origine; il étoit fils de barbare, 160. — Sa vie, 160. — Sa force extraordinaire, 160. — Son caractère, 160. — Sa cruauté, 161. — Surnoms qu'il reçut, 162. — Ses guerres, 162. — Marche contre les Gordien, 162. — Il est massacré avec son fils 163. — Portrait de son fils, 163-164. — Maximin persécuta la religion chrétienne, 165.

MAXIMIN DAÏA. Voy. DAÏA.

MAYENNE (duc de). Marguerite de Valois l'avoit écouté, VI, 329; X, 308. — Il fait publier à Paris que Henri IV est pris ou tué, VIII, 319. — Il avertit Henri III des projets du duc de Guise, X, 281. — Il avoit refusé d'entrer dans les complots contre la vie du roi, 282. — Il est nommé lieutenant général du royaume, 296. — Il fut sur le point d'enlever Henri III, 297. — A Paris il fait pendre quatre des Seize, 318. — Il ouvre à Suresnes des conférences avec les catholiques, 318.— Il se soumet à Henri IV, 319. — Seule vengeance qu'exerce Henri IV contre lui, 320. — Payement de ses dettes, 321. — Un règlement de lui, 326. — Sa mort; il n'entra jamais bien dans la ligue, 328.

MAZARIN. Auprès de sa comédie se jouoit la tragédie de Charles Ier; il reconnut humblement le Protecteur, X, 330. — Sa mort, 331. — Son portrait, 331. — Ce que Cromwell lui répond à propos du douaire de la reine d'Angleterre, 363. — Il se fait l'espion de Cromwell auprès de la famille royale d'Angleterre exilée, 363. — Il livre Dunkerque à Cromwell, 416. — Regrets qu'il exprime de quitter sa galerie de tableaux, 572.

Mazas (M.). Ses *Vies des capitaines françois au moyen âge*, IX, 47.
Mazois. Ce qu'il dit des remparts de Pompéi, VI, 356. — Son ouvrage sur les ruines de cette ville, 357.
Mazure (M.). Ses travaux historiques, IX, 44-45. — Il a prouvé, après Dalrymple, les disparates de Sidney, XI, 716.
Mécène. Sa villa, VI, 316.
Médecine. En quoi elle consiste chez les Indiens d'Amérique, VI, 135-139.
Médicis (Pierre de). Sa retraite à Venise, I, 502.
Médique (guerre). Ce que Chateaubriand comprend sous ce nom, I, 426. — Pertes éprouvées pendant cette guerre, 438.
Mégaclès. Chef des modérés à Athènes, I, 296. — Il chasse et rappelle Pisistrate; il est obligé de prendre la fuite, 298.
Mégalopolis. Est-ce Leondari ou Sinano? V, 130.
Mégare. Sa générosité envers les émigrés athéniens, I, 482. — Séjour de M. de Chateaubriand à Mégare, V, 170-173.
Mégarique (secte). Système philosophique, I, 534.
Mége (le Père). Combat l'ouvrage de Rancé, X, 547.
Mélanchthon. Luther le blâma d'avoir essayé une conciliation entre les catholiques et les protestants, XI, 557. — Comment il étoit soumis à Luther, 559.
Melchtal. Est un des auteurs de l'indépendance des Suisses, I, 397.
Mélès. M. de Chateaubriand ne peut reconnoître ce fleuve à Smyrne, V, 231-232.
Mélisse. Ville fondée par Hannon, I, 371.
Mellobaudes, ou Mallobaud, chef d'une tribu de Franks. Cherche à faire prévaloir les droits de Valentinien II, IX, 273. — Devient à force de souplesse le favori de Gratien, 286. — Sa mort, 286.
Mélodrame. Le *Beggar* du fabuliste anglois Gay est l'original de nos mélodrames d'aujourd'hui, XI, 737.
Mélusine. Son histoire, X, 123.
Melzi (de). Reçoit Chateaubriand à Milan; portrait, VI, 275.
Mémoire. Pourquoi les François excellent dans les *Mémoires*, II, 324. — Jugement sur les *Mémoires* contemporains, IX, 47-48.
Mémoire secret. Voy. Note secrète.
Ménage. Fréquentoit l'hôtel de Rambouillet, X, 462. — Éloge qu'il fait des écrits de l'abbé de Rancé, 554.
Mendiants (ordres). Leur institution, suivant M. de Bonald, a préparé la réforme, VI, 448. — Il ne faut pourtant pas oublier les services qu'ils ont rendus, 448.
Mendreville. Engage le duc de Guise à quitter Blois, X, 283.

Ménédus de Lampsaque. Son costume, I, 557-558; IX, 418.
Ménestrels. Au moyen âge, XI, 501. — Édouard Ier ordonna de mettre à mort les ménestrels du pays de Galles, 520.
Ménippe. Comment Lucien le représente, IX, 418-419. — Son voyage aux enfers, 419.
Ménippée (satire). Décrit une procession de la Ligue, X, 315-317. — Son sujet est plus heureux que celui d'*Hudibras*, XI, 719. — Pourquoi nous rions encore aux plaisanteries de la *satire Ménippée*, 720.
Ménomènes. Tribu indienne, VI, 197.
Méon. Publie le *Roman de Renart*, IX, 50.
Mer. Tableau de la nature en mer, II, 112, 113, 114. — Autre tableau en vers, III, 541-542.
Merci (ordre de la). A donné plusieurs saints au monde, II, 489.
Mercœur (duc de). Il fait la guerre en Bretagne pour son compte, X, 318.
Mercure. Il est le même qu'*Athoth* ou *Hermès*, II, 71.
Mercure, martyr de Cappadoce. Auroit frappé Julien par ordre de Jésus-Christ, IX, 263. — Son histoire est devenue le sujet d'un drame au moyen âge, 264.
Mercure de France. Chateaubriand y écrit et cause sa suppression; il ne peut en recouvrer la propriété sous la Restauration, VI, 363. — Il réunit ses articles dans les *Mélanges littéraires*, 365 et suiv.
Mère. Son caractère chez les poëtes anciens et modernes, II, 174 et suiv. — Docilité des Indiens pour leur mère, VI, 67-69. — Importance de la mère chez les Indiens, 117.
Mérimée (M.). Représente dans un de ses tableaux les mœurs du temps de la Saint-Barthélemy, IX, 50-51.
Merlin, de Douai. Ce qu'il disoit du régicide, VII, 637.
Mérovée, ou Mérovigh. Combat contre Constance, IV, 95-96. — Sa naissance, 409. — Il fut le successeur de Khlodion, X, 8. — Il n'est pas le jeune Frank qu'Aétius adopta pour fils, 8. — Fable sur sa naissance d'après Frédégher, 8. — On veut qu'il ait commandé les Franks qui combattirent dans l'armée romaine aux champs Catalauniques, 8-9.
Mérovingiens. Sous la première race, le roi ou chef du gouvernement étoit électif, X, 4. — Conseils qui décidoient les affaires avec le roi, 4. — Puissance des maires du palais, 5. — Rois mérovingiens, 8-16. — Nature des propriétés, état des personnes, des sciences et des arts, 17. — Chevelure des chefs mérovingiens, 18-19. — Désordre des princes franks de la première race, 20. — La société fut presque immobile sous eux, 20. — Il n'y a guère à noter sous leur règne que la marche ascendante de l'Église, 20.

MERVEILLEUX. Poëmes dans lesquels le merveilleux du christianisme remplace la mythologie, II, 145 et suiv. — Klopstock a pris le merveilleux du christianisme pour sujet de son poëme, 155. — Le merveilleux est à peu près nul dans *la Henriade*, 158. — La religion le dispute pour le merveilleux à la mythologie, 220-257. — Besoin de merveilleux pour l'homme, 369. — Le merveilleux de notre religion peut-il être employé dans l'épopée, IV, 555 et suiv. — Opinions de Boileau et de Rollin, 555. — De l'abbé Batteux, de Marmontel et de Voltaire, 556. — De La Harpe, 557. — Est-il dans le goût françois, 571. — Nature du merveilleux du christianisme, VI, 466.

MESME (Henri de). Fait connoître ses mœurs et ses études, VIII, 190; X, 310.

MESNARD (M. le comte de). Le duc de Berry lui écrit son projet de passer en Espagne, IX, 528. — Puis son projet de passer en France, 529. — Il débarque en France avec le prince, 532. — Le prince le choisit pour premier écuyer de la duchesse, 540. — Il étoit auprès de la duchesse de Berry lorsque le prince fut frappé mortellement, 559. — Il empêche les soldats de massacrer l'assassin, 560. — Il va chercher le duc d'Angoulême, 561.

MESSE. Explication de ses cérémonies, II, 381 et suiv. — Cérémonies et prières, 382.

MESSÈNE. Ses ruines, IV, 338. — Elle avoit été bâtie par Épaminondas, 339. — Elle est visitée par M. de Chateaubriand, V, 127-128.

MESSÉNIE. Description, IV, 18, 340-343. — Cause des guerres de Messénie, 345.

MESSIE. Traditions sur l'attente d'un Messie, II, 410. — Sectes hébraïques qui l'attendoient, IX, 558.

MESSOU, ou SAKETCHAK. Suivant les Indiens, il rétablit la terre après le déluge, VI, 173.

MESURES. Celles des Hébreux, d'après d'Anville, V, 535-544.

MÉTAPHYSIQUE. Celle de nos jours comparée à celle de l'antiquité, II, 308-309.

MÉTHONE. Son histoire, V, 120. *Voy.* MODON.

MÉTROPOLITAIN. Ancienneté de cette dignité, II, 415.

METS recherchés au moyen âge, XI, 498.

METTERNICH (Prince de). Arrive à Vérone, XII, 33. — Son habileté, 38-39. — Ce qu'il faisoit à Vérone, 57. — Le plan d'Ouvrard lui plaît, 79. — Pourquoi, 88. — Il se rapproche de M. de Chateaubriand, 107. — Il lui échappe quelques mots sur les *aberrations* d'Alexandre, 111. — Il félicite Chateaubriand d'être un messager de paix, 111. — Pousse le roi de Naples à réclamer la régence de l'Espagne, 184. — Offre la médiation de l'Autriche, 185. — Sa partialité pour les Anglois, 243. — Comment il parle à Chateaubriand des prétentions du roi de Naples, 256, 260. — Félicite Chateaubriand de son discours et des succès de la France en Espagne, 259-261. — Invite l'Angleterre à rentrer dans l'alliance, 285. — Il aime les protocoles, 291. — Il vouloit avoir le cordon bleu avant d'envoyer les ordres d'Autriche à Chateaubriand, 347. — Lettre par laquelle il félicite Chateaubriand de la délivrance de Ferdinand VII, 352.

METZ. Ravagée par Attila, IX, 461.

MEURSIUS. Ses traités sur la Grèce, V, 88.

MEURTRE. Sa punition chez les peuplades indiennes, VI, 193. — La loi s'efforçoit de montrer son horreur pour le meurtre sous le régime féodal, X, 94.

MEXIQUE. Lors de son émancipation, la population avoit eu peu de contact avec les lumières de l'Europe, VI, 214.

MEYER, président de la régence de Varsovie. Offre qu'il fait à Louis XVIII de la part de Buonaparte, IX, 594-595.

MEZERAY. Son *Histoire de France*, IX, 26.

MIAMI (Petit). Monuments que l'on voit sur ses bords, VI, 253-256. — Forme de l'enceinte, 257.

MICHABOU, ou GRAND CHAT-TIGRE. Dieu des eaux chez les Indiens, VI, 173. — Sa naissance, ses travaux, 174.

MICHAUD. Ce qu'il dit de l'institution de la chevalerie, II, 662-667. — *Le Printemps d'un proscrit*, poëme, VI, 452. — Vers sur la tranquillité des campagnes pendant la Terreur, 453. — Sur la religion dans les forêts, 453. — Sur le curé proscrit, 454. — Regrets à ses amis, 454-455. — Attaque Voltaire, 457. — Vers sur les tombeaux, 458. — Il parle des tombeaux de Saint-Denis, 459. — Morceau de poésie descriptive, 460. — Il a combattu l'opinion de Chateaubriand sur l'origine de la poésie descriptive; réponse, 461. — L'explication qu'il donne de la fable de Psyché est chrétienne, 464. — Son *Histoire des croisades*, 580 et suiv. — Amené de Chartres à Paris au 13 vendémiaire, et condamné à être fusillé comme journaliste, VII, 458. — Frappé sous la monarchie pour avoir réclamé la liberté de la presse, 459. — Ses traductions et extraits des annalistes des croisades, IX, 46. — Il s'est présenté au Saint-Sépulcre, XI, 754.

MICHAUD jeune. Note sur l'article qui annonçoit son éviction de l'imprimerie royale effacé par la censure, VII, 374.

MICHEL, archange. Défait Satan, IV, 325. — Figure dans *le Paradis perdu*, XI, 217-477. — Dans un poëme d'Adam de Ross, il sert de guide à saint Paul dans sa descente aux enfers, 516. — Son caractère, d'après Milton, 691-692.

MICHEL-ANGE. Son portrait par lui-même au

musée de Naples, VI, 296. — Ses vers en l'honneur du Dante, XI, 577.

MICHELET (M.). Traduit et analyse le système de Vico, IX, 36-39. — Ses *Mémoires de Luther*, XI, 546.

MIGNET (M.). Est un des chefs de l'école fataliste, IX, 52. — Son *Histoire de la révolution*, 55. — Ce qu'il de Danton, 55. — Ce qu'il dit de la mort de Robespierre, 56.

MIGNONS. Henri III fait élever des statues et des tombeaux à trois de ses mignons, X, 270. — Ils étoient odieux au peuple; leur coiffure, 306. — Portrait que fait d'eux Thomas Arthus, 306. — Comment Henri III se conduisoit avec eux, 306.

MIKALITZA. Ville turque, V, 243.

MILA, personnage des *Natchez*, III, 203-510.

MILAN. Ville propre et régulière, VI, 275. — Ses monuments, sa cathédrale, 275.

MILLENAIRES. Ce qu'ils demandoient après la mort de Charles Ier, X, 401.

MILLON (M.). Récit qu'il fait des massacres d'Irlande, II, 680-682.

MILTIADE. Ses qualités guerrières, I, 433. — Il précipite les Grecs sur les Perses à Marathon, 434. — Son portrait, 434. — Succès, 434-435. — Accusations portées contre lui, 435. — Expire dans les fers, 435. — Il avoit attendu son jour de commandement pour livrer la bataille de Marathon, 435.

MILTON. Belle idée qu'il a sur la rédemption, II, 21. — Jugement sur le *Paradis perdu*, 148 et suiv. — Son tableau des amours d'Adam et d'Ève, 165. — Belle peinture de Satan, 238-240. — De Raphaël, 241. — Il a placé la Mort à l'entrée de l'Enfer, 250. — Comparaison avec Homère, 256. — Milton et Davenant, pièce de vers, III, 549. — Ce qu'on pense aujourd'hui de Milton en Angleterre, VI, 372. — Il est bien supérieur à Young dans la noblesse de la douleur, 378. — Sa réponse à Saumaise sur le régicide, VII, 60-61. — Il défend la liberté de la presse, X, 367. — Ce que M. Villemain dit de Milton, 436. — Sa Léonora, 514. — Difficultés qu'on éprouve à traduire le poëme de Milton, XI, 3 et suiv. — Comment Milton a composé son poëme, 8. — Son style, 9-11. — Comment il jure de ne plus aimer, 11. — Pourquoi il est moins populaire que Shakespeare, 12. — Ses obscurités grammaticales, 483. — Comment Withelocke parle de Milton, 576. — Milton rend hommage à Shakespeare, 577. — Il se plaint d'être venu dans de mauvais jours, 608. — Son génie sort du tombeau, 631. — Une malédiction étoit dans sa famille, 632. — Sa sœur, son frère cadet, 632. — Sa naissance, son éducation, ses dispositions poétiques, 633. — Son hymne sur la nativité, 633. — Fin de ses études; il refuse d'entrer dans le clergé; calomnies répandues contre lui, 633. — Retraite studieuse, 633-634. — Ses premiers ouvrages, 634. — L'*Allegro* et le *Penseroso*, 634-635. — Son voyage à Paris et en Italie, 635. — Liaisons, 635-636. — Revenu à Londres il se fait maître d'école, 637-638. — Débuts dans la polémique, 638. — Serment de ne jamais aimer, 639. — Il se marie trois fois, 639. — Sylphide mystérieuse, 639. — Il épouse la fille aînée de R. Powell, 639. — Sa femme l'abandonne; il la répudie, 639. — Son traité *sur le Divorce*, 639-640. — Il a chanté l'amour conjugal, 641. — Il veut épouser une fille du docteur Dawis, 641. — Il se raccommode avec sa femme; il en a trois filles, 641. — Sa conduite envers la famille de sa femme, 641. — Il se détache des presbytériens, 641. — Son discours sur la liberté de la presse, 642, 643. — Il est aussi grand écrivain en prose qu'en vers, 642. — Poëmes latins et anglois de sa jeunesse, 643. — Ce qu'il faisoit pendant la révolution, 643-644. — Sa grammaire latine, 644. — Son *État des rois et des magistrats*, 645. — Il est nommé secrétaire latin du conseil d'État de la république, 645. — Secrétaire du protecteur, 645-646. — Sa réponse à l'*Eikon Basiliké*, 646-647. — Sa *Défense du peuple anglois* contre Saumaise, 649-651. — Il se vantoit d'avoir fait mourir Saumaise, 651. — Il répond à une brochure de Pierre du Moulin, 651-652. — Il n'étoit pas démocrate, 654. — Sa réputation pendant sa vie, 654. — Il s'étoit déclaré pour l'affranchissement de la Grèce, 655. — Il voulut faire du latin la langue diplomatique universelle, 657. — Brochure sur le moyen d'établir une société libre, 661. — Ses prévisions sur la restauration, 661. — Il a traité toutes les questions agitées aujourd'hui et a créé la langue constitutionnelle, 662-663. — Il est poursuivi à la restauration, 663-664. — Davenant le sauve, 664. — Dans la retraite il compose *le Paradis perdu*, 664. — Il reste fidèle à la mémoire de Cromwell, 664. — Il auroit pu rentrer dans les affaires, 664. — Il épouse successivement deux autres femmes, 664. — Réponse qu'il fait à sa troisième femme qui le suppliait de reprendre sa place, 664. — Ce qu'il répond à Charles II, qui l'accusoit d'avoir conspiré contre le roi, 665. — Sa femme céleste, 665. — Lectures que lui faisoit une de ses filles, 665. — Il écrivoit les langues anciennes et parloit presque toutes les langues vivantes de l'Europe, 665. — Il rassembla les matériaux d'un dictionnaire latin, 665. — On a de lui une grammaire latine pour les enfants, 666. — Traité d'éducation; sa *Moscovie*, son *Histoire d'Angleterre*, 666. — Ses manuscrits au collège de la Trinité, à Cambridge, 668. — Tragédies qu'il avoit projetées, 668. — Il avoit aussi formé le projet de traduire Homère, 669. — Plan du *Paradis perdu* pour une tragédie, 669-671. — Ce que Milton disoit des poëtes, 671. — Habitudes, habits et repas ; genre de vie de Milton, 671. — Outrages dont on l'accabloit ; réponse qu'il y faisoit, 671. — Le portrait d'Adam étoit le sien, 671. — Il a perdu la vue à la défense de la liberté, 672. — A quelle extrémité il étoit réduit pour écrire, 672. — Ses deux premières femmes étoient mortes en couches, 672. — Sa troisième femme lui survécut et le servit bien, 672. — Ses filles le trompoient et vendoient secrètement ses livres, 672. — Son caractère avoit l'inflexibilité de son génie, 672. — Publication du *Paradis perdu*, 672. — Le censeur refusoit l'*imprimatur*, 673. — Contrat de vente du manuscrit de Milton à M. Symons, 673-674. Sommes que rapporta cet ouvrage à Milton et à sa veuve, 674. — Reçu de sa veuve, 674. — Milton survécut sept ans à la publication de son poëme et n'en vit point le succès, 675. — Milton publie encore *Samson, le Paradis reconquis*, une *Nouvelle logique*, et un traité sur la vraie religion, 675. — Ce qu'il dit dans sa tragédie de *Samson*, 675-676. — Dans ses derniers jours il fut obligé de vendre sa bibliothèque, 676. — En quel état le trouve le docteur Wright, 676. — Sa mort, 676. — Sa tombe, 677. — Ses filles épousent des tisserands, secours qu'elles reçurent, 677. — Ses petits-enfants, 677. — On ne sait ce qu'ils sont devenus, 678. — Le comte de Dorset envoie *le Paradis perdu* à Dryden, 678. — Jugement de Dryden, 679. — Édition in-folio de cet ouvrage sous le patronage de lord Sommers ; les éditions se multiplient ; Addison lui consacre dix-huit articles du *Spectateur*, 679. — Imitations dont on accuse Milton, 679-680. — Il abuse de son érudition, 680. — Beautés de ses descriptions, 681. — Beautés, défauts de son poëme, 681-684. — Ses personnages, 684-693. — République que vouloit Milton, 694. — Il étoit noble, ses armoiries, 694. — Ses idées politiques, 695. — Vers qu'il adresse à Cromwell, 695-696. — Ses idées religieuses, 696-697. — Ce que Hume dit de Milton, 698. — Demi-proscrit, aveugle, il descend au tombeau, 721. — Chateaubriand avoit traduit en exil quelques vers de Milton ; à la fin de sa carrière il a encore recours au poëte d'Éden, 793. — Parallèle entre Milton et Chateaubriand, 793.

MIMEURE (la marquise de). La première lettre de Voltaire lui est adressée. X, 557, XI, 760.

MINA. Soulève la Navarre, XII, 17. — Obligé de se retirer de la Corogne, 27. — Bat le baron d'Éroles, s'empare d'Urgel, et disperse l'armée de la foi, 74. — Il est à Puicerda, où il ne pourra rester, 82. — Prend la position qu'occupoit le général Pamphile Lacroix, et menace l'Aragon et la Catalogne, 270. — Se bat bien en voulant reprendre Vich, 340.

MINISTRES. Position que leur fait la charte, VII, 85-86. — Ils sont seuls responsables, 163-164. — Leur position vis-à-vis des Chambres, 173-174. — Ils ne doivent pas craindre la liberté de la presse, 178-179. — Le ministère doit sortir de l'opinion publique et de la majorité de la Chambre des députés, 181. — Les ministres doivent être membres des Chambres, 182. — Qualités d'un ministre sous la monarchie constitutionnelle, 183. — Principes qu'il doit adopter, 191-192. — Un ministre sous un despote et dans un gouvernement constitutionnel, 227. — Peut-on combattre les ministres sans atteindre la royauté, 323-325. — Loi sur la responsabilité des ministres, 595.

MINOS. Il avoit donné des lois à l'île de Crète, I, 405. — Ses lois morales, II, 52-53.

MINUCIUS FÉLIX. Défenseur du christianisme, II, 6. — Analyse de son dialogue pour la défense du christianisme, IX, 158-159.

MIRABEAU. On ne sauroit l'opposer à Hampden, I, 531. — Son plan d'extinction de la dette par le papier se retrouve dans les projets de Law, 582. — Ce qu'il dit sur les biens ecclésiastiques, VIII, 219. — Ce que Mme de Staël dit de lui, IX, 45. — Sa mort racontée par M. Thiers, 56-57. — Portrait, XI, 700. — Sa rencontre avec Chateaubriand, 700-701.

MIRACLES. Ils ont fait une partie essentielle de la littérature des chrétiens du xe au xvie siècle, XI, 518. — Le clergé encourageoit ces spectacles, 518.

MIRANDA. Part qu'il prend à l'émancipation des colonies espagnoles, VI, 215. — Il traite de leur indépendance avec l'Angleterre, XII, 363. — Jeté dans les colonies espagnoles, l'entreprise se termina mal pour lui, 363.

MIRON, médecin de Henri III. Celui-ci lui fait part en Pologne de ses inquiétudes et agitations en pensant à la Saint-Barthélemy, X, 266.

MISHNA. Ce que c'est, IX, 538.

MISITRA, ville héritière de Lacédémone. Son histoire, V, 75 et suiv. — Arrivée de M. de Chateaubriand dans cette ville, 138. — D'où lui vient son nom, 140. — Différentes parties de cette ville, 144. — Cours d'eau, 144. — Château, 144. — Est-elle bâtie sur l'emplacement de l'ancienne Sparte, 145 et suiv.

MISSI DOMINICI, MISSI REGII. Chargés de rendre la justice, VIII, 182. — Institués par les rois chevelus, X, 30.

MISSIONS. Idée générale des missions, II,

435. — Congrégations qui s'y consacroient 436. — Partage des missions, 436. — Missions des jésuites, 436-440. — Missions du Levant, 440-443. — Missions de la Chine, 443-446. — Missions du Paraguay, 447-457. — Missions de la Guyane, 457-459. — Mission des Antilles, 459-462. — Missions de la Nouvelle-France, 462-469. — Supériorité des missions religieuses, 469-470. — Robertson loue la conduite des missionnaires en Amérique, 491-492. — Note sur les missions du Levant, 659-661. — Lord Mackartney rend témoignage en faveur des missionnaires de la Chine, 661-662. — Ce que dit Raynal des missions du Paraguay, 725-726. — Services rendus par les missionnaires à Athènes, V, 204-206. — Les missionnaires sont encore en vénération dans les forêts américaines, VI, 199. — Découvertes des missionnaires en Amérique, 409-410. — Les missions de France établies au Mont-Valérien, VII, 604. — Succès des missionnaires, 605.

MISSISSIPI. Son vrai nom est Meschacebé, III, 17. — Peinture de ce fleuve et des bords qu'il arrose, 17-19. — M. Cass remonte ce fleuve jusqu'au lac supérieur du Cèdre-Rouge, VI, 37. — M. Pike indique une autre source au lac de la Sangsue, 37. — Longeur totale de ce fleuve, 37. — Nouvelles recherches de M. Beltrami, 38. — Description du plateau où il prend sa source, 39. — Ses confluents avec l'Ohio et le Missouri, 88. — Son cours, 89. — Ses inondations, ses rives, ses poissons, 90. — Produits du sol autour du fleuve, 91. — Sa découverte est due aux missionnaires, 410.

MISSOURI. Son confluent avec le Mississipi, ses eaux, VI, 88.

MITCHILL. Sa lettre sur les antiquités de l'Amérique, VI, 260, 262.

MITHRA, dieu des Perses, I, 413.

MITHRIDATE. Cherche en vain un asile auprès de son gendre; est réduit à s'empoisonner, I, 501. — Sa statue au musée Capitolin, VI, 289.

MODERNES. En quoi ils diffèrent des anciens en poésie, II, 165.

MODON, l'ancienne Methone. Description, V, 118. — M. de Chateaubriand y débarque, 118-119. — Le cimetière turc et le cimetière chrétien, 120. — Son histoire, 120-121.

MŒSOGOTHIQUE. Tableau de cette langue, X, 585.

MŒURS. Ce que c'est, I, 345. — Leur décadence à Rome, II, 527-528. — Elles n'étoient pas meilleures dans l'ancien temps qu'aujourd'hui, VII, 462 et suiv. — Leurs dépravations chez les païens, IX, 398-399. — Mœurs générales des XIIe, XIIIe et XIVe siècles, X, 105-126.

MOINES. Services qu'ils rendent à l'humanité, II, 428-430. — Ils étoient loin d'être oisifs, 512. — Quelques édits des premiers empereurs chrétiens interdisoient l'entrée des villes aux moines, IX, 297. — Ils furent les principaux ouvriers de la démolition des temples païens, 304. — Ce que dit saint Augustin des religieux, 304. — Saint Chrysostome compare la conduite des philosophes et des moines au sujet de la sédition d'Antioche, 304. — Libanius les invective à propos de la destruction des temples, 304. — Eunape ne leur est pas plus favorable, 304. — Ce qu'en dit Rutilius, 305. — Ce que les païens disoient des moines, 307. — Ils forment une partie considérable de l'organisation chrétienne, 386. — On distinguoit trois ordres de religieux, 386. — Pouvoir qu'ils exerçoient sur la terre, 386-387. — Indépendance du moine, X, 38. — Les moines nous ont conservé les sciences et les lettres, 38. — Ce que leur doivent la musique, la peinture, la gravure et l'architecture, 38-39. — Relation des moines avec les classes inférieures ; ils faisoient entendre de dures vérités aux puissants, 40. — Le *Credo* de Pierre Laboureur est une satire amère contre les moines mendiants, 109. — Reproches qu'avoient mérité les moines, 499. — Dangers que court l'abbé de Rancé lors de sa réforme, 499. — Les règles des observances religieuses ne doivent pas être considérées comme des inventions humaines, selon Rancé, 543-543. — Mérites des premiers moines, suivant le même, 544. — Mabillon défend l'utilité de l'étude pour les moines, 547-549. — Rancé réplique, 549-550. — Mabillon explique qu'il peut y avoir des moines qui travaillent et d'autres qui étudient, 550-551. — Bossuet éclaire la discussion en distinguant l'état de solitaire et l'état de cénobite, 551. — Autres discussions de Rancé avec Don Claude de Vert et le Père Sainte-Marthe à ce sujet, 551. — Ouvrages du moyen âge dans lesquels on maltraite les moines, XI, 519.

MOÏSE, grand homme chez les Juifs, I, 410. — Son histoire nous est parvenue, 410. — Il rapporte le Décalogue, II, 54. — Sujet d'une tragédie en cinq actes, III, 571-642. — Son retour du Sinaï, VIII, 542-543.

MOLAY (Jacques de). Son supplice injuste, X, 68.

MOLÉ (Mathieu). Ce qu'il répondit lorsqu'on voulut l'empêcher de s'exposer à la rage du peuple, VI, 479 ; X, 313. — C'est un magistrat de la monarchie parlementaire sous la minorité de Louis XIV, 330.

MOLÉ (Édouard), conseiller en la cour du parlement. Est forcé sous la ligue à remplir les fonctions de procureur général, X, 292.

Molé (comte). Sur ses *Essais de morale et de politique*, VI, 484 et suiv. — Ce qu'il dit des rapports de l'âme et du corps, 485. — De l'erreur, 486. — Du gouvernement, 486. — — Du despotisme, 487. — De l'imagination, 488-489. — Fautes de style, 490. — Il ne s'étoit pas nommé, 490. — Donne sa démission du ministère, VII, 575.

Molière. Comme Shakespeare il a été comédien, VI, 388. — Seul parmi les poètes comiques il marche l'égal des Sophocle et des Corneille, 394; XI, 587. — Il n'a rien exagéré dans ses critiques des précieuses, non plus que dans la peinture des médecins, X, 460. — Où il puisa le portrait de l'hypocrite dont il fit Tartufe, 464. — Comment fut composé le *Bourgeois gentilhomme*, 486-487. — Il jouoit son *Pourceaugnac*, XI, 576. — Il avoit changé son nom de Poquelin en celui de Molière pour ne pas déshonorer son père, 576.

Molitor (général). Commande une colonne de l'armée en Espagne, VII, 281. — Livre le combat de Logrono et force Ballesteros à capituler, 281. — Il pénètre en Espagne par la vallée de Roncevaux, XII, 339. — Occupe le royaume de Valence, 340. — Arrive à Murcie, 340. — Conclut une convention avec Ballesteros, 340.

Mollien. Devoit avoir le ministère des finances dans un cabinet présidé par le duc de Richelieu, VII, 575. — Amendement qu'il présente à la Chambre des pairs sur la conversion des rentes, XII, 438.

Momies. Trouvées en Amérique, VI, 260.

Monarchie. Est, selon M. de Bonald, le seul gouvernement qui dérive de l'essence des choses, VI, 446. — Selon M. le comte Molé, la monarchie absolue est le seul gouvernement naturel, 486. — L'hérédité monarchique a été reconnue par l'usage préférable à la monarchie élective, VIII, 478. — Il y a eu quatre espèces de monarchies en France, de Hugues Capet à Louis XVI : la monarchie féodale, la monarchie des états, la monarchie parlementaire, la monarchie absolue, IX, 75-93. — Transformations diverses de la monarchie de Hugues Capet, X, 43-44. — A quoi aboutit la monarchie des états en Angleterre et en France, 330-331. — Il n'y avoit qu'une seule monarchie en Europe, la monarchie françoise, XI, 790.

Monastère. Les monastères étoient favorables à la société, II, 35, 36. — Leur fondation, 422. — Hospitalité que l'on y recevoit, 511. — L'abbé Fleury pense qu'ils sont bâtis sur le plan des maisons romaines, 611-612. — Peinture que le père Lacordaire fait des monastères, X, 514.

Moncey (maréchal). Commande en Espagne, VII, 280.

Moncontour (bataille de). Perdue par l'amiral de Coligny, X, 264.

Monconys. Son voyage est le plus ancien ouvrage de ce genre orné de planches, VI, 513.

Monde. Il ne date que d'hier, II, 72. — L'astronomie, pas plus que la chronologie et l'histoire, ne prouve son antiquité, 76.

Mongols. Leurs princes, VI, 14-15.

Monk. Défendoit Dundalk pour le parlement, capitule, X, 403. — Il achève de soumettre l'Écosse, 406. — Il commande les armées et les flottes du protecteur, quoique royaliste, 415. — Il marche sur Londres, 427. — Il se déclare républicain et ennemi de Stuart, installe de nouveau le parlement, 427. — Il s'entend avec un commissaire de Charles II, 428. — On lui reprocha de n'avoir obtenu aucune garantie pour la monarchie constitutionnelle, sa réponse, 428. — Il reçoit le roi à Douvres, 428. — Sa figure en cire à Westminster, 428. — On le trouve parmi les juges des régicides, 430. — D'humble serviteur de Cromwell il étoit devenu chevalier de la Jarretière et duc d'Albemarle, 430.

Monmouth (duc de). Sa rébellion; il est battu, conduit à Londres et présenté à Jacques II, X, 437. — La certitude de la mort lui rendit son courage, 438. — Sa mort, 438. — On a voulu faire de lui l'homme au masque de fer, 438.

Mons-en-Puelle. Philippe le Bel y prend sa revanche de la journée de Courtray, X, 66. — Une statue grossière à Notre-Dame attestoit cette victoire, 66.

Monstre. Des monstres dans la nature, II, 90.

Montagne. Origine de ce nom de parti à Athènes, I, 204.

Montagnes. Effets qu'elles produisent, VI, 342-351.

Montagnes (lac des). Communique au lac de l'Esclave par une rivière, VI, 410. — Traversé par M. Mackensie, 411.

Montagu (Guillaume de). Défend le château de Salisbury contre les Écossois, X, 142. — Il tombe sur l'arrière-garde des Écossois, leur résiste et court chercher le roi Édouard, 143.

Montagu. Avoit travaillé à un catalogue général des documents historiques, IX, 23.

Montague (Mme de). Son enthousiasme pour Shakespeare, VI, 387. — Ses lettres, XI, 762.

Montaigne. Nouveauté de ses opinions, I, 581. — A pris la défense de Raymond de Sebonde, II, 710. — Ce qu'il répond à ceux qui lui demandent raison de ses voyages, VI, 544. — Son chapitre *sur les Cannibales*, 563-564. — Ce qu'il dit contre l'*escrivaillerie*, XI, 764. — Comment il aime à s'occuper des affaires d'État, XII, 28.

Montaigu (sire de). Administrateur des finances sous Charles VI ; on lui trancha la tête, X, 223.

Montalivet (M. de). A reçu la pairie de la légitimité, VIII, 493.

Montan. Son hérésie, IX, 394.

Montausier. On lui permet d'user de bonnets de coton à l'hôtel de Rambouillet en considération de ses vertus, X, 461. — Il rompit par son mariage avec Julie d'Angennes la première société de l'hôtel de Rambouillet, 462. — La *Guirlande de Julie*, 462.

Montausier (Julie d'Angennes, Mme de), fille de la marquise de Rambouillet. Se déguise en Diane, X, 461. — Elle épouse M. de Montausier, 462. — Sa mort, 463. — Nommée gouvernante des enfants de France, ensuite dame d'honneur de la reine, elle se retira, languit et disparut, 463.

Montbazon (Hercule de Rohan, duc de). Comment il défend Rancé dans un assaut scolastique, X, 471. — Étoit-il dans la voiture de Henri IV lorsque ce roi fut assassiné ? 471. — Dépravation du duc, 471. — Il étoit gouverneur de Paris, 471. — Il étoit veuf lorsqu'il épousa la fille du comte de Vertus, et il avoit plusieurs enfants d'un autre lit, 471. — Sa mort, 472.

Montbazon (Marie, duchesse de). Son mari lui racontoit ses infidélités, X, 471. — Ses parents, 471. — Ce que dit Tallemant des Réaux de sa beauté, 471. — Ses relations avec l'abbé de Rancé, 472. — Elle pensa se noyer en traversant un pont qui se rompit sous elle ; épitaphe qu'on lui fit, 472. — Le duc de Beaufort étoit son serviteur, 472. — Elle eut une excuse à faire à Mme de Longueville ; son refus, sa résistance, 472-473. — Le roi lui ordonne de se retirer dans une de ses terres, 473. — Ce que le cardinal de Retz disoit d'elle, 473. — On la comparoit à une statue antique, 473. — Elle préféroit l'argent à tout, 473. — Ce que lui écrit d'Hocquincourt après la révolte de Péronne, 474. — Portrait de la duchesse de Montbazon par dom Gervaise, 474-475. — Le comte de Tot, envoyé de Suède, demande à la voir, 475. — Sa mort, version de Larroque, 479. — Ce que racontent Saint-Simon et dom Gervaise, 480. — Ce qu'en dit Marsollier, 482. — On prétend qu'on montroit à la Trappe la tête de la duchesse de Montbazon, 483. — Mme de Montbazon est l'Adélaïde des *Mémoires du comte de Comminges*, de Mme de Tencin, 483. — Indications des poëtes, 483. — Colardeau trace la mort de Mme de Montbazon dans une héroïde, 483.

Mont-Blanc. Voyage au Mont-Blanc, VI, 341-351.

Montbrun, chef des protestants du Dauphiné. Pris et décapité, X, 269. — Il disoit que le jeu et les armes rendoient les hommes égaux, 269.

Monteil (M.). Son *Histoire des François des divers États*, IX, 47.

Montesquieu. L'auteur de l'*Esprit des lois* est aussi l'auteur du *Temple de Gnide*, I, 331. — Son opinion sur le meilleur des gouvernements, 339. — Il refuse de faire partie des encyclopédistes, 583. — Il attaque la politique, 584. — Les jacobins l'ont déchiré, 584. — L'*Esprit des lois* passera à la postérité, 584. — Montesquieu procède de Tacite, II, 323-324. — Son *Esprit des lois*, 351. — Il a prouvé que le christianisme est opposé à l'arbitraire, 520. — Il a vu le principe du gouvernement anglois dans les forêts de la Germanie, 520. — Ce qu'il dit de la religion, 537. — Ce qu'il dit de ses *Lettres persanes*, 608. — Des petites critiques, 718. — Ce qu'il dit du domaine du clergé, VIII, 206. — Il fixa l'attention de la foule sur les droits de la liberté politique, X, 342. — Ce qu'il dit des Espagnols, XII, 9.

Montesquiou (abbé de). Ce qu'il disoit de la spoliation du clergé, VIII, 213.

Montfaucon (gibet de). Il a porté malheur à tous ceux qui s'en sont mêlés, X, 69.

Montfort (Simon de). Personnage de la croisade contre les Albigeois, X, 56. — Son portrait, 56. — Il introduisit la langue picarde dans les villes du Languedoc, 57.

Montgomery (comte de). Sa médiocrité, X, 351.

Montlosier (M. de). Son talent d'écrivain, I, 311. — Son travail sur la féodalité, IX, 44.

Montluc. Sa cruauté, X, 304. — Blessé à l'assaut de Rabasteins, il cache sa blessure sous un masque, 304. — Il a décrit avec verdeur les combats auxquels il avoit assisté, XII, 150.

Montmorency (Anne de), connétable, chef de l'armée catholique. Fait prisonnier à Dreux, X, 262. — Il commandoit l'armée royale à Saint-Denis ; il y reçoit huit blessures et est tué, 263. — Il donne l'autorisation de brûler un vaisseau à Bordeaux, 263-264. — Ce qu'il disoit en murmurant ses patenôtres, 305.

Montmorency (Marguerite de), femme de Henri II, prince de Condé. Repousse Henri IV, X, 320.

Montmorency (Henri II, duc de). Sa tragique histoire sous Richelieu, X, 329.

Montmorency (Charlotte de). Venoit à l'hôtel de Rambouillet, X, 462.

Montmorency (Matthieu vicomte, puis duc de). Son éloge à propos du congrès de Vérone, VIII, 344. — Il arrive à Vérone, XII, 34. — Il n'a pas eu d'enfant, et a été chargé de l'enfant du trône, 35. — Sa mort, 35. — Ses communications verbales au congrès de Vérone sur les affaires d'Espagne, 52-54. —

Chateaubriand ne lui agréoit pas, 56. — Le roi, satisfait de ses services à Vérone, doit lui accorder le titre de duc, 76. — Comment il étoit pour la guerre en Espagne, 83. — Il recommande M. Ouvrard à Chateaubriand, 88. — En quittant Vérone, il parle avantageusement de Chateaubriand à l'empereur Alexandre, 105. — Note à lord Wellington pour refuser la médiation de l'Angleterre, 115-116. — Sa démission, 116. — Son portrait, 116. — Brouille avec M. de Villèle, 116. — Chateaubriand n'a pas voulu sa chute, 118. — Lettre du duc de Montmorency à Chateaubriand pour le remercier de son discours, 119. — Il ne plaisoit pas à Louis XVIII, 120. — Il désiroit étouffer la révolution espagnole, 187.— Il reçoit l'ordre de Saint-André de l'empereur de Russie, 356.

Montmorency-Laval (Adrien, duc de). Écrit de Rome à Chateaubriand et le félicite de son discours sur les affaires d'Espagne, XII, 253.

Montmorin, commandant en Auvergne sous Charles IX. Refuse d'ordonner les massacres de la Saint-Barthélemy, VI, 333.

Montmouth (Geoffroy de). Il avoit traduit le *Brut d'Angleterre* du bas-breton en latin, XI, 513.

Montpensier (Mme de). Avertit les Seize; elle conçoit le projet d'enlever le roi, X, 275. — Elle portoit à son côté des ciseaux d'or pour faire la couronne monacale à Henri III, 280. — Pourquoi elle en vouloit au roi, 280. — Ce qu'elle dit en apprenant l'assassinat de ce prince, 280. — Ce qu'elle répond à un gentilhomme que le roi avoit envoyé lui dire qu'il la brûleroit vive, 298. — Elle ne craignit pas de se livrer à Jacques Clément pour lui mettre le poignard à la main, 298. — Joie qu'elle manifeste en apprenant la mort du roi, 300. — Pendant le siège de Paris par Henri IV, elle refuse d'échanger un petit chien contre des joyaux, 317. — Seule vengeance qu'exerce Henri IV contre elle, 319-320.

Montpensier (Mlle de). Sa parure, sa beauté et sa laideur, X, 466. — Elle avoit représenté la Perfection dans un ballet, 467. — Elle saisit Orléans pour Monsieur ; elle projetoit pour son désert un couvent de carmélites, 467. — Elle demande quelques religieux à l'abbé de Rancé, qui les lui refuse, 532.

Montréal (île de). Découverte par Jacques Cartier, VI, 409.

Montreuil (le père de). Sa *Vie de Jésus-Christ*, VI, 468.

Montross, ou Montrose (comte de). Il obtient quelques succès inutiles en Écosse, X, 377. — Suivant le cardinal de Retz, il rappelle certains héros de Plutarque, 377. — Ce qu'il étoit, 377. — Les Écossois le pendent, 404. — Il avoit souhaité que son corps fût mis en morceaux et envoyé à toutes les villes des trois royaumes, 405. — Il n'étoit point un héros de Plutarque, XI, 712-713.

Mont Saint-Bernard (Hospice du). Dévouement des religieux, 429, 497.

Montsoreau (comte de). Force sa femme à donner un rendez-vous à son amant, et le fait assassiner, X, 303.

Moore (Thomas), poëte dramatique anglois, XI, 718. — Il est un des restaurateurs des ballades, 767. — Sa *Lalla-Rookh*, 767. — Il ne seroit peut-être pas possible de bien rendre en françois ses *mélodies*, 767.

Morale. Elle naît de la religion, II, 128. — Elle n'étoit pas unie à la religion dans le polythéisme, 580. — Ce qui fait périr la morale, VII, 548.

Morbec (Denis de). Le roi Jean se rend à lui, X, 201-202.

More, ou Morus (Thomas). Il étoit poëte et prosateur ; la plupart de ses ouvrages sont en latin, XI, 573. — La tête du chancelier Morus fut exposée sur le pont de Londres, 573. — Henri VIII avoit commué la peine de la potence prononcée contre Morus en celle de la décapitation, 573. — L'*Oceana* d'Harrington est une répétition de l'*Utopie* de Thomas More, 630. — Il porta sa tête à l'échafaud, 721.

Moreau, historiographe de France. Chargé de diriger l'impression d'une collection de documents relatifs à l'histoire de France, IX, 18.

Moreau (général). On faisoit tomber la tête de son père pendant qu'il reculoit les frontières de la France, VII, 82. — Lettre du duc de Berry à sa veuve, IX, 530.

Morée. Son histoire, V, 74 et suiv.

Morellet (abbé). Observation qu'il fait sur le caractère d'Atala, I, 45. — Il critique *Atala*, 57. — Comment Voltaire l'appeloit, 57. — Ses discussions avec l'abbé Galiani, 58. — Nom que lui donnoient certains philosophes, 58. — Ce qu'il dit d'*Atala*, 58-63. — Sa critique d'*Atala*, III, 9-10. — Éloge que Michaud fait de lui, VI, 455. — Sa mort, VII, 580. — Éloge de ce critique, 580-581. — Il fondit sur *Atala* lorsqu'elle parut, XI, 728.

Morgan, poëte anglois. Un des restaurateurs des ballades, XI, 767.

Morgan. Négrillon envoyé par M. Drovetti à Chateaubriand, XII, 199. — Il jouoit avec le duc de Bordeaux, 200. — Sa mort à la Propagande de Rome, 200.

Morillo. De retour d'Amérique, où il avoit été battu par Bolivar, il est investi du commandement de Madrid, XII, 24. — Repousse des assassins, 25-26.— Réprime une émeute,

26. — Dissipe la foule, 28. — Nommé colonel des gardes, 30. — Est écarté, 32. — Paroît bien disposé en faveur des François, 272. — Il se déclare contre la régence formée par les cortès, 280. — Il demande à entrer en arrangement avec Bourke, 280. — Conditions accordées par le général Guilleminot, 280.

MORRISON. S'est occupé des langues de l'Asie, XI, 726.

MORT. Dieu l'inventa comme un demi-néant après la chute de l'homme, II, 22. — Peinte par Milton à l'entrée de l'enfer, 250. — Ce poëte a fait la mort du genre masculin, 251. — Comment on doit la représenter sur un tombeau chrétien, 289. — Prières pour les morts, 394-397. — En quoi les *Feralia* des Romains différoient de notre jour des morts, 621-622. — Comment les sauvages représentent la Mort, III, 179. — Fille de Satan, elle referme les portes de l'enfer, IV, 120. — Tableau de la mort d'un chrétien, VIII, 530-532. — Peinture de la Mort par Milton, XI, 85-87. — Personnification de la mort dans le *Paradis perdu*, 693. — La mort est du genre masculin en anglois, 693.

MORT (peine de). Elle n'est prononcée que cinq fois dans la loi salique et six fois dans la loi ripuaire, IX, 449. — Cas dans lesquels elle étoit appliquée dans ces lois, 449. — Procédure relative à son application en réparation d'homicide chez les barbares, 449. — Dans la société commençante, l'instinct de l'homme repoussoit cette peine, comme dans la société achevée la raison l'abolira, 450.

MORTE (mer). Description, V, 291-292. — Produit-elle des êtres vivants ? 293. — Analyse de son eau, 293-294. — Noms divers de ce lac, 294. — Villes englouties dans cette mer, 295. — Perte de ses eaux, 295. — Merveilles expliquées, 296. — Tour de la mer Morte, 296.

MORTIER (maréchal). Ce que lui dit Louis XVIII à son arrivée à Compiègne, VII, 44.

MORTIMER, favori d'Isabelle de France, femme d'Édouard II. Son supplice, X, 78.

MORTS. Comment on peut les honorer suivant Homère et suivant Pascal, I, 78. — Le jour des morts dans une campagne, poëme de Fontanes, II, 622-627.

MORTS (office des). C'est un chef-d'œuvre, VIII, 596. — Ce chant est, selon une tradition, celui qui servoit aux pompes funèbres des Athéniens au temps de Périclès, 596.

MORUS (Thomas). *Voy.* MORE.

MOSCHUS. Inventeur du système des atomes, I, 407.

MOSCOU. Décrit par Milton, XI, 666.

MOTTEVILLE (Mme de). Portrait qu'elle fait de Louis XIV, VI, 492-493. — Elle vient complimenter la reine d'Angleterre de la part de la reine régente sur la mort de Charles Ier, X, 362.

MOUCHET. A continué le *Glossaire* de Sainte-Palaye et Brequigny, IX, 22.

MOULNIER (Jean), lieutenant civil de Paris. Refait Montfaucon, y fait amende honorable, X, 70.

MOUNIER. Son talent d'écrivain, I, 311.

MOUSSES. Leur beauté, leur utilité, VIII, 550-551.

MOUTH. Divinité égyptienne, IX, 243-244.

MOUVEMENT. Prouve l'existence de Dieu, II, 564 et suiv.

MOYEN AGE. Tableau général, X, 105-126; XI, 492-503.

MUNGO-PARK. Il faudroit faire un volume sur ses découvertes, XI, 754.

MUNOZ (père François). Rencontre M. de Chateaubriand à Jaffa, V, 265. — Reçoit le comte de Forbin, VI, 550.

MUNYCHIE. Port grec, V, 197.

MURAT. Reçoit Chateaubriand à Milan, VI, 275. — A la tête d'une armée, il s'avance vers Madrid, XII, 7. — Il protège la sortie de Godoï de l'Espagne, 7. — Il voit Madrid s'insurger ; toute sa vaillance lui fut inutile, 8. — Il permute avec Joseph, 8-9.

MURATORI. Sa description de la république chrétienne du Paraguay, II, 447, 456. — Ses collections, IX, 14.

MUSCOGULGES. Leur gouvernement étoit une monarchie limitée, VI, 183. — Leur mico, roi électif et inamovible ; son pouvoir, 183-184. — Les Muscogulges vinrent de l'Ouest dans la Floride, 184. — Ils forment avec les Séminoles la confédération des Creeks, 185. — Ils y réunissent les Chéroquois et les Chicassais, 185. — Commerce avec les blancs, 185. — Mœurs des Muscogulges ; leur caractère ; leurs esclaves, 185. — Leurs constructions, 185-186. — Leur ville de paix et leur ville de sang, 186-187. — Leur amour de la poésie, 187-188. — Les Américains ont voulu les forcer à leur vendre leur territoire, 196.

MUSETTE. D'origine celtique, se retrouve en Auvergne, VI, 337.

MUSIQUE. Influence du christianisme sur la musique, II, 281. — Variante de ce chapitre, VIII, 594-597. — Le christianisme s'est entouré de concerts dès son origine, 595. — Musique des Grecs, 595. — Musique des Romains, 596. — Musique de l'Église, 596. — Les chants d'allégresse de l'Église sont moins sublimes que les chants de douleur, 596-597. — La musique doit beaucoup aux gens d'Église, X, 38-39.

MUSKINGUM. Monuments trouvés près de cette rivière, VI, 241, 245-247. — Tumuli, 258.

MUSSET (M. A.). Vers de lui sur la loi de la presse, XI, 643.

MYCÈNES. Ses ruines, V, 163-164. — Belle

porte, 164. — Origine de son nom, 164. — Ses tombeaux, 165.

Mysithée. Maître de rhétorique de Gordien III, beau-père de cet empereur, préfet du prétoire, surnommé le tuteur de la république, IX, 167. — Sa mort, 168.

Mystère. De sa nature, II, 11. — Il n'y a point de religion sans mystères, 12. — Mystères chrétiens, 13. — Pourquoi on doit les croire, selon Fénelon, 545.

Mystères, au moyen âge, XI, 501. — Ils font une partie essentielle de la littérature de tous les peuples chrétiens du xe au xvie siècle, 518. — Le clergé encourageoit ces spectacles ; où on les jouoit, 518.

Mythologie. Elle rapetissoit la nature, II, 220. — M. de Fontanes la défend contre M. de Chateaubriand comme source de merveilleux, 734-735 ; — et comme allégorie morale, 737. — Réponse de Chateaubriand, VI, 461. — Origine de la mythologie, 465. — Son développement, 466. — Elle s'empara non-seulement de la littérature chrétienne, mais de l'histoire, IX, 292. — Lucien flagelle en riant les turpitudes de la mythologie, 398-399.

N

Nansouty (comte de). Notice nécrologique, IX, 665-668.

Nantes. Attaque des Vendéens, IX, 622.

Nantes (édit de). Rendu par Henri IV, X, 320. — Il constitua l'état civil et religieux des protestants, 323. — Sa révocation, 324-329.

Nantouillet (M. de). Paroles que lui adresse le duc de Berry sur son lit de mort, IX, 566-567.

Naples. Description de cette ville, IV, 71-72. — Voyage de Naples, VI, 293-294. — Son musée, 295-296.

Napoléon. Ce qu'il écrivoit à son frère Joseph à propos des lettrés, I, 138. — Il avoit du goût pour Chateaubriand ; ce qu'il en dit à Sainte-Hélène, 138. — Comment Chateaubriand l'a jugé, 138. — Vers qui s'adressent à lui, III, 564-566. — L'auteur l'a pu juger autrement en 1827 qu'en 1814, VII, 6-7. — Les deux plâtres ressemblent, 7. — Ce qu'il a dit de Chateaubriand à M. de Montholon, 7. — Il a mal retenu et mal cité un passage de Chateaubriand, 7. — Parallèle entre Louis XIV et Napoléon, X, 333-334. — Effet moral des conquêtes de Napoléon, 334. — Quand les flots de l'anarchie se retirèrent, Napoléon parut à l'entrée du nouvel univers, 344. — Parallèle entre Napoléon et Louis XIV, 495. — A-t-il eu son pendant en Angleterre dans le protecteur ? XI, 710. — Il réagit avec une force outrée, et perça la liberté qui se trouvoit derrière l'anarchie, 710. — Les peuples vaincus ont appelé Napoléon un fléau, 710. — Ce qu'auroit produit sa présence en Amérique, 710. — Ce que lui reproche Byron, 711. — La destinée de Napoléon étoit une muse, 711. — Sa tombe, 711. — Il ne demeure de Napoléon que sa mémoire, 790. — Vers de M. Edgar Quinet sur Napoléon, 790. — Napoléon s'entend avec Godoï, XII, 6. — Il appelle Charles IV à Bayonne, et se fait donner la couronne d'Espagne, 7. — Il croyoit tromper Alexandre à Erfurt, 90-91. — Pesanteur de son joug à la fin de son règne, 94. — Waterloo, 97-98. — Ce qu'il a dit du duc de Richelieu et de Chateaubriand, 465. — Voy. Buonaparte.

Natchez. Le manuscrit de cette épopée, III, 181-182. — Détails sur cette composition, 182-186. — Les *Natchez*, 189-510. — Note, 511-512. — Description du pays des Natchez, par Charlevoix, 513. — Etablissements européens, 514. — Grand village des Natchez, 515. — Leur temple, 515-516. — Leur gouvernement, leur grand chef, 517-518. — Funérailles des chefs, 518-519. — Dépravation des mœurs, 519.—Fêtes, récoltes, offrandes, mariages, 520. — Expéditions guerrières, 521. — Jongleurs, deuil, ambassades, 522. — Calumet, 523. — Ils attaquent les François et les massacrent, 524-526. — Leur langue, VI, 139-140. — Ils étoient originaires du Mexique et s'établirent le long du Mississipi, 179-180. — Leur chef prétendoit descendre du soleil, 180. — Ordre de succession du chef, garde du chef, dignitaires, despotisme du chef, récolte en commun, 180. — Superstitions, sacrifices humains des funérailles, 181. — Constitution de la propriété, 182. — Régime nouveau, 182-183. — Ils n'existent plus, 196. — Au lieu de la hutte de Céluta s'élève une ville, 205.

Nature. Ce qui arriveroit si elle étoit abandonnée au seul mouvement de la matière, II, 87. — Tableaux en vers de la nature, III, 533 et suiv.

Naumachie. Description, VI, 284-285.

Navarette. Donne la collection des voyages des Espagnols et d'autres mémoires, VI, 25.

Navarre. Ses réunions à la France, X, 74.

NEBRIDIUS. Demeure seul fidèle à Constance, IX, 228.

NECKER. Ce qu'il dit de l'instruction des enfants, VI, 439.

NÈGRES. Leurs sentiments, leurs mœurs, leurs maux dans l'esclavage, II, 460. — Las Casas propose d'en transporter en Amérique pour soulager les Indiens, 673.

NEITH, forme secondaire de la divinité Mouth, IX, 244.

NEMOURS (Jacques, duc de). Décapité aux Halles, VI, 332. — Son exécution, X, 222, 231.

NEMOURS (duc de). Tué à la bataille de Cerignole, X, 239.

NEMOURS (Gaston de Foix, duc de). Tué à la bataille de Ravenne, X, 240.

NÉOPHYTE. Comment il recevoit le baptême, la confirmation et la communion, II, 25, 26.

NÉOPLATONISME. Sa doctrine, IX, 241. — Qui en est l'inventeur, 380.

NEPOS (Julius). Proclamé empereur d'Occident à Constantinople, IX, 353. — Il cède l'Auvergne à Euric, roi des Visigoths, 353. — Ses troupes se révoltent, il fuit en Dalmatie; meurt assassiné, 353.

NÉRON. Comment il en usoit avec les dieux, I, 571. — Rome l'aima, II, 526. — Il eut des temples, 527. — Ses débauches, 528. — Institua les fêtes juvénales, 528. — Il fut sur le point de faire manger des hommes vivants à un Égyptien, 529. — Il a persécuté les chrétiens, 644-645. — Ses cendres trouvées à Rome, IV, 523. — Le tombeau de Néron, 523. — Son buste au Musée capitolin, VI, 289. — On louoit Cicéron de son temps, 294. — Néron étoit homme à débiter des harangues sur l'excellence de la liberté, 294. — Le tombeau de Néron, 308. — Son règne, IX, 126. — Tous les tyrans ont hérité de son nom, 126. — Il persécute les chrétiens, 127. — Le peuple romain aima Néron, 128. — Quelques chrétiens le prirent pour l'antechrist, 128-129. — Sa mort causa une révolution dans l'État, 129. — Il fut contraint de se tuer, 130. — Ses débauches, 403.

NERVA. Il abolit le crime de lèse-majesté, punit les délateurs et appelle Trajan à la pourpre, IX, 138.

NESSELRODE (comte de). Arrive à Vérone, XII, 34. — Le plan d'Ouvrard lui plaît, 79. — Sentiments d'estime qu'il témoigne pour Chateaubriand, 252-253. — Il est plus juste que l'empereur Alexandre pour M. de Villèle, 321.

NESTOR, moine de Kioff. Sa chronique, IX, 9.

NESTORIUS, évêque de Constantinople. Son hérésie, IX, 392.

NEUSTRIE, pays qu'elle comprenoit, X, 11.

NEUTRALITÉ. Il y en a de deux sortes, V, 15.

NEVERS (duchesse de). Elle garde la tête de Coconas, X, 302-303. — Elle est surprise dans des rendez-vous, 307.

NEWARK. Anciens ouvrages que l'on trouve près de cette ville, VI, 241, 242-244.

NEWTON. Il correspondoit avec Leibnitz, I, 546. — Ses découvertes, 547. — Il calcule le système du monde, II, 78. — A une époque, on lui refusoit la terre, et on le renvoyoit au ciel, XI, 747. — Vers de M. Ampère sur Newton, 747.

NEW-YORK. Visité par Chateaubriand, VI, 58.

NIAGARA. Description, I, 543-544. — Sa chute, III, 67. — Accident qui arrive à l'auteur près de la cataracte, VI, 69-70.

NIBELUNGEN. Notes de M. Bunsen, IX, 473. — On ne sait si l'auteur est Wolfram von Eschenbach ou Heinrich von Ofterdingen, IX, 473. — Personnages historiques dont il est question dans ce poëme, 473-475. — Éditions de ce livre, 475. — Extrait de ce poëme, 475-478.

NICAISE (l'abbé). Raconte ce que l'abbé de Rancé lui dit, X, 457.

NICÉE (concile de). Sa réunion, IX, 208. — Son symbole, 209. — Harangue de Constantin, 209. — Pères qui le composoient, 209-210. — Hérésiarques et philosophes accourus à ce grand assaut de l'intelligence, 210. — Constantin ouvrit le concile, 211. — Le concile condamna la doctrine d'Arius, 211.

NICOLAS Ier. Ce qu'il lui seroit possible de faire pour la Grèce, V, 27. — Insurrection militaire à Saint-Pétersbourg à son avénement, VIII, 141-142. — Comment il apprit la mort de son frère Alexandre Ier, XII, 104.

NICOPOLIS (bataille de). Elle contribua à la dislocation de l'armée aristocratique, X, 219.

NIEBUHR. Son *Histoire romaine*, IX, 34.

NIEPERG (comte de). Accompagne Marie-Louise à Vérone, XII, 34. — C'étoit un homme de bon ton, 35.

NIEUWENTYT. Son *Traité de l'existence de Dieu*, II, 88 et suiv. — Raisonnement qu'il fait contre les pyrrhoniens, 568. — Ce qu'il dit de la perfection des sens de l'homme, 575-577.

NIGER (Pescennius). Proclamé empereur en Orient, est vaincu par Sévère, IX, 146.

NIHILIANISTES. Ce qu'ils nioient, XI, 543.

NIL. Couleur de ses eaux pendant son débordement, IV, 466. — Vue du Nil, V, 401.

NILAMMON, solitaire, nommé évêque de Gérès, refuse cet honneur et meurt en prière, IX, 363.

NINON DE LENCLOS. Chactas passe une soirée chez elle, III, 259-265. — Elle étoit impie, philosophe et courtisane, X, 464-465. — Son esprit, 465. — Ses amies, 465. — Elle exclut Chapelle de sa société; comment il se venge, 465. — Les œuvres de Saint-Évremond contiennent huit lettres d'elle, 465. — Ce qu'elle lui écrit sur les rides, 465. — Ce que Chaulieu disoit de la vieille Mlle de Lenclos, 465-466. — Voltaire fut présenté à Ninon ; elle lui laisse deux mille francs pour acquérir des livres, 466.

NIORT. Atrocités commises par les réformés à la prise de cette ville, X, 304-305.

NIPMUCKS. Indiens qui ont disparu, VI, 195.

NISARD (M.). Observation qu'il fait sur l'antagonisme de Luther et d'Érasme, XI, 553.

NISIBE. Cédée à Sapor par Jovien, IX, 267.

NIVELEURS. Faction engendrée par les indépendants, X, 382. — Ils donnent des craintes sérieuses à Cromwell, qui les bat, 383. — Il y en avoit de plusieurs espèces, 402.

NIVERNOIS (M. de). Ses fables, I, 326. — *Le Papillon et l'Amour*, 326-327. — Pourquoi citer ses vers, 327.

NOAILLES (M. le duc de). A fait de Saint-Cyr une restauration admirable, X, 462.

NOBLESSE. Ce qu'elle étoit sous l'ancienne monarchie ; ce qu'elle doit être dans une monarchie mixte, VII, 88-90. — Situation que lui fait la charte, 107-110. — Comment elle doit entrer dans les éléments de la Restauration, 254-255. — Elle étoit connue des Barbares, IX, 446. — La noblesse titrée de Constantin s'infiltra chez les Franks, X, 32. — La noblesse chez les Franks, 81-82. — Pertes qu'éprouve la noblesse à Crécy, 175. — La possession de fiefs nobles ne confère plus la noblesse sous Henri III, 271. — La profession militaire n'anoblit plus sous Henri IV, 321. — Louis XV rétablit la noblesse acquise au prix du sang, 321. — Édit qui permet le commerce à la noblesse, 331. — D'où venoit la jalousie de la bourgeoisie contre la noblesse, 335.

NODIER (Ch.). Son *Jean Sbogar*, VI, 561. — Ce qu'il dit des austérités de l'abbé de Rancé, X, 519-520.

NOEL. Fête chrétienne, II, 390.

NOELS, chants. Ils avoient leur mérite, II, 379.

NOGARET (Guillaume de). Attaque Boniface VIII dans une assemblée de prélats et de barons, X, 64. — Il signifie au pape la résolution de l'assemblée générale de France ; s'introduit dans Anagni, force le palais et enlève le pape, 65.

NOINTEL (M. de). Son Voyage en Grèce, V, 87.

NOIRMOUTIERS (Charlotte de Beaune, marquise de). Liée avec le duc d'Alençon et le roi de Navarre, elle avertissoit Catherine de Médicis et le duc de Guise de ce qu'elle pouvoit apprendre, X, 283. — Le duc de Guise veille auprès d'elle, elle l'avertit des dangers qu'il court, 285.

NOMBRE. Dans les langues indiennes, VI, 142.

NOMBRES. Leur fatalité, IX, 555.

NOMINALISTES. Ils forment une division de la scolastique, I, 540.

NON-INTERVENTION. On a eu tort de proclamer ce principe d'une manière absolue, VIII, 487-488.

NORMANDS. Colonies de ces pirates, VI, 14. — Ils célébroient eux-mêmes leurs courses, IX, 440. — Caractères dont ils se servoient pour garder la mémoire de leurs chansons, 441. — Charlemagne pleure en les voyant apparoître sur les côtes de ses États, X, 23. — Ils paroissent en France, 25. — Ils font le siége de Paris, Karle le Gros les éloigne par un traité honteux, 26.

NORTH (lord), prend les rênes du gouvernement en Angleterre, I, 363. — Succombe, 365. — Forme avec Fox la coalition *des chefs*, 365. — Revient aux affaires, 365.

NORTHBURGH (Michel), fait connoître dans une lettre les pertes éprouvées à la bataille de Crécy, X, 174.

NORV. Géant de la mythologie scandinave, IX, 443.

NORWICH. Fortification indienne, VI, 233.

NOSTALGIE. Étymologie de ce mot, VI, 456-457.

NOTE SECRÈTE. Chateaubriand, accusé de l'avoir écrite, s'en défend, VII, 317-318. — Elle est publiée, 318. — Ce qu'elle contient sur les étrangers, 318-319. — Ce qu'elle dit de la charte, 319. — Elle a été mal interprétée par un écrit périodique, 320. — Qui l'a publiée, et pourquoi l'a-t-on publiée ? 320. — Titre qu'on lui a donné, 321. — Questions qu'examine l'auteur de cette note, 321.

NOUS VERRONS, chanson, III, 559-560.

NOUVELLE-GALLES DU SUD. Sa colonie pénitentiaire, VI, 28.

NOUVELLE-HOLLANDE, OU TERRE DE DIEMEN. Sa découverte, VI, 23. — Nature singulière de ce continent, 26-27. — Sa civilisation, 28.

NOVATIEN. Premier antipape, IX, 173.

NOYADES, à Nantes, IX, 64-65.

NUDITÉ. Pourquoi celle des anciens est-elle pudique ? II, 169.

NUIT. Tableau d'une nuit dans les déserts du nouveau monde, II, 114-115. — Nuit de printemps, III, 536. — Nuit d'automne, 537. — Spectacle d'une nuit en Amérique, VIII, 554-555.

NUMA. Plutarque l'a comparé à Lycurgue, I, 384. — Fausseté de ce parallèle, 384. — Numa n'a pas étudié sous Pythagore, 384. — Ses lois renversées, 384. — Ses livres brûlés, 384.

NUMÉRIEN, fils de Carus, lui succède à l'empire avec Carin, son frère, IX, 187. — Ils célèbrent les jeux romains, 187. — Mort de Numérien, 188.

NUNEZ (cap). Doublé par Jilianez, VI, 16.

O

OATES (Titus). Il découvre une prétendue conspiration, X, 434.

OCCAMISTES. Division de la secte scolastique, I, 540.

OCTAVIEN (Jean). Ce que dit Gherbert de son pontificat, X, 106; XI, 544.

OCTOTATAS. Ce qui reste de cette tribu indienne, VI, 197.

ODÉNAT, tyran romain. Repoussa Sapor et vengea Valérien, IX, 176. — Il vainquit Sapor, 181.

ODIN. Premier législateur et dieu des Goths, IX, 170-171. — Son temple à Upsal; victimes qu'on lui offroit, 171.

ODOACRE. Se trouve pourvu d'une charge éminente dans les gardes d'Italie, IX, 354. — Il assiége Oreste dans Pavie, le prend et le tue, 354. — Arien de religion, il se fait proclamer roi d'Italie, 354. — Il établit son siége à Ravenne, 354. — Il dégrade Augustule de la pourpre, 355.

O' DONELL, comte de l'ADISBAL. Chef d'une conspiration contre Ferdinand VII, laisse percer le secret, XII, 17. — Envoyé contre les insurgés, il se réunit à son frère, qui proclame la constitution, 17. — Il doit être arrivé à Bayonne, 272.

ŒCOLAMPADE. Luther ne voulut rien lui céder, XI, 557.

ŒDIPE. Exemple d'un prince fugitif, I, 501.

ŒLIANUS, chef des Bagaudes. Prend la pourpre dans les Gaules, IX, 192.

OFALIA. Sa réponse à la note de sir W. A'Court, XII, 430.

OFFICIER. Du mode d'avancement des officiers par ancienneté, VIII, 314.

O FILII ET FILIÆ. Chant religieux, VIII, 596.

OFTERDINGEN (Heinrich von). Est l'auteur du poëme des Nibelungen, selon M. Aug.-Guil. de Schlegel, IX, 473.

OGAN, prince de Galles. Tradition qui le fait aborder en Amérique, VI, 82.

OGIVE. Son originalité, X, 113.

OHIO. Son cours, signification de son nom, produits des terres qu'il arrose, VI, 83. — Température et climat, chasse, poissons, 84. — Les rapides de l'Ohio, 86-87. — Son embouchure dans le Mississipi, 88. — États qu'il arrose, 206. — Sa découverte est due aux missionnaires, 410.

OISEAUX. Leur admirable conformation, II, 89-90. — Leur chant, 93-94. — Leurs nids, 95. — De la couleur de leurs œufs, 96. — Migration des oiseaux, 97. — Oiseaux de mer, 100. — L'île du Colombier, 101. — Les oiseaux ont servi à indiquer le temps, 102-103. — Arrivée des oiseaux, VIII, 539.

OLAUS WORMIUS. A conservé les chants des scaldes dans sa *Littérature runique*, IX, 434.

OLIVIERS (mont des), à Jérusalem, V, 325-329.

OLMEDO (Barthélemy d'). Il prêche la douceur à Cortez au sujet des Indiens, II, 679-680.

OLYBRE. Reçoit la pourpre des mains de Ricimer, IX, 353. — Une guerre civile éclate, et Olybre meurt, 353.

OLYMPE, favori d'Honorius. Donne le signal de la révolte contre Stilicon et hérite de sa faveur, IX, 330. — Disgracié, puis rétabli, puis disgracié encore, il eut les oreilles coupées et on l'assomma, 331.

OLYMPIUS, philosophe. Défend contre les chrétiens le temple de Sérapis à Alexandrie, IX, 298. — Il s'évade après avoir entendu une voix la nuit dans le temple, 299.

ONDOURÉ, personnage des *Natchez*, III, 206, 506.

ONEÏUS (mont), en Grèce, V, 169.

ONONDAGA. Description de ce pays par le père du Creux, VI, 228.

ONONDAGAS, peuplade iroquoise, visitée par Chateaubriand, VI, 60. — Leur premier sachem, 63-64.

ONTARIO (lac). Ce que les Indiens trouvoient autour, VI, 70.

OPHITES, secte gnostique. Ils révéroient le serpent, IX, 395.

OPPOSITION. Son premier nom en Angleterre, I, 361. — Elle prend l'appellation de *whig*, 361. — Son histoire, 361-362. — Ses triomphes et ses défaites, 362. — L'impôt du timbre qui causa la révolution de l'Amérique lui donna une nouvelle vigueur, 362-363. — Ce qu'elle est en France, VII, 86-88. — Peut-elle être modérée? 325. — L'opposition systématique et l'opposition de conscience, XII, 449.

ORAISON DOMINICALE. Beautés de cette prière, II, 376. — L'oraison dominicale en teutonique saxon du VIIIe et du Xe siècle, X, 586. — En celtique et en langue erse, 587.

ORANGE (prince d'). Assassiné à Delft pa Balthasar Gérard, X, 272.

ORANGE (prince d'). Comment il refuse d'épouser Mlle de Conti, X, 576.

ORDRE (sacrement de l'). Son institution, II, 31 et suiv.

ORDRES RELIGIEUX. Rapports qu'ils ont avec les sectes philosophiques des Grecs, II, 426. — Diverses missions qu'ils remplissent, 428 et suiv.

ORDRES MILITAIRES DE CHEVALERIE. Leur origine, II, 471. — Leur nombre, leurs règles, 472. — Services qu'ils ont rendus, 475-477. — Leur institution d'après Michaud, 665.

ORESME ou OREM (Nicolas). Annonce l'antechrist dans un sermon, X, 108 ; XI, 545.

ORESTE, prince fugitif, I, 501.

ORESTE, secrétaire d'Attila, et père d'Augustule, envoyé en mission à Constantinople, IX, 344. — Vient demander la tête de l'eunuque Chrysaphe, 344. — A la mort du roi des Huns, il passe au service des empereurs d'Occident, devient patrice et maître général des armées, 354. — Il refuse la pourpre et en laisse couvrir son fils, 354. — Odoacre l'assiége dans Pavie, le prend et le tue, 354.

ORGUEIL. Péché capital, II, 46. — Fragment retiré du *Génie du christianisme*, VIII, 532-533.

ORIBASE. Rédige à Lutèce son abrégé de Galien, IX, 220.

ORIFLAMME. Ce que c'étoit, V, 455.

ORIGÈNE. Défenseur du christianisme, II, 6. — Son grec, 6. — Il confirmoit les dogmes de la religion par l'autorité des philosophes, 695. — Ses connoissances, ses ouvrages, son génie, son éloquence, son malheur, IX, 159. — Ses éditions de l'Écriture, 166. — Sa renommée ; Plotin n'ose parler devant lui, 380.

ORIGNAL, animal curieux de l'Amérique, VI, 105. — Sa chasse par les Indiens, 152.

ORLÉANS. Éloge de la fidélité de cette ville, VIII, 175.

ORLÉANS (Philippe, duc d'), frère de Jean II. Commande le premier corps de l'armée françoise à Poitiers, X, 192. — Il prend la fuite, 199. — Il préside la noblesse aux états de 1356, 207.

ORLÉANS (Louis, duc d'). Sa naissance, X, 215. — Il épouse Valentine de Milan, 220. — Il change le duché de Touraine contre celui d'Orléans, 220. — Charles VI le menace, dans sa folie, dans la forêt du Mans, 220. — Des lettres de régence lui sont accordées, 221. — Le duc de Bourgogne le fait assassiner, 223. — Le peuple détestoit le duc d'Orléans et chansonna sa mort, 223.

ORLÉANS (Charles, duc d'). Avoit épousé en secondes noces Bonne d'Armagnac, X, 223.

ORLÉANS (Gaston duc d'), frère de Louis XIII. Ouverture de son tombeau à Saint-Denis en 1793, II, 632. — Il encourageoit les cabales contre le cardinal de Richelieu, perdoit ses amis et fuyoit toujours, X, 329. — Sa mort racontée par l'abbé de Rancé, 490. — Rancé porte le cœur du prince chez les jésuites de Blois, 491.

ORLÉANS (Philippe, duc d'), frère de Louis XIV. Vient visiter la Trappe, X, 578. — Il fait au roi l'éloge de cette maison, 578. — Il étoit fou du bruit des cloches ; ses deux femmes, 578.

ORLÉANS (Philippe II d'), régent. Son gouvernement, I, 582. — Ouverture de son tombeau à Saint-Denis en 1793, II, 633. — A la mort de Louis XIV, il prend les rênes de l'empire, X, 337. — Ce qu'il fit pour régler la dette de l'État, 337.

ORLÉANS (Louis-Philippe-Joseph, duc d'), PHILIPPE-EGALITÉ. Comparé à Pisistrate, I, 295. — Observe son roi la lorgnette à la main, et prononce la mort, 523.

ORLÉANS (Louis-Philippe, duc d'). Il a dû enseigner en Suisse, I, 500. — Leçons qu'il doit donner, 500. — Sa fidélité à son roi, VII, 32. — Montre du courage et de la loyauté en 1815, 133. — Il seroit le régent du royaume si l'on gardoit le duc de Bordeaux, VIII, 477. — Déclaration relative à son avénement, 480. — Son éloge comme chef de l'État, 494. — Son adhésion à la réponse de Louis XVIII à Buonaparte, IX, 522-523. — Il reçoit dans sa loge à l'Opéra la visite du duc et de la duchesse de Berry, le jour où le prince fut assassiné, 558. — Après cet événement, il ne quitta pas le prince, ainsi que la duchesse et Mlle d'Orléans, 558. — L'empereur Alexandre l'avoit proposé pour roi de France au congrès de Vienne, XII, 96.

ORNANO (Alphonse), fils du Corse San Pietro. Se propose à Henri III pour exécuter le duc de Guise, X, 275. — Le roi lui fait part de son projet de se débarrasser du duc à Blois, 283. — Il exécutoit lui-même les sentences de mort qu'il prononçoit contre ses soldats, 304. — Il poignarde un de ses neveux qui avoit manqué à quelque devoir militaire, 304.

ORNEMENTS DE L'ÉGLISE. Leur symbolisme, II, 372-373.

ORPHÉE, poëte. Étoit de la Thrace, I, 402. — Fragment de ses ouvrages, 403.

ORTELIUS. Ses renseignements sur la Grèce, V, 81.

OSAGES. Il en reste quelques débris, VI, 197.

OSMAN PACHA. Comment il détruit des brigands en Morée, V, 119. — Reçoit M. de Chateaubriand ; portrait, 134.

OSSIAN. Il doit y avoir quelque chose de vrai dans ses ouvrages, I, 574. — Ce qu'en disoit Johnson, 574. — Collection Smith, 574. — L'auteur ne croit plus à l'authenticité des poëmes d'Ossian, 575. — Poëmes ossianiques, III, 135-136. — Traduction de trois poëmes de J. Smith, *Dargo*, *Duthona* et *Gaul*, 137-164. — Ossian comparé à Homère par Mme de Staël, 651. — Il est chrétien, 651. — On n'est plus dupe d'Ossian, 651-654. — Il existe pourtant d'anciens poëmes qui portent son nom, 652. —

L'homme du xviiie siècle perce dans les poëmes de M. Macpherson, 652. — On y trouve le beau idéal, 653. — Sa prétendue influence sur la littérature, 655. — Sa tristesse comparée à celle d'Young, VI, 377.

OSTROGOTHS. Les Visigoths leur avoient cédé la prééminence, IX, 275. — Leurs chefs Hermanric et Withimer sont battus; Saphrax et Alathæus conduisent les débris de leur nation sur les bords du Niester, 276. — Ils se présentent sur la rive septentrionale du Danube, 278. — Ils passent le Danube, 279. — Sous Théodose, ils sont établis dans la Phrygie et la Lydie, 285.

O'SULLIVAN (M.). Sa *Bibliothèque anglo-françoise*, XI, 482.

OTAÏTI. Vie des insulaires, II, 401. — Leurs tombeaux, 402. — Sa civilisation, VI, 29. — Les lois du roi Pomario, 29.

OTHER, le Norwégien. S'est avancé jusqu'à la mer Blanche, VI, 14.

OTHON. Arrive à l'empire; sa mort, IX, 131.

OTTON, prêche la foi en Prusse et voit la Baltique, VI, 11.

OTWAY. Il a dû sentir la vanité de la philosophie, I, 54. — Ses horreurs au théâtre anglois, VI, 387. — Sa place comme auteur dramatique anglois, XI, 718. — Il s'étouffa en avalant trop vite le morceau de pain qu'on jeta à sa misère, 721. — Il faut lire sa *Complainte du poëte*, 738. — A peine le jouoit-on en Angleterre à la fin du xviiie siècle, 748.

OUDNEY (docteur). Mort de froid en Afrique, VI, 28.

OURS. Migration de l'ours blanc, II, 105. — L'ours s'enivre avec le raisin, 695. — Les ours d'Amérique, VI, 104. — Chasse aux ours par les Indiens, 150-152.

OUTOUGAMIZ, personnage des *Natchez*, III, 216-508.

OUVRARD. Ce qu'il dit des relations de l'Angleterre avec l'Espagne, XII, 76. — Ses plans ont du succès à Vérone, 79. — Il est recommandé par M. de Montmorency, 88. — Quels étoient ses plans, 88. — Chicanes sur les marchés Ouvrard, 190. — Le duc de Bellune succombe dans sa lutte contre Ouvrard, 385, 397. — Conditions auxquelles Ouvrard et Parish vouloient prêter de l'argent à l'Espagne, 408.

OUVRIERS PIEUX (ordre des). Fondé à Naples par le capitaine Caraffa, II, 490.

OVIDE. Son tombeau, IV, 112. — Ses épitaphes, 423. — Ce qu'il dit à son livre, VI, 453. — Ce qu'il écrit à ses amis, 455. — Il ne veut pas que les jeunes filles aillent dans les temples, IX, 398.

OXFORD. Monument ancien que l'on trouve près de cette ville d'Amérique, VI, 241.

P

PACIFIQUE (le père Antoine). Sa Description de la Morée, V, 86.

PACIFIQUE (Pierre). Sa *Notizia del ducato d'Atene*, V, 89.

PACÔME (frère), religieux de la Trappe. Reçu par l'abbé de Rancé, X, 525.

PAERTZ (M.). Publie le recueil des historiens allemands, IX, 10.

PAGANISME. Son action sur la vie publique, IX, 206. — Ce que le christianisme lui a pris; ce qu'il a essayé d'emprunter au christianisme, 248. — Date de sa ruine, 293. — Sa défense par Symmaque; réponse de saint Ambroise, 293-294. — Sa destruction, 297. — Efforts tentés pour le relever, 309-310. — Rapports entre les hommes supérieurs du paganisme et du christianisme, 314-319. — Le paganisme avoit porté la gangrène dans le cœur du monde romain, 397. — Tout y autorisoit les vices, 398.

PAGE. C'étoit le premier degré de la chevalerie, II, 478.

PAGI. Sera l'éternel flambeau des fastes consulaires, IX, 29.

PAIRIE. Le roi avoit déterminé une époque pour le commencement d'une pairie héréditaire, VII, 132. — Mauvaise condition de la pairie, 596. — Constitution de la pairie en Angleterre, VIII, 462. — Son institution en France, X, 47.

PAIRS (chambre des). Il faudroit qu'elle fût héréditaire, VII, 85. — Principe de sa constitution, 88. — Honneurs qu'il faudroit accorder aux pairs, 109. — Ce qu'il faut à cette chambre, 171-173. — Des créations de pairs multipliées tueroient l'institution, 386. — Une nomination extraordinaire n'a pas brisé la majorité, VIII, 66. — Ce qui manque à cette chambre, 168-170. — A-t-elle toute liberté de discussion? 290. — D'une création extraordinaire de nouveaux pairs, 460 et suiv. — Accroissements successifs de la chambre des pairs en Angleterre, 463. — Peut-on éloigner de leurs sièges les pairs nommés par Charles X? 472.

PAIX (rivière de la), ou OUNGIGAH. Remontée par M. Mackensie, VI, 411. — Beauté de la nature sur ses bords, 420.

PALATINE (princesse). *Voy.* GONZAGUE (Anne de).
PALESTRINE (la), dans la villa Adriana, VI, 281.
PALLIUM. C'étoit la robe des anciens philosophes grecs, le costume des premiers chrétiens et de nos religieux, II, 287.
PALLUE, médecin de Port-Royal, fait bâtir le petit Pallue, X, 526.
PALMELLA. Fait connoître les événements du Portugal à M. de Chateaubriand et le félicite des succès de la France en Espagne, XII, 273-274. — Veut faire donner une constitution au Portugal, 286.
PALMIER. A donné l'idée de la colonne corinthienne, II, 293. — Il auroit pu fournir une autre colonne d'un effet charmant, 293.
PAMYSUS, fleuve du Péloponèse, IV, 339. — Description, V, 126.
PANCHŒA. Qu'étoit cette île? VI, 18.
PANCRATIEN, évêque. Tableau qu'il fait de la désolation de l'Espagne sous les barbares, IX, 468.
PANDÆMONIUM, capitale de Satan et de ses pairs, XI, 49. — Conseil des démons qui s'y tient, 53 et suiv.
PANIS. Ce qui reste de cette tribu indienne, VI, 197.
PANTENUS, chef de l'école chrétienne d'Alexandrie. Prêcha la foi aux nations orientales, IX, 148.
PANTHALAMA, fontaine grecque, V, 143.
PANTHÉISME. Il est l'analyse de l'idée religieuse dont le christianisme est la synthèse, IX, 321. — Comment pourroit-il remplacer le christianisme? 321-322.
PAPAUTÉ. Ce qu'elle doit être, IX, 74. — Son influence politique augmenta par la création du temporel, X, 33. — Elle marchoit à la tête de la civilisation, 41.
PAPAYAS, les plus charmants de tous les arbres, VI, 95.
PAPE. Se place par degrés à la tête du gouvernement ecclésiastique, I, 575. — Puissance des papes, 576. — Leurs vices, 576-577. — Services qu'ils ont rendus aux sciences et aux arts, II, 502 et suiv. — Rôle des papes dans les temps modernes, 505. — En s'attaquant aux princes, ils ont servi à répandre les principes des droits des peuples, 520. — Leur succession, 642. — Registre secret des paroles et actions des papes, IX, 14-15. — Ce qu'étoit le pape au moyen âge, 73. — Laissons le pape à Rome, 74. — Vices des évêques de Rome, d'après Ammien Marcellin, 307-308. — Dans les révolutions les papes ne doivent reconnoître que le fait, X, 21. — D'où les papes tiroient leur puissance; ce qu'ils étoient, 41-42. — Où le nom de pape fut exclusivement réservé au souverain pontife, 50. — L'élection d'un pape a peu d'importance aujourd'hui, XII, 299.

PAPIER-MONNOIE. Son usage a toujours été calamiteux, I, 492. — Les bills de crédit en Amérique, 492. — Les assignats en France, 492. — La chute d'un papier-monnoie n'a jamais opéré de grands mouvements dans un État, 493.
PAPINIEN. Il refuse de faire l'apologie du meurtre de Géta, IX, 150.
PAPIRIEN (code). Sa composition, IX, 157.
PARA, roi d'Arménie, fugitif chez les Romains, IX, 274.
PARABARAVASTOU, dieu suprême des Indiens, II, 547.
PARACHATTI, mère des trois dieux indiens, II, 547.
PARADIS. Obscurité du paradis peint par Chateaubriand, I, 150. — Le paradis est difficile à décrire, 150. — Comment il faudroit le peindre, 164. — Le paradis de Mahomet, II, 138-139. — Paradis des chrétiens, 254. — Les poètes ont échoué dans sa description; pourquoi? 255. — Tableau du paradis chrétien, VIII, 571-578.
PARADIS DES FOUS. Ce que Milton appelle ainsi, XI, 119.
PARADIS TERRESTRE. Ses rapports avec le Chorcam des Indiens, II, 548. — Satan arrive à Eden, XI, 137. — Sa description, 137, 141.
PARAGUAY. Ses missions, II, 447-457. — Origine de ce nom, 448. — Description du pays, 448. — Arrivée des jésuites, 449. — Ils civilisent les Indiens, 450. — Forment une république chrétienne, 450. — Organisation de cette société, 451-457. — Ce que dit Raynal de ces missions, 725-726. — Émancipation du Paraguay, VI, 214.
PARDESSUS (M.). Ses *Antiquités du droit maritime*, IX, 14.
PARENNIN, jésuite. Missionnaire en Chine, II, 445.
PARFAITS, hérésiarques, IX, 393.
PARIS. Tableau de cette ville sous Charles VI, I, 578. — Son influence domine les départements, VII, 218. — Geneviève sauve les habitants de Paris, 469. — Paris ne fut jamais une commune; il étoit franc par la seule présence du roi, X, 54. — Philippe-Auguste l'a fait enclore et paver, 57. — Cris dont retentissoient ses rues, 57-58. — Paris étoit un composé de fiefs, 85. — En 1357, Paris devint une espèce de démocratie, 209. — Sous Charles V, il ne donnoit pas le mouvement au royaume, X, 212. — Son influence sous la Ligue, 296. — Siége de Paris sous Henri IV, 315-318. — La chute de Paris entraîne maintenant la chute de la France, XII, 180. — Dangers des forts détachés autour de Paris, 181.
PARIS (traité de). Défense de ce traité, VII, 145-149.
PARISII. Visités par Eudore, IV, 128. — Leur

histoire, 435. — Leurs colonies en Angleterre, 440.
PARK (Mungo). *Voy.* MUNGO PARK.
PARLEMENT en France. Son pouvoir; services des parlements, VII, 94. — Son origine; permanence, perpétuité, inamovibilité, 184-185. — Son histoire, X, 62. — Parlements érigés à l'instar de celui de Paris, 63. — Pouvoir qu'il prit; grands personnages qu'il produisit, 63. — Arrêt qu'il rend contre les meurtriers du duc de Guise, 293-294. — Arrêt en faveur de la loi salique, 318. — Sous Henri IV, il rendoit des arrêts politiques, 323. — Commencement du Parlement françois selon Frisel, XI, 528-529.
PARLEMENT en Angleterre. Comment il se constitua, VII, 95. — Il n'étoit, suivant Voltaire, qu'une imitation perfectionnée de nos états généraux, 96. — Son origine selon Frisel, XI, 528-531.
PARLEMENT (long). Son histoire, X, 365-427.
PARME (duc de). Il oblige Henri IV d'abandonner le blocus de Paris, X, 318. — Il rentre en France, 318. — Meurt dans les Pays-Bas, 318. — Appréciation, 318.
PARNY. Chateaubriand l'appeloit le *Tibulle françois*, I, 7. — Doit compter dans la littérature de la France, 311. — Assiste à un dîner fort gai de Fontanes, 321. — Son élégie *Délire*, 325. — Portrait de Parny, 325. — Adieux d'Éléonore, 325. — Portrait d'Éléonore, 325. — Parny envioit B. de Saint-Pierre, 325. — Comparé à Sapho, 326. — Où il étoit né, 326. — Sa complainte sur le tombeau d'Emma, VI, 381.
PAROISSE. Formation des paroisses, II, 416.
PAROLE. Elle est une preuve de l'existence de Dieu, VI, 431-433.
PARORI, village grec, V, 142. — Fontaine; marbres brisés auprès, 143.
PARRY (capitaine). Son voyage au pôle nord, VI, 30, 31. — Il vouloit aller au pôle en traîneau, 43. — Il faudroit faire un volume sur ses découvertes, XI, 754.
PARS. Son travail sur la Grèce, V, 91.
PARTHÉNON. Description, V, 188-192. — Description par le père Babin, 465-466. — Ses métopes, VI, 297.
PASCAL. Ce qu'il dit au sujet de la mort de son père, I, 78. — Ce qu'il pensoit de la manière de parler de Jésus-Christ, 79. — Plan de son livre, 107-108. — Plus grand écrivain que La Bruyère, II, 311-312. — Ses *Pensées*, 313-317. — Procédé qu'il indique pour ramener à la religion, 539. — Singulière édition de ses *Pensées*, 593. — Ses expériences sur la pesanteur de l'air, VI, 337. — Ce qu'il avoit osé écrire sur l'usurpation de la terre, X, 336. — Ce qu'il dit de la vérité qui change avec les méridiens, 336. — Ses *Lettres provinciales*, 339.
— Ce qu'il dit de Cromwell, 420 — Comment il se tira du doute, 528.
PASQUIER. Tableaux qu'il fait de Paris sous Charles VI et de la Ligue, I, 578-580.
PASSIONS. Leur caractère chez les anciens et chez les chrétiens, II, 194 et suiv. — Du vague des passions, 218-219. — Elles sont une partie de la puissance de l'enfer et du ciel, IV, 122-123.
PASTOUREAUX. Ils désolent la France pendant la captivité de saint Louis et sous Philippe le Long, X, 74.
PATHÉTIQUE. Sa théorie, I, 32.
PATIN (Guy). Ses lettres justifient Molière dans la peinture des médecins, X, 460.
PATISSERIE. Les pâtisseries du moyen âge, X, 120; XI, 498.
PATRIA ou LITERNE, près de Naples, VI, 302-303.
PATRIARCHE. Origine de cette dignité, II, 415.
PAUL (saint). Ses épîtres, II, 265. — Beau morceau de Bossuet sur saint Paul, 587-589. — Souvenir de saint Paul à Corinthe, V, 168. — Il se convertit au christianisme, IX, 124. — Il prêche dans la Grèce et à Éphèse; il catéchise dans la Provence et dans les Espagnes, 126. — Il vient à Rome où il prêche l'Évangile, 127. — Sa mort, 129.
PAUL l'ermite. Visité par Eudore, IV, 161-162. — Fait l'éloge de la solitude, 162-163. — Explique sa mission, 163-164. — Prophétise la chute de l'empire romain, 165. — Sa mort, 166. — Sa grotte d'après la *Vie des pères du désert*, 473-474. — S'établit dans une grotte et devient le premier ermite chrétien, IX, 173.
PAUL de Samosate. Ses erreurs, IX, 394.
PAUL Ier, empereur de Russie. Il oblige Louis XVIII de quitter Mittau, IX, 597. — Sa mort, 601. — Fin violente, XII, 89.
PAULE (sainte), grande dame romaine, retirée à Bethléem, V, 285.
PAULIN, poëte chrétien. Ce qu'il répond à Ausone, IX, 316. — Petit-fils du poëte Ausone, 337. — Attale le nomme intendant de ses domaines, 337. — Eudocie soupçonnée d'un trop vif attachement pour lui, 342-343.
PAUSANIAS, général des armées combinées des Grecs, I, 447. — Son portrait, 447. — Sa mort, 447. — Il gagne la bataille de Platée, 449. — Il se fait envoyer à Athènes, contre Thrasybule, 481.
PAUSANIAS II. Condamné à mort et sauvé par la fuite, I, 501.
PAUSANIAS. Son *Voyage*, VI, 513.
PAVIE (bataille de). François Ier y est fait prisonnier, X, 244.
PAVILLON (Nicolas), évêque d'Aleth. Visité par l'abbé de Rancé, X, 492. — Conseils qu'il donne à Rancé, 492. — Il dévia plus tard du droit chemin, 493. — Lettres que

lui écrit l'abbé de Rancé, 501. — Il n'étoit pas un guide sûr, 502.

PAYSAGE. Les anciens ne savoient pas le peindre, II, 591-593. — Lettre sur l'art du dessin dans les paysages, III, 165-169.

PAYSAN. Changement qui s'opère en lui par l'influence de la religion, II, 420. — Les paysans royalistes anglois, XI, 705-708.

PAYSANS (révolte des). Elle a lieu malgré Luther, XI, 552. — Ce qu'il leur répond, 553.

PEAL, auteur dramatique du temps de Shakespeare, XI, 576.

PÊCHE. Adresse des Indiens, VI, 127.

PÉCHÉ (le), personnifié dans *le Paradis perdu*, XI, 81-389. — Il est du genre féminin en anglois, 693.

PÉCHÉ ORIGINEL. Il explique l'homme, II, 18. — Ce qu'en dit Pascal, 64. — Nouvelles preuves, 64 et suiv.

PÉCHÉS CAPITAUX. Leur ordre n'est pas arbitraire, II, 47.

PECQUIGNY (Jean de). Délivre Charles le Mauvais de sa prison, X, 208.

PÉDAUQUE (la reine). Son histoire, X, 123.

PEEL (sir Robert). Son éducation, XII, 154. — Son portrait, 155. — Lady Peel, ses enfants, 155. — Douceur et modération de sir Robert Peel, 155. — Il ne pensoit pas que l'Angleterre pût intervenir en Espagne, 155. — Il défend l'empereur Alexandre contre M. Brougham, 157.

PEGOLETTI. Indique les stations de la route de la Chine, VI, 15.

PEINTURE. Son origine, II, 285. — Le christianisme lui est favorable, 285-287. — Catalogue que donne Pline des peintres anciens, 589-591. — Les anciens n'avoient pas de peintres de paysages, 591-593.—La peinture moderne et la peinture antique, VI, 296.

PÉLAGE, moine breton. Son hérésie, IX, 392-393.

PÉLAGIE (sainte). Son martyre, IV, 517.

PÈLERINAGES. Leur utilité, II, 510. — Ancienneté des pèlerinages à Jérusalem, V, 101; VI, 11-12.

PELIÇON. *Voy.* SAYON DE PEAU.

PELLEGRIN. Son *Voyage en Morée*, V, 90.

PELLISSON. A dû avoir part aux *Mémoires de Louis XIV*, VI, 493. — Il fréquentoit La Trappe, X, 534. — Il abjura le protestantisme, 534. —Il est célèbre pour avoir élevé une araignée et demeura ferme dans le procès de Fouquet, 534. — Ses mémoires en faveur de Fouquet, 534. — Louis XIV le ménagea et fit sa conquête, 534. — Il mourut sans confession, 534. — Rancé le défendit toujours, 534. — Rancé l'avoit peut-être vu chez le cardinal de Richelieu, 534. — Il avoit aimé M{ lle} de Scudéry, 534. — Il n'étoit pas beau, 534.

PELTIER, écrivain de l'émigration, I, 311.

PEMBROKE (comte de). Son portrait, X, 351.

PENDAISON. Ce supplice pouvoit être appliqué à des gentilshommes, X, 70.

PENDRELL ou PENDRILL, fermier anglois, fidèle à Charles II, XI, 706. — Il reçoit le roi après la bataille de Worcester, 706. — Les Pendrill étoient catholiques, 706, 708.

PÉNÉLOPE. Comment elle reconnoît Ulysse, II, 162-164.

PENGALI (M.), vice consul françois à Zéa. Reçoit Chateaubriand, V, 223-225. — Son fils demande à Chateaubriand sa protection, VI, 546.

PÉNITENCE PUBLIQUE. En quoi elle consistoit, IV, 494.

PENSÉE. D'où vient la pensée de l'homme et quelle est sa nature, II, 570-572. — Elle prouve l'existence de Dieu, 572.

PENSÉES, réflexions et maximes, III, 171-180.

PENSIONS ECCLÉSIASTIQUES. Opinion sur les pensions accordées aux prêtres mariés, VIII, 217 et suiv.

PENTHIÈVRE (le duc de). Il parut à La Trappe, X, 533. — Fit augmenter l'abbatiale, 534.

PEPPIN DE HÉRISTALL, duc d'Austrasie, fait la guerre à Thierry, et gouverne auprès de lui, X, 15. — Rois sous lesquels il règne, 15. — Sa mort, 15.

PEPPIN LE BREF, fils de Karle Martel, proclame roi Khilderik III, qui est bientôt détrôné, X, 16. — Son avénement à la couronne n'est pas une usurpation, 21. — Réponse du pape Zacharie, 21. — Absolution qu'il demande au pape Étienne, 22. — Élu roi à Soissons, défait les Saxons, passe en Italie, donne l'exarchat de Ravenne au pape, 22. — Ses enfants, 23.

PEPPIN, fils de Charlemagne, a le royaume d'Italie en partage, X, 24.

PEPPIN, fils de Hlovigh le Débonnaire, créé duc d'Aquitaine, X, 24.

PEPPIN, fils de Peppin, roi d'Aquitaine, battu à Fontenai, X, 24.

PÈRE (Dieu, le). *Voy.* DIEU LE PÈRE.

PÈRE. Comparaison de Priam et de Lusignan comme pères, II, 170 et suiv.— Le père a peu d'autorité sur les enfants chez les Indiens, VI, 67-69. — Jusqu'où s'étendoit le pouvoir paternel chez les Gaulois et les Germains, IX, 447.

PÉRÉGRIN, philosophe, secouru par la communauté chrétienne, IX, 371-372.

PÈRES DE L'ÉGLISE. Une histoire nouvelle est cachée dans leurs écrits, IX, 29. — Leur science, 380 et suiv.

PÉRÈS (le père Clément). Reçoit Chateaubriand à Jérusalem, V, 279. — Il lui donne des notes sur le voyage de Volney, 389. — Reçoit le comte de Forbin, VI, 550.

PERFECTIBILITÉ. Étoit le système des Jacobins, I, 304. — Ce système a obtenu du crédit en

Angleterre, 304. — En quoi il consiste, 304-305. — En quoi il est faux, en quoi il est vrai, 305. — Sa défectuosité, II, 66. — Discussion de ce système, III, 643 et suiv.

PERGAME, visité par Chateaubriand, V, 235-236.

PERGOLÈZE. Son *Stabat Mater*, II, 283-284.

PÉRIANDRE, un des sages de la Grèce, tyran de sa patrie, I, 339. — Son opinion sur le meilleur des gouvernements, 339.

PÉRICLÈS. Avoit pris le vrai sentier pour arriver au bonheur, I, 469. — Son mépris des sots, 469. — Il a de la peine à sauver Aspasie, 470. — Ses mœurs, IX, 409.

PÉRIER (Casimir). Devoit entrer avec Chateaubriand dans un ministère qui échoua, VIII, 493. — Charles X l'avoit nommé ministre des finances de Henri V, 493. — Parle contre le crédit demandé pour la guerre d'Espagne, XII, 147.

PÉRIGORD (cardinal de). Arrive au camp du roi Jean, X, 194. — Essaie en vain de réconcilier le prince Noir avec le roi, 195-197. — Assiste à la bataille de Poitiers, les mains levées au ciel, 197.

PÉRIODE. Des périodes chronologiques, II, 70.

PÉRIPATÉTICIENS. Leur secte est une branche des académiques, I, 534. — Leur doctrine, 535. — Le péripatétisme expliqué dans *les Sectes à l'encan*, IX, 423.

PERPÉTUE (sainte). Son martyre a servi dans la peinture de celui de Cymodocée, IV, 541-591. — Son martyre à Carthage; elle raconte elle-même ses premières douleurs, IX, 373. — Elle résiste aux prières de son père, 374. — Sa mort, 376.

PERROQUETS. En Amérique ils dévastent les champs ensemencés et on donne une prime pour leur destruction, VI, 84. — Ils prédisent la pluie aux sauvages, 135.

PERRY (comté de). Monuments anciens, VI, 245.

PERSE. Jusqu'où s'étendoit cet empire au moment de la chute d'Hippias, I, 400. — Ses grands rois, 411. — Principe politique, 411. — Lois, 411-412. — Administration, 412. — Poste, 412. — Religion des Perses, 412-413. — Les beaux-arts, 414. — Despotisme des satrapes, 425. — État moral et politique au moment de la révolution grecque, 425. — Situation de la Perse à l'époque de la guerre médique, 426. — Influence de la révolution de la Grèce sur la Perse, 429 et suiv. — Une armée vient en Grèce, 433. — Les Perses sont battus à Marathon, 434-435.

PERSÉCUTION. Tableau historique des persécutions contre les chrétiens, IV, 519-522. — Première persécution sous Néron, IX, 127. — Persécution sous Trajan, 139. — Sous Maximien, 165. — Sous Dèce, 172-173. — Les persécutions de Gallus et Valérien, 189-190. — Persécutions générales et persécutions particulières, 189. — Persécution sous Dioclétien, 194.

PERSES. A qui l'on donna ce nom en Espagne, XII, 16. — Ils sont amnistiés, 19.

PERSPECTIVE. On peut douter que les anciens connussent cette partie de l'art, II, 592. — Sa difficulté, III, 169.

PERTINAX. Son règne, IX, 145. — Sa mort, 146.

PESCAIRE (marquis de). Ce qu'il dit à Bayard, X, 244.

PETAU (le père), oracle de la chronologie, IX, 16.

PETERS (Hugh), compare Charles Ier à Barabbas et l'armée au Christ, X, 387. — Il fait accorder l'assistance de Juxon à Charles Ier, 390. — A la restauration de Charles II, il partage le sort des régicides, 432.

PÉTITION DES DROITS. Bill voté par le parlement anglois sous Charles Ier, X, 351.

PETITOT. Sa collection des *Mémoires relatifs à l'histoire de France*, VI, 555-557.

PÉTRARQUE. Comment Chateaubriand l'appelle dans une lettre, I, 7. — Ses ouvrages, 542-543. — Tableau qu'il fait des débauches des princes de l'Église; lui-même étoit entouré de bâtards, X, 108. — Ce qu'il dit de la cour d'Avignon, XI, 545. — Il refuse la sécularisation qui lui auroit permis d'épouser Laure, 614.

PÉTRONE. Est célèbre par la fermeté de sa mort, VI, 507.

PEUPLE. Il est enclin au repos après des temps de malheur et de gloire, III, 173. — Conduite héroïque du peuple de Paris pendant les journées de juillet 1830, VIII, 476. — Il n'y avoit pas de peuple sous Hugues Capet, X, 46.

PEUTINGER. Sa table-carte, IV, 397; VI, 8.

PEYRÉ (M. J. F. A.). Sa traduction des Lois des Franks, IX, 447.

PHALÈRE, port grec, V, 197.

PHARAMOND, chef des Franks. Combat contre Constance, IV, 93. — Commencement de son règne, IX, 338. — On le donne pour conducteur aux Francs, X, 8. — On n'est pas sûr qu'il ait existé, 8.

PHARISIENS. Leurs doctrines, IX, 557.

PHÈDRE. Sa passion peinte par Racine, II, 199-201. — Parallèle avec la Phèdre de Virgile, d'Euripide et de Sénèque, 200-201.

PHÉNICIE. Sa capitale, I, 406. — Sa constitution, 407. — Ses révolutions; ses guerres, 408. — Elle entre dans la ligue contre les Grecs, 409. — Les galères phéniciennes combattent contre les Athéniens à Salamine, 409.

PHILADELPHIE. Description, VI, 52-53.

PHILARAS. Écrit des éloges à Milton, XI, 651.

PHILIPPE, roi de Macédoine. Reçoit Denys le jeune avec honneur, I, 499. — Sa politique, 531.

PHILIPPE, empereur romain. Succède à Mysithée dans la charge de préfet du prétoire, IX, 168. — Associé à Gordien III, il finit par l'immoler, 168. — Proclamé auguste, il conclut la paix avec Sapor, 168. — Étoit-il chrétien? 168. — Il célébra les jeux séculaires, 168. — Il fit la guerre aux Carpiens, 169. — Sa mort et celle de son fils, 169. — Caractère de ce dernier, 169.

PHILIPPE Ier, roi de France. Sous son règne le moyen âge paroît dans toute l'énergie de la jeunesse, X, 48. — Il étoit peu de chose par lui-même; aimoit les femmes, 50. — Il répudie la reine Berthe et enlève Bertrade de Montfort, 50. — Il vit la première croisade, 50.

PHILIPPE-AUGUSTE. Ouverture de son tombeau à Saint-Denis en 1793, II, 637. — Provinces qu'il réunit à la couronne, X, 53. — Il cite Jean sans Terre devant la cour des pairs, 53. — Il fait couronner son fils à Londres, 55. — Il se bat à Bouvines et y court risque de la vie, 55. — Il passe en Orient, 56. — Il fit enclore et paver Paris, 57.

PHILIPPE III, dit le Hardi. Ramène les os de son père et du comte de Nevers, X, 60. — Meurt à Perpignan, 60. — Il donna les premières lettres d'anoblissement, 60.

PHILIPPE IV, dit le Bel. Ouverture de son tombeau à Saint-Denis en 1793, II, 638-639. — A son règne commence la monarchie des trois états et la monarchie du parlement, X, 60. — A quelle occasion il convoque les états généraux, 61. — Ses querelles avec Boniface VIII, 63-66. — Les troubles de Flandre, la bataille de Courtray et la bataille de Mons-en-Puelle, 66. — Abolition de l'ordre des Templiers, 67-68. — Pendant son règne un concile est convoqué pour remédier au débordement des mœurs, XI, 545.

PHILIPPE V, dit le Long. Ouverture de son tombeau à Saint-Denis en 1793, II, 641. — Frère de Louis X, il a la régence depuis la mort de ce prince jusqu'à la mort de Jean Ier, X, 73. — Il est proclamé roi, 73. — Met fin aux querelles avec les Flamands, 74. — Ses ordonnances sur la justice, son administration, 75. — Il aimoit les lettres, 76. — Sa mort, 76.

PHILIPPE VI, dit de Valois. Ouverture de son tombeau à Saint-Denis en 1793, II, 640. — Nommé régent du royaume, X, 79. — Son règne, 129-131. — Il emploie les forces destinées pour la croisade à la défense de son royaume, 133. — Lutte en France avec Édouard III, 134-135, 157-168. — Perd la bataille de Crécy, y est blessé, 169-172. — Trouve un refuge au château de Broye et se rend à Amiens, 173. — Il veut rassembler des soldats pour livrer une seconde bataille, 176. — Personnages qu'il veut faire pendre, 176. — Il marche sans succès au secours de Calais, 177. — Compensations qu'il donne aux Calaisiens chassés par Édouard III, 182. — Il épouse Blanche de Navarre, 182. — Sa mort, 182-183.

PHILIPPE II, roi d'Espagne. S'empare du Portugal, X, 271. — Les états de Hollande lui ôtent la souveraineté des Pays-Bas, 271. — Il perd son invincible Armada, 279. — Il se mêloit aux intrigues des Guises, 280. — Il bâtit le sombre Escurial, multiplie les autoda-fé, XI, 605. — Ce qu'il dit à ses médecins, 605. — Débarque en Angleterre, 606.

PHILIPPE V. Ce que l'Espagne devient sous sa dynastie, VIII, 130.

PHILIPPE le Hardi, duc de Bourgogne. Étoit avec le roi Jean son père à la bataille de Poitiers, X, 191. — Paroles qu'il adresse aux soldats françois, 193. — Il reste à côté de son père au plus fort de l'action, 199. — Y est blessé, 200. — Fait prisonnier avec son père et amené au prince de Galles, 201-202. — Jean II lui donne le duché de Bourgogne et le crée premier pair de France, 213-214.

PHILIPPE le Bon, duc de Bourgogne. S'allie aux Anglois pour venger son père, X, 224.

PHILIPS. Il traduit le Pompée de Corneille, XI, 736.

PHILŒNIS. On lui attribue un écrit sur les impudicités des femmes, IX, 410.

PHILOPAPPUS. Son monument à Athènes, V, 186.

PHILOPŒMEN. Sa mort, IV, 382-383.

PHILOSOPHES. Les philosophes grecs, I, 533. — Mœurs comparées des philosophes anciens et des philosophes modernes, 557 et suiv. — Influence des philosophes de l'âge d'Alexandre sur leur siècle, et influence des philosophes modernes sur la révolution, 561 et suiv. — Ce que dit M. de Barante des philosophes du XVIIIe siècle, VI, 529. — Du temps de Julien, les philosophes étoient les solitaires de la religion de Jupiter, IX, 242. — Leurs mœurs dépravées, 407-411. — Philosophes romains, 417. — Originalité de certains philosophes anciens, 418.

PHILOSOPHIE. Maximes de notre philosophie, I, 340. — Définition que donne Platon de la philosophie, 533. — Tableau des sectes philosophiques grecques, 534. — La philosophie scolastique, 540. — Comment la philosophie agit sur les hommes, 561. — En renversant la religion, elle ôte à l'infortuné sa dernière espérance, 593. — La vraie philosophie, II, 295. — Le christianisme ne lui est pas hostile, 295. — Qu'elle se contente d'habiter les salons et laisse les chaumières à la religion, 537. — Suivant Bacon un peu de philosophie éloigne de la religion, beaucoup y ramène, 537. — J.-J. Rousseau se demande si elle seroit préférable à la religion pour le gouvernement des hommes, 538. — Elle ne peut faire, selon lui, aucun bien que la religion ne le fasse encore mieux, 539. — Tout ce que Mme de Staël donne à la philosophie, M. de Chateaubriand l'attribue à la religion, III, 644 et suiv. — Ce qu'en dit M. de Bonald, VI, 430. — Après l'avénement du christianisme, la théologie a continué la philosophie, IX, 320. — Qu'auroit à nous donner la philosophie humaine? 321. — Elle n'a aucun enseignement nouveau à propager, 322. — Elle a été une cause de destruction des lois et des mœurs païennes, 415. — Philosophie des prêtres de la Chaldée, des mages, des prêtres d'Égypte et des Indous, 415-416. — Les Grecs tirèrent la philosophie du fond des temples, 416. — Les conquêtes d'Alexandre répandirent la philosophie grecque sur le globe, 416. — Introduite à Rome, la philosophie grecque ébranla le culte national, 417. — Les *Sectes à l'encan* offrent un tableau complet des diverses sectes philosophiques, 419-424.

PHLOX. Ils viennent d'Amérique, VI, 110.

PHOCION. Ses funérailles, IV, 381-382.

PHŒDON. Fondateur de la secte élique, I, 534.

PHRYNIQUE. Un des quatre cents à Athènes, I, 473. — Soutient le nouvel ordre de choses, bâtit une forteresse au Pirée, 473.

PHYSIONOMIE. Art trop négligé; à quelle perfection Lavater l'a porté; ce qu'on en peut tirer, I, 315.

PIBRAC. Marguerite de Valois l'avoit écouté, VI, 329; X, 308.

PIC DE LA MIRANDOLE. Prodige d'érudition, I, 544.

PICHEGRU. Son portrait, I, 447. — Il envahit la Flandre maritime, 448. — Pichegru à la Guiane, II, 458. — Il eut un des premiers l'idée de rappeler le roi en France, VII, 82. — Ce qu'il écrivoit à un général autrichien, XII, 136-137.

PICHOT (M.). Ce qu'il dit de la sylphide mystérieuse qui dictoit ses vers à Milton, XI, 639.

PICKERING. Il a fait un traité des mots en usage aux États-Unis, XI, 727.

PIE VI, pape. Ce qu'il dit, prisonnier, en se montrant au peuple à Valence, X, 65.

PIE VII. Sa figure, VI, 276. — Il reçoit Chateaubriand, 276-277. — Son élection, IX, 512. — Il fait une chute, XII, 299. — Sa mort, 379.

PIERRE (saint). Il est l'Adam de la nouvelle loi, II, 263. — Sa faute, mystère sublime et touchant, VI, 470. — Il arrive à Rome sous le règne de Claude, IX, 125. — Sa mort sous Néron, 128.

PIERRE, martyr. Rôti sur un gril, IX, 194.

PIERRE LE LABOUREUR. Son *Credo* est une satire amère contre les moines mendiants, X, 109; XI, 519. — C'est un nom générique, 519-520.

PIERRE PASCAL (saint), évêque de Jaën. Prisonnier des Turcs, II, 489.

PIERRE DE POITIERS. Ses erreurs, XI, 543.

PIIS. Il composa en France de l'harmonie imitative technique, XI, 738.

PILATE (Ponce). Sa maison à Jérusalem, V, 318. — Sentence prononcée contre Jésus-Christ, 319.

PILIGRIN, ou PILGERIN, de Passau, l'apôtre des Hongrois. Figure dans les *Nibelungen*, IX, 474.

PINDARE. Comment il traitoit ses rivaux, I, 393. — Il harassoit les muses pour célébrer les chevaux d'Hiéron, 393.

PIRÉE. Abandon de ce port, V, 198. — Description, 199-200.

PISISTRATE. Son portrait, I, 295. — Il trompe Solon, 297. — Il se fait des blessures et obtient une garde, 297. — Il s'empare de la citadelle d'Athènes et désarme les citoyens, 298. — Son règne et sa mort, 298. — Il amuse Athènes par des fêtes, 320.

PISON (Calphurnius), tyran romain, IX, 176-177. — Il étoit noble et descendoit de Numa, 177.

PITHOU (Pierre). Forma le plan d'une collection des historiens de France, IX, 23.

PITT (William). Remplace le duc de Portland comme premier lord de la trésorerie, I, 365. — Ses principales opérations, 366. — Son éloquence, 367. — Son administration, 367-368. — Maison de ce ministre, sa pauvreté, 492. — Il étoit de la secte des anglicans, VI, 370. — Sa retraite du ministère; il garde son crédit, 371. — Chateaubriand l'a entendu pendant l'émigration, XI, 750. — Son portrait, 751. — Son talent, 751. — Comment il venoit chez le roi, 751. — Il n'avoit aucun ordre chez lui, 752. — Maison où il mourut, 752.

PITTACUS. Un des sages de la Grèce, tyran de sa patrie, I, 339. — Son opinion sur le meilleur des gouvernements, 339.

PIVERT. Comment il pique l'érable; les sauvages respectent cet oiseau, VI, 126. — Il prédit la pluie, 135.

PIZARRE. Renverse l'empire du Pérou et aperçoit un second Océan, VI, 22.

PLACIDE (Dom), religieux de La Trappe. Sa mort, X, 524-525.

PLACIDIE, sœur d'Honorius. Donne le conseil d'étouffer Serène, veuve de Stilicon, IX, 333. — Alaric garde Placidie dans ses bagages, 335. — Ataulphe désiroit ardemment l'épouser, 336. — Honorius la lui refuse; Ataulphe la prend pour femme, 337. — Placidie accouche d'un fils qui vécut peu, 338. — Après la mort d'Ataulphe, elle redevient esclave; Vallia la renvoie à Honorius pour une rançon, 338. — Constance l'épouse malgré elle, elle lui donne une fille et un fils, 338. — Après la mort de Constance, Honorius la force à se retirer à Constantinople, 339. — Après la mort d'Honorius elle prend la tutelle de son fils, 340. — Aétius la trompe sur les intentions de Boniface, 341. — La fourberie d'Aétius reconnue, Placidie reçoit Boniface généreusement, 342. — Après la mort de Boniface, elle déclare Aétius rebelle, l'assiége et le force à se réfugier près des Huns, 342. — Aétius rentre en grâce auprès d'elle, 346. — Elle fait partir Honoria pour Constantinople, 346.

PLACIDIE, fille de Valentinien III. Avoit épousé Olybre, IX, 353.

PLAINE (la). Parti politique à Athènes et en France, 1, 294.

PLANTES. Leurs amours, II, 110. — Leurs migrations, 111. — Plantes d'Amérique qui ont été naturalisées en Europe, VI, 109-110. — Les poëtes doivent au christianisme l'idée de la personnification des plantes, 464. — Variante du passage du *Génie du Christianisme* sur les plantes, VIII, 548-553.

PLASIAN (Guillaume de). Intente un procès public à Boniface VIII, X, 64.

PLATÉE. Disposition des deux armées ennemies à Platée, I, 449. — Combat, 449-450. — Pertes des Perses, 451.

PLATON. Sa réputation le fait appeler à la cour de Denys le Jeune, I, 490. — Il en est renvoyé, 490. — Denys veut le revoir, 491. — Il se retire avec peine, 491. — Sa philosophie, 533-535. — Branches qui en sont sorties, 534. — Platon jugé comme écrivain, 549. — Sa *République*, 550-551. — Sa doctrine de la Trinité, II, 13-14. — Être divin, 39. — Ses idées sur la création, 59. — Comment il a défini la nature de la musique, 281. — Ce qu'il dit de l'ignorance, 297. — *La République* et *Les Lois*, 310. — Sa doctrine a des rapports avec celle de l'Évangile, 535. — Son Atlantide, VI, 6. — Une partie de ses écrits est propre à former le cœur de la jeunesse, 436. — Sa philosophie, IX, 245-246. — Il avoit eu connoissance des livres hébreux, 246. — Le système de Platon sur la création comparé à celui de Moïse, 247-248. — Platon étoit pauvre, 317.

PLINE l'Ancien. Catalogue qu'il donne des peintres anciens, II, 589-591. — Ses connoissances géographiques, VI, 8.

PLINE le Jeune. Sa lettre à Trajan pour l'instruction des procès des chrétiens, II, 542-543 ; IX, 139-140.

PLOTIN. Ville que lui accorde Gallien pour y établir une république selon les lois de Platon, IX, 179. — Il évoquoit son propre démon, 242. — Quand il mourut, un dragon sortit de dessous son lit, 243. — Il a rajusté son système confus de triade sur le système clair et positif du christianisme, 246. — Il interrompt une leçon en présence d'Origène, 380. — Il n'étoit pas l'inventeur du néoplatonisme, 380. — Il assistoit aux désordres de Gratien, 418.

PLOWMAN (Peter). *Voy.* PIERRE LE LABOUREUR.

PLUQUET. Publie le *Roman de Rou*, IX, 50.

PLUTARQUE. Historien, II, 323. — Comparé à Commines, 330. — Sa traduction par Amyot, IX, 238.

POCOCKE. Sa description des monuments de l'Attique, V, 91.

PŒAN, hymne des Grecs, IV, 407.

POEME. Peut-il y avoir des poëmes en prose ? IV, 10-12. — Le *Télémaque* est-il un poëme ? 593. — *Les Martyrs* sont-ils une épopée ? 593.

POÉSIE. Ce qu'en disent Platon, Lucrèce, Plutarque et le Tasse, II, 157. — Poésies diverses, III, 527-570. — La poésie convient plus particulièrement à l'enfance des peuples, VI, 512. — L'école technique est finie, XI, 744.

POETE. Peut-on être poëte et prosateur, III, 530-531. — Malheurs éprouvés par les poëtes anglois, XI, 720-721. — Poëtes sortis des classes industrielles en Angleterre, 767. — Muses du peuple en France, 767-769.

POINT-CREEK. Monuments trouvés sur ses bords, VI, 241, 249-251. — L'enceinte, 257.

POISSON. Leur organisation, II, 90. — Leur migration, 92.

POISSON D'OR. Beauté de ce petit poisson ; combat qu'il livre aux écrevisses, VI, 94.

POISSY. Colloque qui s'y tient, X, 260.

POITIERS. Bataille qui s'y livre, X, 190-204.

POIX (princesse de). Son salon, I, 27.

POLENO, philosophe de l'école académique, I, 534.

PÔLE NORD. Voyages au pôle Nord, VI, 30-35. — Points reconnus de l'océan Boréal par divers voyageurs, 426.

POLICE. Comment elle se glisse dans nos maisons et vient s'asseoir à nos foyers, VII, 501.

POLICE GÉNÉRALE (ministère de la). Il est incompatible avec une constitution libre, VII, 185. — Impôts qu'il lève sur les jeux et les journaux, 186-187. — Autres actes inconstitutionnels, 187. — Il n'est d'aucune utilité ; il est dangereux, 188-190. — Il a pu avoir son utilité ; mais il ne peut exister sous un gouvernement constitutionnel, 305.

POLIGNAC (M. de). Apprend à M. de Chateaubriand la division qui existoit entre M. de Villèle et le duc de Montmorency, XII, 117. — Remercie Chateaubriand, 248. — Son arrivée à Londres, 292. — Sa réception à Douvres, 293. — Il est admirablement reçu du roi d'Angleterre, 299-300. — Lettre à Chateaubriand, 303-304. — L'ambassade de Londres lui avoit été accordée aux sollicitations obstinées de Chateaubriand, 378. — Il envoie un *memorandum* de M. Canning à Chateaubriand, 391. — Il espère que ce ministre se décidera pour la médiation, 432.

POLITIEN, prodige d'érudition, I, 544.

POLITIQUE. Ce que c'est, I, 345. — Influence du christianisme sur elle, II, 518-522. — Comment Buonaparte la définissoit, VII, 20.

POLITIQUES. Parti sous Charles IX; ses chefs, X, 266-267.

POLO (Marco). *Voy.* MARC-PAUL.

POLOGNE. Elle sauva l'Europe qui la laisse exterminer, X, 534.

POLTROT. Assassine le duc de Guise, X, 262.

POLYBE. Ce qu'il disoit des Carthaginois, I, 359. — Jugé comme historien, II, 323. — Quel seroit le plus parfait des gouvernements selon lui, VII, 92.

POLYCARPE. Son martyre à Smyrne, IX, 376-377.

POLYCRATE, sophiste, est l'auteur du livre attribué à la courtisane Philœnis, IX, 410.

POLYTHÉISME. Son origine, I, 566-567. — Sa décadence en Grèce, 567-569. — Le polythéisme à Rome, 569. — Sa chute, 571-572. — Il étoit un des agents de la corruption, II, 530. — Ses prêtres, 531. — Maximin voulut lui faire prendre les formes chrétiennes, 531. — Il pouvoit convenir à l'état imparfait des sociétés anciennes, 536. — Il s'adressoit à un troupeau d'esclaves, 537. — La morale n'y étoit pas unie à la religion, 580-581.

POMINY, secrétaire de Marguerite de Valois. Comment elle jouoit avec lui, VI, 329 ; X, 308.

POMME DE TERRE. Vient d'Amérique, VI, 110.

POMPADOUR (Mme de). Le duc de Choiseul lui dut son avancement politique, X, 339. — Elle nommoit les ministres, les évêques et les généraux, 339. — Marie-Thérèse l'affola en l'appelant son amie, 339. — Elle précipita la France dans la guerre, 339. — Elle figure dans la correspondance de Voltaire, X, 557; XI, 760.

POMPÉE. Réflexion sur sa mort, I, 480. — Son tombeau fourniroit un beau sujet à la peinture, 480. — Ce que Cicéron dit de lui, 489. — Colonne qui porte son nom à Alexandrie, V, 413-414. — Récit de sa mort, 487-489. — Note sur l'inscription grecque de la prétendue colonne de Pompée, 489-491. — Explication de cette inscription, VI, 522-523.

POMPÉIA OU POMPÉI. Parties découvertes, VI, 304-307. — Notice sur les fouilles, 353 et suiv. — Catastrophes qui ont amené sa ruine, 354. — Lettre de M. Taylor sur Pompéi et Herculanum, 359-360. — Bijoux trouvés, 360. — Pompéi est une antiquité vivante, 360.

POMPEY, en Amérique. Ruines de son township, VI, 228-230.

POMPONNE (M. de). Sa disgrâce; condoléances de Rancé; comment Louis XIV le jugeoit, X, 493.

PONS DE BALAZUN. A écrit ce qu'il a vu en Palestine, VI, 12.

PONTAMIUS, évêque d'Éminie, veut retourner auprès de son troupeau, IX, 468.

PONTIFES (hospitaliers), ou faiseurs de pont. Leur institution, II, 509-510.

POPE. Son tableau de la passion d'Héloïse mal rendu par Colardeau, II, 205. — Ce qu'on pense à présent de Pope en Angleterre, VI, 372. — Sa critique de Shakespeare, 386. — Remarque qu'il fait sur Shakespeare, XI, 581. — Comment il caractérise le talent de Dryden, 717. — Son *Essai sur la critique*, 736. — Il écrivit dans les premiers ouvrages périodiques anglois, 737. — A la fin du XVIIIe siècle on ne pardonnoit point à ses vers rimés en Angleterre, 747. — Sa maison à Twickenham, 747. — Il fut un des promoteurs de l'apothéose de Shakespeare et de Milton, 748. — Ses lettres, 762.

POPULATION. Dangers de son excès, II, 35. — Comment le clergé favorisoit son accroissement, 36. — Résultat de l'excès de population en Chine, 544. — Ses rapports avec la division de la propriété, 544.

PORLIER. Se soulève en Galice et meurt sur l'échafaud, XII, 17.

PORPHYRE. Son système de triade, IX, 246. — Théodoret le compare à un singe et à la corneille d'Ésope, 247.

PORTE-GLAIVE (chevaliers). Se réunissent à l'ordre Teutonique, II, 474.

PORTICI, magasin d'antiques, VI, 304. — Le Musée Portici, 306-307.

PORTLAND (duc de). Arrive au ministère avec Fox et lord North, I, 365. — Pitt le remplace, 365. — J.-J. Rousseau a trouvé en lui un Mécène, 491.

PORTRAIT. C'est un genre facile en littérature, XI, 716.

PORT-ROYAL. Sa sévérité, VI, 437. — Affluence d'hommes du monde qui s'y retirent, X, 526. — Rapprochements que fait M. Sainte-Beuve de Port-Royal avec La Trappe et les bénédictins, 527. — Destruction de Port-Royal; état actuel, 528.

PORTSMOUTH. Monuments de cette ville américaine, VI, 251-253. — Places de sacrifices, 258.

PORTSMOUTH (duchesse de), maîtresse de Charles II, le pousse à l'imitation de la cour de Louis XIV, XI, 715.

PORTUGAIS. Leurs découvertes géographiques, VI, 21-22.

PORTUGAL. État du clergé, I, 603 et suiv. — Charte de dom Pèdre, VIII, 149. — Occupation de Lisbonne par les Anglois, 156-161. — Discours sur l'intervention angloise en

Portugal, 437-443. — Le Portugal imite l'Espagne et proclame la constitution des cortès, XII, 23. — Le comte Palmella veut lui donner une constitution, 286.

Poste. Établie par Cyrus en Perse, I, 412. — Importance de cette institution, 412. — Son accroissement aux États-Unis, VI, 207-208. — L'Université de Paris avoit une poste avant que Louis XI eût fait un pareil établissement, X, 402.

Posthume. Repousse les Germains, IX, 174. — Tyran romain, 176-177. — Il avoit pris un corps de Franks à sa solde, 179. — Il contint les nations germaniques, 181.

Potamienne, esclave en Égypte, plongée dans une chaudière de poix bouillante comme chrétienne, sauve sa pudeur, IX, 372.

Pothier. Ce qu'il disoit de la campagne, I, 11.

Pothin, évêque de Lyon. Son martyre, IX, 377.

Poudre. Son invention a été fatale pour les arts, V, 191. — Sa découverte sous le règne de Philippe le Bel a changé la société matérielle, X, 66. — Roger Bacon a peut-être découvert la poudre, 103. — Elle étoit connue des Chinois, 103.

Poulain (Nicolas). Avertissoit Henri III de ce qui se passoit dans le conseil des Seize, X, 274-275.

Poule. Son courage de mère, II, 92.

Poule d'eau. Ses mœurs, II, 98-99.

Pouqueville (M.). Il soutint la cause des Grecs, V, 29. — Son ouvrage sur la Morée, 93. — Où il place Sparte, 146. — Foible indemnité qu'il obtient, VIII, 362. — A mis Chateaubriand sur la voie d'une foule de recherches, IX, 97.

Poussin. Paya l'hospitalité des monastères en peignant des tableaux pour eux, II, 511. — Tableaux de lui à la galerie Doria, VI, 291. — Il est venu mourir à Rome, 310. — Sa maison à Rome; sa mort, X, 513. — Chateaubriand pose un buste de Poussin à Rome, 513. — Ce que Bonaventure d'Argonne dit de Poussin, 513. — Son tableau du *Déluge*, 513-514.

Poussin (Gaspard). Tableaux de lui à la galerie Doria, VI, 290.

Pouzzoles. Curiosités de cette ville, VI, 296-297.

Pozzo di Borgo (le comte). Auroit parlé au roi de la démission du duc de Richelieu, VII, 572, 577. — Arrive à Vérone, XII, 34. — Ce qu'il y faisoit, 57. — Il se tourmente pour des conférences, 246. — Son départ pour Madrid, 380.

Pradt (abbé de). Sa critique d'*Atala*, I, 63-64. — Sa critique du *Génie du Christianisme*, 111-112. — Ses curieuses et piquantes brochures, IX, 47.

Praxéas, chef des patropassiens, IX, 390.

Précieuses. Molière n'a rien exagéré dans ses critiques des précieuses, X, 460. — Noms que fait connoître le *Dictionnaire des précieuses*, 464.

Prédestination, doctrine engendrée par les semi-pélagiens, IX, 393.

Prémare (père), missionnaire en Chine, II, 446.

Prérogative royale. Principe fondamental du gouvernement représentatif, VII, 163. — Le roi ne peut y renoncer ni l'amoindrir, VIII, 310.

Présents diplomatiques. Leur utilité, VIII, 365.

Presse. Opinions de Chateaubriand sur la liberté de la presse, I, 228-229. — Ce qu'il disoit plus tard à M. de Marcellus, 230-231. — La presse est une invention céleste et diabolique, 582. — Ce qu'elle fait sous le régent, 582. — C'est aux lois seules à prévenir ses abus, 582. — Point de gouvernement représentatif sans la liberté de la presse, VII, 175. — Ses dangers, 177. — Nouvelle loi sur la presse, 295-299. — Les royalistes sont attachés à la liberté de la presse, 302-304. — On n'a qu'elle pour suppléer aux grands corps de la monarchie absolue, 325. — La liberté de la presse a été presque l'unique affaire de la vie politique de Chateaubriand, 369. — Elle est la sauvegarde des droits des citoyens, le plus ferme appui du trône et de l'autel, 369-370. — Elle est le contrepoids des inconvénients du gouvernement représentatif, 390-391. — Lettre sur le projet de loi relatif à la liberté de la presse, 396 et suiv. — Elle est toute la constitution, 429. — Opinion sur le projet de loi relatif à la police de la presse, 443 et suiv. — Législation de la presse, 446-447. — Poursuites et condamnations contre la presse de 1822 à 1827, 448-450. — Ce qu'il y avoit à faire pour établir la liberté de la presse, 453. — La presse n'étoit pas libre pendant la révolution, 456. — Son régime pendant la terreur, 457. — Elle auroit rendu le roi à la France sans le canon de Buonaparte, 458. — Le consulat et l'empire ne purent s'établir que sur la servitude de la presse, 460. — On n'a été tranquille sous la restauration que lorsqu'on a eu la liberté de la presse, 460. — Elle n'est pas plus cause des crimes de l'ordre moral et civil que des crimes de l'ordre politique, 460-461. — Les mœurs n'étoient pas meilleures avant l'invention de la presse, ni sous le régime de son oppression, 462-465. — Elle a adouci et épuré les mœurs en éclairant les esprits, 467. — Quels sont les ennemis de la liberté de la presse, 468. — La liberté de la presse n'a pas arrêté le mouvement de l'esprit religieux, 472. — Statistique des délits de presse de 1822 à 1827, 472. — La religion n'a pas à se plaindre de la liberté de la presse, 473-474. — Le clergé en grande partie demandoit la liberté de la presse en 1789, 475-476. — La légitimité peut tout braver avec la liberté de la presse, 486. — Les amis de la liberté de la presse, leur but, brochures qu'ils publient, 493-494. — Projet de loi sur la liberté de la presse, 595-596. — Discussion d'un projet de loi sur la presse, 611. — Nouveaux principes, 612. — Les trois projets de loi sur la liberté de la presse ont passé aux Chambres, 617. — Toutes les fois que la presse a été vraiment libre, l'opinion royaliste a triomphé, 629. — Ce que la liberté de la presse empêche, 630. — Le ministère songe encore à la supprimer, VIII, 32. — Triomphe de la liberté de la presse en quatre occasions, 75. — Ses avantages positifs et négatifs, 76. — Force de la presse périodique, 119. — État de la législation sur la liberté de la presse, 240. — Quel seroit le régime de la presse avec la loi proposée, 298-300. — Il faut appliquer le jury au jugement des délits de la presse, 301-302. — Amour de la France pour la liberté de la presse, 458. — Cette liberté ne vit en sûreté qu'avec un gouvernement dont les racines sont profondes, 475-476. — La liberté de la presse sous le gouvernement de juillet, 483. — La presse sous la révolution et sous l'empire, 484. — Son rôle sous la ligue, X, 326-327. — Les factions n'ont jamais voulu de la liberté de la presse, 383. — Discours de Milton sur la liberté de la presse, XI, 642-643. — Par qui fut fondée la presse périodique à la fois littéraire et politique, 736-737.

PRESSIGNY (Regnault de), seigneur de Marans, détrousse les passants, X, 110.

PRESTON, général, soulève l'Irlande, X, 403.

PRÊTRE. Esprit des prêtres chez les anciens et chez les modernes, I, 594-597. — Traits du caractère des prêtres, 598-599. — Célibat, mariage des prêtres, II, 32 et suiv. — Qualités que doit avoir le prêtre, 38. — Son caractère dans la poésie, 182. — Du vêtement des prêtres, 372. — Comment on traite les prêtres sous la monarchie légitime, VII, 240-241. — Immoralité des lois qui permettent le mariage des prêtres, VIII, 223. — Le prêtre fidèle opposé au prêtre apostat, 224. — Les mauvais prêtres de la révolution, 224-225. — On doit refuser toute pension aux prêtres mariés, 225-227. — Portrait que fait saint Jérôme du prêtre mondain, IX, 308-309.

PRÉVÔT (M.). Son panorama de Jérusalem, VI, 543. — Il a perdu son neveu dans le voyage, 543-544. — Il a fait le voyage du Levant avec M. le comte de Forbin, 545.

PRIAM. Comment il redemande les cendres d'Hector à Achille, II, 170-172.

PRICE (docteur). Taux de l'intérêt auquel il vouloit appliquer l'amortissement, VIII, 415.

PRIDE, colonel. Arrête les membres de la Chambre des communes qui vouloient accepter les conditions de Charles Ier, X, 384.

PRIÈRE. Les prières de l'Église, II, 375-377. — Prières de la messe, 382-385. — Prières pour les morts, 394-397.

PRIÈRES (l'abbé de). Essaye de détourner Rancé de son projet de retraite à La Trappe, X, 500. — Il s'emploie pour que Rancé puisse tenir son abbaye en règle, 501. — Il renvoie Rancé en Italie, 508. — Ce que c'étoit que l'abbaye de Prières, 508. — L'abbé de Prières étoit épouvanté des réformes de La Trappe, 530. — Sa mort, 535. — A ses derniers moments, il fait écrire par un prêtre à Rancé, 535-536.

PRINCE NOIR (Le). Voy. ÉDOUARD.

PRINTEMPS (le), l'été et l'hiver, tableau en vers, 539-541.

PRIOR. Attaque Dryden, XI, 718. — Répond à Boileau, 736.

PRISCA, impératrice, assiste aux cérémonies des chrétiens dans les catacombes, IV, 83. — Dénoncée à l'empereur, 83. — Ce que fait Dioclétien, 84. — Accusée de christianisme, elle sacrifia, IX, 194. — Sa mort, 196.

PRISCILLIEN, évêque d'Avila, fondateur de la secte de son nom, exécuté à Trèves, IX, 287.

PRISCILLIENS. Leur doctrine, IX, 395.

PRISCUS. Près de mourir, Julien discouroit avec lui de l'excellence de l'âme, IX, 262. — Il périt lors du passage des Goths d'Alaric en Grèce, 327.

PRISCUS. Il a laissé un récit de sa mission et de son voyage avec les patrices auprès d'Attila, IX, 344.

PRISONNIERS. Leur supplice chez les Indiens, VI, 170. — Comment les femmes pouvoient les sauver, 171. — Quelques nations les réduisoient en servitude; influence du christianisme, 171. — Pendant la féodalité, le prisonnier qui forçoit sa prison étoit pendu, X, 94.

PRIX DÉCENNAUX. Livres proposés pour ces prix de préférence au *Génie du christianisme*, I, 110-111.

PROBA, veuve du préfet Petronius, s'échappe de Rome à l'époque d'Alaric, vient au secours de ses compagnons d'exil, IX, 470.

PROBUS. Servoit Gallien, IX, 178. — Déclaré auguste en Orient, il défait Florien, bat les Barbares, 185. — Il porte la guerre en Orient, 186. — Donne des terres aux Barbares, 187. — Étouffe des révoltes et emploie les armées à des travaux publics, 187. — Il est tué par ses soldats, 187.

PROCÉDURE. La procédure civile et criminelle sous la féodalité, X, 92-93.

PROCLUS. Ses ouvrages, IX, 317. — Sa biographie par Marinus, 317. — Sa bienfaisance, 317. — Date de sa mort, 318. — Son commentaire sur le Cratyle, 318. — Il conversoit avec Pan, Esculape et Minerve, 418.

PROCOPE, prend la pourpre à Constantinople, et épouse Faustine, IX, 274. — Ses soldats l'abandonnent, il est décapité, 274.

PROCOPE, l'historien. Ce qu'il raconte, I, 501. — Il dit que l'on construisoit des vaisseaux sans clous, 501-502.

PROCTOR, colonel anglois, dirige les opérations des Indiens contre les Américains, VI, 197.

PROCULUS. Sa révolte étouffée par Probus, IX, 187.

PROPHÈTES. École prophétique chez les Hébreux, IX, 558.

PROPOSITION DE LA LOI. Droit des Chambres, VII, 166. — En quoi elle diffère de l'initiative, 166. — C'est une anomalie dans le gouvernement représentatif, 167. — Absurdités de ce système, 169.

PROPRIÉTÉ. Importance de la propriété territoriale, VIII, 372. — Transformation de la propriété chez les Romains, IX, 414. — Chez plusieurs tribus germaniques la possession étoit annale, 447. — La propriété selon la loi salique, 462. — État des propriétés sous le régime féodal, X, 83-90.

PROSTITUTION. Organisée chez les païens, IX, 398. — Des villes entières y étoient consacrées, 411. — Libertinage des dames romaines, 414. — Maison de débauche sur le modèle d'une abbaye, à Niort, X, 109.

PROTESTANTISME. Il n'est pas vrai qu'il soit plus favorable à la liberté que le catholicisme, I, 260. — Comment il a vu périr l'éloquence, VI, 469. — Différence de son origine avec celle du catholicisme, IX, 82. — A-t-il été favorable à la liberté politique? 83-84. — Route qu'il a suivie, X, 251. — Il n'est favorable ni aux arts, ni aux lettres, ni à la poésie, 252-253. — Ses guerriers, 254. — Il n'a donné aucune liberté politique, 254-255. — Il n'a pas été favorable à cette liberté, XI, 565-568. — Comparaison de la littérature catholique avec la littérature protestante, 569.

PROTESTANTS. Lois contre les protestants, VI, 535-536. — François Ier commença la persécution contre eux, X, 246. — La persécution s'étendit sous Henri II, 257. — Premier édit en leur faveur, leur soulèvement, 261. — Première paix, 262. — Ils livrent le Havre aux Anglois, 262. — Cinquième édit de pacification, 269. — L'édit de Nantes, 323-324. — Ils soutiennent trois guerres contre Louis XIII; le duc de Rohan fut battu, La Rochelle tomba et Louis XIV révoqua l'édit de Nantes, 324.

PRUDENCE. Réfute Symmaque, IX, 294-295.

PRUDHOMME. Donne le détail du nombre des victimes de la révolution, IX, 61.

PRUSSE. Analogies avec la Macédoine, I, 403-404. — Sa réponse aux communications de M. de Montmorency sur les affaires d'Espagne, XII, 57-58. — Dépêche au gouvernement espagnol, 63-64. — Ce qu'elle a gagné au congrès de Vienne, 180. — Sa conduite en Espagne, 185.

PRYNNE. Ce qu'il fait voter aux Communes, X, 384. — Ce qu'il avoit souffert, 384. — Il refuse de quitter le parlement, 385.

PTOLÉMÉE. Ses connoissances géographiques, VI, 9-10.

PUBLICISTE. En quoi diffèrent les publicistes de la Grèce et les publicistes de nos jours, I, 345-346. — Les publicistes modernes et les publicistes anciens, II, 310-311.

PUFFENDORF. Son traité *de Jure naturœ et gentium*, I, 547.

PUITS, dans les Florides. Description, II, 106. — Chez les Creeks, VI, 98. — Trous creusés dans un autre but que celui de se procurer de l'eau, 244. — Puits de Marietta, 247. — Puits creusés dans le lit de la Pint, 250-251.

PULCHÉRIE, sœur aînée de Théodose II, devint l'institutrice de son frère, IX, 332. — Acte qu'elle lui fait signer dans l'espoir de le corriger de son habitude de signer sans lire, 332. — Elle place la couronne de son frère sur la tête de Marcien, qu'elle épouse en demeurant vierge, 345.

PURGATOIRE. La description qu'en fait Chateaubriand n'a rien qui satisfasse, I, 179. — Son principe est fondé sur la raison, II, 140. — Son emploi en poésie, 253-254. — Description, IV, 293. — Remarques sur cette description, 538-539. — Cette description a été reçue avec indulgence, 571. — Les erreurs qu'elle contenoit ont été effacées, 572.

PURIFICATIONS (cabane des). Quand y vont les Indiennes, VI, 114, 117, 137.

PUY-DE-DÔME. Vue dont on y jouit, VI, 336. — Chapelle de Saint-Barnabé, 337. — Pascal y a fait ses premières expériences sur la pesanteur de l'air, 337. — Sa hauteur, ses fleurs, ses troupeaux, ses chalets, son patois, etc., 337.

PUYMAURIN (baron de). Son amendement pour réduire des allocations relatives à l'achèvement de monuments publics, VIII, 469-470.

PUYVERT (marquis de). Outragé dans l'affaire du général Canuel, VII, 542.

PYM. Présente l'acte d'accusation contre lord Strafford, X, 366. — Ses talents, 366. — Strafford le foudroye dans sa défense, 369.

PYRAMIDES d'Égypte, IV, 467, 476. — Vue des Pyramides, V, 403-407. — M. de Chateaubriand ne peut en approcher, 410. — La capacité intérieure des Pyramides est très-petite, VI, 549.

PYRÉNÉES (traité des). Met fin à la guerre entre la France et l'Espagne, X, 331.

PYRRHON. Sa secte, son système, I, 534. — Sa philosophie, 538. — Il refuse de retirer Anaxarque d'une ravine, 558. — Pourquoi? IX, 418. — Son système expliqué dans *les Sectes à l'encan*, 423-424.

PYTHAGORE. Sortoit de l'école égyptienne, I, 352. — Se fixe à Crotone, 387. — Ce qu'il enseignoit, 387. — Son système de la nature, 387-388. — Comparé à Bernardin de Saint-Pierre, 387-390. — Ses harmonies, 388. — Sa physique, 388. — Sa politique, 388. — Sa mort, 388. — Les *Vers dorés*, 389. — Il fut le père de l'école italique, 533. — Son système, vérités mathématiques qu'il a découvertes, 533. — Sectes sorties de son école, 534. — Ses lois morales, II, 54. — Ce qu'on dit de lui dans *les Sectes à l'encan*, IX, 419-420.

PYTHAGORICIENS. Leur genre de vie, X, 527.

PYTHÉAS. Ses voyages, VI, 7.

Q

QUADRAT. Défenseur du christianisme, II, 5.
QUADRIVIUM. *Voy.* TRIVIUM.
QUADRUPÈDES. Leur migration, II, 104.
QUAKERS. Ce qu'ils sont en Amérique, I, 363.
QUATRE CENTS. Leur gouvernement à Athènes, I, 472. — Hommes remarquables, 473. — Leur abolition, 474.
QUELEN (M. de). A ébranlé la loi pour la conversion des rentes à la Chambre des pairs, XII, 438.
QUESNEL (le père). Réclame auprès de Rancé contre ce que celui-ci a écrit à la mort d'Arnauld, X, 564. — Autre lettre à ce sujet, 564-565.
QUESTION. Supplice chez les Romains, IX, 401.
QUÉTINEAU (général). Battu par La Rochejaquelein aux Aubiers, IX, 619. — C'étoit un digne et noble ennemi des Vendéens, 639.
QUIÉTISME. Sa naissance, X, 570. — Mme Guyon, Fénelon, 571. — Conférences d'Issy, 571. — Ce que dit Leibnitz des faux mystiques, 571. — Le quiétisme fit plus de ravage en Italie qu'en France, 571. — Ce qu'en dit l'abbé de Rancé, 571. — Le quiétisme sembloit dériver du molinisme, 572. — Condamnation du saint-siège contre les *Maximes des saints*, 573.
QUINET (M. Edgar). Fait connoître les *Idées sur la philosophie de l'histoire* de Herder, IX, 34-36. — Vers sur Napoléon, XI, 790.
QUINGEY. Le pape de Quingey, X, 57.
QUINTILIEN. A laissé d'excellentes leçons aux maîtres et aux disciples, VI, 436.
QUINTILIUS, frère de Claude II. Prend la pourpre et se tue, IX, 182.
QUIROGA. Veut faire revivre la constitution des cortès, XII, 17. — Riego le joint, et ils échouent devant Cadix, 17.
QUOTIDIENNE (La). Affaire de ce journal, VIII, 57.

R

RABELAIS. Nouveauté de ses opinions, I, 581. — Il reproduit les reproches adressés au clergé, XI, 545. — Il eût été de taille à se mesurer avec Shakespeare, 606. — Il a créé les lettres françoises, 614. — Sa haute philosophie, son grand style échappoient à Voltaire, 737. — Il commença sa langue, 737.
RABUTIN (François). Peint le lieu d'un combat, XII, 150.
RACAN. Faisoit des stances pour Catherine de Rambouillet, X, 461.
RACHEL. Son prétendu tombeau, V, 280.
RACHINBURGES. Ils aidoient les leudes à rendre la justice, VIII, 181.
RACINE. A répandu des traits chrétiens sur Andromaque, II, 175. — Sur son Iphigénie, 181. — Son Joad, 185. — Parallèle avec Virgile, 185-188. — Peint la passion de Phèdre, 199-201. — Comparaison du songe d'Athalie et du songe d'Énée, 245. — Il a été vanté par Voltaire, 608. — Racine fut presque méconnu de son vivant, VI, 429. — Il n'étoit pas exempt d'affectation dans sa jeunesse, 490. — Il a dû prendre part à la rédaction des Mémoires de Louis XIV, 493. — Boileau l'eût-il ramené aux règles du bon goût par des reproches trop durs? 531. — Vers que lui adresse Boileau à propos de *Phèdre*, 531. — Il ressemble à Virgile, VIII, 567. — Racine corrigé par ordre du Directoire, IX, 21. — Il imposa aux lettres le despotisme de ses chefs-d'œuvre, X, 320. — On a comparé le génie de Racine à l'Apollon du Belvédère, XI, 587. — Racine, dans toute l'excellence

de son art, est plus naturel que Shakespeare, 589. — Ses caractères de femmes, 598-599. — Que sont les filles de Shakespeare auprès d'Esther, 600.

RACINE fils. Peut être regardé comme le fondateur de la poésie descriptive en France, II, 227. — Remarque qu'il fait sur les monologues de Satan dans *le Paradis perdu*, XI, 692. — Il a traduit *le Paradis perdu*, 736.

RADAGAISE, ou RHODOGAISE. Étoit pieux païen; il menaça Rome et fut vaincu, IX, 310. — Il paroît en Italie; sa mort, 329.

RADCLIFFE (Anne). Ses ouvrages, XI, 764.

RAIS, ou RETZ (maréchal de). Ses débauches et ses cruautés, VII, 461. — Ses fureurs lubriques, X, 109.

RALEIGH (sir Walter). Les Anglois le suivoient sur l'Océan, XI, 604. — Il avoit fondé le club de la Sirène, 610. — Jacques Ier tua Walter Raleigh, 624.

RAMA, l'ancienne Arimathie. Route de Jaffa à Rama, V, 273. — Séjour à Rama, 273-274.

RAMBOUILLET (Mme de). Ce qu'elle disoit de la campagne, I, 11. — Son hôtel à Paris, X, 460. — Ce qu'on y faisoit, 461. — Personnages qui fréquentoient cet hôtel, 462. — Mort de la marquise de Rambouillet, 462-463. — Son épitaphe, 463. — Des débris de l'hôtel de Rambouillet d'autres sociétés se formèrent, 464.

RAMSAY. Sa conversion, II, 544. — Son entretien avec Fénelon, 545.

RAMUS. Périt victime du fanatisme scolastique, X, 104.

RANCÉ (Dom Armand-Jean Le Bouthillier de). Sa naissance, sa famille, X, 455-456. — Son éducation, 456. — Son *Anacréon*, 457-458. — Ses succès, 459. — Il connoit Mme de Montbazon, 460. — Sociétés qu'il fréquente, ses mœurs, ses duels, 464. — Ses amis, 467. — Ses plaisirs, ses fêtes, 468. — Il reçoit les ordres, 469. — Il refuse un évêché, 469. — Il aimoit la chasse et l'escrime, 469-470. — Dangers qu'il a courus, 470-471. — Ses relations avec Mme de Montbazon, 472, 474. — Sa jeunesse, 477. — Il est député à l'assemblée du clergé, 477. — Il se retire à Veretz, 477-478. — Sa conversion, 479 et suiv. — Il assiste le duc d'Orléans à sa mort, 490. — Visite les évêques de Comminges et d'Aleth, 491, 492. — Il se défait de ses biens, 494. — Se retire à La Trappe, 495. — Sa réforme, 499 et suiv. — Il fait profession, 504. — Va à Rome, 506-507. — Y retourne, 508-516. — Ce qu'il fait à La Trappe, 517-518. — Ses constitutions, ses règlements, 519-521. — Sa vie à La Trappe, 521 et suiv. — Ses maladies, 532. — Ses opinions sur les jansénistes, 536 et suiv. — Il vient voir Mlle de La Vallière, 541-542. —

Son *Traité de la sainteté et des devoirs de la vie monastique*, 543-546. — Réponses à ce livre, 546 et suiv. — Les écrits de Rancé, 554. — Sa doctrine, 555. — Ses austérités, 555-556. — Manuscrit de Rancé, 556. — Ses lettres, 556-557. — Traduction du grec, 559. — Il se démet de son abbaye, 559. — Sa visite à l'abbaye des Clairets, 560. — Médailles et portraits de l'abbé de Rancé, 561. — Libelles contre lui, 562. — Quelques pages sur les devoirs du chrétien, 562. — Sa vie au désert, 562-563. — Ses *Réflexions sur les quatre Évangélistes*, 563. — Ses travaux et ses occupations, 565. — Sa patience, 568. — Il obtient un successeur, 569. — Ce qu'il dit de Cromwell, 571. — Du livre des *Maximes des saints*, 571. — Du quiétisme, 571-572. — L'abbé Thiers écrit l'apologie de Rancé, 573. — Ce que Rancé écrit de Santeul, 575. — Il reçoit Jacques II à La Trappe, 576-577. — Son procès avec Boivin, 579. — La fin de sa vie, 580. — Ses derniers moments, 581-583. — Ce que dit Saint-Simon de la mort de Rancé, 584. — L'ouvrage de Rancé subsiste, 584.

RAOUL, duc et comte de Bourgogne. Hugues lui fait donner la couronne; sa mort, X, 27.

RAOUL, de Caen. A écrit la vie de Tancrède, VI, 12.

RAPHAEL, l'ange. Figure dans *le Paradis perdu*, XI, 185-309. — Son caractère, d'après Milton, 691.

RAPHAEL SANZIO. Ses peintures du Vatican, VI, 287. — Portrait de sa mère au musée de Naples, 296. — Ce que lui disoit Léon X, X, 243.

RASTIGNAC (abbé Chapt de). Sa mort à la prison de l'Abbaye, VII, 605-606.

RAT MUSQUÉ. Il bâtit et travaille comme le castor, VI, 107. — Chasse au rat musqué par les Indiens, 147-148.

RAUCOURT (Mlle). Scène scandaleuse qui s'est passée à ses funérailles, VII, 273.

RAUZAN (le duc de). Vient à Vérone, XII, 34. — Chateaubriand le recommande au duc de Montmorency, 111. — Éloge que Chateaubriand fait de lui, 433.

RAVAILLAC. Il avoit pu entendre parler des doctrines de Mariana, VII, 60. — Son crime, IX, 88. — Il assassine Henri IV, X, 320-321.

RAYBAUD (capitaine). A servi la cause des Grecs, V, 29.

RAYMOND, comte de Toulouse. Est un des personnages de la croisade contre les Albigeois, X, 56. — Ses ossements ne furent jamais enterrés, 57.

RAYNAL. Il attaque la politique, I, 584. — Ce qu'il dit des missions du Paraguay, II, 725-726. — Il avoit proposé un prix sur l'influence de la découverte de l'Amérique, VI

210. — Il fixoit l'attention de la foule sur les droits de la liberté politique, X, 342.

RAYNEVAL (M. de). Arrive à Vérone, XII, 34. — Lettre à M. de Chateaubriand sur ce que M. de Bernstorff pense de la politique angloise, 261-263. — Autre lettre, 269. — Lettre sur les prétentions du roi de Naples et sur la politique de l'Autriche, 278-279. — Lettre sur la joie et l'admiration de la Prusse, 280-281. — Il rapporte à M. de Chateaubriand les félicitations de M. de Bernstorff, 314-315. — Félicite M. de Chateaubriand sur la délivrance du roi d'Espagne, 384.

RAYNOUARD (M.). A réhabilité l'ancienne langue romane, IX, 8.

RÉALISTES. Division de la secte scolastique, I, 540.

REBOUL, boulanger à Nîmes. Stances qu'il adresse à une mère, XI, 768.

RÉCAMIER (Mme). Son cercle, I, 27.

RECRUTEMENT. Le projet de loi sur le recrutement augmente les craintes des amis de la monarchie, VII, 294-295. — Opinion sur le projet de loi relatif au recrutement de l'armée, VIII, 303-317.

RÉDEMPTION. Explication de ce mystère, II, 17.

RÉDEMPTION (les pères de la). Leur mission, II, 431.

RÉFORMATION. C'est une grande époque dans l'Europe moderne, I, 577. — Son influence religieuse, 578. — Pourquoi ses scènes de carnage? 578-580. — Changements qu'elle amena dans l'État et dans l'Église, VI, 488. — Ce qu'elle fit, IX, 81. — Ses prétentions, son influence politique, son influence sur les arts et sur les caractères, X, 250-254. — Les réformateurs en Allemagne, en France et en Angleterre, XI, 549-550. — Elle s'étendit à l'aide de l'imprimerie, 552. — Son origine, 551. — Ce que fit la réformation, 562. — Comparaison avec le culte catholique, 562-563. — Malheurs qu'elle produisit, 563. — Elle est ennemie des arts, 564. — Écrivains réformés, 564. — Guerriers de la réforme, 565. — Elle n'a pas été favorable à la liberté politique, 565-566. — Elle n'a donné que la liberté philosophique, 567. — Elle hâta la renaissance du théâtre en Angleterre, 586-587. — Comment elle se fit en Écosse, 621.

RÉFORME PARLEMENTAIRE. Ce qu'en dit Milton, XI, 661-662. — Cromwell l'avoit essayée, 662.

RÉGALE. Le droit de régale se trouve en principe dans le concile d'Orléans de 511, sous Khlovigh, X, 11.

RÉGICIDE. A quelle époque parurent les doctrines du régicide, VII, 59. — Auteurs qui en ont traité, 60-61. — Parallèle entre les régicides anglois et les régicides modernes, 61-63. — Illusions des apologistes de la mort de Louis XVI, 63-67. — Après la restauration de Charles II, quelques furieux regardoient les régicides condamnés comme des martyrs, 105. — Le monde avoit vu avec satisfaction le bannissement des régicides relaps, 620-621. — En rappelant les régicides relaps, on viole une loi, 636. — Ce que Merlin de Douai a dit du régicide, 637. — Ceux qui ont soutenu la doctrine du régicide, X, 210.

RÉGILIEN. Tyran romain, IX, 176, 177.

RÉGULUS. Proconsul en Afrique, V, 427-429.

REIMS. On y sacroit les rois, IX, 612. — Terres dont Khlovigh gratifia l'église de Reims, X, 36.

RELIGIEUSES PÉNITENTES (ordre des). Son institution, II, 489.

RELIGION. Comment on l'a regardée au xviie, au xviiie et au xixe siècles, I, 109. — Considérée comme passion, II, 212 et suiv. — Un peu de philosophie en éloigne, et beaucoup de philosophie y ramène, 537. — De sa nécessité, suivant Montesquieu, 537. — La philosophie ne peut faire aucun bien que la religion ne le fasse encore mieux, selon J.-J. Rousseau, 538-539. — Procédé à suivre pour convaincre de l'excellence de la religion, selon Pascal, 539. — Ce qu'elle est pour les hommes supérieurs et pour les hommes vulgaires, III, 173. — De la séparation de l'ordre religieux et de l'ordre politique, VIII, 201. — La religion seule peut nous empêcher de tomber dans le despotisme, 287.

REMORDS. Est une preuve de l'immortalité de l'âme, II, 126-127.

REMY (Pierre), général des finances. Pendu à Montfaucon, X, 70.

RENARD. Le renard du Canada ; sa ruse, VI, 106-107. — Comment les Indiens chassent les renards, 147-148.

RENARDS (les). Tribu indienne, VI, 197.

RENÉ D'ANJOU. Portrait de ce roi, X, 232.

RENÉ. C'est le portrait de l'auteur lui-même dans sa jeunesse et sous le rayon le plus idéal, I, 112. — Mélancolie poétique d'où il est éclos, 112. — Il commence par où Salomon finit, par la satiété et le dégoût, 112. — Le faire contemporain de Louis XV est un anachronisme, 113. — Cadre et composition, 117. — Le secret de René, 121. — La naïveté de René, c'est de croire qu'il est seul de son espèce, 122-123. — La femme de ses désirs, 125. — Apparition d'Amélie, 125. — La lettre à Celuta montre comment l'auteur comprenait l'amour, 127-129. — Pourquoi l'auteur a écrit cet épisode, II, 707-708. — Personnage de *René* et des *Natchez*, III, 29-500.

RENNE. Ses migrations, II, 105.

Renommée (la). Son palais, III, 209 et suiv.
Rentes. De la loi de conversion des rentes, VII, 337-339. — La rente est-elle remboursable ? 358-359. — Avis de Cretet, 359-360. — Comment la rente devroit être réduite, 361. — De la conversion de la rente en 3 pour 100, VIII, 71-74. — Résultat de la conversion, 78-88. — Opinion sur un projet de loi de conversion des rentes, 410-428. — Toute diminution d'intérêt est une banqueroute, XII, 435. — Injustice du remboursement des rentes, 435-436.
Repas. Les repas des nobles au moyen âge, repas royaux, X, 120-121. — Lois somptuaires sur les repas, 122. — Les repas au moyen âge, XI, 498-499.
Repas libre. Ce que c'étoit chez les Romains, IV, 300. — Extrait des Actes des martyrs, 541.
Représentatif (Gouvernement). Il s'est formé sous la loi évangélique, II, 520. — Son principe, 520-521. — Il trouve son image dans les conciles de l'Église, 521. — Ce que les anciens en pensoient, VII, 92. — Montesquieu place son origine chez les Germains, 93. — Institutions fondées sur le système représentatif, 93. — Ce que Chateaubriand entend par gouvernement représentatif, 158. — Ses éléments, 162-163. — Éloge de la monarchie représentative, 255. — Ce qu'il faut faire pour la conserver, 257-260. — Avantages de ce gouvernement, 314. — Comment la tyrannie pourroit intervenir dans ce gouvernement, 483. — Il a fait la puissance de l'Angleterre, VIII, 131. — Il convient à un peuple vieilli, 328-329. — Ses inconvénients, XII, 191-192.
Représentations théâtrales. Les premières représentations en Angleterre, X, 119. — Représentations théâtrales au moyen âge, XI, 501. — Elles passèrent de la clergie aux laïques, 518.
Républicain. Ce que c'est qu'un républicain, I, 620.
République. Son établissement en France, I, 305. — La réquisition, ses armées, sa tactique, 307-308. — Changements dans les usages, les noms, etc., 309. — La république représentative, 318. — Alliés unis contre la république françoise, 437, 439. — Pertes occasionnées par la guerre républicaine, 439. — De son établissement en Amérique et en Grèce, V, 51. — Découverte de la république représentative en Amérique, VI, 210. — Tableau des républiques de l'Amérique, VIII, 121-122. — La république pourroit venir un jour, 126-127. — Influence que pourront avoir les républiques d'Amérique, 128-129. — La France peut-elle reconnoître les nouvelles républiques de l'Amérique ? 140. — Une république offre-t-elle à la France des garanties de durée, de force et de repos ? 475.
Resend. Ses *Antiquités lusitaniennes*, IX, 14.
Restauration. Sa durée étoit-elle possible? I, 216. — Elle auroit pu se maintenir avec la liberté, VIII, 482-483. — Les quinze années de la restauration, 484-486. — Ce que la France lui doit, XII, 458-463.
Résurrection. D'où vient le dogme de la résurrection du Christ, I, 591. — D'où vient le dogme de la résurrection des corps, 591. — Auteurs anciens qui croyaient en la résurrection des corps, II, 141. — Personnages arrachés au tombeau chez les anciens, 155. — Fragment retiré du *Génie du Christianisme*, sur la résurrection, VIII, 569.
Retz (maréchal de). *Voy.* Rais.
Retz (Albert de Gondy, maréchal de). Son opinion sur le massacre de la Saint-Barthélemy, X, 266.
Retz (cardinal de), le Coadjuteur. On n'a pas trouvé sa sépulture à Saint-Denis en 1793, II, 641. — Il fréquentoit l'hôtel de Chevreuse, X, 467. — Son portrait ; sa naissance ; son éducation, 509. — Ses premiers écrits, ses amours, 510. — Il devient coadjuteur de Paris, 510. — Enfermé, il s'évade, se rend en Espagne et en Italie, prend part au conclave, 511. — Ouvrages qu'il entreprend à son retour, 511. — Écrivains qui ont parlé de lui, 511. — Son portrait moral, 511-512. — Sa mort, 512. — Ses Mémoires, 512. — Derniers temps de sa vie, 512. — Ce que Bossuet dit du Coadjuteur, comment il le jugeoit, 513.
Révolution. *Essai sur les Révolutions*, I, 263, 272-274. — Ce que l'auteur entend par révolution, 275. — Révolutions dans l'antiquité et révolutions modernes, 275. — La révolution grecque, 286. — Son influence, 347 et suiv. — La révolution américaine est la cause immédiate de la révolution françoise, 364. — Différence entre les temps de la révolution grecque et de la révolution françoise, 453 et suiv. — Il y a toujours quelque chose de bon dans les révolutions, 530. — Les encyclopédistes ne sont pas la seule cause de la révolution françoise, 548. — La révolution françoise se consolidera-t-elle ? 614 et suiv. — Étonnement que causent ses succès, 616. — *Les malheurs de la Révolution*, vers, III, 563-566. — Ce qu'a fait la révolution, VII, 10. — N'avons-nous rien gagné à la révolution ? 113-114. — Les gouvernements de l'Europe n'ont jamais connu la révolution, VIII, 13-14. — Le parti de la révolution, 18-20. — Ce qu'elle a fondé dans les esprits, 120. — De nouvelles révolutions s'effectueroient avec moins de violence, 121. — La révolution est pour nous l'ouvrage de Pénélope, 282. — Comment on finit une

révolution, 283. — Esquisse de la révolution, 600. — Crimes commis pendant la révolution, IX, 60. — Nombre des victimes de la révolution, 61-62. — Il ne faut pas comparer la révolution à une bataille, 65. — La révolution étoit achevée lorsqu'elle éclata, 617. — Comment fut préparée la révolution, X, 340-343. — Comparaison de la révolution françoise avec la révolution angloise, XI, 699 et suiv.

RÉVOLUTIONNAIRES. Ils ne veulent point la charte, VIII, 20. — Il y a deux sortes de révolutionnaires, 483.

REVUES. Titre des revues critiques en Angleterre, XI, 728.

RHODES. Se distinguoit par son commerce du temps de Xerxès, I, 405. — Visitée par M. de Chateaubriand, V, 256. — Son histoire, 256. — Description, 257. — Son port, 257. — Son commerce, 257. — Ses produits, 257-258. — Palais gothiques de la rue des Chevaliers, VI, 519.

RIBAUMONT (Eustache de). Edouard III lui rend la liberté, II, 483-484. — Envoyé en reconnoissance à la bataille de Poitiers, X, 193. — Le roi Jean adopte son plan de bataille, 194. — Il combat auprès du roi, 199.

RICCI (père). Missionnaire en Chine, 443-444.

RICH (Robert). Épouse lady Francis Cromwell, X, 418.

RICHARD CŒUR-DE-LION. Il éclipse Philippe-Auguste en Orient, X, 56. — Ce qu'il chantoit en prison, 56. — Il fut couronné comme troubadour, XI, 513. — Il avoit composé un sirvente sur sa captivité à Worms, 513. — Sa naissance suivant les poëtes, 513. — Sa réputation chez les Arabes, 513.

RICHARD II, fils du prince de Galles. Infortunes de sa vie, X, 203. — Sa déposition, 222.

RICHARDSON. Comment parle Clémentine, II, 202-203. — Ce que les Anglois pensent de Richardson, VI, 372. — Il a connu Déborah Milton, XI, 677. — On lui doit une vie de Milton, 677. — Le roman le rappelle, 738. — Il dormoit oublié à la fin du XVIIIe siècle, 760. — Passion qu'il a représentée dans le caractère de Clémentine, 762. — Romans sortis de *Clarisse*, 763. — Il moule sur le type intérieur de l'homme, 765.

RICHE. Le riche athée, VIII, 561. — Le riche religieux, 562.

RICHELIEU, prévôt de France, aïeul du cardinal. On lui livre le corps du duc de Guise, X, 290. — Personnages qu'il arrête, 291.

RICHELIEU (cardinal de). Son théâtre, VII, 276. — Sa souplesse, son orgueil, IX, 88. — Son avancement, X, 328-329. — Ce qu'il fit, 329. — Sa politique extérieure, 336. — Il avoit favorisé les premiers troubles de l'Angleterre, 416. — Il a réfuté les principes de Knox, XI, 569-570.

RICHELIEU (duc de). Ce que Napoléon a dit de lui à M. de Montholon, VII, 7. — Il se proposoit de demander une indemnité pour les émigrés, 347. — Comment la *Correspondance privée* explique sa sortie du ministère, 571. — Histoire véridique de la fin de son ministère, 574-576. — Il attachoit sa gloire à indemniser les émigrés, VIII, 58-59. — Il apporte à la Chambre les traités avec les alliés, XII, 99. — Alexandre lui remet la carte qui indiquoit de plus grands sacrifices, 100, 459. — Ce que Napoléon disoit du duc de Richelieu, 465.

RICHELIEU (hôtel de), dérivation de l'hôtel de Rambouillet, X, 464.

RICHMOND (lord), ministre de Charles Ier. Demande à subir la mort pour lui, X, 389.

RICHOMER. Est envoyé à Valens par Gratien, IX, 280. — S'offre pour traiter avec les Goths et n'a pas le temps de remplir sa mission, 282.

RICIMER ou RICHIMER. De qui il étoit fils, IX, 338. — Il arrache la pourpre à Avitus, 351. — Il passe le pouvoir à Majorien, 351. — Le force d'abdiquer, 352. — Il remet le diadème à Libius Sévère, 352. — L'empoisonne et épouse la fille d'Anthème, 352. — Il donne la pourpre à Olybre; mort de Ricimer, 353.

RICOLD DE MONTE CRUCIS. Pénétra dans la Tartarie, VI, 15.

RIDGEWAY. Anciennes fortifications indiennes et sépultures qu'on y trouve, VI, 233.

RIEDESEL. Son voyage dans la Morée, V, 92.

RIEGO. Veut faire revivre la constitution des cortès, XII, 17. — Abandonné de ses troupes, il se cache dans les montagnes, 17. — Nommé commandant de la Gallicie, il vient à Madrid, est destitué, 20. — Il est arrêté, 26. — Nommé député aux cortès; monte à la présidence, 28. — Il est toujours prêt à chanter la *Trayala*, 29.

RIEUX (Renée de). *Voy.* CHATEAUNEUF.

RIEUX-SONGY (comte de). Déchargé de toute accusation par la cour royale, VII, 542.

RIGNY (contre-amiral de). Sa lettre sur le transport d'esclaves grecs pour le compte du pacha d'Égypte, VIII, 144. — On lui offrit le portefeuille de la marine en 1829, 493.

RIME. Ce qu'en dit Milton, XI, 15.

RIO, professeur. Son dévouement au roi en 1815; il refuse d'être censeur, VII, 416.

RIOUFFE. Ce qu'il raconte sur la persécution des femmes pendant la terreur, IX, 62-64.

RIVAROL. Écrivain de l'émigration, I, 311. — Comment il jugeoit Shakespeare, VI, 386.

RIVERS (comte de). Ses ouvrages, XI, 534. — Il porta sa tête à l'échafaud, 721.

ROBERT LE FORT. Souche de la famille des rois de France, IX, 606. — Sa mort, X, 25.

ROBERT, frère du roi Eudes. Est proclamé roi et sacré à Reims, X, 26.

ROBERT LE PIEUX, héritier du trône de Hugues, il étoit poëte; ses séquences; son règne, X, 48.

ROBERT, dauphin d'Auvergne. Favorisa les amours d'un pauvre chevalier troubadour, VI, 328. — Il étoit poëte lui-même, 328.

ROBERT DE COUCY. Églises dont il a dirigé les constructions, X, 39.

ROBERT D'ARTOIS. Condamné à mort et banni, se réfugie en Angleterre, X, 131. — Excite le roi d'Angleterre à la guerre contre la France en lui offrant un héron, 132. — Il descend en Bretagne, est blessé, et va mourir à Londres, 141-142.

ROBERT DE COURTE HEUSE, duc de Normandie. Enfermé dans le château de Cardiff; son chant, XI, 512-513.

ROBERT (le moine). Description qu'il donne de la prise de Jérusalem par les croisés, V, 383-386. — S'est trouvé au siége de Jérusalem, VI, 12. — Il a écrit un roman sur Charlemagne, sous le nom de Turpin, X, 96.

ROBERT, prêtre. Ce qui arriva à des jeunes gens qui se moquèrent de lui, XI, 508.

ROBERTSON. Ce qu'il dit de la conduite des missionnaires vis-à-vis des Indiens en Amérique, II, 491-492. — De l'esclavage des Indiens, 667-680. — De la dépopulation de l'Amérique et de l'incapacité des Indiens, 680. — L'histoire le rappelle, XI, 738. — Il est sec, 746.

ROBERVAL. Devoit fonder un établissement au Canada, VI, 409.

ROBESPIERRE. Sa chute, I, 481. — Son discours ne paroît que lorsque lui-même n'étoit plus, 481. — Faute qu'il commet, 481. — Arrêté, délivré, mis hors la loi, sa mort, 481-482. — On ne sauroit l'opposer à Cromwell, 531. — Portrait, 531. — Ce que Mme de Staël dit de lui, IX, 45. — Sa sœur touchoit une pension sous la restauration, 649.

ROCHESTER. Il fut un de ceux qui donnèrent le ton à la littérature sous Charles II, XI, 718.

ROCHEUSES (montagnes). Les missionnaires en eurent connoissance, VI, 410. — M. Mackenzie les a franchies, 410, 414-421.

ROCKINGHAM (marquis de). Est placé à la tête du gouvernement anglois, I, 365. — Sa mort, 365.

ROGATIONS. Description, II, 387-388. — Description en vers de J. Delille, 620-621.

ROGERS, poëte anglois, un des restaurateurs des ballades, XI, 767. — Ses *Plaisirs de la mémoire*, 767.

ROHAN (Catherine de). Henri IV ne fut pas écouté d'elle, X, 321.

ROHAN (Tancrède de). Comment les gazettes annoncent sa mort, X, 459-460.

ROI. Ce que ce nom représente à l'idée des François, VII, 30. — Le roi de France et le roi des François, 76. — La formule par la grâce de Dieu, 76-77. — Le roi sous la république romaine, 77. — Respect qu'on a pour le roi en Angleterre, 77. — Le roi dans une monarchie représentative, 163, 170-171. — Il ne peut abandonner ses prérogatives, VIII, 310-311. — Il doit régler seul l'avancement dans l'armée, 312. — Le roi athée et le roi chrétien, VIII, 562-566. — Infortunes des rois, 565-566. — Ce que signifioit le nom de roi chez les Franks, X, 8. — L'idée de mettre un roi en jugement n'est pas nouvelle, 209. — Divers exemples de dépositions de rois, 209-210.

ROIS (fête des). Description, II, 389.

ROLAND. Son chant, IX, 440. — Les rhythmes militaires s'y viennent terminer, XI, 511.

ROLAND, ministre. Ordonne aux conservateurs de la Bibliothèque de livrer les manuscrits contraires à l'égalité, IX, 21. — Il est appelé au conseil du roi, XI, 702.

ROLAND (Mme). Ce qu'elle disoit de la campagne, I, 11. — Elle demande la tête de la reine, XI, 701.

ROLLIN. Historien, II, 330. — Admet le merveilleux chrétien dans la poésie, IV, 555. — Il balançoit le mérite de Fléchier et de Bossuet, VI, 429. — A parlé avec éloge de Locke, 438. — Sur une nouvelle édition de ses œuvres complètes, 476 et suiv. — Sa vie, 477. — Ses études, 477-478. — Sa science, sa candeur et sa bonté, 479. — Son système d'éducation, 479-480. — Il parla du *Paradis perdu*, XI, 736.

ROLLON. Karle III lui donne sa fille en mariage et lui cède la Normandie, X, 26. — Il obtient la seigneurie de la Bretagne, 26.

ROMAIN (empire). Sa décadence, II, 526 et suiv. — Sa corruption a pu attirer les barbares, 530. — Tableau de sa corruption par Salvien, 689-691.

ROMAINS. Ils étoient un peuple horrible, II, 526 et suiv. — Leurs vertus étoient contre nature, 527. — Leurs vices; leur bassesse, leurs mœurs, leurs divertissements, 527-529. — Leur facilité de mourir, 529. — Ce que dit Duclos des Romains modernes, VI, 320. — Corruption des mœurs chez les Romains anciens, IX, 398 et suiv. — Tableau que fait Ammien Marcellin des Romains du ive siècle, 411-412. — Le soldat romain dégénéra, 412-413. — Pour les Barbares le nom de Romain étoit une injure, 458. — Composition pour le meurtre d'un Romain, 458. — Débauche chez les Romains, 458-459.

ROMANE (langue). Au ixe siècle les conciles ordonnent de prêcher en langue rustique, XI, 488. — Quand le latin se métamorphosa en roman, 489. — Divisions du roman, 489.

ROMANS. Cause de leur succès, VI, 484. —

Jugement sur les romans, 560. — Romans du moyen âge, XI, 512. — Les romans en Angleterre à la fin du xviiie siècle, 760. — Nouveaux romans, 762-763.

Rome. Magnifiques descriptions qu'en fit Chateaubriand, I, 136-137. — Influence de la révolution grecque sur Rome, 385-386. — Lois primitives de Rome, II, 53. — La semaine sainte à Rome, 390-391. — Tombeaux de cette ville, 399. — Tableau de la Rome des papes, 502-503. — Arrivée de l'auteur à Rome, VI, 276. — Promenade dans Rome au clair de lune, 292. — Grandiose de la campagne de Rome, 310. — Charme de Rome, 310-311. — Monuments, ruines, 312-313. — Alaric s'empare de Rome, IX, 335. — Rome assiégée et prise par les Barbares, 465. — Dévastation de Rome; diminution de sa population, 466. — Ce que Montaigne dit de Rome, X, 508.

Romorantin. Le prince Noir l'assiége et se sert pour la première fois du canon contre une ville, X, 190.

Romulus. Plutarque le compare à Thésée, I, 384.

Romulus Auguste. *Voy.* Augustule.

Ronsard. Son école artificielle et boursouflée, X, 329. — Il est à sa manière une espèce de Shakespeare par le tour forcé de sa phrase, XI, 583.

Rosalie, ville françoise élevée chez les Natchez, III, 513.

Roscelius. Ses erreurs, XI, 543.

Roscommon. Il fut un de ceux qui donnèrent le ton à la littérature du temps de Charles II, XI, 718. — Il écrit le prologue du *Pompée* de Corneille traduit par Philips, 736. — Son *Art poétique*, 738.

Rose (Mlle). Se présente à la Trappe, X, 574. — Son portrait, par Saint-Simon, 574-575.— Rancé se défend de la voir, 575.

Rosette. Jolie ville, V, 402.

Rosny. Monument que la duchesse de Berry veut y élever, IX, 578.

Ross (Adam de). Il chante la descente de saint Paul aux enfers, XI, 516.

Ross (capitaine). Explore les mers du pôle Nord, VI, 31. — Narration de son voyage, 562. — Il faudroit faire un volume sur ses découvertes, XI, 754. — Passages extraits de son journal, 754 et suiv. — Son départ d'Angleterre et son séjour dans les mers du pôle, 754. — Il découvre le pôle magnétique et la mer polaire de l'Ouest, 755. — Excursion de son neveu, 755-756. — Comment il découvre l'océan de l'Ouest, 756-757. — Il découvre la pointe de la Victoire, 757. — Souvenirs de la patrie, 757-758.

Rossignol. La description de son chant par M. de Chateaubriand est-elle bien exacte? I, 91. — Chant du rossignol, II, 93-94.

Rothschild (MM.). A quelles conditions ils doivent prêter de l'argent à l'Espagne, XII, 408. — Articles particuliers d'un traité de M. Rothschild avec M. de Villèle, 436.— Ce que dit M. Rothschild au secrétaire de Chateaubriand, 438.

Rotrou, comte du Perche. Fonde l'abbaye de la Trappe, X, 496.

Rotruenges. Poésies du moyen âge, XI, 512.

Rou (Roman du). Il est de Robert Wace, XI, 514. — On y lit l'histoire des fées, 514.

Rouget de Lisle. *Voy.* Lisle.

Rousseau (Jean-Baptiste). Son ode sur l'homme, I, 329-330.

Rousseau (Jean-Jacques). Sa maladie ; il s'est tué, I, 6. — Son influence sur Chateaubriand, 8. — Il avoit mis la vie sauvage à la mode, 9. — Les grandes descriptions pittoresques datent de lui, 10. — Il a découvert et peint la nature alpestre, 11. — Éloge de l'*Émile*, 18. — Ce que Chateaubriand disoit de la *Profession de foi du vicaire savoyard*, 18-19. — Morceau extrait de la *Nouvelle Héloïse*, 331. — Opinion de Rousseau sur le meilleur des gouvernements, 339. — Ce qu'il écrivoit à D'Alembert sur les spectacles, 341-342. — Sa lettre au roi de Prusse, 342-343. — Éloge de son génie, 343. — Jugement nouveau sur cette lettre, 343. — Jugement nouveau sur ses ouvrages, 343-344. — Rousseau jugé comme homme, 344-345. — Persécutions qu'il éprouve, 491. — Secours qu'il obtient, 491. — Analyse de l'*Émile*, 553-556. — Jugement sur ce livre ; son influence ; il a contribué à la révolution, 556-557. — Rousseau portoit l'habit arménien, 558. — Il a cherché à prouver que l'adultère n'est pas un crime, 559. — Refuse de faire partie des encyclopédistes, 583. — Il combat l'incrédulité, 584. — Il éclaire les hommes en politique, 584. — Il a été déchiré par les royalistes, 584. — Son *Émile* passera à la postérité, 584. — Le *Contrat social*, 584. — Ce que dit Rousseau de la confession, II, 27. — Ce qu'il dit du fanatisme et de l'irréligion, 212. — Son ombre de religion, 350. — Ce qu'il dit de la philosophie et de l'influence de la religion sur les gouvernements, 538-539. — Son portrait en vers par La Harpe, 606-607. — Fragment sur la célébration de la messe, 615. — Sa conduite vis-à-vis de Mme de Warens, VI, 270. — Les chalets ont été enchantés par son imagination, 347. — Ce qu'il dit de ce qu'on éprouve sur le sommet des montagnes, 349. — Page charmante de rêverie, 379. — Son *Émile*, 438. — Son *Discours sur l'inégalité des conditions* n'est qu'une paraphrase d'un chapitre de Montaigne, 563-564. — Il a emprunté une partie de ses arguments sur les spectacles à Bossuet, VII, 276. — Sa visite aux ermites du mont Valérien avec B. de Saint-Pierre, 602-603. — Il montre plus souvent un cerveau allumé qu'une âme ardente, VIII, 560. — Il a mal parlé de la France, 560. — Il fixoit l'attention de la foule sur les droits de la liberté politique, X, 342. — Le soir au bord du lac, XI, 740. — Il faut le plaindre d'avoir encensé des autels peu dignes de ses sacrifices, 785. — C'étoit un homme infortuné ; il s'est empoisonné, 785.

ROUTREN. Dieu indien, armé du droit de détruire, II, 547. — Il produit un déluge, 549.

ROUX (J.). Avoit été prêtre, VIII, 224.

ROWE. Dans sa Vie de Shakespeare il prononce bien des blasphèmes, XI, 581. — C'est un poëte dramatique, 718. — On ne le jouoit plus en Angleterre, 748.

ROWLEY. Auteur dramatique du temps de Shakespeare, XI, 576.

ROY (comte). Son amendement au projet de loi sur l'indemnité des émigrés, VIII, 400. Son amendement sur le projet de conversion des rentes, XII, 438.

ROYALISTES. Qu'est-ce qu'un royaliste? I, 620. — Ils sont en majorité en France, VII, 211-212. — Il faut en faire, 215. — La majorité royaliste de la chambre de 1815, 216-219. — Prétendue incapacité des royalistes, 225-226. — Vrais et faux royalistes, 232. — La faction poursuit les royalistes, 234-238. — Royalistes foibles ou trompés, 243-244. — Le ministère les repousse, 285-288. — On est injuste envers eux, 289. — On les écarte des élections, 291. — Leur conduite dans les élections, 294. — Minorité royaliste dans la nouvelle chambre, 300-301. — Les royalistes votent avec les indépendants, défendent la liberté de la presse, 301-302. — Leur amour de la liberté, 303-304. — Chateaubriand les défend, 311, 317. — Ils ne doivent pas avoir de chef, 321. — Ce qu'ils doivent faire, 321-322. — Ils ont été écartés par le gouvernement, 531. — On les a calomniés, 532. — Pourquoi ils sont dans l'opposition, 560. — Ils repousseront toute loi d'exception, 561. — On les repousse de l'armée, 587-588. — Belle position des royalistes, 621. — Ils n'ont jamais pu montrer ce qu'ils valent, 624. — On a cru les tourmenter par le rappel des régicides, 638. — Ils grandissent dans l'opinion, VIII, 10. — Ils ne demandent pas l'appui de l'étranger, 11-12. — Ce qu'ils veulent, 19-20. — Triste situation des royalistes, 26. — Les ministres les attaquent, 40. — Tableau d'une administration royaliste, 41-43. — Les royalistes ne doivent pas voter la censure, 45. — Partialité des autorités contre les royalistes dans les élections, 244 et suiv.

ROYAUTÉ. Elle n'est pas un métier, VI, 495. — Elle est au-dessus des attaques dirigées contre ses ministres, VII, 323-325. — *Voy.* MONARCHIE.

ROYER (père). Ce qu'il écrit de sa mission, II, 443.

ROYER-COLLARD. Son discours sur le projet de la presse, VII, 419. — Il devoit entrer dans un ministère avec Chateaubriand, VIII, 493. — Son discours contre les crédits relatifs à la guerre d'Espagne, XII, 147. — Il avoit raturé les *Réflexions politiques* de l'auteur, 147. — Péroraison de son discours, 147-148.

ROYOU. Son *Histoire de France*, VI, 553.

ROZIÈRE (M. de). Ce qu'il dit de l'expédition de saint Louis, VI, 551.

RUBENS. *Diane et Endymion* de lui, VI, 291. — Son dessin et sa couleur, 532.

RUBRUQUIS. Pénètre dans le pays des Mongols, VI, 14-15.

RUDIGER DE PECHLARN, margrave. Figure dans le poëme des Nibelungen, IX, 473, 477-478.

RUFIN. Ce qu'il raconte d'un prêtre de Saturne, IX, 306-307. — Ce dont il accuse saint Jérôme, 317.

RUFIN, ministre d'Arcade. Étoit originaire des Gaules, IX, 324. — Charges qu'il remplit sous Théodose, 324. — Déclaré préfet d'Orient, il aspire à l'empire, 325. — Il déchaîne les barbares sur l'empire, 325. — Gaïnas le fait tuer, 326. — Sa tête et sa main promenées à Constantinople, 326. — Il se croyoit haï à cause de sa fortune et ne l'étoit qu'à cause de sa personne, 330.

RUHS. Son *Histoire de Suède*, IX, 10.

RUINES. Elles fournissent de majestueux souvenirs et des compositions touchantes, II, 360 et suiv. — Leur effet pittoresque, 362. — Ruines de Palmyre, 362-363. — Ruines d'Égypte, 363. — Ruines de la Grèce, 363. — Ruines des monuments chrétiens, 364-365.

RUINES AMÉRICAINES. Ce qu'elles sont, II, 74, 75. — A qui les attribuer, 558 et suiv. — Description de ces ruines, VI, 80-82. — Mémoires sur les ruines de l'Ohio publiés en Amérique, 80. — Aspect de ces ruines, 92, 93. — Mémoires sur les ruines de l'Ohio, 225-264. — Description des monuments trouvés dans l'État de l'Ohio et autres parties des États-Unis, 236-256. — Sur l'origine et l'époque des monuments anciens de l'Ohio, 256-264.

RULHIÈRES. Son *Histoire de l'anarchie de Pologne*, IX, 46.

RUSSEL (lord William). Sa conspiration, X, 435. — Ce que son père répond à Jacques II, X, 439; XI, 722. — Ce que lord Russel dit à lady Russel en l'embrassant pour la dernière fois, 722. — On a des lettres de lui et de lady Russel, 762.

Russell (sir John). Épouse lady Francis Cromwell, X, 418.
Russie. Sa réponse aux communications de M. de Montmorency sur les affaires d'Espagne, XII, 58. — Dépêche au gouvernement espagnol, 64-65. — Ce qu'elle a gagné au congrès de Vienne, 180. — Ce que la France auroit pu tirer de son alliance, 182.
Russie (campagne de). Tableau de ses désastres, VII, 23-24.
Rustand (Marianne). Ce qu'elle a souffert des républicains en Vendée, IX, 640-641.
Ruth. Son histoire comparée à Homère, II, 278-279.
Rutilius. Ce qu'il dit des moines, IX, 305.
Rymer. Ses *Actes*, IX, 12.

S

Saarbruck (comte de). Périt à la bataille de Poitiers, X, 200.
Sabbas. Une voix lui apprend la mort de Julien, IX, 263.
Sabbat. Est le jour du repos de l'Éternel, II, 55-56.
Sabellius. Son hérésie, IX, 391.
Sablé (marquise de). Venoit à l'hôtel de Rambouillet, X, 462.
Sac de médecine. Chez les Indiens, VI, 137. — L'Indien l'emporte à la guerre, 159.
Saccas (Ammonius). *Voy.* Ammonius Saccas.
Sacre. A amené l'hérédité des rois, IX, 75. — Princes de la troisième race qui ont été sacrés, 612. — Prières du sacre, 613. —Autres cérémonies, 614. — Le sacre d'un roi étoit purement le sacre d'un évêque, X, 5. — Sous Hugues Capet, le sacre remplaça l'élection, 45.
Sacrements. Leur explication, II, 24 et suiv.
Sacrifice. Il constitue le culte dans toutes les religions, II, 381. — Son histoire, 381-382. — Sacrifices chez les Indiens, VI, 172.
Sacrilége. Opinion sur le projet de loi relatif au sacrilége, VIII, 366-370.
Sadducéens. Leur doctrine, IX, 557.
Saez (don Victor), directeur de Ferdinand VII. Est éloigné, XII, 21. — Sa note produit l'ordonnance d'Andujar, 304. — Ses violences, 381. — Ce qu'il devroit faire, 402. — Renseignements demandés sur lui, 410.
Sages. Les sages de la Grèce, I, 338-339. — Leur morale, 340. — Leur politique, 345. — Leur morale et celle des philosophes, 346.
Saint. Intervention des saints dans la poésie, II, 234-237. — Les Vies des saints, X, 123; XI, 500.
Saint-Aignan. Son nom chez les précieuses, X, 464.
Saint-Allyre. Fontaine pétrifiante, VI, 338.
Saint-Amand. Son *Moïse sauvé*, II, 153, 154. — Il maintient l'indépendance de la langue et de la pensée, X, 329.
Saint-André (maréchal de). Tué à la bataille de Dreux, X, 262.
Saintavit. Son *Éden*, XI, 679.

Saint-Barthélemy (massacres de la). Ils n'ont point été prémédités ; nombre des victimes, VI, 536. — Histoire de cette journée, X, 265. — Ses conséquences, 266. — L'Angleterre retentit de ce massacre, XI, 605.
Saint-Denis. Ses tombeaux, II, 407-409. — Notes sur les exhumations, 627-641. — Ce que dit Michaud de l'ouverture des tombeaux des rois, VI, 459. — On doit y porter les restes de Louis XVI, VII, 269. — Chapitre que Louis XVIII doit y fonder, 272. — Petite chapelle bâtie par sainte Geneviève, X, 14. — Dagobert y jette les fondements du Capitole des François, 14. — Buonaparte fit reconstruire les souterrains, 14. — Cendres qui y reposent, 14.
Saint-Domingue. Expédition de M. de Mackau, VIII, 89. — Insurrection ; tentatives de Buonaparte pour la réprimer, 90. — Ordonnance qui reconnoît son indépendance ; indemnité aux colons, 92-95.
Sainte Alliance. Où elle prit son nom, XII, 100.
Sainte-Aulaire (marquis de). Son *Histoire de la Fronde*, IX, 50.
Sainte-Beuve (M.). Ce qu'il dit de Port-Royal, X, 527. — Vers des *Consolations* cités, XI, 745.
Saint-Edme. Écrit à Chateaubriand en faveur de M. Barginet, XII, 201.
Sainte-Marthe. Réfute Rancé, X, 551. — L'abbé Thiers se moque de lui, 574.
Sainte-Palaye. Son *Glossaire*, IX, 22.
Saint-Esprit (ordre du). Sa création, X, 271.
Saint-Évremond. Fréquentoit l'hôtel de Rambouillet, X, 462. — Sa correspondance avec Ninon, 465. — Ouvrage dont il est l'auteur, 465. — Il pousse la restauration des Stuarts à imiter la cour de Louis XIV, XI, 715.
Saint-Foix. Il entendoit mal la raillerie, VI, 508.
Saint-Gall (moine de). A écrit dans le goût de la chanson germanique, IX, 8. — Sa Vie de Karle le Grand, X, 93-97. — On y trouve l'origine des merveilles du roi Arthur, XI, 514.

Saint-Germain-des-Prés. Ancien monument de notre monarchie, X, 552.

Saint-Germain-l'Auxerrois. Projet de démolition, VIII, 622-624.

Saint-Gilles (comte de). Sa conduite au siége de Jérusalem, V, 383-385.

Saint-Gothard. Son hospice, II, 684.

Saint-John. Un des triumvirs parlementaires sous Charles Ier, X, 367.

Saint-Lambert. Regrets de Michaud, VI, 455. — Sa mort, IX, 657. — C'est notre Thomson, XI, 744.

Saint-Laurent. Fleuve remonté par Jacques Cartier, VI, 409.

Saint-Louis (M. de). Vient au secours de Rancé, X, 499. — Ce que lui répond le cardinal de Bouillon, 579.

Saint-Luc. Amant de Marguerite de Valois, VI, 329; X, 308.

Saint-Luc (abbé de). Tué d'une chute de cheval, X, 569.

Saint-Malo. Chateaubriand négocie avec cette ville pour avoir un tombeau sur la grève, XII, 201-202.

Saint-Marc. Il a débrouillé le chaos des affaires italiennes, IX, 29.

Saint-Marcellin (M. de). *Voy.* Fontanes de Saint-Marcellin.

Saint-Martin (M. de). A jeté une vive lumière sur l'histoire des Perses, IX, 43.

Saint-Mesgrin, mignon de Henri III. Se bat en duel, X, 270. — Son monument brisé par le peuple, 292. — Sa mort, 307.

Saint-Morys (Mme de). Plaide pour son mari tué en duel, VII, 546.

Saint-Non (l'abbé de). On doit lui rapporter l'origine des voyages pittoresques, VI, 513.

Saint-Paul, village grec. Meurtre d'une maîtresse d'hôtel, V, 159-160.

Saint-Paul. Bel édifice anglois, VI, 373.

Saint-Pétersbourg. Description qu'en faisoit Alexandre Ier, XII, 100.

Saint-Pierre (île). Relâche de Chateaubriand, aventure d'un jeune Anglois, I, 604-605. — Relâche forcée; description, VI, 49, 50.

Saint-Pierre (Eustache de). S'offre le premier pour sauver Calais, X, 178-179. — Il est conduit à Édouard III; la reine d'Angleterre le sauve, 180. — Il rentre dans une partie de ses biens, 181.

Saint-Pierre (Bernardin de). Il nous révéla le ciel et la végétation des îles de l'Inde, I, 11. — Ce qu'il pensoit de Chateaubriand, 36-37. — Comparé à Chateaubriand, 37-38. — Ses *Gaules*, 149-150. — Ses *Harmonies* se rapprochent du système de Pythagore, 387. — Comment il représente l'univers; sa théorie des marées, 388. — Pensées de lui, 389-390. — Son *Paul et Virginie*, II, 209-211. — Ses *Études de la nature*, VI, 443. — Visite avec J.-J. Rousseau les ermites du mont Valérien, VII, 602-603. — Charme de *Paul et Virginie*, VIII, 587-588.

Saint-Priest (chevalier de). Suit le duc d'Angoulême à l'armée de Condé, IX, 513. — Tué à Reims en 1814, 513.

Saintré (Jean de). Combat à Poitiers; ses romans, X, 200. — Époque de ses aventures, 220.

Saint-Réal. Sa *Vie de Jésus-Christ*, VI, 468. — Sa *Conjuration de Venise*, 468.

Saint-Riquier. Richesse de cette abbaye, X, 34-36.

Saints, nom d'un parti religieux en Écosse et en Angleterre, X, 378. — Ils forment une assemblée législative sous Cromwell, 411. — Ils lui remettent le pouvoir; le capitaine White les disperse, 412.

Saint-Saba. Couvent sur la route de Bethléem au Jourdain, 287-290.

Saint-Sauveur. Couvent de Jérusalem, V, 309.

Saint-Sépulcre. On peut croire qu'il a été honoré dès la naissance du christianisme, V, 96. — Adrien y éleva une statue à Jupiter, 96. — Ce qu'en dit saint Cyrille, 98. — Sainte Hélène le fait chercher, et le rend à la religion, 98. — Elle fait bâtir une magnifique église auprès, 99. — Description par Eusèbe, 99. — Haroun al Raschid céda la propriété du Saint-Sépulcre à Charlemagne, 104. — Les Syriens rachètent l'église à Saladin, 105. — Auteurs qui en ont donné la description, 307-308. — Description de Deshayes, 309-314. — Observations complémentaires, 314-315. — Histoire, 315-316. — Sentiments éprouvés à sa vue, 317 et suiv. — Le dôme de l'église a été détruit par un incendie, 394.

Saint-Sépulcre (ordre du). Le gardien du Saint-Sépulcre confère cet ordre à Chateaubriand, V, 389-390.

Saint-Simon (duc de). Mesure qu'il proposa au régent, X, 337. — Il paroît à la Trappe, 533. — Ses Mémoires, 533. — Sa querelle avec Charost, 573.

Saint-Victor. Son poëme *le Voyage du poëte*, V, 5.

Saisine du Fief. *Voy.* Investiture.

Saladin. Ses conquêtes, son linceul, V, 336-337. — Il reprend Jérusalem et en laisse sortir les chrétiens, X, 55-56. — C'étoit un chevalier, 95-96.

Salamine. Bataille qui s'y livre, I, 442-445. — Chateaubriand visite ses champs, V, 174-175.

Salem. Fortifications anciennes que l'on y trouve, VI, 241.

Salices. Nom d'une bataille que les Romains livrent aux Visigoths, IX, 280.

Saliens. Ce qu'ils étoient, IV, 420. — Leur nom, IX, 13.

Salique (loi). Son origine, IV, 420. — Collation des textes de cette loi, IX, 9. — Premières lignes de son prologue, 438. — L'ordre de succession dans cette loi, 447. — Ce que nous lui devons, 605. — Époque de sa rédaction, X, 11. — Elle a été plusieurs fois contestée, 45. — Première application de cette loi, 73.

Salisbury (Guillaume de Montagu, comte de). Son mariage, X, 142. — Il est échangé, 144. — Il croit sa femme coupable, et envoie les sceaux de Clisson et d'autres au roi de France, 146.

Salisbury (Catherine ou Alix Granfton, comtesse de). Est assiégée par les Écossois, X, 142. — Édouard III vient à son secours et en tombe amoureux, 143-144. — Elle paroît à un tournois, Édouard ramasse sa jarretière, 145. — Le roi a été accusé de ne l'avoir vaincue que par la violence, 146.

Salluste. Historien, II, 323.

Salluste, préfet du prétoire. Ce qu'il répond à Julien, IX, 262. — Il refuse la pourpre après la mort de Julien, 266. — Et aussi après la mort de Jovien, 268.

Salvandy. Sa brochure sur l'état des affaires, VII, 405. — Passage sur les générations de l'ancien régime, 499. — Son *Histoire de Pologne*, IX, 46.

Salvien. Tableau qu'il fait de la corruption des mœurs dans l'empire romain, II, 689-691. — Il compare les Romains aux Barbares, IX, 413. — Décrit la misère des Romains, 414.

Samaritains. Leur doctrine, IX, 557.

Samos. Ses richesses, I, 405.

Samson. *Voy.* Sanson.

San-Carlos (le duc de). Doit faire partie de la régence espagnole, XII, 254. — Envoyé à Paris comme ambassadeur de cette régence, 259. — Reçu à ce titre, 286.

Sancerre (Louis de), connétable. Ouverture de son tombeau à Saint-Denis en 1793, II, 640.

Sanchoniathon. Comment il explique la formation de l'univers, I, 280-281. — Il a écrit l'histoire de Phénicie, 407.

Sand (Mme). Son talent, X, 462.

Sandwich (îles). Mœurs, costumes des habitants, I, 373-374. — Leur gouvernement, 375. — Leur religion, 376. — Leur civilisation, VI, 29.

Sandy-Creek. Curiosités qu'on y a trouvées, VI, 231.

San-Martin, chef politique de Madrid, réprime une émeute, XII, 26. — Est écarté, 32.

San-Miguel. Veut faire revivre la constitution des cortès, XII, 17. — Est nommé ministre des affaires étrangères, 32. — Répond au rappel des ambassadeurs étrangers, 134. — Chateaubriand écrit à M. de La Garde de lui demander un changement dans l'ordre des choses en Espagne, 210. — Il sollicite les bons offices de l'Angleterre, 211. — Il parle aux cortès d'un manifeste à adresser à l'Europe, 211. — Sa réponse aux demandes de la France, 216-217.

Sannazar. Son poëme *de Partu Virginis*, II, 712, 677.

San-Pietro, soldat corse, étrangle Vanina, sa femme ; reste impuni, X, 303.

Sanscrit, langue sacrée des Brahmins, I, 415. — Ouvrages écrits dans cette langue, 415. — Fragment extrait du *Mahabarat*, 416-417. — Fragment de *Sacontala*, 419-420.

Sanson ou Samson, l'exécuteur. Sa lettre sur l'exécution de Louis XVI, I, 524-525. — Il réclame contre un article du *Thermomètre*, 525. — Texte original de son récit, 525-526. — Il se délassoit le soir au théâtre et pleuroit à la peinture de la vie des champs, XI, 644.

Santeul. Son portrait par La Bruyère, X, 575. — Il alloit à la Trappe, 575. — Rancé le loue, 575. — Sa mort, 576.

Sanzio. *Voy.* Raphael.

Sapho. Ses vers, ses mœurs, I, 324.

Saphrax. Sauve Witheric, conduit les Visigoths sur les bords du Niester, IX, 276. — Pais sur les bords du Danube, 278. — Il amène la cavalerie des Goths devant Andrinople, 282.

Sapor. Entre en Mésopotamie; fait Valérien prisonnier, IX, 175. — Reprend Antioche, 180. — Il est vaincu par Odenat, 181.

Sapor II. Couronné avant sa naissance, IX, 213. — Constantin lui écrit une lettre en faveur des chrétiens, 213.

Sariac. Promet à Henri III de tuer le duc de Guise, X, 286. — Il le frappe d'un coup de stylet par derrière, 289.

Sarrasin. Son nom chez les précieuses, X, 464.

Sarrasins. Leurs habitudes, IX, 427. — Acte d'anthropophagie d'un Sarrasin, 432. — Ils sont écrasés par Karle Martel, X, 15. — Leur marche est arrêtée, 50.

Sarus, chef de Goths. Combat Radagaise, IX, 329. — Honorius auroit pu lui donner le pouvoir, 333.

Sassenage (Marguerite de). A une fille de Louis XI, X, 236.

Satan. Sa peinture par différents poëtes, II, 238-240. — Son portrait par Milton, imité par Voltaire, 584. — Il figure dans les *Natchez*, III, 200 et suiv. — Dans *les Martyrs*, IV, 118-325. — Son palais, 431-432. — Il figure dans le *Paradis perdu*, XI, 19-387. — Remarques sur cette création, 692-693.

Satire. Elle n'est pas propre à nous faire des amis, VIII, 607. — Les poëtes vont quelquefois trop loin, 608. — Les satires occupoient une grande place dans les poésies de l'Angleterre normande, XI, 519.

Satire Ménippée. *Voy.* Ménippée.
Saturnien. S'élève à l'empire en Syrie, IX, 169.
Saturnin. Proclamé empereur, IX, 179-180. — Probus étouffe sa révolte, 187.
Saturnin. Accusé des troubles d'Orient; Chrysostome lui sauve la vie, IX, 331.
Saudreghesil, précepteur de Dagobert. Sa barbe, X, 19.
Saukis, tribu indienne, VI, 197.
Saumaise. Son traité contre le régicide, VII, 60. — Réponse de Milton, XI, 619-650. — Réplique de Saumaise, 651.
Saumon (rivière du), en Amérique, VI, 424-425.
Saumur. Attaque et prise de cette ville par les républicains, IX, 620-621.
Sauvage. Le bonheur des sauvages, I, 621. — Une nuit chez les sauvages en Amérique, 622 et suiv. — Tous les sauvages croient à la Divinité, II, 129-130. — Pourquoi trouve-t-on tant de charme à la vie sauvage, VI, 89. — Mœurs des sauvages, 110 et suiv. — C'est une grande erreur que d'attribuer l'innocence à l'état sauvage, X, 105.
Savage. Ce qu'il a souffert, XI, 721. — Son *Wanderer*, 738-739.
Savenay. Défaite des Vendéens dans cette ville, IX, 628.
Savigny. Son *Histoire du droit romain*, IX, 34.
Savoie (maison de). Ses princes marient bien leur mémoire à leurs montagnes, VI, 270. — Éloge des princes de cette maison, VII, 362.
Savoie (duc de). Commande l'arrière-garde des François à la bataille de Crécy, X, 167. — Il marche au combat avec le roi de Bohême, 171.
Savoyards. Leur portrait, VI, 270-271.
Saxo Grammaticus. Est le Nestor du Danemark, IX, 11.
Saxons. Ils sont cruels, mais ennemis des voluptés, selon Salvien, IX, 432.
Say (lord), chef de parti sous Charles Ier. Son portrait, X, 366.
Sayer (Robert). Son livre sur les ruines d'Athènes, V, 91.
Sayne (île de). Où elle étoit, IV, 450-451.
Sayon de peau ou Pelicon. Habit du moyen âge, X, 116-117.
Scaldes. Leurs chants, IX, 434, 438. — Les Danois en amenèrent en Angleterre, XI, 507. — Ils s'éjouissoient à la table des princes, 508. — Battus par les trouvères, 522-523.
Scandinave (langue). *Voy.* Islandais.
Scandinaves. Leurs poésies mythologiques, IX, 439. — Leur religion, 443-445.
Scandinavie. Sa division, son nom au moyen âge, VI, 14.
Scarron. Au Mans il joute dans les rues en façon de coq, X, 466. — Il épousa Mlle d'Aubigné, 466. — Comment il produit sa femme, 366.
Schiller. Ce qu'il fait dire à Jeanne d'Arc, X, 226.
Schisme. En quoi il diffère de l'hérésie, IX, 389. — Schismes de l'Église romaine à la chute de l'empire romain, 389. — Le moyen âge n'ignora point le schisme, XI, 543.
Schlegel (Aug.-G.). A qui il attribue les *Nibelungen*, IX, 473. — Sa dissertation sur ce poëme, 475.
Schomberg. Meurt pour Henri IV, X, 315.
Schoolcraft (M.). Son journal du voyage de M. Cass aux sources du Mississipi, VI, 37.
Science. Le christianisme ne lui est pas hostile, II, 295 et suiv. — Son incertitude, 297 et suiv.
Scioto. Monuments à l'embouchure de cette rivière, VI, 241, 251-253.
Scipion l'Africain. Son tombeau, IV, 75. — Son histoire, V, 430. — Il rejette la paix que lui offre Annibal, 435. — Gagne la bataille de Zama, 435-436. — Sa mort, 437. — Pèlerinage à son tombeau, VI, 320-321. — Villa de Scipion, 320-321.
Scipion l'Émilien. Combat contre Carthage, V, 438. — Le songe de Scipion, 438-439. — Prend Carthage, 440. — Il pleure sur les ruines de cette ville, 441. — Sa mort, 441.
Scolastique (philosophie). Son apparition, I, 540.
Scott (Thomas). Son procès comme régicide, X, 431. — Sa sentence, 432. — Ce qu'il vouloit qu'on gravât sur sa tombe, XI, 704.
Scott (Walter). Le moyen âge renaît dans ses inventions, IX, 50. — Son début, XI, 749. — Son école, 764. — Ses défauts et ses mérites, 765.
Scrofani. Son voyage en Grèce, V, 92.
Scudéri (Mlle de). Fréquentoit l'hôtel de Rambouillet, X, 462. — Elle étoit la grande romancière du temps, 462. — Pellisson l'avoit aimée, 534.
Sculpture. Le christianisme ne lui est pas moins favorable qu'aux autres arts, II, 289. — La sculpture antique est-elle supérieure à la sculpture moderne? VI, 296.
Scythes. Où ils habitoient, I, 394. — Leurs lois, 394. — Leur réponse à Darius, 394. — Mœurs des Scythes, 394-395. — Leur innocence comparée à celle des Suisses, 397. — Influence de la Grèce, 398. — Philosophes scythes, 398. — Anacharsis fut le corrupteur de la simplicité des Scythes, 399. — Corruption des Scythes, 400. — Ils se mettoient à la solde des étrangers, 400-401. — On jouoit les Scythes sur les théâtres d'Athènes, 401. — Les Scythes Borans qui débordèrent sur l'empire romain sous Valérien n'étoient peut-être que des Goths, IX, 174. — Instinct

des Scythes de l'Europe, 432. — Ils faisoient résonner la corde de leur arc dans les festins, 440.

SEBASTIANI (général). Reçoit Chateaubriand à Constantinople, V, 247. — Regrets donnés à Mme Sebastiani, 247-248. — Ministère dans lequel Sebastiani devoit entrer avec Chateaubriand, VIII, 493.

SÉBASTIEN, maître général de l'infanterie. Remporte un avantage sur les Goths, IX, 281. — Il perd la vie, 283.

SÉBASTIEN, frère de Jovin. Nommé auguste par son frère; exterminé avec lui par Ataulphe, IX, 336.

SÉBASTIEN (dom). Son expédition en Afrique, X, 270. — Sa mort, 270.

SEBONDE (Raymond de), a écrit un ouvrage dans les mêmes vues que le *Génie du christianisme*, II, 710.

SÉDITIEUX (cris et écrits). Discours préparé sur une proposition d'abroger la loi d'exception qui les concerne, VIII, 318 et suiv.

SEETAH, divinité indienne. Son aventure, I, 591.

SÉGUIN, prêtre de Saint-Sulpice. Sa naissance, sa mort, X, 450. — Son portrait, 451. — Ce qu'il fit pendant la révolution, 452.

SÉGUR (M. de). Son *Histoire de la campagne de Russie*, IX, 47.

SEIZE (les). Ils gouvernent Paris, X, 272. — Ils songent à s'emparer du roi; leurs complots, 273. — Noms des principaux, 274. — Ils veulent livrer la couronne au jeune duc de Guise, 318. — Fin de l'autorité de ce conseil; ce qu'il fit, 318.

SELKIRK (lord). Destruction de la colonie qu'il avoit fondée sur le bord de la rivière Rouge, VI, 203.

SEMAINE SAINTE. A Rome, II, 390-391. — A Jérusalem, IV, 236.

SÉNAT ROMAIN. Élagabale y fit siéger sa mère, IX, 153. — Sa puissance et son abjection, 164. — Les empereurs s'habituèrent à le considérer comme un ennemi, 165. — Gallien interdit aux sénateurs le service militaire, 181. — Comment il acclame Claude II, 181-182. — La majorité condamna Jupiter, 295-296. — Le Sénat romain renonça au droit d'élire ses maîtres, 354.

SÉNÈQUE. A laissé d'excellentes leçons, VI, 436. — Il est célèbre par la fermeté de sa mort, 507.

SENS. Leur perfection prouve l'existence de Dieu, II, 117, 575-577.

SEPTENNALITÉ. Ce que Chateaubriand auroit voulu changer dans la loi des élections, XII, 421. — Comment Chateaubriand vouloit la septennalité, 434. — Débats à la chambre des députés, 439.

SÉQUENCE. Les séquences de la messe, X, 39.

SÉRAPIS, auteur égyptien. Enseigna aux hommes à guérir leurs maux, I, 352. — Le temple et la statue de Sérapis renversés à Alexandrie, IX, 298-299.

SÉRÈNE, nièce de Théodose. Avoit épousé Stilicon, IX, 325. — Le Sénat la fit étouffer, 333.

SÉRENT (duc de), gouverneur du duc d'Angoulême et du duc de Berry, IX, 490. — Il a perdu ses deux fils dans les guerres de Bretagne, 490. — Il conduit les deux princes hors de France, 492-493.

SERPENT. Cause de la chute de l'homme, II, 61. — Pourquoi Satan a-t-il choisi cette forme? 62. — Le serpent est sensible aux sons de la flûte, 63. — Il est chez les poëtes un animal fort noble, IV, 591. — Les serpents du lac Érié, VI, 71. — Les serpents d'Amérique, 108-109. — Sa vue rappelle la malédiction divine, VIII, 535. — Il est positif qu'il aime la musique, 541-542. — Le serpent étoit révéré des ophites, IX, 395.

SERPENT A SONNETTES. Sa tendresse maternelle, II, 109. — Deux plantes utiles contre sa morsure se trouvent partout où il y a de ces animaux, VI, 92. — Ses dents, son venin, sa sonnette, 108.

SERRE (M. H. de). Assiste au congrès de Vérone, XII, 34. — Ses opinions, 34. — Chateaubriand se lie avec lui, 34-35. — Il félicite Chateaubriand des succès de la guerre d'Espagne, 301-303. — Réponse que fait Chateaubriand à sa plainte de gêne, 321-322. — Son élection à la Chambre des députés, 421. — Augmentation de ses appointements, 422.

SERRES (Jean de). Jugé comme historien, IX, 26.

SERTORIUS. Sa lutte contre Sylla, VI, 518.

SERVAGE. Prend la place de l'esclavage sous la féodalité, IX, 76. — Du servage on a passé au salaire, 76. — Ordonnance de Louis X pour l'affranchissement des serfs, X, 70-71. — Différence entre le serf et l'esclave, 80. — Lenteur de l'affranchissement des serfs, 80.

SERVET, brûlé en effigie par les catholiques et en personne par Calvin, avoit indiqué la circulation du sang dans le poumon, XI, 630.

SERVILES. Se parent de leur nom, XII, 29. — Ils suscitent des émeutes royalistes, 29.

SÉVÈRE (Septime). Proclamé empereur par les légions d'Illyrie, est vainqueur de Niger et d'Albinus, IX, 146-147. — Son caractère, 147. — Il force les sénateurs à mettre Commode au rang des dieux, 147. — Il triomphe des Parthes et des Calédoniens, 147. — Sa mort, 148. — Il aima d'abord les chrétiens, puis les persécuta, 149.

SEVERIANUS. Son complot pour le rétablissement de l'idolâtrie, IX, 309.

SÉVERIN (saint). Ses reliques succédèrent à Augustule dans la demeure de Marius et de

Lucullus, IX, 355. — Ce qu'il avoit dit à Odoacre, 355.

SEVERUS HOSTILIANUS. A-t-il été empereur romain? IX, 168.

SÉVIGNÉ (Mme de). Elle ne sortoit point de ses belles allées droites, I, 11. — Fréquentoit l'hôtel de Rambouillet, X, 462. — Ses derniers temps, 463. — Les Anglois n'ont rien à comparer à ses lettres, XI, 762.

SEWARD (Miss Anne). Ses lettres, XI, 762.

SEYMOUR. Vient avec les ambassadeurs de Hollande pour traiter avec les parlementaires de la délivrance de Charles Ier, X, 391. — Il remet une lettre du prince de Galles à Charles Ier, reçoit les dernières instructions du roi pour le prince, 392.

SEZE (de). *Voy.* DE SEZE.

SHAFTESBURY (lord). Présente un bill pour exclure le duc d'York de la succession à la couronne, X, 434. — Sa conspiration, 435.

SHAFTESBURY (lord). Ce qu'il dit du style de Shakespeare, XI, 581. — Il étoit élève de Locke et fils d'un père corrompu, 715. — Voltaire le vante, 715. — Les *Characteristics of men*, 715. — Sa réponse à Charles II, 717. — Il fut un de ceux qui donnèrent le ton à la littérature sous ce prince, 718.

SHAKESPEARE. A seul conservé son empire en Angleterre; pourquoi, VI, 372. — C'est Voltaire qui l'a fait connoître à la France, 385. — Critiques, 386-387. — Ses talents, 388-389. — Belles scènes de lui, 389-392. — Appréciation, 393-396. — Ce qu'il dit de la Pucelle d'Orléans, X, 226. — Orthographe de son nom, XI, 576. — Il jouoit lui-même, 576. — Vers de Milton à la gloire de Shakespeare, 577. — L'auteur a mal jugé Shakespeare autrefois, 578. — Faux admirateurs du poëte, 579-580. — Ce que Voltaire en a dit, 580. — Opinion des Anglois, 580-582. — Défauts de Shakespeare, 584. — Sa langue, 585-586. — Ses pièces, son érudition, 586. — Son génie, 587. — Sa manière de composer, 588-589. — Ses plus beaux ouvrages, 591-595. — Ses portraits de femmes, 595-598. — Le siècle de Shakespeare, 601 et suiv. — Son testament, ses filles, 607. — Sa vie, 609. — Sa carrière théâtrale, 610. — Ses protecteurs, 611. — Il planta le premier mûrier du canton de Stratford, 611. — Sa mort, sa tombe, sa statue, son épitaphe, sa maison, son monument à Westminster, 611. — Shakespeare étoit-il boîteux? 611. — Ses amours, ses sonnets, 611-612. — Il ne croit pas à l'amour, 613. — D'où il tira son sérieux, 614. — Il n'a jamais pensé à vivre après sa vie, 615.

SHAW. Son ouvrage sur l'Afrique, V, 423-424.

SHEIL, poëte anglois, un des restaurateurs des ballades, XI, 767.

SHELBURNE (lord). Succède au marquis de Rockingham dans le ministère anglois; se retire, I, 365.

SHENSTONE. Son poëme *le Jugement d'Hercule*, XI, 738.

SHERIDAN, poëte dramatique anglois, XI, 718. — Chateaubriand l'a entendu à la tribune pendant l'émigration, 750.

SHERLOCK. Ce qu'il dit de Shakespeare, VI, 387; XI, 581.

SHIRLEY, poëte dramatique anglois, XI, 718.

SIAGHRE, fils de Karloman et petit-fils de Peppin le Bref, moine et évêque de Nice, a été mis au rang des saints, X, 23.

SIBYLLE (antre de la), à Baïes, VI, 304.

SICARD (abbé). Éloge que Michaud fait de lui, VI, 455.

SICCARD (père). Sa description du désert de la Thébaïde, IV, 470-472.

SICILE. Sa situation, ses premiers noms, I, 392. — Forme primitive du gouvernement, 393. — La Sicile devient le rendez-vous des beaux esprits, 393. — Influence de la révolution grecque sur la Sicile, 393.

SICKINGEN (Franz de). Étoit l'ami de Luther, XI, 549.

SIDDONS (Mistriss). Comment elle jouoit le rôle de lady Macbeth, XI, 748. — Lord Lansdown la présente à Chateaubriand, 749.

SIDNEY (Algernon). Son *Traité sur le gouvernement*, I, 546. — Il conspire contre Charles II; reçevoit de l'argent de Louis XIV, et meurt pour la liberté, X, 435. — Il créa la langue politique, XI, 716. — Ses *Discours sur le gouvernement*; sa mort tragique, 716.

SIDNEY (Philippe). L'*Eikon* renferme une prière empruntée à son *Arcadie*, XI, 647.

SIDOINE APOLLINAIRE. *Voy.* APOLLINAIRE.

SIEGBERT, roi d'Austrasie. Son tombeau; sa vie; il est sans doute le type du Sigfrid des *Nibelungen*, IX, 474.

SIEYES, comparé à Théramène, I, 477. — Rectification de son vote de la mort du roi, XII, 141.

SIGERIC, frère de Sarus. Mis sur le trône par les Visigoths et massacré, IX, 338.

SIGFRID, héros du poëme des *Nibelungen*, IX, 473-474. — Ses exploits, 476-477.

SIGISMOND, roi de Hongrie. Dix mille François vont à son secours, X, 219.

SILOÉ. Source près de Jérusalem, V, 323.

SILVAIN, fils de Bonit, chef Frank. Prend l'empire; est tué par ses compagnons, IX, 217.

SIMÉON, évêque de Jérusalem, V, 95-96.

SIMÉON. Devoit avoir le ministère de la justice dans un cabinet présidé par le duc de Richelieu, VII, 575.

SIMINOLES. Ils forment avec les Muscogulges la confédération des Creeks, VI, 184-185. — On les appelle les Creeks inférieurs, 185. — Leurs villages, leurs mœurs, leur caractère, 187. — Les Américains ont voulu les forcer à leur céder leur territoire, 196.

SIMLER. Son *Helvetiorum Respublica*, I, 397.

SIMON (le père). Achète la Lanterne de Démosthènes, V, 86.

SIMONIDE. La grammaire prend naissance sous lui, I, 320. — Il brille auprès d'Anacréon, 321. — Sa philosophie, 321-322. — Poésies inconnues; traduction nouvelle, 322. — Ce qu'il a chanté, 323. — Comment Pindare le traitoit, 393. — Ce qu'il débitoit à Hiéron, 393. — Son esprit étoit plus élevé que son cœur, V, 224.

SIMONIE. Elle étoit générale au moment de la réformation, XI, 545.

SIMPLICIUS, de Cilicie, philosophe. Se retire en Perse et revient dans son pays, IX, 318. — Il avoit le caractère d'un chrétien, 319.

SION. Description de cette montagne, V, 322.

SIOUX. Leur hospitalité, III, 288. — Leurs mœurs, 289. — Leur langue, VI, 140. — Ils sont de race mexicaine; ce qu'il en reste, 197.

SIRMOND (le père). Ses ouvrages, IX, 16.

SIRTE (petite). Description, IV, 462.

SISENAND, roi goth, engage le *missorium* ou plat d'or à Dagobert, IX, 467.

SISMONDI. Son *Histoire des républiques italiennes* et son *Histoire des François*, IX, 52-53.

SIWARD, comte du Northumberland. Comment il veut mourir, XI, 507.

SIXTE V. Avoit gardé les pourceaux, X, 41. — Succède à Grégoire XIII, 272. — Il désapprouve la Ligue et excommunie le roi de Navarre, 272.— Il exalte le régicide Jacques Clément, 301. — Il meurt fatigué de la Ligue, 318.

SLAVES. Ils s'étendoient derrière les Goths dans les plaines de la Pologne et de la Moscovie, IX, 108. — Les uns les confondent avec les Vandales, les autres avec les Vénèdes, 170.

SMITH (capitaine). A découvert la Nouvelle-Shetland, VI, 28.

SMITH (John). Traduction de ses poëmes ossianiques: *Dargo*, III, 137-144; — *Duthona*, 145-153; — *Gaul*, 155-164. — Poëmes qu'il ajouta à ceux de Macpherson, XI, 506-507.

SMOLLETT. L'histoire le rappelle, XI, 738. — On le préféroit en Angleterre à Hume, 746.

SMYRNE. Arrivée de Chateaubriand dans cette ville, V, 228-229. — Description, 230-231.— Les tremblements de terre, les incendies et la peste, 231. — Le Mélès, 231. — Pureté de l'air, 232. — Société; départ, 232.

SNORRON. Est l'Hérodote du Nord, IX, 11.

SOBIESKI (Jean). Son histoire par M. de Salvandy, IX, 46. — Sa mort, X, 534. — Son entrée à Vienne, 534.

SOCIÉTÉ. Ce qu'en dit M. de Bonald, VI, 446.

— Défense de l'état social, 564. — Ce que deviendra la société d'aujourd'hui, XI, 789-792.

SOCIÉTÉS SECRÈTES. Leur organisation en Espagne, XII, 24-25. — Leur histoire en France, 120 et suiv. — Les faits contenus dans le rapport de M. Marchangy ne peuvent plus se nier, 130. — Elles cessèrent d'exister après la guerre d'Espagne, 131. — Renseignements donnés par M. de Serre, 422.

SOCRATE. S'opposa seul au meurtre de Théramène, I, 480. — Il s'oppose encore aux mesures des Trente, 482. — Disciple de Thalès, 534. — Rameaux sortis de son école, 534. — Étoit guerrier, 558. — Il ne céda le prix de courage qu'à Alcibiade, VI, 507. — Sa doctrine expliquée dans *les Sectes à l'encan*, IX, 421-422.

SODOME. Sa destruction, V, 295.

SOEMIS. Mère d'Élagabale, IX, 152. — Sa mort, 154.

SŒURS DE CHARITÉ. Leur mission, II, 431. — Elles ont été instituées par Mlle Legras et saint Vincent de Paul, 497.

SŒURS GRISES. Leur dévouement aux malades dans les campagnes, II, 494.

SOIR. Le soir au bord de la mer, III, 534. — Le soir dans une vallée, 535.

SOLEIL. Sa formation expliquée par Uriel, III, 226. — Le soleil étoit la divinité principale de tous les peuples voisins de l'empire mexicain, VI, 121. — Le temple du soleil chez les Natchez, 122. — Les peuples de la Floride et de la Louisiane l'adoroient presque tous, 172.

SOLEIL. Titre du chef des Natchez, III, 190; VI, 180. — L'ordre de succession de ce chef avoit lieu par les femmes, 180.

SOLFATARE, près de Naples, VI, 297.

SOLIS. Trouve Rio de la Plata, VI, 22.

SOLITAIRES. Vie des solitaires de la Thébaïde, II, 428. — Les religieux maronites et cophtes, 428-429.

SOLON. Réflexions sur sa législation, I, 292.— Comparaison avec la France, 292-293. — Il s'exile dans l'espoir de prolonger l'action de ses lois, 293-294. — Son retour, 296. — Il se laisse tromper par Pisistrate, 297. — Il ne peut se faire écouter, 297. — Le siècle de Solon, 319. — Ses élégies, 327. — Fragments traduits, 327-329. — Licence de sa muse, 330. — Ses talents littéraires n'ont rien ôté à ses talents politiques, 331. — Son opinion sur le meilleur des gouvernements, 339. — Ce qu'il disoit des spectacles, 341. — Il sortoit de l'école égyptienne, 352. — Étoit guerrier, 558.—Ses lois morales, II, 53.

SOMERSET (lord Fitzroy). Sa mission à Madrid, son passage à Paris, XII, 209.

SOMERVILLE. *La Chasse*, XI, 738.

670   TABLE ANALYTIQUE

Sommers (lord). Patronne une édition du *Paradis perdu*, de Milton, XI, 679.
Sommerset, protecteur du royaume et oncle d'Édouard VI, envoyé au supplice, XI, 600.
Songe. Le songe d'Énée comparé au songe d'Athalie, II, 243-246. — Les songes jouent un grand rôle dans la religion des sauvages, VI, 172. — Songe d'Énée, VIII, 588-589.
Sophocle. Dépouillé de son manteau par un jeune garçon, IX, 409.
Sophonisbe, fille d'Asdrubal, femme de Syphax, V, 432. — Prisonnière de Massinissa, elle devient son épouse, 432-433. — Sa mort, 433-434.
Sorbonne. Des prêtres de Sorbonne assistoient les condamnés à mort, X, 222. — La Sorbonne déclare que l'on peut ôter le gouvernement au prince, 273.
Sorel (Agnès). Elle régnoit sur Charles VII et le poussoit à la gloire, X, 227. — Elle en a eu trois filles, 227. — Ce qu'en dit Monstrelet, 227.
Soto (Ferdinand de). N'a pas pu établir les ouvrages du Scioto en Amérique, II, 558. — Est mort au bord du Mississipi, VI, 179. — Détachement qu'il envoie pour reconnoître un pays indien, 239.
Souel (père). Personnage des *Natchez*, III, 94-96; 219-220; 508.
Soulier. Les souliers à la poulaine, X, 117. — L'inventeur de ces souliers, 118; XI, 496.
Soumet (Alexandre). Morceau de lui imité du *Génie du Christianisme*, II, 612-613.
Sousoughirli, Sousonghirli, Sousurluck, ou Souséverlé. Est-ce l'ancien Granique? V, 8-9, 242-243.
Southampton, ministre de Charles Ier. Demande à subir la mort pour lui, X, 389.
Southey, poëte anglois. Un des restaurateurs des ballades, XI, 767.
Souveraineté. Elle n'est ni de droit divin, ni de droit populaire; c'est l'ordre établi par la force, IX, 102. — La souveraineté élective et la souveraineté héréditaire, 445. — Elle ne réside ni dans le peuple ni dans le roi; elle n'appartient qu'à Dieu et au génie, XII, 15.
Souveraineté du peuple. Où conduit son principe, I, 474-475. — Son principe n'a aucune solidité; il n'est d'aucune utilité pour la liberté, 476. — La souveraineté des nations et celle des rois, VIII, 355. — C'est une niaiserie de l'ancienne école, 478. — Knox a établi ce dogme en matière religieuse et politique, XI, 539.
Sozomène. Comment il raconte la mort de Julien, IX, 262-263.
Spanheim. A traduit le *Misopogon* de Julien, IX, 231.
Sparte, ou Lacédémone. Lois de Lycurgue, I, 302. — Rapports de ses lois et de ses mœurs avec les idées des jacobins, 305-312. — Lysander y introduit les vices avec l'or et l'argent de l'Attique, 512. — Loi d'Épitadès, 512. — Agis entreprend de rétablir les lois et les mœurs de l'antique Laconie, 512. — Rappel de Léonidas, 513. — Condamnation et exécution d'Agis et de sa famille, 513-516. — Immoralité des lois de Lycurgue, IV, 493. — Chateaubriand ne prétend pas avoir découvert les ruines de Sparte, V, 10. Sparte sous les Romains, 67 et suiv. — Au temps des croisades, 74 et suiv. — Ce qu'en dit Vernon, 88. — Où étoit-elle située, 145 et suiv. — Chateaubriand reconnoît les ruines de Sparte, 151-157. — Causes de sa décadence, 216 et suiv.
Spectacles. Ce qu'en disoit Solon, I, 341. — Ce que Jean-Jacques écrivoit à D'Alembert sur ce sujet, 341-342. — Cause de l'aversion de l'Église contre les spectacles, VII, 273 et suiv. — Son opinion n'est pas plus sévère que celle de Tacite et de Sénèque, 275.
Spencer (Hugues), favori d'Édouard II. Fait décapiter des barons, X, 77. — Son supplice, 78.
Spenser. Sa *Fairie Queen*, XI, 574. — Il habitoit le château de Kilcoman, confisqué au comte de Desmond, 575. — Ce qu'on a encore de lui, 575. — Il fut le poëte célèbre sous Élisabeth, 576.
Speusippe. Philosophe de l'école académique I, 534.
Spinosa. Son système philosophique, I, 546. — Animaux avec lesquels il vivoit, 558. — Il lève le masque contre la religion, 581. — Il a soutenu qu'il n'y a dans l'univers qu'une seule substance, II, 569.
Spon. Son voyage en Grèce, V, 87.
Sree-Mun Narrain. Divinité indienne, I, 590-591.
Staël (Mme de). Ce qu'elle disoit de l'amour de la campagne, I, 11. — Son cercle, 27. — M. de Fontanes avoit critiqué son ouvrage, 28. — Sa réponse, 28. — Lettre de M. de Chateaubriand contre Mme de Staël, 28. — Elle commençoit à encourir la défaveur de celui qui devenoit le maitre, 29. — Rétractation de M. de Chateaubriand, 29-30. — Autre note rétractative, 30. — Ce que M. de Chateaubriand dit de Mme de Staël dans ses *Mémoires d'outre-tombe*, 30. — Elle ne pouvoit pas parler de Chateaubriand dans son livre *De la Littérature*, 30. — Explication de M. de Chateaubriand sur un passage qui auroit pu l'offenser, III, 5. — Lettre de M. de Chateaubriand à M. de Fontanes sur l'ouvrage de Mme Staël intitulé : *De la Littérature*, 643-658. — Son jugement sur Shakespeare, VI, 386. — Elle donne des preuves d'un esprit distingué et d'une imagination brillante, 449. — Sa générosité, 449. — Édi-

tion de ses *OEuvres*, hommage rendu à son talent, 558. — Elle aimoit trop le monde, 558. — Ses *Considérations sur la révolution françoise*, IX, 45. — Ce qu'elle dit de la fin de Mirabeau et de Robespierre, 45. — Son caractère, sa noble indépendance, regrets sur sa mort, 45-46. — Mme de Staël domine son époque, XI, 764. — Chateaubriand proclame son enthousiasme pour Mme de Staël, 782. — Éloge qu'elle adresse à Alexandre Ier, XII, 93.

STAMPALIE, ou ASTYPALÉE. Chateaubriand y aborde, V, 419.

STANISLAS, roi de Pologne. S'échappe déguisé de son palais, I, 502.

STARCATHER. Il offre une chaîne d'or à celui qui lui ôtera la vie, XI, 507.

STAUFFACHER. Un des auteurs de l'indépendance des Suisses, I, 397.

STEELE. Poëte dramatique anglois, XI, 718. — Ses ouvrages périodiques, 736. — Rival de Swift, expulsé de la Chambre des communes, 737. — Il commença la littérature industrielle, 737. — Il a purgé le théâtre des obscénités, 737. — Ses mœurs, 737.

STELL. Son *Aiguille de la mère Gurton*, XI, 576.

STERNE. Caractère de son comique, VI, 394. — Il étoit passé de mode en Angleterre, XI, 760.

STEWART (chevalier). A proposé de réduire le capital de la dette publique en élevant l'intérêt, VIII, 415.

STEWART (Dugald). Ses *Esquisses de philosophie morale*, IX, 42.

STILICON. Rassemble les légions qui doivent marcher contre Arbogaste, IX, 290. — Il étoit du sang des Vandales, 292. — Ministre d'Honorius, 324. — Il gouverne l'Occident, marche au secours de l'Orient, 325. — Débarque en Grèce, laisse échapper Alaric, 327. — Lui fait abandonner l'Italie, 328. — Il marie successivement ses deux filles à Honorius, 328. — Il traite avec les Francs, 328. — Il fait jeter Marcezel dans une rivière, 329. — Il bat les Goths, 329. — La femme et les enfants d'Alaric tombent dans ses mains; il les rend, 329. — Défait Radagaise, 329. — Traite avec Alaric, 330. — Honorius le fait mettre à mort, 330.

STILLINGFLEET. Son poëme sur *la Conversation*, XI, 738.

STOCHOVE. Sa description d'Athènes, V, 86.

STOFFLET. Rejoint Cathelineau et force Chollet, IX, 618. — Il reparoît quand on croyoit tout fini, 628. — Un corps considérable étoit sous ses ordres, 629. — Stofflet fait périr Marigny, 629. — Stofflet périt peu de temps avant Charette, 630. — Il mourut en criant : *Vive le roi!* 635.

STOÏQUES, ou STOÏCIENS. Leur secte est une branche des cyniques, I, 534. — Leur explication de la création, II, 570. — Le stoïcisme prit le dessus quand la vertu fut élevée à la pourpre, IX, 417.

STRABON. Sa *Géographie*, VI, 7. — Ses erreurs, 7-8.

STRAFFORD (sir Thomas Wentworth, comte de). Ses opinions; ses emplois; ses conseils à Charles Ier; il lui fournit de l'argent, X, 353. — Il est près de réconcilier le parlement avec le roi, 354. — Il veut se retirer; Charles le retient, 365. — Il veut faire poursuivre un membre du parlement; Pym le fait accuser de haute trahison; son arrestation, 366. — Défaut de Strafford, 368. — Sa défense, 368-369. — Sa condamnation, 369. — Charles Ier ratifie sa sentence, 369. — Son supplice, 370-371.

STUART (Jacques). Tue le connétable de Montmorency, X, 263.

STUART. Son livre sur les antiquités d'Athènes, V, 91.

STUARTS. Durée de leur empire en Angleterre, X, 347. — Ce que la Grande-Bretagne doit à la race des Stuarts, XI, 616. — Ces princes et le peuple anglois ne purent jamais se pardonner, 718.

STYLE. Ce qu'est le style chrétien, I, 78-79. — Ce qui fait la beauté du style, VI, 511. — Le beau style au milieu du xvie siècle, XI, 582. — Le style n'est pas cosmopolite, 731-732. — On ne vit que par le style, 760.

SUARD. Éloge que Michaud fait de lui, VI, 455.

SUARD (Mme). Son salon, I, 27.

SUBLIME. Le sublime dans Homère et dans la Bible, II, 269-270.

SUBSTITUTIONS. Elles sont de l'essence de la pairie, VII, 172.

SUÉDOIS. Analogie de leur langue et de leurs noms propres avec la langue et les noms des Perses, IX, 442.

SUÉTONE. Jugé comme historien, II, 323.

SUEURS (cabane des). Chez les Indiens, VI, 136.

SUÈVES. En Germanie, peut-être les mêmes que les Allamans, IX, 170. — Ils entrent en Espagne, 334-335.

SUFFÈTE. Nom du chef de la république à Carthage, I, 356-357.

SUFFOLK (comte de). Combat auprès du prince de Galles à la bataille de Poitiers, X, 199.

SUGER (abbé). Ouverture de son tombeau à Saint-Denis en 1793, II, 640. — Pas qu'il fit faire à la puissance royale, X, 52.

SUICIDE. Il n'est pas plus commun de nos jours qu'autrefois, VII, 435-436. — Ce qu'en dit le Journal de L'Étoile, 436. — Comment Savage peint le suicide, XI, 739.

SUISSE. Aspect, I, 396. — Mœurs, 396. — Les dépouilles de Charles le Téméraire, 396. —

Auteurs de l'indépendance des Suisses, 396-397. — Traité d'alliance des trois premiers cantons, 397. — Innocence des Suisses comparée à celle des Scythes, 397. — Simplicité des mœurs, 399. — Les Suisses à la solde des rois de France, 400. — Deux fois égorgés, 400-401. — Ils combattent pour des querelles autres que celles de leur patrie, 401. — A qui ils ont dû la perte de leurs mœurs, 401. — On jouoit les Suisses sur les théâtres de Paris, 401. — Insurrection des trois cantons sous Guillaume Tell, X, 67.

SULLY. Il se retire de la cour; son épargne; ses mémoires, X, 328.

SUNDERLAND, ministre de Jacques II. Se laisse convertir par ce prince, X, 438. — Il vendoit son roi, 439; XI, 722.

SUNIUM. Débris de son temple, V, 213.

SUNNON, frère de Marcomir, chef des Franks. Tué par ses compatriotes, IX, 328.

SUPÉRIEUR (lac). Sa position, son étendue, ses îles, ses rives, ses eaux, leur flux et reflux, VI, 72-74. — Sa découverte est due aux missionnaires, 410.

SURREY (le comte de). Ses sonnets pour Géraldine, XI, 573. — Henri VIII l'enferme au château de Windsor, 573. — Il inventa le vers blanc, 573. — Il porta sa tête à l'échafaud, 721.

SUSARION. La comédie prend naissance sous lui, I, 320.

SUSPECTS. La loi des suspects sous la Terreur, IX, 62.

SUZANNET (M. de). Perd la vie en Vendée en 1815, IX, 631.

SWIFT (Jonathan). Il écrivit l'*Examiner* dans l'esprit tory, XI, 736. — Sa naissance, ses ouvrages, ses vers, ses amours, 737. — Ses lettres, 762.

SWIFT (M.), traitant de pelleteries à Albany. Reçoit Chateaubriand, VI, 58. — Conseils qu'il lui donne, 58-59.

SWINTON. Visite la Grèce, V, 93-94.

SYBARIS. Ville de la Grande-Grèce, I, 386.

SYLVESTRE II. Ce qu'il disoit du pontificat de Jean Octavien, X, 106; XI, 544.

SYMMAQUE. Demande à Dioclétien protection pour les dieux du Capitole, IV, 216-218. — Symmaque a en effet prononcé, sous l'empire d'Honorius, un discours qui nous a été conservé, 501. — Fragment de son discours, IX, 293.

SYMPHORIEN. Son martyre à Autun, exaltation de sa mère, IX, 372.

SYMPHOROSE, de Tibur. Son martyre, IX, 373.

SYNAGOGUE. Sa naissance, IX, 556.

SYNÉSIUS. Nommé évêque par le peuple de Ptolémaïde; il refuse; on le nomme néanmoins, IX, 315-316. — Il avoit été disciple d'Hypatia; lettres qu'il lui écrit, 316. — En le lisant, on auroit peine à déterminer sa croyance, 319.

SYPHAX, prince des Gétules. Défend Carthage, V, 431-432. — Fait prisonnier par Massinissa, 432.

SYRACUSE. Sa fondation, I, 392. — Son bonheur et ses revers, 392. — Les Syracusains élèvent Gélon à la royauté, 393. — Denys le Jeune à Syracuse, 488-492. — Dion s'empare de Syracuse, 493. — Incendie de cette ville, 494. — Les Syracusains, soulevés contre Denys, appellent Icétas, 495-496. — Timoléon les délivre, 496. — Ils dispersent les os de leurs despotes et jugent leurs rois, 496.

SYRÉNAÏQUE (secte). Système philosophique, I, 534.

SYRINX. Son histoire, IV, 483.

T

TACITE. Historien, II, 322. — Il a produit Machiavel et Montesquieu, 323. — Défauts de son école, 324. — Il ne croyoit pas possible un gouvernement pondéré, 520. — Il raconte la persécution de Néron contre les chrétiens, 644-645. — Il avoit conçu l'idée d'un gouvernement à peu près semblable à celui de l'Angleterre, VI, 486-487; VII, 92. — Autorités qu'il cite, IX, 6. — Il étoit né sous la première année du règne de Néron, 130. — Il nous a conservé quelques discours des chefs bretons, XI, 505. — Il a paraphrasé quelques mots de Galgacus, 506. — Comment il répandoit sa parole sur les tyrans, 507. — La nature l'avoit formé poëte, 719.

TACITE (Claudius). Proclamé empereur par le sénat, IX, 185. — Son règne, sa mort, 185. — Il étoit de la famille de l'historien, 185. — Il avoit ordonné de placer des copies des *Annales* et des *Histoires* dans les bibliothèques publiques, 185.

TACOUTCHÉ-TESSÉ. *Voy.* COLOMBIA.

TAGÈS. Inventa la science des présages, I, 384.

TAGLIONI. Ses danses aériennes, X, 557; XI, 760.

TAIFALES, peuplade de la Dacie. Leur impudicité, IX, 432.

TAILLEFER. Comment il manœuvroit et chantoit à la bataille d'Hastings, IX, 440; XI, 511. — Vers de Wace sur Taillefer, 511. — On trouve de plus longs détails dans Geoffroy Gaimar, 511.

TALARU (marquis de). Ambassadeur en Espagne, XII, 184. — Le duc d'Angoulême ne le consultoit point, 190. — Le général Bourmont s'accordoit peu avec lui, 193. — Il est désigné comme ambassadeur auprès de la régence espagnole, 255. — Son départ, 271. — Conduite qu'il doit tenir dans les conférences, 288. — Sa position vis-à-vis du duc d'Angoulême et de la régence, 331-332.

TALBOT. Héros anglois, tué à la bataille de Castillon, X, 227.

TALLEYRAND-PÉRIGORD. Ce qu'il disoit de l'*Itinéraire de Paris à Jérusalem*, I, 191. — Son ministère en 1814, VII, 195-197. — Second ministère, 198. — Ce qu'il répondoit à lord Granville en 1800, XII, 162. — Il se montra l'ennemi de la guerre d'Espagne, 188.

TALLIEN, comparé à Mégaclès, I, 296. — Il a été plus heureux que Théramène, 478. — Il menace de tuer Robespierre, 481.

TALMA. Devoit jouer Moïse, III, 575. — Les fureurs d'Oreste ou la prophétie de Joad lues dans un salon par Talma en frac, XI, 585. — Son talent avoit quelque chose de la correction grecque, 748.

TALMONT (prince de). Paroles qu'il prononça en marchant à l'échafaud, VII, 599. — Nommé général de la cavalerie royaliste, IX, 621. — Son plan de marche sur Paris, 626. — Ce qu'il dit en allant à la mort, 635. — Il fut une des dernières victimes des guerres vendéennes, XI, 708.

TALMUD, commentaire de la Mishna, IX, 558. — Ce qu'il dit de Jésus-Christ, 559.

TANCARVILLE (comte de). Le duc de Normandie l'envoie au roi, X, 150. — Philippe VI l'envoie à Caen, 154. — Battu, il se rend à Th. Holland, 155. — Le roi d'Angleterre l'envoie à Londres, 156.

TARENTE, cité de la Grande-Grèce, I, 386.

TARGET. Encourage de Sèze, XII, 479. — N'accepte pas la défense de Louis XVI, 480.

TARILLON (père). Lettre sur les secours que portent les missionnaires aux esclaves chrétiens dans le Levant, II, 441.

TARQUIN. Il envoie Brutus à Delphes, I, 385. — Chassé par Brutus, il soulève en vain l'Italie en sa faveur, 501.

TARTARE. Le Tartare des anciens comparé à l'enfer des chrétiens, II, 249.

TASMAN (Abel). Achève le tour de la Nouvelle-Hollande, VI, 23.

TASSE. Jugement sur la *Jerusalem délivrée*, II, 146. — Parallèle avec Homère, 188. — Chateaubriand a eu de la peine à retrouver son tombeau à Rome, V, 110. — Examen des lieux où se sont passés les événements qu'il a décrits dans son poëme, 374-386. — Le Tasse fut le plus brave des chevaliers, VI, 507. — Il félicite Vasco de Gama d'avoir été chanté par le Camoëns, X, 270. — Il célèbre Camoëns encore ignoré, XI, 577. — Il eût été bien placé dans la troupe brillante qui suivoit Renaud, 608. — Il parle de son immortalité, 610. — Comment le Tasse fait sortir Ève du sein d'Adam, 679.

TASTU, imprimeur, a refusé de vendre à des étrangers la lettre de Sanson sur la mort de Louis XVI, I, 524.

TATE. Il s'étoit approprié *le roi Lear* de Shakespeare, XI, 581.

TATOUAGE des guerriers sauvages, VI, 155-157.

TAUBENHEIM. Étoit l'ami de Luther, XI, 519.

TAUROBOLE ou CRIOBOLE. Julien efface son baptême par cette cérémonie, IX, 228. — C'étoit une parodie du baptême, 242. — Les tauroboles se rattachent au culte phrygien de Cybèle ou au culte de Mithra, 245.

TAVANNES. Ce qu'il dit de la Saint-Barthélemy, X, 265.

TAYGÈTE, montagne près de Sparte, V, 155.

TAYLOR (M.). Sa lettre à Ch. Nodier sur les villes de Pompéi et d'Herculanum, VI, 359-360.

TCHESMÉ, port d'Asie, V, 254.

TE DEUM. Ce chant transporte l'homme, II, 284.

TÉGÉE. Inscription découverte par Chateaubriand, V, 136.

TÉLÉMAQUE, moine d'Orient. Vient à Rome; veut séparer les gladiateurs; il est massacré, IX, 326.

TELL (Guillaume). L'anecdote de la pomme est très-douteuse, I, 397.

TEMPÉ (vallée de). Description, VI, 281-282.

TEMPÊTE. Description d'une tempête en mer, III, 278-279. — Autre, IV, 269-270. — Notes sur l'exactitude de cette description, 531-532. — Orage sur l'Adriatique, V, 112-113. — Réflexions suscitées par une tempête, 417-418. — Tempête essuyée devant Lampedouse, 419-420.

TEMPLE. Destruction des temples païens par les chrétiens, IX, 298-304.

TEMPLE (le chevalier). Il fut le d'Ossat de l'Angleterre, XI, 715.

TEMPLIERS (ordre des). Son établissement, X, 67. — Ses richesses, 67. — Accusations portées contre cet ordre, 67. — Torts des Templiers, 67-68. — Des chevaliers citent Philippe le Bel et Clément V dans l'an et jour au tribunal suprême, 68.

TENNEMAN. Son *Manuel de l'histoire de la Philosophie*, traduit par M. Cousin, IX, 417.

TENNESSÉE ou CHÉROQUOIS, rivière d'Amérique, VI, 87.

TENNESSÉE, Etat d'Amérique. Ses comtés et ses villes, VI, 205.
TENTYRA, ville d'Égypte, IV, 157, 468.
TÉRÉBINTHE (vallée de). Description, V, 276.
TERRAY (l'abbé). Se sert de Mme Dubarry pour faire renvoyer le duc de Choiseul, X, 339.
TERRE. De son antiquité, I, 279. — Sa jeunesse et sa vieillesse, II, 82, 83. — Elle a dû être créée telle qu'elle est, 83. — Comment les anciens la considéroient et la divisoient, VI, 9. — Variante du *Génie du Christianisme* sur sa création, VIII, 544-546. — Comment Milton fait raconter la création de la terre par l'ange Raphaël, XI, 265 et suiv.
TERREUR. Son règne sous la révolution, VII, 519. — Elle fut une maladie morale, IX, 66. — La plupart des terroristes étoient de pauvres capacités, 66. — Ce que Benjamin Constant disoit de la terreur, 68. — Ce régime ne peut renaître, 68-69.
TERTULLIEN. Défenseur du christianisme, II, 5, 6. — Démonstration qu'il donne de la Trinité, 16. — Son éloquence, 338-339. — Image qu'il fait de Dieu, III, 648. — Ce qu'il dit des spectacles, VII, 273-274. — Il est le Bossuet africain, IX, 148. — Écrit contre les alliances entre les chrétiennes et les païens, 149. — Ses écrits, 149. — Son livre *De la Couronne*, 165. — Ce qu'il dit de l'innocence des chrétiens, 366-367. — Ce qu'il dit de leur union, 367. — Ce qu'il dit aux femmes au sujet de leurs ornements, 368. — Il invite sa femme à ne pas se remarier s'il venoit à mourir et surtout à ne pas épouser un infidèle, 368. — Il montre l'impossibilité pour une femme de vivre chrétiennement avec un mari païen, 369. — Ce qu'il dit des hérésies, 388-389.
TEST (acte du). Passé sous Charles II pour empêcher l'avénement du duc d'York, X, 434.
TÊTES RONDES. Nom des parlementaires sous Charles Ier, X, 371.
TETRICUS. Fait empereur à Bordeaux par Victoria, IX, 177. — Se rend à Aurélien, 183. — Il paroît au triomphe d'Aurélien, 183. — Il reçoit en échange le gouvernement de la Lucanie, 184.
TEUTONIQUE (ordre). Son histoire, II, 474. — Services qu'il a rendus, 475-476.
TEUTONIQUE (langue). Le serment des peuples de Charles et de Louis en cette langue, X, 585. — Le teutonique de la chanson en l'honneur de Louis, fils de Louis le Bègue, 586. — L'oraison dominicale en teutonique saxon du commencement du VIIIe siècle, 586. — La même oraison en teutonique saxon du Xe siècle, 586.
THALASSIUS. Julien lui pardonne, IX, 233.
THALÈS, de Crète, poëte et législateur, précurseur des lois de Lycurgue, I, 317.

THALÈS, philosophe. L'astronomie prend naissance sous lui, I, 320. — Il paroît à la tête des sages, 339. — Ce qu'il enseignoit, 339. — Son opinion sur le meilleur gouvernement, 339. — Sortoit de l'école égyptienne, 352. — Il fut le père de l'école ionique, 533. — Théorèmes qu'il trouva en mathématiques, 533. — Ses disciples, 534. — Il regardoit l'eau comme principe universel, II, 59.
THÉÂTRE. Cause de l'aversion de l'Église pour le théâtre, VII, 273-274. — Ovide demandoit la suppression des théâtres, 275. — Dans la patrie de Sophocle, les femmes n'assistoient point au théâtre, 275. — Aboli dans le monde romain, le théâtre renaît parmi les barbares, 275. — Bossuet, Bourdaloue, Fléchier condamnèrent le théâtre, 275-276. — La discipline de l'Église n'est pas uniforme; le théâtre à Rome, 276. — Origines du théâtre en France, X, 228-229. — État matériel du théâtre en Angleterre au XVIe siècle, XI, 584. — La vérité du théâtre et du costume est moins nécessaire à l'art qu'on ne suppose, 585. — La réforme, sous Henri VIII, hâta la renaissance du théâtre en Angleterre, 586. — Le théâtre anglois à la fin du XVIIIe siècle, 748-749.
THÈBES, de Grèce. Sa générosité pour les émigrés athéniens, I, 482.
THÈBES, d'Égypte. Description, IV, 157, 468.
THÉCUMSEH, chef d'Indiens. Battu par le général Harrison, VI, 197. — Sert les Anglois, 197. — Sa mort à Thames, 197.
THÉMISTOCLE. Il fit plusieurs fois donner des avis à Xerxès, I, 436. — Son plan pour la conduite de la guerre, 441. — Il s'oppose au plan des Spartiates, 442. — Il ramène Eurybiade à son opinion, 442. — Avertissement qu'il reçoit d'Aristide, 443. — Avis qu'il avoit fait donner à Xerxès, 443. — Il gagne la bataille de Salamine, 444-445. — Son tombeau, V, 198.
THÉOBALD. Défend Shakespeare, VI, 386. — Ce que Warburton disoit de lui, 387.
THÉOCRITE. L'idylle du Cyclope et de Galatée, II, 206-208.
THÉODORET (saint). Condamné à mort par Julien, comte d'Orient, IX, 259.
THÉODORIC. Règne sur les Visigoths dans les provinces méridionales des Gaules, IX, 346. — Genseric lui renvoie sa fille le nez et les oreilles coupés, 347. — Théodoric se joint à Aétius contre Attila, 347. — Il est tué au combat des plaines Catalauniques, 349. — Avant d'attaquer le camp de Litorius, il passa la nuit vêtu d'une haire, 458. — Il figure parmi les vassaux d'Etzel dans le poëme des *Nibelungen*, 473.
THÉODORIC II. Règne à Toulouse sur les Visigoths, IX, 351. — Il donne la pourpre à Avitus, 351. — Il soumet le reste des Suèves

en Espagne, 351. — Rompt ses traités avec Rome, 353. — Il réunit Narbonne à son royaume, 353. — Son frère Euric l'assassine, 353.

Théodoric, fils de Khlovig, rappelle aux Franks les ravages des Thuringes, IX, 461-462.

Théodose. Ses victoires, IX, 271. — Gratien l'élève à la pourpre, 284. — Il succède à Valens, 285. — Son édit en faveur de la religion catholique; il poursuit les ariens, 286. — Il épouse Galla, marche contre Maxime, 287. — Il lui fait trancher la tête, 288. — Il pardonne à la sédition d'Antioche et ne montre pas la même indulgence pour Thessalonique, 288. — Saint Ambroise l'empêche d'entrer dans l'église, 288. — L'empereur fait pénitence, 289. — Il rétablit Valentinien et retourne à Constantinople, 290. — Sa victoire sur Eugène, 291. — Signes merveilleux, 291. — Il fait abattre les statues de Jupiter sur les Alpes, 291. — Ruine du paganisme, 293. — Théodose fait voter la condamnation de Jupiter par le sénat romain, 295. — Il ferme les temples, 297. — Son portrait, 301. — Sa mort, 324. — Comment il pardonne à Antioche, 382-383.

Théodose II, fils d'Arcade, succède à son père, IX, 332. — Son gouvernement, 332. — Il favorisa l'hérésie d'Eutychès, 333. — Ses lois, 333. — Il épouse Eudocie, 333. — Il soutient les droits de Valentinien II, 340. — Il ajoute l'Illyrie orientale à l'empire d'Orient, 340. — Il achète la paix d'Attila, 344. — Sa mort, 344. — Code qui porte son nom, 344-345.

Théodote. Julien lui pardonne, IX, 233.

Théologie. Elle s'est assise sur les bancs que la philosophie abandonnoit, IX, 320.

Théophilanthropie, vision conforme à la morale, VII, 550.

Théophile, évêque d'Antioche. Défenseur du christianisme, II, 6.

Théophile, archevêque d'Alexandrie. Fait détruire le temple de Sérapis; s'enrichit des dépouilles des païens, IX, 299.

Théramène. Un des quatre cents à Athènes, I, 473. — Il se range du côté du peuple et se met à la tête d'une insurrection, 473. — Fait détruire le fort du Pirée, 474. — Devint un des trente tyrans, 477. — S'élève contre la tyrannie des trente, 478. — Accusé devant le sénat par Critias, 479. — Sa défense, 479-480. — Sa mort, 480-481.

Thérapeutes. Offrent les premiers modèles des monastères chrétiens, II, 421. — C'est surtout parmi eux que saint Marc fonda l'église d'Alexandrie, IX, 129. — Ils étoient livrés à la vie contemplative, 129. — En quoi ils différoient des Esséniens, 129.

Thermancie, seconde fille de Stilicon, épouse Honorius; elle est tuée à la mort de son père, IX, 330.

Thermopyles, tombent devant les Perses, I, 440. — Ce combat épouvante Xerxès, 441.

Thespis. La tragédie prend naissance sous lui, I, 320.

Thessalonique. Le peuple de cette ville ayant égorgé Botheric, Théodose ordonne d'en massacrer les habitants, IX, 288.

Thibaut, comte de Champagne, l'emporte sur tous les Thibaut anglois, XI, 773.

Thierry III. A ce prince commence la série des rois fainéants, X, 15.

Thierry, fils de Khilderik III, passe sa vie dans un cloître, X, 16.

Thierry (M. Augustin). Comment il prétend se rattacher à Chateaubriand, I, 161-162. — Ses *Lettres sur l'histoire de France* et son *Histoire de la conquête de l'Angleterre*, IX, 52. — Ce que ses travaux lui ont coûté, XI, 510.

Thiers (Jean-Baptiste). Son *Apologie de l'abbé de la Trappe*, X, 573. — Il attaque le grand vicaire de Chartres et se réfugie dans le diocèse du Mans, 574. — Son *Histoire des perruques*, 574.

Thiers (M. Adolphe). Ce qu'il dit de la proclamation du concordat, I, 65. — Ce qu'il dit du *Génie du Christianisme*, 66-67. — Chateaubriand a oublié cette belle page dans ses *Mémoires*, 68. — Il est un des chefs de l'école fataliste, IX, 52. — Ce qu'il dit de la mort de Mirabeau, 56-57. — De la mort de Louis XVI, 57-58. — Le récit des campagnes d'Italie suffiroit pour lui assigner un rang élevé parmi les historiens, 58. — Il a publié sur le système de Law une excellente brochure, X, 338. — Son éloge, XII, 84. — Il a proposé sur l'Espagne un plan analogue à celui de Chateaubriand, 84.

Thomas d'Aquin (saint). Brille parmi les philosophes scolastiques, I, 540. — Génie remarquable, X, 103-104.

Thomas de Cantorbéry (saint). *Voy.* Becket.

Thomlinson. Chef de la garde qui accompagne Charles Ier à la mort, X, 391. — Il conduit le roi de Saint-James à Whitehall et à l'échafaud, 394. — Paroles que le roi lui adresse, 395-397.

Thomson. Son poëme *les Saisons*, VI, 380. — Ses regrets des jours de l'enfance, XI, 743. — Son *Rule Britannia*, 772.

Thor, dieu scandinave, IX, 444.

Thorismond, successeur de Théodoric, repousse Attila des Gaules, IX, 349.

Thoth. Est le même qu'Athoth, II, 71.

Thou (président de). Le parlement déplore sa perte, X, 310-311. — Exemple que donnoit sa femme, 311.

Thou (de), historien d'une époque particulière, IX, 26. — Il rencontre Charles de Lamoignon à Valence, X, 310. — Il accompagne en Italie Paul de Foix et Arnould d'Ossat, 310.

THRACE. Sa situation, ses habitants, I, 402. — Ses calamités, 403.

THRASYBULE. Réunit quelques émigrés athéniens, et repousse la cavalerie des Trente tyrans, I, 482. — Il s'empare du Pirée, 483. — Se bat contre Critias, 483. — Combat que lui livre Pausanias, 484. — Son discours à l'ancienne faction des Trente et des Dix, 484.

THUCYDIDE, historien, II, 322. — Il n'a pas une seule citation, IX, 6. — Discours qu'il met dans la bouche des Platéens plaidant leur cause devant les Lacédémoniens, XI, 747.

THURINGES. Ils ravagent le pays des Franks, IX, 461.

THUROT ou TURREAU, général républicain, avoit ordonné d'évacuer la Vendée, IX, 629. — Éloge qu'il fait des Vendéens, 636. — Ce qu'il dit des Vendéens, XI, 709.

TIBÈRE. Son gouvernement, II, 526. — Son règne, ses défauts, ses mœurs, IX, 123.

TIBRE. Sa destinée, VI, 312. — Ses eaux limoneuses, 322.

TIBULLE. Sa peinture de la fête de Cérès mis en parallèle avec le tableau des Rogations de Chateaubriand, par Fontanes, II, 722-724. — Il étoit distingué dans les légions de Messala, VI, 507.

TIERS ÉTAT. Son premier vote aux états de Philippe le Bel; son dernier vote aux états de 1614, IX, 88. — De qui il se composoit sous Philippe IV, X, 60. — Comment il finit par s'emparer du pouvoir, XI, 532-533.

TILLEMONT. Est le guide le plus sûr pour l'histoire des empereurs, IX, 29. — Ses qualités d'historien, 230.

TILLET (Jean du). Ses travaux sur le trésor des Chartes, IX, 23.

TILLOTSON. Il épura la langue de la chaire, XI, 715.

TIMOLÉON. Envoyé par Corinthe au secours de Syracuse, bat Icétas; Denys se rend à lui, I, 496. — Maître de Syracuse, il bat les Carthaginois, et appelle les Syracusains à la liberté, 496.

TIMOSTHÈNE. Publia une description des ports connus de son temps, VI, 7.

TINO, l'ancienne Ténos, V, 226.

TIQUET (femme). A la tête tranchée du temps de Louis XIV, pour tentative d'assassinat sur son mari, VII, 462.

TISSAPHERNE, satrape de Lydie. Alcibiade est refugié près de lui, I, 471.

TITE-LIVE, historien, II, 322. — Son style, 324. — Il ne s'appuie jamais d'un texte, IX, 6. — Il étoit mort sous Tibère, 130.

TITIEN. Chateaubriand a quelque peine à retrouver son tombeau à Venise, V, 110.

TITUS. La douceur régna avec lui, IX, 130. — Il n'eut à combattre que ses passions et devint les délices du genre humain, 134.

TITUS, colonel, publie sous le nom de William Allen un pamphlet contre Cromwell, X, 417-418. — Son pamphlet *Killing no murder*, dédié à Olivier Cromwell, XI, 629.

TIVOLI. Visité par Chateaubriand, VI, 277. — Le temple de Vesta, la grotte de Neptune, les cascades, 278. — Inscriptions funèbres, 279. — Le temple de la Sibylle, 280. — Réflexions sur Tivoli, 315. — La maison d'Horace, 316. — Celle de Catulle, 316.

TOBIN. A essayé en Angleterre de ressusciter l'ancien style et l'ancienne forme du théâtre, XI, 718.

TOLBIAK ou TOLBIAC. Khlovigh y bat les Allemands, X, 10. — Autre bataille entre Thierry et Théodebert; ce qu'en dit Frédégher, 25.

TOLSTOY (la comtesse). Vient à Vérone, XII, 35. — Elle fait rencontrer Chateaubriand avec Alexandre Ier, 106.

TOMBEAU. Ce qu'on doit représenter sur le tombeau d'un chrétien, II, 289. — Tombeaux antiques, 398. — Tombeaux égyptiens, 398. — Tombeaux des Grecs et des Romains, 399. — Tombeaux modernes, 399. — Tombeaux chinois et turcs, 399-400.—Tombeaux de la Calédonie, 400-401. — Tombeaux d'Otaïti, 401-402. — Tombeaux chrétiens, 402 et suiv. — Tombeaux dans les églises, 403. — Tombeaux du musée des monuments françois, 406. — Tombeaux de Saint-Denis, 407-409. — Les tombeaux champêtres, élégie imitée de Gray, III, 545-548. — Réflexions à propos des Pyramides, V, 405-406. — Vers que des tombeaux inspirent à Michaud, VI, 458.

TOMKYNS (le docteur). Censeur du *Paradis perdu* de Milton, il chicanoit chaque vers, XI, 673. — Il ne s'aperçut pas des allusions aux mœurs de la dynastie restaurée, 673.

TOMMASI, bailli de l'ordre de Malte, VIII, 273

TONSURE. Son origine, X, 18.

TOOKE (Horn). Bill pour l'éloigner du parlement anglois, VI, 371.

TORENO (M. de). Étoit l'un des chefs des anciens révolutionnaires de Cadix, XII, 19. — On le jugeoit écrivain remarquable, orateur clair et précis, 19. — Il attaque la France en termes violents, 23.

TORFOU (bataille de), entre les troupes républicaines et vendéennes, IX, 622.

TOULOUSE, prise et reprise dans la guerre des Albigeois, X, 57. — Devient métropole, 76. — Académie de la gaie science, 77.

TOURGUÉNEF (comte de). A communiqué à Chateaubriand des renseignements sur les historiens de la Pologne, de la Russie et de l'Allemagne, IX, 97.

Tourlet. A publié une traduction complète des œuvres de Julien, IX, 231. — Il a conservé en la corrigeant la traduction du *Misopogon* de La Bleterie, 231. — Il a réuni plusieurs fragments qui ne se trouvent pas dans les anciennes éditions, 232. — Ce qu'il dit de la tentative de reconstruction du temple de Jérusalem, 254.

Tournemine (seigneur) fait couper le poing à un huissier appelé Loup, X, 110.

Tournois. Description, II, 482-483. — Richesses déployées dans les tournois, X, 118-119.

Toussaint-Louverture. Victime de Buonaparte, VII, 11.

Toxaris, philosophe scythe, mort à Athènes, I, 398.

Traduction. L'auteur espère que sa traduction de Milton amènera une révolution dans la manière de traduire, XI, 12. — Traducteurs en prose, traducteurs en vers, 482. — Quel est le meilleur système de traduction ? 482-483. — Difficulté de la traduction littérale, 483.

Tragala (la), chanson révolutionnaire en Espagne, XII, 83.

Tragédie. Est inférieure en plusieurs points à l'épopée, II, 145. — La tragédie classique doit paroitre froide à notre société, XI, 590-591.

Traîneaux. Forme de ceux des sauvages, VI, 158.

Traite des nègres. Une des questions agitées au congrès de Vérone, XII, 37. — Pourquoi l'Angleterre vouloit l'abolition de la traite des nègres, 39-40. — Réponse au mémoire du duc de Wellington, 40-44.

Traiteurs pour les pelleteries en Amérique, VI, 200. — Leurs avances sont des causes de misère pour les Indiens, 200-201.

Trajan. Sa réponse à Pline relativement à la punition des chrétiens, II, 544. — Sous son règne l'empire s'éleva à son plus haut point de prospérité et de puissance, IX, 138. — Ses guerres, sa mort, 138. — Les chrétiens souffrirent sous Trajan comme faisant partie des sociétés secrètes, 139. — Lettre que lui écrit Pline le jeune relativement aux chrétiens, 139-140. — Réponse de Trajan, 140.

Trajan, général romain, livre aux Visigoths la bataille de Salices, IX, 280. — Valens le maltraite, 280. — Il cherche en vain la réserve formée des soldats bataves dans la bataille où Valens perdit la vie, 282. — Il reste sur la place, 283.

Trappe (La). La vie et la mort des religieux trappistes, II, 430-431. — Vie intérieure du couvent de Notre-Dame de Sainte-Suzanne, 645-658. — La Maison-Dieu, X, 496. — Que veut dire *Trappe*, 496. — Fondation, histoire de cette abbaye, 496. — Ses abbés, 497. — État de La Trappe avant la réforme, 497. — Réforme de l'abbé de Rancé, 505. — Travaux entrepris sous sa direction, 518-519. — État actuel, 519. — Constitutions de l'abbé de Rancé, 519-520. — Réglements, 520-521. — Fuite des religieux à la révolution ; établissements qu'ils fondent, 523. — Dom Gustin rétablit La Trappe, 523. — Vie de Rancé à La Trappe, 524. — Religieux qu'il y reçoit, 525. — *Histoire de l'abbaye de La Trappe*, 526. — La Trappe resta orthodoxe, 527-528. — Il fut question de la détruire, 528. — Chanson contre La Trappe, 531. — Zosime succède à Rancé, 569. — Dom Gervaise le remplace, 569. — Il est remplacé par dom Jacques de La Cour, 570. — Le monde accouroit à La Trappe, 572. — Personnages qui la visitèrent, 572 et suiv. — Rancé y meurt, 583. — La Trappe existe encore, 584.

Trappiste (le). *Voy.* Maranon.

Trébutien (M.). Doit surveiller l'impression de la traduction du poëme d'*Antar*, par M. de Hammer, X, 96.

Trente (combat des). Ils étoient tous à cheval, VI, 556-557.

Trente (concile de). Sa clôture ; ses décrets de police et de réformation ne furent point reçus dans le royaume, X, 262.

Trente tyrans. Établis par Lysander à Athènes, I, 477. — Portraits des principaux, 477. — Leur gouvernement, 477. — Terreur qu'ils organisent, 477-478. — Ils attaquent les émigrés, 482. — Massacre à Éleusine, 482-483. — Attaqués par Thrasybule, 483. — Leur chute, 483-484. — Ils s'enfuient à Éleusine, 484. — Sparte envoie à leur secours, 484. — Ils veulent essayer de se rétablir, 484. — Ils sont massacrés, 484.

Tribigilde, chef d'une colonie d'Ostrogoths établie dans la Phrygie, se révolte, IX, 331.

Tribonien. Volumes compilés par lui formant le corps du droit romain, IX, 158.

Tribunal révolutionnaire. Son institution, VII, 457. — Il devoit punir les auteurs d'écrits contre-révolutionnaires et insidieux, 457. — Décret qui l'institue en tête du *Bulletin des lois* ; singulière justice, IX, 61. — Ses victimes, 62-64.

Trieste. Description, V, 111.

Trinitaires ou Pères de la rédemption des captifs. Leur constitution, II, 489.

Trinité. D'où vient ce dogme, I, 590-591. — Premier mystère des chrétiens, II, 13. — Il étoit peut-être connu des Égyptiens et des mages, 13. — Ce qu'en dit Platon, 13, 14. — Elle étoit connue aux Indes, au Thibet, à Otaïti, 14, 15. — Image qu'en fait Bossuet, 15-16. — Démonstration qu'en donne Tertullien, 16. — Figures de la Trinité, 17. — La Trinité des Indiens, 547, 556. — Le christianisme a-t-il reçu de la philosophie le dogme de la Trinité? IX, 243. — La triade égyptienne d'après M. Ch. Lenormant, 243-244. — La Trinité chez les mages, 243-244. — Dans Platon, 244-245. — Aux Indes, au Thibet, à Otaïti, 245. — Le néoplatonisme l'auroit plutôt dérobée au christianisme que de la lui avoir donnée, 246.

TRIPOLIZZA. Description, V, 133, 135.

TRIVIUM et QUADRIVIUM. Vers qui en renferment toute la science, I, 540.

TROCADERO. Prise de ce fort; le duc d'Angoulême y montre de la valeur, XII, 340.

TROGLODYTES. Ce qu'en dit Hannon, I, 371.

TROIE, vue de la mer, V, 251. — Chateaubriand n'a pu visiter la plaine de Troie, 252.

TRONCHET. Remercîments de Louis XVI, VI, 539. — Sa récompense, 541. — Louis XVI l'avoit vu à l'Assemblée constituante, XII, 482. — Comment il le remercie, 482-483.

TROUBADOURS. Au moyen âge, XI, 501.

TROUVÉ (baron). Devient l'éditeur responsable du *Conservateur*, VII, 617.

TROYES. Épargnée par Attila, IX, 469.

TUILERIES. Lettre sur les Tuileries, projet d'embellissement et d'arrangement, VIII, 619-621. — Date des premiers travaux de ce palais, X, 262.

TUMULI. Examen de ceux des bords de l'Ohio, VI, 258-259. — A quelle race appartiennent les squelettes qu'on y trouve, 259.

TUNIS. Son nom, son port, V, 424. — Sa population, ses environs, son histoire, 425. — Mémoire sur Tunis, 545-557. — Histoire de ses beys, 545-549. — Capitulations de cet État avec d'autres puissances, 549. — Population, troupeaux, propriétaires, 550. — Revenus de l'État, 551. — Esclaves chrétiens, 551-552. — Troupes, 552-554. — Commerce, 554-555. — Propriété, 555-556. — Corsaires, 556. — Droits payés par les navires, 556-557.

TURCS. Craintes qu'ils doivent inspirer; ce que l'Europe devroit faire pour les empêcher d'opprimer la Grèce, V, 22 et suiv. — Ils ne se plaisent qu'à détruire, 220. — Ils brûlent les arbres, 241. — Ils ont mutilé les monuments de la Grèce et épargné ceux de la chevalerie, VI, 519. — L'Europe a tort de leur enseigner la discipline et de les laisser opprimer les Grecs, III, 134-137.

TURENNE (vicomte de). *Voy.* BOUILLON.

TURENNE. Son tombeau à Saint-Denis démoli et transporté au musée des Petits-Augustins, II, 630. — Général de la monarchie parlementaire sous la minorité de Louis XIV, X, 330. — Sa conversion; il cède à l'*Exposition de la foi* de Bossuet, 331.

TURIN. Vue de cette ville, VI, 274. — Sa régularité, sa propreté, 275.

TURIUM, ville de la Grande-Grèce; Charondas lui donne des lois, I, 392.

TURKETULT (l'abbé). Avec quoi il faisoit le signe de la croix, XI, 500.

TURLUPINS. Leurs désordres, X, 124.

TURPIN. Le moine Robert a écrit sous son nom un poëme sur Charlemagne, X, 96.

TURQUIE. Ses tombeaux, II, 399. — Le congrès de Vienne n'a pu garantir au Grand Seigneur l'intégrité de ses États, V, 46. — Le grand seigneur ne peut prétendre à des droits légitimes sur les Grecs, 47. — Comment elle entend le droit de guerre, 49. — Elle n'est pas un boulevard pour l'Europe, 49. — État d'abandon des fondations religieuses pour les voyageurs, 129.

TURREAU. *Voy.* THUROT.

TUTILON, moine de Saint-Gall. Exerçoit à Metz l'art de graveur et de sculpteur, X, 39.

TYR. Sa situation, I, 406. — Sa fondation, 406. — Son commerce, 406-407. — Sa constitution, 407. — Ses princes et rois, 407. — Prise par un roi d'Assyrie et détruite, 408. — Nouvelle Tyr, 408. — Siége par Alexandre, 409.

TYR (Mer de), vue de Jaffa, V, 265-266.

TYR. Divinité des Scandinaves, IX, 444.

TYRAN. Que pourroit-il arriver si l'on avoit le droit de tuer un tyran, III, 175. — Que reste-t-il de la tyrannie, VII, 91-92. — On a donné le nom de *tyrans* aux prétendants à l'empire romain, IX, 168. — Différence entre le bon roi et le tyran, XI, 619.

TYRAN, prêtre de Saturne. Ravit l'honneur des femmes en se faisant passer pour le dieu lui-même, IX, 306-307.

TYRTÉE. Ses chants firent triompher l'injustice, I, 318. — Beauté de ses chants, 332. — Premier chant guerrier, 332. — Second chant guerrier, 334. — Ses poésies, IV, 340.

U

UCHE. Village de la confédération des Creeks, VI, 187.

ULPHILAS. Ses évangiles goths, IX, 8. — Cette traduction est du IV° siècle, 171. — Les Visigoths le députèrent à Constantinople auprès de Valens, 277. — Il a traduit les Évangiles, 442.

ULPIEN. Avoit réuni les édits contre les chré-

ET RAISONNÉE.   679

tiens, IX, 156. — Sa mort, 156. — Il avoit été disciple de Papinien, 156.
ULTRA, ou ULTRA-ROYALISTE. Ce que c'est, VII, 235.
ULYSSE. Comment il est reconnu par Pénélope, II, 162.
UNIVERSITÉS. Par qui elles ont été établies et dirigées, II, 499. — Enseignement de l'ancienne Université de Paris, VI, 479. — Ses services, sa destruction, elle manque à la jeunesse, 481-482. — Différentes universités au moyen âge, X, 102. — Foule des maîtres et des écoliers à l'Université de Paris, 104-105.
URBAIN II. Ce qu'il disoit aux premiers croisés, VIII, 136.

URFÉ. Son *Astrée* florissoit à l'hôtel de Rambouillet, X, 461. — Il étoit épris de Diane de Chateaumorand, 462.
URGEL (Seu d'). Une régence royaliste s'y installe, XII, 32. — Cette régence envoie Mataflorida à Vérone, 32. — Dispersion de la régence de la Seu d'Urgel, 74.
URIEL. Ange du soleil, III, 225-231.
URSINS (Mme des). Ses derniers temps, X, 463-464.
USOUS. Inventeur de la navigation chez les Phéniciens, I, 408.
USURE. Comment elle étoit punie sous la féodalité, X, 94.
UTOPIE. Ce que ce nom signifie, XI, 630.

V

VABALLATH, fils de Zénobie. Devint roi d'un canton inconnu en Asie, IX, 184.
VALENCE. Ellio y est exécuté; elle est trompeuse, XII, 32.
VALENCIENNES. Prise de cette ville au nom de l'empereur, I, 441.
VALENS, frère de Valentinien. Est associé par lui à l'empire, IX, 269. — Il s'établit à Constantinople, 269. — Pays d'Orient qui lui étoient dévolus, 270. — Il poursuit ses sujets accusés de magie, 271. — Tyran par foiblesse, 271. — Valens soutint foiblement contre Sapor les rois d'Arménie et d'Ibérie, 274. — Valens remporte quelques avantages sur les Goths, 274. — Il étoit arien, persécute les catholiques et veut forcer les moines à s'enrôler, 274. — Il admet les Visigoths dans la Mésie inférieure, 277. — Les Goths s'étant révoltés, Valens demande des secours à Gratien, 280. — Il marche contre les Goths, 280. — Prédiction du moine Isaac, 280-281. — Valens s'établit dans un camp retranché sous Andrinople, 281. — Trompé par Fritigern, il marche contre les Goths, 281. — Il est battu et perd la vie, 282. — Libanius composa son oraison funèbre, 283.
VALENS, général d'Honorius. Battu par Alaric, IX, 334.
VALENTIN. Son système d'*éones*, IX, 390.
VALENTINE DE MILAN, fille de Galéas Visconti. Son portrait, par M. de Barante, VI, 573. —Elle épouse le duc de Touraine, depuis duc d'Orléans, X, 220. — Son mari est assassiné; elle succombe à sa douleur, sans avoir pu obtenir justice ; on l'accusa de sortiléges, 223.
VALENTINIEN. Julien le force à quitter son épée, IX, 253. — L'élection s'arrêta sur lui après la mort de Jovien, 268. — Il étoit sans lettres, mais avoit une éloquence naturelle, 269. — Il associe son frère Valens à l'empire, 269. — Il établit sa cour à Milan, 269. — États que comprenoit l'Occident qui lui étoit dévolu, 270. — Peuples qu'il eut à combattre, 270-271. — Il poursuit ses sujets accusés de magie, 271. — Il gâtoit de grandes qualités par un tempérament cruel, 271. — Institutions qu'on lui doit, 272. — Il accorde le libre exercice du culte à ses sujets, 272. — Il met des bornes à l'accroissement des richesses de l'Église, 273. — Il élève son fils Gratien au rang d'auguste, 273. — Il répudie Severa, sa première femme, pour Justine, 273. — Enfants qu'il eut de ses deux femmes, 273. — Il marche contre les Sarmates et les Quades qui ravageoient l'Illyrie, 273. — Sa mort, 273.
VALENTINIEN II, fils de Valentinien Ier et de Justine. Proclamé empereur après la mort de son père, IX, 273-274. — Gratien reconnoît son élection, et lui accorde l'Italie, l'Illyrie et l'Afrique, 274. — Chassé par Maxime, il s'enfuit avec sa mère à Thessalonique, 287. — Théodose le rétablit, 290. — Retenu quasi prisonnier par Arbogaste, il veut le destituer ; il est trouvé étouffé dans son lit, 290.
VALENTINIEN III, fils de Placidie, sœur d'Honorius et de Constance, IX, 338. — Honorius force Placidie à se retirer avec son fils à Constantinople, 339. — Il étoit à Constantinople lorsque mourut Honorius, 340. — Valentinien avoit six ans lorsqu'on le proclama auguste sous la tutelle de sa mère, 340. — A l'approche d'Attila, il fuit de Ravenne et se cache à Rome, 349. — Après la

mort d'Attila, Valentinien tue Aétius, 350. — Il viole la femme de Maxime, 350. — Il est assassiné en plein jour par deux barbares attachés à la mémoire d'Aétius, 350.

VALÉRIE, fille de Dioclétien. Assiste avec sa mère Prisca aux cérémonies des chrétiens dans les catacombes, IV, 83-84. — Accusée de christianisme, elle sacrifie, IX, 194. — Sa mort, 196.

VALÉRIEN. Proclamé empereur, IX, 174. — Sa vie antérieure, 174. — Il combat les barbares, 174. — Fait prisonnier par Sapor, et humilié, 175. — Médaille menteuse, 176.

VALÉRIEN (Mont). Ancien établissement religieux, VII, 599-600. — Les ermites du mont Calvaire; congrégation nouvelle, 600. — Pèlerinage, 601. — Grands personnages qui l'ont visité, 602. — Vicissitudes du Calvaire sous la révolution, 603. — Le culte y est rétabli, 603. — Il est confisqué en 1811; l'abbé de Janson y établit les missions de France, 604.

VALERIUS SÉVÈRE, ou VALÈRE, favori de Galerius, nommé césar par Maximien, IX, 196.— Auguste par Galerius, 198. — Réfugié dans Ravenne, qu'il rend à Maximien, il se fait ouvrir les veines, 199.

VALÉSIENS. Leurs erreurs, IX, 394-395.

VALFRÈDE. S'éleva contre la résurrection des corps, XI, 543.

VALLÉE. Arrêté avec un écrit des carbonari, est exécuté, XII, 123.

VALLIA. Succède à Sigeric comme chef des Visigoths, IX, 338. — Il traite avec Honorius et lui renvoie Placidie contre une rançon, 338. — Il extermine les Silingos et les Alains en Espagne, 338. — Il laissa une fille mariée à un Suève dont elle eut Ricimer, 338.

VALLIN, général. Ordonne de faire feu sur les François et les Italiens qui s'opposent au passage de la Bidassoa par les troupes royales, XII, 339.

VALOIS (les). Leur règne, leur siècle, leur race, X, 313.

VALOIS (Adrien de). Son chef-d'œuvre, IX, 26.

VALOIS (Charles de). Voy. ANGOULÊME (duc d').

VAL-SAINTE (la). Les religieux de la Trappe s'y installent pendant la révolution, X, 523.

VANCOUVER. Arrive à l'embouchure de la Colombia, VI, 36. — Chargé de visiter la côte américaine depuis la Californie jusqu'à la rivière de Cook, 407. — Points reconnus par lui, 426. — Il faudroit faire un volume sur lui, XI, 754.

VANDALES. Quelques-uns veulent que ce soient les Slaves, IX, 170. — Ils se répandent le long de l'Oder, 171. — Ils entrent en Espagne et s'y établissent, 334-335. — Salvien fait l'éloge de leur pudicité, 432. — Leurs ravages en Afrique, 464-465. — Comment ils

. détruisoient les villes qu'ils ne pouvoient prendre, 465.

VANE (sir Henry), secrétaire d'État sous Charles Ier. Brouille le roi avec son quatrième parlement, X, 354. — Son portrait, 367. — Il veut s'opposer à la dissolution du long parlement, 409. — Il s'enfuit, 427.

VARILLAS. Jugé comme historien, IX, 27.

VARNEFRID. Son histoire des Lombards, VI, 11.

VARUS. Sa villa, VI, 317-318.

VASSAL. D'où vient ce nom, X, 84. — Comment le vassal prêtoit hommage, 86. — A quoi il étoit obligé, 86-87. — En quels cas les vassaux devoient aide en monnoie à leur seigneur, 87.

VATICAN. Description : les chambres, la bibliothèque, le musée chrétien, le musée antique, VI, 287-288.

VAUCELLES (abbé de), théologal d'Aleth. Se retire dans les Pays-Bas, et fut envoyé à Rome par ses coreligionnaires, sous le nom de Valoni, X, 493.

VAUCLUSE. Ce que Chateaubriand dit de la fontaine, I, 7.

VAUDOISIE D'ARRAS. Ses désordres, X, 124.

VAUGELAS. Fréquentoit l'hôtel de Rambouillet, X, 462.

VAVASSOR (le père). Ce qu'il dit de la figure de Jésus-Christ, I, 79.

VEDAM. Loi donnée aux Indiens par le dieu Bruma, II, 553-554.

VÉGA (Lope de). Il établit la scène espagnole XI, 607. — Il étoit embarqué en qualité de volontaire sur l'invincible Armada, 607. — Il a fait de la religion ce que Shakespeare a fait de l'histoire, 607. — Il porta les armes, 608-609. — Ce qu'il écrit à sa fille, XII, 32. — Il avoit tort de se plaindre de la vieillesse, 32.

VELLÉDA. Personnage des Martyrs, IV, 134-151. — Réponse aux critiques sur cet épisode, 576.

VELLEIUS PATERCULUS. Historien, II, 323.

VELLY. Jugé comme historien, IX, 27. — Il a traduit la satire intitulée : John Bull, XI, 737.

VÉNALITÉ DES CHARGES. Introduite au parlement, VIII, 184.

VENCESLAS, empereur d'Allemagne, déposé; il étoit ivrogne et débauché, X, 222.

VENDÉE. Ce qu'elle a fait pour la monarchie, IX, 617. — Son insurrection; ses premiers chefs, 618. — Principales affaires, 618-628. — Traités des Vendéens avec la Convention, 629-630. — Reprise des hostilités; fin de la guerre, 630. — Reprise d'armes en 1815; traité, 631. — Utilité des guerres de Vendée pour la monarchie; rapport de Barrère, 632-633. — Bravoure des Vendéens, 634. — Portraits de leurs chefs, 634-635. — Éloge des Vendéens par le général Turreau, 636.—

Comment Buonaparte les nommoit, 637. — Ce qu'ils ont souffert, 638. — Atrocités ordonnées par la Convention, 638. — Ravage des colonnes infernales, 638-639. — Massacres de la Vendée, pertes éprouvées, 640-642. — Ce qu'on a fait pour la Vendée, 643-654. — Portrait d'un Vendéen, XI, 708-710.

VENDÔME (Matthieu de), abbé de Saint-Denis. Son tombeau ouvert en 1793, II, 639.

VENI CREATOR. On doit cette hymne à Robert le Pieux, X, 48.

VENISE. Sa naissance, IX, 350. — Ses destins, XI, 787.

VENUENZA (Don Mathias), chapelain de Ferdinand VII. Condamné à dix ans de galères, exécuté par le peuple de Madrid, XII, 23.

VÉNUS. Hymne en son honneur, IV, 231.

VERAZANI. Envoyé par François Ier à la découverte de nouvelles terres ; ses reconnoissances sur les côtes d'Amérique, VI, 408-409.

VERBE. De la révélation de Dieu par son Verbe, VI, 433.

VERBE. Le verbe dans les langues des peuples sauvages, VI, 140, 142-146.

VERBIEST (Père). Sa mission en Chine, 444.

VERDUN. Ce que le roi de Prusse y fit, I, 435. — Mort de quatorze jeunes filles de Verdun sous la Terreur, IX, 63.

VÉRETZ. Rancé y résidoit, X, 468. — Il le cède à l'abbé d'Effiat, 494. — Courier y mourut, 494. — Il appartient au duc d'Aiguillon ; le château fut démoli à la révolution, 495.

VERNON, voyageur anglois. Ce qu'il dit de Sparte, V, 88.

VÉRONE. Ce qu'on a dit du congrès de Vérone, VIII, 344. — L'alliance remonte au delà, 431. — Ce qu'on a fait à Vérone, 431. — Personnages du congrès de Vérone, XII, 33-35. — Partie familière du congrès, 35-36. — Antiquités de Vérone, 35. — Fêtes du congrès, 36. — Affaires qui ont été agitées au congrès, 37. — Par qui chacune étoit traitée, 38. — Traite des nègres, 39-44. — Colonies espagnoles, 45-47. — Orient, Grèce et Italie, 47-48. — Affaires d'Espagne, 48 et suiv. — A quoi se réduisit l'intervention du congrès, 63. — Comment il a fini les affaires d'Italie, 81-82. — Paroles de M. de Villèle qui font croire que c'est de Vérone que la guerre d'Espagne est venue, 140-146.

VÉRONIQUE. Sa maison à Jérusalem, V, 320.

VERRE DE VITRE. On en trouve à Pompéi, VI, 359.

VERSAILLES. Sa grandeur, II, 291-292. — Visité par Chactas, III, 247-252. — Visite du duc de Berry à Versailles, IX, 535.

VERS DORÉS. Attribués à Pythagore, I, 389. — D'autres les croient d'Empédocle, 389. — Traduction de ces vers, 389.

VERT (Dom Claude de). Combat l'opinion de Rancé qui veut interdire l'étude aux moines, X, 551.

VERTUS. Leur ordre dans le christianisme, II, 47.

VESPASIEN. Arrivé à l'empire, la fermeté régna avec lui, IX, 133. — Il mit fin à la guerre de Civilis, 134. — Fit bâtir à Rome un temple à la Paix, 134.

VESPUCE (Améric). Fait la délinéation des côtes de la Guyane, de la Terre-Ferme et du Brésil, VI, 22.

VESTALES. Gratien s'empare de leurs biens, IX, 293. — Ce qu'en dit saint Ambroise, 294. — Prudence nie leur chasteté et leur bonheur, 294-295.

VÉSUVE. Son ascension, VI, 297-298. — Points de vue, 299. — Cratère, descente dans l'intérieur, 300-302.

VIAL (M.), consul de France à Coron, reçoit Chateaubriand, V, 124.

VIBRAYE (marquis de). Outragé dans l'affaire du général Canuel, VII, 512.

VICAIRES. Leur origine, II, 416.

VICO. Sa *Science nouvelle*, IX, 36. — Son système philosophique historique, 36-39.

VICTIMAIRE. Ce que c'étoit chez les Romains, IV, 400.

VICTOIRE (Pointe de la). Découverte par le commandant Ross, XI, 757.

VICTOIRE DE FRANCE (Mme), tante de Louis XVI. Son tombeau, VI, 521.

VICTOR (saint). Son martyre, IV, 403.

VICTOR, duc DE BELLUNE, ministre de la guerre, assiste à la séance où Louis XVIII annonce l'intervention en Espagne, XII, 137. — On l'avoit trompé sur des amas de vivres et de fourrages en Espagne, 184. — Obligé de céder son portefeuille, 193. — Ce qu'il pense des moyens de prendre Cadix, 296. — Chateaubriand veut le faire nommer à l'ambassade de Vienne, 378. — Des difficultés surgissent à cause de son titre, 378. — Il a succombé dans la lutte contre Ouvrard, 385. — Il se plaint de sa destitution, 386-388. — Comment il a succombé, 397. — Chateaubriand lui demande s'il acceptera l'ambassade de Vienne, 403.

VICTOR-EMMANUEL, roi de Sardaigne. Commission qu'il avoit créée pour régler les indemnités de ses sujets, VII, 362.

VICTORIA, mère de Victorin, la Zénobie des Gaules, fait proclamer Tetricus empereur à Bordeaux, IX, 177. — Sa mort, 183.

VICTORIN, tyran romain, IX, 176-177.

VIDA. Sa *Christiade*, II, 712.

VIE MONASTIQUE. Son origine, II, 421. — Son utilité, 424. — Constitutions monastiques, 425. — Tableau de la vie religieuse, 428.

VIENNE (concile de). Il termine le démêlé de la couronne et de la tiare, et traite de l'abolition de l'ordre des templiers, X, 67.

Vienne (congrès de). De ses déclarations des 13 mars et 12 mai 1815, VII, 144 et suiv. — Faute du congrès de Vienne ; ce qu'il a fait contre la France, XII, 180.

Viennet (M.). Pourquoi Chateaubriand ne l'a pas nommé parmi les défenseurs de la Grèce, V, 29.

Vigué. Fut un des premiers historiens françois qui aient coté leurs autorités, IX, 26.

Villa (marquis de). *Voy.* Manso.

Villamont (seigneur de). Son voyage en Orient, V, 117-118.

Villane (marquis de). Ce qu'il répond à Charles-Quint, X, 243.

Villaret. Jugé comme historien, IX, 27.

Villars (maréchal de). Il combat contre Marlborough à Malplaquet, I, 369. — Il reparoît sur les champs de bataille à quatre-vingt-treize ans, X, 338. — Il figure dans la correspondance de Voltaire, 557 ; XI, 760.

Villèle (de). Son opinion sur l'autorisation des journaux, VII, 408. — Il devoit avoir le ministère de la marine dans un cabinet présidé par le duc de Richelieu, 575, 576. — Mauvais résultat de sa conversion des rentes, VIII, 71-74, 78-88. — Difficultés que soulève son ordonnance d'émancipation de Saint-Domingue, 95 et suiv. — Fautes de son administration, 100-102 ; 107-109 ; 110-112. — Nouvelles attaques contre son ministère, 112-117. — Ses ennemis, 145. — Il ne vouloit point les hostilités en Espagne, XII, 37. — Ses instructions pour le congrès de Vérone sur les affaires d'Italie, 47-48. — Sur les affaires de Grèce, 48. — Ses instructions relatives à l'Espagne, 50-51. — Réponse à Chateaubriand sur les affaires d'Espagne, 74-75. — Autres dépêches, 79-81, 82-83. — Examen de sa politique à l'égard de l'Espagne, 84-86. — Note très-ferme au gouvernement anglois, 87-88. — Il se brouille avec M. de Montmorency, 116. — Il propose le portefeuille des affaires étrangères à Chateaubriand, 117-118. — Ce qu'il a dit à la Chambre des députés sur l'intervention en Espagne, 140-141. — Interprétation de ses paroles, 141-144. — Explication, 145. — Sa réponse à M. de Labourdonnais, 145. — Version authentique, 146. — Il avoue qu'il aimeroit mieux la paix, mais qu'il veut la guerre parce qu'il la croit urgente, 149. — Il résume tous les discours prononcés dans cette discussion, 150-155. — Il étoit tout dans le ministère, 196. — Il n'entendoit rien aux affaires étrangères, 196. — Il est sorti du ministère sans avoir augmenté son patrimoine, 200. — L'empereur Alexandre étoit injuste pour M. de Villèle, 202-203. — Ce que l'empereur Alexandre dit de lui à M. de La Ferronnais, 318-319. — M. de Nesselrode est plus juste pour M. de Villèle, 320-321. — Le roi veut lui donner le cordon de ses ordres, 356. — Chateaubriand fait demander le cordon de Saint-André pour M. de Villèle, 357. — Opinions de M. de Villèle sur les changements à faire à la loi électorale, 434. — Comment il se brouille avec Chateaubriand, 434-438. — Comment il le fait renvoyer du ministère, 440-441. — Éloges que Chateaubriand a toujours faits de M. de Villèle, 448. — D'où vinrent ses mesures extrêmes, 449-450. — Il étoit l'homme d'un temps qui vint plus tard, 451-452. — Ses talents, sa capacité, 454.

Villemain (M.). Il a soutenu les droits des Grecs à la liberté, V, 29. — Son éloge comme historien, IX, 43. — Sa traduction d'une églogue latine de Milton, XI, 636. — Son article sur lord Byron, 781. — Ce qu'il y dit de la ressemblance de Childe-Harold avec René, 781.

Villequier. Il trompoit Henri III, X, 274. — Il avoit souvent reçu les confidences de la duchesse d'Aumale, 282. — Pourquoi il tue sa femme, 303.

Villoison (d'Ansse de). Il a parcouru la Grèce, V, 92.

Vincent de Paul (saint). Sa vie et ses œuvres de charité, II, 496.

Vinet (M.). Ce qu'il dit de Chateaubriand, I, 28. — Sa critique du portrait d'Atala, 44, 45. — Remarque sur l'épisode de *René*, 128.

Vinland. Cette terre découverte par Biorn doit être l'Amérique, VI, 19-20. — Visitée de nouveau par les frères Zeni, 20.

Vintimille (Mme de). Elle assiste à la première lecture de l'épisode de Velléda et en relève les beautés, I, 175.

Violet (M.), maître de danse chez les sauvages, V, 423. — Reçoit Chateaubriand, VI, 60.

Virgile. Son Andromaque, I, 77. — Il avoit vu l'embrasement de Syracuse, 494. — Il se souvient de son lieu natal, II, 120. — Son épisode d'Énée allant consulter la sibylle, 183. — Les tours négatifs lui sont familiers, 184. — Parallèle avec Racine, 185-188. — Il peint la passion de Didon, 198. — Le songe d'Énée comparé au songe d'Athalie, 243-246. — Sa description de l'enfer, 249. — Sa statue au musée Capitolin, VI, 289. — Ce qu'il écrivoit à Auguste, 319-320. — Il désiroit les vallées et les bois, mais non les montagnes, 348. — Sa tristesse comparée à celle d'Young, 377. — Beau passage cité, 381. — Au moyen âge il se retrouve partout, XI, 517.

Virginité. Apportée sur la terre par la seconde Ève, II, 35. — Son excellence dans tous les temps et chez tous les peuples, 36. — Elle est vantée par les poètes, 37. — Ce que dit saint Ambroise de la virginité, 37.

Visigoths. Ils avoient cédé la prééminence

aux Ostrogoths, IX, 275. — Ils les abandonnent, se retirent chez les Gépides, se précipitent vers le Danube, 276. — Embrassent l'arianisme, 277. — Valens leur accorde la Mésie; à quelles conditions, 277. — Ils passent le Danube, 278. — Battent les Romains, 280. — Ils battent Valens devant Andrinople, et descendent jusqu'à Constantinople, 281-283. — Sous Théodose ils sont établis dans la Thrace, 285.

Vitellius. Son buste au musée Capitolin, VI, 290. — Son arrivée à l'empire; sa mort, IX, 132-133.

Vitiges, roi des Ostrogoths, figure dans le poëme des Nibelungen, IX, 473.

Vitrolles (baron de). Outragé dans l'affaire du général Canuel, VII, 542. — Repoussé des élections par des commissaires, VIII, 246.

Vœux religieux. Établis par saint Basile, II, 426. — Utilité de leur perpétuité, 426-428. — Explication que donne Rancé des trois vœux de la vie monastique, X, 545. — De leur violation par Luther, XI, 554.

Voie douloureuse. Son parcours à Jérusalem, V, 318-321.

Voiture. Chargé de signifier à Corneille l'arrêt de l'hôtel de Rambouillet sur *Polyeucte*, X, 461. — Il fut le premier bourgeois qui s'introduisit dans la haute société, 462. — On a des lettres de lui à Julie d'Angennes, 462. — Repoussé de Julie, 462. — Condé le trouvoit insupportable, 462.

Voltaire. Peint le caractère guerrier des François, I, 314. — Ses stances sur la vieillesse, 321. — Il n'entendoit rien en métaphysique, 548. — Son immoralité, 559. — C'est un des plus beaux génies de la France, 588. — D'où venoit sa haine pour Rousseau et Montesquieu, 583. — Sa correspondance avec le roi de Prusse, 583. — Il ne cessoit de répéter : Écrasons l'infâme, 584. — Ses attaques contre la religion, II, 7. — Ce qu'il dit de la confession, 27. — De la communion, 28, 29. — *La Henriade*, 156 et suiv. — Talent de Voltaire, 159-160. — Ce qu'il dit de l'amour peint par Milton, 168. — Il a tracé le caractère du père chrétien dans Lusignan, 173-174. — Il peint le fils chrétien dans le Guzman d'*Alzire*, 177. — Considéré comme historien, 328-329. — Combien il eût gagné à être chrétien, 349. — Il prétend à tort qu'il y a eu peu de martyrs parmi les premiers chrétiens, 417. — Ce qu'il dit des missions de la Chine, 444. — Jugement sévère qu'il porte sur l'*Encyclopédie*, 541-542. — Ce qu'il dit des athées, 577. — Il a soutenu éternellement le pour et le contre, 577-578. — Il défend les belles-lettres contre la physique sèche et abstraite, 578. — Ce qu'il dit du peuple, 578. — Il combat l'athéisme, 579. — Combat Saunderson,

579. — Soutient l'existence d'un Être suprême, 580. — Son portrait en vers par La Harpe, 606-607. — Il vante le siècle de Louis XIV, 608-611. — Jugé comme historien, 642. — Il a eu tort de nier la succession des premiers papes, 642-643. — Il est allé presque jusqu'à nier les persécutions sous Néron, 644-645. — Il admet le merveilleux chrétien dans la poésie, IV, 556. — Ses jugements sur Shakespeare, VI, 385-386. — Caractère de son comique, 394. — Il a connu les regrets de la patrie, 457. — Ce qu'il a retranché des instructions de Louis XIV à Philippe V, 495. — Il a outragé Jeanne d'Arc, 578-579. — Tout n'est pas mauvais dans ses œuvres, VII, 472. — Le mal qu'il a dit des François répété par les étrangers, VIII, 560. — Critique de *la Henriade*, 578-583. — Ses *Essais historiques* trop décriés, IX, 27. — Ses arguments contre le christianisme sont ceux de Julien, 257. — Son poëme de *la Pucelle*, X, 226-227. — Il est juste envers Jeanne d'Arc comme historien et philosophe autant qu'il est inique comme poëte et impie, 227. — Il a ressuscité le vainqueur d'Ivry, 322. — Il n'a rien laissé à dire à la gloire du règne de Louis XIV, 331. — Il accomplit une révolution dans les idées religieuses, 342-343. — La grande existence du siècle de Louis XV est celle de Voltaire, 343. — Ses longues correspondances, 557. — Ses vers au fils unique de Louis XIV, 557. — Ses stances à Mme Lullin, 557. — Il est à lui seul toute l'histoire de France de son temps, 557-558. — Comment il parle de Luther, XI, 560. — Il fit connoître Shakespeare à la France; il l'attaqua plus tard, 580. — Son jugement sur le *Don royal* de Jacques Ier; il ne se donnoit pas la peine d'étudier, 623. — Ce qu'il pense de la discussion de Saumaise et de Milton, 651. — Ce qu'il dit de Dryden, 717-718. — Obligé de se réfugier en Angleterre, 735-736. — Il fit connoître Shakespeare, Milton, Dryden, Shaftesbury, Swift à la France, 736. — Ce qu'il comprenoit dans Rabelais et ce qui lui échappoit, 737. — Il ne voyoit que le petit côté du christianisme, 737. — Il a contribué à l'illustration des grands hommes du règne de Louis XIV, 748. — Intérêt de sa correspondance, 760. — Il cesse d'être en rapport avec les générations qui s'élèvent, 761.

Voyages. Importance des voyages, VI, 5. — Leur histoire, 6-39. — Facilités pour voyager maintenant, 40-41. — D'où vient l'intérêt qu'inspire la lecture des voyages, 406. — Il en est qui tiennent à la fois de la poésie et de l'histoire, 513. — Le voyage de Pausanias, 513. — Les voyages ornés de planches; les premiers voyages pittoresques, 513. —

Les voyages rappellent à Chateaubriand sa vie entière, XI, 753. — Les voyages doivent être compris dans la littérature angloise, 754. — Principaux voyageurs, 754. — Voyages du capitaine Ross, 754-758. — Jacquemont et M. de Lamartine, 758-759.

Voyageur. Devoir des voyageurs, V, 4. — Voyageurs modernes, VI, 25-26. — Voyageurs au pôle Nord, 30-35. — La plupart des voyageurs françois ont été abandonnés à leurs propres forces, 43. — Si l'homme n'étoit attaché à sa patrie, sa condition la plus naturelle seroit celle de voyageur, 365. — Ce qu'étoient les premiers voyageurs de l'antiquité, 406. — Différence entre les voyageurs françois et les voyageurs anglois, 407.

W

Wabash. Son embouchure, VI, 87.

Wace (Robert). Ses vers sur Taillefer, XI, 511. — Il a traduit le *Brut d'Angleterre*, 513. — Il est auteur du *Roman du Rou*, 514.

Wadington, historien et poëte anglois du XIIIe siècle, explique pourquoi il écrit ses ouvrages en françois, XI, 522.

Walhalla, grande salle du ciel où sont reçus les braves chez les Scandinaves, IX, 444.

Walker. Un des bourreaux de Charles Ier, X, 431.

Walkyries, déesses guerrières des Scandinaves, IX, 444.

Waller, conspirateur sous le long parlement, fait les délices de la cour de Charles II, X, 433. — Il avoit fait de très-beaux vers en l'honneur de Cromwell, XI, 629. — Il fut un de ceux qui donnèrent le ton à la littérature du temps de Charles II, 718. — Il obtenoit tout de la légitimité restaurée, 720.

Walpole (sir Robert). Renversé par l'opposition ; son système politique, I, 362. — Il voulut fonder sa puissance sur la corruption, VIII, 67.

Walsh. Il écrivit dans les premiers ouvrages périodiques, XI, 736.

Waltheof. *Voy.* Guallève.

Warburton. Il a défendu le christianisme, I, 593. — Ce qu'il disoit de Théobald et de Hanmer, VI, 387.

Warens (Mme de). Ingratitude de J.-J. Rousseau à son égard, I, 344-345 ; VI, 270.

Warwick (comte de), maréchal du roi d'Angleterre. Traverse la Somme au gué de Blanque-Taque, X, 163. — Il envoie demander du secours à Édouard III, 170. — Il se trouvoit auprès du prince Noir à la bataille de Poitiers, 193. — Le prince de Galles l'envoie à la recherche du roi de France, 202.

Washington. Sans sa fermeté la république françoise auroit détruit le pacte fédéral des États-Unis, I, 386. — Sa maison à Philadelphie, VI, 54. — Il reçoit Chateaubriand, 55. — Parallèle avec Buonaparte, 55-58. — Grand nombre d'endroits qui rappellent son nom, 203. — Quand son nom apparoit pour la première fois dans l'histoire, IX, 91 ; X, 338-339.

Waterford, armes trouvées à cet endroit, VI, 247.

Waterloo. Pensées de Chateaubriand sur cette bataille, XII, 96-98. — Ce que l'Angleterre a fait en l'honneur de cette victoire, 171.

Wellington (lord). Sa générosité, VII, 40, 81. — Il reconnoît le droit de la France à réunir une armée d'observation sur les frontières d'Espagne, VIII, 342. — Arrive à Vérone, XII, 34. — Remet deux mémoires au congrès, 39. — *Memorandum* relatif aux colonies espagnoles, 45. — Sa nullité, 56-57. — Sa réponse aux communications de M. de Montmorency relatives aux affaires d'Espagne, 59-62. — Il est furieux contre le plan d'Ouvrard, 79. — Il n'a pas pu attendre les Russes à Waterloo, 98. — Il offre la médiation de l'Angleterre pour les affaires d'Espagne, 115.

Wells (capitaine). Son cœur a été dévoré dans un repas de chair humaine, par les Indiens, VI, 197.

Wentworth (sir Thomas). *Voy.* Strafford.

Westminster. Est le plus bel édifice gothique de l'Angleterre, VI, 373.

Westmoreland (le duc de). Son portrait, XII, 157. — Avoit inventé les garde-jambes pour monter à cheval, 158.

Weston (sir Richard), premier lord de la trésorerie sous Charles Ier, son portrait, X, 351.

Wheler. Son Voyage en Grèce, V, 87-88.

Whig. Quand l'opposition prit ce nom en Angleterre, I, 361. — Triomphes des whigs, 361.

Whitbread. Chateaubriand l'a entendu pendant l'émigration, XI, 750.

White, capitaine anglois. Renvoie les *saints* qui s'obstinoient à siéger, X, 412.

White (Jerry), chapelain et bouffon de Cromwell, surpris aux genoux de lady Francis Cromwell, est obligé d'épouser une des femmes de chambre de sa maîtresse, X, 418.

White-Hall. Souvenir et oubli, VI, 373-374.

Whitelocke, commissaire du sceau, se cache à la campagne pendant le jugement de

Charles Ier, X, 387. — C'étoit un parlementaire timide, 412. — Sa candeur révolutionnaire, XI, 716.

WIARDA (M.). Sa collation des textes de la loi salique, IX, 9.

WICLEF. Doit être compté parmi les auteurs anglois, XI, 527. — Sa traduction de la Bible, 527.

WILBERFORCE. Étoit à la tête du parti des anglicans, VI, 370. — Chateaubriand l'a entendu pendant l'émigration, XI, 750.

WILSON, poëte anglois, un des restaurateurs des ballades, XI, 767.

WILKINS. S'est occupé des langues de l'Asie, XI, 726.

WILSON (Robert). Se rend en Espagne avec des volontaires, XII, 187. — Entre en Portugal, 272.

WINCHELSEY (comte de). Son voyage à Athènes, V, 88.

WINEBEGOS, tribu indienne, VI, 197.

WISHNOU, dieu indien chargé de conserver, II, 547. — Avertit Sattiavarti du déluge que doit produire Routren, 549-550. — Rapports de ce dieu, métamorphosé en Crichnen, avec Moïse, 551-552.

WISSANT (Pierre et Jacques de). S'offrent pour accompagner Eustache de Saint-Pierre, X, 179. — Ils sont sauvés par la reine, 180.

WITHIMER, chargé du gouvernement des Ostrogoths, combat les Huns et les Alains; est tué, IX, 276.

WOLKONSKY (le prince). Arrive à Vérone, XII, 34.

WOLKONSKY (la princesse Zénaïde), vient à Vérone, XII, 35.

WOLSEY. Il est difficile de le lire avec profit ou plaisir, XI, 573.

WORCESTER. Inscription qu'on lit dans le cloître de la cathédrale de cette ville, XI, 721.

WORCESTER (comte de), protecteur des lettres et les cultivant lui-même, perd la tête sur l'échafaud, XI, 534.

WORDSWORTH. Il est un des restaurateurs des ballades, XI, 767.

WORMS (Diète de). Elle fut le triomphe de Luther, XI, 550.

WRIGHT (le docteur). Il visite Milton, XI, 676.

WULFSTAN le Danois, a décrit la mer Baltique, VI, 14. — Nom qu'il donne à l'île de Bornholm, IX, 13.

X

XAVIER (père). Ce qu'il écrit de sa mission, II, 440.

XÉNOPHON, historien, II, 322. — Peinture qu'il fait d'Athènes sous les Trente tyrans, VI, 390. — La *Cyropédie*, 436. — C'étoit un intrépide capitaine, 507.

XERXÈS, engage les Carthaginois à attaquer les colonies grecques en Sicile, I, 378. — Succède à Darius, 436. — Ses préparatifs de guerre, 436. — Ses alliés, 436, 437, 438. — Son armée, 437. — Il est épouvanté du combat des Thermopyles, 441. — Conseil qu'il tient, 441. — Il se prépare à l'action de Salamine, 442. — Sa défaite, 445. — Il repasse la mer en fugitif, 446. — Nouveaux préparatifs, 446. — Il est assassiné, 451.

XIMÉNÈS (cardinal). Ses mesures relativement à l'esclavage des Indiens, II, 670-672.

Y

YAMASES. Indiens de la Floride, XI, 184. — Ils sont dégradés par l'esclavage, 185.

YART (l'abbé). Son *Idée de la poésie angloise*, XI, 482.

YAZOUS, peuple indien. Ne faisoit qu'un avec les Natchez, VI, 89. — Rivière des Yazous, 89. — Les Yazous ne sont plus, 196.

YMER. Géant de la mythologie scandinave, IX, 443.

YORK (duc d'). Il vouloit qu'on marchât sur Paris, I, 442.

YORK (Henri-Benoît, cardinal d'), fils cadet de Jacques III et frère du prétendant Charles-Édouard, X, 415. — Sa mort à Rome, 446. — Son tombeau, 446.

YOUNG. Ses *Nuits*, VI, 375. — Sa tristesse, 376. — Comparée à celle d'Ossian, de Virgile, de Milton, d'Hervey, de Beattie, de Chaulieu, de La Fontaine, de J.-J. Rousseau, 377-379. — Young comparé à Thomson, à Gray, à Gilbert, à Virgile et à Parny, 380-381. — Larmes qu'il verse sur le tombeau de sa fille, 382. — Comparé à Bossuet, 383. — Young n'est pas reconnoissable dans la traduction de Letourneur ou dans l'imitation de Colardeau, 383. — Critique de Johnson, 384. — Distique de Young sur Voltaire, XI, 693. — Ses déclamations; d'où il tire sa tristesse, 739. — Son génie manquoit de tendresse, 740-741. — Il pleure sans attendrir, 741.

Z

ZABIENS. Caste sacrée chez les Arabes, I, 410.
ZACHARIE, pape. Sa réponse à Peppin, X, 21.
ZACHARIE. Personnage des *Martyrs*, IV, 100-267.
ZAÏRE. Parallèle avec Iphigénie, II, 180.
ZALEUCUS. Législateur dans la Grande-Grèce, I, 390. — Sa législation, 391.
ZAMA. Bataille perdue par Annibal, V, 435-436.
ZAMOLXIS. Doctrines qu'il introduisit chez les Scythes, I, 398.
ZANTE. Sa description, V, 117.
ZÉA. Sa description, V, 223. — Ancienne coutume; ses grands hommes; son commerce, 224.
*ZENI (les frères), Vénitiens, ont, dit-on, visité le Vinland, VI, 20. — Carte et récit de leur voyage, 20. — Autres terres indiquées par eux, 20.
ZÉNOBE (saint), évêque de Florence du temps de saint Ambroise, IX, 184.
ZÉNOBIE, femme d'Odénat, IX, 176. — Ce qu'elle disoit de Victoria, 177. — Elle s'étoit emparée de l'Égypte, 183. — Elle figure au triomphe d'Aurélien, 183. — Elle étoit peut-être juive de naissance; Longin avoit été son maître; elle avoit composé une histoire de l'Orient, 184. — Ses enfants, 184. — Son courage se démentit avec la fortune, 184.
ZÉNON. Fondateur de la secte des stoïques, I, 534. — Sa philosophie, 536. — Ses amis l'accompagnoient pour le préserver des voitures, 558. — Ses idées sur la création, II, 59. — Il ne se donnoit pas la peine d'échapper à la fatalité, IX, 418.
ZÉNON, empereur. Le Sénat lui renvoie les enseignes de Rome; reproches qu'il fait aux ambassadeurs, IX, 354.
ZOROASTRE le Chaldéen ou l'Ancien. Grand homme des Chaldéens, 410. — Les livres qu'on lui attribue ne sont pas originaux, 410. — Son nom rappelle le fondateur de la philosophie persane et de l'ordre des mages, 423. — Ce qu'il enseignoit, 423. — A quelle époque il vivoit suivant Aristote, 423. — Ses écrits sont perdus, 423. — On le représente comme un législateur, 424.
ZOROASTRE, le second. Ce qu'il enseignoit, I, 423. — Quelques-uns de ses écrits ont été sauvés, 423. — Le *Zend*, 423-424. — Le *Oracles*, 424. — Il a rétabli le culte du soleil sous Darius, 426. — Ses lois morales, II, 51-52.
ZOSIME. On croit qu'il s'est contenté de retoucher le travail d'Eunape sur Julien, IX, 236.
ZOSIME (Dom). Ce que l'abbesse des Clairets disoit de lui, X, 560. — Il remplace Rancé à La Trappe, 569.
ZWINGLI. Luther ne voulut rien lui céder, XI, 557.
ZYGOMALAS (Théodore). Description qu'il donne d'Athènes, V, 82-83.

FIN DE LA TABLE ANALYTIQUE.

TABLE GÉNÉRALE DES MATIÈRES

CONTENUES DANS CHAQUE VOLUME

DES

ŒUVRES COMPLÈTES DE CHATEAUBRIAND

TOME PREMIER.

	Pages
Étude sur Chateaubriand, par M. Sainte-Beuve.	3
Essai historique, politique et moral sur les révolutions anciennes et modernes, avec les notes inédites d'un exemplaire confidentiel.	233

TOME II.

Génie du christianisme.	1
Notes et éclaircissements.	541
Défense du Génie du christianisme.	699
Extraits critiques du Génie du christianisme, par Fontanes.	719

TOME III.

Atala.	1
René.	71
Les aventures du dernier Abencerage.	97
Poëmes ossianiques traduits de J. Smith.	133
Sur l'art du dessin dans les paysages.	165
Pensées, réflexions et maximes.	171
Les Natchez.	181
Tableaux de la nature.	527
Poésies diverses.	545
Moïse, tragédie en cinq actes.	571
Lettre à M. de Fontanes, sur l'ouvrage de Mme de Staël.	643

TOME IV.

Les Martyrs.	1
Remarques.	335
Examen des Martyrs.	553

TOME V.

Itinéraire de Paris à Jérusalem et de Jérusalem à Paris.	1
Notes.	405
Pièces justificatives.	493
Mémoire sur Tunis.	545

TOME VI.

	Pages
Voyage en Amérique.	1
Mémoires sur les ruines de l'Ohio.	225
Voyage en Italie.	265
Cinq jours à Clermont (Auvergne).	323
Voyage au Mont-Blanc.	339
Notice sur les fouilles de Pompéi.	353
Mélanges littéraires.	361

TOME VII.

Mélanges politiques. De Buonaparte et des Bourbons.	3
Réflexions politiques.	55
De la monarchie selon la charte	155
Le vingt et un janvier 1815.	267
De l'excommunication des comédiens	273
De la guerre d'Espagne.	280
Système politique suivi par le ministère.	285
Lettres à un pair de France.	323
De la presse.	369
Polémique.	527

TOME VIII.

Polémique.	1
Politique. Opinions et discours.	163
Fragments : variantes du Génie du christianisme.	523
Autres fragments.	602

TOME IX.

Études historiques.	1
Mélanges historiques.	481
Mémoires sur le duc de Berry.	485
Le roi est mort, vive le roi.	605
De la Vendée.	613
Notices nécrologiques.	655

TOME X

Analyse raisonnée de l'histoire de France.	1
Les quatre Stuarts.	345
Vie de Rancé.	449

TOME XI.

Le Paradis perdu, de Milton : texte et traduction.	1
Essai sur la littérature anglaise.	479

TOME XII.

Congrès de Vérone.	1
Guerre d'Espagne de 1823.	113
Négociations. Colonies espagnoles.	337
Discours prononcé à la Chambre des pairs sur la mort de M. de Sèze.	477
Table analytique et raisonnée.	497

PARIS. — IMPRIMERIE DE J. CLAYE, RUE SAINT-BENOIT, 7

www.ingramcontent.com/pod-product-compliance
Lightning Source LLC
Chambersburg PA
CBHW052334230426
43664CB00041B/1317